ITL
EDITORES

LEY DE LOS IMPUESTOS GENERALES DE IMPORTACIÓN Y DE EXPORTACIÓN

México

Tarifa Arancelaria
Actualizada Enero 2016

La presente Tarifa, se encuentra actualizada al 06 de Enero de 2016

www.itleditores.com
www.aduanavirtual.com

SERIE: 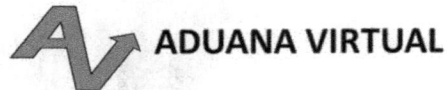 **ADUANA VIRTUAL**

Contacto:
M.A. Sergio Sánchez Luján
Tel. (656) 242-5806
Correo Electrónico:
aduana@aduanavirtual.com

Tarifa Arancelaria 2016 MEXICO

M.A. Sergio Sánchez Luján
ITL Editores, S. de R.L. M.I.
  Olivo Palomar 9005-54
  Fracc. Cerrada Los Olivos
  32668 Cd. Juárez, Chih.
  www.itleditores.com
Primera edición
Impreso en Estados Unidos
Febrero 2016
ISBN-13: 978-607-9691646
ISBN-10: 6079691647

Índice

Método de clasificación - Resumen

PASOS A SEGUIR EN LA CLASIFICACION ARANCELARIA

1.- Identificación de la mercancía o artículo a clasificar, lo más exacta y precisa posible

2.- Determinar la Partida correspondiente

3.- Encontrar la Subpartida de Primer nivel aplicable

4.- Localizar la Subpartida de Segundo nivel

5.- Ubicar la Fracción arancelaria correcta

6.- Fundamentar legalmente la clasificación obtenida

Se deben aplicar los pasos uno a uno, consecutivamente, sin saltar ninguno, A excepción del paso 4 cuando no existan subpartidas de segundo nivel

LEY DE LOS IMPUESTOS GENERALES DE IMPORTACIÓN Y DE EXPORTACIÓN.

ARTÍCULO 1o.- Los Impuestos Generales de Importación y de Exportación se causarán, según corresponda, de conformidad con la siguiente:

TARIFA

Sección I
ANIMALES VIVOS Y PRODUCTOS DEL REINO ANIMAL

Notas.
1. En esta Sección, cualquier referencia a un género o a una especie determinada de un animal se aplica también, salvo disposición en contrario, a los animales jóvenes de ese género o de esa especie.
2. Salvo disposición en contrario, cualquier referencia en la Nomenclatura a productos *secos* o *desecados* alcanza también a los productos deshidratados, evaporados o liofilizados.

Capítulo 01
Animales vivos

Nota.
1. Este Capítulo comprende todos los animales vivos, excepto:
   a) los peces, los crustáceos, moluscos y demás invertebrados acuáticos, de las partidas 03.01, 03.06, 03.07 ó 03.08;
   b) los cultivos de microorganismos y demás productos de la partida 30.02;
   c) los animales de la partida 95.08.

Código		Descripción	Unid de Med	Arancel (%) IMP.	Arancel (%) EXP.
01.01		**Caballos, asnos, mulos y burdéganos, vivos.**			
	-	**Caballos:**			
0101.21	**--**	**Reproductores de raza pura.**			
0101.21.01		Reproductores de raza pura.	Cbza	10	Ex.
0101.29	**--**	**Los demás.**			
0101.29.01		Para saltos o carreras.	Cbza	20	Ex.
0101.29.02		Sin pedigree, para reproducción.	Cbza	10	Ex.
0101.29.03		Para abasto, cuando la importación la realicen empacadoras Tipo Inspección Federal.	Cbza	10	Ex.
0101.29.99		Los demás.	Cbza	20	Ex.
0101.30	**-**	**Asnos.**			
0101.30.01		Asnos.	Cbza	20	Ex.
0101.90	**-**	**Los demás.**			
0101.90.99		Los demás.	Cbza	20	Ex.
01.02		**Animales vivos de la especie bovina.**			
	-	**Bovinos domésticos:**			
0102.21	**--**	**Reproductores de raza pura.**			
0102.21.01		Reproductores de raza pura.	Cbza	Ex.	Ex.
0102.29	**--**	**Los demás.**			
0102.29.01		Vacas lecheras.	Cbza	Ex.	Ex.
0102.29.02		Con pedigree o certificado de alto registro, excepto lo comprendido en la fracción 0102.29.01.	Cbza	Ex.	Ex.
0102.29.99		Los demás.	Cbza	15	Ex.
	-	**Búfalos:**			
0102.31	**--**	**Reproductores de raza pura.**			
0102.31.01		Reproductores de raza pura.	Cbza	Ex.	Ex.
0102.39	**--**	**Los demás.**			
0102.39.99		Los demás.	Cbza	15	Ex.
0102.90	**-**	**Los demás.**			
0102.90.99		Los demás.	Cbza	15	Ex.
01.03		**Animales vivos de la especie porcina.**			
0103.10	**-**	**Reproductores de raza pura.**			
0103.10.01		Reproductores de raza pura.	Cbza	Ex.	Ex.
	-	**Los demás:**			
0103.91	**--**	**De peso inferior a 50 kg.**			
0103.91.01		Con pedigree o certificado de alto registro.	Cbza	9	Ex.

0103.91.02	Pecarís.	Cbza	20	Ex.
0103.91.99	Los demás.	Cbza	20	Ex.
0103.92	**. . De peso superior o igual a 50 kg.**			
0103.92.01	Con pedigree o certificado de alto registro.	Cbza	9	Ex.
0103.92.02	De peso superior a 110 kg, excepto lo comprendido en las fracciones 0103.92.01 y 0103.92.03.	Cbza	20	Ex.
0103.92.03	Pecarís.	Cbza	20	Ex.
0103.92.99	Los demás.	Cbza	20	Ex.
01.04	**Animales vivos de las especies ovina o caprina.**			
0104.10	**. De la especie ovina.**			
0104.10.01	Con pedigree o certificado de alto registro.	Cbza	Ex.	Ex.
0104.10.02	Para abasto.	Cbza	10	Ex.
0104.10.99	Los demás.	Cbza	10	Ex.
0104.20	**. De la especie caprina.**			
0104.20.01	Con pedigree o certificado de alto registro.	Cbza	Ex.	Ex.
0104.20.02	Borrego cimarrón.	Cbza	20	Ex.
0104.20.99	Los demás.	Cbza	10	Ex.
01.05	**Gallos, gallinas, patos, gansos, pavos (gallipavos) y pintadas, de las especies domésticas, vivos.**			
	. De peso inferior o igual a 185 g:			
0105.11	**. . Gallos y gallinas.**			
0105.11.01	Cuando no necesiten alimento durante su transporte.	Cbza	Ex.	Ex.
0105.11.02	Aves progenitoras recién nacidas, con certificado de alto registro, cuando se importe un máximo de 18,000 cabezas por cada operación.	Cbza	Ex.	Ex.
0105.11.99	Los demás.	Cbza	10	Ex.
0105.12	**. . Pavos (gallipavos).**			
0105.12.01	Pavos (gallipavos).	Cbza	10	Ex.
0105.13	**. . Patos.**			
0105.13.01	Patos.	Cbza	10	Ex.
0105.14	**. . Gansos.**			
0105.14.01	Gansos.	Cbza	10	Ex.
0105.15	**. . Pintadas.**			
0105.15.01	Pintadas.	Cbza	10	Ex.
	. Los demás:			
0105.94	**. . Gallos y gallinas.**			
0105.94.01	Gallos de pelea.	Cbza	20	Ex.
0105.94.99	Los demás.	Cbza	10	Ex.
0105.99	**. . Los demás.**			
0105.99.99	Los demás.	Cbza	10	Ex.
01.06	**Los demás animales vivos.**			
	. Mamíferos:			
0106.11	**. . Primates.**			
0106.11.01	Monos (simios) de las variedades Macacus rhesus o Macacus cercophitecus.	Cbza	10	Ex.
0106.11.99	Los demás.	Cbza	20	Ex.
0106.12	**. . Ballenas, delfines y marsopas (mamíferos del orden Cetáceos); manatíes y dugones o dugongos (mamíferos del orden Sirenios); otarios y focas, leones marinos y morsas (mamíferos del suborden Pinnipedia).**			
0106.12.01	Ballenas, delfines y marsopas (mamíferos del orden Cetáceos); manatíes y dugones o dugongos (mamíferos del orden Sirenios); otarios y focas, leones marinos y morsas (mamíferos del suborden Pinnipedia).	Cbza	20	Ex.
0106.13	**. . Camellos y los demás camélidos (Camelidae).**			
0106.13.01	Camellos y los demás camélidos (Camelidae).	Cbza	20	Ex.
0106.14	**. . Conejos y liebres.**			
0106.14.01	Conejos y liebres.	Cbza	20	Ex.
0106.19	**. . Los demás.**			
0106.19.01	Berrendo, oso, lobo, castor, puma, jaguar, ocelote, margay, gato de monte o tapir.	Cbza	20	Ex.
0106.19.02	Venado rojo (Cervus elaphus); gamo (Dama dama).	Cbza	Ex.	Ex.
0106.19.03	Perros.	Cbza	20	Ex.
0106.19.99	Los demás.	Cbza	20	Ex.
0106.20	**. Reptiles (incluidas las serpientes y tortugas de mar).**			
0106.20.01	Víbora de cascabel.	Cbza	20	Ex.
0106.20.02	Tortugas terrestres.	Cbza	20	Ex.
0106.20.03	Tortugas de agua dulce o de mar.	Cbza	20	Ex.
0106.20.99	Los demás.	Cbza	20	Ex.
	. Aves:			
0106.31	**. . Aves de rapiña.**			
0106.31.01	Aves de rapiña.	Cbza	20	Ex.

Código	Descripción	Unid de Med	Arancel (%)	
			IMP.	EXP.
0106.32	▪▪ Psitaciformes (incluidos los loros, guacamayos, cacatúas y demás papagayos).			
0106.32.01	Psitaciformes (incluidos los loros, guacamayos, cacatúas y demás papagayos).	Cbza	20	Ex.
0106.33	▪▪ Avestruces; emús (Dromaius novaehollandiae).			
0106.33.01	Avestruces; emús (Dromaius novaehollandiae).	Cbza	20	Ex.
0106.39	▪▪ Las demás.			
0106.39.01	Flamencos; quetzales; guan cornudo; pato real.	Cbza	20	Ex.
0106.39.02	Aves canoras.	Cbza	20	Ex.
0106.39.99	Las demás.	Cbza	20	Ex.
	▪ Insectos:			
0106.41	▪▪ Abejas.			
0106.41.01	Abejas.	Kg	10	Ex.
0106.49	▪▪ Los demás.			
0106.49.99	Los demás.	Kg	20	Ex.
0106.90	▪ Los demás.			
0106.90.02	Lombriz Rebellus.	Kg	10	Ex.
0106.90.03	Lombriz acuática.	Kg	Ex.	Ex.
0106.90.04	Ácaros Phytoseiulus persimilis.	Kg	Ex.	Ex.
0106.90.99	Los demás.	Cbza	20	Ex.

Capítulo 02
Carne y despojos comestibles

Nota.

1. Este Capítulo no comprende:
    a) respecto de las partidas 02.01 a 02.08 y 02.10, los productos impropios para la alimentación humana;
    b) las tripas, vejigas y estómagos de animales (partida 05.04), ni la sangre animal (partidas 05.11 ó 30.02);
    c) las grasas animales, excepto los productos de la partida 02.09 (Capítulo 15).

Código	Descripción	Unid de Med	Arancel (%)	
			IMP.	EXP.
02.01	**Carne de animales de la especie bovina, fresca o refrigerada.**			
0201.10	▪ En canales o medias canales.			
0201.10.01	En canales o medias canales.	Kg	20	Ex
0201.20	▪ Los demás cortes (trozos) sin deshuesar.			
0201.20.99	Los demás cortes (trozos) sin deshuesar.	Kg	20	Ex
0201.30	▪ Deshuesada.			
0201.30.01	Deshuesada.	Kg	20	Ex
02.02	**Carne de animales de la especie bovina, congelada.**			
0202.10	▪ En canales o medias canales.			
0202.10.01	En canales o medias canales.	Kg	25	Ex
0202.20	▪ Los demás cortes (trozos) sin deshuesar.			
0202.20.99	Los demás cortes (trozos) sin deshuesar.	Kg	25	Ex
0202.30	▪ Deshuesada.			
0202.30.01	Deshuesada.	Kg	25	Ex
02.03	**Carne de animales de la especie porcina, fresca, refrigerada o congelada.**			
	▪ Fresca o refrigerada:			
0203.11	▪▪ En canales o medias canales.			
0203.11.01	En canales o medias canales.	Kg	20	Ex
0203.12	▪▪ Piernas, paletas, y sus trozos, sin deshuesar.			
0203.12.01	Piernas, paletas, y sus trozos, sin deshuesar.	Kg	20	Ex
0203.19	▪▪ Las demás.			
0203.19.99	Las demás.	Kg	20	Ex
	▪ Congelada:			
0203.21	▪▪ En canales o medias canales.			
0203.21.01	En canales o medias canales.	Kg	20	Ex
0203.22	▪▪ Piernas, paletas, y sus trozos, sin deshuesar.			
0203.22.01	Piernas, paletas, y sus trozos, sin deshuesar.	Kg	20	Ex
0203.29	▪▪ Las demás.			
0203.29.99	Las demás.	Kg	20	Ex
02.04	**Carne de animales de las especies ovina o caprina, fresca, refrigerada o congelada.**			
0204.10	▪ Canales o medias canales de cordero, frescas o refrigeradas.			
0204.10.01	Canales o medias canales de cordero, frescas o refrigeradas.	Kg	10	Ex

	- Las demás carnes de animales de la especie ovina, frescas o refrigeradas:			
0204.21	**.. En canales o medias canales.**			
0204.21.01	En canales o medias canales.	Kg	10	Ex
0204.22	**.. Los demás cortes (trozos) sin deshuesar.**			
0204.22.99	Los demás cortes (trozos) sin deshuesar.	Kg	10	Ex
0204.23	**.. Deshuesadas.**			
0204.23.01	Deshuesadas.	Kg	10	Ex
0204.30	**- Canales o medias canales de cordero, congeladas.**			
0204.30.01	Canales o medias canales de cordero, congeladas.	Kg	10	Ex
	- Las demás carnes de animales de la especie ovina, congeladas:			
0204.41	**.. En canales o medias canales.**			
0204.41.01	En canales o medias canales.	Kg	10	Ex
0204.42	**.. Los demás cortes (trozos) sin deshuesar.**			
0204.42.99	Los demás cortes (trozos) sin deshuesar.	Kg	10	Ex
0204.43	**.. Deshuesadas.**			
0204.43.01	Deshuesadas.	Kg	10	Ex
0204.50	**- Carne de animales de la especie caprina.**			
0204.50.01	Carne de animales de la especie caprina.	Kg	10	Ex
02.05	**Carne de animales de las especies caballar, asnal o mular, fresca, refrigerada o congelada.**			
0205.00	**- Carne de animales de las especies caballar, asnal o mular, fresca, refrigerada o congelada.**			
0205.00.01	Carne de animales de las especies caballar, asnal o mular, fresca, refrigerada o congelada.	Kg	10	Ex
02.06	**Despojos comestibles de animales de las especies bovina, porcina, ovina, caprina, caballar, asnal o mular, frescos, refrigerados o congelados.**			
0206.10	**- De la especie bovina, frescos o refrigerados.**			
0206.10.01	De la especie bovina, frescos o refrigerados.	Kg	20	Ex
	- De la especie bovina, congelados:			
0206.21	**.. Lenguas.**			
0206.21.01	Lenguas.	Kg	20	Ex
0206.22	**.. Hígados.**			
0206.22.01	Hígados.	Kg	20	Ex
0206.29	**.. Los demás.**			
0206.29.99	Los demás.	Kg	20	Ex
0206.30	**- De la especie porcina, frescos o refrigerados.**			
0206.30.01	Pieles de cerdo enteras o en recortes, refrigerados, excepto el cuero precocido en trozos ("pellets").	Kg	10	Ex
0206.30.99	Los demás.	Kg	20	Ex
	- De la especie porcina, congelados:			
0206.41	**.. Hígados.**			
0206.41.01	Hígados.	Kg	10	Ex
0206.49	**.. Los demás.**			
0206.49.01	Pieles de cerdo enteras o en recortes, excepto el cuero precocido en trozos ("pellets").	Kg	Ex	Ex
0206.49.99	Los demás.	Kg	10	Ex
0206.80	**- Los demás, frescos o refrigerados.**			
0206.80.99	Los demás, frescos o refrigerados.	Kg	10	Ex
0206.90	**- Los demás, congelados.**			
0206.90.99	Los demás, congelados.	Kg	10	Ex
02.07	**Carne y despojos comestibles, de aves de la partida 01.05, frescos, refrigerados o congelados.**			
	- De gallo o gallina:			
0207.11	**.. Sin trocear, frescos o refrigerados.**			
0207.11.01	Sin trocear, frescos o refrigerados.	Kg	125	Ex
0207.12	**.. Sin trocear, congelados.**			
0207.12.01	Sin trocear, congelados.	Kg	125	Ex
0207.13	**.. Trozos y despojos, frescos o refrigerados.**			
0207.13.01	Mecánicamente deshuesados.	Kg	125	Ex
0207.13.02	Carcazas.	Kg	125	Ex
0207.13.03	Piernas, muslos o piernas unidas al muslo.	Kg	125	Ex
0207.13.99	Los demás.	Kg	125	Ex
0207.14	**.. Trozos y despojos, congelados.**			
0207.14.01	Mecánicamente deshuesados.	Kg	125	Ex
0207.14.02	Hígados.	Kg	10	Ex
0207.14.03	Carcazas.	Kg	125	Ex
0207.14.04	Piernas, muslos o piernas unidas al muslo.	Kg	125	Ex
0207.14.99	Los demás.	Kg	125	Ex

	- De pavo (gallipavo):			
0207.24	**-- Sin trocear, frescos o refrigerados.**			
0207.24.01	Sin trocear, frescos o refrigerados.	Kg	60	Ex
0207.25	**-- Sin trocear, congelados.**			
0207.25.01	Sin trocear, congelados.	Kg	60	Ex
0207.26	**-- Trozos y despojos, frescos o refrigerados.**			
0207.26.01	Mecánicamente deshuesados.	Kg	125	Ex
0207.26.02	Carcazas.	Kg	125	Ex
0207.26.99	Los demás.	Kg	125	Ex
0207.27	**-- Trozos y despojos, congelados.**			
0207.27.01	Mecánicamente deshuesados.	Kg	125	Ex
0207.27.02	Hígados.	Kg	10	Ex
0207.27.03	Carcazas.	Kg	125	Ex
0207.27.99	Los demás.	Kg	125	Ex
	- De patos:			
0207.41	**-- Sin trocear, frescos o refrigerados.**			
0207.41.01	Sin trocear, frescos o refrigerados.	Kg	60	Ex
0207.42	**-- Sin trocear, congelados.**			
0207.42.01	Sin trocear, congelados.	Kg	60	Ex
0207.43	**-- Hígados grasos, frescos o refrigerados.**			
0207.43.01	Hígados grasos, frescos o refrigerados.	Kg	10	Ex
0207.44	**-- Los demás, frescos o refrigerados.**			
0207.44.01	Los demás, frescos o refrigerados.	Kg	60	Ex
0207.45	**-- Los demás, congelados.**			
0207.45.01	Hígados.	Kg	10	Ex
0207.45.99	Los demás.	Kg	60	Ex
	- De gansos:			
0207.51	**-- Sin trocear, frescos o refrigerados.**			
0207.51.01	Sin trocear, frescos o refrigerados.	Kg	60	Ex
0207.52	**-- Sin trocear, congelados.**			
0207.52.01	Sin trocear, congelados.	Kg	60	Ex
0207.53	**-- Hígados grasos, frescos o refrigerados.**			
0207.53.01	Hígados grasos, frescos o refrigerados.	Kg	10	Ex
0207.54	**-- Los demás, frescos o refrigerados.**			
0207.54.01	Los demás, frescos o refrigerados.	Kg	60	Ex
0207.55	**-- Los demás, congelados.**			
0207.55.01	Hígados.	Kg	10	Ex
0207.55.99	Los demás.	Kg	60	Ex
0207.60	**- De pintadas.**			
0207.60.01	Sin trocear, frescas o refrigeradas.	Kg	60	Ex
0207.60.02	Sin trocear, congeladas.	Kg	60	Ex
0207.60.99	Las demás.	Kg	60	Ex
02.08	**Las demás carnes y despojos comestibles, frescos, refrigerados o congelados.**			
0208.10	**- De conejo o liebre.**			
0208.10.01	De conejo o liebre.	Kg	10	Ex
0208.30	**- De primates.**			
0208.30.01	De primates.	Kg	10	Ex
0208.40	**- De ballenas, delfines y marsopas (mamíferos del orden Cetáceos); de manatíes y dugones o dugongos (mamíferos del orden Sirenios); de otarios y focas, leones marinos y morsas (mamíferos del suborden Pinnipedia).**			
0208.40.01	De ballenas, delfines y marsopas (mamíferos del orden Cetáceos); de manatíes y dugones o dugongos (mamíferos del orden Sirenios); de otarios y focas, leones marinos y morsas (mamíferos del suborden Pinnipedia).	Kg	10	Ex
0208.50	**- De reptiles (incluidas las serpientes y tortugas de mar).**			
0208.50.01	De reptiles (incluidas las serpientes y tortugas de mar).	Kg	10	Ex
0208.60	**- De camellos y los demás camélidos (Camelidae).**			
0208.60.01	De camellos y los demás camélidos (Camelidae).	Kg	10	Ex
0208.90	**- Los demás.**			
0208.90.01	Carnes o despojos de venado.	Kg	10	Ex
0208.90.02	Ancas (patas) de rana.	Kg	10	Ex
0208.90.99	Los demás.	Kg	10	Ex
02.09	**Tocino sin partes magras y grasa de cerdo o de ave sin fundir ni extraer de otro modo, frescos, refrigerados, congelados, salados o en salmuera, secos o ahumados.**			
0209.10	**- De cerdo.**			
0209.10.01	De cerdo.	Kg	60	Ex

Código		Descripción	Unid	Arancel (%)	
				IMP.	EXP.

0209.90	-	Los demás.			
0209.90.01		De gallo, gallina o pavo (gallipavo).	Kg	20	Ex
0209.90.99		Los demás.	Kg	60	Ex
02.10		**Carne y despojos comestibles, salados o en salmuera, secos o ahumados; harina y polvo comestibles, de carne o de despojos.**			
	-	Carne de la especie porcina:			
0210.11	..	**Jamones, paletas, y sus trozos, sin deshuesar.**			
0210.11.01		Jamones, paletas, y sus trozos, sin deshuesar.	Kg	10	Ex
0210.12	..	**Tocino entreverado de panza (panceta) y sus trozos.**			
0210.12.01		Tocino entreverado de panza (panceta) y sus trozos.	Kg	10	Ex
0210.19	..	**Las demás.**			
0210.19.99		Las demás.	Kg	10	Ex
0210.20	-	**Carne de la especie bovina.**			
0210.20.01		Carne de la especie bovina.	Kg	10	Ex
	-	Los demás, incluidos la harina y polvo comestibles, de carne o de despojos:			
0210.91	..	**De primates.**			
0210.91.01		De primates.	Kg	10	Ex
0210.92	..	**De ballenas, delfines y marsopas (mamíferos del orden Cetáceos); de manatíes y dugones o dugongos (mamíferos del orden Sirenios); de otarios y focas, leones marinos y morsas (mamíferos del suborden Pinnipedia).**			
0210.92.01		De ballenas, delfines y marsopas (mamíferos del orden Cetáceos); de manatíes y dugones o dugongos (mamíferos del orden Sirenios); de otarios y focas, leones marinos y morsas (mamíferos del suborden Pinnipedia).	Kg	10	Ex
0210.93	..	**De reptiles (incluidas las serpientes y tortugas de mar).**			
0210.93.01		De reptiles (incluidas las serpientes y tortugas de mar).	Kg	10	Ex
0210.99	..	**Los demás.**			
0210.99.01		Vísceras o labios de bovinos, salados o salpresos.	Kg	10	Ex
0210.99.02		Pieles de cerdo ahumadas, enteras o en recortes.	Kg	15	Ex
0210.99.03		Aves, saladas o en salmuera.	Kg	10	Ex
0210.99.99		Los demás.	Kg	10	Ex

Capítulo 03
Pescados y crustáceos, moluscos y demás invertebrados acuáticos

Notas.

1. Este Capítulo no comprende:
   a) los mamíferos de la partida 01.06;
   b) la carne de los mamíferos de la partida 01.06 (partidas 02.08 ó 02.10);
   c) el pescado (incluidos los hígados, huevas y lechas) ni los crustáceos, moluscos o demás invertebrados acuáticos, muertos e impropios para la alimentación humana por su naturaleza o por su estado de presentación (Capítulo 05); la harina, polvo y "pellets" de pescado o de crustáceos, moluscos o demás invertebrados acuáticos, impropios para la alimentación humana (partida 23.01);
   d) el caviar y los sucedáneos del caviar preparados con huevas de pescado (partida 16.04).

2. En este Capítulo, el término "*pellets*" designa los productos en forma de cilindro, bolita, etc., aglomerados por simple presión o con adición de una pequeña cantidad de aglutinante.

Código		Descripción	Unid de Med	Arancel (%)	
				IMP.	EXP.
03.01		**Peces vivos.**			
	-	Peces ornamentales:			
0301.11	..	**De agua dulce.**			
0301.11.01		De agua dulce.	Cbza	10	Ex
0301.19	..	**Los demás.**			
0301.19.99		Los demás.	Cbza	10	Ex
	-	Los demás peces vivos:			
0301.91	..	**Truchas (Salmo trutta, Oncorhynchus mykiss, Oncorhynchus clarki, Oncorhynchus aguabonita, Oncorhynchus gilae, Oncorhynchus apache y Oncorhynchus chrysogaster).**			
0301.91.01		Truchas (Salmo trutta, Oncorhynchus mykiss, Oncorhynchus clarki, Oncorhynchus aguabonita, Oncorhynchus gilae, Oncorhynchus apache y Oncorhynchus chrysogaster).	Cbza	17	Ex
0301.92	..	**Anguilas (Anguilla spp.).**			
0301.92.01		Anguilas (Anguilla spp.).	Cbza	17	Ex
0301.93	..	**Carpas (Cyprinus carpio, Carassius carassius, Ctenopharyngodon idellus, Hypophthalmichthys spp., Cirrhinus spp., Mylopharyngodon piceus).**			
0301.93.01		Carpas (Cyprinus carpio, Carassius carassius, Ctenopharyngodon idellus, Hypophthalmichthys spp., Cirrhinus spp., Mylopharyngodon piceus).	Cbza	17	Ex

0301.94	.. Atunes del Atlántico o del Pacífico, de aleta azul (Thunnus thynnus, Thunnus orientalis).			
0301.94.01	Atunes del Atlántico o del Pacífico, de aleta azul (Thunnus thynnus, Thunnus orientalis).	Cbza	Ex	Ex
0301.95	.. Atunes del sur (Thunnus maccoyii).			
0301.95.01	Atunes del sur (Thunnus maccoyii).	Cbza	Ex	Ex
0301.99	.. Los demás.			
0301.99.01	Depredadores, en sus estados de alevines, juveniles y adultos.		Prohibida	Prohi-bida
0301.99.99	Los demás.	Cbza	17	Ex
03.02	**Pescado fresco o refrigerado, excepto los filetes y demás carne de pescado de la partida 03.04.**			
	. Salmónidos, excepto los hígados, huevas y lechas:			
0302.11	.. Truchas (Salmo trutta, Oncorhynchus mykiss, Oncorhynchus clarki, Oncorhynchus aguabonita, Oncorhynchus gilae, Oncorhynchus apache y Oncorhynchus chrysogaster).			
0302.11.01	Truchas (Salmo trutta, Oncorhynchus mykiss, Oncorhynchus clarki, Oncorhynchus aguabonita, Oncorhynchus gilae, Oncorhynchus apache y Oncorhynchus chrysogaster).	Kg	17	Ex
0302.13	.. Salmones del Pacífico (Oncorhynchus nerka, Oncorhynchus gorbuscha, Oncorhynchus keta, Oncorhynchus tschawytscha, Oncorhynchus kisutch, Oncorhynchus masou y Oncorhynchus rhodurus).			
0302.13.01	Salmones del Pacífico (Oncorhynchus nerka, Oncorhynchus gorbuscha, Oncorhynchus keta, Oncorhynchus tschawytscha, Oncorhynchus kisutch, Oncorhynchus masou y Oncorhynchus rhodurus).	Kg	17	Ex
0302.14	.. Salmones del Atlántico (Salmo salar) y salmones del Danubio (Hucho hucho).			
0302.14.01	Salmones del Atlántico (Salmo salar) y salmones del Danubio (Hucho hucho).	Kg	17	Ex
0302.19	.. Los demás.			
0302.19.99	Los demás.	Kg	17	Ex
	. Pescados planos (Pleuronéctidos, Bótidos, Cynoglósidos, Soleidos, Escoftálmidos y Citáridos), excepto los hígados, huevas y lechas:			
0302.21	.. Halibut (fletán) (Reinhardtius hippoglossoides, Hippoglossus hippoglossus, Hippoglossus stenolepis).			
0302.21.01	Halibut (fletán) (Reinhardtius hippoglossoides, Hippoglossus hippoglossus, Hippoglossus stenolepis).	Kg	17	Ex
0302.22	.. Sollas (Pleuronectes platessa).			
0302.22.01	Sollas (Pleuronectes platessa).	Kg	17	Ex
0302.23	.. Lenguados (Solea spp.).			
0302.23.01	Lenguados (Solea spp.).	Kg	17	Ex
0302.24	.. Rodaballos (Psetta maxima).			
0302.24.01	Rodaballos (Psetta maxima).	Kg	17	Ex
0302.29	.. Los demás.			
0302.29.99	Los demás.	Kg	17	Ex
	. Atunes (del género Thunnus), listados o bonitos de vientre rayado (Euthynnus (Katsuwonus) pelamis), excepto los hígados, huevas y lechas:			
0302.31	.. Albacoras o atunes blancos (Thunnus alalunga).			
0302.31.01	Albacoras o atunes blancos (Thunnus alalunga).	Kg	Ex	Ex
0302.32	.. Atunes de aleta amarilla (rabiles) (Thunnus albacares).			
0302.32.01	Atunes de aleta amarilla (rabiles) (Thunnus albacares).	Kg	Ex	Ex
0302.33	.. Listados o bonitos de vientre rayado.			
0302.33.01	Listados o bonitos de vientre rayado.	Kg	Ex	Ex
0302.34	.. Patudos o atunes ojo grande (Thunnus obesus).			
0302.34.01	Patudos o atunes ojo grande (Thunnus obesus).	Kg	Ex	Ex
0302.35	.. Atunes del Atlántico y del Pacífico, de aleta azul (Thunnus thynnus, Thunnus orientalis).			
0302.35.01	Atunes del Atlántico y del Pacífico, de aleta azul (Thunnus thynnus, Thunnus orientalis).	Kg	Ex	Ex
0302.36	.. Atunes del sur (Thunnus maccoyii).			
0302.36.01	Atunes del sur (Thunnus maccoyii).	Kg	Ex	Ex
0302.39	.. Los demás.			
0302.39.99	Los demás.	Kg	Ex	Ex
	. Arenques (Clupea harengus, Clupea pallasii), anchoas (Engraulis spp.), sardinas (Sardina pilchardus, Sardinops spp.), sardinela (Sardinella spp.), espadines (Sprattus sprattus), caballas (Scomber scombrus, Scomber australasicus, Scomber japonicus), jureles (Trachurus spp.), cobias (Rachycentron canadum) y pez espada (Xiphias gladius), excepto los hígados, huevas y lechas:			
0302.41	.. Arenques (Clupea harengus, Clupea pallasii).			
0302.41.01	Arenques (Clupea harengus, Clupea pallasii).	Kg	17	Ex
0302.42	.. Anchoas (Engraulis spp.).			
0302.42.01	Anchoas (Engraulis spp.).	Kg	17	Ex

Código	Descripción	Unidad		
0302.43	.. Sardinas (Sardina pilchardus, Sardinops spp.), sardinela (Sardinella spp.) o espadines (Sprattus sprattus).			
0302.43.01	Sardinas (Sardina pilchardus, Sardinops spp.), sardinela (Sardinella spp.) o espadines (Sprattus sprattus).	Kg	17	Ex
0302.44	.. Caballas (Scomber scombrus, Scomber australasicus, Scomber japonicus).			
0302.44.01	Caballas (Scomber scombrus, Scomber australasicus, Scomber japonicus).	Kg	17	Ex
0302.45	.. Jureles (Trachurus spp.).			
0302.45.01	Jureles (Trachurus spp.).	Kg	17	Ex
0302.46	.. Cobias (Rachycentron canadum).			
0302.46.01	Cobias (Rachycentron canadum).	Kg	17	Ex
0302.47	.. Pez espada (Xiphias gladius).			
0302.47.01	Pez espada (Xiphias gladius).	Kg	17	Ex
	- Pescados de las familias Bregmacerotidae, Euclichthyidae, Gadidae, Macrouridae, Melanonidae, Merlucciidae, Moridae y Muraenolepididae, excepto los hígados, huevas y lechas:			
0302.51	.. Bacalaos (Gadus morhua, Gadus ogac, Gadus macrocephalus).			
0302.51.01	Bacalaos (Gadus morhua, Gadus ogac, Gadus macrocephalus).	Kg	17	Ex
0302.52	.. Eglefinos (Melanogrammus aeglefinus).			
0302.52.01	Eglefinos (Melanogrammus aeglefinus).	Kg	17	Ex
0302.53	.. Carboneros (Pollachius virens).			
0302.53.01	Carboneros (Pollachius virens).	Kg	17	Ex
0302.54	.. Merluzas (Merluccius spp., Urophycis spp.).			
0302.54.01	Merluzas (Merluccius spp., Urophycis spp.).	Kg	10	Ex
0302.55	.. Abadejos de Alaska (Theragra chalcogramma).			
0302.55.01	Abadejos de Alaska (Theragra chalcogramma).	Kg	17	Ex
0302.56	.. Bacaladillas (Micromesistius poutassou, Micromesistius australis).			
0302.56.01	Bacaladillas (Micromesistius poutassou, Micromesistius australis).	Kg	17	Ex
0302.59	.. Los demás.			
0302.59.99	Los demás.	Kg	17	Ex
	- Tilapias (Oreochromis spp.), bagre o pez gato (Pangasius spp., Silurus spp., Clarias spp., Ictalurus spp.), carpas (Cyprinus carpio, Carassius carassius, Ctenopharyngodon idellus, Hypophthalmichthys spp., Cirrhinus spp., Mylopharyngodon piceus), anguilas (Anguilla spp.), percas del Nilo (Lates niloticus) y peces cabeza de serpiente (Channa spp.), excepto los hígados, huevas y lechas:			
0302.71	.. Tilapias (Oreochromis spp.).			
0302.71.01	Tilapias (Oreochromis spp.).	Kg	17	Ex
0302.72	.. Bagre o pez gato (Pangasius spp., Silurus spp., Clarias spp., Ictalurus spp.).			
0302.72.01	Bagre o pez gato (Pangasius spp., Silurus spp., Clarias spp., Ictalurus spp.).	Kg	17	Ex
0302.73	.. Carpas (Cyprinus carpio, Carassius carassius, Ctenopharyngodon idellus, Hypophthalmichthys spp., Cirrhinus spp., Mylopharyngodon piceus).			
0302.73.01	Carpas (Cyprinus carpio, Carassius carassius, Ctenopharyngodon idellus, Hypophthalmichthys spp., Cirrhinus spp., Mylopharyngodon piceus).	Kg	17	Ex
0302.74	.. Anguilas (Anguilla spp.).			
0302.74.01	Anguilas (Anguilla spp.).	Kg	17	Ex
0302.79	.. Los demás.			
0302.79.99	Los demás.	Kg	17	Ex
	- Los demás pescados, excepto los hígados, huevas y lechas:			
0302.81	.. Cazones y demás escualos.			
0302.81.01	Cazones y demás escualos.	Kg	17	Ex
0302.82	.. Rayas y mantarrayas (Rajidae).			
0302.82.01	Rayas y mantarrayas (Rajidae).	Kg	17	Ex
0302.83	.. Austromerluza antártica y austromerluza negra (merluza negra, bacalao de profundidad, nototenia negra) (Dissostichus spp.).			
0302.83.01	Austromerluza antártica y austromerluza negra (merluza negra, bacalao de profundidad, nototenia negra) (Dissostichus spp.).	Kg	17	Ex
0302.84	.. Róbalos (Dicentrarchus spp.).			
0302.84.01	Róbalos (Dicentrarchus spp.).	Kg	17	Ex
0302.85	.. Sargos (doradas, pargos, besugos) (Sparidae).			
0302.85.01	Sargos (doradas, pargos, besugos) (Sparidae).	Kg	17	Ex
0302.89	.. Los demás.			
0302.89.01	Totoabas.	Kg	17	Prohibida
0302.89.99	Los demás.	Kg	17	Ex
0302.90	- Hígados, huevas y lechas.			
0302.90.01	Hígados, huevas y lechas.	Kg	17	Ex

03.03		**Pescado congelado, excepto los filetes y demás carne de pescado de la partida 03.04.**		
	-	**Salmónidos, excepto los hígados, huevas y lechas:**		
0303.11	- -	**Salmones rojos (Oncorhynchus nerka).**		
0303.11.01		Salmones rojos (Oncorhynchus nerka).	Kg	17	Ex
0303.12	- -	**Los demás salmones del Pacífico (Oncorhynchus gorbuscha, Oncorhynchus keta, Oncorhynchus tschawytscha, Oncorhynchus kisutch, Oncorhynchus masou y Oncorhynchus rhodurus).**		
0303.12.01		Los demás salmones del Pacífico (Oncorhynchus gorbuscha, Oncorhynchus keta, Oncorhynchus tschawytscha, Oncorhynchus kisutch, Oncorhynchus masou y Oncorhynchus rhodurus).	Kg	17	Ex
0303.13	- -	**Salmones del Atlántico (Salmon salar) y salmones del Danubio (Hucho hucho).**		
0303.13.01		Salmones del Atlántico (Salmo salar) y salmones del Danubio (Hucho hucho).	Kg	17	Ex
0303.14	- -	**Truchas (Salmo trutta, Oncorhynchus mykiss, Oncorhynchus clarki, Oncorhynchus aguabonita, Oncorhynchus gilae, Oncorhynchus apache y Oncorhynchus chrysogaster).**		
0303.14.01		Truchas (Salmo trutta, Oncorhynchus mykiss, Oncorhynchus clarki, Oncorhynchus aguabonita, Oncorhynchus gilae, Oncorhynchus apache y Oncorhynchus chrysogaster).	Kg	17	Ex
0303.19	- -	**Los demás.**		
0303.19.99		Los demás.	Kg	17	Ex
	-	**Tilapias (Oreochromis spp.), bagre o pez gato (Pangasius spp., Silurus spp., Clarias spp., Ictalurus spp.), carpas (Cyprinus carpio, Carassius carassius, Ctenopharyngodon idellus, Hypophthalmichthys spp., Cirrhinus spp., Mylopharyngodon piceus), anguilas (Anguilla spp.), percas del Nilo (Lates niloticus) y peces cabeza de serpiente (Channa spp.), excepto los hígados, huevas y lechas:**		
0303.23	- -	**Tilapias (Oreochromis spp.).**		
0303.23.01		Tilapias (Oreochromis spp.).	Kg	17	Ex
0303.24	- -	**Bagre o pez gato (Pangasius spp., Silurus spp., Clarias spp., Ictalurus spp.).**		
0303.24.01		Bagre o pez gato (Pangasius spp., Silurus spp., Clarias spp., Ictalurus spp.).	Kg	17	Ex
0303.25	- -	**Carpas (Cyprinus carpio, Carassius carassius, Ctenopharyngodon idellus, Hypophthalmichthys spp., Cirrhinus spp., Mylopharyngodon piceus).**		
0303.25.01		Carpas (Cyprinus carpio, Carassius carassius, Ctenopharyngodon idellus, Hypophthalmichthys spp., Cirrhinus spp., Mylopharyngodon piceus).	Kg	17	Ex
0303.26	- -	**Anguilas (Anguilla spp.).**		
0303.26.01		Anguilas (Anguilla spp.).	Kg	10	Ex
0303.29	- -	**Los demás.**		
0303.29.99		Los demás.	Kg	17	Ex
	-	**Pescados planos (Pleuronéctidos, Bótidos, Cynoglósidos, Soleidos, Escoftálmidos y Citáridos), excepto los hígados, huevas y lechas:**		
0303.31	- -	**Halibut (fletán) (Reinhardtius hippoglossoides, Hippoglossus hippoglossus, Hippoglossus stenolepis).**		
0303.31.01		Halibut (fletán) (Reinhardtius hippoglossoides, Hippoglossus hippoglossus, Hippoglossus stenolepis).	Kg	17	Ex
0303.32	- -	**Sollas (Pleuronectes platessa).**		
0303.32.01		Sollas (Pleuronectes platessa).	Kg	17	Ex
0303.33	- -	**Lenguados (Solea spp.).**		
0303.33.01		Lenguados (Solea spp.).	Kg	17	Ex
0303.34	- -	**Rodaballos (Psetta maxima).**		
0303.34.01		Rodaballos (Psetta maxima).	Kg	17	Ex
0303.39	- -	**Los demás.**		
0303.39.99		Los demás.	Kg	17	Ex
	-	**Atunes (del género Thunnus), listados o bonitos de vientre rayado (Euthynnus (Katsuwonus) pelamis), excepto los hígados, huevas y lechas:**		
0303.41	- -	**Albacoras o atunes blancos (Thunnus alalunga).**		
0303.41.01		Albacoras o atunes blancos (Thunnus alalunga).	Kg	Ex	Ex
0303.42	- -	**Atunes de aleta amarilla (rabiles) (Thunnus albacares).**		
0303.42.01		Atunes de aleta amarilla (rabiles) (Thunnus albacares).	Kg	Ex	Ex
0303.43	- -	**Listados o bonitos de vientre rayado.**		
0303.43.01		Listados o bonitos de vientre rayado.	Kg	Ex	Ex
0303.44	- -	**Patudos o atunes ojo grande (Thunnus obesus).**		
0303.44.01		Patudos o atunes ojo grande (Thunnus obesus).	Kg	Ex	Ex
0303.45	- -	**Atunes del Atlántico o del Pacífico, de aleta azul (Thunnus thynnus, Thunnus orientalis).**		
0303.45.01		Atunes del Atlántico o del Pacífico, de aleta azul (Thunnus thynnus, Thunnus orientalis).	Kg	Ex	Ex
0303.46	- -	**Atunes del sur (Thunnus maccoyii).**		
0303.46.01		Atunes del sur (Thunnus maccoyii).	Kg	Ex	Ex

0303.49	**.. Los demás.**			
0303.49.99	Los demás.	Kg	Ex	Ex
	. Arenques (Clupea harengus, Clupea pallasii), sardinas (Sardina pilchardus, Sardinops spp.), sardinelas (Sardinella spp.), espadines (Sprattus sprattus), caballas (Scomber scombrus, Scomber australasicus, Scomber japonicus), jureles (Trachurus spp.), cobias (Rachycentron canadum) y pez espada (Xiphias gladius), excepto los hígados, huevas y lechas:			
0303.51	**.. Arenques (Clupea harengus, Clupea pallasii).**			
0303.51.01	Arenques (Clupea harengus, Clupea pallasii).	Kg	17	Ex
0303.53	**.. Sardinas (Sardina pilchardus, Sardinops spp.), Sardinela (Sardinella spp.) y espadines (Sprattus sprattus).**			
0303.53.01	Sardinas (Sardina pilchardus, Sardinops spp.), Sardinela (Sardinella spp.) y espadines (Sprattus sprattus).	Kg	17	Ex
0303.54	**.. Caballas (Scomber scombrus, Scomber australasicus, Scomber japonicus).**			
0303.54.01	Caballas (Scomber scombrus, Scomber australasicus, Scomber japonicus).	Kg	17	Ex
0303.55	**.. Jureles (Trachurus spp.).**			
0303.55.01	Jureles (Trachurus spp.).	Kg	17	Ex
0303.56	**.. Cobias (Rachycentron canadum).**			
0303.56.01	Cobias (Rachycentron canadum).	Kg	17	Ex
0303.57	**.. Pez espada (Xiphias gladius).**			
0303.57.01	Pez espada (Xiphias gladius).	Kg	17	Ex
	. Pescados de las familias Bregmacerotidae, Euclichthyidae, Gadidae, Macrouridae, Melanonidae, Merlucciidae, Moridae y Muraenolepididae, excepto los hígados, huevas y lechas:			
0303.63	**.. Bacalaos (Gadus morhua, Gadus ogac, Gadus macrocephalus).**			
0303.63.01	Bacalaos (Gadus morhua, Gadus ogac, Gadus macrocephalus).	Kg	17	Ex
0303.64	**.. Eglefinos (Melanogrammus aeglefinus).**			
0303.64.01	Eglefinos (Melanogrammus aeglefinus).	Kg	17	Ex
0303.65	**.. Carboneros (Pollachius virens).**			
0303.65.01	Carboneros (Pollachius virens).	Kg	17	Ex
0303.66	**.. Merluzas (Merluccius spp., Urophycis spp.).**			
0303.66.01	Merluzas (Merluccius spp., Urophycis spp.).	Kg	10	Ex
0303.67	**.. Abadejos de Alaska (Theragra chalcogramma).**			
0303.67.01	Abadejos de Alaska (Theragra chalcogramma).	Kg	17	Ex
0303.68	**.. Bacaladillas (Micromesistius poutassou, Micromesistius australis).**			
0303.68.01	Bacaladillas (Micromesistius poutassou, Micromesistius australis).	Kg	17	Ex
0303.69	**.. Los demás.**			
0303.69.99	Los demás.	Kg	17	Ex
	. Los demás pescados, excepto los hígados, huevas y lechas:			
0303.81	**.. Cazones y demás escualos.**			
0303.81.01	Cazones y demás escualos.	Kg	17	Ex
0303.82	**.. Rayas o mantarrayas (Rajidae).**			
0303.82.01	Rayas o mantarrayas (Rajidae).	Kg	17	Ex
0303.83	**.. Austromerluza antártica y austromerluza negra (merluza negra, bacalao de profundidad, nototenia negra) (Dissostichus spp.).**			
0303.83.01	Austromerluza antártica y austromerluza negra (merluza negra, bacalao de profundidad, nototenia negra) (Dissostichus spp.).	Kg	17	Ex
0303.84	**.. Róbalos (Dicentrarchus spp.).**			
0303.84.01	Róbalos (Dicentrarchus spp.).	Kg	17	Ex
0303.89	**.. Los demás.**			
0303.89.01	Totoabas.	Kg	17	Prohibida
0303.89.99	Los demás.	Kg	17	Ex
0303.90	**. Hígados, huevas y lechas.**			
0303.90.01	Hígados, huevas y lechas.	Kg	17	Ex
03.04	**Filetes y demás carne de pescado (incluso picada), frescos, refrigerados o congelados.**			
	. Filetes, frescos o refrigerados, de tilapias (Oreochromis spp.), bagre o pez gato (Pangasius spp., Silurus spp., Clarias spp., Ictalurus spp.), carpas (Cyprinus carpio, Carassius carassius, Ctenopharyngodon idellus, Hypophthalmichthys spp., Cirrhinus spp., Mylopharyngodon piceus), anguilas (Anguilla spp.), percas del Nilo (Lates niloticus) y de peces cabeza de serpiente (Channa spp.):			
0304.31	**.. De tilapias (Oreochromis spp.).**			
0304.31.01	De tilapias (Oreochromis spp.).	Kg	17	Ex
0304.32	**.. De bagre o pez gato (Pangasius spp., Silurus spp., Clarias spp., Ictalurus spp.).**			
0304.32.01	De bagre o pez gato (Pangasius spp., Silurus spp., Clarias spp., Ictalurus spp.).	Kg	17	Ex

0304.33	**. . De percas del Nilo (Lates niloticus).**			
0304.33.01	De percas del Nilo (Lates niloticus).	Kg	17	Ex
0304.39	**. . Los demás.**			
0304.39.99	Los demás.	Kg	17	Ex
	. Filetes de los demás pescados, frescos o refrigerados:			
0304.41	**. . De salmones del Pacífico (Oncorhynchus nerka, Oncorhynchus gorbuscha, Oncorhynchus keta, Oncorhynchus tschawytscha, Oncorhynchus kisutch, Oncorhynchus masou y Oncorhynchus rhodurus), salmones del Atlántico (Salmo salar) y salmones del Danubio (Hucho hucho).**			
0304.41.01	De salmones del Pacífico (Oncorhynchus nerka, Oncorhynchus gorbuscha, Oncorhynchus keta, Oncorhynchus tschawytscha, Oncorhynchus kisutch, Oncorhynchus masou y Oncorhynchus rhodurus), salmones del Atlántico (Salmo salar) y salmones del Danubio (Hucho hucho).	Kg	17	Ex
0304.42	**. . De truchas (Salmo trutta, Oncorhynchus mykiss, Oncorhynchus clarki, Oncorhynchus aguabonita, Oncorhynchus gilae, Oncorhynchus apache y Oncorhynchus chrysogaster).**			
0304.42.01	De truchas (Salmo trutta, Oncorhynchus mykiss, Oncorhynchus clarki, Oncorhynchus aguabonita, Oncorhynchus gilae, Oncorhynchus apache y Oncorhynchus chrysogaster).	Kg	17	Ex
0304.43	**. . De pescados planos (Pleuronectidae, Bothidae, Cynoglossidae, Soleidae, Scophthalmidae y Citharidae).**			
0304.43.01	De pescados planos (Pleuronectidae, Bothidae, Cynoglossidae, Soleidae, Scophthalmidae y Citharidae).	Kg	17	Ex
0304.44	**. . De pescados de las familias Bregmacerotidae, Euclichthyidae, Gadidae, Macrouridae, Melanonidae, Merlucciidae, Moridae y Muraenolepididae.**			
0304.44.01	De pescados de las familias Bregmacerotidae, Euclichthyidae, Gadidae, Macrouridae, Melanonidae, Merlucciidae, Moridae y Muraenolepididae.	Kg	17	Ex
0304.45	**. . De pez espada (Xiphias gladius).**			
0304.45.01	De pez espada (Xiphias gladius).	Kg	17	Ex
0304.46	**. . De austromerluza antártica y austromerluza negra (merluza negra, bacalao de profundidad, nototenia negra) (Dissostichus spp.).**			
0304.46.01	De austromerluza antártica y austromerluza negra (merluza negra, bacalao de profundidad, nototenia negra) (Dissostichus spp.).	Kg	17	Ex
0304.49	**. . Los demás.**			
0304.49.99	Los demás.	Kg	17	Ex
	. Los demás, frescos o refrigerados:			
0304.51	**. . De tilapias (Oreochromis spp.), bagre o pez gato (Pangasius spp., Silurus spp., Clarias spp., Ictalurus spp.), carpas (Cyprinus carpio, Carassius carassius, Ctenopharyngodon idellus, Hypophthalmichthys spp., Cirrhinus spp., Mylopharyngodon piceus), anguilas (Anguilla spp.), percas del Nilo (Lates niloticus) y peces cabeza de serpiente (Channa spp.).**			
0304.51.01	De tilapias (Oreochromis spp.), bagre o pez gato (Pangasius spp., Silurus spp., Clarias spp., Ictalurus spp.), carpas (Cyprinus carpio, Carassius carassius, Ctenopharyngodon idellus, Hypophthalmichthys spp., Cirrhinus spp., Mylopharyngodon piceus), anguilas (Anguilla spp.), percas del Nilo (Lates niloticus) y peces cabeza de serpiente (Channa spp.).	Kg	17	Ex
0304.52	**. . De salmónidos.**			
0304.52.01	De salmónidos.	Kg	17	Ex
0304.53	**. . De pescados de las familias Bregmacerotidae, Euclichthyidae, Gadidae, Macrouridae, Melanonidae, Merlucciidae, Moridae y Muraenolepididae.**			
0304.53.01	De pescados de las familias Bregmacerotidae, Euclichthyidae, Gadidae, Macrouridae, Melanonidae, Merlucciidae, Moridae y Muraenolepididae.	Kg	17	Ex
0304.54	**. . De pez espada (Xiphias gladius).**			
0304.54.01	De pez espada (Xiphias gladius).	Kg	17	Ex
0304.55	**. . De austromerluza antártica o austromerluza negra (merluza negra, bacalao de profundidad, nototenia negra) (Dissostichus spp.).**			
0304.55.01	De austromerluza antártica o austromerluza negra (merluza negra, bacalao de profundidad, nototenia negra) (Dissostichus spp.).	Kg	17	Ex
0304.59	**. . Los demás.**			
0304.59.99	Los demás.	Kg	17	Ex
	. Filetes congelados, de tilapias (Oreochromis spp.), bagre o pez gato (Pangasius spp., Silurus spp., Clarias spp., Ictalurus spp.), carpas (Cyprinus carpio, Carassius carassius, Ctenopharyngodon idellus, Hypophthalmichthys spp., Cirrhinus spp., Mylopharyngodon piceus), anguilas (Anguilla spp.), percas del Nilo (Lates niloticus) y de peces cabeza de serpiente (Channa spp.):			
0304.61	**. . De tilapias (Oreochromis spp.).**			
0304.61.01	De tilapias (Oreochromis spp.).	Kg	17	Ex
0304.62	**. . De bagre o pez gato (Pangasius spp., Silurus spp., Clarias spp., Ictalurus spp.).**			
0304.62.01	De bagre o pez gato (Pangasius spp., Silurus spp., Clarias spp., Ictalurus spp.).	Kg	17	Ex
0304.63	**. . De percas del Nilo (Lates niloticus).**			
0304.63.01	De percas del Nilo (Lates niloticus).	Kg	17	Ex

0304.69	.. **Los demás.**			
0304.69.99	Los demás.	Kg	17	Ex
	- **Filetes congelados de pescados de las familias Bregmacerotidae, Euclichthyidae, Gadidae, Macrouridae, Melanonidae, Merlucciidae, Moridae y Muraenolepididae:**			
0304.71	.. **De bacalaos (Gadus morhua, Gadus ogac, Gadus macrocephalus).**			
0304.71.01	De bacalaos (Gadus morhua, Gadus ogac, Gadus macrocephalus).	Kg	17	Ex
0304.72	.. **De eglefinos (Melanogrammus aeglefinus).**			
0304.72.01	De eglefinos (Melanogrammus aeglefinus).	Kg	17	Ex
0304.73	.. **De carboneros (Pollachius virens).**			
0304.73.01	De carboneros (Pollachius virens).	Kg	17	Ex
0304.74	.. **De merluzas (Merluccius spp., Urophycis spp.).**			
0304.74.01	De merluzas (Merluccius spp., Urophycis spp.).	Kg	17	Ex
0304.75	.. **De abadejos de Alaska (Theragra chalcogramma).**			
0304.75.01	De abadejos de Alaska (Theragra chalcogramma).	Kg	17	Ex
0304.79	.. **Los demás.**			
0304.79.99	Los demás.	Kg	17	Ex
	- **Filetes congelados de los demás pescados:**			
0304.81	.. **De salmones del Pacífico (Oncorhynchus nerka, Oncorhynchus gorbuscha, Oncorhynchus keta, Oncorhynchus tschawytscha, Oncorhynchus kisutch, Oncorhynchus masou y Oncorhynchus rhodurus), salmones del Atlántico (Salmo salar) y de salmones del Danubio (Hucho hucho).**			
0304.81.01	De salmones del Pacífico (Oncorhynchus nerka, Oncorhynchus gorbuscha, Oncorhynchus keta, Oncorhynchus tschawytscha, Oncorhynchus kisutch, Oncorhynchus masou y Oncorhynchus rhodurus), salmones del Atlántico (Salmo salar) y de salmones del Danubio (Hucho hucho).	Kg	17	Ex
0304.82	.. **De truchas (Salmo trutta, Oncorhynchus mykiss, Oncorhynchus clarki, Oncorhynchus aguabonita, Oncorhynchus gilae, Oncorhynchus apache y Oncorhynchus chrysogaster).**			
0304.82.01	De truchas (Salmo trutta, Oncorhynchus mykiss, Oncorhynchus clarki, Oncorhynchus aguabonita, Oncorhynchus gilae, Oncorhynchus apache y Oncorhynchus chrysogaster).	Kg	17	Ex
0304.83	.. **De pescados planos (Pleuronectidae, Bothidae, Cynoglossidae, Soleidae, Scophthalmidae y Citharidae).**			
0304.83.01	De pescados planos (Pleuronectidae, Bothidae, Cynoglossidae, Soleidae, Scophthalmidae y Citharidae).	Kg	17	Ex
0304.84	.. **De pez espada (Xiphias gladius).**			
0304.84.01	De pez espada (Xiphias gladius).	Kg	17	Ex
0304.85	.. **De austromerluza antártica y austromerluza negra (merluza negra, bacalao de profundidad, nototenia negra) (Dissostichus spp.).**			
0304.85.01	De austromerluza antártica y austromerluza negra (merluza negra, bacalao de profundidad, nototenia negra) (Dissostichus spp.).	Kg	17	Ex
0304.86	.. **De arenques (Clupea harengus, Clupea pallasii).**			
0304.86.01	De arenques (Clupea harengus, Clupea pallasii).	Kg	17	Ex
0304.87	.. **De atunes (del género Thunnus), listados o bonitos de vientre rayado (Euthynnus (Katsuwonus) pelamis).**			
0304.87.01	De atunes (del género Thunnus), listados o bonitos de vientre rayado (Euthynnus (Katsuwonus) pelamis).	Kg	17	Ex
0304.89	.. **Los demás.**			
0304.89.99	Los demás.	Kg	17	Ex
	- **Los demás, congelados:**			
0304.91	.. **Peces espada (Xiphias gladius).**			
0304.91.01	Peces espada (Xiphias gladius).	Kg	17	Ex
0304.92	.. **Austromerluza antártica y austromerluza negra (merluza negra, bacalao de profundidad, nototenia negra) (Dissostichus spp.).**			
0304.92.01	Austromerluza antártica y austromerluza negra (merluza negra, bacalao de profundidad, nototenia negra) (Dissostichus spp.).	Kg	17	Ex
0304.93	.. **De tilapias (Oreochromis spp.), bagre o pez gato (Pangasius spp., Silurus spp., Clarias spp., Ictalurus spp.), carpas (Cyprinus carpio, Carassius carassius, Ctenopharyngodon idellus, Hypophthalmichthys spp., Cirrhinus spp., Mylopharyngodon piceus), anguilas (Anguilla spp.), percas del Nilo (Lates niloticus) y de peces cabeza de serpiente (Channa spp.).**			
0304.93.01	De tilapias (Oreochromis spp.), bagre o pez gato (Pangasius spp., Silurus spp., Clarias spp., Ictalurus spp.), carpas (Cyprinus carpio, Carassius carassius, Ctenopharyngodon idellus, Hypophthalmichthys spp., Cirrhinus spp., Mylopharyngodon piceus), anguilas (Anguilla spp.), percas del Nilo (Lates niloticus) y de peces cabeza de serpiente (Channa spp.).	Kg	17	Ex
0304.94	.. **De abadejos de Alaska (Theragra chalcogramma).**			
0304.94.01	De abadejos de Alaska (Theragra chalcogramma).	Kg	17	Ex

0304.95	.. De pescados de las familias Bregmacerotidae, Euclichthyidae, Gadidae, Macrouridae, Melanonidae, Merlucciidae, Moridae y Muraenolepididae, excepto abadejos de Alaska (Theragra chalcogramma).			
0304.95.01	De pescados de las familias Bregmacerotidae, Euclichthyidae, Gadidae, Macrouridae, Melanonidae, Merlucciidae, Moridae y Muraenolepididae, excepto abadejos de Alaska (Theragra chalcogramma).	Kg	17	Ex
0304.99	.. Los demás.			
0304.99.99	Los demás.	Kg	17	Ex
03.05	Pescado seco, salado o en salmuera; pescado ahumado, incluso cocido antes o durante el ahumado; harina, polvo y "pellets" de pescado, aptos para la alimentación humana.			
0305.10	- Harina, polvo y "pellets" de pescado, aptos para la alimentación humana.			
0305.10.01	Harina, polvo y "pellets" de pescado, aptos para la alimentación humana.	Kg	17	Ex
0305.20	- Hígados, huevas y lechas, de pescado, secos, ahumados, salados o en salmuera.			
0305.20.01	Hígados, huevas y lechas, de pescado, secos, ahumados, salados o en salmuera.	Kg	17	Ex
	- Filetes de pescado, secos, salados o en salmuera, sin ahumar:			
0305.31	.. De tilapias (Oreochromis spp.), bagre o pez gato (Pangasius spp., Silurus spp., Clarias spp., Ictalurus spp.), carpas (Cyprinus carpio, Carassius carassius, Ctenopharyngodon idellus, Hypophthalmichthys spp., Cirrhinus spp., Mylopharyngodon piceus), anguilas (Anguilla spp.), percas del Nilo (Lates niloticus) o de peces cabeza de serpiente (Channa spp.).			
0305.31.01	De tilapias (Oreochromis spp.), bagre o pez gato (Pangasius spp., Silurus spp., Clarias spp., Ictalurus spp.), carpas (Cyprinus carpio, Carassius carassius, Ctenopharyngodon idellus, Hypophthalmichthys spp., Cirrhinus spp., Mylopharyngodon piceus), anguilas (Anguilla spp.), percas del Nilo (Lates niloticus) o de peces cabeza de serpiente (Channa spp.).	kg	17	Ex
0305.32	.. De pescados de las familias Bregmacerotidae, Euclichthyidae, Gadidae, Macrouridae, Melanonidae, Merlucciidae, Moridae y Muraenolepididae.			
0305.32.01	De pescados de las familias Bregmacerotidae, Euclichthyidae, Gadidae, Macrouridae, Melanonidae, Merlucciidae, Moridae y Muraenolepididae.	kg	17	Ex
0305.39	.. Los demás.			
0305.39.99	Los demás.	kg	17	Ex
	- Pescado ahumado, incluidos los filetes, excepto los despojos comestibles:			
0305.41	.. Salmones del Pacífico (Oncorhynchus nerka, Oncorhynchus gorbuscha, Oncorhynchus keta, Oncorhynchus tschawytscha, Oncorhynchus kisutch, Oncorhynchus masou y Oncorhynchus rhodurus), salmones del Atlántico (Salmo salar) y salmones del Danubio (Hucho hucho).			
0305.41.01	Salmones del Pacífico (Oncorhynchus nerka, Oncorhynchus gorbuscha, Oncorhynchus keta, Oncorhynchus tschawytscha, Oncorhynchus kisutch, Oncorhynchus masou y Oncorhynchus rhodurus), salmones del Atlántico (Salmo salar) y salmones del Danubio (Hucho hucho).	Kg	17	Ex
0305.42	.. Arenques (Clupea harengus, Clupea pallasii).			
0305.42.01	Arenques (Clupea harengus, Clupea pallasii).	Kg	17	Ex
0305.43	.. Truchas (Salmo trutta, Oncorhynchus mykiss, Oncorhynchus clarki, Oncorhynchus aguabonita, Oncorhynchus gilae, Oncorhynchus apache y Oncorhynchus chrysogaster).			
0305.43.01	Truchas (Salmo trutta, Oncorhynchus mykiss, Oncorhynchus clarki, Oncorhynchus aguabonita, Oncorhynchus gilae, Oncorhynchus apache y Oncorhynchus chrysogaster).	kg	17	Ex
0305.44	.. Tilapias (Oreochromis spp.), bagre o pez gato (Pangasius spp., Silurus spp., Clarias spp., Ictalurus spp.), carpas (Cyprinus carpio, Carassius carassius, Ctenopharyngodon idellus, Hypophthalmichthys spp., Cirrhinus spp., Mylopharyngodon piceus), anguilas (Anguilla spp.), percas del Nilo (Lates niloticus) y peces cabeza de serpiente (Channa spp.).			
0305.44.01	Tilapias (Oreochromis spp.), bagre o pez gato (Pangasius spp., Silurus spp., Clarias spp., Ictalurus spp.), carpas (Cyprinus carpio, Carassius carassius, Ctenopharyngodon idellus, Hypophthalmichthys spp., Cirrhinus spp., Mylopharyngodon piceus), anguilas (Anguilla spp.), percas del Nilo (Lates niloticus) y peces cabeza de serpiente (Channa spp.).	kg	17	Ex
0305.49	.. Los demás.			
0305.49.01	Merluzas ahumadas.	Kg	17	Ex
0305.49.99	Los demás.	Kg	17	Ex
	- Pescado seco, excepto los despojos comestibles, incluso salado pero sin ahumar:			
0305.51	.. Bacalaos (Gadus morhua, Gadus ogac, Gadus macrocephalus).			
0305.51.01	Bacalao de la variedad "ling".	Kg	17	Ex
0305.51.99	Los demás.	Kg	17	Ex
0305.59	.. Los demás.			
0305.59.01	Merluzas.	Kg	17	Ex
0305.59.99	Los demás.	Kg	17	Ex

- Pescado salado sin secar ni ahumar y pescado en salmuera, excepto los despojos comestibles:

0305.61	.. Arenques (Clupea harengus, Clupea pallasii).			
0305.61.01	Arenques (Clupea harengus, Clupea pallasii).	Kg	17	Ex
0305.62	.. Bacalaos (Gadus morhua, Gadus ogac, Gadus macrocephalus).			
0305.62.01	Bacalaos (Gadus morhua, Gadus ogac, Gadus macrocephalus).	Kg	17	Ex
0305.63	.. Anchoas (Engraulis spp.).			
0305.63.01	Anchoas (Engraulis spp.).	Kg	17	Ex
0305.64	.. Tilapias (Oreochromis spp.), bagre o pez gato (Pangasius spp., Silurus spp., Clarias spp., Ictalurus spp.), carpas (Cyprinus carpio, Carassius carassius, Ctenopharyngodon idellus, Hypophthalmichthys spp., Cirrhinus spp., Mylopharyngodon piceus), anguilas (Anguilla spp.), percas del Nilo (Lates niloticus) y peces cabeza de serpiente (Channa spp.).			
0305.64.01	Tilapias (Oreochromis spp.), bagre o pez gato (Pangasius spp., Silurus spp., Clarias spp., Ictalurus spp.), carpas (Cyprinus carpio, Carassius carassius, Ctenopharyngodon idellus, Hypophthalmichthys spp., Cirrhinus spp., Mylopharyngodon piceus), anguilas (Anguilla spp.), percas del Nilo (Lates niloticus) y peces cabeza de serpiente (Channa spp.).	Kg	17	Ex
0305.69	.. Los demás.			
0305.69.99	Los demás.	Kg	17	Ex
	- Aletas, cabezas, colas, vejigas natatorias y demás despojos comestibles de pescado:			
0305.71	.. Aletas de tiburón.			
0305.71.01	Aletas de tiburón.	Kg	17	Ex
0305.72	.. Cabezas, colas y vejigas natatorias, de pescado.			
0305.72.01	Cabezas, colas y vejigas natatorias, de pescado.	Kg	17	Ex
0305.79	.. Los demás.			
0305.79.99	Los demás.	Kg	17	Ex
03.06	Crustáceos, incluso pelados, vivos, frescos, refrigerados, congelados, secos, salados o en salmuera; crustáceos ahumados, incluso pelados o cocidos, antes o durante el ahumado; crustáceos sin pelar, cocidos en agua o vapor, incluso refrigerados, congelados, secos, salados o en salmuera; harina, polvo y "pellets" de crustáceos, aptos para consumo humano.			
	- Congelados:			
0306.11	.. Langostas (Palinurus spp., Panulirus spp., Jasus spp.).			
0306.11.01	Langostas (Palinurus spp., Panulirus spp., Jasus spp.).	Kg	17	Ex
0306.12	.. Bogavantes (Homarus spp.).			
0306.12.01	Bogavantes (Homarus spp.).	Kg	17	Ex
0306.14	.. Cangrejos (excepto macruros).			
0306.14.01	Cangrejos (excepto macruros).	Kg	17	Ex
0306.15	.. Cigalas (Nephrops norvegicus).			
0306.15.01	Cigalas (Nephrops norvegicus).	Kg	17	Ex
0306.16	.. Camarones y langostinos de agua fría (Pandalus spp., Crangon crangon).			
0306.16.01	Camarones y langostinos de agua fría (Pandalus spp., Crangon crangon).	Kg	17	Ex
0306.17	.. Los demás camarones y langostinos.			
0306.17.01	Los demás camarones y langostinos.	Kg	17	Ex
0306.19	.. Los demás, incluidos la harina, polvo y "pellets" de crustáceos, aptos para la alimentación humana.			
0306.19.99	Los demás, incluidos la harina, polvo y "pellets" de crustáceos, aptos para la alimentación humana.	Kg	17	Ex
	- Sin congelar:			
0306.21	.. Langostas (Palinurus spp., Panulirus spp., Jasus spp.).			
0306.21.01	Langostas (Palinurus spp., Panulirus spp., Jasus spp.).	Kg	17	Ex
0306.22	.. Bogavantes (Homarus spp.).			
0306.22.01	Bogavantes (Homarus spp.).	Kg	17	Ex
0306.24	.. Cangrejos (excepto macruros).			
0306.24.01	Cangrejos (excepto macruros).	Kg	17	Ex
0306.25	.. Cigalas (Nephrops norvegicus).			
0306.25.01	Cigalas (Nephrops norvegicus).	Kg	17	Ex
0306.26	.. Camarones y langostinos de agua fría (Pandalus spp., Crangon crangon).			
0306.26.01	Reproductores y postlarvas de camarones peneidos y langostinos para acuacultura.	Kg	Ex	Ex
0306.26.99	Los demás.	Kg	17	Ex
0306.27	.. Los demás camarones y langostinos.			
0306.27.01	Reproductores y postlarvas de camarones peneidos y langostinos para acuacultura.	Kg	Ex	Ex
0306.27.99	Los demás.	Kg	17	Ex
0306.29	.. Los demás, incluidos la harina, polvo y "pellets" de crustáceos, aptos para la alimentación humana.			
0306.29.01	Los demás, incluidos la harina, polvo y "pellets" de crustáceos, aptos para la alimentación humana.	Kg	17	Ex

03.07	Moluscos, incluso separados de sus valvas, vivos, frescos, refrigerados, congelados, secos, salados o en salmuera; moluscos ahumados, incluso pelados o cocidos, antes o durante el ahumado; harina, polvo y "pellets" de moluscos, aptos para consumo humano.			
	- Ostras:			
0307.11	.. Vivas, frescas o refrigeradas.			
0307.11.01	Vivas, frescas o refrigeradas.	Kg	17	Ex
0307.19	.. Las demás.			
0307.19.99	Las demás.	Kg	17	Ex
	- Veneras (vieiras), volandeiras y demás moluscos de los géneros Pecten, Chlamys o Placopecten:			
0307.21	.. Vivos, frescos o refrigerados.			
0307.21.01	Vivos, frescos o refrigerados.	Kg	17	Ex
0307.29	.. Los demás.			
0307.29.99	Los demás.	Kg	17	Ex
	- Mejillones (Mytilus spp., Perna spp.):			
0307.31	.. Vivos, frescos o refrigerados.			
0307.31.01	Vivos, frescos o refrigerados.	Kg	17	Ex
0307.39	.. Los demás.			
0307.39.99	Los demás.	Kg	17	Ex
	- Jibias (Sepia officinalis, Rossia macrosoma) y globitos (Sepiola spp.); calamares y potas (Ommastrephes spp., Loligo spp., Nototodarus spp., Sepioteuthis spp.):			
0307.41	.. Vivos, frescos o refrigerados.			
0307.41.01	Calamares.	Kg	17	Ex
0307.41.99	Los demás.	Kg	17	Ex
0307.49	.. Los demás.			
0307.49.01	Calamares.	Kg	17	Ex
0307.49.99	Los demás.	Kg	17	Ex
	- Pulpos (Octopus spp.):			
0307.51	.. Vivos, frescos o refrigerados.			
0307.51.01	Vivos, frescos o refrigerados.	Kg	17	Ex
0307.59	.. Los demás.			
0307.59.99	Los demás.	Kg	17	Ex
0307.60	- Caracoles, excepto los de mar.			
0307.60.01	Caracoles, excepto los de mar.	Kg	17	Ex
	- Almejas, berberechos y arcas (familias Arcidae, Arcticidae, Cardiidae, Donacidae, Hiatellidae, Mactridae, Mesodesmatidae, Myidae, Semelidae, Solecurtidae, Solenidae, Tridacnidae y Veneridae):			
0307.71	.. Vivos, frescos o refrigerados.			
0307.71.01	Vivos, frescos o refrigerados.	Kg	17	Ex
0307.79	.. Los demás.			
0307.79.99	Los demás.	Kg	17	Ex
	- Abulón (Haliotis spp.):			
0307.81	.. Vivos, frescos o refrigerados.			
0307.81.01	Vivos, frescos o refrigerados.	Kg	17	Ex
0307.89	.. Los demás.			
0307.89.99	Los demás.	Kg	17	Ex
	- Los demás, incluidos la harina, polvo y "pellets", aptos para consumo humano:			
0307.91	.. Vivos, frescos o refrigerados.			
0307.91.01	Vivos, frescos o refrigerados.	Kg	17	Ex
0307.99	.. Los demás.			
0307.99.99	Los demás.	Kg	17	Ex
03.08	Invertebrados acuáticos, excepto los crustáceos y moluscos, vivos, frescos, refrigerados, congelados, secos, salados o en salmuera; invertebrados acuáticos, excepto los crustáceos y moluscos, ahumados, incluso cocidos antes o durante el ahumado; harina, polvo y "pellets", de invertebrados acuáticos excepto los crustáceos y moluscos, aptos para consumo humano.			
	- Pepinos de mar (Stichopus japonicus, Holothurioidea):			
0308.11	.. Vivos, frescos o refrigerados.			
0308.11.01	Vivos, frescos o refrigerados.	Kg	17	Ex
0308.19	.. Los demás.			
0308.19.99	Los demás.	Kg	17	Ex
	- Erizos de mar (Strongylocentrotus spp., Paracentrotus lividus, Loxechinus albus, Echichinus esculentus):			
0308.21	.. Vivos, frescos o refrigerados.			
0308.21.01	Vivos, frescos o refrigerados.	Kg	17	Ex

Código		Descripción	Unid de Med	Arancel (%) IMP.	EXP.
0308.29	..	**Los demás.**			
0308.29.99		Los demás.	Kg	17	Ex
0308.30	..	**Medusas (Rhopilema spp.).**			
0308.30.01		Medusas (Rhopilema spp.).	Kg	17	Ex
0308.90	..	**Los demás.**			
0308.90.99		Los demás.	Kg	17	Ex

Capítulo 04
Leche y productos lácteos; huevos de ave; miel natural; productos comestibles de origen animal, no expresados ni comprendidos en otra parte

Notas.
1. Se considera *leche*, la leche entera y la leche desnatada (descremada) total o parcialmente.
2. En la partida 04.05:
   a) Se entiende por *mantequilla,* la mantequilla natural, la mantequilla del lactosuero o la mantequilla "recombinada" (fresca, salada o rancia, incluso en recipientes herméticamente cerrados) que provengan exclusivamente de la leche, con un contenido de materias grasas de la leche que sea superior o igual al 80% pero inferior o igual al 95%, en peso, de materias sólidas de la leche, inferior o igual al 2% en peso y, de agua, inferior o igual al 16% en peso. La mantequilla no debe contener emulsionantes añadidos pero puede contener cloruro sódico, colorantes alimentarios, sales de neutralización y cultivos de bacterias lácticas inocuas.
   b) Se entiende por *pastas lácteas para untar* las emulsiones del tipo agua-en-aceite que se puedan untar y contengan materias grasas de la leche como únicas materias grasas y en las que el contenido de éstas sea superior o igual al 39% pero inferior al 80%, en peso.
3. Los productos obtenidos por concentración del lactosuero con adición de leche o de materias grasas de la leche se clasifican en la partida 04.06 como quesos, siempre que presenten las tres características siguientes:
   a) un contenido de materias grasas de la leche superior o igual al 5%, calculado en peso sobre el extracto seco;
   b) un contenido de extracto seco superior o igual al 70% pero inferior o igual al 85%, calculado en peso;
   c) moldeados o susceptibles de serlo.
4. Este Capítulo no comprende:
   a) los productos obtenidos del lactosuero, con un contenido de lactosa superior al 95% en peso, expresado en lactosa anhidra, calculado sobre materia seca (partida 17.02);
   b) las albúminas (incluidos los concentrados de varias proteínas del lactosuero, con un contenido de proteínas del lactosuero superior al 80% en peso, calculado sobre materia seca) (partida 35.02) ni las globulinas (partida 35.04).

Notas de subpartida.
1. En la subpartida 0404.10, se entiende por *lactosuero modificado* el producto constituido por componentes del lactosuero, es decir, lactosuero del que se haya extraído, total o parcialmente, lactosa, proteínas o sales minerales, o al que se haya añadido componentes naturales del lactosuero, así como los productos obtenidos por mezcla de componentes naturales del lactosuero.
2. En la subpartida 0405.10, el término *mantequilla* no comprende la mantequilla deshidratada ni la "ghee" (subpartida 0405.90).

Código		Descripción	Unid de Med	Arancel (%) IMP.	EXP.
04.01		**Leche y nata (crema), sin concentrar, sin adición de azúcar ni otro edulcorante.**			
0401.10	-	**Con un contenido de materias grasas inferior o igual al 1% en peso.**			
0401.10.01		En envases herméticos.	L	10	Ex
0401.10.99		Las demás.	L	10	Ex
0401.20	-	**Con un contenido de materias grasas superior al 1% pero inferior o igual al 6%, en peso.**			
0401.20.01		En envases herméticos.	L	10	Ex
0401.20.99		Las demás.	L	10	Ex
0401.40	-	**Con un contenido de materias grasas superior al 6% pero inferior o igual al 10%, en peso.**			
0401.40.01		En envases herméticos.	L	10	Ex
0401.40.99		Las demás.	L	10	Ex
0401.50	-	**Con un contenido de materias grasas superior al 10% en peso.**			
0401.50.01		En envases herméticos.	L	10	Ex
0401.50.99		Las demás.	L	10	Ex
04.02		**Leche y nata (crema), concentradas o con adición de azúcar u otro edulcorante.**			
0402.10	-	**En polvo, gránulos o demás formas sólidas, con un contenido de materias grasas inferior o igual al 1.5% en peso.**			
0402.10.01		Leche en polvo o en pastillas.	Kg	50	Ex
0402.10.99		Las demás	Kg	10%+AE	Ex
	-	**En polvo, gránulos o demás formas sólidas, con un contenido de materias grasas superior al 1.5% en peso:**			
0402.21	..	**Sin adición de azúcar ni otro edulcorante.**			
0402.21.01		Leche en polvo o en pastillas.	Kg	50	Ex
0402.21.99		Las demás.	Kg	10	Ex

0402.29	**..**	**Las demás.**		
0402.29.99		Las demás.	Kg	20%+AE	Ex
	.	**Las demás:**		
0402.91	**..**	**Sin adición de azúcar ni otro edulcorante.**		
0402.91.01		Leche evaporada.	Kg	45	Ex
0402.91.99		Las demás.	Kg	20	Ex
0402.99	**..**	**Las demás.**		
0402.99.01		Leche condensada.	Kg	15%+AE	Ex
0402.99.99		Las demás.	Kg	20%+AE	Ex
04.03		**Suero de mantequilla, leche y nata (crema) cuajadas, yogur, kefir y demás leches y natas (cremas), fermentadas o acidificadas, incluso concentrados, con adición de azúcar u otro edulcorante, aromatizados o con frutas u otros frutos o cacao.**		
0403.10	**.**	**Yogur.**		
0403.10.01		Yogur.	Kg	20	Ex
0403.90	**.**	**Los demás.**		
0403.90.99		Los demás.	Kg	20	Ex
04.04		**Lactosuero, incluso concentrado o con adición de azúcar u otro edulcorante; productos constituidos por los componentes naturales de la leche, incluso con adición de azúcar u otro edulcorante, no expresados ni comprendidos en otra parte.**		
0404.10	**.**	**Lactosuero, aunque esté modificado, incluso concentrado o con adición de azúcar u otro edulcorante.**		
0404.10.01		Suero de leche en polvo, con contenido de proteínas igual o inferior a 12.5%.	Kg	10	Ex
0404.10.99		Los demás.	Kg	10%+AE	Ex
0404.90	**.**	**Los demás.**		
0404.90.99		Los demás.	Kg	20	Ex
04.05		**Mantequilla y demás materias grasas de la leche; pastas lácteas para untar.**		
0405.10	**.**	**Mantequilla.**		
0405.10.01		Mantequilla, cuando el peso incluido el envase inmediato sea inferior o igual a 1 kg.	Kg	20	Ex
0405.10.99		Las demás.	Kg	20	Ex
0405.20	**.**	**Pastas lácteas para untar.**		
0405.20.01		Pastas lácteas para untar.	Kg	20%+AE	Ex
0405.90	**.**	**Las demás.**		
0405.90.01		Grasa butírica deshidratada.	Kg	Ex	Ex
0405.90.99		Las demás.	Kg	20	Ex
04.06		**Quesos y requesón.**		
0406.10	**.**	**Queso fresco (sin madurar), incluido el del lactosuero, y requesón.**		
0406.10.01		Queso fresco (sin madurar), incluido el del lactosuero, y requesón.	Kg	60	Ex
0406.20	**.**	**Queso de cualquier tipo, rallado o en polvo.**		
0406.20.01		Queso de cualquier tipo, rallado o en polvo.	Kg	20	Ex
0406.30	**.**	**Queso fundido, excepto el rallado o en polvo.**		
0406.30.01		Con un contenido en peso de materias grasas inferior o igual al 36% y con un contenido en materias grasas medido en peso del extracto seco superior al 48%, presentados en envases de un contenido neto superior a 1 kg.	Kg	60	Ex
0406.30.99		Los demás.	Kg	60	Ex
0406.40	**.**	**Queso de pasta azul y demás quesos que presenten vetas producidas por Penicillium roqueforti.**		
0406.40.01		Queso de pasta azul y demás quesos que presenten vetas producidas por Penicillium roqueforti.	Kg	20	Ex
0406.90	**.**	**Los demás quesos.**		
0406.90.01		De pasta dura, denominado Sardo, cuando su presentación así lo indique.	Kg	20	Ex
0406.90.02		De pasta dura, denominado Reggiano o Reggianito, cuando su presentación así lo indique.	Kg	Ex	Ex
0406.90.03		De pasta blanda, tipo Colonia, cuando su composición sea: humedad de 35.5% a 37.7%, cenizas de 3.2% a 3.3%, grasas de 29.0% a 30.8%, proteínas de 25.0% a 27.5%, cloruros de 1.3% a 2.7% y acidez de 0.8% a 0.9% en ácido láctico.	Kg	60	Ex
0406.90.04		Grana o Parmegiano-reggiano, con un contenido en peso de materias grasas inferior o igual al 40%, con un contenido en peso de agua, en la materia no grasa, inferior o igual al 47%; Danbo, Edam, Fontal, Fontina, Fynbo, Gouda, Havarti, Maribo, Samsoe, Esrom, Itálico, Kernhem, Saint-Nectaire, Saint-Paulin o Taleggio, con un contenido en peso de materias grasas inferior o igual al 40%, con un contenido en peso de agua, en la materia no grasa, superior al 47% sin exceder de 72%.	Kg	20	Ex
0406.90.05		Tipo petit suisse, cuando su composición sea: humedad de 68% a 70%, grasa de 6% a 8% (en base humeda), extracto seco de 30% a 32%, proteína mínima de 6%, y fermentos con o sin adición de frutas, azúcares, verduras, chocolate o miel.	Kg	60	Ex
0406.90.06		Tipo Egmont, cuyas características sean: grasa mínima (en materia seca) 45%, humedad máxima 40%, materia seca mínima 60%, mínimo de sal en la humedad 3.9%.	Kg	45	Ex
0406.90.99		Los demás.	Kg	60	Ex

Código		Descripción	Unid de Med	IMP.	EXP.
04.07		**Huevos de ave con cáscara (cascarón), frescos, conservados o cocidos.**			
	-	**Huevos fertilizados para incubación:**			
0407.11	..	**De aves de la especie Gallus domesticus.**			
0407.11.01		De aves de la especie Gallus domesticus.	Kg	Ex	Ex
0407.19	..	**Los demás.**			
0407.19.99		Los demás.	Kg	Ex	Ex
	-	**Los demás huevos frescos:**			
0407.21	..	**De aves de la especie Gallus domesticus.**			
0407.21.01		Para consumo humano.	Kg	Ex	Ex
0407.21.99		Los demás.	Kg	Ex	Ex
0407.29	..	**Los demás.**			
0407.29.01		Para consumo humano.	Kg	45	Ex
0407.29.99		Los demás.	Kg	20	Ex
0407.90	-	**Los demás.**			
0407.90.01		Congelados.	Kg	20	Ex
0407.90.99		Los demás.	Kg	20	Ex
04.08		**Huevos de ave sin cáscara (cascarón) y yemas de huevo, frescos, secos, cocidos en agua o vapor, moldeados, congelados o conservados de otro modo, incluso con adición de azúcar u otro edulcorante.**			
	-	**Yemas de huevo:**			
0408.11	..	**Secas.**			
0408.11.01		Secas.	Kg	Ex	Ex
0408.19	..	**Las demás.**			
0408.19.99		Las demás.	Kg	Ex	Ex
	-	**Los demás:**			
0408.91	..	**Secos.**			
0408.91.01		Congelados o en polvo.	Kg	Ex	Ex
0408.91.99		Los demás.	Kg	Ex	Ex
0408.99	..	**Los demás.**			
0408.99.01		Congelados, excepto lo comprendido en la fracción 0408.99.02.	Kg	Ex	Ex
0408.99.02		Huevos de aves marinas guaneras.	Kg	20	Ex
0408.99.99		Los demás.	Kg	Ex	Ex
04.09		**Miel natural.**			
0409.00	-	**Miel natural.**			
0409.00.01		Miel natural.	Kg	20	Ex
04.10		**Productos comestibles de origen animal no expresados ni comprendidos en otra parte.**			
0410.00	-	**Productos comestibles de origen animal no expresados ni comprendidos en otra parte.**			
0410.00.01		Huevos de tortuga de cualquier clase.	Kg	20	Prohibida
0410.00.99		Los demás.	Kg	20	Ex

Capítulo 05
Los demás productos de origen animal no expresados ni comprendidos en otra parte

Notas.
1. Este Capítulo no comprende:
    a) los productos comestibles, excepto las tripas, vejigas y estómagos de animales, enteros o en trozos, y la sangre animal (líquida o desecada);
    b) los cueros, pieles y peletería, excepto los productos de la partida 05.05 y los recortes y desperdicios similares de pieles en bruto de la partida 05.11 (Capítulos 41 ó 43);
    c) las materias primas textiles de origen animal, excepto la crin y los desperdicios de crin (Sección XI);
    d) las cabezas preparadas para artículos de cepillería (partida 96.03).
2. En la partida 05.01 también se considera cabello en bruto el extendido longitudinalmente pero sin colocarlo en el mismo sentido.
3. En la Nomenclatura, se considera *marfil* la materia de las defensas de elefante, hipopótamo, morsa, narval o jabalí y los cuernos de rinoceronte, así como los dientes de todos los animales.
4. En la Nomenclatura, se considera *crin*, tanto el pelo de la crin como el de la cola de los équidos o de los bóvidos.

Código		Descripción	Unid de Med	Arancel (%)	
				IMP.	EXP.
05.01		**Cabello en bruto, incluso lavado o desgrasado; desperdicios de cabello.**			
0501.00	-	**Cabello en bruto, incluso lavado o desgrasado; desperdicios de cabello.**			
0501.00.01		Cabello en bruto, incluso lavado o desgrasado; desperdicios de cabello.	Kg	20	Ex

05.02		**Cerdas de cerdo o de jabalí; pelo de tejón y demás pelos para cepillería; desperdicios de dichas cerdas o pelos.**		
0502.10	**.**	**Cerdas de cerdo o de jabalí y sus desperdicios.**		
0502.10.01		Cerdas de cerdo o de jabalí y sus desperdicios.	Kg	Ex	Ex
0502.90	**.**	**Los demás.**		
0502.90.99		Los demás.	Kg	10	Ex
05.04		**Tripas, vejigas y estómagos de animales, excepto los de pescado, enteros o en trozos, frescos, refrigerados, congelados, salados o en salmuera, secos o ahumados.**		
0504.00	**.**	**Tripas, vejigas y estómagos de animales, excepto los de pescado, enteros o en trozos, frescos, refrigerados, congelados, salados o en salmuera, secos o ahumados.**		
0504.00.01		Tripas, vejigas y estómagos de animales, excepto los de pescado, enteros o en trozos, frescos, refrigerados, congelados, salados o en salmuera, secos o ahumados.	Kg	10	Ex
05.05		**Pieles y demás partes de ave, con sus plumas o plumón, plumas y partes de plumas (incluso recortadas) y plumón, en bruto o simplemente limpiados, desinfectados o preparados para su conservación; polvo y desperdicios de plumas o de partes de plumas.**		
0505.10	**.**	**Plumas de las utilizadas para relleno; plumón.**		
0505.10.01		Plumas de las utilizadas para relleno; plumón.	Kg	10	Ex
0505.90	**.**	**Los demás.**		
0505.90.99		Los demás.	Kg	10	Ex
05.06		**Huesos y núcleos córneos, en bruto, desgrasados, simplemente preparados (pero sin cortar en forma determinada), acidulados o desgelatinizados; polvo y desperdicios de estas materias.**		
0506.10	**.**	**Oseína y huesos acidulados.**		
0506.10.01		Oseína y huesos acidulados.	Kg	10	Ex
0506.90	**.**	**Los demás.**		
0506.90.99		Los demás.	Kg	10	Ex
05.07		**Marfil, concha (caparazón) de tortuga, ballenas de mamíferos marinos (incluidas las barbas), cuernos, astas, cascos, pezuñas, uñas, garras y picos, en bruto o simplemente preparados, pero sin cortar en forma determinada; polvo y desperdicios de estas materias.**		
0507.10	**.**	**Marfil; polvo y desperdicios de marfil.**		
0507.10.01		Marfil; polvo y desperdicios de marfil.	Kg	10	Ex
0507.90	**.**	**Los demás.**		
0507.90.01		Conchas (caparazones o placas) y pezuñas de tortuga, y sus recortes o desperdicios.	Kg	10	Ex
0507.90.99		Los demás.	Kg	10	Ex
05.08		**Coral y materias similares, en bruto o simplemente preparados, pero sin otro trabajo; valvas y caparazones de moluscos, crustáceos o equinodermos, y jibiones, en bruto o simplemente preparados, pero sin cortar en forma determinada, incluso en polvo y desperdicios.**		
0508.00	**.**	**Coral y materias similares, en bruto o simplemente preparados, pero sin otro trabajo; valvas y caparazones de moluscos, crustáceos o equinodermos, y jibiones, en bruto o simplemente preparados, pero sin cortar en forma determinada, incluso en polvo y desperdicios.**		
0508.00.01		Corales.	Kg	10	Ex
0508.00.99		Los demás.	Kg	10	Ex
05.10		**Ámbar gris, castóreo, algalia y almizcle; cantáridas; bilis, incluso desecada; glándulas y demás sustancias de origen animal utilizadas para la preparación de productos farmacéuticos, frescas, refrigeradas, congeladas o conservadas provisionalmente de otra forma.**		
0510.00	**.**	**Ámbar gris, castóreo, algalia y almizcle; cantáridas; bilis, incluso desecada; glándulas y demás sustancias de origen animal utilizadas para la preparación de productos farmacéuticos, frescas, refrigeradas, congeladas o conservadas provisionalmente de otra forma.**		
0510.00.01		Glándulas.	Kg	10	Ex
0510.00.02		Almizcle.	Kg	10	Ex
0510.00.03		Civeta.	Kg	10	Ex
0510.00.99		Los demás.	Kg	10	Ex
05.11		**Productos de origen animal no expresados ni comprendidos en otra parte; animales muertos de los Capítulos 1 ó 3, impropios para la alimentación humana.**		
0511.10	**.**	**Semen de bovino.**		
0511.10.01		Semen de bovino.	Kg	Ex	Ex
	.	**Los demás:**		
0511.91	**..**	**Productos de pescado o de crustáceos, moluscos o demás invertebrados acuáticos; animales muertos del Capítulo 03.**		
0511.91.01		Desperdicios de pescados.	Kg	20	Ex
0511.91.02		Quistes de artemia (incluso enlatados al vacío), poliquetos y krill para acuacultura.	Kg	Ex	Ex
0511.91.99		Los demás.	Kg	20	Ex

0511.99	.. Los demás.			
0511.99.01	Cochinillas, enteras o en polvo.	Kg	Ex	Ex
0511.99.02	Tendones y nervios; recortes y otros desperdicios análogos.	Kg	10	Ex
0511.99.03	Semen.	Kg	Ex	Ex
0511.99.04	Huevas fecundadas, semillas, larvas y embriones de especies acuáticas para acuacultura.	Kg	Ex	Ex
0511.99.05	Embriones de las especies de ganado bovino, equino, porcino, ovino y caprino.	Pza	Ex	Ex
0511.99.06	Aves marinas guaneras muertas o sus despojos.	Kg	10	Ex
0511.99.07	Crin y sus desperdicios, incluso en capas con soporte o sin él.	Kg	10	Ex
0511.99.08	Esponjas naturales de origen animal.	Kg	20	Ex
0511.99.99	Los demás.	Kg	10	Ex

Sección II
PRODUCTOS DEL REINO VEGETAL

Nota.
1. En esta Sección, el término "*pellets*" designa los productos en forma de cilindro, bolita, etc., aglomerados por simple presión o con adición de un aglutinante en proporción inferior o igual al 3% en peso.

Capítulo 06
Plantas vivas y productos de la floricultura

Notas.
1. Salvo lo dispuesto en la segunda parte de la partida 06.01, este Capítulo comprende únicamente los productos suministrados habitualmente por los horticultores, viveristas o floristas para la plantación o la ornamentación. Sin embargo, se excluyen de este Capítulo las papas (patatas), cebollas hortenses, chalotes, ajos y demás productos del Capítulo 07.
2. Los ramos, cestas, coronas y artículos similares se asimilan a las flores o follajes de las partidas 06.03 ó 06.04, sin tener en cuenta los accesorios de otras materias. Sin embargo, estas partidas no comprenden los "collages" y cuadros similares de la partida 97.01.

Código		Descripción	Unid de Med	Arancel (%) IMP.	Arancel (%) EXP.
06.01		**Bulbos, cebollas, tubérculos, raíces y bulbos tuberosos, turiones y rizomas, en reposo vegetativo, en vegetación o en flor; plantas y raíces de achicoria, excepto las raíces de la partida 12.12.**			
0601.10	-	**Bulbos, cebollas, tubérculos, raíces y bulbos tuberosos, turiones y rizomas, en reposo vegetativo.**			
0601.10.01		Bulbos de gladiolas.	Kg	Ex	Ex
0601.10.02		Bulbos de tulipanes.	Kg	Ex	Ex
0601.10.03		Bulbos de hiyacinth.	Kg	Ex	Ex
0601.10.04		Bulbos de lilies.	Kg	Ex	Ex
0601.10.05		Bulbos de narcisos.	Kg	Ex	Ex
0601.10.06		Azafrán.	Kg	Ex	Ex
0601.10.07		Bulbos de orquídeas.	Kg	Ex	Ex
0601.10.08		Bulbos de henequén, lechuguilla, maguey, palma, zapupe o demás plantas textiles.	Kg	Ex	Ex
0601.10.99		Los demás.	Kg	Ex	Ex
0601.20	-	**Bulbos, cebollas, tubérculos, raíces y bulbos tuberosos, turiones y rizomas, en vegetación o en flor; plantas y raíces de achicoria.**			
0601.20.01		Bulbos de gladiolas.	Kg	10	Ex
0601.20.02		Raíces de achicoria.	Kg	10	Ex
0601.20.03		Bulbos de tulipanes.	Kg	10	Ex
0601.20.04		Bulbos de hiyacinth.	Kg	10	Ex
0601.20.05		Bulbos de lilies.	Kg	10	Ex
0601.20.06		Bulbos de narcisos.	Kg	10	Ex
0601.20.07		Azafrán.	Kg	10	Ex
0601.20.08		Bulbos de orquídeas.	Kg	10	Ex
0601.20.09		Bulbos de henequén, lechuguilla, maguey, palma, zapupe o demás plantas textiles.	Kg	10	Ex
0601.20.99		Los demás.	Kg	10	Ex
06.02		**Las demás plantas vivas (incluidas sus raíces), esquejes e injertos; micelios.**			
0602.10	-	**Esquejes sin enraizar e injertos.**			
0602.10.01		De sábila o áloe, cuando sea de origen silvestre.	Kg	Ex	Ex
0602.10.02		De henequén, lechuguilla, maguey, palma, zapupe o demás plantas textiles.	Kg	Ex	Ex
0602.10.03		De la especie hulífera Gruypeostegia grandiflora (Clavel de España), Cuerno de luna o Lechosa.	Kg	Ex	Ex
0602.10.04		Cactáceas.	Kg	Ex	Ex
0602.10.05		De piña, de plátano o de vainilla.	Kg	Ex	Ex
0602.10.06		Plantas de orquídeas.	Kg	Ex	Ex
0602.10.99		Los demás.	Kg	Ex	Ex

0602.20	.	**Árboles, arbustos y matas, de frutas o de otros frutos comestibles, incluso injertados.**			
0602.20.01		Árboles o arbustos frutales.	Kg	10	Ex
0602.20.02		Plantas para injertar (barbados), de longitud inferior o igual a 80 cm.	Kg	10	Ex
0602.20.03		Estacas de vid.	Kg	10	Ex
0602.20.99		Los demás.	Kg	10	Ex
0602.30	.	**Rododendros y azaleas, incluso injertados.**			
0602.30.01		Rododendros y azaleas, incluso injertados.	Kg	10	Ex
0602.40	.	**Rosales, incluso injertados.**			
0602.40.01		Estacas, plantas o plántulas de rosales, con o sin raíz, incluso injertados.	Kg	Ex	Ex
0602.40.99		Los demás.	Kg	10	Ex
0602.90	.	**Los demás.**			
0602.90.01		Blanco de setas (micelios).	Kg	10	Ex
0602.90.02		Árboles o arbustos forestales.	Kg	10	Ex
0602.90.03		Plantones para injertar (barbados), de longitud inferior o igual a 80 cm.	Kg	10	Ex
0602.90.04		Plantas con raíces primordiales.	Kg	10	Ex
0602.90.05		Yemas.	Kg	10	Ex
0602.90.06		Esquejes con raíz.	Kg	Ex	Ex
0602.90.07		Plantas vivas acuáticas, incluidos sus bulbos y sus partes, para acuacultura.	Kg	Ex	Ex
0602.90.08		De sábila o aloé, cuando sea de origen silvestre.	Kg	10	Ex
0602.90.09		De henequén, lechuguilla, maguey, palma, zapupe o demás plantas textiles.	Kg	10	Ex
0602.90.10		De la especie hulífera Gruypeostegia grandiflora (Clavel de España), Cuerno de luna o Lechosa.	Kg	10	Ex
0602.90.11		Cactáceas.	Kg	10	Ex
0602.90.12		De piña, de plátano o de vainilla.	Kg	10	Ex
0602.90.13		Plantas de orquídeas.	Kg	10	Ex
0602.90.99		Los demás.	Kg	10	Ex
06.03		**Flores y capullos, cortados para ramos o adornos, frescos, secos, blanqueados, teñidos, impregnados o preparados de otra forma.**			
	.	**Frescos:**			
0603.11	..	**Rosas.**			
0603.11.01		Rosas.	Kg	20	Ex
0603.12	..	**Claveles.**			
0603.12.01		Claveles.	Kg	20	Ex
0603.13	..	**Orquídeas.**			
0603.13.01		Orquídeas.	Kg	20	Ex
0603.14	..	**Crisantemos.**			
0603.14.01		Crisantemos pom-pom.	Kg	20	Ex
0603.14.99		Los demás.	Kg	20	Ex
0603.15	..	**Azucenas (Lilium spp.).**			
0603.15.01		Azucenas (Lilium spp.).	Kg	20	Ex
0603.19	..	**Los demás.**			
0603.19.01		Gladiolas.	Kg	20	Ex
0603.19.02		Gypsophilia.	Kg	20	Ex
0603.19.03		Statice.	Kg	20	Ex
0603.19.04		Gerbera.	Kg	20	Ex
0603.19.05		Margarita.	Kg	20	Ex
0603.19.06		Anturio.	Kg	20	Ex
0603.19.07		Ave del paraíso.	Kg	20	Ex
0603.19.08		Las demás flores frescas.	Kg	20	Ex
0603.19.99		Los demás.	Kg	20	Ex
0603.90	.	**Los demás.**			
0603.90.99		Los demás.	Kg	20	Ex
06.04		**Follaje, hojas, ramas y demás partes de plantas, sin flores ni capullos, y hierbas, musgos y líquenes, para ramos o adornos, frescos, secos, blanqueados, teñidos, impregnados o preparados de otra forma.**			
0604.20	.	**Frescos**			
0604.20.01		Musgo del género Sphagnum.	Kg	Ex	Ex
0604.20.02		Follajes u hojas.	Kg	20	Ex
0604.20.03		Árboles de navidad.	Kg	20	Ex
0604.20.99		Los demás.	Kg	20	Ex
0604.90	.	**Los demás.**			
0604.90.01		Musgo del género Sphagnum.	Kg	Ex	Ex
0604.90.02		Follajes u hojas.	Kg	20	Ex
0604.90.03		Árboles de navidad.	Kg	20	Ex
0604.90.04		Yucas.	Kg	20	Ex
0604.90.99		Los demás.	Kg	20	Ex

Capítulo 07
Hortalizas, plantas, raíces y tubérculos alimenticios

Notas.

1. Este Capítulo no comprende los productos forrajeros de la partida 12.14.
2. En las partidas 07.09, 07.10, 07.11 y 07.12, la expresión *hortalizas* alcanza también a los hongos comestibles, trufas, aceitunas, alcaparras, calabacines (zapallitos), calabazas (zapallos), berenjenas, maíz dulce (*Zea mays var. saccharata*), frutos de los géneros *Capsicum* o *Pimenta*, hinojo y plantas como el perejil, perifollo, estragón, berro y mejorana cultivada (*Majorana hortensis* u *Origanum majorana*).
3. La partida 07.12 comprende todas las hortalizas secas de las especies clasificadas en las partidas 07.01 a 07.11, excepto:
   a) las hortalizas de vaina secas desvainadas (partida 07.13);
   b) el maíz dulce en las formas especificadas en las partidas 11.02 a 11.04;
   c) la harina, sémola, polvo, copos, gránulos y "pellets", de papa (patata) (partida 11.05);
   d) la harina, sémola y polvo de hortalizas de vaina secas de la partida 07.13 (partida 11.06).
4. Los frutos de los géneros *Capsicum* o *Pimenta*, secos, triturados o pulverizados, se excluyen, sin embargo, de este Capítulo (partida 09.04).

Código		Descripción	Unid de Med	Arancel (%) IMP.	Arancel (%) EXP.
07.01		**Papas (patatas) frescas o refrigeradas.**			
0701.10	**.**	**Para siembra.**			
0701.10.01		Para siembra.	Kg	Ex	Ex
0701.90	**.**	**Las demás.**			
0701.90.99		Las demás.	Kg	125	Ex
07.02		**Tomates frescos o refrigerados.**			
0702.00	**.**	**Tomates frescos o refrigerados.**			
0702.00.01		Tomates "Cherry".	Kg	10	Ex
0702.00.02		Tomate de la variedad Physalis ixocarpa ("tomatillo verde").	Kg.	10	Ex
0702.00.99		Los demás.	Kg	10	Ex
07.03		**Cebollas, chalotes, ajos, puerros y demás hortalizas aliáceas, frescos o refrigerados.**			
0703.10	**.**	**Cebollas y chalotes.**			
0703.10.01		Cebollas.	Kg	10	Ex
0703.10.99		Los demás.	Kg	10	Ex
0703.20	**.**	**Ajos.**			
0703.20.01		Para siembra.	Kg	10	Ex
0703.20.99		Los demás.	Kg	10	Ex
0703.90	**.**	**Puerros y demás hortalizas aliáceas.**			
0703.90.01		Puerros y demás hortalizas aliáceas.	Kg	10	Ex
07.04		**Coles, incluidos los repollos, coliflores, coles rizadas, colinabos y productos comestibles similares del género Brassica, frescos o refrigerados.**			
0704.10	**.**	**Coliflores y brécoles ("brócoli").**			
0704.10.01		Cortados.	Kg	10	Ex
0704.10.02		Brócoli ("broccoli") germinado.	Kg	10	Ex
0704.10.99		Los demás.	Kg	10	Ex
0704.20	**.**	**Coles de Bruselas (repollitos).**			
0704.20.01		Coles de Bruselas (repollitos).	Kg	10	Ex
0704.90	**.**	**Las demás.**			
0704.90.01		"Kohlrabi", "kale" y similares.	Kg	10	Ex
0704.90.99		Los demás.	Kg	10	Ex
07.05		**Lechugas (Lactuca sativa) y achicorias, comprendidas la escarola y la endibia (Cichorium spp.), frescas o refrigeradas.**			
	.	**Lechugas:**			
0705.11	**. .**	**Repolladas.**			
0705.11.01		Repolladas.	Kg	10	Ex
0705.19	**. .**	**Las demás.**			
0705.19.99		Las demás.	Kg	10	Ex
	.	**Achicorias, comprendidas la escarola y la endibia:**			
0705.21	**. .**	**Endibia "witloof" (Cichorium intybus var. foliosum).**			
0705.21.01		Endibia "witloof" (Cichorium intybus var. foliosum).	Kg	10	Ex
0705.29	**. .**	**Las demás.**			
0705.29.99		Las demás.	Kg	10	Ex
07.06		**Zanahorias, nabos, remolachas para ensalada, salsifíes, apionabos, rábanos y raíces comestibles similares, frescos o refrigerados.**			
0706.10	**.**	**Zanahorias y nabos.**			
0706.10.01		Zanahorias y nabos.	Kg	10	Ex

0706.90	-	Los demás.			
0706.90.99		Los demás.	Kg	10	Ex
07.07		**Pepinos y pepinillos, frescos o refrigerados.**			
0707.00	-	Pepinos y pepinillos, frescos o refrigerados.			
0707.00.01		Pepinos y pepinillos, frescos o refrigerados.	Kg	10	Ex
07.08		**Hortalizas de vaina, aunque estén desvainadas, frescas o refrigeradas.**			
0708.10	-	Chícharos (guisantes, arvejas) (Pisum sativum).			
0708.10.01		Chícharos (guisantes, arvejas) (Pisum sativum).	Kg	10	Ex
0708.20	-	Frijoles (porotos, alubias, judías, fréjoles) (Vigna spp., Phaseolus spp.).			
0708.20.01		Frijoles (porotos, alubias, judías, fréjoles) (Vigna spp., Phaseolus spp.).	Kg	10	Ex
0708.90	-	Las demás.			
0708.90.99		Las demás.	Kg	10	Ex
07.09		**Las demás hortalizas, frescas o refrigeradas.**			
0709.20	-	Espárragos.			
0709.20.01		Espárrago blanco.	Kg	10	Ex
0709.20.99		Los demás.	Kg	10	Ex
0709.30	-	Berenjenas.			
0709.30.01		Berenjenas.	Kg	10	Ex
0709.40	-	Apio, excepto el apionabo.			
0709.40.01		Cortado.	Kg	10	Ex
0709.40.99		Los demás.	Kg	10	Ex
	-	Hongos y trufas:			
0709.51	- -	Hongos del género Agaricus.			
0709.51.01		Hongos del género Agaricus.	Kg	10	Ex
0709.59	- -	Los demás.			
0709.59.01		Trufas.	Kg	10	Ex
0709.59.99		Los demás.	Kg	10	Ex
0709.60	-	Frutos de los géneros Capsicum o Pimenta.			
0709.60.01		Chile "Bell".	Kg	10	Ex
0709.60.99		Los demás.	Kg	10	Ex
0709.70	-	Espinacas (incluida la de Nueva Zelanda) y armuelles.			
0709.70.01		Espinacas (incluida la de Nueva Zelanda) y armuelles.	Kg	10	Ex
	-	Las demás:			
0709.91	- -	Alcachofas (alcauciles).			
0709.91.01		Alcachofas (alcauciles).	Kg	10	Ex
0709.92	- -	Aceitunas.			
0709.92.01		Aceitunas.	Kg	10	Ex
0709.93	- -	Calabazas (zapallos) y calabacines (zapallitos) (Cucurbita spp.).			
0709.93.01		Calabazas (zapallos) y calabacines (zapallitos) (Cucurbita spp.).	Kg	10	Ex
0709.99	- -	Las demás.			
0709.99.01		Elotes (maíz dulce).	Kg	10	Ex
0709.99.99		Los demás.	Kg	10	Ex
07.10		**Hortalizas, aunque estén cocidas en agua o vapor, congeladas.**			
0710.10	-	Papas (patatas).			
0710.10.01		Papas (patatas).	Kg	15	Ex
	-	Hortalizas de vaina, estén o no desvainadas:			
0710.21	- -	Chícharos (guisantes, arvejas) (Pisum sativum).			
0710.21.01		Chícharos (guisantes, arvejas) (Pisum sativum).	Kg	15	Ex
0710.22	- -	Frijoles (porotos, alubias, judías, fréjoles) (Vigna spp., Phaseolus spp.).			
0710.22.01		Frijoles (porotos, alubias, judías, fréjoles) (Vigna spp., Phaseolus spp.).	Kg	15	Ex
0710.29	- -	Las demás.			
0710.29.99		Las demás.	Kg	15	Ex
0710.30	-	Espinacas (incluida la de Nueva Zelanda) y armuelles.			
0710.30.01		Espinacas (incluida la de Nueva Zelanda) y armuelles.	Kg	15	Ex
0710.40	-	Maíz dulce.			
0710.40.01		Maíz dulce.	Kg	15	Ex
0710.80	-	Las demás hortalizas.			
0710.80.01		Cebollas.	Kg	20	Ex
0710.80.02		Setas.	Kg	15	Ex
0710.80.03		Coles de bruselas (repollitos), cortadas.	Kg	15	Ex
0710.80.04		Espárragos, brócolis ("bróccoli") y coliflores.	Kg	15	Ex
0710.80.99		Las demás.	Kg	15	Ex
0710.90	-	Mezclas de hortalizas.			

| 0710.90.01 | Mezclas de chícharos y nueces. | Kg | 15 | Ex |
| 0710.90.99 | Los demás. | Kg | 15 | Ex |

07.11	**Hortalizas conservadas provisionalmente (por ejemplo: con gas sulfuroso o con agua salada, sulfurosa o adicionada de otras sustancias para asegurar dicha conservación), pero todavía impropias para consumo inmediato.**			
0711.20	**- Aceitunas.**			
0711.20.01	Aceitunas.	Kg	15	Ex
0711.40	**- Pepinos y pepinillos.**			
0711.40.01	Pepinos y pepinillos.	Kg	15	Ex
	- Hongos y trufas:			
0711.51	**-- Hongos del género Agaricus.**			
0711.51.01	Hongos del género Agaricus.	Kg	15	Ex
0711.59	**-- Los demás.**			
0711.59.99	Los demás.	Kg	15	Ex
0711.90	**- Las demás hortalizas; mezclas de hortalizas.**			
0711.90.01	Cebollas.	Kg	15	Ex
0711.90.02	Papas (patatas).	Kg	15	Ex
0711.90.03	Alcaparras.	Kg	10	Ex
0711.90.99	Las demás.	Kg	15	Ex
07.12	**Hortalizas secas, incluidas las cortadas en trozos o en rodajas o las trituradas o pulverizadas, pero sin otra preparación.**			
0712.20	**- Cebollas.**			
0712.20.01	Cebollas.	Kg	20	Ex
	- Orejas de Judas (Auricularia spp.), hongos gelatinosos (Tremella spp.) y demás hongos; trufas:			
0712.31	**-- Hongos del género Agaricus.**			
0712.31.01	Hongos del género Agaricus.	Kg	20	Ex
0712.32	**-- Orejas de Judas (Auricularia spp.).**			
0712.32.01	Orejas de Judas (Auricularia spp.).	Kg	20	Ex
0712.33	**-- Hongos gelatinosos (Tremella spp.).**			
0712.33.01	Hongos gelatinosos (Tremella spp.).	Kg	20	Ex
0712.39	**-- Los demás.**			
0712.39.99	Los demás.	Kg	20	Ex
0712.90	**- Las demás hortalizas; mezclas de hortalizas.**			
0712.90.01	Aceitunas deshidratadas.	Kg	15	Ex
0712.90.02	Ajos deshidratados.	Kg	20	Ex
0712.90.03	Papas (patatas), incluso cortadas en trozos o en rodajas, pero sin otra preparación.	Kg	20	Ex
0712.90.99	Las demás.	Kg	20	Ex
07.13	**Hortalizas de vaina secas desvainadas, aunque estén mondadas o partidas.**			
0713.10	**- Chícharos (guisantes, arvejas) (Pisum sativum).**			
0713.10.01	Para siembra.	Kg	Ex	Ex
0713.10.99	Los demás.	Kg	10	Ex
0713.20	**- Garbanzos.**			
0713.20.01	Garbanzos.	Kg	10	Ex
	- Frijoles (porotos, alubias, judías, fréjoles) (Vigna spp., Phaseolus spp.):			
0713.31	**-- Frijoles (porotos, alubias, judías, fréjoles) de las especies Vigna mungo (L) Hepper o Vigna radiata (L) Wilczek.**			
0713.31.01	Frijoles (porotos, alubias, judías, fréjoles) de las especies Vigna mungo (L) Hepper o Vigna radiata (L) Wilczek.	Kg	10	Ex
0713.32	**-- Frijoles (porotos, alubias, judías, fréjoles) Adzuki (Phaseolus o Vigna angularis).**			
0713.32.01	Frijoles (porotos, alubias, judías, fréjoles) Adzuki (Phaseolus o Vigna angularis).	Kg	10	Ex
0713.33	**-- Frijol (poroto, alubia, judía, fréjol) común (Phaseolus vulgaris).**			
0713.33.01	Frijol para siembra.	Kg	Ex	Ex
0713.33.02	Frijol blanco, excepto lo comprendido en la fracción 0713.33.01.	Kg	60	Ex
0713.33.03	Frijol negro, excepto lo comprendido en la fracción 0713.33.01.	Kg	60	Ex
0713.33.99	Los demás.	Kg	60	Ex
0713.34	**-- Frijoles (porotos, alubias, judías, fréjoles) Bambara (Vigna subterranea o Voandzeia subterranea).**			
0713.34.01	Frijoles (porotos, alubias, judías, fréjoles) Bambara (Vigna subterranea o Voandzeia subterranea).	Kg	10	Ex
0713.35	**-- Frijoles (porotos, alubias, judías, fréjoles) salvajes o caupí (Vigna unguiculata).**			
0713.35.01	Frijoles (porotos, alubias, judías, fréjoles) salvajes o caupí (Vigna unguiculata).	Kg	10	Ex
0713.39	**-- Los demás.**			
0713.39.99	Los demás.	Kg	10	Ex
0713.40	**- Lentejas.**			
0713.40.01	Lentejas.	Kg	10	Ex

0713.50	-	Habas (Vicia faba var. major), haba caballar (Vicia faba var. equina) y haba menor (Vicia faba var. minor).			
0713.50.01		Habas (Vicia faba var. major), haba caballar (Vicia faba var. equina) y haba menor (Vicia faba var. minor).	Kg	10	Ex
0713.60	-	Chícharos (guisantes, arvejas) de palo, gandú o gandul (Cajanus cajan).			
0713.60.01		Chícharos (guisantes, arvejas) de palo, gandú o gandul (Cajanus cajan).	Kg	10	Ex
0713.90	-	Las demás.			
0713.90.99		Las demás.	Kg	10	Ex
07.14		Raíces de yuca (mandioca), arrurruz o salep, aguaturmas (patacas), camotes (boniatos, batatas) y raíces y tubérculos similares ricos en fécula o inulina, frescos, refrigerados, congelados o secos, incluso troceados o en "pellets"; médula de sagú.			
0714.10	-	Raíces de yuca (mandioca).			
0714.10.01		Congeladas.	Kg	20	Ex
0714.10.99		Las demás.	Kg	10	Ex
0714.20	-	Camotes (boniatos, batatas).			
0714.20.01		Congelados.	Kg	20	Ex
0714.20.99		Los demás.	Kg	10	Ex
0714.30	-	Ñames ("Yam") (Dioscorea spp.).			
0714.30.01		Congelados.	Kg	20	Ex
0714.30.99		Los demás.	Kg	10	Ex
0714.40	-	Taro (Colocasia spp.).			
0714.40.01		Congelados.	Kg	20	Ex
0714.40.99		Los demás.	Kg	10	Ex
0714.50	-	Yautía (malanga) (Xanthosoma spp.).			
0714.50.01		Congelados.	Kg	20	Ex
0714.50.99		Los demás.	Kg	10	Ex
0714.90	-	Los demás.			
0714.90.01		"Arrowroots", "salep" y alcachofas jerusalém, frescos.	Kg	10	Ex
0714.90.02		Congelados.	Kg	20	Ex
0714.90.99		Los demás.	Kg	10	Ex

Capítulo 08
Frutas y frutos comestibles; cortezas de agrios (cítricos), melones o sandías

Notas.
1. Este Capítulo no comprende los frutos no comestibles.
2. Las frutas y otros frutos refrigerados se clasifican en las mismas partidas que las frutas y frutos frescos correspondientes.
3. Las frutas y otros frutos secos de este Capítulo pueden estar parcialmente rehidratados o tratados para los fines siguientes:
   a) mejorar su conservación o estabilidad (por ejemplo: mediante tratamiento térmico moderado, sulfurado, adición de ácido sórbico o de sorbato de potasio);
   b) mejorar o mantener su aspecto (por ejemplo: por adición de aceite vegetal o pequeñas cantidades de jarabe de glucosa), siempre que conserven el carácter de frutas o frutos secos.

Código		Descripción	Unid de Med	Arancel (%)	
				IMP.	EXP.
08.01		Cocos, nueces del Brasil y nueces de marañón (merey, cajuil, anacardo, "cajú"), frescos o secos, incluso sin cáscara o mondados.			
	-	Cocos:			
0801.11	--	Secos.			
0801.11.01		Secos.	Kg	20	Ex
0801.12	--	Con la cáscara interna (endocarpio).			
0801.12.01		Con la cáscara interna (endocarpio).	Kg	20	Ex
0801.19	--	Los demás.			
0801.19.99		Los demás.	Kg	20	Ex
	-	Nueces del Brasil:			
0801.21	--	Con cáscara.			
0801.21.01		Con cáscara.	Kg	20	Ex
0801.22	--	Sin cáscara.			
0801.22.01		Sin cáscara.	Kg	20	Ex
	-	Nueces de marañón (merey, cajuil, anacardo, "cajú"):			
0801.31	--	Con cáscara.			
0801.31.01		Con cáscara.	Kg	20	Ex
0801.32	--	Sin cáscara.			
0801.32.01		Sin cáscara.	Kg	20	Ex

08.02	**Los demás frutos de cáscara frescos o secos, incluso sin cáscara o mondados.**			
	. **Almendras:**			
0802.11	.. **Con cáscara.**			
0802.11.01	Con cáscara.	Kg	15	Ex
0802.12	.. **Sin cáscara.**			
0802.12.01	Sin cáscara.	Kg	20	Ex
	. **Avellanas (Corylus spp.):**			
0802.21	.. **Con cáscara.**			
0802.21.01	Con cáscara.	Kg	Ex	Ex
0802.22	.. **Sin cáscara.**			
0802.22.01	Sin cáscara.	Kg	Ex	Ex
	. **Nueces de nogal:**			
0802.31	.. **Con cáscara.**			
0802.31.01	Con cáscara.	Kg	20	Ex
0802.32	.. **Sin cáscara.**			
0802.32.01	Sin cáscara.	Kg	20	Ex
	. **Castañas (Castanea spp.):**			
0802.41	.. **Con cáscara.**			
0802.41.01	Con cáscara.	Kg	20	Ex
0802.42	.. **Sin cáscara.**			
0802.42.01	Sin cáscara.	Kg	20	Ex
	. **Pistachos:**			
0802.51	.. **Con cáscara.**			
0802.51.01	Con cáscara.	Kg	20	Ex
0802.52	.. **Sin cáscara.**			
0802.52.01	Sin cáscara.	Kg	20	Ex
	. **Nueces de macadamia:**			
0802.61	.. **Con cáscara.**			
0802.61.01	Con cáscara.	Kg	20	Ex
0802.62	.. **Sin cáscara.**			
0802.62.01	Sin cáscara.	Kg	20	Ex
0802.70	. **Nueces de cola (Cola spp.).**			
0802.70.01	Nueces de cola (Cola spp.).	Kg	20	Ex
0802.80	. **Nueces de areca.**			
0802.80.01	Nueces de areca.	Kg	20	Ex
0802.90	. **Los demás.**			
0802.90.01	Piñones sin cáscara.	Kg	20	Ex
0802.90.99	Los demás.	Kg	20	Ex
08.03	**Bananas, incluidos los plátanos para cocinar (plantains), frescos o secos.**			
0803.10	. **Plátanos para cocinar (plantains).**			
0803.10.01	Plátanos para cocinar (plantains).	Kg	20	Ex
0803.90	. **Los demás.**			
0803.90.99	Los demás.	Kg	20	Ex
08.04	**Dátiles, higos, piñas (ananás), aguacates (paltas), guayabas, mangos y mangostanes, frescos o secos.**			
0804.10	. **Dátiles.**			
0804.10.01	Frescos.	Kg	20	Ex
0804.10.99	Los demás.	Kg	20	Ex
0804.20	. **Higos.**			
0804.20.01	Frescos.	Kg	20	Ex
0804.20.99	Los demás.	Kg	20	Ex
0804.30	. **Piñas (ananás).**			
0804.30.01	Piñas (ananás).	Kg	20	Ex
0804.40	. **Aguacates (paltas).**			
0804.40.01	Aguacates (paltas).	Kg	20	Ex
0804.50	. **Guayabas, mangos y mangostanes.**			
0804.50.01	Mangostanes.	Kg	20	Ex
0804.50.02	Guayabas.	Kg	20	Ex
0804.50.03	Mangos.	Kg	20	Ex
08.05	**Agrios (cítricos) frescos o secos.**			
0805.10	. **Naranjas.**			
0805.10.01	Naranjas.	Kg	20	Ex

0805.20	-	**Mandarinas (incluidas las tangerinas y satsumas); clementinas, wilkings e híbridos similares de agrios (cítricos).**		
0805.20.01		Mandarinas (incluidas las tangerinas y satsumas); clementinas, wilkings e híbridos similares de agrios (cítricos).	Kg	20	Ex
0805.40	-	**Toronjas o pomelos.**		
0805.40.01		Toronjas o pomelos.	Kg	20	Ex
0805.50	-	**Limones (Citrus limon, Citrus limonum) y limas (Citrus aurantifolia, Citrus latifolia).**		
0805.50.01		De la variedad Citrus aurantifolia Christmann Swingle (limón "mexicano").	Kg	20	Ex
0805.50.02		Limón "sin semilla" o lima persa (Citrus latifolia).	Kg	20	Ex
0805.50.99		Los demás.	Kg	20	Ex
0805.90	-	**Los demás.**		
0805.90.99		Los demás.	Kg	20	Ex
08.06		**Uvas, frescas o secas, incluidas las pasas.**		
0806.10	-	**Frescas.**		
0806.10.01		Frescas.	Kg	15	Ex
0806.20	-	**Secas, incluidas las pasas.**		
0806.20.01		Secas, incluidas las pasas.	Kg	20	Ex
08.07		**Melones, sandías y papayas, frescos.**		
	-	**Melones y sandías:**		
0807.11	- -	**Sandías.**		
0807.11.01		Sandías.	Kg	20	Ex
0807.19	- -	**Los demás.**		
0807.19.01		Melón chino ("cantaloupe").	Kg	20	Ex
0807.19.99		Los demás.	Kg	20	Ex
0807.20	-	**Papayas.**		
0807.20.01		Papayas.	Kg	20	Ex
08.08		**Manzanas, peras y membrillos, frescos.**		
0808.10	-	**Manzanas.**		
0808.10.01		Manzanas.	Kg	20	Ex
0808.30	-	**Peras.**		
0808.30.01		Peras.	Kg	20	Ex
0808.40	-	**Membrillos.**		
0808.40.01		Membrillos.	Kg	20	Ex
08.09		**Chabacanos (damascos, albaricoques), cerezas, duraznos (melocotones) (incluidos los griñones y nectarinas), ciruelas y endrinas, frescos.**		
0809.10	-	**Chabacanos (damascos, albaricoques).**		
0809.10.01		Chabacanos (damascos, albaricoques).	Kg	20	Ex
	-	**Cerezas:**		
0809.21	- -	**Guindas (Cerezas ácidas) (Prunus cerasus).**		
0809.21.01		Guindas (Cerezas ácidas) (Prunus cerasus).	Kg	20	Ex
0809.29	- -	**Las demás.**		
0809.29.99		Las demás.	Kg	20	Ex
0809.30	-	**Duraznos (melocotones), incluidos los griñones y nectarinas.**		
0809.30.01		Griñones y nectarinas.	Kg	20	Ex
0809.30.02		Duraznos (melocotones).	Kg	20	Ex
0809.40	-	**Ciruelas y endrinas.**		
0809.40.01		Ciruelas y endrinas.	Kg	20	Ex
08.10		**Las demás frutas u otros frutos, frescos.**		
0810.10	-	**Fresas (frutillas).**		
0810.10.01		Fresas (frutillas).	Kg	20	Ex
0810.20	-	**Frambuesas, zarzamoras, moras y moras-frambuesa.**		
0810.20.01		Frambuesas, zarzamoras, moras y moras-frambuesa.	Kg	20	Ex
0810.30	-	**Grosellas negras, blancas o rojas, incluso las espinosas.**		
0810.30.01		Grosellas negras, blancas o rojas, incluso las espinosas.	Kg	20	Ex
0810.40	-	**Arándanos rojos, mirtilos y demás frutos del género Vaccinium.**		
0810.40.01		Arándanos rojos, mirtilos y demás frutos del género Vaccinium.	Kg	20	Ex
0810.50	-	**Kiwis.**		
0810.50.01		Kiwis.	Kg	Ex	Ex
0810.60	-	**Duriones.**		
0810.60.01		Duriones.	Kg	20	Ex
0810.70	-	**Pérsimos (caquis).**		
0810.70.01		Pérsimos (caquis).	Kg	20	Ex
0810.90	-	**Los demás.**		
0810.90.99		Los demás.	Kg	20	Ex

Código	Descripción	Unid de Med	IMP.	EXP.
08.11	**Frutas y otros frutos, sin cocer o cocidos en agua o vapor, congelados, incluso con adición de azúcar u otro edulcorante.**			
0811.10	**- Fresas (frutillas).**			
0811.10.01	Fresas (frutillas).	Kg	20%+AE	Ex
0811.20	**- Frambuesas, zarzamoras, moras, moras-frambuesa y grosellas.**			
0811.20.01	Frambuesas, zarzamoras, moras, moras-frambuesa y grosellas.	Kg	20%+AE	Ex
0811.90	**- Los demás.**			
0811.90.99	Los demás.	Kg	20%+AE	Ex
08.12	**Frutas y otros frutos, conservados provisionalmente (por ejemplo: con gas sulfuroso o con agua salada, sulfurosa o adicionada de otras sustancias para dicha conservación), pero todavía impropios para consumo inmediato.**			
0812.10	**- Cerezas.**			
0812.10.01	Cerezas.	Kg	Ex	Ex
0812.90	**- Los demás.**			
0812.90.01	Mezclas.	Kg	20	Ex
0812.90.02	Cítricos, excepto lo comprendido en la fracción 0812.90.01.	Kg	20	Ex
0812.90.99	Los demás.	Kg	20	Ex
08.13	**Frutas y otros frutos, secos, excepto los de las partidas 08.01 a 08.06; mezclas de frutas u otros frutos, secos, o de frutos de cáscara de este Capítulo.**			
0813.10	**- Chabacanos (damascos, albaricoques).**			
0813.10.01	Chabacanos con hueso.	Kg	20	Ex
0813.10.99	Los demás.	Kg	20	Ex
0813.20	**- Ciruelas.**			
0813.20.01	Ciruelas deshuesadas (orejones).	Kg	20	Ex
0813.20.99	Las demás.	Kg	20	Ex
0813.30	**- Manzanas.**			
0813.30.01	Manzanas.	Kg	20	Ex
0813.40	**- Las demás frutas u otros frutos.**			
0813.40.01	Peras.	Kg	20	Ex
0813.40.02	Cerezas (guindas).	Kg	20	Ex
0813.40.03	Duraznos (melocotones), con hueso.	Kg	20	Ex
0813.40.99	Los demás.	Kg	20	Ex
0813.50	**- Mezclas de frutas u otros frutos, secos, o de frutos de cáscara de este Capítulo.**			
0813.50.01	Mezclas de frutas u otros frutos, secos, o de frutos de cáscara de este Capítulo.	Kg	20	Ex
08.14	**Cortezas de agrios (cítricos), melones o sandías, frescas, congeladas, secas o presentadas en agua salada, sulfurosa o adicionada de otras sustancias para su conservación provisional.**			
0814.00	**- Cortezas de agrios (cítricos), melones o sandías, frescas, congeladas, secas o presentadas en agua salada, sulfurosa o adicionada de otras sustancias para su conservación provisional.**			
0814.00.01	Cortezas de agrios (cítricos), melones o sandías, frescas, congeladas, secas o presentadas en agua salada, sulfurosa o adicionada de otras sustancias para su conservación provisional.	Kg	15	Ex

---

Capítulo 09
Café, té, yerba mate y especias

Notas.

1. Las mezclas entre sí de los productos de las partidas 09.04 a 09.10 se clasifican como sigue:
   a) las mezclas entre sí de productos de una misma partida se clasifican en dicha partida;
   b) las mezclas entre sí de productos de distintas partidas se clasifican en la partida 09.10.

   El hecho de que se añadan otras sustancias a los productos comprendidos en las partidas 09.04 a 09.10 (incluidas las mezclas citadas en los apartados a) o b) anteriores) no influye en su clasificación, siempre que las mezclas así obtenidas conserven el carácter esencial de los productos citados en cada una de estas partidas. Por el contrario, dichas mezclas se excluyen de este Capítulo y se clasifican en la partida 21.03 si constituyen condimentos o sazonadores compuestos.

2. Este Capítulo no comprende la pimienta de Cubeba (Piper cubeba) ni los demás productos de la partida 12.11.

Código	Descripción	Unid de Med	Arancel (%)	
			IMP.	EXP.
09.01	**Café, incluso tostado o descafeinado; cáscara y cascarilla de café; sucedáneos del café que contengan café en cualquier proporción.**			
	- Café sin tostar:			
0901.11	**-- Sin descafeinar.**			
0901.11.01	Variedad robusta.	Kg	20	Ex
0901.11.99	Los demás.	Kg	20	Ex

0901.12	**.. Descafeinado.**			
0901.12.01	Descafeinado.	Kg	20	Ex
	- Café tostado:			
0901.21	**.. Sin descafeinar.**			
0901.21.01	Sin descafeinar.	Kg	50	Ex
0901.22	**.. Descafeinado.**			
0901.22.01	Descafeinado.	Kg	50	Ex
0901.90	**. Los demás.**			
0901.90.01	Cáscara y cascarilla de café.	Kg	50	Ex
0901.90.99	Los demás.	Kg	50	Ex
09.02	**Té, incluso aromatizado.**			
0902.10	**. Té verde (sin fermentar) presentado en envases inmediatos con un contenido inferior o igual a 3 kg.**			
0902.10.01	Té verde (sin fermentar) presentado en envases inmediatos con un contenido inferior o igual a 3 kg.	Kg	20	Ex
0902.20	**. Té verde (sin fermentar) presentado de otra forma.**			
0902.20.01	Té verde (sin fermentar) presentado de otra forma.	Kg	20	Ex
0902.30	**. Té negro (fermentado) y té parcialmente fermentado, presentados en envases inmediatos con un contenido inferior o igual a 3 kg.**			
0902.30.01	Té negro (fermentado) y té parcialmente fermentado, presentados en envases inmediatos con un contenido inferior o igual a 3 kg.	Kg	20	Ex
0902.40	**. Té negro (fermentado) y té parcialmente fermentado, presentados de otra forma.**			
0902.40.01	Té negro (fermentado) y té parcialmente fermentado, presentados de otra forma.	Kg	20	Ex
09.03	**Yerba mate.**			
0903.00	**. Yerba mate.**			
0903.00.01	Yerba mate.	Kg	20	Ex
09.04	**Pimienta del género Piper; frutos de los géneros Capsicum o Pimenta, secos, triturados o pulverizados.**			
	- Pimienta:			
0904.11	**.. Sin triturar ni pulverizar.**			
0904.11.01	Sin triturar ni pulverizar.	Kg	20	Ex
0904.12	**.. Triturada o pulverizada.**			
0904.12.01	Triturada o pulverizada.	Kg	20	Ex
	- Frutos de los géneros Capsicum o Pimenta:			
0904.21	**.. Secos, sin triturar ni pulverizar.**			
0904.21.01	Chile "ancho" o "anaheim".	Kg	20	Ex
0904.21.99	Los demás.	Kg	20	Ex
0904.22	**.. Triturados o pulverizados.**			
0904.22.01	Chile "ancho" o "anaheim".	Kg	20	Ex
0904.22.99	Los demás.	Kg	20	Ex
09.05	**Vainilla.**			
0905.10	**. Sin triturar ni pulverizar.**			
0905.10.01	Sin triturar ni pulverizar.	Kg	20	Ex
0905.20	**. Triturada o pulverizada.**			
0905.20.01	Triturada o pulverizada.	Kg	20	Ex
09.06	**Canela y flores de canelero.**			
	- Sin triturar ni pulverizar:			
0906.11	**.. Canela (Cinnamomum zeylanicum Blume).**			
0906.11.01	Canela (Cinnamomum zeylanicum Blume).	Kg	Ex	Ex
0906.19	**.. Las demás.**			
0906.19.99	Las demás.	Kg	Ex	Ex
0906.20	**. Trituradas o pulverizadas.**			
0906.20.01	Trituradas o pulverizadas.	Kg	10	Ex
09.07	**Clavo (frutos, clavillos y pedúnculos).**			
0907.10	**. Sin triturar ni pulverizar.**			
0907.10.01	Sin triturar ni pulverizar.	Kg	10	Ex
0907.20	**. Triturado o pulverizado.**			
0907.20.01	Triturado o pulverizado.	Kg	10	Ex
09.08	**Nuez moscada, macis, amomos y cardamomos.**			
	- Nuez moscada:			
0908.11	**.. Sin triturar ni pulverizar.**			
0908.11.01	Sin triturar ni pulverizar.	Kg	20	Ex
0908.12	**.. Triturada o pulverizada.**			
0908.12.01	Triturada o pulverizada.	Kg	20	Ex

	- Macis:			
0908.21	**. . Sin triturar ni pulverizar.**			
0908.21.01	Sin triturar ni pulverizar.	Kg	20	Ex
0908.22	**. . Triturado o pulverizado.**			
0908.22.01	Triturado o pulverizado.	Kg	20	Ex
	- Amomos y cardamomos:			
0908.31	**. . Sin triturar ni pulverizar.**			
0908.31.01	Sin triturar ni pulverizar.	Kg	20	Ex
0908.32	**. . Triturados o pulverizados.**			
0908.32.01	Triturados o pulverizados.	Kg	20	Ex
09.09	**Semillas de anís, badiana, hinojo, cilantro, comino o alcaravea; bayas de enebro.**			
	- Semillas de cilantro:			
0909.21	**. . Sin triturar ni pulverizar.**			
0909.21.01	Sin triturar ni pulverizar.	Kg	10	Ex
0909.22	**. . Trituradas o pulverizadas.**			
0909.22.01	Trituradas o pulverizadas.	Kg	10	Ex
	- Semillas de comino:			
0909.31	**. . Sin triturar ni pulverizar.**			
0909.31.01	Sin triturar ni pulverizar.	Kg	10	Ex
0909.32	**. . Trituradas o pulverizadas.**			
0909.32.01	Trituradas o pulverizadas.	Kg	10	Ex
	- Semillas de anís, badiana, hinojo o alcaravea; bayas de enebro:			
0909.61	**. . Sin triturar ni pulverizar.**			
0909.61.01	Semillas de alcaravea.	Kg	20	Ex
0909.61.02	Semillas de anís o badiana.	Kg	10	Ex
0909.61.99	Los demás.	Kg	15	Ex
0909.62	**. . Trituradas o pulverizadas.**			
0909.62.01	Semillas de alcaravea.	Kg	20	Ex
0909.62.02	Semillas de anís o badiana.	Kg	10	Ex
0909.62.99	Los demás.	Kg	15	Ex
09.10	**Jengibre, azafrán, cúrcuma, tomillo, hojas de laurel, curry y demás especias.**			
	- Jengibre:			
0910.11	**. . Sin triturar ni pulverizar.**			
0910.11.01	Sin triturar ni pulverizar.	Kg	10	Ex
0910.12	**. . Triturado o pulverizado.**			
0910.12.01	Triturado o pulverizado.	Kg	10	Ex
0910.20	**. Azafrán.**			
0910.20.01	Azafrán.	Kg	10	Ex
0910.30	**. Cúrcuma.**			
0910.30.01	Cúrcuma.	Kg	20	Ex
	- Las demás especias:			
0910.91	**. . Mezclas previstas en la Nota 1 b) de este Capítulo.**			
0910.91.01	Mezclas previstas en la Nota 1 b) de este Capítulo.	Kg	20	Ex
0910.99	**. . Las demás.**			
0910.99.01	Tomillo; hojas de laurel.	Kg	20	Ex
0910.99.02	Curry.	Kg	20	Ex
0910.99.99	Las demás.	Kg	20	Ex

Capítulo 10
Cereales

Notas.
1. **A)** Los productos citados en los textos de las partidas de este Capítulo se clasifican en dichas partidas sólo si están presentes los granos, incluso en espigas o con los tallos.
   B) Este Capítulo no comprende los granos mondados o trabajados de otra forma. Sin embargo, el arroz descascarillado, blanqueado, pulido, glaseado, escaldado o partido se clasifica en la partida 10.06.
2. La partida 10.05 no comprende el maíz dulce (Capítulo 07).

Nota de subpartida.
1. Se considera *trigo durum* el de la especie *Triticum durum* y los híbridos derivados del cruce interespecífico del *Triticum durum* que tengan 28 cromosomas como aquél.

Código		Descripción	Unid de Med	Arancel (%) IMP.	Arancel (%) EXP.
10.01		**Trigo y morcajo (tranquillón).**			
	-	**Trigo durum (Triticum durum, Amber durum o trigo cristalino):**			
1001.11	**. .**	**Para siembra.**			
1001.11.01		Para siembra.	Kg	15	Ex
1001.19	**. .**	**Los demás.**			
1001.19.99		Los demás.	Kg	15	Ex
	-	**Los demás:**			
1001.91	**. .**	**Para siembra.**			
1001.91.01		Trigo común (Triticum aestivum o "trigo duro").	Kg	Ex	Ex
1001.91.99		Las demás.	Kg	15	Ex
1001.99	**. .**	**Los demás.**			
1001.99.01		Trigo común (Triticum aestivum o "trigo duro").	Kg	Ex	Ex
1001.99.99		Las demás.	Kg	15	Ex
10.02		**Centeno.**			
1002.10	**-**	**Para siembra.**			
1002.10.01		Para siembra.	Kg	Ex	Ex
1002.90	**-**	**Los demás.**			
1002.90.99		Los demás.	Kg	Ex	Ex
10.03		**Cebada.**			
1003.10	**-**	**Para siembra.**			
1003.10.01		Para siembra.	Kg	Ex	Ex
1003.90	**-**	**Las demás.**			
1003.90.01		En grano, con cáscara.	Kg	15	Ex
1003.90.99		Las demás.	Kg	15	Ex
10.04		**Avena.**			
1004.10	**-**	**Para siembra.**			
1004.10.01		Para siembra.	Kg	Ex	Ex
1004.90	**-**	**Las demás.**			
1004.90.99		Las demás.	Kg	Ex	Ex
10.05		**Maíz.**			
1005.10	**-**	**Para siembra.**			
1005.10.01		Para siembra.	Kg	Ex	Ex
1005.90	**-**	**Los demás.**			
1005.90.01		Palomero.	Kg	Ex	Ex
1005.90.02		Elotes.	Kg	Ex	Ex
1005.90.03		Maíz amarillo.	Kg	Ex	Ex
1005.90.04		Maíz blanco (harinero).	Kg	20	Ex
1005.90.99		Los demás.	Kg	Ex	Ex
10.06		**Arroz.**			
1006.10	**-**	**Arroz con cáscara (arroz "paddy").**			
1006.10.01		Arroz con cáscara (arroz "paddy").	Kg	9	Ex
1006.20	**-**	**Arroz descascarillado (arroz cargo o arroz pardo).**			
1006.20.01		Arroz descascarillado (arroz cargo o arroz pardo).	Kg	20	Ex
1006.30	**-**	**Arroz semiblanqueado o blanqueado, incluso pulido o glaseado.**			
1006.30.01		Denominado grano largo (relación 3:1, o mayor, entre el largo y la anchura del grano).	Kg	20	Ex
1006.30.99		Los demás.	Kg	20	Ex
1006.40	**-**	**Arroz partido.**			
1006.40.01		Arroz partido.	Kg	20	Ex
10.07		**Sorgo de grano (granífero).**			
1007.10	**-**	**Para siembra.**			
1007.10.01		Para siembra.	Kg	Ex	Ex
1007.90	**-**	**Los demás.**			
1007.90.01		Cuando la operación se realice dentro del periodo comprendido entre el 16 de diciembre y el 15 de mayo.	Kg	Ex	Ex
1007.90.02		Cuando la operación se realice dentro del periodo comprendido entre el 16 de mayo y el 15 de diciembre.	Kg	15	Ex
10.08		**Alforfón, mijo y alpiste; los demás cereales.**			
1008.10	**-**	**Alforfón.**			
1008.10.01		Alforfón.	Kg	Ex	Ex

		Mijo:			
1008.21	..	**Para siembra.**			
1008.21.01		Para siembra.	Kg	15	Ex
1008.29	..	**Los demás.**			
1008.29.99		Los demás.	Kg	15	Ex
1008.30	.	**Alpiste.**			
1008.30.01		Alpiste.	Kg	Ex	Ex
1008.40	.	**Fonio (Digitaria spp.).**			
1008.40.01		Fonio (Digitaria spp.).	Kg	Ex	Ex
1008.50	.	**Quinua o quinoa (Chenopodium quinoa).**			
1008.50.01		Quinua o quinoa (Chenopodium quinoa).	Kg	Ex	Ex
1008.60	.	**Triticale.**			
1008.60.01		Triticale.	Kg	Ex	Ex
1008.90	.	**Los demás cereales.**			
1008.90.99		Los demás cereales.	Kg	Ex	Ex

Capítulo 11
Productos de la molinería; malta; almidón y fécula; inulina; gluten de trigo

Notas.
1. Este Capítulo no comprende:
   a) la malta tostada acondicionada como sucedáneo del café (partidas 09.01 ó 21.01, según los casos);
   b) la harina, grañones, sémola, almidón y fécula preparados, de la partida 19.01;
   c) las hojuelas o copos de maíz y demás productos de la partida 19.04;
   d) las hortalizas preparadas o conservadas de las partidas 20.01, 20.04 ó 20.05;
   e) los productos farmacéuticos (Capítulo 30);
   f) el almidón y la fécula que tengan el carácter de preparaciones de perfumería, de tocador o de cosmética (Capítulo 33).
2. A) Los productos de la molienda de los cereales designados en el cuadro siguiente se clasifican en este Capítulo, si tienen simultáneamente en peso sobre producto seco:
   a) un contenido de almidón (determinado según el método polarimétrico Ewers modificado) superior al indicado en la columna (2);
   b) un contenido de cenizas (deduciendo las materias minerales que hayan podido añadirse) inferior o igual al indicado en la columna (3).
   Los que no cumplan las condiciones anteriores se clasifican en la partida 23.02. Sin embargo, el germen de cereales entero, aplastado, en copos o molido, siempre se clasifica en la partida 11.04.
   B) Los productos incluidos en este Capítulo, en virtud de las disposiciones anteriores, se clasifican en las partidas 11.01 u 11.02 cuando el porcentaje en peso que pase por un tamiz de tela metálica con abertura de malla correspondiente a la indicada en las columnas (4) ó (5), según los casos, sea superior o igual al indicado para cada cereal.
   En caso contrario, se clasifican en las partidas 11.03 u 11.04.

Cereal (1)	Contenido de almidón (2)	Contenido de cenizas (3)	Porcentaje que pasa por un tamiz con abertura de malla de	
			315 micras (micrómetros, micrones) (4)	500 micras (micrómetros, micrones) (5)
Trigo y centeno	45%	2.5%	80%	---
Cebada	45%	3%	80%	---
Avena	45%	5%	80%	---
Maíz y sorgo de grano (granífero)	45%	2%	---	90%
Arroz	45%	1.6%	80%	---
Alforfón	45%	4%	80%	---

3. En la partida 11.03, se consideran *grañones* y *sémola* los productos obtenidos por fragmentación de los granos de cereales que respondan a las condiciones siguientes:
   a) los de maíz, deberán pasar por un tamiz de tela metálica con abertura de malla de 2 mm en proporción superior o igual al 95% en peso;
   b) los de los demás cereales, deberán pasar por un tamiz de tela metálica con abertura de malla de 1.25 mm en proporción superior o igual al 95% en peso.

Código		Descripción	Unid de Med	Arancel (%) IMP.	EXP.
11.01		**Harina de trigo o de morcajo (tranquillón).**			
1101.00	-	**Harina de trigo o de morcajo (tranquillón).**			
1101.00.01		Harina de trigo o de morcajo (tranquillón).	Kg	10	Ex

11.02	**Harina de cereales, excepto de trigo o de morcajo (tranquillón).**			
1102.20	**. Harina de maíz.**			
1102.20.01	Harina de maíz.	Kg	10	Ex
1102.90	**. Las demás.**			
1102.90.01	Harina de arroz.	Kg	10	Ex
1102.90.02	Harina de centeno.	Kg	10	Ex
1102.90.99	Las demás.	Kg	10	Ex
11.03	**Grañones, sémola y "pellets", de cereales.**			
	. Grañones y sémola:			
1103.11	**.. De trigo.**			
1103.11.01	De trigo.	Kg	7	Ex
1103.13	**.. De maíz.**			
1103.13.01	De maíz.	Kg	7	Ex
1103.19	**.. De los demás cereales.**			
1103.19.01	De avena.	Kg	7	Ex
1103.19.02	De arroz.	Kg	7	Ex
1103.19.99	Los demás.	Kg	7	Ex
1103.20	**. "Pellets".**			
1103.20.01	De trigo.	Kg	7	Ex
1103.20.99	Los demás.	Kg	7	Ex
11.04	**Granos de cereales trabajados de otro modo (por ejemplo: mondados, aplastados, en copos, perlados, troceados o quebrantados), excepto el arroz de la partida 10.06; germen de cereales entero, aplastado, en copos o molido.**			
	. Granos aplastados o en copos:			
1104.12	**.. De avena.**			
1104.12.01	De avena.	Kg	7	Ex
1104.19	**.. De los demás cereales.**			
1104.19.01	De cebada.	Kg	7	Ex
1104.19.99	Los demás.	Kg	7	Ex
	. Los demás granos trabajados (por ejemplo: mondados, perlados, troceados o quebrantados):			
1104.22	**.. De avena.**			
1104.22.01	De avena.	Kg	7	Ex
1104.23	**.. De maíz.**			
1104.23.01	De maíz.	Kg	Ex	Ex
1104.29	**.. De los demás cereales.**			
1104.29.01	De cebada.	Kg	7	Ex
1104.29.99	Los demás.	Kg	7	Ex
1104.30	**. Germen de cereales entero, aplastado, en copos o molido.**			
1104.30.01	Germen de cereales entero, aplastado, en copos o molido.	Kg	7	Ex
11.05	**Harina, sémola, polvo, copos, gránulos y "pellets", de papa (patata).**			
1105.10	**. Harina, sémola y polvo.**			
1105.10.01	Harina, sémola y polvo.	Kg	10	Ex
1105.20	**. Copos, gránulos y "pellets".**			
1105.20.01	Copos, gránulos y "pellets".	Kg	10	Ex
11.06	**Harina, sémola y polvo de las hortalizas de la partida 07.13, de sagú o de las raíces o tubérculos de la partida 07.14 o de los productos del Capítulo 08.**			
1106.10	**. De las hortalizas de la partida 07.13.**			
1106.10.01	De las hortalizas de la partida 07.13.	Kg	10	Ex
1106.20	**. De sagú o de las raíces o tubérculos de la partida 07.14.**			
1106.20.01	Harina de yuca (mandioca).	Kg	10	Ex
1106.20.99	Los demás.	Kg	10	Ex
1106.30	**. De los productos del Capítulo 08.**			
1106.30.01	Harina de cajú.	Kg	10	Ex
1106.30.99	Los demás.	Kg	10	Ex
11.07	**Malta (de cebada u otros cereales), incluso tostada.**			
1107.10	**. Sin tostar.**			
1107.10.01	Sin tostar.	Kg	15	Ex
1107.20	**. Tostada.**			
1107.20.01	Tostada.	Kg	15	Ex
11.08	**Almidón y fécula; inulina.**			
	. Almidón y fécula:			
1108.11	**.. Almidón de trigo.**			
1108.11.01	Almidón de trigo.	Kg	10	Ex
1108.12	**.. Almidón de maíz.**			

| | | Unid de Med | Arancel (%) | |

1108.12.01	Almidón de maíz.	Kg	10	Ex
1108.13	**.. Fécula de papa (patata).**			
1108.13.01	Fécula de papa (patata).	Kg	10	Ex
1108.14	**.. Fécula de yuca (mandioca).**			
1108.14.01	Fécula de yuca (mandioca).	Kg	10	Ex
1108.19	**.. Los demás almidones y féculas.**			
1108.19.01	Fécula de sagú.	Kg	10	Ex
1108.19.99	Los demás.	Kg	10	Ex
1108.20	**. Inulina.**			
1108.20.01	Inulina.	Kg	10	Ex
11.09	**Gluten de trigo, incluso seco.**			
1109.00	**. Gluten de trigo, incluso seco.**			
1109.00.01	Gluten de trigo, incluso seco.	Kg	10	Ex

Capítulo 12
Semillas y frutos oleaginosos; semillas y frutos diversos; plantas industriales o medicinales; paja y forraje

Notas.
1. La nuez y la almendra de palma, las semillas de algodón, ricino, sésamo (ajonjolí), mostaza, cártamo, amapola (adormidera) y "karité", entre otras, se consideran *semillas oleaginosas* de la partida 12.07. Por el contrario, se excluyen de dicha partida los productos de las partidas 08.01 ó 08.02, así como las aceitunas (Capítulos 7 ó 20).
2. La partida 12.08 comprende no sólo la harina sin desgrasar, sino también la desgrasada parcialmente o la que ha sido desgrasada y después total o parcialmente reengrasada con su propio aceite. Por el contrario, se excluyen los residuos de las partidas 23.04 a 23.06.
3. Las semillas de remolacha, las pratenses (de prados), las de flores ornamentales, de hortalizas, de árboles forestales o frutales, de vezas (excepto las de la especie *Vicia faba*) o de altramuces, se consideran *semillas para siembra* de la partida 12.09.
   Por el contrario, se excluyen de esta partida, aunque se destinen a la siembra:
   a) las hortalizas de vaina y el maíz dulce (Capítulo 07);
   b) las especias y demás productos del Capítulo 09;
   c) los cereales (Capítulo 10);
   d) los productos de las partidas 12.01 a 12.07 o de la partida 12.11.
4. La partida 12.11 comprende, entre otras, las plantas y partes de plantas de las especies siguientes: albahaca, borraja, "ginseng", hisopo, regaliz, diversas especies de menta, romero, ruda, salvia y ajenjo.
   Por el contrario, se excluyen:
   a) los productos farmacéuticos del Capítulo 30;
   b) las preparaciones de perfumería, de tocador o de cosmética del Capítulo 33;
   c) los insecticidas, fungicidas, herbicidas, desinfectantes y productos similares de la partida 38.08.
5. En la partida 12.12, el término *algas* no comprende:
   a) los microorganismos monocelulares muertos de la partida 21.02;
   b) los cultivos de microorganismos de la partida 30.02;
   c) los abonos de las partidas 31.01 ó 31.05.

Nota de subpartida.
1. En la subpartida 1205.10, se entiende por *semillas de nabo (nabina) o de colza con bajo contenido de ácido erúcico* las semillas de nabo (nabina) o de colza de las que se obtiene un aceite fijo el cual tiene un contenido de ácido erúcico inferior al 2% en peso y un componente sólido cuyo contenido de glucosinolatos es inferior a 30 micromoles por gramo.

Código		Descripción	Unid de Med	Arancel (%)	
				IMP.	EXP.
12.01		**Habas (frijoles, porotos, fréjoles) de soja (soya), incluso quebrantadas.**			
1201.10	**.**	**Para siembra.**			
1201.10.01		Para siembra.	Kg	Ex	Ex
1201.90	**.**	**Las demás.**			
1201.90.01		Cuando la operación se realice dentro del periodo comprendido entre el 1o. de enero y el 30 de septiembre.	Kg	Ex	Ex
1201.90.02		Cuando la operación se realice dentro del periodo comprendido entre el 1o. de octubre y el 31 de diciembre.	Kg	15	Ex
12.02		**Cacahuates (cacahuetes, maníes) sin tostar ni cocer de otro modo, incluso sin cáscara o quebrantados.**			
1202.30	**.**	**Para siembra.**			
1202.30.01		Para siembra.	Kg	Ex	Ex
	.	**Los demás:**			
1202.41	**..**	**Con cáscara.**			
1202.41.01		Con cáscara.	Kg	Ex	Ex

1202.42	..	**Sin cáscara, incluso quebrantados.**			
1202.42.01		Sin cáscara, incluso quebrantados.	Kg	Ex	Ex
12.03		**Copra.**			
1203.00	.	**Copra.**			
1203.00.01		Copra.	Kg	45	Ex
12.04		**Semilla de lino, incluso quebrantada.**			
1204.00	.	**Semilla de lino, incluso quebrantada.**			
1204.00.01		Semilla de lino, incluso quebrantada.	Kg	Ex	Ex
12.05		**Semillas de nabo (nabina) o de colza, incluso quebrantadas.**			
1205.10	.	**Semillas de nabo (nabina) o de colza con bajo contenido de ácido erúcico.**			
1205.10.01		Semillas de nabo (nabina) o de colza con bajo contenido de ácido erúcico.	Kg	Ex	Ex
1205.90	.	**Las demás.**			
1205.90.99		Las demás.	Kg	Ex	Ex
12.06		**Semilla de girasol, incluso quebrantada.**			
1206.00	.	**Semilla de girasol, incluso quebrantada.**			
1206.00.01		Para siembra.	Kg	Ex	Ex
1206.00.99		Las demás.	Kg	Ex	Ex
12.07		**Las demás semillas y frutos oleaginosos, incluso quebrantados.**			
1207.10	.	**Nueces y almendras de palma.**			
1207.10.01		Nueces y almendras de palma.	Kg	Ex	Ex
	.	**Semillas de algodón:**			
1207.21	..	**Para siembra.**			
1207.21.01		Para siembra.	Kg	Ex	Ex
1207.29	..	**Las demás.**			
1207.29.99		Las demás.	Kg	Ex	Ex
1207.30	.	**Semillas de ricino.**			
1207.30.01		Semillas de ricino.	Kg	Ex	Ex
1207.40	.	**Semilla de sésamo (ajonjolí).**			
1207.40.01		Semilla de sésamo (ajonjolí).	Kg	Ex	Ex
1207.50	.	**Semilla de mostaza.**			
1207.50.01		Semilla de mostaza.	Kg	Ex	Ex
1207.60	.	**Semillas de cártamo (Carthamus tinctorius).**			
1207.60.01		Para siembra.	Kg	Ex	Ex
1207.60.02		Semillas de cártamo, excepto para siembra, cuando la operación se realice dentro del periodo comprendido entre el 1o. de enero y el 30 de septiembre.	Kg	Ex	Ex
1207.60.03		Semillas de cártamo, excepto para siembra, cuando la operación se realice dentro del periodo comprendido entre el 1o. de octubre y el 31 de diciembre.	Kg	10	Ex
1207.70	.	**Semillas de melón.**			
1207.70.01		Semillas de melón.	Kg	Ex	Ex
	.	**Los demás:**			
1207.91	..	**Semilla de amapola (adormidera).**			
1207.91.01		Semillas de amapola (adormidera).	Kg	10	Pro hi bida
1207.99	..	**Los demás.**			
1207.99.01		De cáñamo (Cannabis sativa).	Kg	Ex	Ex
1207.99.02		Semilla de "karité".	Kg	Ex	Ex
1207.99.99		Los demás.	Kg	Ex	Ex
12.08		**Harina de semillas o de frutos oleaginosos, excepto la harina de mostaza.**			
1208.10	.	**De habas (porotos, frijoles, fréjoles) de soja (soya).**			
1208.10.01		De habas (porotos, frijoles, fréjoles) de soja (soya).	Kg	15	Ex
1208.90	.	**Las demás.**			
1208.90.01		De algodón.	Kg	15	Ex
1208.90.02		De girasol.	Kg	15	Ex
1208.90.03		De amapola (adormidera).		Prohi-bida	Pro hi bida
1208.90.99		Las demás.	Kg	15	Ex
12.09		**Semillas, frutos y esporas, para siembra.**			
1209.10	.	**Semilla de remolacha azucarera.**			
1209.10.01		Semilla de remolacha azucarera.	Kg	9	Ex
	.	**Semillas forrajeras:**			
1209.21	..	**De alfalfa.**			
1209.21.01		De alfalfa.	Kg	Ex	Ex
1209.22	..	**De trébol (Trifolium spp.).**			

1209.22.01	De trébol (Trifolium spp.).	Kg	Ex	Ex
1209.23	**·· De festucas.**			
1209.23.01	De festucas.	Kg	Ex	Ex
1209.24	**·· De pasto azul de Kentucky (Poa pratensis L.).**			
1209.24.01	De pasto azul de Kentucky (Poa pratensis L.).	Kg	Ex	Ex
1209.25	**·· De ballico (Lolium multiflorum Lam., Lolium perenne L.).**			
1209.25.01	De ballico (Lolium multiflorum Lam., Lolium perenne L.).	Kg	Ex	Ex
1209.29	**·· Las demás.**			
1209.29.01	De pasto inglés.	Kg	Ex	Ex
1209.29.02	Para prados y pastizales, excepto lo comprendido en la fracción 1209.29.01.	Kg	Ex	Ex
1209.29.03	De sorgo, para siembra.	Kg	Ex	Ex
1209.29.04	De remolacha, excepto azucarera.	Kg	9	Ex
1209.29.05	De fleo de los prados (Phleum pratensis).	Kg	Ex	Ex
1209.29.99	Las demás.	Kg	Ex	Ex
1209.30	**· Semillas de plantas herbáceas utilizadas principalmente por sus flores.**			
1209.30.01	Semillas de plantas herbáceas utilizadas principalmente por sus flores.	Kg	Ex	Ex
	· Los demás:			
1209.91	**·· Semillas de hortalizas.**			
1209.91.01	De cebolla.	Kg	Ex	Ex
1209.91.02	De tomate.	Kg	Ex	Ex
1209.91.03	De zanahoria.	Kg	Ex	Ex
1209.91.04	De rábano.	Kg	Ex	Ex
1209.91.05	De espinaca.	Kg	Ex	Ex
1209.91.06	De brócoli ("broccoli").	Kg	Ex	Ex
1209.91.07	De calabaza.	Kg	Ex	Ex
1209.91.08	De col.	Kg	Ex	Ex
1209.91.09	De coliflor.	Kg	Ex	Ex
1209.91.10	De espárragos.	Kg	Ex	Ex
1209.91.11	De chiles dulces o de pimientos.	Kg	Ex	Ex
1209.91.12	De lechuga.	Kg	Ex	Ex
1209.91.13	De pepino.	Kg	Ex	Ex
1209.91.14	De berenjena.	Kg	Ex	Ex
1209.91.99	Las demás.	Kg	Ex	Ex
1209.99	**·· Los demás.**			
1209.99.01	De melón.	Kg	Ex	Ex
1209.99.02	De sandía.	Kg	Ex	Ex
1209.99.03	De gerbera.	Kg	Ex	Ex
1209.99.04	De statice.	Kg	Ex	Ex
1209.99.05	De zacatón.	Kg	Ex	Ex
1209.99.06	De la especie hulífera Gruypeostegia grandiflora (Clavel de España), Cuerno de luna o Lechosa.	Kg	Ex	Ex
1209.99.07	De marihuana (Cannabis indica), aun cuando esté mezclada con otras semillas.		Prohibida	Prohibida
1209.99.99	Los demás.	Kg	Ex	Ex
12.10	**Conos de lúpulo frescos o secos, incluso triturados, molidos o en "pellets"; lupulino.**			
1210.10	**· Conos de lúpulo sin triturar ni moler ni en "pellets".**			
1210.10.01	Conos de lúpulo sin triturar ni moler ni en "pellets".	Kg	Ex	Ex
1210.20	**· Conos de lúpulo triturados, molidos o en "pellets"; lupulino.**			
1210.20.01	Conos de lúpulo triturados, molidos o en "pellets"; lupulino.	Kg	Ex	Ex
12.11	**Plantas, partes de plantas, semillas y frutos de las especies utilizadas principalmente en perfumería, medicina o para usos insecticidas, parasiticidas o similares, frescos o secos, incluso cortados, quebrantados o pulverizados.**			
1211.20	**· Raíces de "ginseng".**			
1211.20.01	Raíces de "ginseng".	Kg	10	Ex
1211.30	**· Hojas de coca.**			
1211.30.01	Hojas de coca.	Kg	5	Ex
1211.40	**· Paja de adormidera.**			
1211.40.01	Paja de adormidera.	Kg	10	Ex
1211.90	**· Los demás.**			
1211.90.01	Manzanilla.	Kg	10	Ex
1211.90.02	Marihuana (Cannabis indica).		Prohibida	Prohibida
1211.90.03	Tubérculos raíces, tallos o partes de plantas aunque se presenten pulverizados, cuando contengan saponinas, cuyo agrupamiento aglucónico sea un esteroide.	Kg	10	Ex
1211.90.04	De barbasco.	Kg	10	Ex
1211.90.05	Raíz de Rawolfia heterophila.	Kg	10	Ex
1211.90.06	Raíces de regaliz.	Kg	10	Ex

1211.90.07	Flor de Jamaica** **NOTA esta fracción (1211.90.07) fue creada en el DOF 10-Dic-2014 y entra en vigor a los 60 días siguientes (Art. Transitorio Primero del decreto)	Kg	10	Ex
1211.90.99	Los demás.	Kg	10	Ex
12.12	**Algarrobas, algas, remolacha azucarera y caña de azúcar, frescas, refrigeradas, congeladas o secas, incluso pulverizadas; huesos (carozos) y almendras de frutos y demás productos vegetales (incluidas las raíces de achicoria sin tostar de la variedad Cichorium intybus sativum) empleados principalmente en la alimentación humana, no expresados ni comprendidos en otra parte.**			
	- Algas:			
1212.21	**-- Aptas para consumo humano.**			
1212.21.01	Congeladas.	Kg	20	Ex
1212.21.02	Algas secas de las especies Porphyra Yezoensis o Porphyra Tenera (alga nori).	Kg.	Ex	Ex
1212.21.99	Las demás.	Kg	10	Ex
1212.29	**-- Las demás.**			
1212.29.01	Congeladas.	Kg	20	Ex
1212.29.99	Las demás.	Kg	10	Ex
	- Los demás:			
1212.91	**-- Remolacha azucarera.**			
1212.91.01	Remolacha azucarera.	Kg	10	Ex
1212.92	**-- Algarrobas.**			
1212.92.01	Algarrobas y sus semillas, frescas o secas.	Kg	10	Ex
1212.92.99	Las demás.	Kg	10	Ex
1212.93	**-- Caña de azúcar.**			
1212.93.01	Caña de azúcar.	Kg	36	Ex
1212.94	**-- Raices de achicoria.**			
1212.94.01	Frescas o secas, incluso cortadas, sin tostar.	Kg	10	Ex
1212.94.99	Las demás.	Kg	10	Ex
1212.99	**-- Los demás.**			
1212.99.04	Huesos (carozos) y almendras de chabacano (damasco, albaricoque), de durazno (melocotón) (incluidos los griñones y nectarinas) o de ciruela.	Kg	10	Ex
1212.99.99	Los demás.	Kg	10	Ex
12.13	**Paja y cascabillo de cereales, en bruto, incluso picados, molidos, prensados o en "pellets".**			
1213.00	**- Paja y cascabillo de cereales, en bruto, incluso picados, molidos, prensados o en "pellets".**			
1213.00.01	Paja y cascabillo de cereales, en bruto, incluso picados, molidos, prensados o en "pellets".	Kg	10	Ex
12.14	**Nabos forrajeros, remolachas forrajeras, raíces forrajeras, heno, alfalfa, trébol, esparceta, coles forrajeras, altramuces, vezas y productos forrajeros similares, incluso en "pellets".**			
1214.10	**- Harina y "pellets" de alfalfa.**			
1214.10.01	Harina y "pellets" de alfalfa.	Kg	15	Ex
1214.90	**- Los demás.**			
1214.90.01	Alfalfa.	Kg	10	Ex
1214.90.99	Los demás.	Kg	15	Ex

Capítulo 13
Gomas, resinas y demás jugos y extractos vegetales

Nota.
1. La partida 13.02 comprende, entre otros, los extractos de regaliz, piretro (pelitre), lúpulo o áloe, y el opio.
   Por el contrario, se excluyen:
   a) el extracto de regaliz con un contenido de sacarosa superior al 10% en peso o presentado como artículo de confitería (partida 17.04);
   b) el extracto de malta (partida 19.01);
   c) los extractos de café, té o yerba mate (partida 21.01);
   d) los jugos y extractos vegetales que constituyan bebidas alcohólicas (Capítulo 22);
   e) el alcanfor natural, la glicirricina y demás productos de las partidas 29.14 ó 29.38;
   f) los concentrados de paja de adormidera con un contenido de alcaloides superior o igual al 50% en peso (partida 29.39);
   g) los medicamentos de las partidas 30.03 ó 30.04 y los reactivos para determinación de los grupos o de los factores sanguíneos (partida 30.06);
   h) los extractos curtientes o tintóreos (partidas 32.01 ó 32.03);
   ij) los aceites esenciales (incluidos los "concretos" o "absolutos"), los resinoides y las oleorresinas de extracción, así como los destilados acuosos aromáticos y disoluciones acuosas de aceites esenciales y las preparaciones a base de sustancias odoríferas de los tipos utilizados para la elaboración de bebidas (Capítulo 33);
   k) el caucho natural, balata, gutapercha, guayule, chicle y gomas naturales análogas (partida 40.01).

Código		Descripción	Unid de Med	Arancel (%)	
				IMP.	EXP.
13.01		Goma laca; gomas, resinas, gomorresinas y oleorresinas (por ejemplo, bálsamos), naturales.			
1301.20	.	Goma arábiga.			
1301.20.01		Goma arábiga.	Kg	10	Ex
1301.90	.	Las demás.			
1301.90.01		Copal.	Kg	10	Ex
1301.90.02		Goma laca.	Kg	10	Ex
1301.90.99		Las demás.	Kg	10	Ex
13.02		Jugos y extractos vegetales; materias pécticas, pectinatos y pectatos; agar-agar y demás mucílagos y espesativos derivados de los vegetales, incluso modificados.			
	.	Jugos y extractos vegetales:			
1302.11	..	Opio.			
1302.11.01		En bruto o en polvo.	Kg	10	Ex
1302.11.02		Preparado para fumar.		Prohibida	Prohibida
1302.11.03		Alcoholados, extractos, fluidos o sólidos o tinturas de opio.	Kg	10	Ex
1302.11.99		Los demás.	Kg	10	Ex
1302.12	..	De regaliz.			
1302.12.01		Extractos.	Kg	10	Ex
1302.12.99		Los demás.	Kg	10	Ex
1302.13	..	De lúpulo.			
1302.13.01		De lúpulo.	Kg	Ex	Ex
1302.19	..	Los demás.			
1302.19.01		De helecho macho.	Kg	10	Ex
1302.19.02		De marihuana (Cannabis Indica).		Prohibida	Prohibida
1302.19.03		De Ginko-Biloba.	Kg	Ex	Ex
1302.19.04		De haba tonka.	Kg	10	Ex
1302.19.05		De belladona, conteniendo como máximo 60% de alcaloides.	Kg	10	Ex
1302.19.06		De Pygeum Africanum (Prunus Africana).	Kg	10	Ex
1302.19.07		Podofilina.	Kg	10	Ex
1302.19.08		Maná.	Kg	10	Ex
1302.19.09		Alcoholados, extractos fluidos o sólidos o tinturas, de coca.	Kg	10	Ex
1302.19.10		De cáscara de nuez de cajú, en bruto.	Kg	10	Ex
1302.19.11		De cáscara de nuez de cajú, refinados.	Kg	10	Ex
1302.19.12		Derivados de la raíz de Rawolfia heterophila que contengan el alcaloide llamado reserpina.	Kg	15	Ex
1302.19.13		De piretro (pelitre).	Kg	10	Ex
1302.19.14		De raíces que contengan rotenona.	Kg	10	Ex
1302.19.99		Los demás.	Kg	15	Ex
1302.20	.	Materias pécticas, pectinatos y pectatos.			
1302.20.01		Pectinas.	Kg	15	Ex
1302.20.99		Los demás.	Kg	15	Ex
	.	Mucílagos y espesativos derivados de los vegetales, incluso modificados:			
1302.31	..	Agar-agar.			
1302.31.01		Agar-agar.	Kg	15	Ex
1302.32	..	Mucílagos y espesativos de la algarroba o de su semilla o de las semillas de guar, incluso modificados.			
1302.32.01		Harina o mucílago de algarroba.	Kg	Ex	Ex
1302.32.02		Goma guar.	Kg	10	Ex
1302.32.99		Los demás.	Kg	15	Ex
1302.39	..	Los demás.			
1302.39.01		Mucílago de zaragatona.	Kg	10	Ex
1302.39.02		Carragenina.	Kg	10	Ex
1302.39.03		Derivados de la raíz de Rawolfia heterophila que contengan el alcaloide llamado reserpina.	Kg	15	Ex
1302.39.04		Derivados de la marihuana (Cannabis Indica).		Prohibida	Prohibida
1302.39.99		Los demás.	Kg	15	Ex

Capítulo 14
Materias trenzables y demás productos de origen vegetal, no expresados ni comprendidos en otra parte

Notas.

1. Se excluyen de este Capítulo y se clasifican en la Sección XI, las materias y fibras vegetales de las especies principalmente utilizadas para la fabricación de textiles, cualquiera que sea su preparación, así como las materias vegetales trabajadas especialmente para su utilización exclusiva como materia textil.

2. La partida 14.01 comprende, entre otras, el bambú (incluso hendido, aserrado longitudinalmente o cortado en longitudes determinadas, con los extremos redondeados, blanqueado, ignifugado, pulido o teñido), los trozos de mimbre, de caña y similares, la médula de ratán (roten) y el ratán (roten) hilado. No se clasifican en esta partida las tablillas, láminas o cintas de madera (partida 44.04).

3. La partida 14.04 no comprende la lana de madera (partida 44.05) ni las cabezas preparadas para artículos de cepillería (partida 96.03).

Código		Descripción	Unid de Med	Arancel (%)	
				IMP.	EXP.
14.01		**Materias vegetales de las especies utilizadas principalmente en cestería o espartería (por ejemplo: bambú, ratán (roten), caña, junco, mimbre, rafia, paja de cereales limpiada, blanqueada o teñida, corteza de tilo).**			
1401.10	**.**	**Bambú.**			
1401.10.01		Bambú.	Kg	10	Ex
1401.20	**.**	**Ratán (roten).**			
1401.20.01		Ratán (roten).	Kg	Ex	Ex
1401.90	**.**	**Las demás.**			
1401.90.99		Las demás.	Kg	10	Ex
14.04		**Productos vegetales no expresados ni comprendidos en otra parte.**			
1404.20	**.**	**Línteres de algodón.**			
1404.20.01		Línteres de algodón.	Kg	10	Ex
1404.90	**.**	**Los demás.**			
1404.90.01		Materias vegetales de las especies utilizadas principalmente para relleno (por ejemplo: "kapok" (miraguano de bombacáceas), crin vegetal, crin marina), incluso en capas, aun con soporte de otras materias.	Kg	10	Ex
1404.90.02		Materias vegetales de las especies utilizadas principalmente en la fabricación de escobas, cepillos o brochas (por ejemplo: sorgo, piasava, grama, ixtle (tampico)), incluso en torcidas o en haces.	Kg	10	Ex
1404.90.03		Harina de flor de zempasúchitl.	Kg	10	Ex
1404.90.04		Las demás materias primas vegetales de las especies utilizadas principalmente para teñir o curtir.	Kg	10	Ex
1404.90.99		Los demás.	Kg	10	Ex

Sección III
GRASAS Y ACEITES ANIMALES O VEGETALES; PRODUCTOS DE SU DESDOBLAMIENTO; GRASAS ALIMENTICIAS ELABORADAS; CERAS DE ORIGEN ANIMAL O VEGETAL

Capítulo 15
Grasas y aceites animales o vegetales; productos de su desdoblamiento; grasas alimenticias elaboradas; ceras de origen animal o vegetal

Notas.

1. Este Capítulo no comprende:
   a) el tocino y grasa de cerdo o de ave, de la partida 02.09;
   b) la manteca, grasa y aceite de cacao (partida 18.04);
   c) las preparaciones alimenticias con un contenido de productos de la partida 04.05 superior al 15% en peso (generalmente Capítulo 21);
   d) los chicharrones (partida 23.01) y los residuos de las partidas 23.04 a 23.06;
   e) los ácidos grasos, las ceras preparadas, las grasas transformadas en productos farmacéuticos, pinturas, barnices, jabón, preparaciones de perfumería, de tocador o de cosmética, los aceites sulfonados y demás productos de la Sección VI;
   f) el caucho facticio derivado de los aceites (partida 40.02).

2. La partida 15.09 no incluye el aceite de aceituna extraído con disolventes (partida 15.10).

3. La partida 15.18 no comprende las grasas y aceites, ni sus fracciones, simplemente desnaturalizados, que permanecen clasificados en la partida de las correspondientes grasas y aceites, y sus fracciones, sin desnaturalizar.

4. Las pastas de neutralización, las borras o heces de aceite, la brea esteárica, la brea de suarda y la pez de glicerol, se clasifican en la partida 15.22.

Nota de subpartida.

1. En las subpartidas 1514.11 y 1514.19, se entiende por *aceite de nabo (de nabina) o de colza con bajo contenido de ácido erúcico*, el aceite fijo con un contenido de ácido erúcico inferior al 2% en peso.

Código		Descripción	Unid de Med	Arancel (%) IMP.	EXP.
15.01		Grasa de cerdo (incluida la manteca de cerdo) y grasa de ave, excepto las de las partidas 02.09 ó 15.03.			
1501.10	-	Manteca de cerdo.			
1501.10.01		Manteca de cerdo.	Kg	60	Ex
1501.20	-	Las demás grasas de cerdo.			
1501.20.01		Las demás grasas de cerdo.	Kg	60	Ex
1501.90	-	Las demás.			
1501.90.99		Las demás.	Kg	60	Ex
15.02		Grasa de animales de las especies bovina, ovina o caprina, excepto las de la partida 15.03.			
1502.10	-	Sebo.			
1502.10.01		Sebo.	Kg	10	Ex
1502.90	-	Las demás.			
1502.90.99		Las demás.	Kg	10	Ex
15.03		Estearina solar, aceite de manteca de cerdo, oleoestearina, oleomargarina y aceite de sebo, sin emulsionar, mezclar ni preparar de otro modo.			
1503.00	-	Estearina solar, aceite de manteca de cerdo, oleoestearina, oleomargarina y aceite de sebo, sin emulsionar, mezclar ni preparar de otro modo.			
1503.00.01		Oleoestearina.	Kg	10	Ex
1503.00.99		Los demás.	Kg	10	Ex
15.04		Grasas y aceites, y sus fracciones, de pescado o de mamíferos marinos, incluso refinados, pero sin modificar químicamente.			
1504.10	-	Aceites de hígado de pescado y sus fracciones.			
1504.10.01		De bacalao.	Kg	Ex	Ex
1504.10.99		Los demás.	Kg	10	Ex
1504.20	-	Grasas y aceites de pescado y sus fracciones, excepto los aceites de hígado.			
1504.20.01		De pescado, excepto de bacalao y de tiburón.	Kg	10	Ex
1504.20.99		Los demás.	Kg	10	Ex
1504.30	-	Grasas y aceites de mamíferos marinos y sus fracciones.			
1504.30.01		Grasas y aceites de mamíferos marinos y sus fracciones.	Kg	10	Ex
15.05		Grasa de lana y sustancias grasas derivadas, incluida la lanolina.			
1505.00	-	Grasa de lana y sustancias grasas derivadas, incluida la lanolina.			
1505.00.01		Grasa de lana en bruto (suarda o suintina).	Kg	10	Ex
1505.00.02		Lanolina (suintina refinada).	Kg	10	Ex
1505.00.03		Aceites de lanolina.	Kg	10	Ex
1505.00.99		Las demás.	Kg	10	Ex
15.06		Las demás grasas y aceites animales, y sus fracciones, incluso refinados, pero sin modificar químicamente.			
1506.00	-	Las demás grasas y aceites animales, y sus fracciones, incluso refinados, pero sin modificar químicamente.			
1506.00.01		De pie de buey, refinado.	Kg	20	Ex
1506.00.02		Grasa o aceite de tortuga.	Kg	10	Ex
1506.00.99		Los demás.	Kg	10	Ex
15.07		Aceite de soja (soya) y sus fracciones, incluso refinado, pero sin modificar químicamente.			
1507.10	-	Aceite en bruto, incluso desgomado.			
1507.10.01		Aceite en bruto, incluso desgomado.	Kg	Ex	Ex
1507.90	-	Los demás.			
1507.90.99		Los demás.	Kg	5	Ex
15.08		Aceite de cacahuate (cacahuete, maní) y sus fracciones, incluso refinado, pero sin modificar químicamente.			
1508.10	-	Aceite en bruto.			
1508.10.01		Aceite en bruto.	Kg	10	Ex
1508.90	-	Los demás.			
1508.90.99		Los demás.	Kg	20	Ex
15.09		Aceite de oliva y sus fracciones, incluso refinado, pero sin modificar químicamente.			
1509.10	-	Virgen.			
1509.10.01		En carro-tanque o buque-tanque.	Kg	Ex	Ex
1509.10.99		Los demás.	Kg	Ex	Ex
1509.90	-	Los demás.			
1509.90.01		Refinado, en carro-tanque o buque-tanque.	Kg	Ex	Ex
1509.90.02		Refinado cuyo peso, incluido el envase inmediato, sea menor de 50 kilogramos.	Kg	Ex	Ex
1509.90.99		Los demás.	Kg	Ex	Ex

15.10	**Los demás aceites y sus fracciones obtenidos exclusivamente de aceituna, incluso refinados, pero sin modificar químicamente, y mezclas de estos aceites o fracciones con los aceites o fracciones de la partida 15.09.**			
1510.00	**- Los demás aceites y sus fracciones obtenidos exclusivamente de aceituna, incluso refinados, pero sin modificar químicamente, y mezclas de estos aceites o fracciones con los aceites o fracciones de la partida 15.09.**			
1510.00.99	Los demás aceites y sus fracciones obtenidos exclusivamente de aceituna, incluso refinados, pero sin modificar químicamente, y mezclas de estos aceites o fracciones con los aceites o fracciones de la partida 15.09.	Kg	10	Ex
15.11	**Aceite de palma y sus fracciones, incluso refinado, pero sin modificar químicamente.**			
1511.10	**- Aceite en bruto.**			
1511.10.01	Aceite en bruto.	Kg	3	Ex
1511.90	**- Los demás.**			
1511.90.99	Los demás.	Kg	5	Ex
15.12	**Aceites de girasol, cártamo o algodón, y sus fracciones, incluso refinados, pero sin modificar químicamente.**			
	- Aceites de girasol o cártamo, y sus fracciones:			
1512.11	**-- Aceites en bruto.**			
1512.11.01	Aceites en bruto.	Kg	Ex	Ex
1512.19	**-- Los demás.**			
1512.19.99	Los demás.	Kg	5	Ex
	- Aceite de algodón y sus fracciones:			
1512.21	**-- Aceite en bruto, incluso sin gosipol.**			
1512.21.01	Aceite en bruto, incluso sin gosipol.	Kg	Ex	Ex
1512.29	**-- Los demás.**			
1512.29.99	Los demás.	Kg	Ex	Ex
15.13	**Aceites de coco (de copra), de almendra de palma o de babasú, y sus fracciones, incluso refinados, pero sin modificar químicamente.**			
	- Aceite de coco (de copra) y sus fracciones:			
1513.11	**-- Aceite en bruto.**			
1513.11.01	Aceite en bruto.	Kg	3	Ex
1513.19	**-- Los demás.**			
1513.19.99	Los demás.	Kg	3	Ex
	- Aceites de almendra de palma o de babasú, y sus fracciones:			
1513.21	**-- Aceites en bruto.**			
1513.21.01	Aceite en bruto.	Kg	3	Ex
1513.29	**-- Los demás.**			
1513.29.99	Los demás.	Kg	3	Ex
15.14	**Aceites de nabo (de nabina), colza o mostaza, y sus fracciones, incluso refinados, pero sin modificar químicamente.**			
	- Aceites de nabo (de nabina) o de colza con bajo contenido de ácido erúcico y sus fracciones:			
1514.11	**-- Aceites en bruto.**			
1514.11.01	Aceites en bruto.	Kg	Ex	Ex
1514.19	**-- Los demás.**			
1514.19.99	Los demás.	Kg	Ex	Ex
	- Los demás:			
1514.91	**-- Aceites en bruto.**			
1514.91.01	Aceites en bruto.	Kg	Ex	Ex
1514.99	**-- Los demás.**			
1514.99.99	Los demás.	Kg	Ex	Ex
15.15	**Las demás grasas y aceites vegetales fijos (incluido el aceite de jojoba), y sus fracciones, incluso refinados, pero sin modificar químicamente.**			
	- Aceite de lino (de linaza) y sus fracciones:			
1515.11	**-- Aceite en bruto.**			
1515.11.01	Aceite en bruto.	Kg	10	Ex
1515.19	**-- Los demás.**			
1515.19.99	Los demás.	Kg	20	Ex
	- Aceite de maíz y sus fracciones:			
1515.21	**-- Aceite en bruto.**			
1515.21.01	Aceite en bruto.	Kg	10	Ex
1515.29	**-- Los demás.**			
1515.29.99	Los demás.	Kg	20	Ex
1515.30	**- Aceite de ricino y sus fracciones.**			
1515.30.01	Aceite de ricino y sus fracciones.	Kg	Ex	Ex

1515.50	**Aceite de sésamo (ajonjolí) y sus fracciones.**			
1515.50.01	Aceite de sésamo (ajonjolí) y sus fracciones.	Kg	10	Ex
1515.90	**Los demás.**			
1515.90.01	De oiticica.	Kg	10	Ex
1515.90.02	De copaiba, en bruto.	Kg	10	Ex
1515.90.03	De almendras.	Kg	10	Ex
1515.90.04	Aceite de jojoba y sus fracciones.	Kg	10	Ex
1515.90.05	Aceite de tung y sus fracciones.	Kg	10	Ex
1515.90.99	Los demás.	Kg	10	Ex
15.16	**Grasas y aceites, animales o vegetales, y sus fracciones, parcial o totalmente hidrogenados, interesterificados, reesterificados o elaidinizados, incluso refinados, pero sin preparar de otro modo.**			
1516.10	**Grasas y aceites, animales, y sus fracciones.**			
1516.10.01	Grasas y aceites, animales, y sus fracciones.	Kg	60	Ex
1516.20	**Grasas y aceites, vegetales, y sus fracciones.**			
1516.20.01	Grasas y aceites, vegetales, y sus fracciones.	Kg	5	Ex
15.17	**Margarina; mezclas o preparaciones alimenticias de grasas o aceites, animales o vegetales, o de fracciones de diferentes grasas o aceites, de este Capítulo, excepto las grasas y aceites alimenticios y sus fracciones, de la partida 15.16.**			
1517.10	**Margarina, excepto la margarina líquida.**			
1517.10.01	Margarina, excepto la margarina líquida.	Kg	20	Ex
1517.90	**Las demás.**			
1517.90.01	Grasas alimenticias preparadas a base de manteca de cerdo o sucedáneos de manteca de cerdo.	Kg	20	Ex
1517.90.02	Oleomargarina emulsionada.	Kg	20	Ex
1517.90.99	Las demás.	Kg	20	Ex
15.18	**Grasas y aceites, animales o vegetales, y sus fracciones, cocidos, oxidados, deshidratados, sulfurados, soplados, polimerizados por calor en vacío o atmósfera inerte ("estandolizados"), o modificados químicamente de otra forma, excepto los de la partida 15.16; mezclas o preparaciones no alimenticias de grasas o de aceites, animales o vegetales, o de fracciones de diferentes grasas o aceites de este Capítulo, no expresadas ni comprendidas en otra parte.**			
1518.00	**Grasas y aceites, animales o vegetales, y sus fracciones, cocidos, oxidados, deshidratados, sulfurados, soplados, polimerizados por calor en vacío o atmósfera inerte ("estandolizados"), o modificados químicamente de otra forma, excepto los de la partida 15.16; mezclas o preparaciones no alimenticias de grasas o de aceites, animales o vegetales, o de fracciones de diferentes grasas o aceites de este Capítulo, no expresadas ni comprendidas en otra parte.**			
1518.00.01	Mezcla de aceites de girasol y oliva, bromados, calidad farmacéutica.	Kg	Ex	Ex
1518.00.02	Aceites animales o vegetales epoxidados.	Kg	15	Ex
1518.00.99	Los demás.	Kg	10	Ex
15.20	**Glicerol en bruto; aguas y lejías glicerinosas.**			
1520.00	**Glicerol en bruto; aguas y lejías glicerinosas.**			
1520.00.01	Glicerol en bruto; aguas y lejías glicerinosas.	Kg	10	Ex
15.21	**Ceras vegetales (excepto los triglicéridos), cera de abejas o de otros insectos y esperma de ballena o de otros cetáceos (espermaceti), incluso refinadas o coloreadas.**			
1521.10	**Ceras vegetales.**			
1521.10.01	Carnauba.	Kg	Ex	Ex
1521.10.99	Las demás.	Kg	10	Ex
1521.90	**Las demás.**			
1521.90.01	Cera de abejas, refinada o blanqueada, sin colorear.	Kg	15	Ex
1521.90.02	Esperma de ballena, refinada.	Kg	10	Ex
1521.90.03	Esperma de ballena y de otros cetáceos, excepto lo comprendido en la fracción 1521.90.02.	Kg	10	Ex
1521.90.99	Las demás.	Kg	15	Ex
15.22	**Degrás; residuos procedentes del tratamiento de grasas o ceras, animales o vegetales.**			
1522.00	**Degrás; residuos procedentes del tratamiento de grasas o ceras, animales o vegetales.**			
1522.00.01	Degrás; residuos procedentes del tratamiento de grasas o ceras, animales o vegetales.	Kg	10	Ex

Sección IV
PRODUCTOS DE LAS INDUSTRIAS ALIMENTARIAS; BEBIDAS, LÍQUIDOS ALCOHÓLICOS Y VINAGRE; TABACO Y SUCEDÁNEOS DEL TABACO ELABORADOS

Nota.

1. En esta Sección, el término *"pellets"* designa los productos en forma de cilindro, bolita, etc., aglomerados por simple presión o con adición de un aglutinante en proporción inferior o igual al 3% en peso.

Capítulo 16
Preparaciones de carne, pescado o de crustáceos, moluscos o demás invertebrados acuáticos

Notas.

1. Este Capítulo no comprende la carne, despojos, pescado ni crustáceos, moluscos y demás invertebrados acuáticos, preparados o conservados por los procedimientos citados en los Capítulos 02 y 03 o en la partida 05.04.

2. Las preparaciones alimenticias se clasifican en este Capítulo siempre que contengan una proporción superior al 20% en peso de embutidos, carne, despojos, sangre, pescado o de crustáceos, moluscos o demás invertebrados acuáticos, o de una mezcla de estos productos. Cuando estas preparaciones contengan dos o más productos de los mencionados, se clasifican en la partida del Capítulo 16 que corresponda al componente que predomine en peso. Estas disposiciones no se aplican a los productos rellenos de la partida 19.02 ni a las preparaciones de las partidas 21.03 ó 21.04.

Notas de subpartida.

1. En la subpartida 1602.10, se entiende por *preparaciones homogeneizadas*, las preparaciones de carne, despojos o sangre, finamente homogeneizadas, acondicionadas para la venta al por menor como alimento infantil o para uso dietético en recipientes con un contenido de peso neto inferior o igual a 250 g. Para la aplicación de esta definición se hará abstracción, en su caso, de los diversos ingredientes añadidos a la preparación en pequeña cantidad para sazonar, conservar u otros fines. Estas preparaciones pueden contener pequeñas cantidades de fragmentos visibles de carne o despojos. La subpartida 1602.10 tendrá prioridad sobre las demás subpartidas de la partida 16.02.

2. Los pescados, crustáceos, moluscos y los demás invertebrados acuáticos, citados en las subpartidas de las partidas 16.04 y 16.05 sólo con los nombres vulgares corresponden a las mismas especies mencionadas en el Capítulo 03 con el mismo nombre..

Código		Descripción	Unid de Med	Arancel (%) IMP.	Arancel (%) EXP.
16.01		**Embutidos y productos similares de carne, despojos o sangre; preparaciones alimenticias a base de estos productos.**			
1601.00	**-**	**Embutidos y productos similares de carne, despojos o sangre; preparaciones alimenticias a base de estos productos.**			
1601.00.01		De gallo, gallina o pavo (gallipavo).	Kg	15	Ex
1601.00.99		Los demás.	Kg	15	Ex
16.02		**Las demás preparaciones y conservas de carne, despojos o sangre.**			
1602.10	**-**	**Preparaciones homogeneizadas.**			
1602.10.01		De gallo, gallina o pavo (gallipavo).	Kg	20	Ex
1602.10.99		Las demás.	Kg	20	Ex
1602.20	**-**	**De hígado de cualquier animal.**			
1602.20.01		De gallo, gallina o pavo (gallipavo).	Kg	20	Ex
1602.20.99		Las demás.	Kg	20	Ex
	-	**De aves de la partida 01.05:**			
1602.31	**- -**	**De pavo (gallipavo).**			
1602.31.01		De pavo (gallipavo).	Kg	20	Ex
1602.32	**- -**	**De gallo o gallina.**			
1602.32.01		De gallo o gallina.	Kg	20	Ex
1602.39	**- -**	**Las demás.**			
1602.39.99		Las demás.	Kg	20	Ex
	-	**De la especie porcina:**			
1602.41	**- -**	**Jamones y trozos de jamón.**			
1602.41.01		Jamones y trozos de jamón.	Kg	20	Ex
1602.42	**- -**	**Paletas y trozos de paleta.**			
1602.42.01		Paletas y trozos de paleta.	Kg	20	Ex
1602.49	**- -**	**Las demás, incluidas las mezclas.**			
1602.49.01		Cuero de cerdo cocido en trozos ("pellets").	Kg	20	Ex
1602.49.99		Las demás.	Kg	20	Ex
1602.50	**-**	**De la especie bovina.**			
1602.50.01		Vísceras o labios cocidos, envasados herméticamente.	Kg	20	Ex
1602.50.99		Las demás.	Kg	20	Ex

1602.90	**.**	**Las demás, incluidas las preparaciones de sangre de cualquier animal.**			
1602.90.99		Las demás, incluidas las preparaciones de sangre de cualquier animal.	Kg	20	Ex
16.03		**Extractos y jugos de carne, pescado o de crustáceos, moluscos o demás invertebrados acuáticos.**			
1603.00	**.**	**Extractos y jugos de carne, pescado o de crustáceos, moluscos o demás invertebrados acuáticos.**			
1603.00.01		Extractos de carne.	Kg	20	Ex
1603.00.99		Los demás.	Kg	Ex	Ex
16.04		**Preparaciones y conservas de pescado; caviar y sus sucedáneos preparados con huevas de pescado.**			
	.	**Pescado entero o en trozos, excepto el pescado picado:**			
1604.11	**. .**	**Salmones.**			
1604.11.01		Salmones.	Kg	Ex	Ex
1604.12	**. .**	**Arenques.**			
1604.12.01		Arenques.	Kg	Ex	Ex
1604.13	**. .**	**Sardinas, sardinelas y espadines.**			
1604.13.01		Sardinas.	Kg	20	Ex
1604.13.99		Las demás.	Kg	20	Ex
1604.14	**. .**	**Atunes, listados y bonitos (Sarda spp.).**			
1604.14.01		Atunes (del género "Thunus"), excepto lo comprendido en las fracciones 1604.14.02 y 1604.14.04.	Kg	20	Ex
1604.14.02		Filetes ("lomos") de atunes (del género "Thunus"), excepto lo comprendido en la fracción 1604.14.04.	Kg	20	Ex
1604.14.03		Filetes ("lomos") de barrilete del género "Euthynnus" variedad "Katsowonus pelamis", excepto lo comprendido en la fracción 1604.14.04.	Kg	20	Ex
1604.14.04		Filetes ("lomos") de atunes aleta amarilla ("Yellowfin Tuna"), de barrilete ("Skip Jask") o de patudo	Kg	Ex	Ex
1604.14.99		Las demás.	Kg	20	Ex
1604.15	**. .**	**Caballas.**			
1604.15.01		Caballas.	Kg	20	Ex
1604.16	**. .**	**Anchoas.**			
1604.16.01		Filetes o sus rollos, en aceite.	Kg	20	Ex
1604.16.99		Las demás.	Kg	20	Ex
1604.17	**. .**	**Anguilas.**			
1604.17.01		Anguilas.	Kg	20	Ex
1604.19	**. .**	**Las demás.**			
1604.19.01		De barrilete del género "Euthynnus", distinto de la variedad "Katsuwonus pelamis", excepto lo comprendido en la fracción 1604.19.02.	Kg	20	Ex
1604.19.02		Filetes ("lomos") de barrilete del género "Euthynnus", distinto de la variedad "Katsuwonus pelamis".	Kg	20	Ex
1604.19.99		Las demás.	Kg	20	Ex
1604.20	**.**	**Las demás preparaciones y conservas de pescado.**			
1604.20.01		De sardinas.	Kg	20	Ex
1604.20.02		De atún, de barrilete, u otros pescados del género "Euthynnus".	Kg	20	Ex
1604.20.99		Las demás.	Kg	20	Ex
	.	**Caviar y sus sucedáneos:**			
1604.31	**. .**	**Caviar.**			
1604.31.01		Caviar.	Kg	Ex	Ex
1604.32	**. .**	**Sucedáneos del caviar.**			
1604.32.01		Sucedáneos del caviar.	Kg	20	Ex
16.05		**Crustáceos, moluscos y demás invertebrados acuáticos, preparados o conservados.**			
1605.10	**.**	**Cangrejos (excepto macruros).**			
1605.10.01		Centollas.	Kg	20	Ex
1605.10.99		Los demás.	Kg	20	Ex
	.	**Camarones y langostinos:**			
1605.21	**. .**	**Presentados en envases no herméticos.**			
1605.21.01		Presentados en envases no herméticos.	Kg	20	Ex
1605.29	**. .**	**Los demás.**			
1605.29.99		Los demás.	Kg	20	Ex
1605.30	**.**	**Bogavantes.**			
1605.30.01		Bogavantes.	Kg	20	Ex
1605.40	**.**	**Los demás crustáceos.**			
1605.40.01		Los demás crustáceos.	Kg	20	Ex
	.	**Moluscos:**			
1605.51	**. .**	**Ostras.**			
1605.51.01		Ostras.	Kg	20	Ex

1605.52	..	**Vieiras.**			
1605.52.01		Vieiras.	Kg	20	Ex
1605.53	..	**Mejillones.**			
1605.53.01		Mejillones.	Kg	20	Ex
1605.54	..	**Sepias, jibias y calamares.**			
1605.54.01		Sepias, jibias y calamares.	Kg	20	Ex
1605.55	..	**Pulpos.**			
1605.55.01		Pulpos.	Kg	20	Ex
1605.56	..	**Almejas, berberechos y arcas.**			
1605.56.01		Almejas, berberechos y arcas.	Kg	20	Ex
1605.57	..	**Abulones.**			
1605.57.01		Abulones.	Kg	20	Ex
1605.58	..	**Caracoles, excepto los de mar.**			
1605.58.01		Caracoles, excepto los de mar.	Kg	20	Ex
1605.59	..	**Los demás.**			
1605.59.99		Los demás.	Kg	20	Ex
	.	**Los demás invertebrados acuáticos:**			
1605.61	..	**Pepinos de mar.**			
1605.61.01		Pepinos de mar.	Kg	20	Ex
1605.62	..	**Erizos de mar.**			
1605.62.01		Erizos de mar.	Kg	20	Ex
1605.63	..	**Medusas.**			
1605.63.01		Medusas.	Kg	20	Ex
1605.69	..	**Los demás.**			
1605.69.99		Los demás.	Kg	20	Ex

Capítulo 17
Azúcares y artículos de confitería

Nota.
1. Este Capítulo no comprende:
   a) los artículos de confitería que contengan cacao (partida 18.06);
   b) los azúcares químicamente puros (excepto la sacarosa, lactosa, maltosa, glucosa y fructosa (levulosa)) y demás productos de la partida 29.40;
   c) los medicamentos y demás productos del Capítulo 30.

Nota de subpartida.
1. En las subpartidas 1701.12, 1701.13 y 1701.14, se entiende por *azúcar en bruto*, el que contenga en peso, calculado sobre producto seco, un porcentaje de sacarosa correspondiente a una lectura en el polarímetro inferior a 99.5°.

2. La subpartida 1701.13 comprende solamente el azúcar de caña, obtenido sin centrifugación, con un contenido de sacarosa en peso, en estado seco, correspondiente a una lectura polarimétrica igual o superior a 69° pero inferior a 93°. El producto contiene solamente microcristales anhídros naturales, de forma irregular, invisibles a simple vista, rodeados por residuos de melaza y demás constituyentes del azúcar de caña.

Código		Descripción	Unid de Med	Arancel (%)	
				IMP.	EXP.
17.01		**Azúcar de caña o de remolacha y sacarosa químicamente pura, en estado sólido.**			
	.	**Azúcar en bruto sin adición de aromatizante ni colorante:**			
1701.12	..	**De remolacha.**			
1701.12.01		Azúcar cuyo contenido en peso de sacarosa, en estado seco, tenga una polarización igual o superior a 99.4 pero inferior a 99.5 grados.	Kg	0.36 Dlls/Kg	Ex
1701.12.02		Azúcar cuyo contenido en peso de sacarosa, en estado seco, tenga una polarización igual o superior a 96 pero inferior a 99.4 grados.	Kg	0.36 Dlls/Kg	Ex
1701.12.03		Azúcar cuyo contenido en peso de sacarosa, en estado seco, tenga una polarización inferior a 96 grados.	Kg	0.36 Dlls/Kg	Ex
1701.13	..	**Azúcar de caña mencionado en la Nota 2 de subpartida de este Capítulo.**			
1701.13.01		Azúcar de caña mencionado en la Nota 2 de subpartida de este Capítulo.	Kg	0.338 Dlls/Kg	Ex
1701.14	..	**Los demás azúcares de caña.**			
1701.14.01		Azúcar cuyo contenido en peso de sacarosa, en estado seco, tenga una polarización igual o superior a 99.4 pero inferior a 99.5 grados.	Kg	0.338 Dlls/Kg	Ex
1701.14.02		Azúcar cuyo contenido en peso de sacarosa, en estado seco, tenga una polarización igual o superior a 96 pero inferior a 99.4 grados.	Kg	0.338 Dlls/Kg	Ex

1701.14.03	Azúcar cuyo contenido en peso de sacarosa, en estado seco, tenga una polarización inferior a 96 grados.	Kg	0.338 Dlls/Kg	Ex
	- **Los demás:**			
1701.91	**. .** **Con adición de aromatizante o colorante.**			
1701.91.01	Con adición de aromatizante o colorante.	Kg	0.36 Dlls/Kg	EX
1701.99	**. .** **Los demás.**			
1701.99.01	Azúcar cuyo contenido en peso de sacarosa, en estado seco, tenga una polarización igual o superior a 99.5 pero inferior a 99.7 grados.	Kg	0.36 Dlls/Kg	Ex
1701.99.02	Azúcar cuyo contenido en peso de sacarosa, en estado seco, tenga una polarización igual o superior a 99.7 pero inferior a 99.9 grados.	Kg	0.36 Dlls/Kg	Ex
1701.99.99	Los demás.	Kg	0.36 Dlls/Kg	Ex
17.02	**Los demás azúcares, incluidas la lactosa, maltosa, glucosa y fructosa (levulosa) químicamente puras, en estado sólido; jarabe de azúcar sin adición de aromatizante ni colorante; sucedáneos de la miel, incluso mezclados con miel natural; azúcar y melaza caramelizados.**			
	- **Lactosa y jarabe de lactosa:**			
1702.11	**. .** **Con un contenido de lactosa superior o igual al 99% en peso, expresado en lactosa anhidra, calculado sobre producto seco.**			
1702.11.01	Con un contenido de lactosa igual o superior al 99% en peso, expresado en lactosa anhidra, calculado sobre producto seco.	Kg	10	Ex
1702.19	**. .** **Los demás.**			
1702.19.01	Lactosa.	Kg	10	Ex
1702.19.99	Los demás.	Kg	15	Ex
1702.20	**-** **Azúcar y jarabe de arce ("maple").**			
1702.20.01	Azúcar y jarabe de arce ("maple").	Kg	15	Ex
1702.30	**-** **Glucosa y jarabe de glucosa, sin fructosa o con un contenido de fructosa, calculado sobre producto seco, inferior al 20% en peso.**			
1702.30.01	Glucosa y jarabe de glucosa, sin fructosa o con un contenido de fructosa, calculado sobre producto seco, inferior al 20% en peso.	Kg	15	Ex
1702.40	**-** **Glucosa y jarabe de glucosa, con un contenido de fructosa calculado sobre producto seco superior o igual al 20% pero inferior al 50%, en peso, excepto el azúcar invertido.**			
1702.40.01	Glucosa.	Kg	15	Ex
1702.40.99	Los demás.	Kg	75	Ex
1702.50	**-** **Fructosa químicamente pura.**			
1702.50.01	Fructosa químicamente pura.	Kg	125	Ex
1702.60	**-** **Las demás fructosas y jarabe de fructosa, con un contenido de fructosa calculado sobre producto seco superior al 50% en peso, excepto el azúcar invertido.**			
1702.60.01	Con un contenido de fructosa, calculado sobre producto seco, superior al 50% pero inferior o igual al 60%, en peso.	Kg	125	Ex
1702.60.02	Con un contenido de fructosa, calculado sobre producto seco, superior al 60% pero inferior o igual al 80%, en peso.	Kg	125	Ex
1702.60.99	Los demás.	Kg	125	Ex
1702.90	**-** **Los demás, incluido el azúcar invertido y demás azúcares y jarabes de azúcar, con un contenido de fructosa calculado sobre producto seco de 50% en peso.**			
1702.90.01	Azúcar líquida refinada y azúcar invertido.	Kg	0.39586 Dlls/Kg	Ex
1702.90.99	Los demás.	Kg	15	Ex
17.03	**Melaza procedente de la extracción o del refinado del azúcar.**			
1703.10	**-** **Melaza de caña.**			
1703.10.01	Melaza, incluso decolorada, excepto lo comprendido en la fracción 1703.10.02.	Kg	10%+AE	Ex
1703.10.02	Melazas aromatizadas o con adición de colorantes.	Kg	10%+AE	Ex
1703.90	**-** **Las demás.**			
1703.90.99	Las demás.	Kg	10%+AE	Ex
17.04	**Artículos de confitería sin cacao (incluido el chocolate blanco).**			
1704.10	**-** **Chicles y demás gomas de mascar, incluso recubiertos de azúcar.**			
1704.10.01	Chicles y demás gomas de mascar, incluso recubiertos de azúcar.	Kg	20%+AE	Ex
1704.90	**-** **Los demás.**			
1704.90.99	Los demás.	Kg	20%+AE	Ex

Capítulo 18
Cacao y sus preparaciones

Notas.

1. Este Capítulo no comprende las preparaciones de las partidas 04.03, 19.01, 19.04, 19.05, 21.05, 22.02, 22.08, 30.03 ó 30.04.
2. La partida 18.06 comprende los artículos de confitería que contengan cacao y, sa vo lo dispuesto en la Nota 1 de este Capítulo, las demás preparaciones alimenticias que contengan cacao.

Código		Descripción	Unid de Med	Arancel (%) IMP.	EXP.
18.01		**Cacao en grano, entero o partido, crudo o tostado.**			
1801.00	∎	**Cacao en grano, entero o partido, crudo o tostado.**			
1801.00.01		Cacao en grano, entero o partido, crudo o tostado.	Kg	Ex	Ex
18.02		**Cáscara, películas y demás residuos de cacao.**			
1802.00	∎	**Cáscara, películas y demás residuos de cacao.**			
1802.00.01		Cáscara, películas y demás residuos de cacao.	Kg	Ex	Ex
18.03		**Pasta de cacao, incluso desgrasada.**			
1803.10	∎	**Sin desgrasar.**			
1803.10.01		Sin desgrasar.	Kg	Ex	Ex
1803.20	∎	**Desgrasada total o parcialmente.**			
1803.20.01		Desgrasada total o parcialmente.	Kg	Ex	Ex
18.04		**Manteca, grasa y aceite de cacao.**			
1804.00	∎	**Manteca, grasa y aceite de cacao.**			
1804.00.01		Manteca, grasa y aceite de cacao.	Kg	Ex	Ex
18.05		**Cacao en polvo sin adición de azúcar ni otro edulcorante.**			
1805.00	∎	**Cacao en polvo sin adición de azúcar ni otro edulcorante.**			
1805.00.01		Cacao en polvo sin adición de azúcar ni otro edulcorante.	Kg	5	Ex
18.06		**Chocolate y demás preparaciones alimenticias que contengan cacao.**			
1806.10	∎	**Cacao en polvo con adición de azúcar u otro edulcorante.**			
1806.10.01		Con un contenido de azúcar igual o superior al 90%, en peso.	Kg	0.36 Dlls/Kg	Ex
1806.10.99		Los demás.	Kg	20%+AE	Ex
1806.20	∎	**Las demás preparaciones, en bloques, tabletas o barras con peso superior a 2 kg o en forma líquida, pastosa o en polvo, gránulos o formas similares, en recipientes o envases inmediatos con un contenido superior a 2 kg.**			
1806.20.01		Las demás preparaciones, en bloques, tabletas o barras con peso superior a 2 kg o en forma líquida, pastosa o en polvo, gránulos o formas similares, en recipientes o envases inmediatos con un contenido superior a 2 kg.	Kg	20%+AE	Ex
	∎	**Los demás, en bloques, tabletas o barras:**			
1806.31	∎∎	**Rellenos.**			
1806.31.01		Rellenos.	Kg	20%+AE	Ex
1806.32	∎∎	**Sin rellenar.**			
1806.32.01		Sin rellenar.	Kg	20%+AE	Ex
1806.90	∎	**Los demás.**			
1806.90.01		Preparaciones alimenticias a base de harina, sémola, almidón, fécula o extracto de malta con un contenido de polvo de cacao, calculado sobre una base totalmente desgrasada, superior al 40% en peso.	Kg	20%+AE	Ex
1806.90.02		Preparaciones alimenticias de productos de las partidas 04.01 a 04.04, que contengan polvo de cacao en una proporción, calculada sobre una base totalmente desgrasada, superior al 5% en peso.	Kg	20%+AE	Ex
1806.90.99		Los demás.	Kg	20%+AE	Ex

Capítulo 19
Preparaciones a base de cereales, harina, almidón, fécula o leche; productos de pastelería

Notas.

1. Este Capítulo no comprende:
   a) las preparaciones alimenticias que contengan una proporción superior al 20% en peso de embutidos, carne, despojos, sangre, pescado o de crustáceos, moluscos o demás invertebrados acuáticos, o de una mezcla de estos productos (Capítulo 16), excepto los productos rellenos de la partida 19.02;
   b) los productos a base de harina, almidón o fécula (galletas, etc.) especialmente preparados para la alimentación de los animales (partida 23.09);
   c) los medicamentos y demás productos del Capítulo 30.
2. En la partida 19.01, se entiende por:
   a) *grañones*, los grañones de cereales del Capítulo 11;

b) *harina* y *sémola*:
   1) la harina y sémola de cereales del Capítulo 11;
   2) la harina, sémola y polvo, de origen vegetal, de cualquier Capítulo, excepto la harina, sémola y polvo de hortalizas secas (partida 07.12), de papa (patata) (partida 11.05) o de hortalizas de vaina secas (partida 11.06).

3. La partida 19.04 no comprende las preparaciones con un contenido de cacao superior al 6% en peso calculado sobre una base totalmente desgrasada, ni las recubiertas totalmente de chocolate o demás preparaciones alimenticias que contengan cacao de la partida 18.06 (partida 18.06).

4. En la partida 19.04, la expresión *preparados de otro modo* significa que los cereales se han sometido a un tratamiento o a una preparación más avanzados que los previstos en las partidas o en las Notas de los Capítulos 10 u 11.

Código		Descripción	Unid de Med	Arancel (%) IMP.	EXP.
19.01		**Extracto de malta; preparaciones alimenticias de harina, grañones, sémola, almidón, fécula o extracto de malta, que no contengan cacao o con un contenido de cacao inferior al 40% en peso calculado sobre una base totalmente desgrasada, no expresadas ni comprendidas en otra parte; preparaciones alimenticias de productos de las partidas 04.01 a 04.04 que no contengan cacao o con un contenido de cacao inferior al 5% en peso calculado sobre una base totalmente desgrasada, no expresadas ni comprendidas en otra parte.**			
1901.10	.	**Preparaciones para la alimentación infantil acondicionadas para la venta al por menor.**			
1901.10.01		Con un contenido de sólidos lácteos superior al 10%, en peso.	Kg	10	Ex
1901.10.99		Las demás.	Kg	10	Ex
1901.20	.	**Mezclas y pastas para la preparación de productos de panadería, pastelería o galletería, de la partida 19.05.**			
1901.20.01		A base de harinas, almidones o fécula, de avena, maíz o trigo.	Kg	10%+AE	Ex
1901.20.02		Con un contenido de grasa butírica superior al 25%, en peso, sin acondicionar para la venta al por menor, excepto lo comprendido en la fracción 1901.20.01.	Kg	10	Ex
1901.20.99		Los demás.	Kg	10%+AE	Ex
1901.90	.	**Los demás.**			
1901.90.01		Extractos de malta.	Kg	10%+AE	Ex
1901.90.02		Productos alimenticios vegetales, dietéticos, para diabéticos.	Kg	10	Ex
1901.90.03		Preparaciones a base de productos lácteos con un contenido de sólidos lácteos superior al 10%, pero inferior o igual a 50%, en peso, excepto las comprendidas en la fracción 1901.90.04.	Kg	10	Ex
1901.90.04		Preparaciones a base de productos lácteos con un contenido de sólidos lácteos superior al 10%, acondicionadas en envases para la venta al por menor cuya etiqueta contenga indicaciones para la utilización directa del producto en la preparación de alimentos o postres, por ejemplo.	Kg	10	Ex
1901.90.05		Preparaciones a base de productos lácteos con un contenido de sólidos lácteos superior al 50%, en peso, excepto las comprendidas en la fracción 1901.90.04.	Kg	60	Ex
1901.90.99		Los demás.	Kg	10%+AE	Ex
19.02		**Pastas alimenticias, incluso cocidas o rellenas (de carne u otras sustancias) o preparadas de otra forma, tales como espaguetis, fideos, macarrones, tallarines, lasañas, ñoquis, ravioles, canelones; cuscús, incluso preparado.**			
	.	**Pastas alimenticias sin cocer, rellenar ni preparar de otra forma:**			
1902.11	..	**Que contengan huevo.**			
1902.11.01		Que contengan huevo.	Kg	20	Ex
1902.19	..	**Las demás.**			
1902.19.99		Las demás.	Kg	10	Ex
1902.20	.	**Pastas alimenticias rellenas, incluso cocidas o preparadas de otra forma.**			
1902.20.01		Pastas alimenticias rellenas, incluso cocidas o preparadas de otra forma.	Kg	10	Ex
1902.30	.	**Las demás pastas alimenticias.**			
1902.30.99		Las demás pastas alimenticias.	Kg	10	Ex
1902.40	.	**Cuscús.**			
1902.40.01		Cuscús.	Kg	10	Ex
19.03		**Tapioca y sus sucedáneos preparados con fécula, en copos, grumos, granos perlados, cerniduras o formas similares.**			
1903.00	.	**Tapioca y sus sucedáneos preparados con fécula, en copos, grumos, granos perlados, cerniduras o formas similares.**			
1903.00.01		Tapioca y sus sucedáneos preparados con fécula, en copos, grumos, granos perlados, cerniduras o formas similares.	Kg	10	Ex
19.04		**Productos a base de cereales obtenidos por inflado o tostado (por ejemplo: hojuelas o copos de maíz); cereales (excepto el maíz) en grano o en forma de copos u otro grano trabajado (excepto la harina, grañones y sémola), precocidos o preparados de otro modo, no expresados ni comprendidos en otra parte.**			
1904.10	.	**Productos a base de cereales obtenidos por inflado o tostado.**			
1904.10.01		Productos a base de cereales, obtenidos por inflado o tostado.	Kg	10%+AE	Ex

1904.20	**-**	**Preparaciones alimenticias obtenidas con copos de cereales sin tostar o con mezclas de copos de cereales sin tostar y copos de cereales tostados o cereales inflados.**		
1904.20.01		Preparaciones alimenticias obtenidas con copos de cereales sin tostar o con mezclas de copos de cereales sin tostar y copos de cereales tostados o cereales inflados.	Kg	10%+AE	Ex
1904.30	**-**	**Trigo bulgur.**		
1904.30.01		Trigo bulgur.	Kg	10	Ex
1904.90	**-**	**Los demás.**		
1904.90.99		Los demás.	Kg	10	Ex
19.05		**Productos de panadería, pastelería o galletería, incluso con adición de cacao; hostias, sellos vacíos de los tipos utilizados para medicamentos, obleas para sellar, pastas secas de harina, almidón o fécula, en hojas, y productos similares.**		
1905.10	**-**	**Pan crujiente llamado "Knäckebrot".**		
1905.10.01		Pan crujiente llamado "Knäckebrot".	Kg	10	Ex
1905.20	**-**	**Pan de especias.**		
1905.20.01		Pan de especias.	Kg	10	Ex
	-	**Galletas dulces (con adición de edulcorante); barquillos y obleas, incluso rellenos ("gaufrettes", "wafers") y "waffles" ("gaufres"):**		
1905.31	**- -**	**Galletas dulces (con adición de edulcorante).**		
1905.31.01		Galletas dulces (con adición de edulcorante).	Kg	10%+AE	Ex
1905.32	**- -**	**Barquillos y obleas, incluso rellenos ("gaufrettes", "wafers") y "waffles" ("gaufres").**		
1905.32.01		Barquillos y obleas, incluso rellenos ("gaufrettes", "wafers") y "waffles" ("gaufres").	Kg	10%+AE	Ex
1905.40	**-**	**Pan tostado y productos similares tostados.**		
1905.40.01		Pan tostado y productos similares tostados.	Kg	10	Ex
1905.90	**-**	**Los demás.**		
1905.90.01		Sellos para medicamentos.	Kg	10	Ex
1905.90.99		Los demás.	Kg	10	Ex

Capítulo 20
Preparaciones de hortalizas, frutas u otros frutos o demás partes de plantas

Notas.
1. Este Capítulo no comprende:
   a) las hortalizas y frutas u otros frutos preparados o conservados por los procedimientos citados en los Capítulos 07, 08 u 11;
   b) las preparaciones alimenticias que contengan una proporción superior al 20% en peso de embutidos, carne, despojos, sangre, pescado o de crustáceos, moluscos o demás invertebrados acuáticos, o de una mezcla de estos productos (Capítulo 16);
   c) los productos de panadería, pastelería o galletería y los demás productos de la partida 19.05;
   d) las preparaciones alimenticias compuestas homogeneizadas de la partida 21.04.
2. Las partidas 20.07 y 20.08 no comprenden las jaleas y pastas de frutas u otros frutos, las almendras confitadas y los productos similares presentados como artículos de confitería (partida 17.04) ni los artículos de chocolate (partida 18.06).
3. Las partidas 20.01, 20.04 y 20.05 comprenden, según los casos, sólo los productos del Capítulo 07 o de las partidas 11.05 u 11.06 (excepto la harina, sémola y polvo de los productos del Capítulo 08), preparados o conservados por procedimientos distintos de los mencionados en la Nota 1 a).
4. El jugo de tomate con un contenido de extracto seco superior o igual al 7% en peso, se clasifica en la partida 20.02.
5. En la partida 20.07, la expresión *obtenidos por cocción* significa obtenidos por tratamiento térmico a presión atmosférica o bajo presión reducida con el fin de aumentar la viscosidad del producto por reducción de su contenido de agua u otros medios.
6. En la partida 20.09, se entiende por *jugos sin fermentar y sin adición de alcohol*, los jugos cuyo grado alcohólico volumétrico sea inferior o igual al 0.5% vol. (véase la Nota 2 del Capítulo 22).

Notas de subpartida.
1. En la subpartida 2005.10, se entiende por *hortalizas homogeneizadas*, las preparaciones de hortalizas, finamente homogeneizadas, acondicionadas para la venta al por menor como alimento infantil o para uso dietético en recipientes con un contenido de peso neto inferior o igual a 250 g. Para la aplicación de esta definición se hará abstracción, en su caso, de los diversos ingredientes añadidos a la preparación en pequeña cantidad para sazonar, conservar u otros fines. Estas preparaciones pueden contener pequeñas cantidades de fragmentos visibles de hortalizas. La subpartida 2005.10 tendrá prioridad sobre las demás subpartidas de la partida 20.05.
2. En la subpartida 2007.10, se entiende por *preparaciones homogeneizadas*, las preparaciones de frutas u otros frutos finamente homogeneizadas, acondicionadas para la venta al por menor como alimento infantil o para uso dietético en recipientes con un contenido de peso neto inferior o igual a 250 g. Para la aplicación de esta definición se hará abstracción, en su caso, de los diversos ingredientes añadidos a la preparación en pequeña cantidad para sazonar, conservar u otros fines. Estas preparaciones pueden contener pequeñas cantidades de fragmentos visibles de frutas u otros frutos. La subpartida 2007.10 tendrá prioridad sobre las demás subpartidas de la partida 20.07.
3. En las subpartidas 2009.12, 2009.21, 2009.31, 2009.41, 2009.61 y 2009.71, se entiende por *valor Brix* los grados Brix leídos directamente en la escala de un hidrómetro Brix o el índice de refracción expresado en porcentaje del contenido de sacarosa medido en refractómetro, a una temperatura de 20ºC o corregido para una temperatura de 20ºC cuando la lectura se realice a una temperatura diferente.

Código		Descripción	Unid de Med	Arancel (%) IMP.	EXP.
20.01		**Hortalizas, frutas u otros frutos y demás partes comestibles de plantas, preparados o conservados en vinagre o en ácido acético.**			
2001.10	-	**Pepinos y pepinillos.**			
2001.10.01		Pepinos y pepinillos.	Kg	20	Ex
2001.90	-	**Los demás.**			
2001.90.01		Pimientos (Capsicum anuum).	Kg	20	Ex
2001.90.02		Cebollas.	Kg	20	Ex
2001.90.03		Las demás hortalizas.	Kg	20	Ex
2001.90.99		Los demás.	Kg	20	Ex
20.02		**Tomates preparados o conservados (excepto en vinagre o en ácido acético).**			
2002.10	-	**Tomates enteros o en trozos.**			
2002.10.01		Tomates enteros o en trozos.	Kg	20	Ex
2002.90	-	**Los demás.**			
2002.90.99		Los demás.	Kg	20	Ex
20.03		**Hongos y trufas, preparados o conservados (excepto en vinagre o en ácido acético).**			
2003.10	-	**Hongos del género Agaricus.**			
2003.10.01		Hongos del género Agaricus.	Kg	20	Ex
2003.90	-	**Los demás.**			
2003.90.99		Los demás.	Kg	20	Ex
20.04		**Las demás hortalizas preparadas o conservadas (excepto en vinagre o en ácido acético), congeladas, excepto los productos de la partida 20.06.**			
2004.10	-	**Papas (patatas).**			
2004.10.01		Papas (patatas).	Kg	20	Ex
2004.90	-	**Las demás hortalizas y las mezclas de hortalizas.**			
2004.90.01		Antipasto.	Kg	20	Ex
2004.90.02		Frijoles (porotos, alubias, judías, fréjoles).	Kg	20	Ex
2004.90.99		Las demás.	Kg	20	Ex
20.05		**Las demás hortalizas preparadas o conservadas (excepto en vinagre o en ácido acético), sin congelar, excepto los productos de la partida 20.06.**			
2005.10	-	**Hortalizas homogeneizadas.**			
2005.10.01		Hortalizas homogeneizadas.	Kg	20	Ex
2005.20	-	**Papas (patatas).**			
2005.20.01		Papas (patatas).	Kg	20	Ex
2005.40	-	**Chícharos (guisantes, arvejas) (Pisum sativum).**			
2005.40.01		Chícharos (guisantes, arvejas) (Pisum sativum).	Kg	20	Ex
	-	**Frijoles (porotos, alubias, judías, fréjoles) (Vigna spp., Phaseolus spp.):**			
2005.51	- -	**Desvainados.**			
2005.51.01		Desvainados.	Kg	20	Ex
2005.59	- -	**Los demás.**			
2005.59.99		Los demás.	Kg	20	Ex
2005.60	-	**Espárragos.**			
2005.60.01		Espárragos.	Kg	20	Ex
2005.70	-	**Aceitunas.**			
2005.70.01		Aceitunas.	Kg	20	Ex
2005.80	-	**Maíz dulce (Zea mays var. saccharata).**			
2005.80.01		Maíz dulce (Zea mays var. saccharata).	Kg	20	Ex
	-	**Las demás hortalizas y las mezclas de hortalizas:**			
2005.91	- -	**Brotes de bambú.**			
2005.91.01		Brotes de bambú.	Kg	20	Ex
2005.99	- -	**Las demás.**			
2005.99.01		Pimientos (Capsicum anuum).	Kg	20	Ex
2005.99.02		"Choucroute".	Kg	20	Ex
2005.99.99		Las demás.	Kg	20	Ex
20.06		**Hortalizas, frutas u otros frutos o sus cortezas y demás partes de plantas, confitados con azúcar (almibarados, glaseados o escarchados).**			
2006.00	-	**Hortalizas, frutas u otros frutos o sus cortezas y demás partes de plantas, confitados con azúcar (almibarados, glaseados o escarchados).**			
2006.00.01		Frijoles (porotos, alubias, judías, fréjoles) (Vigna spp., Phaseolus spp.).	Kg	20	Ex
2006.00.02		Espárragos.	Kg	20	Ex
2006.00.03		Las demás hortalizas congeladas, excepto lo comprendido en las fracciones 2006.00.01 y 2006.00.02.	Kg	20	Ex
2006.00.99		Los demás.	Kg	20%+AE	Ex

20.07	**Confituras, jaleas y mermeladas, purés y pastas de frutas u otros frutos, obtenidos por cocción, incluso con adición de azúcar u otro edulcorante.**			
2007.10	**- Preparaciones homogeneizadas.**			
2007.10.01	Preparaciones homogeneizadas.	Kg	20%+AE	Ex
	- **Los demás:**			
2007.91	**- - De agrios (cítricos).**			
2007.91.01	De agrios (cítricos).	Kg	20%+AE	Ex
2007.99	**- - Los demás.**			
2007.99.01	Compotas o mermeladas destinadas a diabéticos.	Kg	20	Ex
2007.99.02	Jaleas, destinadas a diabéticos.	Kg	20	Ex
2007.99.03	Purés o pastas destinadas a diabéticos.	Kg	20	Ex
2007.99.04	Mermeladas, excepto lo comprendido en la fracción 2007.99.01.	Kg	20%+AE	Ex
2007.99.99	Los demás.	Kg	20%+AE	Ex
20.08	**Frutas u otros frutos y demás partes comestibles de plantas, preparados o conservados de otro modo, incluso con adición de azúcar u otro edulcorante o alcohol, no expresados ni comprendidos en otra parte.**			
	- **Frutos de cáscara, cacahuates (cacahuetes, maníes) y demás semillas, incluso mezclados entre sí:**			
2008.11	**- - Cacahuates (cacahuetes, maníes).**			
2008.11.01	Sin cáscara.	Kg	20	Ex
2008.11.99	Los demás.	Kg	20	Ex
2008.19	**- - Los demás, incluidas las mezclas.**			
2008.19.01	Almendras.	Kg	20	Ex
2008.19.99	Los demás.	Kg	20	Ex
2008.20	**- Piñas (ananás).**			
2008.20.01	Piñas (ananás).	Kg	20	Ex
2008.30	**- Agrios (cítricos).**			
2008.30.01	Cáscara de limón.	Kg	20	Ex
2008.30.02	Cáscara de cítricos, excepto de naranja o limón.	Kg	20	Ex
2008.30.03	Pulpa de naranja.	Kg	20	Ex
2008.30.04	Naranjas, excepto cáscara de naranja y pulpa de naranja.	Kg	20	Ex
2008.30.05	Clementinas, excepto cáscara de clementinas y pulpa de clementinas.	Kg	20	Ex
2008.30.06	Limas, excepto cáscara de lima y pulpa de lima.	Kg	20	Ex
2008.30.07	Toronjas, excepto cáscara de toronja y pulpa de toronja.	Kg	20	Ex
2008.30.08	Limón, excepto cáscara de limón y pulpa de limón.	Kg	20	Ex
2008.30.99	Los demás.	Kg	20	Ex
2008.40	**- Peras.**			
2008.40.01	Peras.	Kg	20	Ex
2008.50	**- Chabacanos (damascos, albaricoques).**			
2008.50.01	Chabacanos (damascos, albaricoques).	Kg	20	Ex
2008.60	**- Cerezas.**			
2008.60.01	Cerezas.	Kg	20	Ex
2008.70	**- Duraznos (melocotones), incluidos los griñones y nectarinas.**			
2008.70.01	Duraznos (melocotones), incluidos los griñones y nectarinas.	Kg	20	Ex
2008.80	**- Fresas (frutillas).**			
2008.80.01	Fresas (frutillas).	Kg	20	Ex
	- **Los demás, incluidas las mezclas, excepto las mezclas de la subpartida 2008.19:**			
2008.91	**- - Palmitos.**			
2008.91.01	Palmitos.	Kg	20	Ex
2008.93	**- - Arándanos rojos (Vaccinium macrocarpon, Vaccinium oxycoccos, Vaccinium vitis-idaea).**			
2008.93.01	Arándanos rojos (Vaccinium macrocarpon, Vaccinium oxycoccos, Vaccinium vitis-idaea).	Kg	20	Ex
2008.97	**- - Mezclas.**			
2008.97.01	Mezclas.	Kg	20	Ex
2008.99	**- - Los demás.**			
2008.99.01	Nectarinas.	Kg	20	Ex
2008.99.99	Los demás.	Kg	20	Ex
20.09	**Jugos de frutas u otros frutos (incluido el mosto de uva) o de hortalizas, sin fermentar y sin adición de alcohol, incluso con adición de azúcar u otro edulcorante.**			
	- **Jugo de naranja:**			
2009.11	**- - Congelado.**			
2009.11.01	Congelado.	L	20	Ex
2009.12	**- - Sin congelar, de valor Brix inferior o igual a 20.**			
2009.12.01	Con un grado de concentración inferior o igual a 1.5.	L	20	Ex
2009.12.99	Los demás.	L	20	Ex
2009.19	**- - Los demás.**			
2009.19.01	Con un grado de concentración inferior o igual a 1.5.	L	20	Ex

		L	20	Ex
2009.19.99	Los demás.	L	20	Ex
	. **Jugo de toronja o pomelo:**			
2009.21	**. . De valor Brix inferior o igual a 20.**			
2009.21.01	De valor Brix inferior o igual a 20.	L	20	Ex
2009.29	**. . Los demás.**			
2009.29.99	Los demás.	L	20	Ex
	. **Jugo de cualquier otro agrio (cítrico):**			
2009.31	**. . De valor Brix inferior o igual a 20.**			
2009.31.01	Jugo de lima (Citrus aurantifolia, Citrus latifolia).	L	20	Ex
2009.31.99	Los demás.	L	20	Ex
2009.39	**. . Los demás.**			
2009.39.01	Jugo de lima (Citrus aurantifolia, Citrus latifolia).	L	20	Ex
2009.39.99	Los demás.	L	20	Ex
	. **Jugo de piña (ananá):**			
2009.41	**. . De valor Brix inferior o igual a 20.**			
2009.41.01	Sin concentrar.	L	20	Ex
2009.41.99	Los demás.	L	20	Ex
2009.49	**. . Los demás.**			
2009.49.01	Sin concentrar.	L	20	Ex
2009.49.99	Los demás.	L	20	Ex
2009.50	**.** **Jugo de tomate.**			
2009.50.01	Jugo de tomate.	L	20	Ex
	. **Jugo de uva (incluido el mosto):**			
2009.61	**. . De valor Brix inferior o igual a 30.**			
2009.61.01	De valor Brix inferior o igual a 30.	L	20	Ex
2009.69	**. . Los demás.**			
2009.69.99	Los demás.	L	20	Ex
	. **Jugo de manzana:**			
2009.71	**. . De valor Brix inferior o igual a 20.**			
2009.71.01	De valor Brix inferior o igual a 20.	L	20	Ex
2009.79	**. . Los demás.**			
2009.79.99	Los demás.	L	20	Ex
	. **Jugo de cualquier otra fruta u hortaliza:**			
2009.81	**. . De arándanos rojos (Vaccinium macrocarpon, Vaccinium oxycoccos, Vaccinium vitis-idaea).**			
2009.81.01	De arándanos rojos (Vaccinium macrocarpon, Vaccinium oxycoccos, Vaccinium vitis-idaea).	L	20	Ex
2009.89	**. . Los demás.**			
2009.89.99	Los demás.	L	20	Ex
2009.90	**.** **Mezclas de jugos.**			
2009.90.01	Que contengan únicamente jugo de hortaliza.	L	20	Ex
2009.90.99	Los demás.	L	20	Ex

Capítulo 21
Preparaciones alimenticias diversas

Notas.
1. Este Capítulo no comprende:
   a) las mezclas de hortalizas de la partida 07.12;
   b) los sucedáneos del café tostados que contengan café en cualquier proporción (partida 09.01);
   c) el té aromatizado (partida 09.02);
   d) las especias y demás productos de las partidas 09.04 a 09.10;
   e) las preparaciones alimenticias que contengan una proporción superior al 20% en peso de embutidos, carne, despojos, sangre, pescado o de crustáceos, moluscos o demás invertebrados acuáticos, o de una mezcla de estos productos (Capítulo 16), excepto los productos descritos en las partidas 21.03 ó 21.04;
   f) las levaduras acondicionadas como medicamentos y demás productos de las partidas 30.03 ó 30.04;
   g) las preparaciones enzimáticas de la partida 35.07.
2. Los extractos de los sucedáneos mencionados en la Nota 1 b) anterior se clasifican en la partida 21.01.
3. En la partida 21.04, se entiende por *preparaciones alimenticias compuestas homogeneizadas*, las preparaciones que consistan en una mezcla finamente homogeneizada de varias sustancias básicas, tales como carne, pescado, hortalizas, frutas u otros frutos, acondicionadas para la venta al por menor como alimento infantil o para uso dietético en recipientes con un contenido de peso neto inferior o igual a 250 g. Para la aplicación de esta definición se hará abstracción, en su caso, de los diversos ingredientes añadidos a la mezcla en pequeña cantidad para sazonar, conservar u otros fines. Estas preparaciones pueden contener pequeñas cantidades de fragmentos visibles.

Código		Descripción	Unid de Med	Arancel (%) IMP.	Arancel (%) EXP.
21.01		**Extractos, esencias y concentrados de café, té o yerba mate y preparaciones a base de estos productos o a base de café, té o yerba mate; achicoria tostada y demás sucedáneos del café tostados y sus extractos, esencias y concentrados.**			
	-	Extractos, esencias y concentrados de café y preparaciones a base de estos extractos, esencias o concentrados o a base de café:			
2101.11	--	**Extractos, esencias y concentrados.**			
2101.11.01		Café instantáneo sin aromatizar.	Kg	60	Ex
2101.11.02		Extracto de café líquido concentrado, aunque se presente congelado.	L	60	Ex
2101.11.99		Los demás.	Kg	60	Ex
2101.12	--	**Preparaciones a base de extractos, esencias o concentrados o a base de café.**			
2101.12.01		Preparaciones a base de extractos, esencias o concentrados o a base de café.	Kg	60	Ex
2101.20	-	**Extractos, esencias y concentrados de té o de yerba mate y preparaciones a base de estos extractos, esencias o concentrados o a base de té o de yerba mate.**			
2101.20.01		Extractos, esencias y concentrados de té o de yerba mate y preparaciones a base de estos extractos, esencias o concentrados o a base de té o de yerba mate.	Kg	Ex	Ex
2101.30	-	**Achicoria tostada y demás sucedáneos del café tostados y sus extractos, esencias y concentrados.**			
2101.30.01		Achicoria tostada y demás sucedáneos del café tostados y sus extractos, esencias y concentrados.	Kg	20	Ex
21.02		**Levaduras (vivas o muertas); los demás microorganismos monocelulares muertos (excepto las vacunas de la partida 30.02); preparaciones en polvo para hornear.**			
2102.10	-	**Levaduras vivas.**			
2102.10.01		Deshidratadas, cuando contengan hasta el 10% de humedad, excepto lo comprendido en la fracción 2102.10.02.	Kg	15	Ex
2102.10.02		De tórula.	Kg	10	Ex
2102.10.99		Las demás.	Kg	15	Ex
2102.20	-	**Levaduras muertas; los demás microorganismos monocelulares muertos.**			
2102.20.01		Levaduras de tórula.	Kg	10	Ex
2102.20.99		Los demás.	Kg	15	Ex
2102.30	-	**Preparaciones en polvo para hornear.**			
2102.30.01		Preparaciones en polvo para hornear.	Kg	15	Ex
21.03		**Preparaciones para salsas y salsas preparadas; condimentos y sazonadores, compuestos; harina de mostaza y mostaza preparada.**			
2103.10	-	**Salsa de soja (soya).**			
2103.10.01		Salsa de soja (soya).	Kg	20	Ex
2103.20	-	**Ketchup y demás salsas de tomate.**			
2103.20.01		Ketchup.	Kg	20	Ex
2103.20.99		Las demás.	Kg	20	Ex
2103.30	-	**Harina de mostaza y mostaza preparada.**			
2103.30.01		Harina de mostaza.	Kg	20	Ex
2103.30.99		Las demás.	Kg	20	Ex
2103.90	-	**Los demás.**			
2103.90.99		Los demás.	Kg	20	Ex
21.04		**Preparaciones para sopas, potajes o caldos; sopas, potajes o caldos, preparados; preparaciones alimenticias compuestas homogeneizadas.**			
2104.10	-	**Preparaciones para sopas, potajes o caldos; sopas, potajes o caldos, preparados.**			
2104.10.01		Preparaciones para sopas, potajes o caldos; sopas, potajes o caldos, preparados.	Kg	10	Ex
2104.20	-	**Preparaciones alimenticias compuestas homogeneizadas.**			
2104.20.01		Preparaciones alimenticias compuestas homogeneizadas.	Kg	10	Ex
21.05		**Helados, incluso con cacao.**			
2105.00	-	**Helados, incluso con cacao.**			
2105.00.01		Helados, incluso con cacao.	Kg	20%+AE	Ex
21.06		**Preparaciones alimenticias no expresadas ni comprendidas en otra parte.**			
2106.10	-	**Concentrados de proteínas y sustancias proteicas texturadas.**			
2106.10.01		Concentrados de proteína de soja (soya), excepto lo comprendido en la fracción 2106.10.04.	Kg	Ex	Ex
2106.10.03		Preparación usada en panadería, pastelería y galletería, chocolatería y similares, cuando contenga 15% a 40% de proteínas, 0.9% a 5% de grasas, 45% a 70% de carbohidratos, 3% a 9% de minerales y 3% a 8% de humedad.	Kg	15	Ex
2106.10.04		Concentrados de proteína de soja (soya), cuyo contenido de proteína sea inferior o igual al 50%.	Kg	10	Ex
2106.10.99		Los demás.	Kg	15	Ex
2106.90	-	**Las demás.**			
2106.90.01		Polvos para la elaboración de budines y gelatinas destinadas a diabéticos.	Kg	15	Ex

2106.90.02	Preparación usada en panadería, pastelería y galletería, chocolatería y similares, cuando contenga 15% a 40% de proteínas, 0.9% a 5% de grasas, 45% a 70% de carbohidratos, 3% a 4% de minerales y 3% a 8% de humedad.	Kg	15%+AE	Ex
2106.90.03	Autolizados o extractos de levadura.	Kg	15	Ex
2106.90.04	A base de corazón de res pulverizado, aceite de ajonjolí; almidón de tapioca, azúcar, vitaminas y minerales.	Kg	10	Ex
2106.90.05	Jarabes aromatizados o con adición de colorantes.	Kg	0.36 Dlls/Kg	Ex
2106.90.06	Concentrados de jugos de una sola fruta, legumbre u hortaliza, enriquecidos con minerales o vitaminas.	Kg	15%+AE	Ex
2106.90.07	Mezclas de jugos concentrados de frutas, legumbres u hortalizas, enriquecidos con minerales o vitaminas.	Kg	15	Ex
2106.90.08	Con un contenido de sólidos lácteos superior al 10%, en peso.	Kg	15	Ex
2106.90.09	Preparaciones a base de huevo.	Kg	15	Ex
2106.90.10	Extractos y concentrados del tipo de los utilizados en la elaboración de bebidas que contengan alcohol, excepto las preparaciones a base de sustancias odoríferas de la partida 33.02.	L	10	Ex
2106.90.11	Las demás preparaciones del tipo de las utilizadas en la elaboración de bebidas que contengan alcohol, excepto las preparaciones a base de sustancias odoríferas de la partida 33.02.	L	20	Ex
2106.90.12	Derivados de proteína de leche, cuya composición sea: manteca de coco hidrogenada 44%, glucosa anhidra 38%, caseinato de sodio 10%, emulsificantes 6%, estabilizador 2%.	Kg	15	Ex
2106.90.99	Las demás.	Kg	15%+AE	Ex

Capítulo 22
Bebidas, líquidos alcohólicos y vinagre

Notas.
1. Este Capítulo no comprende:
   a) los productos de este Capítulo (excepto los de la partida 22.09) preparados para uso culinario de tal forma que resulten impropios para el consumo como bebida (generalmente, partida 21.03);
   b) el agua de mar (partida 25.01);
   c) el agua destilada, de conductibilidad o del mismo grado de pureza (partida 28.53);
   d) las disoluciones acuosas con un contenido de ácido acético superior al 10% en peso (partida 29.15);
   e) los medicamentos de las partidas 30.03 ó 30.04;
   f) los productos de perfumería o de tocador (Capítulo 33).
2. En este Capítulo y en los Capítulos 20 y 21, el *grado alcohólico volumétrico* se determina a la temperatura de 20°C.
3. En la partida 22.02, se entiende por *bebidas no alcohólicas*, las bebidas cuyo grado alcohólico volumétrico sea inferior o igual al 0.5% vol. Las bebidas alcohólicas se clasifican, según los casos, en las partidas 22.03 a 22.06 o en la partida 22.08.

Nota de subpartida.
1. En la subpartida 2204.10, se entiende por *vino espumoso* el que tiene una sobrepresión superior o igual a 3 bar cuando esté conservado a la temperatura de 20°C en recipiente cerrado.

Código		Descripción	Unid de Med	Arancel (%)	
				IMP.	EXP.
22.01		**Agua, incluidas el agua mineral natural o artificial y la gaseada, sin adición de azúcar u otro edulcorante ni aromatizada; hielo y nieve.**			
2201.10	-	**Agua mineral y agua gaseada.**			
2201.10.01		Agua mineral.	L	20	Ex
2201.10.99		Las demás.	L	20	Ex
2201.90	-	**Los demás.**			
2201.90.01		Agua potable.	L	10	Ex
2201.90.02		Hielo.	Kg	10	Ex
2201.90.99		Los demás.	L	20	Ex
22.02		**Agua, incluidas el agua mineral y la gaseada, con adición de azúcar u otro edulcorante o aromatizada, y demás bebidas no alcohólicas, excepto los jugos de frutas u otros frutos o de hortalizas de la partida 20.09.**			
2202.10	-	**Agua, incluidas el agua mineral y la gaseada, con adición de azúcar u otro edulcorante o aromatizada.**			
2202.10.01		Agua, incluidas el agua mineral y la gaseada, con adición de azúcar u otro edulcorante o aromatizada.	L	20%+AE	Ex
2202.90	-	**Las demás.**			
2202.90.01		A base de ginseng y jalea real.	L	10	Ex
2202.90.02		A base de jugos de una sola fruta, legumbre u hortaliza, enriquecidos con minerales o vitaminas.	L	20	Ex

2202.90.03	A base de mezclas de jugos de frutas, legumbres u hortalizas, enriquecidos con minerales o vitaminas.	L	20	Ex
2202.90.04	Que contengan leche.	L	20	Ex
2202.90.05	Bebidas llamadas cervezas sin alcohol.	L	20	Ex
2202.90.99	Las demás.	L	20%+AE	Ex
22.03	**Cerveza de malta.**			
2203.00	**.** **Cerveza de malta.**			
2203.00.01	Cerveza de malta.	L	20	Ex
22.04	**Vino de uvas frescas, incluso encabezado; mosto de uva, excepto el de la partida 20.09.**			
2204.10	**.** **Vino espumoso.**			
2204.10.01	"Champagne".	L	20	Ex
2204.10.99	Los demás.	L	20	Ex
	. **Los demás vinos; mosto de uva en el que la fermentación se ha impedido o cortado añadiendo alcohol:**			
2204.21	**. .** **En recipientes con capacidad inferior o igual a 2 l.**			
2204.21.01	Vinos generosos, cuya graduación alcohólica sea mayor de 14% Alc. Vol. a la temperatura de 20° C (equivalente a 14 grados centesimales Gay-Lussac a la temperatura de 15°C), en vasijería de barro, loza o vidrio.	L	20	Ex
2204.21.02	Vinos tinto, rosado, clarete o blanco, cuya graduación alcohólica sea hasta de 14% Alc. Vol. a la temperatura de 20ºC (equivalente a 14 grados centesimales Gay-Lussac a la temperatura de 15°C), en vasijería de barro, loza o vidrio.	L	20	Ex
2204.21.03	Vinos de uva, llamados finos, los tipos clarete con graduación alcohólica hasta de 14% Alc. Vol. a la temperatura de 20ºC (equivalente a 14 grados centesimales Gay-Lussac a la temperatura de 15°C), grado alcohólico mínimo de 11.5 grados a 12 grados, respectivamente, para vinos tinto y blanco, acidez volátil máxima de 1.30 grados por litro. Para vinos tipo "Rhin" la graduación alcohólica podrá ser de mínimo 11 grados. Certificado de calidad emitido por organismo estatal del país exportador. Botellas de capacidad no superior a 0.750 litros rotuladas con indicación del año de la cosecha y de la marca registrada de la viña o bodega de origen.	L	20	Ex
2204.21.99	Los demás.	L	20	Ex
2204.29	**. .** **Los demás.**			
2204.29.99	Los demás.	L	20	Ex
2204.30	**.** **Los demás mostos de uva.**			
2204.30.99	Los demás mostos de uva.	L	20	Ex
22.05	**Vermut y demás vinos de uvas frescas preparados con plantas o sustancias aromáticas.**			
2205.10	**.** **En recipientes con capacidad inferior o igual a 2 l.**			
2205.10.01	Vermuts.	L	20	Ex
2205.10.99	Los demás.	L	20	Ex
2205.90	**.** **Los demás.**			
2205.90.01	Vermuts.	L	20	Ex
2205.90.99	Los demás.	L	20	Ex
22.06	**Las demás bebidas fermentadas (por ejemplo: sidra, perada, aguamiel); mezclas de bebidas fermentadas y mezclas de bebidas fermentadas y bebidas no alcohólicas, no expresadas ni comprendidas en otra parte.**			
2206.00	**.** **Las demás bebidas fermentadas (por ejemplo: sidra, perada, aguamiel); mezclas de bebidas fermentadas y mezclas de bebidas fermentadas y bebidas no alcohólicas, no expresadas ni comprendidas en otra parte.**			
2206.00.01	Bebidas refrescantes a base de una mezcla de limonada y cerveza o vino, o de una mezcla de cerveza y vino ("wine coolers").	L	20	Ex
2206.00.99	Las demás.	L	20	Ex
22.07	**Alcohol etílico sin desnaturalizar con grado alcohólico volumétrico superior o igual al 80% vol; alcohol etílico y aguardiente desnaturalizados, de cualquier graduación.**			
2207.10	**.** **Alcohol etílico sin desnaturalizar con grado alcohólico volumétrico superior o igual al 80% vol.**			
2207.10.01	Alcohol etílico sin desnaturalizar con grado alcohólico volumétrico superior o igual a 80% vol.	L	10%+AE	Ex
2207.20	**.** **Alcohol etílico y aguardiente desnaturalizados, de cualquier graduación.**			
2207.20.01	Alcohol etílico y aguardientes desnaturalizados, de cualquier graduación.	L	10%+AE	Ex
22.08	**Alcohol etílico sin desnaturalizar con grado alcohólico volumétrico inferior al 80% vol; aguardientes, licores y demás bebidas espirituosas.**			
2208.20	**.** **Aguardiente de vino o de orujo de uvas.**			
2208.20.01	Cogñac.	L	Ex	Ex
2208.20.02	Brandy o "Wainbrand" cuya graduación alcohólica sea igual o superior a 37.5 grados centesimales Gay-Lussac, con una cantidad total de sustancias volátiles que no sean los alcoholes etílico y metílico superior a 200 g/hl de alcohol a 100% vol., y envejecido, al menos, durante un año en recipientes de roble o durante seis meses como mínimo en toneles de roble de una capacidad inferior a 1,000 l.	L	20	Ex

2208.20.03	Destilados puros de uva, cuya graduación alcohólica sea igual o superior a 80 grados centesimales	L	10	Ex
2208.20.99	Los demás.	L	20	Ex
2208.30	**Whisky.**			
2208.30.01	Whisky canadiense ("Canadian whiskey").	L	Ex	Ex
2208.30.02	Whisky cuya graduación alcohólica sea mayor de 53 grados centesimales Gay-Lussac a la temperatura de 15 °C, a granel.	L	Ex	Ex
2208.30.03	Whisky o Whiskey cuya graduación alcohólica sea igual o superior a 40 grados centesimales Gay-Lussac, destilado a menos de 94.8% vol., de forma que el producto de la destilación tenga un aroma y un gusto procedente de las materias primas utilizadas, madurado, al menos, durante tres años en toneles de madera de menos de 700 litros de capacidad, en vasijería de barro, loza o vidrio.	L	Ex	Ex
2208.30.04	Whisky Tennessee o whisky Bourbon.	L	Ex	Ex
2208.30.99	Los demás.	L	Ex	Ex
2208.40	**Ron y demás aguardientes procedentes de la destilación, previa fermentación, de productos de la caña de azúcar.**			
2208.40.01	Ron.	L	20	Ex
2208.40.99	Los demás.	L	20	Ex
2208.50	**Gin y ginebra.**			
2208.50.01	Gin y ginebra.	L	20	Ex
2208.60	**Vodka.**			
2208.60.01	Vodka.	L	20	Ex
2208.70	**Licores.**			
2208.70.01	De más de 14 grados sin exceder de 23 grados centesimales Gay-Lussac a la temperatura de 15°C, en vasijería de barro, loza o vidrio, excepto lo comprendido en la fracción 2208.70.02.	L	20	Ex
2208.70.02	Licores que contengan aguardiente, o destilados, de agave.	L	20	Ex
2208.70.99	Los demás.	L	20	Ex
2208.90	**Los demás.**			
2208.90.01	Alcohol etílico.	L	10	Ex
2208.90.02	Bebidas alcohólicas de más de 14 grados sin exceder de 23 grados centesimales Gay-Lussac a la temperatura de 15°C, en vasijería de barro, loza o vidrio, excepto lo comprendido en la fracción 2208.90.04.	L	20	Ex
2208.90.03	Tequila.	L	20	Ex
2208.90.04	Las demás bebidas alcohólicas que contengan aguardiente, o destilados, de agave.	L	20	Ex
2208.90.05	Mezcal.	L	20	Ex
2208.90.99	Los demás.	L	20	Ex
22.09	**Vinagre y sucedáneos del vinagre obtenidos a partir del ácido acético.**			
2209.00	**Vinagre y sucedáneos del vinagre obtenidos a partir del ácido acético.**			
2209.00.01	Vinagre y sucedáneos del vinagre obtenidos a partir del ácido acético.	L	20	Ex

---

Capítulo 23
Residuos y desperdicios de las industrias alimentarias; alimentos preparados para animales

Nota.
1. Se incluyen en la partida 23.09 los productos de los tipos utilizados para la alimentación de los animales, no expresados ni comprendidos en otra parte, obtenidos por tratamiento de materias vegetales o animales y que, por este hecho, hayan perdido las características esenciales de la materia originaria, excepto los desperdicios vegetales, residuos y subproductos vegetales procedentes de estos tratamientos.

Nota de subpartida.
1. En la subpartida 2306.41, se entiende por *de semillas de nabo (nabina) o de colza con bajo contenido de ácido erúcico* las semillas definidas en la Nota 1 de subpartida del Capítulo 12.

Código		Descripción	Unid de Med	Arancel (%)	
				IMP.	EXP.
23.01		**Harina, polvo y "pellets", de carne, despojos, pescado o de crustáceos, moluscos o demás invertebrados acuáticos, impropios para la alimentación humana; chicharrones.**			
2301.10	**-**	**Harina, polvo y "pellets", de carne o despojos; chicharrones.**			
2301.10.01		Harina.	Kg	15	Ex
2301.10.99		Los demás.	Kg	15	Ex
2301.20	**-**	**Harina, polvo y "pellets", de pescado o de crustáceos, moluscos o demás invertebrados acuáticos.**			
2301.20.01		Harina, polvo y "pellets", de pescado o de crustáceos, moluscos o demás invertebrados acuáticos.	Kg	15	Ex

23.02	**Salvados, moyuelos y demás residuos del cernido, de la molienda o de otros tratamientos de los cereales o de las leguminosas, incluso en "pellets".**			
2302.10	**- De maíz.**			
2302.10.01	De maíz.	Kg	10	Ex
2302.30	**- De trigo.**			
2302.30.01	De trigo.	Kg	10	Ex
2302.40	**- De los demás cereales.**			
2302.40.01	De arroz.	Kg	10	Ex
2302.40.99	Los demás.	Kg	10	Ex
2302.50	**- De leguminosas.**			
2302.50.01	De leguminosas.	Kg	10	Ex
23.03	**Residuos de la industria del almidón y residuos similares, pulpa de remolacha, bagazo de caña de azúcar y demás desperdicios de la industria azucarera, heces y desperdicios de cervecería o de destilería, incluso en "pellets".**			
2303.10	**- Residuos de la industria del almidón y residuos similares.**			
2303.10.01	Residuos de la industria del almidón y residuos similares.	Kg	15	Ex
2303.20	**- Pulpa de remolacha, bagazo de caña de azúcar y demás desperdicios de la industria azucarera.**			
2303.20.01	Pulpa de remolacha, bagazo de caña de azúcar y demás desperdicios de la industria azucarera.	Kg	10	Ex
2303.30	**- Heces y desperdicios de cervecería o de destilería.**			
2303.30.01	Solubles y granos desecados de la destilación del maíz.	Kg	Ex	Ex
2303.30.99	Los demás.	Kg	10	Ex
23.04	**Tortas y demás residuos sólidos de la extracción del aceite de soja (soya), incluso molidos o en "pellets".**			
2304.00	**- Tortas y demás residuos sólidos de la extracción del aceite de soja (soya), incluso molidos o en "pellets".**			
2304.00.01	Tortas y demás residuos sólidos de la extracción del aceite de soja (soya), incluso molidos o en "pellets".	Kg	Ex	Ex
23.05	**Tortas y demás residuos sólidos de la extracción del aceite de cacahuate (cacahuete, maní), incluso molidos o en "pellets".**			
2305.00	**- Tortas y demás residuos sólidos de la extracción del aceite de cacahuate (cacahuete, maní), incluso molidos o en "pellets".**			
2305.00.01	Tortas y demás residuos sólidos de la extracción del aceite de cacahuate (cacahuete, maní), incluso molidos o en "pellets".	Kg	15	Ex
23.06	**Tortas y demás residuos sólidos de la extracción de grasas o aceites vegetales, incluso molidos o en "pellets", excepto los de las partidas 23.04 ó 23.05.**			
2306.10	**- De semillas de algodón.**			
2306.10.01	De semillas de algodón.	Kg	15	Ex
2306.20	**- De semillas de lino.**			
2306.20.01	De semillas de lino.	Kg	15	Ex
2306.30	**- De semillas de girasol.**			
2306.30.01	De semillas de girasol.	Kg	15	Ex
	- De semillas de nabo (nabina) o de colza:			
2306.41	**-- Con bajo contenido de ácido erúcico.**			
2306.41.01	Con bajo contenido de ácido erúcico.	Kg	15	Ex
2306.49	**-- Los demás.**			
2306.49.99	Los demás.	Kg	15	Ex
2306.50	**- De coco o de copra.**			
2306.50.01	De coco o de copra.	Kg	15	Ex
2306.60	**- De nuez o de almendra de palma.**			
2306.60.01	De nuez o de almendra de palma.	Kg	15	Ex
2306.90	**- Los demás.**			
2306.90.01	De germen de maíz.	Kg	15	Ex
2306.90.99	Los demás.	Kg	15	Ex
23.07	**Lías o heces de vino; tártaro bruto.**			
2307.00	**- Lías o heces de vino; tártaro bruto.**			
2307.00.01	Lías o heces de vino; tártaro bruto.	Kg	10	Ex
23.08	**Materias vegetales y desperdicios vegetales, residuos y subproductos vegetales, incluso en "pellets", de los tipos utilizados para la alimentación de los animales, no expresados ni comprendidos en otra parte.**			
2308.00	**- Materias vegetales y desperdicios vegetales, residuos y subproductos vegetales, incluso en "pellets", de los tipos utilizados para la alimentación de los animales, no expresados ni comprendidos en otra parte.**			
2308.00.01	Bellotas y castañas de Indias.	Kg	10	Ex
2308.00.99	Los demás.	Kg	10	Ex

23.09	Preparaciones de los tipos utilizados para la alimentación de los animales.			
2309.10	. Alimentos para perros o gatos, acondicionados para la venta al por menor.			
2309.10.01	Alimentos para perros o gatos, acondicionados para la venta al por menor.	Kg	10	Ex
2309.90	. Las demás.			
2309.90.01	Alimentos preparados para aves de corral consistentes en mezclas de semillas de distintas variedades vegetales trituradas.	Kg	Ex	Ex
2309.90.02	Pasturas, aun cuando estén adicionadas de materias minerales.	Kg	Ex	Ex
2309.90.03	Preparados forrajeros azucarados, de pulpa de remolacha adicionada con melaza.	Kg	Ex	Ex
2309.90.04	Mezclas, preparaciones o productos de origen orgánico para la alimentación de peces de ornato.	Kg	20	Ex
2309.90.05	Preparación estimulante a base de 2% como máximo de vitamina H.	Kg	Ex	Ex
2309.90.06	Preparación para la elaboración de alimentos balanceados, obtenida por reacción de sosa cáustica, ácido fosfórico y dolomita.	Kg	Ex	Ex
2309.90.07	Preparados concentrados, para la elaboración de alimentos balanceados, excepto lo comprendido en las fracciones 2309.90.09, 2309.90.10 y 2309.90.11.	Kg	Ex	Ex
2309.90.08	Sustituto de leche para becerros a base de caseína, leche en polvo, grasa animal, lecitina de soya, vitaminas, minerales y antibióticos, excepto lo comprendido en las fracciones 2309.90.10 y 2309.90.11.	Kg	Ex	Ex
2309.90.09	Concentrado o preparación estimulante a base de vitamina B12.	Kg	Ex	Ex
2309.90.10	Con un contenido de sólidos lácteos superior al 10%, pero inferior o igual al 50%, en peso.	Kg	Ex	Ex
2309.90.11	Alimentos preparados con un contenido de sólidos lácteos superior al 50%, en peso.	Kg	Ex	Ex
2309.90.99	Las demás.	Kg	Ex	Ex

Capítulo 24
Tabaco y sucedáneos del tabaco elaborados

Nota.

1. Este Capítulo no comprende los cigarrillos medicinales (Capítulo 30).

Nota de subpartida.

1. En la subpartida 2403.11, se considera *tabaco para pipa de agua*, el tabaco destinado a ser fumado en una pipa de agua y que está constituido por una mezcla de tabaco y glicerol, incluso con aceites y extractos aromáticos, melaza o azúcar, e incluso aromatizado o saborizado con frutas. Sin embargo, los productos para pipa de agua que no contengan tabaco se excluyen de esta subpartida.

Código		Descripción	Unid de Med	Arancel (%)	
				IMP.	EXP.
24.01		Tabaco en rama o sin elaborar; desperdicios de tabaco.			
2401.10	.	Tabaco sin desvenar o desnervar.			
2401.10.01		Tabaco para envoltura.	Kg	45	Ex
2401.10.99		Los demás.	Kg	45	Ex
2401.20	.	Tabaco total o parcialmente desvenado o desnervado.			
2401.20.01		Tabaco rubio, Burley o Virginia.	Kg	45	Ex
2401.20.02		Tabaco para envoltura.	Kg	45	Ex
2401.20.99		Los demás.	Kg	45	Ex
2401.30	.	Desperdicios de tabaco.			
2401.30.01		Desperdicios de tabaco.	Kg	45	Ex
24.02		Cigarros (puros) (incluso despuntados), cigarritos (puritos) y cigarrillos, de tabaco o de sucedáneos del tabaco.			
2402.10	.	Cigarros (puros) (incluso despuntados) y cigarritos (puritos), que contengan tabaco.			
2402.10.01		Cigarros (puros) (incluso despuntados) y cigarritos (puritos), que contengan tabaco.	Pza	45	Ex
2402.20	.	Cigarrillos que contengan tabaco.			
2402.20.01		Cigarrillos que contengan tabaco.	Kg	67	Ex
2402.90	.	Los demás.			
2402.90.99		Los demás.	Kg	67	Ex
24.03		Los demás tabacos y sucedáneos del tabaco, elaborados; tabaco "homogeneizado" o "reconstituido"; extractos y jugos de tabaco.			
	.	Tabaco para fumar, incluso con sucedáneos de tabaco en cualquier proporción:			
2403.11	..	Tabaco para pipa de agua mencionado en la Nota 1 de subpartida de este Capítulo.			
2403.11.01		Tabaco para pipa de agua mencionado en la Nota 1 de subpartida de este Capítulo.	Kg	67	Ex
2403.19	..	Los demás.			
2403.19.99		Los demás.	Kg	67	Ex

. **Los demás:**
2403.91 .. **Tabaco "homogeneizado" o "reconstituido".**
2403.91.01 Tabaco del tipo utilizado para envoltura de tabaco. | Kg | 45 | Ex
2403.91.99 Los demás. | Kg | 45 | Ex
2403.99 .. **Los demás.**
2403.99.01 Rapé húmedo oral. | Kg | 20 | Ex
2403.99.99 Los demás. | Kg | 45 | Ex

Sección V
PRODUCTOS MINERALES

Capítulo 25
Sal; azufre; tierras y piedras; yesos, cales y cementos

Notas.
1. Salvo disposición en contrario y a reserva de lo previsto en la Nota 4 siguiente, sólo se clasifican en las partidas de este Capítulo los productos en bruto o los productos lavados (incluso con sustancias químicas que eliminen las impurezas sin cambiar la estructura del producto), quebrantados, triturados, molidos, pulverizados, levigados, cribados, tamizados, enriquecidos por flotación, separación magnética u otros procedimientos mecánicos o físicos (excepto la cristalización), pero no los productos tostados, calcinados, los obtenidos por mezcla o los sometidos a un tratamiento que supere al indicado en cada partida.
Se puede añadir a los productos de este Capítulo una sustancia antipolvo, siempre que no haga al producto más apto para usos determinados que para uso general.
2. Este Capítulo no comprende:
   a) el azufre sublimado o precipitado ni el coloidal (partida 28.02);
   b) las tierras colorantes con un contenido de hierro combinado, expresado en Fe_2O_3, superior o igual al 70% en peso (partida 28.21);
   c) los medicamentos y demás productos del Capítulo 30;
   d) las preparaciones de perfumería, de tocador o de cosmética (Capítulo 33);
   e) los adoquines, encintados (bordillos) y losas para pavimentos (partida 68.01); los cubos, dados y artículos similares para mosaicos (partida 68.02); las pizarras para tejados o revestimientos de edificios (partida 68.03);
   f) las piedras preciosas o semipreciosas (partidas 71.02 ó 71.03);
   g) los cristales cultivados de cloruro de sodio o de óxido de magnesio (excepto los elementos de óptica) de peso unitario superior o igual a 2.5 g, de la partida 38.24; los elementos de óptica de cloruro de sodio o de óxido de magnesio (partida 90.01);
   h) las tizas para billar (partida 95.04);
   ij) las tizas para escribir o dibujar y los jaboncillos (tizas) de sastre (partida 96.09).
3. Cualquier producto susceptible de clasificarse en la partida 25.17 y en otra partida de este Capítulo, se clasifica en la partida 25.17.
4. La partida 25.30 comprende, entre otras: la vermiculita, la perlita y las cloritas, sin dilatar; las tierras colorantes, incluso calcinadas o mezcladas entre sí; los óxidos de hierro micáceos naturales; la espuma de mar natural (incluso en trozos pulidos); el ámbar natural (succino); la espuma de mar y el ámbar reconstituidos, en plaquitas, varillas, barras o formas similares, simplemente moldeados; el azabache; el carbonato de estroncio (estroncianita), incluso calcinado, excepto el óxido de estroncio; los restos y cascos de cerámica, trozos de ladrillo y bloques de hormigón rotos.

Código		Descripción	Unid de Med	Arancel (%) IMP.	EXP.
25.01		**Sal (incluidas la de mesa y la desnaturalizada) y cloruro de sodio puro, incluso en disolución acuosa o con adición de antiaglomerantes o de agentes que garanticen una buena fluidez; agua de mar.**			
2501.00	-	**Sal (incluidas la de mesa y la desnaturalizada) y cloruro de sodio puro, incluso en disolución acuosa o con adición de antiaglomerantes o de agentes que garanticen una buena fluidez; agua de mar.**			
2501.00.01		Sal para uso y consumo humano directo, para uso en la industria alimentaria o para usos pecuarios, con antiaglomerantes o sin ellos, incluso yodada o fluorada; sal desnaturalizada.	Kg	Ex	Ex
2501.00.99		Las demás.	Kg	Ex	Ex
25.02		**Piritas de hierro sin tostar.**			
2502.00	-	**Piritas de hierro sin tostar.**			
2502.00.01		Piritas de hierro sin tostar.	Kg	Ex	Ex
25.03		**Azufre de cualquier clase, excepto el sublimado, el precipitado y el coloidal.**			
2503.00	-	**Azufre de cualquier clase, excepto el sublimado, el precipitado y el coloidal.**			
2503.00.01		Azufre en bruto y azufre sin refinar.	Kg	Ex	Ex
2503.00.99		Los demás.	Kg	Ex	Ex
25.04		**Grafito natural.**			
2504.10	-	**En polvo o en escamas.**			
2504.10.01		En polvo o en escamas.	Kg	Ex	Ex

2504.90	**.**	**Los demás.**			
2504.90.99		Los demás.	Kg	Ex	Ex
25.05		**Arenas naturales de cualquier clase, incluso coloreadas, excepto las arenas metalíferas del Capítulo 26.**			
2505.10	**.**	**Arenas silíceas y arenas cuarzosas.**			
2505.10.01		Arenas silíceas y arenas cuarzosas.	Kg	Ex	Ex
2505.90	**.**	**Las demás.**			
2505.90.99		Las demás.	Kg	Ex	Ex
25.06		**Cuarzo (excepto las arenas naturales); cuarcita, incluso desbastada o simplemente troceada, por aserrado o de otro modo, en bloques o en placas cuadradas o rectangulares.**			
2506.10	**.**	**Cuarzo.**			
2506.10.01		Cuarzo.	Kg	Ex	Ex
2506.20	**.**	**Cuarcita.**			
2506.20.01		En bruto o desbastada.	Kg	Ex	Ex
2506.20.99		Las demás.	Kg	Ex	Ex
25.07		**Caolín y demás arcillas caolínicas, incluso calcinados.**			
2507.00	**.**	**Caolín y demás arcillas caolínicas, incluso calcinados.**			
2507.00.01		Caolín y demás arcillas caolínicas, incluso calcinados.	Kg	Ex	Ex
25.08		**Las demás arcillas (excepto las arcillas dilatadas de la partida 68.06), andalucita, cianita y silimanita, incluso calcinadas; mullita; tierras de chamota o de dinas.**			
2508.10	**.**	**Bentonita.**			
2508.10.01		Bentonita.	Kg	Ex	Ex
2508.30	**.**	**Arcillas refractarias.**			
2508.30.01		Arcillas refractarias.	Kg	Ex	Ex
2508.40	**.**	**Las demás arcillas.**			
2508.40.01		Tierras decolorantes y tierras de batán.	Kg	Ex	Ex
2508.40.99		Las demás.	Kg	Ex	Ex
2508.50	**.**	**Andalucita, cianita y silimanita.**			
2508.50.01		Andalucita, cianita y silimanita.	Kg	Ex	Ex
2508.60	**.**	**Mullita.**			
2508.60.01		Mullita.	Kg	Ex	Ex
2508.70	**.**	**Tierras de chamota o de dinas.**			
2508.70.01		Tierras de chamota o de dinas.	Kg	Ex	Ex
25.09		**Creta.**			
2509.00	**.**	**Creta.**			
2509.00.01		Creta.	Kg	Ex	Ex
25.10		**Fosfatos de calcio naturales, fosfatos aluminocálcicos naturales y cretas fosfatadas.**			
2510.10	**.**	**Sin moler.**			
2510.10.01		Fosfatos de calcio (fosforitas), naturales.	Kg	Ex	Ex
2510.10.99		Los demás.	Kg	Ex	Ex
2510.20	**.**	**Molidos.**			
2510.20.01		Fosfatos de calcio (fosforitas), naturales.	Kg	Ex	Ex
2510.20.99		Los demás.	Kg	Ex	Ex
25.11		**Sulfato de bario natural (baritina); carbonato de bario natural (witherita), incluso calcinado, excepto el óxido de bario de la partida 28.16.**			
2511.10	**.**	**Sulfato de bario natural (baritina).**			
2511.10.01		Sulfato de bario natural (baritina).	Kg	Ex	Ex
2511.20	**.**	**Carbonato de bario natural (witherita).**			
2511.20.01		Carbonato de bario natural (witherita).	Kg	Ex	Ex
25.12		**Harinas silíceas fósiles (por ejemplo: "Kieselguhr", tripolita, diatomita) y demás tierras silíceas análogas, de densidad aparente inferior o igual a 1, incluso calcinadas.**			
2512.00	**.**	**Harinas silíceas fósiles (por ejemplo: "Kieselguhr", tripolita, diatomita) y demás tierras silíceas análogas, de densidad aparente inferior o igual a 1, incluso calcinadas.**			
2512.00.01		Harinas silíceas fósiles (por ejemplo: "Kieselguhr", tripolita, diatomita) y demás tierras silíceas análogas, de densidad aparente inferior o igual a 1, incluso calcinadas.	Kg	Ex	Ex
25.13		**Piedra pómez; esmeril; corindón natural, granate natural y demás abrasivos naturales, incluso tratados térmicamente.**			
2513.10	**.**	**Piedra pómez.**			
2513.10.01		En bruto o en trozos irregulares, incluida la quebrantada (grava de piedra pómez o "bimskies").	Kg	Ex	Ex
2513.10.99		Las demás.	Kg	Ex	Ex
2513.20	**.**	**Esmeril, corindón natural, granate natural y demás abrasivos naturales.**			
2513.20.01		Esmeril, corindón natural, granate natural y demás abrasivos naturales.	Kg	Ex	Ex

25.14		**Pizarra, incluso desbastada o simplemente troceada, por aserrado o de otro modo, en bloques o en placas cuadradas o rectangulares.**			
2514.00	-	**Pizarra, incluso desbastada o simplemente troceada, por aserrado o de otro modo, en bloques o en placas cuadradas o rectangulares.**			
2514.00.01		Pizarra, incluso desbastada o simplemente troceada, por aserrado o de otro modo, en bloques o en placas cuadradas o rectangulares.	Kg	Ex	Ex
25.15		**Mármol, travertinos, "ecaussines" y demás piedras calizas de talla o de construcción de densidad aparente superior o igual a 2.5, y alabastro, incluso desbastados o simplemente troceados, por aserrado o de otro modo, en bloques o en placas cuadradas o rectangulares.**			
	-	**Mármol y travertinos:**			
2515.11	- -	**En bruto o desbastados.**			
2515.11.01		En bruto o desbastados.	Kg	Ex	Ex
2515.12	- -	**Simplemente troceados, por aserrado o de otro modo, en bloques o en placas cuadradas o rectangulares.**			
2515.12.01		Mármol aserrado en hojas, de espesor superior a 5 cm.	Kg	Ex	Ex
2515.12.99		Los demás.	Kg	10	Ex
2515.20	-	**"Ecaussines" y demás piedras calizas de talla o de construcción; alabastro.**			
2515.20.01		"Ecaussines" y demás piedras calizas de talla o de construcción; alabastro.	Kg	Ex	Ex
25.16		**Granito, pórfido, basalto, arenisca y demás piedras de talla o de construcción, incluso desbastados o simplemente troceados, por aserrado o de otro modo, en bloques o en placas cuadradas o rectangulares.**			
	-	**Granito:**			
2516.11	- -	**En bruto o desbastado.**			
2516.11.01		En bruto o desbastado.	Kg	Ex	Ex
2516.12	- -	**Simplemente troceado, por aserrado o de otro modo, en bloques o en placas cuadradas o rectangulares.**			
2516.12.01		Simplemente troceado, por aserrado o de otro modo, en bloques o en placas cuadradas o rectangulares.	Kg	Ex	Ex
2516.20	-	**Arenisca.**			
2516.20.01		Arenisca.	Kg	Ex	Ex
2516.90	-	**Las demás piedras de talla o de construcción.**			
2516.90.99		Las demás piedras de talla o de construcción.	Kg	Ex	Ex
25.17		**Cantos, grava, piedras machacadas, de los tipos generalmente utilizados para hacer hormigón, o para firmes de carreteras, vías férreas u otros balastos, guijarros y pedernal, incluso tratados térmicamente; macadán de escorias o de desechos industriales similares, incluso con materiales comprendidos en la primera parte de la partida; macadán alquitranado; gránulos, tasquiles (fragmentos) y polvo de piedras de las partidas 25.15 ó 25.16, incluso tratados térmicamente.**			
2517.10	-	**Cantos, grava, piedras machacadas, de los tipos generalmente utilizados para hacer hormigón, o para firmes de carreteras, vías férreas u otros balastos, guijarros y pedernal, incluso tratados térmicamente.**			
2517.10.01		Cantos, grava, piedras machacadas, de los tipos generalmente utilizados para hacer hormigón, o para firmes de carreteras, vías férreas u otros balastos, guijarros y pedernal, incluso tratados térmicamente.	Kg	Ex	Ex
2517.20	-	**Macadán de escorias o de desechos industriales similares, incluso con materiales citados en la subpartida 2517.10.**			
2517.20.01		Macadán de escorias o de desechos industriales similares, incluso con materiales citados en la subpartida 2517.10.	Kg	Ex	Ex
2517.30	-	**Macadán alquitranado.**			
2517.30.01		Macadán alquitranado.	Kg	Ex	Ex
	-	**Gránulos, tasquiles (fragmentos) y polvo de piedras de las partidas 25.15 ó 25.16, incluso tratados térmicamente:**			
2517.41	- -	**De mármol.**			
2517.41.01		De mármol.	Kg	Ex	Ex
2517.49	- -	**Los demás.**			
2517.49.99		Los demás.	Kg	Ex	Ex
25.18		**Dolomita, incluso sinterizada o calcinada, incluida la dolomita desbastada o simplemente troceada, por aserrado o de otro modo, en bloques o en placas cuadradas o rectangulares; aglomerado de dolomita.**			
2518.10	-	**Dolomita sin calcinar ni sinterizar, llamada "cruda".**			
2518.10.01		Dolomita sin calcinar ni sinterizar, llamada "cruda".	Kg	Ex	Ex
2518.20	-	**Dolomita calcinada o sinterizada.**			
2518.20.01		Dolomita calcinada o sinterizada.	Kg	Ex	Ex
2518.30	-	**Aglomerado de dolomita.**			
2518.30.01		Aglomerado de dolomita.	Kg	Ex	Ex

25.19	**Carbonato de magnesio natural (magnesita); magnesia electrofundida; magnesia calcinada a muerte (sinterizada), incluso con pequeñas cantidades de otros óxidos añadidos antes de la sinterización; otro óxido de magnesio, incluso puro.**			
2519.10	**. Carbonato de magnesio natural (magnesita).**			
2519.10.01	Carbonato de magnesio natural (magnesita).	Kg	Ex	Ex
2519.90	**. Los demás.**			
2519.90.01	Óxido de magnesio, excepto la magnesia electrofundida y la magnesia calcinada a muerte (sinterizada).	Kg	7	Ex
2519.90.02	Magnesia calcinada a muerte (sinterizada) con un contenido de óxido de magnesio inferior o igual al 94%.	Kg	Ex	Ex
2519.90.03	Óxido de magnesio electrofundido, con un contenido de óxido de magnesio inferior o igual a 98%.	Kg	5	Ex
2519.90.99	Los demás.	Kg	10	Ex
25.20	**Yeso natural; anhidrita; yeso fraguable (consistente en yeso natural calcinado o en sulfato de calcio), incluso coloreado o con pequeñas cantidades de aceleradores o retardadores.**			
2520.10	**. Yeso natural; anhidrita.**			
2520.10.01	Yeso natural; anhidrita.	Kg	Ex	Ex
2520.20	**. Yeso fraguable.**			
2520.20.01	Yeso fraguable.	Kg	Ex	Ex
25.21	**Castinas; piedras para la fabricación de cal o de cemento.**			
2521.00	**. Castinas; piedras para la fabricación de cal o de cemento.**			
2521.00.01	Castinas; piedras para la fabricación de cal o de cemento.	Kg	Ex	Ex
25.22	**Cal viva, cal apagada y cal hidráulica, excepto el óxido y el hidróxido de calcio de la partida 28.25.**			
2522.10	**. Cal viva.**			
2522.10.01	Cal viva.	Kg	Ex	Ex
2522.20	**. Cal apagada.**			
2522.20.01	Cal apagada.	Kg	Ex	Ex
2522.30	**. Cal hidráulica.**			
2522.30.01	Cal hidráulica.	Kg	Ex	Ex
25.23	**Cementos hidráulicos (comprendidos los cementos sin pulverizar o "clinker"), incluso coloreados.**			
2523.10	**. Cementos sin pulverizar ("clinker").**			
2523.10.01	Cementos sin pulverizar ("clinker").	Kg	Ex	Ex
	. Cemento Portland:			
2523.21	**.. Cemento blanco, incluso coloreado artificialmente.**			
2523.21.01	Cemento blanco, incluso coloreado artificialmente.	Kg	Ex	Ex
2523.29	**.. Los demás.**			
2523.29.99	Los demás.	Kg	Ex	Ex
2523.30	**. Cementos aluminosos.**			
2523.30.01	Cementos aluminosos.	Kg	Ex	Ex
2523.90	**. Los demás cementos hidráulicos.**			
2523.90.99	Los demás cementos hidráulicos.	Kg	Ex	Ex
25.24	**Amianto (asbesto).**			
2524.10	**. Crocidolita.**			
2524.10.01	En fibra o roca.	Kg	Ex	Ex
2524.10.02	En polvo o en copos, incluidos los desperdicios.	Kg	Ex	Ex
2524.90	**. Los demás.**			
2524.90.01	En fibra o roca.	Kg	Ex	Ex
2524.90.02	En polvo o en copos, incluidos los desperdicios.	Kg	Ex	Ex
25.25	**Mica, incluida la exfoliada en laminillas irregulares ("splittings"); desperdicios de mica.**			
2525.10	**. Mica en bruto o exfoliada en hojas o en laminillas irregulares ("splittings").**			
2525.10.01	Mica en bruto o exfoliada en hojas o en laminillas irregulares ("splittings").	Kg	Ex	Ex
2525.20	**. Mica en polvo.**			
2525.20.01	Mica en polvo.	Kg	Ex	Ex
2525.30	**. Desperdicios de mica.**			
2525.30.01	Desperdicios de mica.	Kg	Ex	Ex
25.26	**Esteatita natural, incluso desbastada o simplemente troceada, por aserrado o de otro modo, en bloques o en placas cuadradas o rectangulares; talco.**			
2526.10	**. Sin triturar ni pulverizar.**			
2526.10.01	Sin triturar ni pulverizar.	Kg	Ex	Ex
2526.20	**. Triturados o pulverizados.**			
2526.20.01	Triturados o pulverizados.	Kg	Ex	Ex

25.28	**Boratos naturales y sus concentrados (incluso calcinados), excepto los boratos extraídos de las salmueras naturales; ácido bórico natural con un contenido de H3BO3 inferior o igual al 85%, calculado sobre producto seco.**				
2528.00	Boratos naturales y sus concentrados (incluso calcinados), excepto los boratos extraídos de las salmueras naturales; ácido bórico natural con un contenido de H3BO3 inferior o igual al 85%, calculado sobre producto seco.				
2528.00.01	Boratos de sodio naturales y sus concentrados (incluso calcinados).	Kg	Ex	Ex	
2528.00.99	Los demás.	Kg	7	Ex	
25.29	**Feldespato; leucita; nefelina y nefelina sienita; espato flúor.**				
2529.10	**. Feldespato.**				
2529.10.01	Feldespato.	Kg	Ex	Ex	
	. Espato flúor:				
2529.21	**.. Con un contenido de fluoruro de calcio inferior o igual al 97% en peso.**				
2529.21.01	Con un contenido de fluoruro de calcio inferior o igual al 97% en peso.	Kg	Ex	Ex	
2529.22	**.. Con un contenido de fluoruro de calcio superior al 97% en peso.**				
2529.22.01	Con un contenido de fluoruro de calcio superior al 97% en peso.	Kg	Ex	Ex	
2529.30	**. Leucita; nefelina y nefelina sienita.**				
2529.30.01	Leucita; nefelina y nefelina sienita.	Kg	Ex	Ex	
25.30	**Materias minerales no expresadas ni comprendidas en otra parte.**				
2530.10	**. Vermiculita, perlita y cloritas, sin dilatar.**				
2530.10.01	Vermiculita, perlita y cloritas, sin dilatar.	Kg	Ex	Ex	
2530.20	**. Kieserita, epsomita (sulfatos de magnesio naturales).**				
2530.20.01	Kieserita, epsomita (sulfatos de magnesio naturales).	Kg	Ex	Ex	
2530.90	**. Las demás.**				
2530.90.02	Criolita natural; quiolita natural.	Kg	Ex	Ex	
2530.90.03	Pirofilita (silicato de aluminio natural).	Kg	Ex	Ex	
2530.90.04	Espuma de mar natural (incluso en trozos pulimentados) y ámbar natural (succino); espuma de mar y ámbar regenerados, en plaquitas, varillas, barras y formas similares, simplemente moldeadas; azabache.	Kg	Ex	Ex	
2530.90.05	Sulfuros de arsénico naturales.	Kg	Ex	Ex	
2530.90.06	Arenas o harinas de circón micronizadas que contengan 70% o menos de óxido de circonio, con granulometría de más de 200 mallas.	Kg	Ex	Ex	
2530.90.07	Molibdenita tratada para su aplicación como lubricante, sin calcinar o tostar con mallaje superior a 100.	Kg	Ex	Ex	
2530.90.08	Tierras colorantes.	Kg	Ex	Ex	
2530.90.09	Oxidos de hierro micáceos naturales.	Kg	Ex	Ex	
2530.90.99	Las demás.	Kg	Ex	Ex	

Capítulo 26
Minerales metalíferos, escorias y cenizas

Notas.

1. Este Capítulo no comprende:
   a) las escorias y desechos industriales similares preparados en forma de macadán (partida 25.17);
   b) el carbonato de magnesio natural (magnesita), incluso calcinado (partida 25.19).
   c) los lodos procedentes de los depósitos de almacenamiento de aceites de petróleo constituidos principalmente por estos aceites (partida 27.10);
   d) las escorias de desfosforación del Capítulo 31;
   e) la lana de escoria, de roca y lanas minerales similares (partida 68.06);
   f) los desperdicios y desechos de metal precioso o de chapado de metal precioso (plaqué); los demás desperdicios y desechos que contengan metal precioso o compuestos de metal precioso, de los tipos utilizados principalmente para la recuperación del metal precioso (partida 71.12);
   g) las matas de cobre, níquel o cobalto, obtenidas por fusión de los minerales (Sección XV).

2. En las partidas 26.01 a 26.17, se entiende por *minerales*, los de las especies mineralógicas efectivamente utilizadas en metalurgia para la extracción del mercurio, de los metales de la partida 28.44 o de los metales de las Secciones XIV o XV, aunque no se destinen a la metalurgia pero a condición, sin embargo, de que solo se hayan sometido a los tratamientos usuales en la industria metalúrgica.

3. La partida 26.20 solo comprende:
   a) las escorias, cenizas y residuos de los tipos utilizados en la industria para la extracción del metal o la fabricación de compuestos metálicos, excepto las cenizas y residuos procedentes de la incineración de desechos y desperdicios municipales (partida 26.21);
   b) las escorias, cenizas y residuos que contengan arsénico, incluso si contienen metal, de los tipos utilizados para la extracción de arsénico o metal o para la fabricación de sus compuestos químicos.

Notas de subpartida.

1. En la subpartida 2620.21, se entiende por *lodos de gasolina con plomo* y *lodos de compuestos antidetonantes con plomo,* los lodos procedentes de los depósitos de almacenamiento de gasolina y los de compuestos antidetonantes, que contengan plomo (por ejemplo, tetraetilo de plomo), y constituidos esencialmente por plomo, compuestos de plomo y óxido de hierro.

2. Las escorias, cenizas y residuos que contengan arsénico, mercurio, talio o sus mezclas, de los tipos utilizados para la extracción de arsénico o de estos metales o para la elaboración de sus compuestos químicos, se clasifican en la subpartida 2620.60.

Código		Descripción	Unid de Med	Arancel (%) IMP.	EXP.
26.01		Minerales de hierro y sus concentrados, incluidas las piritas de hierro tostadas (cenizas de piritas).			
	-	Minerales de hierro y sus concentrados, excepto las piritas de hierro tostadas (cenizas de piritas):			
2601.11	--	Sin aglomerar.			
2601.11.01		Sin aglomerar.	Kg	Ex	Ex
2601.12	--	Aglomerados.			
2601.12.01		Aglomerados.	Kg	Ex	Ex
2601.20	-	Piritas de hierro tostadas (cenizas de piritas).			
2601.20.01		Piritas de hierro tostadas (cenizas de piritas).	Kg	Ex	Ex
26.02		Minerales de manganeso y sus concentrados, incluidos los minerales de manganeso ferruginosos y sus concentrados con un contenido de manganeso superior o igual al 20% en peso, sobre producto seco.			
2602.00	-	Minerales de manganeso y sus concentrados, incluidos los minerales de manganeso ferruginosos y sus concentrados con un contenido de manganeso superior o igual al 20% en peso, sobre producto seco.			
2602.00.01		Con un contenido de manganeso igual o superior a 46% en peso sobre producto seco.	Kg	Ex	Ex
2602.00.99		Los demás.	Kg	Ex	Ex
26.03		Minerales de cobre y sus concentrados.			
2603.00	-	Minerales de cobre y sus concentrados.			
2603.00.01		Minerales de cobre y sus concentrados.	Kg	Ex	Ex
26.04		Minerales de níquel y sus concentrados.			
2604.00	-	Minerales de níquel y sus concentrados.			
2604.00.01		Minerales de níquel y sus concentrados.	Kg	Ex	Ex
26.05		Minerales de cobalto y sus concentrados.			
2605.00	-	Minerales de cobalto y sus concentrados.			
2605.00.01		Minerales de cobalto y sus concentrados.	Kg	Ex	Ex
26.06		Minerales de aluminio y sus concentrados.			
2606.00	-	Minerales de aluminio y sus concentrados.			
2606.00.01		Bauxita calcinada.	Kg	Ex	Ex
2606.00.99		Los demás.	Kg	Ex	Ex
26.07		Minerales de plomo y sus concentrados.			
2607.00	-	Minerales de plomo y sus concentrados.			
2607.00.01		Minerales de plomo y sus concentrados.	Kg	Ex	Ex
26.08		Minerales de cinc y sus concentrados.			
2608.00	-	Minerales de cinc y sus concentrados.			
2608.00.01		Minerales de cinc y sus concentrados.	Kg	Ex	Ex
26.09		Minerales de estaño y sus concentrados.			
2609.00	-	Minerales de estaño y sus concentrados.			
2609.00.01		Minerales de estaño y sus concentrados.	Kg	Ex	Ex
26.10		Minerales de cromo y sus concentrados.			
2610.00	-	Minerales de cromo y sus concentrados.			
2610.00.01		Minerales de cromo.	Kg	Ex	Ex
2610.00.99		Los demás.	Kg	Ex	Ex
26.11		Minerales de volframio (tungsteno) y sus concentrados.			
2611.00	-	Minerales de volframio (tungsteno) y sus concentrados.			
2611.00.01		Minerales de volframio (tungsteno) y sus concentrados.	Kg	Ex	Ex
26.12		Minerales de uranio o torio, y sus concentrados.			
2612.10	-	Minerales de uranio y sus concentrados.			
2612.10.01		Minerales de uranio y sus concentrados.	Kg	Ex	Ex
2612.20	-	Minerales de torio y sus concentrados.			
2612.20.01		Minerales de torio y sus concentrados.	Kg	Ex	Ex
26.13		Minerales de molibdeno y sus concentrados.			
2613.10	-	Tostados.			
2613.10.01		Tostados.	Kg	Ex	Ex
2613.90	-	Los demás.			
2613.90.99		Los demás.	Kg	Ex	Ex

26.14	**Minerales de titanio y sus concentrados.**			
2614.00	**-**	**Minerales de titanio y sus concentrados.**		
2614.00.01	Ilmenita.	Kg	Ex	Ex
2614.00.02	Arenas opacificantes micronizadas que contengan 96 % o menos de óxido de titanio (arenas de rutilo).	Kg	Ex	Ex
2614.00.99	Los demás.	Kg	Ex	Ex
26.15	**Minerales de niobio, tantalio, vanadio o circonio, y sus concentrados.**			
2615.10	**-**	**Minerales de circonio y sus concentrados.**		
2615.10.01	Arenas de circón con 70% o menos de óxido de circonio, con granulometría menor a 120 mallas	Kg	Ex	Ex
2615.10.99	Los demás.	Kg	Ex	Ex
2615.90	**-**	**Los demás.**		
2615.90.99	Los demás.	Kg	Ex	Ex
26.16	**Minerales de los metales preciosos y sus concentrados.**			
2616.10	**-**	**Minerales de plata y sus concentrados.**		
2616.10.01	Minerales de plata y sus concentrados.	Kg	Ex	Ex
2616.90	**-**	**Los demás.**		
2616.90.99	Los demás.	Kg	Ex	Ex
26.17	**Los demás minerales y sus concentrados.**			
2617.10	**-**	**Minerales de antimonio y sus concentrados.**		
2617.10.01	Minerales de antimonio y sus concentrados.	Kg	Ex	Ex
2617.90	**-**	**Los demás.**		
2617.90.99	Los demás.	Kg	Ex	Ex
26.18	**Escorias granuladas (arena de escorias) de la siderurgia.**			
2618.00	**-**	**Escorias granuladas (arena de escorias) de la siderurgia.**		
2618.00.01	Escorias granuladas (arena de escoria) de la siderurgia.	Kg	Ex	Ex
26.19	**Escorias (excepto las granuladas), batiduras y demás desperdicios de la siderurgia.**			
2619.00	**-**	**Escorias (excepto las granuladas), batiduras y demás desperdicios de la siderurgia.**		
2619.00.01	Escorias de mineral ferrotitánico concentrado, cuando contengan más del 65% de titanio combinado, expresado como bióxido de titanio.	Kg	Ex	Ex
2619.00.99	Los demás.	Kg	Ex	Ex
26.20	**Escorias, cenizas y residuos (excepto los de la siderurgia) que contengan metal, arsénico, o sus compuestos.**			
	-	**Que contengan principalmente cinc:**		
2620.11	**- -**	**Matas de galvanización.**		
2620.11.01	Matas de galvanización.	Kg	Ex	Ex
2620.19	**- -**	**Los demás.**		
2620.19.99	Los demás.	Kg	Ex	Ex
	-	**Que contengan principalmente plomo:**		
2620.21	**- -**	**Lodos de gasolina con plomo y lodos de compuestos antidetonantes con plomo.**		
2620.21.01	Lodos de gasolina con plomo y lodos de compuestos antidetonantes con plomo.	Kg	Ex	Ex
2620.29	**- -**	**Los demás.**		
2620.29.99	Los demás.	Kg	Ex	Ex
2620.30	**-**	**Que contengan principalmente cobre.**		
2620.30.01	Que contengan principalmente cobre.	Kg	Ex	Ex
2620.40	**-**	**Que contengan principalmente aluminio.**		
2620.40.01	Residuos con contenido igual o superior a 25% sin exceder de 65% de aluminio metálico.	Kg	Ex	Ex
2620.40.99	Los demás.	Kg	Ex	Ex
2620.60	**-**	**Que contengan arsénico, mercurio, talio o sus mezclas, de los tipos utilizados para la extracción de arsénico o de estos metales o para la elaboración de sus compuestos químicos.**		
2620.60.01	Que contengan arsénico, mercurio, talio o sus mezclas, de los tipos utilizados para la extracción de arsénico o de estos metales o para la elaboración de sus compuestos químicos.	Kg	Ex	Ex
	-	**Los demás:**		
2620.91	**- -**	**Que contengan antimonio, berilio, cadmio, cromo o sus mezclas.**		
2620.91.01	Cenizas o residuos concentrados en cadmio provenientes de la refinación del plomo, con una ley en cadmio comprendida entre 20%, 41% y 80%, conteniendo cinc entre 2% y 15%, plomo entre 4% y 20%, arsénico entre 1% y 10% al estado de óxidos, sulfuros, sulfatos y cloruros.	Kg	Ex	Ex
2620.91.99	Los demás.	Kg	Ex	Ex
2620.99	**- -**	**Los demás.**		
2620.99.01	Catalizadores agotados, utilizables para la extracción de níquel.	Kg	Ex	Ex
2620.99.02	De estaño.	Kg	Ex	Ex
2620.99.03	Que contengan principalmente vanadio.	Kg	Ex	Ex
2620.99.99	Los demás.	Kg	Ex	Ex

26.21	**Las demás escorias y cenizas, incluidas las cenizas de algas; cenizas y residuos procedentes de la incineración de desechos y desperdicios municipales.**
2621.10 -	**Cenizas y residuos procedentes de la incineración de desechos y desperdicios municipales.**

2621.10.01	Cenizas y residuos procedentes de la incineración de desechos y desperdicios municipales.	Kg	Ex	Ex
2621.90 -	**Las demás.**			
2621.90.99	Las demás.	Kg	Ex	Ex

Capítulo 27
Combustibles minerales, aceites minerales y productos de su destilación; materias bituminosas; ceras minerales

Notas.

1. Este Capítulo no comprende:
   a) los productos orgánicos de constitución química definida presentados aisladamente; esta exclusión no afecta al metano ni al propano puros, que se clasifican en la partida 27.11;
   b) los medicamentos de las partidas 30.03 ó 30.04;
   c) las mezclas de hidrocarburos no saturados, de las partidas 33.01, 33.02 ó 38.05.

2. La expresión *aceites de petróleo o de mineral bituminoso,* empleada en el texto de la partida 27.10, se aplica, no solo a los aceites de petróleo o de mineral bituminoso, sino también a los aceites análogos, así como a los constituidos principalmente por mezclas de hidrocarburos no saturados en las que los constituyentes no aromáticos predominen en peso sobre los aromáticos, cualquiera que sea el procedimiento de obtención.
   Sin embargo, dicha expresión no se aplica a las poliolefinas sintéticas líquidas que destilen una proporción inferior al 60% en volumen a 300°C referidos a 1,013 milibares cuando se utilice un método de destilación a baja presión (Capítulo 39).

3. En la partida 27.10, se entiende por *desechos de aceites* los desechos que contengan principalmente aceites de petróleo o de mineral bituminoso (tal como se definen en la Nota 2 de este Capítulo), incluso mezclados con agua. Estos desechos incluyen, principalmente:
   a) los aceites impropios para su utilización inicial (por ejemplo: aceites lubricantes, hidráulicos o para transformadores, usados);
   b) los lodos de aceites procedentes de los depósitos de almacenamiento de aceites de petróleo que contengan principalmente aceites de este tipo y una alta concentración de aditivos (por ejemplo, productos químicos) utilizados en la elaboración de productos primarios;
   c) los aceites que se presenten en emulsión acuosa o mezclados con agua, tales como los resultantes del derrame o lavado de depósitos de almacenamiento, o del uso de aceites de corte en las operaciones de mecanizado.

Notas de subpartida.

1. En la subpartida 2701.11, se considera *antracita,* la hulla con un contenido límite de materias volátiles inferior o igual al 14%, calculado sobre producto seco sin materias minerales.

2. En la subpartida 2701.12, se considera *hulla bituminosa,* la hulla con un contenido límite de materias volátiles superior al 14%, calculado sobre producto seco sin materias minerales, y cuyo valor calorífico límite sea superior o igual a 5,833 kcal/kg, calculado sobre producto húmedo sin materias minerales.

3. En las subpartidas 2707.10, 2707.20, 2707.30 y 2707.40, se consideran *benzol (benceno), toluol (tolueno), xilol (xilenos)* y *naftaleno* los productos con un contenido de benceno, tolueno, xilenos o naftaleno, superior al 50% en peso, respectivamente.

4. En la subpartida 2710.12, se entiende por *aceites ligeros (livianos) y preparaciones,* los aceites y las preparaciones que destilen, incluidas las pérdidas, una proporción superior o igual al 90% en volumen a 210°C, según el método ASTM D 86.

5. En las subpartidas de la partida 27.10, el término *biodiésel* designa a los ésteres monoalquílicos de ácidos grasos de los tipos utilizados como carburantes o combustibles, derivados de grasas y aceites animales o vegetales, incluso usados.

Código		Descripción	Unid de Med	Arancel (%)	
				IMP.	EXP.
27.01		**Hullas; briquetas, ovoides y combustibles sólidos similares, obtenidos de la hulla.**			
	-	**Hullas, incluso pulverizadas, pero sin aglomerar:**			
2701.11	**- -**	**Antracitas.**			
2701.11.01		Antracitas.	Kg	Ex	Ex
2701.12	**- -**	**Hulla bituminosa.**			
2701.12.01		Hulla bituminosa.	Kg	Ex	Ex
2701.19	**- -**	**Las demás hullas.**			
2701.19.99		Las demás hullas.	Kg	Ex	Ex
2701.20	**-**	**Briquetas, ovoides y combustibles sólidos similares, obtenidos de la hulla.**			
2701.20.01		Briquetas, ovoides y combustibles sólidos similares, obtenidos de la hulla.	Kg	Ex	Ex
27.02		**Lignitos, incluso aglomerados, excepto el azabache.**			
2702.10	**-**	**Lignitos, incluso pulverizados, pero sin aglomerar.**			
2702.10.01		Lignitos, incluso pulverizados, pero sin aglomerar.	Kg	Ex	Ex
2702.20	**-**	**Lignitos aglomerados.**			
2702.20.01		Lignitos aglomerados.	Kg	Ex	Ex

27.03	**Turba (comprendida la utilizada para cama de animales), incluso aglomerada.**			
2703.00	**- Turba (comprendida la utilizada para cama de animales), incluso aglomerada.**			
2703.00.01	Proveniente del musgo Sphagnum y otros desechos vegetales, para el enraizamiento, denominada	Kg	Ex	Ex
2703.00.99	Las demás.	Kg	Ex	Ex
27.04	**Coques y semicoques de hulla, lignito o turba, incluso aglomerados; carbón de retorta.**			
2704.00	**- Coques y semicoques de hulla, lignito o turba, incluso aglomerados; carbón de retorta.**			
2704.00.01	Coques y semicoques de hulla, lignito o turba, incluso aglomerados.	Kg	Ex	Ex
2704.00.02	Carbón de retorta.	Kg	Ex	Ex
27.05	**Gas de hulla, gas de agua, gas pobre y gases similares, excepto el gas de petróleo y demás hidrocarburos gaseosos.**			
2705.00	**- Gas de hulla, gas de agua, gas pobre y gases similares, excepto el gas de petróleo y demás hidrocarburos gaseosos.**			
2705.00.01	Gas de hulla, gas de agua, gas pobre y gases similares, excepto el gas de petróleo y demás hidrocarburos gaseosos.	L	Ex	Ex
27.06	**Alquitranes de hulla, lignito o turba y demás alquitranes minerales, aunque estén deshidratados o descabezados, incluidos los alquitranes reconstituidos.**			
2706.00	**- Alquitranes de hulla, lignito o turba y demás alquitranes minerales, aunque estén deshidratados o descabezados, incluidos los alquitranes reconstituidos.**			
2706.00.01	Alquitranes de hulla, lignito o turba y demás alquitranes minerales, aunque estén deshidratados o descabezados, incluidos los alquitranes reconstituidos.	L	Ex	Ex
27.07	**Aceites y demás productos de la destilación de los alquitranes de hulla de alta temperatura; productos análogos en los que los constituyentes aromáticos predominen en peso sobre los no aromáticos.**			
2707.10	**- Benzol (benceno).**			
2707.10.01	Benzol (benceno).	L	Ex	Ex
2707.20	**- Toluol (tolueno).**			
2707.20.01	Toluol (tolueno).	L	Ex	Ex
2707.30	**- Xilol (xilenos).**			
2707.30.01	Xilol (xilenos).	L	Ex	Ex
2707.40	**- Naftaleno.**			
2707.40.01	Naftaleno.	L	Ex	Ex
2707.50	**- Las demás mezclas de hidrocarburos aromáticos que destilen, incluidas las pérdidas, una proporción superior o igual al 65% en volumen a 250°C, según la norma ASTM D 86.**			
2707.50.01	Las demás mezclas de hidrocarburos aromáticos que destilen, incluidas las pérdidas, una proporción superior o igual al 65% en volumen a 250°C, según la norma ASTM D 86.	L	Ex	Ex
	- Los demás:			
2707.91	**-- Aceites de creosota.**			
2707.91.01	Aceites de creosota.	L	Ex	Ex
2707.99	**-- Los demás.**			
2707.99.01	Fenol.	L	Ex	Ex
2707.99.02	Cresol.	L	Ex	Ex
2707.99.03	Los demás productos fenólicos.	L	Ex	Ex
2707.99.99	Los demás.	L	Ex	Ex
27.08	**Brea y coque de brea de alquitrán de hulla o de otros alquitranes minerales.**			
2708.10	**- Brea.**			
2708.10.01	Brea.	Kg	Ex	Ex
2708.20	**- Coque de brea.**			
2708.20.01	Coque de brea.	Kg	Ex	Ex
27.09	**Aceites crudos de petróleo o de mineral bituminoso.**			
2709.00	**- Aceites crudos de petróleo o de mineral bituminoso.**			
2709.00.01	Aceites crudos de petróleo.	Barr	Ex	Ex
2709.00.99	Los demás.	M3	Ex	Ex
27.10	**Aceites de petróleo o de mineral bituminoso, excepto los aceites crudos; preparaciones no expresadas ni comprendidas en otra parte, con un contenido de aceites de petróleo o de mineral bituminoso superior o igual al 70% en peso, en las que estos aceites constituyan el elemento base; desechos de aceites.**			
	- Aceites de petróleo o de mineral bituminoso (excepto los aceites crudos) y preparaciones no expresadas ni comprendidas en otra parte, con un contenido de aceites de petróleo o de mineral bituminoso superior o igual al 70 % en peso, en las que estos aceites constituyan el elemento base, excepto las que contengan biodiésel y excepto los desechos de aceites:			
2710.12	**-- Aceites ligeros (livianos) y preparaciones.**			
2710.12.01	Aceites minerales puros del petróleo, en carro-tanque, buque-tanque o auto-tanque.	L	Ex	Ex
2710.12.02	Nafta precursora de aromáticos.	L	Ex	Ex

2710.12.03	Gasolina para aviones.	L	Ex	Ex
2710.12.04	Gasolina, excepto lo comprendido en la fracción 2710.12.03.	L	Ex	Ex
2710.12.05	Tetrámero de propileno.	L	Ex	Ex
2710.12.06	Mezcla isomérica de trimetil penteno y dimetil hexeno (Diisobutileno).	Kg	Ex	Ex
2710.12.07	Hexano; heptano.	L	Ex	Ex
2710.12.99	Los demás.	L	Ex	Ex
2710.19	**.. Los demás.**			
2710.19.01	Aceites minerales puros del petróleo, sin aditivos (aceites lubricantes básicos), en carro-tanque, buque-tanque o auto-tanque.	L	Ex	Ex
2710.19.02	Aceites de engrase o preparaciones lubricantes a base de aceites minerales derivados del petróleo, con aditivos (aceites lubricantes terminados).	L	4	Ex
2710.19.03	Grasas lubricantes.	L	Ex	Ex
2710.19.04	Gasoil (gasóleo) o aceite diesel y sus mezclas.	L	Ex	Ex
2710.19.05	Fueloil (combustóleo).	L	Ex	Ex
2710.19.06	Aceite extendedor para caucho.	L	Ex	Ex
2710.19.07	Aceite parafínico.	L	Ex	Ex
2710.19.08	Turbosina (keroseno, petróleo lampante) y sus mezclas.	L	Ex	Ex
2710.19.99	Los demás.	L	Ex	Ex
2710.20	**- Aceites de petróleo o de mineral bituminoso (excepto los aceites crudos) y preparaciones no expresadas ni comprendidas en otra parte, con un contenido de aceites de petróleo o de mineral bituminoso superior o igual al 70% en peso, en las que estos aceites constituyan el elemento base, que contengan biodiésel, excepto los desechos de aceites.**			
2710.20.01	Aceites de petróleo o de mineral bituminoso (excepto los aceites crudos) y preparaciones no expresadas ni comprendidas en otra parte, con un contenido de aceites de petróleo o de mineral bituminoso superior o igual al 70% en peso, en las que estos aceites constituyan el elemento base, que contengan biodiésel, excepto los desechos de aceites.	L	Ex	Ex
	- Desechos de aceites:			
2710.91	**.. Que contengan difenilos policlorados (PCB), terfenilos policlorados (PCT) o difenilos polibromados (PBB).**			
2710.91.01	Que contengan difenilos policlorados (PCB), terfenilos policlorados (PCT) o difenilos polibromados (PBB).	L	Ex	Ex
2710.99	**.. Los demás.**			
2710.99.99	Los demás.	L	Ex	Ex
27.11	**Gas de petróleo y demás hidrocarburos gaseosos.**			
	- Licuados:			
2711.11	**.. Gas natural.**			
2711.11.01	Gas natural.	L	Ex	Ex
2711.12	**.. Propano.**			
2711.12.01	Propano.	L	Ex	Ex
2711.13	**.. Butanos.**			
2711.13.01	Butanos.	L	Ex	Ex
2711.14	**.. Etileno, propileno, butileno y butadieno.**			
2711.14.01	Etileno, propileno, butileno y butadieno.	L	Ex	Ex
2711.19	**.. Los demás.**			
2711.19.01	Butano y propano, mezclados entre sí, licuados.	L	Ex	Ex
2711.19.02	Alcanos, alquenos o alquinos utilizados para cortes y soldaduras, aun cuando estén mezclados entre sí.	Kg	Ex	Ex
2711.19.03	Mezcla de butadienos, butanos y butenos, entre sí, denominados "Corrientes C4's".	L	Ex	Ex
2711.19.99	Los demás.	Kg	Ex	Ex
	- En estado gaseoso:			
2711.21	**.. Gas natural.**			
2711.21.01	Gas natural.	L	Ex	Ex
2711.29	**.. Los demás.**			
2711.29.99	Los demás.	M3	Ex	Ex
27.12	**Vaselina; parafina, cera de petróleo microcristalina, "slack wax", ozoquerita, cera de lignito, cera de turba, demás ceras minerales y productos similares obtenidos por síntesis o por otros procedimientos, incluso coloreados.**			
2712.10	**- Vaselina.**			
2712.10.01	Vaselina.	Kg	Ex	Ex
2712.20	**- Parafina con un contenido de aceite inferior al 0.75% en peso.**			
2712.20.01	Parafina con un contenido de aceite inferior al 0.75% en peso.	Kg	Ex	Ex
2712.90	**- Los demás.**			
2712.90.01	Cera de lignito.	Kg	Ex	Ex
2712.90.02	Ceras microcristalinas.	Kg	Ex	Ex
2712.90.03	Residuos parafínicos ("slack wax"), con un contenido de aceite igual o superior a 8%, en peso.	Kg	Ex	Ex

2712.90.04	Ceras, excepto lo comprendido en las fracciones 2712.90.01 y 2712.90.02.	Kg	7	Ex
2712.90.99	Los demás.	Kg	7	Ex

27.13	**Coque de petróleo, betún de petróleo y demás residuos de los aceites de petróleo o de mineral bituminoso.**			
	- **Coque de petróleo:**			
2713.11	**.. Sin calcinar.**			
2713.11.01	Sin calcinar.	Kg	Ex	Ex
2713.12	**.. Calcinado.**			
2713.12.01	Calcinado.	Kg	Ex	Ex
2713.20	**-** **Betún de petróleo.**			
2713.20.01	Betún de petróleo.	Kg	Ex	Ex
2713.90	**-** **Los demás residuos de los aceites de petróleo o de mineral bituminoso.**			
2713.90.99	Los demás residuos de los aceites de petróleo o de mineral bituminoso.	Kg	Ex	Ex

27.14	**Betunes y asfaltos naturales; pizarras y arenas bituminosas; asfaltitas y rocas asfálticas.**			
2714.10	**-** **Pizarras y arenas bituminosas.**			
2714.10.01	Pizarras y arenas bituminosas.	Kg	Ex	Ex
2714.90	**-** **Los demás.**			
2714.90.01	Betunes y asfaltos naturales.	Kg	Ex	Ex
2714.90.99	Los demás.	Kg	Ex	25

27.15	**Mezclas bituminosas a base de asfalto o de betún naturales, de betún de petróleo, de alquitrán mineral o de brea de alquitrán mineral (por ejemplo: mástiques bituminosos, "cut backs").**			
2715.00	**-** **Mezclas bituminosas a base de asfalto o de betún naturales, de betún de petróleo, de alquitrán mineral o de brea de alquitrán mineral (por ejemplo: mástiques bituminosos, "cut backs").**			
2715.00.01	Betunes fluidificados; mezclas bituminosas a base de asfalto acondicionadas para su venta en envases con capacidad inferior o igual a 200 l.	Kg	Ex	Ex
2715.00.99	Los demás.	Kg	Ex	25

27.16	**Energía eléctrica.**			
2716.00	**-** **Energía eléctrica.**			
2716.00.01	Energía eléctrica.	KWH	Ex	Ex

Sección VI
PRODUCTOS DE LAS INDUSTRIAS QUÍMICAS O DE LAS INDUSTRIAS CONEXAS

Notas.
1. **A)** Cualquier producto que responda al texto específico de una de las partidas 28.44 ó 28.45, se clasifica en dicha partida y no en otra de la Nomenclatura, excepto los minerales de metales radiactivos.
   B) Salvo lo dispuesto en el apartado A) anterior, cualquier producto que responda al texto específico de una de las partidas 28.43, 28.46 ó 28.52, se clasifica en dicha partida y no en otra de esta Sección.
2. Sin perjuicio de las disposiciones de la Nota 1 anterior, cualquier producto que, por su presentación en forma de dosis o por su acondicionamiento para la venta al por menor, pueda incluirse en una de las partidas 30.04, 30.05, 30.06, 32.12, 33.03, 33.04, 33.05, 33.06, 33.07, 35.06, 37.07 ó 38.08, se clasifica en dicha partida y no en otra de la Nomenclatura.
3. Los productos presentados en surtidos que consistan en varios componentes distintos comprendidos, en su totalidad o en parte, en esta Sección e identificables como destinados, después de mezclados, a constituir un producto de las Secciones VI o VII, se clasifican en la partida correspondiente a este último producto siempre que los componentes sean:
   a) netamente identificables, por su acondicionamiento, como destinados a utilizarse juntos sin previo reacondicionamiento;
   b) presentados simultáneamente;
   c) identificables, por su naturaleza o por sus cantidades respectivas, como complementarios unos de otros.

Nota Aclaratoria:
Para efectos de la descripción de los productos químicos en las fracciones arancelarias de esta Sección, la ausencia en la denominación de los prefijos o- (orto), m- (meta), p- (para), cis, trans, o análogos, o de letras, números o los signos +, -, que indiquen formas isoméricas correspondientes a una misma fórmula condensada, no modificará su clasificación, pero la presencia de uno o varios prefijos, letras, números o signos, sí indica que la fracción es exclusiva para dicho isómero.

Capítulo 28
Productos químicos inorgánicos; compuestos inorgánicos u orgánicos de metal precioso, de elementos radiactivos, de metales de las tierras raras o de isótopos

Notas.

1. Salvo disposición en contrario, las partidas de este Capítulo comprenden solamente:
   a) los elementos químicos aislados y los compuestos de constitución química definida presentados aisladamente, aunque contengan impurezas;
   b) las disoluciones acuosas de los productos del apartado a) anterior;
   c) las demás disoluciones de los productos del apartado a) anterior, siempre que constituyan un modo de acondicionamiento usual e indispensable, exclusivamente motivado por razones de seguridad o por necesidades del transporte y que el disolvente no haga al producto más apto para usos determinados que para uso general;
   d) los productos de los apartados a), b) o c) anteriores, con adición de un estabilizante (incluido un antiaglomerante) indispensable para su conservación o transporte;
   e) los productos de los apartados a), b), c) o d) anteriores, con adición de una sustancia antipolvo o de un colorante, para facilitar su identificación o por razones de seguridad, siempre que estas adiciones no hagan al producto más apto para usos determinados que para uso general.

2. Además de los ditionitos y sulfoxilatos, estabilizados con sustancias orgánicas (partida 28.31), los carbonatos y peroxocarbonatos de bases inorgánicas (partida 28.36), los cianuros, oxicianuros y cianuros complejos de bases inorgánicas (partida 28.37), los fulminatos, cianatos y tiocianatos de bases inorgánicas (partida 28.42), los productos orgánicos comprendidos en las partidas 28.43 a 28.46 y 28.52, y los carburos (partida 28.49), solamente se clasifican en este Capítulo los compuestos de carbono que se enumeran a continuación:
   a) los óxidos de carbono, el cianuro de hidrógeno, los ácidos fulmínico, isociánico, tiociánico y demás ácidos cianogénicos simples o complejos (partida 28.11);
   b) los oxihalogenuros de carbono (partida 28.12);
   c) el disulfuro de carbono (partida 28.13);
   d) los tiocarbonatos, los seleniocarbonatos y telurocarbonatos, los seleniocianatos y telurocianatos, los tetratiocianodiaminocromatos (reinecatos) y demás cianatos complejos de bases inorgánicas (partida 28.42);
   e) el peróxido de hidrógeno solidificado con urea (partida 28.47), el oxisulfuro de carbono, los halogenuros de tiocarbonilo, el cianógeno y sus halogenuros y la cianamida y sus derivados metálicos (partida 28.53), excepto la cianamida cálcica, incluso pura (Capítulo 31).

3. Salvo las disposiciones de la Nota 1 de la Sección VI, este Capítulo no comprende:
   a) el cloruro de sodio y el óxido de magnesio, incluso puros, y los demás productos de la Sección V;
   b) los compuestos órgano-inorgánicos, excepto los mencionados en la Nota 2 anterior;
   c) los productos citados en las Notas 2, 3, 4 ó 5 del Capítulo 31;
   d) los productos inorgánicos de los tipos utilizados como luminóforos, de la partida 32.06; frita de vidrio y demás vidrios, en polvo, gránulos, copos o escamillas, de la partida 32.07;
   e) el grafito artificial (partida 38.01), los productos extintores presentados como cargas para aparatos extintores o en granadas o bombas extintoras de la partida 38.13; los productos borradores de tinta acondicionados en envases para la venta al por menor, de la partida 38.24; los cristales cultivados (excepto los elementos de óptica) de sales halogenadas de metales alcalinos o alcalinotérreos, de peso unitario superior o igual a 2.5 g, de la partida 38.24;
   f) las piedras preciosas o semipreciosas (naturales, sintéticas o reconstituidas), el polvo de piedras preciosas o semipreciosas, naturales o sintéticas (partidas 71.02 a 71.05), así como los metales preciosos y sus aleaciones del Capítulo 71;
   g) los metales, incluso puros, las aleaciones metálicas o los cermets, incluidos los carburos metálicos sinterizados (es decir, carburos metálicos sinterizados con un metal), de la Sección XV;
   h) los elementos de óptica, por ejemplo, los de sales halogenadas de metales alcalinos o alcalinotérreos (partida 90.01).

4. Los ácidos complejos de constitución química definida constituidos por un ácido de elementos no metálicos del Subcapítulo II y un ácido que contenga un elemento metálico del Subcapítulo IV, se clasifican en la partida 28.11.

5. Las partidas 28.26 a 28.42 comprenden solamente las sales y peroxosales de metales y las de amonio.
   Salvo disposición en contrario, las sales dobles o complejas se clasifican en la partida 28.42.

6. La partida 28.44 comprende solamente:
   a) el tecnecio (número atómico 43), el prometio (número atómico 61), el polonio (número atómico 84) y todos los elementos de número atómico superior a 84;
   b) los isótopos radiactivos naturales o artificiales (comprendidos los de metal precioso o de metal común de las Secciones XIV y XV), incluso mezclados entre sí;
   c) los compuestos inorgánicos u orgánicos de estos elementos o isótopos, aunque no sean de constitución química definida, incluso mezclados entre sí;
   d) las aleaciones, dispersiones (incluidos los cermets), productos cerámicos y mezclas que contengan estos elementos o isótopos o sus compuestos inorgánicos u orgánicos y con una radiactividad específica superior a 74 Bq/g (0.002 µCi/g);
   e) los elementos combustibles (cartuchos) agotados (irradiados) de reactores nucleares;
   f) los productos radiactivos residuales aunque no sean utilizables.
   En la presente Nota y en las partidas 28.44 y 28.45 se consideran *isótopos*:
   - los núclidos aislados, excepto los elementos que existen en la naturaleza en estado monoisotópico;
   - las mezclas de isótopos de un mismo elemento enriquecidas en uno o varios de sus isótopos, es decir, los elementos cuya composición isotópica natural se haya modificado artificialmente.

7. Se clasifican en la partida 28.48 las combinaciones fósforo-cobre (cuprofósforos) con un contenido de fósforo superior al 15% en peso.

8. Los elementos químicos, tales como el silicio y el selenio, dopados para su utilización en electrónica, se clasifican en este Capítulo, siempre que se presenten en la forma bruta en que se han obtenido, en cilindros o en barras. Cortados en discos, obleas ("wafers") o formas análogas, se clasifican en la partida 38.18.

Nota de Subpartida.

1. En la subpartida 2852.10, se entiende por "*de constitución química definida*" todos lcs compuestos orgánicos o inorgánicos de mercurio que cumplan las condiciones de los apartados a) a e) de la Nota 1 del Capítulo 28 o los apartados a) a h) de la Nota 1 del Capítulo 29.

Código		Descripción	Unid de Med	Arancel (%)	
				IMP.	EXP.

SUBCAPÍTULO I
ELEMENTOS QUÍMICOS

Código		Descripción	Unid de Med	IMP.	EXP.
28.01		**Flúor, cloro, bromo y yodo.**			
2801.10	**-**	**Cloro.**			
2801.10.01		Cloro.	Kg	Ex	Ex
2801.20	**-**	**Yodo.**			
2801.20.01		Yodo.	Kg	Ex	Ex
2801.30	**-**	**Flúor; bromo.**			
2801.30.01		Flúor; bromo.	Kg	Ex	Ex
28.02		**Azufre sublimado o precipitado; azufre coloidal.**			
2802.00	**-**	**Azufre sublimado o precipitado; azufre coloidal.**			
2802.00.01		Azufre sublimado o precipitado; azufre coloidal.	Kg	Ex	Ex
28.03		**Carbono (negros de humo y otras formas de carbono no expresadas ni comprendidas en otra parte).**			
2803.00	**-**	**Carbono (negros de humo y otras formas de carbono no expresadas ni comprendidas en otra parte).**			
2803.00.01		Negro de acetileno.	Kg	Ex	Ex
2803.00.02		Negro de humo de hornos.	Kg	6	Ex
2803.00.99		Los demás.	Kg	Ex	Ex
28.04		**Hidrógeno, gases nobles y demás elementos no metálicos.**			
2804.10	**-**	**Hidrógeno.**			
2804.10.01		Hidrógeno.	L	Ex	Ex
	-	**Gases nobles:**			
2804.21	**- -**	**Argón.**			
2804.21.01		Argón.	L	Ex	Ex
2804.29	**- -**	**Los demás.**			
2804.29.01		Helio.	L	Ex	Ex
2804.29.99		Los demás.	L	Ex	Ex
2804.30	**-**	**Nitrógeno.**			
2804.30.01		Nitrógeno.	L	Ex	Ex
2804.40	**-**	**Oxígeno.**			
2804.40.01		Oxígeno.	L	Ex	Ex
2804.50	**-**	**Boro; telurio.**			
2804.50.01		Boro; telurio.	Kg	Ex	Ex
	-	**Silicio:**			
2804.61	**- -**	**Con un contenido de silicio superior o igual al 99.99% en peso.**			
2804.61.01		Con un contenido de silicio superior o igual al 99.99% en peso.	Kg	Ex	Ex
2804.69	**- -**	**Los demás.**			
2804.69.99		Los demás.	Kg	Ex	Ex
2804.70	**-**	**Fósforo.**			
2804.70.01		Fósforo blanco.	Kg	Ex	Ex
2804.70.02		Fósforo rojo o amorfo.	Kg	Ex	Ex
2804.70.03		Fósforo negro.	Kg	Ex	Ex
2804.70.99		Los demás.	Kg	Ex	Ex
2804.80	**-**	**Arsénico.**			
2804.80.01		Arsénico.	Kg	Ex	Ex
2804.90	**-**	**Selenio.**			
2804.90.01		Selenio.	Kg	Ex	Ex
28.05		**Metales alcalinos o alcalinotérreos; metales de las tierras raras, escandio e itrio, incluso mezclados o aleados entre sí; mercurio.**			
	-	**Metales alcalinos o alcalinotérreos:**			
2805.11	**- -**	**Sodio.**			
2805.11.01		Sodio.	Kg	Ex	Ex
2805.12	**- -**	**Calcio.**			
2805.12.01		Calcio.	Kg	Ex	Ex

2805.19	.. **Los demás.**			
2805.19.01	Estroncio y bario.	Kg	Ex	Ex
2805.19.99	Los demás.	Kg	Ex	Ex
2805.30	**-** **Metales de las tierras raras, escandio e itrio, incluso mezclados o aleados entre sí.**			
2805.30.01	Metales de las tierras raras, escandio e itrio, incluso mezclados o aleados entre sí.	Kg	Ex	Ex
2805.40	**-** **Mercurio.**			
2805.40.01	Mercurio.	Kg	Ex	Ex

SUBCAPÍTULO II
ÁCIDOS INORGÁNICOS Y
COMPUESTOS OXIGENADOS INORGÁNICOS
DE LOS ELEMENTOS NO METÁLICOS

28.06	**Cloruro de hidrógeno (ácido clorhídrico); ácido clorosulfúrico.**			
2806.10	**-** **Cloruro de hidrógeno (ácido clorhídrico).**			
2806.10.01	Cloruro de hidrógeno (ácido clorhídrico).	Kg	Ex	Ex
2806.20	**-** **Ácido clorosulfúrico.**			
2806.20.01	Ácido clorosulfúrico.	Kg	Ex	Ex
28.07	**Ácido sulfúrico; oleum.**			
2807.00	**-** **Ácido sulfúrico; oleum.**			
2807.00.01	Ácido sulfúrico; oleum.	Kg	5	Ex
28.08	**Ácido nítrico; ácidos sulfonítricos.**			
2808.00	**-** **Ácido nítrico; ácidos sulfonítricos.**			
2808.00.01	Ácido nítrico; ácidos sulfonítricos.	Kg	Ex	Ex
28.09	**Pentóxido de difósforo; ácido fosfórico; ácidos polifosfóricos, aunque no sean de constitución química definida.**			
2809.10	**-** **Pentóxido de difósforo.**			
2809.10.01	Pentóxido de difósforo.	Kg	Ex	Ex
2809.20	**-** **Ácido fosfórico y ácidos polifosfóricos.**			
2809.20.01	Ácido fosfórico (ácido ortofosfórico).	Kg	7	Ex
2809.20.99	Los demás.	Kg	Ex	Ex
28.10	**Óxidos de boro; ácidos bóricos.**			
2810.00	**-** **Óxidos de boro; ácidos bóricos.**			
2810.00.01	Anhídrido bórico (trióxido de boro o de diboro).	Kg	Ex	Ex
2810.00.99	Los demás.	Kg	Ex	Ex
28.11	**Los demás ácidos inorgánicos y los demás compuestos oxigenados inorgánicos de los elementos no metálicos.**			
	- **Los demás ácidos inorgánicos:**			
2811.11	**..** **Fluoruro de hidrógeno (ácido fluorhídrico).**			
2811.11.01	Fluoruro de hidrógeno (ácido fluorhídrico), grado técnico.	Kg	7	Ex
2811.11.99	Los demás.	Kg	Ex	Ex
2811.19	**..** **Los demás.**			
2811.19.01	Ácido arsénico.	Kg	Ex	Ex
2811.19.99	Los demás.	Kg	Ex	Ex
	- **Los demás compuestos oxigenados inorgánicos de los elementos no metálicos:**			
2811.21	**..** **Dióxido de carbono.**			
2811.21.01	Dióxido de carbono (anhídrido carbónico) al estado líquido o gaseoso.	Kg	Ex	Ex
2811.21.02	Dióxido de carbono al estado sólido (hielo seco).	Kg	Ex	Ex
2811.22	**..** **Dióxido de silicio.**			
2811.22.01	Dióxido de silicio, excepto lo comprendido en la fracción 2811.22.02.	Kg	Ex	Ex
2811.22.02	Dióxido de silicio, incluso la gel de sílice (sílica gel), grado farmacéutico.	Kg	Ex	Ex
2811.29	**..** **Los demás.**			
2811.29.01	Protóxido de nitrógeno (óxido nitroso).	Kg	Ex	Ex
2811.29.02	Dióxido de azufre.	Kg	Ex	Ex
2811.29.99	Los demás.	Kg	Ex	Ex

SUBCAPÍTULO III
DERIVADOS HALOGENADOS, OXIHALOGENADOS O SULFURADOS DE
LOS ELEMENTOS NO METÁLICOS

28.12	**Halogenuros y oxihalogenuros de los elementos no metálicos.**			
2812.10	**-** **Cloruros y oxicloruros.**			
2812.10.01	Tricloruro de arsénico.	Kg	Ex	Ex
2812.10.02	De azufre.	Kg	Ex	Ex
2812.10.03	De fósforo.	Kg	Ex	Ex

2812.10.99	Los demás.	Kg	Ex	Ex
2812.90	**Los demás.**			
2812.90.99	Los demás.	Kg	Ex	Ex
28.13	**Sulfuros de los elementos no metálicos; trisulfuro de fósforo comercial.**			
2813.10	**Disulfuro de carbono.**			
2813.10.01	Disulfuro de carbono.	Kg	Ex	Ex
2813.90	**Los demás.**			
2813.90.99	Los demás.	Kg	Ex	Ex

SUBCAPITULO IV
BASES INORGÁNICAS Y ÓXIDOS, HIDRÓXIDOS Y
PERÓXIDOS DE METALES

28.14	**Amoníaco anhidro o en disolución acuosa.**			
2814.10	**Amoníaco anhidro.**			
2814.10.01	Amoníaco anhidro.	L	Ex	Ex
2814.20	**Amoníaco en disolución acuosa.**			
2814.20.01	Amoníaco en disolución acuosa.	Kg	Ex	Ex
28.15	**Hidróxido de sodio (sosa o soda cáustica); hidróxido de potasio (potasa cáustica); peróxidos de sodio o de potasio.**			
	Hidróxido de sodio (sosa o soda cáustica):			
2815.11	**Sólido.**			
2815.11.01	Sólido.	Kg	5	Ex
2815.12	**En disolución acuosa (lejía de sosa o soda cáustica).**			
2815.12.01	En disolución acuosa (lejía de sosa o soda cáustica).	Kg	Ex	Ex
2815.20	**Hidróxido de potasio (potasa cáustica).**			
2815.20.01	Hidróxido de potasio (potasa cáustica) líquida.	Kg	Ex	Ex
2815.20.02	Hidróxido de potasio sólido.	Kg	Ex	Ex
2815.30	**Peróxidos de sodio o de potasio.**			
2815.30.01	Peróxidos de sodio o de potasio.	Kg	Ex	Ex
28.16	**Hidróxido y peróxido de magnesio; óxidos, hidróxidos y peróxidos, de estroncio o de bario.**			
2816.10	**Hidróxido y peróxido de magnesio.**			
2816.10.01	Hidróxido y peróxido de magnesio.	Kg	7	Ex
2816.40	**Óxidos, hidróxidos y peróxidos, de estroncio o de bario.**			
2816.40.01	Óxidos, hidróxidos y peróxidos, de estroncio.	Kg	Ex	Ex
2816.40.02	Óxidos, hidróxidos y peróxidos, de bario.	Kg	Ex	Ex
28.17	**Óxido de cinc; peróxido de cinc.**			
2817.00	**Óxido de cinc; peróxido de cinc.**			
2817.00.01	Óxido de cinc.	Kg	5	Ex
2817.00.02	Peróxido de cinc.	Kg	Ex	Ex
28.18	**Corindón artificial, aunque no sea de constitución química definida; óxido de aluminio; hidróxido de aluminio.**			
2818.10	**Corindón artificial, aunque no sea de constitución química definida.**			
2818.10.01	Corindón artificial café.	Kg	Ex	Ex
2818.10.02	Corindón artificial blanco o rosa.	Kg	Ex	Ex
2818.10.99	Los demás.	Kg	Ex	Ex
2818.20	**Óxido de aluminio, excepto el corindón artificial.**			
2818.20.01	Óxido de aluminio, (alúmina anhidra).	Kg	Ex	Ex
2818.20.99	Los demás.	Kg	Ex	Ex
2818.30	**Hidróxido de aluminio.**			
2818.30.01	Hidróxido de aluminio, excepto grado farmacéutico.	Kg	Ex	Ex
2818.30.02	Hidróxido de aluminio, grado farmacéutico.	Kg	Ex	Ex
28.19	**Óxidos e hidróxidos de cromo.**			
2819.10	**Trióxido de cromo.**			
2819.10.01	Trióxido de cromo.	Kg	Ex	Ex
2819.90	**Los demás.**			
2819.90.99	Los demás.	Kg	Ex	Ex
28.20	**Óxidos de manganeso.**			
2820.10	**Dióxido de manganeso.**			
2820.10.01	Dióxido de manganeso grado electrolítico.	Kg	Ex	Ex
2820.10.99	Los demás.	Kg	Ex	Ex
2820.90	**Los demás.**			
2820.90.99	Los demás.	Kg	Ex	Ex

28.21	**Óxidos e hidróxidos de hierro; tierras colorantes con un contenido de hierro combinado, expresado en Fe2O3, superior o igual al 70% en peso.**			
2821.10	**- Óxidos e hidróxidos de hierro.**			
2821.10.01	Óxidos de hierro, excepto lo comprendido en la fracción 2821.10.03.	Kg	Ex	Ex
2821.10.02	Hidróxidos de hierro.	Kg	Ex	Ex
2821.10.03	Óxido férrico magnético, con coercitividad superior a 300 oersteds.	Kg	Ex	Ex
2821.20	**- Tierras colorantes.**			
2821.20.01	Tierras colorantes.	Kg	Ex	Ex
28.22	**Óxidos e hidróxidos de cobalto; óxidos de cobalto comerciales.**			
2822.00	**- Óxidos e hidróxidos de cobalto; óxidos de cobalto comerciales.**			
2822.00.01	Óxidos e hidróxidos de cobalto; óxidos de cobalto comerciales.	Kg	Ex	Ex
28.23	**Óxidos de titanio.**			
2823.00	**- Óxidos de titanio.**			
2823.00.01	Óxidos de titanio.	Kg	7	Ex
28.24	**Óxidos de plomo; minio y minio anaranjado.**			
2824.10	**- Monóxido de plomo (litargirio, masicote).**			
2824.10.01	Monóxido de plomo (litargirio, masicote).	Kg	Ex	Ex
2824.90	**- Los demás.**			
2824.90.01	Minio y minio anaranjado.	Kg	Ex	Ex
2824.90.99	Los demás.	Kg	Ex	Ex
28.25	**Hidrazina e hidroxilamina y sus sales inorgánicas; las demás bases inorgánicas; los demás óxidos, hidróxidos y peróxidos de metales.**			
2825.10	**- Hidrazina e hidroxilamina y sus sales inorgánicas.**			
2825.10.01	Hidrato de hidrazina.	Kg	Ex	Ex
2825.10.99	Los demás.	Kg	Ex	Ex
2825.20	**- Óxido e hidróxido de litio.**			
2825.20.01	Óxido e hidróxido de litio.	Kg	Ex	Ex
2825.30	**- Óxidos e hidróxidos de vanadio.**			
2825.30.01	Óxidos e hidróxidos de vanadio.	Kg	Ex	Ex
2825.40	**- Óxidos e hidróxidos de níquel.**			
2825.40.01	Óxidos de níquel.	Kg	Ex	Ex
2825.40.99	Los demás.	Kg	Ex	Ex
2825.50	**- Óxidos e hidróxidos de cobre.**			
2825.50.01	Óxidos de cobre.	Kg	Ex	Ex
2825.50.02	Hidróxido cúprico.	Kg	Ex	Ex
2825.50.99	Los demás.	Kg	Ex	Ex
2825.60	**- Óxidos de germanio y dióxido de circonio.**			
2825.60.01	Óxidos de germanio y dióxido de circonio.	Kg	Ex	Ex
2825.70	**- Óxidos e hidróxidos de molibdeno.**			
2825.70.01	Óxidos e hidróxidos de molibdeno.	Kg	Ex	Ex
2825.80	**- Óxidos de antimonio.**			
2825.80.01	Óxidos de antimonio.	Kg	Ex	Ex
2825.90	**- Los demás.**			
2825.90.01	Óxido de cadmio con pureza igual o superior a 99.94%.	Kg	Ex	Ex
2825.90.99	Los demás.	Kg	Ex	Ex

SUBCAPÍTULO V
SALES Y PEROXOSALES METÁLICAS
DE LOS ÁCIDOS INORGÁNICOS

28.26	**Fluoruros; fluorosilicatos, fluoroaluminatos y demás sales complejas de flúor.**			
	- Fluoruros:			
2826.12	**-- De aluminio.**			
2826.12.01	De aluminio.	Kg	Ex	Ex
2826.19	**-- Los demás.**			
2826.19.01	De amonio.	Kg	Ex	Ex
2826.19.02	De sodio.	Kg	Ex	Ex
2826.19.99	Los demás.	Kg	Ex	Ex
2826.30	**- Hexafluoroaluminato de sodio (criolita sintética).**			
2826.30.01	Hexafluoroaluminato de sodio (criolita sintética).	Kg	Ex	Ex
2826.90	**- Los demás.**			
2826.90.01	Fluorosilicatos de sodio o de potasio.	Kg	Ex	Ex
2826.90.99	Los demás.	Kg	Ex	Ex

28.27	**Cloruros, oxicloruros e hidroxicloruros; bromuros y oxibromuros; yoduros y oxiyoduros.**			
2827.10	**. Cloruro de amonio.**			
2827.10.01	Cloruro de amonio.	Kg	Ex	Ex
2827.20	**. Cloruro de calcio.**			
2827.20.01	Cloruro de calcio.	Kg	5	Ex
	. Los demás cloruros:			
2827.31	**.. De magnesio.**			
2827.31.01	De magnesio.	Kg	Ex	Ex
2827.32	**.. De aluminio.**			
2827.32.01	De aluminio.	Kg	Ex	Ex
2827.35	**.. De níquel.**			
2827.35.01	De níquel.	Kg	Ex	Ex
2827.39	**.. Los demás.**			
2827.39.01	De estaño.	Kg	Ex	Ex
2827.39.02	Cloruro cúprico, excepto grado reactivo.	Kg	Ex	Ex
2827.39.03	De bario.	Kg	Ex	Ex
2827.39.04	De hierro.	Kg	Ex	Ex
2827.39.05	De cobalto.	Kg	Ex	Ex
2827.39.06	De cinc.	Kg	Ex	Ex
2827.39.99	Los demás.	Kg	Ex	Ex
	. Oxicloruros e hidroxicloruros:			
2827.41	**.. De cobre.**			
2827.41.01	Oxicloruros de cobre.	Kg	Ex	Ex
2827.41.99	Los demás.	Kg	Ex	Ex
2827.49	**.. Los demás.**			
2827.49.99	Los demás.	Kg	Ex	Ex
	. Bromuros y oxibromuros:			
2827.51	**.. Bromuros de sodio o potasio.**			
2827.51.01	Bromuros de sodio o potasio.	Kg	Ex	Ex
2827.59	**.. Los demás.**			
2827.59.99	Los demás.	Kg	5	Ex
2827.60	**. Yoduros y oxiyoduros.**			
2827.60.01	Yoduros y oxiyoduros.	Kg	Ex	Ex
28.28	**Hipocloritos; hipoclorito de calcio comercial; cloritos; hipodromitos.**			
2828.10	**. Hipoclorito de calcio comercial y demás hipocloritos de calcio.**			
2828.10.01	Hipoclorito de calcio comercial y demás hipocloritos de calcio.	Kg	Ex	Ex
2828.90	**. Los demás.**			
2828.90.99	Los demás.	Kg	5	Ex
28.29	**Cloratos y percloratos; bromatos y perbromatos; yodatos y peryodatos.**			
	. Cloratos:			
2829.11	**.. De sodio.**			
2829.11.01	Clorato de sodio, excepto grado reactivo.	Kg	Ex	Ex
2829.11.02	Clorato de sodio, grado reactivo.	Kg	Ex	Ex
2829.19	**.. Los demás.**			
2829.19.01	Clorato de potasio.	Kg	Ex	Ex
2829.19.99	Los demás.	Kg	Ex	Ex
2829.90	**. Los demás.**			
2829.90.01	Percloratos de hierro o de potasio.	Kg	7	Ex
2829.90.99	Los demás.	Kg	Ex	Ex
28.30	**Sulfuros; polisulfuros, aunque no sean de constitución química definida.**			
2830.10	**. Sulfuros de sodio.**			
2830.10.01	Sulfuros de sodio.	Kg	Ex	Ex
2830.90	**. Los demás.**			
2830.90.01	Sulfuro de cinc.	Kg	Ex	Ex
2830.90.02	Sulfuro de cadmio.	Kg	Ex	Ex
2830.90.99	Los demás.	Kg	Ex	Ex
28.31	**Ditionitos y sulfoxilatos.**			
2831.10	**. De sodio.**			
2831.10.01	De sodio.	Kg	Ex	Ex
2831.90	**. Los demás.**			
2831.90.01	Ditionito (hidrosulfito) o sulfoxilato, de cinc.	Kg	Ex	Ex
2831.90.99	Los demás.	Kg	Ex	Ex

28.32	**Sulfitos; tiosulfatos.**			
2832.10	**. Sulfitos de sodio.**			
2832.10.01	Sulfito o metabisulfito de sodio.	Kg	7	Ex
2832.10.99	Los demás.	Kg	7	Ex
2832.20	**. Los demás sulfitos.**			
2832.20.01	Sulfito de potasio.	Kg	Ex	Ex
2832.20.99	Los demás.	Kg	Ex	Ex
2832.30	**. Tiosulfatos.**			
2832.30.01	Tiosulfatos.	Kg	7	Ex
28.33	**Sulfatos; alumbres; peroxosulfatos (persulfatos).**			
	. Sulfatos de sodio:			
2833.11	**.. Sulfato de disodio.**			
2833.11.01	Sulfato de disodio.	Kg	5	Ex
2833.19	**.. Los demás.**			
2833.19.99	Los demás.	Kg	Ex	Ex
	. Los demás sulfatos:			
2833.21	**.. De magnesio.**			
2833.21.01	De magnesio.	Kg	7	Ex
2833.22	**.. De aluminio.**			
2833.22.01	De aluminio.	Kg	Ex	Ex
2833.24	**.. De níquel.**			
2833.24.01	De níquel.	Kg	Ex	Ex
2833.25	**.. De cobre.**			
2833.25.01	De cobre, excepto lo comprendido en la fracción 2833.25.02.	Kg	5	Ex
2833.25.02	Sulfato tetraminocúprico.	Kg	Ex	Ex
2833.27	**.. De bario.**			
2833.27.01	De bario.	Kg	Ex	Ex
2833.29	**.. Los demás.**			
2833.29.01	Sulfato de cobalto.	Kg	Ex	Ex
2833.29.02	Sulfato ferroso, grado farmacéutico.	Kg	Ex	Ex
2833.29.03	Sulfato de talio.		Prohibida	Prohibida
2833.29.04	De cromo.	Kg	Ex	Ex
2833.29.05	De cinc.	Kg	7	Ex
2833.29.99	Los demás.	Kg	Ex	Ex
2833.30	**. Alumbres.**			
2833.30.01	Alumbres.	Kg	Ex	Ex
2833.40	**. Peroxosulfatos (persulfatos).**			
2833.40.01	Persulfato de amonio.	Kg	Ex	Ex
2833.40.02	Persulfato de potasio.	Kg	Ex	Ex
2833.40.99	Los demás.	Kg	Ex	Ex
28.34	**Nitritos; nitratos.**			
2834.10	**. Nitritos.**			
2834.10.01	Nitrito de sodio.	Kg	Ex	Ex
2834.10.99	Los demás.	Kg	Ex	Ex
	. Nitratos:			
2834.21	**.. De potasio.**			
2834.21.01	De potasio.	Kg	Ex	Ex
2834.29	**.. Los demás.**			
2834.29.01	Subnitrato de bismuto.	Kg	Ex	Ex
2834.29.99	Los demás.	Kg	5	Ex
28.35	**Fosfinatos (hipofosfitos), fosfonatos (fosfitos) y fosfatos; polifosfatos, aunque no sean de constitución química definida.**			
2835.10	**. Fosfinatos (hipofosfitos) y fosfonatos (fosfitos).**			
2835.10.01	Fosfinatos (hipofosfitos) y fosfonatos (fosfitos).	Kg	Ex	Ex
	. Fosfatos:			
2835.22	**.. De monosodio o de disodio.**			
2835.22.01	De monosodio o de disodio.	Kg	Ex	Ex
2835.24	**.. De potasio.**			
2835.24.01	De potasio.	Kg	Ex	Ex
2835.25	**.. Hidrogenoortofosfato de calcio ("fosfato dicálcico").**			
2835.25.01	Fosfato dicálcico dihidratado, para dentífricos.	Kg	Ex	Ex
2835.25.99	Los demás.	Kg	Ex	Ex
2835.26	**.. Los demás fosfatos de calcio.**			

2835.26.99	Los demás fosfatos de calcio.	Kg	Ex	Ex
2835.29	**.. Los demás.**			
2835.29.01	Fosfato de aluminio.	Kg	Ex	Ex
2835.29.02	De triamonio.	Kg	Ex	Ex
2835.29.03	De trisodio.	Kg	Ex	Ex
2835.29.99	Los demás.	Kg	Ex	Ex
	- Polifosfatos:			
2835.31	**.. Trifosfato de sodio (tripolifosfato de sodio).**			
2835.31.01	Trifosfato de sodio (tripolifosfato de sodio).	Kg	7	Ex
2835.39	**.. Los demás.**			
2835.39.01	Pirofosfato tetrasódico.	Kg	7	Ex
2835.39.02	Hexametafosfato de sodio.	Kg	7	Ex
2835.39.99	Los demás.	Kg	Ex	Ex
28.36	**Carbonatos; peroxocarbonatos (percarbonatos); carbonato de amonio comercial que contenga carbamato de amonio.**			
2836.20	**- Carbonato de disodio.**			
2836.20.01	Carbonato de disodio.	Kg	7	Ex
2836.30	**- Hidrogenocarbonato (bicarbonato) de sodio.**			
2836.30.01	Hidrogenocarbonato (bicarbonato) de sodio.	Kg	5	Ex
2836.40	**- Carbonatos de potasio.**			
2836.40.01	Carbonato de potasio.	Kg	7	Ex
2836.40.02	Bicarbonato de potasio.	Kg	7	Ex
2836.50	**- Carbonato de calcio.**			
2836.50.01	Carbonato de calcio.	Kg	5	Ex
2836.60	**- Carbonato de bario.**			
2836.60.01	Carbonato de bario.	Kg	Ex	Ex
	- Los demás:			
2836.91	**.. Carbonatos de litio.**			
2836.91.01	Carbonatos de litio.	Kg	Ex	Ex
2836.92	**.. Carbonato de estroncio.**			
2836.92.01	Carbonato de estroncio.	Kg	Ex	Ex
2836.99	**.. Los demás.**			
2836.99.01	Carbonato de bismuto.	Kg	Ex	Ex
2836.99.02	Carbonatos de hierro.	Kg	Ex	Ex
2836.99.03	Carbonato de amonio comercial y demás carbonatos de amonio.	Kg	Ex	Ex
2836.99.04	Carbonatos de plomo.	Kg	Ex	Ex
2836.99.99	Los demás.	Kg	Ex	Ex
28.37	**Cianuros, oxicianuros y cianuros complejos.**			
	- Cianuros y oxicianuros:			
2837.11	**.. De sodio.**			
2837.11.01	Cianuro de sodio.	Kg	Ex	Ex
2837.11.99	Los demás.	Kg	Ex	Ex
2837.19	**.. Los demás.**			
2837.19.01	Cianuro de potasio.	Kg	Ex	Ex
2837.19.99	Los demás.	Kg	Ex	Ex
2837.20	**- Cianuros complejos.**			
2837.20.01	Ferrocianuro de sodio o de potasio.	Kg	Ex	Ex
2837.20.99	Los demás.	Kg	Ex	Ex
28.39	**Silicatos; silicatos comerciales de los metales alcalinos.**			
	- De sodio:			
2839.11	**.. Metasilicatos.**			
2839.11.01	Metasilicatos.	Kg	7	Ex
2839.19	**.. Los demás.**			
2839.19.99	Los demás.	Kg	5	Ex
2839.90	**- Los demás.**			
2839.90.01	De calcio.	Kg	Ex	Ex
2839.90.02	Trisilicato de magnesio.	Kg	Ex	Ex
2839.90.03	De potasio, grado electrónico para pantallas de cinescopios.	Kg	Ex	Ex
2839.90.99	Los demás.	Kg	Ex	Ex
28.40	**Boratos; peroxoboratos (perboratos).**			
	- Tetraborato de disodio (bórax refinado):			
2840.11	**.. Anhidro.**			
2840.11.01	Anhidro.	Kg	Ex	Ex
2840.19	**.. Los demás.**			
2840.19.99	Los demás.	Kg	Ex	Ex

2840.20	**.**	**Los demás boratos.**			
2840.20.99		Los demás boratos.	Kg	Ex	Ex
2840.30	**.**	**Peroxoboratos (perboratos).**			
2840.30.01		Peroxoboratos (perboratos).	Kg	Ex	Ex
28.41		**Sales de los ácidos oxometálicos o peroxometálicos.**			
2841.30	**.**	**Dicromato de sodio.**			
2841.30.01		Dicromato de sodio.	Kg	Ex	Ex
2841.50	**.**	**Los demás cromatos y dicromatos; peroxocromatos.**			
2841.50.01		Dicromato de potasio.	Kg	Ex	Ex
2841.50.02		Cromatos de cinc o de plomo.	Kg	Ex	Ex
2841.50.99		Los demás.	Kg	Ex	Ex
	.	**Manganitos, manganatos y permanganatos:**			
2841.61	**..**	**Permanganato de potasio.**			
2841.61.01		Permanganato de potasio.	Kg	Ex	Ex
2841.69	**..**	**Los demás.**			
2841.69.99		Los demás.	Kg	Ex	Ex
2841.70	**.**	**Molibdatos.**			
2841.70.01		Molibdatos.	Kg	Ex	Ex
2841.80	**.**	**Volframatos (tungstatos).**			
2841.80.01		Volframatos (tungstatos).	Kg	Ex	Ex
2841.90	**.**	**Los demás.**			
2841.90.01		Aluminatos.	Kg	Ex	Ex
2841.90.99		Los demás.	Kg	Ex	Ex
28.42		**Las demás sales de los ácidos o peroxoácidos inorgánicos (incluidos los aluminosilicatos, aunque no sean de constitución química definida), excepto los aziduros (azidas).**			
2842.10	**.**	**Silicatos dobles o complejos, incluidos los aluminosilicatos, aunque no sean de constitución química definida.**			
2842.10.01		Aluminosilicato de sodio.	Kg	Ex	Ex
2842.10.99		Los demás.	Kg	Ex	Ex
2842.90	**.**	**Las demás.**			
2842.90.01		Fulminatos, cianatos y tiocianatos.	Kg	Ex	Ex
2842.90.99		Las demás.	Kg	Ex	Ex

SUBCAPÍTULO VI
VARIOS

28.43		**Metal precioso en estado coloidal; compuestos inorgánicos u orgánicos de metal precioso, aunque no sean de constitución química definida; amalgamas de metal precioso.**			
2843.10	**.**	**Metal precioso en estado coloidal.**			
2843.10.01		Metal precioso en estado coloidal.	Kg	Ex	Ex
	.	**Compuestos de plata:**			
2843.21	**..**	**Nitrato de plata.**			
2843.21.01		Nitrato de plata.	Kg	Ex	Ex
2843.29	**..**	**Los demás.**			
2843.29.99		Los demás.	Kg	Ex	Ex
2843.30	**.**	**Compuestos de oro.**			
2843.30.01		Compuestos de oro.	Kg	Ex	Ex
2843.90	**.**	**Los demás compuestos; amalgamas.**			
2843.90.01		Cloruro de paladio.	Kg	Ex	Ex
2843.90.99		Los demás.	Kg	Ex	Ex
28.44		**Elementos químicos radiactivos e isótopos radiactivos (incluidos los elementos químicos e isótopos fisionables o fértiles) y sus compuestos; mezclas y residuos que contengan estos productos.**			
2844.10	**.**	**Uranio natural y sus compuestos; aleaciones, dispersiones (incluido el cermet), productos cerámicos y mezclas, que contengan uranio natural o compuestos de uranio natural.**			
2844.10.01		Uranio natural y sus compuestos; aleaciones, dispersiones (incluido el cermet), productos cerámicos y mezclas, que contengan uranio natural o compuestos de uranio natural.	Kg	Ex	Ex
2844.20	**.**	**Uranio enriquecido en U 235 y sus compuestos; plutonio y sus compuestos; aleaciones, dispersiones (incluido el cermet), productos cerámicos y mezclas, que contengan uranio enriquecido en U 235, plutonio o compuestos de estos productos.**			
2844.20.01		Uranio enriquecido en U 235 y sus compuestos; plutonio y sus compuestos; aleaciones, dispersiones (incluido el cermet), productos cerámicos y mezclas, que contengan uranio enriquecido en U 235, plutonio o compuestos de estos productos.	Kg	Ex	Ex

2844.30	-	Uranio empobrecido en U 235 y sus compuestos; torio y sus compuestos; aleaciones, dispersiones (incluido el cermet), productos cerámicos y mezclas, que contengan uranio empobrecido en U 235, torio o compuestos de estos productos.		
2844.30.01		Uranio empobrecido en U 235 y sus compuestos; torio y sus compuestos; aleaciones, dispersiones (incluido el cermet), productos cerámicos y mezclas, que contengan uranio empobrecido en U 235, torio o compuestos de estos productos.	Kg	Ex	Ex
2844.40	-	Elementos e isótopos y compuestos, radiactivos, excepto los de las subpartidas 2844.10, 2844.20 ó 2844.30; aleaciones, dispersiones (incluido el cermet), productos cerámicos y mezclas, que contengan estos elementos, isótopos o compuestos; residuos radiactivos.		
2844.40.01		Cesio 137.	Kg	Ex	Ex
2844.40.02		Cobalto radiactivo.	Kg	Ex	Ex
2844.40.99		Los demás.	Kg	Ex	Ex
2844.50	-	Elementos combustibles (cartuchos) agotados (irradiados) de reactores nucleares.		
2844.50.01		Elementos combustibles (cartuchos) agotados (irradiados) de reactores nucleares.	Kg	Ex	Ex
28.45		Isótopos, excepto los de la partida 28.44; sus compuestos inorgánicos u orgánicos, aunque no sean de constitución química definida.		
2845.10	-	Agua pesada (óxido de deuterio).		
2845.10.01		Agua pesada (óxido de deuterio).	Kg	Ex	Ex
2845.90	-	Los demás.		
2845.90.99		Los demás.	Kg	Ex	Ex
28.46		Compuestos inorgánicos u orgánicos, de metales de las tierras raras, del itrio, del escandio o de las mezclas de estos metales.		
2846.10	-	Compuestos de cerio.		
2846.10.01		Compuestos de cerio.	Kg	Ex	Ex
2846.90	-	Los demás.		
2846.90.01		Oxido de praseodimio.	Kg	Ex	Ex
2846.90.02		Compuestos inorgánicos u orgánicos de torio, de uranio empobrecido en U 235 y de metales de las tierras raras, de itrio y de escandio, mezclados entre sí.	Kg	Ex	Ex
2846.90.99		Los demás.	Kg	Ex	Ex
28.47		Peróxido de hidrógeno (agua oxigenada), incluso solidificado con urea.		
2847.00	-	Peróxido de hidrógeno (agua oxigenada), incluso solidificado con urea.		
2847.00.01		Peróxido de hidrógeno (agua oxigenada), incluso solidificado con urea.	Kg	Ex	Ex
28.48		Fosfuros, aunque no sean de constitución química definida, excepto los ferrofósforos.		
2848.00	-	Fosfuros, aunque no sean de constitución química definida, excepto los ferrofósforos.		
2848.00.01		De cobre (cuprofósforos), con un contenido de fósforo superior al 15% en peso.	Kg	Ex	Ex
2848.00.02		De cinc.	Kg	Ex	Ex
2848.00.03		De aluminio.	Kg	Ex	Ex
2848.00.99		Los demás.	Kg	Ex	Ex
28.49		Carburos, aunque no sean de constitución química definida.		
2849.10	-	De calcio.		
2849.10.01		De calcio.	Kg	Ex	Ex
2849.20	-	De silicio.		
2849.20.01		Verde.	Kg	Ex	Ex
2849.20.99		Los demás.	Kg	Ex	Ex
2849.90	-	Los demás.		
2849.90.99		Los demás.	Kg	Ex	Ex
28.50		Hidruros, nitruros, aziduros (azidas), siliciuros y boruros, aunque no sean de constitución química definida, excepto los compuestos que consistan igualmente en carburos de la partida 28.49.		
2850.00	-	Hidruros, nitruros, aziduros (azidas), siliciuros y boruros, aunque no sean de constitución química definida, excepto los compuestos que consistan igualmente en carburos de la partida 28.49.		
2850.00.01		Borohidruro de sodio.	Kg	Ex	Ex
2850.00.02		Siliciuro de calcio.	Kg	Ex	Ex
2850.00.99		Los demás.	Kg	Ex	Ex
28.52		Compuestos inorgánicos u orgánicos, de mercurio, aunque no sean de constitución química definida, excepto las amalgamas.		
2852.10	-	De constitución química definida.		
2852.10.01		Inorganicos.	Kg	Ex	Ex
2852.10.02		Acetato o propionato de fenilmercurio.	Kg	Ex	Ex
2852.10.03		Tiosalicilato de etilmercurio o la sal de sodio (Timerosal).	Kg	Ex	Ex
2852.10.99		Los demás.	Kg	Ex	Ex
2852.90	-	Los demás.		
2852.90.01		Inorganicos.	Kg	5	Ex
2852.90.99		Los demás.	Kg	5	Ex

28.53	Los demás compuestos inorgánicos (incluida el agua destilada, de conductibilidad o del mismo grado de pureza); aire líquido, aunque se le hayan eliminado los gases nobles; aire comprimido; amalgamas, excepto las de metal precioso.			
2853.00	- Los demás compuestos inorgánicos (incluida el agua destilada, de conductibilidad o del mismo grado de pureza); aire líquido, aunque se le hayan eliminado los gases nobles; aire comprimido; amalgamas, excepto las de metal precioso.			
2853.00.01	Los demás compuestos inorgánicos (incluida el agua destilada, de conductibilidad o del mismo grado de pureza); aire líquido, aunque se le hayan eliminado los gases nobles; aire comprimido; amalgamas, excepto las de metal precioso.	Kg	Ex	Ex

---

Capítulo 29
Productos químicos orgánicos

Notas.

1. Salvo disposición en contrario, las partidas de este Capítulo comprenden solamente:
   a) los compuestos orgánicos de constitución química definida presentados aisladamente, aunque contengan impurezas;
   b) las mezclas de isómeros de un mismo compuesto orgánico (aunque contengan impurezas), excepto las mezclas de isómeros de los hidrocarburos acíclicos saturados o sin saturar (distintos de los estereoisómeros) (Capítulo 27);
   c) los productos de las partidas 29.36 a 29.39, los éteres, acetales y ésteres de azúcares, y sus sales, de la partida 29.40, y los productos de la partida 29.41, aunque no sean de constitución química definida;
   d) las disoluciones acuosas de los productos de los apartados a), b) o c) anteriores;
   e) las demás disoluciones de los productos de los apartados a), b) o c) anteriores, siempre que constituyan un modo de acondicionamiento usual e indispensable, exclusivamente motivado por razones de seguridad o necesidades del transporte y que el disolvente no haga al producto más apto para usos determinados que para uso general;
   f) los productos de los apartados a), b), c), d) o e) anteriores, con adición de un estabilizante (incluido un antiaglomerante) indispensable para su conservación o transporte;
   g) los productos de los apartados a), b), c), d), e) o f) anteriores, con adición de una sustancia antipolvo, un colorante o un odorante para facilitar su identificación o por razones de seguridad, siempre que estas adiciones no hagan al producto más apto para usos determinados que para uso general;
   h) los productos siguientes, normalizados, para la producción de colorantes azoicos: sales de diazonio, copulantes utilizados para estas sales y aminas diazotables y sus sales.

2. Este Capítulo no comprende:
   a) los productos de la partida 15.04 y el glicerol en bruto de la partida 15.20;
   b) el alcohol etílico (partidas 22.07 ó 22.08);
   c) el metano y el propano (partida 27.11);
   d) los compuestos de carbono mencionados en la Nota 2 del Capítulo 28;
   e) los productos inmunológicos de la partida 30.02;
   f) la urea (partidas 31.02 ó 31.05);
   g) las materias colorantes de origen vegetal o animal (partida 32.03), las materias colorantes orgánicas sintéticas, los productos orgánicos sintéticos de los tipos utilizados como agentes de avivado fluorescente o como luminóforos (partida 32.04), así como los tintes y demás materias colorantes presentados en formas o en envases para la venta al por menor (partida 32.12);
   h) las enzimas (partida 35.07);
   ij) el metaldehído, la hexametilentetramina y los productos análogos, en tabletas, barritas o formas similares que impliquen su utilización como combustibles, así como los combustibles líquidos y los gases combustibles licuados, en recipientes de los tipos utilizados para cargar o recargar encendedores o mecheros, de capacidad inferior o igual a 300 cm^3 (partida 36.06);
   k) los productos extintores presentados como cargas para aparatos extintores o en granadas o bombas extintoras de la partida 38.13; los productos borradores de tinta acondicionados en envases para la venta al por menor, clasificados en la partida 38.24;
   l) los elementos de óptica, por ejemplo, los de tartrato de etilendiamina (partida 90.01).

3. Cualquier producto que pudiera clasificarse en dos o más partidas de este Capítulo se clasificará en la última de dichas partidas por orden de numeración.

4. En las partidas 29.04 a 29.06, 29.08 a 29.11 y 29.13 a 29.20, cualquier referencia a los derivados halogenados, sulfonados, nitrados o nitrosados, se aplica también a los derivados mixtos, tales como los sulfohalogenados, nitrohalogenados, nitrosulfonados o nitrosulfohalogenados.
   Para la aplicación de la partida 29.29, los grupos nitrados o nitrosados no deben considerarse *funciones nitrogenadas*.
   En las partidas 29.11, 29.12, 29.14, 29.18 y 29.22, se entiende por *funciones oxigenadas* (grupos orgánicos característicos que contienen oxígeno) solamente las citadas en los textos de las partidas 29.05 a 29.20.

5. A) Los ésteres de compuestos orgánicos de función ácida de los Subcapítulos I a VII con compuestos orgánicos de los mismos Subcapítulos se clasifican con el compuesto que pertenezca a la última partida por orden de numeración de dichos Subcapítulos.
   B) Los ésteres del alcohol etílico con compuestos orgánicos de función ácida de los Subcapítulos I a VII se clasifican en la partida de los compuestos de función ácida correspondientes.
   C) Salvo lo dispuesto en la Nota 1 de la Sección VI y en la Nota 2 del Capítulo 28:

1°) las sales inorgánicas de compuestos orgánicos, tales como los compuestos de función ácida, función fenol o función enol o las bases orgánicas, de los Subcapítulos I a X o de la partida 29.42, se clasifican en la partida que comprenda el compuesto orgánico correspondiente;

2°) las sales formadas por reacción entre compuestos orgánicos de los Subcapítulos I a X o de la partida 29.42 se clasifican en la última partida del Capítulo por orden de numeración que comprenda la base o el ácido del que se han formado (incluidos los compuestos de función fenol o de función enol);

3°) los compuestos de coordinación, excepto los productos del Subcapítulo XI o de la partida 29.41, se clasifican en la partida del Capítulo 29 situada en último lugar por orden de numeración entre las correspondientes a los fragmentos formados por escisión de todos los enlaces metálicos, excepto los enlaces metal-carbono.

D) Los alcoholatos metálicos se clasifican en la misma partida que los alcoholes correspondientes, salvo en el caso del etanol (partida 29.05).

E) Los halogenuros de los ácidos carboxílicos se clasifican en la misma partida que los ácidos correspondientes.

6. Los compuestos de las partidas 29.30 y 29.31 son compuestos orgánicos cuya molécula contiene, además de átomos de hidrógeno, oxígeno o nitrógeno, átomos de otros elementos no metálicos o de metales, tales como azufre, arsénico o plomo, directamente unidos al carbono.

Las partidas 29.30 (tiocompuestos orgánicos) y 29.31 (los demás compuestos organo-inorgánicos) no comprenden los derivados sulfonados o halogenados ni los derivados mixtos, que solo contengan en unión directa con el carbono, los átomos de azufre o de halógeno que les confieran el carácter de tales, sin considerar el hidrógeno, oxígeno o nitrógeno que puedan contener.

7. Las partidas 29.32, 29.33 y 29.34 no comprenden los epóxidos con tres átomos en el ciclo, los peróxidos de cetonas, los polímeros cíclicos de los aldehídos o de los tioaldehídos, los anhídridos de ácidos carboxílicos polibásicos, los ésteres cíclicos de polialcoholes o de polifenoles con ácidos polibásicos ni las imidas de ácidos polibásicos.

Las disposiciones anteriores solo se aplican cuando la estructura heterocíclica proceda exclusivamente de las funciones ciclantes antes citadas.

8. En la partida 29.37:

a) el término *hormonas* comprende los factores liberadores o estimulantes de hormonas, los inhibidores de hormonas y los antagonistas de hormonas (antihormonas);

b) la expresión *utilizados principalmente como hormonas* se aplica no solamente a los derivados de hormonas y a sus análogos estructurales utilizados principalmente por su acción hormonal, sino también a los derivados y análogos estructurales de hormonas utilizados principalmente como intermedios en la síntesis de productos de esta partida.

Notas de subpartida.

1. Dentro de una partida de este Capítulo, los derivados de un compuesto químico (o de un grupo de compuestos químicos) se clasifican en la misma subpartida que el compuesto (o grupo de compuestos), siempre que no estén comprendidos más específicamente en otra subpartida y que no exista una subpartida residual "Los/Las demás" en la serie de subpartidas involucradas.

2. La Nota 3 del Capítulo 29 no se aplica a las subpartidas de este Capítulo.

Código		Descripción	Unid de Med	Arancel (%)	
				IMP.	EXP.
		SUBCAPÍTULO I **HIDROCARBUROS Y SUS DERIVADOS** **HALOGENADOS, SULFONADOS,** **NITRADOS O NITROSADOS**			
29.01		**Hidrocarburos acíclicos.**			
2901.10	**.**	**Saturados.**			
2901.10.01		Butano.	L	Ex	Ex
2901.10.02		Pentano.	L	Ex	Ex
2901.10.03		Tridecano.	L	Ex	Ex
2901.10.04		Hexano; heptano.	L	Ex	Ex
2901.10.99		Los demás.	L	Ex	Ex
	.	**No saturados:**			
2901.21	**..**	**Etileno.**			
2901.21.01		Etileno.	Kg	Ex	Ex
2901.22	**..**	**Propeno (propileno).**			
2901.22.01		Propeno (propileno).	Kg	Ex	Ex
2901.23	**..**	**Buteno (butileno) y sus isómeros.**			
2901.23.01		Buteno (butileno) y sus isómeros.	Kg	Ex	Ex
2901.24	**..**	**Buta-1,3-dieno e isopreno.**			
2901.24.01		Buta-1,3-dieno e isopreno.	Kg	Ex	Ex
2901.29	**..**	**Los demás.**			
2901.29.99		Los demás.	Kg	Ex	Ex
29.02		**Hidrocarburos cíclicos.**			
	.	**Ciclánicos, ciclénicos o cicloterpénicos:**			
2902.11	**..**	**Ciclohexano.**			
2902.11.01		Ciclohexano.	Kg	Ex	Ex

2902.19	**.. Los demás.**			
2902.19.01	Ciclopropano.	Kg	Ex	Ex
2902.19.02	Cicloterpénicos.	Kg	Ex	Ex
2902.19.03	Terfenilo hidrogenado.	Kg	Ex	Ex
2902.19.99	Los demás.	Kg	Ex	Ex
2902.20	**. Benceno.**			
2902.20.01	Benceno.	L	Ex	Ex
2902.30	**. Tolueno.**			
2902.30.01	Tolueno.	L	Ex	Ex
	. Xilenos:			
2902.41	**.. o-Xileno.**			
2902.41.01	o-Xileno.	L	Ex	Ex
2902.42	**.. m-Xileno.**			
2902.42.01	m-Xileno.	L	Ex	Ex
2902.43	**.. p-Xileno.**			
2902.43.01	p-Xileno.	L	Ex	Ex
2902.44	**.. Mezclas de isómeros del xileno.**			
2902.44.01	Mezclas de isómeros del xileno.	L	Ex	Ex
2902.50	**. Estireno.**			
2902.50.01	Estireno.	Kg	Ex	Ex
2902.60	**. Etilbenceno.**			
2902.60.01	Etilbenceno.	Kg	Ex	Ex
2902.70	**. Cumeno.**			
2902.70.01	Cumeno.	Kg	Ex	Ex
2902.90	**. Los demás.**			
2902.90.01	Divinilbenceno.	Kg	Ex	Ex
2902.90.02	m-Metilestireno.	Kg	Ex	Ex
2902.90.03	Difenilmetano.	Kg	Ex	Ex
2902.90.04	Tetrahidronaftaleno.	Kg	Ex	Ex
2902.90.05	Difenilo.	Kg	Ex	Ex
2902.90.06	Dodecilbenceno.	Kg	Ex	Ex
2902.90.07	Naftaleno.	Kg	Ex	Ex
2902.90.99	Los demás.	Kg	Ex	Ex
29.03	**Derivados halogenados de los hidrocarburos.**			
	. Derivados clorados saturados de los hidrocarburos acíclicos:			
2903.11	**.. Clorometano (cloruro de metilo) y cloroetano (cloruro de etilo).**			
2903.11.01	Clorometano (cloruro de metilo) y cloroetano (cloruro de etilo).	Kg	Ex	Ex
2903.12	**.. Diclorometano (cloruro de metileno).**			
2903.12.01	Diclorometano (cloruro de metileno).	Kg	Ex	Ex
2903.13	**.. Cloroformo (triclorometano).**			
2903.13.01	Cloroformo, Q.P. o U.S.P.	Kg	Ex	Ex
2903.13.99	Los demás.	Kg	Ex	Ex
2903.14	**.. Tetracloruro de carbono.**			
2903.14.01	Tetracloruro de carbono.	Kg	Ex	Ex
2903.15	**.. Dicloruro de etileno (ISO) (1,2-dicloroetano).**			
2903.15.01	Dicloruro de etileno (ISO) (1,2-dicloroetano).	Kg	Ex	Ex
2903.19	**.. Los demás.**			
2903.19.01	1,1,1-Tricloroetano.	Kg	Ex	Ex
2903.19.02	1,1,2 Tricloroetano.	Kg	Ex	Ex
2903.19.03	Tetracloroetano o Hexacloroetano.	Kg	Ex	Ex
2903.19.04	1,2-Dicloropropano (dicloruro de propileno) y diclorobutanos.	Kg	Ex	Ex
2903.19.99	Los demás.	Kg	Ex	Ex
	. Derivados clorados no saturados de los hidrocarburos acíclicos:			
2903.21	**.. Cloruro de vinilo (cloroetileno).**			
2903.21.01	Cloruro de vinilo (cloroetileno).	Kg	Ex	Ex
2903.22	**.. Tricloroetileno.**			
2903.22.01	Tricloroetileno.	Kg	Ex	Ex
2903.23	**.. Tetracloroetileno (percloroetileno).**			
2903.23.01	Tetracloroetileno (percloroetileno).	Kg	Ex	Ex
2903.29	**.. Los demás.**			
2903.29.01	Cloruro de vinilideno.	Kg	Ex	Ex
2903.29.99	Los demás.	Kg	Ex	Ex
	. Derivados fluorados, derivados bromados y derivados yodados, de los hidrocarburos acíclicos:			
2903.31	**.. Dibromuro de etileno (ISO) (1,2-dibromoetano).**			
2903.31.01	Dibromuro de etileno (ISO) (1,2-dibromoetano).	Kg	Ex	Ex

2903.39	**. . Los demás.**			
2903.39.01	Bromuro de metilo.	Kg	Ex	Ex
2903.39.02	Difluoroetano.	Kg	Ex	Ex
2903.39.99	Los demás.	Kg	Ex	Ex
	. Derivados halogenados de los hidrocarburos acíclicos con dos halógenos diferentes, por lo menos:			
2903.71	**. . Clorodifluorometano.**			
2903.71.01	Clorodifluorometano.	L	Ex	Ex
2903.72	**. . Diclorotrifluoroetanos.**			
2903.72.01	Diclorotrifluoroetanos.	L	Ex	Ex
2903.73	**. . Diclorofluoroetanos.**			
2903.73.01	Diclorofluoroetanos.	L	Ex	Ex
2903.74	**. . Clorodifluoroetanos.**			
2903.74.01	Clorodifluoroetanos.	L	Ex	Ex
2903.75	**. . Dicloropentafluoropropanos.**			
2903.75.01	Dicloropentafluoropropanos.	L	Ex	Ex
2903.76	**. . Bromoclorodifluorometano, bromotrifluorometano y dibromotetrafluoroetanos.**			
2903.76.01	Bromoclorodifluorometano, bromotrifluorometano y dibromotetrafluoroetanos.	L	Ex	Ex
2903.77	**. . Los demás perhalogenados únicamente con flúor y cloro.**			
2903.77.01	Triclorofluorometano.	L	Ex	Ex
2903.77.02	Diclorodifluorometano.	L	Ex	Ex
2903.77.03	Triclorotrifluoroetanos.	L	Ex	Ex
2903.77.04	Diclorotetrafluoroetanos y cloropentafluoroetano.	L	Ex	Ex
2903.77.99	Los demás.	L	Ex	Ex
2903.78	**. . Los demás derivados perhalogenados.**			
2903.78.01	Los demás derivados perhalogenados.	L	Ex	Ex
2903.79	**. . Los demás.**			
2903.79.01	Dicloromonofluorometano.	L	Ex	Ex
2903.79.04	2-Bromo-2-cloro-1,1,1-trifluoroetano (Halotano).	L	Ex	Ex
2903.79.05	2-Bromo-1-cloro-1,2,2-trifluoroetano (Isohalotano).	L	Ex	Ex
2903.79.99	Los demás.	L	Ex	Ex
	. Derivados halogenados de los hidrocarburos ciclánicos, ciclénicos o cicloterpénicos:			
2903.81	**. . 1,2,3,4,5,6-Hexaclorociclohexano (HCH (ISO)), incluido el lindano (ISO, DCI).**			
2903.81.01	Isómero gamma del 1,2,3,4,5,6-hexaclorociclohexano (Lindano).	Kg	Ex	Ex
2903.81.02	Mezcla de estereoisómeros del 1,2,3,4,5,6-hexaclorociclohexano.	Kg	Ex	Ex
2903.81.99	Los demás.	Kg	Ex	Ex
2903.82	**. . Aldrina (ISO), clordano (ISO) y heptacloro (ISO).**			
2903.82.01	1,2,4,5,6,7,8,8-Octacloro-3-alfa,4,7,7-alfa tetrahidro-4,7- metanoindeno (Clordano).	Kg	Ex	Ex
2903.82.02	1,4,5,6,7,8,8-Heptacloro-3a,4,7,7a–tetrahidro-4,7-metanoindeno (Heptacloro).	Prohi-bida	Prohi-bida
2903.82.03	Aldrina.	Kg	Ex	Ex
2903.89	**. . Los demás.**			
2903.89.01	Canfeno clorado (Toxafeno).	Kg	Ex	Ex
2903.89.02	Hexabromociclododecano.	Kg	Ex	Ex
2903.89.03	1,2,3,4,10,10-Hexacloro-1,4,4a,5,8,8a-hexahidro-endo-endo-1,4:5,8-dimetanonaftaleno (Isodrin).	Prohi-bida	Prohi-bida
2903.89.99	Los demás.	Kg	Ex	Ex
	. Derivados halogenados de los hidrocarburos aromáticos:			
2903.91	**. . Clorobenceno, o-diclorobenceno y p-diclorobenceno.**			
2903.91.01	Clorobenceno, o-diclorobenceno y p-diclorobenceno.	Kg	Ex	Ex
2903.92	**. . Hexaclorobenceno (ISO) y DDT (ISO) (clofenotano (DCI), 1,1,1-tricloro-2,2-bis(p-clorofenil)etano).**			
2903.92.01	Hexaclorobenceno (ISO).	Kg	Ex	Ex
2903.92.02	1,1,1-tricloro-2,2-bis(p-clorofenil)etano DDT (ISO), clofenotano (DCI)).	Kg	Ex	Ex
2903.99	**. . Los demás.**			
2903.99.01	Cloruro de bencilo.	Kg	Ex	Ex
2903.99.02	Cloruro de benzal.	Kg	Ex	Ex
2903.99.03	Mezclas isoméricas de diclorobenceno.	Kg	Ex	Ex
2903.99.04	Bromoestireno.	Kg	Ex	Ex
2903.99.06	Triclorobenceno.	Kg	Ex	Ex
2903.99.99	Los demás.	Kg	Ex	Ex

29.04	Derivados sulfonados, nitrados o nitrosados de los hidrocarburos, incluso halogenados.			
2904.10	- Derivados solamente sulfonados, sus sales y sus ésteres etílicos.			
2904.10.01	Butilnaftalensulfonato de sodio.	Kg	Ex	Ex
2904.10.02	1,3,6-Naftalentrisulfonato trisódico.	Kg	Ex	Ex
2904.10.03	Alil o metalilsulfonato de sodio.	Kg	Ex	Ex
2904.10.04	6,7-Dihidro-2-naftalensulfonato de sodio.	Kg	Ex	Ex
2904.10.05	Ácido p-toluensulfónico.	Kg	Ex	Ex
2904.10.99	Los demás.	Kg	5	Ex
2904.20	- Derivados solamente nitrados o solamente nitrosados.			
2904.20.01	Nitropropano.	Kg	Ex	Ex
2904.20.02	Nitrotolueno.	Kg	Ex	Ex
2904.20.03	Nitrobenceno.	Kg	Ex	Ex
2904.20.04	p-Dinitrosobenceno.	Kg	Ex	Ex
2904.20.05	2,4,6-Trinitro-1,3-dimetil-5-ter- butilbenceno.	Kg	Ex	Ex
2904.20.06	2,6-Dinitro-3,4,5-trimetil-ter-butilbenceno.	Kg	Ex	Ex
2904.20.07	1,1,3,3,5-Pentametil-4,6-dinitroindano.	Kg	Ex	Ex
2904.20.08	Nitroetano.	Kg	Ex	Ex
2904.20.99	Los demás.	Kg	Ex	Ex
2904.90	- Los demás.			
2904.90.01	Nitroclorobenceno.	Kg	Ex	Ex
2904.90.02	Cloruro de p-toluensulfonilo.	Kg	Ex	Ex
2904.90.03	1-Trifluorometil-3,5-dinitro-4-clorobenceno.	Kg	Ex	Ex
2904.90.04	Pentacloronitrobenceno.	Kg	Ex	Ex
2904.90.05	m-Nitrobencensulfonato de sodio.	Kg	Ex	Ex
2904.90.06	2,4-Dinitroclorobenceno; 1-Nitro-2,4,5-triclorobenceno.	Kg	Ex	Ex
2904.90.07	Cloropicrina (Tricloronitrometano).	Kg	Ex	Ex
2904.90.99	Los demás.	Kg	Ex	Ex

SUBCAPÍTULO II
ALCOHOLES Y SUS DERIVADOS HALOGENADOS, SULFONADOS, NITRADOS O NITROSADOS

29.05	Alcoholes acíclicos y sus derivados halogenados, sulfonados, nitrados o nitrosados.			
	- Monoalcoholes saturados:			
2905.11	- - Metanol (alcohol metílico).			
2905.11.01	Metanol (alcohol metílico).	L	Ex	Ex
2905.12	- - Propan-1-ol (alcohol propílico) y propan-2-ol (alcohol isopropílico).			
2905.12.01	Propan-1-ol (alcohol propílico).	Kg	Ex	Ex
2905.12.99	Los demás.	Kg	Ex	Ex
2905.13	- - Butan-1-ol (alcohol n-butílico).			
2905.13.01	Butan-1-ol (alcohol n-butílico).	Kg	Ex	Ex
2905.14	- - Los demás butanoles.			
2905.14.01	2-Metil-1-propanol (alcohol isobutílico).	Kg	Ex	Ex
2905.14.02	2-Butanol.	Kg	Ex	Ex
2905.14.03	Alcohol terbutílico.	Kg	Ex	Ex
2905.14.99	Los demás.	Kg	Ex	Ex
2905.16	- - Octanol (alcohol octílico) y sus isómeros.			
2905.16.01	2-Octanol.	Kg	Ex	Ex
2905.16.02	2-Etilhexanol.	Kg	Ex	Ex
2905.16.99	Los demás.	Kg	Ex	Ex
2905.17	- - Dodecan-1-ol (alcohol laurílico), hexadecan-1-ol (alcohol cetílico) y octadecan-1-ol (alcohol estearílico).			
2905.17.01	Dodecan-1-ol (alcohol laurílico), hexadecan-1-ol (alcohol cetílico) y octadecan-1-ol (alcohol estearílico).	Kg	Ex	Ex
2905.19	- - Los demás.			
2905.19.01	Alcohol decílico o pentadecílico.	Kg	Ex	Ex
2905.19.02	Alcohol isodecílico.	Kg	Ex	Ex
2905.19.03	Hexanol.	Kg	Ex	Ex
2905.19.04	Alcohol tridecílico o isononílico.	Kg	Ex	Ex
2905.19.05	Alcohol trimetilnonílico.	Kg	Ex	Ex
2905.19.06	Metil isobutil carbinol.	Kg	7	Ex
2905.19.07	Isopropóxido de aluminio.	Kg	Ex	Ex
2905.19.08	Pentanol (alcohol amílico) y sus isómeros.	Kg	Ex	Ex
2905.19.99	Los demás.	Kg	Ex	Ex
	- Monoalcoholes no saturados:			
2905.22	- - Alcoholes terpénicos acíclicos.			
2905.22.01	Citronelol.	Kg	Ex	Ex

2905.22.02	trans-3,7-Dimetil-2,6-octadien-1-ol (Geraniol).	Kg	Ex	Ex
2905.22.03	Linalol.	Kg	Ex	Ex
2905.22.04	cis-3,7-Dimetil-2,6-octadien-1-ol (Nerol).	Kg	Ex	Ex
2905.22.05	3,7-Dimetil-7-octén-1-ol.	Kg	Ex	Ex
2905.22.99	Los demás.	Kg	Ex	Ex
2905.29	**.. Los demás.**			
2905.29.01	Alcohol oleílico.	Kg	Ex	Ex
2905.29.02	Hexenol.	Kg	Ex	Ex
2905.29.03	Alcohol alílico.	Kg	Ex	Ex
2905.29.99	Los demás.	Kg	Ex	Ex
	- Dioles:			
2905.31	**.. Etilenglicol (etanodiol).**			
2905.31.01	Etilenglicol (etanodiol).	Kg	4	Ex
2905.32	**.. Propilenglicol (propano-1,2-diol).**			
2905.32.01	Propilenglicol (propano-1,2-diol).	Kg	7	Ex
2905.39	**.. Los demás.**			
2905.39.01	Butilenglicol.	Kg	5	Ex
2905.39.02	2-Metil-2,4-pentanodiol.	Kg	5	Ex
2905.39.03	Neopentilglicol.	Kg	Ex	Ex
2905.39.04	1,6-Hexanodiol.	Kg	Ex	Ex
2905.39.99	Los demás.	Kg	Ex	Ex
	- Los demás polialcoholes:			
2905.41	**.. 2-Etil-2-(hidroximetil)propano-1,3-diol (trimetilolpropano).**			
2905.41.01	2-Etil-2-(hidroximetil)propano-1,3-diol (trimetilolpropano).	Kg	Ex	Ex
2905.42	**.. Pentaeritritol (pentaeritrita).**			
2905.42.01	Pentaeritritol (pentaeritrita).	Kg	Ex	Ex
2905.43	**.. Manitol.**			
2905.43.01	Manitol.	Kg	Ex	Ex
2905.44	**.. D-glucitol (sorbitol).**			
2905.44.01	D-glucitol (sorbitol).	Kg	5	Ex
2905.45	**.. Glicerol.**			
2905.45.01	Glicerol, excepto grado dinamita.	Kg	15	Ex
2905.45.99	Los demás.	Kg	9	Ex
2905.49	**.. Los demás.**			
2905.49.01	Trimetiloletano; xilitol.	Kg	Ex	Ex
2905.49.02	Ésteres de glicerol formados con ácidos de la partida 29.04.	Kg	Ex	Ex
2905.49.99	Los demás.	Kg	Ex	Ex
	- Derivados halogenados, sulfonados, nitrados o nitrosados de los alcoholes acíclicos:			
2905.51	**.. Etclorvinol (DCI).**			
2905.51.01	Etclorvinol (DCI).	Kg	Ex	Ex
2905.59	**.. Los demás.**			
2905.59.01	Derivados halogenados, sulfonados, nitrados y nitrosados de monoalcoholes no saturados.	Kg	Ex	Ex
2905.59.02	2-Nitro-2-metil-1-propanol.	Kg	Ex	Ex
2905.59.03	Tricloroetilidenglicol (hidrato de cloral).	Kg	Ex	Ex
2905.59.04	3-Cloro-1,2-propanodiol (alfa-Monoclorhidrina).	Kg	Ex	Ex
2905.59.05	Etilen clorhidrina.	Kg	Ex	Ex
2905.59.99	Los demás.	Kg	Ex	Ex
29.06	**Alcoholes cíclicos y sus derivados halogenados, sulfonados, nitrados o nitrosados.**			
	- Ciclánicos, ciclénicos o cicloterpénicos:			
2906.11	**.. Mentol.**			
2906.11.01	Mentol.	Kg	Ex	Ex
2906.12	**.. Ciclohexanol, metilciclohexanoles y dimetilciclohexanoles.**			
2906.12.01	Ciclohexanol.	Kg	Ex	Ex
2906.12.99	Los demás.	Kg	Ex	Ex
2906.13	**.. Esteroles e inositoles.**			
2906.13.01	Inositol.	Kg	Ex	Ex
2906.13.02	Colesterol.	Kg	Ex	Ex
2906.13.99	Los demás.	Kg	Ex	Ex
2906.19	**.. Los demás.**			
2906.19.01	3,5,5-Trimetilciclohexanol.	Kg	Ex	Ex
2906.19.02	ter-Butilciclohexanol.	Kg	Ex	Ex
2906.19.03	Terpineoles.	Kg	Ex	Ex
2906.19.99	Los demás.	Kg	Ex	Ex
	- Aromáticos:			
2906.21	**.. Alcohol bencílico.**			
2906.21.01	Alcohol bencílico.	Kg	Ex	Ex

2906.29	.. Los demás.			
2906.29.01	1-Fenil-1-hidroxi-n-pentano.	Kg	Ex	Ex
2906.29.02	Alcohol cinámico; alcohol hidrocinámico.	Kg	Ex	Ex
2906.29.03	Feniletildimetilcarbinol.	Kg	Ex	Ex
2906.29.04	Dimetilbencilcarbinol.	Kg	Ex	Ex
2906.29.05	Feniletanol.	Kg	7	Ex
2906.29.06	1,1-Bis (p-clorofenil)-2,2,2-tricloroetanol (Dicofol).	Kg	Ex	Ex
2906.29.99	Los demás.	Kg	Ex	Ex

SUBCAPÍTULO III
FENOLES Y FENOLES-ALCOHOLES Y SUS DERIVADOS HALOGENADOS, SULFONADOS, NITRADOS O NITROSADOS

29.07	Fenoles; fenoles-alcoholes.			
	- Monofenoles:			
2907.11	.. Fenol (hidroxibenceno) y sus sales.			
2907.11.01	Fenol (hidroxibenceno).	Kg	Ex	Ex
2907.11.99	Los demás.	Kg	Ex	Ex
2907.12	.. Cresoles y sus sales.			
2907.12.01	Cresoles.	Kg	Ex	Ex
2907.12.99	Los demás.	Kg	Ex	Ex
2907.13	.. Octilfenol, nonilfenol y sus isómeros; sales de estos productos.			
2907.13.01	p-(1,1,3,3-Tetrametilbutil)fenol.	Kg	Ex	Ex
2907.13.02	Nonilfenol.	Kg	Ex	Ex
2907.13.99	Los demás.	Kg	Ex	Ex
2907.15	.. Naftoles y sus sales.			
2907.15.01	1-Naftol.	Kg	Ex	Ex
2907.15.02	2-Naftol.	Kg	Ex	Ex
2907.15.99	Los demás.	Kg	Ex	Ex
2907.19	.. Los demás.			
2907.19.01	2,6-Di-ter-butil-4-metilfenol.	Kg	Ex	Ex
2907.19.02	p-ter-Butilfenol.	Kg	Ex	Ex
2907.19.03	2,2-Metilenbis(4-metil-6-ter-butilfenol).	Kg	Ex	Ex
2907.19.04	o- y p-Fenilfenol.	Kg	Ex	Ex
2907.19.05	Diamilfenol.	Kg	Ex	Ex
2907.19.06	p-Amilfenol.	Kg	Ex	Ex
2907.19.07	2,5-Dinonil-m-cresol.	Kg	Ex	Ex
2907.19.08	Timol.	Kg	Ex	Ex
2907.19.09	Xilenoles y sus sales.	Kg	Ex	Ex
2907.19.99	Los demás.	Kg	Ex	Ex
	- Polifenoles; fenoles-alcoholes:			
2907.21	.. Resorcinol y sus sales.			
2907.21.01	Resorcinol y sus sales.	Kg	Ex	Ex
2907.22	.. Hidroquinona y sus sales.			
2907.22.01	Hidroquinona.	Kg	7	Ex
2907.22.02	Sales de la hidroquinona.	Kg	Ex	Ex
2907.23	.. 4,4'-Isopropilidendifenol (bisfenol A, difenilolpropano) y sus sales.			
2907.23.01	4,4'-Isopropilidendifenol (bisfenol A, difenilolpropano).	Kg	Ex	Ex
2907.23.02	Sales de 4,4'-Isopropilidendifenol.	Kg	Ex	Ex
2907.29	.. Los demás.			
2907.29.01	Pirogalol.	Kg	Ex	Ex
2907.29.02	Di-ter-amilhidroquinona.	Kg	Ex	Ex
2907.29.03	1,3,5-Trihidroxibenceno.	Kg	Ex	Ex
2907.29.04	Hexilresorcina.	Kg	Ex	Ex
2907.29.05	Fenoles-alcoholes.	Kg	Ex	Ex
2907.29.99	Los demás.	Kg	Ex	Ex
29.08	Derivados halogenados, sulfonados, nitrados o nitrosados, de los fenoles o de los fenoles-alcoholes.			
	- Derivados solamente halogenados y sus sales:			
2908.11	.. Pentaclorofenol (ISO).			
2908.11.01	Pentaclorofenol (ISO).	Kg	Ex	Ex
2908.19	.. Los demás.			
2908.19.01	Compuestos clorofenólicos y sus sales, excepto lo comprendido en las fracciones 2908.19.02, 2908.19.03, 2908.19.04, 2908.19.05 y 2908.19.06.	Kg	Ex	Ex
2908.19.02	2,2'-Dihidroxi-5,5'-diclorodifenilmetano.	Kg	Ex	Ex
2908.19.03	2,4,5-Triclorofenol.	Kg	Ex	Ex
2908.19.04	4-Cloro-1-hidroxibenceno.	Kg	Ex	Ex

2908.19.05	o-Bencil-p-clorofenol.	Kg	Ex	Ex
2908.19.06	Triclorofenato de sodio.	Kg	Ex	Ex
2908.19.07	5,8-Dicloro-1-naftol.	Kg	Ex	Ex
2908.19.99	Los demás.	Kg	Ex	Ex
	. **Los demás:**			
2908.91	**. .** **Dinoseb (ISO) y sus sales.**			
2908.91.01	Dinoseb (ISO) y sus sales.	Kg	Ex	Ex
2908.92	**. .** **4,6-Dinitro-o-cresol (DNOC (ISO)) y sus sales.**			
2908.92.01	4,6-Dinitro-o-cresol (DNOC (ISO)) y sus sales.	Kg	Ex	Ex
2908.99	**. .** **Los demás.**			
2908.99.01	p-Nitrofenol y su sal de sodio.	Kg	7	Ex
2908.99.02	2,4,6-Trinitrofenol (ácido pícrico).	Kg	Ex	Ex
2908.99.03	2,6-Diyodo-4-nitrofenol.	Kg	Ex	Ex
2908.99.04	2,4-Dinitrofenol.	Kg	Ex	Ex
2908.99.05	Ácido p-fenolsulfónico.	Kg	Ex	Ex
2908.99.06	2,5-Dihidroxibencensulfonato de calcio.	Kg	Ex	Ex
2908.99.07	Ácido 2-naftol-6,8-disulfónico y sus sales.	Kg	Ex	Ex
2908.99.08	2-Naftol-3,6-disulfonato de sodio.	Kg	Ex	Ex
2908.99.09	1-Naftol-4-sulfonato de sodio.	Kg	Ex	Ex
2908.99.10	4,5-Dihidroxi-2,7-naftalendisulfonato monosódico o disódico.	Kg	Ex	Ex
2908.99.11	2,3-Dihidroxi-6-naftalensulfonato de sodio.	Kg	Ex	Ex
2908.99.12	Ácido 2-hidroxi-6-naftalensulfónico.	Kg	Ex	Ex
2908.99.99	Los demás.	Kg	Ex	Ex

SUBCAPÍTULO IV
ÉTERES, PERÓXIDOS DE ALCOHOLES, PERÓXIDOS DE ÉTERES, PERÓXIDOS DE CETONAS, EPÓXIDOS CON TRES ÁTOMOS EN EL CICLO, ACETALES Y SEMIACETALES, Y SUS DERIVADOS HALOGENADOS, SULFONADOS, NITRADOS O NITROSADOS

29.09	**Éteres, éteres-alcoholes, éteres-fenoles, éteres-alcoholes-fenoles, peróxidos de alcoholes, peróxidos de éteres, peróxidos de cetonas (aunque no sean de constitución química definida), y sus derivados halogenados, sulfonados, nitrados o nitrosados.**			
	. **Éteres acíclicos y sus derivados halogenados, sulfonados, nitrados o nitrosados:**			
2909.11	**. .** **Éter dietílico (óxido de dietilo).**			
2909.11.01	Éter dietílico (óxido de dietilo).	Kg	Ex	Ex
2909.19	**. .** **Los demás.**			
2909.19.01	Éter isopropílico.	Kg	Ex	Ex
2909.19.02	Éter butílico.	Kg	Ex	Ex
2909.19.03	Éter metil ter-butílico.	Kg	Ex	Ex
2909.19.99	Los demás.	Kg	Ex	Ex
2909.20	**.** **Éteres ciclánicos, ciclénicos, cicloterpénicos, y sus derivados halogenados, sulfonados, nitrados o nitrosados.**			
2909.20.01	Éteres ciclánicos, ciclénicos, cicloterpénicos, y sus derivados halogenados, sulfonados, nitrados o nitrosados.	Kg	Ex	Ex
2909.30	**.** **Éteres aromáticos y sus derivados halogenados, sulfonados, nitrados o nitrosados.**			
2909.30.01	Anetol.	Kg	Ex	Ex
2909.30.02	Éter fenílico.	Kg	Ex	Ex
2909.30.03	Trimetoxibenceno.	Kg	Ex	Ex
2909.30.04	4-Nitrofenetol.	Kg	Ex	Ex
2909.30.05	2,6-Dinitro-3-metoxi-4-ter-butiltolueno.	Kg	Ex	Ex
2909.30.06	Éter 3-Yodo-2-propinílico del 2,4,5-triclorofenol.	Kg	Ex	Ex
2909.30.07	2-Cloro-1-(3-etoxi-4-nitrofenoxi)-4-(trifluorometil)benceno (Oxifluorfen).	Kg	Ex	Ex
2909.30.08	2,2-Bis(p-metoxifenil)-1,1,1-tricloroetano (Metoxicloro).	Kg	Ex	Ex
2909.30.09	Eter p-cresilmetílico.	Kg	Ex	Ex
2909.30.99	Los demás.	Kg	Ex	Ex
	. **Éteres-alcoholes y sus derivados halogenados, sulfonados, nitrados o nitrosados:**			
2909.41	**. .** **2,2'-Oxidietanol (dietilenglicol).**			
2909.41.01	2,2'-Oxidietanol (dietilenglicol).	Kg	7	Ex
2909.43	**. .** **Éteres monobutílicos del etilenglicol o del dietilenglicol.**			
2909.43.01	Éteres monobutílicos del etilenglicol o del dietilenglicol.	Kg	7	Ex
2909.44	**. .** **Los demás éteres monoalquílicos del etilenglicol o del dietilenglicol.**			
2909.44.01	Éter monoetílico del etilenglicol o del dietilenglicol.	Kg	7	Ex
2909.44.02	Éter isopropílico del etilenglicol.	Kg	Ex	Ex
2909.44.03	Éteres monometílicos del etilenglicol o del dietilenglicol.	Kg	7	Ex
2909.44.99	Los demás.	Kg	Ex	Ex
2909.49	**. .** **Los demás.**			

Código	Descripción	Unidad		
2909.49.01	Éter monometílico, monoetílico o monobutílico del trietilenglicol.	Kg	7	Ex
2909.49.02	3-(2-Metilfenoxi)-1,2-propanodiol (mefenesina).	Kg	Ex	Ex
2909.49.03	Trietilenglicol.	Kg	7	Ex
2909.49.04	Éter monofenílico del etilenglicol.	Kg	Ex	Ex
2909.49.05	Alcohol 3-fenoxibencílico.	Kg	Ex	Ex
2909.49.06	Dipropilenglicol.	Kg	7	Ex
2909.49.07	Tetraetilenglicol.	Kg	Ex	Ex
2909.49.08	Tripropilenglicol.	Kg	7	Ex
2909.49.09	1,2-Dihidroxi- 3-(2-metoxifenoxi)propano (Guayacolato de glicerilo).	Kg	Ex	Ex
2909.49.99	Los demás.	Kg	5	Ex
2909.50	**Éteres-fenoles, éteres-alcoholes-fenoles, y sus derivados halogenados, sulfonados, nitrados o nitrosados.**			
2909.50.01	Éter monometílico de la hidroquinona.	Kg	7	Ex
2909.50.02	Sulfoguayacolato de potasio.	Kg	Ex	Ex
2909.50.03	Guayacol.	Kg	Ex	Ex
2909.50.04	Eugenol o isoeugenol, excepto grado farmacéutico.	Kg	Ex	Ex
2909.50.05	Eugenol, grado farmacéutico.	Kg	Ex	Ex
2909.50.99	Los demás.	Kg	Ex	Ex
2909.60	**Peróxidos de alcoholes, peróxidos de éteres, peróxidos de cetonas, y sus derivados halogenados, sulfonados, nitrados o nitrosados.**			
2909.60.01	Peróxido de laurilo.	Kg	Ex	Ex
2909.60.02	Hidroperóxido de cumeno.	Kg	Ex	Ex
2909.60.03	Hidroxioxianisol.	Kg	Ex	Ex
2909.60.04	Peróxido de dicumilo.	Kg	Ex	Ex
2909.60.05	Hidroperóxido de paramentano.	Kg	Ex	Ex
2909.60.99	Los demás.	Kg	7	Ex
29.10	**Epóxidos, epoxialcoholes, epoxifenoles y epoxiéteres, con tres átomos en el ciclo, y sus derivados halogenados, sulfonados, nitrados o nitrosados.**			
2910.10	**Oxirano (óxido de etileno).**			
2910.10.01	Oxirano (óxido de etileno).	Kg	Ex	Ex
2910.20	**Metiloxirano (óxido de propileno).**			
2910.20.01	Metiloxirano (óxido de propileno).	Kg	Ex	Ex
2910.30	**1-Cloro-2,3-epoxipropano (epiclorhidrina).**			
2910.30.01	1-Cloro-2,3-epoxipropano (epiclorhidrina).	Kg	Ex	Ex
2910.40	**Dieldrina (ISO, DCI).**			
2910.40.01	Dieldrina (ISO, DCI).	Kg	Ex	Ex
2910.90	**Los demás.**			
2910.90.01	1,2,3,4,10,10-Hexacloro-6,7-epoxi-1,4,4ª,5,6,7,8,8ª-octahidro-endo,endo-1,4:5,8-dimetanonaftaleno (Endrin).		Prohibida	Prohibida
2910.90.02	3-(o-Aliloxifenoxi)-1,2-epoxipropano.	Kg	Ex	Ex
2910.90.99	Los demás.	Kg	Ex	Ex
29.11	**Acetales y semiacetales, incluso con otras funciones oxigenadas, y sus derivados halogenados, sulfonados, nitrados o nitrosados.**			
2911.00	**Acetales y semiacetales, incluso con otras funciones oxigenadas, y sus derivados halogenados, sulfonados, nitrados o nitrosados.**			
2911.00.01	Dimetilacetal del citral.	Kg	Ex	Ex
2911.00.02	Dimetilacetal del aldehído amilcinámico.	Kg	Ex	Ex
2911.00.03	Dimetilacetal del hidroxicitronelal.	Kg	Ex	Ex
2911.00.99	Los demás.	Kg	Ex	Ex

SUBCAPÍTULO V
COMPUESTOS CON FUNCIÓN ALDEHÍDO

Código	Descripción	Unidad		
29.12	**Aldehídos, incluso con otras funciones oxigenadas; polímeros cíclicos de los aldehídos; paraformaldehído.**			
	Aldehídos acíclicos sin otras funciones oxigenadas:			
2912.11	**Metanal (formaldehído).**			
2912.11.01	Metanal (formaldehído).	Kg	7	Ex
2912.12	**Etanal (acetaldehído).**			
2912.12.01	Etanal (acetaldehído).	Kg	Ex	Ex
2912.19	**Los demás.**			
2912.19.01	Glioxal.	Kg	Ex	Ex
2912.19.02	Metilnonilacetaldehído (2-metilundecanal).	Kg	Ex	Ex
2912.19.03	Aldehído decílico.	Kg	Ex	Ex
2912.19.04	Aldehído isobutírico.	Kg	Ex	Ex
2912.19.05	Glutaraldehído.	Kg	7	Ex
2912.19.06	Octanal.	Kg	Ex	Ex
2912.19.07	Citral.	Kg	Ex	Ex

2912.19.08	Aldehído undecilénico.	Kg	Ex	Ex
2912.19.09	Aldehído acrílico.	Kg	Ex	Ex
2912.19.10	Hexaldehído.	Kg	Ex	Ex
2912.19.11	Aldehído heptílico.	Kg	Ex	Ex
2912.19.12	Butanal (butiraldehído, isómero normal).	Kg	Ex	Ex
2912.19.99	Los demás.	Kg	Ex	Ex
	- Aldehídos cíclicos sin otras funciones oxigenadas:			
2912.21	**-- Benzaldehído (aldehído benzoico).**			
2912.21.01	Benzaldehído (aldehído benzoico).	Kg	Ex	Ex
2912.29	**-- Los demás.**			
2912.29.01	Aldehídos cinámico, amilcinámico o hexil cinámico.	Kg	Ex	Ex
2912.29.02	Fenilacetaldehído.	Kg	Ex	Ex
2912.29.03	Aldehído ciclámico.	Kg	Ex	Ex
2912.29.04	p-Terbutil-alfa-metil-hidrocinamaldehído (Lilial).	Kg	Ex	Ex
2912.29.05	Aldehído fenilpropílico.	Kg	Ex	Ex
2912.29.99	Los demás.	Kg	Ex	Ex
	- Aldehidos-alcoholes, aldehídos-éteres, aldehídos-fenoles y aldehídos con otras funciones oxigenadas:			
2912.41	**-- Vainillina (aldehído metilprotocatéquico ó 4-hidroxi-3-metoxibenzaldehído).**			
2912.41.01	Vainillina (aldehído metilprotocatéquico ó 4-hidroxi-3-metoxibenzaldehído).	Kg	Ex	Ex
2912.42	**-- Etilvainillina (aldehído etilprotocatéquico ó 4-hidroxi-3-etoxibenzaldehído).**			
2912.42.01	Etilvainillina (aldehído etilprotocatéquico ó 4-hidroxi-3-etoxibenzaldehído).	Kg	Ex	Ex
2912.49	**-- Los demás.**			
2912.49.01	3,4,5-Trimetoxibenzaldehído.	Kg	Ex	Ex
2912.49.02	Veratraldehído.	Kg	Ex	Ex
2912.49.03	Aldehído 3-fenoxilbencílico.	Kg	Ex	Ex
2912.49.06	Aldehídos-alcoholes.	Kg	Ex	Ex
2912.49.99	Los demás.	Kg	Ex	Ex
2912.50	**- Polímeros cíclicos de los aldehídos.**			
2912.50.01	Polímeros cíclicos de los aldehídos.	Kg	Ex	Ex
2912.60	**- Paraformaldehído.**			
2912.60.01	Paraformaldehído.	Kg	Ex	Ex
29.13	**Derivados halogenados, sulfonados, nitrados o nitrosados de los productos de la partida 29.12.**			
2913.00	**- Derivados halogenados, sulfonados, nitrados o nitrosados de los productos de la partida 29.12.**			
2913.00.01	Cloral.	Kg	Ex	Ex
2913.00.02	Ácido o-sulfónico del benzaldehído.	Kg	Ex	Ex
2913.00.99	Los demás.	Kg	Ex	Ex

SUBCAPÍTULO VI
COMPUESTOS CON FUNCIÓN CETONA O CON FUNCIÓN QUINONA

29.14	**Cetonas y quinonas, incluso con otras funciones oxigenadas, y sus derivados halogenados, sulfonados, nitrados o nitrosados.**			
	- Cetonas acíclicas sin otras funciones oxigenadas:			
2914.11	**-- Acetona.**			
2914.11.01	Acetona.	Kg	Ex	Ex
2914.12	**-- Butanona (metiletilcetona).**			
2914.12.01	Butanona (metiletilcetona).	Kg	Ex	Ex
2914.13	**-- 4-Metilpentan-2-ona (metilisobutilcetona).**			
2914.13.01	4-Metilpentan-2-ona (metilisobutilcetona).	Kg	7	Ex
2914.19	**-- Las demás.**			
2914.19.01	Diisobutilcetona.	Kg	Ex	Ex
2914.19.02	Óxido de mesitilo.	Kg	7	Ex
2914.19.03	Metilisoamilcetona.	Kg	Ex	Ex
2914.19.04	Acetilacetona (2,4-pentanodiona).	Kg	Ex	Ex
2914.19.05	Dimetil glioxal.	Kg	Ex	Ex
2914.19.06	Hexanona.	Kg	Ex	Ex
2914.19.99	Las demás.	Kg	Ex	Ex
	- Cetonas ciclánicas, ciclénicas o cicloterpénicas, sin otras funciones oxigenadas:			
2914.22	**-- Ciclohexanona y metilciclohexanonas.**			
2914.22.01	Ciclohexanona y metilciclohexanonas.	Kg	Ex	Ex
2914.23	**-- Iononas y metiliononas.**			
2914.23.01	Iononas.	Kg	Ex	Ex
2914.23.02	Metiliononas.	Kg	Ex	Ex

2914.29	**.. Las demás.**			
2914.29.01	2-Metil-5-(1-metiletenil)-2-ciclohexen-1-ona (Carvona).	Kg	Ex	Ex
2914.29.02	3,5,5-Trimetil-2-ciclohexen-1-ona.	Kg	Ex	Ex
2914.29.03	1-p-Menten-3-ona.	Kg	Ex	Ex
2914.29.04	Alcanfor.	Kg	Ex	Ex
2914.29.99	Las demás.	Kg	5	Ex
	. Cetonas aromáticas sin otras funciones oxigenadas:			
2914.31	**.. Fenilacetona (fenilpropan-2-ona).**			
2914.31.01	Fenilacetona (fenilpropan-2-ona).	Kg	Ex	Ex
2914.39	**.. Las demás.**			
2914.39.01	Benzofenona.	Kg	Ex	Ex
2914.39.02	1,1,4,4-Tetrametil-6-etil-7-acetil-1,2,3,4- tetrahidronaftaleno (Versalide).	Kg	Ex	Ex
2914.39.03	1,1,2,3,3,5-Hexametilindan-6-metilcetona.	Kg	Ex	Ex
2914.39.04	Acetofenona; p-metilacetofenona.	Kg	Ex	Ex
2914.39.05	2-(Difenilacetil)-1H-indeno-1,3(2H)-diona (Difenadiona (DCI)).	Kg	Ex	Ex
2914.39.06	7-Acetil-1,1,3,4,4,6-hexametiltetrahidronaftaleno.	Kg	Ex	Ex
2914.39.07	1,1-Dimetil-4-acetil-6-ter-butilindano.	Kg	Ex	Ex
2914.39.99	Los demás.	Kg	Ex	Ex
2914.40	**. Cetonas-alcoholes y cetonas-aldehídos.**			
2914.40.01	Acetilmetilcarbinol.	Kg	Ex	Ex
2914.40.02	Fenil acetil carbinol.	Kg	7	Ex
2914.40.99	Los demás.	Kg	5	Ex
2914.50	**. Cetonas-fenoles y cetonas con otras funciones oxigenadas.**			
2914.50.01	Derivados de la benzofenona con otras funciones oxigenadas.	Kg	Ex	Ex
2914.50.02	p-Metoxiacetofenona.	Kg	Ex	Ex
2914.50.03	3,4-Dimetoxifenilacetona.	Kg	Ex	Ex
2914.50.99	Los demás.	Kg	Ex	Ex
	. Quinonas:			
2914.61	**.. Antraquinona.**			
2914.61.01	Antraquinona.	Kg	Ex	Ex
2914.69	**.. Las demás.**			
2914.69.01	Quinizarina.	Kg	Ex	Ex
2914.69.02	2-Etilantraquinona.	Kg	Ex	Ex
2914.69.99	Las demás.	Kg	Ex	Ex
2914.70	**. Derivados halogenados, sulfonados, nitrados o nitrosados.**			
2914.70.01	2-Bromo-4-hidroxiacetofenona.	Kg	Ex	Ex
2914.70.02	Dinitrodimetilbutilacetofenona.	Kg	Ex	Ex
2914.70.03	Sal de sodio del derivado bisulfítico de la 2-metil-1,4-naftoquinona.	Kg	Ex	Ex
2914.70.99	Los demás.	Kg	Ex	Ex

SUBCAPÍTULO VII
ÁCIDOS CARBOXÍLICOS, SUS ANHÍDRIDOS, HALOGENUROS, PERÓXIDOS Y PEROXIÁCIDOS; SUS DERIVADOS HALOGENADOS, SULFONADOS, NITRADOS O NITROSADOS

29.15	**Ácidos monocarboxílicos acíclicos saturados y sus anhídridos, halogenuros, peróxidos y peroxiácidos; sus derivados halogenados, sulfonados, nitrados o nitrosados.**			
	. Ácido fórmico, sus sales y sus ésteres:			
2915.11	**.. Ácido fórmico.**			
2915.11.01	Ácido fórmico.	Kg	Ex	Ex
2915.12	**.. Sales del ácido fórmico.**			
2915.12.01	Formiato de sodio o de calcio.	Kg	Ex	Ex
2915.12.02	Formiato de cobre.	Kg	Ex	Ex
2915.12.99	Los demás.	Kg	Ex	Ex
2915.13	**.. Ésteres del ácido fórmico.**			
2915.13.01	Ésteres del ácido fórmico.	Kg	Ex	Ex
	. Ácido acético y sus sales; anhídrido acético:			
2915.21	**.. Ácido acético.**			
2915.21.01	Ácido acético.	Kg	Ex	Ex
2915.24	**.. Anhídrido acético.**			
2915.24.01	Anhídrido acético.	Kg	10	Ex
2915.29	**.. Las demás.**			
2915.29.01	Acetato de sodio.	Kg	Ex	Ex
2915.29.02	Acetatos de cobalto.	Kg	Ex	Ex
2915.29.99	Las demás.	Kg	Ex	Ex

	- **Ésteres del ácido acético:**			
2915.31	.. **Acetato de etilo.**			
2915.31.01	Acetato de etilo.	Kg	10	Ex
2915.32	.. **Acetato de vinilo.**			
2915.32.01	Acetato de vinilo.	Kg	Ex	Ex
2915.33	.. **Acetato de n-butilo.**			
2915.33.01	Acetato de n-butilo.	Kg	Ex	Ex
2915.36	.. **Acetato de dinoseb (ISO).**			
2915.36.01	Acetato de dinoseb (ISO).	Kg	Ex	Ex
2915.39	.. **Los demás.**			
2915.39.01	Acetato de metilo.	Kg	Ex	Ex
2915.39.02	Acetato del éter monometílico del etilenglicol.	Kg	5	Ex
2915.39.03	Acetato de isopropilo o de metilamilo.	Kg	10	Ex
2915.39.04	Acetato de isobornilo.	Kg	5	Ex
2915.39.05	Acetato de cedrilo.	Kg	5	Ex
2915.39.06	Acetato de linalilo.	Kg	Ex	Ex
2915.39.07	Diacetato de etilenglicol.	Kg	Ex	Ex
2915.39.08	Acetato de dimetilbencilcarbinilo.	Kg	Ex	Ex
2915.39.09	Acetato de mentanilo.	Kg	5	Ex
2915.39.10	Acetato de 2-etilhexilo.	Kg	Ex	Ex
2915.39.11	Acetato de vetiverilo.	Kg	Ex	Ex
2915.39.12	Acetato de laurilo.	Kg	Ex	Ex
2915.39.13	Acetato del éter monobutílico del etilenglicol.	Kg	5	Ex
2915.39.14	Acetato del éter monobutílico del dietilenglicol.	Kg	Ex	Ex
2915.39.15	Acetato de terpenilo.	Kg	5	Ex
2915.39.16	Acetato de triclorometilfenilcarbinilo.	Kg	Ex	Ex
2915.39.17	Acetato de isobutilo.	Kg	5	Ex
2915.39.18	Acetato de 2-etoxietilo.	Kg	7	Ex
2915.39.99	Los demás.	Kg	Ex	Ex
2915.40	- **Ácidos mono-, di- o tricloroacéticos, sus sales y sus ésteres.**			
2915.40.01	Ácidos mono- o dicloroacéticos y sus sales de sodio.	Kg	9	Ex
2915.40.02	Tricloro acetato de sodio.	Kg	Ex	Ex
2915.40.03	Cloruro de monocloro acetilo.	Kg	Ex	Ex
2915.40.04	Dicloro acetato de metilo.	Kg	Ex	Ex
2915.40.99	Los demás.	Kg	Ex	Ex
2915.50	- **Ácido propiónico, sus sales y sus ésteres.**			
2915.50.01	Ácido propiónico.	Kg	Ex	Ex
2915.50.02	Propionato de cedrilo.	Kg	Ex	Ex
2915.50.03	Propionato de terpenilo.	Kg	5	Ex
2915.50.04	Propionato de calcio.	Kg	Ex	Ex
2915.50.05	Propionato de sodio.	Kg	Ex	Ex
2915.50.99	Los demás.	Kg	Ex	Ex
2915.60	- **Ácidos butanoicos, ácidos pentanoicos, sus sales y sus ésteres.**			
2915.60.01	Ácido butanoico (Ácido butírico).	Kg	Ex	Ex
2915.60.02	Butanoato de etilo (Butirato de etilo).	Kg	5	Ex
2915.60.03	Diisobutanoato de 2,2,4-trimetilpentanodiol.	Kg	Ex	Ex
2915.60.99	Los demás.	Kg	5	Ex
2915.70	- **Ácido palmítico, ácido esteárico, sus sales y sus ésteres.**			
2915.70.01	Estearato de isopropilo.	Kg	5	Ex
2915.70.02	Monoestearato de etilenglicol o de propilenglicol.	Kg	5	Ex
2915.70.03	Estearato de butilo.	Kg	5	Ex
2915.70.04	Monoestearato de sorbitan.	Kg	5	Ex
2915.70.05	Monoestearato de glicerilo.	Kg	5	Ex
2915.70.06	Palmitato de metilo.	Kg	5	Ex
2915.70.07	Palmitato de isopropilo.	Kg	5	Ex
2915.70.08	Palmitato de isobutilo.	Kg	Ex	Ex
2915.70.09	Palmitato de cetilo.	Kg	Ex	Ex
2915.70.99	Los demás.	Kg	Ex	Ex
2915.90	- **Los demás.**			
2915.90.01	Ácido 2-etilhexanoico.	Kg	Ex	Ex
2915.90.02	Sales del ácido 2-etilhexanoico.	Kg	5	Ex
2915.90.03	Ácido cáprico.	Kg	Ex	Ex
2915.90.04	Ácido láurico.	Kg	Ex	Ex
2915.90.05	Ácido mirístico.	Kg	Ex	Ex
2915.90.06	Ácido caproico.	Kg	Ex	Ex
2915.90.07	Ácido 2-propilpentanoico (Ácido valproico).	Kg	Ex	Ex
2915.90.08	Heptanoato de etilo.	Kg	Ex	Ex
2915.90.09	Laurato de metilo.	Kg	Ex	Ex
2915.90.10	Ácido nonanoico o isononanoico.	Kg	Ex	Ex

2915.90.11	Sal sódica del ácido 2-propilpentanoico (Valproato de sodio).	Kg	Ex	Ex
2915.90.12	Peróxido de lauroilo o de decanoilo.	Kg	7	Ex
2915.90.13	Dicaprilato de trietilenglicol.	Kg	5	Ex
2915.90.14	Miristato de isopropilo.	Kg	5	Ex
2915.90.15	Peroxi-2-etilhexanoato de terbutilo; peroxibenzoato de terbutilo.	Kg	10	Ex
2915.90.16	Cloruro de lauroilo, de decanoilo o de isononanoilo.	Kg	Ex	Ex
2915.90.17	Monolaurato de sorbitán.	Kg	5	Ex
2915.90.18	Anhídrido propiónico.	Kg	Ex	Ex
2915.90.19	Ácido 3-(3,5-diterbutil-4-hidroxifenil)-propiónico.	Kg	Ex	Ex
2915.90.20	Tetraésteres del pentaeritritol.	Kg	Ex	Ex
2915.90.21	Sales del ácido 2-propilpentanoico (Sales del ácido valproico), excepto lo comprendido en la fracción 2915.90.11.	Kg	5	Ex
2915.90.22	Cloruro de palmitoilo.	Kg	Ex	Ex
2915.90.23	Di-(2-etilbutanoato) de trietilenglicol.	Kg	Ex	Ex
2915.90.24	Cloruro de n-pentanoilo.	Kg	Ex	Ex
2915.90.25	Ácido caprílico.	Kg	Ex	Ex
2915.90.26	Ácido behénico.	Kg	Ex	Ex
2915.90.27	Cloruro de pivaloilo.	Kg	Ex	Ex
2915.90.28	Ácido 13-docosenoico.	Kg	Ex	Ex
2915.90.29	Cloropropionato de metilo.	Kg	Ex	Ex
2915.90.30	Ortoformiato de trietilo.	Kg	Ex	Ex
2915.90.31	Cloroformiato de 2-etilhexilo.	Kg	Ex	Ex
2915.90.32	Cloroformiato de metilo.	Kg	Ex	Ex
2915.90.33	Cloroformiato de bencilo.	Kg	Ex	Ex
2915.90.99	Los demás.	Kg	5	Ex
29.16	**Ácidos monocarboxílicos acíclicos no saturados y ácidos monocarboxílicos cíclicos, sus anhídridos, halogenuros, peróxidos y peroxiácidos; sus derivados halogenados, sulfonados, nitrados o nitrosados.**			
-	Ácidos monocarboxílicos acíclicos no saturados, sus anhídridos, halogenuros, peróxidos, peroxiácidos y sus derivados:			
2916.11	.. **Ácido acrílico y sus sales.**			
2916.11.01	Ácido acrílico y sus sales.	Kg	5	Ex
2916.12	.. **Ésteres del ácido acrílico.**			
2916.12.01	Acrilato de metilo o de etilo.	Kg	7	Ex
2916.12.02	Acrilato de butilo.	Kg	Ex	Ex
2916.12.03	Acrilato de 2-etilhexilo.	Kg	4	Ex
2916.12.99	Los demás.	Kg	7	Ex
2916.13	.. **Ácido metacrílico y sus sales.**			
2916.13.01	Ácido metacrílico y sus sales.	Kg	Ex	Ex
2916.14	.. **Ésteres del ácido metacrílico.**			
2916.14.01	Metacrilato de metilo.	Kg	Ex	Ex
2916.14.02	Metacrilato de etilo o de butilo.	Kg	7	Ex
2916.14.03	Metacrilato de 2-hidroxipropilo.	Kg	7	Ex
2916.14.04	Dimetacrilato de etilenglicol.	Kg	7	Ex
2916.14.99	Los demás.	Kg	5	Ex
2916.15	.. **Ácidos oleico, linoleico o linolénico, sus sales y sus ésteres.**			
2916.15.01	Monooleato de sorbitan.	Kg	Ex	Ex
2916.15.02	Trioleato de glicerilo.	Kg	5	Ex
2916.15.03	Monooleato de propanotriol.	Kg	Ex	Ex
2916.15.04	Oleato de dietilenglicol.	Kg	5	Ex
2916.15.99	Los demás.	Kg	5	Ex
2916.16	.. **Binapacril (ISO).**			
2916.16.01	Binapacril (ISO).	Kg	Ex	Ex
2916.19	.. **Los demás.**			
2916.19.01	Ácido sórbico (ácido 2, 4-hexadienoico).	Kg	Ex	Ex
2916.19.02	Ácido crotónico.	Kg	Ex	Ex
2916.19.03	Ácido undecilénico y su sal de sodio.	Kg	Ex	Ex
2916.19.04	Sorbato de potasio.	Kg	Ex	Ex
2916.19.05	Undecilenato de cinc.	Kg	Ex	Ex
2916.19.99	Los demás.	Kg	Ex	Ex
2916.20	- **Ácidos monocarboxílicos ciclánicos, ciclénicos o cicloterpénicos, sus anhídridos, halogenuros, peróxidos, peroxiácidos y sus derivados.**			
2916.20.01	Eter etilhidroximetilpenteno del ácido crisantémico monocarboxílico.	Kg	Ex	Ex
2916.20.02	Acetato de diciclopentadienilo.	Kg	Ex	Ex
2916.20.03	(+.-)-cis, trans-3-(2,2-dicloroetenil)-2,2-dimetilciclopropancarboxilato de (3-fenoxifenil)-metilo (Permetrina).	Kg	Ex	Ex
2916.20.04	Cloruro del ácido 2,2-dimetil-3-(2,2- diclorovinil) ciclopropanóico.	Kg	Ex	Ex
2916.20.99	Los demás.	Kg	Ex	Ex
-	Ácidos monocarboxílicos aromáticos, sus anhídridos, halogenuros, peróxidos, peroxiácidos y sus derivados:			

2916.31	.. Ácido benzoico, sus sales y sus ésteres.			
2916.31.01	Sal de sodio del ácido benzoico.	Kg	5	Ex
2916.31.02	Dibenzoato de dipropilenglicol.	Kg	5	Ex
2916.31.03	Benzoato de etilo o de bencilo.	Kg	5	Ex
2916.31.04	Benzoato de 7-dihidrocolesterilo.	Kg	Ex	Ex
2916.31.05	Ácido benzoico.	Kg	Ex	Ex
2916.31.99	Los demás.	Kg	Ex	Ex
2916.32	.. Peróxido de benzoilo y cloruro de benzoilo.			
2916.32.01	Peróxido de benzoilo.	Kg	Ex	Ex
2916.32.02	Cloruro de benzoilo.	Kg	Ex	Ex
2916.34	.. Ácido fenilacético y sus sales.			
2916.34.01	Ácido fenilacético y sus sales.	Kg	Ex	Ex
2916.39	.. Los demás.			
2916.39.01	Ácido p-terbutilbenzoico.	Kg	Ex	Ex
2916.39.02	Ácido dinitrotóluico.	Kg	Ex	Ex
2916.39.03	Ácido cinámico.	Kg	Ex	Ex
2916.39.04	Ácido p-nitrobenzoico y sus sales.	Kg	Ex	Ex
2916.39.05	Ácido 2,4-diclorobenzoico y sus derivados halogenados.	Kg	Ex	Ex
2916.39.06	Cloruro del ácido 2-(4-clorofenil) isovalérico.	Kg	Ex	Ex
2916.39.07	Ácido 2-(4-isobutil fenil) propiónico (Ibuprofén).	Kg	Ex	Ex
2916.39.08	Esteres del ácido fenilacético.	Kg	Ex	Ex
2916.39.99	Los demás.	Kg	Ex	Ex
29.17	Ácidos policarboxílicos, sus anhídridos, halogenuros, peróxidos y peroxiácidos; sus derivados halogenados, sulfonados, nitrados o nitrosados.			
	- Ácidos policarboxílicos acíclicos, sus anhídridos, halogenuros, peróxidos, peroxiácidos y sus derivados:			
2917.11	.. Ácido oxálico, sus sales y sus ésteres.			
2917.11.01	Oxalato de potasio, grado reactivo.	Kg	Ex	Ex
2917.11.99	Los demás.	Kg	Ex	Ex
2917.12	.. Ácido adípico, sus sales y sus ésteres.			
2917.12.01	Ácido adípico sus sales y sus ésteres.	Kg	Ex	Ex
2917.13	.. Ácido azelaico, ácido sebácico, sus sales y sus ésteres.			
2917.13.01	Acido sebásico y sus sales.	Kg	Ex	Ex
2917.13.02	Acido azeláico (Acido 1,7-heptandicarboxílico).	Kg	Ex	Ex
2917.13.99	Los demás.	Kg	Ex	Ex
2917.14	.. Anhídrido maleico.			
2917.14.01	Anhídrido maleico.	Kg	10	Ex
2917.19	.. Los demás.			
2917.19.01	Fumarato ferroso.	Kg	Ex	Ex
2917.19.02	Sulfosuccinato de dioctilo y sodio.	Kg	Ex	Ex
2917.19.03	Ácido succinico o su anhídrido.	Kg	Ex	Ex
2917.19.04	Ácido maleico y sus sales.	Kg	7	Ex
2917.19.05	Ácido itacónico.	Kg	Ex	Ex
2917.19.06	Maleato de tridecilo o de nonaoctilo o de dialilo.	Kg	Ex	Ex
2917.19.07	Malonato de dietilo; 2-(n-butil)-malonato de dietilo.	Kg	Ex	Ex
2917.19.08	Ácido fumárico.	Kg	5	Ex
2917.19.99	Los demás.	Kg	Ex	Ex
2917.20	- Ácidos policarboxílicos ciclánicos, ciclénicos o cicloterpénicos, sus anhídridos, halogenuros, peróxidos, peroxiácidos y sus derivados.			
2917.20.01	Ácido clorhéndico.	Kg	Ex	Ex
2917.20.02	Anhídrido clorhéndico.	Kg	Ex	Ex
2917.20.03	Anhídridos tetra, hexa o metil tetra hidroftálicos.	Kg	Ex	Ex
2917.20.99	Los demás.	Kg	Ex	Ex
	- Ácidos policarboxílicos aromáticos, sus anhídridos, halogenuros, peróxidos, peroxiácidos y sus derivados:			
2917.32	.. Ortoftalatos de dioctilo.			
2917.32.01	Ortoftalatos de dioctilo.	Kg	3	Ex
2917.33	.. Ortoftalatos de dinonilo o de didecilo.			
2917.33.01	Ortoftalatos de dinonilo o de didecilo.	Kg	7	Ex
2917.34	.. Los demás ésteres del ácido ortoftálico.			
2917.34.01	Ortoftalatos de dibutilo.	Kg	7	Ex
2917.34.99	Los demás.	Kg	Ex	Ex
2917.35	.. Anhídrido ftálico.			
2917.35.01	Anhídrido ftálico.	Kg	10	Ex
2917.36	.. Ácido tereftálico y sus sales.			
2917.36.01	Ácido tereftálico y sus sales.	Kg	10	Ex
2917.37	.. Tereftalato de dimetilo.			
2917.37.01	Tereftalato de dimetilo.	Kg	10	Ex

2917.39	**.. Los demás.**			
2917.39.01	Sal sódica del sulfoisoftalato de dimetilo.	Kg	Ex	Ex
2917.39.02	Tetracloro tereftalato de dimetilo.	Kg	Ex	Ex
2917.39.03	Ftalato dibásico de plomo.	Kg	Ex	Ex
2917.39.04	Trimelitato de trioctilo.	Kg	7	Ex
2917.39.05	Ácido isoftálico.	Kg	Ex	Ex
2917.39.06	Anhídrido trimelítico.	Kg	Ex	Ex
2917.39.99	Los demás.	Kg	5	Ex
29.18	**Ácidos carboxílicos con funciones oxigenadas suplementarias y sus anhídridos, halogenuros, peróxidos y peroxiácidos; sus derivados halogenados, sulfonados, nitrados o nitrosados.**			
-	Ácidos carboxílicos con función alcohol, pero sin otra función oxigenada, sus anhídridos, halogenuros, peróxidos, peroxiácidos y sus derivados:			
2918.11	**.. Ácido láctico, sus sales y sus ésteres.**			
2918.11.01	Ácido láctico, sus sales y sus ésteres.	Kg	Ex	Ex
2918.12	**.. Ácido tartárico.**			
2918.12.01	Ácido tartárico	Kg	5	Ex
2918.13	**.. Sales y ésteres del ácido tartárico.**			
2918.13.01	Bitartrato de potasio.	Kg	Ex	Ex
2918.13.02	Tartrato de potasio y sodio.	Kg	Ex	Ex
2918.13.03	Tartrato de potasio y antimonio.	Kg	Ex	Ex
2918.13.04	Tartrato de calcio.	Kg	Ex	Ex
2918.13.99	Los demás.	Kg	Ex	Ex
2918.14	**.. Ácido cítrico.**			
2918.14.01	Ácido cítrico.	Kg	Ex	Ex
2918.15	**.. Sales y ésteres del ácido cítrico.**			
2918.15.01	Citrato de sodio.	Kg	7%+AE	Ex
2918.15.02	Citrato férrico amónico.	Kg	7%+AE	Ex
2918.15.03	Citrato de litio.	Kg	Ex	Ex
2918.15.04	Ferrocitrato de calcio.	Kg	Ex	Ex
2918.15.05	Sales del ácido cítrico, excepto lo comprendido en las fracciones 2918.15.01, 2918.15.02, 2918.15.03 y 2918.15.04.	Kg	5	Ex
2918.15.99	Los demás.	Kg	Ex	Ex
2918.16	**.. Ácido glucónico, sus sales y sus ésteres.**			
2918.16.01	Ácido glucónico y sus sales de sodio, magnesio, calcio o de hierro, excepto lo comprendido en la fracción 2918.16.02.	Kg	Ex	Ex
2918.16.02	Lactogluconato de calcio.	Kg	Ex	Ex
2918.16.99	Los demás.	Kg	Ex	Ex
2918.18	**.. Clorobencilato (ISO).**			
2918.18.01	Clorobencilato (ISO).	Kg	Ex	Ex
2918.19	**.. Los demás.**			
2918.19.01	Ácido glicólico.	Kg	Ex	Ex
2918.19.02	Ácido 12-hidroxiestearico.	Kg	Ex	Ex
2918.19.03	Ácido desoxicólico, sus sales de sodio o de magnesio; ácido quenodesoxicólico.	Kg	Ex	Ex
2918.19.04	Ácido cólico.	Kg	Ex	Ex
2918.19.05	Glucoheptonato de calcio.	Kg	Ex	Ex
2918.19.06	Ácido málico.	Kg	5	Ex
2918.19.07	Acetil citrato de tributilo.	Kg	Ex	Ex
2918.19.08	Ester neopentilglicólico del ácido hidroxipiválico.	Kg	Ex	Ex
2918.19.09	Ácido fenilglicólico (ácido mandélico), sus sales y sus ésteres, excepto lo comprendido en la fracción 2918.19.10.	Kg	Ex	Ex
2918.19.10	Mandelato de 3,3,5-trimetilciclohexilo.	Kg	Ex	Ex
2918.19.99	Los demás.	Kg	Ex	Ex
-	Ácidos carboxílicos con función fenol, pero sin otra función oxigenada, sus anhídridos, halogenuros, peróxidos, peroxiácidos y sus derivados:			
2918.21	**.. Ácido salicílico y sus sales.**			
2918.21.01	Ácido salicílico.	Kg	Ex	Ex
2918.21.02	Subsalicilato de bismuto.	Kg	5	Ex
2918.21.99	Los demás.	Kg	Ex	Ex
2918.22	**.. Ácido O-acetilsalicílico, sus sales y sus ésteres.**			
2918.22.01	Ácido O-acetilsalicílico.	Kg	Ex	Ex
2918.22.99	Los demás.	Kg	Ex	Ex
2918.23	**.. Los demás ésteres del ácido salicílico y sus sales.**			
2918.23.01	Salicilato de metilo.	Kg	5	Ex
2918.23.02	Salicilato de fenilo o de homomentilo.	Kg	Ex	Ex
2918.23.03	Salicilato de bencilo.	Kg	Ex	Ex
2918.23.99	Los demás.	Kg	Ex	Ex
2918.29	**.. Los demás.**			
2918.29.01	p-Hidroxibenzoato de metilo o propilo.	Kg	5	Ex

2918.29.02	Ácido p-hidroxibenzoico.	Kg	Ex	Ex
2918.29.03	Ácido 3-naftol-2-carboxílico.	Kg	Ex	Ex
2918.29.04	p-Hidroxibenzoato de etilo.	Kg	5	Ex
2918.29.05	3-(3,5-Diterbutil-4-hidroxifenil) propionato de metilo.	Kg	Ex	Ex
2918.29.06	2-(4-(2',4'-Diclorofenoxi)-fenoxi)-propionato de metilo.	Kg	Ex	Ex
2918.29.07	3,5-diterbutil-4-hidroxibenzoato de 2,4-diterbutilfenilo.	Kg	Ex	Ex
2918.29.08	3-(3,5-diterbutil-4-hidroxifenil)-propionato de octadecilo.	Kg	Ex	Ex
2918.29.09	Ácido o-Cresotínico.	Kg	Ex	Ex
2918.29.10	Ácido 2,4'-difluoro-4-hidroxi-(1,1'-difenil)-3-carboxílico (Diflunisal).	Kg	Ex	Ex
2918.29.11	Ácido 2-(2,4-diclorofenoxi)bencenacético (Fenclofenac).	Kg	Ex	Ex
2918.29.12	Subgalato de bismuto.	Kg	Ex	Ex
2918.29.13	Pamoato disódico monohidratado.	Kg	Ex	Ex
2918.29.14	Ácido gálico o galato de propilo.	Kg	Ex	Ex
2918.29.15	Tetrakis(3-(3,5-Di-ter-butil-4-hidroxifenil) propionato) de pentaeritritol.	Kg	Ex	Ex
2918.29.16	Bis-(3,5-diterbutil-4-hidroxifenil)-propionato de 1,6-hexanodiilo.	Kg	Ex	Ex
2918.29.99	Los demás.	Kg	Ex	Ex
2918.30	**Ácidos carboxílicos con función aldehído o cetona, pero sin otra función oxigenada, sus anhídridos, halogenuros, peróxidos, peroxiácidos y sus derivados.**			
2918.30.01	Ácido dehidrocólico.	Kg	Ex	Ex
2918.30.02	Florantirona.	Kg	Ex	Ex
2918.30.03	Acetoacetato de etilo o de metilo.	Kg	Ex	Ex
2918.30.04	Esteres del ácido acetoacético.	Kg	Ex	Ex
2918.30.05	4-(3-Cloro-4-ciclohexilfenil)-4-oxo-butanoato de calcio.	Kg	Ex	Ex
2918.30.06	Ácido 2-(3-benzoilfenil) propiónico y su sal de sodio; Ácido 3-(4-bifenililcarbonil) propiónico.	Kg	Ex	Ex
2918.30.07	Ester dimetílico del ácido acetil succínico.	Kg	Ex	Ex
2918.30.08	Dietil éster del 3,5-diterbutil-4-hidroxi-5- metilfenil propionato.	Kg	Ex	Ex
2918.30.09	Dehidrocolato de sodio.	Kg	Ex	Ex
2918.30.99	Los demás.	Kg	Ex	Ex
	Los demás:			
2918.91	**2,4,5-T (ISO) (ácido 2,4,5-triclorofenoxiacético), sus sales y sus ésteres.**			
2918.91.01	2,4,5-T (ISO) (ácido 2,4,5-triclorofenoxiacético), sus sales y sus ésteres.	Kg	Ex	Ex
2918.99	**Los demás.**			
2918.99.01	Ácido 2,4-diclorofenoxiacético.	Kg	5	Ex
2918.99.02	Estearoil 2-lactilato de calcio o de sodio.	Kg	10	Ex
2918.99.03	2,4-Diclorofenoxiacetato de butilo, de isopropilo o de 2-etilhexilo.	Kg	Ex	Ex
2918.99.04	Ácido d-2-(6-metoxi-2-naftil) propiónico (Naproxeno) o su sal de sodio, excepto lo comprendido en la fracción 2918.99.19.	Kg	5	Ex
2918.99.05	p-Clorofenoxiisobutirato de etilo.	Kg	Ex	Ex
2918.99.06	Glucono-galacto-gluconato de calcio.	Kg	Ex	Ex
2918.99.07	2-(3-Fenoxifenil) propionato de calcio.	Kg	Ex	Ex
2918.99.08	Lactobionato de calcio.	Kg	Ex	Ex
2918.99.09	Glicirretinato de aluminio.	Kg	Ex	Ex
2918.99.10	Carbenoxolona base y sus sales.	Kg	Ex	Ex
2918.99.11	Ester etílico del ácido 3-fenilglicídico.	Kg	Ex	Ex
2918.99.12	Beta-metil-beta-fenilglicidato de etilo.	Kg	Ex	Ex
2918.99.13	Etoxi metilén malonato de etilo.	Kg	Ex	Ex
2918.99.14	Ácido (2,3-dicloro-4-(2-metilenbutil)fenoxi) acético.	Kg	Ex	Ex
2918.99.15	Ácido nonilfenoxiacético.	Kg	Ex	Ex
2918.99.16	2-(4-(Clorobenzoil)fenoxi)-2-metil propionato de isopropilo (Procetofeno).	Kg	Ex	Ex
2918.99.17	Sal de aluminio del p-cloro fenoxiisobutirato de etilo (Clofibrato alumínico).	Kg	Ex	Ex
2918.99.18	Ácido 3,6-dicloro-2-metoxibenzoico.	Kg	Ex	Ex
2918.99.19	Ácido dl-2-(6-metoxi-2-naftil) propiónico.	Kg	Ex	Ex
2918.99.20	Bromolactobionato de calcio.	Kg	Ex	Ex
2918.99.99	Los demás.	Kg	Ex	Ex

SUBCAPÍTULO VIII
ÉSTERES DE LOS ÁCIDOS INORGÁNICOS DE LOS NO METALES Y SUS SALES, Y SUS DERIVADOS HALOGENADOS, SULFONADOS, NITRADOS O NITROSADOS

29.19	**Ésteres fosfóricos y sus sales, incluidos los lactofosfatos; sus derivados halogenados, sulfonados, nitrados o nitrosados.**			
2919.10	**Fosfato de tris(2,3-dibromopropilo).**			
2919.10.01	Fosfato de tris(2,3-dibromopropilo).	Kg	Ex	Ex
2919.90	**Los demás.**			
2919.90.01	Glicerofosfato de calcio, de sodio, de magnesio, de manganeso o de hierro.	Kg	Ex	Ex
2919.90.02	Fosfato de tricresilo o de trifenilo.	Kg	Ex	Ex
2919.90.03	O,O-Dimetilfosfato de 2-carboximetoxi-1- metilvinilo.	Kg	Ex	Ex
2919.90.04	Fosfato de tributilo, de trietilo o de trioctilo.	Kg	Ex	Ex
2919.90.05	Sal tetrasódica del difosfato de menadiol.	Kg	Ex	Ex

2919.90.06	Fosfato de tributoxietilo.	Kg	Ex	Ex
2919.90.07	O,O-Dietilfosfato de 2-cloro-1-(2,4- diclorofenil) vinilo.	Kg	Ex	Ex
2919.90.08	Inositolhexafosfato de calcio y magnesio (Fitato de calcio y magnesio).	Kg	Ex	Ex
2919.90.09	Lactofosfato de calcio.	Kg	Ex	Ex
2919.90.10	Fosfato de dimetil 1,2-dibromo-2,2-dicloroetilo (Naled).	Kg	5	Ex
2919.90.11	Fosfato de dimetil 2,2-diclorovinilo.	Kg	Ex	Ex
2919.90.12	Tri (cloropropil) fosfato.	Kg	Ex	Ex
2919.90.99	Los demás.	Kg	Ex	Ex
29.20	**Ésteres de los demás ácidos inorgánicos de los no metales (excepto los ésteres de halogenuros de hidrógeno) y sus sales; sus derivados halogenados, sulfonados, nitrados o nitrosados.**			
	- **Ésteres tiofosfóricos (fosforotioatos) y sus sales; sus derivados halogenados, sulfonados, nitrados o nitrosados:**			
2920.11	-- **Paratión (ISO) y paratión metílico (ISO).**			
2920.11.01	Fósforotioato de O,O-dietil-O-p-nitrofenilo (Paratión).	Kg	5	Ex
2920.11.02	Fósforotioato de O,O-dimetil-O-p-nitrofenilo (Paratión metílico).	Kg	Ex	Ex
2920.19	-- **Los demás.**			
2920.19.01	Fosforotritioito de tributilo.	Kg	Ex	Ex
2920.19.02	Fosforotioato de trifenilo.	Kg	Ex	Ex
2920.19.99	Los demás.	Kg	Ex	Ex
2920.90	- **Los demás.**			
2920.90.01	Sulfato de sodio y laurilo.	Kg	Ex	Ex
2920.90.02	Tetranitrato de pentaeritritol.	Kg	Ex	Ex
2920.90.03	6,7,8,9,10,10-Hexacloro-1,5,5a,6,9,9a-hexahidro-6,9-metano-2,4,3-benzodioxatiepin-3-óxido (Endosulfan).	Kg	Ex	Ex
2920.90.04	Fosfito del Trisnonilfenilo.	Kg	5	Ex
2920.90.05	Fosfito de trimetilo, de dimetilo o de trietilo.	Kg	Ex	Ex
2920.90.06	Sulfato de dimetilo o de dietilo.	Kg	Ex	Ex
2920.90.07	Silicato de etilo.	Kg	Ex	Ex
2920.90.08	Carbonato de dietilo, de dimetilo o de etileno.	Kg	Ex	Ex
2920.90.09	Peroxidicarbonatos de: di-secbutilo; di-n-butilo; diisopropilo; di(2-etilhexilo); bis(4- ter-butilciclohexilo); di-cetilo; di- ciclohexilo; dimiristilo.	Kg	10	Ex
2920.90.10	Esteres carbónicos, sus sales y sus derivados, excepto lo comprendido en la fracción 2920.90.08.	Kg	Ex	Ex
2920.90.11	Fosfito de Tris (2,4-diterbutilfenilo).	Kg	Ex	Ex
2920.90.12	Fosfito del didecilfenilo.	Kg	Ex	Ex
2920.90.13	Fosfito de dietilo.	Kg	Ex	Ex
2920.90.99	Los demás.	Kg	Ex	Ex

SUBCAPÍTULO IX
COMPUESTOS CON FUNCIONES NITROGENADAS

29.21	**Compuestos con función amina.**			
	- **Monoaminas acíclicas y sus derivados; sales de estos productos:**			
2921.11	-- **Mono-, di- o trimetilamina y sus sales.**			
2921.11.01	Monometilamina.	Kg	10	Ex
2921.11.02	Dimetilamina.	Kg	10	Ex
2921.11.03	Trimetilamina.	Kg	10	Ex
2921.11.04	Sales de Monometilamina.	Kg	Ex	Ex
2921.11.99	Los demás.	Kg	Ex	Ex
2921.19	-- **Los demás.**			
2921.19.01	Clorhidrato de 1-dietilamina-2-cloroetano.	Kg	Ex	Ex
2921.19.02	Trietilamina.	Kg	5	Ex
2921.19.03	Dipropilamina.	Kg	Ex	Ex
2921.19.04	Monoetilamina.	Kg	5	Ex
2921.19.05	2-Aminopropano.	Kg	5	Ex
2921.19.06	Butilamina, excepto lo comprendido en la fracción 2921.19.09.	Kg	Ex	Ex
2921.19.07	Tributilamina.	Kg	Ex	Ex
2921.19.08	Dibutilamina.	Kg	Ex	Ex
2921.19.09	4-n-Butilamina.	Kg	Ex	Ex
2921.19.10	N,1,5-Trimetil-4-hexenilamina.	Kg	Ex	Ex
2921.19.11	Dimetiletilamina.	Kg	5	Ex
2921.19.12	n-Oleilamina.	Kg	5	Ex
2921.19.13	2,5-Dihidroxi-3-bencensulfonato de trietilamina; 1,4-Dihidroxi-3-bencensulfonato de dietilamina (Etamsilato).	Kg	Ex	Ex
2921.19.14	2-cloro-N,N-dialquil (me, et, pr o isopr) aminoetilo y sus sales.	Kg	Ex	Ex
2921.19.15	Ter-Octilamina.	Kg	Ex	Ex
2921.19.16	Dietilamina.	Kg	Ex	Ex
2921.19.17	Sales de la dietilamina, excepto lo comprendido en la fracción 2921.19.13.	Kg	Ex	Ex
2921.19.99	Los demás.	Kg	Ex	Ex

	. **Poliaminas acíclicas y sus derivados; sales de estos productos:**			
2921.21	**.. Etilendiamina y sus sales.**			
2921.21.01	Etilendiamina (1,2-diaminoetano).	Kg	Ex	Ex
2921.21.99	Los demás.	Kg	Ex	Ex
2921.22	**.. Hexametilendiamina y sus sales.**			
2921.22.01	Hexametilendiamina y sus sales.	Kg	Ex	Ex
2921.29	**.. Los demás.**			
2921.29.01	Dietilentriamina.	Kg	Ex	Ex
2921.29.02	Trietilentetramina.	Kg	Ex	Ex
2921.29.03	Tetraetilenpentamina.	Kg	Ex	Ex
2921.29.04	Propilendiamina.	Kg	Ex	Ex
2921.29.05	Tetrametilendiamina.	Kg	Ex	Ex
2921.29.06	Tetrametiletilendiamina (TMEDA).	Kg	Ex	Ex
2921.29.07	3-Dimetilamino propilamina.	Kg	Ex	Ex
2921.29.08	Adipato de hexametilendiamina.	Kg	Ex	Ex
2921.29.09	Trimetil hexametilendiamina.	Kg	Ex	Ex
2921.29.10	Pentametildietilentriamina.	Kg	7	Ex
2921.29.11	Estearil dietilentriamina.	Kg	Ex	Ex
2921.29.99	Los demás.	Kg	Ex	Ex
2921.30	**. Monoaminas y poliaminas, ciclánicas, ciclénicas o cicloterpénicas, y sus derivados; sales de estos productos.**			
2921.30.01	Ciclohexilamina.	Kg	5	Ex
2921.30.02	Tetrametil ciclohexil diamina.	Kg	Ex	Ex
2921.30.99	Los demás.	Kg	5	Ex
	. **Monoaminas aromáticas y sus derivados; sales de estos productos:**			
2921.41	**.. Anilina y sus sales.**			
2921.41.01	Anilina y sus sales.	Kg	Ex	Ex
2921.42	**.. Derivados de la anilina y sus sales.**			
2921.42.01	N,N-Dimetilanilina.	Kg	Ex	Ex
2921.42.02	N,N-Dietilanilina.	Kg	Ex	Ex
2921.42.03	Dicloroanilina.	Kg	Ex	Ex
2921.42.04	Ácido sulfanílico y su sal de sodio.	Kg	Ex	Ex
2921.42.05	2,6-Dicloro-4-nitroanilina.	Kg	Ex	Ex
2921.42.06	Ácido anilín disulfónico.	Kg	Ex	Ex
2921.42.07	4-Cloro-nitroanilina.	Kg	Ex	Ex
2921.42.08	6-Cloro-2,4-dinitro anilina.	Kg	Ex	Ex
2921.42.09	N-etilanilina.	Kg	Ex	Ex
2921.42.10	6-Bromo-2,4-dinitroanilina.	Kg	Ex	Ex
2921.42.11	Orto o meta-Nitroanilina.	Kg	Ex	Ex
2921.42.12	2-amino bencen sulfonato de fenilo (Ester fenil anilín sulfónico).	Kg	Ex	Ex
2921.42.13	Ácido metanílico y su sal de sodio.	Kg	Ex	Ex
2921.42.14	m-Cloroanilina.	Kg	5	Ex
2921.42.15	2,4-Dinitroanilina.	Kg	Ex	Ex
2921.42.16	2,4,5-Tricloroanilina.	Kg	Ex	Ex
2921.42.17	p-Nitroanilina.	Kg	5	Ex
2921.42.18	4,4´-Bis-2-aminobencensulfonil-2,2-p-hidroxifenilpropano.	Kg	Ex	Ex
2921.42.99	Los demás.	Kg	Ex	Ex
2921.43	**.. Toluidinas y sus derivados; sales de estos productos.**			
2921.43.01	Toluidina, excepto lo comprendido en la fracción 2921.43.06.	Kg	Ex	Ex
2921.43.02	Ácido p-toluidín-m-sulfónico.	Kg	Ex	Ex
2921.43.03	Alfa, alfa, alfa-Trifluoro-2,6-dinitrotoluidina y sus derivados alquilados, excepto lo comprendido en la fracción 2921.43.04.	Kg	Ex	Ex
2921.43.04	Alfa, alfa, alfa-Trifluoro-2,6-dinitro-N,N-dipropil-p-toluidina (Trifluralin).	Kg	Ex	Ex
2921.43.05	m-Nitro-p-toluidina.	Kg	Ex	Ex
2921.43.06	3-Aminotolueno (m-toluidina).	Kg	Ex	Ex
2921.43.07	Ácido-2-toluidin-5-sulfónico.	Kg	Ex	Ex
2921.43.08	4-Nitro-o-toluidina; 5-nitro-o-toluidina.	Kg	Ex	Ex
2921.43.09	N-Etil-o-toluidina.	Kg	Ex	Ex
2921.43.10	Cloro-sulfoaminotolueno (Cloro sulfotoluidina).	Kg	Ex	Ex
2921.43.11	Cloroaminotrifluorometilbenceno (Alfa,alfa,alfa-clorotrifluoro toluidina).	Kg	Ex	Ex
2921.43.12	4-Cloro-2-toluidina.	Kg	Ex	Ex
2921.43.99	Los demás.	Kg	Ex	Ex
2921.44	**.. Difenilamina y sus derivados; sales de estos productos.**			
2921.44.01	Difenilamina.	Kg	Ex	Ex
2921.44.99	Los demás.	Kg	Ex	Ex
2921.45	**.. 1-Naftilamina (alfa-naftilamina), 2-naftilamina (beta-naftilamina), y sus derivados; sales de estos productos.**			
2921.45.01	1-Naftilamina (alfa-naftilamina).	Kg	Ex	Ex
2921.45.02	Aminonaftalensulfonato de sodio.	Kg	Ex	Ex

2921.45.03	Aminonaftalén-4,8-disulfonato de sodio.	Kg	Ex	Ex
2921.45.04	2-Naftilamina-1,5-disulfonato de sodio.	Kg	Ex	Ex
2921.45.05	Ácidos amino-naftalén-mono o disulfónicos, excepto lo comprendido en las fracciones 2921.45.07 y 2921.45.08.	Kg	Ex	Ex
2921.45.06	Ácido 2-naftilamina-3,6,8-trisulfónico.	Kg	Ex	Ex
2921.45.07	Ácido 1-naftilamin-5-sulfónico.	Kg	Ex	Ex
2921.45.08	Ácido naftiónico.	Kg	5	Ex
2921.45.99	Los demás.	Kg	Ex	Ex
2921.46	**-- Anfetamina (DCI), benzfetamina (DCI), dexanfetamina (DCI), etilanfetamina (DCI), fencanfamina (DCI), fentermina (DCI), lefetamina (DCI), levanfetamina (DCI) y mefenorex (DCI); sales de estos productos.**			
2921.46.01	Anfetamina (DCI), benzfetamina (DCI), dexanfetamina (DCI), etilanfetamina (DCI), fencanfamina (DCI), fentermina (DCI), lefetamina (DCI), levanfetamina (DCI) y mefenorex (DCI); sales de estos productos.	Kg	Ex	Ex
2921.49	**-- Los demás.**			
2921.49.01	Clorhidrato de N-(3-cloropropil)-1-metil-2-fenil-etilamina.	Kg	Ex	Ex
2921.49.02	Bencilamina sustituida.	Kg	Ex	Ex
2921.49.03	Clorhidrato de 1-(3-Metil-aminopropil) dibenzo (b,e) biciclo (2,2,2)octadieno (Clorhidrato de Maprotilina).	Kg	Ex	Ex
2921.49.04	L(-)-alfa-Feniletil amina.	Kg	Ex	Ex
2921.49.05	Clorhidrato de 3-(10,11-dihidro-5H-dibenzo (a,d)- cicloheptén-5-ilideno)-N-metil-1-propanamina (Clorhidrato de nortriptilina).	Kg	Ex	Ex
2921.49.06	Clorhidrato de 3-(10,11-Dihidro-5H-dibenzo (a,d)-cicloheptén-5-ilideno)-N,N-dimetil-1-propanamina (Clorhidrato de amitriptilina).	Kg	Ex	Ex
2921.49.07	Xilidina.	Kg	Ex	Ex
2921.49.08	Ácido 8-anilín-1-naftalensulfónico y sus sales.	Kg	Ex	Ex
2921.49.09	Trietilanilina.	Kg	Ex	Ex
2921.49.10	N-(1-Etilpropil)3,4-dimetil-2,6- dinitrobencenamina.	Kg	Ex	Ex
2921.49.11	2,4,6-Trimetil anilina.	Kg	Ex	Ex
2921.49.12	N-Metilbencilanilina.	Kg	Ex	Ex
2921.49.13	p-Dinonil difenil amina.	Kg	Ex	Ex
2921.49.14	4,4'bis(alfa,alfa-Dimetilbencil)difenilamina.	Kg	5	Ex
2921.49.15	Ácido 1-fenilamino-6-naftalensulfónico.	Kg	Ex	Ex
2921.49.99	Los demás.	Kg	Ex	Ex
	- **Poliaminas aromáticas y sus derivados; sales de estos productos:**			
2921.51	**-- o-, m- y p-Fenilendiamina, diaminotoluenos, y sus derivados; sales de estos productos.**			
2921.51.01	p- o m-Fenilendiamina.	Kg	Ex	Ex
2921.51.02	Diaminotoluenos.	Kg	Ex	Ex
2921.51.03	Difenil-p-fenilendiamina.	Kg	Ex	Ex
2921.51.04	N,N-Diheptil-p-fenilendiamina.	Kg	Ex	Ex
2921.51.05	N,N-Di-beta-naftil-p-fenilendiamina.	Kg	Ex	Ex
2921.51.06	N-fenil-p-fenilendiamina.	Kg	Ex	Ex
2921.51.07	N-1,3-Dimetilbutil-N-fenil-p-fenilendiamina.	Kg	Ex	Ex
2921.51.08	Ácido nitro-amino difenilamino- sulfónico.	Kg	Ex	Ex
2921.51.09	Ácido 4-amino difenil amino 2-sulfónico.	Kg	Ex	Ex
2921.51.99	Los demás.	Kg	7	Ex
2921.59	**-- Los demás.**			
2921.59.01	Ácido 4,4-diaminoestilben 2,2-disulfónico.	Kg	Ex	Ex
2921.59.02	Diclorobencidina (Dicloro (1,1´-bifenil)-4,4´-diamina).	Kg	Ex	Ex
2921.59.03	Diclorhidrato de bencidina (Diclorhidrato de (1,1´-bifenil)-4,4´-diamina).	Kg	Ex	Ex
2921.59.04	Ácido 5-amino-2-(p-aminoanilin) bencensulfónico.	Kg	Ex	Ex
2921.59.05	Clorhidrato de 3,3-diclorobencidina.	Kg	Ex	Ex
2921.59.06	Tolidina (Dimetil (1,1´-bifenil)-4,4´-diamina).	Kg	Ex	Ex
2921.59.07	Clorhidrato de N-ciclohexil-N-metil-2-(2-amino- 3,5-dibromo) bencilamina (Clorhidrato de Bromhexina).	Kg	Ex	Ex
2921.59.08	Diclorhidrato de 1,1-bis (4-aminofenil) ciclohexano.	Kg	Ex	Ex
2921.59.09	Diacetato de benzatina.	Kg	Ex	Ex
2921.59.10	4,4'-Metilén bis(anilina); 4,4'-Metilén bis(2-cloroanilina).	Kg	Ex	Ex
2921.59.99	Los demás.	Kg	Ex	Ex
29.22	**Compuestos aminados con funciones oxigenadas.**			
	- **Amino-alcoholes, excepto los que contengan funciones oxigenadas diferentes, sus éteres y sus ésteres; sales de estos productos:**			
2922.11	**-- Monoetanolamina y sus sales.**			
2922.11.01	Monoetanolamina.	Kg	10	Ex
2922.11.99	Los demás.	Kg	Ex	Ex
2922.12	**-- Dietanolamina y sus sales.**			
2922.12.01	Dietanolamina.	Kg	10	Ex
2922.12.99	Los demás.	Kg	Ex	Ex
2922.13	**-- Trietanolamina y sus sales.**			

2922.13.01	Trietanolamina.	Kg	10	Ex
2922.13.99	Los demás.	Kg	Ex	Ex
2922.14	**. . Dextropropoxifeno (DCI) y sus sales.**			
2922.14.01	Clorhidrato de dextropropoxifeno.	Kg	Ex	Ex
2922.14.02	Napsilato de dextropropoxifeno.	Kg	Ex	Ex
2922.14.99	Los demás.	Kg	Ex	Ex
2922.19	**. . Los demás.**			
2922.19.01	Dimetilaminoetanol.	Kg	Ex	Ex
2922.19.02	Clorhidrato del éster dimetilamino-etílico del ácido	Kg	Ex	Ex
2922.19.03	2-Amino-2-metil-1-propanol.	Kg	Ex	Ex
2922.19.04	Hidroxietiletilendiamina.	Kg	Ex	Ex
2922.19.05	p-Nitrofenilamina-1,2-propanodiol.	Kg	Ex	Ex
2922.19.06	Metiletanolamina.	Kg	Ex	Ex
2922.19.07	Diclorhidrato de etambutol.	Kg	Ex	Ex
2922.19.08	Maleato de 3,4,5-trimetoxibenzoato de 2-fenil- 2-dimetilamino-N-butilo (Maleato de trimebutina).	Kg	Ex	Ex
2922.19.09	2-Amino-2-metil-1,3-propanodiol.	Kg	Ex	Ex
2922.19.10	Tri-isopropanolamina.	Kg	5	Ex
2922.19.11	6-Amino-2-metil-2-heptanol (Heptaminol), base o clorhidrato.	Kg	Ex	Ex
2922.19.12	Fosforildimetilaminoetanol (Fosfato de demanilo).	Kg	Ex	Ex
2922.19.13	1-Dimetilamino-2-propanol.	Kg	Ex	Ex
2922.19.14	Fenildietanolamina.	Kg	5	Ex
2922.19.15	Clorhidrato de bromodifenhidramina.	Kg	Ex	Ex
2922.19.16	Clorhidrato de 1-p-clorofenil-2,3- dimetil-4-dimetilamino-2-butanol (Clorhidrato de clobutinol).	Kg	Ex	Ex
2922.19.17	d-N,N'bis(1-Hidroximetilpropil)etilendiamino (Etambutol).	Kg	Ex	Ex
2922.19.18	N-Octil glucamina.	Kg	Ex	Ex
2922.19.19	3-Metoxipropilamina; 3-(2-metoxietoxi) propilamina.	Kg	Ex	Ex
2922.19.20	Laurato de dietanolamina.	Kg	5	Ex
2922.19.21	Clorhidrato de 4-(((2-Amino-3,5-dibromofenil) metil)amino) ciclohexanol (Clorhidrato de ambroxol).	Kg	Ex	Ex
2922.19.22	Clorhidrato de 4-amino-3,5-dicloro-alfa-(((1,1-dimetiletil)amino)metil)bencenmetanol (Clorhidrato de Clembuterol).	Kg	Ex	Ex
2922.19.23	2-Amino-1-butanol.	Kg	Ex	Ex
2922.19.24	2-Dietilaminoetanol.	Kg	Ex	Ex
2922.19.25	Clorhidrato del éster dietilaminoetílico del ácido fenilciclohexilacético (Clorhidrato de drofenina).	Kg	Ex	Ex
2922.19.26	Clorhidrato de 1- ciclohexilhexahidrobenzoato de beta-dietilaminoetilo (Clorhidrato de diciclomina).	Kg	Ex	Ex
2922.19.27	Citrato de Tamoxifen.	Kg	Ex	Ex
2922.19.28	Tartrato de 1-(4-(2-metoxietil)fenoxi)-3-(1-metiletil)amino-2-propanol (Tartrato de metoprolol).	Kg	Ex	Ex
2922.19.29	Difenhidramina, base o clorhidrato.	Kg	Ex	Ex
2922.19.30	Clorhidrato de difenil-acetil-dietilaminoetanol.	Kg	Ex	Ex
2922.19.31	Clorhidrato de 1-((1-metiletil)amino)-3-(2-(2- propeniloxi)fenoxi)-2-propanol.(Clorhidrato de oxprenolol).	Kg	Ex	Ex
2922.19.32	Clorhidrato de 1-isopropilamino-3-(1-naftoxi)- propan-2-ol.	Kg	Ex	Ex
2922.19.33	Etil hidroxietilanilina (N-Etil-N-(2-hidroxietil)anilina)).	Kg	Ex	Ex
2922.19.34	Sulfato de 1-(2-ciclopentilfenoxi)-3-((1,1- dimetiletil)amino-2-propanol (Sulfato de penbutolol).	Kg	Ex	Ex
2922.19.35	Estearildifenil oxietil dietilentriamina.	Kg	Ex	Ex
2922.19.36	Isopropoxipropilamina.	Kg	Ex	Ex
2922.19.37	N-Etil dietanolamina; N-Metil dietanolamina; sales de estos productos.	Kg	Ex	Ex
2922.19.38	5-(3-((1,1-Dimetiletil)amino-2-hidroxipropoxi)-1,2,3,4-tetrahidro-2,3-naftalendiol (Nadolol).	Kg	Ex	Ex
2922.19.39	2-Metoxietilamina.	Kg	Ex	Ex
2922.19.40	Dioxietil-meta-cloroanilina; Dioxietil-meta- toluidina.	Kg	5	Ex
2922.19.41	Clorhidrato de levopropoxifeno.	Kg	Ex	Ex
2922.19.99	Los demás.	Kg	Ex	Ex
.	**Amino-naftoles y demás amino-fenoles, excepto los que contengan funciones oxigenadas diferentes, sus éteres y sus ésteres; sales de estos productos:**			
2922.21	**. . Ácidos aminonaftolsulfónicos y sus sales.**			
2922.21.01	Ácidos amino naftol mono o disulfónico y sus sales.	Kg	Ex	Ex
2922.21.02	Ácido-5,5'-dihidroxi-2,2´-dinaftilamino-7,7'-disulfónico.	Kg	Ex	Ex
2922.21.99	Los demás.	Kg	Ex	Ex
2922.29	**. . Los demás.**			
2922.29.01	Ácido 6-anilín-1-naftol-3-sulfónico.	Kg	Ex	Ex
2922.29.02	p-Aminofenol.	Kg	Ex	Ex
2922.29.03	2,4,6-Tri(dimetilaminometil)fenol.	Kg	Ex	Ex
2922.29.04	4-Nitro-2-aminofenol; 5-nitro-2-aminofenol.	Kg	Ex	Ex
2922.29.05	2-Amino-4-clorofenol.	Kg	Ex	Ex
2922.29.06	N,N-Dietil meta-hidroxianilina.	Kg	Ex	Ex

2922.29.07	Ácido 2-amino-1-fenol-4-sulfónico.	Kg	Ex	Ex
2922.29.08	3-Hidroxi-2-nafto-4-anisidina.	Kg	Ex	Ex
2922.29.09	3-((2-Etil-6-metilfenil)-amino)-fenol.	Kg	Ex	Ex
2922.29.10	p-Hidroxidifenilamina.	Kg	Ex	Ex
2922.29.11	Ácido 4-hidroxi-7-metilamino naftalén-2-sulfónico.	Kg	Ex	Ex
2922.29.12	5-Metil-o-anisidina; p-cresidín-o-sulfónico.	Kg	Ex	Ex
2922.29.13	Derivados nitrados de la anisidina.	Kg	Ex	Ex
2922.29.14	Ácido 2-anisidín-4-sulfónico.	Kg	Ex	Ex
2922.29.15	Dietil meta-anisidina.	Kg	Ex	Ex
2922.29.16	2-Amino-4-propilamino-7-beta- metoxietoxibenceno.	Kg	Ex	Ex
2922.29.17	Clorhidrato de metoxifenamina.	Kg	Ex	Ex
2922.29.18	Ácido 4,4´-diamino-3,3´-Bis (carboximetoxi)-difenil.	Kg	Ex	Ex
2922.29.19	2-Amino-4-teramil-6-nitrofenol.	Kg	Ex	Ex
2922.29.20	2,5-Dimetoxianilina.	Kg	Ex	Ex
2922.29.21	4-Aminofenetol (p-fenitidina).	Kg	Ex	Ex
2922.29.22	Dianisidinas.	Kg	Ex	Ex
2922.29.23	o-, m- y p-Amino-metoxi-benceno (Anisidina).	Kg	Ex	Ex
2922.29.24	Las demás fenetidinas; sales de anisidinas, dianisidinas y fenetidinas.	Kg	Ex	Ex
2922.29.99	Los demás.	Kg	Ex	Ex
	- **Amino-aldehidos, amino-cetonas y amino-quinonas, excepto los que contengan funciones oxigenadas diferentes; sales de estos productos:**			
2922.31	-- **Anfepramona (DCI), metadona (DCI) y normetadona (DCI); sales de estos productos.**			
2922.31.01	Anfepramona (DCI), metadona (DCI) y normetadona (DCI); sales de estos productos.	Kg	Ex	Ex
2922.39	-- **Los demás.**			
2922.39.01	Dietilaminobenzaldehído, excepto lo comprendido en la fracción 2922.39.06.	Kg	Ex	Ex
2922.39.02	1-Amino-2-bromo-4-hidroxiantraquinona o 1- amino-2-cloro-4-hidroxiantraquinona.	Kg	Ex	Ex
2922.39.03	Ácido 1-amino-4-bromo-2-antraquinonsulfónico y sus sales.	Kg	Ex	Ex
2922.39.04	Clorhidrato de 2-(o-clorofenil)-2-(metilamino) ciclohexanona, (Clorhidrato de ketamina).	Kg	Ex	Ex
2922.39.05	3,4-Diaminobenzofenona.	Kg	Ex	Ex
2922.39.06	N,N-Dietil-4-amino benzaldehído.	Kg	Ex	Ex
2922.39.07	Mono- o di- aminoantraquinona y sus derivados halogenados.	Kg	Ex	Ex
2922.39.08	p-Dimetilamino benzaldehído.	Kg	Ex	Ex
2922.39.09	Difenil amino acetona.	Kg	5	Ex
2922.39.10	Ácido 1-amino-4-anilín antraquinon-2-sulfónico.	Kg	Ex	Ex
2922.39.11	Sal sódica del ácido 1-amino-4-mesidín antraquinon-2-sulfónico.	Kg	Ex	Ex
2922.39.99	Los demás.	Kg	Ex	Ex
	- **Aminoácidos, excepto los que contengan funciones oxigenadas diferentes, y sus ésteres; sales de estos productos:**			
2922.41	-- **Lisina y sus ésteres; sales de estos productos.**			
2922.41.01	Clorhidrato del ácido alfa, epsilon-diamino-caproico (Clorhidrato de lisina).	Kg	Ex	Ex
2922.41.99	Los demás.	Kg	Ex	Ex
2922.42	-- **Ácido glutámico y sus sales.**			
2922.42.01	Glutamato de sodio.	Kg	5	Ex
2922.42.99	Los demás.	Kg	Ex	Ex
2922.43	-- **Ácido antranílico y sus sales.**			
2922.43.01	Ácido antranílico y sus sales.	Kg	Ex	Ex
2922.44	-- **Tilidina (DCI) y sus sales.**			
2922.44.01	Tilidina (DCI) y sus sales.	Kg	Ex	Ex
2922.49	-- **Los demás.**			
2922.49.01	Ácido aminoacético (Glicina).	Kg	Ex	Ex
2922.49.02	Clorhidrato de p-amino- benzoato de 2-dietilaminoetanol (Clorhidrato de procaína).	Kg	Ex	Ex
2922.49.03	Fenilalanina.	Kg	Ex	Ex
2922.49.04	Beta-Alanina y sus sales.	Kg	Ex	Ex
2922.49.05	Ácido yodopanoico y sus sales sódicas.	Kg	Ex	Ex
2922.49.06	Sal doble monocálcica disódica del ácido etilendiaminotetracético.	Kg	Ex	Ex
2922.49.07	Ácido aspártico.	Kg	Ex	Ex
2922.49.08	Ácidos etilendiamino tri o tetra acético y sus sales, excepto lo comprendido en la fracción 2922.49.06.	Kg	10	Ex
2922.49.09	Ácido dietilentriaminopentacético y sus sales.	Kg	5	Ex
2922.49.10	Ácido N-(2,3-xilil)antranílico (Ácido mefenámico).	Kg	Ex	Ex
2922.49.11	Acamilofenina.	Kg	Ex	Ex
2922.49.12	N-(Alcoxi-carbonil-alquil) fenilglicinato de sodio.	Kg	Ex	Ex
2922.49.13	N-(1-Metoxicarbonil-propen-2-il) alfa-amino-p- hidroxifenil acetato de sodio.	Kg	Ex	Ex
2922.49.14	Clorhidrato de cloruro alfa-amino fenilacético.	Kg	Ex	Ex
2922.49.15	Alfa-Fenilglicina.	Kg	Ex	Ex
2922.49.16	Ácido 3'-trifluorometil-difenil-amino-2- carboxílico (Ácido flufenámico) y su sal de aluminio.	Kg	Ex	Ex
2922.49.17	Diclorhidrato del éster isopentílico de N-(2- dietilaminoetil)-2-fenilglicina (Diclorhidrato de acamilofenina).	Kg	Ex	Ex
2922.49.18	Sal sódica o potásica del ácido 2-((2,6-diclorofenil)amino)bencenacético (Diclofenac sódico o pótásico).	Kg	Ex	Ex

2922.49.19	p-n-Butilaminobenzoato del éter monometílico del nonaetilenglicol (Benzonatato).	Kg	Ex	Ex
2922.49.20	Sal de sodio del ácido aminonitrobenzoico.	Kg	Ex	Ex
2922.49.21	Ester etílico del ácido p-aminobenzoico (Benzocaina).	Kg	Ex	Ex
2922.49.22	N,N-bis(2-Metoxicarbonil etil anilina).	Kg	Ex	Ex
2922.49.23	Ester 2-(2-hidroxietoxi) etílico del ácido (2-((3-(trifluorometil)fenil)amino) benzoico (Etofenamato).	Kg	Ex	Ex
2922.49.99	Los demás.	Kg	7	Ex
2922.50	- **Amino-alcoholes-fenoles, aminoácidos-fenoles y demás compuestos aminados con funciones oxigenadas.**			
2922.50.01	Ácido N-(hidroxietil)etilen diamino triacético y su sal trisódica.	Kg	5	Ex
2922.50.02	Clorhidrato de isoxsuprina.	Kg	Ex	Ex
2922.50.03	Clorhidrato de 1-(N-bencil-N-metilamino)-2- (3-hidroxifenil)-2-oxo-etano.	Kg	Ex	Ex
2922.50.04	Alfa-Metil-3,4-dihidroxifenil alanina (Alfa-metildopa).	Kg	Ex	Ex
2922.50.05	Clorhidrato de p-hidroxifeniletanolamina.	Kg	Ex	Ex
2922.50.06	Bitartrato de m-hidroxinorefedrina (Bitartrato de metaraminol).	Kg	Ex	Ex
2922.50.07	Ácido p-amino salicílico.	Kg	Ex	Ex
2922.50.08	Ácido metoxiaminobenzoico.	Kg	Ex	Ex
2922.50.09	Ester metílico del ácido 2-amino-3-hidroxi-3- p-nitrofenilpropiónico.	Kg	Ex	Ex
2922.50.10	Clorhidrato de 3´-metoxi-3(1-hidroxi-1- fenilisopropilamino)propiofenona (Clorhidrato de Oxifedrina).	Kg	Ex	Ex
2922.50.11	Ácido gama-amino-beta-hidroxibutírico.	Kg	Ex	Ex
2922.50.12	Sulfato de 1-(3,5-dihidroxi-fenil)-2- isopropilaminoetanol (Sulfato de metaproterenol).	Kg	Ex	Ex
2922.50.13	Sulfato de (+)-1-(p-hidroxifenil)-1-hidroxi-2- n-butilaminoetano (Sulfato de Bametan).	Kg	Ex	Ex
2922.50.14	Sulfato de 5-(2-((1,1-dimetiletil)amino-1- hidroxietil)-1,3-bencendiol (Sulfato de terbutalina).	Kg	Ex	Ex
2922.50.15	Bromhidrato de 5-(1-Hidroxi-2-((2-(4- hidroxifenil)-1-metiletil)etil)-1,3- bencendiol (Bromhidrato de fenoterol).	Kg	Ex	Ex
2922.50.16	p-Hidroxifenilglicina, sus sales y sus ésteres.	Kg	Ex	Ex
2922.50.17	4,8-Diamino-1,5-dioxiantraquinona.	Kg	Ex	Ex
2922.50.18	3-(3,4-Dihidroxifenil)-L-alanina (Levodopa).	Kg	Ex	Ex
2922.50.19	Sales de fenilefrina.	Kg	Ex	Ex
2922.50.20	p-Hidroxi-N-(1-metil-3-fenilpropil) norefedrina (Nilidrina), base o clorhidrato.	Kg	Ex	Ex
2922.50.21	Sulfato de alfa 1-(((1,1-dimetiletil)-amino)-metil)-4-hidroxi-1,3-bencendimetanol (Sulfato de salbutamol).	Kg	Ex	Ex
2922.50.22	L-treonina (Ácido 2-Amino-3-Hidroxibutírico).	Kg	Ex	Ex
2922.50.99	Los demás.	Kg	Ex	Ex
29.23	**Sales e hidróxidos de amonio cuaternario; lecitinas y demás fosfoaminolípidos, aunque no sean de constitución química definida.**			
2923.10	- **Colina y sus sales.**			
2923.10.01	Dicloruro de trimetiletilamonio (Dicloruro de colina).	Kg	Ex	Ex
2923.10.02	Quelato de ferrocitrato de colina (Ferrocolinato).	Kg	Ex	Ex
2923.10.99	Los demás.	Kg	10	Ex
2923.20	- **Lecitinas y demás fosfoaminolípidos.**			
2923.20.01	Lecitina de soya.	Kg	Ex	Ex
2923.20.99	Los demás.	Kg	Ex	Ex
2923.90	- **Los demás.**			
2923.90.01	Betaína base, clorhidrato o yodhidrato.	Kg	Ex	Ex
2923.90.02	Haluros de trimetilalquil amonio o de dialquil dimetilamonio, excepto lo comprendido en la fracción 2923.90.11.	Kg	5	Ex
2923.90.03	Cloruro de benzalconio.	Kg	5	Ex
2923.90.04	Bromometilato de éster dietilaminoetílico del ácido fenilciclohexiloxiacético (Bromuro de Oxifenonium).	Kg	Ex	Ex
2923.90.05	Cloruro de (3-ciclohexil-3-hidroxi-3-fenilpropil)trietilamonio.	Kg	Ex	Ex
2923.90.06	Bromuro de bencilato de octal.	Kg	Ex	Ex
2923.90.07	Hidroxinaftoato de befenio.	Kg	Ex	Ex
2923.90.08	Cloruro de N-etil-N-fenilamino etiltrimetilamonio.	Kg	Ex	Ex
2923.90.09	Cloruro de (3-cloro-2-hidroxipropil)-trimetilamonio.	Kg	Ex	Ex
2923.90.10	Sulfato de N-etil-fenilamino etil dimetil hidroxipropilamonio.	Kg	Ex	Ex
2923.90.11	Bromuro de cetiltrimetilamonio.	Kg	Ex	Ex
2923.90.12	Cloruro de hidroxietil hidroxipropil dimetilamonio.	Kg	Ex	Ex
2923.90.99	Los demás.	Kg	Ex	Ex
29.24	**Compuestos con función carboxiamida; compuestos con función amida del ácido carbónico.**			
	- **Amidas acíclicas (incluidos los carbamatos acíclicos) y sus derivados; sales de estos productos:**			
2924.11	- - **Meprobamato (DCI).**			
2924.11.01	Meprobamato (DCI).	Kg	Ex	Ex
2924.12	- - **Fluoroacetamida (ISO), fosfamidón (ISO) y monocrotofos (ISO).**			
2924.12.01	Dimetilfosfato de la 3-hidroxi-N-metil-cis-crotonamida (monocrotofos).	Kg	Ex	Ex
2924.12.99	Los demás.	Kg	Ex	Ex

2924.19	**.. Los demás.**			
2924.19.01	Oleamida.	Kg	Ex	Ex
2924.19.02	Acrilamida.	Kg	Ex	Ex
2924.19.03	Dicarbamato de N-isopropil-2-metil-2-propil- 1,3-propanodiol (Carisoprodol).	Kg	Ex	Ex
2924.19.04	Erucamida.	Kg	Ex	Ex
2924.19.05	Metacrilamida.	Kg	Ex	Ex
2924.19.06	Formamida y sus derivados de sustitución.	Kg	Ex	Ex
2924.19.07	Estearamida, sus sales y otros derivados de sustitución, excepto lo comprendido en la fracción 2924.19.10.	Kg	Ex	Ex
2924.19.08	N,N-Dimetilacetamida.	Kg	Ex	Ex
2924.19.09	N-Metil-2-cloroacetoacetamida.	Kg	Ex	Ex
2924.19.10	N,N'-Etilen-bis-estearamida.	Kg	Ex	Ex
2924.19.11	Dimetilformamida.	Kg	10	Ex
2924.19.12	N-lauroil sarcosinato de sodio.	Kg	Ex	Ex
2924.19.13	Dimetilfosfato de 3-hidroxi-N,N-dimetil-cis- crotonamida (dicrotofós).	Kg	Ex	Ex
2924.19.14	Los demás carbamatos y dicarbamatos, acíclicos, excepto lo comprendido en la fracción 2924.19.03.	Kg	Ex	Ex
2924.19.99	Los demás.	Kg	7	Ex
.	**Amidas cíclicas (incluidos los carbamatos cíclicos) y sus derivados; sales de estos productos:**			
2924.21	**.. Ureínas y sus derivados; sales de estos productos.**			
2924.21.01	N-(3-Trifluorometilfenil)-N, N-dimetilurea.	Kg	Ex	Ex
2924.21.02	Fenilurea y sus derivados de sustitución.	Kg	Ex	Ex
2924.21.03	Ácido 5,5'-dihidroxi-7,7'-disulfón-2,2'-dinaftilurea, sus sales y otros derivados de sustitución.	Kg	Ex	Ex
2924.21.04	N',N'-Dimetil-N-(3-cloro-4-metilfenil) urea.	Kg	Ex	Ex
2924.21.05	3-(4-Isopropilfenil)-1,1-dimetilurea.	Kg	Ex	Ex
2924.21.06	3-(3,4-Diclorofenil)-1,1-dimetilurea.	Kg	Ex	Ex
2924.21.07	3,4,4'-Triclorocarbanilida (Triclocarban).	Kg	Ex	Ex
2924.21.99	Los demás.	Kg	Ex	Ex
2924.23	**.. Ácido 2-acetamidobenzoico (ácido N-acetilantranílico) y sus sales.**			
2924.23.01	Ácido 2-acetamidobenzoico (ácido N-acetilantranílico) y sus sales.	Kg	Ex	Ex
2924.24	**.. Etinamato (DCI).**			
2924.24.01	Etinamato (DCI).	Kg	Ex	Ex
2924.29	**.. Los demás.**			
2924.29.01	3-(o-Metoxifenoxi)-1,2-propanodiol-1- carbamato (Metocarbamol).	Kg	Ex	Ex
2924.29.02	N-Metilcarbamato de 1-naftilo.	Kg	Ex	Ex
2924.29.03	N-(beta-Hidroxietil)-N-(p-fenoxi-(4'-nitro) bencil)dicloroacetamida (Clorfenoxamida) o su derivado etoxi.	Kg	Ex	Ex
2924.29.04	2-(alfa-Naftoxi)-N,N-dietilpropionamida (Napropamida).	Kg	Ex	Ex
2924.29.05	Monoclorhidrato de N-(dietilaminoetil)-2- metoxi-4-amino-5-clorobenzamida.	Kg	Ex	Ex
2924.29.06	3,5-Dinitro-o-toluamida.	Kg	Ex	Ex
2924.29.07	N-Benzoil-N',N'-di-n-propil-DL-isoglutamina (Proglumida).	Kg	Ex	Ex
2924.29.08	Ácido diatrizoico.	Kg	Ex	Ex
2924.29.09	Acetotoluidina.	Kg	5	Ex
2924.29.10	Derivados de sustitución del ácido	Kg	Ex	Ex
2924.29.11	Acetanilida y sus derivados de sustitución.	Kg	Ex	Ex
2924.29.12	Salicilamida y sus derivados de sustitución.	Kg	Ex	Ex
2924.29.13	N-Acetil-p-aminofenol.	Kg	Ex	Ex
2924.29.14	Acetoacetanilida y sus derivados de sustitución.	Kg	Ex	Ex
2924.29.15	Lidocaína y sus derivados de sustitución.	Kg	Ex	Ex
2924.29.16	3-Hidroxi-2-naftanilida.	Kg	Ex	Ex
2924.29.17	3-Hidroxi-2-nafto-o-toluidida y sus derivados halogenados, excepto lo comprendido en la fracción 2924.29.41.	Kg	Ex	Ex
2924.29.18	p-Amino acetanilida.	Kg	Ex	Ex
2924.29.19	2-Cloro-N-(2-etil-6-metilfenil)-N-(2-metoxi)-1-metiletil) acetamida (Metolaclor).	Kg	Ex	Ex
2924.29.20	N,N'-bis (Dicloroacetil)-N,N'-bis (2- etoxietil)-1,4-bis (aminometil) benceno.	Kg	Ex	Ex
2924.29.21	Diatrizoato de sodio.	Kg	Ex	Ex
2924.29.22	Acetamidobenzoato del dimetilamino isopropanol.	Kg	Ex	Ex
2924.29.23	Nitrobenzamida y sus derivados de sustitución.	Kg	Ex	Ex
2924.29.24	5'-Cloro-3-hidroxi-2',4'-dimetoxi-2-naftanilida.	Kg	Ex	Ex
2924.29.25	3-Hidroxi-3'-nitro-2-naftanilida.	Kg	Ex	Ex
2924.29.26	5'-Cloro-3-hidroxi-2-nafto-o-anisidida.	Kg	Ex	Ex
2924.29.27	2,2'-((2-Hidroxietil)imino)bis(N-(1,1-dimetil-2-feniletil)-N-metilacetamida) (Oxetazaina).	Kg	Ex	Ex
2924.29.28	3',4'-Dicloro propionanilida.	Kg	Ex	Ex
2924.29.29	Ácido metrizoico; metrizamida.	Kg	Ex	Ex
2924.29.30	N-Benzoil-N-(3-cloro-4-fluorofenil)-2-aminopropionato de metilo.	Kg	Ex	Ex
2924.29.31	Ester 1-metílico del N-L-alfa-Aspartil-L-fenilalanina (Aspartame).	Kg	Ex	Ex
2924.29.32	2-Cloro-2',6'-dietil-N-(metoximetil) acetanilida.	Kg	Ex	Ex
2924.29.33	p-Aminobenzamida.	Kg	Ex	Ex
2924.29.34	3-Hidroxi-N-2-naftil-2-naftamida.	Kg	Ex	Ex

2924.29.35	Carbamatos o dicarbamatos cíclicos, excepto lo comprendido en las fracciones 2924.29.01, 2924.29.02, 2924.29.43 y 2924.29.48.	Kg	Ex	Ex
2924.29.36	2,5-Dimetoxicloranilida del ácido beta hidroxinaftoico.	Kg	Ex	Ex
2924.29.37	4-(2-Hidroxi-3-((1-metiletil)amino)-propoxi) bencenacetamida.	Kg	Ex	Ex
2924.29.38	2-(2-Hidroxi-3-naftoilamina)-1-etoxi benceno-(3-hidroxi (2'-etoxi)-2-naftanilida).	Kg	Ex	Ex
2924.29.39	Diacetato de N-(5-acetilamino-2-metoxi fenil) dietanolamina.	Kg	Ex	Ex
2924.29.40	4'-Cloro-3-hidroxi-2-naftanilida.	Kg	Ex	Ex
2924.29.41	4'-Cloro-3-hidroxi-2-nafto-o-toluidida.	Kg	Ex	Ex
2924.29.42	Hidroxietil aceto acetamida.	Kg	Ex	Ex
2924.29.43	N-Metilcarbamato de 2-isopropoxifenilo.	Kg	Ex	Ex
2924.29.44	Ácido acetrizóico.	Kg	Ex	Ex
2924.29.45	Sal metilglutaminica del ácido diatrizóico.	Kg	Ex	Ex
2924.29.46	3-Amino-4-metoxibenzanilida.	Kg	Ex	Ex
2924.29.47	Ester metílico de N-(2,6-dimetilfenil)-N-(metoxi-acetil)- DL-alanina.	Kg	Ex	Ex
2924.29.48	1-Carbometoxiamino-7-naftol.	Kg	Ex	Ex
2924.29.99	Los demás.	Kg	Ex	Ex
29.25	**Compuestos con función carboxiimida (incluida la sacarina y sus sales) o con función imina.**			
-	**Imidas y sus derivados; sales de estos productos:**			
2925.11	**.. Sacarina y sus sales.**			
2925.11.01	Sacarina y sus sales.	Kg	Ex	Ex
2925.12	**.. Glutetimida (DCI).**			
2925.12.01	Glutetimida (DCI).	Kg	Ex	Ex
2925.19	**.. Los demás.**			
2925.19.01	Imida del ácido N-ftalilglutámico (Talidomida).	Kg	Ex	Ex
2925.19.02	Succinimida y sus derivados de sustitución.	Kg	Ex	Ex
2925.19.03	Crisantemato de 3,4,5,6-tetrahidroftalimido metilo (Tetrametrina).	Kg	Ex	Ex
2925.19.99	Los demás.	Kg	Ex	Ex
-	**Iminas y sus derivados; sales de estos productos:**			
2925.21	**.. Clordimeformo (ISO).**			
2925.21.01	Clordimeformo (ISO).	Kg	Ex	Ex
2925.29	**.. Los demás.**			
2925.29.01	Guanidina o biguanidina.	Kg	Ex	Ex
2925.29.02	O-Metilsulfato de isourea.	Kg	Ex	Ex
2925.29.03	Acetato de n-dodecilguanidina.	Kg	Ex	Ex
2925.29.04	Clorhidrato de N-(2-metil-4-clorofenil)-N',N'-dimetil formamidina (clorhidrato de clordimeformo).	Kg	Ex	Ex
2925.29.99	Los demás.	Kg	Ex	Ex
29.26	**Compuestos con función nitrilo.**			
2926.10	**- Acrilonitrilo.**			
2926.10.01	Acrilonitrilo.	Kg	Ex	Ex
2926.20	**- 1-Cianoguanidina (diciandiamida).**			
2926.20.01	1-Cianoguanidina (diciandiamida).	Kg	Ex	Ex
2926.30	**- Fenproporex (DCI) y sus sales; intermedio de la metadona (DCI) (4-ciano-2-dimetilamino-4,4-difenilbutano).**			
2926.30.01	Fenproporex (DCI) y sus sales; intermedio de la metadona (DCI) (4-ciano-2-dimetilamino-4,4-difenilbutano).	Kg	Ex	Ex
2926.90	**- Los demás.**			
2926.90.01	o-Ftalonitrilo.	Kg	Ex	Ex
2926.90.02	Acetona cianhidrina.	Kg	Ex	Ex
2926.90.03	Cianoacetato de metilo, de etilo o de butilo.	Kg	Ex	Ex
2926.90.04	2,4,5,6-Tetracloro-1,3-bencendicarbonitrilo.	Kg	Ex	Ex
2926.90.05	3'-(2,2-Dibromoetenil)-2,2-dimetilciclopropan carboxilato de ciano (3-fenoxifenil)-metilo (Deltametrina).	Kg	Ex	Ex
2926.90.06	3,5-Dibromo-4-hidroxibenzonitrilo.	Kg	Ex	Ex
2926.90.07	4-Cloro-alfa-(1-metil etil) bencen acetato de ciano (3-fenoxifenil)-metilo (Fenvalerato; Esfenvalerato).	Kg	Ex	Ex
2926.90.08	(1-alfa-(S*), 3-alfa) (+-)-3-(2,2-Diclorovinil)-2,2-dimetilciclopropan carboxilato de alfa-ciano-3-fenoxibencilo (Alfa cipermetrina).	Kg	Ex	Ex
2926.90.09	(+)-cis, trans-3-(2,2-diclorovinil)- 2,2-dimetilciclopropan carboxilato de alfa-ciano-3-fenoxibencilo (Cipermetrina).	Kg	Ex	Ex
2926.90.99	Los demás.	Kg	Ex	Ex
29.27	**Compuestos diazoicos, azoicos o azoxi.**			
2927.00	**- Compuestos diazoicos, azoicos o azoxi.**			
2927.00.01	Azobenceno o aminoazobenceno.	Kg	Ex	Ex
2927.00.02	Diaceturato de 4,4'-(diazoamino)dibenzamidina.	Kg	Ex	Ex
2927.00.03	Azodicarbonamida.	Kg	Ex	Ex
2927.00.04	2,2'Azobis(isobutironitrilo).	Kg	Ex	Ex
2927.00.05	Ácido 6-nitro-1-diazo-2-naftol-4-sulfónico.	Kg	Ex	Ex

2927.00.99	Los demás.	Kg	Ex	Ex
29.28	**Derivados orgánicos de la hidrazina o de la hidroxilamina.**			
2928.00 **.**	**Derivados orgánicos de la hidrazina o de la hidroxilamina.**			
2928.00.01	Metil-etil-cetoxima.	Kg	Ex	Ex
2928.00.02	Hidrazobenceno.	Kg	Ex	Ex
2928.00.03	Fosforotioato de O,O-dietil O-iminofenil acetonitrilo.	Kg	Ex	Ex
2928.00.04	N,N-Dietilhidroxilamina.	Kg	7	Ex
2928.00.05	1,2-Naftoquinona-monosemicarbazona.	Kg	Ex	Ex
2928.00.06	Ácido (-)L-alfa-hidrazino-3,4-dihidroxi-alfa-metilhidrocinámico monohidratado (Carbidopa).	Kg	Ex	Ex
2928.00.07	Clorhidrato de 1,3-bis-((p-clorobenciliden)-amino)guanidina.	Kg	Ex	Ex
2928.00.99	Los demás.	Kg	7	Ex
29.29	**Compuestos con otras funciones nitrogenadas.**			
2929.10 **.**	**Isocianatos.**			
2929.10.01	Mono o diclorofenilisocianato.	Kg	Ex	Ex
2929.10.02	3-Trifluorometilfenilisocianato.	Kg	Ex	Ex
2929.10.03	Difenilmetan-4,4'-diisocianato.	Kg	5	Ex
2929.10.04	Toluen diisocianato.	Kg	Ex	Ex
2929.10.05	Hexametilen diisocianato.	Kg	Ex	Ex
2929.10.06	Diisocianato de isoforona.	Kg	Ex	Ex
2929.10.99	Los demás.	Kg	5	Ex
2929.90 **.**	**Los demás.**			
2929.90.01	Ciclohexilsulfamato de sodio o de calcio (ciclamato de sodio o de calcio).	Kg	Ex	Ex
2929.90.02	2-((Etoxi-((1-metil etil)-amino)-fosfinotioil)-oxi) benzoato de 1-metil etilo (Isofenfos).	Kg	Ex	Ex
2929.90.99	Los demás.	Kg	Ex	Ex

SUBCAPÍTULO X
COMPUESTOS ÓRGANO-INORGÁNICOS, COMPUESTOS
HETEROCÍCLICOS, ÁCIDOS NUCLEICOS Y SUS SALES, Y
SULFONAMIDAS

29.30	**Tiocompuestos orgánicos.**			
2930.20 **.**	**Tiocarbamatos y ditiocarbamatos.**			
2930.20.01	Sales del ácido dietilditiocarbámico, excepto lo comprendido en la fracción 2930.20.08.	Kg	Ex	Ex
2930.20.02	Dibencilditiocarbamato de cinc.	Kg	Ex	Ex
2930.20.03	Dimetil ditiocarbamato de sodio, de cinc, de bismuto, de cobre o de plomo.	Kg	Ex	Ex
2930.20.04	Dipropil o diisobutil tiocarbamato de S-etilo.	Kg	Ex	Ex
2930.20.05	Etilen bis ditiocarbamato de manganeso (Maneb); Etilen bis ditiocarbamato de cinc (Zineb).	Kg	5	Ex
2930.20.06	N-Metilditiocarbamato de sodio, dihidratado.	Kg	5	Ex
2930.20.07	Dipropiltiocarbamato de S-Propil.	Kg	5	Ex
2930.20.08	Dibutil o Dietil ditiocarbamato de teluro, de cadmio, de zinc, de sodio o de níquel.	Kg	Ex	Ex
2930.20.09	Ester O-(1,2,3,4-tetrahidro-1,4- metanonaftalen-6-il) del ácido metil-(3-metil fenil)-carbamotioico (Tolciclato).	Kg	Ex	Ex
2930.20.99	Los demás.	Kg	Ex	Ex
2930.30 **.**	**Mono-, di- o tetrasulfuros de tiourama.**			
2930.30.01	Mono-,di-,o tetrasulfuros de tetrametil, de tetraetil, de tetrabutil o de dipentametilen tiourama.	Kg	Ex	Ex
2930.30.99	Los demás.	Kg	Ex	Ex
2930.40 **.**	**Metionina.**			
2930.40.01	Metionina.	Kg	Ex	Ex
2930.50 **.**	**Captafol (ISO) y metamidofos (ISO).**			
2930.50.01	N-(1,1,2,2-Tetracloroetilmercapto)-4-ciclohexen-1,2-dicarboximida (Captafol).	Kg	Ex	Ex
2930.50.02	Fosforoamidotioato de O,S-Dimetil (Metamidofos).	Kg	Ex	Ex
2930.90 **.**	**Los demás.**			
2930.90.01	Tiourea; 1,1-dietil-2-tiourea.	Kg	Ex	Ex
2930.90.02	Ácido alfa-amino-beta-metil-beta-mercapto butírico.	Kg	Ex	Ex
2930.90.03	Ácido tioglicólico.	Kg	Ex	Ex
2930.90.04	Lauril mercaptano.	Kg	Ex	Ex
2930.90.05	Glutation.	Kg	Ex	Ex
2930.90.06	S,S'- Metilenbisfosforoditioato de O,O,O',O'-tetraetilo (Etion).	Kg	Ex	Ex
2930.90.07	Tiodipropionato de Di-(tridecilo).	Kg	Ex	Ex
2930.90.08	N-Triclorometilmercapto-4-ciclohexen-1,2- dicarboximida (Captan).	Kg	Ex	Ex
2930.90.09	Tioglicolato de isooctilo.	Kg	Ex	Ex
2930.90.10	Fosforoditioato de O,O-dietil S-(p-clorofeniltio) metilo (Carbofenotion).	Kg	Ex	Ex
2930.90.11	Amilxantato de potasio; secbutilxantato de sodio; isopropilxantato de sodio; isobutilxantato de sodio.	Kg	5	Ex
2930.90.12	O,O-Dimetilditiofosfato de dietilmercapto succinato (Malation).	Kg	Ex	Ex
2930.90.13	Fosforotioato de O,O-dimetil S-(N-metilcarbamoil)metilo (Folimat).	Kg	Ex	Ex
2930.90.14	Fosforoditioato de O,O-dimetil S-(N- metilcarbamoil)metilo (Dimetoato).	Kg	Ex	Ex

2930.90.15	Sulfuro de bis-(2-hidroxietilo) (Tiodiglicol).	Kg	Ex	Ex
2930.90.16	N-acetil-fosforoamidotioato de O,S-dimetilo.	Kg	Ex	Ex
2930.90.17	Fosforoditioato de O,O-dietil S-2- (etiltio)etilo (Disulfoton).	Kg	Ex	Ex
2930.90.18	4,4'-Tiobis (3-metil-6-terbutil fenol).	Kg	Ex	Ex
2930.90.19	Fosforoditioato de O,O-dietil-S-(etiltiometilo) (Forato).	Kg	Ex	Ex
2930.90.20	Fosforotioato de O-etil-O-(4-bromo-2-clorofenil)-S-n-propilo (Propenofos).	Kg	Ex	Ex
2930.90.21	N-Metilcarboxamido-tiosulfato de sodio.	Kg	Ex	Ex
2930.90.22	N-((metilcarbamoil)-oxi)tioacetimidato de S-metilo (Metomilo).	Kg	Ex	Ex
2930.90.23	Tioacetamida.	Kg	Ex	Ex
2930.90.24	Cianoditioimidocarbonato disódico.	Kg	Ex	Ex
2930.90.25	S-Carboximetil cisteina.	Kg	Ex	Ex
2930.90.26	Metil mercaptano; etil mercaptano; propil mercaptano; butil mercaptano.	Kg	Ex	Ex
2930.90.27	Ester etílico del ácido O,O-dimetilditiofosforil-fenilacético.	Kg	Ex	Ex
2930.90.28	Sulfuro de dimetilo.	Kg	Ex	Ex
2930.90.29	Etiltioetanol.	Kg	Ex	Ex
2930.90.30	Fosforoditioato de O,O-dietil-S-(N- isopropilcarbamoil) metilo.	Kg	Ex	Ex
2930.90.31	Hexa-sulfuro de dipentametilen tiourama.	Kg	5	Ex
2930.90.32	Disulfuro de O,O-dibenzamido difenilo.	Kg	Ex	Ex
2930.90.33	N-Acetilmetionina.	Kg	Ex	Ex
2930.90.34	Dihidroxidifenil sulfona.	Kg	Ex	Ex
2930.90.35	Tiocianoacetato de isobornilo.	Kg	Ex	Ex
2930.90.36	Tioaldehídos, tiocetonas o tioácidos.	Kg	Ex	Ex
2930.90.37	Isotiocianato de metilo.	Kg	Ex	Ex
2930.90.38	Fenilén-1,4-diisotiocianato.	Kg	Ex	Ex
2930.90.39	2-(Dietilamino)-etanotiol y sus sales.	Kg	Ex	Ex
2930.90.40	2-(4-Cloro-o-tolil) imino-1,3-ditioetano.	Kg	Ex	Ex
2930.90.41	Monoclorhidrato de N-(2-(dietilamino) étil)-2-metoxi-5-(metilsulfonil)benzamida (Tiapride).	Kg	Ex	Ex
2930.90.42	Fosforoditioato de S-(1,1-Dimetiletiltio)-metil-O,O-dietilo.	Kg	Ex	Ex
2930.90.43	O,O-Tiodi-p- fenilenfosforotioato de O,O,O',O'-Tetrametilo (Temefos).	Kg	Ex	Ex
2930.90.44	Fosforoditioato de O-etil-O-(4-(metiltio)fenil)S-propilo (Sulprofos).	Kg	Ex	Ex
2930.90.45	Fosforoditioato de O-Etil-S,S-dipropilo (Etoprop).	Kg	Ex	Ex
2930.90.46	p-Clorofenil-2,4,5- triclorofenilsulfona (Tetradifon).	Kg	Ex	Ex
2930.90.47	Fosforoditioato de O-etil-S,S-difenilo (Edifenfos).	Kg	Ex	Ex
2930.90.48	Fosforotioato de O,O-Dimetil-O-(3-metil-4-(metiltio)-fenilo) (Fention).	Kg	Ex	Ex
2930.90.49	Fosforotioato de S-(2-etilsulfinil) etil O,O-Dimetilo.	Kg	Ex	Ex
2930.90.50	N-Triclorometiltioftalimida (Folpet).	Kg	Ex	Ex
2930.90.51	1,3-Dietil-2-tiourea.	Kg	Ex	Ex
2930.90.52	4,4'-Diaminodifenil sulfona (Dapsona).	Kg	Ex	Ex
2930.90.53	Clorhidrato de -L-cisteina.	Kg	Ex	Ex
2930.90.54	Acido 2-hidroxi-4- (metilmercapto)butírico o su sal de calcio.	Kg	Ex	Ex
2930.90.55	Sulfóxido de dimetilo.	Kg	Ex	Ex
2930.90.56	Clorhidrato de cisteamina.	Kg	Ex	Ex
2930.90.57	Tioamida del ácido 5-nitro antranílico.	Kg	Ex	Ex
2930.90.58	Ester sulfónico de la beta-hidroxietilsulfon anilina.	Kg	Ex	Ex
2930.90.59	2-Amino-8-(beta-hidroxietil sulfonil)-naftaleno.	Kg	Ex	Ex
2930.90.60	2-Nitro-4-etilsulfonilanilina.	Kg	Ex	Ex
2930.90.61	Sulfato de 2,5-Dimetoxi-(4-hidroxietil sulfonil)-anilina.	Kg	Ex	Ex
2930.90.62	Metil-N-hidroxitioacetamidato.	Kg	Ex	Ex
2930.90.63	N-Metil-1-metil-tio-2- nitro-etenamina (Tiometina).	Kg	Ex	Ex
2930.90.64	Tiocarbanilida.	Kg	Ex	Ex
2930.90.65	O-(3-metil-4-(metiltio)-fenil)-N-(1-metil etil) fosforoamidato de etilo (Fenamifos).	Kg	Ex	Ex
2930.90.66	Dimetil N,N'-(tio bis(metilimino) carbonoiloxi) bis etanimidotioato (Tiodicarb).	Kg	Ex	Ex
2930.90.67	N-Ciclohexil tioftalimida.	Kg	Ex	Ex
2930.90.68	Acido 5-fluoro-2-metil-1-((4-(metilsulfinil)fenil)metilen)-1H-indeno-3-acético (Sulindac).	Kg	Ex	Ex
2930.90.69	Etilfosfonoditioato de O-etil S-fenilo (Fonofos).	Kg	Ex	Ex
2930.90.70	1,2 bis-(3-(metoxicarbonil)-2-tioureido)benceno (Metil-tiofanato).	Kg	Ex	Ex
2930.90.71	Pentaclorotiofenol o su sal de cinc.	Kg	Ex	Ex
2930.90.99	Los demás.	Kg	Ex	Ex
29.31	**Los demás compuestos órgano-inorgánicos.**			
2931.10 .	**Tetrametilo de plomo o tetraetilo de plomo.**			
2931.10.01	Tetrametilo de plomo o tetraetilo de plomo.	Kg	Ex	Ex
2931.20 .	**Compuestos de tributilestaño.**			
2931.20.01	Compuestos de tributilestaño.	Kg	Ex	Ex
2931.90 .	**Los demás.**			
2931.90.01	Ácido amino tri(metilenfosfónico) y sus sales sódicas.	Kg	5	Ex
2931.90.02	Metilfosfonato de (Aminoiminometil)-urea; Metilfosfonato de dietilo; Metilfosfonato de O-Metil-O-(5-etil-2-metil-1,3,2-dioxafosforinan-5-il)-metilo; Ácido metilfosfónico y sus ésteres.	Kg	Ex	Ex
2931.90.03	Oxidos o cloruros de dialquil estaño.	Kg	5	Ex
2931.90.04	Cloruro de metil magnesio.	Kg	Ex	Ex
2931.90.05	Feniltiofosfonato de O-(2,5-dicloro-4-bromofenil)-O-metilo (Leptofos).		Prohi-bida	Prohi

			bida
2931.90.06	Clorosilanos.	Kg Ex	Ex
2931.90.07	Octametilciclotetrasiloxano.	Kg Ex	Ex
2931.90.08	Cacodilato de sodio.	Kg Ex	Ex
2931.90.09	Ácido arsanílico.	Kg 5	Ex
2931.90.10	Sal monosódica del ácido metil arsónico.	Kg Ex	Ex
2931.90.11	Bromuro de metilmagnesio.	Kg Ex	Ex
2931.90.12	Sal sodica del ácido alfa- hidroxibencilfosfínico.	Kg Ex	Ex
2931.90.13	Glicolil arsanilato de bismuto.	Kg Ex	Ex
2931.90.14	Ácido p-ureidobencenarsónico.	Kg Ex	Ex
2931.90.15	Ácido (2-cloroetil) fosfónico (Etefon).	Kg Ex	Ex
2931.90.16	Sal monosódica trihidratada del ácido (4-amino-1-hidroxibutilidén) bis-fosfónico (Alendronato de sodio).	Kg Ex	Ex
2931.90.17	Ácido organofosfónico y sus sales, excepto lo comprendido en las fracciones 2931.90.05, 2931.90.18, 2931.90.19 y 2931.90.21.	Kg Ex	Ex
2931.90.18	Fenilfosfonotioato de O-etil O-p-nitrofenil (EPN).	Kg Ex	Ex
2931.90.19	Sal isopropilamínica de N-(fosfonometil) glicina.	Kg Ex	Ex
2931.90.20	N-1,3,5-diterbutil-4-hidroxifenil fosfonato de etilo.	Kg Ex	Ex
2931.90.21	1-Hidroxi-2,2,2- tricloroetilfosfonato de O,O-dimetilo (Triclorfon).	Kg Ex	Ex
2931.90.99	Los demás.	Kg Ex	Ex
29.32	**Compuestos heterocíclicos con heteroátomo(s) de oxígeno exclusivamente.**		
	- Compuestos cuya estructura contenga uno o más ciclos furano (incluso hidrogenado), sin condensar:		
2932.11	-- **Tetrahidrofurano.**		
2932.11.01	Tetrahidrofurano.	Kg Ex	Ex
2932.12	-- **2-Furaldehído (furfural).**		
2932.12.01	2-Furaldehído (furfural).	Kg Ex	Ex
2932.13	-- **Alcohol furfurílico y alcohol tetrahidrofurfurílico.**		
2932.13.01	Alcohol furfurílico y alcohol tetrahidrofurfurílico.	Kg Ex	Ex
2932.19	-- **Los demás.**		
2932.19.01	Derivados de sustitución del furano y sales de estos productos, excepto lo comprendido en las fracciones 2932.19.02, 2932.19.03 y 2932.19.04.	Kg Ex	Ex
2932.19.02	Nitrofurazona.	Kg 5	Ex
2932.19.03	N-(2-(((5-((Dimetilamino)-metil)-2- furanil)metil)tio)etil)-N-metil-2-nitro-1,1- etendiamina (Ranitidina).	Kg Ex	Ex
2932.19.04	Sales de N-(2-(((5-((Dimetilamino)-metil)-2-furanil)metil)tio)etil)-N-metil-2-nitro-1,1- etendiamina (Sales de la ranitidina).	Kg Ex	Ex
2932.19.05	Crisantemato de bencil furil- metilo (Resmetrina, bioresmetrina).	Kg Ex	Ex
2932.19.99	Los demás.	Kg Ex	Ex
2932.20	- **Lactonas.**		
2932.20.01	Cumarina, metilcumarinas y etilcumarinas.	Kg Ex	Ex
2932.20.02	Pantolactona.	Kg Ex	Ex
2932.20.03	Delta-Gluconolactona.	Kg Ex	Ex
2932.20.04	Fosforotioato de O,O-dietil-O-(3-cloro-4-metil-2-oxo-2H-1-benzopiran-7-ilo) (Cumafos).	Kg Ex	Ex
2932.20.05	3-Buteno-beta lactona.	Kg Ex	Ex
2932.20.06	Delta-Lactona del ácido 6-hidroxi-beta,2,7- trimetil-5-benzofuranacrílico (Trioxsaleno).	Kg Ex	Ex
2932.20.07	Derivados de sustitución de la cumarina y sales de estos productos, excepto lo comprendido en las fracciones 2932.20.04 y 2932.20.08.	Kg Ex	Ex
2932.20.08	3-(alfa-Acetonilbencil)-4-hidroxicumarina (Warfarina); 3-(alfa-acetonil-4-clorobencil)-4- hidroxicumarina (Cumaclor).	Kg Ex	Ex
2932.20.09	Fenolftaleína.	Kg Ex	Ex
2932.20.10	Ácido giberélico.	Kg Ex	Ex
2932.20.99	Los demás.	Kg Ex	Ex
	- **Los demás:**		
2932.91	-- **Isosafrol.**		
2932.91.01	Isosafrol.	Kg Ex	Ex
2932.92	-- **1-(1,3-Benzodioxol-5-il)propan-2-ona.**		
2932.92.01	1-(1,3-Benzodioxol-5-il)propan-2-ona.	Kg Ex	Ex
2932.93	-- **Piperonal.**		
2932.93.01	Piperonal.	Kg Ex	Ex
2932.94	-- **Safrol.**		
2932.94.01	Safrol.	Kg Ex	Ex
2932.95	-- **Tetrahidrocannabinoles (todos los isómeros).**		
2932.95.01	Tetrahidrocannabinoles (todos los isómeros).	Kg Ex	Ex
2932.99	-- **Los demás.**		
2932.99.01	S,S-Bis (O,O-dietilditiofosfato) de 2,3-p-dioxano ditiol (Dioxation).	Kg Ex	Ex
2932.99.02	Dioxano.	Kg Ex	Ex
2932.99.03	Derivados de sustitución de la 3-hidroxi-gamapirona.	Kg Ex	Ex
2932.99.04	Bromuro de propantelina o de metantelina.	Kg Ex	Ex

2932.99.05	Eucaliptol.	Kg	Ex	Ex
2932.99.06	Dinitrato de 1,4:3,6-dianhidro-D-glucitol (Dinitrato de isosorbide), incluso al 25% en lactosa u otro diluyente inerte.	Kg	Ex	Ex
2932.99.07	(2-Butil-3-benzofuranil)(4-(2(dietilamino)etoxi)-3,5-diyodo-fenil)metanona (Amiodarona).	Kg	Ex	Ex
2932.99.08	Sal disódica de 1,3-bis-(2-carboxicromon- 5-iloxi)-2-hidroxipropano (Cromolin disódico).	Kg	Ex	Ex
2932.99.09	Butoxido de piperonilo.	Kg	Ex	Ex
2932.99.10	2,3-Dihidro-2,2-dimetil-7-benzofuranil metil carbamato (Carbofurano).	Kg	Ex	Ex
2932.99.11	Sales de amiodarona.	Kg	Ex	Ex
2932.99.99	Los demás.	Kg	Ex	Ex
29.33	**Compuestos heterocíclicos con heteroátomo(s) de nitrógeno exclusivamente.**			
	- **Compuestos cuya estructura contenga uno o más ciclos pirazol (incluso hidrogenado), sin condensar:**			
2933.11	-- **Fenazona (antipirina) y sus derivados.**			
2933.11.01	4-Dimetilamino-2,3-dimetil-1-fenil-3- pirazolin-5-ona (Aminopirina).	Kg	Ex	Ex
2933.11.02	Metilen bis (metilaminoantipirina).	Kg	Ex	Ex
2933.11.99	Los demás.	Kg	Ex	Ex
2933.19	-- **Los demás.**			
2933.19.01	Los demás derivados de sustitución de la 5-pirazolinona, y sales de estos productos.	Kg	Ex	Ex
2933.19.02	5-Imino-3-metil-1-fenil-2-pirazolina.	Kg	Ex	Ex
2933.19.03	Derivados de sustitución de la 3,5- pirazolidindiona y sales de estos productos, excepto lo comprendido en la fracción 2933.19.04.	Kg	Ex	Ex
2933.19.04	Fenilbutazona base.	Kg	5	Ex
2933.19.05	Ácido 1-(bencén-4-sulfónico)-5-pirazolón-3-carboxílico.	Kg	Ex	Ex
2933.19.06	1,2-Dimetil-3,5-difenil-1H-pirazolium metil sulfato.	Kg	Ex	Ex
2933.19.07	Ácido 4,5-dihidro-5-oxo-1-(4-sulfofenil)-1H-pirazol-3-carboxílico.	Kg	Ex	Ex
2933.19.08	2,3-Dimetil-1-fenil-5-pirazolón-4- metilaminometasulfonato sódico o de magnesio (Dipirona sódica o magnésica).	Kg	5	Ex
2933.19.09	Fenilmetilpirazolona, sus derivados halogenados o sulfonados.	Kg	Ex	Ex
2933.19.99	Los demás.	Kg	Ex	Ex
	- **Compuestos cuya estructura contenga uno o más ciclos imidazol (incluso hidrogenado), sin condensar:**			
2933.21	-- **Hidantoína y sus derivados.**			
2933.21.01	Hidantoína y sus derivados.	Kg	Ex	Ex
2933.29	-- **Los demás.**			
2933.29.01	Derivados de sustitución de la imidazolina y sales de estos productos, excepto lo comprendido en las fracciones 2933.29.02 y 2933.29.09.	Kg	Ex	Ex
2933.29.02	2-Mercaptoimidazolina.	Kg	Ex	Ex
2933.29.03	Derivados de sustitución del imidazol, excepto lo comprendido en las fracciones 2933.29.06, 2933.29.07, 2933.29.08, 2933.29.10 y 2933.29.11.	Kg	Ex	Ex
2933.29.04	Etilenurea.	Kg	Ex	Ex
2933.29.05	Diclorhidrato de 5-metil-4-((2-aminoetil)tio- metil) imidazol.	Kg	Ex	Ex
2933.29.06	N-Ciano-N'-metil-N''-(2-(((5-metil-1H- imidazol-4-il)metil)tio)etil)guanidina (Cimetidina).	Kg	Ex	Ex
2933.29.07	2-Metil-4-nitroimidazol; 2-metil-5- nitroimidazol.	Kg	Ex	Ex
2933.29.08	2-Metil-5-nitroimidazol-1-etanol (Metronidazol).	Kg	Ex	Ex
2933.29.09	2-(2,6-Dicloroanilina)-2-imidazolina (Clonidina).	Kg	Ex	Ex
2933.29.10	1-(3-Cloro-2-hidroxipropil)-2-metil-5- nitroimidazol (Ornidazol).	Kg	Ex	Ex
2933.29.11	Alfa-(2,4-diclorofenil)-1H-imidazol-1-etanol.	Kg	Ex	Ex
2933.29.12	Clorhidrato de 4(5)-hidroximetil-5(4)-metil imidazol.	Kg	Ex	Ex
2933.29.13	Nitrato de miconazol.	Kg	Ex	Ex
2933.29.14	Sales, ésteres o derivados del metronidazol.	Kg	Ex	Ex
2933.29.15	Sales de la clonidina.	Kg	Ex	Ex
2933.29.16	Sales del ornidazol.	Kg	Ex	Ex
2933.29.99	Los demás.	Kg	Ex	Ex
	- **Compuestos cuya estructura contenga uno o más ciclos piridina (incluso hidrogenado), sin condensar:**			
2933.31	-- **Piridina y sus sales.**			
2933.31.01	Piridina.	Kg	Ex	Ex
2933.31.02	Sales de la piridina.	Kg	Ex	Ex
2933.32	-- **Piperidina y sus sales.**			
2933.32.01	Pentametilenditiocarbamato de piperidina.	Kg	5	Ex
2933.32.99	Los demás.	Kg	Ex	Ex
2933.33	-- **Alfentanilo (DCI), anileridina (DCI), bezitramida (DCI), bromazepam (DCI), cetobemidona (DCI), difenoxilato (DCI), difenoxina (DCI), dipipanona (DCI), fenciclidina (DCI) (PCP), fenoperidina (DCI), fentanilo (DCI), metilfenidato (DCI), pentazocina (DCI), petidina (DCI), intermedio A de la petidina (DCI), pipradrol (DCI), piritramida (DCI), propiram (DCI) y trimeperidina (DCI); sales de estos productos.**			
2933.33.01	Alfentanilo (DCI), anileridina (DCI), bezitramida (DCI), bromazepam (DCI), cetobemidona (DCI), difenoxilato (DCI), difenoxina (DCI), dipipanona (DCI), fenciclidina (DCI) (PCP), fenoperidina (DCI), fentanilo (DCI), metilfenidato (DCI), pentazocina (DCI), petidina (DCI), intermedio A de la petidina (DCI), pipradrol (DCI), piritramida (DCI), propiram (DCI) y	Kg	Ex	Ex

trimeperidina (DCI).

2933.33.02	Sales de los productos de la fracción 2933.33.01.	Kg	Ex	Ex
2933.39	**.. Los demás.**			
2933.39.01	Hidracida del ácido isonicotínico (Isoniacida).	Kg	Ex	Ex
2933.39.02	Feniramina, bromofeniramina y sus maleatos.	Kg	5	Ex
2933.39.03	Dicloruro de 1,1'-dimetil-4,4'-dipiridilio (Paraquat).	Kg	Ex	Ex
2933.39.04	Fosforotioato O,O-Dietil O-3,5,6-tricloro-2- piridilo (Clorpirifos).	Kg	Ex	Ex
2933.39.05	Ácido 4-amino-3,5,6-tricloropicolínico (Picloram).	Kg	Ex	Ex
2933.39.06	4,4'-Bipiridilo.	Kg	,5	Ex
2933.39.07	3,5-Dicloro-2,6-dimetil-4 -piridinol (Clopidol).	Kg	Ex	Ex
2933.39.08	Ácido 2-(m-trifluorometilanilin) -3-nicotínico (Ácido niflúmico).	Kg	Ex	Ex
2933.39.09	2-(m-trifluorometilanilin)-3- nicotinato de aluminio (Sal de Aluminio del ácido niflúmico).	Kg	Ex	Ex
2933.39.10	Maleato de 2-((2- dimetilaminoetil)(p- metoxibencil)amino) piridina (Maleato de pirilamina).	Kg	Ex	Ex
2933.39.11	2,6-Dimetil-4-piridinol.	Kg	Ex	Ex
2933.39.12	Diacetato de 4,4'-(2- piridilmetilén)bisfenilo (Bisacodilo).	Kg	Ex	Ex
2933.39.13	2-(4-(5-Trifluorometil-2- piridiloxi) fenoxi) propionato de butilo (Fluazifop-butilo).	Kg	Ex	Ex
2933.39.14	2-Vinilpiridina.	Kg	Ex	Ex
2933.39.15	Clorhidrato de 3-fenil-1'-(fenilmetil)-(3,4'-bipiperidin)-2,6-diona (Clorhidrato de benzetimida).	Kg	Ex	Ex
2933.39.16	2-Amino-6-metil-piridina.	Kg	Ex	Ex
2933.39.17	Ester dimetílico del ácido 1,4-dihidro-2,6-dimetil-4-(2-nitrofenil)-3,5-piridindicarboxílico (Nifedipina).	Kg	5	Ex
2933.39.18	3-Cianopiridina.	Kg	Ex	Ex
2933.39.19	2,6-Dimetilpiridina (Lutidina).	Kg	Ex	Ex
2933.39.20	Metil piridina.	Kg	Ex	Ex
2933.39.21	(alfa(beta Dimetilaminoetil) alfa(2- piridil))acetonitrilo; alfa(beta dimetilaminoetil)alfa (p-clorofenil)alfa (2-piridil) acetonitrilo; (alfa(beta dimetil-aminoetil) alfa (p-bromofenil) alfa(2-piridil)) acetonitrilo.	Kg	Ex	Ex
2933.39.22	5,9-Dimetil-2'- hidroxibenzomorfan, sus derivados de sustitución y sus sales.	Kg	5	Ex
2933.39.23	Clorfeniramina.	Kg	Ex	Ex
2933.39.24	Los demás derivados de la piperidina y sales de estos productos, excepto lo comprendido en la fracción 2933.39.26.	Kg	Ex	Ex
2933.39.25	Sal del cinc de 1,1'-dióxido de bis (2-tiopiridilo) (Piritionato de cinc).	Kg	Ex	Ex
2933.39.26	Bromuro de 1-metil-3-benziloiloxiquinuclidinio (Bromuro de clidinio).	Kg	Ex	Ex
2933.39.27	Sales de la clorfeniramina.	Kg	Ex	Ex
2933.39.28	Sales o derivados de la isoniacida.	Kg	Ex	Ex
2933.39.29	Sales del clopidol.	Kg	Ex	Ex
2933.39.30	Sales o derivados de feniramina o bromofeniramina.	Kg	Ex	Ex
2933.39.31	Omeprazol y sus sales.	Kg	Ex	Ex
2933.39.99	Los demás.	Kg	Ex	Ex
-	**Compuestos cuya estructura contenga ciclos quinoleína o isoquinoleína (incluso hidrogenados), sin otras condensaciones:**			
2933.41	**.. Levorfanol (DCI) y sus sales.**			
2933.41.01	Levorfanol (DCI) y sus sales.	Kg	Ex	Ex
2933.49	**.. Los demás.**			
2933.49.01	Diyodo oxiquinolina (Yodoquinol).	Kg	5	Ex
2933.49.02	Ácido 2-fenilquinolín-4- carboxílico (Cinchofen).	Kg	Ex	Ex
2933.49.03	5,7-Dibromo-8-hidroxiquinoleina (Broxiquinolina).	Kg	Ex	Ex
2933.49.04	6-Dodecil-1,2-dihidro-2,2,4-trimetil quinolina.	Kg	5	Ex
2933.49.05	6-Etoxi-1,2-dihidro-2,2,4-trimetilquinolina (Etoxiquin).	Kg	Ex	Ex
2933.49.06	Ester 2,3-dihidroxipropílico del ácido N-(7-cloro-4-quinolil)antranílico (Glafenina).	Kg	Ex	Ex
2933.49.07	Bromhidrato de d-3-metoxi-17-metilmorfinano (Bromhidrato de dextrometorfan).	Kg	Ex	Ex
2933.49.08	1-Metil-2-oxo-8- hidroxiquinolina.	Kg	Ex	Ex
2933.49.09	Quinolina.	Kg	Ex	Ex
2933.49.10	Yodo cloro-8-hidroxiquinolina (Clioquinol).	Kg	5	Ex
2933.49.11	8-Hidroxiquinolina.	Kg	Ex	Ex
2933.49.12	Pamoato de pirvinio.	Kg	Ex	Ex
2933.49.13	Sales de la quinolina.	Kg	Ex	Ex
2933.49.99	Los demás.	Kg	Ex	Ex
-	**Compuestos cuya estructura contenga uno o más ciclos pirimidina (incluso hidrogenado) o piperazina:**			
2933.52	**.. Malonilurea (ácido barbitúrico) y sus sales.**			
2933.52.01	Malonilurea (ácido barbitúrico) y sus sales.	Kg	Ex	Ex
2933.53	**.. Alobarbital (DCI), amobarbital (DCI), barbital (DCI), butalbital (DCI), butobarbital, ciclobarbital (DCI), fenobarbital (DCI), metilfenobarbital (DCI), pentobarbital (DCI), secbutabarbital (DCI), secobarbital (DCI) y vinilbital (DCI); sales de estos productos.**			
2933.53.01	Alobarbital (DCI), amobarbital (DCI), barbital (DCI), butalbital (DCI), butobarbital, ciclobarbital (DCI), fenobarbital (DCI), metilfenobarbital (DCI), pentobarbital (DCI), secbutabarbital (DCI), secobarbital (DCI) y vinilbital (DCI); sales de estos productos.	Kg	Ex	Ex
2933.54	**.. Los demás derivados de la malonilurea (ácido barbitúrico); sales de estos productos.**			
2933.54.01	Los demás derivados de la malonilurea (ácido barbitúrico); sales de estos productos.	Kg	Ex	Ex

2933.55	.. **Loprazolam (DCI), meclocualona (DCI), metacualona (DCI) y zipeprol (DCI); sales de estos productos.**			
2933.55.01	Loprazolam (DCI).	Kg	Ex	Ex
2933.55.02	Metacualona (DCI) (2-metil-3-o-tolil-4(3H)-quinazolina).	Kg	Ex	Ex
2933.55.99	Los demás.	Kg	Ex	Ex
2933.59	.. **Los demás.**			
2933.59.01	Derivados de sustitución de la pirimidina y sus sales, excepto los comprendidos en las fracciones 2933.59.14 y 2933.59.18.	Kg	Ex	Ex
2933.59.02	Piperazina; sus derivados de sustitución y sales de estos derivados, excepto lo comprendido en las fracciones 2933.59.10 y 2933.59.13.	Kg	Ex	Ex
2933.59.03	Fosforotioato de O,O-dietil-O-(2-isopropil-6-metil-4-pirimidinilo) (Diazinon).	Kg	Ex	Ex
2933.59.04	Diclorhidrato de 1-(p-terbutilbencil)-4-(p-clorodifenilmetil) piperazina (Diclorhidrato de buclizina).	Kg	Ex	Ex
2933.59.05	5-Bromo-3-secbutil-6-metiluracilo.	Kg	Ex	Ex
2933.59.06	2,4-Diamino-5-(3,4,5- trimetoxibencil) pirimidina (Trimetoprim).	Kg	Ex	Ex
2933.59.07	Sales de la piperazina.	Kg	5	Ex
2933.59.08	2-Amino-1,9-dihidro-9-((2-hidroxietoxi)metil)-6H-purin-6-ona (Aciclovir).	Kg	Ex	Ex
2933.59.09	Bis(N,N'-1,4-Piperazinadil bis (2,2,2-tricloro)etiliden)-formamida (Triforina).	Kg	Ex	Ex
2933.59.10	1-(bis(4-Fluorofenil)metil)-4-(3-fenil-2-propenil)piperazina (Flunaricina).	Kg	Ex	Ex
2933.59.11	2,6-Dicloro-4,8-dipiperidinopirimido (5,4-d)-pirimidina.	Kg	Ex	Ex
2933.59.12	Fosforotioato de O,O-dietil-O-(5-metil-6-etoxicarbonil-pirazol)-(1,5a)-pirimid-2-ilo (Pirazofos).	Kg	Ex	Ex
2933.59.13	Ácido 1-etil-6-fluoro-1,4-dihidro-4-oxo-7-(1-piperazinil)-3-quinolín carboxílico (Norfloxacino).	Kg	Ex	Ex
2933.59.14	Clorhidrato del cloruro de 1-((4-amino-2- propil-5-pirimidinil)metil)-2-picolinio (Amprolio).	Kg	Ex	Ex
2933.59.15	2,6-bis(Dietanolamino)-4,8- dipiperidinopirimido-(5,4-d)-pirimidina (Dipiridamol).	Kg	Ex	Ex
2933.59.16	Trietilendiamina.	Kg	Ex	Ex
2933.59.17	Clorhidrato de 1,2,3,4,10,14b-hexahidro-2-metil-dibenzo-(c,f) pirazino (1,2-a)azepina (Clorhidrato de mianserina).	Kg	Ex	Ex
2933.59.18	1H-Pirazol-(3,4-d)pirimidin-4-ol (Alopurinol).	Kg	Ex	Ex
2933.59.19	Clorhidrato de ciprofloxacina.	Kg	Ex	Ex
2933.59.20	Clorhidrato de enrofloxacina.	Kg	Ex	Ex
2933.59.99	Los demás.	Kg	Ex	Ex
-	**Compuestos cuya estructura contenga uno o más ciclos triazina (incluso hidrogenado), sin condensar:**			
2933.61	.. **Melamina.**			
2933.61.01	Melamina.	Kg	Ex	Ex
2933.69	.. **Los demás.**			
2933.69.01	Los demás derivados de sustitución de la 1,3,5-triazina y sus sales, excepto lo comprendido en las fracciones 2933.69.02, 2933.69.06, 2933.69.07, 2933.69.08, 2933.69.09, 2933.69.10 y 2933.69.11.	Kg	Ex	Ex
2933.69.02	2-Metiltio-4,6-dicloro-1,3,5-triazina.	Kg	Ex	Ex
2933.69.03	Ácido cianurico o isocianúrico, sus derivados y sus sales.	Kg	Ex	Ex
2933.69.05	4-Amino-6-(1,1-(dimetiletil)-3-metiltio)-1,2,4-triazina-5-(4H)-ona (Metribuzin).	Kg	Ex	Ex
2933.69.06	2-(ter-Butilamino)-4-(etilamino)-6-(metiltio)- S-triazina.	Kg	Ex	Ex
2933.69.07	4-(Isopropilamino)-2- (etilamino)-6-(metiltio)-S-triazina (Ametrin).	Kg	Ex	Ex
2933.69.08	2-Cloro-4,6-bis (etilenamino)-S-triazina.	Kg	Ex	Ex
2933.69.09	2-Cloro-4-(etilamino)-6-(isopropilamino)-S-triazina (Atrazina).	Kg	Ex	Ex
2933.69.10	N-(2-clorofenilamino)-4,6- dicloro-1,3,5- triazina (Anilazina).	Kg	Ex	Ex
2933.69.11	2,4-bis (Isopropilamino)-6- (metiltio)-S-triazina (Prometrin; Prometrina).	Kg	Ex	Ex
2933.69.12	Hexametilentetramina (Metenamina).	Kg	5	Ex
2933.69.13	Trinitrotrimetilentriamina (Ciclonita).	Kg	Ex	Ex
2933.69.14	Mandelato de metenamina.	Kg	Ex	Ex
2933.69.15	Dinitroso pentametilen tetramina.	Kg	5	Ex
2933.69.16	Tricloro triazina.	Kg	Ex	Ex
2933.69.99	Los demás.	Kg	Ex	Ex
-	**Lactamas:**			
2933.71	.. **6-Hexanolactama (épsilon-caprolactama).**			
2933.71.01	6-Hexanolactama (epsilón caprolactama).	Kg	7	Ex
2933.72	.. **Clobazam (DCI) y metiprilona (DCI).**			
2933.72.01	Clobazam (DCI) y metiprilona (DCI).	Kg	Ex	Ex
2933.79	.. **Las demás lactamas.**			
2933.79.01	Lauril lactama.	Kg	Ex	Ex
2933.79.02	2- pirrolidona y sus sales.	Kg	Ex	Ex
2933.79.03	Derivados de sustitución de la 2-pirrolidona y sus sales, excepto lo comprendido en la fracción 2933.79.04.	Kg	Ex	Ex
2933.79.04	2-oxo-1-pirrolidinil-acetamida (Piracetam).	Kg	Ex	Ex
2933.79.99	Los demás.	Kg	Ex	Ex
-	**Los demás:**			
2933.91	.. **Alprazolam (DCI), camazepam (DCI), clonazepam (DCI), clorazepato, clordiazepóxido (DCI), delorazepam (DCI), diazepam (DCI), estazolam (DCI), fludiazepam (DCI),**			

	flunitrazepam (DCI), flurazepam (DCI), halazepam (DCI), loflazepato de etilo (DCI), lorazepam (DCI), lormetazepam (DCI), mazindol (DCI), medazepam (DCI), midazolam (DCI), nimetazepam (DCI), nitrazepam (DCI), nordazepam (DCI), oxazepam (DCI), pinazepam (DCI), pirovalerona (DCI), prazepam (DCI), temazepam (DCI), tetrazepam (DCI) y triazolam (DCI); sales de estos productos.			
2933.91.01	Alprazolam (DCI), camazepam (DCI), clonazepam (DCI), clorazepato, clordiazepóxido (DCI), delorazepam (DCI), diazepam (DCI), estazolam (DCI), fludiazepam (DCI), flunitrazepam (DCI), flurazepam (DCI), halazepam (DCI), loflazepato de etilo (DCI), lorazepam (DCI), lormetazepam (DCI), medazepam (DCI), midazolam (DCI), nimetazepam (DCI), nitrazepam (DCI), nordazepam (DCI), oxazepam (DCI), pinazepam (DCI), prazepam (DCI), temazepam (DCI), tetrazepam (DCI) y triazolam (DCI); sales de estos productos.	Kg	Ex	Ex
2933.91.02	Mazindol (DCI), pirovalerona (DCI); sales de estos productos.	Kg	Ex	Ex
2933.99	**.. Los demás.**			
2933.99.01	Fosforotioato de O,O-dietil-O-1-fenil-1H-1,2,4-triazol-3-ilo (Triazofos).	Kg	Ex	Ex
2933.99.02	1H-Inden-1,3(2H)-dion-2-benzo quinolín-3-ilo.	Kg	Ex	Ex
2933.99.03	Oxima de la 2-formil quinoxalina.	Kg	Ex	Ex
2933.99.04	1-((4-Clorofenil)metil)-2-(1-pirrolidinil metil)-1H-bencimidazol (Clemizol).	Kg	5	Ex
2933.99.05	Clorhidrato dihidratado de N-amidino-3,5- diamino-6-cloropirazin carboxamida (Clorhidrato dihidratado de amilorida).	Kg	Ex	Ex
2933.99.06	Pirazin carboxamida (Pirazinamida).	Kg	Ex	Ex
2933.99.07	Clorhidrato de 1-hidrazinoftalazina (Clorhidrato de hidralazina).	Kg	Ex	Ex
2933.99.08	(5-(Feniltio)-1H-bencimidazol-2-il)carbamato de metilo (Fenbendazol).	Kg	Ex	Ex
2933.99.09	Derivados de sustitución de la 10,11-dihidro-5H-dibenzo (b,f) azepina y sus sales, excepto lo comprendido en la fracción 2933.99.42.	Kg	Ex	Ex
2933.99.10	Dimetilacridan.	Kg	5	Ex
2933.99.11	Fosfato de 6-alil-6,7-dihidro-5H- dibenzo(c,e)azepina.	Kg	Ex	Ex
2933.99.12	4,7-Fenantrolin-5,6-diona (Fanquinona).	Kg	Ex	Ex
2933.99.13	Fosforoditioato de O,O-dimetil-S-(4-oxo-1,2,3- benzotriazin-3(4H)-il)metilo (Azinfos metílico).	Kg	Ex	Ex
2933.99.14	Indol y sus derivados de sustitución, y sales de estos productos, excepto lo comprendido en la fracción 2933.99.38.	Kg	Ex	Ex
2933.99.15	2-Hidroxi-11H-benzo (a) carbazol-3-carboxi-p-anisidida.	Kg	Ex	Ex
2933.99.16	Ácido pirazin carboxílico (Ácido pirazinoico).	Kg	Ex	Ex
2933.99.17	Derivados de sustitución de la 5H-dibenzo (b,f) azepina y sus sales.	Kg	Ex	Ex
2933.99.18	Ácido 1-etil-7-metil-1,8-naftiridin-4-ona-3- carboxílico (Ácido nalidixico).	Kg	Ex	Ex
2933.99.19	Ester metílico del ácido (5-propoxi-1H- bencimidazol-2-il)carbámico (Oxibendazol).	Kg	Ex	Ex
2933.99.20	Adrenocromo monosemicarbazona sulfonato de sodio.	Kg	Ex	Ex
2933.99.21	(Quinoxalín-1,4-dióxido)metilencarbazato de metilo (Carbadox).	Kg	Ex	Ex
2933.99.22	Derivados de sustitución de la benzodiazepina y sus sales.	Kg	Ex	Ex
2933.99.23	Indofenol de carbazol.	Kg	Ex	Ex
2933.99.24	Sulfato de (2-(octahidro-1-azocinil)etil) guanidina (Sulfato de guanetidina).	Kg	Ex	Ex
2933.99.25	1-(3-Mercapto-2-metil-1-oxopropil)-L-prolina (Captopril).	Kg	Ex	Ex
2933.99.26	Fosforoditioato de O,O-dietil-S-(4-oxo-1,2,3- benzotriazin-3(4H)-il)metilo (Azinfos etílico).	Kg	5	Ex
2933.99.27	2-(3',5'-Di-ter-butil-2'-hidroxi)fenil-5- clorobenzotriazol.	Kg	Ex	Ex
2933.99.28	5H-Dibenzo (b,f)azepin-5-carboxamida (Carbamazepina).	Kg	Ex	Ex
2933.99.29	3-Hidroximetil-benzo-1,2,3-triazin-4-ona.	Kg	Ex	Ex
2933.99.30	Maleato de 1-(N-(1-(etoxicarbonil)-3- fenilpropil)-L-alanil) L-prolina (Maleato de Enalapril).	Kg	Ex	Ex
2933.99.31	Derivados de sustitución del benzotriazol y sus sales, excepto lo comprendido en la fracción 2933.99.27.	Kg	Ex	Ex
2933.99.32	Beta-(4-Clorofenoxi)-alfa-(1,1-dimetiletil)-1 H-1,2,4-triazol-1-etanol (Triadimenol).	Kg	Ex	Ex
2933.99.33	1,5-Pentametilentetrazol.	Kg	Ex	Ex
2933.99.34	1-(4-Clorofenoxi)-3,3-dimetil-1-(1H-1,2,4- triazol-1-il)-2-butanona (Triadimefon).	Kg	Ex	Ex
2933.99.35	3-Amino-1,2,4-triazol (Amitrol).	Kg	Ex	Ex
2933.99.36	Derivados de sustitución del bencimidazol y sus sales, excepto lo comprendido en las fracciones 2933.99.08, 2933.99.19, 2933.99.37, 2933.99.40 y 2933.99.46.	Kg	Ex	Ex
2933.99.37	1-(Butilcarbamoil)-2-bencimidazolil-carbamato de metilo (Benomilo).	Kg	Ex	Ex
2933.99.38	Indometacina.	Kg	Ex	Ex
2933.99.39	4'-Cloro-2-hidroxi-3-carbazolcarboxanilida.	Kg	Ex	Ex
2933.99.40	2-Bencimidazolil carbamato de metilo (Carbendazim).	Kg	Ex	Ex
2933.99.41	7-Cloro-5-(o-clorofenil)-1,3-dihidro-2H-1,4- benzodiazepin-2-ona-4-óxido (N-Óxido de lorazepam).	Kg	Ex	Ex
2933.99.42	10,11-Dihidro-N,N-dimetil-5H- dibenzo(b,f)azepina-5-propanamina (Imipramina).	Kg	Ex	Ex
2933.99.43	Citrato de etoheptazina.	Kg	Ex	Ex
2933.99.44	1,3,3-Trimetil-2-metilen indolina, sus derivados halogenados o su aldehído.	Kg	Ex	Ex
2933.99.45	Hexahidro-1H-azepin-1-carbotioato de S-etilo (Molinate).	Kg	Ex	Ex
2933.99.46	Ester metílico del ácido (5-benzoil-1H-bencimidazol-2-il) carbámico (Mebendazol).	Kg	Ex	Ex
2933.99.47	N-(2-Hidroxietil)-3-metil-2- quinoxalinacarboxamida-1,4-dióxido (Olaquindox).	Kg	Ex	Ex
2933.99.48	Clorhidrato de benzidamina.	Kg	Ex	Ex
2933.99.99	Los demás.	Kg	Ex	Ex

29.34	**Ácidos nucleicos y sus sales, aunque no sean de constitución química definida; los demás compuestos heterocíclicos.**			
2934.10	- **Compuestos cuya estructura contenga uno o más ciclos tiazol (incluso hidrogenado), sin condensar.**			
2934.10.01	Ácido tiazolidin-4-carboxílico (Timonacic).	Kg	Ex	Ex
2934.10.02	Mercaptotiazolina.	Kg	Ex	Ex
2934.10.03	2-(alfa-Tenoilamino)-5-nitrotiazol (Tenonitrozol).	Kg	Ex	Ex
2934.10.04	Ácido 4-(4-clorofenil)-2-fenil-5-tiazol- acético (Fentiazac).	Kg	Ex	Ex
2934.10.05	2-(4-Tiazolil)-1H-bencimidazol (Tiabendazol).	Kg	Ex	Ex
2934.10.06	Cloruro de 5-fenil-2,4-tiazoldiamina (Cloruro de dizol).	Kg	Ex	Ex
2934.10.07	Ester 1-metiletílico del ácido (2-(4-tiazolil)-1H-bencimidazol-5-il)carbamico (Cambendazol).	Kg	Ex	Ex
2934.10.08	3-(((2-((Aminoiminometil)amino)-4-tiazolil) metil)tio)-N-(aminosulfonil) propanimidamida (Famotidina).	Kg	Ex	Ex
2934.10.99	Los demás.	Kg	Ex	Ex
2934.20	- **Compuestos cuya estructura contenga ciclos benzotiazol (incluso hidrogenados), sin otras condensaciones.**			
2934.20.01	Yoduro de ditiazanina.	Kg	Ex	Ex
2934.20.02	Disulfuro de benzotiazol.	Kg	Ex	Ex
2934.20.03	N-Ciclohexil o N-terbutil o N-oxidietilen- benzotiazol sulfenamida.	Kg	Ex	Ex
2934.20.04	2-Mercaptobenzotiazol y sus sales de cobre o de cinc.	Kg	Ex	Ex
2934.20.05	Disulfuro de benzotiazilo sulfenamida.	Kg	5	Ex
2934.20.06	2-(4-Amino-5-sulfofenil)-6-metil-benzotiazol.	Kg	Ex	Ex
2934.20.99	Los demás.	Kg	Ex	Ex
2934.30	- **Compuestos cuya estructura contenga ciclos fenotiazina (incluso hidrogenados), sin otras condensaciones.**			
2934.30.01	Fenotiazina.	Kg	Ex	Ex
2934.30.99	Los demás.	Kg	Ex	Ex
	- **Los demás:**			
2934.91	- - **Aminorex (DCI), brotizolam (DCI), clotiazepam (DCI), cloxazolam (DCI), dextromoramida (DCI), fendimetrazina (DCI), fenmetrazina (DCI), haloxazolam (DCI), ketazolam (DCI), mesocarb (DCI), oxazolam (DCI), pemolina (DCI) y sufentanil (DCI); sales de estos productos.**			
2934.91.01	Aminorex (DCI), brotizolam (DCI), clotiazepam (DCI), cloxazolam (DCI), dextromoramida (DCI), fendimetrazina (DCI), fenmetrazina (DCI), haloxazolam (DCI), ketazolam (DCI), mesocarb (DCI), oxazolam (DCI), pemolina (DCI) y sufentanil (DCI); sales de estos productos.	Kg	Ex	Ex
2934.99	- - **Los demás.**			
2934.99.01	Furazolidona.	Kg	5	Ex
2934.99.02	N-(5-Nitro-2-furfuriliden)-1-amino-2- imidazolina.	Kg	Ex	Ex
2934.99.03	Citrato de oxolamina.	Kg	Ex	Ex
2934.99.04	Acetil homocisteina-tiolactona (Citiolona).	Kg	Ex	Ex
2934.99.05	1-Acetil-4-(4-((2-(2,4-diclorofenil)(1H-imidazol-1-il metil)-1,3-dioxolan-4-il)metoxi) fenil)piperazina (Ketoconazol).	Kg	Ex	Ex
2934.99.06	1-beta-D-Ribofuranosil-1,2,4-triazol-3- carboxamida (Ribavirin).	Kg	Ex	Ex
2934.99.07	5-((Metiltio)metil)-3-(((5-nitro-2-furanil)metilén)amino)-2-oxazolidinona (Nifuratel).	Kg	Ex	Ex
2934.99.08	Morfolina.	Kg	Ex	Ex
2934.99.09	2-(4-Clorofenil)-3-metil-4-metatiazonona-1,1-dióxido (Clormezanona).	Kg	Ex	Ex
2934.99.10	3,5-Dimetil-1,3,5-(2H)-tetrahidrotiadiazin-2-tiona (Dazomet).	Kg	5	Ex
2934.99.11	Clorhidrato de N-morfolinometil pirazinamida.	Kg	Ex	Ex
2934.99.12	Pamoato de trans-1,4,5,6-tetrahidro-1-metil-2-(2-(2-tienil)vinil)pirimidina (Pamoato de pirantel).	Kg	Ex	Ex
2934.99.13	Maleato ácido de 5-(-)-1-(ter-butilamino)-3-((4-morfolino-1,2,5-tiadiazol-3-il)oxi)-2- propanol (Maleato ácido de timolol).	Kg	Ex	Ex
2934.99.14	Furaltadona.	Kg	5	Ex
2934.99.15	N-Tridecil-2,6-dimetilmorfolina (Tridemorf).	Kg	Ex	Ex
2934.99.16	2-Metil-6,7-metilenodioxi-8-metoxi-1-(4,5,6-trietoxi-7-aminoftalidil)-1,2,3,4-tetrahidroxiquinoleína (Tritoqualina).	Kg	Ex	Ex
2934.99.17	Metansulfonato de cis-(2-(2,4-diclorofenil)-2-(1H-imidazol-1-il-metil)-1,3-dioxolan-4-il) metilo.	Kg	Ex	Ex
2934.99.18	Clorhidrato de N-dimetilaminoisopropiltio fenilpiridilamina (Clorhidrato de Isotipendil).	Kg	Ex	Ex
2934.99.19	1-Aza-3,7-dioxa-5-hidroximetilbiciclo (3.3.0)octano.	Kg	Ex	Ex
2934.99.20	4'-Cloro-3,5-dimetoxi-4-(2-morfolinoetoxi) benzofenona (Morclofona).	Kg	Ex	Ex
2934.99.21	Inosina.	Kg	Ex	Ex
2934.99.22	Bimalato de 4-(1-metil-4-piperiliden)-9,10-dihidro-4H-benzo (4,5) cicloheptal (1,2- b) tiofeno (Bimalato de pizotilina).	Kg	Ex	Ex
2934.99.23	Clorhidrato de 2-(4-(2-furoil)-1-piperazinil)-4-amino-6,7-dimetoxiquinazolina (Clorhidrato de prazosin).	Kg	Ex	Ex
2934.99.24	Clorhidrato de levo-2,3,5,6-tetrahidro-6-fenilimidazo (2,1-b) tiazol (Clorhidrato de levamisol).	Kg	5	Ex
2934.99.25	2-Cloro-11-(1-piperazinil)-dibenz-(b,f) (1,4)-oxacepina (Amoxapina).	Kg	Ex	Ex
2934.99.26	Ácidos nucléicos y sus sales.	Kg	Ex	Ex
2934.99.27	3'-Azido-3'-deoxitimidina (Zidovudina).	Kg	Ex	Ex

2934.99.28	4-Hidroxi-2-metil-N-(2-piridil)-2H-1,2-benzotiazin-3-carboxamida-1,1-dióxido (Piroxicam).	Kg	Ex	Ex
2934.99.29	Sultonas y sultamas.	Kg	Ex	Ex
2934.99.30	Disulfuro de 2,6-dimetildifenileno (Mesulfen).	Kg	Ex	Ex
2934.99.31	Clorobenzoxazolidona (Clorzoxazona).	Kg	Ex	Ex
2934.99.32	Clorhidrato de 9-(N-metil-3-piperidilmetil) tioxanteno (Clorhidrato de metixeno).	Kg	Ex	Ex
2934.99.33	Succinato de 2-cloro-11-(4-metil-1-piperazinil)-dibenzo(b,f) (1,4) oxacepina (Succinato de loxapina).	Kg	Ex	Ex
2934.99.34	1-Bencil-2-(5-metil-3-isoxazolilcarbonil)hidrazina (Isocarboxazida).	Kg	Ex	Ex
2934.99.35	2-(beta-Cloroetil)-2,3-dihidro-4-oxo-(benzo-1,3-oxacina) (Clorotenoxazina).	Kg	Ex	Ex
2934.99.36	2-ter-Butil-4-(2,4-dicloro-5-isopropoxifenil)-1,3,4-oxadiazolin-5-ona (Oxadiazon).	Kg	Ex	Ex
2934.99.37	O,O-Dimetilfosforoditioato de S-((5-metoxi-2-oxo-1,3,4-tiadiazol-3(2H)-il)metilo (Metidation).	Kg	Ex	Ex
2934.99.38	6-Metil-1,3-ditiol-(4,5-b)-quinoxalin-2-ona (Oxitioquinox).	Kg	Ex	Ex
2934.99.39	2,2-Dióxido de 3-(Isopropil)-1H-2,1,3-benzotiadiazin-4 (3H)-ona (Bentazon).	Kg	Ex	Ex
2934.99.40	Fosforoditioato de O,O-Dietil-S-(6-cloro-2-oxobenzoxazolin-3-il)metilo (Fosalone).	Kg	Ex	Ex
2934.99.41	4,4'-Ditiodimorfolina.	Kg	5	Ex
2934.99.42	Sal compuesta por inosina y 4-(acetilamino)benzoato de 1-(dimetilamino)-2-propanol (1:3) (Pranobex inosina).	Kg	Ex	Ex
2934.99.43	Clorhidrato de dextro levo-2,3,5,6-tetrahidro-6-fenilimidazo(2,1-b)tiazol (Clorhidrato de tetramisol).	Kg	Ex	Ex
2934.99.44	Ácido alfa-metil-4-(2-tienilcarbonil) bencenacético (Suprofen).	Kg	Ex	Ex
2934.99.45	Clorhidrato de (2S-cis)-3-(acetiloxi)-5-(2-dimetilamino)etil)2,3-dihidro-2-(4- metoxifenil)-1,5-benzotiazepin-4-(5H)ona (Clorhidrato de diltiazem).	Kg	Ex	Ex
2934.99.46	Ácido 7-amino-desacetoxi-cefalosporánico; ácido 6-amino-penicilánico.	Kg	Ex	Ex
2934.99.47	3-Amino-5-metil-isoxazol.	Kg	Ex	Ex
2934.99.48	Ácido dihidrotio-p-toluidín disulfónico.	Kg	Ex	Ex
2934.99.49	4-Hidroxi-2-metil-2H-1,2-benzotiazina-1,1- dióxido-3-carboxilato de metilo.	Kg	Ex	Ex
2934.99.99	Los demás.	Kg	Ex	Ex
29.35	**Sulfonamidas.**			
2935.00	**- Sulfonamidas.**			
2935.00.01	Ácido p-(dipropilsulfamil) benzóico (Probenecid).	Kg	Ex	Ex
2935.00.02	Sulfaguanidina; acetil sulfaguanidina.	Kg	Ex	Ex
2935.00.03	Clorpropamida.	Kg	5	Ex
2935.00.04	2-Cloro-5-(1-hidroxi-3-oxo-1-isoindolinil) bencen sulfonamida (Clortalidona).	Kg	Ex	Ex
2935.00.05	N-4-Acetil-N-1-(p-nitrofenil)sulfanilamida (Sulfanitran).	Kg	Ex	Ex
2935.00.06	N-1-(2-Quinoxalinil) sulfanilamida (Sulfaquinoxalina).	Kg	Ex	Ex
2935.00.07	Ácido 4-cloro-N-(2-furilmetil)-5-sulfamoilantranílico (Furosemida).	Kg	5	Ex
2935.00.08	N-(p-Acetilfenilsulfonil)-N'-ciclohexilurea (Acetohexamida).	Kg	Ex	Ex
2935.00.09	Sal sódica de 2-benzosulfonamido-5-(beta-metoxietoxi)-pirimidina (Glimidina sódica).	Kg	Ex	Ex
2935.00.10	N-(4-(beta-(2-metoxi-5-clorobenzamido)-etil)benzosulfonil)-N'-ciclohexilurea (Gliburide).	Kg	Ex	Ex
2935.00.11	Sulfadimetiloxazol (Sulfamoxol).	Kg	Ex	Ex
2935.00.12	O,O-Diisopropilfosforoditioato de N- etilbencensulfonamida.	Kg	Ex	Ex
2935.00.13	Sulfacetamida.	Kg	Ex	Ex
2935.00.14	Sulfametoxipiridazina.	Kg	Ex	Ex
2935.00.15	Sulfanilamidopirimidina (Sulfadiazina).	Kg	Ex	Ex
2935.00.16	Sulfatiazol.	Kg	Ex	Ex
2935.00.17	Sulfisoxazol y sus derivados de sustitución.	Kg	Ex	Ex
2935.00.18	Sulfonamidotiadiazol y sus derivados de sustitución.	Kg	Ex	Ex
2935.00.19	Tiazidas, derivados de sustitución de las tiazidas y sales de estos productos.	Kg	Ex	Ex
2935.00.20	Tolilsulfonilbutilurea (Tolbutamida).	Kg	5	Ex
2935.00.21	Toluensulfonamida.	Kg	Ex	Ex
2935.00.22	Sulfanilamidopirazina (Sulfapirazina), sus sales y otros derivados de sustitución.	Kg	Ex	Ex
2935.00.23	Sulfapiridina y sus derivados de sustitución.	Kg	Ex	Ex
2935.00.24	N-((1-Etil-2-pirrolidinil)metil)-2-metoxi-5- sulfamoilbenzamida (Sulpiride).	Kg	Ex	Ex
2935.00.25	2-Metoxisulfamidobenzoato de etilo.	Kg	Ex	Ex
2935.00.26	Ácido 3-(aminosulfonil)-5-(butilamino)-4- fenoxibenzóico (Bumetanida).	Kg	Ex	Ex
2935.00.27	(3-N-Butilamino-4-fenoxi-5- sulfonamida)benzoato de butilo.	Kg	Ex	Ex
2935.00.28	3-Sulfanilamido-5-metilisoxazol (Sulfametoxazol).	Kg	Ex	Ex
2935.00.29	Ftalilsulfatiazol.	Kg	Ex	Ex
2935.00.30	4-Aminobencensulfonil carbamato de metilo (Asulam).	Kg	Ex	Ex
2935.00.31	Ftalilsulfacetamida.	Kg	5	Ex
2935.00.32	Clorobencensulfonamida.	Kg	Ex	Ex
2935.00.33	4-Amino-N-(6-cloro-3-piridazinil) bencen sulfonamida (Sulfacloro piridazina) y sus sales.	Kg	Ex	Ex
2935.00.34	Sal de sodio de 4-amino-N-(5-metoxi-2- pirimidil)bencensulfonamida (Sal de sodio de sulfameter).	Kg	Ex	Ex
2935.00.35	2-Naftol-6-sulfometiletanolamida.	Kg	Ex	Ex
2935.00.36	N-(2-(4-(((((Ciclohexilamina)carbonil)amino) sulfofenil)fenil)etil)-5-metilpirazino carboxamida (Glipizida).	Kg	Ex	Ex
2935.00.38	Sales de la Sulfapiridina.	Kg	Ex	Ex
2935.00.99	Los demás.	Kg	Ex	Ex

SUBCAPITULO XI
PROVITAMINAS, VITAMINAS Y HORMONAS

29.36	**Provitaminas y vitaminas, naturales o reproducidas por síntesis (incluidos los concentrados naturales) y sus derivados utilizados principalmente como vitaminas, mezclados o no entre sí o en disoluciones de cualquier clase.**			
	- **Vitaminas y sus derivados, sin mezclar:**			
2936.21	- - **Vitaminas A y sus derivados.**			
2936.21.02	Acetato de vitamina A, en aceite, en concentraciones iguales o superiores a 1,500,000 U.I. por gramo.	Kg	Ex	Ex
2936.21.03	Palmitato o propionato de Vitamina A, en aceite, en concentraciones iguales o superiores a 1,000,000 U.I. por gramo.	Kg	Ex	Ex
2936.21.99	Los demás.	Kg	Ex	Ex
2936.22	- - **Vitamina B1 y sus derivados.**			
2936.22.01	Clorhidrato o mononitrato de tiamina.	Kg	Ex	Ex
2936.22.02	Monofosfato de S-benzoiltiamina.	Kg	Ex	Ex
2936.22.03	Clorhidrato de tetrahidrofurfurildisulfuro de tiamina.	Kg	Ex	Ex
2936.22.99	Los demás.	Kg	Ex	Ex
2936.23	- - **Vitamina B2 y sus derivados.**			
2936.23.01	Riboflavina; fosfato de riboflavina o su sal sódica.	Kg	Ex	Ex
2936.23.02	Vitamina B2 en concentraciones inferiores o iguales a 500,000 U.I. por gramo.	Kg	Ex	Ex
2936.23.99	Los demás.	Kg	Ex	Ex
2936.24	- - **Ácido D- o DL-pantoténico (vitamina B3 o vitamina B5) y sus derivados.**			
2936.24.01	Alcohol pantotenílico o sus éteres.	Kg	Ex	Ex
2936.24.02	Pantotenato de calcio.	Kg	Ex	Ex
2936.24.99	Los demás.	Kg	Ex	Ex
2936.25	- - **Vitamina B6 y sus derivados.**			
2936.25.01	Clorhidrato de piridoxina.	Kg	Ex	Ex
2936.25.99	Los demás.	Kg	Ex	Ex
2936.26	- - **Vitamina B12 y sus derivados.**			
2936.26.01	Vitamina B12; las demás cobalaminas.	Kg	5	Ex
2936.26.02	5,6-Dimetilbencimidazolilcobamida coenzima (Cobamamida).	Kg	Ex	Ex
2936.26.99	Los demás.	Kg	Ex	Ex
2936.27	- - **Vitamina C y sus derivados.**			
2936.27.01	Vitamina C (Ácido ascórbico) y sus sales.	Kg	Ex	Ex
2936.27.99	Los demás.	Kg	Ex	Ex
2936.28	- - **Vitamina E y sus derivados.**			
2936.28.02	Vitamina E y sus derivados, en concentración mayor al 96%, en aceite.	Kg	Ex	Ex
2936.28.99	Los demás.	Kg	Ex	Ex
2936.29	- - **Las demás vitaminas y sus derivados.**			
2936.29.01	Ácido fólico.	Kg	Ex	Ex
2936.29.02	2-Metil-3-fitil-1,4-naftoquinona (Filoquinona).	Kg	Ex	Ex
2936.29.03	Ácido nicotínico.	Kg	5	Ex
2936.29.04	Nicotinamida (Niacinamida).	Kg	5	Ex
2936.29.05	Vitamina D3.	Kg	Ex	Ex
2936.29.06	Vitamina H (Biotina).	Kg	Ex	Ex
2936.29.07	Vitamina D2, en concentraciones superiores a 500,000 U.I. por gramo.	Kg	Ex	Ex
2936.29.08	Ascorbato de nicotinamida.	Kg	Ex	Ex
2936.29.99	Los demás.	Kg	Ex	Ex
2936.90	- **Los demás, incluidos los concentrados naturales.**			
2936.90.01	Polvo desecado proveniente de la fermentación bacteriana cuya relación de pureza (cobalaminas totales entre cianocobalaminas) sea igual o mayor de 1.05 y cuyo contenido de inertes sea entre 1% y 5%.	Kg	Ex	Ex
2936.90.02	Solución oleosa de 710,000 U.I. por gramo de vitamina A y 98,000 U.I. por gramo de vitamina D3.	Kg	Ex	Ex
2936.90.04	7-Dehidrocolesterol no activado (Provitamina D3).	Kg	Ex	Ex
2936.90.05	Las demás provitaminas sin mezclar.	Kg	Ex	Ex
2936.90.99	Los demás.	Kg	Ex	Ex
29.37	**Hormonas, prostaglandinas, tromboxanos y leucotrienos, naturales o reproducidos por síntesis; sus derivados y análogos estructurales, incluidos los polipéptidos de cadena Modificada, utilizados principalmente como hormonas.**			
	- **Hormonas polipeptídicas, hormonas proteicas y hormonas glucoproteicas, sus derivados y análogos estructurales:**			
2937.11	- - **Somatotropina, sus derivados y análogos estructurales.**			
2937.11.01	Somatotropina, sus derivados y análogos estructurales.	Kg	Ex	Ex
2937.12	- - **Insulina y sus sales.**			
2937.12.01	Insulina.	Kg	Ex	Ex
2937.12.99	Los demás.	Kg	Ex	Ex

2937.19	**.. Los demás.**			
2937.19.01	Adrenocorticotropina (Corticotropina).	Kg	Ex	Ex
2937.19.02	Gonadotropinas sérica o coriónica.	Kg	Ex	Ex
2937.19.03	Tiroglobulina.	Kg	Ex	Ex
2937.19.04	Hipofamina o sus ésteres.	Kg	Ex	Ex
2937.19.05	Eritropoyetina.	Kg	Ex	Ex
2937.19.99	Los demás.	Kg	Ex	Ex
.	**Hormonas esteroideas, sus derivados y análogos estructurales:**			
2937.21	**.. Cortisona, hidrocortisona, prednisona (dehidrocortisona) y prednisolona (dehidrohidrocortisona).**			
2937.21.01	Cortisona.	Kg	Ex	Ex
2937.21.02	Hidrocortisona.	Kg	Ex	Ex
2937.21.03	Prednisona (dehidrocortisona).	Kg	Ex	Ex
2937.21.04	Prednisolona (dehidrohidrocortisona).	Kg	Ex	Ex
2937.22	**.. Derivados halogenados de las hormonas corticosteroides.**			
2937.22.01	Flumetasona, sus sales o sus ésteres.	Kg	5	Ex
2937.22.02	Parametasona, sus sales o sus ésteres.	Kg	5	Ex
2937.22.03	Triamcinolona, su acetónido o sus ésteres.	Kg	Ex	Ex
2937.22.04	Dexametasona, sus sales o sus ésteres.	Kg	Ex	Ex
2937.22.05	Betametasona, sus sales o sus ésteres.	Kg	Ex	Ex
2937.22.06	Fluocinolona, sus sales o sus ésteres.	Kg	Ex	Ex
2937.22.07	16,17-Acetonido de 9-alfa-fluoro-21-cloro-11-beta,16 alfa,17alfa-trihidroxipregn-4-eno-3,20-diona (Halcinonide).	Kg	Ex	Ex
2937.22.08	Fluocinonida.	Kg	Ex	Ex
2937.22.09	Acetato de fluperolona.	Kg	Ex	Ex
2937.22.10	Fluocortolona o sus ésteres.	Kg	Ex	Ex
2937.22.99	Los demás.	Kg	Ex	Ex
2937.23	**.. Estrógenos y progestógenos.**			
2937.23.01	Estrona.	Kg	Ex	Ex
2937.23.02	Estrógenos equinos.	Kg	Ex	Ex
2937.23.03	Estradiol, sus sales o sus ésteres.	Kg	Ex	Ex
2937.23.04	Progesterona.	Kg	5	Ex
2937.23.05	Estriol, sus sales o sus ésteres.	Kg	5	Ex
2937.23.06	Etisterona.	Kg	Ex	Ex
2937.23.07	Acetato de medroxiprogesterona.	Kg	5	Ex
2937.23.08	Acetato de clormadinona.	Kg	5	Ex
2937.23.09	Norgestrel.	Kg	Ex	Ex
2937.23.10	Acetato de megestrol.	Kg	5	Ex
2937.23.11	17-alfa-Etinil-17-beta hidroxiestra-4-eno (Linestrenol).	Kg	5	Ex
2937.23.12	Caproato de gestonorona.	Kg	Ex	Ex
2937.23.13	Acetato de 17-alfa-Hidroxiprogesterona.	Kg	Ex	Ex
2937.23.14	Acetato de fluorogestona.	Kg	Ex	Ex
2937.23.15	Alilestrenol.	Kg	Ex	Ex
2937.23.16	Hidroxiprogesterona, sus sales o sus ésteres, excepto lo comprendido en la fracción 2937.23.13.	Kg	Ex	Ex
2937.23.17	Etinilestradiol, sus ésteres o sus sales.	Kg	5	Ex
2937.23.18	Mestranol.	Kg	5	Ex
2937.23.19	Noretisterona (noretindrona), sus sales o sus ésteres.	Kg	Ex	Ex
2937.23.20	Estrenona.	Kg	Ex	Ex
2937.23.21	Delmadinona, sus sales o sus ésteres.	Kg	5	Ex
2937.23.22	Acetofénido de dihidroxiprogesterona (Algestona acetofénido).	Kg	5	Ex
2937.23.23	3-Metoxi-2,5(10)-estradien-17-ona.	Kg	Ex	Ex
2937.23.99	Los demás.	Kg	Ex	Ex
2937.29	**.. Los demás.**			
2937.29.01	Acetato de 16-beta-metilprednisona.	Kg	Ex	Ex
2937.29.02	Metilprednisolona base.	Kg	Ex	Ex
2937.29.03	Ésteres o sales de la metilprednisolona.	Kg	Ex	Ex
2937.29.04	Sales o ésteres de la hidrocortisona, excepto lo comprendido en la fracción 2937.29.07.	Kg	Ex	Ex
2937.29.05	Androstendiona; Androst-4-en-3,17-diona.	Kg	Ex	Ex
2937.29.06	Sales o ésteres de la prednisolona.	Kg	Ex	Ex
2937.29.07	17-Butirato de hidrocortisona.	Kg	Ex	Ex
2937.29.08	Tigogenina; hecogenina; sarsasapogenina.	Kg	Ex	Ex
2937.29.09	Pregnenolona, sus sales o sus ésteres.	Kg	5	Ex
2937.29.10	Mesterolona.	Kg	Ex	Ex
2937.29.11	Nortestosterona, sus sales o sus ésteres.	Kg	Ex	Ex
2937.29.12	17,21-Diacetato de 6-alfa, 9-alfa-difluoro- 11-beta, 17-alfa, 21-trihidroxipregna-1,4- dien-3,20-diona.	Kg	Ex	Ex
2937.29.13	21-Acetato de 6 alfa-fluoro-16 alfa-metil-11 beta,17-alfa,21-trihidroxipregn-4-en-3,20-diona.	Kg	Ex	Ex
2937.29.14	19-Norandrostendiona.	Kg	Ex	Ex
2937.29.15	17-Acetato de 6-exometilenpregn-4-en-3,20-diona.	Kg	Ex	Ex

2937.29.16	16-Dehidropregnenolona, sus sales o sus ésteres.	Kg	Ex	Ex
2937.29.17	Diosgenina.	Kg	15	Ex
2937.29.18	Hidroxipregnenolona.	Kg	Ex	Ex
2937.29.19	Metiltestosterona.	Kg	5	Ex
2937.29.20	Isoandrosterona.	Kg	Ex	Ex
2937.29.21	Metilandrostanolona.	Kg	Ex	Ex
2937.29.22	Dipropionato de metandriol.	Kg	Ex	Ex
2937.29.23	Metenolona, sus sales y sus ésteres.	Kg	Ex	Ex
2937.29.24	Metilandrostendiol.	Kg	5	Ex
2937.29.25	Oximetolona.	Kg	Ex	Ex
2937.29.26	Enantato de prasterona.	Kg	Ex	Ex
2937.29.27	Acetato de estenbolona.	Kg	Ex	Ex
2937.29.28	Desoxicortona, sus sales y sus ésteres.	Kg	Ex	Ex
2937.29.29	Testosterona o sus ésteres.	Kg	5	Ex
2937.29.30	Estanozolol.	Kg	Ex	Ex
2937.29.31	17 beta-Hidroxi-17-metil-2-oxa-5 alfa- androstan-3-ona (Oxandrolona).	Kg	Ex	Ex
2937.29.32	17-alfa-Pregna-2,4-dien-20-ino (2,3-d)- isoxazol-17-ol (Danazol).	Kg	5	Ex
2937.29.33	Clostebol, sus sales o sus ésteres.	Kg	5	Ex
2937.29.34	Undecilenato de boldenona.	Kg	Ex	Ex
2937.29.35	Androstanolona.	Kg	Ex	Ex
2937.29.36	Dehidroisoandrosterona (Prasterona), sus sales o sus ésteres, excepto lo comprendido en la fracción 2937.29.26.	Kg	5	Ex
2937.29.37	Dromostanolona, sus sales y sus ésteres.	Kg	Ex	Ex
2937.29.38	Epoxipregnenolona.	Kg	Ex	Ex
2937.29.39	Beta Pregnanodiona.	Kg	Ex	Ex
2937.29.40	21-Etoxicarboniloxi-17-alfa-hidroxi-16-beta- metil-pregna-1,4,9(11)-trieno-3,20-diona.	Kg	Ex	Ex
2937.29.41	21-Acetato de 9 beta,11 beta-epoxi-6-alfa fluoro-16 alfa,17 alfa,21-trihidroxipregna-1,4-dien-3,20-diona-16,17- acetónido.	Kg	Ex	Ex
2937.29.42	Espironolactona.	Kg	Ex	Ex
2937.29.99	Los demás.	Kg	Ex	Ex
2937.50 -	**Prostaglandinas, tromboxanos y leucotrienos, sus derivados y análogos estructurales.**			
2937.50.01	(11alfa,13E)-11,16-Dihidroxi-16-metil-9-oxoprost-13-en-1-oato de metilo (Misoprostol).	Kg	Ex	Ex
2937.50.99	Los demás.	Kg	Ex	Ex
2937.90 -	**Los demás.**			
2937.90.01	Epinefrina (adrenalina).	Kg	Ex	Ex
2937.90.02	Hormonas de la catecolamina, sus derivados y análogos estructurales excepto lo comprendido en la fracción 2937.90.01.	Kg	Ex	Ex
2937.90.03	Sal de sodio de la tiroxina.	Kg	Ex	Ex
2937.90.04	Derivados de los aminoácidos excepto lo comprendido en la fracción 2937.90.03.	Kg	Ex	Ex
2937.90.99	Los demás.	Kg	Ex	Ex

SUBCAPÍTULO XII
HETERÓSIDOS Y ALCALOIDES VEGETALES, NATURALES O REPRODUCIDOS POR SÍNTESIS, SUS SALES, ÉTERES, ÉSTERES Y DEMÁS DERIVADOS

29.38	**Heterósidos, naturales o reproducidos por síntesis, sus sales, éteres, ésteres y demás derivados.**			
2938.10 -	**Rutósido (rutina) y sus derivados.**			
2938.10.01	Rutósido (rutina) y sus derivados.	Kg	Ex	Ex
2938.90 -	**Los demás.**			
2938.90.01	Saponinas.	Kg	Ex	Ex
2938.90.02	Aloína.	Kg	Ex	Ex
2938.90.03	Lanatósido C; Desacetil lanatósido C.	Kg	Ex	Ex
2938.90.04	Digoxina; acetildigoxina.	Kg	Ex	Ex
2938.90.05	Asiaticosido.	Kg	Ex	Ex
2938.90.06	Hesperidina.	Kg	Ex	Ex
2938.90.07	Diosmina y hesperidina.	Kg	Ex	Ex
2938.90.99	Los demás.	Kg	Ex	Ex
29.39	**Alcaloides vegetales, naturales o reproducidos por síntesis, sus sales, éteres, ésteres y demás derivados.**			
-	**Alcaloides del opio y sus derivados; sales de estos productos:**			
2939.11 --	**Concentrados de paja de adormidera ; buprenorfina (DCI), codeína, dihidrocodeína (DCI), etilmorfina, etorfina (DCI), folcodina (DCI), heroína, hidrocodona (DCI), hidromorfona (DCI), morfina, nicomorfina (DCI), oxicodona (DCI), oximorfona (DCI), tebacona (DCI) y tebaína; sales de estos productos.**			
2939.11.01	Diacetilmorfina (Heroína), base o clorhidrato.		Prohi-bida	Pr ohi -

				bid a
2939.11.02	Clorhidrato de etilmorfina.	Kg	Ex	Ex
2939.11.03	Morfina.	Kg	Ex	Ex
2939.11.04	Tebaína.	Kg	Ex	Ex
2939.11.05	Hidrocodona (dihidrocodeinona) clorhidrato o bitartrato.	Kg	Ex	Ex
2939.11.06	Clorhidrato de morfina.	Kg	Ex	Ex
2939.11.07	Sulfato de morfina.	Kg	Ex	Ex
2939.11.08	Etilmorfina.	Kg	Ex	Ex
2939.11.09	Clorhidrato o bitartrato de dihidrocodeína.	Kg	Ex	Ex
2939.11.10	Oxicodona (dihidrohidroxicodeínona) clorhidrato o bitartrato.	Kg	Ex	Ex
2939.11.11	Codeína monohidratada.	Kg	Ex	Ex
2939.11.12	Fosfato de codeína hemihidratada.	Kg	Ex	Ex
2939.11.13	Clorhidrato de Hidromorfona (dihidromorfinona) o de Oximorfona (hidroxidihidromorfinona).	Kg	Ex	Ex
2939.11.14	Folcodina (3-(2-Morfolinoetil)morfina).	Kg	Ex	Ex
2939.11.15	Sulfato de codeína.	Kg	Ex	Ex
2939.11.16	Acetato de morfina.	Kg	Ex	Ex
2939.11.17	Sales de la morfina excepto lo comprendido en las fracciones 2939.11.06, 2939.11.07 y 2939.11.16.	Kg	Ex	Ex
2939.11.99	Los demás.	Kg	Ex	Ex
2939.19	**.. Los demás.**			
2939.19.01	Papaverina y sus sales.	Kg	Ex	Ex
2939.19.02	Dihidromorfina.	Kg	Ex	Ex
2939.19.03	Los demás derivados de la morfina y sus sales.	Kg	Ex	Ex
2939.19.04	Narcotina (noscapina).	Kg	Ex	Ex
2939.19.05	Clorhidrato de narcotina.	Kg	Ex	Ex
2939.19.06	Clorhidrato de dihidroxicodeína.	Kg	Ex	Ex
2939.19.99	Los demás.	Kg	Ex	Ex
2939.20	**- Alcaloides de la quina (chinchona) y sus derivados; sales de estos productos.**			
2939.20.01	Quinina y sus sales.	Kg	Ex	Ex
2939.20.99	Los demás.	Kg	Ex	Ex
2939.30	**- Cafeína y sus sales.**			
2939.30.01	Cafeína.	Kg	Ex	Ex
2939.30.02	Sales de la cafeína.	Kg	Ex	Ex
2939.30.03	Cafeína cruda.	Kg	Ex	Ex
	- Efedrinas y sus sales:			
2939.41	**.. Efedrina y sus sales.**			
2939.41.01	Efedrina y sus sales.	Kg	Ex	Ex
2939.42	**.. Seudoefedrina (DCI) y sus sales.**			
2939.42.01	Seudoefedrina (DCI) y sus sales.	Kg	Ex	Ex
2939.43	**.. Catina (DCI) y sus sales.**			
2939.43.01	Catina (DCI) y sus sales.	Kg	Ex	Ex
2939.44	**.. Norefedrina y sus sales.**			
2939.44.01	Clorhidrato de 2-amino-1-fenil-1-propanol (Clorhidrato de norefedrina).	Kg	Ex	Ex
2939.44.99	Las demás.	Kg	Ex	Ex
2939.49	**.. Las demás.**			
2939.49.99	Las demás.	Kg	Ex	Ex
	- Teofilina y aminofilina (teofilina-etilendiamina) y sus derivados; sales de estos productos:			
2939.51	**.. Fenetilina (DCI) y sus sales.**			
2939.51.01	Fenetilina (DCI) y sus sales.	Kg	Ex	Ex
2939.59	**.. Los demás.**			
2939.59.01	Teofilina cálcica.	Kg	Ex	Ex
2939.59.02	8-Cloroteofilinato de 2-(benzhidriloxi)-N,N-dimetiletil amina (Dimenhidrinato).	Kg	Ex	Ex
2939.59.99	Los demás.	Kg	Ex	Ex
	- Alcaloides del cornezuelo del centeno y sus derivados; sales de estos productos:			
2939.61	**.. Ergometrina (DCI) y sus sales.**			
2939.61.01	Ergometrina (DCI) y sus sales.	Kg	Ex	Ex
2939.62	**.. Ergotamina (DCI) y sus sales.**			
2939.62.01	Ergotamina (DCI) y sus sales.	Kg	Ex	Ex
2939.63	**.. Ácido lisérgico y sus sales.**			
2939.63.01	Ácido lisérgico y sus sales.	Kg	Ex	Ex
2939.69	**.. Los demás.**			
2939.69.01	5-bromo-3-piridin carboxilato de 10-metoxi-1,6-dimetilergolin-8-metanol (Nicergolina).	Kg	Ex	Ex
2939.69.99	Los demás.	Kg	Ex	Ex
	- Los demás:			
2939.91	**.. Cocaína, ecgonina, levometanfetamina, metanfetamina (DCI), racemato de metanfetamina; sales, ésteres y demás derivados de estos productos.**			

2939.91.01	Cocaína.	Kg	Ex	Ex
2939.91.99	Los demás.	Kg	Ex	Ex
2939.99	**. . Los demás.**			
2939.99.01	Atropina.	Kg	Ex	Ex
2939.99.02	Tomatina.	Kg	Ex	Ex
2939.99.03	Estricnina.	Kg	Ex	Ex
2939.99.04	Pilocarpina.	Kg	Ex	Ex
2939.99.05	Escopolamina.	Kg	Ex	Ex
2939.99.06	Nitrato o clorhidrato de pilocarpina.	Kg	Ex	Ex
2939.99.07	Alcaloides de "strychnos", excepto lo comprendido en la fracción 2939.99.03.	Kg	Ex	Ex
2939.99.08	Alcaloides del indol no comprendidos en otra parte de la nomenclatura.	Kg	Ex	Ex
2939.99.09	Alcaloides de la ipecacuana.	Kg	Ex	Ex
2939.99.10	Alcaloides de la purina no comprendidos en otra parte de la nomenclatura.	Kg	Ex	Ex
2939.99.11	Alcaloides del tropano no comprendidos en otra parte de la nomenclatura.	Kg	Ex	Ex
2939.99.12	14,15-Dihidro-14-beta-hidroxi-(3 alfa, 16 alfa)-eburnamenin-14-carboxilato de metilo (Vincamina).	Kg	Ex	Ex
2939.99.13	Sulfato de vincaleucoblastina.	Kg	Ex	Ex
2939.99.14	Piperina.	Kg	Ex	Ex
2939.99.15	Conina.	Kg	Ex	Ex
2939.99.17	N,N-dimetiltriptamina (DMT).	Kg	Ex	Ex
2939.99.18	N,N-dietiltriptamina (DET).	Kg	Ex	Ex
2939.99.19	Nicotina y sus sales.	Kg	Ex	Ex
2939.99.99	Los demás.	Kg	Ex	Ex

SUBCAPÍTULO XIII
LOS DEMÁS COMPUESTOS ORGÁNICOS

29.40	**Azúcares químicamente puros, excepto la sacarosa, lactosa, maltosa, glucosa y fructosa (levulosa); éteres, acetales y ésteres de azúcares y sus sales, excepto los productos de las partidas 29.37, 29.38 ó 29.39.**			
2940.00	**. Azúcares químicamente puros, excepto la sacarosa, lactosa, maltosa, glucosa y fructosa (levulosa); éteres, acetales y ésteres de azúcares y sus sales, excepto los productos de las partidas 29.37, 29.38 ó 29.39.**			
2940.00.01	Fosfato de fructosa.	Kg	Ex	Ex
2940.00.02	Acetoisobutirato de sacarosa; octoacetato de sacarosa.	Kg	Ex	Ex
2940.00.03	O-Etil-3,5,6-tris-O-(fenilmetil)-D-glucofuranósido (Tribenósido).	Kg	Ex	Ex
2940.00.04	alfa-Metilglucósido.	Kg	Ex	Ex
2940.00.99	Los demás.	Kg	Ex	Ex
29.41	**Antibióticos.**			
2941.10	**. Penicilinas y sus derivados con la estructura del ácido penicilánico; sales de estos productos.**			
2941.10.01	Bencilpenicilina sódica.	Kg	Ex	Ex
2941.10.02	Bencilpenicilina potásica.	Kg	Ex	Ex
2941.10.03	Bencilpenicilina procaína.	Kg	5	Ex
2941.10.04	Fenoximetilpenicilinato de potasio (Penicilina V potásica).	Kg	Ex	Ex
2941.10.05	N,N'-Dibenciletilendiamino bis(bencilpenicilina) (Penicilina G benzatina).	Kg	Ex	Ex
2941.10.06	Ampicilina o sus sales.	Kg	Ex	Ex
2941.10.07	3-Fenil-5-metil-4-isoxazolil penicilina sódica (Oxacilina sódica).	Kg	5	Ex
2941.10.08	3-(2,6-diclorofenil)-5-metil-4-isoxazolil penicilina sódica (Dicloxacilina sódica)	Kg	5	Ex
2941.10.09	Sales de la hetacilina.	Kg	Ex	Ex
2941.10.10	Penicilina V benzatina.	Kg	Ex	Ex
2941.10.11	Hetacilina.	Kg	Ex	Ex
2941.10.12	Amoxicilina trihidratada.	Kg	5	Ex
2941.10.13	Epicilina o sus sales.	Kg	Ex	Ex
2941.10.99	Los demás.	Kg	Ex	Ex
2941.20	**. Estreptomicinas y sus derivados; sales de estos productos.**			
2941.20.01	Estreptomicinas y sus derivados; sales de estos productos.	Kg	Ex	Ex
2941.30	**. Tetraciclinas y sus derivados; sales de estos productos.**			
2941.30.01	Tetraciclina, oxitetraciclina, pirrolidinil-metil-tetraciclina, clortetraciclina, o sus sales.	Kg	Ex	Ex
2941.30.02	Clorhidrato de 6-demetil-6-deoxi-5-hidroxi-6-metilentetraciclina.	Kg	Ex	Ex
2941.30.03	7-Cloro-6-demetiltetraciclina (Demeclociclina), o su clorhidrato.	Kg	Ex	Ex
2941.30.99	Los demás.	Kg	Ex	Ex
2941.40	**. Cloranfenicol y sus derivados; sales de estos productos.**			
2941.40.01	Cloranfenicol y sus derivados, excepto lo comprendido en las fracciones 2941.40.02 y 2941.40.03; sales de estos productos.	Kg	Ex	Ex
2941.40.02	Tiamfenicol y sus sales.	Kg	Ex	Ex
2941.40.03	Florfenicol y sus sales.	Kg	Ex	Ex
2941.50	**. Eritromicina y sus derivados; sales de estos productos.**			
2941.50.01	Ftalato de eritromicina.	Kg	Ex	Ex
2941.50.99	Los demás.	Kg	Ex	Ex

2941.90	**. Los demás.**			
2941.90.01	Espiramicina o sus sales.	Kg	Ex	Ex
2941.90.02	Griseofulvina.	Kg	Ex	Ex
2941.90.03	Tirotricina.	Kg	Ex	Ex
2941.90.04	Rifamicina, rifampicina, sus sales o sus derivados.	Kg	Ex	Ex
2941.90.05	Sal sódica del ácido 6-(7R-(5S-etil-5-(5R- etiltetrahidro-5-hidroxi-6S-metil-2H-piran- 2R-1L)tetrahidro-3S-metil-2S-furanil)-4S-hidroxi-3R,5S-dimetil-6-oxononil)-2-hidroxi- 3-metil benzoico (Lasalocid sódico).	Kg	Ex	Ex
2941.90.06	Polimixina, bacitracina o sus sales.	Kg	Ex	Ex
2941.90.07	Gramicidina, tioestreptón, espectinomicina, viomicina o sus sales.	Kg	Ex	Ex
2941.90.08	Kanamicina o sus sales.	Kg	Ex	Ex
2941.90.09	Novobiocina, cefalosporinas, monensina, pirrolnitrina, sus sales u otros derivados de sustitución excepto lo comprendido en la fracción 2941.90.13.	Kg	Ex	Ex
2941.90.10	Nistatina, amfotericina, pimaricina, sus sales u otros derivados de sustitución.	Kg	Ex	Ex
2941.90.11	Leucomicina, tilosina, oleandomicina, virginiamicina, o sus sales.	Kg	Ex	Ex
2941.90.12	Sulfato de neomicina.	Kg	Ex	Ex
2941.90.13	Monohidrato de cefalexina.	Kg	Ex	Ex
2941.90.14	Ácido monohidratado 7-((amino-(4-hidroxi-fenil)acetil)-amino)- 3-metil-8-oxo-5-tio-1-azobiciclo (4.2.0) oct-2-eno-2-carboxílico (Cefadroxil).	Kg	Ex	Ex
2941.90.15	Amikacina o sus sales.	Kg	Ex	Ex
2941.90.16	Sulfato de gentamicina.	Kg	Ex	Ex
2941.90.17	Lincomicina.	Kg	5	Ex
2941.90.99	Los demás.	Kg	Ex	Ex
29.42	**Los demás compuestos orgánicos.**			
2942.00	**. Los demás compuestos orgánicos.**			
2942.00.99	Los demás.	Kg	Ex	Ex

Capítulo 30
Productos farmacéuticos

Notas.
1. Este Capítulo no comprende:
   a) los alimentos dietéticos, alimentos enriquecidos, alimentos para diabéticos, complementos alimenticios, bebidas tónicas y el agua mineral (Sección IV), excepto las preparaciones nutritivas para administración por vía intravenosa;
   b) las preparaciones, tales como comprimidos, gomas de mascar o parches (productos que se administran por vía transdérmica), diseñados para ayudar a los fumadores que intentan dejar de fumar (partida 21.06 ó 38.24);
   c) el yeso fraguable especialmente calcinado o finamente molido para uso en odontología (partida 25.20);
   d) los destilados acuosos aromáticos y las disoluciones acuosas de aceites esenciales, medicinales (partida 33.01);
   e) las preparaciones de las partidas 33.03 a 33.07, incluso si tienen propiedades terapéuticas o profilácticas;
   f) el jabón y demás productos de la partida 34.01, con adición de sustancias medicamentosas;
   g) las preparaciones a base de yeso fraguable para uso en odontología (partida 34.07);
   h) la albúmina de la sangre sin preparar para usos terapéuticos o profilácticos (partida 35.02).
2. En la partida 30.02 se entiende por *productos inmunológicos* a los péptidos y proteínas (excepto los productos de la partida 29.37) que participan directamente en la regulación de los procesos inmunológicos, tales como los anticuerpos monoclonales (MAB), los fragmentos de anticuerpos, los conjugados de anticuerpos y los conjugados de fragmentos de anticuerpos, las interleucinas, los interferones (IFN), las quimioquinas así como ciertos factores que provocan la necrosis tumoral (TNF), factores de crecimiento (GF), las hematopoyetinas y factores estimulantes de colonias (CSF).
3. En las partidas 30.03 y 30.04 y en la Nota 4 d) del Capítulo, se consideran:
   a) productos sin mezclar:
      1) las disoluciones acuosas de productos sin mezclar;
      2) todos los productos de los Capítulos 28 ó 29;
      3) los extractos vegetales simples de la partida 13.02, simplemente normalizados o disueltos en cualquier disolvente;
   b) productos mezclados:
      1) las disoluciones y suspensiones coloidales (excepto el azufre coloidal);
      2) los extractos vegetales obtenidos por tratamiento de mezclas de sustancias vegetales;
      3) las sales y aguas concentradas obtenidas por evaporación de aguas minerales naturales.
4. En la partida 30.06 solo están comprendidos los productos siguientes, que se clasifican en esta partida y no en otra de la Nomenclatura:
   a) los catguts estériles y las ligaduras estériles similares, para suturas quirúrgicas (incluidos los hilos reabsorbibles estériles para cirugía u odontología) y los adhesivos estériles para tejidos orgánicos utilizados en cirugía para cerrar heridas;
   b) las laminarias estériles;
   c) los hemostáticos reabsorbibles estériles para cirugía u odontología; las barreras antiadherentes estériles para cirugía u odontología, incluso reabsorbibles;

---

d) las preparaciones opacificantes para exámenes radiológicos, así como los reactivos de diagnóstico concebidos para usar en el paciente, que sean productos sin mezclar dosificados o bien productos mezclados, constituidos por dos o más ingredientes, para los mismos usos;

e) los reactivos para la determinación de los grupos o de los factores sanguíneos;

f) los cementos y demás productos de obturación dental; los cementos para la refección de los huesos;

g) los botiquines equipados para primeros auxilios;

h) las preparaciones químicas anticonceptivas a base de hormonas, de otros productos de la partida 29.37 o de espermicidas;

ij) las preparaciones en forma de gel concebidas para ser utilizadas en medicina o veterinaria como lubricante para ciertas partes del cuerpo en operaciones quirúrgicas o exámenes médicos o como nexo entre el cuerpo y los instrumentos médicos;

k) los desechos farmacéuticos, es decir, los productos farmacéuticos impropios para su propósito original debido, por ejemplo, a que ha sobrepasado la fecha de su caducidad;

l) los dispositivos identificables para uso en estomas, es decir, las bolsas con forma para colostomía, ileostomía y urostomía, y sus protectores cutáneos adhesivos o placas frontales.

Código		Descripción	Unid de Med	Arancel (%)	
				IMP.	EXP.
30.01		**Glándulas y demás órganos para usos opoterápicos, desecados, incluso pulverizados; extractos de glándulas o de otros órganos o de sus secreciones, para usos opoterápicos; heparina y sus sales; las demás sustancias humanas o animales preparadas para usos terapéuticos o profilácticos, no expresadas ni comprendidas en otra parte.**			
3001.20	.	**Extractos de glándulas o de otros órganos o de sus secreciones.**			
3001.20.01		Extracto de hígado.	Kg	Ex	Ex
3001.20.02		Otros extractos de glándulas o de otros órganos, excepto lo comprendido en la fracción 3001.20.01.	Kg	Ex	Ex
3001.20.03		Mucina gástrica en polvo.	Kg	Ex	Ex
3001.20.04		Sales biliares.	Kg	Ex	Ex
3001.20.05		Ácidos biliares.	Kg	Ex	Ex
3001.20.99		Los demás.	Kg	5	Ex
3001.90	.	**Las demás.**			
3001.90.01		Organos y tejidos de seres humanos para fines terapéuticos, de docencia o investigación.	Kg	Ex	Ex
3001.90.02		Prótesis valvulares cardiacas biológicas.	Kg	5	Ex
3001.90.03		Sustancias oseas.	Kg	Ex	Ex
3001.90.04		Fosfolípidos de materia gris cerebral en polvo.	Kg	Ex	Ex
3001.90.05		Heparina o heparina sódica.	Kg	Ex	Ex
3001.90.06		Heparinoide.	Kg	Ex	Ex
3001.90.07		Sales de la heparina, excepto lo comprendido en la fracción 3001.90.05.	Kg	5	Ex
3001.90.08		Glándulas y demás órganos, desecados, incluso pulverizados.	Kg	Ex	Ex
3001.90.99		Las demás.	Kg	5	Ex
30.02		**Sangre humana; sangre animal preparada para usos terapéuticos, profilácticos o de diagnóstico; antisueros (sueros con anticuerpos), demás fracciones de la sangre y productos inmunológicos, incluso modificados u obtenidos por procesos biotecnológicos; vacunas, toxinas, cultivos de microorganismos (excepto las levaduras) y productos similares.**			
3002.10	.	**Antisueros (sueros con anticuerpos), demás fracciones de la sangre y productos inmunológicos, incluso modificados u obtenidos por procesos biotecnológicos.**			
3002.10.01		Sueros, excepto lo comprendido en las fracciones 3002.10.02 y 3002.10.12.	Kg	15	Ex
3002.10.02		Suero antiofídico polivalente.	Kg	5	Ex
3002.10.03		Globulina humana hiperinmune, excepto lo comprendido en las fracciones 3002.10.04 y 3002.10.05.	Kg	5	Ex
3002.10.04		Inmunoglobulina-humana anti Rh.	Kg	Ex	Ex
3002.10.05		Gamma globulina de origen humano, excepto lo comprendido en la fracción 3002.10.09.	Kg	5	Ex
3002.10.06		Plasma humano.	Kg	5	Ex
3002.10.07		Extracto desproteinizado de sangre de res.	Kg	Ex	Ex
3002.10.08		Preparaciones de albúmina de sangre humana, no acondicionadas para la venta al por menor.	Kg	Ex	Ex
3002.10.09		Gamma globulina de origen humano liofilizada para administración intravenosa.	Kg	Ex	Ex
3002.10.10		Interferón beta recombinante de células de mamífero, o de fibroblastos humanos.	Kg	Ex	Ex
3002.10.11		Interferón alfa 2A o 2B, humano recombinante.	Kg	5	Ex
3002.10.12		Suero humano.	Kg	5	Ex
3002.10.13		Fibrinógeno humano a granel.	Kg	5	Ex
3002.10.14		Paquete globular humano.	Kg	5	Ex
3002.10.15		Albúmina humana excepto lo comprendido en la fracción 3002.10.16.	Kg	5	Ex
3002.10.16		Albúmina humana acondicionada para la venta al por menor.	Kg	5	Ex
3002.10.17		Fibrinógeno humano excepto lo comprendido en la fracción 3002.10.13.	Kg	5	Ex
3002.10.18		Molgramostim.	Kg	Ex	Ex
3002.10.19		Reactivos de diagnóstico para determinación de pruebas inmunológicas por medio de anticuerpos monoclonales, incluso en forma de juegos.	Kg	Ex	Ex

3002.10.20	Medicamentos que contengan anticuerpos monoclonales, excepto lo comprendido en la fracción 3002.10.21.	Kg	5	Ex
3002.10.21	Medicamentos a base de rituximab.	Kg	Ex	Ex
3002.10.22	Medicamentos que contengan molgramostim.	Kg	10	Ex
3002.10.99	Los demás.	Kg	5	Ex
3002.20	**. Vacunas para uso en medicina.**			
3002.20.01	Vacunas microbianas para uso humano, excepto lo especificado en las fracciones 3002.20.02, 3002.20.03, 3002.20.06, 3002.20.07, 3002.20.08 y 3002.20.09.	Kg	5	Ex
3002.20.02	Vacuna antiestafilocócica.	Kg	Ex	Ex
3002.20.03	Vacuna contra la poliomielitis; vacuna triple (antidiftérica, antitetánica y anticoqueluche).	Kg	5	Ex
3002.20.04	Toxoide tetánico y diftérico con hidróxido de aluminio.	Kg	5	Ex
3002.20.05	Toxoide tetánico, diftérico y pertúsico con hidróxido de aluminio.	Kg	5	Ex
3002.20.06	Vacuna antihepatitis tipo "A" o "B".	Kg	Ex	Ex
3002.20.07	Vacuna contra la haemophilus tipo "B".	Kg	Ex	Ex
3002.20.08	Vacuna antineumococica polivalente.	Kg	Ex	Ex
3002.20.09	Vacuna contra el sarampión, paroditis y rubeóla.	Kg	Ex	Ex
3002.20.99	Las demás.	Kg	5	Ex
3002.30	**. Vacunas para uso en veterinaria.**			
3002.30.01	Vacunas antiaftosas.	Kg	5	Ex
3002.30.02	Vacunas porcinas, sintomática o hemática estafiloestreptocócica.	Kg	5	Ex
3002.30.99	Las demás.	Kg	5	Ex
3002.90	**. Los demás.**			
3002.90.01	Cultivos bacteriológicos para inyecciones hipodérmicas o intravenosas; bacilos lácticos liofilizados.	Kg	Ex	Ex
3002.90.02	Antitoxina diftérica.	Kg	5	Ex
3002.90.03	Sangre humana.	Kg	5	Ex
3002.90.04	Digestores anaerobios.	Kg	5	Ex
3002.90.99	Los demás.	Kg	5	Ex
30.03	**Medicamentos (excepto los productos de las partidas 30.02, 30.05 ó 30.06) constituidos por productos mezclados entre sí, preparados para usos terapéuticos o profilácticos, sin dosificar ni acondicionar para la venta al por menor.**			
3003.10	**. Que contengan penicilinas o derivados de estos productos con la estructura del ácido penicilánico, o estreptomicinas o derivados de estos productos.**			
3003.10.01	Que contengan penicilina o derivados de estos productos con la estructura del ácido penicilánico, o estreptomicinas o derivados de estos productos.	Kg	15	Ex
3003.20	**. Que contengan otros antibióticos.**			
3003.20.01	Medicamentos a base de dos o más antibióticos, aún cuando contengan vitaminas u otros productos.	Kg	Ex	Ex
3003.20.99	Los demás.	Kg	10	Ex
	. Que contengan hormonas u otros productos de la partida 29.37, sin antibióticos:			
3003.31	**.. Que contengan insulina.**			
3003.31.01	Soluciones inyectables a base de insulina.	Kg	5	Ex
3003.31.99	Los demás.	Kg	5	Ex
3003.39	**.. Los demás.**			
3003.39.01	Anestésicos a base de 2-dietilamino- 2,6-acetoxilidida (Lidocaína) 2% con 1-noradrenalina.	Kg	Ex	Ex
3003.39.02	Medicamentos que contengan eritropoyetina.	Kg	10	Ex
3003.39.99	Los demás.	Kg	10	Ex
3003.40	**. Que contengan alcaloides o sus derivados, sin hormonas ni otros productos de la partida 29.37, ni antibióticos.**			
3003.40.01	Preparaciones a base de Cannabis indica.		Prohibida	Prohibida
3003.40.02	Preparaciones a base de acetil morfina o de sus sales o derivados.		Prohibida	Prohibida
3003.40.03	Preparaciones a base de sulfato de vincristina.	Kg	Ex	Ex
3003.40.04	Preparaciones a base de diacetilmorfina (Heroína) o de sus sales o sus derivados.	Kg	5	Ex
3003.40.99	Los demás.	Kg	5	Ex
3003.90	**. Los demás.**			
3003.90.01	Preparaciones a base de cal sodada.	Kg	Ex	Ex
3003.90.02	Solución isotónica glucosada.	Kg	Ex	Ex
3003.90.03	Preparaciones a base de proteínas hidrolizadas.	Kg	5	Ex
3003.90.04	Tioleico RV 100.	Kg	Ex	Ex
3003.90.05	Preparaciones a base de Cannabis indica.		Prohibida	Prohibida
3003.90.06	Antineurítico a base de enzima proteolítica inyectable.	Kg	Ex	Ex
3003.90.07	Antineurítico a base de enzima proteolítica asociada con vitaminas B1 y B12, inyectable.	Kg	Ex	Ex
3003.90.08	Insaponificable de aceite de germen de maíz.	Kg	Ex	Ex
3003.90.09	Preparación a base de polipéptido inhibidor de calicreína.	Kg	Ex	Ex

3003.90.10	Preparación liofilizada a base de 5-Etil-5(1-metilbutil)-2-tiobarbiturato de sodio (Tiopental sódico).	Kg	Ex	Ex
3003.90.11	Solución coloidal de polimerizado de gelatinas desintegradas, conteniendo además cloruros de sodio, de potasio y de calcio.	Kg	Ex	Ex
3003.90.12	Medicamentos homeopáticos.	Kg	5	Ex
3003.90.13	Preparación de hidroxialuminato de sodio o de magnesio y sorbitol.	Kg	Ex	Ex
3003.90.14	Polvo formado con leche descremada y dimetil polisiloxano.	Kg	Ex	Ex
3003.90.15	Mezcla de glucósidos de adonis, convallaria, oleander y scila.	Kg	Ex	Ex
3003.90.16	Preparación a base de clostridiopeptidasa.	Kg	Ex	Ex
3003.90.17	Poli(vinilpirrolidona)-Yodo, en polvo, destinada para uso humano o veterinario.	Kg	Ex	Ex
3003.90.18	Preparación hidromiscible de vitamina A, D y E.	Kg	Ex	Ex
3003.90.19	Premezcla granulada a base de nimodipina (Nimotop).	Kg	Ex	Ex
3003.90.20	Premezcla granulada a base de acarbosa (Glucobay).	Kg	Ex	Ex
3003.90.21	Desinfectantes para boca, oídos, nariz o garganta.	Kg	Ex	Ex
3003.90.99	Los demás.	Kg	10	Ex
30.04	**Medicamentos (excepto los productos de las partidas 30.02, 30.05 ó 30.06) constituidos por productos mezclados o sin mezclar, preparados para usos terapéuticos o profilácticos, dosificados (incluidos los administrados por vía transdérmica) o acondicionados para la venta al por menor.**			
3004.10	**- Que contengan penicilinas o derivados de estos productos con la estructura del ácido penicilánico, o estreptomicinas o derivados de estos productos.**			
3004.10.01	Antibiótico a base de piperacilina sódica.	Kg	5	Ex
3004.10.99	Los demás.	Kg	15	Ex
3004.20	**- Que contengan otros antibióticos.**			
3004.20.01	A base de ciclosporina.	Kg	Ex	Ex
3004.20.02	Medicamento de amplio espectro a base de meropenem.	Kg	Ex	Ex
3004.20.03	Antibiótico de amplio espectro a base de imipenem y cilastatina sódica (Tienam).	Kg	Ex	Ex
3004.20.99	Los demás.	Kg	15	Ex
	- Que contengan hormonas u otros productos de la partida 29.37, sin antibióticos:			
3004.31	**-- Que contengan insulina.**			
3004.31.01	Soluciones inyectables.	Kg	10	Ex
3004.31.99	Los demás.	Kg	10	Ex
3004.32	**-- Que contengan hormonas corticosteroides, sus derivados o análogos estructurales.**			
3004.32.01	Medicamentos a base de budesonida.	Kg	Ex	Ex
3004.32.99	Los demás.	Kg	10	Ex
3004.39	**-- Los demás.**			
3004.39.01	Anestésicos a base de 2-dietilamino-2',6'-acetoxilidida 2% (Lidocaína) con 1-noradrenalina.	Kg	Ex	Ex
3004.39.02	Que contengan somatotropina (somatropina).	Kg	Ex	Ex
3004.39.03	A base de octreotida.	Kg	Ex	Ex
3004.39.04	Antineoplásico constituido por 6-[O-(1,1-dimetiletil)-D-serina]-10 deglicinamida-FLHL-2 (amino carbonil) hidrazina (Goserelina), en excipiente biodegradable.	Kg	Ex	Ex
3004.39.05	Óvulos a base de dinoprostona o prostaglandina E2.	Kg	Ex	Ex
3004.39.06	Medicamentos que contengan eritropoyetina.	Kg	10	Ex
3004.39.99	Los demás.	Kg	10	Ex
3004.40	**- Que contengan alcaloides o sus derivados, sin hormonas ni otros productos de la partida 29.37, ni antibióticos.**			
3004.40.01	Preparaciones a base de acetil morfina o de sus sales o derivados.		Prohibida	Prohibida
3004.40.02	Preparaciones a base de Cannabis indica.		Prohibida	Prohibida
3004.40.03	Preparaciones a base de sulfato de vincristina.	Kg	5	Ex
3004.40.04	Preparaciones a base de diacetilmorfina (Heroína) o de sus sales o sus derivados.	Kg	10	Ex
3004.40.05	Soluciónes oftálmicas a base de maleato de timolol y clorhidrato de pilocarpina.	Kg	Ex	Ex
3004.40.99	Los demás.	Kg	10	Ex
3004.50	**- Los demás medicamentos que contengan vitaminas u otros productos de la partida 29.36.**			
3004.50.01	Medicamentos en tabletas de núcleos múltiples y desintegración retardada.	Kg	Ex	Ex
3004.50.02	Antineuríticos a base de enzima proteolítica asociada con vitaminas B1 y B12, inyectable.	Kg	Ex	Ex
3004.50.03	A base de isotretinoina, cápsulas.	Kg	Ex	Ex
3004.50.04	Medicamentos a base de vitaminas, o de vitaminas con lipotrópicos, o de vitaminas con minerales, en cápsulas de gelatina blanda, aun cuando se presenten en sobres tropicalizados.	Kg	15	Ex
3004.50.99	Los demás.	Kg	15	Ex
3004.90	**- Los demás.**			
3004.90.01	Preparaciones a base de cal sodada.	Kg	Ex	Ex
3004.90.02	Solución isotónica glucosada.	Kg	5	Ex
3004.90.03	Preparaciones a base de proteínas hidrolizadas.	Kg	10	Ex
3004.90.04	Tioleico RV 100.	Kg	5	Ex

3004.90.05	Emulsión de aceite de soya al 10% o al 20%, conteniendo 1.2% de lecitina de huevo, con un pH de 5.5 a 9.0, grasa de 9.0 a 11.0% y glicerol de 19.5 a 24.5 mg/ml.	Kg	Ex	Ex
3004.90.06	Antineurítico a base de enzima proteolítica inyectable.	Kg	Ex	Ex
3004.90.07	Insaponificable de aceite de germen de maíz.	Kg	5	Ex
3004.90.08	Liofilizados a base de 5-etil-5-(1-metilbutil)-2-tiobarbiturato de sodio (Tiopental sódico).	Kg	Ex	Ex
3004.90.09	Solución coloidal de polimerizado de gelatinas desintegradas, conteniendo además cloruros de sodio, de potasio y de calcio.	Kg	5	Ex
3004.90.10	Medicamentos homeopáticos.	Kg	10	Ex
3004.90.11	Preparación de hidroxialuminato de sodio o de magnesio y sorbitol.	Kg	Ex	Ex
3004.90.12	Medicamentos a base de triyodometano, aminobenzoato de butilo, aceite esencial de menta y eugenol.	Kg	5	Ex
3004.90.13	Medicamentos a base de fluoruro de sodio y glicerina.	Kg	Ex	Ex
3004.90.14	Medicamentos en aerosol a base de clorhidrato de tetracaína y amino benzoato de etilo.	Kg	Ex	Ex
3004.90.15	Preparación a base de cloruro de etilo.	Kg	Ex	Ex
3004.90.16	Medicamentos a base de 1-(4-hidroxi-3-hidroximetilfenil)-2-(terbutilamino)etanol, en envase aerosol.	Kg	Ex	Ex
3004.90.17	Mezcla de glucósidos de adonis, convallaria, oleander y scila.	Kg	5	Ex
3004.90.18	Medicamentos en tabletas a base de azatioprina o de clorambucil o de melfalan o de busulfan o de 6-mercaptopurina.	Kg	5	Ex
3004.90.19	Soluciones inyectables a base de besilato de atracurio o de acyclovir.	Kg	5	Ex
3004.90.20	Medicamentos a base de mesilato de imatinib.	Kg	Ex	Ex
3004.90.21	Trinitrato de 1,2,3 propanotriol (nitroglicerina) absorbido en lactosa.	Kg	5	Ex
3004.90.22	Medicamentos que contengan azidotimidina (Zidovudina).	Kg	Ex	Ex
3004.90.23	Solución inyectable a base de aprotinina.	Kg	Ex	Ex
3004.90.24	Solución inyectable a base de nimodipina.	Kg	Ex	Ex
3004.90.25	Solución inyectable al 0.2%, a base de ciprofloxacina.	Kg	Ex	Ex
3004.90.26	Grageas de liberación prolongada o tabletas de liberación instantánea, ambas a base de nisoldipina.	Kg	Ex	Ex
3004.90.27	A base de saquinavir.	Kg	Ex	Ex
3004.90.28	Tabletas a base de anastrazol.	Kg	Ex	Ex
3004.90.29	Tabletas a base de bicalutamida.	Kg	Ex	Ex
3004.90.30	Tabletas a base de quetiapina.	Kg	Ex	Ex
3004.90.31	Anestésico a base de desflurano.	Kg	Ex	Ex
3004.90.32	Tabletas a base de zafirlukast.	Kg	Ex	Ex
3004.90.33	Preparaciones a base de Cannabis indica.		Prohibida	Prohibida
3004.90.34	Tabletas a base de zolmitriptan.	Kg	Ex	Ex
3004.90.35	A base de sulfato de indinavir, o de amprenavir.	Kg	Ex	Ex
3004.90.36	A base de finasteride.	Kg	Ex	Ex
3004.90.37	Tabletas de liberación prolongada, a base de nifedipina.	Kg	Ex	Ex
3004.90.38	A base de octacosanol.	Kg	Ex	Ex
3004.90.39	Medicamentos a base de minerales, en cápsulas de gelatina blanda, aún cuando se presenten en sobres tropicalizados.	Kg	15	Ex
3004.90.40	A base de orlistat.	Kg	Ex	Ex
3004.90.41	A base de zalcitabina, en comprimidos.	Kg	Ex	Ex
3004.90.43	Soluciónes oftálmicas a base de: norfloxacina; clorhidrato de dorzolamida; o de maleato de timolol con gelán.	Kg	Ex	Ex
3004.90.44	A base de famotidina, en tabletas u obleas liofilizadas.	Kg	Ex	Ex
3004.90.45	A base de montelukast sódico o de benzoato de rizatriptan, en tabletas.	Kg	Ex	Ex
3004.90.46	A base de etofenamato, en solución inyectable.	Kg	Ex	Ex
3004.90.47	Anestésico a base de 2,6-bis-(1-metiletil)-fenol (Propofol), emulsión inyectable estéril.	Kg	Ex	Ex
3004.90.48	Medicamentos a base de cerivastatina, o a base de moxifloxacino.	Kg	Ex	Ex
3004.90.49	Medicamentos a base de: mesilato de nelfinavir; de ganciclovir o de sal sódica de ganciclovir.	Kg	Ex	Ex
3004.90.50	Medicamentos a base de: succinato de metoprolol incluso con hidroclorotiazida; de formoterol; de candesartan cilexetilo incluso con hidroclorotiazida; de omeprazol, sus derivados o sales, o su isómero.	Kg	Ex	Ex
3004.90.99	Los demás.	Kg	10	Ex
30.05	**Guatas, gasas, vendas y artículos análogos (por ejemplo: apósitos, esparadrapos, sinapismos), impregnados o recubiertos de sustancias farmacéuticas o acondicionados para la venta al por menor con fines médicos, quirúrgicos, odontológicos o veterinarios.**			
3005.10 -	**Apósitos y demás artículos, con una capa adhesiva.**			
3005.10.01	Tafetán engomado o venditas adhesivas.	Kg	20	Ex
3005.10.02	Apósitos de tejido cutáneo de porcino, liofilizados.	Kg	5	Ex
3005.10.99	Los demás.	Kg	15	Ex
3005.90 -	**Los demás.**			
3005.90.01	Algodón absorbente o gasas, con sustancias medicinales.	Kg	15	Ex
3005.90.02	Vendas elásticas.	Kg	20	Ex
3005.90.03	Hojas o bandas de materias plásticas artificiales esterilizadas para el tratamiento de	Kg	15	

	quemaduras.			
3005.90.99	Los demás.	Kg	20	Ex
30.06	**Preparaciones y artículos farmacéuticos a que se refiere la Nota 4 de este Capítulo.**			
3006.10 -	**Catguts estériles y ligaduras estériles similares, para suturas quirúrgicas (incluidos los hilos reabsorbibles estériles para cirugía u odontología) y los adhesivos estériles para tejidos orgánicos utilizados en cirugía para cerrar heridas; laminarias estériles; hemostáticos reabsorbibles estériles para cirugía u odontología; barreras antiadherentes estériles, para cirugía u odontología, incluso reabsorbibles.**			
3006.10.01	Catguts u otras ligaduras estériles, para suturas quirúrgicas con diámetro igual o superior a 0.10 mm., sin exceder de 0.80 mm., excepto a base de polímeros del ácido glicólico y/o ácido láctico.	Kg	Ex	Ex
3006.10.02	Catguts u otras ligaduras estériles, excepto lo comprendido en la fracción 3006.10.01.	Kg	Ex	Ex
3006.10.99	Los demás.	Kg	15	Ex
3006.20 -	**Reactivos para la determinación de los grupos o de los factores sanguíneos.**			
3006.20.01	Reactivos hemoclasificadores.	Kg	5	Ex
3006.20.99	Los demás.	Kg	15	Ex
3006.30 -	**Preparaciones opacificantes para exámenes radiológicos; reactivos de diagnóstico concebidos para usar en el paciente.**			
3006.30.01	Reactivos para diagnóstico concebidos para su empleo sobre el paciente.	Kg	5	Ex
3006.30.02	Complejos estanosos liofilizados a base de: pirofosfato de sodio, fitato de calcio, albúmina humana, calcio trisódico, difosfonato de metileno y glucoheptonato de calcio solución al 28% en yodo de la sal meglumina del ácido iocármico.	Kg	Ex	Ex
3006.30.99	Los demás.	Kg	15	Ex
3006.40 -	**Cementos y demás productos de obturación dental; cementos para la refección de los huesos.**			
3006.40.01	Preparaciones para obturación dental a base de resinas acrílicas.	Kg	5	Ex
3006.40.02	Preparaciones de metales preciosos para obturación dental.	Kg	15	Ex
3006.40.03	Cera para cirugía de huesos, a base de cera natural de abeja.	Kg	Ex	Ex
3006.40.99	Los demás.	Kg	5	Ex
3006.50 -	**Botiquines equipados para primeros auxilios.**			
3006.50.01	Botiquines equipados para primeros auxilios.	Kg	15	Ex
3006.60 -	**Preparaciones químicas anticonceptivas a base de hormonas, de otros productos de la partida 29.37 o de espermicidas.**			
3006.60.01	Preparaciones químicas anticonceptivas a base de hormonas, de otros productos de la partida 29.37 o de espermicidas.	Kg	15	Ex
3006.70 -	**Preparaciones en forma de gel, concebidas para ser utilizadas en medicina o veterinaria como lubricante para ciertas partes del cuerpo en operaciones quirúrgicas o exámenes médicos o como nexo entre el cuerpo y los instrumentos médicos.**			
3006.70.01	Preparaciones en forma de gel, concebidas para ser utilizadas en medicina o veterinaria como lubricante para ciertas partes del cuerpo en operaciones quirúrgicas o exámenes médicos o como nexo entre el cuerpo y los instrumentos médicos.	Kg	Ex	Ex
-	**Los demás:**			
3006.91 --	**Dispositivos identificables para uso en estomas.**			
3006.91.01	Dispositivos identificables para uso en estomas.	Kg	Ex	Ex
3006.92 --	**Desechos farmacéuticos.**			
3006.92.01	Desechos farmacéuticos.	Kg	15	Ex

Capítulo 31
Abonos

Notas.
1. Este Capítulo no comprende:
   a) la sangre animal de la partida 05.11;
   b) los productos de constitución química definida presentados aisladamente, excepto los descritos en las Notas 2 a), 3 a), 4 a) ó 5 siguientes;
   c) los cristales cultivados de cloruro de potasio (excepto los elementos de óptica), de peso unitario superior o igual a 2.5 g, de la partida 38.24; los elementos de óptica de cloruro de potasio (partida 90.01).
2. Salvo que se presenten en las formas previstas en la partida 31.05, la partida 31.02 comprende únicamente:
   a) los productos siguientes:
      1) el nitrato de sodio, incluso puro;
      2) el nitrato de amonio, incluso puro;
      3) las sales dobles de sulfato de amonio y de nitrato de amonio, incluso puras;
      4) el sulfato de amonio, incluso puro;
      5) las sales dobles (incluso puras) o las mezclas entre sí de nitrato de calcio y nitrato de amonio;
      6) las sales dobles (incluso puras) o las mezclas entre sí de nitrato de calcio y nitrato de magnesio;
      7) la cianamida cálcica, incluso pura, aunque esté impregnada con aceite;
      8) la urea, incluso pura;
   b) los abonos que consistan en mezclas entre sí de los productos del apartado a) precedente;

c) los abonos que consistan en mezclas de cloruro de amonio o de productos de los apartados a) y b) precedentes, con creta, yeso natural u otras materias inorgánicas sin poder fertilizante;

d) los abonos líquidos que consistan en disoluciones acuosas o amoniacales de los productos de los apartados a) 2) o a) 8) precedentes, o de una mezcla de estos productos.

3. Salvo que se presenten en las formas previstas en la partida 31.05, la partida 31.03 comprende únicamente:

   a) los productos siguientes:
      1) las escorias de desfosforación;
      2) los fosfatos naturales de la partida 25.10, tostados, calcinados o tratados térmicamente más de lo necesario para eliminar las impurezas;
      3) los superfosfatos (simples, dobles o triples);
      4) el hidrogenoortofosfato de calcio con un contenido de flúor, calculado sobre producto anhidro seco, superior o igual al 0.2%;

   b) los abonos que consistan en mezclas entre sí de los productos del apartado a) precedente, pero haciendo abstracción del contenido límite de flúor;

   c) los abonos que consistan en mezclas de productos de los apartados a) y b) precedentes, con creta, yeso natural u otras materias inorgánicas sin poder fertilizante, pero haciendo abstracción del contenido límite de flúor.

4. Salvo que se presenten en las formas previstas en la partida 31.05, la partida 31.04 comprende únicamente:

   a) los productos siguientes:
      1) las sales de potasio naturales en bruto (carnalita, kainita, silvinita y otras);
      2) el cloruro de potasio, incluso puro, salvo lo dispuesto en la Nota 1 c) precedente;
      3) el sulfato de potasio, incluso puro;
      4) el sulfato de magnesio y de potasio, incluso puro;

   b) los abonos que consistan en mezclas entre sí de los productos del apartado a) precedente.

5. Se clasifican en la partida 31.05, el hidrogenoortofosfato de diamonio (fosfato diamónico) y el dihidrogenoortofosfato de amonio (fosfato monoamónico), incluso puros, y las mezclas de estos productos entre sí.

6. En la partida 31.05, la expresión *los demás abonos* sólo comprende los productos de los tipos utilizados como abonos que contengan como componentes esenciales, por lo menos, uno de los elementos fertilizantes: nitrógeno, fósforo o potasio.

Código		Descripción	Unid de Med	Arancel (%)	
				IMP.	EXP.
31.01		**Abonos de origen animal o vegetal, incluso mezclados entre sí o tratados químicamente; abonos procedentes de la mezcla o del tratamiento químico de productos de origen animal o vegetal.**			
3101.00	-	**Abonos de origen animal o vegetal, incluso mezclados entre sí o tratados químicamente; abonos procedentes de la mezcla o del tratamiento químico de productos de origen animal o vegetal.**			
3101.00.01		Abonos de origen animal o vegetal, incluso mezclados entre sí o tratados químicamente; abonos procedentes de la mezcla o del tratamiento químico de productos de origen animal o vegetal.	Kg	Ex	Ex
31.02		**Abonos minerales o químicos nitrogenados.**			
3102.10	-	**Urea, incluso en disolución acuosa.**			
3102.10.01		Urea, incluso en disolución acuosa.	Kg	Ex	Ex
	-	**Sulfato de amonio; sales dobles y mezclas entre sí de sulfato de amonio y nitrato de amonio:**			
3102.21	- -	**Sulfato de amonio.**			
3102.21.01		Sulfato de amonio.	Kg	Ex	Ex
3102.29	- -	**Las demás.**			
3102.29.99		Las demás.	Kg	Ex	Ex
3102.30	-	**Nitrato de amonio, incluso en disolución acuosa.**			
3102.30.01		Nitrato de amonio, concebido exclusivamente para uso agrícola.	Kg	Ex	Ex
3102.30.99		Los demás.	Kg	Ex	Ex
3102.40	-	**Mezclas de nitrato de amonio con carbonato de calcio u otras materias inorgánicas sin poder fertilizante.**			
3102.40.01		Mezclas de nitrato de amonio con carbonato de calcio u otras materias inorgánicas sin poder fertilizante.	Kg	Ex	Ex
3102.50	-	**Nitrato de sodio.**			
3102.50.01		Nitrato de sodio.	Kg	Ex	Ex
3102.60	-	**Sales dobles y mezclas entre sí de nitrato de calcio y nitrato de amonio.**			
3102.60.01		Sales dobles y mezclas entre sí de nitrato de calcio y nitrato de amonio.	Kg	Ex	Ex
3102.80	-	**Mezclas de urea con nitrato de amonio en disolución acuosa o amoniacal.**			
3102.80.01		Mezclas de urea con nitrato de amonio en disolución acuosa o amoniacal.	Kg	Ex	Ex
3102.90	-	**Los demás, incluidas las mezclas no comprendidas en las subpartidas precedentes.**			
3102.90.01		Cianamida cálcica.	Kg	Ex	Ex
3102.90.99		Los demás.	Kg	Ex	Ex
31.03		**Abonos minerales o químicos fosfatados.**			
3103.10	-	**Superfosfatos.**			
3103.10.01		Superfosfatos.	Kg	Ex	Ex

3103.90	**. Los demás.**			
3103.90.01	Escorias de desfosforación.	Kg	Ex	Ex
3103.90.99	Los demás.	Kg	Ex	Ex
31.04	**Abonos minerales o químicos potásicos.**			
3104.20	**. Cloruro de potasio.**			
3104.20.01	Cloruro de potasio.	Kg	Ex	Ex
3104.30	**. Sulfato de potasio.**			
3104.30.01	Sulfato de potasio, grado reactivo.	Kg	Ex	Ex
3104.30.99	Los demás.	Kg	Ex	Ex
3104.90	**. Los demás.**			
3104.90.01	Carnalita, silvinita y demás sales de potasio naturales, en bruto.	Kg	Ex	Ex
3104.90.99	Los demás.	Kg	Ex	Ex
31.05	**Abonos minerales o químicos, con dos o tres de los elementos fertilizantes: nitrógeno, fósforo y potasio; los demás abonos; productos de este Capítulo en tabletas o formas similares o en envases de un peso bruto inferior o igua a 10 kg.**			
3105.10	**. Productos de este Capítulo en tabletas o formas similares o en envases de un peso bruto inferior o igual a 10 kg.**			
3105.10.01	Productos de este capítulo en tabletas o formas similares o en envases de un peso bruto inferior o igual a 10 Kg.	Kg	Ex	Ex
3105.20	**. Abonos minerales o químicos con los tres elementos fertilizantes: nitrógeno, fósforo y potasio.**			
3105.20.01	Abonos minerales o químicos con los tres elementos fertilizantes: nitrógeno, fósforo y potasio.	Kg	Ex	Ex
3105.30	**. Hidrogenoortofosfato de diamonio (fosfato diamónico).**			
3105.30.01	Hidrogenoortofosfato de diamonio (fosfato diamónico).	Kg	Ex	Ex
3105.40	**. Dihidrogenoortofosfato de amonio (fosfato monoamónico), incluso mezclado con el hidrogenoortofosfato de diamonio (fosfato diamónico).**			
3105.40.01	Dihidrogenoortofosfato de amonio (fosfato monoamónico), incluso mezcado con el hidrogenoortofosfato de diamonio (fosfato diamónico).	Kg	Ex	Ex
	. Los demás abonos minerales o químicos con los dos elementos fertilizantes: nitrógeno y fósforo:			
3105.51	**.. Que contengan nitratos y fosfatos.**			
3105.51.01	Que contengan nitratos y fosfatos.	Kg	Ex	Ex
3105.59	**.. Los demás.**			
3105.59.99	Los demás.	Kg	Ex	Ex
3105.60	**. Abonos minerales o químicos con los dos elementos fertilizantes: fósforc y potasio.**			
3105.60.01	Abonos minerales o químicos con los dos elementos fertilizantes: fósforo y potasio.	Kg	Ex	Ex
3105.90	**. Los demás.**			
3105.90.01	Nitrato sódico potásico.	Kg	Ex	Ex
3105.90.99	Los demás.	Kg	Ex	Ex

Capítulo 32
Extractos curtientes o tintóreos; taninos y sus derivados; pigmentos y demás materias colorantes; pinturas y barnices; mástiques; tintas

Notas.
1. Este Capítulo no comprende:
   a) los productos de constitución química definida presentados aisladamente, excepto los que respondan a las especificaciones de las partidas 32.03 ó 32.04, los productos inorgánicos de los tipos utilizados como luminóforos (partida 32.06), los vidrios procedentes del cuarzo o demás sílices, fundidos, en las formas previstas en la partida 32.07 y los tintes y demás materias colorantes presentados en formas o en envases para la venta al por menor de la partida 32.12;
   b) los tanatos y demás derivados tánicos de los productos de las partidas 29.36 a 29.39, 29.41 ó 35.01 a 35.04;
   c) los mástiques de asfalto y demás mástiques bituminosos (partida 27.15).
2. Las mezclas de sales de diazonio estabilizadas y de copulantes utilizados con dichas sales, para la producción de colorantes azoicos, están comprendidas en la partida 32.04.
3. Se clasifican también en las partidas 32.03, 32.04, 32.05 y 32.06, las preparaciones a base de materias colorantes (incluso, en el caso de la partida 32.06, los pigmentos de la partida 25.30 o del Capítulo 28, el polvo y escamillas metálicos) de los tipos utilizados para colorear cualquier materia o destinadas a formar parte como ingredientes en la fabricación de preparaciones colorantes. Sin embargo, estas partidas no comprenden los pigmentos en dispersión en medios no acuosos, líquidos o en pasta, de los tipos utilizados en la fabricación de pinturas (partida 32.12), ni las demás preparaciones comprendidas en las partidas 32.07, 32.08, 32.09, 32.10, 32.12, 32.13 ó 32.15.
4. Las disoluciones (excepto los colodiones) en disolventes orgánicos volátiles de productos citados en el texto de las partidas 39.01 a 39.13 se clasifican en la partida 32.08 cuando la proporción del disolvente sea superior al 50% del peso de la disolución.
5. En este Capítulo, la expresión *materias colorantes* no comprende los productos de los tipos utilizados como carga en las pinturas al aceite, incluso si se utilizan también como pigmentos colorantes en las pinturas al agua.

6. En la partida 32.12, solo se consideran *hojas para el marcado a fuego* las hojas delgadas de los tipos utilizados, por ejemplo, en el estampado de encuadernaciones, desudadores o forros para sombreros, y constituidas por:
   a) polvos metálicos impalpables (incluso de metal precioso) o pigmentos, aglomerados con cola, gelatina u otros aglutinantes;
   b) metales (incluso metal precioso) o pigmentos, depositados en una hoja de cualquier materia que sirva de soporte.

Código		Descripción	Unid de Med	Arancel (%) IMP.	EXP.
32.01		**Extractos curtientes de origen vegetal; taninos y sus sales, éteres, ésteres y demás derivados.**			
3201.10	-	**Extracto de quebracho.**			
3201.10.01		Extracto de quebracho.	Kg	Ex	Ex
3201.20	-	**Extracto de mimosa (acacia).**			
3201.20.01		Extracto de mimosa (acacia).	Kg	Ex	Ex
3201.90	-	**Los demás.**			
3201.90.01		Extracto de roble o de castaño.	Kg	Ex	Ex
3201.90.99		Los demás.	Kg	Ex	Ex
32.02		**Productos curtientes orgánicos sintéticos; productos curtientes inorgánicos; preparaciones curtientes, incluso con productos curtientes naturales; preparaciones enzimáticas para precurtido.**			
3202.10	-	**Productos curtientes orgánicos sintéticos.**			
3202.10.01		Productos curtientes orgánicos sintéticos.	Kg	9	Ex
3202.90	-	**Los demás.**			
3202.90.99		Los demás.	Kg	9	Ex
32.03		**Materias colorantes de origen vegetal o animal (incluidos los extractos tintóreos, excepto los negros de origen animal), aunque sean de constitución química definida; preparaciones a que se refiere la Nota 3 de este Capítulo a base de materias colorantes de origen vegetal o animal.**			
3203.00	-	**Materias colorantes de origen vegetal o animal (incluidos los extractos tintóreos, excepto los negros de origen animal), aunque sean de constitución química definida; preparaciones a que se refiere la Nota 3 de este Capítulo a base de materias colorantes de origen vegetal o animal.**			
3203.00.01		Rojo natural 4(75470), rojo natural 7, negro natural 2(75290).	Kg	Ex	Ex
3203.00.02		Oleorresina colorante extractada de flor de cempasuchil, (zempasuchitl o marigold (Tagetes erecta)).	Kg	Ex	Ex
3203.00.99		Los demás.	Kg	Ex	Ex
32.04		**Materias colorantes orgánicas sintéticas, aunque sean de constitución química definida; preparaciones a que se refiere la Nota 3 de este Capítulo a base de materias colorantes orgánicas sintéticas; productos orgánicos sintéticos de los tipos utilizados para el avivado fluorescente o como luminóforos, aunque sean de constitución química definida.**			
	-	**Materias colorantes orgánicas sintéticas y preparaciones a que se refiere la Nota 3 de este Capítulo a base de dichas materias colorantes:**			
3204.11	--	**Colorantes dispersos y preparaciones a base de estos colorantes.**			
3204.11.01		Colorantes dispersos con la siguiente clasificación de "Colour Index":	Kg	7	Ex
3204.11.02		Colorantes dispersos con la siguiente clasificación de "Colour Index":Amarillo 82; Azul: 7(62500), 54, 288; Rojo: 11(62015), 288, 356; Violeta: 57.	Kg	Ex	Ex
3204.11.03		Los demás colorantes dispersos.	Kg	Ex	Ex
3204.11.04		Preparaciones a base de los colorantes comprendidos en la fracción 3204.11.01.	Kg	Ex	Ex
3204.11.99		Los demás.	Kg	Ex	Ex
3204.12	--	**Colorantes ácidos, incluso metalizados, y preparaciones a base de estos colorantes; colorantes para mordiente y preparaciones a base de estos colorantes.**			
3204.12.01		Colorantes ácidos con la siguiente clasificación de "Colour Index":	Kg	Ex	Ex
3204.12.02		Colorantes ácidos con la siguiente clasificación de "Colour Index":Amarillo: 23, 36, 49, 219;Azul: 25, 113, 260;Café: 14, 24; Naranja: 7;Negro: 1, 172, 194, 210;Rojo: 114, 337.	Kg	Ex	Ex
3204.12.03		Colorantes ácidos, excepto lo comprendido en las fracciones 3204.12.01 y 3204.12.02.	Kg	Ex	Ex
3204.12.04		Preparaciones a base de los colorantes comprendidos en la fracción 3204.12.02.	Kg	Ex	Ex
3204.12.05		Colorantes para mordiente con la siguiente clasificación de "Colour Index":Amarillo para mordiente: 5(14130), 8(18821), 10(14010), 30(18710), 32(14100), 55, 59, 64;Azul para mordiente: 7(17940), 49;Café para mordiente: 1(20110), 19(14250), 86;Naranja para mordiente: 5, 8, 29(18744), 41, 46;Negro para mordiente: 3(14640), 32, 44, 75, 90;Rojo para mordiente: 17(18750), 56, 81, 82, 83, 84, 94(18841);Verde para mordiente: 29;Violeta para mordiente: 60.	Kg	Ex	Ex
3204.12.06		Colorantes para mordiente excepto lo comprendido en la fracción 3204.12.05.	Kg	Ex	Ex
3204.12.99		Los demás.	Kg	Ex	Ex
3204.13	--	**Colorantes básicos y preparaciones a base de estos colorantes.**			
3204.13.01		Colorantes básicos con la siguiente clasificación de "Colour Index":	Kg	Ex	Ex

3204.13.02	Colorantes básicos con la siguiente clasificación de "Colour Index":Amarillo: 28, 45;Azul: 3, 41;Café: 4;Violeta: 16;Rojo: 18, 46	Kg	Ex	Ex
3204.13.03	Colorantes básicos, excepto lo comprendido en la fracción 3204.13.01 y 3204.13.02.	Kg	Ex	Ex
3204.13.04	Preparaciones a base de lo comprendido en la fracción 3204.13.02.	Kg	Ex	Ex
3204.13.99	Los demás.	Kg	Ex	Ex
3204.14	**. . Colorantes directos y preparaciones a base de estos colorantes.**			
3204.14.01	Colorantes directos con la siguiente clasificación de "Colour Index":Amarillo: 33(29020), 68, 69(25340), 93, 95, 96;Azul: 77, 84(23160), 90, 106(51300), 126(34010), 159(35775), 171, 211, 225, 230(22455), 251;Café: 59(22345), 97, 106, 116, 157, 169, 170, 172, 200, 212;Naranja: 1(22370, 22375, 22430), 107;Negro: 94, 97(35818), 117, 122(36250);Rojo: 9, 26(29190), 31(29100), 63, 75(25380), 155(25210), 173(29290), 184, 221 223, 236, 254;Verde: 26(34045), 27, 28(14155), 30, 35, 59(34040), 67, 69;Violeta: 1(22570), 9(27885), 12(22550), 47(25410), 48(29125), 51(27905), 66(29120), 93.	Kg	Ex	Ex
3204.14.02	Colorantes directos con la siguiente clasificación de "Colour Index":Amarillo: 11, 12, 44, 50, 106;Azul: 2, 15, 80, 86;Café: 2, 95, 115;Naranja: 26;Negro: 22, 38, 170;Rojo: 23, 28, 81, 83;Verde:1.	Kg	Ex	Ex
3204.14.03	Colorantes directos, excepto lo comprendido en las fracciones 3204.14.01 y 3204.14.02.	Kg	Ex	Ex
3204.14.04	Preparaciones a base de lo comprendido en la fracción 3204.14.02.	Kg	Ex	Ex
3204.14.99	Los demás.	Kg	Ex	Ex
3204.15	**. . Colorantes a la tina o a la cuba (incluidos los utilizables directamente como colorantes pigmentarios) y preparaciones a base de estos colorantes.**			
3204.15.01	Colorantes a la tina o a la cuba con la siguiente clasificación de "Colour Index":	Kg	Ex	Ex
3204.15.99	Los demás.	Kg	Ex	Ex
3204.16	**. . Colorantes reactivos y preparaciones a base de estos colorantes.**			
3204.16.01	Colorantes reactivos con la siguiente clasificación de "Colour Index":	Kg	Ex	Ex
3204.16.02	Colorantes reactivos con la siguiente clasificación de "Colour Index":	Kg	Ex	Ex
3204.16.03	Colorantes reactivos, excepto lo comprendido en las fracciones 3204.16.01 y 3204.16.02.	Kg	Ex	Ex
3204.16.04	Preparaciones a base de lo comprendido en la fracción 3204.16.02.	Kg	Ex	Ex
3204.16.99	Los demás.	Kg	Ex	Ex
3204.17	**. . Colorantes pigmentarios y preparaciones a base de estos colorantes.**			
3204.17.01	Colorantes pigmentarios con la siguiente clasificación de "Colour Index":	Kg	Ex	Ex
3204.17.02	Colorantes pigmentarios: Diarilidas con la siguiente clasificación de "Colour Index":	Kg	7	Ex
3204.17.03	Colorantes pigmentarios: Ariles o toluidinas con la siguiente clasificación de "Colour Index":	Kg	7	Ex
3204.17.04	Colorantes pigmentarios: Naftoles con la siguiente clasificación de "Colour Index": rojo: 2, 8, 112, 146.	Kg	7	Ex
3204.17.05	Colorantes pigmentarios: Laqueados o metalizados con la siguiente clasificación de "Colour Index": Rojo: 48:1, 48:2, 48:3, 48:4, 49:1, 49:2, 52:1, 52:2, 53:1, 57:1, 58:4, 63:1 63:2.	Kg	7	Ex
3204.17.06	Colorantes pigmentarios: Ftalocianinas con la siguiente clasificación de "Colour Index":	Kg	7	Ex
3204.17.07	Colorantes pigmentarios: básicos precipitados con la siguiente clasificación de "Colour Index":	Kg	7	Ex
3204.17.08	Pigmentos, excepto lo comprendido en las fracciones 3204.17.01, 3204.17.02, 3204.17.03, 3204.17.04, 3204.17.05, 3204.17.06 y 3204.17.07.	Kg	7	Ex
3204.17.09	Preparaciones a base de lo comprendido en las fracciones 3204.17.02, 3204.17.03, 3204.17.04, 3204.17.05, 3204.17.06 y 3204.17.07.	Kg	Ex	Ex
3204.17.10	Pigmentos orgánicos dispersos en polipropileno en una concentración de 25 a 50%, con índice de fluidez	Kg	5	Ex
3204.17.99	Los demás.	Kg	Ex	Ex
3204.19	**. . Las demás, incluidas las mezclas de materias colorantes de dos o más de las subpartidas 3204.11 a 3204.19.**			
3204.19.01	Colorantes solventes con la siguiente clasificación de "Colour Index":	Kg	Ex	Ex
3204.19.02	Colorantes solventes con la siguiente clasificación de "Colour Index":	Kg	Ex	Ex
3204.19.03	Colorantes solventes, excepto lo comprendido en las fracciones 3204.19.01 y 3204.19.02.	Kg	Ex	Ex
3204.19.04	Colorantes al azufre con la siguiente clasificación de "Colour Index":Azul al azufre: 1(53235), 3(53235), 7(53440), 13(53450);Azul al azufre leuco: 1(53235), 3(53235), 7(53440), 13(53450), 19;Café al azufre: 10(53055), 14(53246);Negro al azufre: 1(53185);Negro al azufre leuco: 1(53185), 2(53195), 18;Rojo al azufre: 5(53830);Rojo al azufre leuco: 5(53830), 10(53228).	Kg	4	Ex
3204.19.05	Colorantes al azufre, excepto lo comprendido en la fracción 3204.19.04.	Kg	Ex	Ex
3204.19.06	Colorante para alimentos con la siguiente clasificación de "Colour Index":Amarillo: 3(15985), 4(19140);Rojo: 3(14720), 7(16255), 9(16185), 17.	Kg	5	Ex
3204.19.07	Preparación a base de cantaxantina.	Kg	Ex	Ex
3204.19.08	Caroteno (colorante para alimentos naranja: 5(40800)).	Kg	Ex	Ex
3204.19.09	Preparación a base del éster etílico del ácido beta-8-apocarotenóico.	Kg	Ex	Ex
3204.19.99	Los demás.	Kg	Ex	Ex
3204.20	**. Productos orgánicos sintéticos de los tipos utilizados para el avivado fluorescente.**			
3204.20.01	Agentes de blanqueo óptico fijables sobre fibra, correspondientes al grupo de "Colour Index" de los abrillantadores fluorescentes: 135, 140, 162:1, 179, 179+371, 184, 185, 236, 238, 291, 311, 313, 315, 329, 330, 340, 352, 363, 367+372, 373, 374, 374:1, 376, 378, 381, 393.	Kg	Ex	Ex
3204.20.02	Agentes de blanqueo óptico fijables sobre fibra, derivados del ácido diaminoestilbendisulfónico, excepto lo comprendido en la fracción 3204.20.01.	Kg	Ex	Ex

3204.20.99	Los demás.	Kg	7	Ex
3204.90 -	**Los demás.**			
3204.90.01	Productos orgánicos sintéticos de los tipos utilizados como "luminóforos".	Kg	Ex	Ex
3204.90.02	Tintes fugaces.	Kg	Ex	Ex
3204.90.99	Los demás.	Kg	Ex	Ex
32.05	**Lacas colorantes; preparaciones a que se refiere la Nota 3 de este Capítulo a base de lacas colorantes.**			
3205.00 -	**Lacas colorantes; preparaciones a que se refiere la Nota 3 de este Capítulo a base de lacas colorantes.**			
3205.00.01	En forma de dispersiones concentradas en acetato de celulosa, utilizables para colorear en la masa.	Kg	Ex	Ex
3205.00.02	Lacas de aluminio en polvo o en dispersión con la siguiente clasificación de "Colour Index": Amarillo 3(15985), 4(19140); Azul 1(73015), 2(42090); Rojo 7(16255), 9: 1(16135:1), 14:1(45430:1).	Kg	5	Ex
3205.00.99	Los demás.	Kg	Ex	Ex
32.06	**Las demás materias colorantes; preparaciones a que se refiere la Nota 3 de este Capítulo, excepto las de las partidas 32.03, 32.04 ó 32.05; productos inorgánicos de los tipos utilizados como luminóforos, aunque sean de constitución química definida.**			
-	**Pigmentos y preparaciones a base de dióxido de titanio:**			
3206.11 --	**Con un contenido de dióxido de titanio superior o igual al 80% en peso, calculado sobre materia seca.**			
3206.11.01	Con un contenido de dióxido de titanio superior o igual al 80% en peso, calculado sobre materia seca.	Kg ·	9	Ex
3206.19 --	**Los demás.**			
3206.19.99	Los demás.	Kg	9	Ex
3206.20 -	**Pigmentos y preparaciones a base de compuestos de cromo.**			
3206.20.01	Pigmentos inorgánicos con la siguiente clasificación de "Colour Index":	Kg	10	Ex
3206.20.02	Pigmentos inorgánicos con la siguiente clasificación de "Colour Index":	Kg	10	Ex
3206.20.03	Pigmentos y preparaciones a base de compuestos de cromo, excepto lo comprendido en la fracción 3206.20.01 y 3206.20.02.	Kg	7	Ex
-	**Las demás materias colorantes y las demás preparaciones:**			
3206.41 --	**Ultramar y sus preparaciones.**			
3206.41.01	Azul de ultramar (Pigmento azul 29).	Kg	Ex	Ex
3206.41.99	Los demás.	Kg	Ex	Ex
3206.42 --	**Litopón y demás pigmentos y preparaciones a base de sulfuro de cinc.**			
3206.42.01	Mezcla a base de sulfato de bario y sulfuro de cinc.	Kg	Ex	Ex
3206.42.99	Los demás.	Kg	Ex	Ex
3206.49 --	**Las demás.**			
3206.49.01	En forma de dispersiones concentradas en acetato de celulosa, utilizables para colorear en la masa.	Kg	7	Ex
3206.49.02	En forma de dispersiones concentradas de polietileno, utilizables para colorear en la masa.	Kg	7	Ex
3206.49.03	Pigmentos inorgánicos dispersos en polipropileno en una concentración de 25 a 50%, con índice de fluidez de 30 a 45 gr./10 minutos y tamaño del pigmento de 3 a 5 micras.	Kg	7	Ex
3206.49.04	Dispersiones de pigmentos nacarados o perlescentes a base de cristales de carbonato de plomo, con un contenido de sólidos igual o inferior al 65%.	Kg	10	Ex
3206.49.05	Dispersiones de pigmentos nacarados o perlescentes a base de cristales de carbonato de plomo, superior a 85%, en sólidos fijos a 100 grados centígrados.	Kg	7	Ex
3206.49.06	Pigmentos y preparaciones a base de compuestos de cadmio.	Kg	Ex	Ex
3206.49.07	Pigmento azul 27.	Kg	10	Ex
3206.49.08	Pigmentos y preparaciones a base de hexacianoferratos (ferrocianuros o ferricianuros), excepto lo comprendido en la fracción 3206.49.07.	Kg	5	Ex
3206.49.99	Las demás.	Kg	Ex	Ex
3206.50 -	**Productos inorgánicos de los tipos utilizados como luminóforos.**			
3206.50.01	Polvos fluorescentes para tubos, excepto lo comprendido en la fracción 3206.50.02.	Kg	5	Ex
3206.50.02	Polvos fluorescentes para tubos de rayos catódicos, anuncios luminosos, lámparas de vapor de mercurio o luz mixta.	Kg	Ex	Ex
3206.50.99	Los demás.	Kg	Ex	Ex
32.07	**Pigmentos, opacificantes y colores preparados, composiciones vitrificables, engobes, abrillantadores (lustres) líquidos y preparaciones similares, de los tipos utilizados en cerámica, esmaltado o en la industria del vidrio; frita de vidrio y demás vidrios, en polvo, gránulos, copos o escamillas.**			
3207.10 -	**Pigmentos, opacificantes y colores preparados y preparaciones similares.**			
3207.10.01	Opacificantes para esmaltes cerámicos cuya composición básica sea: anhídrido antimonioso 36.4%, óxido de titanio 29.1%, óxido de calcio 26.6%, fluoruro de calcio 3.5% y óxido de silicio 4.4%.	Kg	Ex	Ex
3207.10.99	Los demás.	Kg	Ex	Ex
3207.20 -	**Composiciones vitrificables, engobes y preparaciones similares.**			
3207.20.01	Esmaltes cerámicos a base de borosilicatos metálicos.	Kg	Ex	Ex

3207.20.99	Los demás.	Kg	5	Ex
3207.30	**_ Abrillantadores (lustres) líquidos y preparaciones similares.**			
3207.30.01	Abrillantadores (lustres) líquidos y preparaciones similares.	Kg	Ex	Ex
3207.40	**_ Frita de vidrio y demás vidrios, en polvo, gránulos, copos o escamillas.**			
3207.40.01	Vidrio en polvo o gránulos.	Kg	Ex	Ex
3207.40.02	Vidrio en escamillas, aun cuando estén coloreadas o plateadas.	Kg	Ex	Ex
3207.40.99	Los demás.	Kg	Ex	Ex
32.08	**Pinturas y barnices a base de polímeros sintéticos o naturales modificados, dispersos o disueltos en un medio no acuoso; disoluciones definidas en la Nota 4 de este Capítulo.**			
3208.10	**_ A base de poliésteres.**			
3208.10.01	Pinturas o barnices.	Kg	10	Ex
3208.10.99	Los demás.	Kg	10	Ex
3208.20	**_ A base de polímeros acrílicos o vinílicos.**			
3208.20.01	Pinturas o barnices, excepto lo comprendido en la fracción 3208.20.02.	Kg	10	Ex
3208.20.02	Barnices a base de resinas catiónicas de dimetilaminoetilmetacrilato o a base de resinas aniónicas del ácido metacrílico reaccionadas con ésteres del ácido metacrílico.	Kg	10	Ex
3208.20.99	Los demás.	Kg	10	Ex
3208.90	**_ Los demás.**			
3208.90.01	En pasta gris o negra, catódica o anódica dispersa en resinas epoxiaminadas y/o olefinas modificadas.	Kg	Ex	Ex
3208.90.99	Los demás.	Kg	Ex	Ex
32.09	**Pinturas y barnices a base de polímeros sintéticos o naturales modificados, dispersos o disueltos en un medio acuoso.**			
3209.10	**_ A base de polímeros acrílicos o vinílicos.**			
3209.10.01	Barnices a base de resinas catiónicas de dimetilaminoetilmetacrilato o a base, de resinas aniónicas del ácido metacrílico reaccionadas con ésteres del ácido metacrílico.	Kg	Ex	Ex
3209.10.99	Los demás.	Kg	Ex	Ex
3209.90	**_ Los demás.**			
3209.90.99	Los demás.	Kg	Ex	Ex
32.10	**Las demás pinturas y barnices; pigmentos al agua preparados de los tipos utilizados para el acabado del cuero.**			
3210.00	**_ Las demás pinturas y barnices; pigmentos al agua preparados de los tipos utilizados para el acabado del cuero.**			
3210.00.01	Barnices para la impresión de billetes de banco, cuando se importen por el Banco de México.	Kg	Ex	Ex
3210.00.02	Pinturas a base de grafito artificial, cuya propiedad es impartir resistencia eléctrica.	Kg	Ex	Ex
3210.00.03	Barniz grado farmacéutico a base de goma laca purificada al 60% en alcohol etílico.	Kg	Ex	Ex
3210.00.99	Los demás.	Kg	Ex	Ex
32.11	**Secativos preparados.**			
3211.00	**_ Secativos preparados.**			
3211.00.01	Para la impresión de billetes de banco, cuando se importe por el Banco de México.	Kg	Ex	Ex
3211.00.99	Los demás.	Kg	Ex	Ex
32.12	**Pigmentos (incluidos el polvo y escamillas metálicos) dispersos en medios no acuosos, líquidos o en pasta, de los tipos utilizados para la fabricación de pinturas; hojas para el marcado a fuego; tintes y demás materias colorantes presentados en formas o en envases para la venta al por menor.**			
3212.10	**_ Hojas para el marcado a fuego.**			
3212.10.01	Hojas para el marcado a fuego.	Kg	Ex	Ex
3212.90	**_ Los demás.**			
3212.90.01	Pastas a base de pigmentos de aluminio, molidos, mezclados íntimamente en un medio, no hojeables ("non-leafing"), utilizadas para la fabricación de pinturas.	Kg	Ex	Ex
3212.90.02	Pastas a base de pigmentos de aluminio, molidos, mezclados íntimamente en un medio, hojeables ("leafing"), utilizadas para la fabricación de pinturas.	Kg	Ex	Ex
3212.90.99	Los demás.	Kg	Ex	Ex
32.13	**Colores para la pintura artística, la enseñanza, la pintura de carteles, para matizar o para entretenimiento y colores similares, en pastillas, tubos, botes, frascos o en formas o envases similares.**			
3213.10	**_ Colores en surtidos.**			
3213.10.01	Colores en surtidos.	Kg	Ex	Ex
3213.90	**_ Los demás.**			
3213.90.99	Los demás.	Kg	10	Ex
32.14	**Masilla, cementos de resina y demás mástiques; plastes (enduidos) utilizados en pintura; plastes (enduidos) no refractarios de los tipos utilizados en albañilería.**			
3214.10	**_ Masilla, cementos de resina y demás mástiques; plastes (enduidos) utilizados en pintura.**			
3214.10.01	Masilla, cementos de resina y demás mástiques, excepto lo comprendido en la fracción 3214.10.02; plastes (enduidos) utilizados en pintura.	Kg	4	Ex
3214.10.02	Sellador para soldaduras por puntos.	Kg	5	Ex

3214.90	**. Los demás.**			
3214.90.99	Los demás.	Kg	4	Ex
32.15	**Tintas de imprimir, tintas de escribir o de dibujar y demás tintas, incluso concentradas o sólidas.**			
	. Tintas de imprimir:			
3215.11	**.. Negras.**			
3215.11.01	Para litografía o mimeógrafo.	Kg	Ex	Ex
3215.11.02	Presentadas en "cartuchos intercambiables" para "inyección de tinta", utilizados en las máquinas comprendidas en las subpartidas 8443.31 a 8443.39.	Kg	Ex	Ex
3215.11.99	Las demás.	Kg	Ex	Ex
3215.19	**.. Las demás.**			
3215.19.01	Para la impresión de billetes de banco, cuando se importen por el Banco de México.	Kg	Ex	Ex
3215.19.02	Para litografía u offset.	Kg	5	Ex
3215.19.03	Presentadas en "cartuchos intercambiables" para "inyección de tinta", utilizados en las máquinas comprendidas en las subpartidas 8443.31 a 8443.39.	Kg	Ex	Ex
3215.19.99	Los demás.	Kg	Ex	Ex
3215.90	**. Las demás.**			
3215.90.01	De escribir.	Kg	Ex	Ex
3215.90.02	Tintas a base de mezclas de parafinas o grasas con materias colorantes.	Kg	5	Ex
3215.90.03	Pastas a base de gelatina.	Kg	5	Ex
3215.90.99	Las demás.	Kg	Ex	Ex

Capítulo 33
Aceites esenciales y resinoides; preparaciones de perfumería, de tocador o de cosmética

Notas.
1. Este Capítulo no comprende:
   a) las oleorresinas naturales o extractos vegetales de las partidas 13.01 ó 13.02;
   b) el jabón y demás productos de la partida 34.01;
   c) las esencias de trementina, de madera de pino o de pasta celulósica al sulfato y demás productos de la partida 38.05.
2. En la partida 33.02, se entiende por *sustancias odoríferas* únicamente las sustancias de la partida 33.01, los ingredientes odoríferos extraídos de estas sustancias y los productos aromáticos sintéticos.
3. Las partidas 33.03 a 33.07 se aplican, entre otros, a los productos, incluso sin mezclar (excepto los destilados acuosos aromáticos y las disoluciones acuosas de aceites esenciales), aptos para ser utilizados como productos de dichas partidas y acondicionados para la venta al por menor para tales usos.
4. En la partida 33.07, se consideran *preparaciones de perfumería, de tocador o de cosmética*, entre otros, los siguientes productos: las bolsitas con partes de plantas aromáticas; las preparaciones odoríferas que actúan por combustión; los papeles perfumados y los papeles impregnados o recubiertos de cosméticos; las disoluciones para lentes de contacto o para ojos artificiales; la guata, fieltro y tela sin tejer, impregnados, recubiertos o revestidos de perfume o de cosméticos; las preparaciones de tocador para animales.

Código		Descripción	Unid de Med	Arancel (%)	
				IMP.	EXP.
33.01		**Aceites esenciales (desterpenados o no), incluidos los "concretos" o "absolutos"; resinoides; oleorresinas de extracción; disoluciones concentradas de aceites esenciales en grasas, aceites fijos, ceras o materias análogas, obtenidas por enflorado o maceración; subproductos terpénicos residuales de la desterpenación de los aceites esenciales; destilados acuosos aromáticos y disoluciones acuosas de aceites esenciales.**			
		. Aceites esenciales de agrios (cítricos):			
3301.12		**.. De naranja.**			
3301.12.01		De naranja.	Kg	Ex	Ex
3301.13		**.. De limón.**			
3301.13.01		De la variedad Citrus limon-L Burm.	Kg	Ex	Ex
3301.13.99		Los demás.	Kg	Ex	Ex
3301.19		**.. Los demás.**			
3301.19.01		De toronja.	Kg	5	Ex
3301.19.02		De mandarina.	Kg	5	Ex
3301.19.03		De bergamota.	Kg	Ex	Ex
3301.19.04		De lima, de la variedad Citrus limettoides Tan.	Kg	5	Ex
3301.19.05		De lima, de la variedad Citrus aurantifolia-Christmann Swingle (limón "mexicano").	Kg	5	Ex
3301.19.06		De lima, excepto lo comprendido en las fracciones 3301.19.04 y 3301.19.05	Kg	Ex	Ex

3301.19.99	Los demás.	Kg	Ex	Ex
	. Aceites esenciales, excepto los de agrios (cítricos):			
3301.24	**.. De menta piperita (Mentha piperita).**			
3301.24.01	De menta piperita (Mentha piperita).	Kg	Ex	Ex
3301.25	**.. De las demás mentas.**			
3301.25.99	De las demás mentas.	Kg	Ex	Ex
3301.29	**.. Los demás.**			
3301.29.01	De hojas de canelo de Ceilán.	Kg	Ex	Ex
3301.29.02	De eucalipto o de nuez moscada.	Kg	Ex	Ex
3301.29.03	De citronela.	Kg	Ex	Ex
3301.29.04	De geranio.	Kg	Ex	Ex
3301.29.05	De jazmín.	Kg	Ex	Ex
3301.29.06	De lavanda (espliego) o de lavandín.	Kg	Ex	Ex
3301.29.07	De espicanardo ("vetiver").	Kg	Ex	Ex
3301.29.99	Los demás.	Kg	Ex	Ex
3301.30	**. Resinoides.**			
3301.30.01	Resinoides.	Kg	Ex	Ex
3301.90	**. Los demás.**			
3301.90.01	Oleorresinas de extracción, excepto las comprendidas en la fracción 3301.90.06.	Kg	Ex	Ex
3301.90.02	Terpenos de cedro.	Kg	Ex	Ex
3301.90.03	Terpenos de toronja.	Kg	Ex	Ex
3301.90.04	Aguas destiladas aromáticas y soluciones acuosas de aceites esenciales.	Kg	15	Ex
3301.90.05	Alcoholados, extractos o tinturas derivados de la raíz de Rawolfia heterophila que contenga el alcaloide llamado reserpina.	Kg	Ex	Ex
3301.90.06	Oleorresinas de extracción, de opio.	Kg	Ex	Ex
3301.90.99	Los demás.	Kg	10	Ex
33.02	**Mezclas de sustancias odoríferas y mezclas (incluidas las disoluciones alcohólicas) a base de una o varias de estas sustancias, de los tipos utilizados como materias básicas para la industria; las demás preparaciones a base de sustancias odoríferas, de los tipos utilizados para la elaboración de bebidas.**			
3302.10	**. De los tipos utilizados en las industrias alimentarias o de bebidas.**			
3302.10.01	Extractos y concentrados de los tipos utilizados en la elaboración de bebidas que contengan alcohol, a base de sustancias odoríferas.	L	Ex	Ex
3302.10.02	Las demás preparaciones de los tipos utilizados en la elaboración de bebidas que contengan alcohol, a base de sustancias odoríferas.	L	15	Ex
3302.10.99	Los demás.	Kg	10	Ex
3302.90	**. Las demás.**			
3302.90.99	Las demás.	Kg	5	Ex
33.03	**Perfumes y aguas de tocador.**			
3303.00	**. Perfumes y aguas de tocador.**			
3303.00.01	Aguas de tocador.	L	15	Ex
3303.00.99	Los demás.	L	10	Ex
33.04	**Preparaciones de belleza, maquillaje y para el cuidado de la piel, excepto los medicamentos, incluidas las preparaciones antisolares y las bronceadoras; preparaciones para manicuras o pedicuros.**			
3304.10	**. Preparaciones para el maquillaje de los labios.**			
3304.10.01	Preparaciones para el maquillaje de los labios.	Kg	10	Ex
3304.20	**. Preparaciones para el maquillaje de los ojos.**			
3304.20.01	Preparaciones para el maquillaje de los ojos.	Kg	10	Ex
3304.30	**. Preparaciones para manicuras o pedicuros.**			
3304.30.01	Preparaciones para manicuras y pedicuros.	Kg	10	Ex
	. Las demás:			
3304.91	**.. Polvos, incluidos los compactos.**			
3304.91.01	Polvos, incluidos los compactos.	Kg	10	Ex
3304.99	**.. Las demás.**			
3304.99.01	Leches cutáneas.	Kg	15	Ex
3304.99.99	Las demás.	Kg	10	Ex
33.05	**Preparaciones capilares.**			
3305.10	**. Champúes.**			
3305.10.01	Champúes.	Kg	10	Ex
3305.20	**. Preparaciones para ondulación o desrizado permanentes.**			
3305.20.01	Preparaciones para ondulación o desrizado permanentes.	Kg	10	Ex
3305.30	**. Lacas para el cabello.**			
3305.30.01	Lacas para el cabello.	Kg	10	Ex
3305.90	**. Las demás.**			
3305.90.99	Las demás.	Kg	10	Ex

33.06	Preparaciones para higiene bucal o dental, incluidos los polvos y cremas para la adherencia de las dentaduras; hilo utilizado para limpieza de los espacios interdentales (hilo dental), en envases individuales para la venta al por menor.			
3306.10	. Dentífricos.			
3306.10.01	Dentífricos.	Kg	10	Ex
3306.20	. Hilo utilizado para limpieza de los espacios interdentales (hilo dental).			
3306.20.01	De filamento de nailon.	Kg	10	Ex
3306.20.99	Los demás.	Kg	10	Ex
3306.90	. Los demás.			
3306.90.99	Los demás.	Kg	10	Ex
33.07	Preparaciones para afeitar o para antes o después del afeitado, desodorantes corporales, preparaciones para el baño, depilatorios y demás preparaciones de perfumería, de tocador o de cosmética, no expresadas ni comprendidas en otra parte; preparaciones desodorantes de locales, incluso sin perfumar, aunque tengan propiedades desinfectantes.			
3307.10	. Preparaciones para afeitar o para antes o después del afeitado.			
3307.10.01	Preparaciones para afeitar o para antes o después del afeitado.	Kg	10	Ex
3307.20	. Desodorantes corporales y antitraspirantes.			
3307.20.01	Desodorantes corporales y antitraspirantes.	Kg	10	Ex
3307.30	. Sales perfumadas y demás preparaciones para el baño.			
3307.30.01	Sales perfumadas y demás preparaciones para el baño.	Kg	10	Ex
	. Preparaciones para perfumar o desodorizar locales, incluidas las preparaciones odoríferas para ceremonias religiosas:			
3307.41	.. "Agarbatti" y demás preparaciones odoríferas que actúan por combustión.			
3307.41.01	"Agarbatti" y demás preparaciones odoríferas que actúan por combustión.	Kg	10	Ex
3307.49	.. Las demás.			
3307.49.99	Las demás.	Kg	10	Ex
3307.90	. Los demás.			
3307.90.99	Los demás.	Kg	10	Ex

Capítulo 34
Jabón, agentes de superficie orgánicos, preparaciones para lavar, preparaciones lubricantes, ceras artificiales, ceras preparadas, productos de limpieza, velas y artículos similares, pastas para modelar, "ceras para odontología" y preparaciones para odontología a base de yeso fraguable

Notas.
1. Este Capítulo no comprende:
   a) las mezclas o preparaciones alimenticias de grasas o de aceites, animales o vegetales, de los tipos utilizados como preparaciones de desmoldeo (partida 15.17);
   b) los compuestos aislados de constitución química definida;
   c) los champúes, dentífricos, cremas y espumas de afeitar y las preparaciones para el baño, que contengan jabón u otros agentes de superficie orgánicos (partidas 33.05, 33.06 ó 33.07).
2. En la partida 34.01, el término *jabón* sólo se aplica al soluble en agua. El jabón y demás productos de esta partida pueden llevar añadidas otras sustancias (por ejemplo: desinfectantes, polvos abrasivos, cargas, productos medicamentosos). Sin embargo, los que contengan abrasivos sólo se clasifican en esta partida si se presentan en barras, panes, trozos o piezas troqueladas o moldeadas. Si se presentan en otras formas, se clasifican en la partida 34.05 como pastas y polvos de fregar y preparaciones similares.
3. En la partida 34.02, los *agentes de superficie orgánicos* son productos que, al mezclarlos con agua a una concentración del 0.5% a 20°C y dejarlos en reposo durante una hora a la misma temperatura:
   a) producen un líquido transparente o traslúcido o una emulsión estable sin separación de la materia insoluble; y
   b) reducen la tensión superficial del agua a un valor inferior o igual a $4.5 \times 10\text{-}2$ N/m (45 dinas/cm).
4. La expresión *aceites de petróleo o de mineral bituminoso* empleada en el texto de la partida 34.03 se refiere a los productos definidos en la Nota 2 del Capítulo 27.
5. Salvo las exclusiones indicadas más adelante, la expresión *ceras artificiales y ceras preparadas* empleada en la partida 34.04 sólo se aplica:
   a) a los productos que presenten las características de ceras obtenidos por procedimiento químico, incluso los solubles en agua;
   b) a los productos obtenidos mezclando diferentes ceras entre sí;
   c) a los productos a base de ceras o parafinas que presenten las características de ceras y contengan, además, grasas, resinas, minerales u otras materias.
   Por el contrario, la partida 34.04, no comprende:
   a) los productos de las partidas 15.16, 34.02 ó 38.23, incluso si presentan las características de ceras;
   b) las ceras animales sin mezclar y las ceras vegetales sin mezclar, incluso refinadas o coloreadas, de la partida 15.21;
   c) las ceras minerales y productos similares de la partida 27.12, incluso mezclados entre sí o simplemente coloreados;
   d) las ceras mezcladas, dispersas o disueltas en un medio líquido (partidas 34.05, 38.09, etc.).

Código		Descripción	Unid de Med	Arancel (%)	
				IMP.	EXP.
34.01		Jabón; productos y preparaciones orgánicos tensoactivos usados como jabón, en barras, panes, trozos o piezas troqueladas o moldeadas, aunque contengan jabón; productos y preparaciones orgánicos tensoactivos para el lavado de la piel, líquidos o en crema, acondicionados para la venta al por menor, aunque contengan jabón; papel, guata, fieltro y tela sin tejer, impregnados, recubiertos o revestidos de jabón o de detergentes.			
	-	Jabón, productos y preparaciones orgánicos tensoactivos, en barras, panes, trozos o piezas troqueladas o moldeadas, y papel, guata, fieltro y tela sin tejer, impregnados, recubiertos o revestidos de jabón o de detergentes:			
3401.11	- -	De tocador (incluso los medicinales).			
3401.11.01		De tocador (incluso los medicinales).	Kg	15	Ex
3401.19	- -	Los demás.			
3401.19.99		Los demás.	Kg	15	Ex
3401.20	-	Jabón en otras formas.			
3401.20.01		Jabón en otras formas.	Kg	15	Ex
3401.30	-	Productos y preparaciones orgánicos tensoactivos para el lavado de la piel, líquidos o en crema, acondicionados para la venta al por menor, aunque contengan jabón.			
3401.30.01		Productos y preparaciones orgánicos tensoactivos para el lavado de la piel, líquidos o en crema, acondicionados para la venta al por menor, aunque contengan jabón.	Kg	10	Ex
34.02		Agentes de superficie orgánicos (excepto el jabón); preparaciones tensoactivas, preparaciones para lavar (incluidas las preparaciones auxiliares de lavado) y preparaciones de limpieza, aunque contengan jabón, excepto las de la partida 34.01.			
	-	Agentes de superficie orgánicos, incluso acondicionados para la venta al por menor:			
3402.11	- -	Aniónicos.			
3402.11.01		Sulfonatos sódicos de los hidrocarburos, excepto lo comprendido en la fracción 3402.11.02.	Kg	Ex	Ex
3402.11.02		Sulfonatos sódicos de octenos y de isooctenos.	Kg	5	Ex
3402.11.03		Lauril di o tri glicoleter sulfato de sodio al 70% de sólidos.	Kg	Ex	Ex
3402.11.99		Los demás.	Kg	Ex	Ex
3402.12	- -	Catiónicos.			
3402.12.01		Amina cuaternaria de metil polietanol, en solución acuosa.	Kg	5	Ex
3402.12.02		Sales cuaternarias de amonio, provenientes de ácidos grasos.	Kg	5	Ex
3402.12.03		Dimetil amidas de los ácidos grasos del tall-oil.	Kg	Ex	Ex
3402.12.99		Los demás.	Kg	5	Ex
3402.13	- -	No iónicos.			
3402.13.01		Productos de la condensación del óxido de etileno o del óxido de propileno con alquilfenoles o alcoholes grasos.	Kg	10	Ex
3402.13.02		Polisorbato (Ésteres grasos de sorbitán polioxietilado).	Kg	10	Ex
3402.13.02		Polisorbato (Ésteres grasos de sorbitán polioxietilado).	Kg	10	Ex
3402.13.03		Poliéter Polisiloxano.	Kg	Ex	Ex
3402.13.99		Los demás.	Kg	7	Ex
3402.19	- -	Los demás.			
3402.19.99		Los demás.	Kg	5	Ex
3402.20	-	Preparaciones acondicionadas para la venta al por menor.			
3402.20.01		Preparaciones a base de N-metil-N-oleoil-taurato de sodio, oleato de sodio y cloruro de sodio.	Kg	Ex	Ex
3402.20.02		Preparación que contenga aceite de ricino, un solvente aromático y un máximo de 80% de aceite de ricino sulfonado.	Kg	Ex	Ex
3402.20.03		Preparaciones tensoactivas a base de lauril sulfato de amonio, de monoetanolamina, de trietanolamina, de potasio o de sodio; lauril éter sulfatos de amonio o sodio.	Kg	Ex	Ex
3402.20.04		Mezclas (limpiadoras, humectantes o emulsificantes) o preparaciones de productos orgánicos sulfonados, adicionadas de carbonatos, hidróxido o fosfatos de potasio o de sodio.	Kg	9	Ex
3402.20.05		Tableta limpiadora que contenga papaína estabilizada en lactosa, con clorhidrato de cisteina, edetato disódico y polietilenglicol.	Kg	Ex	Ex
3402.20.99		Los demás.	Kg	7	Ex
3402.90	-	Las demás.			
3402.90.01		Preparaciones a base de nonanoil oxibencen sulfonato.	Kg	Ex	Ex
3402.90.02		Composiciones constituidas por polialquifenol- formaldehído oxietilado y/o polioxipropileno oxietilado, aunque contengan solventes orgánicos, para la fabricación de desmulsificantes para la industria petrolera.	Kg	Ex	Ex
3402.90.99		Las demás.	Kg	4	Ex

34.03	Preparaciones lubricantes (incluidos los aceites de corte, las preparaciones para aflojar tuercas, las preparaciones antiherrumbre o anticorrosión y las preparaciones para el desmoldeo, a base de lubricantes) y preparaciones de los tipos utilizados para el ensimado de materias textiles o el aceitado o engrasado de cueros y pieles, peletería u otras materias, excepto las que contengan como componente básico una proporción de aceites de petróleo o de mineral bituminoso superior o igual al 70% en peso.			
	- Que contengan aceites de petróleo o de mineral bituminoso:			
3403.11	- - Preparaciones para el tratamiento de materias textiles, cueros y pieles, peletería u otras materias.			
3403.11.01	Preparaciones para el tratamiento de materias textiles, cueros y pieles, peletería u otras materias.	Kg	7	Ex
3403.19	- - Las demás.			
3403.19.01	Preparación a base de sulfonatos sódicos de los hidrocarburos clorados.	Kg	Ex	Ex
3403.19.99	Las demás.	Kg	4	Ex
	- Las demás:			
3403.91	- - Preparaciones para el tratamiento de materias textiles, cueros y pieles, peletería u otras materias.			
3403.91.01	Preparaciones para el tratamiento de materias textiles, cueros y pieles, peletería u otras materias.	Kg	7	Ex
3403.99	- - Las demás.			
3403.99.99	Las demás.	Kg	7	Ex
34.04	Ceras artificiales y ceras preparadas.			
3404.20	- De poli(oxietileno) (polietilenglicol).			
3404.20.01	De poli(oxietileno) (polietilenglicol).	Kg	10	Ex
3404.90	- Las demás.			
3404.90.01	Ceras polietilénicas.	Kg	5	Ex
3404.90.02	De lignito modificado químicamente.	Kg	Ex	Ex
3404.90.99	Las demás.	Kg	7	Ex
34.05	Betunes y cremas para el calzado, encáusticos, abrillantadores (lustres) para carrocerías, vidrio o metal, pastas y polvos para fregar y preparaciones similares (incluso papel, guata, fieltro, tela sin tejer, plástico o caucho celulares, impregnados, recubiertos o revestidos de estas preparaciones), excepto las ceras de la partida 34.04.			
3405.10	- Betunes, cremas y preparaciones similares para el calzado o para cueros y pieles.			
3405.10.01	Betunes, cremas y preparaciones similares para el calzado o para cueros y pieles.	Kg	Ex	Ex
3405.20	- Encáusticos y preparaciones similares para la conservación de muebles de madera, parqués u otras manufacturas de madera.			
3405.20.01	Encáusticos para pisos de madera.	Kg	15	Ex
3405.20.99	Los demás.	Kg	15	Ex
3405.30	- Abrillantadores (lustres) y preparaciones similares para carrocerías, excepto las preparaciones para lustrar metal.			
3405.30.01	Abrillantadores (lustres) y preparaciones similares para carrocerías, excepto preparaciones para lustrar metal.	Kg	15	Ex
3405.40	- Pastas, polvos y demás preparaciones para fregar.			
3405.40.01	Pastas, polvos y demás preparaciones para fregar.	Kg	15	Ex
3405.90	- Las demás.			
3405.90.01	Lustres para metal.	Kg	15	Ex
3405.90.99	Las demás.	Kg	15	Ex
34.06	Velas, cirios y artículos similares.			
3406.00	- Velas, cirios y artículos similares.			
3406.00.01	Velas, cirios y artículos similares.	Kg	20	Ex
34.07	Pastas para modelar, incluidas las presentadas para entretenimiento de los niños; preparaciones llamadas "ceras para odontología" o "compuestos para impresión dental", presentadas en juegos o surtidos, en envases para la venta al por menor o en plaquitas, herraduras, barritas o formas similares; las demás preparaciones para odontología a base de yeso fraguable.			
3407.00	- Pastas para modelar, incluidas las presentadas para entretenimiento de los niños; preparaciones llamadas "ceras para odontología" o "compuestos para impresión dental", presentadas en juegos o surtidos, en envases para la venta al por menor o en plaquitas, herraduras, barritas o formas similares; las demás preparaciones para odontología a base de yeso fraguable.			
3407.00.01	Preparaciones denominadas "ceras para odontología", a base de caucho o gutapercha.	Kg	Ex	Ex
3407.00.02	Preparaciones denominadas "ceras para odontología", excepto lo comprendido en la fracción 3407.00.01.	Kg	Ex	Ex
3407.00.03	Estuco o yeso preparado en polvo o en pasta para trabajos dentales.	Kg	Ex	Ex
3407.00.04	Conjunto para impresiones dentales, conteniendo principalmente una pasta a base de hule	Kg	Ex	Ex

o materias plásticas artificiales o sintéticas, un acelerador y un adhesivo, acondicionados para su venta al por menor.

Código		Descripción	Unid de Med	Arancel (%) IMP.	EXP.
3407.00.99		Los demás.	Kg	5	Ex

Capítulo 35
Materias albuminoideas; productos a base de almidón o de fécula modificados; colas; enzimas

Notas.

1. Este Capítulo no comprende:
   a) las levaduras (partida 21.02);
   b) las fracciones de la sangre (excepto la albúmina de la sangre sin preparar para usos terapéuticos o profilácticos), los medicamentos y demás productos del Capítulo 30;
   c) las preparaciones enzimáticas para precurtido (partida 32.02);
   d) las preparaciones enzimáticas para el lavado o prelavado y demás productos del Capítulo 34;
   e) las proteínas endurecidas (partida 39.13);
   f) los productos de las artes gráficas con soporte de gelatina (Capítulo 49).

2. El término *dextrina* empleado en la partida 35.05 se aplica a los productos de la degradación de los almidones o féculas, con un contenido de azúcares reductores, expresado en dextrosa sobre materia seca, inferior o igual al 10%.
   Los productos anteriores con un contenido de azúcares reductores superior al 10% se clasifican en la partida 17.02.

Código		Descripción	Unid de Med	Arancel (%) IMP.	EXP.
35.01		**Caseína, caseinatos y demás derivados de la caseína; colas de caseína.**			
3501.10	**-**	**Caseína.**			
3501.10.01		Caseína.	Kg	Ex	Ex
3501.90	**-**	**Los demás.**			
3501.90.01		Colas de caseína.	Kg	10	Ex
3501.90.02		Caseinatos.	Kg	Ex	Ex
3501.90.03		Carboximetil caseina, grado fotográfico, en solución.	Kg	5	Ex
3501.90.99		Los demás.	Kg	Ex	Ex
35.02		**Albúminas (incluidos los concentrados de varias proteínas del lactosuero, con un contenido de proteínas del lactosuero superior al 80% en peso, calculado sobre materia seca), albuminatos y demás derivados de las albúminas.**			
	-	**Ovoalbúmina:**			
3502.11	**- -**	**Seca.**			
3502.11.01		Seca.	Kg	Ex	Ex
3502.19	**- -**	**Las demás.**			
3502.19.99		Las demás.	Kg	Ex	Ex
3502.20	**-**	**Lactoalbúmina, incluidos los concentrados de dos o más proteínas del lactosuero.**			
3502.20.01		Lactoalbúmina, incluidos los concentrados de dos o más proteínas del lactosuero.	Kg	5	Ex
3502.90	**-**	**Los demás.**			
3502.90.99		Los demás.	Kg	5	Ex
35.03		**Gelatinas (aunque se presenten en hojas cuadradas o rectangulares, incluso trabajadas en la superficie o coloreadas) y sus derivados; ictiocola; las demás colas de origen animal, excepto las colas de caseína de la partida 35.01.**			
3503.00	**-**	**Gelatinas (aunque se presenten en hojas cuadradas o rectangulares, incluso trabajadas en la superficie o coloreadas) y sus derivados; ictiocola; las demás colas de origen animal, excepto las colas de caseína de la partida 35.01.**			
3503.00.01		Gelatina, excepto lo comprendido en las fracciones 3503.00.03 y 3503.00.04.	Kg	5	Ex
3503.00.02		Colas de huesos o de pieles.	Kg	Ex	Ex
3503.00.03		Gelatina grado fotográfico.	Kg	Ex	Ex
3503.00.04		Gelatina grado farmacéutico.	Kg	Ex	Ex
3503.00.99		Los demás.	Kg	Ex	Ex
35.04		**Peptonas y sus derivados; las demás materias proteínicas y sus derivados, no expresados ni comprendidos en otra parte; polvo de cueros y pieles, incluso tratado al cromo.**			
3504.00	**-**	**Peptonas y sus derivados; las demás materias proteínicas y sus derivados, no expresados ni comprendidos en otra parte; polvo de cueros y pieles, incluso tratado al cromo.**			
3504.00.01		Peptonas.	Kg	Ex	Ex
3504.00.02		Peptonato ferroso.	Kg	Ex	Ex
3504.00.03		Proteínas vegetales puras; proteinato de sodio, proveniente de la soja, calidad farmacéutica.	Kg	Ex	Ex
3504.00.04		Concentrado de proteínas del embrión de semilla de algodón, cuyo contenido en proteínas sea igual o superior al 50%.	Kg	Ex	Ex
3504.00.05		Queratina.	Kg	Ex	Ex

3504.00.06	Aislados de proteína de soja (soya).	Kg	Ex	Ex
3504.00.99	Los demás.	Kg	Ex	Ex
35.05	**Dextrina y demás almidones y féculas modificados (por ejemplo: almidones y féculas pregelatinizados o esterificados); colas a base de almidón, fécula, dextrina o demás almidones o féculas modificados.**			
3505.10	**. Dextrina y demás almidones y féculas modificados.**			
3505.10.01	Dextrina y demás almidones y féculas modificados.	Kg	5	Ex
3505.20	**. Colas.**			
3505.20.01	Colas.	Kg	Ex	Ex
35.06	**Colas y demás adhesivos preparados, no expresados ni comprendidos en otra parte; productos de cualquier clase utilizados como colas o adhesivos, acondicionados para la venta al por menor como colas o adhesivos, de peso neto inferior o igual a 1 kg.**			
3506.10	**. Productos de cualquier clase utilizados como colas o adhesivos, acondicionados para la venta al por menor como colas o adhesivos, de peso neto inferior o igual a 1 kg.**			
3506.10.01	Adhesivos a base de resinas plásticas.	Kg	7	Ex
3506.10.02	Adhesivos a base de dextrinas, almidones y féculas.	Kg	10	Ex
3506.10.99	Los demás.	Kg	7	Ex
	. Los demás:			
3506.91	**.. Adhesivos a base de polímeros de las partidas 39.01 a 39.13 o de caucho.**			
3506.91.01	Adhesivos anaeróbicos.	Kg	9	Ex
3506.91.02	Adhesivos a base de cianoacrilatos.	Kg	7	Ex
3506.91.03	Adhesivos termofusibles al 100% de concentrado de sólidos, a base de materias plásticas artificiales, ceras y otros componentes.	Kg	7	Ex
3506.91.04	Adhesivos a base de resinas de poliuretano, del tipo poliol, poliéster o poliéter modificados con isocianatos, con o sin cargas y pigmentos.	Kg	7	Ex
3506.91.99	Los demás.	Kg	7	Ex
3506.99	**.. Los demás.**			
3506.99.01	Pegamentos a base de nitrocelulosa.	Kg	10	Ex
3506.99.99	Los demás.	Kg	7	Ex
35.07	**Enzimas; preparaciones enzimáticas no expresadas ni comprendidas en otra parte.**			
3507.10	**. Cuajo y sus concentrados.**			
3507.10.01	Cuajo y sus concentrados.	Kg	5	Ex
3507.90	**. Las demás.**			
3507.90.01	Hialuronidasa.	Kg	Ex	Ex
3507.90.02	Papaína.	Kg	5	Ex
3507.90.03	Pepsina; tripsina; quimotripsina; invertasa; bromelina.	Kg	Ex	Ex
3507.90.04	Lisozima.	Kg	Ex	Ex
3507.90.05	Pancreatina.	Kg	Ex	Ex
3507.90.06	Diastasa de Aspergillus oryzae.	Kg	5	Ex
3507.90.07	Celulasa; peptidasas; fibrinucleasa.	Kg	Ex	Ex
3507.90.08	Amilasas; proteasas; mezcla de proteasas y amilasas.	Kg	5	Ex
3507.90.09	Preparación de enzima proteolítica obtenida por fermentación sumergida del Bacillus subtilis y/o Bacillus licheniformis.	Kg	5	Ex
3507.90.10	Preparación de enzimas pectolíticas.	Kg	Ex	Ex
3507.90.11	Mezclas de tripsina y quimotripsina, incluso con ribonucleasa.	Kg	Ex	Ex
3507.90.12	Mio-Inositol-hexafosfato-fosfohidrolasa.	Kg	Ex	Ex
3507.90.99	Las demás.	Kg	Ex	Ex

Capítulo 36
Pólvora y explosivos; artículos de pirotecnia; fósforos (cerillas); aleaciones pirofóricas; materias inflamables

Notas.

1. Este Capítulo no comprende los productos de constitución química definida presentados aisladamente, excepto los citados en las Notas 2 a) ó 2 b) siguientes.

2. En la partida 36.06, se entiende por *artículos de materias inflamables*, exclusivamente:
   a) el metaldehído, la hexametilentetramina y productos similares, en tabletas, barritas o formas análogas, que impliquen su utilización como combustibles, así como los combustibles a base de alcohol y los combustibles preparados similares, sólidos o en pasta;
   b) los combustibles líquidos y los gases combustibles licuados en recipientes de los tipos utilizados para cargar o recargar encendedores o mecheros, de capacidad inferior o igual a 300 cm^3; y
   c) las antorchas y hachos de resina, teas y similares.

Código		Descripción	Unid de Med	Arancel (%)	
				IMP.	EXP.
36.01		**Pólvora.**			
3601.00	-	**Pólvora.**			
3601.00.01		Pólvora sin humo o negra.	Kg	Ex	Ex
3601.00.99		Los demás.	Kg	5	Ex
36.02		**Explosivos preparados, excepto la pólvora.**			
3602.00	-	**Explosivos preparados, excepto la pólvora.**			
3602.00.01		Dinamita, excepto lo comprendido en la fracción 3602.00.02.	Kg	5	Ex
3602.00.02		Dinamita gelatina.	Kg	Ex	Ex
3602.00.03		Cartuchos o cápsulas microgeneradores de gas utilizados en la fabricación de cinturones de seguridad para vehículos automotores.	Pza	Ex	Ex
3602.00.99		Los demás.	Kg	5	Ex
36.03		**Mechas de seguridad; cordones detonantes; cebos y cápsulas fulminantes; inflamadores; detonadores eléctricos.**			
3603.00	-	**Mechas de seguridad; cordones detonantes; cebos y cápsulas fulminantes; inflamadores; detonadores eléctricos.**			
3603.00.01		Mechas de seguridad para minas con núcleo de pólvora negra.	Kg	5	Ex
3603.00.02		Cordones detonadores.	Kg	5	Ex
3603.00.99		Los demás.	Kg	Ex	Ex
36.04		**Artículos para fuegos artificiales, cohetes de señales o granífugos y similares, petardos y demás artículos de pirotecnia.**			
3604.10	-	**Artículos para fuegos artificiales.**			
3604.10.01		Artículos para fuegos artificiales.	Kg	15	Ex
3604.90	-	**Los demás.**			
3604.90.01		Los demás.	Kg	15	Ex
36.05		**Fósforos (cerillas), excepto los artículos de pirotecnia de la partida 36.04.**			
3605.00	-	**Fósforos (cerillas), excepto los artículos de pirotecnia de la partida 36.04.**			
3605.00.01		Fósforos (cerillas), excepto los artículos de pirotecnia de la partida 36.04.	Kg	15	Ex
36.06		**Ferrocerio y demás aleaciones pirofóricas en cualquier forma; artículos de materias inflamables a que se refiere la Nota 2 de este Capítulo.**			
3606.10	-	**Combustibles líquidos y gases combustibles licuados en recipientes de los tipos utilizados para cargar o recargar encendedores o mecheros, de capacidad inferior o igual a 300 cm3.**			
3606.10.01		Combustibles líquidos y gases combustibles licuados en recipientes de los tipos utilizados para cargar o recargar encendedores o mecheros, de capacidad inferior o igual a 300 cm3.	Kg	5	Ex
3606.90	-	**Los demás.**			
3606.90.01		Combustibles sólidos a base de alcohol.	Kg	15	Ex
3606.90.02		Ferrocerio y otras aleaciones pirofóricas, cualquiera que sea su forma de presentación.	Kg	Ex	Ex
3606.90.99		Los demás.	Kg	10	Ex

Capítulo 37
Productos fotográficos o cinematográficos

Notas.
1. Este Capítulo no comprende los desperdicios ni los materiales de desecho.
2. En este Capítulo, el término *fotográfico* se refiere al procedimiento mediante el cual se forman imágenes visibles sobre superficies fotosensibles, directa o indirectamente, por la acción de la luz o de otras formas de radiación.

Código		Descripción	Unid de Med	Arancel (%)	
				IMP.	EXP.
37.01		**Placas y películas planas, fotográficas, sensibilizadas, sin impresionar, excepto las de papel, cartón o textiles; películas fotográficas planas autorrevelables, sensibilizadas, sin impresionar, incluso en cargadores.**			
3701.10	-	**Para rayos X.**			
3701.10.01		Placas fotográficas para radiografías, excepto lo comprendido en la fracción 3701.10.02.	Kg	5	Ex
3701.10.02		Placas fotográficas para radiografías, de uso dental.	Kg	Ex	Ex
3701.10.99		Los demás.	Kg	5	Ex
3701.20	-	**Películas autorrevelables.**			
3701.20.01		Películas autorrevelables.	Kg	5	Ex
3701.30	-	**Las demás placas y películas planas en las que por lo menos un lado sea superior a 255 mm.**			
3701.30.01		Las demás placas y películas planas en las que por lo menos un lado sea superior a 255 mm.	Kg	Ex	Ex

- Las demás:

3701.91 .. **Para fotografía en colores (policroma).**

3701.91.01	Para fotografía en colores (policroma).	Kg	10	Ex

3701.99 .. **Las demás.**

3701.99.01	Placas secas para fotografía.	Kg	5	Ex
3701.99.02	Chapas de aluminio recubiertas con materiales sensibles a la luz o tratadas, para fotolitografía (offset).	Kg	Ex	Ex
3701.99.03	Películas sensibilizadas de polietileno con base de papel para utilizarse como negativos en fotolitografía (offset).	Kg	Ex	Ex
3701.99.04	Chapas sensibilizadas litoplanográficas trimetálicas para fotolitografía (offset).	Kg	5	Ex
3701.99.05	Planchas litográficas fotopolímeras.	Kg	Ex	Ex
3701.99.99	Las demás.	Kg	Ex	Ex

37.02 **Películas fotográficas en rollos, sensibilizadas, sin impresionar, excepto las de papel, cartón o textiles; películas fotográficas autorrevelables en rollos, sensibilizadas, sin impresionar.**

3702.10 - **Para rayos X.**

3702.10.01	En rollos maestros para radiografías, con peso unitario superior o igual a 100 Kg.	Kg	Ex	Ex
3702.10.99	Las demás.	Kg	5	Ex

- Las demás películas, sin perforar, de anchura inferior o igual a 105 mm:

3702.31 .. **Para fotografía en colores (policroma).**

3702.31.01	Películas autorrevelables.	Kg	10	Ex
3702.31.99	Las demás.	Kg	10	Ex

3702.32 .. **Las demás, con emulsión de halogenuros de plata.**

3702.32.01	Películas autorrevelables.	Kg	10	Ex
3702.32.99	Las demás.	Kg	5	Ex

3702.39 .. **Las demás.**

3702.39.01	Películas fotopolimerizables.	Kg	Ex	Ex
3702.39.99	Las demás.	Kg	Ex	Ex

- Las demás películas, sin perforar, de anchura superior a 105 mm:

3702.41 .. **De anchura superior a 610 mm y longitud superior a 200 m, para fotografía en colores (policroma).**

3702.41.01	En rollos maestros, para cinematógrafos o exposiciones fotográficas, sin movimiento, con peso unitario igual o superior a 100 Kg.	Kg	Ex	Ex
3702.41.99	Las demás.	Kg	5	Ex

3702.42 .. **De anchura superior a 610 mm y longitud superior a 200 m, excepto para fotografía en colores.**

3702.42.01	En rollos maestros, para exposiciones fotográficas, no perforadas, de uso en las artes gráficas, con peso unitario igual o superior a 100 Kg.	Kg	Ex	Ex
3702.42.02	En rollos maestros, para cinematógrafos o exposiciones fotográficas, sin movimiento, con peso unitario igual o superior a 100 Kg.	Kg	Ex	Ex
3702.42.99	Las demás.	Kg	5	Ex

3702.43 .. **De anchura superior a 610 mm y de longitud inferior o igual a 200 m.**

3702.43.01	De anchura superior a 610 mm y de longitud inferior o igual a 200 m.	Kg	5	Ex

3702.44 .. **De anchura superior a 105 mm pero inferior o igual a 610 mm.**

3702.44.01	Películas autorrevelables.	Kg	10	Ex
3702.44.99	Las demás.	Kg	5	Ex

- Las demás películas para fotografía en colores (policroma):

3702.52 .. **De anchura inferior o igual a 16 mm.**

3702.52.01	De anchura inferior o igual a 16 mm.	Kg	5	Ex

3702.53 .. **De anchura superior a 16 mm pero inferior o igual a 35 mm y longitud inferior o igual a 30 m, para diapositivas.**

3702.53.01	De anchura superior a 16 mm pero inferior o igual a 35 mm y longitud inferior o igual a 30 m, para diapositivas.	Kg	5	Ex

3702.54 .. **De anchura superior a 16 mm pero inferior o igual a 35 mm y longitud inferior o igual a 30 m, excepto para diapositivas.**

3702.54.01	De anchura superior a 16 mm, pero inferior o igual a 35 mm y longitud inferior o igual a 30 m, excepto para diapositivas.	Kg	Ex	Ex

3702.55 .. **De anchura superior a 16 mm pero inferior o igual a 35 mm y longitud superior a 30 m.**

3702.55.01	De anchura superior a 16 mm, pero inferior o igual a 35 mm y longitud superior a 30 m.	Kg	Ex	Ex

3702.56 .. **De anchura superior a 35 mm.**

3702.56.01	De anchura superior a 35 mm.	Kg	5	Ex

- Las demás:

3702.96 .. **De anchura inferior o igual a 35 mm y longitud inferior o igual a 30 m.**

3702.96.01	De anchura inferior o igual a 35 mm y longitud inferior o igual a 30 m.	Kg	5	Ex

3702.97 .. **De anchura inferior o igual a 35 mm y longitud superior a 30 m.**

3702.97.01	De anchura inferior o igual a 35 mm y longitud superior a 30 m.	Kg	5	Ex

3702.98	**. .**	**De anchura superior a 35 mm.**		
3702.98.01		De anchura superior a 35 mm.	Kg	5	Ex
37.03		**Papel, cartón y textiles, fotográficos, sensibilizados, sin impresionar.**			
3703.10	**.**	**En rollos de anchura superior a 610 mm.**			
3703.10.01		En rollos maestros, para exposiciones fotográficas no perforadas, de uso en las artes gráficas, con un peso unitario superior o igual a 60 Kg.	Kg	Ex	Ex
3703.10.99		Los demás.	Kg	Ex	Ex
3703.20	**.**	**Los demás, para fotografía en colores (policroma).**			
3703.20.01		Papeles para fotografía.	Kg	Ex	Ex
3703.20.99		Los demás.	Kg	5	Ex
3703.90	**.**	**Los demás.**			
3703.90.01		Papel positivo a base de óxido de cinc y colorante estabilizador.	Kg	Ex	Ex
3703.90.02		Papeles para fotografía.	Kg	Ex	Ex
3703.90.03		Papel para heliografía, excepto al ferrocianuro.	Kg	Ex	Ex
3703.90.99		Los demás.	Kg	10	Ex
37.04		**Placas, películas, papel, cartón y textiles, fotográficos, impresionados pero sin revelar.**			
3704.00	**.**	**Placas, películas, papel, cartón y textiles, fotográficos, impresionados pero sin revelar.**			
3704.00.01		Placas, películas, papel, cartón y textiles, fotográficos, impresionados pero sin revelar.	Kg	5	Ex
37.05		**Placas y películas, fotográficas, impresionadas y reveladas, excepto las cinematográficas (filmes).**			
3705.10	**.**	**Para la reproducción offset.**			
3705.10.01		Placas y películas ortocromáticas reveladas, para la impresión de periódicos, libros, fascículos, revistas, material didáctico o colecciones.	Kg	Ex	Ex
3705.10.99		Las demás.	Kg	5	Ex
3705.90	**.**	**Las demás.**			
3705.90.01		Películas fotográficas en rollos, con anchura de 35 mm, sin sonido, con reproducción de documentos, de textos o de ilustraciones, técnicas o científicas, para enseñanza o con fines culturales, reconocibles como concebidas exclusivamente para instituciones de educación o similares.	Kg	5	Ex
3705.90.02		Microfilmes.	Kg	Ex	Ex
3705.90.99		Las demás.	Kg	10	Ex
37.06		**Películas cinematográficas (filmes), impresionadas y reveladas, con registro de sonido o sin él, o con registro de sonido solamente.**			
3706.10	**.**	**De anchura superior o igual a 35 mm.**			
3706.10.01		Positivas.	Kg	10	Ex
3706.10.02		Negativas, incluso las denominadas internegativas o "master".	Kg	5	Ex
3706.90	**.**	**Las demás.**			
3706.90.01		Películas cinematográficas educativas, aun cuando tengan impresión directa de sonido.	Kg	5	Ex
3706.90.99		Las demás.	Kg	10	Ex
37.07		**Preparaciones químicas para uso fotográfico, excepto los barnices, colas, adhesivos y preparaciones similares; productos sin mezclar para uso fotográfico, dosificados o acondicionados para la venta al por menor listos para su empleo.**			
3707.10	**.**	**Emulsiones para sensibilizar superficies.**			
3707.10.01		Emulsiones para sensibilizar superficies.	Kg	Ex	Ex
3707.90	**.**	**Los demás.**			
3707.90.01		"Toner" en polvo para formar imágenes por medio de descargas electromagnéticas y calor, para uso en cartuchos para impresoras o fotocopiadoras.	Kg	Ex	Ex
3707.90.99		Los demás.	Kg	Ex	Ex

Capítulo 38
Productos diversos de las industrias químicas

Notas.

1. Este Capítulo no comprende:
   - **a)** los productos de constitución química definida presentados aisladamente, excepto los siguientes:
     1) el grafito artificial (partida 38.01);
     2) los insecticidas, raticidas y demás antirroedores, fungicidas, herbicidas, inhibidores de germinación y reguladores del crecimiento de las plantas, desinfectantes y productos similares, presentados en las formas o envases previstos en la partida 38.08;
     3) los productos extintores presentados como cargas para aparatos extintores o en granadas o bombas extintoras (partida 38.13);

4) los materiales de referencia certificados especificados en la Nota 2 siguiente;

5) los productos citados en las Notas 3 a) ó 3 c) siguientes;

b) las mezclas de productos químicos con sustancias alimenticias u otras que tengan valor nutritivo, de los tipos utilizados en la preparación de alimentos para consumo humano (partida 21.06, generalmente);

c) las escorias, cenizas y residuos (incluidos los lodos, excepto los lodos de depuración), que contengan metal, arsénico o sus mezclas y cumplan las condiciones de las Notas 3 a) ó 3 b) del Capítulo 26 (partida 26.20);

d) los medicamentos (partidas 30.03 ó 30.04);

e) los catalizadores agotados de los tipos utilizados para la extracción de metal común o para la fabricación de compuestos químicos a base de metal común (partida 26.20), los catalizadores agotados de los tipos utilizados principalmente para la recuperación de metal precioso (partida 71.12), así como los catalizadores constituidos por metales o aleaciones metálicas que se presenten, por ejemplo, en forma de polvo muy fino o de tela metálica (Secciones XIV o XV).

2. A) En la partida 38.22, se entiende por *material de referencia certificado* el material de referencia que está acompañado por un certificado que indica los valores de las propiedades certificadas y los métodos utilizados para determinar estos valores, así como el grado de certeza asociado a cada valor, el cual es apto para ser utilizado con fines de análisis, calibración o referencia.

    B) Con excepción de los productos de los Capítulos 28 ó 29, para la clasificación del material de referencia certificado, la partida 38.22 tiene prioridad sobre cualquier otra partida de la Nomenclatura.

3. Se clasifican en la partida 38.24 y no en otra de la Nomenclatura:

    a) los cristales cultivados (excepto los elementos de óptica) de óxido de magnesio o de sales halogenadas de los metales alcalinos o alcalinotérreos, de peso unitario superior o igual a 2.5 g;

    b) los aceites de fusel; el aceite de Dippel;

    c) los productos borradores de tinta acondicionados en envases para la venta al por menor;

    d) los productos para la corrección de clisés de mimeógrafo ("stencils"), los demás correctores líquidos y las cintas correctoras (excepto las de la partida 96.12), acondicionados en envases para la venta al por menor;

    e) los indicadores cerámicos fusibles para el control de la temperatura de los hornos (por ejemplo, conos de Seger).

4. En la Nomenclatura, se entiende por *desechos y desperdicios municipales* los recolectados de viviendas particulares, hoteles, restaurantes, hospitales, almacenes, oficinas, etcétera y los recogidos en calzadas y aceras, así como los desechos de material de construcción y los escombros de demolición. Estos desechos y desperdicios generalmente contienen una gran variedad de materias, tales como plástico, caucho, madera, papel, textil, vidrio, metal, productos alimenticios, muebles rotos y demás artículos deteriorados o descartados. Sin embargo, la expresión *desechos y desperdicios municipales* no comprende:

    a) las materias o artículos que han sido separados de estos desechos como, por ejemplo: los desechos de plástico, caucho, madera, papel, textiles, vidrio o metal y las baterías usadas, que siguen su propio régimen;

    b) los desechos industriales;

    c) los desechos farmacéuticos, tal como se definen en la Nota 4 k) del Capítulo 30;

    d) los desechos clínicos, tal como se definen en la Nota 6 a) siguiente.

5. En la partida 38.25, se entiende por *lodos de depuración*, los lodos procedentes de las plantas de depuración de los efluentes urbanos incluidos los desechos de pretratamiento, los desechos de la limpieza y los lodos no estabilizados. Se excluyen los lodos estabilizados aptos para ser utilizados como abono (Capítulo 31).

6. En la partida 38.25, la expresión *los demás desechos* comprende:

    a) los desechos clínicos, es decir, desechos contaminados procedentes de investigaciones médicas, análisis, tratamientos o demás procedimientos médicos, quirúrgicos, odontológicos o veterinarios, los que frecuentemente contienen sustancias patógenas o farmacéuticas y requieren de procedimientos especiales de destrucción (por ejemplo: apósitos, guantes o jeringas, usados);

    b) los desechos de disolventes orgánicos;

    c) los desechos de soluciones decapantes, fluidos hidráulicos, líquidos para frenos y líquidos anticongelantes;

    d) los demás desechos de la industria química o de las industrias conexas.

    Sin embargo, la expresión *los demás desechos* no comprende los desechos que contengan principalmente aceites de petróleo o de mineral bituminoso (partida 27.10).

7. En la partida 38.26, el término "*biodiésel*" designa a los ésteres monoalquílicos de ácidos grasos de los tipos utilizados como carburantes o combustibles, derivados de grasas y aceites animales o vegetales, incluso usados.

Notas de subpartida.

1. La subpartida 3808.50 comprende únicamente los productos de la partida 38.08 que contengan una o más de las sustancias siguientes: aldrina (ISO); binapacril (ISO); canfecloro (ISO) (toxafeno); captafol (ISO); clordano (ISO); clordimeform (ISO); clorobencilato (ISO); compuestos de mercurio; compuestos de tributilestaño; DDT (ISO) (clofenotano (DCI), 1,1,1-tricloro-2,2-bis(*p*-clorofenil)etano); dibromuro de etileno (ISO) (1,2-dibromoetano); dicloruro de etileno (ISO) (1,2-dicloroetano); dieldrina (ISO, DCI); 4,6-dinitro-*o*-cresol (DNOC (ISO)) o sus sales; dinoseb (ISO), sus sales o sus ésteres; fluoroacetamida (ISO); fosfamidón (ISO); heptacloro (ISO); hexaclorobenceno (ISO); 1,2,3,4,5,6-hexaclorociclohexano (HCH (ISO)), incluido el lindano (ISO, DCI); metamidofos (ISO); monocrotofos (ISO); oxirano (óxido de etileno); paratión (ISO); paratión-metilo (ISO) (metil paratión); pentaclorofenol (ISO), sus sales o sus ésteres; 2,4,5-T (ISO) (ácido 2,4,5-triclorofenoxiacético), sus sales o sus ésteres.

    La subpartida 3808.50 comprende también las preparaciones en polvo que contengan una mezcla de benomilo (ISO), de carbofurano (ISO) y de thiram (ISO).

2. En las subpartidas 3825.41 y 3825.49, se entenderá por *desechos de disolventes orgánicos*, los desechos que contengan principalmente disolventes orgánicos impropios para su utilización inicial, aunque no se destinen a la recuperación de éstos.

Código	Descripción	Unid de Med	Arancel (%) IMP.	Arancel (%) EXP.
38.01	**Grafito artificial; grafito coloidal o semicoloidal; preparaciones a base de grafito u otros carbonos, en pasta, bloques, plaquitas u otras semimanufacturas.**			
3801.10	**- Grafito artificial.**			
3801.10.01	Barras o bloques.	Kg	5	Ex
3801.10.99	Los demás.	Kg	Ex	Ex
3801.20	**- Grafito coloidal o semicoloidal.**			
3801.20.01	Grafito coloidal o semicoloidal.	Kg	Ex	Ex
3801.30	**- Pastas carbonosas para electrodos y pastas similares para el revestimiento interior de hornos.**			
3801.30.01	Preparación refractaria que contenga básicamente coque, grafito, brea o alquitrán.	Kg	Ex	Ex
3801.30.99	Los demás.	Kg	Ex	Ex
3801.90	**- Las demás.**			
3801.90.01	Monofilamentos constituidos por grafito soportado en fibra de vidrio, aun cuando se presenten formando mechas.	Kg	5	Ex
3801.90.02	Mezclas para sinterizado, con un contenido igual o superior a 60% de grafito.	Kg	Ex	Ex
3801.90.03	Placas rectangulares de carbón, grafito o de mezcla con estos materiales con aleación de metales comunes, siempre y cuando sus dimensiones sean inferiores o iguales a 30 cm utilizadas en la fabricación de escobillas, excepto los electrodos de carbón para lámparas.	Kg	Ex	Ex
3801.90.04	A base de antracita aglomerada, con brea y/o alquitrán de hulla, aun cuando contenga coque.	Kg	Ex	Ex
3801.90.99	Las demás.	Kg	Ex	Ex
38.02	**Carbón activado; materias minerales naturales activadas; negro de origen animal, incluido el agotado.**			
3802.10	**- Carbón activado.**			
3802.10.01	Carbón activado.	Kg	7	Ex
3802.90	**- Los demás.**			
3802.90.01	Arcilla activada, excepto lo comprendido en la fracción 3802.90.02.	Kg	10	Ex
3802.90.02	Tierras de fuller, activadas.	Kg	10	Ex
3802.90.03	Negro de marfil.	Kg	Ex	Ex
3802.90.04	Negro de huesos.	Kg	Ex	Ex
3802.90.05	Negro de origen animal, excepto lo comprendido en las fracciones 3802.90.03 y 3802.90.04.	Kg	Ex	Ex
3802.90.99	Los demás.	Kg	Ex	Ex
38.03	**"Tall oil", incluso refinado.**			
3803.00	**- "Tall oil", incluso refinado.**			
3803.00.01	"Tall oil", incluso refinado.	Kg	Ex	Ex
38.04	**Lejías residuales de la fabricación de pastas de celulosa, aunque estén concentradas, desazucaradas o tratadas químicamente, incluidos los lignosulfonatos, excepto el "tall oil" de la partida 38.03.**			
3804.00	**- Lejías residuales de la fabricación de pastas de celulosa, aunque estén concentradas, desazucaradas o tratadas químicamente, incluidos los lignosulfonatos, excepto el "tall oil" de la partida 38.03.**			
3804.00.01	Lignosulfonatos cromados o sin cromar de calcio, sodio o potasio.	Kg	Ex	Ex
3804.00.99	Los demás.	Kg	Ex	Ex
38.05	**Esencias de trementina, de madera de pino o de pasta celulósica al sulfato (sulfato de trementina) y demás esencias terpénicas procedentes de la destilación o de otros tratamientos de la madera de coníferas; dipenteno en bruto; esencia de pasta celulósica al bisulfito (bisulfito de trementina) y demás paracimenos en bruto; aceite de pino con alfa-terpineol como componente principal.**			
3805.10	**- Esencias de trementina, de madera de pino o de pasta celulósica al sulfato (sulfato de trementina).**			
3805.10.01	Esencia de trementina.	L	Ex	Ex
3805.10.99	Los demás.	L	Ex	Ex
3805.90	**- Los demás.**			
3805.90.01	Aceite de pino.	L	5	Ex
3805.90.99	Los demás.	Kg	Ex	Ex
38.06	**Colofonias y ácidos resínicos, y sus derivados; esencia y aceites de colofonia; gomas fundidas.**			
3806.10	**- Colofonias y ácidos resínicos.**			
3806.10.01	Colofonias.	Kg	Ex	Ex
3806.10.99	Los demás.	Kg	5	Ex
3806.20	**- Sales de colofonias, de ácidos resínicos o de derivados de colofonias o de ácidos resínicos, excepto las sales de aductos de colofonias.**			
3806.20.01	Sales de colofonias, de ácidos resínicos o de derivados de colofonias o de ácidos resínicos, excepto las sales de aductos de colofonias.	Kg	10	Ex

3806.30	**.**	**Gomas éster.**		
3806.30.01		Hidroabietato de pentaeritritol.	Kg	5	Ex
3806.30.02		Resinas esterificadas de colofonias.	Kg	5	Ex
3806.30.99		Los demás.	Kg	5	Ex
3806.90	**.**	**Los demás.**		
3806.90.01		Mezcla de alcohol tetrahidroabietílico, alcohol dihidroabietílico y alcohol dehidroabietílico.	Kg	5	Ex
3806.90.99		Los demás.	Kg	10	Ex
38.07		**Alquitranes de madera; aceites de alquitrán de madera; creosota de madera; metileno (nafta de madera); pez vegetal; pez de cervecería y preparaciones similares a base de colofonia, de ácidos resínicos o de pez vegetal.**		
3807.00	**.**	**Alquitranes de madera; aceites de alquitrán de madera; creosota de madera; metileno (nafta de madera); pez vegetal; pez de cervecería y preparaciones similares a base de colofonia, de ácidos resínicos o de pez vegetal.**		
3807.00.01		Alquitranes de madera; aceites de alquitrán de madera; creosota de madera; metileno (nafta de madera); pez vegetal; pez de cervecería y preparaciones similares a base de colofonia, de ácidos resínicos o de pez vegetal.	Kg	Ex	Ex
38.08		**Insecticidas, raticidas y demás antirroedores, fungicidas, herbicidas, inhibidores de germinación y reguladores del crecimiento de las plantas, desinfectantes y productos similares, presentados en formas o en envases para la venta al por menor, o como preparaciones o artículos tales como cintas, mechas y velas, azufradas, y papeles matamoscas.**		
3808.50	**.**	**Productos mencionados en la Nota 1 de subpartida de este Capítulo.**		
3808.50.01		Productos mencionados en la Nota 1 de subpartida de este Capítulo.	Kg	Ex	Ex
	.	**Los demás:**		
3808.91	**..**	**Insecticidas.**		
3808.91.01		Formulados a base de: oxamil; aldicarb; Bacillus thuringiensis.	Kg	Ex	Ex
3808.91.02		Preparación fumigante a base de fosfuro de aluminio en polvo a granel.	Kg	Ex	Ex
3808.91.03		A base de crisantemato de bencil furil-metilo.	Kg	Ex	Ex
3808.91.99		Los demás.	Kg	Ex	Ex
3808.92	**..**	**Fungicidas.**		
3808.92.01		Formulados a base de: carboxin; dinocap; dodemorf; acetato de fentin; fosetil Al; iprodiona; kasugamicina, propiconazol; vinclozolin.	Kg	Ex	Ex
3808.92.02		Etilen bis ditiocarbamato de manganeso con ión de cinc (Mancozeb).	Kg	Ex	Ex
3808.92.99		Los demás.	Kg	Ex	Ex
3808.93	**..**	**Herbicidas, inhibidores de germinación y reguladores del crecimiento de las plantas.**		
3808.93.01		Herbicidas, excepto lo comprendido en la fracción 3808.93.03.	Kg	Ex	Ex
3808.93.02		Reguladores de crecimiento vegetal.	Kg	Ex	Ex
3808.93.03		Herbicidas formulados a base de: acifluorfen; barban; setoxidin; dalapon; difenamida; etidimuron; hexazinona; linuron; tidiazuron.	Kg	Ex	Ex
3808.93.99		Los demás.	Kg	Ex	Ex
3808.94	**..**	**Desinfectantes.**		
3808.94.01		Poli (dicloruro de oxietileno-(dimetilamonio)- etileno-(dimetilamonio)-etileno), en solución acuosa.	Kg	Ex	Ex
3808.94.02		Formulados a base de isotiazolinona y sus derivados.	Kg	Ex	Ex
3808.94.99		Los demás.	Kg	5	Ex
3808.99	**..**	**Los demás.**		
3808.99.01		Acaricidas, excepto lo comprendido en la fracción 3808.99.02.	Kg	Ex	Ex
3808.99.02		Acaricidas a base de: cihexatin; propargite.	Kg	Ex	Ex
3808.99.99		Los demás.	Kg	Ex	Ex
38.09		**Aprestos y productos de acabado, aceleradores de tintura o de fijación de materias colorantes y demás productos y preparaciones (por ejemplo: aprestos y mordientes), de los tipos utilizados en la industria textil, del papel, del cuero o industrias similares, no expresados ni comprendidos en otra parte.**		
3809.10	**.**	**A base de materias amiláceas.**		
3809.10.01		A base de materias amiláceas.	Kg	5	Ex
	.	**Los demás:**		
3809.91	**..**	**De los tipos utilizados en la industria textil o industrias similares.**		
3809.91.01		Preparaciones suavizantes de telas a base de aminas cuaternarias, acondicionadas para la venta al por menor.	Kg	7	Ex
3809.91.99		Los demás.	Kg	7	Ex
3809.92	**..**	**De los tipos utilizados en la industria del papel o industrias similares.**		
3809.92.01		Preparaciones de polietileno con cera, con el 40% o más de sólidos, con una viscosidad de 200 a 250 centipoises a 25°C, y con un pH de 7.0 a 8.5.	Kg	5	Ex
3809.92.02		Preparación constituida por fibrilas de polipropileno y pasta de celulosa, en placas.	Kg	Ex	Ex
3809.92.03		Dímero ceténico de ácidos grasos monocarboxílicos.	Kg	10	Ex
3809.92.99		Los demás.	Kg	10	Ex
3809.93	**..**	**De los tipos utilizados en la industria del cuero o industrias similares.**		
3809.93.01		De los tipos utilizados en la industria del cuero o industrias similares.	Kg	7	Ex

38.10	**Preparaciones para el decapado de metal; flujos y demás preparaciones auxiliares para soldar metal; pastas y polvos para soldar, constituidos por metal y otros productos; preparaciones de los tipos utilizados para recubrir o rellenar electrodos o varillas de soldadura.**			
3810.10	**. Preparaciones para el decapado de metal; pastas y polvos para soldar, constituidos por metal y otros productos.**			
3810.10.01	Preparaciones para el decapado de metal; pastas y polvos para soldar, constituidos por metal y otros productos.	Kg	4	Ex
3810.90	**. Los demás.**			
3810.90.01	Fundentes para soldadura, usados en el proceso de arco sumergido, en forma de gránulos o pellets, a base de silicato y óxidos metálicos.	Kg	Ex	Ex
3810.90.99	Los demás.	Kg	Ex	Ex
38.11	**Preparaciones antidetonantes, inhibidores de oxidación, aditivos peptizantes, mejoradores de viscosidad, anticorrosivos y demás aditivos preparados para aceites minerales (incluida la gasolina) u otros líquidos utilizados para los mismos fines que los aceites minerales.**			
	. Preparaciones antidetonantes:			
3811.11	**.. A base de compuestos de plomo.**			
3811.11.01	Preparaciones antidetonantes para carburantes, a base de tetraetilo de plomo.	Kg	Ex	Ex
3811.11.99	Los demás.	Kg	Ex	Ex
3811.19	**.. Las demás.**			
3811.19.99	Los demás.	Kg	Ex	Ex
	. Aditivos para aceites lubricantes:			
3811.21	**.. Que contengan aceites de petróleo o de mineral bituminoso.**			
3811.21.01	Sulfonatos y/o fenatos de calcio de los hidrocarburos y sus derivados.	Kg	5	Ex
3811.21.02	Derivados de ácido y/o anhídrido poliisobutenil succínico, incluyendo amida, imida o ésteres.	Kg	5	Ex
3811.21.03	Ditiofosfato de cinc disubstituidos con radicales de C3 a C18, y sus derivados.	Kg	5	Ex
3811.21.04	Mezclas a base de poliisobutileno o diisobutileno sulfurizados.	Kg	Ex	Ex
3811.21.05	Mezclas a base de ácido dodecilsuccínico y dodecil succinato de alquilo.	Kg	Ex	Ex
3811.21.06	Sales de O,O-dihexil ditiofosfato de alquilaminas primarias con radicales alquilo de C10 a C14.	Kg	Ex	Ex
3811.21.07	Aditivos para aceites lubricantes cuando se presenten a granel, excepto lo comprendido en las fracciones 3811.21.01, 3811.21.02, 3811.21.03, 3811.21.04, 3811.21.05 y 3811.21.06.	Kg	5	Ex
3811.21.99	Los demás.	L	15	Ex
3811.29	**.. Los demás.**			
3811.29.01	A base de sulfonatos y/o fenatos de calcio de los hidrocarburos y sus derivados.	Kg	5	Ex
3811.29.02	Derivados de ácido y/o anhídrido poliisobutenil succínico, incluyendo amida, imida o ésteres.	Kg	5	Ex
3811.29.03	Ditiofosfato de cinc disubstituidos con radicales de C3 a C18, y sus derivados.	Kg	5	Ex
3811.29.04	Mezclas a base de poliisobutileno o diisobutileno sulfurizados.	Kg	Ex	Ex
3811.29.05	Mezclas a base de ácido dodecilsuccínico y dodecil succinato de alquilo.	Kg	Ex	Ex
3811.29.06	Sales de O,O-dihexil ditiofosfato de alquilaminas primarias con radicales alquilo de C10 a C14.	Kg	Ex	Ex
3811.29.99	Los demás.	Kg	5	Ex
3811.90	**. Los demás.**			
3811.90.01	Aditivos para combustóleo a base de óxido de magnesio; aditivos para combustóleo a base	Kg	Ex	Ex
3811.90.99	Los demás.	Kg	5	Ex
38.12	**Aceleradores de vulcanización preparados; plastificantes compuestos para caucho o plástico, no expresados ni comprendidos en otra parte; preparaciones antioxidantes y demás estabilizantes compuestos para caucho o plástico.**			
3812.10	**. Aceleradores de vulcanización preparados.**			
3812.10.01	Aceleradores de vulcanización preparados.	Kg	4	Ex
3812.20	**. Plastificantes compuestos para caucho o plástico.**			
3812.20.01	Plastificantes compuestos para caucho o plástico.	Kg	5	Ex
3812.30	**. Preparaciones antioxidantes y demás estabilizantes compuestos para caucho o plástico.**			
3812.30.01	Estabilizantes para compuestos plásticos vinílicos, a base de estaño, plomo, calcio, bario, cinc y/o cadmio.	Kg	7	Ex
3812.30.02	Mezcla antiozonante a base de o-tolil-o-anilina-p-fenilen-diamina, difenil-p-fenilendiamina y di-o-tolil-p-fenilendiamina.	Kg	5	Ex
3812.30.03	Mezcla de nitrilos de ácidos grasos.	Kg	Ex	Ex
3812.30.04	2,2,4-Trimetil-1,2-dihidro-quinolina polimerizada.	Kg	Ex	Ex
3812.30.05	Poli ((6-((1,1,3,3 tetrametil butil)-imino)-1,3,5-triazina-2,4-diil)(2-(2,2,6,6-tetrametil-piperidil)-imino)-hexametilén- (4-(2,2,6,6-tetrametil-piperidil)-imino)).	Kg	Ex	Ex
3812.30.99	Los demás.	Kg	7	Ex

38.13	Preparaciones y cargas para aparatos extintores; granadas y bombas extintoras.			
3813.00 .	Preparaciones y cargas para aparatos extintores; granadas y bombas extintoras.			
3813.00.01	Preparaciones y cargas para aparatos extintores; granadas y bombas extintoras.	Kg	5	Ex
38.14	Disolventes y diluyentes orgánicos compuestos, no expresados ni comprendidos en otra parte; preparaciones para quitar pinturas o barnices.			
3814.00 .	Disolventes y diluyentes orgánicos compuestos, no expresados ni comprendidos en otra parte; preparaciones para quitar pinturas o barnices.			
3814.00.01	Disolventes y diluyentes orgánicos compuestos, no expresados ni comprendidos en otras partidas; preparaciones para quitar pinturas o barnices.	Kg	7	Ex
38.15	Iniciadores y aceleradores de reacción y preparaciones catalíticas, no expresados ni comprendidos en otra parte.			
.	Catalizadores sobre soporte:			
3815.11 ..	Con níquel o sus compuestos como sustancia activa.			
3815.11.01	A base de níquel Raney, de óxido de níquel disperso en ácidos grasos.	Kg	Ex	Ex
3815.11.02	A base de níquel, disperso en grasa y tierra de diatomaceas.	Kg	Ex	Ex
3815.11.99	Los demás.	Kg	Ex	Ex
3815.12 ..	Con metal precioso o sus compuestos como sustancia activa.			
3815.12.01	A base de sulfuro de platino soportado sobre carbón.	Kg	Ex	Ex
3815.12.02	A base de paladio aun cuando contenga carbón activado.	Kg	Ex	Ex
3815.12.99	Los demás.	Kg	Ex	Ex
3815.19 ..	Los demás.			
3815.19.01	A base de pentóxido de vanadio.	Kg	10	Ex
3815.19.99	Los demás.	Kg	Ex	Ex
3815.90 .	Los demás.			
3815.90.01	Iniciadores para preparación de siliconas.	Kg	Ex	Ex
3815.90.02	Iniciadores de polimerización a base de peróxidos o peroxidicarbonatos orgánicos.	Kg	5	Ex
3815.90.03	Catalizadores preparados.	Kg	Ex	Ex
3815.90.99	Los demás.	Kg	Ex	Ex
38.16	Cementos, morteros, hormigones y preparaciones similares, refractarios, excepto los productos de la partida 38.01.			
3816.00 .	Cementos, morteros, hormigones y preparaciones similares, refractarios, excepto los productos de la partida 38.01.			
3816.00.01	De cromo o cromita o cromomagnesita calcinada o magnesita calcinada.	Kg	Ex	Ex
3816.00.02	Mortero refractario, a base de dióxido de silicio, óxido de aluminio y óxido de calcio.	Kg	5	Ex
3816.00.03	Mortero o cemento refractario de cyanita, andalucita, silimanita o mullita.	Kg	Ex	Ex
3816.00.04	De óxido de circonio o silicato de circonio, aun cuando contenga alúmina o mullita.	Kg	Ex	Ex
3816.00.05	Mortero o cemento refractario, con contenido igual o superior a 90% de óxido de aluminio.	Kg	Ex	Ex
3816.00.06	Compuestos de 44% a 46% de arenas silíceas, 24% a 26% de carbono y 29% a 31% de carburo de silicio.	Kg	5	Ex
3816.00.07	A base de dolomita calcinada, aun cuando contenga magnesita calcinada.	Kg	5	Ex
3816.00.99	Los demás.	Kg	Ex	Ex
38.17	Mezclas de alquilbencenos y mezclas de alquilnaftalenos, excepto las de las partidas 27.07 ó 29.02.			
3817.00 .	Mezclas de alquilbencenos y mezclas de alquilnaftalenos, excepto las de las partidas 27.07 o 29.02.			
3817.00.01	Mezcla a base de dodecilbenceno.	Kg	Ex	Ex
3817.00.02	Mezcla de dialquilbencenos.	Kg	Ex	Ex
3817.00.03	Alquilbenceno lineal (LAB).	Kg	Ex	Ex
3817.00.04	Mezclas de alquilnaftalenos.	Kg	5	Ex
3817.00.99	Los demás.	Kg	5	Ex
38.18	Elementos químicos dopados para uso en electrónica, en discos, obleas ("wafers") o formas análogas; compuestos químicos dopados para uso en electrónica.			
3818.00 .	Elementos químicos dopados para uso en electrónica, en discos, obleas ("wafers") o formas análogas; compuestos químicos dopados para uso en electrónica.			
3818.00.01	Elementos químicos dopados para uso en electrónica, en discos, obleas ("wafers") o formas análogas; compuestos químicos dopados para uso en electrónica.	Kg	Ex	Ex
38.19	Líquidos para frenos hidráulicos y demás líquidos preparados para transmisiones hidráulicas, sin aceites de petróleo ni de mineral bituminoso o con un contenido inferior al 70% en peso de dichos aceites.			
3819.00 .	Líquidos para frenos hidráulicos y demás líquidos preparados para transmisiones hidráulicas, sin aceites de petróleo ni de mineral bituminoso o con un contenido inferior al 70% en peso de dichos aceites.			
3819.00.01	Líquidos para frenos hidráulicos, presentados para la venta al por menor.	L	9	Ex
3819.00.02	Líquidos para frenos hidráulicos, a base de alcoholes y aceites fijos, excepto los presentados para la venta al por menor.	L	9	Ex
3819.00.03	Líquidos para transmisiones hidráulicas a base de ésteres fosfóricos o hidrocarburos clorados y aceites minerales.	L	5	Ex
3819.00.99	Los demás.	L	7	Ex

38.20	**Preparaciones anticongelantes y líquidos preparados para descongelar.**			
3820.00	**-**	**Preparaciones anticongelantes y líquidos preparados para descongelar.**		
3820.00.01	Preparaciones anticongelantes y líquidos preparados para descongelar.	L	7	Ex
38.21	**Medios de cultivo preparados para el desarrollo o mantenimiento de microorganismos (incluidos los virus y organismos similares) o de células vegetales, humanas o animales.**			
3821.00	**-**	**Medios de cultivo preparados para el desarrollo o mantenimiento de microorganismos (incluidos los virus y organismos similares) o de células vegetales, humanas o animales.**		
3821.00.01	Medios de cultivo preparados para el desarrollo o mantenimiento de microorganismos (incluidos los virus y organismos similares) o de células vegetales, humanas o animales.	Kg	5	Ex
38.22	**Reactivos de diagnóstico o de laboratorio sobre cualquier soporte y reactivos de diagnóstico o de laboratorio preparados, incluso sobre soporte, excepto los de las partidas 30.02 ó 30.06; materiales de referencia certificados.**			
3822.00	**-**	**Reactivos de diagnóstico o de laboratorio sobre cualquier soporte y reactivos de diagnóstico o de laboratorio preparados, incluso sobre soporte, excepto los de las partidas 30.02 o 30.06; materiales de referencia certificados.**		
3822.00.01	Placas, hojas, láminas, hojas o tiras, de plástico, impregnadas o recubiertas con reactivos para diagnóstico o laboratorio.	Kg	5	Ex
3822.00.02	Tabletas medio reactivo no acondicionadas para su venta al por menor.	Kg	5	Ex
3822.00.03	Placas, hojas, láminas, hojas o tiras, de papel, impregnadas o recubiertas con reactivos para diagnóstico o laboratorio.	Kg	Ex	Ex
3822.00.04	Juegos o surtidos de reactivos de diagnóstico, para las determinaciones en el laboratorio de química clínica, excepto lo comprendido en las fracciones 3822.00.01 y 3822.00.03.	Kg	5	Ex
3822.00.05	Juegos o surtidos de reactivos de diagnósticos, para las determinaciones en el laboratorio de hematología.	Kg	Ex	Ex
3822.00.99	Los demás.	Kg	5	Ex
38.23	**Ácidos grasos monocarboxílicos industriales; aceites ácidos del refinado; alcoholes grasos industriales.**			
	-	**Ácidos grasos monocarboxílicos industriales; aceites ácidos del refinado:**		
3823.11	**- -**	**Ácido esteárico.**		
3823.11.01	Ácido esteárico.	Kg	Ex	Ex
3823.12	**- -**	**Ácido oleico.**		
3823.12.01	Ácido oléico (Oleína), excepto lo comprendido en la fracción 3823.12.02.	Kg	Ex	Ex
3823.12.02	Ácido oléico, cuyas características sean "Titer" menor de 25°C índice de yodo de 80 a 100; color Gardner 12 máximo, índice de acidez de 195 a 204, índice de saponificación de 197 a 206, composición de ácido oléico 70% mínimo.	Kg	Ex	Ex
3823.13	**- -**	**Ácidos grasos del "tall oil".**		
3823.13.01	Ácidos grasos del "tall oil".	Kg	Ex	Ex
3823.19	**- -**	**Los demás.**		
3823.19.01	Aceites ácidos del refinado.	Kg	Ex	Ex
3823.19.02	Ácido graso cuyas características sean: "Titer" de 52 a 69°C, índice de yodo 12 máximo, color Gardner 3.5 máximo, índice de acidez de 193 a 211, índice de saponificación de 195 a 212, composición: ácido palmítico 55% y ácido esteárico 35% mínimo.	Kg	Ex	Ex
3823.19.03	Ácido palmítico, cuyas características sean: "Titer" de 53 a 62°C, índice de yodo 2 máximo, color Gardner de 1 a 12, índice de acidez de 206 a 220, índice de saponificación de 207 a 221, composición de ácido palmítico de 64% mínimo.	Kg	5	Ex
3823.19.99	Los demás.	Kg	Ex	Ex
3823.70	**-**	**Alcoholes grasos industriales.**		
3823.70.01	Alcohol laurílico.	L	Ex	Ex
3823.70.99	Los demás.	L	Ex	Ex
38.24	**Preparaciones aglutinantes para moldes o núcleos de fundición; productos químicos y preparaciones de la industria química o de las industrias conexas (incluidas las mezclas de productos naturales), no expresados ni comprendidos en otra parte.**			
3824.10	**-**	**Preparaciones aglutinantes para moldes o núcleos de fundición.**		
3824.10.01	Preparaciones aglutinantes para moldes o núcleos de fundición.	Kg	Ex	Ex
3824.30	**-**	**Carburos metálicos sin aglomerar mezclados entre sí o con aglutinantes metálicos.**		
3824.30.01	Mezclas de polvos de carburo de tungsteno con uno o varios de los siguientes compuestos y/o elementos: carburo de tantalio, carburo de titanio, cobalto, níquel, molibdeno, cromo o colombio; aun cuando contengan parafina.	Kg	Ex	Ex
3824.30.99	Los demás.	Kg	Ex	Ex
3824.40	**-**	**Aditivos preparados para cementos, morteros u hormigones.**		
3824.40.01	Para cemento.	Kg	10	Ex
3824.40.99	Los demás.	Kg	Ex	Ex
3824.50	**-**	**Morteros y hormigones, no refractarios.**		
3824.50.01	Preparaciones a base de hierro molido, arena silícea y cemento hidráulico.	Kg	5	Ex
3824.50.02	Mezclas de arena de circonio, arena silícea y resina.	Kg	Ex	Ex
3824.50.03	Aglutinantes vitrificadores o ligas cerámicas.	Kg	Ex	Ex
3824.50.99	Los demás.	Kg	10	Ex

3824.60	**.**	**Sorbitol, excepto el de la subpartida 2905.44.**			
3824.60.01		Sorbitol, excepto el de la subpartida 2905.44.	Kg	5	Ex
	.	**Mezclas que contengan derivados halogenados de metano, etano o propano:**			
3824.71	**..**	**Que contengan clorofluorocarburos (CFC), incluso con hidroclorofluorocarburos (HCFC), perfluorocarburos (PFC) o hidrofluorocarburos (HFC).**			
3824.71.01		Que contengan clorofluorocarburos (CFC), incluso con hidroclorofluorocarburos (HCFC), perfluorocarburos (PFC) o hidrofluorocarburos (HFC).	Kg	Ex	Ex
3824.72	**..**	**Que contengan bromoclorodifluorometano, bromotrifluorometano o dibromotetrafluoroetanos.**			
3824.72.01		Que contengan bromoclorodifluorometano, bromotrifluorometano o dibromotetrafluoroetanos.	Kg	Ex	Ex
3824.73	**..**	**Que contengan hidrobromofluorocarburos (HBFC).**			
3824.73.01		Que contengan hidrobromofluorocarburos (HBFC).	Kg	Ex	Ex
3824.74	**..**	**Que contengan hidroclorofluorocarburos (HCFC), incluso con perfluorocarburos (PFC) o hidrofluorocarburos (HFC), pero que no contengan clorofluorocarburos (CFC).**			
3824.74.01		Que contengan hidroclorofluorocarburos (HCFC), incluso con perfluorocarburos (PFC) o hidrofluorocarburos (HFC), pero que no contengan clorofluorocarburos (CFC).	Kg	Ex	Ex
3824.75	**..**	**Que contengan tetracloruro de carbono.**			
3824.75.01		Que contengan tetracloruro de carbono.	Kg	Ex	Ex
3824.76	**..**	**Que contengan 1,1,1-tricloroetano (metilcloroformo).**			
3824.76.01		Que contengan 1,1,1-tricloroetano (metilcloroformo).	Kg	Ex	Ex
3824.77	**..**	**Que contengan bromometano (bromuro de metilo) o bromoclorometano.**			
3824.77.01		Que contengan bromometano (bromuro de metilo) o bromoclorometano.	Kg	Ex	Ex
3824.78	**..**	**Que contengan perfluorocarburos (PFC) o hidrofluorocarburos (HFC), pero que no contengan clorofluorocarburos (CFC) o hidroclorofluorocarburos (HCFC).**			
3824.78.01		Que contengan perfluorocarburos (PFC) o hidrofluorocarburos (HFC), pero que no contengan clorofluorocarburos (CFC) o hidroclorofluorocarburos (HCFC).	Kg	Ex	Ex
3824.79	**..**	**Las demás.**			
3824.79.99		Las demás.	Kg	Ex	Ex
	.	**Mezclas y preparaciones que contengan oxirano (óxido de etileno), bifenilos polibromados (PBB), bifenilos policlorados (PCB), terfenilos policlorados (PCT) o fosfato de tris(2,3-dibromopropilo):**			
3824.81	**..**	**Que contengan oxirano (óxido de etileno).**			
3824.81.01		Que contengan oxirano (óxido de etileno).	Kg	Ex	Ex
3824.82	**..**	**Que contengan bifenilos policlorados (PCB), terfenilos policlorados (PCT) o bifenilos polibromados (PBB).**			
3824.82.01		Que contengan bifenilos policlorados (PCB), terfenilos policlorados (PCT) o bifenilos polibromados (PBB).	Kg	Ex	Ex
3824.83	**..**	**Que contengan fosfato de tris(2,3-dibromopropilo).**			
3824.83.01		Que contengan fosfato de tris(2,3-dibromopropilo).	Kg	Ex	Ex
3824.90	**.**	**Los demás.**			
3824.90.01		Preparaciones borra tinta.	Kg	7	Ex
3824.90.02		Composiciones a base de materias vegetales para desincrustar calderas.	Kg	Ex	Ex
3824.90.03		Desincrustantes para calderas, a base de materias minerales, aun cuando contengan productos orgánicos.	Kg	Ex	Ex
3824.90.04		Blanqueadores para harina a base de peróxido de benzoilo y fosfato de calcio.	Kg	5	Ex
3824.90.05		Polisebacato de propilenglicol.	Kg	5	Ex
3824.90.06		Soluciones anticoagulantes para sangre humana en envases iguales o menores a 500 cm3.	Kg	Ex	Ex
3824.90.07		Preparaciones para impedir que resbalen las poleas.	Kg	5	Ex
3824.90.08		Aceites minerales sulfonados, insolubles en agua.	Kg	Ex	Ex
3824.90.09		Indicadores de temperatura por fusión.	Kg	Ex	Ex
3824.90.10		Conservadores de forrajes a base de formiato de calcio y nitrato de sodio.	Kg	Ex	Ex
3824.90.11		Mezclas a base de poliéter-alcohol alifático.	Kg	Ex	Ex
3824.90.12		Cloroparafinas.	Kg	5	Ex
3824.90.13		Composiciones a base de materias minerales para el sellado y limpieza de radiadores.	Kg	Ex	Ex
3824.90.14		Sulfato de manganeso, con un contenido inferior o igual al 25% de otros sulfatos.	Kg	Ex	Ex
3824.90.15		Composiciones a base de materias vegetales para sellado y limpieza de radiadores.	Kg	5	Ex
3824.90.16		Mezclas de fosfato de cresilo y derivados sulfurados.	Kg	Ex	Ex
3824.90.17		Ácidos grasos dimerizados.	Kg	5	Ex
3824.90.18		Polvo desecado proveniente de la fermentación bacteriana, conteniendo de 30 a 45% de kanamicina.	Kg	Ex	Ex
3824.90.19		Mezclas a base de compuestos cíclicos polimetil siloxánicos, con 60% máximo de alfa, omega-dihidroxi-dimetil polisiloxano.	Kg	Ex	Ex
3824.90.20		Mezcla de difenilo y óxido de difenilo.	Kg	Ex	Ex
3824.90.21		N-Alquiltrimetilendiamina, donde el radical alquilo sea de 8 a 22 átomos de carbono.	Kg	5	Ex
3824.90.22		Sílice en solución coloidal.	Kg	Ex	Ex
3824.90.23		Pentaclorotiofenol con aditivos de efecto activador y dispersante.	Kg	Ex	Ex
3824.90.24		Mezcla a base de carbonato de sodio, hipofosfato de sodio, y cloruro de calcio.	Kg	5	Ex

3824.90.25	Mezclas de N,N-dimetil-alquilaminas o N,N- dialquil-metilaminas.	Kg	Ex	Ex
3824.90.26	Mezcla de éteres monoalílicos de mono-,di-, y trimetilolfenoles.	Kg	Ex	Ex
3824.90.27	Preparación en polvo, a base de silicatos y sulfatos, para trabajo de joyería.	Kg	5	Ex
3824.90.28	Mezcla de 27 a 29% de ácidos resínicos de la colofonía, 56 a 58% de compuestos fenólicos de alto peso molecular, tales como flobafenos e hidroxometoxiestilbeno, y 14 a 16% de "compuestos neutros" formados por cera, terpenos polimerizados y dimetoxiestilbeno.	Kg	Ex	Ex
3824.90.29	Pasta de coque de petróleo con azufre.	Kg	Ex	Ex
3824.90.30	1,1,1-Tri(4-metil-3-isocianfenilcarbamoilmetil) propano, en acetato de etilo.	Kg	Ex	Ex
3824.90.31	4,4,4'-Triisocianato de trifenilmetano, en 20% de cloruro de metileno.	Kg	Ex	Ex
3824.90.32	N,N,N'-Tri(isocianhexametilen) carbamilurea con una concentración superior al 50%, en disolventes orgánicos.	Kg	Ex	Ex
3824.90.33	Mezcla a base de dos o más siliciuros.	Kg	Ex	Ex
3824.90.34	Preparación antiincrustante o desincrustante del concreto.	Kg	5	Ex
3824.90.35	Preparación a base de carbón activado y óxido de cobre.	Kg	Ex	Ex
3824.90.36	Preparaciones a base de éster del ácido anísico halogenado disolventes y emulsificantes.	Kg	5	Ex
3824.90.37	Preparación a base de vermiculita y turba, con o sin perlita.	Kg	Ex	Ex
3824.90.38	Preparación a base de alúmina, silicatos y carbonatos alcalinos y carbono.	Kg	Ex	Ex
3824.90.39	Preparación a base de 45% a 53% de cloruro de magnesio y cloruro de potasio, cloruro de bario, fluoruro de calcio y óxido de magnesio.	Kg	5	Ex
3824.90.40	Preparaciones para detectar fallas en materiales, incluso los polvos magnetizables coloreados.	Kg	Ex	Ex
3824.90.41	Cartuchos con preparados químicos que al reaccionar producen luz fría.	Kg	Ex	Ex
3824.90.42	Mezcla que contenga principalmente sal sódica de la hexametilenimina y tiocloroformato de S-etilo.	Kg	5	Ex
3824.90.43	Mezcla de alquil-amina, donde el radical alquilo sea de 16 a 22 átomos de carbono.	Kg	Ex	Ex
3824.90.44	Aglutinantes vitrificadores o ligas cerámicas.	Kg	Ex	Ex
3824.90.45	Mezcla a base de politetrafluoroetileno y sílica gel.	Kg	Ex	Ex
3824.90.46	Residuales provenientes de la fermentación de clorotetraciclina cuyo contenido máximo sea de 30%	Kg	Ex	Ex
3824.90.47	Residuales provenientes de la fermentación de estreptomicina cuyo contenido máximo sea de 30%	Kg	Ex	Ex
3824.90.48	Preparación para producir niebla artificial ("Humo líquido").	Kg	Ex	Ex
3824.90.49	Anhídrido poliisobutenil succínico, diluido en aceite mineral.	Kg	Ex	Ex
3824.90.50	Monooleato de glicerol adicionado de estearato de sorbitan etoxilado.	Kg	Ex	Ex
3824.90.51	Mezclas de ésteres dimetílicos de los ácidos adípico, glutárico y succínico.	Kg	Ex	Ex
3824.90.52	Mezclas de N,N-dimetilamidas de ácidos grasos de aceite de soya.	Kg	Ex	Ex
3824.90.53	Dialquenil hidrógeno fosfito con radicales alquenilos de 12 a 20 átomos de carbono.	Kg	Ex	Ex
3824.90.54	Resinas de guayaco, modificada con sustancias nitrogenadas.	Kg	Ex	Ex
3824.90.55	Metilato de sodio al 25% en metanol.	Kg	Ex	Ex
3824.90.56	Preparaciones endurecedoras o agentes curantes para resinas epóxicas a base de mercaptanos o de mezclas de poliamidas con resinas epóxicas o 4,4'-isopropilidendifenol.	Kg	Ex	Ex
3824.90.57	Sal orgánica compuesta por silicatos de arcillas bentónicas o modificados con compuestos cuaternarios de amonio.	Kg	5	Ex
3824.90.58	Mezcla de mono, di y triglicéridos de ácidos saturados de longitud de cadena C12 a C18.	Kg	Ex	Ex
3824.90.59	Mezclas orgánicas, extractantes a base de dodecilsalicilaldoxima, con alcohol tridecílico y keroseno.	Kg	Ex	Ex
3824.90.60	Sólidos de fermentación de la nistatina.	Kg	Ex	Ex
3824.90.61	Ácidos bencensulfónicos mono o polisubstituidos por radicales alquilo de C10 a C28.	Kg	Ex	Ex
3824.90.62	Mezcla de alcoholes conteniendo, en promedio, isobutanol 61%, n-pentanol 24%, metil-2-butanol 12% y metil-3-butanol 1-3%.	Kg	Ex	Ex
3824.90.63	Mezcla de polietilen poliaminas conteniendo de 32 a 38% de nitrógeno.	Kg	Ex	Ex
3824.90.64	Mezclas de poliésteres derivados de benzotriazol.	Kg	Ex	Ex
3824.90.65	Mezcla de ceras de polietileno, parafina y dioctil estanato ditioglicólico, en resina fenólica y estearato de calcio como vehículos.	Kg	Ex	Ex
3824.90.66	Mezcla de alcoholato de sodio y alcohol alifático polivalente.	Kg	Ex	Ex
3824.90.67	Mezcla de éteres glicidílicos alifáticos donde los grupos alquílicos son predominantemente C12 y C14.	Kg	Ex	Ex
3824.90.68	Mezcla de 3,5-diterbutil-4-hidroxibencil monoetil fosfonato de calcio y cera de polietileno.	Kg	Ex	Ex
3824.90.69	Mezcla de dimetil metil fosfonato y fosfonato de triarilo.	Kg	Ex	Ex
3824.90.70	Mezcla de metilen y anilina y polimetilen polianilinas.	Kg	Ex	Ex
3824.90.71	Mezcla de difenilmetan diisocianato y polimetilen polifenil isocianato.	Kg	5	Ex
3824.90.72	Preparación selladora de ponchaduras de neumáticos automotrices, a base de etilenglicol.	Kg	Ex	Ex
3824.90.73	Preparación a base de borodecanoato de cobalto y silicato de calcio.	Kg	Ex	Ex
3824.90.74	Aluminato de magnesio ("espinela") enriquecido con óxido de magnesio.	Kg	Ex	Ex
3824.90.75	Preparación a base de óxido de magnesio y sílice, electrofundido, y de partículas recubiertas con silicón, llamado "Óxido de magnesio grado eléctrico".	Kg	Ex	Ex
3824.90.76	Ácidos nafténicos; Dinonilnaftalen sulfonato de plomo.	Kg	Ex	Ex
3824.90.77	Sales insolubles en agua de los ácidos nafténicos, excepto lo comprendido en la fracción 3824.90.76; ésteres de los ácidos nafténicos.	Kg	5	Ex
3824.90.99	Los demás.	Kg	5	Ex

38.25	Productos residuales de la industria química o de las industrias conexas, no expresados ni comprendidos en otra parte; desechos y desperdicios municipales; lodos de depuración; los demás desechos citados en la Nota 6 del presente Capítulo.			
3825.10	- Desechos y desperdicios municipales.			
3825.10.01	Desechos y desperdicios municipales.	Kg	Ex	Ex
3825.20	- Lodos de depuración.			
3825.20.01	Lodos de depuración.	Kg	Ex	Ex
3825.30	- Desechos clínicos.			
3825.30.01	Desechos clínicos.	Kg	Ex	Ex
	- Desechos de disolventes orgánicos:			
3825.41	- - Halogenados.			
3825.41.01	Halogenados.	Kg	Ex	Ex
3825.49	- - Los demás.			
3825.49.99	Los demás.	Kg	Ex	Ex
3825.50	- Desechos de soluciones decapantes, fluidos hidráulicos, líquidos para frenos y líquidos anticongelantes.			
3825.50.01	Desechos de soluciones decapantes, fluidos hidráulicos, líquidos para frenos y líquidos anticongelantes.	Kg	Ex	Ex
	- Los demás desechos de la industria química o de las industrias conexas:			
3825.61	- - Que contengan principalmente componentes orgánicos.			
3825.61.01	Que contengan principalmente caucho sintético, o materias plásticas.	Kg	Ex	Ex
3825.61.02	Derivados clorados del difenilo o del trifenilo.	Kg	Ex	Ex
3825.61.99	Los demás.	Kg	Ex	Ex
3825.69	- - Los demás.			
3825.69.01	Aguas amoniacales y masa depuradora agotada procedente de la depuración del gas de alumbrado.	Kg	Ex	Ex
3825.69.99	Los demás.	Kg	Ex	Ex
3825.90	- Los demás.			
3825.90.99	Los demás.	Kg	Ex	Ex
38.26	Biodiésel y sus mezclas, que no contengan aceites de petróleo, ni de minerales bituminosos, o que los contengan en una proporción inferior al 70%, en peso.			
3826.00	Biodiésel y sus mezclas, que no contengan aceites de petróleo, ni de minerales bituminosos, o que los contengan en una proporción inferior al 70%, en peso.			
3826.00.01	Biodiésel y sus mezclas, que no contengan aceites de petróleo, ni de minerales bituminosos, o que los contengan en una proporción inferior al 70%, en peso.	L	5	Ex

Sección VII
PLÁSTICO Y SUS MANUFACTURAS; CAUCHO Y SUS MANUFACTURAS

Notas.
1. Los productos presentados en surtidos que consistan en varios componentes distintos comprendidos, en su totalidad o en parte, en esta Sección e identificables como destinados, después de mezclados, a constituir un producto de las Secciones VI o VII, se clasifican en la partida correspondiente a este último producto siempre que los componentes sean:
    a) por su acondicionamiento, netamente identificables como destinados a utilizarse juntos sin previo reacondicionamiento;
    b) presentados simultáneamente;
    c) identificables, por su naturaleza o por sus cantidades respectivas, como complementarios unos de otros.
2. El plástico, el caucho y las manufacturas de estas materias, con impresiones o ilustraciones que no tengan un carácter accesorio en relación con su utilización principal, corresponden al Capítulo 49, excepto los artículos de las partidas 39.18 ó 39.19.

Capítulo 39
Plástico y sus manufacturas

Notas.
1. En la Nomenclatura, se entiende por *plástico* las materias de las partidas 39.01 a 39.14 que, sometidas a una influencia exterior (generalmente el calor y la presión y, en su caso, la acción de un disolvente o de un plastificante), son o han sido susceptibles de adquirir una forma por moldeo, colada, extrusión, laminado o cualquier otro procedimiento, en el momento de la polimerización o en una etapa posterior, forma que conservan cuando esta influencia ha dejado de ejercerse.
En la Nomenclatura, el término *plástico* comprende también la fibra vulcanizada. Sin embargo, dicho término no se aplica a las materias textiles de la Sección XI.
2. Este Capítulo no comprende:
    a) las preparaciones lubricantes de las partidas 27.10 ó 34.03;
    b) las ceras de las partidas 27.12 ó 34.04;

c) los compuestos orgánicos aislados de constitución química definida (Capítulo 29);

d) la heparina y sus sales (partida 30.01);

e) las disoluciones (excepto los colodiones) en disolventes orgánicos volátiles de los productos citados en los textos de las partidas 39.01 a 39.13, cuando la proporción del disolvente sea superior al 50% del peso de la disolución (partida 32.08); las hojas para el marcado a fuego de la partida 32.12;

f) los agentes de superficie orgánicos y las preparaciones de la partida 34.02;

g) las gomas fundidas y las gomas éster (partida 38.06);

h) los aditivos preparados para aceites minerales (incluida la gasolina) o para otros líquidos utilizados con los mismos fines que los aceites minerales (partida 38.11);

ij) los líquidos hidráulicos preparados a base de poliglicoles, de siliconas o de los demás polímeros del Capítulo 39 (partida 38.19);

k) los reactivos de diagnóstico o de laboratorio sobre soporte de plástico (partida 38.22);

l) el caucho sintético, tal como se define en el Capítulo 40, y las manufacturas de caucho sintético;

m) los artículos de talabartería o de guarnicionería (partida 42.01), los baúles, maletas (valijas), maletines, bolsos de mano (carteras) y demás continentes de la partida 42.02;

n) las manufacturas de espartería o cestería, del Capítulo 46;

o) los revestimientos de paredes de la partida 48.14;

p) los productos de la Sección XI (materias textiles y sus manufacturas);

q) los artículos de la Sección XII (por ejemplo: calzado y partes de calzado, sombreros, demás tocados, y sus partes, paraguas, sombrillas, bastones, látigos, fustas, y sus partes);

r) los artículos de bisutería de la partida 71.17;

s) los artículos de la Sección XVI (máquinas y aparatos, material eléctrico);

t) las partes del material de transporte de la Sección XVII;

u) los artículos del Capítulo 90 (por ejemplo: elementos de óptica, monturas (armazones) de gafas (anteojos), instrumentos de dibujo);

v) los artículos del Capítulo 91 (por ejemplo: cajas y envolturas similares de relojes o demás aparatos de relojería);

w) los artículos del Capítulo 92 (por ejemplo: instrumentos musicales y sus partes);

x) los artículos del Capítulo 94 (por ejemplo: muebles, aparatos de alumbrado, carteles luminosos, construcciones prefabricadas);

y) los artículos del Capítulo 95 (por ejemplo: juguetes, juegos, artefactos deportivos);

z) los artículos del Capítulo 96 (por ejemplo: brochas, cepillos, botones, cierres de cremallera (cierres relámpago), peines, boquillas (embocaduras) y cañones (tubos) para pipas, boquillas para cigarrillos o similares, partes de termos, estilográficas, portaminas).

3. En las partidas 39.01 a 39.11 solo se clasifican los productos de las siguientes categorías obtenidos por síntesis química:

a) las poliolefinas sintéticas líquidas que destilen una proporción inferior al 60% en volumen a 300°C referidos a 1,013 milibares cuando se utilice un método de destilación a baja presión (partidas 39.01 y 39.02);

b) las resinas ligeramente polimerizadas del tipo de las resinas de cumarona-indeno (partida 39.11);

c) los demás polímeros sintéticos que tengan por lo menos 5 unidades monoméricas, en promedio;

d) las siliconas (partida 39.10);

e) los resoles (partida 39.09) y demás prepolímeros.

4. Se consideran *copolímeros* todos los polímeros en los que ninguna unidad monomérica represente una proporción superior o igual al 95% en peso del contenido total del polímero.

Salvo disposición en contrario, en este Capítulo, los copolímeros (incluidos los copolicondensados, los productos de copoliadición, los copolímeros en bloque y los copolímeros de injerto) y las mezclas de polímeros se clasifican en la partida que comprenda los polímeros de la unidad comonomérica que predomine en peso sobre cada una de las demás unidades comonoméricas simples. A los fines de esta Nota, las unidades comonoméricas constitutivas de polímeros que pertenezcan a una misma partida se consideran conjuntamente.

Si no predominara ninguna unidad comonomérica simple, los copolímeros o mezclas de polímeros, según los casos, se clasifican en la última partida por orden de numeración entre las susceptibles de tenerse razonablemente en cuenta.

5. Los polímeros modificados químicamente, en los que solo los apéndices de la cadena polimérica principal se han modificado por reacción química, se clasifican en la partida del polímero sin modificar. Esta disposición no se aplica a los copolímeros de injerto.

6. En las partidas 39.01 a 39.14, la expresión *formas primarias* se aplica únicamente a las formas siguientes:

a) líquidos y pastas, incluidas las dispersiones (emulsiones y suspensiones) y las disoluciones;

b) bloques irregulares, trozos, grumos, polvo (incluido el polvo para moldear), gránulos, copos y masas no coherentes similares.

7. La partida 39.15 no comprende los desechos, desperdicios ni recortes de una sola materia termoplástica transformados en formas primarias (partidas 39.01 a 39.14).

8. En la partida 39.17, el término *tubos* designa los productos huecos, sean productos semimanufacturados o terminados (por ejemplo: tubos de riego con nervaduras, tubos perforados), de los tipos utilizados generalmente para conducir, encaminar o distribuir gases o líquidos. Este término se aplica también a las envolturas tubulares para embutidos y demás tubos planos. Sin embargo, excepto los últimos citados, no se consideran tubos sino perfiles, los que tengan la sección transversal interior de forma distinta de la redonda, oval, rectangular (si la longitud no fuese superior a 1.5 veces la anchura) o poligonal regular.

9. En la partida 39.18, la expresión *revestimientos de plástico para paredes o techos* designa los productos presentados en rollos de 45 cm de anchura mínima, susceptibles de utilizarse para la decoración de paredes o techos, constituidos por plástico (en la cara vista) graneado, gofrado, coloreado con motivos impresos o decorado de otro modo y fijado permanentemente a un soporte de cualquier materia distinta del papel.

10. En las partidas 39.20 y 39.21, los términos *placas, láminas, hojas* y *tiras* se aplican exclusivamente a las placas, láminas, hojas y tiras (excepto las del Capítulo 54) y a los bloques de forma geométrica regular, incluso impresos o trabajados de otro modo en la superficie, sin cortar o simplemente cortados en forma cuadrada o rectangular pero sin trabajar de otro modo (incluso si esta operación les confiere el carácter de artículos dispuestos para su uso).

11. La partida 39.25 se aplica exclusivamente a los artículos siguientes, siempre que no estén comprendidos en las partidas precedentes del Subcapítulo II:
    a) depósitos, cisternas (incluidas las cámaras o fosas sépticas), cubas y recipientes análogos de capacidad superior a 300 l;
    b) elementos estructurales utilizados, por ejemplo, para la construcción de suelos, paredes, tabiques, techos o tejados;
    c) canalones y sus accesorios;
    d) puertas, ventanas, y sus marcos, contramarcos y umbrales;
    e) barandillas, pasamanos y barreras similares;
    f) contraventanas, persianas (incluidas las venecianas) y artículos similares, y sus partes y accesorios;
    g) estanterías de grandes dimensiones para montar y fijar permanentemente, por ejemplo: en tiendas, talleres, almacenes;
    h) motivos arquitectónicos de decoración, por ejemplo: los acanalados, cúpulas, remates;
    ij) accesorios y guarniciones para fijar permanentemente a las puertas, ventanas, escaleras, paredes y demás partes de un edificio, por ejemplo: tiradores, perillas o manijas, ganchos, soportes, toalleros, placas de interruptores y demás placas de protección.

Notas de subpartida.
1. Dentro de una partida de este Capítulo, los polímeros (incluidos los copolímeros) y los polímeros modificados químicamente, se clasifican conforme las disposiciones siguientes:
    a) cuando en la serie de subpartidas a considerar exista una subpartida "Los/Las demás":
       1°) el prefijo *poli* que precede a la denominación de un polímero especificado en el texto de una subpartida (por ejemplo: polietileno o poliamida-6,6), significa que la o las unidades monoméricas constitutivas del polímero especificado, consideradas conjuntamente, deben contribuir con una proporción superior o igual al 95% en peso del contenido total del polímero;
       2°) los copolímeros citados en las subpartidas 3901.30, 3903.20, 3903.30 y 3904.30 se clasifican en estas subpartidas siempre que las unidades comonoméricas de los copolímeros mencionados contribuyan con una proporción superior o igual al 95% en peso del contenido total del polímero;
       3°) los polímeros modificados químicamente se clasifican en la subpartida denominada "Los/Las demás", siempre que estos polímeros modificados químicamente no estén comprendidos más específicamente en otra subpartida;
       4°) los polímeros a los que no les sean aplicables las disposiciones de los apartados 1°), 2°) ó 3°) anteriores, se clasifican en la subpartida que, entre las restantes de la serie, comprenda los polímeros de la unidad monomérica que predomine en peso sobre cualquier otra unidad comonomérica simple. A este efecto, las unidades monoméricas constitutivas de polímeros comprendidos en la misma subpartida se consideran conjuntamente. Solo deberán compararse las unidades comonoméricas constitutivas de los polímeros de la serie de subpartidas consideradas;
    b) cuando en la misma serie no exista una subpartida "Los/Las demás":
       1°) los polímeros se clasifican en la subpartida que comprenda los polímeros de la unidad monomérica que predomine en peso sobre cualquier otra unidad comonomérica simple. A este efecto, las unidades monoméricas constitutivas de polímeros comprendidos en la misma subpartida se consideran conjuntamente. Solo deberán compararse las unidades comonoméricas constitutivas de los polímeros de la serie de subpartidas consideradas;
       2°) los polímeros modificados químicamente se clasifican en la subpartida que corresponda al polímero sin modificar.
    Las mezclas de polímeros se clasifican en la misma subpartida que los polímeros obtenidos con las mismas unidades monoméricas en las mismas proporciones.
2. En la subpartida 3920.43, el término *plastificantes* comprende también los plastificantes secundarios.

Notas Aclaratorias:

1. Este capítulo no comprende las preparaciones de materias plásticas reconocibles como concebidas para formar globos por insuflado (Partida 95.03).

Código		Descripción	Unid de Med	Arancel (%)	
				IMP.	EXP.

SUBCAPÍTULO I
FORMAS PRIMARIAS

39.01		**Polímeros de etileno en formas primarias.**			
3901.10	-	**Polietileno de densidad inferior a 0.94.**			
3901.10.01		Polietileno de densidad inferior a 0.94, excepto lo comprendido en la fracción 3901.10.02.	Kg	5	Ex
3901.10.02		Polietileno de baja densidad lineal (LLDPE).	Kg	5	Ex
3901.20	-	**Polietileno de densidad superior o igual a 0.94.**			
3901.20.01		Polietileno de densidad superior o igual a 0.94.	Kg	5	Ex
3901.30	-	**Copolímeros de etileno y acetato de vinilo.**			
3901.30.01		Copolímeros de etileno y acetato de vinilo.	Kg	5	Ex
3901.90	-	**Los demás.**			
3901.90.01		Copolímero de etileno-anhídrido maléico.	Kg	Ex	Ex
3901.90.02		Polietileno, clorado o clorosulfonado sin cargas ni modificantes, ni pigmentos.	Kg	5	Ex
3901.90.03		Copolímeros de etileno y ácido acrílico, o metacrílico.	Kg	5	Ex
3901.90.99		Los demás.	Kg	5	Ex

39.02	**Polímeros de propileno o de otras olefinas, en formas primarias.**			
3902.10	**. Polipropileno.**			
3902.10.01	Sin adición de negro de humo.	Kg	6	Ex
3902.10.99	Los demás.	Kg	5	Ex
3902.20	**. Poliisobutileno.**			
3902.20.01	Poliisobutileno, sin adición de pigmentos, cargas o modificantes.	Kg	Ex	Ex
3902.20.99	Los demás.	Kg	Ex	Ex
3902.30	**. Copolímeros de propileno.**			
3902.30.01	Copolímeros de propileno, sin adición de negro de humo.	Kg	6	Ex
3902.30.99	Los demás.	Kg	Ex	Ex
3902.90	**. Los demás.**			
3902.90.01	Terpolímero de metacrilato de metilo-butadieno-estireno.	Kg	Ex	Ex
3902.90.99	Los demás.	Kg	5	Ex
39.03	**Polímeros de estireno en formas primarias.**			
	. Poliestireno:			
3903.11	**.. Expandible.**			
3903.11.01	Expandible.	Kg	9	Ex
3903.19	**.. Los demás.**			
3903.19.01	Homopolímero de alfa metilestireno.	Kg	7	Ex
3903.19.02	Poliestireno cristal.	Kg	7	Ex
3903.19.99	Los demás.	Kg	7	Ex
3903.20	**. Copolímeros de estireno-acrilonitrilo (SAN).**			
3903.20.01	Copolímeros de estireno-acrilonitrilo (SAN).	Kg	7	Ex
3903.30	**. Copolímeros de acrilonitrilo-butadieno-estireno (ABS).**			
3903.30.01	Copolímeros de acrilonitrilo-butadieno-estireno (ABS).	Kg	5	Ex
3903.90	**. Los demás.**			
3903.90.01	Copolímeros de estireno-vinilo.	Kg	7	Ex
3903.90.02	Copolímeros de estireno-maléico.	Kg	7	Ex
3903.90.03	Copolímero clorometilado de estireno-divinil- benceno.	Kg	7	Ex
3903.90.04	Copolímeros elastoméricos termoplásticos.	Kg	5	Ex
3903.90.05	Copolímeros del estireno, excepto lo comprendido en las fracciones 3903.90.01 a la 3903.90.04.	Kg	7	Ex
3903.90.99	Los demás.	Kg	5	Ex
39.04	**Polímeros de cloruro de vinilo o de otras olefinas halogenadas, en formas primarias.**			
3904.10	**. Poli(cloruro de vinilo) sin mezclar con otras sustancias.**			
3904.10.01	Poli(cloruro de vinilo) (P.V.C.) obtenido por el proceso de polimerización en emulsión que, en dispersión (50% resina y 50% dioctilftalato), tenga una finura de 7 Hegman mínimo.	Kg	7	Ex
3904.10.02	Poli(cloruro de vinilo) (P.V.C.) obtenido por el proceso de polimerización en emulsión, cuyo tamaño de partícula sea de 30 micras, que al sinterizarse en una hoja de 0.65 mm de espesor se humecte uniformemente en un segundo (en electrolito de 1.280 de gravedad específica) y con un tamaño de poro de 14 a 18 micras con una porosidad Gurley mayor	Kg	5	Ex
3904.10.03	Poli(cloruro de vinilo) (P.V.C.) obtenido por los procesos de polimerización en masa o suspensión.	Kg	3	Ex
3904.10.04	Poli(cloruro de vinilo) (P.V.C.) obtenido por el proceso de polimerización en emulsión o dispersión, excepto lo comprendido en las fracciones 3904.10.01 y 3904.10.02.	Kg	7	Ex
3904.10.99	Los demás.	Kg	5	Ex
	. Los demás poli(cloruro de vinilo):			
3904.21	**.. Sin plastificar.**			
3904.21.01	Dispersiones acuosas de poli(cloruro de vinilo) (P.V.C.), de viscosidades menores de 200 centipoises.	Kg	5	Ex
3904.21.02	Poli(cloruro de vinilo) clorado, con un contenido mínimo de cloro de 64%, con o sin aditivos para moldear.	Kg	7	Ex
3904.21.99	Los demás.	Kg	7	Ex
3904.22	**.. Plastificados.**			
3904.22.01	Plastificados.	Kg	5	Ex
3904.30	**. Copolímeros de cloruro de vinilo y acetato de vinilo.**			
3904.30.01	Copolímero de cloruro de vinilo-acetato de vinilo, sin cargas ni modificantes, cuyo tiempo de disolución total a 25°C en una solución de una parte de copolímero, y 4 partes de metil-etilcetona, sea menor de 30 minutos.	Kg	Ex	Ex
3904.30.99	Los demás.	Kg	10	Ex
3904.40	**. Los demás copolímeros de cloruro de vinilo.**			
3904.40.01	Copolímeros de cloruro de vinilo-vinil isobutil éter.	Kg	Ex	Ex
3904.40.99	Los demás.	Kg	7	Ex
3904.50	**. Polímeros de cloruro de vinilideno.**			
3904.50.01	Polímeros de cloruro de vinilideno.	Kg	7	Ex

	- Polímeros fluorados:			
3904.61	**.. Politetrafluoroetileno.**			
3904.61.01	Politetrafluoroetileno.	Kg	Ex	Ex
3904.69	**.. Los demás.**			
3904.69.99	Los demás.	Kg	Ex	Ex
3904.90	**- Los demás.**			
3904.90.99	Los demás.	Kg	Ex	Ex
39.05	**Polímeros de acetato de vinilo o de otros ésteres vinílicos, en formas primarias; los demás polímeros vinílicos en formas primarias.**			
	- Poli(acetato de vinilo):			
3905.12	**.. En dispersión acuosa.**			
3905.12.01	En dispersión acuosa.	Kg	7	Ex
3905.19	**.. Los demás.**			
3905.19.01	Emulsiones y soluciones a base de poli(acetato de vinilo), excepto lo comprendido en las fracciones 3905.19.02 y 3905.19.03.	Kg	10	Ex
3905.19.02	Poli(acetato de vinilo) resina termoplástica grado alimenticio, con peso molecular de 30,000 máximo y punto de ablandamiento de 90ºC máximo.	Kg	5	Ex
3905.19.03	Poli(acetato de vinilo), resina termoplástica, con peso molecular mayor de 30,000 y punto de ablandamiento mayor a 90°C.	Kg	Ex	Ex
3905.19.99	Los demás.	Kg	5	Ex
	- Copolímeros de acetato de vinilo:			
3905.21	**.. En dispersión acuosa.**			
3905.21.01	En dispersión acuosa.	Kg	10	Ex
3905.29	**.. Los demás.**			
3905.29.01	Emulsiones y soluciones a base de copolímeros de acetato de vinilo, excepto lo comprendido en la fracción 3905.29.02.	Kg	10	Ex
3905.29.02	Copolímero de acetato de vinilo-vinil pirrolidona.	Kg	Ex	Ex
3905.29.99	Los demás.	Kg	7	Ex
3905.30	**- Poli(alcohol vinílico), incluso con grupos acetato sin hidrolizar.**			
3905.30.01	Poli(alcohol vinílico), incluso con grupos acetato sin hidrolizar.	Kg	Ex	Ex
	- Los demás:			
3905.91	**.. Copolímeros.**			
3905.91.01	Copolímeros.	Kg	Ex	Ex
3905.99	**.. Los demás.**			
3905.99.01	Polivinilpirrolidona.	Kg	Ex	Ex
3905.99.02	Polivinil butiral.	Kg	Ex	Ex
3905.99.99	Los demás.	Kg	Ex	Ex
39.06	**Polímeros acrílicos en formas primarias.**			
3906.10	**- Poli(metacrilato de metilo).**			
3906.10.01	Poli(metacrilato de metilo) incluso modificado con un valor Vicat superior a 90°C según la norma ASTM D-1525.	Kg	Ex	Ex
3906.10.99	Los demás.	Kg	Ex	Ex
3906.90	**- Los demás.**			
3906.90.01	Poli(acrilato de sodio) al 12% en solución acuosa.	Kg	10	Ex
3906.90.02	Resinas acrílicas hidroxiladas, sus copolímeros y terpolímeros.	Kg	7	Ex
3906.90.03	Poliacrilatos, excepto lo comprendido en las fracciones 3906.90.01, 3906.90.05, 3906.90.06, 3906.90.08, 3906.90.09.	Kg	7	Ex
3906.90.04	Poli(acrilonitrilo), sin pigmentar.	Kg	10	Ex
3906.90.05	Poli(acrilato de n-butilo).	Kg	7	Ex
3906.90.06	Terpolímero de (etileno-ácido acrilico-éster del ácido acrílico).	Kg	7	Ex
3906.90.07	Copolímero de (acrilamida-cloruro de metacriloil oxietil trimetil amonio).	Kg	7	Ex
3906.90.08	Poli(acrilato de sodio) en polvo, con granulometría de 90 a 850 micras y absorción mínima de 200 ml por g.	Kg	Ex	Ex
3906.90.09	Copolímero de metacrilato de metilo-acrilato de etilo, en polvo.	Kg	7	Ex
3906.90.10	Poli(metacrilato de sodio).	Kg	7	Ex
3906.90.99	Los demás.	Kg	5	Ex
39.07	**Poliacetales, los demás poliéteres y resinas epoxi, en formas primarias; policarbonatos, resinas alcídicas, poliésteres alílicos y demás poliésteres, en formas primarias.**			
3907.10	**- Poliacetales.**			
3907.10.01	Poli(oximetileno) aun cuando esté pigmentado y adicionado de cargas y modificantes, en pellets.	Kg	Ex	Ex
3907.10.02	Poli(oximetileno), en polvo.	Kg	Ex	Ex
3907.10.03	Copolímeros de trioxano con éteres cíclicos, aun cuando estén pigmentados y adicionados de cargas y modificantes, en pellets.	Kg	Ex	Ex
3907.10.04	Copolímeros de trioxano con éteres cíclicos, sin pigmentar y sin adición de cargas y modificantes.	Kg	Ex	Ex

3907.10.99	Los demás.	Kg	Ex	Ex
3907.20	**Los demás poliéteres.**			
3907.20.01	Resinas de poli(2,2-bis(3,4-dicarboxifenoxi)) fenil propanol-2-fenilen bis imida.	Kg	Ex	Ex
3907.20.02	Poli(óxido de 2,6-dimetilfenileno) en polvo, sin cargas, refuerzos, pigmentos, estabilizadores y desmoldantes (Poli(óxido de fenileno)).	Kg	Ex	Ex
3907.20.03	Resinas poliéter modificadas, con función oxazolina o uretano-amina o uretano-poliolefinas, solubles en agua después de neutralizar con ácidos orgánicos débiles.	Kg	Ex	Ex
3907.20.04	Poli(tetrametilen éter glicol).	Kg	Ex	Ex
3907.20.05	Poli(etilenglicol).	Kg	7	Ex
3907.20.06	Poli(propilenglicol).	Kg	7	Ex
3907.20.07	Poli(oxipropilenetilenglicol)-alcohol, de peso molecular hasta 8,000.	Kg	7	Ex
3907.20.99	Los demás.	Kg	5	Ex
3907.30	**Resinas epoxi.**			
3907.30.01	Resinas epóxidas, excepto lo comprendido en la fracción 3907.30.02.	Kg	7	Ex
3907.30.02	Resinas epóxidas tipo etoxilinas cicloalifaticas o novolacas.	Kg	5	Ex
3907.30.99	Los demás.	Kg	7	Ex
3907.40	**Policarbonatos.**			
3907.40.01	Resinas a base de policarbonatos, en forma líquida o pastosa, incluidas las emulsiones, dispersiones y soluciones.	Kg	Ex	Ex
3907.40.02	Resina resultante de carbonato de difenilo y 2,2-bis(4-hidroxifenil)propano con o sin adición de cargas, refuerzos, desmoldantes, pigmentos, modificadores, estabilizadores u otros aditivos.	Kg	Ex	Ex
3907.40.03	Resinas a base de policarbonato en proporción superior al 51% y polibutilen tereftalato en proporción inferior o igual a 49%, mezcladas en aleación entre sí y/o con otros poliésteres termoplásticos en proporción inferior o igual a 20%, con o sin cargas, refuerzos, pigmentos, aditivos o modificadores en gránulos.	Kg	Ex	Ex
3907.40.99	Los demás.	Kg	Ex	Ex
3907.50	**Resinas alcídicas.**			
3907.50.01	Resinas alcídicas (alquídicas), sin pigmentar, en forma líquida o pastosa, incluidas las emulsiones, dispersiones y soluciones.	Kg	7	Ex
3907.50.02	Resinas alcídicas, modificadas con uretanos.	Kg	7	Ex
3907.50.99	Los demás.	Kg	7	Ex
3907.60	**Poli(tereftalato de etileno).**			
3907.60.01	Resinas de poli(tereftalato de etileno) solubles en cloruro de metileno.	Kg	7	Ex
3907.60.99	Los demás.	Kg	7	Ex
3907.70	**Poli(ácido láctico).**			
3907.70.01	Poli(ácido láctico).	Kg	Ex	Ex
	Los demás poliésteres:			
3907.91	**No saturados.**			
3907.91.01	Elastómero termoplástico a base de copolímeros de poli(ester-éter) en aleación con polibutilentereftalato, con o sin cargas, refuerzos, pigmentos, aditivos y modificadores en gránulos.	Kg	Ex	Ex
3907.91.99	Los demás.	Kg	7	Ex
3907.99	**Los demás.**			
3907.99.01	Poliésteres del ácido adípico, modificados.	Kg	5	Ex
3907.99.02	Resina poliéster derivada del ácido adípico y glicoles.	Kg	5	Ex
3907.99.03	Resina termoplástica derivada de la policondensación del 1,4-butanodiol y dimetil tereftalato (polibutilen tereftalato) con cargas, refuerzos, pigmentos y aditivos, en gránulos.	Kg	Ex	Ex
3907.99.04	Resina termoplástica derivada de la policondensación del 1,4-butanodiol y dimetil tereftalato (polibutilen tereftalato) sin cargas, refuerzos, pigmentos y aditivos.	Kg	Ex	Ex
3907.99.05	Polibutilen tereftalato, excepto lo comprendido en las fracciones 3907.99.03 y 3907.99.04.	Kg	5	Ex
3907.99.06	Resinas de poliéster con función oxirano.	Kg	Ex	Ex
3907.99.07	Polímero de éster de ácido carbónico con glicoles.	Kg	Ex	Ex
3907.99.08	Resina para electrodepositación catódica poliéster-epoxiaminada, con un contenido de 60 a 80% de sólidos.	Kg	Ex	Ex
3907.99.09	Resina poliéster a base de ácido p-hidroxibenzoico, ácido tereftálico y p-dihidroxibifenilo, con aditivos, reforzantes y catalizadores.	Kg	Ex	Ex
3907.99.10	Poliésteres del ácido tereftálico-ácido isoftálico-butanodiol-polietilenglicol, excepto lo comprendido en la fracción 3907.99.07.	Kg	Ex	Ex
3907.99.11	Resina del ácido carbanílico.	Kg	Ex	Ex
3907.99.99	Los demás.	Kg	7	Ex
39.08	**Poliamidas en formas primarias.**			
3908.10	**Poliamidas -6, -11, -12, -6,6, -6,9, -6,10 ó -6,12.**			
3908.10.01	Polímeros de la hexametilendiamina y ácido dodecandioico.	Kg	5	Ex
3908.10.03	Superpoliamida del ácido 11-aminoundecanoico.	Kg	Ex	Ex
3908.10.04	Polímeros de la caprolactama sin pigmentar, ni contener materias colorantes.	Kg	10	Ex
3908.10.05	Poliamidas o superpoliamidas, excepto lo comprendido en las fracciones 3908.10.01 a la 3908.10.04, 3908.10.06, 3908.10.07 y 3908.10.08.	Kg	7	Ex
3908.10.06	Poliamida 12.	Kg	4	Ex

3908.10.07	Poliamida del adipato de hexametilendiamina con cargas, pigmentos o modificantes.	Kg	7	Ex
3908.10.08	Poliamida del adipato de hexametilendiamina sin cargas, pigmentos o modificantes.	Kg	Ex	Ex
3908.90	**. Las demás.**			
3908.90.01	Poli(epsilón-caprolactama), en forma líquida o pastosa, incluidas las emulsiones, dispersiones y soluciones.	Kg	Ex	Ex
3908.90.02	Terpoliamidas cuyo contenido en peso sea de 20 a 60% de la lactama del ácido dodecandióico o de la dodelactama y ácido undecanoico, de 10 a 50% de adipato de hexametilendiamina y de 10 a 45% de caprolactama.	Kg	Ex	Ex
3908.90.03	Resina de poliamida sintética MXD6.	Kg	5	Ex
3908.90.99	Las demás.	Kg	7	Ex
39.09	**Resinas amínicas, resinas fenólicas y poliuretanos, en formas primarias.**			
3909.10	**. Resinas ureicas; resinas de tiourea.**			
3909.10.01	Resinas uréicas; resinas de tiourea.	Kg	10	Ex
3909.20	**. Resinas melamínicas.**			
3909.20.01	Melamina formaldehído, sin materias colorantes, en forma líquida incluidas las emulsiones, dispersiones y soluciones.	Kg	5	Ex
3909.20.02	Melamina formaldehído, en forma líquida o pastosa incluidas las emulsiones, aun cuando estén pigmentadas, excepto con negro de humo.	Kg	Ex	Ex
3909.20.99	Las demás.	Kg	5	Ex
3909.30	**. Las demás resinas amínicas.**			
3909.30.01	Aminoplastos en solución incolora.	Kg	Ex	Ex
3909.30.99	Los demás.	Kg	4	Ex
3909.40	**. Resinas fenólicas.**			
3909.40.01	Resinas de fenol-formaldehído, modificadas con vinil formal, con disolventes y anticomburentes.	Kg	10	Ex
3909.40.02	Resinas provenientes de la condensación del fenol y sus derivados, con el formaldehído, y/o paraformaldehído, con o sin adición de modificantes.	Kg	7	Ex
3909.40.03	Resinas de fenol-formaldehído éterificadas sin modificar.	Kg	5	Ex
3909.40.04	Fenoplastos.	Kg	7	Ex
3909.40.99	Los demás.	Kg	7	Ex
3909.50	**. Poliuretanos.**			
3909.50.01	Poliuretanos, sin pigmentos, cargas o modificantes en forma líquida o pastosa, incluidas las emulsiones, dispersiones y soluciones.	Kg	7	Ex
3909.50.02	Poliuretanos, sin pigmentos, cargas o modificantes, excepto lo comprendido en la fracción 3909.50.01.	Kg	7	Ex
3909.50.03	Prepolímeros y polímeros de difenilmetandiisocianato y polimetilen polifenil isocianato hasta 17% de isocianato libre, excepto lo comprendido en la fracción 3909.50.05.	Kg	7	Ex
3909.50.04	Prepolímeros y polímeros de difenilmetan diisocianato y polimetilen polifenil isocianato con más del 17% de isocianato libre, excepto lo comprendido en la fracción 3909.50.05.	Kg	7	Ex
3909.50.05	Prepolímero obtenido a partir de difenilmetan 4,4´-diisocianato y polipropilenglicol.	Kg	7	Ex
3909.50.99	Los demás.	Kg	7	Ex
39.10	**Siliconas en formas primarias.**			
3910.00	**. Siliconas en formas primarias.**			
3910.00.01	Resinas de silicona ("potting compound") para empleo electrónico.	Kg	5	Ex
3910.00.02	Resinas de poli(metil-fenil-siloxano), aun cuando estén pigmentadas.	Kg	Ex	Ex
3910.00.03	Alfa-Omega-Dihidroxi-dimetil polisiloxano, excepto lo comprendido en la fracción 3910.00.05.	Kg	Ex	Ex
3910.00.04	Elastómero de silicona reticulable en caliente ("Caucho de silicona").	Kg	Ex	Ex
3910.00.05	Alfa-Omega-Dihidroxi-dimetil siloxano con una viscocidad igual o superior a 50 cps, pero inferior a 100 cps, y tamaño de cadena de 50 a 120 monómeros, libre de cíclicos.	Kg	Ex	Ex
3910.00.99	Los demás.	Kg	7	Ex
39.11	**Resinas de petróleo, resinas de cumarona-indeno, politerpenos, polisulfuros, polisulfonas y demás productos previstos en la Nota 3 de este Capítulo, no expresados ni comprendidos en otra parte, en formas primarias.**			
3911.10	**. Resinas de petróleo, resinas de cumarona, resinas de indeno, resinas de cumarona-indeno y politerpenos.**			
3911.10.01	Resinas de petróleo, resinas de cumarona, resinas de indeno, resinas de cumarona-indeno y politerpenos.	Kg	Ex	Ex
3911.90	**. Los demás.**			
3911.90.01	Resinas de policondensación de cetonas y aldehídos, modificadas.	Kg	Ex	Ex
3911.90.02	Resinas maléicas a base de butadieno o polibutadieno modificadas con ácido resolcarboxílico para terbutil fenol, solubles al agua sin pigmentar del 65 al 70%.	Kg	Ex	Ex
3911.90.03	Resinas de anacardo modificadas.	Kg	Ex	Ex
3911.90.04	Resinas provenientes de la condensación del alcohol furfurílico con el formaldehído incluso con modificantes.	Kg	5	Ex
3911.90.05	Resinas de poliamida-epiclorhidrina.	Kg	Ex	Ex

3911.90.06	Polihidantoinas.	Kg	Ex	Ex
3911.90.99	Los demás.	Kg	7	Ex
39.12	**Celulosa y sus derivados químicos, no expresados ni comprendidos en otra parte, en formas primarias.**			
	. **Acetatos de celulosa:**			
3912.11	**.. Sin plastificar.**			
3912.11.01	Sin plastificar.	Kg	Ex	Ex
3912.12	**.. Plastificados.**			
3912.12.01	Plastificados.	Kg	Ex	Ex
3912.20	**. Nitratos de celulosa (incluidos los colodiones).**			
3912.20.01	Nitrocelulosa en bloques, trozos, grumos, masas no coherentes, granuladas, copos o polvos; sin adición de plastificantes, aun cuando tenga hasta 41% de alcohol.	Kg	Ex	Ex
3912.20.99	Los demás.	Kg	Ex	Ex
	. **Éteres de celulosa:**			
3912.31	**.. Carboximetilcelulosa y sus sales.**			
3912.31.01	Carboximetilcelulosa y sus sales.	Kg	10	Ex
3912.39	**.. Los demás.**			
3912.39.01	Metilcelulosa, en forma líquida o pastosa, incluidas las emulsiones, dispersiones o soluciones.	Kg	7	Ex
3912.39.02	Etilcelulosa.	Kg	7	Ex
3912.39.03	Metilcelulosa, excepto lo comprendido en la fracción 3912.39.01.	Kg	7	Ex
3912.39.04	Hidroxietilcelulosa; etilhidroxietilcelulosa.	Kg	10	Ex
3912.39.05	Hidroxipropil-metilcelulosa.	Kg	10	Ex
3912.39.99	Las demás.	Kg	10	Ex
3912.90	**. Los demás.**			
3912.90.01	Celulosa en polvo.	Kg	Ex	Ex
3912.90.02	Celulosa esponjosa.	Kg	Ex	Ex
3912.90.99	Las demás.	Kg	5	Ex
39.13	**Polímeros naturales (por ejemplo, ácido algínico) y polímeros naturales modificados (por ejemplo: proteínas endurecidas, derivados químicos del caucho natural), no expresados ni comprendidos en otra parte, en formas primarias.**			
3913.10	**. Ácido algínico, sus sales y sus ésteres.**			
3913.10.01	Ácido algínico.	Kg	Ex	Ex
3913.10.02	Alginato de sodio.	Kg	Ex	Ex
3913.10.03	Alginato de potasio.	Kg	Ex	Ex
3913.10.04	Alginato de propilenglicol.	Kg	Ex	Ex
3913.10.05	Alginatos de magnesio, de amonio y de calcio.	Kg	Ex	Ex
3913.10.99	Los demás.	Kg	Ex	Ex
3913.90	**. Los demás.**			
3913.90.01	Caseína endurecida, sin pigmentar, ni colorear, en gránulos, copos, grumos o polvo.	Kg	Ex	Ex
3913.90.02	Esponjas celulósicas.	Kg	4	Ex
3913.90.03	Polisacárido atóxico sucedáneo del plasma (Dextrán); Dextrán 2,3-dihidroxipropil-2- hidroxi-1,3-propanodil éter.	Kg	Ex	Ex
3913.90.04	Polímero natural de sulfato de condroitina.	Kg	Ex	Ex
3913.90.05	Producto de la reacción del líquido obtenido de la cáscara de nuez de anacardo y el formaldehído.	Kg	5	Ex
3913.90.06	Goma de Xantán.	Kg	7	Ex
3913.90.07	Hierro dextrán.	Kg	Ex	Ex
3913.90.08	Caucho clorado o fluorado, sin cargas ni modificantes, ni pigmentos.	Kg	Ex	Ex
3913.90.99	Los demás.	Kg	Ex	Ex
39.14	**Intercambiadores de iones a base de polímeros de las partidas 39.01 a 39.13, en formas primarias.**			
3914.00	**. Intercambiadores de iones a base de polímeros de las partidas 39.01 a 39.13, en formas primarias.**			
3914.00.01	Intercambiadores de iones, del tipo catiónico.	Kg	7	Ex
3914.00.99	Los demás.	Kg	Ex	Ex

SUBCAPÍTULO II
DESECHOS, DESPERDICIOS Y RECORTES;
SEMIMANUFACTURAS; MANUFACTURAS

39.15	**Desechos, desperdicios y recortes, de plástico.**			
3915.10	**. De polímeros de etileno.**			
3915.10.01	De polímeros de etileno.	Kg	15	Ex
3915.20	**. De polímeros de estireno.**			
3915.20.01	De polímeros de estireno.	Kg	9	Ex

3915.30	**.**	**De polímeros de cloruro de vinilo.**			
3915.30.01		De polímeros de cloruro de vinilo.	Kg	15	Ex
3915.90	**.**	**De los demás plásticos.**			
3915.90.01		De manufacturas de polimetacrilato de metilo.	Kg	15	Ex
3915.90.02		Desechos, desperdicios y recortes de poli (tereftalato de etileno) (PET).	Kg	10	Ex
3915.90.99		Los demás.	Kg	10	Ex
39.16		**Monofilamentos cuya mayor dimensión del corte transversal sea superior a 1 mm, barras, varillas y perfiles, incluso trabajados en la superficie pero sin otra labor, de plástico.**			
3916.10	**.**	**De polímeros de etileno.**			
3916.10.01		De polietileno celular.	Kg	Ex	Ex
3916.10.99		Los demás.	Kg	Ex	Ex
3916.20	**.**	**De polímeros de cloruro de vinilo.**			
3916.20.01		Perfiles, con refuerzo interior metálico.	Kg	Ex	Ex
3916.20.02		Varillas.	Kg	Ex	Ex
3916.20.99		Los demás.	Kg	Ex	Ex
3916.90	**.**	**De los demás plásticos.**			
3916.90.01		Varillas de caseína endurecida.	Kg	Ex	Ex
3916.90.02		Monofilamentos de celulosa.	Kg	Ex	Ex
3916.90.03		De celuloide.	Kg	Ex	Ex
3916.90.04		Varillas de acetato de polivinilo.	Kg	Ex	Ex
3916.90.99		Los demás.	Kg	Ex	Ex
39.17		**Tubos y accesorios de tubería (por ejemplo: juntas, codos, empalmes (racores)), de plástico.**			
3917.10	**.**	**Tripas artificiales (envolturas tubulares para embutidos) de proteínas endurecidas o de plásticos celulósicos.**			
3917.10.01		De celulosa regenerada, con longitud superior a 50 cm, impregnadas de solución conservadora.	Kg	Ex	Ex
3917.10.02		De celulosa regenerada, excepto lo comprendido en las fracciones 3917.10.01, 3917.10.03 y 3917.10.04.	Kg	Ex	Ex
3917.10.03		Tubos de celulosa regenerada con impresiones que indiquen su empleo en la industria de los embutidos alimenticios.	Kg	Ex	Ex
3917.10.04		Tubos corrugados de celulosa regenerada, cuando el corrugado sea perpendicular a la longitud del tubo.	Kg	Ex	Ex
3917.10.99		Los demás.	Kg	Ex	Ex
	.	**Tubos rígidos:**			
3917.21	**..**	**De polímeros de etileno.**			
3917.21.01		De polietileno con diámetro hasta de 640 mm (25 pulgadas).	Kg	Ex	Ex
3917.21.02		De polietileno con diámetro superior a 640 mm (25 pulgadas).	Kg	Ex	Ex
3917.21.99		Los demás.	Kg	Ex	Ex
3917.22	**..**	**De polímeros de propileno.**			
3917.22.01		De polipropileno (P.P.), con diámetro hasta de 640 mm (25 pulgadas).	Kg	Ex	Ex
3917.22.02		De polipropileno con diámetro superior a 640 mm (25 pulgadas).	Kg	Ex	Ex
3917.22.99		Los demás.	Kg	Ex	Ex
3917.23	**..**	**De polímeros de cloruro de vinilo.**			
3917.23.01		De policloruro de vinilo, reconocibles como concebidos exclusivamente para la implantación de venas o arterias.	Kg	Ex	Ex
3917.23.02		De cloruro de polivinilo (P.V.C.) con diámetro hasta de 640 mm (25 pulgadas) y para condiciones de trabajo iguales o inferiores a las siguientes: presión de 22 Kg/cm2 (300 lbs/pulg2) y temperatura de 60°C (140°F).	Kg	Ex	Ex
3917.23.03		De cloruro de polivinilo (P.V.C.) con diámetro superior a 640 mm (25 pulgadas).	Kg	Ex	Ex
3917.23.99		Los demás.	Kg	Ex	Ex
3917.29	**..**	**De los demás plásticos.**			
3917.29.01		De poli(acrilonitrilo-butadieno-estireno) (A.B.S.), con diámetro hasta de 640 mm (25 pulgadas).	Kg	Ex	Ex
3917.29.02		De fibra vulcanizada.	Kg	Ex	Ex
3917.29.03		De nailon, con diámetro hasta de 640 mm (25 pulgadas).	Kg	Ex	Ex
3917.29.04		De nailon con diámetro superior a 640 mm (25 pulgadas).	Kg	Ex	Ex
3917.29.05		Fundas o tubos de materias plásticas artificiales con costura y caracteres impresos indelebles para envoltura o empaque.	Kg	Ex	Ex
3917.29.99		Los demás.	Kg	Ex	Ex
	.	**Los demás tubos:**			
3917.31	**..**	**Tubos flexibles para una presión superior o igual a 27.6 MPa.**			
3917.31.01		Tubos flexibles para una presión superior o igual a 27.6 MPa.	Kg	Ex	Ex
3917.32	**..**	**Los demás, sin reforzar ni combinar con otras materias, sin accesorios.**			
3917.32.01		De sección circular, cerrados por uno de sus extremos, reconocibles como concebidos exclusivamente para dispositivos intrauterinos.	Kg	Ex	Ex
3917.32.02		A base de cloruro de polivinilideno (P.V.D.C.), con impresiones que indiquen su empleo en la industria de los embutidos alimenticios.	Kg	Ex	Ex

3917.32.99	Los demás.	Kg	Ex	Ex
3917.33	**. . Los demás, sin reforzar ni combinar con otras materias, con accesorios.**			
3917.33.01	Tubería de materias plásticas, artificiales hasta de 20 mm de diámetro exterior, con goteras integradas, para riego agrícola.	Kg	15	Ex
3917.33.99	Los demás.	Kg	10	Ex
3917.39	**. . Los demás.**			
3917.39.99	Los demás.	Kg	Ex	Ex
3917.40	**. Accesorios.**			
3917.40.01	Accesorios.	Kg	Ex	Ex
39.18	**Revestimientos de plástico para suelos, incluso autoadhesivos, en rollos o losetas; revestimientos de plástico para paredes o techos, definidos en la Nota 9 de este Capítulo.**			
3918.10	**. De polímeros de cloruro de vinilo.**			
3918.10.01	Baldosas (losetas) vinílicas, para recubrimientos en pisos.	Kg	15	Ex
3918.10.99	Los demás.	Kg	15	Ex
3918.90	**. De los demás plásticos.**			
3918.90.99	De los demás plásticos.	Kg	15	Ex
39.19	**Placas, láminas, hojas, cintas, tiras y demás formas planas, autoadhesivas, de plástico, incluso en rollos.**			
3919.10	**. En rollos de anchura inferior o igual a 20 cm.**			
3919.10.01	En rollos de anchura inferior o igual a 20 cm.	Kg	Ex	Ex
3919.90	**. Las demás.**			
3919.90.99	Las demás.	Kg	Ex	Ex
39.20	**Las demás placas, láminas, hojas y tiras, de plástico no celular y sin refuerzo, estratificación ni soporte o combinación similar con otras materias.**			
3920.10	**. De polímeros de etileno.**			
3920.10.01	Láminas de poli(etileno) biorientado, excepto lo comprendido en las fracciones 3920.10.02 y 3920.10.04.	Kg	Ex	Ex
3920.10.02	Tiras y/o películas que no excedan de 5 cm de ancho.	Kg	Ex	Ex
3920.10.03	Con caracteres impresos indelebles de marcas de fábricas o análogos, que indiquen su utilización como empaque de productos lácteos.	Kg	Ex	Ex
3920.10.04	Láminas de poli(etileno) de alta densidad, extruido, con espesor mínimo de 3 mm, excepto lo comprendido en la fracción 3920.10.02.	Kg	Ex	Ex
3920.10.99	Las demás.	Kg	Ex	Ex
3920.20	**. De polímeros de propileno.**			
3920.20.01	Películas de poli(propileno) orientado en una o dos direcciones, excepto lo comprendido en las fracciones 3920.20.02 y 3920.20.03.	Kg	Ex	Ex
3920.20.02	Películas de poli(propileno) orientada en dos direcciones, con un espesor igual o inferior a 0.012 mm.	Kg	Ex	Ex
3920.20.03	Películas dieléctricas, de poli(propileno) orientadas en dos direcciones, inclusive pigmentada con polvos metálicos, con un espesor inferior o igual a 0.025 mm, para uso en capacitores.	Kg	Ex	Ex
3920.20.04	Tiras o cintas que no excedan de 5 cm de ancho.	Kg	Ex	Ex
3920.20.99	Las demás.	Kg	Ex	Ex
3920.30	**. De polímeros de estireno.**			
3920.30.01	Tiras o cintas que no excedan de 5 cm de ancho.	Kg	Ex	Ex
3920.30.02	Películas de poli(estireno) sin negro de humo, excepto lo comprendido en la fracción 3920.30.03.	Kg	Ex	Ex
3920.30.03	Película de poli(estireno) orientada biaxialmente (en dos direcciones), con una constante dieléctrica entre 2.4 y 2.6 a una frecuencia menor o igual a 10 MHz, con densidad de 1.05 g/cm3 a 23°C. Con un contenido de cenizas menor a 10 p.p.m.	Kg	Ex	Ex
3920.30.99	Las demás.	Kg	Ex	Ex
	. De polímeros de cloruro de vinilo:			
3920.43	**. . Con un contenido de plastificantes superior o igual al 6% en peso.**			
3920.43.01	Placas, láminas, hojas y tiras.	Kg	Ex	Ex
3920.43.02	Películas que imiten tejidos o pieles, así como las que tengan labores realzadas.	Kg	Ex	Ex
3920.43.99	Las demás.	Kg	Ex	Ex
3920.49	**. . Las demás.**			
3920.49.01	Placas, láminas, hojas y tiras, rígidas.	Kg	Ex	Ex
3920.49.02	Películas que imiten tejidos o pieles, así como las que tengan labores realzadas.	Kg	Ex	Ex
3920.49.99	Las demás.	Kg	Ex	Ex
	. De polímeros acrílicos:			
3920.51	**. . De poli(metacrilato de metilo).**			
3920.51.01	De poli(metacrilato de metilo).	Kg	Ex	Ex
3920.59	**. . Las demás.**			
3920.59.01	Placas poliacrílicas, con un contenido de poli(metacrilato de metilo) inferior al 50% en peso.	Kg	Ex	Ex
3920.59.99	Las demás.	Kg	Ex	Ex
	. De policarbonatos, resinas alcídicas, poliésteres alílicos o demás poliésteres:			

3920.61	**. . De policarbonatos.**			
3920.61.01	De policarbonatos.	Kg	Ex	Ex
3920.62	**. . De poli(tereftalato de etileno).**			
3920.62.01	Películas, bandas o tiras de poli (tereftalato de etileno), excepto lo comprendido en la fracción 3920.62.02.	Kg	Ex	Ex
3920.62.02	Películas de poliéster biorientado en una o dos direcciones.	Kg	7	Ex
3920.62.99	Las demás.	Kg	Ex	Ex
3920.63	**. . De poliésteres no saturados.**			
3920.63.01	Hojas con caracteres impresos, tales como marcas de fábrica u otros que indiquen su utilización en empaques.	Kg	Ex	Ex
3920.63.02	Tiras que no excedan de 5 cm de ancho.	Kg	Ex	Ex
3920.63.99	Las demás.	Kg	Ex	Ex
3920.69	**. . De los demás poliésteres.**			
3920.69.99	De los demás poliésteres.	Kg	Ex	Ex
	- De celulosa o de sus derivados químicos:			
3920.71	**. . De celulosa regenerada.**			
3920.71.01	De celulosa regenerada.	Kg	Ex	Ex
3920.73	**. . De acetato de celulosa.**			
3920.73.01	De acetato de celulosa, con anchura superior a 10 cm.	Kg	Ex	Ex
3920.73.99	Las demás.	Kg	Ex	Ex
3920.79	**. . De los demás derivados de la celulosa.**			
3920.79.01	De fibra vulcanizada.	Kg	Ex	Ex
3920.79.99	Los demás.	Kg	Ex	Ex
	- De los demás plásticos:			
3920.91	**. . De poli(vinilbutiral).**			
3920.91.01	De poli(vinilbutiral).	Kg	Ex	Ex
3920.92	**. . De poliamidas.**			
3920.92.01	Bandas poliamídicas con espesor inferior o igual a 8 mm.	Kg	Ex	Ex
3920.92.99	Las demás.	Kg	Ex	Ex
3920.93	**. . De resinas amínicas.**			
3920.93.01	De resinas amínicas.	Kg	Ex	Ex
3920.94	**. . De resinas fenólicas.**			
3920.94.01	De resinas fenólicas.	Kg	Ex	Ex
3920.99	**. . De los demás plásticos.**			
3920.99.01	Película de poli(propileno) orientada en dos direcciones, recubierta con poli(acetato de vinilo) y/o poli(cloruro de vinilo).	Kg	Ex	Ex
3920.99.99	Los demás.	Kg	Ex	Ex
39.21	**Las demás placas, láminas, hojas y tiras, de plástico.**			
	- Productos celulares:			
3921.11	**. . De polímeros de estireno.**			
3921.11.01	De polímeros de estireno.	Kg	10	Ex
3921.12	**. . De polímeros de cloruro de vinilo.**			
3921.12.01	De polímeros de cloruro de vinilo.	Kg	Ex	Ex
3921.13	**. . De poliuretanos.**			
3921.13.01	Películas con apariencia de piel, de espesor superior a 0.35 mm, pero inferior o igual a 0.45 mm, y densidad superior a 0.39 g/cm3, pero inferior o igual a 0.49 g/cm3.	Kg	Ex	Ex
3921.13.99	Los demás.	Kg	Ex	Ex
3921.14	**. . De celulosa regenerada.**			
3921.14.01	De celulosa regenerada.	Kg	Ex	Ex
3921.19	**. . De los demás plásticos.**			
3921.19.01	De polietileno celular.	Kg	Ex	Ex
3921.19.99	Las demás.	Kg	Ex	Ex
3921.90	**. Las demás.**			
3921.90.01	Tiras poliestéricas, en rollos, metalizadas con aluminio o cinc, con un ancho no menor de 8 mm, ni mayor de 80 mm, y un espesor no menor de 0.0045 mm ni mayor de 0.014 mm, con un margen sin metalizar en uno de sus lados no menor de 1 mm ni mayor de 2.5 mm de ancho.	Kg	Ex	Ex
3921.90.02	De poliéster metalizados, con ancho igual o superior a 350 mm y espesor mayor a 100 micrones, reconocibles como concebidas exclusivamente para dieléctrica de condensadores fijos.	Kg	Ex	Ex
3921.90.03	Hojas de poliéster, metalizados, con espesor inferior o igual a 0.1 mm y un ancho inferior a 350 mm, para dieléctrico de condesadores fijos.	Kg	Ex	Ex
3921.90.04	Películas que no excedan de 5 cm de ancho, metalizadas con cinc.	Kg	Ex	Ex
3921.90.05	Películas dieléctricas, de polipropileno orientadas en dos direcciones, metalizadas, con espesor inferior o igual a 0.025 mm, para uso en capacitores.	Kg	Ex	Ex
3921.90.06	Etiquetas de materias poliestéricas, impresas con marcas de fábrica y soporte de papel,	Kg	Ex	Ex

	para uso exclusivo en la fabricación de pilas eléctricas secas.			
3921.90.07	Película adherida a un soporte de materias plásticas artificiales o de papel, en láminas o en rollos, usadas en serigrafía o rotograbado.	Kg	Ex	Ex
3921.90.08	Cinta plástica termocontráctil de polietileno radiado y laminado con adhesivo termoplástico.	Kg	Ex	Ex
3921.90.09	De poliéster metalizados con anchura igual o superior a 35 mm, con un espesor inferior a 100 micrones.	Kg	7	Ex
3921.90.99	Las demás.	Kg	Ex	Ex
39.22	**Bañeras, duchas, fregaderos (tarjas), lavabos, bidés, inodoros y sus asientos y tapas, cisternas (depósitos de agua) para inodoros y artículos sanitarios o higiénicos similares, de plástico.**			
3922.10	**- Bañeras, duchas, fregaderos (tarjas) y lavabos.**			
3922.10.01	Bañeras, duchas, fregaderos y lavabos.	Kg	15	Ex
3922.20	**- Asientos y tapas de inodoros.**			
3922.20.01	Asientos y tapas de inodoros.	Kg	15	Ex
3922.90	**- Los demás.**			
3922.90.99	Los demás.	Kg	15	Ex
39.23	**Artículos para el transporte o envasado, de plástico; tapones, tapas, cápsulas y demás dispositivos de cierre, de plástico.**			
3923.10	**- Cajas, cajones, jaulas y artículos similares.**			
3923.10.01	Cajas, cajones, jaulas y artículos similares, excepto lo comprendido en la fracción 3923.10.02.	Kg	15	Ex
3923.10.02	A base de poliestireno expandible.	Kg	15	Ex
	- Sacos (bolsas), bolsitas y cucuruchos:			
3923.21	**-- De polímeros de etileno.**			
3923.21.01	De polímeros de etileno.	Kg	Ex	Ex
3923.29	**-- De los demás plásticos.**			
3923.29.01	Fundas, sacos y bolsas, para envase o empaque.	Kg	Ex	Ex
3923.29.02	Tubo multicapas termoencojible, coextruido, irradiado hecho a base de etilvinilacetato, copolímero de (cloruro de vinilideno-cloruro de vinilo).	Kg	Ex	Ex
3923.29.99	Los demás.	Kg	Ex	Ex
3923.30	**- Bombonas (damajuanas), botellas, frascos y artículos similares.**			
3923.30.01	Tanques o recipientes con capacidad igual o superior a 3.5 l.	Kg	15	Ex
3923.30.99	Los demás.	Kg	15	Ex
3923.40	**- Bobinas, carretes, canillas y soportes similares.**			
3923.40.01	"Casetes" o cartuchos para embobinar cintas magnéticas o cintas para máquinas de escribir, excepto para cintas de sonido de anchura inferior a 13 mm.	Kg	Ex	Ex
3923.40.02	"Casetes" o cartuchos para embobinar cintas magnéticas de sonido de anchura inferior a 13 mm.	Kg	Ex	Ex
3923.40.99	Los demás.	Kg	15	Ex
3923.50	**- Tapones, tapas, cápsulas y demás dispositivos de cierre.**			
3923.50.01	Tapones, tapas, cápsulas y demás dispositivos de cierre.	Kg	15	Ex
3923.90	**- Los demás.**			
3923.90.99	Los demás.	Kg	15	Ex
39.24	**Vajilla y demás artículos de uso doméstico y artículos de higiene o tocador, de plástico.**			
3924.10	**- Vajilla y demás artículos para el servicio de mesa o de cocina.**			
3924.10.01	Vajilla y demás artículos para el servicio de mesa o de cocina.	Kg	15	Ex
3924.90	**- Los demás.**			
3924.90.01	Mangos para maquinillas de afeitar.	Kg	Ex	Ex
3924.90.99	Los demás.	Kg	15	Ex
39.25	**Artículos para la construcción, de plástico, no expresados ni comprendidos en otra parte.**			
3925.10	**- Depósitos, cisternas, cubas y recipientes análogos, de capacidad superior a 300 l.**			
3925.10.01	Depósitos, cisternas, cubas y recipientes análogos, de capacidad superior a 300 l.	Kg	15	Ex
3925.20	**- Puertas, ventanas, y sus marcos, contramarcos y umbrales.**			
3925.20.01	Puertas, ventanas, y sus marcos, contramarcos y umbrales.	Kg	15	Ex
3925.30	**- Contraventanas, persianas (incluidas las venecianas) y artículos similares, y sus partes.**			
3925.30.01	Contraventanas, persianas (incluidas las venecianas) y artículos similares, y sus partes.	Kg	15	Ex
3925.90	**- Los demás.**			
3925.90.99	Los demás.	Kg	15	Ex
39.26	**Las demás manufacturas de plástico y manufacturas de las demás materias de las partidas 39.01 a 39.14.**			
3926.10	**- Artículos de oficina y artículos escolares.**			
3926.10.01	Artículos de oficina y artículos escolares.	Kg	15	Ex
3926.20	**- Prendas y complementos (accesorios), de vestir, incluidos los guantes, mitones y manoplas.**			

3926.20.01	Prendas de vestir, sus accesorios y dispositivos, para protección contra radiaciones.	Kg	Ex	Ex
3926.20.02	Ballenas para corsés, para prendas de vestir o para accesorios del vestido y análogos.	Kg	15	Ex
3926.20.99	Los demás.	Kg	15	Ex
3926.30	**Guarniciones para muebles, carrocerías o similares.**			
3926.30.01	Molduras para carrocerías.	Kg	15	Ex
3926.30.99	Los demás.	Kg	15	Ex
3926.40	**Estatuillas y demás artículos de adorno.**			
3926.40.01	Estatuillas y demás artículos de adorno.	Kg	15	Ex
3926.90	**Las demás.**			
3926.90.01	Mangos para herramientas de mano.	Kg	15	Ex
3926.90.02	Empaquetaduras (juntas), excepto lo comprendido en la fracción 3926.90.21.	Kg	Ex	Ex
3926.90.03	Correas transportadoras o de transmisión, excepto lo comprendido en la fracción 3926.90.21.	Kg	Ex	Ex
3926.90.04	Salvavidas.	Kg	15	Ex
3926.90.05	Flotadores o boyas para redes de pesca.	Kg	15	Ex
3926.90.06	Loncheras; cantimploras.	Kg	15	Ex
3926.90.07	Modelos o patrones.	Kg	15	Ex
3926.90.08	Hormas para calzado.	Kg	15	Ex
3926.90.09	Lavadoras de pipetas, probetas o vasos graduados.	Kg	Ex	Ex
3926.90.10	Partes y piezas sueltas reconocibles para naves aéreas.	Kg	Ex	Ex
3926.90.11	Protectores para el sentido auditivo.	Kg	15	Ex
3926.90.12	Cristales artificiales para relojes de bolsillo o pulsera.	Kg	Ex	Ex
3926.90.13	Letras, números o signos.	Kg	15	Ex
3926.90.14	Cinchos fijadores o abrazaderas, excepto lo comprendido en la fracción 3926.90.21.	Kg	15	Ex
3926.90.15	Almácigas, con oquedades perforadas.	Kg	15	Ex
3926.90.16	Membranas filtrantes, excepto lo comprendido en la fracción 3926.90.22.	Kg	Ex	Ex
3926.90.17	Esténciles para grabación electrónica.	Kg	Ex	Ex
3926.90.18	Marcas para asfalto, postes reflejantes y/o dispositivos de advertencia (triángulos de seguridad), de resina plástica, para la señalización vial.	Kg	15	Ex
3926.90.19	Abanicos o sus partes.	Kg	15	Ex
3926.90.20	Emblemas, para vehículos automóviles.	Kg	15	Ex
3926.90.21	Reconocibles como concebidas exclusivamente para uso automotriz, excepto lo comprendido en la fracción 3926.90.20.	Kg	Ex	Ex
3926.90.22	Membranas constituidas por polímeros a base de perfluoros sulfónicos o carboxílicos, con refuerzos de teflón y/o rayón.	Kg	Ex	Ex
3926.90.23	Empaques para torres de destilación o absorción.	Kg	Ex	Ex
3926.90.24	Diablos o tacos (pigs) de poliuretanos con diámetro hasta de 122 cm, para la limpieza interior de tuberías, aun cuando estén recubiertos con banda de caucho, con incrustaciones de carburo de tungsteno o cerdas de acero.	Kg	15	Ex
3926.90.25	Manufacturas de poli(etileno) de alta densidad, extruido rotomodelado, con espesor mínimo de 3 mm.	Kg	Ex	Ex
3926.90.26	Marcas para la identificación de animales.	Kg	Ex	Ex
3926.90.27	Láminas perforadas o troqueladas de poli(etileno) y/o poli(propileno), aun cuando estén coloreadas, metalizadas o laqueadas.	Kg	15	Ex
3926.90.28	Películas de triacetato de celulosa o de poli(tereftalato de etileno), de anchura igual o inferior a 35 mm, perforadas.	Kg	Ex	Ex
3926.90.29	Embudos.	Kg	15	Ex
3926.90.30	Bastidores para colmena, incluso con su arillo y tapas utilizables como envases para la miel.	Kg	Ex	Ex
3926.90.31	Laminados decorativos duros y rígidos, obtenidos por superposición y compresión de hojas de papel kraft impregnadas con resinas fenólicas, con o sin cubierta de papel diseño, recubierto con resinas melamínicas.	Kg	Ex	Ex
3926.90.32	Con alma de tejido o de otra materia, excepto vidrio, con peso superior a 40 g por decímetro cuadrado.	Kg	Ex	Ex
3926.90.33	Formas moldeadas, cortadas o en bloques, a base de poliestireno expandible, reconocibles como concebidos exclusivamente para protección en el empaque de mercancías.	Kg	Ex	Ex
3926.90.34	Lentejuela en diversas formas, generalmente geométricas, pudiendo venir a granel, entorchadas o engarzadas.	Kg	Ex	Ex
3926.90.35	Hojuelas brillantes, compuestas por partículas de plástico de diferentes formas (hexagonal, cuadradas, redondas, etc.), llamadas entre otras como "diamantina", "escarcha", "purpurina", "brillantina", "brillos", "escamas".	Kg	Ex	Ex
3926.90.99	Las demás.	Kg	Ex	Ex

Capítulo 40
Caucho y sus manufacturas

Notas.

1. En la Nomenclatura, salvo disposición en contrario, la denominación *caucho* comprende los productos siguientes, incluso vulcanizados o endurecidos: caucho natural, balata, gutapercha, guayule, chicle y gomas naturales análogas, caucho sintético, caucho facticio derivado de los aceites y todos estos productos regenerados.

2. Este Capítulo no comprende:
   a) los productos de la Sección XI (materias textiles y sus manufacturas);
   b) el calzado y partes del calzado, del Capítulo 64;
   c) los sombreros, demás tocados, y sus partes, incluidos los gorros de baño, del Capítulo 65;
   d) las partes de caucho endurecido para máquinas y aparatos mecánicos o eléctricos, así como todos los objetos o partes de objetos de caucho endurecido para uso electrotécnico, de la Sección XVI;
   e) los artículos de los Capítulos 90, 92, 94 ó 96;
   f) los artículos del Capítulo 95, excepto los guantes, mitones y manoplas de deporte y los artículos comprendidos en las partidas 40.11 a 40.13.
3. En las partidas 40.01 a 40.03 y 40.05, la expresión *formas primarias* se aplica únicamente a las formas siguientes:
   a) líquidos y pastas (incluido el látex, aunque esté prevulcanizado, y demás dispersiones y disoluciones);
   b) bloques irregulares, trozos, balas, polvo, gránulos, migas y masas no coherentes similares.
4. En la Nota 1 de este Capítulo y en la partida 40.02, la denominación *caucho sintético* se aplica:
   a) a las materias sintéticas no saturadas que puedan transformarse irreversiblemente por vulcanización con azufre en sustancias no termoplásticas que, a una temperatura comprendida entre 18°C y 29°C, puedan alargarse hasta tres veces su longitud primitiva sin romperse y que, después de alargarse hasta dos veces su longitud primitiva, adquieran en menos de cinco minutos una longitud no mayor de una vez y media su longitud primitiva. Para este ensayo, pueden añadirse las sustancias necesarias para la reticulación, tales como activadores o aceleradores de vulcanización; también se admite la presencia de las materias citadas en la Nota 5 B) 2º) y 3º). Por el contrario, no se permite la presencia de sustancias innecesarias para la reticulación, tales como diluyentes, plastificantes o cargas;
   b) a los tioplastos (TM);
   c) al caucho natural modificado por injerto o por mezcla con plástico, al caucho natural despolimerizado, a las mezclas de materias sintéticas no saturadas con altos polímeros sintéticos saturados, si todos ellos satisfacen las condiciones de aptitud para vulcanización, de alargamiento y de recuperación establecidas en el apartado a) precedente.
5. A) Las partidas 40.01 y 40.02 no comprenden el caucho ni las mezclas de caucho a las que se hubiera añadido antes o después de la coagulación:
   1º) aceleradores, retardadores, activadores u otros agentes de vulcanización (salvo los añadidos para la preparación del látex prevulcanizado);
   2º) pigmentos u otras materias colorantes, excepto los destinados simplemente a facilitar su identificación;
   3º) plastificantes o diluyentes (salvo los aceites minerales en el caso de cauchos extendidos con aceite), materias de carga inertes o activas, disolventes orgánicos o cualquier otra sustancia, excepto las permitidas en el apartado B);
   B) El caucho y las mezclas de caucho que contengan las sustancias siguientes permanecen clasificados en las partidas 40.01 ó 40.02, según los casos, siempre que tanto el caucho como las mezclas de caucho conserven su carácter esencial de materia en bruto:
   1º) emulsionantes y antiadherentes;
   2º) pequeñas cantidades de productos de la descomposición de los emulsionantes;
   3º) termosensibilizantes (para obtener, generalmente, látex termosensibilizado), agentes de superficie catiónicos (para obtener, generalmente, látex electropositivo), antioxidantes, coagulantes, desmigajadores, anticongelantes, peptizantes, conservantes o conservadores, estabilizantes, controladores de viscosidad y demás aditivos especiales análogos, en muy pequeñas cantidades.
6. En la partida 40.04, se entiende por *desechos, desperdicios y recortes*, los que procedan de la fabricación o del trabajo del caucho y las manufacturas de caucho definitivamente inutilizables como tales a consecuencia de cortes, desgaste u otras causas.
7. Los hilos desnudos de caucho vulcanizado de cualquier sección, en los que la mayor dimensión de la sección transversal sea superior a 5 mm, se clasifican en la partida 40.08.
8. La partida 40.10 comprende las correas transportadoras o de trasmisión de tejido impregnado, recubierto, revestido o estratificado con caucho, así como las fabricadas con hilados o cuerdas textiles impregnados, recubiertos, revestidos o enfundados con caucho.
9. En las partidas 40.01, 40.02, 40.03, 40.05 y 40.08, se entiende por *placas, hojas* y *tiras* únicamente las placas, hojas y tiras, así como los bloques de forma geométrica regular, sin cortar o simplemente cortados en forma cuadrada o rectangular (incluso si esta operación les confiere el carácter de artículos ya dispuestos para su uso), aunque tengan un simple trabajo de superficie (impresión u otros) pero sin otra labor.
   Los perfiles y varillas de la partida 40.08, incluso cortados en longitudes determinadas, son los que solo tienen un simple trabajo de superficie.

Nota aclaratoria.-

Este capítulo no comprende las preparaciones de materias plásticas reconocibles como concebidas para formar globos por insuflado (partida 95.03).

Código		Descripción	Unid de Med	Arancel (%)	
				IMP.	EXP.
40.01		**Caucho natural, balata, gutapercha, guayule, chicle y gomas naturales análogas, en formas primarias o en placas, hojas o tiras.**			
4001.10	-	**Látex de caucho natural, incluso prevulcanizado.**			
4001.10.01		Látex de caucho natural, incluso prevulcanizado.	Kg	Ex	Ex
	-	**Caucho natural en otras formas:**			
4001.21	--	**Hojas ahumadas.**			
4001.21.01		Hojas ahumadas.	Kg	Ex	Ex

4001.22	**.. Cauchos técnicamente especificados (TSNR).**			
4001.22.01	Cauchos técnicamente especificados (TSNR).	Kg	Ex	Ex
4001.29	**.. Los demás.**			
4001.29.01	Los demás.	Kg	Ex	Ex
4001.30	**. Balata, gutapercha, guayule, chicle y gomas naturales análogas.**			
4001.30.01	Gutapercha.	Kg	Ex	Ex
4001.30.02	Macaranduba.	Kg	Ex	Ex
4001.30.99	Los demás.	Kg	Ex	Ex
40.02	**Caucho sintético y caucho facticio derivado de los aceites, en formas primarias o en placas, hojas o tiras; mezclas de productos de la partida 40.01 con los de esta partida, en formas primarias o en placas, hojas o tiras.**			
	. Caucho estireno-butadieno (SBR); caucho estireno-butadieno carboxilado (XSBR):			
4002.11	**.. LátEx**			
4002.11.01	De poli(butadieno-estireno) incluso modificados con ácidos carboxílicos, así como los prevulcanizados, excepto lo comprendido en la fracción 4002.11.02.	Kg	7	Ex
4002.11.02	Látex frío de poli(butadieno-estireno), con un contenido de sólidos de 38 a 41% o de 67 a 69%, de estireno combinado 21.5 a 25.5%, de estireno residual de 0.1% máximo.	Kg	5	Ex
4002.11.99	Los demás.	Kg	7	Ex
4002.19	**.. Los demás.**			
4002.19.01	Poli(butadieno-estireno), con un contenido reaccionado de 90% a 97% de butadieno y de 10% a 3% respectivamente, de estireno.	Kg	7	Ex
4002.19.02	Poli(butadieno-estireno), excepto lo comprendido en la fracción 4002.19.01.	Kg	9	Ex
4002.19.03	Soluciones o dispersiones de poli(butadieno-estireno).	Kg	10	Ex
4002.19.99	Los demás.	Kg	6	Ex
4002.20	**. Caucho butadieno (BR).**			
4002.20.01	Caucho butadieno (BR).	Kg	Ex	Ex
	. Caucho isobuteno-isopreno (butilo) (IIR); caucho isobuteno-isopreno halogenado (CIIR o BIIR):			
4002.31	**.. Caucho isobuteno-isopreno (butilo) (IIR).**			
4002.31.01	Caucho poli(isobuteno-isopreno).	Kg	Ex	Ex
4002.31.99	Los demás.	Kg	7	Ex
4002.39	**.. Los demás.**			
4002.39.01	Caucho poli(isobuteno-isopreno) halogenado.	Kg	Ex	Ex
4002.39.99	Los demás.	Kg	5	Ex
	. Caucho cloropreno (clorobutadieno) (CR):			
4002.41	**.. LátEx**			
4002.41.01	LátEx	Kg	Ex	Ex
4002.49	**.. Los demás.**			
4002.49.01	Poli(2-clorobutadieno-1,3).	Kg	Ex	Ex
4002.49.99	Los demás.	Kg	Ex	Ex
	. Caucho acrilonitrilo-butadieno (NBR):			
4002.51	**.. LátEx**			
4002.51.01	LátEx	Kg	Ex	Ex
4002.59	**.. Los demás.**			
4002.59.01	Poli(butadieno-acrilonitrilo) con un contenido igual o superior a 45% de acrilonitrilo.	Kg	6	Ex
4002.59.02	Poli(butadieno-acrilonitrilo), excepto lo comprendido en la fracción 4002.59.01.	Kg	9	Ex
4002.59.03	Copolímero de (butadieno-acrilonitrilo) carboxilado, con un contenido del 73 al 84% de copolímero.	Kg	Ex	Ex
4002.59.99	Los demás.	Kg	10	Ex
4002.60	**. Caucho isopreno (IR).**			
4002.60.01	Poliisopreno oleoextendido.	Kg	Ex	Ex
4002.60.99	Los demás.	Kg	Ex	Ex
4002.70	**. Caucho etileno-propileno-dieno no conjugado (EPDM).**			
4002.70.01	Caucho etileno-propileno-dieno no conjugado (EPDM).	Kg	Ex	Ex
4002.80	**. Mezclas de los productos de la partida 40.01 con los de esta partida.**			
4002.80.01	Mezclas de los productos de la partida 40.01 con los de esta partida.	Kg	Ex	Ex
	. Los demás:			
4002.91	**.. LátEx**			
4002.91.01	Tioplastos.	Kg	Ex	Ex
4002.91.02	Poli(butadieno-estireno-vinilpiridina).	Kg	5	Ex
4002.91.99	Los demás.	Kg	5	Ex
4002.99	**.. Los demás.**			
4002.99.01	Caucho facticio.	Kg	Ex	Ex
4002.99.99	Los demás.	Kg	5	Ex
40.03	**Caucho regenerado en formas primarias o en placas, hojas o tiras.**			
4003.00	**. Caucho regenerado en formas primarias o en placas, hojas o tiras.**			

4003.00.01	Caucho regenerado en formas primarias o en placas, hojas o tiras.	Kg	Ex	Ex
40.04	**Desechos, desperdicios y recortes, de caucho sin endurecer, incluso en polvo o gránulos.**			
4004.00	**- Desechos, desperdicios y recortes, de caucho sin endurecer, incluso en polvo o gránulos.**			
4004.00.01	Recortes de neumáticos o de desperdicios, de hule o caucho vulcanizados, sin endurecer.	Kg	Ex	Ex
4004.00.02	Neumáticos o cubiertas gastados.	Kg	15	Ex
4004.00.99	Los demás.	Kg	10	Ex
40.05	**Caucho mezclado sin vulcanizar, en formas primarias o en placas, hojas o tiras.**			
4005.10	**- Caucho con adición de negro de humo o de sílice.**			
4005.10.01	Caucho con adición de negro de humo o de sílice.	Kg	Ex	Ex
4005.20	**- Disoluciones; dispersiones, excepto las de la subpartida 4005.10.**			
4005.20.01	Reconocibles para naves aéreas.	Kg	Ex	Ex
4005.20.99	Los demás.	Kg	Ex	Ex
	- Los demás:			
4005.91	**- - Placas, hojas y tiras.**			
4005.91.01	En placas, hojas o tiras con soportes de tejidos.	Kg	Ex	Ex
4005.91.02	Cinta aislante eléctrica, autosoldable, de caucho (hule), de poli(etileno-propileno-dieno), resistente al efecto corona, para instalaciones de hasta 69 KW.	Kg	Ex	Ex
4005.91.03	Tiras de caucho natural sin vulcanizar, de anchura inferior o igual a 75 mm y espesor inferior o igual a 15 mm, reconocibles como concebidas exclusivamente para el revestimiento de la banda de rodadura de los neumáticos para naves aéreas.	Kg	Ex	Ex
4005.91.99	Los demás.	Kg	Ex	Ex
4005.99	**- - Los demás.**			
4005.99.99	Los demás.	Kg	Ex	Ex
40.06	**Las demás formas (por ejemplo: varillas, tubos, perfiles) y artículos (por ejemplo: discos, arandelas), de caucho sin vulcanizar.**			
4006.10	**- Perfiles para recauchutar.**			
4006.10.01	Perfiles para recauchutar.	Kg	Ex	Ex
4006.90	**- Los demás.**			
4006.90.01	Juntas.	Kg	Ex	Ex
4006.90.02	Parches.	Kg	15	Ex
4006.90.03	Copas para portabustos, aun cuando estén recubiertas de tejidos.	Kg	Ex	Ex
4006.90.04	Reconocibles para naves aéreas.	Kg	Ex	Ex
4006.90.99	Los demás.	Kg	10	Ex
40.07	**Hilos y cuerdas, de caucho vulcanizado.**			
4007.00	**- Hilos y cuerdas, de caucho vulcanizado.**			
4007.00.01	Hilos y cuerdas, de caucho vulcanizado.	Kg	Ex	Ex
40.08	**Placas, hojas, tiras, varillas y perfiles, de caucho vulcanizado sin endurecer.**			
	- De caucho celular:			
4008.11	**- - Placas, hojas y tiras.**			
4008.11.01	Placas, hojas y tiras.	Kg	Ex	Ex
4008.19	**- - Los demás.**			
4008.19.01	Perfiles.	Kg	Ex	Ex
4008.19.99	Los demás.	Kg	Ex	Ex
	- De caucho no celular:			
4008.21	**- - Placas, hojas y tiras.**			
4008.21.01	Mantillas para litografía, aun cuando tengan tejidos.	Kg	Ex	Ex
4008.21.99	Los demás.	Kg	Ex	Ex
4008.29	**- - Los demás.**			
4008.29.01	Perfiles.	Kg	Ex	Ex
4008.29.02	Tela cauchutada con alma de tejido de nailon o algodón, recubierta por ambas caras con hule sintético, vulcanizada, con espesor entre 0.3 y 2.0 mm.	Kg	Ex	Ex
4008.29.99	Los demás.	Kg	Ex	Ex
40.09	**Tubos de caucho vulcanizado sin endurecer, incluso con sus accesorios (por ejemplo: juntas, codos, empalmes (racores)).**			
	- Sin reforzar ni combinar de otro modo con otras materias:			
4009.11	**- - Sin accesorios.**			
4009.11.01	Reconocibles para naves aéreas.	Kg	Ex	Ex
4009.11.99	Los demás.	Kg	Ex	Ex
4009.12	**- - Con accesorios.**			
4009.12.01	Reconocibles para naves aéreas.	Kg	Ex	Ex
4009.12.02	Reconocibles como concebidos para el manejo de productos a temperaturas inferiores a -39°C.	Kg	Ex	Ex
4009.12.99	Los demás.	Kg	Ex	Ex
	- Reforzados o combinados de otro modo solamente con metal:			
4009.21	**- - Sin accesorios.**			

4009.21.01	Con diámetro interior inferior o igual a 508 mm, excepto lo comprendido en las fracciones 4009.21.03 y 4009.21.04.	Kg	Ex	Ex
4009.21.02	Reconocibles para naves aéreas.	Kg	Ex	Ex
4009.21.03	Con diámetro interior superior a 508 mm, y/o mangueras autoflotantes o submarinas, de cualquier diámetro, conforme a los estándares referidos por el "OCIMF" ("Oil Companies International Marine Forum") excepto lo comprendido en la fracción 4009.21.04.	Kg	Ex	Ex
4009.21.04	Reconocibles como concebidos para el manejo de productos a temperaturas inferiores a -39°C.	Kg	Ex	Ex
4009.22	**.. Con accesorios.**			
4009.22.01	Reconocibles para naves aéreas.	Kg	Ex	Ex
4009.22.02	Con refuerzos metálicos, con diámetro interior inferior o igual a 508 mm, excepto lo comprendido en las fracciones 4009.22.03 y 4009.22.04.	Kg	Ex	Ex
4009.22.03	Con refuerzos metálicos, con diámetro superior a 508 mm, y/o mangueras autoflotantes o submarinas, de cualquier diámetro, conforme a los estándares referidos al "OCIMF" ("Oil Companies Internacional Marine Forum").	Kg	Ex	Ex
4009.22.04	Reconocibles como concebidas para el manejo de productos a temperaturas inferiores a -39°C.	Kg	Ex	Ex
4009.22.99	Los demás.	Kg	Ex	Ex
	. Reforzados o combinados de otro modo solamente con materia textil:			
4009.31	**.. Sin accesorios.**			
4009.31.01	Formado por dos o tres capas de caucho y dos de materias textiles, con diámetro exterior inferior o igual a 13 mm, sin terminales.	Kg	Ex	Ex
4009.31.02	Reconocibles para naves aéreas.	Kg	Ex	Ex
4009.31.03	Con diámetro interior inferior o igual a 508 mm excepto lo comprendido en la fracción 4009.31.01.	Kg	Ex	Ex
4009.31.04	Con diámetro interior superior a 508 mm, y/o mangueras autoflotantes o submarinas, de cualquier diámetro, conforme a los estándares referidos por el "OCIMF" ("Oil Companies International Marine Forum") excepto lo comprendido en las fracciones 4009.31.01 y 4009.31.05.	Kg	Ex	Ex
4009.31.05	Reconocibles como concebidos para el manejo de productos a temperaturas inferiores a -39°C.	Kg	Ex	Ex
4009.32	**.. Con accesorios.**			
4009.32.01	Reconocibles para naves aéreas.	Kg	Ex	Ex
4009.32.02	Con refuerzos textiles, con diámetro interior inferior o igual a 508 mm, excepto lo comprendido en las fracciones 4009.32.03 y 4009.32.04.	Kg	Ex	Ex
4009.32.03	Con refuerzos textiles, con diámetro superior a 508 mm, y/o mangueras autoflotantes o submarinas, de cualquier diámetro, conforme a los estándares referidos al "OCIMF" ("Oil Companies International Marine Forum").	Kg	Ex	Ex
4009.32.04	Reconocibles como concebidas para el manejo de productos a temperaturas inferiores a -39°C.	Kg	Ex	Ex
4009.32.99	Los demás.	Kg	Ex	Ex
	. Reforzados o combinados de otro modo con otras materias:			
4009.41	**.. Sin accesorios.**			
4009.41.01	Mangueras autoflotantes o submarinas, conforme a los estándares referidos por el "OCIMF" ("Oil Companies International Marine Forum").	Kg	Ex	Ex
4009.41.02	Reconocibles para naves aéreas.	Kg	Ex	Ex
4009.41.03	Reconocibles como concebidos para el manejo de productos a temperaturas inferiores a -39°C.	Kg	Ex	Ex
4009.41.99	Los demás.	Kg	Ex	Ex
4009.42	**.. Con accesorios.**			
4009.42.01	Reconocibles para naves aéreas.	Kg	Ex	Ex
4009.42.02	Reconocibles como concebidas para el manejo de productos a temperaturas inferiores a -39°C.	Kg	Ex	Ex
4009.42.99	Los demás.	Kg	Ex	Ex
40.10	**Correas transportadoras o de transmisión, de caucho vulcanizado.**			
	. Correas transportadoras:			
4010.11	**.. Reforzadas solamente con metal.**			
4010.11.01	Con anchura superior a 20 cm.	Kg	Ex	Ex
4010.11.99	Las demás.	Kg	Ex	Ex
4010.12	**.. Reforzadas solamente con materia textil.**			
4010.12.01	Correas sin fin de capas, superpuestas de tejidos de cualquier fibra textil, adheridas con caucho, recubiertas por una de sus caras con una capa de caucho vulcanizado, con ancho inferior o igual a 5 m, circunferencia exterior inferior o igual a 60 m y espesor inferior o igual a 6 mm.	Kg	Ex	Ex
4010.12.02	Con anchura superior a 20 cm, excepto lo comprendido en la fracción 4010.12.01.	Kg	Ex	Ex
4010.12.99	Las demás.	Kg	Ex	Ex
4010.19	**.. Las demás.**			
4010.19.01	Con espesor superior o igual a 45 mm pero inferior o igual a 80 mm, anchura superior o igual a 115 cm pero inferior o igual a 205 cm y circunferencia exterior inferior o igual a 5 m.	Kg	Ex	Ex

4010.19.02	Con anchura superior a 20 cm, excepto lo comprendido en la fracción 4010.19.01.	Kg	Ex	Ex
4010.19.03	Reforzadas solamente con plástico, de anchura superior a 20 cm.	Kg	Ex	Ex
4010.19.04	Reforzadas solamente con plástico, excepto lo comprendido en la fraccion 4010.19.03.	Kg	Ex	Ex
4010.19.99	Las demás.	Kg	Ex	Ex
	- Correas de transmisión:			
4010.31	**.. Correas de transmisión sin fin, estriadas, de sección trapezoidal, de circunferencia exterior superior a 60 cm pero inferior o igual a 180 cm.**			
4010.31.01	Correas de transmisión sin fin, estriadas, de sección trapezoidal, de circunferencia exterior superior a 60 cm pero inferior o igual a 180 cm.	Kg	Ex	Ex
4010.32	**.. Correas de transmisión sin fin, sin estriar, de sección trapezoidal, de circunferencia exterior superior a 60 cm pero inferior o igual a 180 cm.**			
4010.32.01	Correas de transmisión sin fin, sin estriar, de sección trapezoidal, de circunferencia exterior superior a 60 cm pero inferior o igual a 180 cm.	Kg	Ex	Ex
4010.33	**.. Correas de transmisión sin fin, estriadas, de sección trapezoidal, de circunferencia exterior superior a 180 cm pero inferior o igual a 240 cm.**			
4010.33.01	Correas de transmisión sin fin, estriadas, de sección trapezoidal, de circunferencia exterior superior a 180 cm pero inferior o igual a 240 cm.	Kg	Ex	Ex
4010.34	**.. Correas de transmisión sin fin, sin estriar, de sección trapezoidal, de circunferencia exterior superior a 180 cm pero inferior o igual a 240 cm.**			
4010.34.01	Correas de transmisión sin fin, sin estriar, de sección trapezoidal, de circunferencia exterior superior a 180 cm pero inferior o igual a 240 cm.	Kg	Ex	Ex
4010.35	**.. Correas de transmisión sin fin, con muescas (sincrónicas), de circunferencia exterior superior a 60 cm pero inferior o igual a 150 cm.**			
4010.35.01	Con anchura superior a 20 cm.	Kg	Ex	Ex
4010.35.99	Las demás.	Kg	Ex	Ex
4010.36	**.. Correas de transmisión sin fin, con muescas (sincrónicas), de circunferencia exterior superior a 150 cm pero inferior o igual a 198 cm.**			
4010.36.01	Con anchura superior a 20 cm.	Kg	Ex	Ex
4010.36.99	Las demás.	Kg	Ex	Ex
4010.39	**.. Las demás.**			
4010.39.01	Correas de transmisión sin fin de circunferencia superior a 240 cm, incluso estriadas, de sección trapezoidal.	Kg	Ex	Ex
4010.39.02	Correas sin fin de capas, superpuestas de tejidos de cualquier fibra textil, adheridas con caucho, recubiertas por una de sus caras con una capa de caucho vulcanizado, con ancho inferior o igual a 5 m, circunferencia exterior inferior o igual a 60 m y espesor inferior o igual a 6 mm.	Kg	Ex	Ex
4010.39.03	De caucho sintético con espesor igual o superior a 0.10 cm pero inferior o igual a 0.14 cm, anchura igual o superior a 2 cm pero inferior o igual a 2.5 cm y circunferencia superior a 12 cm pero inferior o igual a 24 cm.	Kg	Ex	Ex
4010.39.04	De anchura superior a 20 cm, excepto lo comprendido en las fracciones 4010.39.01, 4010.39.02 y 4010.39.03.	Kg	Ex	Ex
4010.39.99	Las demás.	Kg	Ex	Ex
40.11	**Neumáticos nuevos de caucho.**			
4011.10	**- De los tipos utilizados en automóviles de turismo (incluidos los del tipo familiar ("break" o "station wagon") y los de carreras).**			
4011.10.02	Con diámetro interior igual a 33.02 cm (13 pulgadas) y cuya altura de la sección transversal sea del 70% u 80% de su anchura.	Pza	15	Ex
4011.10.03	Con diámetro interior igual a 33.02 cm (13 pulgadas) y cuya altura de la sección transversal sea del 60% de su anchura.	Pza	15	Ex
4011.10.04	Con diámetro interior igual a 35.56 cm (14 pulgadas) y cuya altura de la sección transversal sea del 70% o 65% o 60% de su anchura.	Pza	15	Ex
4011.10.05	Con diámetro interior igual a 38.10 cm (15 pulgadas) y cuya altura de la sección transversal sea del 80% de su anchura.	Pza	15	Ex
4011.10.06	Con diámetro interior igual a 38.10 cm (15 pulgadas) y cuya altura de la sección transversal sea del 50% de su anchura.	Pza	15	Ex
4011.10.07	Con diámetro interior igual a 38.10 cm (15 pulgadas) y cuya altura de la sección transversal sea del 75% ó 70% ó 65% ó 60% de su anchura.	Pza	15	Ex
4011.10.08	Con diámetro interior igual a 40.64 cm (16 pulgadas) y cuya altura de la sección transversal sea del 50% de su anchura; y las de diámetro interior igual a 43.18 cm (17 pulgadas), 45.72 cm (18 pulgadas) y 50.80 cm (20 pulgadas).	Pza	15	Ex
4011.10.09	Con diámetro interior igual a 40.64 cm (16 pulgadas) y cuya altura de la sección transversal sea del 65% ó 60% de su anchura.	Pza	15	Ex
4011.10.99	Los demás.	Pza	15	Ex
4011.20	**- De los tipos utilizados en autobuses o camiones.**			
4011.20.02	Con diámetro interior inferior o igual a 44.45 cm, de construcción radial.	Pza	15	Ex
4011.20.03	Con diámetro interior inferior o igual a 44.45 cm, de construcción diagonal.	Pza	15	Ex
4011.20.04	Con diámetro interior superior a 44.45 cm, de construcción radial.	Pza	Ex	Ex
4011.20.05	Con diámetro interior superior a 44.45 cm, de construcción diagonal.	Pza	15	Ex
4011.30	**- De los tipos utilizados en aeronaves.**			

4011.30.01	De los tipos utilizados en aeronaves.	Pza	Ex	Ex
4011.40	**. De los tipos utilizados en motocicletas.**			
4011.40.01	De los tipos utilizados en motocicletas.	Pza	Ex	Ex
4011.50	**. De los tipos utilizados en bicicletas.**			
4011.50.01	De los tipos utilizados en bicicletas.	Pza	Ex	Ex
	. Los demás, con altos relieves en forma de taco, ángulo o similares:			
4011.61	**.. De los tipos utilizados en vehículos y máquinas agrícolas o forestales.**			
4011.61.01	Para maquinaria y tractores agrícolas, cuyos números de medida sean: 8.25-15; 10.00-15; 6.00-16; 6.50-16; 7.50-16; 5.00-16; 7.50-18; 6.00-19; 13.00-24; 16.00-25; 17.50-25; 18.00-25; 18.40-26; 23.1-26; 11.25-28; 13.6-28; 14.9-28; 16.9-30; 18.4-30; 24.5-32; 18.4-34; 20.8-34; 23.1-34; 12.4-36; 13.6-38; 14.9-38; 15.5-38; 18.4-38.	Pza	Ex	Ex
4011.61.02	Para maquinaria y tractores agrícolas, excepto lo comprendido en la fracción 4011.61.01.	Pza	Ex	Ex
4011.61.99	Los demás.	Pza	15	Ex
4011.62	**.. De los tipos utilizados en vehículos y máquinas para la construcción o mantenimiento industrial, para llantas ("rims") de diámetro inferior o igual a 61 cm.**			
4011.62.01	Para maquinaria y tractores industriales.	Pza	Ex	Ex
4011.62.99	Los demás.	Pza	15	Ex
4011.63	**.. De los tipos utilizados en vehículos y máquinas para la construcción o mantenimiento industrial, para llantas ("rims") de diámetro superior a 61 cm.**			
4011.63.01	Para maquinaria y tractores industriales, cuyos números de medida sean: 8.25-15; 10.00-15; 6.50-16; 7.50-16.	Pza	Ex	Ex
4011.63.02	Para vehículos fuera de carretera, con diámetro exterior superior a 2.20 m.	Pza	Ex	Ex
4011.63.03	Para maquinaria y tractores industriales, excepto lo comprendido en la fracción 4011.63.01.	Pza	Ex	Ex
4011.63.99	Los demás.	Pza	15	Ex
4011.69	**.. Los demás.**			
4011.69.99	Los demás.	Pza	15	Ex
	. Los demás:			
4011.92	**.. De los tipos utilizados en vehículos y máquinas agrícolas o forestales.**			
4011.92.01	De diámetro interior superior a 35 cm.	Pza	Ex	Ex
4011.92.99	Los demás.	Pza	15	Ex
4011.93	**.. De los tipos utilizados en vehículos y máquinas para la construcción o mantenimiento industrial, para llantas ("rims") de diámetro inferior o igual a 61 cm.**			
4011.93.01	De diámetro interior superior a 35 cm.	Pza	Ex	Ex
4011.93.99	Los demás.	Pza	15	Ex
4011.94	**.. De los tipos utilizados en vehículos y máquinas para la construcción o mantenimiento industrial, para llantas ("rims") de diámetro superior a 61 cm.**			
4011.94.01	De diámetro interior superior a 35 cm.	Pza	Ex	Ex
4011.94.99	Los demás.	Pza	15	Ex
4011.99	**.. Los demás.**			
4011.99.01	Reconocibles como concebidos exclusivamente para trenes metropolitanos (METRO).	Pza	Ex	Ex
4011.99.02	De diámetro interior superior a 35 cm.	Pza	Ex	Ex
4011.99.99	Los demás.	Pza	15	Ex
40.12	**Neumáticos recauchutados o usados, de caucho; bandajes (macizos o huecos), bandas de rodadura para neumáticos y protectores ("flaps"), de caucho.**			
	. Neumáticos recauchutados:			
4012.11	**.. De los tipos utilizados en automóviles de turismo (incluidos los del tipo familiar ("break" o "station wagon") y los de carreras).**			
4012.11.01	De los tipos utilizados en automóviles de turismo (incluidos los del tipo familiar ("break" o "station wagon") y los de carreras).	Pza	15	Ex
4012.12	**.. De los tipos utilizados en autobuses o camiones.**			
4012.12.01	De los tipos utilizados en autobuses o camiones.	Pza	15	Ex
4012.13	**.. De los tipos utilizados en aeronaves.**			
4012.13.01	De los tipos utilizados en aeronaves.	Pza	15	Ex
4012.19	**.. Los demás.**			
4012.19.99	Los demás.	Pza	15	Ex
4012.20	**. Neumáticos usados.**			
4012.20.01	De los tipos utilizados en vehículos para el transporte en carretera de pasajeros o mercancía, incluyendo tractores, o en vehículos de la partida 87.05.	Pza	2 Dlls/Pza	Ex
4012.20.02	Reconocibles para naves aéreas.	Pza	15	Ex
4012.20.99	Los demás.	Pza	15	Ex
4012.90	**. Los demás.**			
4012.90.01	Bandas de protección (corbatas).	Pza	15	Ex
4012.90.02	Reconocibles para naves aéreas.	Pza	Ex	Ex
4012.90.03	Bandas de rodadura para recauchutar neumáticos.	Pza	15	Ex
4012.90.99	Los demás.	Pza	15	Ex
40.13	**Cámaras de caucho para neumáticos.**			
4013.10	**. De los tipos utilizados en automóviles de turismo (incluidos los del tipo familiar**			

	("break" o "station wagon") y los de carreras), en autobuses o camiones.			
4013.10.01	De los tipos utilizados en automóviles de turismo (incluidos los del tipo familiar ("break" o "station wagon") y los de carreras), en autobuses o camiones.	Pza	15	Ex
4013.20	. **De los tipos utilizados en bicicletas.**			
4013.20.01	De los tipos utilizados en bicicletas.	Pza	Ex	Ex
4013.90	. **Las demás.**			
4013.90.01	Reconocibles para naves aéreas.	Pza	Ex	Ex
4013.90.02	Para maquinaria y tractores agrícolas e industriales.	Pza	Ex	Ex
4013.90.03	De los tipos utilizados en motocicletas **	Pza	Ex	Ex
	**NOTA esta fracción (4011.90.03) fue creada en el DOF 10-Dic-2014 y entra en vigor a los 60 días siguientes (Art. Transitorio Primero del decreto)*			
4013.90.99	Las demás.	Pza	15	Ex
40.14	**Artículos de higiene o de farmacia (comprendidas las tetinas), de caucho vulcanizado sin endurecer, incluso con partes de caucho endurecido.**			
4014.10	. **Preservativos.**			
4014.10.01	Preservativos.	Kg	5	Ex
4014.90	. **Los demás.**			
4014.90.01	Cojines neumáticos.	Kg	Ex	Ex
4014.90.02	Orinales para incontinencia.	Kg	Ex	Ex
4014.90.99	Los demás.	Kg	15	Ex
40.15	**Prendas de vestir, guantes, mitones y manoplas y demás complementos (accesorios), de vestir, para cualquier uso, de caucho vulcanizado sin endurecer.**			
	. **Guantes, mitones y manoplas.**			
4015.11	.. **Para cirugía.**			
4015.11.01	Para cirugía.	Kg	Ex	Ex
4015.19	.. **Los demás.**			
4015.19.99	Los demás.	Kg	15	Ex
4015.90	. **Los demás.**			
4015.90.01	Prendas de vestir totalmente de caucho.	Kg	Ex	Ex
4015.90.02	Prendas de vestir impregnadas o recubiertas de caucho.	Kg	Ex	Ex
4015.90.03	Prendas de vestir y sus accesorios, para protección contra radiaciones.	Kg	Ex	Ex
4015.90.04	Trajes para bucear (de buzo).	Kg	15	Ex
4015.90.99	Los demás.	Kg	15	Ex
40.16	**Las demás manufacturas de caucho vulcanizado sin endurecer.**			
4016.10	. **De caucho celular.**			
4016.10.01	De caucho celular.	Kg	Ex	Ex
	. **Las demás:**			
4016.91	.. **Revestimientos para el suelo y alfombras.**			
4016.91.01	Revestimientos para el suelo y alfombras.	M2	10	Ex
4016.92	.. **Gomas de borrar.**			
4016.92.01	Cilíndricas de diámetro inferior o igual a 1 cm.	Kg	Ex	Ex
4016.92.99	Las demás.	Kg	10	Ex
4016.93	.. **Juntas o empaquetaduras.**			
4016.93.01	De los tipos utilizados en los vehículos del capítulo 87, excepto lo comprendido en la fracción 4016.93.02.	Kg	Ex	Ex
4016.93.02	Para aletas de vehículos.	Kg	Ex	Ex
4016.93.03	Con refuerzos de metal, para juntas de dilatación de puentes, viaductos u otras construcciones.	Kg	Ex	Ex
4016.93.99	Las demás.	Kg	Ex	Ex
4016.94	.. **Defensas, incluso inflables, para el atraque de los barcos.**			
4016.94.01	Defensas para muelles portuarios, con o sin placas de montaje, excepto lo comprendido en la fracción 4016.94.02.	Kg	5	Ex
4016.94.02	Defensas para muelles portuarios, flotantes (rellenas de espuma flotante) o giratorias (llantas de caucho flexible no inflable).	Kg	Ex	Ex
4016.94.99	Los demás.	Kg	5	Ex
4016.95	.. **Los demás artículos inflables.**			
4016.95.01	Salvavidas.	Kg	Ex	Ex
4016.95.02	Diques.	Pza	Ex	Ex
4016.95.99	Los demás.	Kg	10	Ex
4016.99	.. **Las demás.**			
4016.99.01	Arandelas, válvulas u otras piezas de uso técnico, excepto lo comprendido en la fracción 4016.99.08.	Kg	5	Ex
4016.99.02	Cápsulas o tapones.	Kg	Ex	Ex
4016.99.03	Peras, bulbos y artículos de forma análoga.	Kg	Ex	Ex
4016.99.04	Dedales.	Kg	10	Ex
4016.99.05	Gomas para frenos hidráulicos.	Kg	Ex	Ex
4016.99.06	Recipientes de tejidos de fibras sintéticas poliamídicas, recubiertas con caucho sintético tipo butadieno-acrilonitrilo, vulcanizado, con llave de válvula.	Kg	Ex	Ex

Código		Descripción	Unid de Med	IMP.	EXP.
4016.99.07		Reconocibles para naves aéreas.	Kg	Ex	Ex
4016.99.08		Artículos reconocibles como concebidos exclusivamente para ser utilizados en el moldeo de neumáticos nuevos ("Bladers").	Kg	Ex	Ex
4016.99.09		Manufacturas circulares con o sin tacón, reconocibles como concebidas exclusivamente para ser utilizadas en la renovación de neumáticos.	Kg	Ex	Ex
4016.99.10		Elementos para control de vibración, del tipo utilizado en los vehículos de las partidas 87.01 a 87.05.	Kg	Ex	Ex
4016.99.99		Las demás.	Kg	Ex	Ex
40.17		**Caucho endurecido (por ejemplo, ebonita) en cualquier forma, incluidos los desechos y desperdicios; manufacturas de caucho endurecido.**			
4017.00	**.**	**Caucho endurecido (por ejemplo: ebonita) en cualquier forma, incluidos los desechos y desperdicios; manufacturas de caucho endurecido.**			
4017.00.01		Barras o perfiles.	Kg	Ex	Ex
4017.00.02		Manufacturas de caucho endurecido (ebonita).	Kg	Ex	Ex
4017.00.03		Desperdicios y desechos.	Kg	5	Ex
4017.00.99		Los demás.	Kg	Ex	Ex

Sección VIII
PIELES, CUEROS, PELETERÍA Y MANUFACTURAS DE ESTAS MATERIAS; ARTÍCULOS DE TALABARTERÍA O GUARNICIONERÍA; ARTÍCULOS DE VIAJE, BOLSOS DE MANO (CARTERAS) Y CONTINENTES SIMILARES; MANUFACTURAS DE TRIPA

_____

Capítulo 41
Pieles (excepto la peletería) y cueros

Notas.
1. Este Capítulo no comprende:
    a) los recortes y desperdicios similares de cueros y pieles en bruto (partida 05.11);
    b) las pieles y partes de pieles de ave, con sus plumas o plumón (partidas 05.05 ó 67.01, según los casos);
    c) los cueros y pieles en bruto, curtidos o adobados, sin depilar, de animales de pelo (Capítulo 43). Sin embargo, se clasifican en este Capítulo las pieles en bruto sin depilar de bovino (incluidas las de búfalo), de equino, ovino (excepto las de cordero llamadas astracán, "Breitschwanz", "caracul", "persa" o similares y las pieles de cordero de Indias, de China, de Mongolia o del Tíbet), de caprino (excepto las de cabra, cabritilla o cabrito del Yemen, de Mongolia o del Tíbet), de porcino (incluidas las de pecarí), de gamuza, gacela, camello, dromedario, reno, alce, ciervo, corzo o perro.
2. A) Las partidas 41.04 a 41.06 no comprenden los cueros y pieles que hayan sufrido un proceso de curtido (incluido el precurtido) reversible (partidas 41.01 a 41.03, según el caso).
    B) En las partidas 41.04 a 41.06 la expresión "crust" incluye cueros y pieles que han sido recurtidos, coloreados o engrasados en baño, previo al secado.
3. En la Nomenclatura, la expresión _cuero regenerado_ se refiere a las materias comprendidas en la partida 41.15.

Código		Descripción	Unid de Med	Arancel (%) IMP.	Arancel (%) EXP.
41.01		**Cueros y pieles en bruto, de bovino (incluido el búfalo) o de equino (frescos o salados, secos, encalados, piquelados o conservados de otro modo, pero sin curtir, apergaminar ni preparar de otra forma), incluso depilados o divididos.**			
4101.20	**.**	**Cueros y pieles enteros, sin dividir, de peso unitario inferior o igual a 8 kg para los secos, a 10 kg para los salados secos y a 16 kg para los frescos, salados verdes (húmedos) o conservados de otro modo.**			
4101.20.01		De bovino.	Kg	Ex	Ex
4101.20.02		De equino.	Kg	Ex	Ex
4101.50	**.**	**Cueros y pieles enteros, de peso unitario superior a 16 kg.**			
4101.50.01		De bovino frescos o salados verdes (húmedos).	Kg	Ex	Ex
4101.50.02		De equino.	Kg	Ex	Ex
4101.50.99		Los demás.	Kg	Ex	Ex
4101.90	**.**	**Los demás, incluidos los crupones, medios crupones y faldas.**			
4101.90.01		De equino.	Kg	Ex	Ex
4101.90.02		Crupones y medios crupones de bovino.	Kg	Ex	Ex
4101.90.99		Los demás.	Kg	Ex	Ex
41.02		**Cueros y pieles en bruto, de ovino (frescos o salados, secos, encalados, piquelados o conservados de otro modo, pero sin curtir, apergaminar ni preparar de otra forma), incluso depilados o divididos, excepto los excluidos por la Nota 1 c) de este Capítulo.**			
4102.10	**.**	**Con lana.**			
4102.10.01		Con lana.	Kg	Ex	Ex
	.	**Sin lana (depilados):**			
4102.21	**..**	**Piquelados.**			
4102.21.01		Piquelados.	Kg	Ex	Ex
4102.29	**..**	**Los demás.**			

4102.29.99	Los demás.	Kg	Ex	Ex
41.03	**Los demás cueros y pieles en bruto (frescos o salados, secos, encalados, piquelados o conservados de otro modo, pero sin curtir, apergaminar ni preparar de otra forma), incluso depilados o divididos, excepto los excluidos por las Notas 1 b) ó 1 c) de este Capítulo.**			
4103.20	**- De reptil.**			
4103.20.01	De caimán, cocodrilo o lagarto.	Cbza	Ex	Ex
4103.20.02	De tortuga o caguama.		Prohi- bida	Pro hi bida
4103.20.99	Los demás.	Kg	Ex	Ex
4103.30	**- De porcino.**			
4103.30.01	De porcino.	Kg	Ex	Ex
4103.90	**- Los demás.**			
4103.90.01	De caprino.	Kg	Ex	Ex
4103.90.02	De camello, o de dromedario.	Kg	Ex	Ex
4103.90.03	De las demás especies silvestres.	Kg	Ex	Ex
4103.90.99	Los demás.	Kg	Ex	Ex
41.04	**Cueros y pieles curtidos o "crust", de bovino (incluido el búfalo) o de equino, depilados, incluso divididos pero sin otra preparación.**			
	- En estado húmedo (incluido el "wet-blue"):			
4104.11	**-- Plena flor sin dividir; divididos con la flor.**			
4104.11.01	Enteros, de bovino, con una superficie por unidad inferior o igual a 2.6 m² (28 pies cuadrados).	M²	Ex	Ex
4104.11.02	De bovino, con precurtido vegetal, excepto lo comprendido en la fracción 4104.11.01.	M²	Ex	Ex
4104.11.03	De bovino, precurtidos al cromo húmedo ("wet blue"), excepto lo comprendido en la fracción 4104.11.01.	M²	Ex	Ex
4104.11.99	Los demás.	M²	Ex	Ex
4104.19	**-- Los demás.**			
4104.19.01	Enteros, de bovino, con una superficie por unidad inferior o igual a 2.6 m² (28 pies cuadrados).	M²	Ex	Ex
4104.19.02	De bovino, con precurtido vegetal, excepto lo comprendido en la fracción 4104.19.01.	M²	Ex	Ex
4104.19.03	De bovino, precurtidos al cromo húmedo ("wet blue"), excepto lo comprendido en la fracción 4104.19.01.	M²	Ex	Ex
4104.19.99	Los demás.	M²	Ex	Ex
	- En estado seco ("crust"):			
4104.41	**-- Plena flor sin dividir; divididos con la flor.**			
4104.41.01	Enteros, de bovino, con una superficie por unidad inferior o igual a 2.6 m² (28 pies cuadrados).	M²	Ex	Ex
4104.41.99	Los demás.	M²	Ex	Ex
4104.49	**-- Los demás.**			
4104.49.01	Enteros, de bovino, con una superficie por unidad inferior o igual a 2.6 m² (28 pies cuadrados).	M²	Ex	Ex
4104.49.99	Los demás.	M²	Ex	Ex
41.05	**Pieles curtidas o "crust", de ovino, depiladas, incluso divididas pero sin otra preparación.**			
4105.10	**- En estado húmedo (incluido el "wet-blue").**			
4105.10.01	Con precurtido vegetal.	M²	Ex	Ex
4105.10.02	Precurtidas de otra forma.	M²	Ex	Ex
4105.10.03	Preparadas al cromo.	M²	Ex	Ex
4105.10.99	Las demás.	M²	Ex	Ex
4105.30	**- En estado seco ("crust").**			
4105.30.01	En estado seco ("crust").	M²	Ex	Ex
41.06	**Cueros y pieles depilados de los demás animales y pieles de animales sin pelo, curtidos o "crust", incluso divididos pero sin otra preparación.**			
	- De caprino:			
4106.21	**-- En estado húmedo (incluido el "wet-blue").**			
4106.21.01	Con precurtido vegetal.	M²	Ex	Ex
4106.21.02	Precurtidos de otra forma.	M²	Ex	Ex
4106.21.03	Preparados al cromo.	M²	Ex	Ex
4106.21.99	Las demás.	M²	Ex	Ex
4106.22	**-- En estado seco ("crust").**			
4106.22.01	En estado seco ("crust").	M²	Ex	Ex
	- De porcino:			
4106.31	**-- En estado húmedo (incluido el "wet-blue").**			
4106.31.01	En estado húmedo (incluido el "wet-blue").	M²	Ex	Ex
4106.32	**-- En estado seco ("crust").**			
4106.32.01	En estado seco ("crust").	M²	Ex	Ex

4106.40	. **De reptil.**			
4106.40.01	Con precurtido vegetal.	M²	Ex	Ex
4106.40.99	Los demás.	M²	Ex	Ex
	. **Los demás:**			
4106.91	.. **En estado húmedo (incluido el "wet-blue").**			
4106.91.01	En estado húmedo (incluido el "wet-blue").	M²	Ex	Ex
4106.92	.. **En estado seco ("crust").**			
4106.92.01	En estado seco ("crust").	M²	Ex	Ex
41.07	**Cueros preparados después del curtido o del secado y cueros y pieles apergaminados, de bovino (incluido el búfalo) o equino, depilados, incluso divididos, excepto los de la partida 41.14.**			
	. **Cueros y pieles enteros:**			
4107.11	.. **Plena flor sin dividir.**			
4107.11.01	De bovino, con una superficie por unidad inferior o igual a 2.6 m² (28 pies cuadrados).	M²	Ex	Ex
4107.11.99	Los demás.	M²	Ex	Ex
4107.12	.. **Divididos con la flor.**			
4107.12.01	De bovino, con una superficie por unidad inferior o igual a 2.6 m² (28 pies cuadrados).	M²	Ex	Ex
4107.12.99	Los demás.	M²	Ex	Ex
4107.19	.. **Los demás.**			
4107.19.01	De becerro, con peso inferior o igual a 1,500 g por pieza y espesor mayor de 0.8 mm (variedad box-calf).	M²	Ex	Ex
4107.19.99	Los demás.	M²	Ex	Ex
	. **Los demás, incluidas las hojas:**			
4107.91	.. **Plena flor sin dividir.**			
4107.91.01	Plena flor sin dividir.	M²	Ex	Ex
4107.92	.. **Divididos con la flor.**			
4107.92.01	Divididos con la flor.	M²	Ex	Ex
4107.99	.. **Los demás.**			
4107.99.01	De becerro, con peso inferior o igual a 1,500 g por pieza y espesor mayor de 0.8 mm (variedad box-calf).	M²	Ex	Ex
4107.99.99	Los demás.	M²	Ex	Ex
41.12	**Cueros preparados después del curtido o secado y cueros y pieles apergaminados, de ovino, depilados, incluso divididos, excepto los de la partida 41.14.**			
4112.00	. **Cueros preparados después del curtido o del secado y cueros y pieles apergaminados, de ovino, depilados, incluso divididos, excepto los de la partida 41.14.**			
4112.00.01	Cueros preparados después del curtido o del secado y cueros y pieles apergaminados, de ovino, depilados, incluso divididos, excepto los de la partida 41.14.	M²	Ex	Ex
41.13	**Cueros preparados después del curtido o secado y cueros y pieles apergaminados, de los demás animales, depilados, y cueros preparados después del curtido y cueros y pieles apergaminados, de animales sin pelo, incluso los divididos, excepto los de la partida 41.14.**			
4113.10	. **De caprino.**			
4113.10.01	De caprino.	M²	Ex	Ex
4113.20	. **De porcino.**			
4113.20.01	De porcino.	M²	Ex	Ex
4113.30	. **De reptil.**			
4113.30.01	De reptil.	M²	Ex	Ex
4113.90	. **Los demás.**			
4113.90.01	De avestruz o de mantarraya.	M2	Ex	Ex
4113.90.99	Los demás.	M²	Ex	Ex
41.14	**Cueros y pieles agamuzados (incluido el agamuzado combinado al aceite); cueros y pieles charolados y sus imitaciones de cueros o pieles chapados; cueros y pieles metalizados.**			
4114.10	. **Cueros y pieles agamuzados (incluido el agamuzado combinado al aceite).**			
4114.10.01	Cueros y pieles agamuzados (incluido el agamuzado combinado al aceite).	M²	Ex	Ex
4114.20	. **Cueros y pieles charolados y sus imitaciones de cueros o pieles chapados; cueros y pieles metalizados.**			
4114.20.01	Cueros y pieles charolados y sus imitaciones de cueros o pieles chapados; cueros y pieles metalizados.	M²	Ex	Ex
41.15	**Cuero regenerado a base de cuero o fibras de cuero, en placas, hojas o tiras, incluso enrolladas; recortes y demás desperdicios de cuero o piel, preparados, o de cuero regenerado, no utilizables para la fabricación de manufacturas de cuero; aserrín, polvo y harina de cuero.**			
4115.10	. **Cuero regenerado a base de cuero o fibras de cuero, en placas, hojas o tiras, incluso enrolladas.**			
4115.10.01	Cuero regenerado, a base de cuero o de fibras de cuero, en placas, hojas o tiras, incluso enrolladas.	Kg	Ex	Ex

4115.20 .	Recortes y demás desperdicios de cuero o piel, preparados, o de cuero regenerado, no utilizables para la fabricación de manufacturas de cuero; aserrín, polvo y harina de cuero.
4115.20.01	Recortes y demás desperdicios de cuero o de pieles, preparados, o de cuero artificial (regenerado), no utilizables para la fabricación de manufacturas de cuero; aserrín, polvo y harina de cuero. Kg Ex Ex

Capítulo 42
Manufacturas de cuero; artículos de talabartería o guarnicionería; artículos de viaje, bolsos de mano (carteras) y continentes similares; manufacturas de tripa

Notas.

1. En este Capítulo, la expresión *cuero natural* comprende también los cueros y pieles agamuzados (incluido el agamuzado combinado al aceite), los cueros y pieles charolados y sus imitaciones de cueros o pieles chapados y los cueros y pieles metalizados.

2. Este Capítulo no comprende:

   a) los catguts estériles y las ligaduras estériles similares para suturas quirúrgicas (partida 30.06);

   b) las prendas y complementos (accesorios), de vestir (excepto los guantes, mitones y manoplas), de cuero o piel, forrados interiormente con peletería natural o peletería facticia o artificial, así como las prendas y complementos (accesorios), de vestir, de cuero o piel con partes exteriores de peletería natural o peletería facticia o artificial, cuando éstas superen el papel de simples guarniciones (partidas 43.03 ó 43.04, según los casos);

   c) los artículos confeccionados con redes de la partida 56.08;

   d) los artículos del Capítulo 64;

   e) los sombreros, demás tocados, y sus partes, del Capítulo 65;

   f) los látigos, fustas y demás artículos de la partida 66.02;

   g) los gemelos, pulseras y demás artículos de bisutería (partida 71.17);

   h) los accesorios y guarniciones de talabartería o guarnicionería (por ejemplo: frenos, estribos, hebillas), presentados aisladamente (Sección XV, generalmente);

   ij) las cuerdas armónicas, parches de tambor o de instrumentos similares y demás partes de instrumentos musicales (partida 92.09);

   k) los artículos del Capítulo 94 (por ejemplo: muebles, aparatos de alumbrado);

   l) los artículos del Capítulo 95 (por ejemplo: juguetes, juegos, artefactos deportivos);

   m) los botones, botones de presión, formas para botones y demás partes de botones o de botones de presión y esbozos de botones, de la partida 96.06.

3. A) Además de lo dispuesto en la Nota 2 anterior, la partida 42.02 no comprende:

   a) las bolsas de hojas de plástico, con asas, no concebidas para un uso prolongado, incluso impresas (partida 39.23);

   b) los artículos de materia trenzable (partida 46.02).

   B) Las manufacturas comprendidas en las partidas 42.02 y 42.03 con partes de metal precioso o de chapados de metal precioso (plaqué), de perlas naturales o cultivadas o de piedras preciosas o semipreciosas (naturales, sintéticas o reconstituidas) permanecen incluidas en estas partidas, incluso si dichas partes exceden la función de simples accesorios o adornos de mínima importancia, a condición de que tales partes no confieran a las manufacturas su carácter esencial. Si, por el contrario, esas partes confieren a las manufacturas su carácter esencial, éstas deben clasificarse en el Capítulo 71.

4. En la partida 42.03, la expresión *prendas y complementos (accesorios), de vestir* se refiere, entre otros, a los guantes, mitones y manoplas (incluidos los de deporte y los de protección), a los delantales y demás equipos especiales de protección individual para cualquier oficio, a los tirantes (tiradores), cinturones, bandoleras, brazaletes y muñequeras, excepto las pulseras para relojes (partida 91.13).

Código	Descripción	Unid de Med	Arancel (%)	
			IMP.	EXP.
42.01	**Artículos de talabartería o de guarnicionería para todos los animales (incluidos los tiros, traíllas, rodilleras, bozales, sudaderos, alforjas, abrigos para perros y artículos similares), de cualquier materia.**			
4201.00 .	**Artículos de talabartería o de guarnicionería para todos los animales (incluidos los tiros, traíllas, rodilleras, bozales, sudaderos, alforjas, abrigos para perros y artículos similares), de cualquier materia.**			
4201.00.01	Artículos de talabartería o de guarnicionería para todos los animales (incluidos los tiros, traíllas, rodilleras, bozales, sudaderos, alforjas, abrigos para perros y artículos similares), de cualquier materia.	Pza	20	Ex

42.02	**Baúles, maletas (valijas), maletines, incluidos los de aseo y los portadocumentos, portafolios (carteras de mano), cartapacios, fundas y estuches para gafas (anteojos), binoculares, cámaras fotográficas o cinematográficas, instrumentos musicales o armas y continentes similares; sacos de viaje, bolsas (sacos) aislantes para alimentos y bebidas, bolsas de aseo, mochilas, bolsos de mano (carteras), bolsas para la compra, billeteras, portamonedas, portamapas, petacas, pitilleras y bolsas para tabaco, bolsas para herramientas y para artículos de deporte, estuches para frascos y botellas, estuches para joyas, polveras, estuches para orfebrería y continentes similares, de cuero natural o regenerado, hojas de plástico, materia textil, fibra vulcanizada o cartón, o recubiertos totalmente o en su mayor parte con esas materias o papel.**			
	- Baúles, maletas (valijas) y maletines, incluidos los de aseo y los portadocumentos, portafolios (carteras de mano), cartapacios y continentes similares:			
4202.11	**- - Con la superficie exterior de cuero natural o cuero regenerado.**			
4202.11.01	Con la superficie exterior de cuero natural o cuero regenerado.	Pza	20	Ex
4202.12	**- - Con la superficie exterior de plástico o materia textil.**			
4202.12.01	Con la superficie exterior de plástico.	Pza	20	Ex
4202.12.02	Con la superficie exterior de materia textil.	Pza	20	Ex
4202.19	**- - Los demás.**			
4202.19.99	Los demás.	Pza	20	Ex
	- Bolsos de mano (carteras), incluso con bandolera o sin asas:			
4202.21	**- - Con la superficie exterior de cuero natural o cuero regenerado.**			
4202.21.01	Con la superficie exterior de cuero natural o cuero regenerado.	Pza	20	Ex
4202.22	**- - Con la superficie exterior de hojas de plástico o materia textil.**			
4202.22.01	Con la superficie exterior de hojas de plástico.	Pza	20	Ex
4202.22.02	Con la superficie exterior de materia textil.	Pza	20	Ex
4202.29	**- - Los demás.**			
4202.29.99	Los demás.	Pza	20	Ex
	- Artículos de bolsillo o de bolso de mano (cartera):			
4202.31	**- - Con la superficie exterior de cuero natural o cuero regenerado.**			
4202.31.01	Con la superficie exterior de cuero natural o cuero regenerado.	Pza	20	Ex
4202.32	**- - Con la superficie exterior de hojas de plástico o materia textil.**			
4202.32.01	Con la superficie exterior de hojas de plástico.	Pza	20	Ex
4202.32.02	Con la superficie exterior de materia textil.	Pza	20	Ex
4202.39	**- - Los demás.**			
4202.39.99	Los demás.	Pza	20	Ex
	- Los demás:			
4202.91	**- - Con la superficie exterior de cuero natural o cuero regenerado.**			
4202.91.01	Con la superficie exterior de cuero natural o cuero regenerado.	Pza	20	Ex
4202.92	**- - Con la superficie exterior de hojas de plástico o materia textil.**			
4202.92.01	Con la superficie exterior de hojas de plástico, excepto lo comprendido en la fracción 4202.92.03.	Pza	20	Ex
4202.92.02	Con la superficie exterior de materia textil, excepto lo comprendido en la fracción 4202.92.03.	Pza	20	Ex
4202.92.03	Bolsas o fundas, utilizadas para contener llaves de cubo y/o un "gato", reconocibles como concebidas exclusivamente para uso automotriz.	Pza	20	Ex
4202.99	**- - Los demás.**			
4202.99.99	Los demás.	Pza	20	Ex
42.03	**Prendas y complementos (accesorios), de vestir, de cuero natural o cuero regenerado.**			
4203.10	**- Prendas de vestir.**			
4203.10.01	Para protección contra radiaciones.	Pza	Ex	Ex
4203.10.99	Los demás.	Pza	20	Ex
	- Guantes, mitones y manoplas:			
4203.21	**- - Diseñados especialmente para la práctica del deporte.**			
4203.21.01	Diseñados especialmente para la práctica del deporte.	Pza	20	Ex
4203.29	**- - Los demás.**			
4203.29.01	Para protección contra radiaciones.	Pza	Ex	Ex
4203.29.99	Los demás.	Pza	20	Ex
4203.30	**- Cintos, cinturones y bandoleras.**			
4203.30.01	Cinturones de seguridad para operarios.	Pza	20	Ex
4203.30.99	Los demás.	Pza	20	Ex
4203.40	**- Los demás complementos (accesorios) de vestir.**			
4203.40.01	Para protección contra radiaciones.	Pza	Ex	Ex
4203.40.99	Los demás.	Pza	20	Ex
42.05	**Las demás manufacturas de cuero natural o cuero regenerado.**			

Código		Descripción	Unid de Med	IMP.	EXP.
4205.00	.	Las demás manufacturas de cuero natural o cuero regenerado.			
4205.00.01		Partes cortadas en forma, reconocibles como concebidas exclusivamente para cinturones portaherramientas.	Pza	20	Ex
4205.00.02		Artículos para usos técnicos de cuero natural o cuero regenerado.	Kg	Ex	Ex
4205.00.99		Las demás.	Pza	20	Ex
42.06		Manufacturas de tripa, vejigas o tendones.			
4206.00	.	Manufacturas de tripa, vejigas o tendones.			
4206.00.01		Catgut, incluso cromado, con diámetro igual o superior a 0.10 mm, sin exceder de 0.89 mm.	Kg	Ex	Ex
4206.00.02		Cuerdas de tripa, excepto lo comprendido en la fracción 4206.00.01.	Kg	5	Ex
4206.00.99		Las demás.	Kg	5	Ex

Capítulo 43
Peletería y confecciones de peletería; peletería facticia o artificial

Notas.

1. Independientemente de la peletería en bruto de la partida 43.01, en la Nomenclatura, el término *peletería* abarca las pieles de todos los animales curtidas o adobadas, sin depilar.

2. Este Capítulo no comprende:
   a) las pieles y partes de pieles de ave con sus plumas o plumón (partidas 05.05 ó 67.01, según los casos);
   b) los cueros y pieles, en bruto, sin depilar, de la naturaleza de los clasificados en el Capítulo 41 en virtud de la Nota 1 c) de dicho Capítulo;
   c) los guantes, mitones y manoplas, confeccionados a la vez con peletería natural o peletería facticia o artificial y con cuero (partida 42.03);
   d) los artículos del Capítulo 64;
   e) los sombreros, demás tocados, y sus partes, del Capítulo 65;
   f) los artículos del Capítulo 95 (por ejemplo: juguetes, juegos, artefactos deportivos).

3. Se clasifican en la partida 43.03, la peletería y partes de peletería, ensambladas con otras materias, y la peletería y partes de peletería, cosidas formando prendas, partes de prendas, complementos (accesorios), de vestir u otros artículos.

4. Se clasifican en las partidas 43.03 ó 43.04, según los casos, las prendas y complementos (accesorios), de vestir, de cualquier clase (excepto los excluidos de este Capítulo por la Nota 2), forrados interiormente con peletería natural o con peletería facticia o artificial, así como las prendas y complementos (accesorios), de vestir, con partes exteriores de peletería natural o peletería facticia o artificial, cuando dichas partes no sean simples guarniciones.

5. En la Nomenclatura, se consideran peletería *facticia* o *artificial* las imitaciones de peletería obtenidas con lana, pelo u otras fibras, aplicados por pegado o cosido, sobre cuero, tejido u otras materias, excepto las imitaciones obtenidas por tejido o por punto (partidas 58.01 ó 60.01, generalmente).

Código		Descripción	Unid de Med	Arancel (%) IMP.	EXP.
43.01		**Peletería en bruto (incluidas las cabezas, colas, patas y demás trozos utilizables en peletería), excepto las pieles en bruto de las partidas 41.01, 41.02 ó 41.03.**			
4301.10	.	**De visón, enteras, incluso sin la cabeza, cola o patas.**			
4301.10.01		De visón, enteras incluso sin la cabeza, cola o patas.	Kg	Ex	Ex
4301.30	.	**De cordero llamadas "astracán", "Breitschwanz", "caracul", "persa" o similares, de cordero de Indias, de China, de Mongolia o del Tíbet, enteras, incluso sin la cabeza, cola o patas.**			
4301.30.01		De cordero llamadas "astracán", "Breitschwanz", "caracul", "persa" o similares, de cordero de Indias, de China, de Mongolia o del Tibet, enteras, incluso sin la cabeza, cola o patas.	Kg	Ex	Ex
4301.60	.	**De zorro, enteras, incluso sin la cabeza, cola o patas.**			
4301.60.01		De zorro, enteras, incluso sin la cabeza, cola o patas.	Kg	Ex	Ex
4301.80	.	**Las demás pieles, enteras, incluso sin la cabeza, cola o patas.**			
4301.80.01		De carpincho.	Kg	Ex	Ex
4301.80.02		De alpaca (nonato).	Kg	Ex	Ex
4301.80.03		De gato montes, tigrillo y ocelote.	Kg	Ex	Ex
4301.80.04		De conejo o liebre.	Kg	Ex	Ex
4301.80.05		De castor.	Kg	Ex	Ex
4301.80.06		De rata almizclera.	Kg	Ex	Ex
4301.80.07		De foca u otaria.	Kg	Ex	Ex
4301.80.99		Las demás.	Kg	Ex	Ex
4301.90	.	**Cabezas, colas, patas y demás trozos utilizables en peletería.**			
4301.90.01		Cabezas, colas, patas y demás trozos utilizables en peletería.	Kg	Ex	Ex
43.02		**Peletería curtida o adobada (incluidas las cabezas, colas, patas y demás trozos, desechos y recortes), incluso ensamblada (sin otras materias), excepto la de la partida 43.03.**			
	.	**Pieles enteras, incluso sin la cabeza, cola o patas, sin ensamblar:**			
4302.11	..	De visón.			

4302.11.01	De visón.	Kg	Ex	Ex
4302.19	**. . Las demás.**			
4302.19.01	De gato montés, tigrillo y ocelote.	Kg	Ex	Ex
4302.19.02	De conejo o liebre.	Kg	Ex	Ex
4302.19.03	De cordero llamadas "astracán", "Breistschwanz", "caracul", "persa" o similares, de cordero de Indias, de China, de Mongolia o del Tíbet.	Kg	Ex	Ex
4302.19.99	Las demás.	Kg	Ex	Ex
4302.20	**. Cabezas, colas, patas y demás trozos, desechos y recortes, sin ensamblar.**			
4302.20.01	De gato montés, tigrillo y ocelote.	Kg	Ex	Ex
4302.20.99	Los demás.	Kg	Ex	Ex
4302.30	**. Pieles enteras y trozos y recortes de pieles, ensamblados.**			
4302.30.01	De gato montés, tigrillo y ocelote.	Kg	Ex	Ex
4302.30.99	Los demás.	Kg	Ex	Ex
43.03	**Prendas y complementos (accesorios), de vestir, y demás artículos de peletería.**			
4303.10	**. Prendas y complementos (accesorios), de vestir.**			
4303.10.01	Prendas y complementos (accesorios), de vestir.	Pza	20	Ex
4303.90	**. Los demás.**			
4303.90.99	Los demás.	Pza	20	Ex
43.04	**Peletería facticia o artificial y artículos de peletería facticia o artificial.**			
4304.00	**. Peletería facticia o artificial y artículos de peletería facticia o artificial.**			
4304.00.01	Peletería facticia o artificial y artículos de peletería facticia o artificial.	Kg	20	Ex

---

Sección IX
MADERA, CARBÓN VEGETAL Y MANUFACTURAS DE MADERA; CORCHO Y SUS MANUFACTURAS; MANUFACTURAS DE ESPARTERÍA O CESTERÍA

Capítulo 44
Madera, carbón vegetal y manufacturas de madera

Notas.
1. Este Capítulo no comprende:
   a) las virutas y astillas de madera ni la madera triturada, molida o pulverizada, de las especies utilizadas principalmente en perfumería, en medicina o para usos insecticidas, parasiticidas o similares (partida 12.11);
   b) el bambú ni demás materias de naturaleza leñosa de las especies utilizadas principalmente en cestería o espartería, en bruto, incluso hendidos, aserrados longitudinalmente o cortados en longitudes determinadas (partida 14.01);
   c) las virutas y astillas de madera ni la madera molida o pulverizada, de las especies utilizadas principalmente como tintóreas o curtientes (partida 14.04);
   d) el carbón activado (partida 38.02);
   e) los artículos de la partida 42.02;
   f) las manufacturas del Capítulo 46;
   g) el calzado y sus partes, del Capítulo 64;
   h) los artículos del Capítulo 66 (por ejemplo: paraguas, bastones y sus partes);
   ij) las manufacturas de la partida 68.08;
   k) la bisutería de la partida 71.17;
   l) los artículos de las Secciones XVI o XVII (por ejemplo: partes de máquinas, cajas, cubiertas o armarios para máquinas y aparatos y partes de carretería);
   m) los artículos de la Sección XVIII (por ejemplo: cajas y envolturas similares de aparatos de relojería y los instrumentos musicales y sus partes);
   n) las partes de armas (partida 93.05);
   o) los artículos del Capítulo 94 (por ejemplo: muebles, aparatos de alumbrado, construcciones prefabricadas);
   p) los artículos del Capítulo 95 (por ejemplo: juguetes, juegos, artefactos deportivos);
   q) los artículos del Capítulo 96 (por ejemplo: pipas y partes de pipas, botones, lápices), excepto los mangos y monturas, de madera, para artículos de la partida 96.03;
   r) los artículos del Capítulo 97 (por ejemplo, objetos de arte).
2. En este Capítulo, se entiende por *madera densificada*, la madera, incluso la chapada, que haya recibido un tratamiento químico o físico (en la madera chapada, éste debe ser más intenso que el necesario para asegurar la cohesión) de tal naturaleza que produzca un aumento sensible de la densidad o de la dureza, así como una mayor resistencia a los efectos mecánicos, químicos o eléctricos.
3. En las partidas 44.14 a 44.21, los artículos de tableros de partículas o tableros similares, de tableros de fibra, de madera estratificada o de madera densificada, se asimilan a los artículos correspondientes de madera.
4. Los productos de las partidas 44.10, 44.11 ó 44.12 pueden estar trabajados para obtener los perfiles admitidos en la madera de la partida 44.09, curvados, ondulados, perforados, cortados u obtenidos en forma distinta de la cuadrada o rectangular o trabajados de otro modo, siempre que estos trabajos no les confieran las características de artículos de otras partidas.
5. La partida 44.17 no comprende las herramientas cuya hoja, cuchilla, superficie u otra parte operante esté constituida por alguna de las materias mencionadas en la Nota 1 del Capítulo 82.
6. Sin perjuicio de lo dispuesto en la Nota 1 anterior y salvo disposición en contrario, cualquier referencia a *madera* en un texto de partida de este Capítulo se aplica también al bambú y demás materias de naturaleza leñosa.

Nota de subpartida.

1. En la subpartida 4401.31, se entiende por "*pellets*" de madera los subproductos, tales como virutas, aserrín o plaquitas, obtenidos a partir del proceso mecánico de industrialización de la madera, de la industria del mueble u otras actividades de transformación de la madera, aglomerados por simple presión o por adición de aglutinante en una proporción inferior o igual al 3% en peso. Estos "*pellets*" son cilíndricos, con un diámetro inferior o igual a 25 mm y una longitud inferior o igual a 100 mm.

2. En las subpartidas 4403.41 a 4403.49, 4407.21 a 4407.29, 4408.31 a 4408.39 y 4412.31, se entiende por maderas tropicales las siguientes:

"Abura, Acajou d'Afrique, Afrormosia, Ako, Alan, Andiroba, Aningré, Avodiré, Azobé, Balau, Balsa, Bossé clair, Bossé foncé, Cativo, Cedro, Dabema, Dark Red Meranti, Dibétou, Doussié, Framiré, Freijo, Fromager, Fuma, Geronggang, Ilomba, Imbuia, Ipé, Iroko, Jaboty, Jelutong, Jequitiba, Jongkong, Kapur, Kempas, Keruing, Kosipo, Kotibé, Koto, Light Red Meranti, Limba, Louro, Maçaranduba, Mahogany, Makoré, Mandioqueira, Mansonia, Mengkulang, Meranti Bakau, Merawan, Merbau, Merpauh, Mersawa, Moabi, Niangon, Nyatoh, Obeche, Okoumé, Onzabili, Orey, Ovengkol, Ozigo, Padauk, Paldao, Palissandre de Guatemala, Palissandre de Para, Palissandre de Rio, Palissandre de Rose, Pau Amarelo, Pau Marfim, Pulai, Punah, Quaruba, Ramin, Sapelli, Saqui-Saqui, Sepetir, Sipo, Sucupira, Suren, Tauari, Teak, Tiama, Tola, Virola, White Lauan, White Meranti, White Seraya, Yellow Meranti.

Código		Descripción	Unid de Med	Arancel (%)	
				IMP.	EXP.
44.01		**Leña; madera en plaquitas o partículas; aserrín, desperdicios y desechos, de madera, incluso aglomerados en leños, briquetas, bolitas o formas similares.**			
4401.10	**.**	**Leña.**			
4401.10.01		Leña.	Kg	Ex	Ex
	.	**Madera en plaquitas o partículas:**			
4401.21	**..**	**De coníferas.**			
4401.21.01		De coníferas.	Kg	Ex	Ex
4401.22	**..**	**Distinta de la de coníferas.**			
4401.22.01		Distinta de la de coníferas.	Kg	Ex	Ex
	.	**Aserrín, desperdicios y desechos, de madera, incluso aglomerados en leños, briquetas, "pellets" de madera o formas similares:**			
4401.31	**..**	**"Pellets" de madera.**			
4401.31.01		"Pellets" de madera.	Kg	Ex	Ex
4401.39	**..**	**Los demás.**			
4401.39.99		Los demás.	Kg	Ex	Ex
44.02		**Carbón vegetal (comprendido el de cáscaras o de huesos (carozos) de frutos), incluso aglomerado.**			
4402.10	**.**	**De bambú.**			
4402.10.01		De bambú.	Kg	Ex	Ex
4402.90	**.**	**Los demás.**			
4402.90.99		Los demás.	Kg	Ex	Ex
44.03		**Madera en bruto, incluso descortezada, desalburada o escuadrada.**			
4403.10	**.**	**Tratada con pintura, creosota u otros agentes de conservación.**			
4403.10.01		Tratada con pintura, creosota u otros agentes de conservación.	M3	Ex	Ex
4403.20	**.**	**Las demás, de coníferas.**			
4403.20.99		Las demás, de coníferas.	M3	Ex	Ex
	.	**Las demás, de las maderas tropicales citadas en la Nota de subpartida 2 de este Capítulo:**			
4403.41	**..**	**Dark Red Meranti, Light Red Meranti y Meranti Bakau.**			
4403.41.01		Dark Red Meranti, Light Red Meranti y Meranti Bakau.	M3	Ex	Ex
4403.49	**..**	**Las demás.**			
4403.49.01		White Lauan, White Meranti, White Seraya, Yellow Meranti, Alan, Keruing, Ramin, Kapur, Teak, Jongkong, Merbau, Jelutong y Kempas.	M3	Ex	Ex
4403.49.02		De Swietenia macrophylla, Cedrella odorata o Cedrella mexicana, escuadradas.	M3	Ex	Ex
4403.49.99		Las demás.	M3	Ex	Ex
	.	**Las demás:**			
4403.91	**..**	**De encina, roble, alcornoque y demás belloteros (Quercus spp.).**			
4403.91.01		De encina, roble, alcornoque y demás belloteros (Quercus spp.).	M3	Ex	Ex
4403.92	**..**	**De haya (Fagus spp.).**			
4403.92.01		De haya (Fagus spp.).	M3	Ex	Ex
4403.99	**..**	**Las demás.**			
4403.99.99		Las demás.	M3	Ex	Ex
44.04		**Flejes de madera; rodrigones hendidos; estacas y estaquillas de madera, apuntadas, sin aserrar longitudinalmente; madera simplemente desbastada o redondeada, pero**			

sin tornear, curvar ni trabajar de otro modo, para bastones, paraguas, mangos de herramientas o similares; madera en tablillas, láminas, cintas o similares.

4404.10	**.**	**De coníferas.**		
4404.10.01		Madera hilada.	M3	5	Ex
4404.10.99		Los demás.	M3	5	Ex
4404.20	**.**	**Distinta de la de coníferas.**		
4404.20.01		Varitas de bambú aún cuando estén redondeadas.	M3	15	Ex
4404.20.02		De fresno, simplemente desbastada o redondeada, para bastones, paraguas, mangos de herramientas y similares.	M3	5	Ex
4404.20.03		De haya o de maple, simplemente desbastada o redondeada, para bastones, paraguas, mangos de herramientas y similares.	M3	5	Ex
4404.20.04		Madera hilada.	M3	5	Ex
4404.20.99		Los demás.	M3	10	Ex
44.05		**Lana de madera; harina de madera.**		
4405.00	**.**	**Lana de madera; harina de madera.**		
4405.00.01		Lana de madera.	Kg	5	Ex
4405.00.02		Harina de madera.	Kg	5	Ex
44.06		**Traviesas (durmientes) de madera para vías férreas o similares.**		
4406.10	**.**	**Sin impregnar.**		
4406.10.01		Sin impregnar.	Pza	5	Ex
4406.90	**.**	**Las demás.**		
4406.90.99		Las demás.	Pza	5	Ex
44.07		**Madera aserrada o desbastada longitudinalmente, cortada o desenrollada, incluso cepillada, lijada o unida por los extremos, de espesor superior a 6 mm.**		
4407.10	**.**	**De coníferas.**		
4407.10.01		De ocote o pinabete, o abeto (oyamel) en tablas, tablones o vigas.	M3	Ex	Ex
4407.10.02		En tablas, tablones o vigas, excepto lo comprendido en la fracción 4407.10.01.	M3	5	Ex
4407.10.03		Tablillas con ancho que no exceda de 10 cm y longitud inferior o igual a 20 cm, para la fabricación de lápices, excepto lo comprendido en la fracción 4407.10.04.	M3	Ex	Ex
4407.10.04		Tablillas con ancho que no exceda de 10 cm y longitud inferior o igual a 70 cm, de cedro rojo occidental (Thuja plicata).	M3	Ex	Ex
4407.10.99		Los demás.	M3	5	Ex
	.	**De las maderas tropicales citadas en la Nota de subpartida 2 de este Capítulo:**		
4407.21	**. .**	**Mahogany (Swietenia spp.).**		
4407.21.01		En tablas, tablones o vigas.	M3	Ex	Ex
4407.21.02		De Swietenia macrophylla aserradas, en hojas o desenrolladas.	M3	Ex	Ex
4407.21.99		Los demás.	M3	Ex	Ex
4407.22	**. .**	**Virola, Imbuia y Balsa.**		
4407.22.01		En tablas, tablones o vigas.	M3	Ex	Ex
4407.22.99		Los demás.	M3	Ex	Ex
4407.25	**. .**	**Dark Red Meranti, Light Red Meranti y Meranti Bakau.**		
4407.25.01		Dark Red Meranti, Light Red Meranti y Meranti Bakau.	M3	5	Ex
4407.26	**. .**	**White Lauan, White Meranti, White Seraya, Yellow Meranti y Alan.**		
4407.26.01		White Lauan, White Meranti, White Seraya, Yellow Meranti y Alan.	M3	5	Ex
4407.27	**. .**	**Sapelli.**		
4407.27.01		Sapelli.	M3	Ex	Ex
4407.28	**. .**	**Iroko.**		
4407.28.01		Iroko.	M3	Ex	Ex
4407.29	**. .**	**Las demás.**		
4407.29.01		Keruing, Ramin, Kapur, Teak, Jongkong, Merbau, Jelutong excepto lo comprendido en la fracción 4407.29.02, Kempas, Okumé, Obeche, Sipo, Acajou d' Afrique, Makoré, Tiama, Mansonia, Ilomba, Dibétou, Limba o Azobé.	M3	Ex	Ex
4407.29.02		Tablillas de madera de Jelutong con ancho que no exceda de 73 mm, y largo que no exceda de 185 mm, para la fabricación de lápices.	M3	Ex	Ex
4407.29.03		De Cedrella odorata o Cedrella mexicana, aserradas, en hojas o desenrolladas.	M3	Ex	Ex
4407.29.99		Los demás.	M3	Ex	Ex
	.	**Las demás.**		
4407.91	**. .**	**De encina, roble, alcornoque y demás belloteros (Quercus spp.).**		
4407.91.01		De encina, roble, alcornoque y demás belloteros (Quercus spp.).	M3	Ex	Ex
4407.92	**. .**	**De haya (Fagus spp.).**		
4407.92.01		Cuando ninguno de sus lados exceda de 18 cm y longitud igual o superior a 18 cm, sin exceder de 1 m.	M3	Ex	Ex
4407.92.99		Los demás.	M3	Ex	Ex
4407.93	**. .**	**De arce (Acer spp.).**		
4407.93.01		De arce (Acer spp.).	M3	Ex	Ex
4407.94	**. .**	**De cerezo (Prunus spp.).**		
4407.94.01		De cerezo (Prunus spp.).	M3	Ex	Ex

4407.95	**‑ ‑**	**De fresno (Fraxinus spp.).**			
4407.95.01		En tablas, tablones o vigas, excepto lo comprendido en la fracción 4407.95.02.	M3	Ex	Ex
4407.95.02		Cuando ninguno de sus lados exceda de 18 cm y longitud igual o superior a 48 cm, sin exceder de 1 m.	M3	Ex	Ex
4407.95.99		Las demás.	M3	Ex	Ex
4407.99	**‑ ‑**	**Las demás.**			
4407.99.01		En tablas, tablones o vigas, excepto lo comprendido en la fracción 4407.99.02.	M3	Ex	Ex
4407.99.02		De las especies listadas a continuación: Alnus rubra., Liriodendron tulipifera, Betula spp., Carya spp., Carya illinoensis, Carya pecan, y Juglans spp.	M3	Ex	Ex
4407.99.03		Tablillas de madera de Linden (Tiliaceae o Tilia heterophylla) con ancho que no exceda de 73 mm, y largo que no exceda de 185 mm, para la fabricación de lápices.	M3	Ex	Ex
4407.99.99		Los demás.	M3	Ex	Ex
44.08		**Hojas para chapado (incluidas las obtenidas por cortado de madera estratificada), para contrachapado o para maderas estratificadas similares y demás maderas, aserradas longitudinalmente, cortadas o desenrolladas, incluso cepilladas, lijadas, unidas longitudinalmente o por los extremos, de espesor inferior o igual a 6 mm.**			
4408.10	**‑**	**De coníferas.**			
4408.10.01		De coníferas, excepto lo comprendido en la fracción 4408.10.02.	M3	Ex	Ex
4408.10.02		De coníferas para la fabricación de lápices.	M3	Ex	Ex
	‑	**De las maderas tropicales citadas en la Nota de subpartida 2 de este Capítulo:**			
4408.31	**‑ ‑**	**Dark Red Meranti, Light Red Meranti y Meranti Bakau.**			
4408.31.01		Dark Red Meranti, Light Red Meranti y Meranti Bakau.	M3	Ex	Ex
4408.39	**‑ ‑**	**Las demás.**			
4408.39.01		Tablillas de madera de jelutong con ancho que no exceda de 73 mm, y largo que no exceda de 185 mm, para la fabricación de lápices.	M3	Ex	Ex
4408.39.99		Las demás.	M3	Ex	Ex
4408.90	**‑**	**Las demás.**			
4408.90.01		Tablillas de madera de Linden (Tiliaceae o Tilia heterophylla) con ancho que no exceda de 73 mm, y largo que no exceda de 185 mm, para la fabricación de lápices.	M3	Ex	Ex
4408.90.99		Las demás.	M3	Ex	Ex
44.09		**Madera (incluidas las tablillas y frisos para parqués, sin ensamblar) perfilada longitudinalmente (con lengüetas, ranuras, rebajes, acanalados, biselados, con juntas en v, moldurados, redondeados o similares) en una o varias caras, cantos o extremos, incluso cepillada, lijada o unida por los extremos.**			
4409.10	**‑**	**De coníferas.**			
4409.10.01		Listones y molduras de madera para muebles, marcos, decorados interiores, conducciones eléctricas y análogos.	M2	15	Ex
4409.10.02		Tablillas de Libocedrus decurrens con ancho que no exceda de 10 cm y longitud igual o inferior a 20 cm, para la fabricación de lápices.	M2	Ex	Ex
4409.10.99		Los demás.	M2	15	Ex
	‑	**Distinta de la de coníferas:**			
4409.21	**‑ ‑**	**De bambú.**			
4409.21.01		Listones y molduras para muebles, marcos, decorados interiores, conducciones eléctricas y análogos.	M2	15	Ex
4409.21.02		Tablillas y frisos para parqués.	M2	15	Ex
4409.21.99		Los demás.	M2	15	Ex
4409.29	**‑ ‑**	**Las demás.**			
4409.29.01		Listones y molduras para muebles, marcos, decorados interiores, conducciones eléctricas y análogos.	M2	15	Ex
4409.29.02		De Swietenia macrophylla, Cedrella odorata o Cedrella mexicana, cepilladas, excepto lo comprendido en la fracción 4409.29.01.	M2	15	Ex
4409.29.99		Los demás.	M2	15	Ex
44.10		**Tableros de partículas, tableros llamados "oriented strand board" (OSB) y tableros similares (por ejemplo, "waferboard"), de madera u otras materias leñosas, incluso aglomeradas con resinas o demás aglutinantes orgánicos.**			
	‑	**De madera:**			
4410.11	**‑ ‑**	**Tableros de partículas.**			
4410.11.01		En bruto o simplemente lijados.	Kg	15	Ex
4410.11.02		Recubiertos en la superficie con papel impregnado con melamina.	Kg	15	Ex
4410.11.03		Recubiertos en la superficie con placas u hojas decorativas estratificadas de plástico.	Kg	15	Ex
4410.11.99		Los demás.	Kg	15	Ex
4410.12	**‑ ‑**	**Tableros llamados "oriented strand board" (OSB).**			
4410.12.01		En bruto o simplemente lijados.	Kg	15	Ex
4410.12.99		Los demás.	Kg	15	Ex
4410.19	**‑ ‑**	**Los demás.**			
4410.19.01		En bruto o simplemente lijados.	Kg	15	Ex
4410.19.02		Recubiertos en la superficie con papel impregnado con melamina.	Kg	15	Ex
4410.19.03		Recubiertos en la superficie con placas u hojas decorativas estratificadas de plástico.	Kg	15	Ex

4410.19.99	Los demás.	Kg	15	Ex
4410.90	**. Los demás.**			
4410.90.01	Aglomerados sin recubrir ni acabar.	Kg	5	Ex
4410.90.99	Los demás.	Kg	15	Ex
44.11	**Tableros de fibra de madera u otras materias leñosas, incluso aglomeradas con resinas o demás aglutinantes orgánicos.**			
	. Tableros de fibra de densidad media (llamados "MDF"):			
4411.12	**.. De espesor inferior o igual a 5 mm.**			
4411.12.01	De densidad superior a 0.8 g/cm3, sin trabajo mecánico ni recubrimiento de superficie.	Kg	Ex	Ex
4411.12.02	De densidad superior a 0.8 g/cm3, excepto lo comprendido en la fracción 4411.12.01.	Kg	5	Ex
4411.12.03	De densidad superior a 0.5 g/cm3 pero inferior o igual a 0.8 g/cm3, sin trabajo mecánico ni recubrimiento de superficie.	Kg	5	Ex
4411.12.04	De densidad superior a 0.5 g/cm3 pero inferior o igual a 0.8 g/cm3, excepto lo comprendido en la fracción 4411.12.03.	Kg	5	Ex
4411.12.05	De densidad inferior o igual a 0.5 g/cm3, sin trabajo mecánico ni recubrimiento de superficie.	Kg	5	Ex
4411.12.99	Los demás.	Kg	5	Ex
4411.13	**.. De espesor superior a 5 mm pero inferior o igual a 9 mm.**			
4411.13.01	De densidad superior a 0.8 g/cm3, sin trabajo mecánico ni recubrimiento de superficie.	Kg	Ex	Ex
4411.13.02	De densidad superior a 0.8 g/cm3, excepto lo comprendido en la fracción 4411.13.01	Kg	5	Ex
4411.13.03	De densidad superior a 0.5 g/cm3 pero inferior o igual a 0.8 g/cm3, sin trabajo mecánico ni recubrimiento de superficie.	Kg	5	Ex
4411.13.04	De densidad superior a 0.5 g/cm3 pero inferior o igual a 0.8 g/cm3, excepto lo comprendido en la fracción 4411.13.03.	Kg	5	Ex
4411.13.05	De densidad inferior o igual a 0.5 g/cm3, sin trabajo mecánico ni recubrimiento de superficie.	Kg	5	Ex
4411.13.99	Los demás.	Kg	5	Ex
4411.14	**.. De espesor superior a 9 mm.**			
4411.14.01	De densidad superior a 0.8 g/cm3, sin trabajo mecánico ni recubrimiento de superficie.	Kg	Ex	Ex
4411.14.02	De densidad superior a 0.8 g/cm3, excepto lo comprendido en la fracción 4411.14.01.	Kg	5	Ex
4411.14.03	De densidad superior a 0.5 g/cm3 pero inferior o igual a 0.8 g/cm3, sin trabajo mecánico ni recubrimiento de superficie.	Kg	Ex	Ex
4411.14.04	De densidad superior a 0.5 g/cm3 pero inferior o igual a 0.8 g/cm3 excepto lo comprendido en la fracción 4411.14.03.	Kg	5	Ex
4411.14.05	De densidad inferior o igual a 0.5 g/cm3, sin trabajo mecánico ni recubrimiento de superficie.	Kg	5	Ex
4411.14.99	Los demás.	Kg	5	Ex
	. Los demás:			
4411.92	**.. De densidad superior a 0.8 g/cm³.**			
4411.92.01	Sin trabajo mecánico ni recubrimiento de superficie.	Kg	5	Ex
4411.92.99	Los demás.	Kg	5	Ex
4411.93	**.. De densidad superior a 0.5 g/cm³ pero inferior o igual a 0.8 g/cm³.**			
4411.93.01	De densidad igual o superior a 0.600 g/cm³ pero inferior o igual a 0.770 g/cm³, con espesor igual o superior a 9 mm pero inferior o igual a 30 mm, sin trabajo mecánico ni recubrimiento de superficie.	Kg	5	Ex
4411.93.02	De densidad igual o superior a 0.600 g/cm³ pero inferior o igual a 0.770 g/cm³, con espesor igual o superior a 9 mm pero inferior o igual a 30 mm, excepto lo comprendido en la fracción 4411.93.01.	Kg	5	Ex
4411.93.03	Los demás de densidad superior a 0.5 g/cm³ pero inferior o igual a 0.8 g/cm³, sin trabajo mecánico ni recubrimiento de superficie.	Kg	5	Ex
4411.93.99	Los demás.	Kg	5	Ex
4411.94	**.. De densidad inferior o igual a 0.5 g/cm³.**			
4411.94.01	De densidad superior a 0.35 g/cm³ pero inferior o igual 0.5 g/cm³ sin trabajo mecánico ni recubrimiento de superficie.	Kg	5	Ex
4411.94.02	De densidad superior a 0.35 g/cm³ pero inferior o igual 0.5 g/cm³, excepto lo comprendido en la fracción 4411.94.01.	Kg	5	Ex
4411.94.03	Los demás tableros sin trabajo mecánico ni recubrimiento de superficie, excepto los comprendidos en la fracción 4411.94.01.	Kg	5	Ex
4411.94.99	Los demás.	Kg	5	Ex
44.12	**Madera contrachapada, madera chapada y madera estratificada similar.**			
4412.10	**. De bambú.**			
4412.10.01	De bambú.	Kg	7	Ex
	. Las demás maderas contrachapadas, constituidas exclusivamente por hojas de madera (excepto de bambú) de espesor unitario inferior o igual a 6 mm:			
4412.31	**.. Que tengan, por lo menos, una hoja externa de las maderas tropicales citadas en la Nota de subpartida 2 de este Capítulo.**			
4412.31.01	Que tengan, por lo menos, una hoja externa de las maderas tropicales siguientes: Dark Red Meranti, Light Red Meranti, White Lauan, Sipo, Limba, Okumé, Obeché, Acajou d'Afrique, Sapelli, Mahogany, Palisandre de Para, Palisandre de Río y Palisandre de Rose.	Kg	7	Ex

4412.31.99	Las demás.	Kg	7	Ex
4412.32	**.. Las demás, que tengan, por lo menos, una hoja externa de madera distinta de la de coníferas.**			
4412.32.01	Que tengan, por lo menos, una hoja externa de madera distinta de la de coníferas.	Kg	7	Ex
4412.32.99	Las demás.	Kg	7	Ex
4412.39	**.. Las demás.**			
4412.39.01	De coníferas, denominada "plywood".	Kg	7	Ex
4412.39.99	Las demás.	Kg	7	Ex
	- Las demás:			
4412.94	**.. Tableros denominados "blockboard", "laminboard" y "battenboard".**			
4412.94.01	Que tengan, por lo menos, una hoja de las maderas tropicales citadas en la Nota de subpartida 1 de este Capítulo.	Kg	7	Ex
4412.94.02	Que tengan, por lo menos, un tablero de partículas.	Kg	7	Ex
4412.94.99	Los demás.	Kg	7	Ex
4412.99	**.. Los demás.**			
4412.99.01	Que tengan, por lo menos, una hoja de las maderas tropicales citadas en la Nota de subpartida 1 de este Capítulo.	Kg	7	Ex
4412.99.02	Que tengan, por lo menos, un tablero de partículas.	Kg	7	Ex
4412.99.99	Los demás.	Kg	7	Ex
44.13	**Madera densificada en bloques, tablas, tiras o perfiles.**			
4413.00	**- Madera densificada en bloques, tablas, tiras o perfiles.**			
4413.00.01	De corte rectangular o cilíndrico, cuya sección transversal sea inferior o igual a 5 cm y longitud superior a 25 cm sin exceder de 170 cm, de haya blanca.	Kg	Ex	Ex
4413.00.02	De "maple" (Acer spp.).	Kg	5	Ex
4413.00.99	Los demás.	Kg	15	Ex
44.14	**Marcos de madera para cuadros, fotografías, espejos u objetos similares.**			
4414.00	**- Marcos de madera para cuadros, fotografías, espejos u objetos similares.**			
4414.00.01	Marcos de madera para cuadros, fotografías, espejos u objetos similares.	Kg	15	Ex
44.15	**Cajones, cajas, jaulas, tambores y envases similares, de madera; carretes para cables, de madera; paletas, paletas caja y demás plataformas para carga, de madera; collarines para paletas, de madera.**			
4415.10	**- Cajones, cajas, jaulas, tambores y envases similares; carretes para cables.**			
4415.10.01	Cajones, cajas, jaulas, tambores y envases similares; carretes para cables.	Kg	15	Ex
4415.20	**- Paletas, paletas-caja y demás plataformas para carga; collarines para paletas.**			
4415.20.01	Collarines para paletas.	Kg	15	Ex
4415.20.99	Las demás.	Kg	15	Ex
44.16	**Barriles, cubas, tinas y demás manufacturas de tonelería y sus partes, de madera, incluidas las duelas.**			
4416.00	**- Barriles, cubas, tinas y demás manufacturas de tonelería y sus partes, de madera, incluidas las duelas.**			
4416.00.01	Barriles, cubas, tinas, cubos o demás manufacturas de tonelería, con capacidad superior a 5,000 l.	Kg	Ex	Ex
4416.00.02	Duelas, reconocibles para artículos de tonelería.	Kg	15	Ex
4416.00.03	Partes componentes, excepto las duelas.	Kg	15	Ex
4416.00.04	Duelas, estén o no aserradas por sus dos caras principales, pero sin otra labor excepto lo comprendido en la fracción 4416.00.02.	Kg	15	Ex
4416.00.05	Barriles o manufacturas de tonelería con capacidad inferior a 5,000 litros, de roble o de encino.	Kg	Ex	Ex
4416.00.99	Los demás.	Kg	15	Ex
44.17	**Herramientas, monturas y mangos de herramientas, monturas y mangos de cepillos, brochas o escobas, de madera; hormas, ensanchadores y tensores para el calzado, de madera.**			
4417.00	**- Herramientas, monturas y mangos de herramientas, monturas y mangos de cepillos, brochas o escobas, de madera; hormas, ensanchadores y tensores para el calzado, de madera.**			
4417.00.01	Esbozos para hormas.	Kg	5	Ex
4417.00.99	Los demás.	Kg	15	Ex
44.18	**Obras y piezas de carpintería para construcciones, incluidos los tableros celulares, los tableros ensamblados para revestimiento de suelo y tablillas para cubierta de tejados o fachadas ("shingles" y "shakes"), de madera.**			
4418.10	**- Ventanas, puertas vidriera, y sus marcos y contramarcos.**			
4418.10.01	Ventanas, puertas vidriera, y sus marcos y contramarcos.	Kg	15	Ex
4418.20	**- Puertas y sus marcos, contramarcos y umbrales.**			
4418.20.01	Puertas y sus marcos, contramarcos y umbrales.	Kg	15	Ex
4418.40	**- Encofrados para hormigón.**			
4418.40.01	Encofrados para hormigón.	Kg	15	Ex
4418.50	**- Tablillas para cubierta de tejados o fachadas ("shingles" y "shakes").**			
4418.50.01	Tablillas para cubierta de tejados o fachadas ("shingles" y "shakes").	Kg	15	Ex

4418.60	**.**	**Postes y vigas.**			
4418.60.01		Postes y vigas.	Kg	15	Ex
	.	**Tableros ensamblados para revestimiento de suelo:**			
4418.71	**..**	**Para suelos en mosaico.**			
4418.71.01		Para suelos en mosaico.	Kg	15	Ex
4418.72	**..**	**Los demás, multicapas.**			
4418.72.02		Bambú.	Kg	5	Ex
4418.72.99		Los demás.	Kg	15	Ex
4418.79	**..**	**Los demás.**			
4418.79.01		Tableros celulares de madera, incluso recubiertos con chapas de metal común.	Kg	15	Ex
4418.79.99		Los demás.	Kg	15	Ex
4418.90	**.**	**Los demás.**			
4418.90.01		Tableros celulares de madera, incluso recubiertos con chapas de metal común.	Kg	15	Ex
4418.90.99		Los demás.	Kg	15	Ex
44.19		**Artículos de mesa o de cocina, de madera.**			
4419.00	**.**	**Artículos de mesa o de cocina, de madera.**			
4419.00.01		Artículos de mesa o de cocina, de madera.	Kg	15	Ex
44.20		**Marquetería y taracea; cofrecillos y estuches para joyería u orfebrería y manufacturas similares, de madera; estatuillas y demás objetos de adorno, de madera; artículos de mobiliario, de madera, no comprendidos en el Capítulo 94.**			
4420.10	**.**	**Estatuillas y demás objetos de adorno, de madera.**			
4420.10.01		Estatuillas y demás objetos de adorno, de madera.	Kg	15	Ex
4420.90	**.**	**Los demás.**			
4420.90.99		Los demás.	Kg	15	Ex
44.21		**Las demás manufacturas de madera.**			
4421.10	**.**	**Perchas para prendas de vestir.**			
4421.10.01		Perchas para prendas de vestir.	Kg	15	Ex
4421.90	**.**	**Las demás.**			
4421.90.01		Para fósforos; clavos para calzado.	Kg	5	Ex
4421.90.02		Tapones.	Kg	10	Ex
4421.90.03		Adoquines.	Kg	15	Ex
4421.90.04		Canillas, carretes y bobinas para la hilatura y el tejido, para hilo de coser y artículos similares de madera torneada.	Kg	5	Ex
4421.90.99		Los demás.	Kg	15	Ex

Capítulo 45
Corcho y sus manufacturas

Nota.
1.   Este Capítulo no comprende:
   a)   el calzado y sus partes, del Capítulo 64;
   b)   los sombreros, demás tocados, y sus partes, del Capítulo 65;
   c)   los artículos del Capítulo 95 (por ejemplo: juguetes, juegos, artefactos deportivos).

Código		Descripción	Unid de Med	Arancel (%)	
				IMP.	EXP.
45.01		**Corcho natural en bruto o simplemente preparado; desperdicios de corcho; corcho triturado, granulado o pulverizado.**			
4501.10	**.**	**Corcho natural en bruto o simplemente preparado.**			
4501.10.01		Corcho natural en bruto o simplemente preparado.	Kg	Ex	Ex
4501.90	**.**	**Los demás.**			
4501.90.99		Los demás.	Kg	Ex	Ex
45.02		**Corcho natural, descortezado o simplemente escuadrado o en bloques, placas, hojas o tiras, cuadradas o rectangulares (incluidos los esbozos con aristas vivas para tapones).**			
4502.00	**.**	**Corcho natural, descortezado o simplemente escuadrado, o en bloques, placas, hojas o tiras, cuadradas o rectangulares (incluidos los esbozos con aristas vivas para tapones).**			
4502.00.01		Corcho natural, descortezado o simplemente escuadrado, o en bloques, placas, hojas o tiras, cuadradas o rectangulares (incluidos los esbozos con aristas vivas para tapones).	Kg	Ex	Ex
45.03		**Manufacturas de corcho natural.**			
4503.10	**.**	**Tapones.**			
4503.10.01		Tapones.	Kg	Ex	Ex

4503.90	.	Las demás.			
4503.90.99		Las demás.	Kg	Ex	Ex
45.04		**Corcho aglomerado (incluso con aglutinante) y manufacturas de corcho aglomerado.**			
4504.10	.	**Bloques, placas, hojas y tiras; baldosas y revestimientos similares de pared, de cualquier forma; cilindros macizos, incluidos los discos.**			
4504.10.01		Losas o mosaicos.	Kg	Ex	Ex
4504.10.02		Empaquetaduras.	Kg	5	Ex
4504.10.03		Reconocibles para naves aéreas.	Kg	Ex	Ex
4504.10.99		Los demás.	Kg	Ex	Ex
4504.90	.	**Las demás.**			
4504.90.99		Las demás.	Kg	Ex	Ex

Capítulo 46
Manufacturas de espartería o cestería

Notas.

1. En este Capítulo, la expresión *materia trenzable* se refiere a materias en un estado o forma tales que puedan trenzarse, entrelazarse o trabajarse de modo análogo. Se consideran como tales, por ejemplo: la paja, mimbre, sauce, bambú, ratán (roten), junco, caña, cintas de madera, tiras de otros vegetales (por ejemplo: tiras de corteza, hojas estrechas y rafia u otras tiras obtenidas de hojas anchas), fibras textiles naturales sin hilar, monofilamentos, tiras y formas similares de plástico y tiras de papel, pero no las tiras de cuero o piel preparados o de cuero regenerado, de fieltro o tela sin tejer, ni el cabello, crin, mechas e hilados de materia textil ni monofilamentos, tiras y formas similares del Capítulo 54.

2. Este Capítulo no comprende:
   a) los revestimientos de paredes de la partida 48.14;
   b) los cordeles, cuerdas y cordajes, trenzados o no (partida 56.07);
   c) el calzado y los sombreros, demás tocados, y sus partes, de los Capítulos 64 y 65;
   d) los vehículos y las cajas para vehículos, de cestería (Capítulo 87);
   e) los artículos del Capítulo 94 (por ejemplo: muebles, aparatos de alumbrado).

3. En la partida 46.01, se consideran *materia trenzable, trenzas y artículos similares de materia trenzable, paralelizados,* los artículos constituidos por materia trenzable, trenzas o artículos similares de materia trenzable, yuxtapuestos formando napas por medio de ligaduras, aunque estas últimas sean de materia textil hilada.

Código		Descripción	Unid de Med	Arancel (%)	
				IMP.	EXP.
46.01		**Trenzas y artículos similares, de materia trenzable, incluso ensamblados en tiras; materia trenzable, trenzas y artículos similares de materia trenzable, tejidos o paralelizados, en forma plana, incluso terminados (por ejemplo: esterillas, esteras, cañizos).**			
	.	**Esterillas, esteras y cañizos, de materia vegetal:**			
4601.21	..	**De bambú.**			
4601.21.01		De bambú.	Kg	10	Ex
4601.22	..	**De ratán (roten).**			
4601.22.01		De ratán (roten).	Kg	15	Ex
4601.29	..	**Los demás.**			
4601.29.01		De bejuco, esparto, mimbre, paja o viruta.	Kg	15	Ex
4601.29.99		Los demás.	Kg	15	Ex
	.	**Los demás:**			
4601.92	..	**De bambú.**			
4601.92.01		Trenzas y artículos similares, incluso ensamblados en tiras.	Kg	15	Ex
4601.92.99		Los demás.	Kg	10	Ex
4601.93	..	**De ratán (roten).**			
4601.93.01		Trenzas y artículos similares, incluso ensamblados en tiras.	Kg	15	Ex
4601.93.99		Los demás.	Kg	15	Ex
4601.94	..	**De las demás materias vegetales.**			
4601.94.01		Trenzas y artículos similares, incluso ensamblados en tiras.	Kg	15	Ex
4601.94.99		Los demás.	Kg	10	Ex
4601.99	..	**Los demás.**			
4601.99.01		Trenzas y artículos similares, incluso ensamblados en tiras.	Kg	15	Ex
4601.99.99		Los demás.	Kg	10	Ex
46.02		**Artículos de cestería obtenidos directamente en su forma con materia trenzable o confeccionados con artículos de la partida 46.01; manufacturas de esponja vegetal (paste o "lufa").**			
	.	**De materia vegetal:**			

Código		Descripción	Unid de Med	Arancel (%)	
				IMP.	EXP.

4602.11 .. De bambú.
4602.11.01 De bambú. — Kg — 15 — Ex
4602.12 .. De ratán (roten).
4602.12.01 De ratán (roten). — Kg — 15 — Ex
4602.19 .. Los demás.
4602.19.99 Los demás. — Kg — 15 — Ex
4602.90 . Los demás.
4602.90.99 Los demás. — Kg — 15 — Ex

Sección X
PASTA DE MADERA O DE LAS DEMÁS MATERIAS FIBROSAS CELULÓSICAS; PAPEL O CARTÓN PARA RECICLAR (DESPERDICIOS Y DESECHOS); PAPEL O CARTÓN Y SUS APLICACIONES

Capítulo 47
Pasta de madera o de las demás materias fibrosas celulósicas; papel o cartón para reciclar (desperdicios y desechos)

Nota.

1. En la partida 47.02, se entiende por *pasta química de madera para disolver* la pasta química cuya fracción de pasta insoluble después de una hora en una disolución al 18% de hidróxido de sodio (NaOH) a 20°C, sea superior o igual al 92% en peso en la pasta de madera a la sosa (soda) o al sulfato o superior o igual al 88% en peso en la pasta de madera al sulfito, siempre que en este último caso el contenido de cenizas sea inferior o igual al 0.15% en peso.

Código	Descripción	Unid de Med	IMP.	EXP.
47.01	**Pasta mecánica de madera.**			
4701.00	**. Pasta mecánica de madera.**			
4701.00.01	Pasta mecánica de madera.	Kg	Ex	Ex
47.02	**Pasta química de madera para disolver.**			
4702.00	**. Pasta química de madera para disolver.**			
4702.00.01	Pasta química de la alfacelulosa grado para disolver, con una viscosidad intrínseca de 3 a 4.5 y una concentración de 90 al 95% de alfacelulosa regenerable en sosa al 10%.	Kg	Ex	Ex
4702.00.99	Las demás.	Kg	Ex	Ex
47.03	**Pasta química de madera a la sosa (soda) o al sulfato, excepto la pasta para disolver.**			
	. Cruda:			
4703.11	.. De coníferas.			
4703.11.01	Al sulfato, y que se destinen a la fabricación de papel prensa, o de cartón Kraft, para envases desechables, para leche.	Kg	Ex	Ex
4703.11.02	Al sulfato, excepto lo comprendido en la fracción 4703.11.01.	Kg	Ex	Ex
4703.11.99	Las demás.	Kg	Ex	Ex
4703.19	.. Distinta de la de coníferas.			
4703.19.01	Al sulfato.	Kg	Ex	Ex
4703.19.02	A la sosa (soda).	Kg	Ex	Ex
	. Semiblanqueada o blanqueada:			
4703.21	.. De coníferas.			
4703.21.01	Al sulfato.	Kg	Ex	Ex
4703.21.02	A la sosa (soda).	Kg	Ex	Ex
4703.29	.. Distinta de la de coníferas.			
4703.29.01	Al sulfato.	Kg	Ex	Ex
4703.29.02	A la sosa (soda).	Kg	Ex	Ex
47.04	**Pasta química de madera al sulfito, excepto la pasta para disolver.**			
	. Cruda:			
4704.11	.. De coníferas.			
4704.11.01	De coníferas.	Kg	Ex	Ex
4704.19	.. Distinta de la de coníferas.			
4704.19.01	Distinta de la de coníferas.	Kg	Ex	Ex
	. Semiblanqueada o blanqueada:			
4704.21	.. De coníferas.			
4704.21.01	De coníferas.	Kg	Ex	Ex
4704.29	.. Distinta de la de coníferas.			
4704.29.01	Distinta de la de coníferas.	Kg	Ex	Ex
47.05	**Pasta de madera obtenida por la combinación de tratamientos mecánico y químico.**			
4705.00	**. Pasta de madera obtenida por la combinación de tratamientos mecánico y químico.**			
4705.00.01	Pasta de madera obtenida por la combinación de tratamientos mecánico y químico.	Kg	Ex	Ex

47.06		**Pasta de fibras obtenidas de papel o cartón reciclado (desperdicios y desechos) o de las demás materias fibrosas celulósicas.**			
4706.10	**-**	**Pasta de línter de algodón.**			
4706.10.01		Pasta de línter de algodón.	Kg	Ex	Ex
4706.20	**-**	**Pasta de fibras obtenidas de papel o cartón reciclado (desperdicios y desechos).**			
4706.20.01		Pasta de fibras obtenidas de papel o cartón reciclado (desperdicios y desechos).	Kg	Ex	Ex
4706.30	**-**	**Las demás, de bambú.**			
4706.30.01		Mecánicas.	Kg	Ex	Ex
4706.30.02		Químicas.	Kg	Ex	Ex
4706.30.03		Semiquímicas.	Kg	Ex	Ex
	-	**Las demás:**			
4706.91	**- -**	**Mecánicas.**			
4706.91.01		Mecánicas.	Kg	Ex	Ex
4706.92	**- -**	**Químicas.**			
4706.92.01		Químicas.	Kg	Ex	Ex
4706.93	**- -**	**Obtenidas por la combinación de tratamientos mecánicos y químicos.**			
4706.93.01		Obtenidas por la combinación de tratamientos mecánicos y químicos.	Kg	Ex	Ex
47.07		**Papel o cartón para reciclar (desperdicios y desechos).**			
4707.10	**-**	**Papel o cartón Kraft crudo o papel o cartón corrugado.**			
4707.10.01		Papel o cartón Kraft crudo o papel o cartón corrugado.	Kg	Ex	Ex
4707.20	**-**	**Los demás papeles o cartones obtenidos principalmente a partir de pasta química blanqueada sin colorear en la masa.**			
4707.20.01		Los demás papeles o cartones obtenidos principalmente a partir de pasta química blanqueada sin colorear en la masa.	Kg	Ex	Ex
4707.30	**-**	**Papel o cartón obtenido principalmente a partir de pasta mecánica (por ejemplo: diarios, periódicos e impresos similares).**			
4707.30.01		Papel o cartón obtenidos principalmente a partir de pasta mecánica (por ejemplo: diarios, periódicos e impresos similares).	Kg	Ex	Ex
4707.90	**-**	**Los demás, incluidos los desperdicios y desechos sin clasificar.**			
4707.90.01		Los demás, incluidos los desperdicios y desechos sin clasificar.	Kg	Ex	Ex

---

Capítulo 48
Papel y cartón; manufacturas de pasta de celulosa, de papel o cartón

Notas.
1. En este Capítulo, salvo disposición en contrario, toda referencia a *papel* incluye también al cartón, sin que se tenga en cuenta el espesor o el peso por m².
2. Este Capítulo no comprende:
   a) los artículos del Capítulo 30;
   b) las hojas para el marcado a fuego de la partida 32.12;
   c) los papeles perfumados y los papeles impregnados o recubiertos de cosméticos (Capítulo 33);
   d) el papel y la guata de celulosa impregnados, recubiertos o revestidos de jabón o de detergentes (partida 34.01), o de cremas, encáusticos, abrillantadores (lustres) o preparaciones similares (partida 34.05);
   e) el papel y cartón sensibilizados de las partidas 37.01 a 37.04;
   f) el papel impregnado con reactivos de diagnóstico o de laboratorio (partida 38.22);
   g) el plástico estratificado con papel o cartón, los productos constituidos por una capa de papel o cartón recubiertos o revestidos de una capa de plástico cuando el espesor de este último sea superior a la mitad del espesor total, y las manufacturas de estas materias, excepto los revestimientos para paredes de la partida 48.14 (Capítulo 39);
   h) los artículos de la partida 42.02 (por ejemplo, artículos de viaje);
   ij) los artículos del Capítulo 46 (manufacturas de espartería o cestería);
   k) los hilados de papel y los artículos textiles de hilados de papel (Sección XI);
   l) los artículos de los Capítulos 64 ó 65;
   m) los abrasivos aplicados sobre papel o cartón (partida 68.05) y la mica aplicada sobre papel o cartón (partida 68.14); por el contrario, el papel o cartón revestidos de polvo de mica se clasifican en este Capítulo;
   n) las hojas y tiras delgadas de metal con soporte de papel o cartón (generalmente Secciones XIV ó XV);
   o) los artículos de la partida 92.09;
   p) los artículos del Capítulo 95 (por ejemplo: juguetes, juegos, artefactos deportivos);
   q) Los artículos del Capítulo 96 (por ejemplo: botones, toallas sanitarias (compresas) y tampones higiénicos, pañales para bebés).
3. Salvo lo dispuesto en la Nota 7, se clasifican en las partidas 48.01 a 48.05 el papel y cartón que, por calandrado u otro modo, se hayan alisado, satinado, abrillantado, glaseado, pulido o sometido a otras operaciones de acabado similares, o a un falso afiligranado o un aprestado en la superficie, así como el papel, cartón, guata de celulosa y napa de fibras de celulosa, coloreados o jaspeados en la masa por cualquier procedimiento. Salvo lo dispuesto en la partida 48.03, estas partidas no se aplican al papel, cartón, guata de celulosa y napa de fibras de celulosa que hayan sido tratados de otro modo.

4. En este Capítulo, se considera *papel prensa* el papel sin estucar ni recubrir del tipo utilizado para la impresión de diarios, en el que el contenido de fibras de madera obtenidas por procedimiento mecánico o químico-mecánico sea superior o igual al 50% en peso del contenido total de fibra, sin encolar o muy ligeramente encolado, cuyo índice de rugosidad, medido en el aparato Parker Print Surf (1 MPa) sobre cada una de las caras, sea superior a 2.5 micras (micrómetros, micrones) y de peso superior o igual a 40 g/m² pero inferior o igual a 65 g/m².

5. En la partida 48.02, se entiende por *papel y cartón de los tipos utilizados para escribir, imprimir u otros fines gráficos* y *papel y cartón para tarjetas o cintas para perforar (sin perforar)*, el papel y cartón fabricados principalmente con pasta blanqueada o con pasta obtenida por procedimiento mecánico o químico-mecánico que cumplan alguna de las condiciones siguientes:

Para el papel o cartón de peso inferior o igual a 150 g/m^2 :

a) un contenido de fibras obtenidas por procedimiento mecánico o químico-mecánico superior o igual al 10%, y

    1) un peso inferior o igual a 80 g/ m^2, o
    2) estar coloreado en la masa;

b) un contenido de cenizas superior al 8%, y

    1) un peso inferior o igual a 80 g/ m^2, o
    2) estar coloreado en la masa;

c) un contenido de cenizas superior al 3% y un grado de blancura (factor de reflectancia) superior o igual al 60%;

d) un contenido de cenizas superior al 3% pero inferior o igual al 8%, un grado de blancura (factor de reflectancia) inferior al 60% y un índice de resistencia al estallido inferior o igual a 2.5 kPa**Error! Bookmark not defined.** m^2/g;

e) un contenido de cenizas inferior o igual al 3%, un grado de blancura (factor de reflectancia) superior o igual al 60% y un índice de resistencia al estallido inferior o igual a 2.5 kPa**Error! Bookmark not defined.** m^2/g;

Para el papel o cartón de peso superior a 150 g/ m^2:

a) estar coloreado en la masa;

b) un grado de blancura (factor de reflectancia) superior o igual al 60%, y

    1) un espesor inferior o igual a 225 micras (micrómetros, micrones), o
    2) un espesor superior a 225 micras (micrómetros, micrones) pero inferior o igual a 508 micras (micrómetros, micrones) y un contenido de cenizas superior al 3%;

c) un grado de blancura (factor de reflectancia) inferior al 60%, un espesor inferior o igual a 254 micras (micrómetros, micrones) y un contenido de cenizas superior al 8%.

Sin embargo, la partida 48.02 no comprende el papel y cartón filtro (incluido el papel para bolsitas de té) ni el papel y cartón fieltro.

6. En este Capítulo, se entiende por *papel y cartón Kraft*, el papel y cartón con un contenido de fibras obtenidas por procedimiento químico al sulfato o a la sosa (soda) superior o igual al 80% en peso del contenido total de fibra.

7. Salvo disposición en contrario en los textos de partida, el papel, cartón, guata de celulosa y napa de fibras de celulosa, que puedan clasificarse en dos o más de las partidas 48.01 a 48.11, se clasifican en la que, de entre ellas, figure en la Nomenclatura en último lugar por orden de numeración.

8. En las partidas 48.01 y 48.03 a 48.09, se clasifican solamente el papel, cartón, guata de celulosa y napa de fibras de celulosa que se presenten en una de las formas siguientes:

a) tiras o bobinas (rollos) de anchura superior a 36 cm; o

b) hojas cuadradas o rectangulares en las que sus lados sean superiores a 36 cm y a 15 cm, medidos sin plegar.

9. En la partida 48.14, se entiende por *papel para decorar y revestimientos similares de paredes o techos:*

a) el papel en bobinas (rollos) de anchura superior o igual a 45 cm pero inferior o igual a 160 cm, adecuado para la decoración de paredes o de techos:

    1) graneado, gofrado, coloreado, impreso con motivos o decorado de otro modo en la superficie (por ejemplo, con tundizno), incluso recubierto o revestido de un plástico protector transparente; o
    2) con la superficie graneada debido a la presencia de partículas de madera, de paja, etc; o
    3) recubierto o revestido en la cara vista con plástico que esté graneado, gofrado, coloreado, impreso con motivos o decorado de otro modo; o
    4) revestido en la cara vista con materia trenzable, incluso tejida en forma plana o paralelizada;

b) las cenefas y frisos de papel, tratados como los anteriores, incluso en bobinas (rollos), adecuados para la decoración de paredes o techos;

c) los revestimientos murales de papel constituidos por varios paneles, en bobinas (rollos) o en hojas, impresos de modo que formen un paisaje, una figura u otro motivo después de colocados en la pared.

Las manufacturas con soporte de papel o cartón susceptibles de utilizarse como cubresuelos o como revestimientos de paredes se clasifican en la partida 48.23.

10. La partida 48.20 no comprende las hojas y tarjetas sueltas, cortadas en formatos, incluso impresas, estampadas o perforadas.

11. Se clasifican, entre otros, en la partida 48.23, el papel y cartón perforados para mecanismos Jacquard o similares y los encajes de papel.

12. El papel, cartón, guata de celulosa y las manufacturas de estas materias, con impresiones o ilustraciones que no sean accesorias en relación con su utilización principal se clasifican en el Capítulo 49, excepto los artículos de las partidas 48.14 y 48.21.

Notas de subpartida.

1. En las subpartidas 4804.11 y 4804.19, se considera *papel y cartón para caras (cubiertas) ("Kraftliner")*, el papel y cartón alisados en ambas caras o satinados en una cara, presentados en bobinas (rollos) en los que el contenido de fibras de madera obtenidas por el procedimiento químico al sulfato o a la sosa (soda) sea superior o igual al 80% en peso del contenido total de fibra, de peso superior a 115 g/m² y con una resistencia mínima al estallido Mullen igual a los valores indicados en el cuadro siguiente o, para cualquier otro peso, sus equivalentes interpolados o extrapolados linealmente.

g/m²	Peso Resistencia mínima al estallido Mullen kPa
115	393
125	417
200	637
300	824
400	961

2.	En las subpartidas 4804.21 y 4804.29, se considera *papel Kraft para sacos (bolsas)* el papel alisado en ambas caras, presentado en bobinas (rollos), en el que el contenido de fibras obtenidas por el procedimiento químico al sulfato o a la sosa (soda) sea superior o igual al 80% en peso del contenido total de fibra, de peso superior o igual a 60 g/m² pero inferior o igual a 115 g/m², y que responda a una de las condiciones siguientes:

   a)	que tenga un índice de estallido Mullen superior o igual a 3.7 kPa**Error! Bookmark not defined.** m²/g y un alargamiento superior al 4.5% en la dirección transversal y al 2% en la dirección longitudinal de la máquina;

   b)	que tenga la resistencia mínima al desgarre y a la ruptura por tracción indicadas en el cuadro siguiente o sus equivalentes interpolados linealmente para cualquier otro peso:

Peso g/ m²	Resistencia mínima al desgarre mN		Resistencia mínima a la ruptura por tracción kN/m	
	dirección longitudinal de la máquina	Dirección longitudinal De la máquina más dirección transversal	Dirección transversal	Dirección longitudinal de la máquina más dirección transversal
60	700	1,510	1.9	6
70	830	1,790	2.3	7.2
80	965	2,070	2.8	8.3
100	1,230	2,635	3.7	10.6
115	1,425	3,060	4.4	12.3

3.	En la subpartida 4805.11, se entiende por *papel semiquímico para acanalar* el papel presentado en bobinas (rollos), en el que el contenido de fibras crudas de madera de frondosas obtenidas por la combinación de tratamientos mecánicos y químicos, sea superior o igual al 65% en peso del contenido total de fibra y con una resistencia al aplastamiento según el método CMT 30 (Corrugated Medium Test con 30 minutos de acondicionamiento) superior a 1.8 newtons/g/m² para una humedad relativa de 50%, a una temperatura de 23°C.

4.	La subpartida 4805.12 comprende el papel en bobinas (rollos), compuesto principalmente de pasta de paja obtenida por la combinación de tratamientos mecánicos y químicos, de peso superior o igual a 130 g/m² y con una resistencia al aplastamiento según el método CMT 30 (Corrugated Medium Test con 30 minutos de acondicionamiento) superior a 1.4 newtons/g/m² para una humedad relativa de 50%, a una temperatura de 23°C.

5.	Las subpartidas 4805.24 y 4805.25 comprenden el papel y cartón compuestos exclusiva o principalmente de pasta de papel o cartón reciclado (de desperdicios y desechos). El papel "Testliner" puede igualmente tener una capa superficial de papel coloreado o compuesto de pasta blanqueada o cruda, sin reciclar. Estos productos tienen un índice de estallido Mullen superior o igual a 2 kPa**Error! Bookmark not defined.**m²/g.

6.	En la subpartida 4805.30, se entiende por *papel sulfito para envolver,* el papel satinado en una cara en el que el contenido de fibras de madera obtenidas por el procedimiento químico al sulfito sea superior al 40% en peso del contenido total de fibra, con un contenido de cenizas inferior o igual al 8% y con un índice de estallido Mullen superior o igual a 1.47 kPa**Error! Bookmark not defined.**m²/g.

7.	En la subpartida 4810.22, se entiende por *papel estucado o cuché ligero (liviano) ("L.W.C.")("light-weight coated",* el papel estucado en las dos caras, de peso inferior o igual a 72 g/m², con un peso de la capa de estucado inferior o igual a 15 g/m² por cada cara, con un soporte constituido por fibras de madera obtenidas por procedimiento mecánico, cuyo contenido sea superior o igual al 50% en peso del contenido total de fibra.

Código	Descripción	Unid de Med	Arancel (%)	
			IMP.	EXP.
48.01	**Papel prensa en bobinas (rollos) o en hojas.**			
4801.00	**Papel prensa en bobinas (rollos) o en hojas.**			
4801.00.01	Papel prensa en bobinas (rollos) o en hojas.	Kg	5	Ex
48.02	**Papel y cartón, sin estucar ni recubrir, de los tipos utilizados para escribir, imprimir u otros fines gráficos y papel y cartón para tarjetas o cintas para perforar (sin perforar), en bobinas (rollos) o en hojas de forma cuadrada o rectangular, de cualquier tamaño, excepto el papel de las partidas 48.01 ó 48.03; papel y cartón hechos a mano (hoja a hoja).**			

4802.10	**.**	**Papel y cartón hechos a mano (hoja a hoja).**		
4802.10.01		Papel y cartón hechos a mano (hoja a hoja).	Kg	5	Ex
4802.20	**.**	**Papel y cartón soporte para papel o cartón fotosensibles, termosensibles o electrosensibles.**		
4802.20.01		De blancura igual o superior a 80, con longitud de ruptura S.M., en seco, superior a 5,000.	Kg	5	Ex
4802.20.02		Papel a base de 100% de fibra de algodón.	Kg	5	Ex
4802.20.99		Los demás.	Kg	5	Ex
4802.40	**.**	**Papel soporte para papeles de decorar paredes.**		
4802.40.01		Papel soporte para papeles de decorar paredes.	Kg	5	Ex
	.	**Los demás papeles y cartones, sin fibras obtenidas por procedimiento mecánico o químico-mecánico o con un contenido total de estas fibras inferior o igual al 10% en peso del contenido total de fibra:**		
4802.54	**. .**	**De peso inferior a 40 g/m².**		
4802.54.01		Papel para dibujo.	Kg	5	Ex
4802.54.02		Copia o aéreo.	Kg	5	Ex
4802.54.03		Papel biblia.	Kg	5	Ex
4802.54.04		Para la impresión de billetes de banco, cuando se importe o exporte por el Banco de México.	Kg	Ex	Ex
4802.54.05		Para la impresión de bonos, cheques, acciones, obligaciones, timbres y otros documentos similares.	Kg	5	Ex
4802.54.06		Bond o ledger.	Kg	5	Ex
4802.54.07		Papel soporte para papel carbón (carbónico).	Kg	5	Ex
4802.54.99		Los demás.	Kg	5	Ex
4802.55	**. .**	**De peso superior o igual a 40 g/m² pero inferior o igual a 150 g/m², en bobinas (rollos).**		
4802.55.01		Bond o ledger.	Kg	5	Ex
4802.55.02		Papel utilizado en máquinas copiadoras o reproductoras y cuyo revelado se hace por la acción del calor.	Kg	15	Ex
4802.55.03		Para la impresión de billetes de banco cuando se importe o exporte por el Banco de México.	Kg	Ex	Ex
4802.55.99		Los demás.	Kg	5	Ex
4802.56	**. .**	**De peso superior o igual a 40 g/m² pero inferior o igual a 150 g/m² en hojas en las que un lado sea inferior o igual a 435 mm y el otro sea inferior o igual a 297 mm, medidos sin plegar.**		
4802.56.01		Bond o ledger.	Kg	5	Ex
4802.56.02		Para la impresión de billetes de banco cuando se importe o exporte por el Banco de México.	Kg	Ex	Ex
4802.56.99		Los demás.	Kg	5	Ex
4802.57	**. .**	**Los demás, de peso superior o igual a 40 g/m² pero inferior o igual a 150 g/m².**		
4802.57.01		Papel soporte para papel carbón (carbónico).	Kg	5	Ex
4802.57.99		Los demás.	Kg	5	Ex
4802.58	**. .**	**De peso superior a 150 g/m².**		
4802.58.01		Cartón para dibujo.	Kg	5	Ex
4802.58.02		De pasta teñida en la masa, superficie jaspeada, con peso superior a 500 g/m², sin exceder de 900 g/m² ("pressboard").	Kg	5	Ex
4802.58.03		Para la impresión de bonos, cheques, acciones, obligaciones, timbres y otros documentos similares.	Kg	5	Ex
4802.58.99		Los demás.	Kg	5	Ex
	.	**Los demás papeles y cartones, con un contenido total de fibras obtenidas por procedimiento mecánico o químico-mecánico superior al 10% en peso del contenido total de fibra:**		
4802.61	**. .**	**En bobinas (rollos).**		
4802.61.01		Papel soporte para papel carbón (carbónico), excepto lo comprendido en la fracción 4802.61.02.	Kg	5	Ex
4802.61.02		Papel soporte para papel carbón multiusos, teñido, cuyo peso sea hasta de 20 g/m2.	Kg	5	Ex
4802.61.99		Los demás.	Kg	5	Ex
4802.62	**. .**	**En hojas en las que un lado sea inferior o igual a 435 mm y el otro sea inferior o igual a 297 mm, medidos sin plegar.**		
4802.62.01		Papel soporte para papel carbón (carbónico).	Kg	5	Ex
4802.62.99		Los demás.	Kg	5	Ex
4802.69	**. .**	**Los demás.**		
4802.69.01		Papel soporte para papel carbón (carbónico).	Kg	5	Ex
4802.69.99		Los demás.	Kg	5	Ex
48.03		**Papel del tipo utilizado para papel higiénico, toallitas para desmaquillar, toallas, servilletas o papeles similares de uso doméstico, de higiene o tocador, guata de celulosa y napa de fibras de celulosa, incluso rizados ("crepés"), plisados, gofrados, estampados, perforados, coloreados o decorados en la superficie o impresos, en bobinas (rollos) o en hojas.**		
4803.00	**.**	**Papel del tipo utilizado para papel higiénico, toallitas para desmaquillar, toallas, servilletas o papeles similares de uso doméstico, de higiene o tocador, guata de**		

celulosa y napa de fibras de celulosa, incluso rizados ("crepés"), plisados, gofrados, estampados, perforados, coloreados o decorados en la superficie o impresos, en bobinas (rollos) o en hojas.

4803.00.01	Guata de celulosa.	Kg	Ex	Ex
4803.00.02	Rizado ("crepé"), excepto lo comprendido en la fracción 4803.00.03.	Kg	Ex	Ex
4803.00.03	Acanalado, ondulado o corrugado.	Kg	Ex	Ex
4803.00.99	Los demás.	Kg	Ex	Ex
48.04	**Papel y cartón Kraft, sin estucar ni recubrir, en bobinas (rollos) o en hojas, excepto el de las partidas 48.02 ó 48.03.**			
	- **Papel y cartón para caras (cubiertas) ("Kraftliner"):**			
4804.11	**-- Crudos.**			
4804.11.01	Crudos.	Kg	Ex	Ex
4804.19	**-- Los demás.**			
4804.19.01	Papel Kraft a base de celulosa semiblanqueada, con peso inferior o igual a 160 g/m².	Kg	Ex	Ex
4804.19.02	Cartón Kraft, a base de celulosa semiblanqueada, con peso superior a 160 g/m² sin exceder de 500 g/m².	Kg	Ex	Ex
4804.19.99	Los demás.	Kg	Ex	Ex
	- **Papel Kraft para sacos (bolsas):**			
4804.21	**-- Crudo.**			
4804.21.01	Crudo.	Kg	Ex	Ex
4804.29	**-- Los demás.**			
4804.29.99	Los demás.	Kg	Ex	Ex
	- **Los demás papeles y cartones Kraft, de peso inferior o igual a 150 g/m²:**			
4804.31	**-- Crudos.**			
4804.31.01	Dieléctrico, cuyo espesor sea inferior o igual a 0.5 mm.	Kg	Ex	Ex
4804.31.02	Dieléctrico con espesor mayor a 0.5 mm.	Kg	Ex	Ex
4804.31.03	En rollos con ancho superior o igual a 1.50 m y con un peso máximo de 49 g/m², resistencia dieléctrica mínima de 8,000 voltios por mm, de espesor, de muestra seca.	Kg	Ex	Ex
4804.31.04	Para soporte de papel carbón, de color café y peso inferior o igual a 20 g/m2.	Kg	Ex	Ex
4804.31.99	Los demás.	Kg	Ex	Ex
4804.39	**-- Los demás.**			
4804.39.01	A base de celulosa semiblanqueada.	Kg	Ex	Ex
4804.39.02	Del color natural de la pasta, para la fabricación de laminados plásticos decorativos.	Kg	Ex	Ex
4804.39.03	De pulpa o de pasta, blanqueado uniformemente en la masa, para la fabricación de laminados plásticos decorativos.	Kg	Ex	Ex
4804.39.99	Los demás.	Kg	Ex	Ex
	- **Los demás papeles y cartones Kraft, de peso superior a 150 g/m2 pero inferior a 225 g/m2:**			
4804.41	**-- Crudos.**			
4804.41.01	Crudos.	Kg	Ex	Ex
4804.42	**-- Blanqueados uniformemente en la masa y con un contenido de fibras de madera obtenidas por procedimiento químico superior al 95% en peso del contenido total de fibra.**			
4804.42.01	Blanqueados uniformemente en la masa y con un contenido de fibras de madera obtenidas por procedimiento químico superior al 95% en peso del contenido total de fibra.	Kg	Ex	Ex
4804.49	**-- Los demás.**			
4804.49.01	A base de celulosa semiblanqueada, con peso inferior o igual a 160 g/m².	Kg	Ex	Ex
4804.49.02	A base de celulosa semiblanqueada, con peso superior a 160 g/m².	Kg	Ex	Ex
4804.49.99	Los demás.	Kg	Ex	Ex
	- **Los demás papeles y cartones Kraft, de peso superior o igual a 225 g/m²:**			
4804.51	**-- Crudos.**			
4804.51.01	Con peso superior a 600 g/m² sin exceder de 4,000 g/m², cuyo espesor sea inferior o igual a 4 mm, con resistencia dieléctrica.	Kg	Ex	Ex
4804.51.99	Los demás.	Kg	Ex	Ex
4804.52	**-- Blanqueados uniformemente en la masa y con un contenido de fibras de madera obtenidas por procedimiento químico superior al 95% en peso del contenido total de fibra.**			
4804.52.01	Blanqueados uniformemente en la masa y con un contenido de fibras de madera obtenidas por procedimiento químico superior al 95% en peso del contenido total de fibra.	Kg	Ex	Ex
4804.59	**-- Los demás.**			
4804.59.01	A base de celulosa semiblanqueada con peso por metro cuadrado hasta 500 g.	Kg	Ex	Ex
4804.59.02	Con peso superior a 600 g/m² sin exceder de 4,000 g/m², cuyo espesor sea inferior o igual a 4 mm, con resistencia dieléctrica.	Kg	Ex	Ex
4804.59.99	Los demás.	Kg	Ex	Ex
48.05	**Los demás papeles y cartones, sin estucar ni recubrir, en bobinas (rollos) o en hojas, que no hayan sido sometidos a trabajos complementarios o tratamientos distintos de los especificados en la Nota 3 de este Capítulo.**			
	- **Papel para acanalar:**			

4805.11	.. Papel semiquímico para acanalar.			
4805.11.01	Papel semiquímico para acanalar.	Kg	Ex	Ex
4805.12	.. Papel paja para acanalar.			
4805.12.01	Papel paja para acanalar.	Kg	Ex	Ex
4805.19	.. Los demás.			
4805.19.99	Los demás.	Kg	Ex	Ex
	- "Testliner" (de fibras recicladas):			
4805.24	.. De peso inferior o igual a 150 g/m² .			
4805.24.01	Multicapas.	Kg	Ex	Ex
4805.24.99	Los demás.	Kg	Ex	Ex
4805.25	.. De peso superior a 150 g/m².			
4805.25.01	Multicapas.	Kg	Ex	Ex
4805.25.99	Los demás.	Kg	Ex	Ex
4805.30	- Papel sulfito para envolver.			
4805.30.01	Papel sulfito para envolver.	Kg	Ex	Ex
4805.40	- Papel y cartón filtro.			
4805.40.01	Papel y cartón filtro.	Kg	Ex	Ex
4805.50	- Papel y cartón fieltro, papel y cartón lana.			
4805.50.01	Papel y cartón fieltro, papel y cartón lana.	Kg	Ex	Ex
	- Los demás:			
4805.91	.. De peso inferior o igual a 150 g/m² .			
4805.91.01	De peso inferior o igual a 150 g/m².	Kg	Ex	Ex
4805.92	.. De peso superior a 150 g/m² pero inferior a 225 g/m².			
4805.92.01	De peso superior a 150 g/m² pero inferior a 225 g/m².	Kg	Ex	Ex
4805.93	.. De peso superior o igual a 225 g/m².			
4805.93.01	De peso superior o igual a 225 g/m².	Kg	Ex	Ex
48.06	**Papel y cartón sulfurizados, papel resistente a las grasas, papel vegetal, papel cristal y demás papeles calandrados trasparentes o traslúcidos, en bobinas (rollos) o en hojas.**			
4806.10	- Papel y cartón sulfurizados (pergamino vegetal).			
4806.10.01	Papel y cartón sulfurizados (pergamino vegetal).	Kg	Ex	Ex
4806.20	- Papel resistente a las grasas ("greaseproof").			
4806.20.01	Papel resistente a las grasas ("greaseproof").	Kg	Ex	Ex
4806.30	- Papel vegetal (papel calco).			
4806.30.01	Papel vegetal (papel calco).	Kg	Ex	Ex
4806.40	- Papel cristal y demás papeles calandrados trasparentes o traslúcidos.			
4806.40.01	Papel cristal y demás papeles calandrados transparentes o traslúcidos.	Kg	Ex	Ex
48.07	**Papel y cartón obtenidos por pegado de hojas planas, sin estucar ni recubrir en la superficie y sin impregnar, incluso reforzados interiormente, en bobinas (rollos) o en hojas.**			
4807.00	- Papel y cartón obtenidos por pegado de hojas planas, sin estucar ni recubrir en la superficie y sin impregnar, incluso reforzados interiormente, en bobinas (rollos) o en hojas.			
4807.00.01	Papel y cartón unidos con betún, alquitrán o asfalto.	Kg	Ex	Ex
4807.00.02	Papel y cartón paja, incluso recubiertos con papel de otra clase.	Kg	Ex	Ex
4807.00.99	Los demás.	Kg	Ex	Ex
48.08	**Papel y cartón corrugados (incluso revestidos por encolado), rizados ("crepés"), plisados, gofrados, estampados o perforados, en bobinas (rollos) o en hojas, excepto el papel de los tipos descritos en el texto de la partida 48.03.**			
4808.10	- Papel y cartón corrugados, incluso perforados.			
4808.10.01	Papel y cartón corrugados, incluso perforados.	Kg	Ex	Ex
4808.40	- Papel Kraft, rizado ("crepé") o plisado, incluso gofrado, estampado o perforado.			
4808.40.01	Para sacos (bolsas).	Kg	Ex	Ex
4808.40.02	Rizados ("crepés") con peso inferior o igual a 250 g/m², resistencia dieléctrica mínima de 2,000 voltios por mm, de espesor y una resistencia mínima a la tensión de 35 g/m² sin exceder de 55 g/m², en rollos.	Kg	Ex	Ex
4808.40.03	Semiblanqueados rizados ("crepés"), cuyo espesor sea igual o superior a 0.10 mm, sin exceder a 0.25 mm y peso igual o superior a 35 g/m² sin exceder de 55 g/m², en rollos.	Kg	Ex	Ex
4808.40.99	Los demás.	Kg	Ex	Ex
4808.90	- Los demás.			
4808.90.01	Rizados ("crepés").	Kg	Ex	Ex
4808.90.99	Los demás.	Kg	Ex	Ex
48.09	**Papel carbón (carbónico), papel autocopia y demás papeles para copiar o transferir (incluido el estucado o cuché, recubierto o impregnado, para clisés de mimeógrafo ("stencils") o para planchas offset), incluso impresos, en bobinas (rollos) o en hojas.**			
4809.20	- Papel autocopia.			
4809.20.01	Papel autocopia.	Kg	5	Ex

4809.90	**.**	**Los demás.**			
4809.90.01		Reactivos a la temperatura.	Kg	Ex	Ex
4809.90.02		Papel carbón (carbónico) y papeles similares.	Kg	5	Ex
4809.90.99		Los demás.	Kg	Ex	Ex
48.10		**Papel y cartón estucados por una o las dos caras con caolín u otras sustancias inorgánicas, con aglutinante o sin él, con exclusión de cualquier otro estucado o recubrimiento, incluso coloreados o decorados en la superficie o impresos, en bobinas (rollos) o en hojas de forma cuadrada o rectangular, de cualquier tamaño.**			
	-	**Papel y cartón de los tipos utilizados para escribir, imprimir u otros fines gráficos, sin fibras obtenidas por procedimiento mecánico o químico-mecánico o con un contenido total de estas fibras inferior o igual al 10% en peso del contenido total de fibra:**			
4810.13	**. .**	**En bobinas (rollos).**			
4810.13.01		Estucados, recubiertos o pintados por una o ambas caras, satinados o abrillantados.	Kg	Ex	Ex
4810.13.02		Coloreados por ambas caras, excepto lo comprendido en la fracción 4810.13.01.	Kg	Ex	Ex
4810.13.03		Coloreados o decorados por una cara, excepto lo comprendido en la fracción 4810.13.01.	Kg	Ex	Ex
4810.13.04		De color, cuando contengan 82% o más, de celulosa.	Kg	Ex	Ex
4810.13.05		Blancos o de pasta teñida, aun cuando contengan cargas minerales, con aplicaciones o dibujos.	Kg	Ex	Ex
4810.13.06		Simplemente pautados, rayados o cuadriculados.	Kg	Ex	Ex
4810.13.99		Los demás.	Kg	Ex	Ex
4810.14	**. .**	**En hojas en las que un lado sea inferior o igual a 435 mm y el otro sea inferior o igual a 297 mm, medidos sin plegar.**			
4810.14.01		Estucados, recubiertos o pintados por una o ambas caras, satinados o abrillantados.	Kg	Ex	Ex
4810.14.02		Coloreados por ambas caras, excepto lo comprendido en la fracción 4810.14.01.	Kg	Ex	Ex
4810.14.03		Coloreados o decorados por una cara, excepto lo comprendido en la fracción 4810.14.01.	Kg	Ex	Ex
4810.14.04		De color, cuando contengan 82% o más, de celulosa.	Kg	Ex	Ex
4810.14.05		Blancos o de pasta teñida, aun cuando contengan cargas minerales, con aplicaciones o dibujos.	Kg	Ex	Ex
4810.14.06		Simplemente pautados, rayados o cuadriculados.	Kg	Ex	Ex
4810.14.99		Los demás.	Kg	Ex	Ex
4810.19	**. .**	**Los demás.**			
4810.19.99		Los demás.	Kg	Ex	Ex
	-	**Papel y cartón de los tipos utilizados para escribir, imprimir u otros fines gráficos, con un contenido total de fibras obtenidas por procedimiento mecánico o químico-mecánico superior al 10% en peso del contenido total de fibra:**			
4810.22	**. .**	**Papel estucado o cuché ligero (liviano)* ("L.W.C.").**			
4810.22.01		Papel cuché o tipo cuché, blanco o de color, mate o brillante, esmaltado o recubierto en ambas caras de una mezcla de sustancias minerales, propio para impresión fina.	Kg	Ex	Ex
4810.22.99		Los demás.	Kg	Ex	Ex
4810.29	**. .**	**Los demás.**			
4810.29.01		Cuché o tipo cuché, blancos o de color, mate o brillante, esmaltados o recubiertos por una o ambas caras de una mezcla de sustancias minerales, propios para impresión fina, con peso superior a 72 g/m².	Kg	Ex	Ex
4810.29.99		Los demás.	Kg	Ex	Ex
	-	**Papel y cartón Kraft, excepto los de los tipos utilizados para escribir, imprimir u otros fines gráficos:**			
4810.31	**. .**	**Blanqueados uniformemente en la masa y con un contenido de fibras de madera obtenidas por procedimiento químico superior al 95% en peso del contenido total de fibra, de peso inferior o igual a 150 g/m².**			
4810.31.01		Estucados, pintados o recubiertos por una o ambas caras, de un alto grado de satinación o brillantez, con peso igual o superior a 74 g/m².	Kg	Ex	Ex
4810.31.02		Coloreados por ambas caras con peso inferior o igual a 120 g/m², excepto lo comprendido en la fracción 4810.31.01.	Kg	Ex	Ex
4810.31.03		Coloreados o decorados por una cara, excepto lo comprendido en la fracción 4810.31.01.	Kg	Ex	Ex
4810.31.04		Papel insensible al calor, preparado por una de sus caras con emulsión a base de óxido de cinc.	Kg	5	Ex
4810.31.99		Los demás.	Kg	5	Ex
4810.32	**. .**	**Blanqueados uniformemente en la masa y con un contenido de fibras de madera obtenidas por procedimiento químico superior al 95% en peso del contenido total de fibra, de peso superior a 150 g/m².**			
4810.32.01		Blanqueados uniformemente en la masa y con un contenido de fibras de madera obtenidas por procedimiento químico superior al 95% en peso del contenido total de fibra, de peso superior a 150 g/m².	Kg	Ex	Ex
4810.39	**. .**	**Los demás.**			
4810.39.99		Los demás.	Kg	Ex	Ex
	-	**Los demás papeles y cartones:**			
4810.92	**. .**	**Multicapas.**			
4810.92.01		Multicapas.	Kg	Ex	Ex

4810.99	**.. Los demás.**			
4810.99.01	De pasta teñida en la masa, superficie jaspeada, con peso superior a 500 g/m² sin exceder de 900 g/m² ("pressboard").	Kg	Ex	Ex
4810.99.99	Los demás.	Kg	Ex	Ex
48.11	**Papel, cartón, guata de celulosa y napa de fibras de celulosa, estucados, recubiertos, impregnados o revestidos, coloreados o decorados en la superficie o impresos, en bobinas (rollos) o en hojas de forma cuadrada o rectangular, de cualquier tamaño, excepto los productos de los tipos descritos en el texto de las partidas 48.03, 48.09 ó 48.10.**			
4811.10	**. Papel y cartón alquitranados, embetunados o asfaltados.**			
4811.10.01	Papel kraft.	Kg	Ex	Ex
4811.10.02	Cubresuelos con soporte de papel o cartón, incluso recortados.	Kg	5	Ex
4811.10.99	Los demás.	Kg	Ex	Ex
	. Papel y cartón engomados o adhesivos:			
4811.41	**.. Autoadhesivos.**			
4811.41.01	Autoadhesivos, excepto los comprendidos en la fracción 4811.41.02.	Kg	Ex	Ex
4811.41.02	En tiras o en bobinas (rollos).	Kg	5	Ex
4811.49	**.. Los demás.**			
4811.49.01	En tiras o en bobinas (rollos).	Kg	5	Ex
4811.49.99	Los demás.	Kg	Ex	Ex
	. Papel y cartón recubiertos, impregnados o revestidos de plástico (excepto los adhesivos):			
4811.51	**.. Blanqueados, de peso superior a 150 g/m².**			
4811.51.01	Recubiertos por una de sus caras, con una película de materia plástica artificial, aun cuando también lleven recubrimiento de otros materiales, excepto lo comprendido en la fracción 4811.51.03.	Kg	Ex	Ex
4811.51.02	Recubiertos con caolín y resinas sintéticas, repelentes a películas vinílicas, resistentes a la tensión así como a temperaturas iguales o superiores a 210°C, con peso superior a 100 g/m².	Kg	Ex	Ex
4811.51.03	Papel milimétrico recubierto por una cara, con una película de materia plástica artificial "laminene-milimétrico".	Kg	5	Ex
4811.51.04	Filtro, impregnados de resinas sintéticas, aun cuando estén coloreados o acanalados.	Kg	Ex	Ex
4811.51.05	100% de fibra de algodón "transparentizado", impregnado con resinas sintéticas.	Kg	Ex	Ex
4811.51.06	Cubresuelos con soporte de papel o cartón, incluso recortados.	Kg	5	Ex
4811.51.99	Los demás.	Kg	5	Ex
4811.59	**.. Los demás.**			
4811.59.01	Recubiertos por una de sus caras, con una película de materia plástica artificial, aun cuando también lleven recubrimiento de otros materiales.	Kg	Ex	Ex
4811.59.02	Recubiertos con caolín y resinas sintéticas, repelentes a películas vinílicas, resistentes a la tensión así como a temperaturas iguales o superiores a 210°C, con peso superior a 100 g/m².	Kg	Ex	Ex
4811.59.03	De kraft a base de celulosa semiblanqueada con un peso entre 200 g/m² y 450 g/m², cuya pasta se encuentre tratada con agentes que mejoren la resistencia a la humedad, recubiertos por una o por ambas caras con resina sintética de polietileno.	Kg	Ex	Ex
4811.59.04	Filtro, impregnados de resinas sintéticas, aun cuando estén coloreados o acanalados.	Kg	Ex	Ex
4811.59.05	100% de fibra de algodón, "transparentizado", impregnado con resinas sintéticas.	Kg	Ex	Ex
4811.59.06	Papel imitación madera, en rollos, de ancho igual o superior a 120 cm pero inferior o igual a 155 cm, con un peso igual o superior a 130 Kg pero inferior o igual a 170 Kg.	Kg	Ex	Ex
4811.59.07	Cubresuelos con soporte de papel o cartón, incluso recortados.	Kg	5	Ex
4811.59.99	Los demás.	Kg	Ex	Ex
4811.60	**. Papel y cartón recubiertos, impregnados o revestidos de cera, parafina, estearina, aceite o glicerol.**			
4811.60.01	Parafinados o encerados.	Kg	5	Ex
4811.60.02	Cubresuelos con soporte de papel o cartón, incluso recortados.	Kg	5	Ex
4811.60.99	Los demás.	Kg	5	Ex
4811.90	**. Los demás papeles, cartones, guata de celulosa y napa de fibras de celulosa.**			
4811.90.01	Cubiertos de gelatina por una de sus caras, para sensibilizarse posteriormente.	Kg	Ex	Ex
4811.90.02	Recubiertos por una de sus caras con látEx.	Kg	Ex	Ex
4811.90.03	Recubiertos por una de sus caras, con nitrocelulósicos, con peso igual o superior a 140 g/m², sin exceder de 435 g/m².	Kg	Ex	Ex
4811.90.04	Para obtener copias electrostáticas.	Kg	Ex	Ex
4811.90.05	Glassine.	Kg	Ex	Ex
4811.90.06	Con silicatos para estereotipia.	Kg	Ex	Ex
4811.90.07	Impregnados con látex acrilonitrilo-butadieno, recubiertos por una de sus caras con látex tipo acrilonitrilo y por la otra del mismo látex con partículas de dióxido de silicio coloidal y/o impregnados con látex estireno-butadieno, recubiertos por una de sus caras con resinas de estireno-butadieno.	Kg	Ex	Ex
4811.90.08	De pulpa o de pasta, teñido, para la fabricación de laminados plásticos decorativos.	Kg	Ex	Ex
4811.90.09	Papel imitación madera, en rollos, de ancho igual o superior a 120 cm pero inferior o igual a 155 cm, con un peso igual o superior a 130 Kg pero inferior o igual a 170 Kg.	Kg	Ex	Ex

4811.90.10	Cubresuelos con soporte de papel o cartón, incluso recortados.	Kg	5	Ex
4811.90.99	Los demás.	Kg	Ex	Ex
48.12	**Bloques y placas, filtrantes, de pasta de papel.**			
4812.00	**. Bloques y placas, filtrantes, de pasta de papel.**			
4812.00.01	Bloques y placas, filtrantes, de pasta de papel.	Kg	Ex	Ex
48.13	**Papel de fumar, incluso cortado al tamaño adecuado, en librillos o en tubos.**			
4813.10	**. En librillos o en tubos.**			
4813.10.01	En librillos o en tubos.	Kg	Ex	Ex
4813.20	**. En bobinas (rollos) de anchura inferior o igual a 5 cm.**			
4813.20.01	En bobinas (rollos) de anchura inferior o igual a 5 cm.	Kg	Ex	Ex
4813.90	**. Los demás.**			
4813.90.99	Los demás.	Kg	Ex	Ex
48.14	**Papel para decorar y revestimientos similares de paredes; papel para vidrieras.**			
4814.20	**. Papel para decorar y revestimientos similares de paredes, constituidos por papel recubierto o revestido, en la cara vista, con una capa de plástico graneada, gofrada, coloreada, impresa con motivos o decorada de otro modo.**			
4814.20.01	Papel para decorar y revestimientos similares de paredes, constituidos por papel recubierto o revestido, en la cara vista, con una capa de plástico graneada, gofrada, coloreada, impresa con motivos o decorada de otro modo.	Kg	5	Ex
4814.90	**. Los demás.**			
4814.90.01	Papel para decorar y revestimientos similares de paredes, constituidos por papel revestido en la cara vista con materia trenzable, incluso tejida en forma plana o paralelizada.	Kg	5	Ex
4814.90.02	Papel granito ("ingrain").	Kg	Ex	Ex
4814.90.99	Los demás.	Kg	5	Ex
48.16	**Papel carbón (carbónico), papel autocopia y demás papeles para copiar o transferir (excepto los de la partida 48.09), clisés de mimeógrafo ("stencils") completos y planchas offset, de papel, incluso acondicionados en cajas.**			
4816.20	**. Papel autocopia.**			
4816.20.01	Papel autocopia.	Kg	5	Ex
4816.90	**. Los demás.**			
4816.90.01	Papel carbón (carbónico) y papeles similares.	Kg	5	Ex
4816.90.02	Clisés de mimeógrafo ("stencils") completos.	Kg	5	Ex
4816.90.99	Los demás.	Kg	5	Ex
48.17	**Sobres, sobres carta, tarjetas postales sin ilustrar y tarjetas para correspondencia, de papel o cartón; cajas, bolsas y presentaciones similares, de papel o cartón, con un surtido de artículos de correspondencia.**			
4817.10	**. Sobres.**			
4817.10.01	Sobres.	Kg	5	Ex
4817.20	**. Sobres carta, tarjetas postales sin ilustrar y tarjetas para correspondencia.**			
4817.20.01	Sobres carta, tarjetas postales sin ilustrar y tarjetas para correspondencia.	Kg	5	Ex
4817.30	**. Cajas, bolsas y presentaciones similares de papel o cartón, con un surtido de artículos de correspondencia.**			
4817.30.01	Cajas, bolsas y presentaciones similares de papel o cartón, con un surtido de artículos de correspondencia.	Kg	5	Ex
48.18	**Papel del tipo utilizado para papel higiénico y papeles similares, guata de celulosa o napa de fibras de celulosa, de los tipos utilizados para fines domésticos o sanitarios, en bobinas (rollos) de una anchura inferior o igual a 36 cm o cortados en formato; pañuelos, toallitas de desmaquillar, toallas, manteles, servilletas, sábanas y artículos similares para uso doméstico, de tocador, higiénico o de hospital, prendas y complementos (accesorios), de vestir, de pasta de papel, papel, guata de celulosa o napa de fibras de celulosa.**			
4818.10	**. Papel higiénico.**			
4818.10.01	Papel higiénico.	Kg	5	Ex
4818.20	**. Pañuelos, toallitas de desmaquillar y toallas.**			
4818.20.01	Pañuelos, toallitas de desmaquillar y toallas.	Kg	5	Ex
4818.30	**. Manteles y servilletas.**			
4818.30.01	Manteles y servilletas.	Kg	5	Ex
4818.50	**. Prendas y complementos (accesorios), de vestir.**			
4818.50.01	Prendas y complementos (accesorios), de vestir.	Kg	5	Ex
4818.90	**. Los demás.**			
4818.90.99	Los demás.	Kg	5	Ex
48.19	**Cajas, sacos (bolsas), bolsitas, cucuruchos y demás envases de papel, cartón, guata de celulosa o napa de fibras de celulosa; cartonajes de oficina, tienda o similares.**			
4819.10	**. Cajas de papel o cartón corrugado.**			
4819.10.01	Cajas de papel o cartón corrugado.	Kg	Ex	Ex
4819.20	**. Cajas y cartonajes, plegables, de papel o cartón, sin corrugar.**			
4819.20.01	Envases de cartón impresos, coextruidos únicamente con una o varias películas de materia	Kg	5	Ex

plástica unidas entre sí, destinados exclusivamente a contener productos no aptos para el consumo humano.

4819.20.99	Los demás.	Kg	5	Ex
4819.30	**. Sacos (bolsas) con una anchura en la base superior o igual a 40 cm.**			
4819.30.01	Sacos (bolsas) con una anchura en la base superior o igual a 40 cm.	Kg	Ex	Ex
4819.40	**. Los demás sacos (bolsas); bolsitas y cucuruchos.**			
4819.40.01	Los demás sacos (bolsas), bolsitas y cucuruchos.	Kg	5	Ex
4819.50	**. Los demás envases, incluidas las fundas para discos.**			
4819.50.01	Los demás envases, incluidas las fundas para discos.	Kg	5	Ex
4819.60	**. Cartonajes de oficina, tienda o similares.**			
4819.60.01	Cartonajes de oficina, tienda o similares.	Kg	5	Ex
48.20	**Libros registro, libros de contabilidad, talonarios (de notas, pedidos o recibos), agendas, bloques memorandos, bloques de papel de cartas y artículos similares, cuadernos, carpetas de mesa, clasificadores, encuadernaciones (de hojas móviles u otras), carpetas y cubiertas para documentos y demás artículos escolares, de oficina o de papelería, incluso los formularios en paquetes o plegados ("manifold"), aunque lleven papel carbón (carbónico), de papel o cartón; álbumes para muestras o para colecciones y cubiertas para libros, de papel o cartón.**			
4820.10	**. Libros registro, libros de contabilidad, talonarios (de notas, pedidos o recibos), bloques memorandos, bloques de papel de cartas, agendas y artículos similares.**			
4820.10.01	Agendas o librillos para direcciones o teléfonos.	Kg	5	Ex
4820.10.99	Los demás.	Kg	5	Ex
4820.20	**. Cuadernos.**			
4820.20.01	Cuadernos.	Kg	5	Ex
4820.30	**. Clasificadores, encuadernaciones (excepto las cubiertas para libros), carpetas y cubiertas para documentos.**			
4820.30.01	Clasificadores, encuadernaciones (excepto las cubiertas para libros), carpetas y cubiertas para documentos.	Kg	5	Ex
4820.40	**. Formularios en paquetes o plegados ("manifold"), aunque lleven papel carbón (carbónico).**			
4820.40.01	Formularios en paquetes o plegados ("manifold"), aunque lleven papel carbón (carbónico).	Kg	5	Ex
4820.50	**. Álbumes para muestras o para colecciones.**			
4820.50.01	Álbumes para muestras o para colecciones.	Kg	5	Ex
4820.90	**. Los demás.**			
4820.90.99	Los demás.	Kg	5	Ex
48.21	**Etiquetas de todas clases, de papel o cartón, incluso impresas.**			
4821.10	**. Impresas.**			
4821.10.01	Impresas.	Kg	Ex	Ex
4821.90	**. Las demás.**			
4821.90.99	Las demás.	Kg	Ex	Ex
48.22	**Carretes, bobinas, canillas y soportes similares, de pasta de papel, papel o cartón, incluso perforados o endurecidos.**			
4822.10	**. De los tipos utilizados para el bobinado de hilados textiles.**			
4822.10.01	De los tipos utilizados para el bobinado de hilados textiles.	Kg	5	Ex
4822.90	**. Los demás.**			
4822.90.99	Los demás.	Kg	5	Ex
48.23	**Los demás papeles, cartones, guata de celulosa y napa de fibras de celulosa, cortados en formato; los demás artículos de pasta de papel, papel, cartón, guata de celulosa o napa de fibras de celulosa.**			
4823.20	**. Papel y cartón filtro.**			
4823.20.01	Papel filtro, con peso hasta 100 g/m², en bobinas de ancho igual o inferior a 105 mm.	Kg	Ex	Ex
4823.20.99	Los demás.	Kg	Ex	Ex
4823.40	**. Papel diagrama para aparatos registradores, en bobinas (rollos), hojas o discos.**			
4823.40.01	Papel diagrama para aparatos registradores, en bobinas (rollos), hojas o discos.	Kg	Ex	Ex
	. Bandejas, fuentes, platos, tazas, vasos y artículos similares, de papel o cartón:			
4823.61	**.. De bambú.**			
4823.61.01	De bambú.	Kg	5	Ex
4823.69	**.. Los demás.**			
4823.69.99	Los demás.	Kg	5	Ex
4823.70	**. Artículos moldeados o prensados, de pasta de papel.**			
4823.70.01	Charolas moldeadas con oquedades, para empaques.	Kg	5	Ex
4823.70.02	Panal de almácigas de papel para cultivo.	Kg	5	Ex
4823.70.03	Empaquetaduras.	Kg	Ex	Ex
4823.70.99	Los demás.	Kg	5	Ex
4823.90	**. Los demás.**			
4823.90.01	Para usos dieléctricos.	Kg	Ex	Ex

4823.90.02	"Crepé" en bandas, excepto lo comprendido en la fracción 4823.90.01.	Kg	Ex	Ex
4823.90.03	Tarjetas o fichas de papel o cartón, con bandas magnéticas para máquinas eléctricas de contabilidad.	Kg	5	Ex
4823.90.04	Del color de la pasta, con mas del 50% de pasta mecánica de madera, con longitud inferior o igual a 66 cm y peso superior a 700 g/m² sin exceder de 1,300 g/m², en bandas.	Kg	5	Ex
4823.90.05	Recubierto con resinas plásticas, con ancho igual o superior a 9 mm.	Kg	Ex	Ex
4823.90.06	Papel metalizado.	Kg	5	Ex
4823.90.07	Parafinado o encerado.	Kg	5	Ex
4823.90.08	Aceitado en bandas.	Kg	5	Ex
4823.90.09	Positivo emulsionado, insensible a la luz.	Kg	5	Ex
4823.90.10	Semiconos de papel filtro.	Kg	Ex	Ex
4823.90.11	Para protección de películas fotográficas.	Kg	Ex	Ex
4823.90.12	Cartón de pasta teñida en la masa, superficie jaspeada con peso superior a 500 g/m² sin exceder de 900 g/m² ("pressboard").	Kg	Ex	Ex
4823.90.13	Kraft impregnado o revestido por una o ambas caras, para uso exclusivo en la fabricación de pilas eléctricas secas.	Kg	5	Ex
4823.90.14	Diseños, modelos o patrones.	Kg	5	Ex
4823.90.15	Autoadhesivo, en tiras o en bobinas (rollos).	Kg	5	Ex
4823.90.16	Papel engomado o adhesivo, excepto lo comprendido en la fraccion 4823.90.15.	Kg	5	Ex
4823.90.17	Cubresuelos con soporte de papel o cartón, incluso recortados.	Kg	7	Ex
4823.90.99	Los demás.	Kg	5	Ex

Capítulo 49
Productos editoriales, de la prensa y de las demás industrias gráficas; textos manuscritos o mecanografiados y planos

Notas.
1. Este Capítulo no comprende:
    a) los negativos y positivos fotográficos con soporte transparente (Capítulo 37);
    b) los mapas, planos y esferas, en relieve, incluso impresos (partida 90.23);
    c) los naipes y demás artículos del Capítulo 95;
    d) los grabados, estampas y litografías originales (partida 97.02), los sellos (estampillas) de correo, timbres fiscales, marcas postales, sobres primer día, enteros postales, demás artículos franqueados y análogos de la partida 97.04, las antigüedades de más de cien años y demás artículos del Capítulo 97.
2. En el Capítulo 49, el término *impreso* significa también reproducido con copiadora, obtenido por un procedimiento controlado por una máquina automática de tratamiento o procesamiento de datos, por estampado en relieve, fotografía, fotocopia, termocopia o mecanografiado.
3. Los diarios y publicaciones periódicas encuadernados, así como las colecciones de diarios o de publicaciones periódicas presentadas bajo una misma cubierta, se clasifican en la partida 49.01, aunque contergan publicidad.
4. También se clasifican en la partida 49.01:
    a) las colecciones de grabados, de reproducciones de obras de arte, de dibujos, etc., que constituyan obras completas, paginadas y susceptibles de formar un libro, cuando los grabados estén acompañados de un texto referido a las obras o a sus autores;
    b) las láminas ilustradas que se presenten al mismo tiempo que un libro y como complemento de éste;
    c) los libros presentados en fascículos o en hojas separadas, de cualquier formato, que constituyan una obra completa o parte de una obra para encuadernar en rústica o de otra forma.
    Sin embargo, los grabados e ilustraciones, que no tengan texto y se presenten en hojas separadas de cualquier formato, se clasifican en la partida 49.11.
5. Salvo lo dispuesto en la Nota 3 de este Capítulo, la partida 49.01 no comprende las publicaciones consagradas fundamentalmente a la publicidad (por ejemplo: folletos, prospectos, catálogos comerciales, anuarios publicados por asociaciones comerciales, propaganda turística). Estas publicaciones se clasifican en la partida 49.11.
6. En la partida 49.03, se consideran *álbumes o libros de estampas para niños* los álbumes o libros para niños cuyas ilustraciones sean el atractivo principal y cuyos textos solo tengan un interés secundario.

Código		Descripción	Unid de Med	Arancel (%) IMP.	Arancel (%) EXP.
49.01		**Libros, folletos e impresos similares, incluso en hojas sueltas.**			
4901.10	**.**	**En hojas sueltas, incluso plegadas.**			
4901.10.01		Obras de la literatura universal y libros técnicos, científicos o de arte, incluso los de carácter biográfico.	Kg	Ex	Ex
4901.10.99		Los demás.	Kg	15	Ex
	.	**Los demás:**			
4901.91	**. .**	**Diccionarios y enciclopedias, incluso en fascículos.**			
4901.91.01		Impresos y publicados en México.	Pza	Ex	Ex
4901.91.02		Impresos en español, excepto lo comprendido en las fracciones 4901.91.01 y 4901.91.03.	Pza	Ex	Ex
4901.91.03		Impresos en relieve para uso de ciegos.	Pza	Ex	Ex
4901.91.99		Los demás.	Pza	Ex	Ex

4901.99 ·· **Los demás.**

4901.99.01	Impresos y publicado en México.	Pza	Ex	Ex
4901.99.02	Para la enseñanza primaria.	Pza	Ex	Ex
4901.99.03	Anuarios científicos o técnicos, excepto lo comprendido en la fracción 4901.99.01.	Pza	Ex	Ex
4901.99.04	Obras de la literatura universal, libros o fascículos técnicos, científicos o de arte, incluso los de carácter biográfico, impresos en español, aunque contengan otros idiomas, excepto lo comprendido en las fracciones 4901.99.01, 4901.99.02 y 4901.99.05.	Pza	Ex	Ex
4901.99.05	Impresos en relieve para uso de ciegos.	Pza	Ex	Ex
4901.99.06	Las demás obras de la literatura universal, libros o fascículos técnicos, científicos o de arte, incluso los de carácter biográfico, excepto lo comprendido en las fracciones 4901.99.01, 4901.99.02, 4901.99.04 y 4901.99.05.	Pza	Ex	Ex
4901.99.99	Los demás.	Pza	15	Ex
49.02	**Diarios y publicaciones periódicas, impresos, incluso ilustrados o con publicidad.**			

4902.10 · **Que se publiquen cuatro veces por semana como mínimo.**

4902.10.01	Diarios y publicaciones periódicas impresos en español.	Kg	Ex	Ex
4902.10.99	Los demás.	Kg	Ex	Ex

4902.90 · **Los demás.**

4902.90.01	Diarios y publicaciones periódicas impresos en español.	Kg	Ex	Ex
4902.90.99	Los demás.	Kg	Ex	Ex
49.03	**Álbumes o libros de estampas y cuadernos para dibujar o colorear, para niños.**			

4903.00 · **Álbumes o libros de estampas y cuadernos para dibujar o colorear, para niños.**

4903.00.01	Álbumes o libros de estampas.	Pza	Ex	Ex
4903.00.99	Los demás.	Pza	15	Ex
49.04	**Música manuscrita o impresa, incluso con ilustraciones o encuadernada.**			

4904.00 · **Música manuscrita o impresa, incluso con ilustraciones o encuadernada.**

4904.00.01	Música manuscrita o impresa, incluso con ilustraciones o encuadernada.	Pza	Ex	Ex
49.05	**Manufacturas cartográficas de todas clases, incluidos los mapas murales, planos topográficos y esferas, impresos.**			

4905.10 · **Esferas.**

4905.10.01	Esferas.	Pza	10	Ex
·	Los demás:			

4905.91 ·· **En forma de libros o folletos.**

4905.91.01	Cartas geográficas, topográficas o náuticas; mapas murales.	Pza	5	Ex
4905.91.99	Los demás.	Kg	10	Ex

4905.99 ·· **Los demás.**

4905.99.01	Cartas geográficas, topográficas o náuticas; mapas murales.	Pza	5	Ex
4905.99.99	Los demás.	Kg	10	Ex
49.06	**Planos y dibujos originales hechos a mano, de arquitectura, ingeniería, industriales, comerciales, topográficos o similares; textos manuscritos; reproducciones fotográficas sobre papel sensibilizado y copias con papel carbón (carbónico), de los planos, dibujos o textos antes mencionados.**			

4906.00 · **Planos y dibujos originales hechos a mano, de arquitectura, ingeniería, industriales, comerciales, topográficos o similares; textos manuscritos; reproducciones fotográficas sobre papel sensibilizado y copias con papel carbón (carbónico), de los planos, dibujos o textos antes mencionados.**

4906.00.01	Planos y dibujos originales hechos a mano, de arquitectura, ingeniería, industriales, comerciales, topográficos o similares; textos manuscritos; reproducciones fotográficas sobre papel sensibilizado y copias con papel carbón (carbónico), de los planos, dibujos o textos antes mencionados.	Kg	5	Ex

49.07	**Sellos (estampillas) de correos, timbres fiscales y análogos, sin obliterar, que tengan o estén destinados a tener curso legal en el país en el que su valor facial sea reconocido; papel timbrado; billetes de banco; cheques; títulos de acciones u obligaciones y títulos similares.**			

4907.00 · **Sellos (estampillas) de correos, timbres fiscales y análogos, sin obliterar, que tengan o estén destinados a tener curso legal en el país en el que su valor facial sea reconocido; papel timbrado; billetes de banco; cheques; títulos de acciones u obligaciones y títulos similares.**

4907.00.01	Billetes de Banco.	Kg	Ex	Ex
4907.00.02	Cheques de viajero.	Kg	Ex	Ex
4907.00.99	Los demás.	Kg	15	Ex
49.08	**Calcomanías de cualquier clase.**			

4908.10 · **Calcomanías vitrificables.**

4908.10.01	Calcomanías vitrificables policromas, elaboradas con pigmentos metálicos, sobre soportes de papel para ser fijadas a temperaturas mayores de 500°C, concebidas exclusivamente para ser aplicadas a loza, cerámica, porcelana y vidrio.	Kg	Ex	Ex
4908.10.99	Las demás.	Kg	15	Ex
4908.90 ·	**Las demás.**			

4908.90.01	Calcomanías transferibles sin calor, susceptibles de ser usadas en cualquier superficie, excepto lo comprendido en la fracción 4908.90.04.	Kg	15	Ex
4908.90.02	Para estampar tejidos.	Kg	10	Ex
4908.90.03	Calcomanías adheribles por calor, concebidas exclusivamente para ser aplicadas en materiales plásticos y caucho.	Kg	5	Ex
4908.90.04	Franjas o láminas adheribles decorativas para carrocería de vehículos, recortadas a tamaños determinados.	Kg	15	Ex
4908.90.05	Impresas a colores o en blanco y negro, presentadas para su venta en sobres o paquetes, aun cuando incluyan goma de mascar, dulces o cualquier otro tipo de artículos, conteniendo dibujos, figuras o ilustraciones que representen a la niñez de manera denigrante o ridícula, en actitudes de incitación a la violencia, a la autodestrucción o en cualquier otra forma de comportamiento antisocial, conocidas como "Garbage Pail Kids", por ejemplo, impresas por cualquier empresa o denominación comercial.		Prohi bida	Pro hi bida
4908.90.99	Las demás.	Kg	15	Ex
49.09	**Tarjetas postales impresas o ilustradas; tarjetas impresas con felicitaciones o comunicaciones personales, incluso con ilustraciones, adornos o aplicaciones, o con sobres.**			
4909.00	**- Tarjetas postales impresas o ilustradas; tarjetas impresas con felicitaciones o comunicaciones personales, incluso con ilustraciones, adornos o aplicaciones, o con sobres.**			
4909.00.01	Tarjetas postales impresas o ilustradas; tarjetas impresas con felicitaciones o comunicaciones personales, incluso con ilustraciones, adornos o aplicaciones, o con sobres.	Kg	15	Ex
49.10	**Calendarios de cualquier clase impresos, incluidos los tacos de calendario.**			
4910.00	**- Calendarios de cualquier clase impresos, incluidos los tacos de calendario.**			
4910.00.01	Calendarios de cualquier clase, impresos, incluidos los tacos de calendario.	Kg	15	Ex
49.11	**Los demás impresos, incluidas las estampas, grabados y fotografías.**			
4911.10	**- Impresos publicitarios, catálogos comerciales y similares.**			
4911.10.01	Catálogos en idioma distinto del español, cuando se importen asignados en cantidad no mayor de 3 ejemplares por destinatarios.	Kg	5	Ex
4911.10.02	Guías, horarios o demás impresos relativos a servicios de transporte de compañías que operen en el extranjero.	Kg	5	Ex
4911.10.03	Folletos o publicaciones turísticas.	Kg	5	Ex
4911.10.04	Figuras o paisajes, impresos o fotografiados sobre tejidos.	Kg	5	Ex
4911.10.99	Los demás.	Kg	15	Ex
	- Los demás:			
4911.91	**- - Estampas, grabados y fotografías.**			
4911.91.01	Estampas, dibujos, fotografías, sobre papel o cartón para la edición de libros o colecciones de carácter educativo o cultural.	Kg	5	Ex
4911.91.02	Fotografías a colores.	Kg	15	Ex
4911.91.03	Terapéutico-pedagógicos, reconocibles como concebidos exclusivamente para instituciones de educación especial o similares.	Kg	5	Ex
4911.91.04	Figuras o paisajes, impresos o fotografiados sobre tejidos.	Kg	15	Ex
4911.91.05	Impresas a colores o en blanco y negro, presentadas para su venta en sobres o paquetes, aun cuando incluyan goma de mascar, dulces o cualquier otro tipo de artículos, conteniendo dibujos, figuras o ilustraciones que representen a la niñez de manera denigrante o ridícula, en actitudes de incitación a la violencia, a la autodestrucción o en cualquier otra forma de comportamiento antisocial, conocidas como "Garbage Pail Kids", por ejemplo, impresas por cualquier empresa o denominación comercial.		Prohi bida	Pro hi bi da
4911.91.99	Los demás.	Kg	15	Ex
4911.99	**- - Los demás.**			
4911.99.01	Cuadros murales para escuelas.	Kg	5	Ex
4911.99.02	Boletos o billetes de rifas, loterías, espectáculos, ferrocarriles u otros servicios de transporte.	Kg	15	Ex
4911.99.03	Impresos con claros para escribir.	Kg	15	Ex
4911.99.04	Motivos decorativos para la fabricación de utensilios de plástico.	Kg	15	Ex
4911.99.05	Tarjetas plásticas para identificación y para crédito, sin cinta magnética.	Kg	15	Ex
4911.99.06	Terapéutico-pedagógicos, reconocibles como concebidos exclusivamente para instituciones de educación especial o similares.	Kg	5	Ex
4911.99.99	Los demás.	Kg	15	Ex

Sección XI
MATERIAS TEXTILES Y SUS MANUFACTURAS

Notas.
1. Esta Sección no comprende:
   a) los pelos y cerdas para cepillería (partida 05.02), la crin y los desperdicios de crin (partida 05.11);

b) el cabello y sus manufacturas (partidas 05.01, 67.03 ó 67.04); sin embargo, los capachos y tejidos gruesos, de cabello, de los tipos utilizados comúnmente en las prensas de aceite o en usos técnicos análogos, se clasifican en la partida 59.11;

c) los línteres de algodón y demás productos vegetales del Capítulo 14;

d) el amianto (asbesto) de la partida 25.24 y los artículos de amianto y demás productos de las partidas 68.12 ó 68.13;

e) los artículos de las partidas 30.05 ó 30.06; el hilo utilizado para limpieza de los espacios interdentales (hilo dental), en envases individuales acondicionados para la venta al por menor, de la partida 33.06;

f) los textiles sensibilizados de las partidas 37.01 a 37.04;

g) los monofilamentos cuya mayor dimensión de la sección transversal sea superior a 1 mm y las tiras y formas similares (por ejemplo, paja artificial) de anchura aparente superior a 5 mm, de plástico (Capítulo 39), así como las trenzas, tejidos y demás manufacturas de espartería o cestería de estos mismos artículos (Capítulo 46);

h) los tejidos, incluso de punto, fieltro y tela sin tejer, impregnados, recubiertos, revestidos o estratificados con plástico y los artículos de estos productos, del Capítulo 39;

ij) los tejidos, incluso de punto, fieltro y tela sin tejer, impregnados, recubiertos, revestidos o estratificados con caucho y los artículos de estos productos, del Capítulo 40;

k) las pieles sin depilar (Capítulos 41 ó 43) y los artículos de peletería natural o de peletería facticia o artificial de las partidas 43.03 ó 43.04;

l) los artículos de materia textil de las partidas 42.01 ó 42.02;

m) los productos y artículos del Capítulo 48 (por ejemplo, la guata de celulosa);

n) el calzado y sus partes, polainas y artículos similares, del Capítulo 64;

o) las redecillas para el cabello y los sombreros y demás tocados, y sus partes, del Capítulo 65;

p) los productos del Capítulo 67;

q) los productos textiles recubiertos de abrasivos (partida 68.05), así como las fibras de carbono y las manufacturas de estas fibras, de la partida 68.15;

r) las fibras de vidrio, los artículos de fibras de vidrio y los bordados químicos o sin fondo visible con hilo bordador de fibras de vidrio (Capítulo 70);

s) los artículos del Capítulo 94 (por ejemplo: muebles, artículos de cama, aparatos de alumbrado);

t) los artículos del Capítulo 95 (por ejemplo: juguetes, juegos, artefactos deportivos, redes para deportes);

u) los artículos del Capítulo 96 (por ejemplo: cepillos y brochas, juegos o surtidos de viaje para costura, cierres de cremallera (cierres relámpago), cintas entintadas para máquinas de escribir, toallas sanitarias (compresas) y tampones higiénicos, pañales para bebés), o

v) los artículos del Capítulo 97.

2. A) Los productos textiles de los Capítulos 50 a 55 o de las partidas 58.09 ó 59.02 que contengan dos o más materias textiles se clasifican como si estuviesen totalmente constituidos por la materia textil que predomine en peso sobre cada una de las demás.
Cuando ninguna materia textil predomine en peso, el producto se clasifica como si estuviese totalmente constituido por la materia textil que pertenezca a la última partida por orden de numeración entre las susceptibles de tomarse razonablemente en cuenta.

B) Para la aplicación de esta regla:

a) los hilados de crin entorchados (partida 51.10) y los hilados metálicos (partida 56.05) se consideran por su peso total como una sola materia textil; los hilos de metal se consideran materia textil para la clasificación de los tejidos a los que estén incorporados;

b) la elección de la partida apropiada se hará determinando primero el Capítulo y luego, en este Capítulo, la partida aplicable, haciendo abstracción de cualquier materia textil que no pertenezca a dicho Capítulo;

c) cuando los Capítulos 54 y 55 entren en juego con otro Capítulo, estos dos Capítulos se consideran como uno solo;

d) cuando un Capítulo o una partida se refieran a varias materias textiles, dichas materias se consideran como una sola materia textil.

C) Las disposiciones de los apartados A) y B) se aplican también a los hilados especificados en las Notas 3, 4, 5 ó 6 siguientes.

3. A) Sin perjuicio de las excepciones previstas en el apartado B) siguiente, en esta Sección se entiende por *cordeles, cuerdas y cordajes,* los hilados (sencillos, retorcidos o cableados):

a) de seda o de desperdicios de seda, de título superior a 20,000 decitex;

b) de fibras sintéticas o artificiales (incluidos los formados por dos o más monofilamentos del Capítulo 54), de título superior a 10,000 decitex;

c) de cáñamo o lino:

1°) pulidos o abrillantados, de título superior o igual a 1,429 decitex; o

2°) sin pulir ni abrillantar, de título superior a 20,000 decitex;

d) de coco, de tres o más cabos;

e) de las demás fibras vegetales, de título superior a 20,000 decitex;

f) reforzados con hilos de metal.

B) Las disposiciones anteriores no se aplican:

a) a los hilados de lana, pelo o crin ni a los hilados de papel, sin reforzar con hilos de metal;

b) a los cables de filamentos sintéticos o artificiales del Capítulo 55 ni a los multifilamentos sin torsión o con una torsión inferior a 5 vueltas por metro del Capítulo 54;

c) al pelo de Mesina de la partida 50.06 ni a los monofilamentos del Capítulo 54;

d) a los hilados metálicos de la partida 56.05; los hilados textiles reforzados con hilos de metal se regirán por las disposiciones del apartado A) f) anterior;

e) a los hilados de chenilla, a los entorchados ni a los "de cadeneta", de la partida 56.06.

4. **A)** Sin perjuicio de las excepciones previstas en el apartado B) siguiente, en los Capítulos 50, 51, 52, 54 y 55, se entiende por *hilados acondicionados para la venta al por menor,* los hilados (sencillos, retorcidos o cableados) presentados:

a) en cartulinas, bobinas, tubos o soportes similares, con un peso inferior o igual (incluido el soporte) a:

1º) 85 g para los hilados de seda, de desperdicios de seda o de filamentos sintéticos o artificiales; o

2º) 125 g para los demás hilados;

b) en bolas, ovillos, madejas o madejitas, con un peso inferior o igual a:

1º) 85 g para los hilados de filamentos sintéticos o artificiales, de título inferior a 3,000 decitex, de seda o de desperdicios de seda: o

2º) 125 g para los demás hilados de título inferior a 2,000 decitex; o

3º) 500 g para los demás hilados;

c) en madejas subdivididas en madejitas por medio de uno o varios hilos divisores que las hacen independientes unas de otras, con un peso uniforme por cada madejita inferior o igual a:

1º) 85 g para los hilados de seda, de desperdicios de seda o de filamentos sintéticos o artificiales; o

2º) 125 g para los demás hilados.

B) Las disposiciones anteriores no se aplican:

a) a los hilados sencillos de cualquier materia textil, excepto:

1º) los hilados sencillos de lana o pelo fino, crudos; y

2º) los hilados sencillos de lana o pelo fino, blanqueados, teñidos o estampados, de titulo superior a 5,000 decitex;

b) a los hilados crudos, retorcidos o cableados:

1º) de seda o de desperdicios de seda, cualquiera que sea su forma de presentación; o

2º) de las demás materias textiles (excepto lana y pelo fino) que se presenten en madejas;

c) a los hilados de seda o de desperdicios de seda, retorcidos o cableados, blanqueados, teñidos o estampados, de título inferior o igual a 133 decitex;

d) a los hilados sencillos, retorcidos o cableados, de cualquier materia textil, que se presenten:

1º) en madejas de devanado cruzado; o

2º) con soporte u otro acondicionamiento que implique su utilización en la industria textil (por ejemplo: en tubos de máquinas para el retorcido, canillas, husos cónicos o conos, en madejas para máquinas de bordar).

5. En las partidas 52.04, 54.01 y 55.08 se entiende por *hilo de coser,* el hilado retorcido o cableado que satisfaga todas las condiciones siguientes:

a) que se presente en soportes (por ejemplo: carretes, tubos) de peso inferior o igual a 1,000 g, incluido el soporte;

b) aprestado para su utilización como hilo de coser; y

c) con torsión final "Z".

6. En esta Sección, se entiende por *hilados de alta tenacidad*, los hilados cuya tenacidad, expresada en cN/tex (centinewton por tex), sea superior a los límites siguientes:
hilados sencillos de nailon o demás poliamidas o de poliésteres ....60 cN/tex
hilados retorcidos o cableados de nailon o demás poliamidas o de poliésteres...53 cN/tex
hilados sencillos, retorcidos o cableados de rayón viscosa ....27 cN/tex

7. En esta Sección, se entiende por *confeccionados*:
a) los artículos cortados en forma distinta de la cuadrada o rectangular;

b) los artículos terminados directamente y listos para su uso o que puedan utilizarse después de haber sido separados por simple corte de los hilos sin entrelazar, sin costuras ni otra mano de obra complementaria, tales como algunos paños de cocina, toallas, manteles, pañuelos de cuello y mantas;

c) los artículos cortados en las dimensiones requeridas en los que al menos uno de sus bordes haya sido termosellado, con el borde visiblemente adelgazado o comprimido y los demás bordes tratados según los procedimientos descritos en los demás apartados de esta Nota; sin embargo, no se considerará confeccionada la materia textil en piezas cuyos bordes desprovistos de orillos hayan sido cortados en caliente o simplemente sobrehilados para evitar su deshilachado;

d) los artículos cuyos bordes hayan sido dobladillados o ribeteados por cualquier sistema o sujetados por medio de flecos anudados obtenidos con hilos del propio artículo o con hilos aplicados; sin embargo, no se considerará confeccionada la materia textil en pieza cuyos bordes desprovistos de orillos hayan sido simplemente sujetados;

e) los artículos cortados en cualquier forma, que hayan sido objeto de un trabajo de entresacado de hilos;

f) los artículos unidos por costura, pegado u otra forma (excepto las piezas de un mismo textil unidas por sus extremos para formar una pieza de mayor longitud, así como las piezas constituidas por dos o más textiles superpuestos en toda su superficie y unidas de esta forma, incluso con interposición de materia de relleno);

g) los artículos de punto obtenidos con forma determinada, que se presenten en unidades o en pieza que comprenda varias unidades.

8. A los efectos de los Capítulos 50 a 60:
   a) no se clasifican en los Capítulos 50 a 55 y 60 ni, salvo disposición en contrario, en los Capítulos 56 a 59, los artículos confeccionados tal como se definen en la Nota 7 anterior;
   b) no se clasifican en los Capítulos 50 a 55 y 60 los artículos de los Capítulos 56 a 59.
9. Los productos constituidos por napas de hilados textiles paralelizados que se superponen en ángulo recto o agudo se asimilarán a los tejidos de los Capítulos 50 a 55. Estas napas se fijan entre sí en los puntos de cruce de sus hilados mediante un adhesivo o por termosoldado.
10. Los productos elásticos constituidos por materia textil combinada con hilos de caucho se clasifican en esta Sección.
11. En esta Sección, el término *impregnado* abarca también el adherizado.
12. En esta Sección, el término *poliamidas* abarca también las aramidas.
13. En esta Sección y, en su caso, en la Nomenclatura, se entiende por *hilados de elastómeros*, los hilados de filamentos (incluidos los monofilamentos) de materia textil sintética, excepto los hilados texturados, que puedan alargarse hasta tres veces su longitud primitiva sin romperse y que, después de alargarse hasta dos veces su longitud primitiva, adquieran, en menos de cinco minutos, una longitud inferior o igual a una vez y media su longitud primitiva.
14. Salvo disposición en contrario, las prendas de vestir de materia textil que pertenezcan a partidas distintas se clasifican en sus partidas respectivas, incluso si se presentan en surtidos para la venta al por menor. A los efectos de esta Nota, se entiende por *prendas de vestir de materia textil* las prendas de las partidas 61.01 a 61.14 y de las partidas 62.01 a 62.11.

Notas de subpartida.
1. En esta Sección y, en su caso, en la Nomenclatura, se entiende por:
   a) **Hilados crudos**
      los hilados:
      1°) con el color natural de las fibras que los constituyan, sin blanquear, teñir (incluso en la masa) ni estampar; o
      2°) sin color bien determinado (hilados "grisáceos") fabricados con hilachas.
      Estos hilados pueden tener un apresto sin colorear o un color fugaz (el color fugaz desaparece por simple lavado con jabón) y, en el caso de fibras sintéticas o artificiales, estar tratados en la masa con productos de mateado (por ejemplo, dióxido de titanio).
   b) **Hilados blanqueados**
      los hilados:
      1°) blanqueados o fabricados con fibras blanqueadas o, salvo disposición en contrario, teñidos de blanco (incluso en la masa) o con apresto blanco; o
      2°) constituidos por una mezcla de fibras crudas con fibras blanqueadas; o
      3°) retorcidos o cableados, constituidos por hilados crudos e hilados blanqueados.
   c) **Hilados coloreados (teñidos o estampados)**
      los hilados:
      1°) teñidos (incluso en la masa), excepto de blanco o un color fugaz, o bien estampados o fabricados con fibras teñidas o estampadas; o
      2°) constituidos por una mezcla de fibras teñidas de color diferente o por una mezcla de fibras crudas o blanqueadas con fibras coloreadas (hilados jaspeados o mezclados) o estampados a trechos con uno o varios colores, con aspecto de puntillado; o
      3°) en los que la mecha o "roving" de materia textil haya sido estampada; o
      4°) retorcidos o cableados, constituidos por hilados crudos o blanqueados e hilados coloreados.
   Las definiciones anteriores se aplican también, *mutatis mutandis*, a los monofilamentos y a las tiras o formas similares del Capítulo 54.
   d) **Tejidos crudos**
      los tejidos de hilados crudos sin blanquear, teñir ni estampar. Estos tejidos pueden tener un apresto sin color o un color fugaz.
   e) **Tejidos blanqueados**
      los tejidos:
      1°) blanqueados o, salvo disposición en contrario, teñidos de blanco o con apresto blanco, en pieza; o

2º)   constituidos por hilados blanqueados; o

3º)   constituidos por hilados crudos e hilados blanqueados.

f)   **Tejidos teñidos**

los tejidos:

1º)   teñidos en pieza con un solo color uniforme, excepto el blanco (salvo disposición en contrario) o con apresto coloreado, excepto el blanco (salvo disposición en contrario); o

2º)   constituidos por hilados coloreados con un solo color uniforme.

g)   **Tejidos con hilados de distintos colores**

los tejidos (excepto los tejidos estampados):

1º)   constituidos por hilados de colores distintos o por hilados de matiz diferente de un mismo color, distintos del color natural de las fibras constitutivas; o

2º)   constituidos por hilados crudos o blanqueados e hilados coloreados; o

3º)   constituidos por hilados jaspeados o mezclados.

(En ningún caso se tendrán en cuenta los hilados que forman los orillos o las cabeceras de pieza.)

h)   **Tejidos estampados**

los tejidos estampados en pieza, incluso si estuvieran constituidos por hilados de distintos colores.

(Se asimilan a los tejidos estampados, los tejidos con dibujos obtenidos, por ejemplo: con pincel, brocha, pistola, calcomanías, flocado, por procedimiento "batik".)

La mercerización no influye en la clasificación de los hilados o tejidos definidos anteriormente.

Las definiciones de los apartados d) a h) anteriores se aplican, *mutatis mutandis*, a los tejidos de punto.

ij)   **Ligamento tafetán**

la estructura de tejido en la que cada hilo de trama pasa alternativamente por encima y por debajo de los hilos sucesivos de la urdimbre y cada hilo de la urdimbre pasa alternativamente por encima y por debajo de los hilos sucesivos de la trama.

2.   **A)**   Los productos de los Capítulos 56 a 63 que contengan dos o más materias textiles se consideran constituidos totalmente por la materia textil que les correspondería de acuerdo con la Nota 2 de esta Sección para la clasificación de un producto de los Capítulos 50 a 55 o de la partida 58.09 obtenido con las mismas materias.

    B)   Para la aplicación de esta regla:

      a)   solo se tendrá en cuenta, en su caso, la parte que determine la clasificación según la Regla general interpretativa 3;

      b)   en los productos textiles constituidos por un fondo y una superficie con pelo o con bucles, no se tendrá en cuenta el tejido de fondo;

      c)   solo se tendrá en cuenta el fondo en los bordados de la partida 58.10 y en las manufacturas de estas materias. Sin embargo, en los bordados químicos, aéreos o sin fondo visible y en las manufacturas de estas materias, la clasificación se realizará teniendo en cuenta solamente los hilos bordadores.

Capítulo 50
Seda

Código		Descripción	Unid de Med	Arancel (%)	
				IMP.	EXP.
50.01		**Capullos de seda aptos para el devanado.**			
5001.00	-	**Capullos de seda aptos para el devanado.**			
5001.00.01		Capullos de seda aptos para el devanado.	Kg	Ex	Ex
50.02		**Seda cruda (sin torcer).**			
5002.00	-	**Seda cruda (sin torcer).**			
5002.00.01		Seda cruda (sin torcer).	Kg	Ex	Ex
50.03		**Desperdicios de seda (incluidos los capullos no aptos para el devanado, desperdicios de hilados e hilachas).**			
5003.00	-	**Desperdicios de seda (incluidos los capullos no aptos para el devanado, desperdicios de hilados e hilachas).**			
5003.00.01		Sin cardar ni peinar.	Kg	Ex	Ex
5003.00.99		Los demás.	Kg	Ex	Ex
50.04		**Hilados de seda (excepto los hilados de desperdicios de seda) sin acondicionar para la venta al por menor.**			
5004.00	-	**Hilados de seda (excepto los hilados de desperdicios de seda) sin acondicionar para la venta al por menor.**			
5004.00.01		Hilados de seda (excepto los hilados de desperdicios de seda) sin acondicionar para la venta al por menor.	Kg	10	Ex
50.05		**Hilados de desperdicios de seda sin acondicionar para la venta al por menor.**			
5005.00	-	**Hilados de desperdicios de seda sin acondicionar para la venta al por menor.**			
5005.00.01		Hilados de desperdicios de seda sin acondicionar para la venta al por menor.	Kg	10	Ex
50.06		**Hilados de seda o de desperdicios de seda, acondicionados para la venta al por menor; "pelo de Mesina" ("crin de Florencia").**			
5006.00	-	**Hilados de seda o de desperdicios de seda, acondicionados para la venta al por menor; "pelo de Mesina" ("crin de Florencia").**			
5006.00.01		Hilados de seda, o de desperdicios de seda, acondicionados para la venta al por menor; "pelo de Mesina" ("crin de Florencia").	Kg	10	Ex

50.07	Tejidos de seda o de desperdicios de seda.			
5007.10	**. Tejidos de borrilla.**			
5007.10.01	Tejidos de borrilla.	M²	10	Ex
5007.20	**. Los demás tejidos con un contenido de seda o de desperdicios de seda, distintos de la borrilla, superior o igual al 85% en peso.**			
5007.20.01	Los demás tejidos con un contenido de seda o de desperdicios de seda, distintos de la borrilla, superior o igual al 85% en peso.	M²	10	Ex
5007.90	**. Los demás tejidos.**			
5007.90.01	Los demás tejidos.	M²	10	Ex

Capítulo 51
Lana y pelo fino u ordinario; hilados y tejidos de crin

Nota.
1. En la Nomenclatura se entiende por:
   a) *lana*, la fibra natural que recubre los ovinos;
   b) *pelo fino*, el pelo de alpaca, llama (incluido el guanaco), vicuña, camello, dromedario, yac, cabra de Angora ("mohair"), cabra del Tíbet, cabra de Cachemira o cabras similares (excepto cabras comunes), conejo (incluido el conejo de Angora), liebre, castor, coipo o rata almizclera;
   c) *pelo ordinario*, el pelo de los animales no citados anteriormente, excepto el pelo y las cerdas de cepillería (partida 05.02) y la crin (partida 05.11).

Código	Descripción	Unid de Med	Arancel (%)	
			IMP.	EXP.
51.01	**Lana sin cardar ni peinar.**			
	. Lana sucia, incluida la lavada en vivo:			
5101.11	**.. Lana esquilada.**			
5101.11.01	Cuyo rendimiento en fibra sea igual o inferior al 75%.	Kg	Ex	Ex
5101.11.99	Los demás.	Kg	Ex	Ex
5101.19	**.. Las demás.**			
5101.19.01	Cuyo rendimiento en fibra sea igual o inferior al 75%.	Kg	Ex	Ex
5101.19.99	Los demás.	Kg	Ex	Ex
	. Desgrasada, sin carbonizar:			
5101.21	**.. Lana esquilada.**			
5101.21.01	Cuyo rendimiento en fibra sea igual o inferior al 75%.	Kg	Ex	Ex
5101.21.99	Los demás.	Kg	Ex	Ex
5101.29	**.. Las demás.**			
5101.29.01	Cuyo rendimiento en fibra sea igual o inferior al 75%.	Kg	Ex	Ex
5101.29.99	Los demás.	Kg	Ex	Ex
5101.30	**. Carbonizada.**			
5101.30.01	Cuyo rendimiento en fibra sea igual o inferior al 75%.	Kg	Ex	Ex
5101.30.99	Los demás.	Kg	Ex	Ex
51.02	**Pelo fino u ordinario, sin cardar ni peinar.**			
	. Pelo fino:			
5102.11	**.. De cabra de Cachemira.**			
5102.11.01	De cabra de Cachemira.	Kg	Ex	Ex
5102.19	**.. Los demás.**			
5102.19.01	De cabra de Angora (mohair).	Kg	Ex	Ex
5102.19.02	De conejo o de liebre.	Kg	Ex	Ex
5102.19.99	Los demás.	Kg	Ex	Ex
5102.20	**. Pelo ordinario.**			
5102.20.01	De cabra común.	Kg	Ex	Ex
5102.20.99	Los demás.	Kg	Ex	Ex
51.03	**Desperdicios de lana o de pelo fino u ordinario, incluidos los desperdicios de hilados, excepto las hilachas.**			
5103.10	**. Borras del peinado de lana o pelo fino.**			
5103.10.01	De lana, provenientes de peinadoras ("blousses").	Kg	Ex	Ex
5103.10.02	De lana limpia, excepto provenientes de peinadoras ("blousses").	Kg	Ex	Ex
5103.10.99	Los demás.	Kg	Ex	Ex
5103.20	**. Los demás desperdicios de lana o pelo fino.**			
5103.20.01	De lana, provenientes de peinadoras ("blousses").	Kg	Ex	Ex
5103.20.02	De lana limpia, excepto provenientes de peinadoras ("blousses").	Kg	Ex	Ex
5103.20.99	Los demás.	Kg	Ex	Ex

5103.30	-	**Desperdicios de pelo ordinario.**		
5103.30.01		Desperdicios de pelo ordinario.	Kg	Ex	Ex
51.04		**Hilachas de lana o de pelo fino u ordinario.**		
5104.00	-	**Hilachas de lana o de pelo fino u ordinario.**		
5104.00.01		Hilachas de lana o de pelo fino u ordinario.	Kg	Ex	Ex
51.05		**Lana y pelo fino u ordinario, cardados o peinados (incluida la "lana peinada a granel").**		
5105.10	-	**Lana cardada.**		
5105.10.01		Lana cardada.	Kg	Ex	Ex
	-	**Lana peinada:**		
5105.21	- -	**"Lana peinada a granel".**		
5105.21.01		"Lana peinada a granel".	Kg	Ex	Ex
5105.29	- -	**Las demás.**		
5105.29.01		Peinados en mechas ("tops").	Kg	Ex	Ex
5105.29.99		Las demás.	Kg	Ex	Ex
	-	**Pelo fino cardado o peinado:**		
5105.31	- -	**De cabra de Cachemira.**		
5105.31.01		De cabra de Cachemira.	Kg	Ex	Ex
5105.39	- -	**Los demás.**		
5105.39.01		De alpaca, vicuña y llama, peinados en mechas ("tops").	Kg	Ex	Ex
5105.39.02		De guanaco peinado en mechas ("tops").	Kg	Ex	Ex
5105.39.99		Los demás.	Kg	Ex	Ex
5105.40	-	**Pelo ordinario cardado o peinado.**		
5105.40.01		Pelo ordinario, cardado o peinado.	Kg	Ex	Ex
51.06		**Hilados de lana cardada sin acondicionar para la venta al por menor.**		
5106.10	-	**Con un contenido de lana superior o igual al 85% en peso.**		
5106.10.01		Con un contenido de lana superior o igual al 85% en peso.	Kg	10	Ex
5106.20	-	**Con un contenido de lana inferior al 85% en peso.**		
5106.20.01		Con un contenido de lana inferior al 85% en peso.	Kg	10	Ex
51.07		**Hilados de lana peinada sin acondicionar para la venta al por menor.**		
5107.10	-	**Con un contenido de lana superior o igual al 85% en peso.**		
5107.10.01		Con un contenido de lana superior o igual al 85% en peso.	Kg	10	Ex
5107.20	-	**Con un contenido de lana inferior al 85% en peso.**		
5107.20.01		Con un contenido de lana inferior al 85% en peso.	Kg	10	Ex
51.08		**Hilados de pelo fino cardado o peinado, sin acondicionar para la venta al por menor.**		
5108.10	-	**Cardado.**		
5108.10.01		Cardado.	Kg	10	Ex
5108.20	-	**Peinado.**		
5108.20.01		Peinado.	Kg	10	Ex
51.09		**Hilados de lana o pelo fino, acondicionados para la venta al por menor.**		
5109.10	-	**Con un contenido de lana o pelo fino superior o igual al 85% en peso.**		
5109.10.01		Con un contenido de lana o pelo fino superior o igual al 85% en peso.	Kg	10	Ex
5109.90	-	**Los demás.**		
5109.90.99		Los demás.	Kg	10	Ex
51.10		**Hilados de pelo ordinario o de crin (incluidos los hilados de crin entorchados), aunque estén acondicionados para la venta al por menor.**		
5110.00	-	**Hilados de pelo ordinario o de crin (incluidos los hilados de crin entorchados), aunque estén acondicionados para la venta al por menor.**		
5110.00.01		Hilados de pelo ordinario o de crin (incluidos los hilados de crin entorchados), aunque estén acondicionados para la venta al por menor.	Kg	10	Ex
51.11		**Tejidos de lana cardada o pelo fino cardado.**		
	-	**Con un contenido de lana o pelo fino superior o igual al 85% en peso:**		
5111.11	- -	**De peso inferior o igual a 300 g/m².**		
5111.11.01		Del tipo de los utilizados para tapicería y tapiz, tejidos hechos a mano.	M²	10	Ex
5111.11.99		Los demás.	M²	10	Ex
5111.19	- -	**Los demás.**		
5111.19.01		Del tipo de los utilizados para tapicería y tapiz, tejidos hechos a mano.	M²	10	Ex
5111.19.99		Los demás.	M²	10	Ex
5111.20	-	**Los demás, mezclados exclusiva o principalmente con filamentos sintéticos o artificiales.**		
5111.20.01		Del tipo de los utilizados para tapicería y tapiz.	M²	10	Ex
5111.20.99		Los demás.	M²	10	Ex
5111.30	-	**Los demás, mezclados exclusiva o principalmente con fibras sintéticas o artificiales discontinuas.**		
5111.30.01		Del tipo de los utilizados para tapicería y tapiz.	M²	10	Ex

5111.30.99	Los demás.	M²	10	Ex
5111.90	**. Los demás.**			
5111.90.99	Los demás.	M²	10	Ex
51.12	**Tejidos de lana peinada o pelo fino peinado.**			
	. Con un contenido de lana o pelo fino superior o igual al 85% en peso:			
5112.11	**.. De peso inferior o igual a 200 g/m².**			
5112.11.01	Del tipo de los utilizados para tapicería y tapiz.	M²	10	Ex
5112.11.99	Los demás.	M²	10	Ex
5112.19	**.. Los demás.**			
5112.19.01	Del tipo de los utilizados para tapicería y tapiz.	M²	10	Ex
5112.19.02	Tela de billar.	M²	10	Ex
5112.19.99	Los demás.	M²	10	Ex
5112.20	**. Los demás, mezclados exclusiva o principalmente con filamentos sintéticos o artificiales.**			
5112.20.01	Del tipo de los utilizados para tapicería y tapiz.	M²	10	Ex
5112.20.99	Los demás.	M²	10	Ex
5112.30	**. Los demás, mezclados exclusiva o principalmente con fibras sintéticas o artificiales discontinuas.**			
5112.30.01	Del tipo de los utilizados para tapicería y tapiz.	M²	10	Ex
5112.30.02	Tela de billar.	M²	10	Ex
5112.30.99	Los demás.	M²	10	Ex
5112.90	**. Los demás.**			
5112.90.99	Los demás.	M²	10	Ex
51.13	**Tejidos de pelo ordinario o de crin.**			
5113.00	**. Tejidos de pelo ordinario o de crin.**			
5113.00.01	De pelo ordinario.	M²	10	Ex
5113.00.99	Los demás.	M²	10	Ex

Capítulo 52
Algodón

Nota de subpartida.

1. En las subpartidas 5209.42 y 5211.42, se entiende por *tejidos de mezclilla ("Denim")* los tejidos con hilados de distintos colores, de ligamento sarga de curso inferior o igual a 4, incluida la sarga quebrada (a veces llamada raso de 4), de efecto por urdimbre, en los que los hilos de urdimbre sean de un solo y mismo color y los de trama, crudos, blanqueados, teñidos de gris o coloreados con un matiz más claro que el utilizado en los hilos de urdimbre.

Código		Descripción	Unid de Med	Arancel (%)	
				IMP.	EXP.
52.01		**Algodón sin cardar ni peinar.**			
5201.00		**. Algodón sin cardar ni peinar.**			
5201.00.01		Con pepita.	Kg	Ex	Ex
5201.00.02		Sin pepita, de fibra con más de 29 mm de longitud.	Kg	Ex	Ex
5201.00.99		Los demás.	Kg	Ex	Ex
52.02		**Desperdicios de algodón (incluidos los desperdicios de hilados y las hilachas).**			
5202.10		**. Desperdicios de hilados.**			
5202.10.01		Desperdicios de hilados.	Kg	Ex	Ex
		. Los demás:			
5202.91		**.. Hilachas.**			
5202.91.01		Hilachas.	Kg	Ex	Ex
5202.99		**.. Los demás.**			
5202.99.01		Borra.	Kg	Ex	Ex
5202.99.99		Los demás.	Kg	Ex	Ex
52.03		**Algodón cardado o peinado.**			
5203.00		**. Algodón cardado o peinado.**			
5203.00.01		Algodón cardado o peinado.	Kg	Ex	Ex
52.04		**Hilo de coser de algodón, incluso acondicionado para la venta al por menor.**			
		. Sin acondicionar para la venta al por menor:			
5204.11		**.. Con un contenido de algodón superior o igual al 85% en peso.**			
5204.11.01		Con un contenido de algodón superior o igual al 85% en peso.	Kg	10	Ex
5204.19		**.. Los demás.**			
5204.19.99		Los demás.	Kg	10	Ex
5204.20		**. Acondicionado para la venta al por menor.**			
5204.20.01		Acondicionado para la venta al por menor.	Kg	10	Ex

52.05		**Hilados de algodón (excepto el hilo de coser) con un contenido de algodón superior o igual al 85% en peso, sin acondicionar para la venta al por menor.**		
	-	**Hilados sencillos de fibras sin peinar:**		
5205.11	- -	**De título superior o igual a 714.29 decitex (inferior o igual al número métrico 14).**		
5205.11.01		De título superior o igual a 714.29 decitex (inferior o igual al número métrico 14).	Kg	10	Ex
5205.12	- -	**De título inferior a 714.29 decitex pero superior o igual a 232.56 decitex (superior al número métrico 14 pero inferior o igual al número métrico 43).**		
5205.12.01		De título inferior a 714.29 decitex pero superior o igual a 232.56 decitex (superior al número métrico 14 pero inferior o igual al número métrico 43).	Kg	10	Ex
5205.13	- -	**De título inferior a 232.56 decitex pero superior o igual a 192.31 decitex (superior al número métrico 43 pero inferior o igual al número métrico 52).**		
5205.13.01		De título inferior a 232.56 decitex pero superior o igual a 192.31 decitex (superior al número métrico 43 pero inferior o igual al número métrico 52).	Kg	10	Ex
5205.14	- -	**De título inferior a 192.31 decitex pero superior o igual a 125 decitex (superior al número métrico 52 pero inferior o igual al número métrico 80).**		
5205.14.01		De título inferior a 192.31 decitex pero superior o igual a 125 decitex (superior al número métrico 52 pero inferior o igual al número métrico 80).	Kg	10	Ex
5205.15	- -	**De título inferior a 125 decitex (superior al número métrico 80).**		
5205.15.01		De título inferior a 125 decitex (superior al número métrico 80).	Kg	10	Ex
	-	**Hilados sencillos de fibras peinadas:**		
5205.21	- -	**De título superior o igual a 714.29 decitex (inferior o igual al número métrico 14).**		
5205.21.01		De título superior o igual a 714.29 decitex (inferior o igual al número métrico 14).	Kg	10	Ex
5205.22	- -	**De título inferior a 714.29 decitex pero superior o igual a 232,56 decitex (superior al número métrico 14 pero inferior o igual al número métrico 43).**		
5205.22.01		De título inferior a 714.29 decitex pero superior o igual a 232.56 decitex (superior al número métrico 14 pero inferior o igual al número métrico 43).	Kg	10	Ex
5205.23	- -	**De título inferior a 232.56 decitex pero superior o igual a 192.31 decitex (superior al número métrico 43 pero inferior o igual al número métrico 52).**		
5205.23.01		De título inferior a 232.56 decitex pero superior o igual a 192.31 decitex (superior al número métrico 43 pero inferior o igual al número métrico 52).	Kg	10	Ex
5205.24	- -	**De título inferior a 192.31 decitex pero superior o igual a 125 decitex (superior al número métrico 52 pero inferior o igual al número métrico 80).**		
5205.24.01		De título inferior a 192.31 decitex pero superior o igual a 125 decitex (superior al número métrico 52 pero inferior o igual al número métrico 80).	Kg	10	Ex
5205.26	- -	**De título inferior a 125 decitex pero superior o igual a 106.38 decitex (superior al número métrico 80 pero inferior o igual al número métrico 94).**		
5205.26.01		De título inferior a 125 decitex pero superior o igual a 106.38 decitex (superior al número métrico 80 pero inferior o igual al número métrico 94).	Kg	10	Ex
5205.27	- -	**De título inferior a 106.38 decitex pero superior o igual a 83.33 decitex (superior al número métrico 94 pero inferior o igual al número métrico 120).**		
5205.27.01		De título inferior a 106.38 decitex pero superior o igual a 83.33 decitex (superior al número métrico 94 pero inferior o igual al número métrico 120).	Kg	10	Ex
5205.28	- -	**De título inferior a 83.33 decitex (superior al número métrico 120).**		
5205.28.01		De título inferior a 83.33 decitex (superior al número métrico 120).	Kg	10	Ex
	-	**Hilados retorcidos o cableados, de fibras sin peinar:**		
5205.31	- -	**De título superior o igual a 714.29 decitex por hilo sencillo (inferior o igual al número métrico 14 por hilo sencillo).**		
5205.31.01		De título superior o igual a 714.29 decitex por hilo sencillo (inferior o igual al número métrico 14 por hilo sencillo).	Kg	10	Ex
5205.32	- -	**De título inferior a 714.29 decitex pero superior o igual a 232.56 decitex, por hilo sencillo (superior al número métrico 14 pero inferior o igual al número métrico 43, por hilo sencillo).**		
5205.32.01		De título inferior a 714.29 decitex pero superior o igual a 232.56 decitex, por hilo sencillo (superior al número métrico 14 pero inferior o igual al número métrico 43, por hilo sencillo).	Kg	10	Ex
5205.33	- -	**De título inferior a 232.56 decitex pero superior o igual a 192.31 decitex, por hilo sencillo (superior al número métrico 43 pero inferior o igual al número métrico 52, por hilo sencillo).**		
5205.33.01		De título inferior a 232.56 decitex pero superior o igual a 192.31 decitex, por hilo sencillo (superior al número métrico 43 pero inferior o igual al número métrico 52, por hilo sencillo).	Kg	10	Ex
5205.34	- -	**De título inferior a 192.31 decitex pero superior o igual a 125 decitex, por hilo sencillo (superior al número métrico 52 pero inferior o igual al número métrico 80, por hilo sencillo).**		
5205.34.01		De título inferior a 192.31 decitex pero superior o igual a 125 decitex, por hilo sencillo (superior al número métrico 52 pero inferior o igual al número métrico 80, por hilo sencillo).	Kg	10	Ex
5205.35	- -	**De título inferior a 125 decitex por hilo sencillo (superior al número métrico 80 por hilo sencillo).**		
5205.35.01		De título inferior a 125 decitex por hilo sencillo (superior al número métrico 80 por hilo sencillo).	Kg	10	Ex

- Hilados retorcidos o cableados, de fibras peinadas:

5205.41	**.. De título superior o igual a 714.29 decitex por hilo sencillo (inferior o igual al número métrico 14 por hilo sencillo).**			
5205.41.01	De título superior o igual a 714.29 decitex por hilo sencillo (inferior o igual al número métrico 14 por hilo sencillo).	Kg	10	Ex
5205.42	**.. De título inferior a 714.29 decitex pero superior o igual a 232.56 decitex, por hilo sencillo (superior al número métrico 14 pero inferior o igual al número métrico 43, por hilo sencillo).**			
5205.42.01	De título inferior a 714.29 decitex pero superior o igual a 232.56 decitex, por hilo sencillo (superior al número métrico 14 pero inferior o igual al número métrico 43, por hilo sencillo).	Kg	10	Ex
5205.43	**.. De título inferior a 232.56 decitex pero superior o igual a 192.31 decitex, por hilo sencillo (superior al número métrico 43 pero inferior o igual al número métrico 52, por hilo sencillo).**			
5205.43.01	De título inferior a 232.56 decitex pero superior o igual a 192.31 decitex, por hilo sencillo (superior al número métrico 43 pero inferior o igual al número métrico 52, por hilo sencillo).	Kg	10	Ex
5205.44	**.. De título inferior a 192.31 decitex pero superior o igual a 125 decitex, por hilo sencillo (superior al número métrico 52 pero inferior o igual al número métrico 80, por hilo sencillo).**			
5205.44.01	De título inferior a 192.31 decitex pero superior o igual a 125 decitex, por hilo sencillo (superior al número métrico 52 pero inferior o igual al número métrico 80, por hilo sencillo).	Kg	10	Ex
5205.46	**.. De título inferior a 125 decitex pero superior o igual a 106.38 decitex, por hilo sencillo (superior al número métrico 80 pero inferior o igual al número métrico 94, por hilo sencillo).**			
5205.46.01	De título inferior a 125 decitex pero superior o igual a 106.38 decitex, por hilo sencillo (superior al número métrico 80 pero inferior o igual al número métrico 94, por hilo sencillo).	Kg	10	Ex
5205.47	**.. De título inferior a 106.38 decitex pero superior o igual a 83.33 decitex, por hilo sencillo (superior al número métrico 94 pero inferior o igual al número métrico 120, por hilo sencillo).**			
5205.47.01	De título inferior a 106.38 decitex pero superior o igual a 83.33 decitex, por hilo sencillo (superior al número métrico 94 pero inferior o igual al número métrico 120, por hilo sencillo).	Kg	10	Ex
5205.48	**.. De título inferior a 83.33 decitex por hilo sencillo (superior al número métrico 120 por hilo sencillo).**			
5205.48.01	De título inferior a 83.33 decitex por hilo sencillo (superior al número métrico 120 por hilo sencillo).	Kg	10	Ex
52.06	**Hilados de algodón (excepto el hilo de coser) con un contenido de algodón inferior al 85% en peso, sin acondicionar para la venta al por menor.**			
	- Hilados sencillos de fibras sin peinar:			
5206.11	**.. De título superior o igual a 714.29 decitex (inferior o igual al número métrico 14).**			
5206.11.01	De título superior o igual a 714.29 decitex (inferior o igual al número métrico 14).	Kg	10	Ex
5206.12	**.. De título inferior a 714.29 decitex pero superior o igual a 232.56 decitex (superior al número métrico 14 pero inferior o igual al número métrico 43).**			
5206.12.01	De título inferior a 714.29 decitex pero superior o igual a 232.56 decitex (superior al número métrico 14 pero inferior o igual al número métrico 43).	Kg	10	Ex
5206.13	**.. De título inferior a 232.56 decitex pero superior o igual a 192.31 decitex (superior al número métrico 43 pero inferior o igual al número métrico 52).**			
5206.13.01	De título inferior a 232.56 decitex pero superior o igual a 192.31 decitex (superior al número métrico 43 pero inferior o igual al número métrico 52).	Kg	10	Ex
5206.14	**.. De título inferior a 192.31 decitex pero superior o igual a 125 decitex (superior al número métrico 52 pero inferior o igual al número métrico 80).**			
5206.14.01	De título inferior a 192.31 decitex pero superior o igual a 125 decitex (superior al número métrico 52 pero inferior o igual al número métrico 80).	Kg	10	Ex
5206.15	**.. De título inferior a 125 decitex (superior al número métrico 80).**			
5206.15.01	De título inferior a 125 decitex (superior al número métrico 80).	Kg	10	Ex
	- Hilados sencillos de fibras peinadas:			
5206.21	**.. De título superior o igual a 714.29 decitex (inferior o igual al número métrico 14).**			
5206.21.01	De título superior o igual a 714.29 decitex (inferior o igual al número métrico 14).	Kg	10	Ex
5206.22	**.. De título inferior a 714.29 decitex pero superior o igual a 232.56 decitex (superior al número métrico 14 pero inferior o igual al número métrico 43).**			
5206.22.01	De título inferior a 714.29 decitex pero superior o igual a 232.56 decitex (superior al número métrico 14 pero inferior o igual al número métrico 43).	Kg	10	Ex
5206.23	**.. De título inferior a 232,56 decitex pero superior o igual a 192,31 decitex (superior al número métrico 43 pero inferior o igual al número métrico 52).**			
5206.23.01	De título inferior a 232.56 decitex pero superior o igual a 192.31 decitex (superior al número métrico 43 pero inferior o igual al número métrico 52).	Kg	10	Ex
5206.24	**.. De título inferior a 192.31 decitex pero superior o igual a 125 decitex (superior al número métrico 52 pero inferior o igual al número métrico 80).**			
5206.24.01	De título inferior a 192.31 decitex pero superior o igual a 125 decitex (superior al número métrico 52 pero inferior o igual al número métrico 80).	Kg	10	Ex
5206.25	**.. De título inferior a 125 decitex (superior al número métrico 80).**			
5206.25.01	De título inferior a 125 decitex (superior al número métrico 80).	Kg	10	Ex

	-	**Hilados retorcidos o cableados, de fibras sin peinar:**			
5206.31	- -	**De título superior o igual a 714.29 decitex por hilo sencillo (inferior o igual al número métrico 14 por hilo sencillo).**			
5206.31.01		De título superior o igual a 714.29 decitex por hilo sencillo (inferior o igual al número métrico 14 por hilo sencillo).	Kg	10	Ex
5206.32	- -	**De título inferior a 714.29 decitex pero superior o igual a 232.56 decitex, por hilo sencillo (superior al número métrico 14 pero inferior o igual al número métrico 43, por hilo sencillo).**			
5206.32.01		De título inferior a 714.29 decitex pero superior o igual a 232.56 decitex, por hilo sencillo (superior al número métrico 14 pero inferior o igual al número métrico 43, por hilo sencillo).	Kg	10	Ex
5206.33	- -	**De título inferior a 232.56 decitex pero superior o igual a 192.31 decitex, por hilo sencillo (superior al número métrico 43 pero inferior o igual al número métrico 52, por hilo sencillo).**			
5206.33.01		De título inferior a 232.56 decitex pero superior o igual a 192.31 decitex, por hilo sencillo (superior al número métrico 43 pero inferior o igual al número métrico 52, por hilo sencillo).	Kg	10	Ex
5206.34	- -	**De título inferior a 192.31 decitex pero superior o igual a 125 decitex, por hilo sencillo (superior al número métrico 52 pero inferior o igual al número métrico 80, por hilo sencillo).**			
5206.34.01		De título inferior a 192.31 decitex pero superior o igual a 125 decitex, por hilo sencillo (superior al número métrico 52 pero inferior o igual al número métrico 80, por hilo sencillo).	Kg	10	Ex
5206.35	- -	**De título inferior a 125 decitex por hilo sencillo (superior al número métrico 80 por hilo sencillo).**			
5206.35.01		De título inferior a 125 decitex por hilo sencillo (superior al número métrico 80 por hilo sencillo).	Kg	10	Ex
	-	**Hilados retorcidos o cableados, de fibras peinadas:**			
5206.41	- -	**De título superior o igual a 714.29 decitex por hilo sencillo (inferior o igual al número métrico 14 por hilo sencillo).**			
5206.41.01		De título superior o igual a 714.29 decitex hilo sencillo (inferior o igual al número métrico 14 por hilo sencillo).	Kg	10	Ex
5206.42	- -	**De título inferior a 714.29 decitex pero superior o igual a 232.56 decitex, por hilo sencillo (superior al número métrico 14 pero inferior o igual al número métrico 43, por hilo sencillo).**			
5206.42.01		De título inferior a 714.29 decitex pero superior o igual a 232.56 decitex, por hilo sencillo (superior al número métrico 14 pero inferior o igual al número métrico 43, por hilo sencillo).	Kg	10	Ex
5206.43	- -	**De título inferior a 232.56 decitex pero superior o igual a 192.31 decitex, por hilo sencillo (superior al número métrico 43 pero inferior o igual al número métrico 52, por hilo sencillo).**			
5206.43.01		De título inferior a 232.56 decitex pero superior o igual a 192.31 decitex, por hilo sencillo (superior al número métrico 43 pero inferior o igual al número métrico 52, por hilo sencillo).	Kg	10	Ex
5206.44	- -	**De título inferior a 192.31 decitex pero superior o igual a 125 decitex, por hilo sencillo (superior al número métrico 52 pero inferior o igual al número métrico 80, por hilo sencillo).**			
5206.44.01		De título inferior a 192.31 decitex pero superior o igual a 125 decitex, por hilo sencillo (superior al número métrico 52 pero inferior o igual al número métrico 80, por hilo sencillo).	Kg	10	Ex
5206.45	- -	**De título inferior a 125 decitex por hilo sencillo (superior al número métrico 80 por hilo sencillo).**			
5206.45.01		De título inferior a 125 decitex por hilo sencillo (superior al número métrico 80 por hilo sencillo).	Kg	10	Ex
52.07		**Hilados de algodón (excepto el hilo de coser) acondicionados para la venta al por menor.**			
5207.10	-	**Con un contenido de algodón superior o igual al 85% en peso.**			
5207.10.01		Con un contenido de algodón superior o igual al 85% en peso.	Kg	10	Ex
5207.90	-	**Los demás.**			
5207.90.99		Los demás.	Kg	10	Ex
52.08		**Tejidos de algodón con un contenido de algodón superior o igual al 85% en peso, de peso inferior o igual a 200 g/m².**			
	-	**Crudos:**			
5208.11	- -	**De ligamento tafetán, de peso inferior o igual a 100 g/m².**			
5208.11.01		De ligamento tafetán, de peso inferior o igual a 100 g/m².	M²	10	Ex
5208.12	- -	**De ligamento tafetán, de peso superior a 100 g/m².**			
5208.12.01		De ligamento tafetán, de peso superior a 100 g/m².	M²	10	Ex
5208.13	- -	**De ligamento sarga, incluido el cruzado, de curso inferior o igual a 4.**			
5208.13.01		De ligamento sarga, incluido el cruzado, de curso inferior o igual a 4.	M²	10	Ex
5208.19	- -	**Los demás tejidos.**			
5208.19.01		De ligamento sarga.	M²	10	Ex
5208.19.02		Con un contenido de algodón igual al 100%, de peso inferior o igual a 50 g/m² y anchura inferior o igual a 1.50 m.	M²	10	Ex
5208.19.99		Los demás.	M²	10	Ex

- Blanqueados:

5208.21	**De ligamento tafetán, de peso inferior o igual a 100 g/m².**			
5208.21.01	De ligamento tafetán, de peso inferior o igual a 100 g/m².	M²	10	Ex
5208.22	**De ligamento tafetán, de peso superior a 100 g/m².**			
5208.22.01	De ligamento tafetán, de peso superior a 100 g/m².	M²	10	Ex
5208.23	**De ligamento sarga, incluido el cruzado, de curso inferior o igual a 4.**			
5208.23.01	De ligamento sarga, incluido el cruzado, de curso inferior o igual a 4.	M²	10	Ex
5208.29	**Los demás tejidos.**			
5208.29.01	De ligamento sarga.	M²	10	Ex
5208.29.99	Los demás.	M²	10	Ex
	- Teñidos:			
5208.31	**De ligamento tafetán, de peso inferior o igual a 100 g/m².**			
5208.31.01	De ligamento tafetán, de peso inferior o igual a 100 g/m².	M²	10	Ex
5208.32	**De ligamento tafetán, de peso superior a 100 g/m².**			
5208.32.01	De ligamento tafetán, de peso superior a 100 g/m².	M²	10	Ex
5208.33	**De ligamento sarga, incluido el cruzado, de curso inferior o igual a 4.**			
5208.33.01	De ligamento sarga, incluido el cruzado, de curso inferior o igual a 4.	M²	10	Ex
5208.39	**Los demás tejidos.**			
5208.39.01	De ligamento sarga.	M²	10	Ex
5208.39.99	Los demás.	M²	10	Ex
	- Con hilados de distintos colores:			
5208.41	**De ligamento tafetán, de peso inferior o igual a 100 g/m².**			
5208.41.01	De ligamento tafetán, de peso inferior o igual a 100 g/m².	M²	10	Ex
5208.42	**De ligamento tafetán, de peso superior a 100 g/m².**			
5208.42.01	De ligamento tafetán, de peso superior a 100 g/m².	M²	10	Ex
5208.43	**De ligamento sarga, incluido el cruzado, de curso inferior o igual a 4.**			
5208.43.01	De ligamento sarga, incluido el cruzado, de curso inferior o igual a 4.	M²	10	Ex
5208.49	**Los demás tejidos.**			
5208.49.01	Los demás tejidos.	M²	10	Ex
	- Estampados:			
5208.51	**De ligamento tafetán, de peso inferior o igual a 100 g/m².**			
5208.51.01	De ligamento tafetán, de peso inferior o igual a 100 g/m².	M²	10	Ex
5208.52	**De ligamento tafetán, de peso superior a 100 g/m² .**			
5208.52.01	De ligamento tafetán, de peso superior a 100 g/m².	M²	10	Ex
5208.59	**Los demás tejidos.**			
5208.59.01	De ligamento sarga, de curso superior a 4.	M²	10	Ex
5208.59.02	De ligamento sarga, incluido el cruzado, de curso inferior o igual a 4.	M²	10	Ex
5208.59.99	Los demás.	M²	10	Ex
52.09	**Tejidos de algodón con un contenido de algodón superior o igual al 85% en peso, de peso superior a 200 g/m².**			
	- Crudos:			
5209.11	**De ligamento tafetán.**			
5209.11.01	De ligamento tafetán.	M²	10	Ex
5209.12	**De ligamento sarga, incluido el cruzado, de curso inferior o igual a 4.**			
5209.12.01	De ligamento sarga, incluido el cruzado, de curso inferior o igual a 4.	M²	10	Ex
5209.19	**Los demás tejidos.**			
5209.19.01	De ligamento sarga.	M²	10	Ex
5209.19.99	Los demás.	M²	10	Ex
	- Blanqueados:			
5209.21	**De ligamento tafetán.**			
5209.21.01	De ligamento tafetán.	M²	10	Ex
5209.22	**De ligamento sarga, incluido el cruzado, de curso inferior o igual a 4.**			
5209.22.01	De ligamento sarga, incluido el cruzado, de curso inferior o igual a 4.	M²	10	Ex
5209.29	**Los demás tejidos.**			
5209.29.01	De ligamento sarga.	M²	10	Ex
5209.29.99	Los demás.	M²	10	Ex
	- Teñidos:			
5209.31	**De ligamento tafetán.**			
5209.31.01	De ligamento tafetán.	M²	10	Ex
5209.32	**De ligamento sarga, incluido el cruzado, de curso inferior o igual a 4.**			
5209.32.01	De ligamento sarga, incluido el cruzado, de curso inferior o igual a 4.	M²	10	Ex
5209.39	**Los demás tejidos.**			
5209.39.01	De ligamento sarga.	M²	10	Ex
5209.39.99	Los demás.	M²	10	Ex

	- Con hilados de distintos colores:			
5209.41	.. De ligamento tafetán.			
5209.41.01	De ligamento tafetán.	M²	10	Ex
5209.42	.. Tejidos de mezclilla ("Denim").			
5209.42.01	En los que los hilos de la urdimbre estén teñidos de azul y los de trama sean crudos, blanqueados, teñidos de gris o coloreados con un azul más claro que los de urdimbre.	M²	10	Ex
5209.42.99	Los demás.	M²	10	Ex
5209.43	.. Los demás tejidos de ligamento sarga, incluido el cruzado, de curso inferior o igual a 4.			
5209.43.01	Los demás tejidos de ligamento sarga, incluido el cruzado, de curso inferior o igual a 4.	M²	10	Ex
5209.49	.. Los demás tejidos.			
5209.49.01	Los demás tejidos.	M²	10	Ex
	- Estampados:			
5209.51	.. De ligamento tafetán.			
5209.51.01	De ligamento tafetán.	M²	10	Ex
5209.52	.. De ligamento sarga, incluido el cruzado, de curso inferior o igual a 4.			
5209.52.01	De ligamento sarga, incluido el cruzado, de curso inferior o igual a 4.	M²	10	Ex
5209.59	.. Los demás tejidos.			
5209.59.01	De ligamento sarga.	M²	10	Ex
5209.59.99	Los demás.	M²	10	Ex
52.10	Tejidos de algodón con un contenido de algodón inferior al 85% en peso, mezclado exclusiva o principalmente con fibras sintéticas o artificiales, de peso inferior o igual a 200 g/m².			
	- Crudos:			
5210.11	.. De ligamento tafetán.			
5210.11.01	Tejidos lisos, en rollos hasta de 225 cm de ancho, con 100% de algodón er la trama y 100% de rayón en la urdimbre.	M²	10	Ex
5210.11.99	Los demás.	M²	10	Ex
5210.19	.. Los demás tejidos.			
5210.19.01	De ligamento sarga, de curso superior a 4.	M²	10	Ex
5210.19.02	De ligamento sarga, incluido el cruzado, de curso inferior o igual a 4.	M²	10	Ex
5210.19.99	Los demás.	M²	10	Ex
	- Blanqueados:			
5210.21	.. De ligamento tafetán.			
5210.21.01	De ligamento tafetán.	M²	10	Ex
5210.29	.. Los demás tejidos.			
5210.29.01	De ligamento sarga, de curso superior a 4.	M²	10	Ex
5210.29.02	De ligamento sarga, incluido el cruzado, de curso inferior o igual a 4.	M²	10	Ex
5210.29.99	Los demás.	M²	10	Ex
	- Teñidos:			
5210.31	.. De ligamento tafetán.			
5210.31.01	De ligamento tafetán.	M²	10	Ex
5210.32	.. De ligamento sarga, incluido el cruzado, de curso inferior o igual a 4.			
5210.32.01	De ligamento sarga, incluido el cruzado, de curso inferior o igual a 4.	M²	10	Ex
5210.39	.. Los demás tejidos.			
5210.39.01	De ligamento sarga.	M²	10	Ex
5210.39.99	Los demás.	M²	10	Ex
	- Con hilados de distintos colores:			
5210.41	.. De ligamento tafetán.			
5210.41.01	De ligamento tafetán.	M²	10	Ex
5210.49	.. Los demás tejidos.			
5210.49.01	De ligamento sarga, incluido el cruzado, de curso inferior o igual a 4.	M²	10	Ex
5210.49.99	Los demás.	M²	10	Ex
	- Estampados:			
5210.51	.. De ligamento tafetán.			
5210.51.01	De ligamento tafetán.	M²	10	Ex
5210.59	.. Los demás tejidos.			
5210.59.01	De ligamento sarga, de curso superior a 4.	M²	10	Ex
5210.59.02	De ligamento sarga, incluido el cruzado, de curso inferior o igual a 4.	M²	10	Ex
5210.59.99	Los demás.	M²	10	Ex
52.11	Tejidos de algodón con un contenido de algodón inferior al 85% en peso, mezclado exclusiva o principalmente con fibras sintéticas o artificiales, de peso superior a 200 g/m².			
	- Crudos:			
5211.11	.. De ligamento tafetán.			
5211.11.01	Tejidos lisos, en rollos hasta de 225 cm de ancho, con 100% de algodón en la trama y	M²	10	Ex

	100% de rayón en la urdimbre.			
5211.11.99	Los demás.	M²	10	Ex
5211.12	**. . De ligamento sarga, incluido el cruzado, de curso inferior o igual a 4.**			
5211.12.01	De ligamento sarga, incluido el cruzado, de curso inferior o igual a 4.	M²	10	Ex
5211.19	**. . Los demás tejidos.**			
5211.19.01	De ligamento sarga.	M²	10	Ex
5211.19.99	Los demás.	M²	10	Ex
5211.20	**. Blanqueados.**			
5211.20.01	De ligamento tafetán.	M²	10	Ex
5211.20.02	De ligamento sarga, de curso superior a 4.	M²	10	Ex
5211.20.03	De ligamento sarga, incluido el cruzado, de curso inferior o igual a 4.	M²	10	Ex
5211.20.99	Los demás.	M²	10	Ex
	. Teñidos:			
5211.31	**. . De ligamento tafetán.**			
5211.31.01	De ligamento tafetán.	M²	10	Ex
5211.32	**. . De ligamento sarga, incluido el cruzado, de curso inferior o igual a 4.**			
5211.32.01	De ligamento sarga, incluido el cruzado, de curso inferior o igual a 4.	M²	10	Ex
5211.39	**. . Los demás tejidos.**			
5211.39.01	De ligamento sarga.	M²	10	Ex
5211.39.99	Los demás.	M²	10	Ex
	. Con hilados de distintos colores:			
5211.41	**. . De ligamento tafetán.**			
5211.41.01	De ligamento tafetán.	M²	10	Ex
5211.42	**. . Tejidos de mezclilla ("Denim").**			
5211.42.01	En los que los hilos de la urdimbre estén teñidos de azul y los de trama sean crudos, blanqueados, teñidos de gris o coloreados con un azul más claro que los de urdimbre.	M²	10	Ex
5211.42.99	Los demás.	M²	10	Ex
5211.43	**. . Los demás tejidos de ligamento sarga, incluido el cruzado, de curso inferior o igual a 4.**			
5211.43.01	Los demás tejidos de ligamento sarga, incluido el cruzado, de curso inferior o igual a 4.	M²	10	Ex
5211.49	**. . Los demás tejidos.**			
5211.49.01	Los demás tejidos.	M²	10	Ex
	. Estampados:			
5211.51	**. . De ligamento tafetán.**			
5211.51.01	De ligamento tafetán.	M²	10	Ex
5211.52	**. . De ligamento sarga, incluido el cruzado, de curso inferior o igual a 4.**			
5211.52.01	De ligamento sarga, incluido el cruzado, de curso inferior o igual a 4.	M²	10	Ex
5211.59	**. . Los demás tejidos.**			
5211.59.01	De ligamento sarga.	M²	10	Ex
5211.59.99	Los demás.	M²	10	Ex
52.12	**Los demás tejidos de algodón.**			
	. De peso inferior o igual a 200 g/m²:			
5212.11	**. . Crudos.**			
5212.11.01	Crudos.	M²	10	Ex
5212.12	**. . Blanqueados.**			
5212.12.01	Blanqueados.	M²	10	Ex
5212.13	**. . Teñidos.**			
5212.13.01	Teñidos.	M²	10	Ex
5212.14	**. . Con hilados de distintos colores.**			
5212.14.01	Con hilados de distintos colores.	M²	10	Ex
5212.15	**. . Estampados.**			
5212.15.01	Estampados.	M²	10	Ex
	. De peso superior a 200 g/m²:			
5212.21	**. . Crudos.**			
5212.21.01	Crudos.	M²	10	Ex
5212.22	**. . Blanqueados.**			
5212.22.01	Blanqueados.	M²	10	Ex
5212.23	**. . Teñidos.**			
5212.23.01	Teñidos.	M²	10	Ex
5212.24	**. . Con hilados de distintos colores.**			
5212.24.01	De tipo mezclilla.	M²	10	Ex
5212.24.99	Los demás.	M²	10	Ex
5212.25	**. . Estampados.**			
5212.25.01	Estampados.	M²	10	Ex

Capítulo 53
Las demás fibras textiles vegetales; hilados de papel y tejidos de hilados de papel

Código		Descripción	Unid de Med	Arancel (%)	
				IMP.	EXP.
53.01		Lino en bruto o trabajado, pero sin hilar; estopas y desperdicios de lino (incluidos los desperdicios de hilados y las hilachas).			
5301.10	-	Lino en bruto o enriado.			
5301.10.01		Lino en bruto o enriado.	Kg	Ex	Ex
	-	Lino agramado, espadado, peinado o trabajado de otro modo, pero sin hilar:			
5301.21	- -	Agramado o espadado.			
5301.21.01		Agramado o espadado.	Kg	Ex	Ex
5301.29	- -	Los demás.			
5301.29.99		Los demás.	Kg	Ex	Ex
5301.30	-	Estopas y desperdicios de lino.			
5301.30.01		Estopas y desperdicios de lino.	Kg	Ex	Ex
53.02		Cáñamo (Cannabis sativa L.) en bruto o trabajado, pero sin hilar; estopas y desperdicios de cáñamo (incluidos los desperdicios de hilados y las hilachas).			
5302.10	-	Cáñamo en bruto o enriado.			
5302.10.01		Cáñamo en bruto o enriado.	Kg	Ex	Ex
5302.90	-	Los demás.			
5302.90.99		Los demás.	Kg	Ex	Ex
53.03		Yute y demás fibras textiles del líber (excepto el lino, cáñamo y ramio), en bruto o trabajados, pero sin hilar; estopas y desperdicios de estas fibras (incluidos los desperdicios de hilados y las hilachas).			
5303.10	-	Yute y demás fibras textiles del líber, en bruto o enriados.			
5303.10.01		Yute y demás fibras textiles del liber, en bruto o enriados.	Kg	Ex	Ex
5303.90	-	Los demás.			
5303.90.99		Los demás.	Kg	Ex	Ex
53.05		Coco, abacá (cáñamo de Manila (Musa textilis Nee)), ramio y demás fibras textiles vegetales no expresadas ni comprendidas en otra parte, en bruto o trabajadas, pero sin hilar; estopas y desperdicios de estas fibras (incluidos los desperdicios de hilados y las hilachas).			
5305.00	-	Coco, abacá (cáñamo de Manila (Musa textilis Nee)), ramio y demás fibras textiles vegetales no expresadas ni comprendidas en otra parte, en bruto o trabajadas, pero sin hilar; estopas y desperdicios de estas fibras (incluidos los desperdicios de hilados y las hilachas).			
5305.00.01		De coco, en bruto.	Kg	Ex	Ex
5305.00.02		Fibras de coco, excepto lo comprendido en la fracción 5305.00.01.	Kg	Ex	Ex
5305.00.03		Abacá, en bruto.	Kg	Ex	Ex
5305.00.04		Fibras de abacá, excepto lo comprendido en la fracción 5305.00.03.	Kg	Ex	Ex
5305.00.05		Sisal y demás fibras textiles del género Agave, en bruto.	Kg	Ex	Ex
5305.00.06		Sisal y demás fibras textiles del género Agave trabajadas, pero sin hilar; estopas y desperdicios de estas fibras (incluidos los desperdicios de hilados y las hilachas).	Kg	Ex	Ex
5305.00.07		Las demás fibras textiles en bruto.	Kg	Ex	Ex
5305.00.99		Los demás.	Kg	Ex	Ex
53.06		Hilados de lino.			
5306.10	-	Sencillos.			
5306.10.01		Sencillos.	Kg	10	Ex
5306.20	-	Retorcidos o cableados.			
5306.20.01		Retorcidos o cableados.	Kg	10	Ex
53.07		Hilados de yute o demás fibras textiles del líber de la partida 53.03.			
5307.10	-	Sencillos.			
5307.10.01		Sencillos.	Kg	Ex	Ex
5307.20	-	Retorcidos o cableados.			
5307.20.01		Retorcidos o cableados.	Kg	Ex	Ex
53.08		Hilados de las demás fibras textiles vegetales; hilados de papel.			
5308.10	-	Hilados de coco.			
5308.10.01		Hilados de coco.	Kg	Ex	Ex
5308.20	-	Hilados de cáñamo.			
5308.20.01		Hilados de cáñamo.	Kg	10	Ex
5308.90	-	Los demás.			
5308.90.01		De ramio.	Kg	10	Ex
5308.90.02		Hilados de papel.	Kg	Ex	Ex
5308.90.99		Los demás.	Kg	Ex	Ex

Código		Descripción	Unid de Med	Arancel (%) IMP.	EXP.
53.09		**Tejidos de lino.**			
	.	**Con un contenido de lino superior o igual al 85% en peso:**			
5309.11	..	**Crudos o blanqueados.**			
5309.11.01		Crudos o blanqueados.	M²	10	Ex
5309.19	..	**Los demás.**			
5309.19.99		Los demás.	M²	10	Ex
	.	**Con un contenido de lino inferior al 85% en peso:**			
5309.21	..	**Crudos o blanqueados.**			
5309.21.01		Crudos o blanqueados.	M²	10	Ex
5309.29	..	**Los demás.**			
5309.29.99		Los demás.	M²	10	Ex
53.10		**Tejidos de yute o demás fibras textiles del líber de la partida 53.03.**			
5310.10	.	**Crudos.**			
5310.10.01		Crudos.	M²	10	Ex
5310.90	.	**Los demás.**			
5310.90.99		Los demás.	M²	10	Ex
53.11		**Tejidos de las demás fibras textiles vegetales; tejidos de hilados de papel.**			
5311.00	.	**Tejidos de las demás fibras textiles vegetales; tejidos de hilados de papel.**			
5311.00.01		De ramio o de hilados de papel.	M²	10	Ex
5311.00.99		Los demás.	M²	10	Ex

Capítulo 54
Filamentos sintéticos o artificiales; tiras y formas similares de materia textil sintética o artificial

Notas.
1. En la Nomenclatura, las expresiones *fibras sintéticas* y *fibras artificiales* se refieren a las fibras discontinuas y a los filamentos de polímeros orgánicos obtenidos industrialmente:
   a) por polimerización de monómeros orgánicos para obtener polímeros tales como poliamidas, poliésteres, poliolefinas o poliuretanos, o por modificación química de polímeros obtenidos por este procedimiento (por ejemplo, poli(alcohol vinílico) obtenido por hidrólisis del poli(acetato de vinilo));
   b) por disolución o tratamiento químico de polímeros orgánicos naturales (por ejemplo, celulosa) para obtener polímeros tales como rayón cuproamónico (cupro) o rayón viscosa, o por modificación química de polímeros orgánicos naturales (por ejemplo: celulosa, caseína y otras proteínas, o ácido algínico) para obtener polímeros tales como acetato de celulosa o alginatos.
   Se consideran *sintéticas* las fibras definidas en a) y *artificiales* las definidas en b). Las tiras y formas similares de la partida 54.04 ó 54.05 no se consideran fibras sintéticas o artificiales.
   Los términos *sintético* y *artificial* se aplican también, con el mismo sentido, a la expresión *materia textil*.
2. Las partidas 54.02 y 54.03 no comprenden los cables de filamentos sintéticos o artificiales del Capítulo 55.

Código		Descripción	Unid de Med	Arancel (%) IMP.	EXP.
54.01		**Hilo de coser de filamentos sintéticos o artificiales, incluso acondicionado para la venta al por menor.**			
5401.10	.	**De filamentos sintéticos.**			
5401.10.01		De filamentos sintéticos.	Kg	10	Ex
5401.20	.	**De filamentos artificiales.**			
5401.20.01		De filamentos artificiales.	Kg	10	Ex
54.02		**Hilados de filamentos sintéticos (excepto el hilo de coser) sin acondicionar para la venta al por menor, incluidos los monofilamentos sintéticos de título inferior a 67 decitEx**			
	.	**Hilados de alta tenacidad de nailon o demás poliamidas:**			
5402.11	..	**De aramidas.**			
5402.11.01		De aramidas.	Kg	Ex	Ex
5402.19	..	**Los demás.**			
5402.19.01		De filamentos de nailon, de alta tenacidad, sencillos, planos, tensados al máximo, producidos con una torsión que no exceda de 40 vueltas por metro.	Kg	5	Ex
5402.19.99		Los demás.	Kg	5	Ex
5402.20	.	**Hilados de alta tenacidad de poliésteres.**			
5402.20.01		Sencillos, planos, tensados al máximo, producidos con una torsión que no exceda de 40 vueltas por metro.	Kg	5	Ex
5402.20.99		Los demás.	Kg	5	Ex
	.	**Hilados texturados:**			
5402.31	..	**De nailon o demás poliamidas, de título inferior o igual a 50 tex por hilo sencillo.**			
5402.31.01		De nailon o demás poliamidas, de título inferior o igual a 50 tex, por hilo sencillo.	Kg	5	Ex

5402.32	**- - De nailon o demás poliamidas, de título superior a 50 tex por hilo sencillo.**			
5402.32.01	De nailon o demás poliamidas, de título superior a 50 tex, por hilo sencillo.	Kg	5	Ex
5402.33	**- - De poliésteres.**			
5402.33.01	De poliésteres.	Kg	5	Ex
5402.34	**- - De polipropileno.**			
5402.34.01	De polipropileno.	Kg	Ex	Ex
5402.39	**- - Los demás.**			
5402.39.01	De alcohol polivinílico.	Kg	Ex	Ex
5402.39.99	Los demás.	Kg	Ex	Ex
-	**Los demás hilados sencillos sin torsión o con una torsión inferior o igual a 50 vueltas por metro:**			
5402.44	**- - De elastómeros.**			
5402.44.01	De poliuretanos, del tipo de los denominados "elastanos", sin torsión, no en carretes de urdido (enjulios).	Kg	5	Ex
5402.44.99	Los demás.	Kg	Ex	Ex
5402.45	**- - Los demás, de nailon o demás poliamidas.**			
5402.45.01	Hilados de filamentos de nailon, excepto los comprendidos en las fracciones 5402.45.02 y 5402.45.04.	Kg	5	Ex
5402.45.02	De 44.4 decitex (40 deniers) y 34 filamentos, excepto los comprendidos en las fracciones 5402.45.03 y 5402.45.04.	Kg	5	Ex
5402.45.03	De aramidas.	Kg	Ex	Ex
5402.45.04	De filamentos de nailon parcialmente orientados.	Kg	5	Ex
5402.45.99	Los demás.	Kg	5	Ex
5402.46	**- - Los demás, de poliésteres parcialmente orientados.**			
5402.46.01	Los demás, de poliésteres parcialmente orientados.	Kg	5	Ex
5402.47	**- - Los demás, de poliésteres.**			
5402.47.01	Totalmente de poliéster, de título igual o superior a 75 decitex pero inferior o igual a 80 decitex, y 24 filamentos por hilo.	Kg	5	Ex
5402.47.02	De filamentos de poliéster, sencillos, planos, tensados al máximo, producidos con una torsión que no exceda de 40 vueltas por metro.	Kg	5	Ex
5402.47.99	Los demás.	Kg	5	Ex
5402.48	**- - Los demás, de polipropileno.**			
5402.48.01	De poliolefinas.	Kg	Ex	Ex
5402.48.02	De polipropileno fibrilizado.	Kg	Ex	Ex
5402.48.99	Los demás.	Kg	Ex	Ex
5402.49	**- - Los demás.**			
5402.49.01	De poliuretanos, de 44.4 a 1887 decitex (40 a 1700 deniers).	Kg	5	Ex
5402.49.02	De poliuretanos, excepto lo comprendido en la fracción 5402.49.01.	Kg	5	Ex
5402.49.03	De fibras acrílicas o modacrílicas.	Kg	Ex	Ex
5402.49.04	De alcohol polivinílico.	Kg	Ex	Ex
5402.49.05	De politetrafluoroetileno.	Kg	Ex	Ex
5402.49.99	Los demás.	Kg	Ex	Ex
-	**Los demás hilados sencillos con una torsión superior a 50 vueltas por metro:**			
5402.51	**- - De nailon o demás poliamidas.**			
5402.51.01	De fibras aramídicas.	Kg	Ex	Ex
5402.51.99	Los demás.	Kg	Ex	Ex
5402.52	**- - De poliésteres.**			
5402.52.01	De 75.48 decitex (68 deniers), teñido en rígido brillante con 32 filamentos y en torsión de 800 vueltas por metro.	Kg	5	Ex
5402.52.02	Totalmente de poliéster, de título igual o superior a 75 decitex pero inferior o igual a 80 decitex, y 24 filamentos por hilo.	Kg	5	Ex
5402.52.99	Los demás.	Kg	5	Ex
5402.59	**- - Los demás.**			
5402.59.01	De poliolefinas.	Kg	Ex	Ex
5402.59.02	De fibras acrílicas o modacrílicas.	Kg	Ex	Ex
5402.59.03	De alcohol polivinílico.	Kg	Ex	Ex
5402.59.04	De politetrafluoroetileno.	Kg	Ex	Ex
5402.59.05	De polipropileno fibrilizado.	Kg	Ex	Ex
5402.59.99	Los demás.	Kg	Ex	Ex
-	**Los demás hilados retorcidos o cableados:**			
5402.61	**- - De nailon o demás poliamidas.**			
5402.61.01	De fibras aramídicas.	Kg	Ex	Ex
5402.61.99	Los demás.	Kg	Ex	Ex
5402.62	**- - De poliésteres.**			
5402.62.01	De 75.48 decitex (68 deniers), teñido en rígido brillante con 32 filamentos y torsión de 800 vueltas por metro.	Kg	5	Ex
5402.62.99	Los demás.	Kg	5	Ex

5402.69	..	**Los demás.**			
5402.69.01		De poliolefinas.	Kg	Ex	Ex
5402.69.02		De fibras acrílicas o modacrílicas.	Kg	Ex	Ex
5402.69.03		De alcohol polivinílico.	Kg	Ex	Ex
5402.69.04		De politetrafluoroetileno.	Kg	Ex	Ex
5402.69.05		De polipropileno fibrilizado.	Kg	Ex	Ex
5402.69.99		Los demás.	Kg	Ex	Ex
54.03		**Hilados de filamentos artificiales (excepto el hilo de coser) sin acondicionar para la venta al por menor, incluidos los monofilamentos artificiales de título inferior a 67 decitEx**			
5403.10	-	**Hilados de alta tenacidad de rayón viscosa.**			
5403.10.01		Hilados de alta tenacidad de rayón viscosa.	Kg	Ex	Ex
	-	**Los demás hilados sencillos:**			
5403.31	..	**De rayón viscosa, sin torsión o con una torsión inferior o igual a 120 vueltas por metro.**			
5403.31.01		De rayón viscosa, sin texturar, sin torsión o con una torsión inferior o igual a 120 vueltas por metro.	Kg	Ex	Ex
5403.31.02		De hilados texturados.	Kg	Ex	Ex
5403.32	..	**De rayón viscosa, con una torsión superior a 120 vueltas por metro.**			
5403.32.01		De rayón viscosa, sin texturar, con una torsión superior a 120 vueltas por metro.	Kg	Ex	Ex
5403.32.02		De hilados texturados.	Kg	Ex	Ex
5403.33	..	**De acetato de celulosa.**			
5403.33.01		De acetato de celulosa.	Kg	Ex	Ex
5403.39	..	**Los demás.**			
5403.39.01		De hilados texturados.	Kg	Ex	Ex
5403.39.99		Los demás.	Kg	Ex	Ex
	-	**Los demás hilados retorcidos o cableados:**			
5403.41	..	**De rayón viscosa.**			
5403.41.01		De rayón viscosa sin texturar.	Kg	Ex	Ex
5403.41.02		De hilados texturados.	Kg	Ex	Ex
5403.42	..	**De acetato de celulosa.**			
5403.42.01		De acetato de celulosa.	Kg	Ex	Ex
5403.49	..	**Los demás.**			
5403.49.01		De hilados texturados.	Kg	Ex	Ex
5403.49.99		Los demás.	Kg	Ex	Ex
54.04		**Monofilamentos sintéticos de título superior o igual a 67 decitex y cuya mayor dimensión de la sección transversal sea inferior o igual a 1 mm; tiras y formas similares (por ejemplo, paja artificial) de materia textil sintética, de anchura aparente inferior o igual a 5 mm.**			
	-	**Monofilamentos:**			
5404.11	..	**De elastómeros.**			
5404.11.01		De poliuretanos, del tipo de los denominados "elastanos".	Kg	5	Ex
5404.11.99		Los demás.	Kg	Ex	Ex
5404.12	..	**Los demás, de polipropileno.**			
5404.12.01		De poliolefinas.	Kg	Ex	Ex
5404.12.99		Los demás.	Kg	Ex	Ex
5404.19	..	**Los demás.**			
5404.19.01		De poliéster.	Kg	Ex	Ex
5404.19.02		De poliamidas o superpoliamidas.	Kg	Ex	Ex
5404.19.03		De alcohol polivinílico.	Kg	Ex	Ex
5404.19.99		Los demás.	Kg	Ex	Ex
5404.90	-	**Las demás.**			
5404.90.99		Las demás.	Kg	5	Ex
54.05		**Monofilamentos artificiales de título superior o igual a 67 decitex y cuya mayor dimensión de la sección transversal sea inferior o igual a 1 mm; tiras y formas similares (por ejemplo, paja artificial) de materia textil artificial, de anchura aparente inferior o igual a 5 mm.**			
5405.00	-	**Monofilamentos artificiales de título superior o igual a 67 decitex y cuya mayor dimensión de la sección transversal sea inferior o igual a 1 mm; tiras y formas similares (por ejemplo, paja artificial) de materia textil artificial, de anchura aparente inferior o igual a 5 mm.**			
5405.00.01		Monofilamentos.	Kg	Ex	Ex
5405.00.02		Paja artificial.	Kg	Ex	Ex
5405.00.03		Imitaciones de catgut con diámetro igual o superior a 0.05 mm, sin exceder de 0.70 mm.	Kg	Ex	Ex
5405.00.04		Imitaciones de catgut excepto lo comprendido en la fracción 5405.00.03.	Kg	Ex	Ex
5405.00.99		Los demás.	Kg	Ex	Ex
54.06		**Hilados de filamentos sintéticos o artificiales (excepto el hilo de coser), acondicionados para la venta al por menor.**			

5406.00	-	**Hilados de filamentos sintéticos o artificiales (excepto el hilo de coser), acondicionados para la venta al por menor.**			
5406.00.01		De poliamidas o superpoliamidas.	Kg	10	Ex
5406.00.02		De aramidas, retardantes a la flama.	Kg	Ex	Ex
5406.00.03		De poliéster.	Kg	10	Ex
5406.00.04		Los demás hilados de filamentos sintéticos.	Kg	10	Ex
5406.00.05		Hilados de filamentos artificiales.	Kg	Ex	Ex
54.07		**Tejidos de hilados de filamentos sintéticos, incluidos los tejidos fabricados con los productos de la partida 54.04.**			
5407.10	-	**Tejidos fabricados con hilados de alta tenacidad de nailon o demás poliamidas o de poliésteres.**			
5407.10.01		Empleados en armaduras de neumáticos, de nailon o poliéster, con un máximo de seis hilos por pulgada en la trama.	M²	10	Ex
5407.10.02		Reconocibles para naves aéreas.	M²	10	Ex
5407.10.99		Los demás.	M²	10	Ex
5407.20	-	**Tejidos fabricados con tiras o formas similares.**			
5407.20.01		De tiras de polipropileno e hilados.	M²	10	Ex
5407.20.99		Los demás.	M²	10	Ex
5407.30	-	**Productos citados en la Nota 9 de la Sección XI.**			
5407.30.01		De fibras sintéticas, crudos o blanqueados.	M²	10	Ex
5407.30.02		Reconocibles para naves aéreas.	M²	10	Ex
5407.30.03		Redes o mallas de materias plásticas, con monofilamentos de menos de 1 mm en su corte transversal, en cuyo punto de cruce estén termosoldados, en rollos de ancho inferior a 2.20 m.	M²	10	Ex
5407.30.99		Los demás.	M²	10	Ex
	-	**Los demás tejidos con un contenido de filamentos de nailon o demás poliamidas superior o igual al 85% en peso:**			
5407.41	- -	**Crudos o blanqueados.**			
5407.41.01		Crudos o blanqueados.	M²	10	Ex
5407.42	- -	**Teñidos.**			
5407.42.01		Teñidos.	M²	10	Ex
5407.43	- -	**Con hilados de distintos colores.**			
5407.43.01		Gofrados.	M²	10	Ex
5407.43.02		Reconocibles para naves aéreas.	M²	10	Ex
5407.43.03		Con ancho de 64 a 72 cm, para la confección de corbatas.	M²	10	Ex
5407.43.99		Los demás.	M²	10	Ex
5407.44	- -	**Estampados.**			
5407.44.01		Estampados.	M²	10	Ex
	-	**Los demás tejidos con un contenido de filamentos de poliéster texturados superior o igual al 85% en peso:**			
5407.51	- -	**Crudos o blanqueados.**			
5407.51.01		Crudos o blanqueados.	M²	10	Ex
5407.52	- -	**Teñidos.**			
5407.52.01		Teñidos.	M²	10	Ex
5407.53	- -	**Con hilados de distintos colores.**			
5407.53.01		Gofrados o sometidos a cualquier operación complementaria sobre el teñido, incluidos los tejidos dobles o adheridos.	M²	10	Ex
5407.53.02		Reconocibles para naves aéreas.	M²	10	Ex
5407.53.03		Con ancho de 64 a 72 cm, para la confección de corbatas.	M²	10	Ex
5407.53.99		Los demás.	M²	10	Ex
5407.54	- -	**Estampados.**			
5407.54.01		Estampados.	M²	10	Ex
	-	**Los demás tejidos con un contenido de filamentos de poliéster superior o igual al 85% en peso:**			
5407.61	- -	**Con un contenido de filamentos de poliéster sin texturar superior o igual al 85% en peso.**			
5407.61.01		Totalmente de poliéster, de hilados sencillos, de título igual o superior a 75 decitex pero inferior o igual a 80 decitex, y 24 filamentos por hilo, y una torsión igual o superior a 900 vueltas por metro.	M²	10	Ex
5407.61.02		Crudos o blanqueados, excepto lo comprendido en la fracción 5407.61.01.	M²	10	Ex
5407.61.99		Los demás.	M²	10	Ex
5407.69	- -	**Los demás.**			
5407.69.01		Reconocibles para naves aéreas.	M²	10	Ex
5407.69.99		Los demás.	M²	10	Ex
	-	**Los demás tejidos con un contenido de filamentos sintéticos superior o igual al 85% en peso:**			
5407.71	- -	**Crudos o blanqueados.**			
5407.71.01		Crudos o blanqueados.	M²	10	Ex
5407.72	- -	**Teñidos.**			

5407.72.01	Teñidos.	M²	10	Ex
5407.73	**.. Con hilados de distintos colores.**			
5407.73.01	Gofrados, incluidos los tejidos dobles o adheridos.	M²	10	Ex
5407.73.02	Reconocibles para naves aéreas.	M²	10	Ex
5407.73.03	De poliuretanos, "elásticos" entorchados tanto en el pie como en la trama, con capacidad de elongación de 68 a 88% con el sentido longitudinal (pie) y de 90 a 120% en el sentido transversal (trama).	M²	10	Ex
5407.73.99	Los demás.	M²	10	Ex
5407.74	**.. Estampados.**			
5407.74.01	Estampados.	M²	10	Ex
	. Los demás tejidos con un contenido de filamentos sintéticos inferior al 85% en peso, mezclados exclusiva o principalmente con algodón:			
5407.81	**.. Crudos o blanqueados.**			
5407.81.01	Crudos o blanqueados.	M²	10	Ex
5407.82	**.. Teñidos.**			
5407.82.01	Gofrados, o sometidos a cualquier operación complementaria sobre el teñido, incluidos los tejidos dobles o adheridos.	M²	10	Ex
5407.82.02	Reconocibles para naves aéreas.	M²	10	Ex
5407.82.03	De poliuretanos, "elásticas", entorchados tanto en el pie como en la trama, con capacidad de elongación de 68 a 88% en el sentido longitudinal (pie) y de 90 a 120% en el sentido transversal (trama).	M²	10	Ex
5407.82.99	Los demás.	M²	10	Ex
5407.83	**.. Con hilados de distintos colores.**			
5407.83.01	Con hilados de distintos colores.	M²	10	Ex
5407.84	**.. Estampados.**			
5407.84.01	Estampados.	M²	10	Ex
	. Los demás tejidos:			
5407.91	**.. Crudos o blanqueados.**			
5407.91.01	Asociados con hilos de caucho.	M²	10	Ex
5407.91.02	Gofrados, incluidos los tejidos dobles o adheridos.	M²	10	Ex
5407.91.03	Tejidos de alcohol polivinílico.	M²	10	Ex
5407.91.04	Reconocibles para naves aéreas.	M²	10	Ex
5407.91.05	De poliuretanos, "elásticos" entorchados tanto en el pie como en la trama, con capacidad de elongación de 68 a 88% en el sentido longitudinal (pie) y de 90 a 120% en el sentido transversal (trama).	M²	10	Ex
5407.91.06	De nailon, cuya trama sea de 40 deniers con 34 filamentos y pie de 70 deniers con 34 filamentos.	M²	10	Ex
5407.91.07	Con un contenido de lana o pelo fino superior o igual a 36% en peso.	M²	10	Ex
5407.91.99	Los demás.	M²	10	Ex
5407.92	**.. Teñidos.**			
5407.92.01	Asociados con hilos de caucho.	M²	10	Ex
5407.92.02	Gofrados o sometidos a cualquier operación complementaria sobre el teñido, incluidos los tejidos dobles o adheridos.	M²	10	Ex
5407.92.03	De alcohol polivinílico.	M²	10	Ex
5407.92.04	Reconocibles para naves aéreas.	M²	10	Ex
5407.92.05	De poliuretanos, "elásticos" entorchados tanto en el pie como en la trama con capacidad de elongación de 68 a 88% en el sentido longitudinal (pie) y de 90 a 120% en sentido transversal (trama).	M²	10	Ex
5407.92.06	Con un contenido de lana o pelo fino superior o igual a 36% en peso.	M²	10	Ex
5407.92.99	Los demás.	M²	10	Ex
5407.93	**.. Con hilados de distintos colores.**			
5407.93.01	Asociados con hilos de caucho.	M²	10	Ex
5407.93.02	Gofrados, incluidos los tejidos dobles o adheridos.	M²	10	Ex
5407.93.03	De alcohol polivinílico.	M²	10	Ex
5407.93.04	Reconocibles para naves aéreas.	M²	10	Ex
5407.93.05	Con ancho de 64 a 72 cm para la confección de corbatas.	M²	10	Ex
5407.93.06	De poliuretanos, "elásticos" entorchados tanto en el pie como en la trama, con capacidad de elongación de 68 a 88% en el sentido longitudinal (pie) y de 90 a 120% en el sentido transversal (trama).	M²	10	Ex
5407.93.07	Con un contenido de lana o pelo fino superior o igual a 36% en peso.	M²	10	Ex
5407.93.99	Los demás.	M²	10	Ex
5407.94	**.. Estampados.**			
5407.94.01	Asociados con hilos de caucho.	M²	10	Ex
5407.94.02	Gofrados, incluidos los tejidos dobles o adheridos.	M²	10	Ex
5407.94.03	De alcohol polivinílico.	M²	10	Ex
5407.94.04	Reconocibles para naves aéreas.	M²	10	Ex
5407.94.05	Con ancho de 64 a 72 cm para la confección de corbatas.	M²	10	Ex
5407.94.06	De poliuretanos, "elásticos" entorchados tanto en el pie como en la trama, con capacidad	M²	10	Ex

de elongación de 68 a 88% en el sentido longitudinal (pie) y de 90 a 120% en el sentido transversal (trama).

5407.94.07	Con un contenido de lana o pelo fino superior o igual a 36% en peso.	M²	10	Ex
5407.94.99	Los demás.	M²	10	Ex

54.08   **Tejidos de hilados de filamentos artificiales, incluidos los fabricados con productos de la partida 54.05.**

5408.10   .   **Tejidos fabricados con hilados de alta tenacidad de rayón viscosa.**

5408.10.01	Asociados con hilos de caucho.	M²	10	Ex
5408.10.02	Crudos o blanqueados.	M²	10	Ex
5408.10.03	Reconocibles para naves aéreas.	M²	10	Ex
5408.10.04	Empleados en armaduras de neumáticos, de rayón, con un máximo de 6 hilos por pulgada de la trama.	M²	10	Ex
5408.10.99	Los demás.	M²	10	Ex

   .   **Los demás tejidos con un contenido de filamentos o de tiras o formas similares, artificiales, superior o igual al 85% en peso:**

5408.21   ..   **Crudos o blanqueados.**

5408.21.01	Asociados con hilos de caucho.	M²	10	Ex
5408.21.02	Gofrados, incluidos los tejidos dobles o adheridos.	M²	10	Ex
5408.21.03	Reconocibles para naves aéreas.	M²	10	Ex
5408.21.99	Los demás.	M²	10	Ex

5408.22   ..   **Teñidos.**

5408.22.01	Asociados con hilos de caucho.	M²	10	Ex
5408.22.02	Gofrados, incluidos los tejidos dobles o adheridos.	M²	10	Ex
5408.22.03	Reconocibles para naves aéreas.	M²	10	Ex
5408.22.04	De rayón cupramonio.	M²	10	Ex
5408.22.99	Los demás.	M²	10	Ex

5408.23   ..   **Con hilados de distintos colores.**

5408.23.01	Asociados con hilos de caucho.	M²	10	Ex
5408.23.02	Gofrados, incluidos los tejidos dobles o adheridos.	M²	10	Ex
5408.23.03	Reconocibles para naves aéreas.	M²	10	Ex
5408.23.04	Con ancho de 64 a 72 cm para la confección de corbatas.	M²	10	Ex
5408.23.05	De rayón cupramonio.	M²	10	Ex
5408.23.99	Los demás.	M²	10	Ex

5408.24   ..   **Estampados.**

5408.24.01	De rayón cupramonio.	M²	10	Ex
5408.24.99	Los demás.	M²	10	Ex

   .   **Los demás tejidos:**

5408.31   ..   **Crudos o blanqueados.**

5408.31.01	Asociados con hilos de caucho.	M²	10	Ex
5408.31.02	Gofrados, incluidos los tejidos dobles o adheridos.	M²	10	Ex
5408.31.03	Reconocibles para naves aéreas.	M²	10	Ex
5408.31.04	Con un contenido de lana o pelo fino superior o igual a 36% en peso.	M²	10	Ex
5408.31.99	Los demás.	M²	10	Ex

5408.32   ..   **Teñidos.**

5408.32.01	Asociados con hilos de caucho.	M²	10	Ex
5408.32.02	Gofrados o sometidos a cualquier operación complementaria sobre el teñido, incluidos los tejidos dobles o adheridos.	M²	10	Ex
5408.32.03	Reconocibles para naves aéreas.	M²	10	Ex
5408.32.04	Redes o mallas, con monofilamentos de menos de 1 mm en su corte transversal, en cuyo punto de cruce estén termo soldados, en rollos de ancho inferior a 2.20 m.	M²	10	Ex
5408.32.05	Con un contenido de lana o pelo fino superior o igual a 36% en peso.	M²	10	Ex
5408.32.99	Los demás.	M²	10	Ex

5408.33   ..   **Con hilados de distintos colores.**

5408.33.01	Asociados con hilos de caucho.	M²	10	Ex
5408.33.02	Gofrados, incluidos los tejidos dobles o adheridos.	M²	10	Ex
5408.33.03	Reconocibles para naves aéreas.	M²	10	Ex
5408.33.04	Con un contenido de lana o pelo fino superior o igual a 36% en peso.	M²	10	Ex
5408.33.99	Los demás.	M²	10	Ex

5408.34   ..   **Estampados.**

5408.34.01	Asociados con hilos de caucho.	M²	10	Ex
5408.34.02	Gofrados, incluidos los tejidos dobles o adheridos.	M²	10	Ex
5408.34.03	Con un contenido de lana o pelo fino superior o igual a 36% en peso.	M²	10	Ex
5408.34.99	Los demás.	M²	10	Ex

Capítulo 55
Fibras sintéticas o artificiales discontinuas

Nota.

1. En las partidas 55.01 y 55.02, se entiende por *cables de filamentos sintéticos* y *cables de filamentos artificiales*, los cables constituidos por un conjunto de filamentos paralelos de longitud uniforme e igual a la de los cables, que satisfagan las condiciones siguientes:
    a) longitud del cable superior a 2 m;
    b) torsión del cable inferior a 5 vueltas por metro;
    c) título unitario de los filamentos inferior a 67 decitex;
    d) solamente para los cables de filamentos sintéticos: que hayan sido estirados y, por ello, no puedan alargarse una proporción superior al 100% de su longitud;
    e) título total del cable superior a 20,000 decitEx
    Los cables de longitud inferior o igual a 2 m se clasifican en las partidas 55.03 ó 55.04.

Código		Descripción	Unid de Med	Arancel (%)	
				IMP.	EXP.
55.01		**Cables de filamentos sintéticos.**			
5501.10	.	**De nailon o demás poliamidas.**			
5501.10.01		De nailon o demás poliamidas.	Kg	5	Ex
5501.20	.	**De poliésteres.**			
5501.20.01		De tereftalato de polietileno excepto lo comprendido en las fracciones 5501.20.02 y 5501.20.03.	Kg	Ex	Ex
5501.20.02		De tereftalato de polietileno color negro, teñido en la masa.	Kg	5	Ex
5501.20.03		De alta tenacidad igual o superior a 7.77 g por decitex (7 g por denier) constituidos por un filamento	Kg	Ex	Ex
5501.20.99		Los demás.	Kg	Ex	Ex
5501.30	.	**Acrílicos o modacrílicos.**			
5501.30.01		Acrílicos o modacrílicos.	Kg	5	Ex
5501.40	.	**De polipropileno.**			
5501.40.01		De polipropileno.	Kg	5	Ex
5501.90	.	**Los demás.**			
5501.90.99		Los demás.	Kg	5	Ex
55.02		**Cables de filamentos artificiales.**			
5502.00	.	**Cables de filamentos artificiales.**			
5502.00.01		Cables de rayón.	Kg	Ex	Ex
5502.00.99		Los demás.	Kg	5	Ex
55.03		**Fibras sintéticas discontinuas, sin cardar, peinar ni transformar de otro modo para la hilatura.**			
	.	**De nailon o demás poliamidas:**			
5503.11	..	**De aramidas.**			
5503.11.01		De aramidas.	Kg	5	Ex
5503.19	..	**Las demás.**			
5503.19.99		Las demás.	Kg	5	Ex
5503.20	.	**De poliésteres.**			
5503.20.01		De tereftalato de polietileno, excepto lo comprendido en las fracciones 5503.20.02 y 5503.20.03.	Kg	5	Ex
5503.20.02		De tereftalato de polietileno alta tenacidad igual o superior a 7.67 g por decitex (6.9 g por denier).	Kg	5	Ex
5503.20.03		De tereftalato de polietileno color negro, teñidas en la masa.	Kg	Ex	Ex
5503.20.99		Los demás.	Kg	5	Ex
5503.30	.	**Acrílicas o modacrílicas.**			
5503.30.01		Acrílicas o modacrílicas.	Kg	5	Ex
5503.40	.	**De polipropileno.**			
5503.40.01		De polipropileno de 3 a 25 deniers.	Kg	5	Ex
5503.40.99		Los demás.	Kg	Ex	Ex
5503.90	.	**Las demás.**			
5503.90.01		De Alcohol polivinílico, de longitud inferior o igual a 12 mm.	Kg	Ex	Ex
5503.90.99		Las demás.	Kg	5	Ex
55.04		**Fibras artificiales discontinuas, sin cardar, peinar ni transformar de otro modo para la hilatura.**			
5504.10	.	**De rayón viscosa.**			
5504.10.01		Rayón fibra corta.	Kg	Ex	Ex
5504.10.99		Los demás.	Kg	Ex	Ex
5504.90	.	**Las demás.**			
5504.90.99		Las demás.	Kg	Ex	Ex

55.05	**Desperdicios de fibras sintéticas o artificiales (incluidas las borras, los desperdicios de hilados y las hilachas).**			
5505.10	**- De fibras sintéticas.**			
5505.10.01	De fibras sintéticas.	Kg	5	Ex
5505.20	**- De fibras artificiales.**			
5505.20.01	De fibras artificiales.	Kg	Ex	Ex
55.06	**Fibras sintéticas discontinuas, cardadas, peinadas o transformadas de otro modo para la hilatura.**			
5506.10	**- De nailon o demás poliamidas.**			
5506.10.01	De nailon o demás poliamidas.	Kg	5	Ex
5506.20	**- De poliésteres.**			
5506.20.01	De poliésteres.	Kg	5	Ex
5506.30	**- Acrílicas o modacrílicas.**			
5506.30.01	Acrílicas o modacrílicas.	Kg	5	Ex
5506.90	**- Las demás.**			
5506.90.99	Las demás.	Kg	5	Ex
55.07	**Fibras artificiales discontinuas, cardadas, peinadas o transformadas de otro modo para la hilatura.**			
5507.00	**- Fibras artificiales discontinuas, cardadas, peinadas o transformadas de otro modo para la hilatura.**			
5507.00.01	Fibras artificiales discontinuas, cardadas, peinadas o transformadas de otro modo para la hilatura.	Kg	5	Ex
55.08	**Hilo de coser de fibras sintéticas o artificiales, discontinuas, incluso acondicionado para la venta al por menor.**			
5508.10	**- De fibras sintéticas discontinuas.**			
5508.10.01	De fibras sintéticas discontinuas.	Kg	10	Ex
5508.20	**- De fibras artificiales discontinuas.**			
5508.20.01	De fibras artificiales discontinuas.	Kg	10	Ex
55.09	**Hilados de fibras sintéticas discontinuas (excepto el hilo de coser) sin acondicionar para la venta al por menor.**			
	- Con un contenido de fibras discontinuas de nailon o demás poliamidas superior o igual al 85% en peso:			
5509.11	**- - Sencillos.**			
5509.11.01	Sencillos.	Kg	10	Ex
5509.12	**- - Retorcidos o cableados.**			
5509.12.01	Retorcidos o cableados.	Kg	10	Ex
	- Con un contenido de fibras discontinuas de poliéster superior o igual al 85% en peso:			
5509.21	**- - Sencillos.**			
5509.21.01	Sencillos.	Kg	10	Ex
5509.22	**- - Retorcidos o cableados.**			
5509.22.01	Retorcidos o cableados.	Kg	10	Ex
	- Con un contenido de fibras discontinuas acrílicas o modacrílicas superior o igual al 85% en peso:			
5509.31	**- - Sencillos.**			
5509.31.01	Sencillos.	Kg	10	Ex
5509.32	**- - Retorcidos o cableados.**			
5509.32.01	Retorcidos o cableados.	Kg	10	Ex
	- Los demás hilados con un contenido de fibras sintéticas discontinuas superior o igual al 85% en peso:			
5509.41	**- - Sencillos.**			
5509.41.01	Sencillos.	Kg	10	Ex
5509.42	**- - Retorcidos o cableados.**			
5509.42.01	Retorcidos o cableados.	Kg	10	Ex
	- Los demás hilados de fibras discontinuas de poliéster:			
5509.51	**- - Mezclados exclusiva o principalmente con fibras artificiales discontinuas.**			
5509.51.01	Mezclados exclusiva o principalmente, con fibras artificiales discontinuas.	Kg	10	Ex
5509.52	**- - Mezclados exclusiva o principalmente con lana o pelo fino.**			
5509.52.01	Mezclados exclusiva o principalmente con lana o pelo fino.	Kg	10	Ex
5509.53	**- - Mezclados exclusiva o principalmente con algodón.**			
5509.53.01	Mezclados exclusiva o principalmente con algodón.	Kg	10	Ex
5509.59	**- - Los demás.**			
5509.59.99	Los demás.	Kg	10	Ex
	- Los demás hilados de fibras discontinuas acrílicas o modacrílicas:			
5509.61	**- - Mezclados exclusiva o principalmente con lana o pelo fino.**			
5509.61.01	Mezclados exclusiva o principalmente con lana o pelo fino.	Kg	10	Ex

5509.62	**.. Mezclados exclusiva o principalmente con algodón.**			
5509.62.01	Mezclados exclusiva o principalmente con algodón.	Kg	10	Ex
5509.69	**.. Los demás.**			
5509.69.99	Los demás.	Kg	10	Ex
	- Los demás hilados:			
5509.91	**.. Mezclados exclusiva o principalmente con lana o pelo fino.**			
5509.91.01	Mezclados exclusiva o principalmente con lana o pelo fino.	Kg	10	Ex
5509.92	**.. Mezclados exclusiva o principalmente con algodón.**			
5509.92.01	Mezclados exclusiva o principalmente con algodón.	Kg	10	Ex
5509.99	**.. Los demás.**			
5509.99.99	Los demás.	Kg	10	Ex
55.10	**Hilados de fibras artificiales discontinuas (excepto el hilo de coser) sin acondicionar para la venta al por menor.**			
	- Con un contenido de fibras artificiales discontinuas superior o igual al 85% en peso:			
5510.11	**.. Sencillos.**			
5510.11.01	Sencillos.	Kg	10	Ex
5510.12	**.. Retorcidos o cableados.**			
5510.12.01	Retorcidos o cableados.	Kg	10	Ex
5510.20	**- Los demás hilados mezclados exclusiva o principalmente con lana o pelo fino.**			
5510.20.01	Los demás hilados, mezclados exclusiva o principalmente con lana o pelo fino.	Kg	10	Ex
5510.30	**- Los demás hilados mezclados exclusiva o principalmente con algodón.**			
5510.30.01	Los demás hilados, mezclados exclusiva o principalmente con algodón.	Kg	10	Ex
5510.90	**- Los demás hilados.**			
5510.90.01	Los demás hilados.	Kg	10	Ex
55.11	**Hilados de fibras sintéticas o artificiales, discontinuas (excepto el hilo de coser), acondicionados para la venta al por menor.**			
5511.10	**- De fibras sintéticas discontinuas con un contenido de estas fibras superior o igual al 85% en peso.**			
5511.10.01	De fibras sintéticas discontinuas con un contenido de estas fibras superior o igual al 85% en peso.	Kg	10	Ex
5511.20	**- De fibras sintéticas discontinuas con un contenido de estas fibras inferior al 85% en peso.**			
5511.20.01	De fibras sintéticas discontinuas con un contenido de estas fibras inferior al 85% en peso.	Kg	10	Ex
5511.30	**- De fibras artificiales discontinuas.**			
5511.30.01	De fibras artificiales discontinuas.	Kg	10	Ex
55.12	**Tejidos de fibras sintéticas discontinuas con un contenido de fibras sintéticas discontinuas superior o igual al 85% en peso.**			
	- Con un contenido de fibras discontinuas de poliéster superior o igual al 85% en peso:			
5512.11	**.. Crudos o blanqueados.**			
5512.11.01	Crudos o blanqueados.	M²	10	Ex
5512.19	**.. Los demás.**			
5512.19.01	Tipo mezclilla.	M²	10	Ex
5512.19.99	Los demás.	M²	10	Ex
	- Con un contenido de fibras discontinuas acrílicas o modacrílicas superior o igual al 85% en peso:			
5512.21	**.. Crudos o blanqueados.**			
5512.21.01	Crudos o blanqueados.	M²	10	Ex
5512.29	**.. Los demás.**			
5512.29.99	Los demás.	M²	10	Ex
	- Los demás:			
5512.91	**.. Crudos o blanqueados.**			
5512.91.01	Crudos o blanqueados.	M²	10	Ex
5512.99	**.. Los demás.**			
5512.99.99	Los demás.	M²	10	Ex
55.13	**Tejidos de fibras sintéticas discontinuas con un contenido de estas fibras inferior al 85% en peso, mezcladas exclusiva o principalmente con algodón, de peso inferior o igual a 170 g/m².**			
	- Crudos o blanqueados:			
5513.11	**.. De fibras discontinuas de poliéster, de ligamento tafetán.**			
5513.11.01	De fibras discontinuas de poliéster, de ligamento tafetán.	M²	10	Ex
5513.12	**.. De fibras discontinuas de poliéster, de ligamento sarga, incluido el cruzado, de curso inferior o igual a 4.**			
5513.12.01	De fibras discontinuas de poliéster, de ligamento sarga, incluido el cruzado, de curso inferior o igual a 4.	M²	10	Ex

5513.13	**‥ Los demás tejidos de fibras discontinuas de poliéster.**				
5513.13.01	Los demás tejidos de fibras discontinuas de poliéster.	M²	10	Ex
5513.19	**‥ Los demás tejidos.**				
5513.19.01	Los demás tejidos.	M²	10	Ex
	‑ Teñidos:				
5513.21	**‥ De fibras discontinuas de poliéster, de ligamento tafetán.**				
5513.21.01	De fibras discontinuas de poliéster, de ligamento tafetán.	M²	10	Ex
5513.23	**‥ Los demás tejidos de fibras discontinuas de poliéster.**				
5513.23.01	De ligamento sarga incluido el cruzado, de curso inferior o igual a 4.	M²	10	Ex
5513.23.99	Los demás.	M²	10	Ex
5513.29	**‥ Los demás tejidos.**				
5513.29.01	Los demás tejidos.	M²	10	Ex
	‑ Con hilados de distintos colores:				
5513.31	**‥ De fibras discontinuas de poliéster, de ligamento tafetán.**				
5513.31.01	De fibras discontinuas de poliéster, de ligamento tafetán.	M²	10	Ex
5513.39	**‥ Los demás tejidos.**				
5513.39.01	De fibras discontinuas de poliéster, de ligamento sarga incluido el cruzado, de curso inferior o igual a 4.	M²	10	Ex
5513.39.02	Los demás tejidos de fibras discontinuas de poliéster.	M²	10	Ex
5513.39.99	Los demás.	M²	10	Ex
	‑ Estampados:				
5513.41	**‥ De fibras discontinuas de poliéster, de ligamento tafetán.**				
5513.41.01	De fibras discontinuas de poliéster, de ligamento tafetán.	M²	10	Ex
5513.49	**‥ Los demás tejidos.**				
5513.49.01	De fibras discontinuas de poliéster, de ligamento sarga incluido el cruzado, de curso inferior o igual a 4.	M²	10	Ex
5513.49.02	Los demás tejidos de fibras discontinuas de poliéster.	M²	10	Ex
5513.49.99	Los demás.	M²	10	Ex
55.14	**Tejidos de fibras sintéticas discontinuas con un contenido de estas fibras inferior al 85% en peso, mezcladas exclusiva o principalmente con algodón, de peso superior a 170 g/m².**				
	‑ Crudos o blanqueados:				
5514.11	**‥ De fibras discontinuas de poliéster, de ligamento tafetán.**				
5514.11.01	De fibras discontinuas de poliéster, de ligamento tafetán.	M²	10	Ex
5514.12	**‥ De fibras discontinuas de poliéster, de ligamento sarga, incluido el cruzado, de curso inferior o igual a 4.**				
5514.12.01	De fibras discontinuas de poliéster, de ligamento sarga, incluido el cruzado, de curso inferior o igual a 4.	M²	10	Ex
5514.19	**‥ Los demás tejidos.**				
5514.19.01	De fibras discontinuas de poliéster.	M²	10	Ex
5514.19.99	Los demás.	M²	10	Ex
	‑ Teñidos:				
5514.21	**‥ De fibras discontinuas de poliéster, de ligamento tafetán.**				
5514.21.01	De fibras discontinuas de poliéster, de ligamento tafetán.	M²	10	Ex
5514.22	**‥ De fibras discontinuas de poliéster, de ligamento sarga, incluido el cruzado, de curso inferior o igual a 4.**				
5514.22.01	De fibras discontinuas de poliéster, de ligamento sarga, incluido el cruzado, de curso inferior o igual a 4.	M²	10	Ex
5514.23	**‥ Los demás tejidos de fibras discontinuas de poliéster.**				
5514.23.01	Los demás tejidos de fibras discontinuas de poliéster.	M²	10	Ex
5514.29	**‥ Los demás tejidos.**				
5514.29.01	Los demás tejidos.	M²	10	Ex
5514.30	**‑ Con hilados de distintos colores.**				
5514.30.01	De fibras discontinuas de poliéster, de ligamento tafetán.	M²	10	Ex
5514.30.02	De fibras discontinuas de poliéster, de ligamento sarga, incluido el cruzado, de curso inferior o igual a 4, tipo mezclilla.	M²	10	Ex
5514.30.03	De fibras discontinuas de poliéster, de ligamento sarga, incluido el cruzado, de curso inferior o igual a 4 excepto lo comprendido en la fracción 5414.30.02.	M²	10	Ex
5514.30.04	Los demás tejidos de fibras discontinuas de poliéster.	M²	10	Ex
5514.30.99	Los demás.	M²	10	Ex
	‑ Estampados:				
5514.41	**‥ De fibras discontinuas de poliéster, de ligamento tafetán.**				
5514.41.01	De fibras discontinuas de poliéster, de ligamento tafetán.	M²	10	Ex
5514.42	**‥ De fibras discontinuas de poliéster, de ligamento sarga, incluido el cruzado, de curso inferior o igual a 4.**				
5514.42.01	De fibras discontinuas de poliéster, de ligamento sarga, incluido el cruzado, de curso inferior o igual a 4.	M²	10	Ex

5514.43	**. . Los demás tejidos de fibras discontinuas de poliéster.**			
5514.43.01	Los demás tejidos de fibras discontinuas de poliéster.	M²	10	Ex
5514.49	**. . Los demás tejidos.**			
5514.49.01	Los demás tejidos.	M²	10	Ex
55.15	**Los demás tejidos de fibras sintéticas discontinuas.**			
	. De fibras discontinuas de poliéster:			
5515.11	**. . Mezcladas exclusiva o principalmente con fibras discontinuas de rayón viscosa.**			
5515.11.01	Mezcladas exclusiva o principalmente con fibras discontinuas de rayón viscosa.	M²	10	Ex
5515.12	**. . Mezcladas exclusiva o principalmente con filamentos sintéticos o artificiales.**			
5515.12.01	Mezcladas exclusiva o principalmente con filamentos sintéticos o artificiales.	M²	10	Ex
5515.13	**. . Mezcladas exclusiva o principalmente con lana o pelo fino.**			
5515.13.01	Con un contenido inferior a 36% en peso de lana o pelo fino.	M²	10	Ex
5515.13.99	Los demás.	M²	10	Ex
5515.19	**. . Los demás.**			
5515.19.99	Los demás.	M²	10	Ex
	. De fibras discontinuas acrílicas o modacrílicas:			
5515.21	**. . Mezcladas exclusiva o principalmente con filamentos sintéticos o artificiales.**			
5515.21.01	Mezcladas exclusiva o principalmente con filamentos sintéticos o artificiales.	M²	10	Ex
5515.22	**. . Mezcladas exclusiva o principalmente con lana o pelo fino.**			
5515.22.01	Con un contenido inferior a 36% en peso de lana o pelo fino.	M²	10	Ex
5515.22.99	Los demás.	M²	10	Ex
5515.29	**. . Los demás.**			
5515.29.99	Los demás.	M²	10	Ex
	. Los demás tejidos:			
5515.91	**. . Mezclados exclusiva o principalmente con filamentos sintéticos o artificiales.**			
5515.91.01	Mezclados exclusiva o principalmente con filamentos sintéticos o artificiales.	M²	10	Ex
5515.99	**. . Los demás.**			
5515.99.01	Mezclados exclusiva o principalmente con lana o pelo fino, con un contenido inferior a 36% en peso de lana o pelo fino.	M²	10	Ex
5515.99.02	Mezclados exclusiva o principalmente con lana o pelo fino excepto lo comprendido en la fracción 5515.99.01.	M²	10	Ex
5515.99.99	Los demás.	M²	10	Ex
55.16	**Tejidos de fibras artificiales discontinuas.**			
	. Con un contenido de fibras artificiales discontinuas superior o igual al 85% en peso:			
5516.11	**. . Crudos o blanqueados.**			
5516.11.01	Crudos o blanqueados.	M²	10	Ex
5516.12	**. . Teñidos.**			
5516.12.01	Teñidos.	M²	10	Ex
5516.13	**. . Con hilados de distintos colores.**			
5516.13.01	Con hilados de distintos colores.	M²	10	Ex
5516.14	**. . Estampados.**			
5516.14.01	Estampados.	M²	10	Ex
	. Con un contenido de fibras artificiales discontinuas inferior al 85% en peso, mezcladas exclusiva o principalmente con filamentos sintéticos o artificiales:			
5516.21	**. . Crudos o blanqueados.**			
5516.21.01	Crudos o blanqueados.	M²	10	Ex
5516.22	**. . Teñidos.**			
5516.22.01	Teñidos.	M²	10	Ex
5516.23	**. . Con hilados de distintos colores.**			
5516.23.01	Con hilados de distintos colores.	M²	10	Ex
5516.24	**. . Estampados.**			
5516.24.01	Estampados.	M²	10	Ex
	. Con un contenido de fibras artificiales discontinuas inferior al 85% en peso, mezcladas exclusiva o principalmente con lana o pelo fino:			
5516.31	**. . Crudos o blanqueados.**			
5516.31.01	Con un contenido inferior a 36% en peso de lana o pelo fino.	M²	10	Ex
5516.31.99	Los demás.	M²	10	Ex
5516.32	**. . Teñidos.**			
5516.32.01	Con un contenido inferior a 36% en peso de lana o pelo fino.	M²	10	Ex
5516.32.99	Los demás.	M²	10	Ex
5516.33	**. . Con hilados de distintos colores.**			
5516.33.01	Con un contenido inferior a 36% en peso de lana o pelo fino.	M²	10	Ex
5516.33.99	Los demás.	M²	10	Ex
5516.34	**. . Estampados.**			
5516.34.01	Con un contenido inferior a 36% en peso de lana o pelo fino.	M²	10	Ex

5516.34.99	Los demás.	M²	10	Ex
	- Con un contenido de fibras artificiales discontinuas inferior al 85% en peso, mezcladas exclusiva o principalmente con algodón:			
5516.41	.. Crudos o blanqueados.			
5516.41.01	Crudos o blanqueados.	M²	10	Ex
5516.42	.. Teñidos.			
5516.42.01	Teñidos.	M²	10	Ex
5516.43	.. Con hilados de distintos colores.			
5516.43.01	Con hilados de distintos colores.	M²	10	Ex
5516.44	.. Estampados.			
5516.44.01	Estampados.	M²	10	Ex
	- Los demás:			
5516.91	.. Crudos o blanqueados.			
5516.91.01	Crudos o blanqueados.	M²	10	Ex
5516.92	.. Teñidos.			
5516.92.01	Teñidos.	M²	10	Ex
5516.93	.. Con hilados de distintos colores.			
5516.93.01	Con hilados de distintos colores.	M²	10	Ex
5516.94	.. Estampados.			
5516.94.01	Estampados.	M²	10	Ex

Capítulo 56
Guata, fieltro y tela sin tejer; hilados especiales; cordeles, cuerdas y cordajes; artículos de cordelería.

Notas.
1. Este Capítulo no comprende:
    a) la guata, fieltro y tela sin tejer, impregnados, recubiertos o revestidos de sustancias o preparaciones (por ejemplo: de perfume o cosméticos del Capítulo 33, de jabón o detergentes de la partida 34.01, de betunes o cremas para el calzado, encáusticos, abrillantadores (lustres), etc. o preparaciones similares de la partida 34.05, de suavizantes para textiles de la partida 38.09), cuando la materia textil sea un simple soporte;
    b) los productos textiles de la partida 58.11;
    c) los abrasivos naturales o artificiales, en polvo o gránulos, con soporte de fieltro o tela sin tejer (partida 68.05);
    d) la mica aglomerada o reconstituida con soporte de fieltro o tela sin tejer (partida 68.14);
    e) las hojas y tiras delgadas de metal con soporte de fieltro o tela sin tejer (generalmente Secciones XIV ó XV);
    f) las toallas sanitarias (compresas) y tampones higiénicos, pañales para bebés y artículos similares de la partida 96.19.
    2. El término *fieltro* comprende también el fieltro punzonado y los productos constituidos por una capa de fibra textil cuya cohesión se ha reforzado mediante costura por cadeneta con las fibras de la propia capa.
3. Las partidas 56.02 y 56.03 comprenden respectivamente el fieltro y la tela sin tejer, impregnados, recubiertos, revestidos o estratificados con plástico o caucho, cualquiera que sea la naturaleza de estas materias (compacta o celular).
    La partida 56.03 comprende, además, la tela sin tejer aglomerada con plástico o caucho.
    Las partidas 56.02 y 56.03 no comprenden, sin embargo:
    a) el fieltro impregnado, recubierto, revestido o estratificado, con plástico o caucho, con un contenido de materia textil inferior o igual al 50% en peso, así como el fieltro inmerso totalmente en plástico o caucho (Capítulos 39 ó 40);
    b) la tela sin tejer totalmente inmersa en plástico o caucho o totalmente recubierta o revestida por las dos caras con estas mismas materias, siempre que el recubrimiento o revestimiento sea perceptible a simple vista, hecha abstracción para la aplicación de esta disposición de los cambios de color producidos por estas operaciones (Capítulos 39 ó 40);
    c) las hojas, placas o tiras, de plástico o caucho celulares, combinadas con fieltro o tela sin tejer, en las que la materia textil sea un simple soporte (Capítulos 39 ó 40).
4. La partida 56.04 no comprende los hilados textiles, ni las tiras y formas similares de las partidas 54.04 ó 54.05, cuya impregnación, recubrimiento o revestimiento no sea perceptible a simple vista (Capítulos 50 a 55, generalmente); para la aplicación de esta disposición, se hará abstracción de los cambios de color producidos por estas operaciones.

| Código | | Descripción | Unid de Med | Arancel (%) | |
				IMP.	EXP.
56.01		**Guata de materia textil y artículos de esta guata; fibras textiles de longitud inferior o igual a 5 mm (tundizno), nudos y motas de materia textil.**			
	-	**Guata; los demás artículos de guata:**			
5601.21	..	**De algodón.**			
5601.21.01		Guata.	Kg	Ex	Ex
5601.21.99		Los demás.	Kg	Ex	Ex
5601.22	..	**De fibras sintéticas o artificiales.**			
5601.22.01		Guata.	Kg	Ex	Ex
5601.22.99		Los demás.	Kg	10	Ex
5601.29	..	**Los demás.**			
5601.29.99		Los demás.	Kg	Ex	Ex

5601.30	**-**	**Tundizno, nudos y motas de materia textil.**		
5601.30.01		Motas de "seda" de acetato, rayón-viscosa o de lino.	Kg	Ex	Ex
5601.30.99		Los demás.	Kg	Ex	Ex
56.02		**Fieltro, incluso impregnado, recubierto, revestido o estratificado.**		
5602.10	**-**	**Fieltro punzonado y productos obtenidos mediante costura por cadeneta.**		
5602.10.01		Asfaltados, embreados, alquitranados y/o adicionados de caucho sintético.	Kg	10	Ex
5602.10.99		Los demás.	Kg	10	Ex
	-	**Los demás fieltros sin impregnar, recubrir, revestir ni estratificar:**		
5602.21	**- -**	**De lana o pelo fino.**		
5602.21.01		De lana.	Kg	10	Ex
5602.21.02		De forma cilíndrica o rectangular.	Kg	10	Ex
5602.21.99		Los demás.	Kg	10	Ex
5602.29	**- -**	**De las demás materias textiles.**		
5602.29.01		De las demás materias textiles.	Kg	10	Ex
5602.90	**-**	**Los demás.**		
5602.90.99		Los demás.	Kg	10	Ex
56.03		**Tela sin tejer, incluso impregnada, recubierta, revestida o estratificada.**		
	-	**De filamentos sintéticos o artificiales:**		
5603.11	**- -**	**De peso inferior o igual a 25 g/m².**		
5603.11.01		De peso inferior o igual a 25 g/m².	Kg	10	Ex
5603.12	**- -**	**De peso superior a 25 g/m² pero inferior o igual a 70 g/m².**		
5603.12.01		De anchura inferior o igual a 45 mm, para uso exclusivo en la fabricación de pilas eléctricas.	Kg	10	Ex
5603.12.99		Los demás.	Kg	10	Ex
5603.13	**- -**	**De peso superior a 70 g/m² pero inferior o igual a 150 g/m².**		
5603.13.01		De fibras aramídicas, o de propiedades dieléctricas a base de rayón y alcohol polivinílico con peso superior a 70 g/m² pero inferior a 85 g/m².	Kg	10	Ex
5603.13.99		Las demás.	Kg	10	Ex
5603.14	**- -**	**De peso superior a 150 g/m².**		
5603.14.01		De peso superior a 150 g/m².	Kg	10	Ex
	-	**Las demás:**		
5603.91	**- -**	**De peso inferior o igual a 25 g/m².**		
5603.91.01		De peso inferior o igual a 25 g/m².	Kg	10	Ex
5603.92	**- -**	**De peso superior a 25 g/m² pero inferior o igual a 70 g/m².**		
5603.92.01		De peso superior a 25 g/m² pero inferior o igual a 70 g/m².	Kg	10	Ex
5603.93	**- -**	**De peso superior a 70 g/m² pero inferior o igual a 150 g/m².**		
5603.93.01		De peso superior a 70 g/m² pero inferior o igual a 150 g/m².	Kg	10	Ex
5603.94	**- -**	**De peso superior a 150 g/m².**		
5603.94.01		De peso superior a 150 g/m².	Kg	10	Ex
56.04		**Hilos y cuerdas de caucho revestidos de textiles; hilados textiles, tiras y formas similares de las partidas 54.04 ó 54.05, impregnados, recubiertos, revestidos o enfundados con caucho o plástico.**		
5604.10	**-**	**Hilos y cuerdas de caucho revestidos de textiles.**		
5604.10.01		Hilos y cuerdas de caucho revestidos de textiles.	Kg	10	Ex
5604.90	**-**	**Los demás.**		
5604.90.01		Impregnados o recubiertos de caucho vulcanizado.	Kg	10	Ex
5604.90.02		De seda o de desperdicios de seda, acondicionados para la venta al por menor, pelo de Mesina (crin de Florencia); imitaciones de catgut preparados con hilados de seda.	Kg	10	Ex
5604.90.03		Imitaciones de catgut, de materia textil sintética y artificial, continua, excepto lo comprendido en la fracción 5604.90.04.	Kg	Ex	Ex
5604.90.04		Imitaciones de catgut, de materia textil sintética y artificial, continua, con diámetro igual o superior a 0.05 mm, sin exceder de 0.70 mm.	Kg	10	Ex
5604.90.05		De materia textil sintética y artificial, excepto lo comprendido en la fracción 5604.90.01.	Kg	10	Ex
5604.90.06		De lana, de pelos (finos u ordinarios) o de crin incluso acondicionados para la venta al por menor.	Kg	10	Ex
5604.90.07		De lino o de ramio.	Kg	10	Ex
5604.90.08		De algodón, sin acondicionar para la venta al por menor.	Kg	10	Ex
5604.90.09		De algodón, acondicionadas para la venta al por menor.	Kg	10	Ex
5604.90.10		Hilados de alta tenacidad de poliésteres, de nailon o demás poliamidas o de rayón viscosa, impregnados o recubiertos, reconocibles para naves aéreas.	Kg	Ex	Ex
5604.90.11		Hilados de alta tenacidad impregnados o recubiertos, de fibras aramídicas.	Kg	Ex	Ex
5604.90.12		Hilados de alta tenacidad impregnados o recubiertos, de poliamidas o superpoliamidas de 44.44 decitex (40 deniers) y 34 filamentos.	Kg	Ex	Ex
5604.90.13		Hilados de alta tenacidad impregnados o recubiertos, de rayón, de 1,333.33 decitex (1,200 deniers).	Kg	10	Ex

5604.90.14	Hilados de alta tenacidad de poliésteres, de nailon o demás poliamidas o de rayón viscosa, impregnados o recubiertos, excepto lo comprendido en las fracciones 5604.90.10, 5604.90.11, 5604.90.12 y 5604.90.13.	Kg	10	Ex
5604.90.99	Los demás.	Kg	Ex	Ex
56.05	**Hilados metálicos e hilados metalizados, incluso entorchados, constituidos por hilados textiles, tiras o formas similares de las partidas 54.04 ó 54.05, combinados con metal en forma de hilos, tiras o polvo, o revestidos de metal.**			
5605.00 .	**Hilados metálicos e hilados metalizados, incluso entorchados, constituidos por hilados textiles, tiras o formas similares de las partidas 54.04 ó 54.05, combinados con metal en forma de hilos, tiras o polvo, o revestidos de metal.**			
5605.00.01	Hilados metálicos e hilados metalizados, incluso entorchados, constituidos por hilados textiles, tiras o formas similares de las partidas 54.04 o 54.05, combinados con metal en forma de hilos, tiras o polvo, o revestidos de metal.	Kg	10	Ex
56.06	**Hilados entorchados, tiras y formas similares de las partidas 54.04 ó 54.05, entorchadas (excepto los de la partida 56.05 y los hilados de crin entorchados); hilados de chenilla; hilados "de cadeneta".**			
5606.00 .	**Hilados entorchados, tiras y formas similares de las partidas 54.04 ó 54.05, entorchadas (excepto los de la partida 56.05 y los hilados de crin entorchados); hilados de chenilla; hilados "de cadeneta".**			
5606.00.01	Hilados de poliuretanos entorchados o enrollados con hilos de fibras textiles poliamídicas o poliestéricas, con decitex total superior a 99.9 (90 deniers).	Kg	10	Ex
5606.00.02	Hilados de poliuretanos entorchados o enrollados con hilos de fibras textiles poliamídicas o poliestéricas, excepto lo comprendido en la fracción 5606.00.01.	Kg	10	Ex
5606.00.99	Los demás.	Kg	10	Ex
56.07	**Cordeles, cuerdas y cordajes, estén o no trenzados, incluso impregnados, recubiertos, revestidos o enfundados con caucho o plástico.**			
.	**De sisal o demás fibras textiles del género Agave:**			
5607.21 ..	**Cordeles para atar o engavillar.**			
5607.21.01	Cordeles para atar o engavillar.	Kg	10	Ex
5607.29 ..	**Los demás.**			
5607.29.99	Los demás.	Kg	10	Ex
.	**De polietileno o polipropileno:**			
5607.41 ..	**Cordeles para atar o engavillar.**			
5607.41.01	Cordeles para atar o engavillar.	Kg	10	Ex
5607.49 ..	**Los demás.**			
5607.49.99	Los demás.	Kg	10	Ex
5607.50 .	**De las demás fibras sintéticas.**			
5607.50.01	De las demás fibras sintéticas.	Kg	10	Ex
5607.90 .	**Los demás.**			
5607.90.01	De abacá (cáñamo de Manila (Musa textilis Nee)) o demás fibras duras de hojas.	Kg	10	Ex
5607.90.02	De yute o demás fibras textiles del liber de la partida 53.03.	Kg	Ex	Ex
5607.90.99	Los demás.	Kg	10	Ex
56.08	**Redes de mallas anudadas, en paño o en pieza, fabricadas con cordeles, cuerdas o cordajes; redes confeccionadas para la pesca y demás redes confeccionadas, de materia textil.**			
.	**De materia textil sintética o artificial:**			
5608.11 ..	**Redes confeccionadas para la pesca.**			
5608.11.01	Con luz de malla inferior a 3.81 cm.	Kg	10	Ex
5608.11.99	Las demás.	Kg	10	Ex
5608.19 ..	**Las demás.**			
5608.19.99	Las demás.	Kg	10	Ex
5608.90 .	**Las demás.**			
5608.90.99	Las demás.	Kg	10	Ex
56.09	**Artículos de hilados, tiras o formas similares de las partidas 54.04 ó 54.05, cordeles, cuerdas o cordajes, no expresados ni comprendidos en otra parte.**			
5609.00 .	**Artículos de hilados, tiras o formas similares de las partidas 54.04 ó 54.05, cordeles, cuerdas o cordajes, no expresados ni comprendidos en otra parte.**			
5609.00.01	Eslingas.	Kg	10	Ex
5609.00.99	Los demás.	Kg	10	Ex

Capítulo 57
Alfombras y demás revestimientos para el suelo, de materia textil

Notas.

1. En este Capítulo, se entiende por *alfombras* y *demás revestimientos para el suelo, de materia textil,* cualquier revestimiento para el suelo cuya superficie de materia textil quede al exterior después de colocado. También están comprendidos los artículos que tengan las características de los revestimientos para el suelo de materia textil pero que se utilicen para otros fines.

2. Este Capítulo no comprende los productos textiles planos y bastos de protección que se colocan bajo las alfombras y demás revestimientos para el suelo.

Código		Descripción	Unid de Med	Arancel (%) IMP.	EXP.
57.01		**Alfombras de nudo de materia textil, incluso confeccionadas.**			
5701.10	**-**	**De lana o pelo fino.**			
5701.10.01		De lana o pelo fino.	M²	15	Ex
5701.90	**-**	**De las demás materias textiles.**			
5701.90.01		De las demás materias textiles.	M²	15	Ex
57.02		**Alfombras y demás revestimientos para el suelo, de materia textil, tejidos, excepto los de mechón insertado y los flocados, aunque estén confeccionados, incluidas las alfombras llamadas "Kelim" o "Kilim", "Schumacks" o "Soumak", "Karamanie" y alfombras similares tejidas a mano.**			
5702.10	**-**	**Alfombras llamadas "Kelim" o "Kilim", "Schumacks" o "Soumak", "Karamanie" y alfombras similares tejidas a mano.**			
5702.10.01		Alfombras llamadas "Kelim" o "Kilim", "Schumacks" o "Soumak", "Karamanie" y alfombras similares tejidas a mano.	M²	15	Ex
5702.20	**-**	**Revestimientos para el suelo de fibras de coco.**			
5702.20.01		Revestimientos para el suelo de fibras de coco.	M²	15	Ex
	-	**Los demás, aterciopelados, sin confeccionar:**			
5702.31	**- -**	**De lana o pelo fino.**			
5702.31.01		De lana o pelo fino.	M²	15	Ex
5702.32	**- -**	**De materia textil sintética o artificial.**			
5702.32.01		De materia textil sintética o artificial.	M²	15	Ex
5702.39	**- -**	**De las demás materias textiles.**			
5702.39.01		De las demás materias textiles.	M²	15	Ex
	-	**Los demás, aterciopelados, confeccionados:**			
5702.41	**- -**	**De lana o pelo fino.**			
5702.41.01		De lana o pelo fino.	M²	15	Ex
5702.42	**- -**	**De materia textil sintética o artificial.**			
5702.42.01		De materia textil sintética o artificial.	M²	15	Ex
5702.49	**- -**	**De las demás materias textiles.**			
5702.49.01		De las demás materias textiles.	M²	15	Ex
5702.50	**-**	**Los demás, sin aterciopelar ni confeccionar.**			
5702.50.01		De lana o pelo fino.	M²	15	Ex
5702.50.02		De materia textil sintética o artificial.	M²	15	Ex
5702.50.99		Los demás.	M²	15	Ex
	-	**Los demás, sin aterciopelar, confeccionados:**			
5702.91	**- -**	**De lana o pelo fino.**			
5702.91.01		De lana o pelo fino.	M²	15	Ex
5702.92	**- -**	**De materia textil sintética o artificial.**			
5702.92.01		De materia textil sintética o artificial.	M²	15	Ex
5702.99	**- -**	**De las demás materias textiles.**			
5702.99.01		De las demás materias textiles.	M²	15	Ex
57.03		**Alfombras y demás revestimientos para el suelo, de materia textil, con mechón insertado, incluso confeccionados.**			
5703.10	**- -**	**De lana o pelo fino.**			
5703.10.01		De lana o pelo fino.	M²	15	Ex
5703.20	**- -**	**De nailon o demás poliamidas.**			
5703.20.01		Tapetes de superficie inferior a 5.25 m² .	M²	15	Ex
5703.20.99		Las demás.	M²	15	Ex
5703.30	**- -**	**De las demás materias textiles sintéticas o de materia textil artificial.**			
5703.30.01		Tapetes de superficie inferior a 5.25 m² .	M²	15	Ex
5703.30.99		Las demás.	M²	15	Ex
5703.90	**- -**	**De las demás materias textiles.**			
5703.90.01		De las demás materias textiles.	M²	15	Ex
57.04		**Alfombras y demás revestimientos para el suelo, de fieltro, excepto los de mechón insertado y los flocados, incluso confeccionados.**			
5704.10	**- -**	**De superficie inferior o igual a 0.3 m².**			
5704.10.01		De superficie inferior o igual a 0.3 m².	M²	15	Ex

Código		Descripción	Unid de Med	IMP.	EXP.
5704.90	**- -**	**Los demás.**			
5704.90.99		Los demás.	M²	15	Ex
57.05		**Las demás alfombras y revestimientos para el suelo, de materia textil, incluso confeccionados.**			
5705.00	**-**	**Las demás alfombras y revestimientos para el suelo, de materia textil, incluso confeccionados.**			
5705.00.01		Alfombra en rollos, de fibras de poliamidas y con un soporte antiderrapante, de anchura igual o superior a 1.1 m pero inferior o igual a 2.2 m.	Kg	15	Ex
5705.00.99		Los demás.	M²	15	Ex

Capítulo 58
Tejidos especiales; superficies textiles con mechón insertado; encajes; tapicería; pasamanería; bordados

Notas.

1. No se clasifican en este Capítulo los tejidos especificados en la Nota 1 del Capítulo 59, impregnados, recubiertos, revestidos o estratificados ni los demás productos del Capítulo 59.
2. Se clasifican también en la partida 58.01 el terciopelo y la felpa por trama sin cortar todavía que no presenten ni pelo ni bucles en la superficie.
3. En la partida 58.03, se entiende por *tejido de gasa de vuelta* el tejido en el que la urdimbre esté compuesta en toda o parte de su superficie por hilos fijos (hilos derechos) y por hilos móviles (hilos de vuelta) que se cruzan con los fijos dando media vuelta, una vuelta completa o más de una vuelta, para formar un bucle que aprisiona la trama.
4. No se clasifican en la partida 58.04 las redes de mallas anudadas, en paño o en pieza, fabricadas con cordeles, cuerdas o cordajes, de la partida 56.08.
5. En la partida 58.06, se entiende por *cintas*:
   - a) - los tejidos (incluido el terciopelo) en tiras de anchura inferior o igual a 30 cm y con orillos verdaderos;
     - las tiras de anchura inferior o igual a 30 cm obtenidas por corte de tejido y provistas de falsos orillos tejidos, pegados u obtenidos de otra forma;
   - b) los tejidos tubulares que, aplanados, tengan una anchura inferior o igual a 30 cm;
   - c) los tejidos al bies con bordes plegados de anchura inferior o igual a 30 cm una vez desplegados.

   Las cintas con flecos obtenidos durante el tejido se clasifican en la partida 58.08.
6. El término *bordados* de la partida 58.10 se extiende a las aplicaciones por costura de lentejuelas, cuentas o motivos decorativos de textil u otra materia, así como a los trabajos realizados con hilos bordadores de metal o fibra de vidrio. Se excluye de la partida 58.10 la tapicería de aguja (partida 58.05).
7. Además de los productos de la partida 58.09, se clasifican también en las partidas de este Capítulo los productos hechos con hilos de metal, de los tipos utilizados en prendas de vestir, tapicería o usos similares.

Código		Descripción	Unid de Med	Arancel (%) IMP.	Arancel (%) EXP.
58.01		**Terciopelo y felpa, excepto los de punto, y tejidos de chenilla, excepto los productos de las partidas 58.02 ó 58.06.**			
5801.10	**-**	**De lana o pelo fino.**			
5801.10.01		De lana o pelo fino.	M²	10	Ex
	-	**De algodón:**			
5801.21	**- -**	**Terciopelo y felpa por trama, sin cortar.**			
5801.21.01		Terciopelo y felpa por trama, sin cortar.	M²	10	Ex
5801.22	**- -**	**Terciopelo y felpa por trama, cortados, rayados (pana rayada, "corduroy").**			
5801.22.01		Terciopelo y felpa por trama, cortados, rayados (pana rayada, "corduroy").	M²	10	Ex
5801.23	**- -**	**Los demás terciopelos y felpas por trama.**			
5801.23.01		Los demás terciopelos y felpas por trama.	M²	10	Ex
5801.26	**- -**	**Tejidos de chenilla.**			
5801.26.01		Tejidos de chenilla.	M²	10	Ex
5801.27	**- -**	**Terciopelo y felpa por urdimbre.**			
5801.27.01		Terciopelo y felpa por urdimbre.	M²	10	Ex
	-	**De fibras sintéticas o artificiales:**			
5801.31	**- -**	**Terciopelo y felpa por trama, sin cortar.**			
5801.31.01		Terciopelo y felpa por trama, sin cortar.	M²	10	Ex
5801.32	**- -**	**Terciopelo y felpa por trama, cortados, rayados (pana rayada, "corduroy").**			
5801.32.01		Terciopelo y felpa por trama, cortados, rayados (pana rayada, "corduroy").	M²	10	Ex
5801.33	**- -**	**Los demás terciopelos y felpas por trama.**			
5801.33.01		Los demás terciopelos y felpas por trama.	M²	10	Ex
5801.36	**- -**	**Tejidos de chenilla.**			
5801.36.01		Tejidos de chenilla.	M²	10	Ex
5801.37	**- -**	**Terciopelo y felpa por urdimbre.**			
5801.37.01		Terciopelo y felpa por urdimbre.	M²	10	Ex

5801.90	**-**	**De las demás materias textiles.**		
5801.90.01		De las demás materias textiles.	M²	10	Ex
58.02		**Tejidos con bucles del tipo toalla, excepto los productos de la partida 58.06; superficies textiles con mechón insertado, excepto los productos de la partida 57.03.**		
	-	**Tejidos con bucles del tipo toalla, de algodón:**		
5802.11	**- -**	**Crudos.**		
5802.11.01		Crudos.	M²	10	Ex
5802.19	**- -**	**Los demás.**		
5802.19.99		Los demás.	M²	20	Ex
5802.20	**-**	**Tejidos con bucles del tipo toalla, de las demás materias textiles.**		
5802.20.01		Tejidos con bucles del tipo toalla, de las demás materias textiles.	M²	10	Ex
5802.30	**-**	**Superficies textiles con mechón insertado.**		
5802.30.01		Superficies textiles con mechón insertado.	M²	10	Ex
58.03		**Tejidos de gasa de vuelta, excepto los productos de la partida 58.06.**		
5803.00	**-**	**Tejidos de gasa de vuelta, excepto los productos de la partida 58.06.**		
5803.00.01		De algodón.	M²	10	Ex
5803.00.02		De fibras sintéticas continuas, crudos o blanqueados, excepto lo comprendido en la fracción 5803.00.03.	M²	10	Ex
5803.00.03		De fibras sintéticas continuas, reconocibles para naves aéreas.	M²	10	Ex
5803.00.04		De fibras textiles vegetales, excepto de lino, de ramio o de algodón.	M²	10	Ex
5803.00.99		Los demás.	M²	10	Ex
58.04		**Tul, tul-bobinot y tejidos de mallas anudadas; encajes en pieza, en tiras o en aplicaciones, excepto los productos de las partidas 60.02 a 60.06.**		
5804.10	**-**	**Tul, tul-bobinot y tejidos de mallas anudadas.**		
5804.10.01		Tul, tul-bobinot y tejidos de mallas anudadas.	Kg	10	Ex
	-	**Encajes fabricados a máquina:**		
5804.21	**- -**	**De fibras sintéticas o artificiales.**		
5804.21.01		De fibras sintéticas o artificiales.	Kg	10	Ex
5804.29	**- -**	**De las demás materias textiles.**		
5804.29.01		De las demás materias textiles.	Kg	10	Ex
5804.30	**-**	**Encajes hechos a mano.**		
5804.30.01		Encajes hechos a mano.	Kg	10	Ex
58.05		**Tapicería tejida a mano (gobelinos, Flandes, Aubusson, Beauvais y similares) y tapicería de aguja (por ejemplo: de "petit point", de punto de cruz), incluso confeccionadas.**		
5805.00	**-**	**Tapicería tejida a mano (gobelinos, Flandes, Aubusson, Beauvais y similares) y tapicería de aguja (por ejemplo: de "petit point", de punto de cruz), incluso confeccionadas.**		
5805.00.01		Tapicería tejida a mano (Gobelinos, Flandes, Aubusson, Beauvais y similares) y tapicería de aguja (por ejemplo: de "petit point", de punto de cruz), incluso confeccionadas.	M²	10	Ex
58.06		**Cintas, excepto los artículos de la partida 58.07; cintas sin trama, de hilados o fibras paralelizados y aglutinados.**		
5806.10	**-**	**Cintas de terciopelo, de felpa, de tejidos de chenilla o de tejidos con bucles del tipo toalla.**		
5806.10.01		De seda.	Kg	Ex	Ex
5806.10.99		Las demás.	Kg	10	Ex
5806.20	**-**	**Las demás cintas, con un contenido de hilos de elastómeros o de hilos de caucho superior o igual al 5% en peso.**		
5806.20.01		De seda.	Kg	Ex	Ex
5806.20.99		Las demás.	Kg	10	Ex
	-	**Las demás cintas:**		
5806.31	**- -**	**De algodón.**		
5806.31.01		De algodón.	Kg	10	Ex
5806.32	**- -**	**De fibras sintéticas o artificiales.**		
5806.32.01		De fibras sintéticas o artificiales.	Kg	10	Ex
5806.39	**- -**	**De las demás materias textiles.**		
5806.39.01		De seda.	Kg	Ex	Ex
5806.39.99		Las demás.	Kg	10	Ex
5806.40	**-**	**Cintas sin trama, de hilados o fibras paralelizados y aglutinados.**		
5806.40.01		De seda.	Kg	Ex	Ex
5806.40.99		Las demás.	Kg	10	Ex
58.07		**Etiquetas, escudos y artículos similares, de materia textil, en pieza, cintas o recortados, sin bordar.**		
5807.10	**-**	**Tejidos.**		
5807.10.01		Tejidos.	Kg	10	Ex
5807.90	**-**	**Los demás.**		
5807.90.99		Los demás.	Kg	10	Ex

58.08	**Trenzas en pieza; artículos de pasamanería y artículos ornamentales análogos, en pieza, sin bordar, excepto los de punto; bellotas, madroños, pompones, borlas y artículos similares.**			
5808.10	**- Trenzas en pieza.**			
5808.10.01	Trenzas en pieza.	Kg	10	Ex
5808.90	**- Los demás.**			
5808.90.99	Los demás.	Kg	10	Ex
58.09	**Tejidos de hilos de metal y tejidos de hilados metálicos o de hilados textiles metalizados de la partida 56.05, de los tipos utilizados en prendas de vestir, tapicería o usos similares, no expresados ni comprendidos en otra parte.**			
5809.00	**- Tejidos de hilos de metal y tejidos de hilados metálicos o de hilados textiles metalizados de la partida 56.05, de los tipos utilizados en prendas de vestir, tapicería o usos similares, no expresados ni comprendidos en otra parte.**			
5809.00.01	Tejidos de hilos de metal y tejidos de hilados metálicos o de hilados textiles metalizados de la partida 56.05, de los tipos utilizados en prendas de vestir, tapicería o usos similares, no expresados ni comprendidos en otra parte.	M²	10	Ex
58.10	**Bordados en pieza, en tiras o en aplicaciones.**			
5810.10	**- Bordados químicos o aéreos y bordados con fondo recortado.**			
5810.10.01	Bordados químicos o aéreos y bordados con fondo recortado.	Kg	10	Ex
	- Los demás bordados:			
5810.91	**-- De algodón.**			
5810.91.01	De algodón.	Kg	10	Ex
5810.92	**-- De fibras sintéticas o artificiales.**			
5810.92.01	De fibras sintéticas o artificiales.	Kg	10	Ex
5810.99	**-- De las demás materias textiles.**			
5810.99.01	De las demás materias textiles.	Kg	10	Ex
58.11	**Productos textiles acolchados en pieza, constituidos por una o varias capas de materia textil combinadas con una materia de relleno y mantenidas mediante puntadas u otro modo de sujeción, excepto los bordados de la partida 58.10.**			
5811.00	**- Productos textiles acolchados en pieza, constituidos por una o varias capas de materia textil combinadas con una materia de relleno y mantenidas mediante puntadas u otro modo de sujeción, excepto los bordados de la partida 58.10.**			
5811.00.01	Productos textiles acolchados en pieza, constituidos por una o varias capas de materia textil combinadas con una materia de relleno y mantenidas mediante puntadas u otro modo de sujeción, excepto los bordados de la partida 58.10.	M²	10	Ex

---

Capítulo 59
Telas impregnadas, recubiertas, revestidas o estratificadas; artículos técnicos de materia textil

Notas.
1. Salvo disposición en contrario, cuando se utilice en este Capítulo el término *tela(s)*, se refiere a los tejidos de los Capítulos 50 a 55 y de las partidas 58.03 y 58.06, a las trenzas, artículos de pasamanería y artículos ornamentales análogos, en pieza, de la partida 58.08 y a los tejidos de punto de las partidas 60.02 a 60.06.
2. La partida 59.03 comprende:
   a) las telas impregnadas, recubiertas, revestidas o estratificadas con plástico, cualquiera que sea el peso por metro cuadrado y la naturaleza del plástico (compacto o celular), excepto:
   1) las telas cuya impregnación, recubrimiento o revestimiento no sea perceptible a simple vista (Capítulos 50 a 55, 58 ó 60, generalmente); para la aplicación de esta disposición, se hará abstracción de los cambios de color producidos por estas operaciones;
   2) los productos que no puedan enrollarse a mano, sin agrietarse, en un cilindro de 7 mm de diámetro a una temperatura comprendida entre 15°C y 30°C (Capítulo 39, generalmente);
   3) los productos en los que la tela esté totalmente inmersa en plástico o totalmente recubierta o revestida por las dos caras con esta misma materia, siempre que el recubrimiento o revestimiento sea perceptible a simple vista, hecha abstracción para la aplicación de esta disposición de los cambios de color producidos por estas operaciones (Capítulo 39);
   4) las telas recubiertas o revestidas parcialmente de plástico, que presenten dibujos producidos por estos tratamientos (Capítulos 50 a 55, 58 ó 60, generalmente);
   5) las hojas, placas o tiras de plástico celular, combinadas con tela en las que ésta sea un simple soporte (Capítulo 39);
   6) los productos textiles de la partida 58.11;
   b) las telas fabricadas con hilados, tiras o formas similares, impregnados, recubiertos, revestidos o enfundados con plástico, de la partida 56.04.
3. En la partida 59.05, se entiende por *revestimientos de materia textil para paredes* los productos presentados en rollos de anchura superior o igual a 45 cm para decoración de paredes o techos, constituidos por una superficie textil con un soporte o, a falta de soporte, con un tratamiento en el envés (impregnación o recubrimiento que permita pegarlos).

Sin embargo, esta partida no comprende los revestimientos para paredes constituidos por tundizno o polvo de textiles fijado directamente a un soporte de papel (partida 48.14) o materia textil (partida 59.07, generalmente).

4. En la partida 59.06, se entiende por *telas cauchutadas*:

   a) las telas impregnadas, recubiertas, revestidas o estratificadas con caucho:

   - de peso inferior o igual a 1,500 g/m^2, o

   - de peso superior a 1,500 g/m^2 y con un contenido de materia textil superior al 50% en peso;

   b) las telas fabricadas con hilados, tiras o formas similares, impregnados, recubiertos, revestidos o enfundados con caucho, de la partida 56.04;

   c) las napas de hilados textiles paralelizados y aglutinados entre sí con caucho.

   Sin embargo, esta partida no comprende las placas, hojas o tiras de caucho celular, combinadas con tela en las que ésta sea un simple soporte (Capítulo 40), ni los productos textiles de la partida 58.11.

5. La partida 59.07 no comprende:

   a) las telas cuya impregnación, recubrimiento o revestimiento no sea perceptible a simple vista (Capítulos 50 a 55, 58 ó 60, generalmente); para la aplicación de esta disposición, se hará abstracción de los cambios de color producidos por estas operaciones;

   b) las telas pintadas con dibujos (excepto los lienzos pintados para decoraciones de teatro, fondos de estudio o usos análogos);

   c) las telas parcialmente recubiertas de tundizno, de polvo de corcho o de productos análogos, que presenten dibujos producidos por estos tratamientos; sin embargo, las imitaciones de terciopelo se clasifican en esta partida;

   d) las telas que tengan los aprestos normales de acabado a base de materias amiláceas o materias similares;

   e) las hojas de madera para chapado con soporte de tela (partida 44.08);

   f) los abrasivos naturales o artificiales en polvo o gránulos con soporte de tela (partida 68.05);

   g) la mica aglomerada o reconstituida con soporte de tela (partida 68.14);

   h) las hojas y tiras delgadas de metal con soporte de tela (generalmente Secciones XIV o XV).

6. La partida 59.10 no comprende:

   a) las correas de materia textil de espesor inferior a 3 mm, en pieza o cortadas en longitudes determinadas;

   b) las correas de tela impregnada, recubierta, revestida o estratificada con caucho, así como las fabricadas con hilados o cordeles textiles impregnados, recubiertos, revestidos o enfundados con caucho (partida 40.10).

7. La partida 59.11 comprende los productos siguientes, que se consideran excluidos de las demás partidas de la Sección XI:

   a) los productos textiles en pieza cortados en longitudes determinadas o simplemente cortados en forma cuadrada o rectangular, mencionados limitativamente a continuación (excepto los que tengan el carácter de productos de las partidas 59.08 a 59.10):

   - las telas, fieltro y tejidos forrados de fieltro, combinados con una o varias capas de caucho, cuero u otra materia, de los tipos utilizados para la fabricación de guarniciones de cardas y productos análogos para otros usos técnicos, incluidas las cintas de terciopelo impregnadas de caucho para forrar enjulios;

   - las gasas y telas para cerner;

   - los capachos y telas gruesas de los tipos utilizados en las prensas de aceite o para usos técnicos análogos, incluidos los de cabello;

   - los tejidos planos para usos técnicos, aunque estén afieltrados, incluso impregnados o recubiertos, con la urdimbre o la trama múltiples;

   - las telas reforzadas con metal de los tipos utilizados para usos técnicos;

   - los cordones lubricantes y las trenzas, cuerdas y productos textiles similares de relleno industrial, incluso impregnados, recubiertos o armados;

   b) los artículos textiles (excepto los de las partidas 59.08 a 59.10) para usos técnicos (por ejemplo: telas y fieltros sin fin o con dispositivos de unión, de los tipos utilizados en las máquinas de fabricar papel o máquinas similares (por ejemplo: para pasta, para amiantocemento), discos para pulir, juntas o empaquetaduras, arandelas y demás partes de máquinas o aparatos).

Código		Descripción	Unid de Med	Arancel (%)	
				IMP.	EXP.
59.01		**Telas recubiertas de cola o materias amiláceas, de los tipos utilizados para encuadernación, cartonaje, estuchería o usos similares; transparentes textiles para calcar o dibujar; lienzos preparados para pintar; bucarán y telas rígidas similares de los tipos utilizados en sombrerería.**			
5901.10	.	**Telas recubiertas de cola o materias amiláceas, de los tipos utilizados para encuadernación, cartonaje, estuchería o usos similares.**			
5901.10.01		Telas recubiertas de cola o materias amiláceas, de los tipos utilizados para la encuadernación, cartonaje, estuchería o usos similares.	M²	10	Ex
5901.90	.	**Los demás.**			
5901.90.01		Telas para calcar.	M²	10	Ex
5901.90.02		Telas preparadas para la pintura.	M²	10	Ex
5901.90.99		Los demás.	M²	10	Ex
59.02		**Napas tramadas para neumáticos fabricadas con hilados de alta tenacidad de nailon o demás poliamidas, de poliésteres o de rayón viscosa.**			
5902.10	.	**De nailon o demás poliamidas.**			
5902.10.01		De nailon o demás poliamidas.	Kg	10	Ex

5902.20	**-**	**De poliésteres.**		
5902.20.01		De poliésteres.	Kg	10	Ex
5902.90	**-**	**Las demás.**		
5902.90.99		Las demás.	Kg	10	Ex
59.03		**Telas impregnadas, recubiertas, revestidas o estratificadas con plástico, excepto las de la partida 59.02.**		
5903.10	**-**	**Con poli(cloruro de vinilo).**		
5903.10.01		De fibras sintéticas o artificiales.	M²	10	Ex
5903.10.99		Los demás.	M²	10	Ex
5903.20	**-**	**Con poliuretano.**		
5903.20.01		De fibras sintéticas o artificiales.	M²	10	Ex
5903.20.99		Los demás.	M²	10	Ex
5903.90	**-**	**Las demás.**		
5903.90.01		Cintas o tiras adhesivas.	M²	10	Ex
5903.90.02		De fibras sintéticas o artificiales, excepto lo comprendido en la fracción 5903.90.01.	M²	10	Ex
5903.90.99		Las demás.	M²	10	Ex
59.04		**Linóleo, incluso cortado; revestimientos para el suelo formados por un recubrimiento o revestimiento aplicado sobre un soporte textil, incluso cortados.**		
5904.10	**-**	**Linóleo.**		
5904.10.01		Linóleo.	M²	10	Ex
5904.90	**-**	**Los demás.**		
5904.90.01		Con soporte de fieltro punzonado o tela sin tejer.	M²	10	Ex
5904.90.02		Con otros soportes.	M²	10	Ex
59.05		**Revestimientos de materia textil para paredes.**		
5905.00	**-**	**Revestimientos de materia textil para paredes.**		
5905.00.01		Revestimientos de materia textil para paredes.	M²	10	Ex
59.06		**Telas cauchutadas, excepto las de la partida 59.02.**		
5906.10	**-**	**Cintas adhesivas de anchura inferior o igual a 20 cm.**		
5906.10.01		Cintas adhesivas de anchura inferior o igual a 20 cm.	M	10	Ex
	-	**Las demás:**		
5906.91	**- -**	**De punto.**		
5906.91.01		De fibras sintéticas cauchutadas con neopreno, de peso inferior o igual a 1,500 g/m², para la fabricación de prendas deportivas.	M²	10	Ex
5906.91.99		Los demás.	M²	10	Ex
5906.99	**- -**	**Las demás.**		
5906.99.01		Tela cauchutada con alma de tejido de nailon o algodón, recubierta por ambas caras con hule sintético, vulcanizada, con espesor entre 0.3 y 2.0 mm.	M²	10	Ex
5906.99.02		Tejidos de algodón, recubiertos o impregnados de caucho por una o ambas caras.	M²	10	Ex
5906.99.03		De fibras sintéticas o artificiales, recubiertos o impregnados de caucho por una o ambas caras.	M²	10	Ex
5906.99.99		Los demás.	M²	10	Ex
59.07		**Las demás telas impregnadas, recubiertas o revestidas; lienzos pintados para decoraciones de teatro, fondos de estudio o usos análogos.**		
5907.00	**-**	**Las demás telas impregnadas, recubiertas o revestidas; lienzos pintados para decoraciones de teatro, fondos de estudio o usos análogos.**		
5907.00.01		Tejidos impregnados con materias incombustibles.	M²	10	Ex
5907.00.02		Cintas o tiras impregnadas con aceites oxidados.	M	10	Ex
5907.00.03		Tejidos impregnados con preparaciones a base de aceites oxidados, aislantes de la electricidad.	M²	10	Ex
5907.00.04		Telas y tejidos encerados o aceitados.	M²	10	Ex
5907.00.05		Telas impregnadas o bañadas, con tundiznos cuya longitud sea hasta 2 mm.	M²	10	Ex
5907.00.06		De fibras sintéticas o artificiales, del tipo de los comprendidos en las fracciones 5907.00.01 a 5907.00.05.	M²	10	Ex
5907.00.99		Los demás.	Kg	10	Ex
59.08		**Mechas de materia textil tejida, trenzada o de punto, para lámparas, hornillos, mecheros, velas o similares; manguitos de incandescencia y tejidos de punto tubulares utilizados para su fabricación, incluso impregnados.**		
5908.00	**-**	**Mechas de materia textil tejida, trenzada o de punto, para lámparas, hornillos, mecheros, velas o similares; manguitos de incandescencia y tejidos de punto tubulares utilizados para su fabricación, incluso impregnados.**		
5908.00.01		Capuchones.	Kg	10	Ex
5908.00.02		Mechas de algodón montadas en anillos de metal común.	Kg	10	Ex
5908.00.03		Tejidos tubulares.	Kg	Ex	Ex
5908.00.99		Los demás.	Kg	10	Ex
59.09		**Mangueras para bombas y tubos similares, de materia textil, incluso con armadura o accesorios de otras materias.**		
5909.00	**-**	**Mangueras para bombas y tubos similares, de materia textil, incluso con armadura o accesorios de otras materias.**		

5909.00.01		Mangueras para bombas y tubos similares, de materia textil, incluso con armadura o accesorios de otras materias.	Kg	10	Ex
59.10		**Correas transportadoras o de transmisión, de materia textil, incluso impregnadas, recubiertas, revestidas o estratificadas con plástico o reforzadas con metal u otra materia.**			
5910.00	**-**	**Correas transportadoras o de transmisión, de materia textil, incluso impregnadas, recubiertas, revestidas o estratificadas con plástico o reforzadas con metal u otra materia.**			
5910.00.01		Correas transportadoras o de transmisión, de materia textil, incluso impregnadas, recubiertas o revestidas, o estratificadas con plástico o reforzadas con metal u otra materia.	Kg	10	Ex
59.11		**Productos y artículos textiles para usos técnicos mencionados en la Nota 7 de este Capítulo.**			
5911.10	**-**	**Telas, fieltro y tejidos forrados de fieltro, combinados con una o varias capas de caucho, cuero u otra materia, de los tipos utilizados para la fabricación de guarniciones de cardas y productos análogos para otros usos técnicos, incluidas las cintas de terciopelo impregnadas de caucho para forrar enjulios.**			
5911.10.01		Cintas de terciopelo impregnadas de caucho para forrar enjulios.	M	10	Ex
5911.10.99		Los demás.	Kg	Ex	Ex
5911.20	**-**	**Gasas y telas para cerner, incluso confeccionadas.**			
5911.20.01		Gasas y telas para cerner, incluso confeccionadas.	M²	Ex	Ex
	-	**Telas y fieltros sin fin o con dispositivos de unión, de los tipos utilizados en las máquinas de fabricar papel o máquinas similares (por ejemplo: para pasta, para amiantocemento):**			
5911.31	**- -**	**De peso inferior a 650 g/m².**			
5911.31.01		De peso inferior a 650 g/m².	Kg	10	Ex
5911.32	**- -**	**De peso superior o igual a 650 g/m².**			
5911.32.01		De peso superior o igual a 650 g/m².	Kg	10	Ex
5911.40	**-**	**Capachos y telas gruesas de los tipos utilizados en las prensas de aceite o para usos técnicos análogos, incluidos los de cabello.**			
5911.40.01		Capachos y telas gruesas de los tipos utilizados en las prensas de aceite o para usos técnicos análogos, incluidos los de cabello.	Kg	10	Ex
5911.90	**-**	**Los demás.**			
5911.90.01		Artículos textiles para usos técnicos u otras partes o piezas de máquinas o aparatos, excepto lo comprendido en la fracción 5911.90.03.	Kg	Ex	Ex
5911.90.02		Tejidos armados con metal, de los tipos comúnmente empleados en usos técnicos.	Kg	10	Ex
5911.90.03		Juntas, arandelas, membranas, discos, manguitos o artículos análogos para usos técnicos.	Kg	10	Ex
5911.90.99		Los demás.	Kg	10	Ex

Capítulo 60
Tejidos de punto

Notas.
1. Este Capítulo no comprende:
   a) los encajes de croché o ganchillo de la partida 58.04;
   b) las etiquetas, escudos y artículos similares, de punto, de la partida 58.07;
   c) los tejidos de punto impregnados, recubiertos, revestidos o estratificados, del Capítulo 59. Sin embargo, el terciopelo, la felpa y los tejidos con bucles, de punto, incluso impregnados, recubiertos, revestidos o estratificados, se clasifican en la partida 60.01.
2. Este Capítulo comprende también los tejidos de punto fabricados con hilos de metal, de los tipos utilizados en prendas de vestir, tapicería o usos similares.
3. En la Nomenclatura, la expresión *de punto* incluye los productos obtenidos mediante costura por cadeneta en los que las mallas estén constituidas por hilados textiles.

Código		Descripción	Unid de Med	Arancel (%)	
				IMP.	EXP.
60.01		**Terciopelo, felpa (incluidos los tejidos de punto "de pelo largo") y tejidos con bucles, de punto.**			
6001.10	**-**	**Tejidos "de pelo largo".**			
6001.10.01		Tejidos "de pelo largo".	Kg	10	Ex
	-	**Tejidos con bucles:**			
6001.21	**- -**	**De algodón.**			
6001.21.01		De algodón.	Kg	10	Ex
6001.22	**- -**	**De fibras sintéticas o artificiales.**			
6001.22.01		De fibras sintéticas o artificiales.	Kg	10	Ex
6001.29	**- -**	**De las demás materias textiles.**			
6001.29.01		De seda.	Kg	Ex	Ex

6001.29.02	De lana, pelo o crin.	Kg	10	Ex
6001.29.99	Los demás.	Kg	10	Ex
	- Los demás:			
6001.91	**.. De algodón.**			
6001.91.01	De algodón.	Kg	10	Ex
6001.92	**.. De fibras sintéticas o artificiales.**			
6001.92.01	De fibras sintéticas o artificiales.	Kg	10	Ex
6001.99	**.. De las demás materias textiles.**			
6001.99.01	De las demás materias textiles.	Kg	10	Ex
60.02	**Tejidos de punto de anchura inferior o igual a 30 cm, con un contenido de hilados de elastómeros o de hilos de caucho superior o igual al 5% en peso, excepto los de la partida 60.01.**			
6002.40	**- Con un contenido de hilados de elastómeros superior o igual al 5% en peso, sin hilos de caucho.**			
6002.40.01	De seda.	Kg	Ex	Ex
6002.40.99	Los demás.	Kg	10	Ex
6002.90	**- Los demás.**			
6002.90.01	De seda.	Kg	Ex	Ex
6002.90.99	Los demás.	Kg	10	Ex
60.03	**Tejidos de punto de anchura inferior o igual a 30 cm, excepto los de las partidas 60.01 ó 60.02.**			
6003.10	**- De lana o pelo fino.**			
6003.10.01	De lana o pelo fino.	Kg	10	Ex
6003.20	**- De algodón.**			
6003.20.01	De algodón.	Kg	10	Ex
6003.30	**- De fibras sintéticas.**			
6003.30.01	De fibras sintéticas.	Kg	10	Ex
6003.40	**- De fibras artificiales.**			
6003.40.01	De fibras artificiales.	Kg	10	Ex
6003.90	**- Los demás.**			
6003.90.01	De seda.	Kg	Ex	Ex
6003.90.99	Los demás.	Kg	10	Ex
60.04	**Tejidos de punto de anchura superior a 30 cm, con un contenido de hilados de elastómeros o de hilos de caucho superior o igual al 5% en peso, excepto los de la partida 60.01.**			
6004.10	**- Con un contenido de hilados de elastómeros superior o igual al 5% en peso, sin hilos de caucho.**			
6004.10.01	De seda.	Kg	Ex	Ex
6004.10.99	Los demás.	Kg	10	Ex
6004.90	**- Los demás.**			
6004.90.01	De seda.	Kg	Ex	Ex
6004.90.99	Los demás.	Kg	10	Ex
60.05	**Tejidos de punto por urdimbre (incluidos los obtenidos en telares de pasamanería), excepto los de las partidas 60.01 a 60.04.**			
	- De algodón:			
6005.21	**.. Crudos o blanqueados.**			
6005.21.01	Crudos o blanqueados.	Kg	10	Ex
6005.22	**.. Teñidos.**			
6005.22.01	Teñidos.	Kg	10	Ex
6005.23	**.. Con hilados de distintos colores.**			
6005.23.01	Con hilados de distintos colores.	Kg	10	Ex
6005.24	**.. Estampados.**			
6005.24.01	Estampados.	Kg	10	Ex
	- De fibras sintéticas:			
6005.31	**.. Crudos o blanqueados.**			
6005.31.01	Crudos o blanqueados.	Kg	10	Ex
6005.32	**.. Teñidos.**			
6005.32.01	Totalmente de poliamidas, con un fieltro de fibras de polipropileno en una de sus caras, como soporte.	Kg	10	Ex
6005.32.99	Los demás.	Kg	10	Ex
6005.33	**.. Con hilados de distintos colores.**			
6005.33.01	Con hilados de distintos colores.	Kg	10	Ex
6005.34	**.. Estampados.**			
6005.34.01	Estampados.	Kg	10	Ex

	. De fibras artificiales:			
6005.41	**.. Crudos o blanqueados.**			
6005.41.01	Crudos o blanqueados.	Kg	10	Ex
6005.42	**.. Teñidos.**			
6005.42.01	Teñidos.	Kg	10	Ex
6005.43	**.. Con hilados de distintos colores.**			
6005.43.01	Con hilados de distintos colores.	Kg	10	Ex
6005.44	**.. Estampados.**			
6005.44.01	Estampados.	Kg	10	Ex
6005.90	**. Los demás.**			
6005.90.01	De lana o pelo fino.	Kg	10	Ex
6005.90.99	Los demás.	Kg	10	Ex
60.06	**Los demás tejidos de punto.**			
6006.10	**. De lana o pelo fino.**			
6006.10.01	De lana o pelo fino.	Kg	10	Ex
	. De algodón:			
6006.21	**.. Crudos o blanqueados.**			
6006.21.01	Tejido circular, totalmente de algodón, de hilados sencillos con título inferior o igual a 100 dtex (superior al número métrico 100).	Kg	10	Ex
6006.21.99	Los demás.	Kg	10	Ex
6006.22	**.. Teñidos.**			
6006.22.01	Tejido circular, totalmente de algodón, de hilados sencillos con título inferior o igual a 100 dtex (superior al número métrico 100).	Kg	10	Ex
6006.22.99	Los demás.	Kg	10	Ex
6006.23	**.. Con hilados de distintos colores.**			
6006.23.01	Tejido circular, totalmente de algodón, de hilados sencillos con título inferior o igual a 100 dtex (superior al número métrico 100).	Kg	10	Ex
6006.23.99	Los demás.	Kg	10	Ex
6006.24	**.. Estampados.**			
6006.24.01	Tejido circular, totalmente de algodón, de hilados sencillos con título inferior o igual a 100 dtex (superior al número métrico 100).	Kg	10	Ex
6006.24.99	Los demás.	Kg	10	Ex
	. De fibras sintéticas:			
6006.31	**.. Crudos o blanqueados.**			
6006.31.01	Crudos o blanqueados.	Kg	10	Ex
6006.32	**.. Teñidos.**			
6006.32.01	Teñidos.	Kg	10	Ex
6006.33	**.. Con hilados de distintos colores.**			
6006.33.01	Con hilados de distintos colores.	Kg	10	Ex
6006.34	**.. Estampados.**			
6006.34.01	Estampados.	Kg	10	Ex
	. De fibras artificiales:			
6006.41	**.. Crudos o blanqueados.**			
6006.41.01	Crudos o blanqueados.	Kg	10	Ex
6006.42	**.. Teñidos.**			
6006.42.01	Teñidos.	Kg	10	Ex
6006.43	**.. Con hilados de distintos colores.**			
6006.43.01	Con hilados de distintos colores.	Kg	10	Ex
6006.44	**.. Estampados.**			
6006.44.01	Estampados.	Kg	10	Ex
6006.90	**. Los demás.**			
6006.90.99	Los demás.	Kg	10	Ex

Capítulo 61
Prendas y complementos (accesorios), de vestir, de punto

Notas.
1. Este Capítulo solo comprende artículos de punto confeccionados.
2. Este Capítulo no comprende:
    a) los artículos de la partida 62.12;
    b) los artículos de prendería de la partida 63.09;
    c) los artículos de ortopedia, tales como bragueros para hernias, fajas medicoquirúrgicas (partida 90.21).
3. En las partidas 61.03 y 61.04:
    a) se entiende por *trajes (ambos o ternos)* y *trajes sastre* los surtidos formados por dos o tres prendas de vestir confeccionadas en su superficie exterior con la misma tela y compuestos por:

- una sola chaqueta (saco) que cubra la parte superior del cuerpo, cuyo exterior, excepto las mangas, esté constituido por cuatro o más piezas, eventualmente acompañada de un solo chaleco sastre en el que su parte delantera esté confeccionada con la misma tela que la superficie exterior de los demás componentes del surtido y cuya espalda sea de la misma tela que el forro de la chaqueta (saco); y
- una sola prenda que cubra la parte inferior del cuerpo y que consista en un pantalón largo, un pantalón corto (calzón), un short (excepto de baño), una falda o una falda pantalón, sin tirantes (tiradores) ni peto.

Todos los componentes del *traje (ambo o terno)* o del *traje sastre* deberán confeccionarse con una tela de la misma estructura, color y composición; además, deberán ser del mismo estilo y de tallas correspondientes o compatibles. Sin embargo, estos componentes pueden presentar un vivo (tira de tela cosida a las costuras) de una tela diferente.

Si se presentan simultáneamente varias prendas de la parte inferior, por ejemplo: un pantalón largo y un short o dos pantalones largos, o una falda o falda pantalón y un pantalón, se dará prioridad al pantalón largo o a uno de ellos como parte inferior constitutiva del traje (ambo o terno), y a la falda o falda pantalón en el caso del traje sastre, clasificándose separadamente las demás prendas.

Aunque no cumplan todas las condiciones antes citadas, la expresión *trajes (ambos o ternos)* también comprende los trajes de etiqueta o de noche siguientes:

- el chaqué, en el que la chaqueta (saco), lisa, presenta faldones redondeados que descienden muy bajo hacia atrás, con un pantalón de rayas verticales;
- el frac, hecho generalmente de tela negra, con una chaqueta (saco) relativamente corta por delante, que se mantiene abierta, con los faldones estrechos, escotados en las caderas y colgantes por detrás;
- el esmoquin, en el que la chaqueta (saco), aunque quizás permita mayor visibilidad de la pechera, es de corte similar al de la chaqueta (saco) común y presenta la particularidad de llevar solapas brillantes de seda o de imitación de seda.

b) Se entiende por *conjunto* un surtido de prendas de vestir (excepto los artículos de las partidas 61.07, 61.08 ó 61.09) que comprenda varias prendas confeccionadas con una misma tela, acondicionado para la venta al por menor y compuesto por:

- una sola prenda que cubra la parte superior del cuerpo, excepto el "pullover" que puede constituir una segunda prenda exterior solamente en el caso de los "twinset" o un chaleco que puede constituir una segunda prenda en los demás casos; y
- una o dos prendas diferentes que cubran la parte inferior del cuerpo y que consistan en un pantalón largo, un pantalón con peto, un pantalón corto (calzón), un short (excepto de baño), una falda o una falda pantalón.

Todos los componentes del *conjunto* deben tener la misma estructura, estilo, color y composición; además, deben ser de tallas correspondientes o compatibles. El término *conjunto* no comprende los conjuntos de abrigo para entrenamiento o deporte ni los monos (overoles) y conjuntos de esquí, de la partida 61.12.

4. Las partidas 61.05 y 61.06 no comprenden las prendas de vestir con bolsillo por debajo de la cintura o con acanalado elástico u otro medio para ceñir el bajo de la prenda, ni las prendas que tengan una media inferior a 10 puntos por centímetro lineal en cada dirección, contados en una superficie mínima de 10 cm x 10 cm. La partida 61.05 no comprende las prendas sin mangas.

5. La partida 61.09 no comprende las prendas de vestir con acanalado elástico, cordón corredizo u otro medio para ceñir el bajo.

6. En la partida 61.11:
    a) la expresión *prendas y complementos (accesorios), de vestir, para bebés* se refiere a los artículos para niños de corta edad con estatura no superior a 86 cm;
    b) los artículos susceptibles de clasificarse en la partida 61.11 y en otras partidas de este Capítulo se clasifican en la partida 61.11.

7. En la partida 61.12, se entiende por *monos (overoles) y conjuntos de esquí,* las prendas de vestir o surtidos de prendas de vestir que, por su aspecto general y su textura, sean identificables como destinados principalmente para uso en la práctica del esquí (alpino o de fondo). Se componen de:
    a) un *mono (overol) de esquí,* es decir, una prenda de una sola pieza que cubre la parte superior y la inferior del cuerpo; además de mangas y cuello, este artículo puede llevar bolsillos y trabillas; o
    b) un *conjunto de esquí,* es decir, un surtido de prendas de vestir que comprenda dos o tres prendas, acondicionado para la venta al por menor y compuesto por:
    - una sola prenda del tipo anorak, cazadora o artículo similar, con cierre de cremallera (cierre relámpago), eventualmente acompañada de un chaleco; y
    - un solo pantalón, aunque suba por encima de la cintura, un solo pantalón corto (calzón) o un solo pantalón con peto.

    El *conjunto de esquí* puede también estar compuesto por un mono (overol) de esquí del tipo mencionado anteriormente y por una especie de chaqueta (saco) acolchada sin mangas que se viste sobre el mono (overol).

    Todos los componentes del *conjunto de esquí* deben estar confeccionados con una tela de la misma textura, estilo y composición, del mismo color o de colores distintos; además, deben ser de tallas correspondientes o compatibles.

8. Las prendas de vestir susceptibles de clasificarse en la partida 61.13 y en otras partidas de este Capítulo, excepto en la partida 61.11, se clasifican en la partida 61.13.

9. Las prendas de vestir de este Capítulo que se cierren por delante de izquierda sobre derecha se consideran como prendas para hombres o niños, y aquellas que se cierren por delante de derecha sobre izquierda, como prendas para mujeres o niñas. Estas disposiciones no se aplicarán cuando el corte de la prenda indique manifiestamente que ha sido concebida para uno u otro sexo.

    Las prendas que no sean identificables como prendas para hombres o niños, o como prendas para mujeres o niñas, se clasifican con estas últimas.

10. Los artículos de este Capítulo pueden confeccionarse con hilos de metal.

Código		Descripción	Unid de Med	Arancel (%) IMP.	EXP.
61.01		**Abrigos, chaquetones, capas, anoraks, cazadoras y artículos similares, de punto, para hombres o niños, excepto los artículos de la partida 61.03.**			
6101.20	**-**	**De algodón.**			
6101.20.01		De algodón.	Pza	20	Ex
6101.30	**-**	**De fibras sintéticas o artificiales.**			
6101.30.01		Con un contenido de lana o pelo fino mayor o igual a 23% en peso.	Pza	20	Ex
6101.30.99		Los demás.	Pza	25	Ex
6101.90	**-**	**De las demás materias textiles.**			
6101.90.01		De lana o pelo fino.	Pza	20	Ex
6101.90.99		Los demás.	Pza	20	Ex
61.02		**Abrigos, chaquetones, capas, anoraks, cazadoras y artículos similares, de punto, para mujeres o niñas, excepto los artículos de la partida 61.04.**			
6102.10	**-**	**De lana o pelo fino.**			
6102.10.01		De lana o pelo fino.	Pza	20	Ex
6102.20	**-**	**De algodón.**			
6102.20.01		De algodón.	Pza	20	Ex
6102.30	**-**	**De fibras sintéticas o artificiales.**			
6102.30.01		Con un contenido de lana o pelo fino mayor o igual a 23% en peso.	Pza	20	Ex
6102.30.99		Los demás.	Pza	25	Ex
6102.90	**-**	**De las demás materias textiles.**			
6102.90.01		De las demás materias textiles.	Pza	20	Ex
61.03		**Trajes (ambos o ternos), conjuntos, chaquetas (sacos), pantalones largos, pantalones con peto, pantalones cortos (calzones) y shorts (excepto de baño), de punto, para hombres o niños.**			
6103.10	**-**	**Trajes (ambos o ternos).**			
6103.10.01		De lana o pelo fino.	Pza	20	Ex
6103.10.02		De fibras sintéticas.	Pza	20	Ex
6103.10.03		De algodón o de fibras artificiales.	Pza	20	Ex
6103.10.04		Con un contenido de seda mayor o igual a 70% en peso.	Pza	20	Ex
6103.10.99		Los demás.	Pza	20	Ex
	-	**Conjuntos:**			
6103.22	**- -**	**De algodón.**			
6103.22.01		De algodón.	Pza	20	Ex
6103.23	**- -**	**De fibras sintéticas.**			
6103.23.01		De fibras sintéticas.	Pza	20	Ex
6103.29	**- -**	**De las demás materias textiles.**			
6103.29.01		De lana o pelo fino.	Pza	20	Ex
6103.29.99		Los demás.	Pza	20	Ex
	-	**Chaquetas (sacos):**			
6103.31	**- -**	**De lana o pelo fino.**			
6103.31.01		De lana o pelo fino.	Pza	20	Ex
6103.32	**- -**	**De algodón.**			
6103.32.01		De algodón.	Pza	20	Ex
6103.33	**- -**	**De fibras sintéticas.**			
6103.33.01		Con un contenido de lana o pelo fino mayor o igual a 23% en peso.	Pza	20	Ex
6103.33.99		Los demás.	Pza	20	Ex
6103.39	**- -**	**De las demás materias textiles.**			
6103.39.01		De fibras artificiales.	Pza	20	Ex
6103.39.02		Con un contenido de seda mayor o igual a 70% en peso.	Pza	20	Ex
6103.39.99		Los demás.	Pza	20	Ex
	-	**Pantalones largos, pantalones con peto, pantalones cortos (calzones) y shorts:**			
6103.41	**- -**	**De lana o pelo fino.**			
6103.41.01		De lana o pelo fino.	Pza	20	Ex
6103.42	**- -**	**De algodón.**			
6103.42.01		Pantalones con peto y tirantes.	Pza	20	Ex
6103.42.99		Los demás.	Pza	20	Ex
6103.43	**- -**	**De fibras sintéticas.**			
6103.43.01		Con un contenido de lana o pelo fino mayor o igual a 23% en peso.	Pza	20	Ex
6103.43.99		Los demás.	Pza	25	Ex
6103.49	**- -**	**De las demás materias textiles.**			
6103.49.01		De fibras artificiales.	Pza	20	Ex

6103.49.02	Con un contenido de seda mayor o igual a 70% en peso.	Pza	20	Ex
6103.49.99	Los demás.	Pza	20	Ex
61.04	**Trajes sastre, conjuntos, chaquetas (sacos), vestidos, faldas, faldas pantalón, pantalones largos, pantalones con peto, pantalones cortos (calzones) y shorts (excepto de baño), de punto, para mujeres o niñas.**			
	- **Trajes sastre:**			
6104.13	**- - De fibras sintéticas.**			
6104.13.01	Con un contenido de lana o pelo fino mayor o igual a 23% en peso.	Pza	20	Ex
6104.13.99	Los demás.	Pza	20	Ex
6104.19	**- - De las demás materias textiles.**			
6104.19.01	De fibras artificiales.	Pza	20	Ex
6104.19.02	Con un contenido de seda mayor o igual a 70% en peso.	Pza	20	Ex
6104.19.03	Con un contenido de lana o pelo fino mayor o igual a 23%, sin exceder de 50% en peso.	Pza	20	Ex
6104.19.04	De lana o pelo fino, excepto lo comprendido en la fracción 6104.19.03.	Pza	20	Ex
6104.19.05	De algodón.	Pza	20	Ex
6104.19.99	Los demás.	Pza	20	Ex
	- **Conjuntos:**			
6104.22	**- - De algodón.**			
6104.22.01	De algodón.	Pza	20	Ex
6104.23	**- - De fibras sintéticas.**			
6104.23.01	De fibras sintéticas.	Pza	20	Ex
6104.29	**- - De las demás materias textiles.**			
6104.29.01	De lana o pelo fino.	Pza	20	Ex
6104.29.99	Los demás.	Pza	20	Ex
	- **Chaquetas (sacos):**			
6104.31	**- - De lana o pelo fino.**			
6104.31.01	De lana o pelo fino.	Pza	20	Ex
6104.32	**- - De algodón.**			
6104.32.01	De algodón.	Pza	20	Ex
6104.33	**- - De fibras sintéticas.**			
6104.33.01	Con un contenido de lana o pelo fino mayor o igual a 23% en peso.	Pza	20	Ex
6104.33.99	Los demás.	Pza	20	Ex
6104.39	**- - De las demás materias textiles.**			
6104.39.01	De fibras artificiales.	Pza	20	Ex
6104.39.02	Con un contenido de seda mayor o igual a 70% en peso.	Pza	20	Ex
6104.39.99	Las demás.	Pza	20	Ex
	- **Vestidos:**			
6104.41	**- - De lana o pelo fino.**			
6104.41.01	De lana o pelo fino.	Pza	20	Ex
6104.42	**- - De algodón.**			
6104.42.01	De algodón.	Pza	20	Ex
6104.43	**- - De fibras sintéticas.**			
6104.43.01	Con un contenido de lana o pelo fino mayor o igual a 23% en peso.	Pza	20	Ex
6104.43.99	Los demás.	Pza	20	Ex
6104.44	**- - De fibras artificiales.**			
6104.44.01	Con un contenido de lana o pelo fino mayor o igual a 23% en peso.	Pza	20	Ex
6104.44.99	Los demás.	Pza	20	Ex
6104.49	**- - De las demás materias textiles.**			
6104.49.01	Con un contenido de seda mayor o igual a 70% en peso.	Pza	20	Ex
6104.49.99	Los demás.	Pza	20	Ex
	- **Faldas y faldas pantalón:**			
6104.51	**- - De lana o pelo fino.**			
6104.51.01	De lana o pelo fino.	Pza	20	Ex
6104.52	**- - De algodón.**			
6104.52.01	De algodón.	Pza	20	Ex
6104.53	**- - De fibras sintéticas.**			
6104.53.01	Con un contenido de lana o pelo fino mayor o igual a 23% en peso.	Pza	20	Ex
6104.53.99	Las demás.	Pza	20	Ex
6104.59	**- - De las demás materias textiles.**			
6104.59.01	De fibras artificiales.	Pza	20	Ex
6104.59.02	Con un contenido de seda mayor o igual a 70% en peso.	Pza	20	Ex
6104.59.99	Las demás.	Pza	20	Ex
	- **Pantalones largos, pantalones con peto, pantalones cortos (calzones) y shorts:**			
6104.61	**- - De lana o pelo fino.**			
6104.61.01	De lana o pelo fino.	Pza	20	Ex

6104.62	..	**De algodón.**			
6104.62.01		Pantalones con peto y tirantes.	Pza	20	Ex
6104.62.99		Los demás.	Pza	20	Ex
6104.63	..	**De fibras sintéticas.**			
6104.63.01		Con un contenido de lana o pelo fino mayor o igual a 23% en peso.	Pza	20	Ex
6104.63.99		Los demás.	Pza	25	Ex
6104.69	..	**De las demás materias textiles.**			
6104.69.01		De fibras artificiales.	Pza	20	Ex
6104.69.02		Con un contenido de seda mayor o igual a 70% en peso.	Pza	20	Ex
6104.69.99		Los demás.	Pza	20	Ex
61.05		**Camisas de punto para hombres o niños.**			
6105.10	.	**De algodón.**			
6105.10.01		Camisas deportivas.	Pza	25	Ex
6105.10.99		Las demás.	Pza	25	Ex
6105.20	.	**De fibras sintéticas o artificiales.**			
6105.20.01		De fibras sintéticas o artificiales.	Pza	25	Ex
6105.90	.	**De las demás materias textiles.**			
6105.90.01		Con un contenido de seda mayor o igual a 70% en peso.	Pza	20	Ex
6105.90.99		Las demás.	Pza	20	Ex
61.06		**Camisas, blusas y blusas camiseras, de punto, para mujeres o niñas.**			
6106.10	.	**De algodón.**			
6106.10.01		Camisas deportivas.	Pza	25	Ex
6106.10.99		Las demás.	Pza	25	Ex
6106.20	.	**De fibras sintéticas o artificiales.**			
6106.20.01		Con un contenido de lana o pelo fino mayor o igual a 23% en peso.	Pza	20	Ex
6106.20.99		Los demás.	Pza	25	Ex
6106.90	.	**De las demás materias textiles.**			
6106.90.01		De lana o pelo fino.	Pza	20	Ex
6106.90.02		Con un contenido de seda mayor o igual a 70% en peso.	Pza	20	Ex
6106.90.99		Las demás.	Pza	20	Ex
61.07		**Calzoncillos (incluidos los largos y los slips), camisones, pijamas, albornoces de baño, batas de casa y artículos similares, de punto, para hombres o niños.**			
	.	**Calzoncillos (incluidos los largos y los slips):**			
6107.11	..	**De algodón.**			
6107.11.01		De algodón.	Pza	25	Ex
6107.12	..	**De fibras sintéticas o artificiales.**			
6107.12.01		De fibras sintéticas o artificiales.	Pza	25	Ex
6107.19	..	**De las demás materias textiles.**			
6107.19.01		De las demás materias textiles.	Pza	20	Ex
	.	**Camisones y pijamas:**			
6107.21	..	**De algodón.**			
6107.21.01		De algodón.	Pza	25	Ex
6107.22	..	**De fibras sintéticas o artificiales.**			
6107.22.01		De fibras sintéticas o artificiales.	Pza	20	Ex
6107.29	..	**De las demás materias textiles.**			
6107.29.01		Con un contenido de seda mayor o igual a 70% en peso.	Pza	20	Ex
6107.29.99		Los demás.	Pza	20	Ex
	.	**Los demás:**			
6107.91	..	**De algodón.**			
6107.91.01		De algodón.	Pza	20	Ex
6107.99	..	**De las demás materias textiles.**			
6107.99.01		Con un contenido de seda mayor o igual a 70% en peso.	Pza	20	Ex
6107.99.02		De fibras sintéticas o artificiales.	Pza	20	Ex
6107.99.99		Los demás.	Pza	20	Ex
61.08		**Combinaciones, enaguas, bragas (bombachas, calzones) (incluso las que no llegan hasta la cintura), camisones, pijamas, saltos de cama, albornoces de baño, batas de casa y artículos similares, de punto, para mujeres o niñas.**			
	.	**Combinaciones y enaguas:**			
6108.11	..	**De fibras sintéticas o artificiales.**			
6108.11.01		De fibras sintéticas o artificiales.	Pza	20	Ex
6108.19	..	**De las demás materias textiles.**			
6108.19.01		De las demás materias textiles.	Pza	20	Ex
	.	**Bragas (bombachas, calzones) (incluso las que no llegan hasta la cintura):**			
6108.21	..	**De algodón.**			
6108.21.01		De algodón.	Pza	25	Ex

6108.22	**.. De fibras sintéticas o artificiales.**				
6108.22.01	De fibras sintéticas o artificiales.	Pza	25	Ex	
6108.29	**.. De las demás materias textiles.**				
6108.29.01	De las demás materias textiles.	Pza	20	Ex	
	- Camisones y pijamas:				
6108.31	**.. De algodón.**				
6108.31.01	De algodón.	Pza	25	Ex	
6108.32	**.. De fibras sintéticas o artificiales.**				
6108.32.01	De fibras sintéticas o artificiales.	Pza	25	Ex	
6108.39	**.. De las demás materias textiles.**				
6108.39.01	De lana o pelo fino.	Pza	20	Ex	
6108.39.99	Los demás.	Pza	20	Ex	
	- Los demás:				
6108.91	**.. De algodón.**				
6108.91.01	Saltos de cama, albornoces de baño, batas de casa y artículos similares.	Pza	20	Ex	
6108.91.99	Los demás.	Pza	20	Ex	
6108.92	**.. De fibras sintéticas o artificiales.**				
6108.92.01	Saltos de cama, albornoces de baño, batas de casa y artículos similares.	Pza	20	Ex	
6108.92.99	Los demás.	Pza	20	Ex	
6108.99	**.. De las demás materias textiles.**				
6108.99.01	De lana o pelo fino.	Pza	20	Ex	
6108.99.99	Los demás.	Pza	20	Ex	
61.09	**"T-shirts" y camisetas, de punto.**				
6109.10	**- De algodón.**				
6109.10.01	De algodón.	Pza	25	Ex	
6109.90	**- De las demás materias textiles.**				
6109.90.01	De fibras sintéticas o artificiales.	Pza	25	Ex	
6109.90.02	Con un contenido de seda mayor o igual a 70% en peso.	Pza	20	Ex	
6109.90.99	Los demás.	Pza	20	Ex	
61.10	**Suéteres (jerseys), "pullovers", cardiganes, chalecos y artículos similares, de punto.**				
	- De lana o pelo fino:				
6110.11	**.. De lana.**				
6110.11.01	De lana.	Pza	20	Ex	
6110.12	**.. De cabra de Cachemira ("cashmere").**				
6110.12.01	De cabra de Cachemira ("cashmere").	Pza	20	Ex	
6110.19	**.. Los demás.**				
6110.19.99	Los demás.	Pza	20	Ex	
6110.20	**- De algodón.**				
6110.20.01	Suéteres (jerseys), "pullovers" y chalecos.	Pza	25	Ex	
6110.20.99	Los demás.	Pza	25	Ex	
6110.30	**- De fibras sintéticas o artificiales.**				
6110.30.01	Construidos con 9 o menos puntadas por cada 2 cm, medidos en dirección horizontal, excepto los chalecos.	Pza	20	Ex	
6110.30.02	Con un contenido de lana o pelo fino mayor o igual a 23% en peso, excepto lo comprendido en la fracción 6110.30.01.	Pza	25	Ex	
6110.30.99	Los demás.	Pza	25	Ex	
6110.90	**- De las demás materias textiles.**				
6110.90.01	Con un contenido de seda mayor o igual a 70% en peso.	Pza	20	Ex	
6110.90.99	Las demás.	Pza	20	Ex	
61.11	**Prendas y complementos (accesorios), de vestir, de punto, para bebés.**				
6111.20	**- De algodón.**				
6111.20.01	De algodón.	Pza	25	Ex	
6111.30	**- De fibras sintéticas.**				
6111.30.01	De fibras sintéticas.	Pza	25	Ex	
6111.90	**- De las demás materias textiles.**				
6111.90.01	De lana o pelo fino.	Pza	20	Ex	
6111.90.99	Los demás.	Pza	20	Ex	
61.12	**Conjuntos de abrigo para entrenamiento o deporte (chandales), monos (overoles) y conjuntos de esquí y bañadores, de punto.**				
	- Conjuntos de abrigo para entrenamiento o deporte (chandales):				
6112.11	**.. De algodón.**				
6112.11.01	De algodón.	Pza	20	Ex	

6112.12	.. **De fibras sintéticas.**			
6112.12.01	De fibras sintéticas.	Pza	25	Ex
6112.19	.. **De las demás materias textiles.**			
6112.19.01	De fibras artificiales.	Pza	20	Ex
6112.19.02	Con un contenido de seda mayor o igual a 70% en peso.	Pza	20	Ex
6112.19.99	Los demás.	Pza	20	Ex
6112.20	- **- Monos (overoles) y conjuntos de esquí.**			
6112.20.01	De fibras sintéticas o artificiales.	Pza	20	Ex
6112.20.99	De las demás materias textiles.	Pza	20	Ex
	- **Bañadores para hombres o niños:**			
6112.31	.. **De fibras sintéticas.**			
6112.31.01	De fibras sintéticas.	Pza	20	Ex
6112.39	.. **De las demás materias textiles.**			
6112.39.01	De las demás materias textiles.	Pza	20	Ex
	- **Bañadores para mujeres o niñas:**			
6112.41	.. **De fibras sintéticas.**			
6112.41.01	De fibras sintéticas.	Pza	25	Ex
6112.49	.. **De las demás materias textiles.**			
6112.49.01	De las demás materias textiles.	Pza	20	Ex
61.13	**Prendas de vestir confeccionadas con tejidos de punto de las partidas 59.03, 59.06 ó 59.07.**			
6113.00	- **Prendas de vestir confeccionadas con tejidos de punto de las partidas 59.03, 59.06 ó 59.07.**			
6113.00.01	Para bucear (de buzo).	Pza	20	Ex
6113.00.99	Los demás.	Pza	20	Ex
61.14	**Las demás prendas de vestir, de punto.**			
6114.20	- **De algodón.**			
6114.20.01	De algodón.	Pza	20	Ex
6114.30	- **De fibras sintéticas o artificiales.**			
6114.30.01	Con un contenido de lana o pelo fino mayor o igual a 23% en peso.	Pza	20	Ex
6114.30.99	Los demás.	Pza	20	Ex
6114.90	- **De las demás materias textiles.**			
6114.90.01	De lana o pelo fino.	Pza	20	Ex
6114.90.99	Los demás.	Pza	20	Ex
61.15	**Calzas, panty-medias, leotardos, medias, calcetines y demás artículos de calcetería, incluso de compresión progresiva (por ejemplo, medias para várices), de punto.**			
6115.10	- **Calzas, panty-medias, leotardos y medias de compresión progresiva (por ejemplo, medias para várices).**			
6115.10.01	Calzas, panty-medias, leotardos y medias de compresión progresiva (por ejemplo, medias para várices).	Pza	20	Ex
	- **Las demás calzas, panty-medias y leotardos:**			
6115.21	.. **De fibras sintéticas, de título inferior a 67 decitex por hilo sencillo.**			
6115.21.01	De fibras sintéticas de título inferior a 67 decitex por hilo sencillo.	Pza	20	Ex
6115.22	.. **De fibras sintéticas, de título superior o igual a 67 decitex por hilo sencillo.**			
6115.22.01	De fibras sintéticas de título superior o igual a 67 decitex por hilo sencillo.	Pza	20	Ex
6115.29	.. **De las demás materias textiles.**			
6115.29.01	De las demás materias textiles.	Pza	20	Ex
6115.30	- **Las demás medias de mujer, de título inferior a 67 decitex por hilo sencillo.**			
6115.30.01	Las demás medias de mujer, de título inferior a 67 decitex por hilo sencillo.	Par	20	Ex
	- **Los demás:**			
6115.94	.. **De lana o pelo fino.**			
6115.94.01	De lana o pelo fino.	Par	20	Ex
6115.95	.. **De algodón.**			
6115.95.01	De algodón.	Par	25	Ex
6115.96	.. **De fibras sintéticas.**			
6115.96.01	De fibras sintéticas.	Par	25	Ex
6115.99	.. **De las demás materias textiles.**			
6115.99.01	De las demás materias textiles.	Par	20	Ex
61.16	**Guantes, mitones y manoplas, de punto.**			
6116.10	- **Impregnados, recubiertos o revestidos con plástico o caucho.**			
6116.10.01	Mitones y manoplas, de lana o pelo fino.	Par	20	Ex
6116.10.99	Los demás.	Par	20	Ex
	- **Los demás:**			
6116.91	.. **De lana o pelo fino.**			
6116.91.01	De lana o pelo fino.	Par	20	Ex

6116.92	**.. De algodón.**			
6116.92.01	De algodón.	Par	20	Ex
6116.93	**.. De fibras sintéticas.**			
6116.93.01	De fibras sintéticas.	Par	20	Ex
6116.99	**.. De las demás materias textiles.**			
6116.99.01	De las demás materias textiles.	Par	20	Ex
61.17	**Los demás complementos (accesorios) de vestir confeccionados, de punto; partes de prendas o de complementos (accesorios), de vestir, de punto.**			
6117.10	**. Chales, pañuelos de cuello, bufandas, mantillas, velos y artículos similares.**			
6117.10.01	De lana o pelo fino.	Pza	20	Ex
6117.10.99	Los demás.	Pza	20	Ex
6117.80	**. Los demás complementos (accesorios) de vestir.**			
6117.80.01	Corbatas y lazos similares.	Pza	20	Ex
6117.80.99	Los demás.	Pza	20	Ex
6117.90	**. Partes.**			
6117.90.01	Partes.	Pza	20	Ex

Capítulo 62
Prendas y complementos (accesorios), de vestir, excepto los de punto

Notas.

1. Este Capítulo solo se aplica a los artículos confeccionados con cualquier textil, excepto la guata y los artículos de punto distintos de los de la partida 62.12.
2. Este Capítulo no comprende:
   a) los artículos de prendería de la partida 63.09;
   b) los artículos de ortopedia, tales como bragueros para hernias, fajas medicoquirúrgicas (partida 90.21).
3. En las partidas 62.03 y 62.04:
   a) se entiende por *trajes (ambos o ternos)* y *trajes sastre* los surtidos formados por dos o tres prendas de vestir confeccionadas en su superficie exterior con la misma tela y compuestos por:
   - una sola chaqueta (saco) que cubra la parte superior del cuerpo, cuyo exterior, excepto las mangas, esté constituido por cuatro o más piezas, eventualmente acompañada de un solo chaleco sastre en el que su parte delantera esté confeccionada con la misma tela que la superficie exterior de los demás componentes del surtido y cuya espalda sea de la misma tela que el forro de la chaqueta (saco); y
   - una sola prenda que cubra la parte inferior del cuerpo y que consista en un pantalón largo, un pantalón corto (calzón), un short (excepto de baño), una falda o una falda pantalón, sin tirantes (tiradores) ni peto.
   Todos los componentes del *traje (ambo o terno)* o del *traje sastre* deberán confeccionarse con una tela de la misma estructura, color y composición; además, deberán ser del mismo estilo y de tallas correspondientes o compatibles. Sin embargo, estos componentes pueden presentar un vivo (tira de tela cosida a las costuras) de una tela diferente.
   Si se presentan simultáneamente varias prendas de la parte inferior, por ejemplo: un pantalón largo y un short o dos pantalones largos, o una falda o falda pantalón y un pantalón, se dará prioridad al pantalón largo o a uno de ellos como parte inferior constitutiva del traje (ambo o terno), y a la falda o falda pantalón en el caso del traje sastre, clasificándose separadamente las demás prendas.
   Aunque no cumplan todas las condiciones antes citadas, la expresión *trajes (ambos o ternos)* también comprende los trajes de etiqueta o de noche siguientes:
   - el chaqué, en el que la chaqueta (saco), lisa, presenta faldones redondeados que descienden muy bajo hacia atrás, con un pantalón de rayas verticales;
   - el frac, hecho generalmente de tela negra, con una chaqueta (saco) relativamente corta por delante, que se mantiene abierta, con los faldones estrechos, escotados en las caderas y colgantes por detrás;
   - el esmoquin, en el que la chaqueta (saco), aunque quizás permita mayor visibilidad de la pechera, es de corte similar al de la chaqueta (saco) común y presenta la particularidad de llevar solapas brillantes de seda o de imitación de seda.
   b) Se entiende por *conjunto* un surtido de prendas de vestir (excepto los artículos de las partidas 62.07 ó 62.08) que comprenda varias prendas confeccionadas con una misma tela, acondicionado para la venta al por menor y compuesto por:
   - una sola prenda que cubra la parte superior del cuerpo, excepto el chaleco que puede constituir una segunda prenda; y
   - una o dos prendas diferentes que cubran la parte inferior del cuerpo y que consistan en un pantalón largo, un pantalón con peto, un pantalón corto (calzón), un short (excepto de baño), una falda o una falda pantalón.
   Todos los componentes del *conjunto* deben tener la misma estructura, estilo, color y composición; además, deben ser de tallas correspondientes o compatibles. El término *conjunto* no comprende los conjuntos de abrigo para entrenamiento o deporte ni los monos (overoles) y conjuntos de esquí, de la partida 62.11.
4. Para la interpretación de la partida 62.09:
   a) la expresión *prendas y complementos (accesorios), de vestir, para bebés* se refiere a los artículos para niños de corta edad con estatura no superior a 86 cm;
   b) los artículos susceptibles de clasificarse en la partida 62.09 y en otras partidas de este Capítulo se clasifican en la partida 62.09.
5. Las prendas de vestir susceptibles de clasificarse en la partida 62.10 y en otras partidas de este Capítulo, excepto en la partida 62.09, se clasifican en la partida 62.10.

6. En la partida 62.11, se entiende por *monos (overoles) y conjuntos de esquí*, las prendas de vestir o surtidos de prendas de vestir que, por su aspecto general y su textura, sean identificables como destinados principalmente para uso en la práctica del esquí (alpino o de fondo). Se componen de:
   a) un *mono (overol) de esquí*, es decir, una prenda de una sola pieza que cubre la parte superior y la inferior del cuerpo; además de mangas y cuello, este artículo puede llevar bolsillos y trabillas; o
   b) un *conjunto de esquí*, es decir, un surtido de prendas de vestir que comprenda dos o tres prendas, acondicionado para la venta al por menor y compuesto por:
   - una sola prenda del tipo anorak, cazadora o artículo similar, con cierre de cremallera (cierre relámpago), eventualmente acompañada de un chaleco; y
   - un solo pantalón, aunque suba por encima de la cintura, un solo pantalón corto (calzón) o un solo pantalón con peto.

   El *conjunto de esquí* puede también estar compuesto por un mono (overol) de esquí del tipo mencionado anteriormente y por una especie de chaqueta (saco) acolchada sin mangas que se viste sobre el mono (overol).

   Todos los componentes del *conjunto de esquí* deben estar confeccionados con una tela de la misma textura, estilo y composición, del mismo color o de colores distintos; además, deben ser de tallas correspondientes o compatibles.

7. Se asimilan a los pañuelos de bolsillo de la partida 62.13, los artículos de la partida 62.14 de los tipos pañuelos de cuello, de forma cuadrada o sensiblemente cuadrada, en los que ningún lado sea superior a 60 cm. Los pañuelos de bolsillo con uno de los lados de longitud superior a 60 cm se clasifican en la partida 62.14.

8. Las prendas de vestir de este Capítulo que se cierren por delante de izquierda sobre derecha se consideran como prendas para hombres o niños, y aquellas que se cierren por delante de derecha sobre izquierda, como prendas para mujeres o niñas. Estas disposiciones no se aplicarán cuando el corte de la prenda indique manifiestamente que ha sido concebida para uno u otro sexo.

   Las prendas que no sean identificables como prendas para hombres o niños, o como prendas para mujeres o niñas, se clasifican con estas últimas.

9. Los artículos de este Capítulo pueden confeccionarse con hilos de metal.

Código	Descripción	Unid de Med	Arancel (%) IMP.	Arancel (%) EXP.
62.01	**Abrigos, chaquetones, capas, anoraks, cazadoras y artículos similares, para hombres o niños, excepto los artículos de la partida 62.03.**			
	- **Abrigos, impermeables, chaquetones, capas y artículos similares:**			
6201.11	-- **De lana o pelo fino.**			
6201.11.01	De lana o pelo fino.	Pza	25	Ex
6201.12	-- **De algodón.**			
6201.12.01	Con un contenido del 15% o más, en peso, de plumón y plumas de ave acuática, siempre que el plumón comprenda 35% o más, en peso; con un contenido del 10% o más por peso del plumaje.	Pza	20	Ex
6201.12.99	Los demás.	Pza	25	Ex
6201.13	-- **De fibras sintéticas o artificiales.**			
6201.13.01	Con un contenido del 15% o más, en peso, de plumón y plumas de ave acuática, siempre que el plumón comprenda 35% o más, en peso; con un contenido del 10% o más por peso del plumaje.	Pza	20	Ex
6201.13.02	Con un contenido de lana o pelo fino mayor o igual a 36% en peso, excepto lo comprendido en la fracción 6201.13.01.	Pza	20	Ex
6201.13.99	Los demás.	Pza	25	Ex
6201.19	-- **De las demás materias textiles.**			
6201.19.01	De las demás materias textiles.	Pza	20	Ex
	- **Los demás:**			
6201.91	-- **De lana o pelo fino.**			
6201.91.01	De lana o pelo fino.	Pza	20	Ex
6201.92	-- **De algodón.**			
6201.92.01	Con un contenido del 15% o más, en peso, de plumón y plumas de ave acuática, siempre que el plumón comprenda 35% o más, en peso; con un contenido del 10% o más por peso del plumaje.	Pza	20	Ex
6201.92.99	Los demás.	Pza	25	Ex
6201.93	-- **De fibras sintéticas o artificiales.**			
6201.93.01	Con un contenido de lana o pelo fino mayor o igual a 36% en peso.	Pza	20	Ex
6201.93.99	Los demás.	Pza	25	Ex
6201.99	-- **De las demás materias textiles.**			
6201.99.01	De las demás materias textiles.	Pza	20	Ex
62.02	**Abrigos, chaquetones, capas, anoraks, cazadoras y artículos similares, para mujeres o niñas, excepto los artículos de la partida 62.04.**			
	- **Abrigos, impermeables, chaquetones, capas y artículos similares:**			
6202.11	-- **De lana o pelo fino.**			
6202.11.01	De lana o pelo fino.	Pza	25	Ex

6202.12	**.. De algodón.**				
6202.12.01	Con un contenido del 15% o más, en peso, de plumón y plumas de ave acuática, siempre que el plumón comprenda 35% o más, en peso; con un contenido del 10% o más por peso del plumaje.	Pza	20	Ex	
6202.12.99	Los demás.	Pza	25	Ex	
6202.13	**.. De fibras sintéticas o artificiales.**				
6202.13.01	Con un contenido del 15% o más, en peso, de plumón y plumas de ave acuática, siempre que el plumón comprenda 35% o más, en peso; con un contenido del 10% o más por peso del plumaje.	Pza	20	Ex	
6202.13.02	Con un contenido de lana o pelo fino mayor o igual a 36% en peso, excepto lo comprendido en la fracción 6202.13.01.	Pza	20	Ex	
6202.13.99	Los demás.	Pza	25	Ex	
6202.19.01	De las demás materias textiles.	Pza	20	Ex	
-	**Los demás:**				
6202.91	**.. De lana o pelo fino.**				
6202.91.01	De lana o pelo fino.	Pza	20	Ex	
6202.92	**.. De algodón.**				
6202.92.01	Con un contenido del 15% o más, en peso, de plumón y plumas de ave acuática, siempre que el plumón comprenda 35% o más, en peso; con un contenido del 10% o más por peso del plumaje.	Pza	20	Ex	
6202.92.99	Los demás.	Pza	25	Ex	
6202.93	**.. De fibras sintéticas o artificiales.**				
6202.93.01	Con un contenido de lana o pelo fino mayor o igual a 36% en peso.	Pza	20	Ex	
6202.93.99	Los demás.	Pza	25	Ex	
6202.99	**.. De las demás materias textiles.**				
6202.99.01	De las demás materias textiles.	Pza	20	Ex	
62.03	**Trajes (ambos o ternos), conjuntos, chaquetas (sacos), pantalones largos, pantalones con peto, pantalones cortos (calzones) y shorts (excepto de baño), para hombres o niños.**				
-	**Trajes (ambos o ternos):**				
6203.11	**.. De lana o pelo fino.**				
6203.11.01	De lana o pelo fino.	Pza	25	Ex	
6203.12	**.. De fibras sintéticas.**				
6203.12.01	De fibras sintéticas.	Pza	25	Ex	
6203.19	**.. De las demás materias textiles.**				
6203.19.01	De algodón o de fibras artificiales.	Pza	20	Ex	
6203.19.02	Con un contenido de seda mayor o igual a 70% en peso.	Pza	20	Ex	
6203.19.99	Las demás.	Pza	20	Ex	
-	**Conjuntos:**				
6203.22	**.. De algodón.**				
6203.22.01	De algodón.	Pza	20	Ex	
6203.23	**.. De fibras sintéticas.**				
6203.23.01	De fibras sintéticas.	Pza	20	Ex	
6203.29	**.. De las demás materias textiles.**				
6203.29.01	De lana o pelo fino.	Pza	20	Ex	
6203.29.99	Los demás.	Pza	20	Ex	
-	**Chaquetas (sacos):**				
6203.31	**.. De lana o pelo fino.**				
6203.31.01	De lana o pelo fino.	Pza	25	Ex	
6203.32	**.. De algodón.**				
6203.32.01	De algodón.	Pza	25	Ex	
6203.33	**.. De fibras sintéticas.**				
6203.33.01	Con un contenido de lana o pelo fino mayor o igual a 36% en peso.	Pza	20	Ex	
6203.33.99	Los demás.	Pza	25	Ex	
6203.39	**.. De las demás materias textiles.**				
6203.39.01	De fibras artificiales, excepto lo comprendido en la fracción 6203.39.03.	Pza	20	Ex	
6203.39.02	Con un contenido de seda mayor o igual a 70% en peso.	Pza	20	Ex	
6203.39.03	Con un contenido de lana o pelo fino mayor o igual a 36% en peso.	Pza	20	Ex	
6203.39.99	Los demás.	Pza	20	Ex	
-	**Pantalones largos, pantalones con peto, pantalones cortos (calzones) y shorts:**				
6203.41	**.. De lana o pelo fino.**				
6203.41.01	De lana o pelo fino.	Pza	25	Ex	
6203.42	**.. De algodón.**				
6203.42.01	Con un contenido del 15% o más, en peso, de plumón y plumas de ave acuática, siempre que el plumón comprenda 35% o más, en peso; con un contenido del 10% o más por peso del plumaje.	Pza	20	Ex	

6203.42.02	Pantalones con peto y tirantes.	Pza	20	Ex
6203.42.99	Los demás.	Pza	25	Ex
6203.43	**.. De fibras sintéticas.**			
6203.43.01	Con un contenido de lana o pelo fino mayor o igual a 36% en peso.	Pza	20	Ex
6203.43.99	Los demás.	Pza	25	Ex
6203.49	**.. De las demás materias textiles.**			
6203.49.01	De las demás materias textiles.	Pza	25	Ex
62.04	**Trajes sastre, conjuntos, chaquetas (sacos), vestidos, faldas, faldas pantalón, pantalones largos, pantalones con peto, pantalones cortos (calzones) y shorts (excepto de baño), para mujeres o niñas.**			
	- **Trajes sastre:**			
6204.11	**.. De lana o pelo fino.**			
6204.11.01	De lana o pelo fino.	Pza	20	Ex
6204.12	**.. De algodón.**			
6204.12.01	De algodón.	Pza	20	Ex
6204.13	**.. De fibras sintéticas.**			
6204.13.01	Con un contenido de lana o pelo fino mayor o igual a 36% en peso.	Pza	20	Ex
6204.13.99	Los demás.	Pza	20	Ex
6204.19	**.. De las demás materias textiles.**			
6204.19.01	De fibras artificiales, excepto lo comprendido en la fracción 6204.19.03.	Pza	20	Ex
6204.19.02	Con un contenido de seda mayor o igual a 70% en peso.	Pza	20	Ex
6204.19.03	Con un contenido de lana o pelo fino mayor o igual a 36% en peso.	Pza	20	Ex
6204.19.99	Los demás.	Pza	20	Ex
	- **Conjuntos:**			
6204.21	**.. De lana o pelo fino.**			
6204.21.01	De lana o pelo fino.	Pza	20	Ex
6204.22	**.. De algodón.**			
6204.22.01	De algodón.	Pza	20	Ex
6204.23	**.. De fibras sintéticas.**			
6204.23.01	De fibras sintéticas.	Pza	20	Ex
6204.29	**.. De las demás materias textiles.**			
6204.29.01	De las demás materias textiles.	Pza	20	Ex
	- **Chaquetas (sacos):**			
6204.31	**.. De lana o pelo fino.**			
6204.31.01	De lana o pelo fino.	Pza	20	Ex
6204.32	**.. De algodón.**			
6204.32.01	De algodón.	Pza	25	Ex
6204.33	**.. De fibras sintéticas.**			
6204.33.01	Con un contenido de lana o pelo fino mayor o igual a 36% en peso.	Pza	20	Ex
6204.33.02	Con un contenido de lino mayor o igual a 36% en peso.	Pza	20	Ex
6204.33.99	Los demás.	Pza	25	Ex
6204.39	**.. De las demás materias textiles.**			
6204.39.01	De fibras artificiales, excepto lo comprendido en la fracción 6204.39.03.	Pza	20	Ex
6204.39.02	Con un contenido de seda mayor o igual a 70% en peso.	Pza	20	Ex
6204.39.03	Con un contenido de lana o pelo fino mayor o igual a 36% en peso.	Pza	20	Ex
6204.39.99	Los demás.	Pza	20	Ex
	- **Vestidos:**			
6204.41	**.. De lana o pelo fino.**			
6204.41.01	De lana o pelo fino.	Pza	20	Ex
6204.42	**.. De algodón.**			
6204.42.01	Hechos totalmente a mano.	Pza	20	Ex
6204.42.99	Los demás.	Pza	25	Ex
6204.43	**.. De fibras sintéticas.**			
6204.43.01	Hechos totalmente a mano.	Pza	20	Ex
6204.43.02	Con un contenido de lana o pelo fino mayor o igual a 36% en peso, excepto lo comprendido en la fracción 6204.43.01.	Pza	20	Ex
6204.43.99	Los demás.	Pza	25	Ex
6204.44	**.. De fibras artificiales.**			
6204.44.01	Hechos totalmente a mano.	Pza	20	Ex
6204.44.02	Con un contenido de lana o pelo fino mayor o igual a 36% en peso, excepto lo comprendido en la fracción 6204.44.01.	Pza	20	Ex
6204.44.99	Los demás.	Pza	25	Ex
6204.49	**.. De las demás materias textiles.**			
6204.49.01	Con un contenido de seda mayor o igual a 70% en peso.	Pza	20	Ex
6204.49.99	Los demás.	Pza	20	Ex

	- Faldas y faldas pantalón:			
6204.51	**.. De lana o pelo fino.**			
6204.51.01	De lana o pelo fino.	Pza	20	Ex
6204.52	**.. De algodón.**			
6204.52.01	De algodón.	Pza	25	Ex
6204.53	**.. De fibras sintéticas.**			
6204.53.01	Hechas totalmente a mano.	Pza	20	Ex
6204.53.02	Con un contenido de lana o pelo fino mayor o igual a 36% en peso, excepto lo comprendido en la fracción 6204.53.01.	Pza	20	Ex
6204.53.99	Los demás.	Pza	25	Ex
6204.59	**.. De las demás materias textiles.**			
6204.59.01	De fibras artificiales.	Pza	20	Ex
6204.59.02	Con un contenido de seda mayor o igual a 70% en peso.	Pza	20	Ex
6204.59.03	Hechas totalmente a mano, de fibras artificiales.	Pza	20	Ex
6204.59.04	Las demás hechas totalmente a mano.	Pza	20	Ex
6204.59.05	Con un contenido de lana o pelo fino mayor o igual a 36% en peso, excepto lo comprendido en las fracciones 6204.59.01, 6204.59.03 y 6204.59.04.	Pza	20	Ex
6204.59.99	Los demás.	Pza	20	Ex
	- Pantalones largos, pantalones con peto, pantalones cortos (calzones) y shorts:			
6204.61	**.. De lana o pelo fino.**			
6204.61.01	De lana o pelo fino.	Pza	20	Ex
6204.62	**.. De algodón.**			
6204.62.01	Pantalones y pantalones cortos.	Pza	25	Ex
6204.62.99	Los demás.	Pza	25	Ex
6204.63	**.. De fibras sintéticas.**			
6204.63.01	Con un contenido de lana o pelo fino mayor o igual a 36% en peso.	Pza	20	Ex
6204.63.99	Los demás.	Pza	25	Ex
6204.69	**.. De las demás materias textiles.**			
6204.69.01	De fibras artificiales, excepto lo comprendido en la fracción 6204.69.03.	Pza	25	Ex
6204.69.02	Con un contenido de seda mayor o igual a 70% en peso.	Pza	20	Ex
6204.69.03	Con un contenido de lana o pelo fino mayor o igual a 36% en peso.	Pza	20	Ex
6204.69.99	Los demás.	Pza	25	Ex
62.05	**Camisas para hombres o niños.**			
6205.20	**- De algodón.**			
6205.20.01	Hechas totalmente a mano.	Pza	20	Ex
6205.20.99	Los demás.	Pza	25	Ex
6205.30	**- De fibras sintéticas o artificiales.**			
6205.30.01	Hechas totalmente a mano.	Pza	20	Ex
6205.30.99	Los demás.	Pza	25	Ex
6205.90	**- De las demás materias textiles.**			
6205.90.01	Con un contenido en seda mayor o igual a 70% en peso.	Pza	20	Ex
6205.90.02	De lana o pelo fino.	Pza	20	Ex
6205.90.99	Las demás.	Pza	25	Ex
62.06	**Camisas, blusas y blusas camiseras, para mujeres o niñas.**			
6206.10	**- De seda o desperdicios de seda.**			
6206.10.01	De seda o desperdicios de seda.	Pza	20	Ex
6206.20	**- De lana o pelo fino.**			
6206.20.01	Hechas totalmente a mano.	Pza	20	Ex
6206.20.99	Los demás.	Pza	20	Ex
6206.30	**- De algodón.**			
6206.30.01	De algodón.	Pza	25	Ex
6206.40	**- De fibras sintéticas o artificiales.**			
6206.40.01	Hechas totalmente a mano.	Pza	20	Ex
6206.40.02	Con un contenido de lana o pelo fino mayor o igual a 36% en peso, excepto lo comprendido en la fracción 6206.40.01.	Pza	20	Ex
6206.40.99	Los demás.	Pza	25	Ex
6206.90	**- De las demás materias textiles.**			
6206.90.01	Con mezclas de algodón.	Pza	20	Ex
6206.90.99	Los demás.	Pza	25	Ex
62.07	**Camisetas, calzoncillos (incluidos los largos y los slips), camisones, pijamas, albornoces de baño, batas de casa y artículos similares, para hombres o niños.**			
	- Calzoncillos (incluidos los largos y los slips):			
6207.11	**.. De algodón.**			
6207.11.01	De algodón.	Pza	25	Ex

6207.19	..	**De las demás materias textiles.**			
6207.19.01		De las demás materias textiles.	Pza	20	Ex
	.	**Camisones y pijamas:**			
6207.21	..	**De algodón.**			
6207.21.01		De algodón.	Pza	20	Ex
6207.22	..	**De fibras sintéticas o artificiales.**			
6207.22.01		De fibras sintéticas o artificiales.	Pza	20	Ex
6207.29	..	**De las demás materias textiles.**			
6207.29.01		Con un contenido de seda mayor o igual a 70% en peso.	Pza	20	Ex
6207.29.99		Los demás.	Pza	20	Ex
	.	**Los demás:**			
6207.91	..	**De algodón.**			
6207.91.01		De algodón.	Pza	20	Ex
6207.99	..	**De las demás materias textiles.**			
6207.99.01		Con un contenido de seda mayor o igual a 70% en peso.	Pza	20	Ex
6207.99.02		De fibras sinteticas o artificiales.	Pza	20	Ex
6207.99.99		Los demás.	Pza	20	Ex
62.08		**Camisetas, combinaciones, enaguas, bragas (bombachas, calzones) (incluso las que no llegan hasta la cintura), camisones, pijamas, saltos de cama, albornoces de baño, batas de casa y artículos similares, para mujeres o niñas.**			
	.	**Combinaciones y enaguas:**			
6208.11	..	**De fibras sintéticas o artificiales.**			
6208.11.01		De fibras sintéticas o artificiales.	Pza	20	Ex
6208.19	..	**De las demás materias textiles.**			
6208.19.01		De las demás materias textiles.	Pza	20	Ex
	.	**Camisones y pijamas:**			
6208.21	..	**De algodón.**			
6208.21.01		De algodón.	Pza	20	Ex
6208.22	..	**De fibras sintéticas o artificiales.**			
6208.22.01		De fibras sintéticas o artificiales.	Pza	20	Ex
6208.29	..	**De las demás materias textiles.**			
6208.29.01		Con un contenido de seda mayor o igual a 70% en peso.	Pza	20	Ex
6208.29.99		Los demás.	Pza	20	Ex
	.	**Los demás:**			
6208.91	..	**De algodón.**			
6208.91.01		De algodón.	Pza	20	Ex
6208.92	..	**De fibras sintéticas o artificiales.**			
6208.92.01		Saltos de cama, albornoces de baño, batas de casa y artículos similares.	Pza	20	Ex
6208.92.99		Los demás.	Pza	20	Ex
6208.99	..	**De las demás materias textiles.**			
6208.99.01		De lana o pelo fino.	Pza	20	Ex
6208.99.02		Camisetas interiores y bragas (bombachas, calzones) con un contenido de seda, en peso, igual o superior a 70%.	Pza	20	Ex
6208.99.99		Las demás.	Pza	20	Ex
62.09		**Prendas y complementos (accesorios), de vestir, para bebés.**			
6209.20	.	**De algodón.**			
6209.20.01		De algodón.	Pza	25	Ex
6209.30	.	**De fibras sintéticas.**			
6209.30.01		De fibras sintéticas.	Pza	25	Ex
6209.90	.	**De las demás materias textiles.**			
6209.90.01		De lana o pelo fino.	Pza	20	Ex
6209.90.99		Los demás.	Pza	20	Ex
62.10		**Prendas de vestir confeccionadas con productos de las partidas 56.02, 56.03, 59.03, 59.06 ó 59.07.**			
6210.10	.	**Con productos de las partidas 56.02 ó 56.03.**			
6210.10.01		Con productos de las partidas 56.02 o 56.03.	Pza	20	Ex
6210.20	.	**Las demás prendas de vestir del tipo de las citadas en las subpartidas 6201.11 a 6201.19.**			
6210.20.01		Las demás prendas de vestir del tipo de las citadas en las subpartidas 6201.11 a 6201.19.	Pza	20	Ex
6210.30	.	**Las demás prendas de vestir del tipo de las citadas en las subpartidas 6202.11 a 6202.19.**			
6210.30.01		Las demás prendas de vestir del tipo de las citadas en las subpartidas 6202.11 a 6202.19.	Pza	20	Ex
6210.40	.	**Las demás prendas de vestir para hombres o niños.**			
6210.40.01		Las demás prendas de vestir para hombres o niños.	Pza	20	Ex

6210.50	**-**	**Las demás prendas de vestir para mujeres o niñas.**		
6210.50.01		Las demás prendas de vestir para mujeres o niñas.	Pza	20	Ex
62.11		**Conjuntos de abrigo para entrenamiento o deporte (chandales), monos (overoles) y conjuntos de esquí y "trajes de baño" (bañadores); las demás prendas de vestir.**		
	-	**"Trajes de baño" (bañadores):**		
6211.11	**- -**	**Para hombres o niños.**		
6211.11.01		Para hombres o niños.	Pza	25	Ex
6211.12	**- -**	**Para mujeres o niñas.**		
6211.12.01		Para mujeres o niñas.	Pza	20	Ex
6211.20	**-**	**Monos (overoles) y conjuntos de esquí.**		
6211.20.01		Con un contenido del 15% o más, en peso, de plumón y plumas de ave acuática, siempre que el plumón comprenda 35% o más, en peso; con un contenido del 10% o más por peso del plumaje.	Pza	20	Ex
6211.20.99		Los demás.	Pza	20	Ex
	-	**Las demás prendas de vestir para hombres o niños:**		
6211.32	**- -**	**De algodón.**		
6211.32.01		Camisas deportivas.	Pza	20	Ex
6211.32.99		Las demás.	Pza	20	Ex
6211.33	**- -**	**De fibras sintéticas o artificiales.**		
6211.33.01		Camisas deportivas.	Pza	20	Ex
6211.33.99		Las demás.	Pza	20	Ex
6211.39	**- -**	**De las demás materias textiles.**		
6211.39.01		Con un contenido de seda mayor o igual a 70% en peso.	Pza	20	Ex
6211.39.02		De lana o pelo fino.	Pza	20	Ex
6211.39.99		Las demás.	Pza	20	Ex
	-	**Las demás prendas de vestir para mujeres o niñas:**		
6211.42	**- -**	**De algodón.**		
6211.42.01		Pantalones con peto y tirantes.	Pza	20	Ex
6211.42.99		Las demás.	Pza	20	Ex
6211.43	**- -**	**De fibras sintéticas o artificiales.**		
6211.43.01		Pantalones con peto y tirantes.	Pza	20	Ex
6211.43.99		Las demás.	Pza	20	Ex
6211.49	**- -**	**De las demás materias textiles.**		
6211.49.01		De las demás materias textiles.	Pza	20	Ex
62.12		**Sostenes (corpiños), fajas, corsés, tirantes (tiradores), ligas y artículos similares, y sus partes, incluso de punto.**		
6212.10	**-**	**Sostenes (corpiños).**		
6212.10.01		Sostenes (corpiños).	Pza	25	Ex
6212.20	**-**	**Fajas y fajas braga (fajas bombacha).**		
6212.20.01		Fajas y fajas braga (fajas bombacha).	Pza	25	Ex
6212.30	**-**	**Fajas sostén (fajas corpiño).**		
6212.30.01		Fajas sostén (fajas corpiño).	Pza	25	Ex
6212.90	**-**	**Los demás.**		
6212.90.01		Copas de tejidos de fibras artificiales para portabustos.	Pza	20	Ex
6212.90.99		Los demás.	Pza	20	Ex
62.13		**Pañuelos de bolsillo.**		
6213.20	**-**	**De algodón.**		
6213.20.01		De algodón.	Pza	20	Ex
6213.90	**-**	**De las demás materias textiles.**		
6213.90.01		De seda o desperdicios de seda.	Pza	20	Ex
6213.90.99		Los demás.	Pza	20	Ex
62.14		**Chales, pañuelos de cuello, bufandas, mantillas, velos y artículos similares.**		
6214.10	**-**	**De seda o desperdicios de seda.**		
6214.10.01		De seda o desperdicios de seda.	Pza	20	Ex
6214.20	**-**	**De lana o pelo fino.**		
6214.20.01		De lana o pelo fino.	Pza	20	Ex
6214.30	**-**	**De fibras sintéticas.**		
6214.30.01		De fibras sintéticas.	Pza	20	Ex
6214.40	**-**	**De fibras artificiales.**		
6214.40.01		De fibras artificiales.	Pza	20	Ex
6214.90	**-**	**De las demás materias textiles.**		
6214.90.01		De las demás materias textiles.	Pza	20	Ex
62.15		**Corbatas y lazos similares.**		
6215.10	**-**	**De seda o desperdicios de seda.**		
6215.10.01		De seda o desperdicios de seda.	Pza	20	Ex

Código	Descripción	Unid de Med	IMP.	EXP.
6215.20	**.** **De fibras sintéticas o artificiales.**			
6215.20.01	De fibras sintéticas o artificiales.	Pza	20	Ex
6215.90	**.** **De las demás materias textiles.**			
6215.90.01	De las demás materias textiles.	Pza	20	Ex
62.16	**Guantes, mitones y manoplas.**			
6216.00	**.** **Guantes, mitones y manoplas.**			
6216.00.01	Guantes, mitones y manoplas.	Par	20	Ex
62.17	**Los demás complementos (accesorios) de vestir confeccionados; partes de prendas o de complementos (accesorios), de vestir, excepto las de la partida 62.12.**			
6217.10	**.** **Complementos (accesorios) de vestir.**			
6217.10.01	Complementos (accesorios) de vestir.	Pza	20	Ex
6217.90	**.** **Partes.**			
6217.90.01	Partes.	Pza	20	Ex

Capítulo 63
Los demás artículos textiles confeccionados; juegos; prendería y trapos

Notas.

1. El Subcapítulo I, que comprende artículos de cualquier textil, solo se aplica a los artículos confeccionados.
2. El Subcapítulo I no comprende:
   a) los productos de los Capítulos 56 a 62;
   b) los artículos de prendería de la partida 63.09.
3. La partida 63.09 solo comprende los artículos citados limitativamente a continuación:
   a) artículos de materias textiles:
      - prendas y complementos (accesorios), de vestir, y sus partes;
      - mantas;
      - ropa de cama, mesa, tocador o cocina;
      - artículos de tapicería, excepto las alfombras de las partidas 57.01 a 57.05 y la tapicería de la partida 58.05;
   b) calzado, sombreros y demás tocados, de materias distintas del amianto (asbesto).

Para que se clasifiquen en esta partida, los artículos antes citados deben cumplir las dos condiciones siguientes:
   - tener señales apreciables de uso, y
   - presentarse a granel o en balas, sacos (bolsas) o acondicionamientos similares.

Código	Descripción	Unid de Med	Arancel (%) IMP.	Arancel (%) EXP.
63.01	**Mantas.**			
6301.10	**.** **Mantas eléctricas.**			
6301.10.01	Mantas eléctricas.	Pza	15	Ex
6301.20	**.** **Mantas de lana o pelo fino (excepto las eléctricas).**			
6301.20.01	Mantas de lana o pelo fino (excepto las eléctricas).	Pza	20	Ex
6301.30	**.** **Mantas de algodón (excepto las eléctricas).**			
6301.30.01	Mantas de algodón (excepto las eléctricas).	Pza	20	Ex
6301.40	**.** **Mantas de fibras sintéticas (excepto las eléctricas).**			
6301.40.01	Mantas de fibras sintéticas (excepto las eléctricas).	Pza	25	Ex
6301.90	**.** **Las demás mantas.**			
6301.90.01	Las demás mantas.	Pza	20	Ex
63.02	**Ropa de cama, mesa, tocador o cocina.**			
6302.10	**.** **Ropa de cama, de punto.**			
6302.10.01	Ropa de cama, de punto.	Pza	20	Ex
	. **Las demás ropas de cama, estampadas:**			
6302.21	**..** **De algodón.**			
6302.21.01	De algodón.	Pza	25	Ex
6302.22	**..** **De fibras sintéticas o artificiales.**			
6302.22.01	De fibras sintéticas o artificiales.	Pza	25	Ex
6302.29	**..** **De las demás materias textiles.**			
6302.29.01	De las demás materias textiles.	Pza	20	Ex
	. **Las demás ropas de cama:**			
6302.31	**..** **De algodón.**			
6302.31.01	De algodón.	Pza	25	Ex
6302.32	**..** **De fibras sintéticas o artificiales.**			
6302.32.01	De fibras sintéticas o artificiales.	Pza	25	Ex

6302.39	**.. De las demás materias textiles.**			
6302.39.01	De las demás materias textiles.	Pza	20	Ex
6302.40	**. Ropa de mesa, de punto.**			
6302.40.01	Ropa de mesa, de punto.	Pza	20	Ex
	. Las demás ropas de mesa:			
6302.51	**.. De algodón.**			
6302.51.01	De algodón.	Pza	20	Ex
6302.53	**.. De fibras sintéticas o artificiales.**			
6302.53.01	De fibras sintéticas o artificiales.	Pza	20	Ex
6302.59	**.. De las demás materias textiles.**			
6302.59.01	De lino.	Pza	20	Ex
6302.59.99	Las demás.	Pza	20	Ex
6302.60	**. Ropa de tocador o cocina, de tejido con bucles del tipo toalla, de algodón.**			
6302.60.01	Ropa de tocador o cocina, de tejido con bucles del tipo toalla, de algodón.	Pza	25	Ex
	. Las demás:			
6302.91	**.. De algodón.**			
6302.91.01	De algodón.	Pza	20	Ex
6302.93	**.. De fibras sintéticas o artificiales.**			
6302.93.01	De fibras sintéticas o artificiales.	Pza	20	Ex
6302.99	**.. De las demás materias textiles.**			
6302.99.01	De lino.	Pza	20	Ex
6302.99.99	Las demás.	Pza	20	Ex
63.03	**Visillos y cortinas; guardamalletas y rodapiés de cama.**			
	. De punto:			
6303.12	**.. De fibras sintéticas.**			
6303.12.01	De fibras sintéticas.	Pza	20	Ex
6303.19	**.. De las demás materias textiles.**			
6303.19.01	De algodón.	Pza	20	Ex
6303.19.99	Los demás.	Pza	20	Ex
	. Los demás:			
6303.91	**.. De algodón.**			
6303.91.01	De algodón.	Pza	20	Ex
6303.92	**.. De fibras sintéticas.**			
6303.92.01	Confeccionadas con los tejidos comprendidos en la fracción 5407.61.01.	Pza	20	Ex
6303.92.99	Las demás.	Pza	20	Ex
6303.99	**.. De las demás materias textiles.**			
6303.99.01	De las demás materias textiles.	Pza	20	Ex
63.04	**Los demás artículos de tapicería, excepto los de la partida 94.04.**			
	. Colchas:			
6304.11	**.. De punto.**			
6304.11.01	De punto.	Pza	20	Ex
6304.19	**.. Las demás.**			
6304.19.99	Las demás.	Pza	25	Ex
	. Los demás:			
6304.91	**.. De punto.**			
6304.91.01	De punto.	Pza	20	Ex
6304.92	**.. De algodón, excepto de punto.**			
6304.92.01	De algodón, excepto de punto.	Pza	20	Ex
6304.93	**.. De fibras sintéticas, excepto de punto.**			
6304.93.01	De fibras sintéticas, excepto de punto.	Pza	20	Ex
6304.99	**.. De las demás materias textiles, excepto de punto.**			
6304.99.01	De las demás materias textiles, excepto de punto.	Pza	20	Ex
63.05	**Sacos (bolsas) y talegas, para envasar.**			
6305.10	**. De yute o demás fibras textiles del líber de la partida 53.03.**			
6305.10.01	De yute o demás fibras textiles del líber de la partida 53.03.	Pza	15	Ex
6305.20	**. De algodón.**			
6305.20.01	De algodón.	Pza	15	Ex
	. De materias textiles sintéticas o artificiales:			
6305.32	**.. Continentes intermedios flexibles para productos a granel.**			
6305.32.01	Continentes intermedios flexibles para productos a granel.	Pza	15	Ex
6305.33	**.. Los demás, de tiras o formas similares, de polietileno o polipropileno.**			
6305.33.01	Los demás, de tiras o formas similares, de polietileno o polipropileno.	Pza	15	Ex

6305.39	**.. Los demás.**			
6305.39.99	Los demás.	Pza	15	Ex
6305.90	**. De las demás materias textiles.**			
6305.90.01	De las demás materias textiles.	Pza	15	Ex
63.06	**Toldos de cualquier clase; tiendas (carpas); velas para embarcaciones, deslizadores o vehículos terrestres; artículos de acampar.**			
	. Toldos de cualquier clase:			
6306.12	**.. De fibras sintéticas.**			
6306.12.01	De fibras sintéticas.	Pza	15	Ex
6306.19	**.. De las demás materias textiles.**			
6306.19.01	De algodón.	Pza	15	Ex
6306.19.99	Los demás.	Pza	15	Ex
	. Tiendas (carpas):			
6306.22	**.. De fibras sintéticas.**			
6306.22.01	De fibras sintéticas.	Pza	15	Ex
6306.29	**.. De las demás materias textiles.**			
6306.29.01	De algodón.	Pza	15	Ex
6306.29.99	Los demás.	Pza	15	Ex
6306.30	**. Velas.**			
6306.30.01	De fibras sintéticas.	Pza	15	Ex
6306.30.99	Las demás.	Pza	15	Ex
6306.40	**. Colchones neumáticos.**			
6306.40.01	De algodón.	Pza	15	Ex
6306.40.99	Los demás.	Pza	15	Ex
6306.90	**. Los demás.**			
6306.90.01	De algodón.	Pza	15	Ex
6306.90.99	Los demás.	Pza	15	Ex
63.07	**Los demás artículos confeccionados, incluidos los patrones para prendas de vestir.**			
6307.10	**. Paños para fregar o lavar (bayetas, paños rejilla), franelas y artículos similares para limpieza.**			
6307.10.01	Paños para fregar o lavar (bayetas, paños rejilla), franelas y artículos similares para limpieza.	Kg	20	Ex
6307.20	**. Cinturones y chalecos salvavidas.**			
6307.20.01	Cinturones y chalecos salvavidas.	Kg	15	Ex
6307.90	**. Los demás.**			
6307.90.01	Toallas quirúrgicas.	Pza	20	Ex
6307.90.99	Los demás.	Kg	10	Ex
63.08	**Juegos constituidos por piezas de tejido e hilados, incluso con accesorios, para la confección de alfombras, tapicería, manteles o servilletas bordados o de artículos textiles similares, en envases para la venta al por menor.**			
6308.00	**. Juegos constituidos por piezas de tejido e hilados, incluso con accesorios, para la confección de alfombras, tapicería, manteles o servilletas bordados o de artículos textiles similares, en envases para la venta al por menor.**			
6308.00.01	Juegos constituidos por piezas de tejido e hilados, incluso con accesorios, para la confección de alfombras, tapicería, manteles o servilletas bordados o de artículos textiles similares, en envases para la venta al por menor.	Kg	15	Ex
63.09	**Artículos de prendería.**			
6309.00	**. Artículos de prendería.**			
6309.00.01	Artículos de prendería.	Kg	20	Ex
63.10	**Trapos; cordeles, cuerdas y cordajes, de materia textil, en desperdicios o en artículos inservibles.**			
6310.10	**. Clasificados.**			
6310.10.01	Trapos mutilados o picados.	Kg	20	Ex
6310.10.99	Los demás.	Kg	20	Ex
6310.90	**. Los demás.**			
6310.90.01	Trapos mutilados o picados.	Kg	20	Ex
6310.90.99	Los demás.	Kg	20	Ex

Sección XII
CALZADO, SOMBREROS Y DEMÁS TOCADOS, PARAGUAS, QUITASOLES, BASTONES, LÁTIGOS, FUSTAS, Y SUS PARTES; PLUMAS PREPARADAS Y ARTÍCULOS DE PLUMAS; FLORES ARTIFICIALES; MANUFACTURAS DE CABELLO

Capítulo 64
Calzado, polainas y artículos análogos; partes de estos artículos

Notas.
1. Este Capítulo no comprende:
   a) los artículos desechables para cubrir los pies o el calzado, de materiales livianos o poco resistentes (por ejemplo: papel, hojas de plástico) y sin suela aplicada (régimen de la materia constitutiva);
   b) el calzado de materia textil, sin suela exterior encolada, cosida o fijada o aplicada de otro modo a la parte superior (Sección XI);
   c) el calzado usado de la partida 63.09;
   d) los artículos de amianto (asbesto) (partida 68.12);
   e) el calzado y aparatos de ortopedia, y sus partes (partida 90.21);
   f) el calzado que tenga el carácter de juguete y el calzado con patines fijos (para hielo o de ruedas); espinilleras (canilleras) y demás artículos de protección utilizados en la práctica del deporte (Capítulo 95).

2. En la partida 64.06, no se consideran *partes* las clavijas (estaquillas), protectores, anillos para ojetes, ganchos, hebillas, galones, borlas, cordones y demás artículos de ornamentación o de pasamanería, que siguen su propio régimen, ni los botones para el calzado (partida 96.06).

3. En este Capítulo:
   a) los términos *caucho* y *plástico* comprenden los tejidos y demás soportes textiles con una capa exterior de caucho o plástico perceptible a simple vista; a los efectos de esta disposición, se hará abstracción de los cambios de color producidos por las operaciones de obtención de esta capa exterior;
   b) la expresión *cuero natural* se refiere a los productos de las partidas 41.07 y 41.12 a 41.14

4. Sin perjuicio de lo dispuesto en la Nota 3 de este Capítulo:
   a) la materia de la parte superior será la que constituya la superficie mayor de recubrimiento exterior, despreciando los accesorios o refuerzos, tales como ribetes, protectores de tobillos, adornos, hebillas, orejas, anillos para ojetes o dispositivos análogos;
   b) la materia constitutiva de la suela será aquella cuya superficie en contacto con el suelo sea la mayor, despreciando los accesorios o refuerzos, tales como puntas, tiras, clavos, protectores o dispositivos análogos.

Nota de subpartida.
1. En las subpartidas 6402.12, 6402.19, 6403.12, 6403.19 y 6404.11, se entiende por *calzado de deporte* exclusivamente:
   a) el calzado concebido para la práctica de una actividad deportiva y que esté o pueda estar provisto de clavos, tacos (tapones), sujetadores, tiras o dispositivos similares;
   b) el calzado para patinar, esquiar, para la práctica de "snowboard" (tabla para nieve), lucha, boxeo o ciclismo.

Notas Aclaratorias:
Para los efectos de las fracciones de este Capítulo, se entenderá por:
1. **Calzado para hombres,** el de talla mexicana igual o superior a 4-1/2 (equivalente a la talla 6 de E.U.A.).
2. **Calzado para jóvenes,** el de talla mexicana igual o superior a 19 (equivalente a la talla 11-1/2 de E.U.A.), pero inferior a la talla mexicana 4-1/2 (equivalente a la talla 6 de E.U.A.) señalada en la Nota 1 precedente.
3. **Calzado para mujeres,** el de talla mexicana igual o superior a 1-1/2 (equivalente a la talla 4 de E.U.A.). El calzado identificable para ser utilizado indistintamente por hombres o mujeres, se clasificará con estos últimos.
4. **Calzado para jovencitas,** el de talla mexicana igual o superior a 20 (equivalente a la talla 12-1/2 de E.U.A.), pero inferior a la talla mexicana 1-1/2 (equivalente a la talla 4 de E.U.A.) señalada en la Nota 3 precedente. El calzado identificable para ser utilizado indistintamente por jóvenes o jovencitas, se clasificará con estos últimos.
5. **Calzado para niños,** el de talla mexicana igual o superior a 17 (equivalente a la talla 8-1/2 de E.U.A.), pero inferior a lo señalado en las Notas 1 a 4 precedentes.
6. **Calzado para infantes,** el de talla mexicana inferior a lo señalado en las notas 1 a 5 precedentes.
7. **Calzado de construcción "Welt",** el que elabora uniendo durante el proceso de montado el corte, la planta y el cerco por medio de una costura, más una segunda costura exterior que une la suela y/o entresuela al bloque anterior.
8. **Partes superiores (cortes) de calzado sin formar ni moldear,** los que hayan sido cosidos, incluido el cosido por la parte de abajo, pero no montados, modelados, conformados o moldeados por cualquier procedimiento.

Código		Descripción	Unid de Med	Arancel (%)	
				IMP.	EXP.
64.01		**Calzado impermeable con suela y parte superior de caucho o plástico, cuya parte superior no se haya unido a la suela por costura o por medio de remaches, clavos, tornillos, espigas o dispositivos similares, ni se haya formado con diferentes partes unidas de la misma manera.**			
6401.10	**-**	**Calzado con puntera metálica de protección.**			
6401.10.01		Calzado con puntera metálica de protección.	Par	10	Ex

- Los demás calzados:

6401.92	**.. Que cubran el tobillo sin cubrir la rodilla.**			
6401.92.02	Calzado para hombres o jóvenes con suela y parte superior recubierta (incluidos los accesorios o refuerzos) de poli(cloruro de vinilo) (P.V.C.) en más del 90%, incluso con soporte o forro de poli(cloruro de vinilo) (P.V.C.), pero con exclusión de cualquier otro soporte o forro.	Par	10	Ex.
6401.92.03	Calzado para mujeres o jovencitas con suela y parte superior recubierta (incluidos los accesorios o refuerzos) de poli(cloruro de vinilo) (P.V.C.) en más del 90%, incluso con soporte o forro de poli(cloruro de vinilo) (P.V.C.), pero con exclusión de cualquier otro soporte o forro.	Par	10	Ex.
6401.92.04	Calzado para niños, niñas o infantes con suela y parte superior recubierta (incluidos los accesorios o refuerzos) de poli(cloruro de vinilo) (P.V.C.) en más del 90%, incluso con soporte o forro de poli(cloruro de vinilo) (P.V.C.), pero con exclusión de cualquier otro soporte o forro.	Par	10	Ex.
6401.92.05	Calzado para hombres o jóvenes totalmente de plástico inyectado, excepto lo comprendido en la fracción 6401.92.02.	Par	20	Ex.
6401.92.06	Calzado para mujeres o jovencitas totalmente de plástico inyectado, excepto lo comprendido en la fracción 6401.92.03.	Par	20	Ex.
6401.92.07	Calzado para niños, niñas o infantes totalmente de plástico inyectado, excepto lo comprendido en la fracción 6401.92.04.	Par	20	Ex.
6401.92.08	Los demás calzados para hombres o jóvenes.	Par	20	Ex.
6401.92.09	Los demás calzados para mujeres o jovencitas.	Par	20	Ex.
6401.92.10	Los demás calzados para niños, niñas o infantes.	Par	20	Ex.
6401.99	**.. Los demás.**			
6401.99.01	Con suela y parte superior recubierta (incluidos los accesorios o refuerzos) de caucho o plástico en más del 90%, excepto los reconocibles para ser utilizados para protección industrial o para protección contra el mal tiempo.	Par	10	Ex
6401.99.02	Que cubran la rodilla.	Par	10	Ex
6401.99.03	Calzado para hombres o jóvenes, que haya sido totalmente inyectado y moldeado en una sola pieza, excepto lo comprendido en las fracciones 6401.99.01 y 6401.99.02.	Par	10	Ex
6401.99.04	Calzado para mujeres o jovencitas, que haya sido totalmente inyectado y moldeado en una sola pieza, excepto lo comprendido en las fracciones 6401.99.01 y 6401.99.02.	Par	10	Ex
6401.99.05	Calzado para niños, niñas o infantes, que haya sido totalmente inyectado y moldeado en una sola pieza, excepto lo comprendido en las fracciones 6401.99.01 y 6401.99.02.	Par	10	Ex
6401.99.06	Los demás calzados para hombres o jóvenes.	Par	10	Ex
6401.99.07	Los demás calzados para mujeres o jovencitas.	Par	10	Ex
6401.99.08	Los demás calzados para niños, niñas o infantes.	Par	10	Ex
64.02	**Los demás calzados con suela y parte superior de caucho o plástico.**			
	- Calzado de deporte:			
6402.12	**.. Calzado de esquí y calzado para la práctica de "snowboard" (tabla para nieve).**			
6402.12.01	Calzado de esquí y calzado para la práctica de "snowboard" (tabla para nieve).	Par	Ex	Ex
6402.19	**.. Los demás.**			
6402.19.01	Calzado para hombres o jóvenes con la parte superior (corte) de caucho o plástico en más del 90%, excepto el que tenga una banda o aplicación similar pegada o moldeada a la suela y sobrepuesta al corte.	Par	30	Ex
6402.19.02	Calzado para mujeres o jovencitas, con la parte superior (corte) de caucho o plástico en más del 90%, excepto el que tenga una banda o aplicación similar pegada o moldeada a la suela y sobrepuesta al corte.	Par	20	Ex
6402.19.03	Calzado para niños o infantes con la parte superior (corte) de caucho o plástico en más del 90%, excepto el que tenga una banda o aplicación similar pegada o moldeada a la suela y sobrepuesta al corte.	Par	20	Ex
6402.19.04	Calzado para hombres o jóvenes, con la parte superior (corte) de caucho o plástico, que tenga una banda pegada a la suela y sobrepuesta al corte unido mediante el proceso de "vulcanizado".	Par	20	Ex
6402.19.05	Calzado para mujeres o jovencitas con la parte superior (corte) de caucho o plástico, que tenga una banda pegada a la suela y sobrepuesta al corte unido mediante el proceso de "vulcanizado".	Par	20	Ex
6402.19.06	Calzado para niños, niñas o infantes con la parte superior (corte) de caucho o plástico, que tenga una banda pegada a la suela y sobrepuesta al corte unido mediante el proceso de "vulcanizado".	Par	20	Ex
6402.19.07	Los demás calzados para hombres o jóvenes.	Par	20	Ex
6402.19.08	Los demás calzados para mujeres o jovencitas.	Par	20	Ex
6402.19.09	Los demás calzados para niños, niñas o infantes.	Par	20	Ex
6402.20	**. Calzado con la parte superior de tiras o bridas fijas a la suela por tetones (espigas).**			
6402.20.02	Calzado para hombres o jóvenes, mujeres o jovencitas.	Par	30	Ex
6402.20.03	Calzado para niños, niñas o infantes.	Par	30	Ex
	- Los demás calzados:			
6402.91	**.. Que cubran el tobillo.**			
6402.91.02	Con puntera metálica de protección.	Par	10	Ex

6402.91.03	Calzado para hombres o jóvenes, sin puntera metálica.	Par	25	Ex
6402.91.04	Calzado para mujeres o jovencitas, sin puntera metálica.	Par	25	Ex
6402.91.05	Calzado para niños, niñas o infantes, sin puntera metálica.	Par	25	Ex
6402.99	**. . Los demás.**			
6402.99.03	Calzado para hombres o jóvenes, excepto el que tenga una banda o aplicación similar pegada o moldeada a la suela y sobrepuesta al corte, y lo comprendido en las fracciones 6402.99.06, 6402.99.07 y 6402.99.10.	Par	20	Ex
6402.99.04	Calzado para mujeres o jovencitas, excepto el que tenga una banda o aplicación similar pegada o moldeada a la suela y sobrepuesta al corte, y lo comprendido en las fracciones 6402.99.06, 6402.99.08 y 6402.99.11.	Par	30	Ex
6402.99.05	Calzado para niños, niñas o infantes, excepto el que tenga una banda o aplicación similar pegada o moldeada a la suela y sobrepuesta al corte, y lo comprendido en las fracciones 6402.99.06, 6402.99.09 y 6402.99.12.	Par	20	Ex
6402.99.06	Con puntera metálica de protección.	Par	10	Ex
6402.99.07	Calzado para niños o infantes, excepto el que tenga una banda o aplicación similar pegada o moldeada a la suela y sobrepuesta al corte y lo comprendido en las fracciones 6402.99.01, 6402.99.02 y 6402.99.06.	Par	30	Ex
6402.99.08	Sandalias y artículos similares de plástico, para hombres o jóvenes.	Par	30	Ex
6402.99.09	Sandalias y artículos similares de plástico, para mujeres o jovencitas.	Par	30	Ex
6402.99.10	Sandalias y artículos similares de plástico, para niños, niñas o infantes.	Par	30	Ex
6402.99.11	Calzado para hombres o jóvenes, reconocibles como concebidos para la práctica de tenis, basketball, gimnasia, ejercicios y demás actividades mencionadas en la Nota Explicativa de aplicación nacional 2 de este Capítulo, excepto los que tengan una banda o aplicación similar pegada o moldeada a la suela y sobrepuesta al corte.	Par	30	Ex
6402.99.12	Calzado para mujeres o jovencitas, reconocibles como concebidos para la práctica de tenis, basketball, gimnasia, ejercicios y demás actividades mencionadas en la Nota Explicativa de aplicación nacional 2 de este Capítulo, excepto los que tengan una banda o aplicación similar pegada o moldeada a la suela y sobrepuesta al corte.	Par	30	Ex
6402.99.13	Calzado para niños, niñas o infantes, reconocibles como concebidos para la práctica de tenis, basketball, gimnasia, ejercicios y demás actividades mencionadas en la Nota Explicativa de aplicación nacional 2 de este Capítulo, excepto los que tengan una banda o aplicación similar pegada o moldeada a la suela y sobrepuesta al corte.	Par	10	Ex
6402.99.14	Calzado para hombres o jóvenes con corte de caucho o plástico, que tenga una banda pegada a la suela y sobrepuesta al corte unido mediante el proceso de "vulcanizado".	Par	10	Ex
6402.99.15	Calzado para mujeres o jovencitas con corte de caucho o plástico, que tenga una banda pegada a la suela y sobrepuesta al corte unido mediante el proceso de "vulcanizado".	Par	10	Ex
6402.99.16	Calzado para niños, niñas o infantes con corte de caucho o plástico, que tenga una banda pegada a la suela y sobrepuesta al corte unido mediante el proceso de "vulcanizado".	Par	10	Ex
6402.99.17	Los demás calzados para hombres o jóvenes.	Par	10	Ex
6402.99.18	Los demás calzados para mujeres o jovencitas.	Par	10	Ex
64.03	**Calzado con suela de caucho, plástico, cuero natural o regenerado y parte superior de cuero natural.**			
	. Calzado de deporte:			
6403.12	**. . Calzado de esquí y calzado para la práctica de "snowboard" (tabla para nieve).**			
6403.12.01	Calzado de esquí y calzado para la práctica de "snowboard" (tabla para nieve).	Par	Ex	Ex
6403.19	**. . Los demás.**			
6403.19.01	Calzado para hombres o jóvenes, de construcción "Welt".	Par	10	Ex
6403.19.02	Calzado para hombres o jóvenes, excepto lo comprendido en la fracción 6403.19.01.	Par	20	Ex
6403.19.03	Calzado de deporte para mujeres o jovencitas, para la práctica de futbol, golf, o actividades similares, comprendido en la Nota Explicativa de aplicación nacional 1 de este Capítulo.	Par	10	Ex
6403.19.04	Calzado de deporte para niños, niñas o infantes, para la práctica de futbol, golf, o actividades similares, comprendido en la Nota Explicativa de aplicación nacional 1 de este Capítulo.	Par	10	Ex
6403.19.99	Los demás.	Par	10	Ex
6403.20	**. Calzado con suela de cuero natural y parte superior de tiras de cuero natural que pasan por el empeine y rodean el dedo gordo.**			
6403.20.01	Calzado con suela de cuero natural y parte superior de tiras de cuero natural que pasan por el empeine y rodean el dedo gordo.	Par	10	Ex
6403.40	**. Los demás calzados, con puntera metálica de protección.**			
6403.40.02	Para hombres o jóvenes.	Par	20	Ex
6403.40.03	Para mujeres o jovencitas.	Par	20	Ex
6403.40.04	Para niños, niñas o infantes.	Par	20	Ex
	. Los demás calzados, con suela de cuero natural:			
6403.51	**. . Que cubran el tobillo.**			
6403.51.01	Calzado para hombres o jóvenes, de construcción "Welt".	Par	20	Ex
6403.51.02	Calzado para hombres o jóvenes, excepto lo comprendido en la fracción 6403.51.01.	Par	20	Ex
6403.51.03	Calzado para mujeres o jovencitas.	Par	20	Ex
6403.51.04	Calzado para niños, niñas o infantes.	Par	20	Ex
6403.59	**. . Los demás.**			
6403.59.01	Calzado para hombres o jóvenes, de construcción "Welt".	Par	20	Ex

6403.59.02	Calzado para hombres o jóvenes, excepto lo comprendido en las fracciones 6403.59.01 y 6403.59.05	Par	20	Ex
6403.59.03	Calzado para mujeres o jovencitas, excepto lo comprendido en la fracción 6403.59.06.	Par	20	Ex
6403.59.04	Calzado para niños, niñas o infantes, excepto lo comprendido en la fracción 6403.59.07.	Par	20	Ex
6403.59.05	Sandalias y artículos similares, para hombres o jóvenes.	Par	20	Ex
6403.59.06	Sandalias y artículos similares, para mujeres o jovencitas.	Par	20	Ex
6403.59.07	Sandalias y artículos similares, para niños, niñas o infantes.	Par	20	Ex
	- Los demás calzados:			
6403.91	**.. Que cubran el tobillo.**			
6403.91.01	De construcción "Welt", excepto lo comprendido en la fracción 6403.91.08.	Par	20	Ex
6403.91.04	Calzado con palmilla o plataforma de madera, sin plantillas ni puntera metálica de protección.	Par	Ex	Ex
6403.91.05	Calzado para hombres o jóvenes, reconocibles como concebidos para la práctica de tenis, basketball, gimnasia, ejercicios y demás actividades mencionadas en la Nota Explicativa de aplicación nacional 2 de este Capítulo.	Par	20	Ex
6403.91.06	Calzado para mujeres o jovencitas, reconocibles como concebidos para la práctica de tenis, basketball, gimnasia, ejercicios y demás actividades mencionadas en la Nota Explicativa de aplicación nacional 2 de este Capítulo.	Par	20	Ex
6403.91.07	Calzado para niños, niñas o infantes, reconocibles como concebidos para la práctica de tenis, basketball, gimnasia, ejercicios y demás actividades mencionadas en la Nota Explicativa de aplicación nacional 2 de este Capítulo.	Par	20	Ex
6403.91.08	Calzado para niños, niñas o infantes de construcción "Welt".	Par	20	Ex
6403.91.09	Los demás calzados para hombres o jóvenes.	Par	30	Ex
6403.91.10	Los demás calzados para mujeres o jovencitas.	Par	30	Ex
6403.91.11	Los demás calzados para niños, niñas o infantes.	Par	30	Ex
6403.99	**.. Los demás.**			
6403.99.01	De construcción "Welt".	Par	20	Ex
6403.99.03	Calzado para hombres o jóvenes, excepto lo comprendido en las fracciones 6403.99.01, 6403.99.06, 6403.99.07 y 6403.99.10.	Par	30	Ex
6403.99.04	Calzado para mujeres o jovencitas, excepto lo comprendido en las fracciones 6403.99.01, 6403.99.06, 6403.99.08 y 6403.99.11.	Par	30	Ex
6403.99.05	Calzado para niños, niñas o infantes, excepto lo comprendido en las fracciones 6403.99.01, 6403.99.06, 6403.99.09 y 6403.99.12.	Par	20	Ex
6403.99.06	Calzado con palmilla o plataforma de madera, sin plantillas ni puntera metálica de protección.	Par	Ex	Ex
6403.99.07	Calzado para hombres o jóvenes, reconocibles como concebidos para la práctica de tenis, basketball, gimnasia, ejercicios y demás actividades mencionadas en la Nota Explicativa de aplicación nacional 2 de este Capítulo, excepto lo comprendido en la fracción 6403.99.01.	Par	30	Ex
6403.99.08	Calzado para mujeres o jovencitas, reconocibles como concebidos para la práctica de tenis, basketball, gimnasia, ejercicios y demás actividades mencionadas en la Nota Explicativa de aplicación nacional 2 de este Capítulo, excepto lo comprendido en la fracción 6403.99.01.	Par	30	Ex
6403.99.09	Calzado para niños, niñas o infantes, reconocibles como concebidos para la práctica de tenis, basketball, gimnasia, ejercicios y demás actividades mencionadas en la Nota Explicativa de aplicación nacional 2 de este Capítulo, excepto lo comprendido en la fracción 6403.99.01.	Par	30	Ex
6403.99.10	Sandalias y artículos similares, para hombres o jóvenes.	Par	30	Ex
6403.99.11	Sandalias y artículos similares, para mujeres o jovencitas.	Par	30	Ex
6403.99.12	Sandalias y artículos similares, para niños, niñas o infantes.	Par	20	Ex
64.04	**Calzado con suela de caucho, plástico, cuero natural o regenerado y parte superior de materia textil.**			
	- Calzado con suela de caucho o plástico:			
6404.11	**.. Calzado de deporte; calzado de tenis, baloncesto, gimnasia, entrenamiento y calzados similares.**			
6404.11.04	Calzado para hombres o jóvenes, que tenga una banda pegada a la suela y sobrepuesta al corte unido mediante el proceso de "vulcanizado".	Par	30	Ex
6404.11.05	Calzado para mujeres o jovencitas, que tenga una banda pegada a la suela y sobrepuesta al corte unido mediante el proceso de "vulcanizado".	Par	30	Ex
6404.11.06	Calzado para niños, niñas o infantes, que tenga una banda pegada a la suela y sobrepuesta al corte unido mediante el proceso de "vulcanizado".	Par	30	Ex
6404.11.07	Calzado para hombres o jóvenes, reconocibles como concebidos para la práctica de una actividad deportiva mencionada en la Nota Explicativa de aplicación nacional 1 de este Capítulo, excepto los que tengan una banda o aplicación similar pegada o moldeada a la suela y sobrepuesta al corte.	Par	25	Ex
6404.11.08	Calzado para mujeres o jovencitas, reconocibles como concebidos para la práctica de una actividad deportiva mencionada en la Nota Explicativa de aplicación nacional 1 de este Capítulo, excepto los que tengan una banda o aplicación similar pegada o moldeada a la suela y sobrepuesta al corte.	Par	25	Ex
6404.11.09	Calzado para niños, niñas o infantes, reconocibles como concebidos para la práctica de una actividad deportiva mencionada en la Nota Explicativa de aplicación nacional 1 de este Capítulo, excepto los que tengan una banda o aplicación similar pegada o moldeada a la suela y sobrepuesta al corte.	Par	20	Ex

6404.11.10	Calzado para hombres o jóvenes, reconocibles como concebidos para la práctica de tenis, basketball, gimnasia, ejercicios y demás actividades mencionadas en la Nota Explicativa de aplicación nacional 2 de este Capítulo, excepto los que tengan una banda o aplicación similar pegada o moldeada a la suela y sobrepuesta al corte.	Par	25	Ex
6404.11.11	Calzado para mujeres o jovencitas, reconocibles como concebidos para la práctica de tenis, basketball, gimnasia, ejercicios y demás actividades mencionadas en la Nota Explicativa de aplicación nacional 2 de este Capítulo, excepto los que tengan una banda o aplicación similar pegada o moldeada a la suela y sobrepuesta al corte.	Par	25	Ex
6404.11.12	Calzado para niños, niñas o infantes, reconocibles como concebidos para la práctica de tenis, basketball, gimnasia, ejercicios y demás actividades mencionadas en la Nota Explicativa de aplicación nacional 2 de este Capítulo, excepto los que tengan una banda o aplicación similar pegada o moldeada a la suela y sobrepuesta al corte.	Par	20	Ex
6404.11.13	Los demás calzados para hombres o jóvenes.	Par	30	Ex
6404.11.14	Los demás calzados para mujeres o jovencitas.	Par	30	Ex
6404.11.15	Los demás calzados para niños, niñas o infantes.	Par	30	Ex
6404.19	**. . Los demás.**			
6404.19.01	Calzado para hombres o jóvenes, excepto el que tenga una banda o aplicación similar pegada o moldeada a la suela y sobrepuesta al corte y lo comprendido en la fracción 6404.19.07.	Par	20	Ex
6404.19.02	Calzado para mujeres o jovencitas, excepto el que tenga una banda o aplicación similar pegada o moldeada a la suela y sobrepuesta al corte y lo comprendido en la fracción 6404.19.08.	Par	25	Ex
6404.19.03	Calzado para niños, niñas o infantes, excepto el que tenga una banda o aplicación similar pegada o moldeada a la suela y sobrepuesta al corte y lo comprendido en la fracción 6404.19.09.	Par	20	Ex
6404.19.04	Calzado para hombres o jóvenes, que tenga una banda pegada a la suela y sobrepuesta al corte unido mediante el proceso de "vulcanizado".	Par	20	Ex
6404.19.05	Calzado para mujeres o jovencitas, que tenga una banda pegada a la suela y sobrepuesta al corte unido mediante el proceso de "vulcanizado".	Par	20	Ex
6404.19.06	Calzado para niños, niñas o infantes, que tenga una banda pegada a la suela y sobrepuesta al corte unido mediante el proceso de "vulcanizado".	Par	20	Ex
6404.19.07	Sandalias y artículos similares, para hombres o jóvenes.	Par	20	Ex
6404.19.08	Sandalias y artículos similares, para mujeres o jovencitas.	Par	25	Ex
6404.19.09	Sandalias y artículos similares, para niños, niñas o infantes.	Par	20	Ex
6404.19.10	Los demás calzados para hombres o jóvenes.	Par	20	Ex
6404.19.11	Los demás calzados para mujeres o jovencitas.	Par	20	Ex
6404.19.12	Los demás calzados para niños, niñas o infantes.	Par	20	Ex
6404.20	**. Calzado con suela de cuero natural o regenerado.**			
6404.20.01	Calzado con suela de cuero natural o regenerado.	Par	10	Ex
64.05	**Los demás calzados.**			
6405.10	**. Con la parte superior de cuero natural o regenerado.**			
6405.10.01	Con la parte superior de cuero natural o regenerado.	Par	10	Ex
6405.20	**. Con la parte superior de materia textil.**			
6405.20.01	Con la suela de madera o corcho.	Par	Ex	Ex
6405.20.02	Con suela y parte superior de fieltro de lana.	Par	10	Ex
6405.20.03	Los demás calzados para hombres o jóvenes.	Par	20	Ex
6405.20.04	Los demás calzados para mujeres o jovencitas.	Par	20	Ex
6405.20.05	Los demás calzados para niños, niñas o infantes.	Par	20	Ex
6405.90	**. Los demás.**			
6405.90.01	Calzado desechable.	Par	Ex	Ex
6405.90.99	Los demás.	Par	Ex	Ex
64.06	**Partes de calzado (incluidas las partes superiores fijadas a las palmillas distintas de la suela); plantillas, taloneras y artículos similares, amovibles; polainas y artículos similares, y sus partes.**			
6406.10	**. Partes superiores de calzado y sus partes, excepto los contrafuertes y punteras duras.**			
6406.10.01	Partes superiores (cortes) de calzado, de cuero o piel, sin formar ni moldear.	Pza	20	Ex
6406.10.02	Las demás partes superiores (cortes) de calzado, con un contenido de cuero inferior o igual al 50% en su superficie, excepto lo comprendido en la fracción 6406.10.06.	Par	20	Ex
6406.10.03	Partes de cortes de calzado, de cuero o piel.	Pza	20	Ex
6406.10.04	Partes superiores (cortes) de calzado, de materia textil, sin formar ni moldear.	Pza	20	Ex
6406.10.05	Las demás partes superiores (cortes) de calzado, con un contenido de cuero superior al 50% en su superficie.	Par	20	Ex
6406.10.06	Las demás partes superiores (cortes) de calzado, con un contenido de materia textil igual o superior al 50% en su superficie.	Par	20	Ex
6406.10.07	Partes de cortes de calzado, de materia textil.	Pza	20	Ex
6406.10.99	Las demás.	Par	20	Ex
6406.20	**. Suelas y tacones (tacos), de caucho o plástico.**			
6406.20.01	Suelas de caucho o de plástico.	Pza	5	Ex
6406.20.02	Tacones (tacos) de caucho o de plástico.	Pza	Ex	Ex

Código	Descripción	Unid de Med	IMP.	EXP.

6406.90 . Los demás.

6406.90.01	De madera.	Kg	Ex	Ex
6406.90.02	Botines, polainas y artículos similares y sus partes.	Kg	Ex	Ex
6406.90.99	Los demás.	Kg	10	Ex

Capítulo 65
Sombreros, demás tocados, y sus partes

Notas.
1. Este Capítulo no comprende:
   a) los sombreros y demás tocados usados de la partida 63.09;
   b) los sombreros y demás tocados de amianto (asbesto) (partida 68.12);
   c) los sombreros y demás tocados que tengan el carácter de juguetes, tales como los sombreros para muñecas y los artículos para fiestas (Capítulo 95).
2. La partida 65.02 no comprende los cascos o formas confeccionados por costura, excepto los que se obtienen por unión de tiras simplemente cosidas en espiral.

Código	Descripción	Unid de Med	Arancel (%) IMP.	EXP.
65.01	**Cascos sin ahormado ni perfilado del ala, platos (discos) y cilindros, aunque estén cortados en el sentido de la altura, de fieltro, para sombreros.**			
6501.00 .	**Cascos sin ahormado ni perfilado del ala, platos (discos) y cilindros, aunque estén cortados en el sentido de la altura, de fieltro, para sombreros.**			
6501.00.01	Cascos sin ahormado ni perfilado del ala, platos (discos) y cilindros aunque estén cortados en el sentido de la altura, de fieltro, para sombreros.	Pza	Ex	Ex
65.02	**Cascos para sombreros, trenzados o fabricados por unión de tiras de cualquier materia, sin ahormado ni perfilado del ala y sin guarnecer.**			
6502.00 .	**Cascos para sombreros, trenzados o fabricados por unión de tiras de cualquier materia, sin ahormado ni perfilado del ala y sin guarnecer.**			
6502.00.01	Cascos para sombreros, trenzados o fabricados por unión de tiras de cualquier materia, sin ahormado ni perfilado del ala y sin guarnecer.	Pza	Ex	Ex
65.04	**Sombreros y demás tocados, trenzados o fabricados por unión de tiras de cualquier materia, incluso guarnecidos.**			
6504.00 .	**Sombreros y demás tocados, trenzados o fabricados por unión de tiras de cualquier materia, incluso guarnecidos.**			
6504.00.01	Sombreros y demás tocados, trenzados o fabricados por unión de tiras de cualquier materia, incluso guarnecidos.	Pza	15	Ex
65.05	**Sombreros y demás tocados, de punto o confeccionados con encaje, fieltro u otro producto textil, en pieza (pero no en tiras), incluso guarnecidos; redecillas para el cabello, de cualquier materia, incluso guarnecidas.**			
6505.00	Sombreros y demás tocados, de punto o confeccionados con encaje, fieltro u otro producto textil, en pieza (pero no en tiras), incluso guarnecidos; redecillas para el cabello, de cualquier materia, incluso guarnecidas.			
6505.00.01	Redecillas para el cabello.	Pza	15	Ex
6505.00.02	Gorras, cachuchas, boinas, monteras o bonetes.	Pza	15	Ex
6505.00.03	Sombreros y demás tocados de fieltro, fabricados con cascos o platos de la partida 65.01, incluso guarnecidos.	Pza	15	Ex
6505.00.99	Los demás.	Pza	15	Ex
65.06	**Los demás sombreros y tocados, incluso guarnecidos.**			
6506.10 .	**Cascos de seguridad.**			
6506.10.01	Cascos de seguridad.	Pza	5	Ex
. Los demás:				
6506.91 ..	**De caucho o plástico.**			
6506.91.01	Gorras.	Pza	15	Ex
6506.91.99	Los demás.	Pza	10	Ex
6506.99 ..	**De las demás materias.**			
6506.99.01	De peletería natural.	Pza	15	Ex
6506.99.99	Los demás.	Pza	15	Ex
65.07	**Desudadores, forros, fundas, armaduras, viseras y barboquejos (barbijos), para sombreros y demás tocados.**			
6507.00 .	**Desudadores, forros, fundas, armaduras, viseras y barboquejos (barbijos), para sombreros y demás tocados.**			
6507.00.01	Desudadores, forros, fundas, armaduras, viseras y barboquejos (barbijos), para sombreros y demás tocados.	Kg	15	Ex

Capítulo 66
Paraguas, sombrillas, quitasoles, bastones, bastones asiento, látigos, fustas, y sus partes

Notas.
1. Este Capítulo no comprende:
   a) los bastones medida y similares (partida 90.17);
   b) los bastones escopeta, bastones estoque, bastones plomados y similares (Capítulo 93);
   c) los artículos del Capítulo 95 (por ejemplo: los paraguas y sombrillas manifiestamente destinados al entretenimiento de los niños).
2. La partida 66.03 no comprende los accesorios de materia textil, las vainas, fundas, borlas, dragonas y similares, de cualquier materia, para los artículos de las partidas 66.01 ó 66.02. Estos accesorios se clasifican separadamente, incluso cuando se presenten con los artículos a los que se destinen, pero sin montar en dichos artículos.

Código		Descripción	Unid de Med	Arancel (%) IMP.	EXP.
66.01		**Paraguas, sombrillas y quitasoles (incluidos los paraguas bastón, los quitasoles toldo y artículos similares).**			
6601.10	-	**Quitasoles toldo y artículos similares.**			
6601.10.01		Quitasoles toldo y artículos similares.	Pza	15	Ex
	-	**Los demás:**			
6601.91	- -	**Con astil o mango telescópico.**			
6601.91.01		Con astil o mango telescópico.	Pza	15	Ex
6601.99	- -	**Los demás.**			
6601.99.99		Los demás.	Pza	15	Ex
66.02		**Bastones, bastones asiento, látigos, fustas y artículos similares.**			
6602.00	-	**Bastones, bastones asiento, látigos, fustas y artículos similares.**			
6602.00.01		Bastones, bastones asiento, látigos, fustas y artículos similares.	Pza	15	Ex
66.03		**Partes, guarniciones y accesorios para los artículos de las partidas 66.01 ó 66.02.**			
6603.20	-	**Monturas ensambladas, incluso con el astil o mango, para paraguas, sombrillas o quitasoles.**			
6603.20.01		Monturas ensambladas, sin puños.	Kg	Ex	Ex
6603.20.99		Los demás.	Kg	15	Ex
6603.90	-	**Los demás.**			
6603.90.01		Puños y pomos.	Kg	15	Ex
6603.90.99		Los demás.	Kg	15	Ex

Capítulo 67
Plumas y plumón preparados y artículos de plumas o plumón; flores artificiales; manufacturas de cabello

Notas.
1. Este Capítulo no comprende:
   a) los capachos de cabello (partida 59.11);
   b) los motivos florales de encaje, bordados u otros tejidos (Sección XI);
   c) el calzado (Capítulo 64);
   d) los sombreros y demás tocados y las redecillas para el cabello (Capítulo 65);
   e) los juguetes, artefactos deportivos y artículos para carnaval (Capítulo 95);
   f) los plumeros, borlas y similares para la aplicación de polvos y los cedazos de cabello (Capítulo 96).
2. La partida 67.01 no comprende:
   a) los artículos en los que las plumas o plumón sean únicamente material de relleno y, en particular, los artículos de cama de la partida 94.04;
   b) las prendas y complementos (accesorios), de vestir, en los que las plumas o plumón sean simples adornos o material de relleno;
   c) las flores, follaje, y sus partes y los artículos confeccionados de la partida 67.02.
3. La partida 67.02 no comprende:
   a) los artículos de vidrio (Capítulo 70);
   b) las imitaciones de flores, follaje o frutos, de cerámica, piedra, metal, madera, etc., obtenidas en una sola pieza por moldeo, forjado, cincelado, estampado o por cualquier otro procedimiento, ni las formadas por varias partes unidas por procedimientos distintos del atado, encolado, encajado o similares.

Código		Descripción	Unid de Med	Arancel (%) IMP.	EXP.

Código	Descripción	Unid de Med	IMP.	EXP.
67.01	**Pieles y demás partes de ave con sus plumas o plumón; plumas, partes de plumas, plumón y artículos de estas materias, excepto los productos de la partida 05.05 y los cañones y astiles de plumas, trabajados.**			
6701.00 -	**Pieles y demás partes de ave con sus plumas o plumón; plumas, partes de plumas, plumón y artículos de estas materias, excepto los productos de la partida 05.05 y los cañones y astiles de plumas, trabajados.**			
6701.00.01	Artículos de pluma o plumón.	Kg	Ex	Ex
6701.00.99	Los demás.	Kg	15	Ex
67.02	**Flores, follaje y frutos, artificiales, y sus partes; artículos confeccionados con flores, follaje o frutos, artificiales.**			
6702.10 -	**De plástico.**			
6702.10.01	De plástico.	Kg	15	Ex
6702.90 -	**De las demás materias.**			
6702.90.01	De las demás materias.	Kg	Ex	Ex
67.03	**Cabello peinado, afinado, blanqueado o preparado de otra forma; lana, pelo u otra materia textil, preparados para la fabricación de pelucas o artículos similares.**			
6703.00 -	**Cabello peinado, afinado, blanqueado o preparado de otra forma; lana, pelo u otra materia textil, preparados para la fabricación de pelucas o artículos similares.**			
6703.00.01	Cabello peinado, afinado, blanqueado o preparado de otra forma; lana, pelo u otra materia textil, preparados para la fabricación de pelucas o artículos similares.	Kg	15	Ex
67.04	**Pelucas, barbas, cejas, pestañas, mechones y artículos análogos, de cabello, pelo o materia textil; manufacturas de cabello no expresadas ni comprendidas en otra parte.**			
-	**De materias textiles sintéticas:**			
6704.11 --	**Pelucas que cubran toda la cabeza.**			
6704.11.01	Pelucas que cubran toda la cabeza.	Kg	Ex	Ex
6704.19 --	**Los demás.**			
6704.19.99	Los demás.	Kg	Ex	Ex
6704.20 -	**De cabello.**			
6704.20.01	De cabello.	Kg	Ex	Ex
6704.90 -	**De las demás materias.**			
6704.90.01	De las demás materias.	Kg	15	Ex

Sección XIII
MANUFACTURAS DE PIEDRA, YESO FRAGUABLE, CEMENTO, AMIANTO (ASBESTO), MICA O MATERIAS ANÁLOGAS; PRODUCTOS CERÁMICOS; VIDRIO Y SUS MANUFACTURAS

Capítulo 68
Manufacturas de piedra, yeso fraguable, cemento, amianto (asbesto), mica o materias análogas

Notas.
1. Este Capítulo no comprende:
   a) los artículos del Capítulo 25;
   b) el papel y cartón estucados, recubiertos, impregnados o revestidos de las partidas 48.10 ó 48.11 (por ejemplo: los revestidos de polvo de mica o grafito, el papel y cartón embetunados o asfaltados);
   c) los tejidos y otras superficies textiles recubiertos, impregnados o revestidos de los Capítulos 56 ó 59 (por ejemplo: los revestidos de polvo de mica, de betún, de asfalto);
   d) los artículos del Capítulo 71;
   e) las herramientas y partes de herramientas del Capítulo 82;
   f) las piedras litográficas de la partida 84.42;
   g) los aisladores eléctricos (partida 85.46) y las piezas aislantes de la partida 85.47;
   h) las pequeñas muelas para tornos de dentista (partida 90.18);
   ij) los artículos del Capítulo 91 (por ejemplo: cajas y envolturas similares de relojes u otros aparatos de relojería);
   k) los artículos del Capítulo 94 (por ejemplo: muebles, aparatos de alumbrado, construcciones prefabricadas);
   l) los artículos del Capítulo 95 (por ejemplo: juguetes, juegos, artefactos deportivos);
   m) los artículos de la partida 96.02, cuando estén constituidos por las materias mencionadas en la Nota 2 b) del Capítulo 96, los artículos de la partida 96.06 (por ejemplo, botones), de la partida 96.09 (por ejemplo, pizarrines) o de la partida 96.10 (por ejemplo, pizarras para escribir o dibujar);
   n) los artículos del Capítulo 97 (por ejemplo, objetos de arte).
2. En la partida 68.02, la denominación *piedras de talla o de construcción trabajadas* se aplica no solo a las piedras de las partidas 25.15 ó 25.16, sino también a todas las demás piedras naturales (por ejemplo: cuarcita, sílex, dolomita, esteatita) trabajadas de la misma forma, excepto la pizarra.

Código		Descripción	Unid de Med	Arancel (%)	
				IMP.	EXP.

68.01	**Adoquines, encintados (bordillos) y losas para pavimentos, de piedra natural (excepto la pizarra).**			
6801.00	**-** **Adoquines, encintados (bordillos) y losas para pavimentos, de piedra natural (excepto la pizarra).**			
6801.00.01	Adoquines, encintados (bordillos) y losas para pavimentos de piedra natural (excepto la pizarra).	Kg	15	Ex
68.02	**Piedras de talla o de construcción trabajadas (excluida la pizarra) y sus manufacturas, excepto las de la partida 68.01; cubos, dados y artículos similares para mosaicos, de piedra natural (incluida la pizarra), aunque estén sobre soporte; gránulos, tasquiles (fragmentos) y polvo de piedra natural (incluida la pizarra), coloreados artificialmente.**			
6802.10	**-** **Losetas, cubos, dados y artículos similares, incluso de forma distinta a la cuadrada o rectangular, en los que la superficie mayor pueda inscribirse en un cuadrado de lado inferior a 7 cm; gránulos, tasquiles (fragmentos) y polvo, coloreados artificialmente.**			
6802.10.01	Losetas, cubos, dados y artículos similares, incluso de forma distinta a la cuadrada o rectangular, en los que la superficie mayor pueda inscribirse en un cuadrado de lado inferior a 7 cm.	Kg	15	Ex
6802.10.99	Los demás.	Kg	10	Ex
	- **Las demás piedras de talla o de construcción y sus manufacturas, simplemente talladas o aserradas, con superficie plana o lisa:**			
6802.21	**- -** **Mármol, travertinos y alabastro.**			
6802.21.01	Mármol, travertinos y alabastro.	Kg	15	Ex
6802.23	**- -** **Granito.**			
6802.23.01	Placas para recuadrar.	Kg	Ex	Ex
6802.23.99	Los demás.	Kg	Ex	Ex
6802.29	**- -** **Las demás piedras.**			
6802.29.01	Piedras calizas.	Kg	15	Ex
6802.29.99	Las demás.	Kg	15	Ex
	- **Los demás:**			
6802.91	**- -** **Mármol, travertinos y alabastro.**			
6802.91.01	Mármol, travertinos y alabastro.	Kg	15	Ex
6802.92	**- -** **Las demás piedras calizas.**			
6802.92.01	Las demás piedras calizas.	Kg	15	Ex
6802.93	**- -** **Granito.**			
6802.93.01	Granito.	Kg	Ex	Ex
6802.99	**- -** **Las demás piedras.**			
6802.99.01	Las demás piedras.	Kg	15	Ex
68.03	**Pizarra natural trabajada y manufacturas de pizarra natural o aglomerada.**			
6803.00	**-** **Pizarra natural trabajada y manufacturas de pizarra natural o aglomerada.**			
6803.00.01	En losas rectangulares, cuyas medidas en milímetros sean: longitud inferior o igual a 700, anchura inferior o igual a 350 y un espesor inferior o igual a 26.	Kg	5	Ex
6803.00.99	Las demás.	Kg	15	Ex
68.04	**Muelas y artículos similares, sin bastidor, para moler, desfibrar, triturar, afilar, pulir, rectificar, cortar o trocear, piedras de afilar o pulir a mano, y sus partes, de piedra natural, de abrasivos naturales o artificiales aglomerados o de cerámica, incluso con partes de otras materias.**			
6804.10	**-** **Muelas para moler o desfibrar.**			
6804.10.01	Muelas circulares.	Kg	Ex	Ex
6804.10.99	Los demás.	Kg	Ex	Ex
	- **Las demás muelas y artículos similares:**			
6804.21	**- -** **De diamante natural o sintético, aglomerado.**			
6804.21.01	Elementos o segmentos con polvo de diamante aglomerado, para integrarse a soportes de metal común.	Kg	Ex	Ex
6804.21.99	Los demás.	Kg	Ex	Ex
6804.22	**- -** **De los demás abrasivos aglomerados o de cerámica.**			
6804.22.01	Discos dentados o con bordes continuos.	Kg	Ex	Ex
6804.22.02	Piedras para afilar o pulir a mano, de abrasivos aglomerados o de pasta cerámica.	Kg	Ex	Ex
6804.22.03	Insertos de cerámica en cualquier forma, reconocibles exclusivamente para el trabajo de los metales.	Kg	Ex	Ex
6804.22.99	Los demás.	Kg	Ex	Ex
6804.23	**- -** **De piedras naturales.**			
6804.23.01	Discos dentados o con bordes continuos.	Kg	Ex	Ex
6804.23.99	Los demás.	Kg	Ex	Ex
6804.30	**-** **Piedras de afilar o pulir a mano.**			
6804.30.01	Piedras de afilar o pulir a mano.	Kg	10	Ex
68.05	**Abrasivos naturales o artificiales en polvo o gránulos con soporte de materia textil, papel, cartón u otras materias, incluso recortados, cosidos o unidos de otra forma.**			
6805.10	**-** **Con soporte constituido solamente por tejido de materia textil.**			

6805.10.01	De anchura superior a 1800 mm.	Kg	5	Ex
6805.10.99	Los demás.	Kg	5	Ex
6805.20	**- Con soporte constituido solamente por papel o cartón.**			
6805.20.01	Con soporte constituido solamente por papel o cartón	Kg	5	Ex
6805.30	**- Con soporte de otras materias.**			
6805.30.01	Con soporte de otras materias.	Kg	5	Ex
68.06	**Lana de escoria, de roca y lanas minerales similares; vermiculita dilatada, arcilla dilatada, espuma de escoria y productos minerales similares dilatados; mezclas y manufacturas de materias minerales para aislamiento térmico o acústico o para la absorción del sonido, excepto las de las partidas 68.11, 68.12 ó del Capítulo 69.**			
6806.10	**- Lana de escoria, de roca y lanas minerales similares, incluso mezcladas entre sí, en masa, hojas o enrolladas.**			
6806.10.01	Lana de escoria, de roca y lanas minerales similares, incluso mezcladas entre sí, en masa, hojas o enrolladas.	Kg	Ex	Ex
6806.20	**- Vermiculita dilatada, arcilla dilatada, espuma de escoria y productos minerales similares dilatados, incluso mezclados entre sí.**			
6806.20.01	Vermiculita dilatada, arcilla dilatada, espuma de escoria y productos minerales similares dilatados, incluso mezclados entre sí.	Kg	Ex	Ex
6806.90	**- Los demás.**			
6806.90.99	Los demás.	Kg	Ex	Ex
68.07	**Manufacturas de asfalto o de productos similares (por ejemplo: pez de petróleo, brea).**			
6807.10	**- En rollos.**			
6807.10.01	En rollos.	Kg	Ex	Ex
6807.90	**- Las demás.**			
6807.90.99	Las demás.	Kg	Ex	Ex
68.08	**Paneles, placas, losetas, bloques y artículos similares, de fibra vegetal, paja o viruta, de plaquitas o partículas, o de aserrín o demás desperdicios de madera, aglomerados con cemento, yeso fraguable o demás aglutinantes minerales.**			
6808.00	**- Paneles, placas, losetas, bloques y artículos similares, de fibra vegetal, paja o viruta, de plaquitas o partículas, o de aserrín o demás desperdicios de madera, aglomerados con cemento, yeso fraguable o demás aglutinantes minerales.**			
6808.00.01	Paneles, placas, losetas, bloques y artículos similares, de fibra vegetal, paja o viruta, de plaquitas o partículas, o de aserrín o demás desperdicios de madera, aglomerados con cemento, yeso fraguable o demás aglutinantes minerales.	Kg	15	Ex
68.09	**Manufacturas de yeso fraguable o de preparaciones a base de yeso fraguable.**			
	- Placas, hojas, paneles, losetas y artículos similares, sin adornos:			
6809.11	**-- Revestidos o reforzados exclusivamente con papel o cartón.**			
6809.11.01	Revestidos o reforzados exclusivamente con papel o cartón.	Kg	15	Ex
6809.19	**-- Los demás.**			
6809.19.99	Los demás.	Kg	15	Ex
6809.90	**- Las demás manufacturas.**			
6809.90.01	Las demás manufacturas.	Kg	15	Ex
68.10	**Manufacturas de cemento, hormigón o piedra artificial, incluso armadas.**			
	- Tejas, losetas, losas, ladrillos y artículos similares:			
6810.11	**-- Bloques y ladrillos para la construcción.**			
6810.11.01	Bloques y ladrillos para la construcción.	Kg	15	Ex
6810.19	**-- Los demás.**			
6810.19.99	Los demás.	Kg	15	Ex
	- Las demás manufacturas:			
6810.91	**-- Elementos prefabricados para la construcción o ingeniería civil.**			
6810.91.01	Postes, no decorativos.	Kg	5	Ex
6810.91.99	Las demás.	Kg	15	Ex
6810.99	**-- Las demás.**			
6810.99.01	Tubos.	Kg	15	Ex
6810.99.99	Las demás.	Kg	15	Ex
68.11	**Manufacturas de amiantocemento, celulosacemento o similares.**			
6811.40	**- Que contengan amianto (asbesto).**			
6811.40.01	Placas onduladas.	Kg	5	Ex
6811.40.02	Placas sin ondular, paneles, losetas, tejas y artículos similares.	Kg	5	Ex
6811.40.03	Tubería de presión, tubería sanitaria o para ductos eléctricos.	Kg	5	Ex
6811.40.04	Los demás tubos, fundas y accesorios de tubería.	Kg	5	Ex
6811.40.99	Las demás.	Kg	Ex	Ex
	- Que no contengan amianto (asbesto):			
6811.81	**-- Placas onduladas.**			
6811.81.01	Placas onduladas.	Kg	5	Ex

6811.82	**.. Las demás placas, paneles, losetas, tejas y artículos similares.**			
6811.82.01	Las demás placas, paneles, losetas, tejas y artículos similares.	Kg	5	Ex
6811.89	**.. Las demás manufacturas.**			
6811.89.02	Tubos, fundas y accesorios de tubería.	Kg	5	Ex
6811.89.99	Las demás.	Kg	Ex	Ex
68.12	**Amianto (asbesto) en fibras trabajado; mezclas a base de amianto o a base de amianto y carbonato de magnesio; manufacturas de estas mezclas o de amianto (por ejemplo: hilados, tejidos, prendas de vestir, sombreros y demás tocados, calzado, juntas), incluso armadas, excepto las de las partidas 68.11 ó 68.13.**			
6812.80	**. De crocidolita.**			
6812.80.01	Prendas y complementos (accesorios), de vestir, calzado y sombreros y demás tocados.	Kg	10	Ex
6812.80.02	Papel, cartón y fieltro.	Kg	Ex	Ex
6812.80.03	Hojas o láminas con acrilonitrilo butadieno, incluso presentadas en rollos.	Kg	Ex	Ex
6812.80.04	Láminas con espesor igual o inferior a 0.71 mm, con un contenido de fibra de amianto entre 85% y 90% y un contenido de látex estireno butadieno entre 10% y 15%, en rollos.	Kg	Ex	Ex
6812.80.05	Crocidolita en fibras, trabajada; mezclas a base de crocidolita o a base de crocidolita y carbonato de magnesio.	Kg	5	Ex
6812.80.06	Hilados.	Kg	5	Ex
6812.80.07	Cuerdas y cordones, incluso trenzados.	Kg	Ex	Ex
6812.80.08	Tejidos, incluso de punto.	Kg	5	Ex
6812.80.99	Las demás.	Kg	Ex	Ex
	. Las demás:			
6812.91	**.. Prendas y complementos (accesorios), de vestir, calzado y sombreros y demás tocados.**			
6812.91.01	Prendas y complementos (accesorios), de vestir, calzado y sombreros y demás tocados.	Kg	10	Ex
6812.92	**.. Papel, cartón y fieltro.**			
6812.92.01	Papel, cartón y fieltro.	Kg	Ex	Ex
6812.93	**.. Amianto (asbesto) y elastómeros comprimidos, para juntas o empaquetaduras, en hojas o rollos.**			
6812.93.01	Hojas o láminas con acrilonitrilo butadieno, incluso presentadas en rollos.	Kg	Ex	Ex
6812.93.99	Las demás.	Kg	Ex	Ex
6812.99	**.. Las demás.**			
6812.99.01	Láminas con espesor igual o inferior a 0.71 mm, con un contenido de fibra de amianto entre 85% y 90% y un contenido de látex estireno butadieno entre 10% y 15%, en rollos.	Kg	Ex	Ex
6812.99.02	Amianto (asbesto) en fibras trabajado; mezclas a base de amianto o a base de amianto y carbonato de magnesio.	Kg	5	Ex
6812.99.03	Hilados.	Kg	5	Ex
6812.99.04	Cuerdas y cordones, incluso trenzados.	Kg	Ex	Ex
6812.99.05	Tejidos, incluso de punto.	Kg	5	Ex
6812.99.99	Las demás.	Kg	Ex	Ex
68.13	**Guarniciones de fricción (por ejemplo: hojas, rollos, tiras, segmentos, discos, arandelas, plaquitas) sin montar, para frenos, embragues o cualquier órgano de frotamiento, a base de amianto (asbesto), de otras sustancias minerales o de celulosa, incluso combinados con textiles o demás materias.**			
6813.20	**. Que contengan amianto (asbesto).**			
6813.20.01	Guarniciones para frenos reconocibles para naves aéreas.	Kg	Ex	Ex
6813.20.02	Discos de embrague, excepto lo comprendido en la fracción 6813.20.04.	Kg	Ex	Ex
6813.20.03	Guarniciones reconocibles para naves aéreas, excepto lo comprendido en la fracción 6813.20.01.	Kg	Ex	Ex
6813.20.04	Discos con diámetro interior superior a 7.5 cm, sin exceder de 8 cm, y diámetro exterior igual o superior a 34.5 cm, sin exceder de 35 cm.	Kg	Ex	Ex
6813.20.99	Las demás.	Kg	Ex	Ex
	. Que no contengan amianto (asbesto):			
6813.81	**.. Guarniciones para frenos.**			
6813.81.01	Reconocibles para naves aéreas.	Kg	Ex	Ex
6813.81.99	Las demás.	Kg	5	Ex
6813.89	**.. Las demás.**			
6813.89.01	Discos de embrague, excepto lo comprendido en la fracción 6813.89.02.	Kg	Ex	Ex
6813.89.02	Reconocibles para naves aéreas.	Kg	Ex	Ex
6813.89.99	Las demás.	Kg	Ex	Ex
68.14	**Mica trabajada y manufacturas de mica, incluida la aglomerada o reconstituida, incluso con soporte de papel, cartón o demás materias.**			
6814.10	**. Placas, hojas y tiras de mica aglomerada o reconstituida, incluso con soporte.**			
6814.10.01	Losas, planchas, mosaicos o cintas de mica aglomerada, con espesor superior a 0.23 mm.	Kg	Ex	Ex
6814.10.99	Las demás.	Kg	Ex	Ex
6814.90	**. Las demás.**			
6814.90.99	Las demás.	Kg	Ex	Ex
68.15	**Manufacturas de piedra o demás materias minerales (incluidas las fibras de carbono y sus manufacturas y las manufacturas de turba), no expresadas ni comprendidas en**			

otra parte.

6815.10 . **Manufacturas de grafito o de otros carbonos, para usos distintos de los eléctricos.**

6815.10.01	Tapones o tapas de grafito.	Kg	Ex	Ex
6815.10.02	Bloques y ladrillos de carbón, con aglutinantes.	Kg	Ex	Ex
6815.10.03	Filtros, caños, codos o uniones de grafito, impermeabilizados con resinas polimerizadas, reconocibles como concebidas exclusivamente para intercambiadores de calor.	Kg	Ex	Ex
6815.10.04	Láminas de grafito natural.	Kg	Ex	Ex
6815.10.99	Las demás.	Kg	5	Ex

6815.20 . **Manufacturas de turba.**

6815.20.01	Manufacturas de turba.	Kg	5	Ex
	. **Las demás manufacturas:**			

6815.91 .. **Que contengan magnesita, dolomita o cromita.**

6815.91.01	A base de óxidos, fundidos eléctricamente.	Kg	Ex	Ex
6815.91.99	Las demás.	Kg	Ex	Ex

6815.99 .. **Las demás.**

6815.99.01	A base de óxidos, fundidos eléctricamente.	Kg	Ex	Ex
6815.99.99	Las demás.	Kg	5	Ex

Capítulo 69
Productos cerámicos

Notas.

1. Este Capítulo solo comprende los productos cerámicos cocidos después de darles forma. Las partidas 69.04 a 69.14 comprenden exclusivamente los productos que no puedan clasificarse en las partidas 69.01 a 69.03.

2. Este Capítulo no comprende:
   a) los productos de la partida 28.44;
   b) los artículos de la partida 68.04;
   c) los artículos del Capítulo 71 (por ejemplo, bisutería);
   d) los cermets de la partida 81.13;
   e) los artículos del Capítulo 82;
   f) los aisladores eléctricos (partida 85.46) y las piezas aislantes de la partida 85.47;
   g) los dientes artificiales de cerámica (partida 90.21);
   h) los artículos del Capítulo 91 (por ejemplo: cajas y envolturas similares de relojes u otros aparatos de relojería);
   ij) los artículos del Capítulo 94 (por ejemplo: muebles, aparatos de alumbrado, construcciones prefabricadas);
   k) los artículos del Capítulo 95 (por ejemplo: juguetes, juegos, artefactos deportivos);
   l) los artículos de la partida 96.06 (por ejemplo, botones) o de la partida 96.14 (por ejemplo, pipas);
   m) los artículos del Capítulo 97 (por ejemplo, objetos de arte).

Código		Descripción	Unid de Med	Arancel (%)	
				IMP.	EXP.

SUBCAPÍTULO I
PRODUCTOS DE HARINAS SILÍCEAS FÓSILES O DE TIERRAS SILÍCEAS ANÁLOGAS Y PRODUCTOS REFRACTARIOS

69.01		**Ladrillos, placas, baldosas y demás piezas cerámicas de harinas silíceas fósiles (por ejemplo: "Kieselguhr", tripolita, diatomita) o de tierras silíceas análogas.**			
6901.00	.	**Ladrillos, placas, baldosas y demás piezas cerámicas de harinas silíceas fósiles (por ejemplo: "Kieselguhr", tripolita, diatomita) o de tierras silíceas análogas.**			
6901.00.01		Ladrillos, placas, baldosas y demás piezas cerámicas de harinas silíceas fósiles (por ejemplo: "Kieselguhr", tripolita, diatomita) o de tierras silíceas análogas.	Kg	Ex	Ex
69.02		**Ladrillos, placas, baldosas y piezas cerámicas análogas de construcción, refractarios, excepto los de harinas silíceas fósiles o de tierras silíceas análogas.**			
6902.10	.	**Con un contenido de los elementos Mg (magnesio), Ca (calcio) o Cr (cromo), considerados aislada o conjuntamente, superior al 50% en peso, expresados en MgO (óxido de magnesio), CaO (óxido de calcio) ó Cr2O3 (óxido crómico).**			
6902.10.01		Con un contenido de los elementos Mg (magnesio), Ca (calcio) o Cr (cromo), considerados aislada o conjuntamente, superior al 50% en peso, expresados en MgO (óxido de magnesio), CaO (óxido de calcio) o Cr2O3 (óxido crómico).	Kg	Ex	Ex
6902.20	.	**Con un contenido de alúmina (Al2O3), de sílice (SiO2) o de una mezcla o combinación de estos productos, superior al 50% en peso.**			
6902.20.01		Con un contenido de alúmina (Al2O3), de sílice (SiO2) o de una mezcla o combinación de estos productos, superior al 50% en peso.	Kg	Ex	Ex
6902.90	.	**Los demás.**			
6902.90.01		De óxido de circonio o de silicato de circonio.	Kg	Ex	Ex
6902.90.02		De alúmina, óxido de circonio y mullita.	Kg	Ex	Ex
6902.90.03		De cianita, andalucita o silimanita.	Kg	Ex	Ex
6902.90.99		Los demás.	Kg	Ex	Ex

69.03	**Los demás artículos cerámicos refractarios (por ejemplo: retortas, crisoles, muflas, toberas, tapones, soportes, copelas, tubos, fundas, varillas), excepto los de harinas silíceas fósiles o de tierras silíceas análogas.**			
6903.10	**. Con un contenido de grafito u otro carbono o de una mezcla de estos productos, superior al 50% en peso.**			
6903.10.01	Placas perforadas generadoras de infrarrojos, muflas, tapones y tapas, crisoles con capacidad de hasta 300 decímetros cúbicos, excepto lo comprendido en la fracción 6903.10.02.	Kg	Ex	Ex
6903.10.02	Con un contenido igual o superior al 85% de carburo de silicio.	Kg	Ex	Ex
6903.10.99	Los demás.	Kg	Ex	Ex
6903.20	**. Con un contenido de alúmina (Al2O3) o de una mezcla o combinación de alúmina y de sílice (SiO2), superior al 50% en peso.**			
6903.20.01	Placas perforadas generadoras de infrarrojos.	Kg	Ex	Ex
6903.20.02	Crisoles, con capacidad de hasta 300 decímetros cúbicos.	Kg	Ex	Ex
6903.20.03	Soportes.	Kg	Ex	Ex
6903.20.04	Boquillas.	Kg	Ex	Ex
6903.20.05	Norias o botas, cubiertas de norias, y tubos, agujas o émbolos, rotores, agitadores o anillos.	Kg	Ex	Ex
6903.20.99	Los demás.	Kg	Ex	Ex
6903.90	**. Los demás.**			
6903.90.01	Esferas refractarias con un contenido inferior o igual al 50% de óxido de silicio, al 40% de óxido de aluminio y al 5% de óxido de hierro.	Kg	Ex	Ex
6903.90.99	Los demás.	Kg	Ex	Ex

SUBCAPÍTULO II
LOS DEMÁS PRODUCTOS CERÁMICOS

69.04	**Ladrillos de construcción, bovedillas, cubrevigas y artículos similares, de cerámica.**			
6904.10	**. Ladrillos de construcción.**			
6904.10.01	Ladrillos de construcción.	Kg	15	Ex
6904.90	**. Los demás.**			
6904.90.99	Los demás.	Kg	15	Ex
69.05	**Tejas, elementos de chimenea, conductos de humo, ornamentos arquitectónicos y demás artículos cerámicos de construcción.**			
6905.10	**. Tejas.**			
6905.10.01	Tejas.	Kg	15	Ex
6905.90	**. Los demás.**			
6905.90.01	Ornamentos arquitectónicos (cornisas, frisos, etc.) y demás artículos cerámicos de construcción, (sombretes, cañones de chimenea, etc.).	Kg	Ex	Ex
6905.90.99	Los demás.	Kg	15	Ex
69.06	**Tubos, canalones y accesorios de tubería, de cerámica.**			
6906.00	**. Tubos, canalones y accesorios de tubería, de cerámica.**			
6906.00.01	Tubos, canalones y accesorios de tubería, de cerámica.	Kg	15	Ex
69.07	**Placas y baldosas, de cerámica, sin barnizar ni esmaltar, para pavimentación o revestimiento; cubos, dados y artículos similares, de cerámica, para mosaicos, sin barnizar ni esmaltar, incluso con soporte.**			
6907.10	**. Plaquitas, cubos, dados y artículos similares, incluso de forma distinta de la cuadrada o rectangular, en los que la superficie mayor pueda inscribirse en un cuadrado de lado inferior a 7 cm.**			
6907.10.01	Plaquitas, cubos, dados y artículos similares, incluso de forma distinta a la cuadrada o rectangular, en los que la superficie mayor pueda inscribirse en un cuadrado de lado inferior a 7 cm.	M2	15	Ex
6907.90	**. Los demás.**			
6907.90.01	Azulejos, losas y artículos similares, incluso de forma distinta de la cuadrada o rectangular para pavimentación o revestimiento, con absorción de agua inferior o igual a 0.5% de acuerdo al método de prueba ASTM C373.	M2	15	Ex
6907.90.02	Azulejos, losas y artículos similares, incluso de forma distinta de la cuadrada o rectangular para pavimentación o revestimiento, con absorción de agua superior a 0.5% de acuerdo al método de prueba ASTM C373.	M2	15	Ex
6907.90.99	Los demás.	M2	15	Ex
69.08	**Placas y baldosas, de cerámica, barnizadas o esmaltadas, para pavimentación o revestimiento; cubos, dados y artículos similares, de cerámica, para mosaicos, barnizados o esmaltados, incluso con soporte.**			
6908.10	**. Plaquitas, cubos, dados y artículos similares, incluso de forma distinta de la cuadrada o rectangular, en los que la superficie mayor pueda inscribirse en un cuadrado de lado inferior a 7 cm.**			
6908.10.01	Plaquitas, cubos, dados y artículos similares, incluso de forma distinta de la cuadrada o rectangular, en los que la superficie mayor pueda inscribirse en un cuadrado de lado inferior a 7 cm.	M2	15	Ex
6908.90	**. Los demás.**			

6908.90.02	Azulejos, losas y artículos similares, incluso de forma distinta de la cuadrada o rectangular para pavimentación o revestimiento, con absorción de agua inferior o igual a 0.5% de acuerdo al método de prueba ASTM C373.	M2	15	Ex
6908.90.03	Azulejos, losas y artículos similares, incluso de forma distinta de la cuadrada o rectangular para pavimentación o revestimiento, con absorción de agua superior a 0.5% de acuerdo al método de prueba ASTM C373.	M2	15	Ex
6908.90.99	Los demás.	M2	15	Ex
69.09	**Aparatos y artículos, de cerámica, para usos químicos o demás usos técnicos; abrevaderos, pilas y recipientes similares, de cerámica, para uso rural; cántaros y recipientes similares, de cerámica, para transporte o envasado.**			
	- **Aparatos y artículos para usos químicos o demás usos técnicos:**			
6909.11	-- **De porcelana.**			
6909.11.01	Tubos de combustión.	Kg	Ex	Ex
6909.11.02	Moldes de porcelana.	Kg	Ex	Ex
6909.11.03	Recipientes para líquidos corrosivos.	Kg	Ex	Ex
6909.11.04	Válvulas de retención, tipo cono.	Kg	Ex	Ex
6909.11.05	Guiahilos.	Kg	Ex	Ex
6909.11.99	Los demás.	Kg	Ex	Ex
6909.12	-- **Artículos con una dureza equivalente a 9 o superior en la escala de Mohs.**			
6909.12.01	Artículos con una dureza equivalente a 9 o superior en la escala de Mohs.	Kg	5	Ex
6909.19	-- **Los demás.**			
6909.19.99	Los demás.	Kg	Ex	Ex
6909.90	- **Los demás.**			
6909.90.99	Los demás.	Kg	Ex	Ex
69.10	**Fregaderos (piletas de lavar), lavabos, pedestales de lavabo, bañeras, bidés, inodoros, cisternas (depósitos de agua) para inodoros, urinarios y aparatos fijos similares, de cerámica, para usos sanitarios.**			
6910.10	- **De porcelana.**			
6910.10.01	De porcelana.	Kg	Ex	Ex
6910.90	- **Los demás.**			
6910.90.01	Inodoros (retretes)	Kg	15	Ex
6910.90.99	Los demás.	Kg	Ex	Ex
69.11	**Vajilla y demás artículos de uso doméstico, higiene o tocador, de porcelana.**			
6911.10	- **Artículos para el servicio de mesa o cocina.**			
6911.10.01	Artículos para el servicio de mesa o cocina.	Kg	15	Ex
6911.90	- **Los demás.**			
6911.90.99	Los demás.	Kg	15	Ex
69.12	**Vajilla y demás artículos de uso doméstico, higiene o tocador, de cerámica, excepto porcelana.**			
6912.00	- **Vajilla y demás artículos de uso doméstico, higiene o tocador, de cerámica, excepto porcelana.**			
6912.00.01	Vajillas y demás artículos para el servicio de mesa.	Kg	15	Ex
6912.00.99	Los demás.	Kg	15	Ex
69.13	**Estatuillas y demás artículos para adorno, de cerámica.**			
6913.10	- **De porcelana.**			
6913.10.01	De porcelana.	Kg	15	Ex
6913.90	- **Las demás.**			
6913.90.99	Los demás.	Kg	15	Ex
69.14	**Las demás manufacturas de cerámica.**			
6914.10	- **De porcelana.**			
6914.10.01	De porcelana.	Kg	15	Ex
6914.90	- **Las demás.**			
6914.90.99	Las demás.	Kg	15	Ex

Capítulo 70
Vidrio y sus manufacturas

Notas.
1. Este Capítulo no comprende:
   a) los artículos de la partida 32.07 (por ejemplo: composiciones vitrificables, frita de vidrio y demás vidrios, en polvo, gránulos, copos o escamillas);
   b) los artículos del Capítulo 71 (por ejemplo, bisutería);
   c) los cables de fibras ópticas de la partida 85.44, los aisladores eléctricos (partida 85.46) y las piezas aislantes de la partida 85.47;
   d) las fibras ópticas, elementos de óptica trabajados ópticamente, jeringas, ojos artificiales, así como termómetros, barómetros, areómetros, densímetros y demás artículos e instrumentos del Capítulo 90;

e) los aparatos de alumbrado, los anuncios, letreros y placas indicadoras, luminosos y artículos similares, con fuente de luz inseparable, así como sus partes, de la partida 94.05;

f) los juegos, juguetes y accesorios para árboles de Navidad, así como los demás artículos del Capítulo 95, excepto los ojos sin mecanismo para muñecas o demás artículos del Capítulo 95;

g) los botones, pulverizadores, termos y demás artículos del Capítulo 96.

2. En las partidas 70.03, 70.04 y 70.05:

a) el vidrio elaborado antes del recocido no se considera *trabajado*;

b) el corte en cualquier forma no afecta la clasificación del vidrio en placas u hojas;

c) se entiende por *capa absorbente, reflectante* o *antirreflectante*, la capa metálica o de compuestos químicos (por ejemplo, óxidos metálicos), de espesor microscópico que absorbe, en particular, los rayos infrarrojos o mejora las cualidades reflectantes del vidrio sin impedir su transparencia o translucidez o que impide que la superficie del vidrio refleje la luz.

3. Los productos de la partida 70.06 permanecen clasificados en dicha partida, aunque tengan ya el carácter de manufacturas.

4. En la partida 70.19, se entiende por *lana de vidrio*:

a) la lana mineral con un contenido de sílice (SiO_2) superior o igual al 60% en peso;

b) la lana mineral con un contenido de sílice (SiO_2) inferior al 60% en peso, pero con un contenido de óxidos alcalinos (K_2O u Na_2O) superior al 5% en peso o con un contenido de anhídrido bórico (B_2O_3) superior al 2% en peso.

Las lanas minerales que no cumplan estas condiciones se clasifican en la partida 68.06.

5. En la Nomenclatura, el cuarzo y demás sílices, fundidos, se consideran *vidrio*.

Nota de subpartida.

1. En las subpartidas 7013.22, 7013.33, 7013.41 y 7013.91, la expresión *cristal al plomo* solo comprende el vidrio con un contenido de monóxido de plomo (PbO) superior o igual al 24% en peso.

Código	Descripción	Unid de Med	Arancel (%)	
			IMP.	EXP.
70.01	**Desperdicios y desechos de vidrio; vidrio en masa.**			
7001.00	**. Desperdicios y desechos de vidrio; vidrio en masa.**			
7001.00.01	Desperdicios y desechos de vidrio; vidrio en masa.	Kg	Ex	Ex
70.02	**Vidrio en bolas (excepto las microesferas de la partida 70.18), barras, varillas o tubos, sin trabajar.**			
7002.10	**. Bolas.**			
7002.10.01	Bolas.	Kg	5	Ex
7002.20	**. Barras o varillas.**			
7002.20.01	Varillas de borosilicato.	Kg	Ex	Ex
7002.20.02	De vidrio llamado "esmalte".	Kg	Ex	Ex
7002.20.03	De vidrio óptico en bruto, para lentes correctores.	Kg	Ex	Ex
7002.20.04	Barras cuya mayor dimensión de la sección transversal sea igual o superior a 7 mm, pero inferior o igual	Kg	Ex	Ex
7002.20.99	Las demás.	Kg	Ex	Ex
	. Tubos:			
7002.31	**.. De cuarzo o demás sílices fundidos.**			
7002.31.01	De borosilicato.	Kg	Ex	Ex
7002.31.02	De vidrio llamado "esmalte".	Kg	Ex	Ex
7002.31.99	Los demás.	Kg	Ex	Ex
7002.32	**.. De otro vidrio con un coeficiente de dilatación lineal inferior o igual a 5 x 10-6 por Kelvin, entre 0° C y 300° C.**			
7002.32.01	De otro vidrio con un coeficiente de dilatación lineal inferior o igual a 5 x 10-6 por Kelvin, entre 0° C y 300° C.	Kg	5	Ex
7002.39	**.. Los demás.**			
7002.39.99	Los demás.	Kg	Ex	Ex
70.03	**Vidrio colado o laminado, en placas, hojas o perfiles, incluso con capa absorbente, reflectante o antirreflectante, pero sin trabajar de otro modo.**			
	. Placas y hojas, sin armar:			
7003.12	**.. Coloreadas en la masa, opacificadas, chapadas o con capa absorbente, reflectante o antirreflectante.**			
7003.12.01	Curvadas, biseladas, grabadas, taladradas, o trabajadas de otro modo, sin enmarcar ni combinar con otras materias.	Kg	15	Ex
7003.12.99	Las demás.	Kg	15	Ex
7003.19	**.. Las demás.**			
7003.19.01	De vidrio claro, estriado, ondulado o estampado con espesor igual o inferior a 6 mm.	Kg	15	Ex
7003.19.99	Las demás.	Kg	15	Ex
7003.20	**. Placas y hojas, armadas.**			
7003.20.01	Placas y hojas, armadas.	Kg	15	Ex
7003.30	**. Perfiles.**			
7003.30.01	Perfiles.	Kg	15	Ex

70.04	**Vidrio estirado o soplado, en hojas, incluso con capa absorbente, reflectante o antirreflectante, pero sin trabajar de otro modo.**			
7004.20	**- Vidrio coloreado en la masa, opacificado, chapado o con capa absorbente, reflectante o antirreflectante.**			
7004.20.01	Estirado, coloreado en la masa con espesor superior a 6 mm, excepto lo comprendido en la fracción 7004.20.02.	Kg	15	Ex
7004.20.02	Curvado, biselado, grabado, taladrado, o trabajado de otro modo, sin enmarcar ni combinar con otras materias.	Kg	15	Ex
7004.20.99	Los demás.	Kg	15	Ex
7004.90	**- Los demás vidrios.**			
7004.90.01	Vidrio estirado, claro, con espesor superior a 6 mm.	Kg	15	Ex
7004.90.99	Los demás.	Kg	15	Ex
70.05	**Vidrio flotado y vidrio desbastado o pulido por una o las dos caras, en placas u hojas, incluso con capa absorbente, reflectante o antirreflectante, pero sin trabajar de otro modo.**			
7005.10	**- Vidrio sin armar con capa absorbente, reflectante o antirreflectante.**			
7005.10.01	Curvado, biselado, grabado, taladrado, o trabajado de otro modo, sin enmarcar ni combinar con otras materias.	Kg	15	Ex
7005.10.99	Los demás.	Kg	15	Ex
	- Los demás vidrios sin armar:			
7005.21	**.. Coloreados en la masa, opacificados, chapados o simplemente desbastados.**			
7005.21.01	De vidrio flotado, coloreado en la masa, con espesor inferior o igual a 6 mm.	Kg	15	Ex
7005.21.02	De vidrio flotado, coloreado en la masa, con espesor superior a 6 mm.	Kg	15	Ex
7005.21.99	Los demás.	Kg	15	Ex
7005.29	**.. Los demás.**			
7005.29.01	De vidrio flotado claro, con espesor inferior o igual a 1 mm y con una superficie que no exceda de 4.65 m².	Kg	Ex	Ex
7005.29.02	De vidrio flotado claro, con espesor inferior o igual a 6 mm, excepto lo comprendido en las fracciones 7005.29.01 y 7005.29.04.	Kg	15	Ex
7005.29.03	De vidrio flotado claro, con espesor superior a 6 mm.	Kg	15	Ex
7005.29.04	De vidrio flotado claro, con espesor superior a 1 mm sin exceder de 2 mm.	Kg	15	Ex
7005.29.99	Los demás.	Kg	15	Ex
7005.30	**- Vidrio armado.**			
7005.30.01	Vidrio armado.	Kg	15	Ex
70.06	**Vidrio de las partidas 70.03, 70.04 ó 70.05, curvado, biselado, grabado, taladrado, esmaltado o trabajado de otro modo, pero sin enmarcar ni combinar con otras materias.**			
7006.00	**- Vidrio de las partidas 70.03, 70.04 ó 70.05, curvado, biselado, grabado, taladrado, esmaltado o trabajado de otro modo, pero sin enmarcar ni combinar con otras materias.**			
7006.00.01	Estriado, ondulado y estampado.	Kg	15	Ex
7006.00.02	Flotado, coloreados en la masa.	Kg	15	Ex
7006.00.03	Flotado claro.	Kg	15	Ex
7006.00.99	Los demás.	Kg	15	Ex
70.07	**Vidrio de seguridad constituido por vidrio templado o contrachapado.**			
	- Vidrio templado:			
7007.11	**.. De dimensiones y formatos que permitan su empleo en automóviles, aeronaves, barcos u otros vehículos.**			
7007.11.01	Reconocibles para naves aéreas.	Kg	Ex	Ex
7007.11.02	Vidrios laterales, claros, planos o curvos para uso automotriz.	Kg	15	Ex
7007.11.03	Medallones sombreados, de color o polarizados, planos o curvos, para uso automotriz.	Kg	15	Ex
7007.11.99	Los demás.	Kg	15	Ex
7007.19	**.. Los demás.**			
7007.19.01	Vidrios planos o curvos, biselados, grabados, taladrados, esmaltados o trabajados de otra forma, con espesor igual o inferior a 6 mm.	Kg	15	Ex
7007.19.99	Los demás.	Kg	15	Ex
	- Vidrio contrachapado:			
7007.21	**.. De dimensiones y formatos que permitan su empleo en automóviles, aeronaves, barcos u otros vehículos.**			
7007.21.01	Parabrisas, medallones y vidrios laterales, claros, planos o curvos, para uso automotriz.	Kg	15	Ex
7007.21.02	Parabrisas, medallones y vidrios laterales, planos o curvos, sombreados y de color o polarizados, para uso automotriz.	Kg	15	Ex
7007.21.03	Reconocibles para naves aéreas.	Kg	Ex	Ex
7007.21.99	Los demás.	Kg	15	Ex
7007.29	**.. Los demás.**			
7007.29.99	Los demás.	Kg	15	Ex
70.08	**Vidrieras aislantes de paredes múltiples.**			
7008.00	**- Vidrieras aislantes de paredes múltiples.**			
7008.00.01	Vidrieras aislantes de paredes múltiples.	Kg	15	Ex

70.09		**Espejos de vidrio, enmarcados o no, incluidos los espejos retrovisores.**			
7009.10	**.**	**Espejos retrovisores para vehículos.**			
7009.10.01		Con control remoto, excepto lo comprendido en la fracción 7009.10.03.	Kg	15	Ex
7009.10.02		Con marco de uso automotriz.	Kg	15	Ex
7009.10.03		Deportivos.	Kg	15	Ex
7009.10.04		Reconocibles para naves aéreas.	Kg	Ex	Ex
7009.10.99		Los demás.	Kg	15	Ex
	.	**Los demás:**			
7009.91	**..**	**Sin enmarcar.**			
7009.91.01		Espejos semitransparentes, sin películas reflejante de plata, sin montar, con espesor igual o inferior a 2 mm. y con dimensiones máximas de 900 mm. de largo y 320 mm de ancho.	Kg	Ex	Ex
7009.91.99		Los demás.	Kg	15	Ex
7009.92	**..**	**Enmarcados.**			
7009.92.01		Enmarcados.	Kg	15	Ex
70.10		**Bombonas (damajuanas), botellas, frascos, bocales, tarros, envases tubulares, ampollas y demás recipientes para el transporte o envasado, de vidrio; bocales para conservas, de vidrio; tapones, tapas y demás dispositivos de cierre, de vidrio.**			
7010.10	**.**	**Ampollas.**			
7010.10.01		Para inseminación artificial.	Kg	5	Ex
7010.10.99		Los demás.	Kg	15	Ex
7010.20	**.**	**Tapones, tapas y demás dispositivos de cierre.**			
7010.20.01		Tapones, tapas y demás dispositivos de cierre.	Kg	5	Ex
7010.90	**.**	**Los demás.**			
7010.90.01		De capacidad superior a 1 l.	Kg	10	Ex
7010.90.02		De capacidad superior a 0.33 l pero inferior o igual a 1 l.	Kg	10	Ex
7010.90.03		De capacidad superior a 0.15 l pero inferior o igual a 0.33 l.	Kg	10	Ex
7010.90.99		Los demás.	Kg	10	Ex
70.11		**Ampollas y envolturas tubulares, abiertas, y sus partes, de vidrio, sin guarniciones, para lámparas eléctricas, tubos catódicos o similares.**			
7011.10	**.**	**Para alumbrado eléctrico.**			
7011.10.01		Ampollas para focos eléctricos de filamento incandescente del tipo A-19, A-15, A-21, A-23, F-15 y PS-25.	Kg	Ex	Ex
7011.10.02		Ampollas para focos eléctricos de filamento incandescente, excepto lo comprendido en la fracción 7011.10.01.	Kg	Ex	Ex
7011.10.03		Envolturas tubulares y ampollas de vidrio, en cualquier forma, para lámparas de descarga.	Kg	Ex	Ex
7011.10.04		Tubos de cuarzo, para lámparas de descarga o de incandescencia.	Kg	Ex	Ex
7011.10.99		Los demás.	Kg	Ex	Ex
7011.20	**.**	**Para tubos catódicos.**			
7011.20.01		Ampollas, sin recubrimiento.	Kg	Ex	Ex
7011.20.02		Conos para tubos catódicos para televisión a color, hasta de 48 cm (19 pulg.), de tamaño de pantalla medida diagonalmente.	Kg	Ex	Ex
7011.20.03		Conos para tubos catódicos, excepto lo comprendido en la fracción 7011.20.02.	Kg	Ex	Ex
7011.20.04		Pantallas para tubos catódicos (para cinescopios), sin máscara.	Kg	Ex	Ex
7011.20.99		Los demás.	Kg	Ex	Ex
7011.90	**.**	**Las demás.**			
7011.90.01		Ampollas para válvulas electrónicas, incluso provistas de tubo de vacío.	Kg	Ex	Ex
7011.90.99		Las demás.	Kg	Ex	Ex
70.13		**Artículos de vidrio para servicio de mesa, cocina, tocador, baño, oficina, adorno de interiores o usos similares (excepto los de las partidas 70.10 ó 70.18).**			
7013.10	**.**	**Artículos de vitrocerámica.**			
7013.10.01		Artículos de vitrocerámica.	Kg	15	Ex
	.	**Recipientes con pie para beber, excepto los de vitrocerámica:**			
7013.22	**..**	**De cristal al plomo.**			
7013.22.01		De cristal al plomo.	Kg	15	Ex
7013.28	**..**	**Los demás.**			
7013.28.01		De vidrio calizo.	Kg	15	Ex
7013.28.99		Los demás.	Kg	15	Ex
	.	**Los demás recipientes para beber, excepto los de vitrocerámica:**			
7013.33	**..**	**De cristal al plomo.**			
7013.33.01		De cristal al plomo.	Kg	15	Ex
7013.37	**..**	**Los demás.**			
7013.37.01		Biberones de borosilicato.	Kg	15	Ex
7013.37.02		Vasos de borosilicato.	Kg	15	Ex
7013.37.03		De vidrio calizo.	Kg	15	Ex
7013.37.99		Los demás.	Kg	15	Ex
	.	**Artículos para servicio de mesa (excluidos los recipientes para beber) o cocina, excepto los de vitrocerámica:**			

7013.41	**.. De cristal al plomo.**			
7013.41.01	De cristal al plomo.	Kg	15	Ex
7013.42	**.. De vidrio con un coeficiente de dilatación lineal inferior o igual a 5 x 10-6 por Kelvin, entre 0° C y 300° C.**			
7013.42.01	De vidrio con un coeficiente de dilatación lineal inferior o igual a 5 x 10-6 por Kelvin, entre 0° C y 300° C.	Kg	15	Ex
7013.49	**.. Los demás.**			
7013.49.01	Jarras de borosilicato.	Kg	15	Ex
7013.49.02	Vajillas templadas de vidrio opal.	Kg	15	Ex
7013.49.03	De vidrio calizo.	Kg	15	Ex
7013.49.04	Vajillas.	Kg	15	Ex
7013.49.99	Los demás.	Kg	15	Ex
	- Los demás artículos:			
7013.91	**.. De cristal al plomo.**			
7013.91.01	De cristal al plomo.	Kg	15	Ex
7013.99	**.. Los demás.**			
7013.99.99	Los demás.	Kg	15	Ex
70.14	**Vidrio para señalización y elementos de óptica de vidrio (excepto los de la partida 70.15), sin trabajar ópticamente.**			
7014.00	**- Vidrio para señalización y elementos de óptica de vidrio (excepto los de la partida 70.15), sin trabajar ópticamente.**			
7014.00.01	Elementos de óptica común.	Kg	Ex	Ex
7014.00.02	Elementos de vidrio para alumbrado y señalización.	Kg	Ex	Ex
7014.00.03	De borosilicato, refractivos, para alumbrado.	Kg	Ex	Ex
7014.00.04	Lentes o reflectores de borosilicato, reconocibles como concebidos exclusivamente para la fabricación de faros o proyectores sellados (unidades selladas) de uso automotriz.	Kg	Ex	Ex
7014.00.99	Los demás.	Kg	15	Ex
70.15	**Cristales para relojes y cristales análogos, cristales para gafas (anteojos), incluso correctores, abombados, curvados, ahuecados o similares, sin trabajar ópticamente; esferas huecas y sus segmentos (casquetes esféricos), de vidrio, para la fabricación de estos cristales.**			
7015.10	**- Cristales correctores para gafas (anteojos).**			
7015.10.01	Cristales correctores para gafas (anteojos).	Kg	5	Ex
7015.90	**- Los demás.**			
7015.90.99	Los demás.	Kg	Ex	Ex
70.16	**Adoquines, baldosas, ladrillos, placas, tejas y demás artículos, de vidrio prensado o moldeado, incluso armado, para la construcción; cubos, dados y demás artículos similares, de vidrio, incluso con soporte, para mosaicos o decoraciones similares; vidrieras artísticas (vitrales, incluso de vidrios incoloros); vidrio multicelular o vidrio "espuma", en bloques, paneles, placas, coquillas o formas similares.**			
7016.10	**- Cubos, dados y demás artículos similares, de vidrio, incluso con soporte, para mosaicos o decoraciones similares.**			
7016.10.01	Cubos, dados y demás artículos similares de vidrio, incluso con soporte, para mosaicos o decoraciones similares.	Kg	15	Ex
7016.90	**- Los demás.**			
7016.90.99	Los demás.	Kg	Ex	Ex
70.17	**Artículos de vidrio para laboratorio, higiene o farmacia, incluso graduados o calibrados.**			
7017.10	**- De cuarzo o demás sílices fundidos.**			
7017.10.01	Goteros, pipetas, vasos de precipitados y vasos graduados.	Kg	Ex	Ex
7017.10.02	Ampollas, tubos de ensayo, portaobjetos y cubreobjetos para microscopios.	Kg	Ex	Ex
7017.10.03	Recipientes con boca esmerilada.	Kg	Ex	Ex
7017.10.04	Embudos, buretas y probetas.	Kg	5	Ex
7017.10.05	Tubos de filtración o de desecación, alargamientos o empalmes, placas, llaves o válvulas.	Kg	Ex	Ex
7017.10.06	Retortas.	Kg	5	Ex
7017.10.07	Frascos para el cultivo de microbios.	Kg	5	Ex
7017.10.08	Juntas.	Kg	5	Ex
7017.10.09	Tubos de viscosidad; tubos desecadores.	Kg	5	Ex
7017.10.10	Agitadores.	Kg	5	Ex
7017.10.11	Cristalizadores y refrigerantes (condensadores).	Kg	Ex	Ex
7017.10.12	Esbozos.	Kg	Ex	Ex
7017.10.13	Cápsulas.	Kg	Ex	Ex
7017.10.99	Los demás.	Kg	Ex	Ex
7017.20	**- De otro vidrio con un coeficiente de dilatación lineal inferior o igual a 5 x 10-6 por Kelvin, entre 0° C y 300° C.**			
7017.20.01	Goteros y matraces, pipetas, vasos de precipitados y vasos graduados.	Kg	Ex	Ex
7017.20.02	Retortas, embudos, buretas y probetas.	Kg	5	Ex
7017.20.03	Cápsulas y refrigerantes.	Kg	Ex	Ex
7017.20.99	Los demás.	Kg	5	Ex

7017.90	**. Los demás.**			
7017.90.01	Recipientes con boca esmerilada.	Kg	Ex	Ex
7017.90.02	Tubos de filtración o de desecación alargamientos o empalmes.	Kg	Ex	Ex
7017.90.03	Desecadores, tapas o tiras para el cultivo de microbios.	Kg	5	Ex
7017.90.04	Tubos de viscosidad; tubos desecadores.	Kg	5	Ex
7017.90.05	Cristalizadores y refrigerantes (condensadores).	Kg	Ex	Ex
7017.90.99	Los demás.	Kg	Ex	Ex
70.18	**Cuentas de vidrio, imitaciones de perlas, de piedras preciosas o semipreciosas y artículos similares de abalorio, y sus manufacturas, excepto la bisutería; ojos de vidrio, excepto los de prótesis; estatuillas y demás artículos de adorno, de vidrio trabajado al soplete (vidrio ahilado), excepto la bisutería; microesferas de vidrio con un diámetro inferior o igual a 1 mm.**			
7018.10	**. Cuentas de vidrio, imitaciones de perlas, de piedras preciosas o semipreciosas y artículos similares de abalorio.**			
7018.10.01	Cuentas de vidrio, imitaciones de perlas, de piedras preciosas o semipreciosas y artículos similares de abalorio.	Kg	Ex	Ex
7018.20	**. Microesferas de vidrio con un diámetro inferior o igual a 1 mm.**			
7018.20.01	Microesferas de borosilicato-óxido de calcio-soda, unicelulares.	Kg	Ex	Ex
7018.20.99	Los demás.	Kg	5	Ex
7018.90	**. Los demás.**			
7018.90.01	Piezas de vidrio, reconocibles como concebidas exclusivamente para lámparas miniatura.	Kg	Ex	Ex
7018.90.99	Los demás.	Kg	Ex	Ex
70.19	**Fibra de vidrio (incluida la lana de vidrio) y manufacturas de esta materia (por ejemplo: hilados, tejidos).**			
	. Mechas, "rovings" e hilados, aunque estén cortados:			
7019.11	**.. Hilados cortados ("chopped strands"), de longitud inferior o igual a 50 mm.**			
7019.11.01	Hilados cortados ("chopped strands"), de longitud inferior o igual a 50 mm.	Kg	Ex	Ex
7019.12	**.. "Rovings".**			
7019.12.01	"Rovings".	Kg	Ex	Ex
7019.19	**.. Los demás.**			
7019.19.99	Los demás.	Kg	Ex	Ex
	. Velos, napas, "mats", colchones, paneles y productos similares sin tejer:			
7019.31	**.. "Mats".**			
7019.31.01	"Mats".	Kg	Ex	Ex
7019.32	**.. Velos.**			
7019.32.01	Velos.	Kg	Ex	Ex
7019.39	**.. Los demás.**			
7019.39.01	Reconocibles para naves aéreas.	Kg	Ex	Ex
7019.39.02	"Papel" a base de fibras de borosilicato, resistente al ácido sulfúrico, con menos de 10 micras de diámetro.	Kg	Ex	Ex
7019.39.03	Fieltros con peso inferior a 75 g/m².	Kg	Ex	Ex
7019.39.04	Fieltros formados por filamentos continuos o fibras cortas, aglutinadas y distribuidas multidireccionalmente.	Kg	Ex	Ex
7019.39.99	Los demás.	Kg	Ex	Ex
7019.40	**. Tejidos de "rovings".**			
7019.40.01	Sin recubrir.	Kg	Ex	Ex
7019.40.99	Los demás.	Kg	Ex	Ex
	. Los demás tejidos:			
7019.51	**.. De anchura inferior o igual a 30 cm.**			
7019.51.01	Sin recubrir.	Kg	Ex	Ex
7019.51.99	Los demás.	Kg	Ex	Ex
7019.52	**.. De anchura superior a 30 cm, de ligamento tafetán, con peso inferior a 250 g/m², de filamentos de título inferior o igual a 136 tex por hilo sencillo.**			
7019.52.01	Sin recubrir.	Kg	5	Ex
7019.52.99	Los demás.	Kg	Ex	Ex
7019.59	**.. Los demás.**			
7019.59.01	Sin recubrir.	Kg	Ex	Ex
7019.59.99	Los demás.	Kg	Ex	Ex
7019.90	**. Las demás.**			
7019.90.01	Fibras cortas hasta de 5 cm de longitud.	Kg	Ex	Ex
7019.90.02	Tubos sin recubrir.	Kg	Ex	Ex
7019.90.03	Sacos para filtros de presión de vacío.	Kg	Ex	Ex
7019.90.04	Capas sobrepuestas de fibras, recubiertas con resinas fenólicas y aceites vegetales, aun cuando estén reforzadas con alambre.	Kg	Ex	Ex
7019.90.05	Aislamientos termo-acústicos.	Kg	Ex	Ex
7019.90.06	Tubos de tejidos reforzados de lana de vidrio, recubiertos y/o impregnados para usarse como aislantes de la electricidad.	Kg	Ex	Ex

7019.90.07	Tubos recubiertos, excepto lo comprendido en la fracción 7019.90.06.	Kg	Ex	Ex
7019.90.08	Desechos y desperdicios de fibra de vidrio.	Kg	Ex	Ex
7019.90.99	Las demás.	Kg	Ex	Ex
70.20	**Las demás manufacturas de vidrio.**			
7020.00	**. Las demás manufacturas de vidrio.**			
7020.00.01	Tubos para hacer el vacío en válvulas electrónicas.	Kg	Ex	Ex
7020.00.02	Filtro para absorción de rayos infrarrojos, que proporcione una intensidad equilibrada de color para máxima transmisión luminosa, de 400 k.	Kg	Ex	Ex
7020.00.03	Tubos para niveles de caldera.	Kg	Ex	Ex
7020.00.04	Tubos de cuarzo fundido, rectos o doblados, cuando contengan más del 95% de sílice.	Kg	Ex	Ex
7020.00.05	Ampollas de vidrio transparente para termos o demás recipientes isotérmicos aislados por vacío, sin terminar, sin tapones y demás dispositivos de cierre.	Kg	Ex	Ex
7020.00.99	Los demás.	Kg	Ex	Ex

Sección XIV
PERLAS NATURALES O CULTIVADAS, PIEDRAS PRECIOSAS O SEMIPRECIOSAS, METALES PRECIOSOS, CHAPADOS DE METAL PRECIOSO (PLAQUÉ) Y MANUFACTURAS DE ESTAS MATERIAS; BISUTERÍA; MONEDAS

Capítulo 71
Perlas naturales o cultivadas, piedras preciosas o semipreciosas, metales preciosos, chapados de metal precioso (plaqué) y manufacturas de estas materias; bisutería; monedas

Notas.
1. Sin perjuicio de la aplicación de la Nota 1 a) de la Sección VI y de las excepciones previstas a continuación, se incluye en este Capítulo cualquier artículo compuesto total o parcialmente:
    a) de perlas naturales o cultivadas, de piedras preciosas o semipreciosas (naturales, sintéticas o reconstituidas); o
    b) de metal precioso o de chapado de metal precioso (plaqué).
2. A) Las partidas 71.13, 71.14 y 71.15 no comprenden los artículos en los que el metal precioso o el chapado de metal precioso (plaqué) sean únicamente simples accesorios o adornos de mínima importancia (por ejemplo: iniciales, monogramas, virolas, orlas), y el apartado b) de la Nota 1 anterior no se aplica a dichos artículos.
    B) En la partida 71.16 solo se clasifican los artículos que no lleven metal precioso ni chapado de metal precioso (plaqué) o que, llevándolos, solo sean simples accesorios o adornos de mínima importancia.
3. Este Capítulo no comprende:
    a) las amalgamas de metal precioso y el metal precioso en estado coloidal (partida 28.43);
    b) las ligaduras estériles para suturas quirúrgicas, los productos de obturación dental y demás artículos del Capítulo 30;
    c) los productos del Capítulo 32 (por ejemplo, abrillantadores (lustres) líquidos);
    d) los catalizadores sobre soporte (partida 38.15);
    e) los artículos de las partidas 42.02 y 42.03, a los que se refiere la Nota 3 B) del Capítulo 42;
    f) los artículos de las partidas 43.03 ó 43.04;
    g) los productos de la Sección XI (materias textiles y sus manufacturas);
    h) el calzado, los sombreros y demás tocados y otros artículos de los Capítulos 64 ó 65;
    ij) los paraguas, bastones y demás artículos del Capítulo 66;
    k) los artículos guarnecidos con polvo de piedras preciosas o semipreciosas (naturales o sintéticas) que sean manufacturas de abrasivos de las partidas 68.04 ó 68.05, o herramientas del Capítulo 82; las herramientas o artículos del Capítulo 82 cuya parte operante esté constituida por piedras preciosas o semipreciosas (naturales, sintéticas o reconstituidas); las máquinas, aparatos y material eléctrico y sus partes de la Sección XVI. Sin embargo, los artículos y las partes de estos artículos, constituidos totalmente por piedras preciosas o semipreciosas (naturales, sintéticas o reconstituidas), quedan comprendidos en este Capítulo, excepto los zafiros y diamantes trabajados, sin montar, para agujas (púas) de fonocaptores (partida 85.22);
    l) los artículos de los Capítulos 90, 91 ó 92 (instrumentos científicos, aparatos de relojería, instrumentos musicales);
    m) las armas y sus partes (Capítulo 93);
    n) los artículos contemplados en la Nota 2 del Capítulo 95;
    o) los artículos clasificados en el Capítulo 96 conforme la Nota 4 de dicho Capítulo;
    p) las obras originales de estatuaria o escultura (partida 97.03), las piezas de colección (partida 97.05) y las antigüedades de más de cien años (partida 97.06). Sin embargo las perlas naturales o cultivadas y las piedras preciosas o semipreciosas se clasifican en este Capítulo.
4. A) Se consideran metal precioso la plata, el oro y el platino
    B) El término platino abarca el platino, iridio, osmio, paladio, rodio y rutenio.
    C) La expresión piedras preciosas o semipreciosas no incluye las materias mencionadas en la Nota 2 b) del Capítulo 96.
5. En este Capítulo, se consideran aleaciones de metal precioso, las aleaciones (incluidas las mezclas sinterizadas y los compuestos intermetálicos) que contengan uno o varios metales preciosos, siempre que el peso del metal precioso o de uno de los metales preciosos sea superior o igual al 2% del peso de la aleación.
    Las aleaciones de metal precioso se clasifican como sigue:
    a) las aleaciones con un contenido de platino superior o igual al 2% en peso, se clasifican como aleaciones de platino;
    b) las aleaciones con un contenido de oro superior o igual al 2% en peso, pero sin platino o con un contenido de platino inferior al 2% en peso, se clasifican como aleaciones de oro;
    c) las demás aleaciones con un contenido de plata superior o igual al 2% en peso, se clasifican como aleaciones de plata.

---

6. En la Nomenclatura, salvo disposición en contrario, cualquier referencia a metal precioso o a uno o varios metales preciosos mencionados específicamente, se extiende también a las aleaciones clasificadas con dichos metales por aplicación de la Nota 5. La expresión metal precioso no comprende los artículos definidos en la Nota 7 ni los metales comunes o las materias no metálicas, platinados, dorados o plateados.

7. En la Nomenclatura, la expresión chapado de metal precioso (plaqué) se refiere a los artículos con un soporte de metal en los que una o varias caras estén recubiertas con metal precioso por soldadura, laminado en caliente o por procedimiento mecánico similar. Salvo disposición en contrario, dicha expresión comprende los artículos de metal común incrustado con metal precioso.

8. Salvo lo dispuesto en la Nota 1 a) de la Sección VI, los productos citados en el texto de la partida 71.12 se clasifican en dicha partida y no en otra de la Nomenclatura.

9. En la partida 71.13, se entiende por artículos de joyería:
   a) los pequeños objetos utilizados como adorno personal (por ejemplo: sortijas, pulseras, collares, broches, pendientes, cadenas de reloj, dijes, colgantes, alfileres y botones de corbata, gemelos, medallas o insignias, religiosas u otras);
   b) los artículos de uso personal que se llevan sobre la persona, así como los artículos de bolsillo o de bolso de mano (cartera) (por ejemplo: cigarreras, pitilleras, petacas, bomboneras, polveras, pastilleros, monederos de malla, rosarios).
   Estos artículos pueden combinarse o incluir, por ejemplo: perlas naturales o cultivadas, piedras preciosas o semipreciosas (naturales, sintéticas o reconstituidas), concha, nácar, marfil, ámbar natural o reconstituido, azabache o coral.

10. En la partida 71.14, se entiende por artículos de orfebrería los objetos tales como los de servicio de mesa, tocador, escritorio, fumador, de adorno de interiores, los artículos para el culto.

11. En la partida 71.17, se entiende por bisutería los artículos de la misma naturaleza que los definidos en la Nota 9 a) (excepto los botones y demás artículos de la partida 96.06, las peinetas, pasadores y similares, así como las horquillas para el cabello, de la partida 96.15) que no tengan perlas naturales o cultivadas, piedras preciosas o semipreciosas (naturales, sintéticas o reconstituidas) ni, salvo que sean guarniciones o accesorios de mínima importancia, metal precioso o chapado de metal precioso (plaqué).

Notas de subpartida.

1. En las subpartidas 7106.10, 7108.11, 7110.11, 7110.21, 7110.31 y 7110.41, los términos polvo y en polvo comprenden los productos que pasen a través de un tamiz con abertura de malla de 0.5 mm en proporción superior o igual al 90% en peso.

2. A pesar de las disposiciones de la Nota 4 B) de este Capítulo, en las subpartidas 7110.11 y 7110.19, el término platino no incluye el iridio, osmio, paladio, rodio ni rutenio.

3. Para la clasificación de las aleaciones en las subpartidas de la partida 71.10, cada aleación se clasifica con aquel metal (platino, paladio, rodio, iridio, osmio o rutenio) que predomine en peso sobre cada uno de los demás.

Código		Descripción	Unid de Med	Arancel (%)	
				IMP.	EXP.

SUBCAPÍTULO I
PERLAS NATURALES O CULTIVADAS, PIEDRAS PRECIOSAS O SEMIPRECIOSAS

Código		Descripción	Unid de Med	IMP.	EXP.
71.01		**Perlas naturales o cultivadas, incluso trabajadas o clasificadas, pero sin ensartar, montar ni engarzar; perlas naturales o cultivadas, ensartadas temporalmente para facilitar el transporte.**			
7101.10	-	**Perlas naturales.**			
7101.10.01		Graduadas y ensartadas temporalmente para facilitar su transporte.	G	Ex	Ex
7101.10.99		Las demás.	G	Ex	Ex
	-	**Perlas cultivadas:**			
7101.21	- -	**En bruto.**			
7101.21.01		En bruto.	G	Ex	Ex
7101.22	- -	**Trabajadas.**			
7101.22.01		Graduadas y ensartadas temporalmente para facilitar su transporte.	G	5	Ex
7101.22.99		Las demás.	G	Ex	Ex
71.02		**Diamantes, incluso trabajados, sin montar ni engarzar.**			
7102.10	-	**Sin clasificar.**			
7102.10.01		Sin clasificar.	G	Ex	Ex
	-	**Industriales:**			
7102.21	- -	**En bruto o simplemente aserrados, exfoliados o desbastados.**			
7102.21.01		En bruto o simplemente aserrados, exfoliados o desbastados.	G	Ex	Ex
7102.29	- -	**Los demás.**			
7102.29.99		Los demás.	G	Ex	Ex
	-	**No industriales:**			
7102.31	- -	**En bruto o simplemente aserrados, exfoliados o desbastados.**			
7102.31.01		En bruto o simplemente aserrados, exfoliados	G	Ex	Ex
7102.39	- -	**Los demás.**			
7102.39.99		Los demás.	G	Ex	Ex

71.03	Piedras preciosas (excepto los diamantes) o semipreciosas, naturales, incluso trabajadas o clasificadas, sin ensartar, montar ni engarzar; piedras preciosas (excepto los diamantes) o semipreciosas, naturales, sin clasificar, ensartadas temporalmente para facilitar el transporte.			
7103.10	- En bruto o simplemente aserradas o desbastadas.			
7103.10.01	En bruto o simplemente aserradas o desbastadas.	G	Ex	Ex
	- Trabajadas de otro modo:			
7103.91	-- Rubíes, zafiros y esmeraldas.			
7103.91.01	Rubíes, zafiros y esmeraldas.	G	Ex	Ex
7103.99	-- Las demás.			
7103.99.99	Las demás.	G	Ex	Ex
71.04	Piedras preciosas o semipreciosas, sintéticas o reconstituidas, incluso trabajadas o clasificadas, sin ensartar, montar ni engarzar; piedras preciosas o semipreciosas, sintéticas o reconstituidas, sin clasificar, ensartadas temporalmente para facilitar el transporte.			
7104.10	- Cuarzo piezoeléctrico.			
7104.10.01	Cuarzo piezoeléctrico.	G	Ex	Ex
7104.20	- Las demás, en bruto o simplemente aserradas o desbastadas.			
7104.20.01	Las demás, en bruto o simplemente aserradas o desbastadas.	G	Ex	Ex
7104.90	- Las demás.			
7104.90.99	Las demás.	G	Ex	Ex
71.05	Polvo de piedras preciosas o semipreciosas, naturales o sintéticas.			
7105.10	- De diamante.			
7105.10.01	De diamante.	G	Ex	Ex
7105.90	- Los demás.			
7105.90.99	Los demás.	Kg	Ex	Ex

SUBCAPÍTULO II
METALES PRECIOSOS Y CHAPADOS DE METAL PRECIOSO (PLAQUÉ)

71.06	Plata (incluida la plata dorada y la platinada) en bruto, semilabrada o en polvo.			
7106.10	- Polvo.			
7106.10.01	Polvo.	G	5	Ex
	- Las demás:			
7106.91	-- En bruto.			
7106.91.01	En bruto.	G	Ex	Ex
7106.92	-- Semilabrada.			
7106.92.01	Semilabrada.	G	5	Ex
71.07	Chapado (plaqué) de plata sobre metal común, en bruto o semilabrado.			
7107.00	- Chapado (plaqué) de plata sobre metal común, en bruto o semilabrado.			
7107.00.01	Chapado (plaqué) de plata sobre metal común, en bruto o semilabrado.	G	15	Ex
71.08	Oro (incluido el oro platinado) en bruto, semilabrado o en polvo.			
	- Para uso no monetario:			
7108.11	-- Polvo.			
7108.11.01	Polvo.	G	Ex	Ex
7108.12	-- Las demás formas en bruto.			
7108.12.01	Las demás formas en bruto.	G	Ex	Ex
7108.13	-- Las demás formas semilabradas.			
7108.13.01	Las demás formas semilabradas.	Kg	Ex	Ex
7108.20	- Para uso monetario.			
7108.20.01	Oro en bruto o semilabrado.	G	Ex	Ex
7108.20.99	Los demás.	G	15	Ex
71.09	Chapado (plaqué) de oro sobre metal común o sobre plata, en bruto o semilabrado.			
7109.00	- Chapado (plaqué) de oro sobre metal común o sobre plata, en bruto o semilabrado.			
7109.00.01	Chapado (plaqué) de oro sobre metal común o sobre plata, en bruto o semilabrado.	Kg	15	Ex
71.10	Platino en bruto, semilabrado o en polvo.			
	- Platino:			
7110.11	-- En bruto o en polvo.			
7110.11.01	En bruto o en polvo.	G	Ex	Ex
7110.19	-- Los demás.			
7110.19.99	Los demás.	G	Ex	Ex
	- Paladio:			
7110.21	-- En bruto o en polvo.			
7110.21.01	En bruto o en polvo.	G	Ex	Ex

7110.29	**. . Los demás.**			
7110.29.99	Los demás.	G	Ex	Ex
	. Rodio:			
7110.31	**. . En bruto o en polvo.**			
7110.31.01	En bruto o en polvo.	G	Ex	Ex
7110.39	**. . Los demás.**			
7110.39.99	Los demás.	G	Ex	Ex
	. Iridio, osmio y rutenio:			
7110.41	**. . En bruto o en polvo.**			
7110.41.01	En bruto o en polvo.	G	Ex	Ex
7110.49	**. . Los demás.**			
7110.49.99	Los demás.	G	Ex	Ex
71.11	**Chapado (plaqué) de platino sobre metal común, plata u oro, en bruto o semilabrado.**			
7111.00	**. Chapado (plaqué) de platino sobre metal común, plata u oro, en bruto o semilabrado.**			
7111.00.01	Chapado (plaqué) de platino sobre metal común, plata u oro, en bruto o semilabrado.	G	15	Ex
71.12	**Desperdicios y desechos, de metal precioso o de chapado de metal precioso (plaqué); demás desperdicios y desechos que contengan metal precioso o compuestos de metal precioso, de los tipos utilizados principalmente para la recuperación del metal precioso.**			
7112.30	**. Cenizas que contengan metal precioso o compuestos de metal precioso.**			
7112.30.01	Cenizas que contengan metal precioso o compuestos de metal precioso.	G	Ex	Ex
	. Los demás:			
7112.91	**. . De oro o de chapado (plaqué) de oro, excepto las barreduras que contengan otro metal precioso.**			
7112.91.01	Desperdicios y desechos, de los tipos utilizados principalmente para la recuperación del oro.	G	Ex	Ex
7112.91.99	Los demás.	G	Ex	Ex
7112.92	**. . De platino o de chapado (plaqué) de platino, excepto las barreduras que contengan otro metal precioso.**			
7112.92.01	De platino o de chapado (plaqué) de platino, excepto las barreduras que contengan otro metal precioso.	G	Ex	Ex
7112.99	**. . Los demás.**			
7112.99.99	Los demás.	G	Ex	Ex

SUBCAPÍTULO III
JOYERÍA Y DEMÁS MANUFACTURAS

71.13	**Artículos de joyería y sus partes, de metal precioso o de chapado de metal precioso (plaqué).**			
	. De metal precioso, incluso revestido o chapado de metal precioso (plaqué):			
7113.11	**. . De plata, incluso revestida o chapada de otro metal precioso (plaqué).**			
7113.11.01	Sujetadores ("broches") de plata, incluso revestida o chapada de otro metal precioso.	G	15	Ex
7113.11.02	Cadenas en rollo continuo, de longitud igual o superior a 10 m.	G	15	Ex
7113.11.99	Los demás.	G	Ex	Ex
7113.19	**. . De los demás metales preciosos, incluso revestidos o chapados de metal precioso (plaqué).**			
7113.19.01	Sujetadores ("broches") de oro, excepto lo comprendido en la fracción 7113.19.02.	G	Ex	Ex
7113.19.02	Sujetadores ("broches") de oro, tipo "perico" o "lobster", con peso igual o superior a 0.4 g, pero inferior o igual a 0.7 g.	G	Ex	Ex
7113.19.03	Cadenas en rollo continuo, de longitud igual o superior a 10 m.	G	15	Ex
7113.19.99	Los demás.	G	Ex	Ex
7113.20	**. De chapado de metal precioso (plaqué) sobre metal común.**			
7113.20.01	De chapado de metal precioso (plaqué) sobre metal común.	Kg	Ex	Ex
71.14	**Artículos de orfebrería y sus partes, de metal precioso o de chapado de metal precioso (plaqué).**			
	. De metal precioso, incluso revestido o chapado de metal precioso (plaqué):			
7114.11	**. . De plata, incluso revestida o chapada de otro metal precioso (plaqué).**			
7114.11.01	De plata, incluso revestida o chapada de otro metal precioso (plaqué).	G	15	Ex
7114.19	**. . De los demás metales preciosos, incluso revestidos o chapados de metal precioso (plaqué).**			
7114.19.99	De los demás metales preciosos, incluso revestidos o chapados de metal precioso (plaqué).	G	Ex	Ex
7114.20	**. De chapado de metal precioso (plaqué) sobre metal común.**			
7114.20.01	De chapado de metal precioso (plaqué) sobre metal común.	Kg	15	Ex
71.15	**Las demás manufacturas de metal precioso o de chapado de metal precioso (plaqué).**			
7115.10	**. Catalizadores de platino en forma de tela o enrejado.**			
7115.10.01	Catalizadores de platino en forma de tela o enrejado.	Kg	Ex	Ex

7115.90	. Las demás.			
7115.90.01	Cospeles.	Kg	Ex	Ex
7115.90.99	Los demás.	Kg	Ex	Ex
71.16	**Manufacturas de perlas naturales o cultivadas, de piedras preciosas o semipreciosas (naturales, sintéticas o reconstituidas).**			
7116.10	**. De perlas naturales o cultivadas.**			
7116.10.01	De perlas naturales o cultivadas.	G	5	Ex
7116.20	**. De piedras preciosas o semipreciosas (naturales, sintéticas o reconstituidas).**			
7116.20.01	De piedras preciosas o semipreciosas (naturales, sintéticas o reconstituidas).	G	15	Ex
71.17	**Bisutería.**			
	. De metal común, incluso plateado, dorado o platinado:			
7117.11	.. Gemelos y pasadores similares.			
7117.11.01	Gemelos y pasadores similares.	Kg	15	Ex
7117.19	.. Las demás.			
7117.19.01	Cadenas y cadenitas de metales comunes, sin dorar ni platear.	Kg	5	Ex
7117.19.99	Las demás.	Kg	15	Ex
7117.90	**. Las demás.**			
7117.90.01	Partes o piezas sueltas, de metales comunes, sin dorar o platear, incluso broches.	Kg	Ex	Ex
7117.90.99	Las demás.	Kg	10	Ex
71.18	**Monedas.**			
7118.10	**. Monedas sin curso legal, excepto las de oro.**			
7118.10.01	Monedas sin curso legal, excepto las de oro.	Pza	Ex	Ex
7118.90	**. Las demás.**			
7118.90.99	Las demás.	Pza	Ex	Ex

Sección XV
METALES COMUNES Y MANUFACTURAS DE ESTOS METALES

Notas.
1. Esta Sección no comprende:
   a) los colores y tintas preparados a base de polvo o escamillas metálicos, así como las hojas para el marcado a fuego (partidas 32.07 a 32.10, 32.12, 32.13 ó 32.15);
   b) el ferrocerio y demás aleaciones pirofóricas (partida 36.06);
   c) los cascos y demás tocados, y sus partes, metálicos, de las partidas 65.06 y 65.07;
   d) las monturas de paraguas y demás artículos de la partida 66.03;
   e) los productos del Capítulo 71 (por ejemplo: aleaciones de metal precioso, metal común chapado de metal precioso (plaqué), bisutería);
   f) los artículos de la Sección XVI (máquinas y aparatos; material eléctrico);
   g) las vías férreas ensambladas (partida 86.08) y demás artículos de la Sección XVII (vehículos, barcos, aeronaves);
   h) los instrumentos y aparatos de la Sección XVIII, incluidos los muelles (resortes) de aparatos de relojería;
   ij) los perdigones (partida 93.06) y demás artículos de la Sección XIX (armas y municiones);
   k) los artículos del Capítulo 94 (por ejemplo: muebles, somieres, aparatos de alumbrado, letreros luminosos, construcciones prefabricadas);
   l) los artículos del Capítulo 95 (por ejemplo: juguetes, juegos, artefactos deportivos);
   m) los cedazos de mano, botones, plumas, portaminas, plumillas y demás artículos del Capítulo 96 (manufacturas diversas);
   n) los artículos del Capítulo 97 (por ejemplo, objetos de arte).
2. En la Nomenclatura, se consideran *partes y accesorios de uso general*:
   a) los artículos de las partidas 73.07, 73.12, 73.15, 73.17 ó 73.18, así como los artículos similares de los demás metales comunes;
   b) los muelles (resortes), ballestas y sus hojas, de metal común, excepto los muelles (resortes) de aparatos de relojería (partida 91.14);
   c) los artículos de las partidas 83.01, 83.02, 83.08 u 83.10, así como los marcos y espejos de metal común de la partida 83.06.
   En los Capítulos 73 a 76 y 78 a 82 (excepto la partida 73.15), la referencia a partes no alcanza a las partes y accesorios de uso general en el sentido antes indicado.
   Salvo lo dispuesto en el párrafo anterior y en la Nota 1 del Capítulo 83, las manufacturas de los Capítulos 82 u 83 están excluidas de los Capítulos 72 a 76 y 78 a 81.
3. En la Nomenclatura, se entiende por *metal(es) común(es)*: la fundición, hierro y acero, el cobre, níquel, aluminio, plomo, cinc, estaño, volframio (tungsteno), molibdeno, tantalio, magnesio, cobalto, bismuto, cadmio, titanio, circonio, antimonio, manganeso, berilio, cromo, germanio, vanadio, galio, hafnio (celtio), indio, niobio (colombio), renio y talio.
4. En la Nomenclatura, se entiende por *cermet* un producto que consiste en una combinación heterogénea microscópica de un componente metálico y uno cerámico. Este término comprende también los metales duros (carburos metálicos sinterizados), que son carburos metálicos sinterizados con metal.
5. Regla para la clasificación de las aleaciones (excepto las ferroaleaciones y las aleaciones madre de cobre definidas en los Capítulos 72 y 74):

a)   las aleaciones de metales comunes se clasifican con el metal que predomine en peso sobre cada uno de los demás;

b)   las aleaciones de metales comunes de esta Sección con elementos no comprendidos en la misma se clasifican como aleaciones de metales comunes de esta Sección cuando el peso total de estos metales sea superior o igual al de los demás elementos;

c)   las mezclas sinterizadas de polvos metálicos, las mezclas heterogéneas íntimas obtenidas por fusión (excepto el cermet) y los compuestos intermetálicos, siguen el régimen de las aleaciones.

6.   En la Nomenclatura, salvo disposición en contrario, cualquier referencia a un metal común alcanza también a las aleaciones clasificadas con ese metal por aplicación de la Nota 5.

7.   Regla para la clasificación de los artículos compuestos:
Salvo disposición en contrario en un texto de partida, las manufacturas de metal común, o consideradas como tales, que comprendan varios metales comunes, se clasifican con las manufacturas del metal que predomine en peso sobre cada uno de los demás.

Para la aplicación de esta regla se considera:

a)   la fundición, el hierro y el acero, como un solo metal;

b)   las aleaciones, como si estuvieran constituidas totalmente por el metal cuyo régimen sigan en virtud de la aplicación de la Nota 5;

c)   el cermet de la partida 81.13, como si constituyera un solo metal común.

8.   En esta Sección, se entiende por:

a)   **Desperdicios y desechos**
los desperdicios y desechos metálicos procedentes de la fabricación o mecanizado de los metales y las manufacturas de metal definitivamente inservibles como tales a consecuencia de rotura, corte, desgaste u otra causa.

b)   **Polvo**
el producto que pase por un tamiz con abertura de malla de 1 mm en proporción superior o igual al 90% en peso.

Capítulo 72
Fundición, hierro y acero

Notas.

1.   En este Capítulo y, respecto a los apartados d), e) y f) de esta Nota, en toda la Nomenclatura, se consideran:

a)   **Fundición en bruto**
las aleaciones hierro-carbono que no se presten prácticamente a la deformación plástica, con un contenido de carbono superior al 2% en peso, incluso con otro u otros elementos en las proporciones en peso siguientes:
-   inferior o igual al 10% de cromo
-   inferior o igual al 6% de manganeso
-   inferior o igual al 3% de fósforo
-   inferior o igual al 8% de silicio
-   inferior o igual al 10%, en total, de los demás elementos.

b)   **Fundición especular**
las aleaciones hierro-carbono con un contenido de manganeso superior al 6% pero inferior o igual al 30%, en peso, siempre que las demás características respondan a la definición de la Nota 1 a).

c)   **Ferroaleaciones**
las aleaciones en lingotes, bloques, masas o formas primarias similares, en formas obtenidas por colada continua o en granallas o en polvo, incluso aglomerados, corrientemente utilizadas en la siderurgia como productos de aporte para la preparación de otras aleaciones, o como desoxidantes, desulfurantes o en usos similares y que no se presten generalmente a la deformación plástica, con un contenido de hierro superior o igual al 4% en peso y con uno o varios elementos en las proporciones en peso siguientes:
-   superior al 10% de cromo
-   superior al 30% de manganeso
-   superior al 3% de fósforo
-   superior al 8% de silicio
-   superior al 10%, en total, de los demás elementos, excepto el carbono, sin que el porcentaje de cobre sea superior al 10%.

d)   **Acero**
las materias férreas, excepto las de la partida 72.03 que, salvo determinados tipos de aceros producidos en forma de piezas moldeadas, se presten a la deformación plástica y con un contenido de carbono inferior o igual al 2% en peso. Sin embargo, los aceros al cromo pueden tener un contenido de carbono más elevado.

e)   **Acero inoxidable**
el acero aleado con un contenido de carbono inferior o igual al 1.2% en peso y de cromo superior o igual al 10.5% en peso, incluso con otros elementos.

f)   **Los demás aceros aleados**
los aceros que no respondan a la definición de acero inoxidable y que contengan uno o varios de los elementos indicados a continuación en las proporciones en peso siguientes:
-   superior o igual al 0.3% de aluminio
-   superior o igual al 0.0008% de boro
-   superior o igual al 0.3% de cromo
-   superior o igual al 0.3% de cobalto
-   superior o igual al 0.4% de cobre
-   superior o igual al 0.4% de plomo
-   superior o igual al 1.65% de manganeso
-   superior o igual al 0.08% de molibdeno
-   superior o igual al 0.3% de níquel

- superior o igual al 0.06% de niobio
- superior o igual al 0.6% de silicio
- superior o igual al 0.05% de titanio
- superior o igual al 0.3% de volframio (tungsteno)
- superior o igual al 0.1% de vanadio
- superior o igual al 0.05% de circonio
- superior o igual al 0.1% de los demás elementos considerados individualmente (excepto el azufre, fósforo, carbono y nitrógeno).

g) **Lingotes de chatarra de hierro o de acero**
los productos colados groseramente en forma de lingotes sin mazarotas o de bloques, que presenten defectos profundos en la superficie y no respondan, en su composición química, a las definiciones de fundición en bruto, de fundición especular o de ferroaleaciones.

h) **Granallas**
los productos que pasen por un tamiz con abertura de malla de 1 mm en proporción inferior al 90% en peso, y por un tamiz con abertura de malla de 5 mm en proporción superior o igual al 90% en peso.

ij) **Productos intermedios**
los productos de sección maciza obtenidos por colada continua, incluso con un laminado grosero en caliente; y
los demás productos de sección maciza simplemente laminados groseramente en caliente o simplemente desbastados por forjado, incluidos los desbastes de perfiles.
Estos productos no se presentan enrollados.

k) **Productos laminados planos**
los productos laminados de sección transversal rectangular maciza que no respondan a la definición de la Nota ij) anterior,
- enrollados en espiras superpuestas, o
- sin enrollar, de anchura superior o igual a diez veces el espesor si éste es inferior a 4.75 mm, o de anchura superior a 150 mm si el espesor es superior o igual a 4.75 mm pero inferior o igual a la mitad de la anchura.

Estos productos se clasifican como productos laminados planos aunque presenten motivos en relieve que procedan directamente del laminado (por ejemplo: acanaladuras, estrías, gofrados, lágrimas, botones, rombos), así como los perforados, ondulados o pulidos, siempre que estos trabajos no les confieran el carácter de artículos o manufacturas comprendidos en otra parte.
Los productos laminados planos de cualquier dimensión, excepto los cuadrados o rectangulares, se clasifican como productos de anchura superior o igual a 600 mm, siempre que no tengan el carácter de artículos o manufacturas comprendidos en otra parte.

l) **Alambrón**
el producto laminado en caliente, enrollado en espiras irregulares (coronas), cuya sección transversal maciza tenga forma de círculo, segmento circular, óvalo, cuadrado, rectángulo, triángulo u otro polígono convexo (incluidos los *círculos aplanados* y los *rectángulos modificados*, en los que dos lados opuestos tengan forma de arco convexo y los otros dos sean rectos, iguales y paralelos). Estos productos pueden tener muescas, cordones, surcos o relieves, producidos en el laminado (llamados "armaduras para hormigón" o "redondos para construcción").

m) **Barras**
los productos que no respondan a las definiciones de los apartados ij), k) o l) anteriores ni a la definición de alambre, cuya sección transversal maciza y constante tenga forma de círculo, segmento circular, óvalo, cuadrado, rectángulo, triángulo u otro polígono convexo (incluidos los *círculos aplanados* y los *rectángulos modificados*, en los que dos lados opuestos tengan forma de arco convexo y los otros dos sean rectos, iguales y paralelos). Estos productos pueden:
- tener muescas, cordones, surcos o relieves, producidos en el laminado (llamados "armaduras para hormigón" o "redondos para construcción");
- haberse sometido a torsión después del laminado.

n) **Perfiles**
los productos de sección transversal maciza y constante que no respondan a las definiciones de los apartados ij), k), l) o m) anteriores ni a la definición de alambre.
El Capítulo 72 no comprende los productos de las partidas 73.01 ó 73.02.

o) **Alambre**
el producto de cualquier sección transversal maciza y constante, obtenido en frío y enrollado, que no responda a la definición de productos laminados planos.

p) **Barras huecas para perforación**
las barras de cualquier sección adecuadas para la fabricación de barrenas, cuya mayor dimensión exterior de la sección transversal, superior a 15 mm pero inferior o igual a 52 mm, sea por lo menos el doble de la mayor dimensión interior (hueco). Las barras huecas de hierro o acero que no respondan a esta definición se clasifican en la partida 73.04.

2. Los metales férreos chapados con metal férreo de calidad diferente siguen el régimen del metal férreo que predomine en peso.

3. Los productos de hierro o acero obtenidos por electrólisis, por colada a presión o por sinterizado, se clasifican según su forma, composición y aspecto, en las partidas correspondientes a los productos análogos laminados en caliente.

Notas de subpartida.
1. En este Capítulo, se entiende por:
a) **Fundición en bruto aleada**
la fundición en bruto que contenga uno o varios de los elementos siguientes en las proporciones en peso que se indican:
- superior al 0.2% de cromo
- superior al 0.3% de cobre
- superior al 0.3% de níquel
- superior al 0.1% de cualquiera de los elementos siguientes: aluminio, molibdeno, titanio, volframio (tungsteno), vanadio.

b) Acero sin alear de fácil mecanización

el acero sin alear que contenga uno o varios de los elementos siguientes en las proporciones en peso que se indican:
- superior o igual al 0.08% de azufre
- superior o igual al 0.1% de plomo
- superior al 0.05% de selenio
- superior al 0.01% de telurio
- superior al 0.05% de bismuto.

c) Acero al silicio llamado "magnético" (acero magnético al silicio)

el acero con un contenido de silicio superior o igual al 0.6% pero inferior o igual al 6%, en peso, y un contenido de carbono inferior o igual al 0.08% en peso, aunque contenga aluminio en proporción inferior o igual al 1% en peso, pero sin otro elemento cuya proporción le confiera el carácter de otro acero aleado.

d) Acero rápido

el acero aleado que contenga, incluso con otros elementos, por lo menos dos de los tres elementos siguientes: molibdeno, volframio (tungsteno) y vanadio, con un contenido total superior o igual al 7% en peso para estos elementos considerados en conjunto, y un contenido de carbono superior o igual al 0.6% y de cromo del 3% al 6%, en peso.

e) Acero silicomanganeso

el acero aleado que contenga en peso una proporción:
- inferior o igual al 0.7% de carbono,
- superior o igual al 0.5% pero inferior o igual al 1.9%, de manganeso, y
- superior o igual al 0.6% pero inferior o igual al 2.3%, de silicio, sin otro elemento cuya proporción le confiera el carácter de otro acero aleado.

2. La clasificación de las ferroaleaciones en las subpartidas de la partida 72.02 se regirá por la regla siguiente:

Una ferroaleación se considerará binaria y se clasifica en la subpartida apropiada (si existe), cuando solo uno de los elementos de la aleación tenga un contenido superior al porcentaje mínimo estipulado en la Nota 1 c) del Capítulo. Por analogía, se considerará ternaria o cuaternaria, respectivamente, cuando dos o tres de los elementos de la aleación tengan contenidos superiores a los porcentajes mínimos indicados en dicha Nota.

Para la aplicación de esta regla, los elementos no citados específicamente en la Nota 1 c) del Capítulo y comprendidos en la expresión *los demás elementos* deberán, sin embargo, exceder cada uno del 10% en peso.

Código		Descripción	Unid de Med	Arancel (%)	
				IMP.	EXP.

<h3 style="text-align:center">SUBCAPÍTULO I
PRODUCTOS BÁSICOS; GRANALLAS Y POLVO</h3>

Código		Descripción	Unid de Med	IMP.	EXP.
72.01		**Fundición en bruto y fundición especular, en lingotes, bloques o demás formas primarias.**			
7201.10	-	**Fundición en bruto sin alear con un contenido de fósforo inferior o igual al 0.5% en peso.**			
7201.10.01		Fundición en bruto sin alear con un contenido	Kg	Ex	Ex
7201.20	-	**Fundición en bruto sin alear con un contenido de fósforo superior al 0.5% en peso.**			
7201.20.01		Fundición en bruto sin alear con un contenido	Kg	Ex	Ex
7201.50	-	**Fundición en bruto aleada; fundición especular.**			
7201.50.01		Fundición en bruto aleada.	Kg	Ex	Ex
7201.50.99		Los demás.	Kg	Ex	Ex
72.02		**Ferroaleaciones.**			
	-	**Ferromanganeso:**			
7202.11	--	**Con un contenido de carbono superior al 2% en peso.**			
7202.11.01		Con un contenido de carbono superior al 2% en peso.	Kg	Ex	Ex
7202.19	--	**Los demás.**			
7202.19.99		Los demás.	Kg	Ex	Ex
	-	**Ferrosilicio:**			
7202.21	--	**Con un contenido de silicio superior al 55% en peso.**			
7202.21.01		Ferrosilicio-circonio o ferrosilicio-manganeso-circonio.	Kg	Ex	Ex
7202.21.99		Los demás.	Kg	Ex	Ex
7202.29	--	**Los demás.**			
7202.29.99		Los demás.	Kg	Ex	Ex
7202.30	-	**Ferro-sílico-manganeso.**			
7202.30.01		Ferro-sílico-manganeso.	Kg	Ex	Ex
	-	**Ferrocromo:**			
7202.41	--	**Con un contenido de carbono superior al 4% en peso.**			
7202.41.01		Con un contenido de carbono superior al 4% en peso.	Kg	Ex	Ex
7202.49	--	**Los demás.**			
7202.49.99		Los demás.	Kg	Ex	Ex
7202.50	-	**Ferro-sílico-cromo.**			
7202.50.01		Ferro-sílico-cromo.	Kg	Ex	Ex

7202.60	.	**Ferroníquel.**			
7202.60.01		Ferroníquel.	Kg	Ex	Ex
7202.70	.	**Ferromolibdeno.**			
7202.70.01		Ferromolibdeno.	Kg	Ex	Ex
7202.80	.	**Ferrovolframio y ferro-sílico-volframio.**			
7202.80.01		Ferrovolframio y ferro-sílico-volframio.	Kg	Ex	Ex
	.	**Las demás:**			
7202.91	..	**Ferrotitanio y ferro-sílico-titanio.**			
7202.91.01		Ferrotitanio, encapsulado.	Kg	Ex	Ex
7202.91.02		Ferro-sílico-titanio.	Kg	Ex	Ex
7202.91.03		Ferrotitanio, excepto lo comprendido en la fracción 7202.91.01.	Kg	Ex	Ex
7202.92	..	**Ferrovanadio.**			
7202.92.01		Ferrovanadio, encapsulado.	Kg	Ex	Ex
7202.92.99		Los demás.	Kg	Ex	Ex
7202.93	..	**Ferroniobio.**			
7202.93.01		Ferroniobio.	Kg	Ex	Ex
7202.99	..	**Las demás.**			
7202.99.01		Ferrocalcio-silicio, excepto lo comprendido en la fracción 7202.99.02.	Kg	Ex	Ex
7202.99.02		Ferrocalcio, ferrocalcio-aluminio o ferrocalcio-silicio, encapsulados.	Kg	Ex	Ex
7202.99.03		Ferrofósforo; ferroboro.	Kg	Ex	Ex
7202.99.99		Las demás.	Kg	Ex	Ex
72.03		**Productos férreos obtenidos por reducción directa de minerales de hierro y demás productos férreos esponjosos, en trozos, "pellets" o formas similares; hierro con una pureza superior o igual al 99.94% en peso, en trozos, "pellets" o formas similares.**			
7203.10	.	**Productos férreos obtenidos por reducción directa de minerales de hierro.**			
7203.10.01		Productos férreos obtenidos por reducción directa de minerales de hierro.	Kg	Ex	Ex
7203.90	.	**Los demás.**			
7203.90.99		Los demás.	Kg	Ex	Ex
72.04		**Desperdicios y desechos (chatarra), de fundición, hierro o acero; lingotes de chatarra de hierro o acero.**			
7204.10	.	**Desperdicios y desechos, de fundición.**			
7204.10.01		Desperdicios y desechos, de fundición.	Kg	Ex	Ex
	.	**Desperdicios y desechos, de aceros aleados:**			
7204.21	..	**De acero inoxidable.**			
7204.21.01		De acero inoxidable.	Kg	Ex	Ex
7204.29	..	**Los demás.**			
7204.29.99		Los demás.	Kg	Ex	Ex
7204.30	.	**Desperdicios y desechos, de hierro o acero estañados.**			
7204.30.01		Desperdicios y desechos, de hierro o acero estañados.	Kg	Ex	Ex
	.	**Los demás desperdicios y desechos:**			
7204.41	..	**Torneaduras, virutas, esquirlas, limaduras (de amolado, aserrado, limado) y recortes de estampado o de corte, incluso en paquetes.**			
7204.41.01		Torneaduras, virutas, esquirlas, limaduras (de amolado, aserrado, limado) y recortes de estampado o de corte, incluso en paquetes.	Kg	Ex	Ex
7204.49	..	**Los demás.**			
7204.49.99		Los demás.	Kg	Ex	Ex
7204.50	.	**Lingotes de chatarra.**			
7204.50.01		Lingotes de chatarra.	Kg	Ex	Ex
72.05		**Granallas y polvo, de fundición en bruto, de fundición especular, de hierro o acero.**			
7205.10	.	**Granallas.**			
7205.10.01		Granallas.	Kg	Ex	Ex
	.	**Polvo:**			
7205.21	..	**De aceros aleados.**			
7205.21.01		De aceros aleados.	Kg	Ex	Ex
7205.29	..	**Los demás.**			
7205.29.99		Los demás.	Kg	Ex	Ex

SUBCAPÍTULO II
HIERRO Y ACERO SIN ALEAR

72.06		**Hierro y acero sin alear, en lingotes o demás formas primarias, excepto el hierro de la partida 72.03.**			
7206.10	.	**Lingotes.**			
7206.10.01		Lingotes.	Kg	Ex	Ex

7206.90	**. Las demás.**			
7206.90.99	Las demás.	Kg	Ex	Ex
72.07	**Productos intermedios de hierro o acero sin alear.**			
	. Con un contenido de carbono inferior al 0.25% en peso:			
7207.11	**.. De sección transversal cuadrada o rectangular, cuya anchura sea inferior al doble del espesor.**			
7207.11.01	De sección transversal cuadrada o rectangular, cuya anchura sea inferior al doble del espesor.	Kg	Ex	Ex
7207.12	**.. Los demás, de sección transversal rectangular.**			
7207.12.01	Con espesor inferior o igual a 185 mm.	Kg	15	Ex
7207.12.99	Los demás.	Kg	15	Ex
7207.19	**.. Los demás.**			
7207.19.99	Los demás.	Kg	Ex	Ex
7207.20	**. Con un contenido de carbono superior o igual al 0.25% en peso.**			
7207.20.01	Con espesor inferior o igual a 185 mm, y anchura igual o superior al doble del espesor.	Kg	Ex	Ex
7207.20.99	Los demás.	Kg	Ex	Ex
72.08	**Productos laminados planos de hierro o acero sin alear, de anchura superior o igual a 600 mm, laminados en caliente, sin chapar ni revestir.**			
7208.10	**. Enrollados, simplemente laminados en caliente, con motivos en relieve.**			
7208.10.01	De espesor superior a 10 mm.	Kg	15	Ex
7208.10.02	De espesor superior a 4.75 mm pero inferior o igual a 10 mm.	Kg	15	Ex
7208.10.99	Los demás.	Kg	15	Ex
	. Los demás, enrollados, simplemente laminados en caliente, decapados:			
7208.25	**.. De espesor superior o igual a 4.75 mm.**			
7208.25.01	De espesor superior a 10 mm.	Kg	15	Ex
7208.25.99	Los demás.	Kg	15	Ex
7208.26	**.. De espesor superior o igual a 3 mm pero inferior a 4.75 mm.**			
7208.26.01	De espesor superior o igual a 3 mm pero inferior a 4.75 mm.	Kg	15	Ex
7208.27	**.. De espesor inferior a 3 mm.**			
7208.27.01	De espesor inferior a 3 mm.	Kg	15	Ex
	. Los demás, enrollados, simplemente laminados en caliente:			
7208.36	**.. De espesor superior a 10 mm.**			
7208.36.01	De espesor superior a 10 mm.	Kg	15	Ex
7208.37	**.. De espesor superior o igual a 4.75 mm pero inferior o igual a 10 mm.**			
7208.37.01	De espesor superior o igual a 4.75 mm pero inferior o igual a 10 mm.	Kg	15	Ex
7208.38	**.. De espesor superior o igual a 3 mm pero inferior a 4.75 mm.**			
7208.38.01	De espesor superior o igual a 3 mm pero inferior a 4.75 mm.	Kg	15	Ex
7208.39	**.. De espesor inferior a 3 mm.**			
7208.39.01	De espesor inferior a 3 mm.	Kg	15	Ex
7208.40	**. Sin enrollar, simplemente laminados en caliente, con motivos en relieve.**			
7208.40.01	De espesor superior a 4.75 mm.	Kg	15	Ex
7208.40.99	Los demás.	Kg	15	Ex
	. Los demás, sin enrollar, simplemente laminados en caliente:			
7208.51	**.. De espesor superior a 10 mm.**			
7208.51.01	De espesor superior a 10 mm, excepto lo comprendido en las fracciones 7208.51.02 y 7208.51.03.	Kg	15	Ex
7208.51.02	Placas de acero de espesor superior a 10 mm, grados SHT-80, SHT-110, AR-400, SMM-400 o A-516.	Kg	15	Ex
7208.51.03	Placas de acero de espesor superior a 70 mm, grado A-36.	Kg	15	Ex
7208.52	**.. De espesor superior o igual a 4.75 mm pero inferior o igual a 10 mm.**			
7208.52.01	De espesor superior o igual a 4.75 mm pero inferior o igual a 10 mm.	Kg	15	Ex
7208.53	**.. De espesor superior o igual a 3 mm pero inferior a 4.75 mm.**			
7208.53.01	De espesor superior o igual a 3 mm pero inferior a 4.75 mm.	Kg	15	Ex
7208.54	**.. De espesor inferior a 3 mm.**			
7208.54.01	De espesor inferior a 3 mm.	Kg	15	Ex
7208.90	**. Los demás.**			
7208.90.99	Los demás.	Kg	15	Ex
72.09	**Productos laminados planos de hierro o acero sin alear, de anchura superior o igual a 600 mm, laminados en frío, sin chapar ni revestir.**			
	. Enrollados, simplemente laminados en frío:			
7209.15	**.. De espesor superior o igual a 3 mm.**			
7209.15.01	Con un contenido de carbono superior a 0.4 % en peso.	Kg	15	Ex
7209.15.02	Aceros cuyo límite de resistencia a la deformación sea igual o superior a 355 MPa.	Kg	15	Ex
7209.15.03	Aceros para porcelanizar en partes expuestas.	Kg	15	Ex
7209.15.99	Los demás.	Kg	15	Ex

7209.16	**.. De espesor superior a 1 mm pero inferior a 3 mm.**			
7209.16.01	De espesor superior a 1 mm pero inferior a 3 mm.	Kg	15	Ex
7209.17	**.. De espesor superior o igual a 0.5 mm pero inferior o igual a 1 mm.**			
7209.17.01	De espesor superior o igual a 0.5 mm pero inferior o igual a 1 mm.	Kg	15	Ex
7209.18	**.. De espesor inferior a 0.5 mm.**			
7209.18.01	De espesor inferior a 0.5 mm.	Kg	15	Ex
	. Sin enrollar, simplemente laminados en frío:			
7209.25	**.. De espesor superior o igual a 3 mm.**			
7209.25.01	De espesor superior o igual a 3 mm.	Kg	15	Ex
7209.26	**.. De espesor superior a 1 mm pero inferior a 3 mm.**			
7209.26.01	De espesor superior a 1 mm pero inferior a 3 mm.	Kg	15	Ex
7209.27	**.. De espesor superior o igual a 0.5 mm pero inferior o igual a 1 mm.**			
7209.27.01	De espesor superior o igual a 0.5 mm pero inferior o igual a 1 mm.	Kg	15	Ex
7209.28	**.. De espesor inferior a 0.5 mm.**			
7209.28.01	De espesor inferior a 0.5 mm.	Kg	15	Ex
7209.90	**. Los demás.**			
7209.90.99	Los demás.	Kg	15	Ex
72.10	**Productos laminados planos de hierro o acero sin alear, de anchura superior o igual a 600 mm, chapados o revestidos.**			
	. Estañados:			
7210.11	**.. De espesor superior o igual a 0.5 mm.**			
7210.11.01	De espesor superior o igual a 0.5 mm.	Kg	Ex	Ex
7210.12	**.. De espesor inferior a 0.5 mm.**			
7210.12.01	Con espesor igual o superior a 0.20 mm, cuyos primeros dos dígitos de código de temple sean "T2", "T3", "T4" y "T5", conforme a la norma internacional ASTM A623 para producto simple reducido, o su equivalente en otras normas, excepto lo comprendido en la fracción 7210.12.03.	Kg	Ex	Ex
7210.12.02	Cuyos primeros dos dígitos del código de la designación de características mecánicas sean "DR", conforme a la norma internacional ASTM A623 para producto doble reducido, o su equivalente en otras normas.	Kg	Ex	Ex
7210.12.03	Láminas estañadas, con un espesor igual o superior a 0.20 mm, cuyos primeros dos dígitos de código de temple sean "T2", "T3", "T4" y "T5", reconocibles como concebidas exclusivamente para la fabricación de tapas y fondos para pilas secas.	Kg	Ex	Ex
7210.12.99	Los demás.	Kg	Ex	Ex
7210.20	**. Emplomados, incluidos los revestidos con una aleación de plomo y estaño.**			
7210.20.01	Emplomados, incluidos los revestidos con una aleación de plomo y estaño.	Kg	Ex	Ex
7210.30	**. Cincados electrolíticamente.**			
7210.30.01	Láminas cincadas por las dos caras.	Kg	Ex	Ex
7210.30.99	Los demás.	Kg	Ex	Ex
	. Cincados de otro modo:			
7210.41	**.. Ondulados.**			
7210.41.01	Láminas cincadas por las dos caras.	Kg	3	Ex
7210.41.99	Los demás.	Kg	Ex	Ex
7210.49	**.. Los demás.**			
7210.49.01	Láminas cincadas por las dos caras, excepto lo comprendido en las fracciones 7210.49.02, 7210.49.03 y 7210.49.04.	Kg	Ex	Ex
7210.49.02	Con un contenido de carbono superior a 0.4% en peso.	Kg	Ex	Ex
7210.49.03	De espesor inferior a 3 mm, cuyo límite de resistencia a la deformación sea igual o superior a 275 MPa, o de espesor igual o superior a 3 mm, cuyo límite de resistencia a la deformación sea igual o superior a 355 MPa.	Kg	Ex	Ex
7210.49.04	Con un contenido de cinc en el recubrimiento inferior o igual a 50 gr/cm2.	Kg	Ex	Ex
7210.49.99	Los demás.	Kg	Ex	Ex
7210.50	**. Revestidos de óxidos de cromo o de cromo y óxidos de cromo.**			
7210.50.01	Con espesor igual o superior a 0.20 mm, cuyos primeros dos dígitos de código de temple sean "T2", "T3", "T4" y "T5", conforme a la norma internacional ASTM A623 para producto simple reducido, o su equivalente en otras normas.	Kg	Ex	Ex
7210.50.02	Cuyos primeros dos dígitos del código de la designación de características mecánicas sean "DR", conforme a la norma internacional ASTM A623 para producto doble reducido, o su equivalente en otras normas.	Kg	Ex	Ex
7210.50.99	Los demás.	Kg	Ex	Ex
	. Revestidos de aluminio:			
7210.61	**.. Revestidos de aleaciones de aluminio y cinc.**			
7210.61.01	Revestidos de aleaciones de aluminio y cinc.	Kg	Ex	Ex
7210.69	**.. Los demás.**			
7210.69.01	Revestidas con aluminio sin alear, conocidas como "aluminizadas".	Kg	Ex	Ex
7210.69.99	Los demás.	Kg	Ex	Ex

7210.70	**.**	**Pintados, barnizados o revestidos de plástico.**		
7210.70.01		Láminas pintadas, cincadas por las dos caras.	Kg	Ex	Ex
7210.70.99		Los demás.	Kg	Ex	Ex
7210.90	**.**	**Los demás.**		
7210.90.01		Plaqueadas con acero inoxidable.	Kg	Ex	Ex
7210.90.99		Los demás.	Kg	Ex	Ex
72.11		**Productos laminados planos de hierro o acero sin alear, de anchura inferior a 600 mm, sin chapar ni revestir.**			
	.	**Simplemente laminados en caliente:**			
7211.13	**..**	**Laminados en las cuatro caras o en acanaladuras cerradas, de anchura superior a 150 mm y espesor superior o igual a 4 mm, sin enrollar y sin motivos en relieve.**			
7211.13.01		Laminados en las cuatro caras o en acanaladuras cerradas, de anchura superior a 150 mm y espesor superior o igual a 4 mm, sin enrollar y sin motivos en relieve.	Kg	15	Ex
7211.14	**..**	**Los demás, de espesor superior o igual a 4.75 mm.**			
7211.14.01		Flejes.	Kg	15	Ex
7211.14.02		Laminados en caliente ("chapas"), de espesor superior o igual a 4.75 mm pero inferior a 12 mm.	Kg	15	Ex
7211.14.99		Los demás.	Kg	15	Ex
7211.19	**..**	**Los demás.**			
7211.19.01		Flejes con espesor inferior a 4.75 mm.	Kg	15	Ex
7211.19.02		Laminadas en caliente ("chapas"), con espesor superior o igual a 1.9 mm, pero inferior a 4.75 mm.	Kg	15	Ex
7211.19.03		Desbastes en rollo para chapas ("Coils").	Kg	15	Ex
7211.19.04		Chapas laminadas en caliente, de anchura superior a 500 mm. pero inferior a 600 mm. y espesor igual o superior a 1.9 mm pero inferior a 4.75 mm.	Kg	15	Ex
7211.19.99		Los demás.	Kg	15	Ex
	.	**Simplemente laminados en frío:**			
7211.23	**..**	**Con un contenido de carbono inferior al 0.25% en peso.**			
7211.23.01		Flejes de espesor igual o superior a 0.05 mm.	Kg	15	Ex
7211.23.02		Chapas laminadas en frío, con un espesor superior a 0.46 mm sin exceder de 3.4 mm.	Kg	15	Ex
7211.23.99		Los demás.	Kg	15	Ex
7211.29	**..**	**Los demás.**			
7211.29.01		Flejes de espesor igual o superior a 0.05 mm con un contenido de carbono inferior a 0.6%.	Kg	15	Ex
7211.29.02		Flejes con un contenido de carbono igual o superior a 0.6%.	Kg	15	Ex
7211.29.03		Chapas laminadas en frío, con un espesor superior a 0.46 mm sin exceder de 3.4 mm.	Kg	15	Ex
7211.29.99		Los demás.	Kg	15	Ex
7211.90	**.**	**Los demás.**			
7211.90.99		Los demás.	Kg	15	Ex
72.12		**Productos laminados planos de hierro o acero sin alear, de anchura inferior a 600 mm, chapados o revestidos.**			
7212.10	**.**	**Estañados.**			
7212.10.01		Flejes estañados.	Kg	Ex	Ex
7212.10.02		Chapas o láminas estañadas (hojalata).	Kg	Ex	Ex
7212.10.99		Los demás.	Kg	Ex	Ex
7212.20	**.**	**Cincados electrolíticamente.**			
7212.20.01		Flejes.	Kg	Ex	Ex
7212.20.02		Cincadas por las dos caras, de ancho superior a 500 mm.	Kg	Ex	Ex
7212.20.99		Los demás.	Kg	Ex	Ex
7212.30	**.**	**Cincados de otro modo.**			
7212.30.01		Flejes.	Kg	Ex	Ex
7212.30.02		Cincados por las dos caras, de ancho superior a 500 mm.	Kg	Ex	Ex
7212.30.99		Los demás.	Kg	Ex	Ex
7212.40	**.**	**Pintados, barnizados o revestidos de plástico.**			
7212.40.01		Chapas recubiertas con barniz de siliconas.	Kg	Ex	Ex
7212.40.02		De espesor total igual o superior a 0.075 mm sin exceder de 0.55 mm con recubrimiento plástico por una o ambas caras.	Kg	Ex	Ex
7212.40.03		Cincados por las dos caras, de ancho superior a 500 mm.	Kg	Ex	Ex
7212.40.99		Los demás.	Kg	Ex	Ex
7212.50	**.**	**Revestidos de otro modo.**			
7212.50.01		Revestidos de otro modo.	Kg	Ex	Ex
7212.60	**.**	**Chapados.**			
7212.60.01		Chapas cromadas sin trabajar.	Kg	Ex	Ex
7212.60.02		Flejes cobrizados electrolíticamente, por ambos lados y pulidos con una proporción de cobre que no exceda de 5%, con ancho inferior o igual a 100 mm y un espesor que no exceda de 0.6 mm.	Kg	Ex	Ex
7212.60.03		Chapas plaqueadas con acero inoxidable.	Kg	Ex	Ex
7212.60.99		Los demás.	Kg	Ex	Ex

72.13	**Alambrón de hierro o acero sin alear.**			
7213.10	**-** **Con muescas, cordones, surcos o relieves, producidos en el laminado.**			
7213.10.01	Con muescas, cordones, surcos o relieves, producidos en el laminado.	Kg	15	Ex
7213.20	**-** **Los demás, de acero de fácil mecanización.**			
7213.20.01	Los demás, de acero de fácil mecanización.	Kg	15	Ex
	- **Los demás:**			
7213.91	**--** **De sección circular con diámetro inferior a 14 mm.**			
7213.91.01	Con un contenido de carbono inferior a 0.4% en peso.	Kg	15	Ex
7213.91.02	Con un contenido de carbono igual o superior a 0.4% en peso.	Kg	15	Ex
7213.99	**--** **Los demás.**			
7213.99.01	Alambrón de acero con un contenido máximo de carbono de 0.13%, 0.1% máximo de silicio, y un contenido mínimo de aluminio de 0.02%, en peso.	Kg	15	Ex
7213.99.99	Los demás.	Kg	15	Ex
72.14	**Barras de hierro o acero sin alear, simplemente forjadas, laminadas o extrudidas, en caliente, así como las sometidas a torsión después del laminado.**			
7214.10	**-** **Forjadas.**			
7214.10.01	Forjadas.	Kg	Ex	Ex
7214.20	**-** **Con muescas, cordones, surcos o relieves, producidos en el laminado o sometidas a torsión después del laminado.**			
7214.20.01	Varillas corrugadas o barras para armadura, para cemento u hormigón.	Kg	Ex	Ex
7214.20.99	Los demás.	Kg	Ex	Ex
7214.30	**-** **Las demás, de acero de fácil mecanización.**			
7214.30.01	Las demás, de acero de fácil mecanización.	Kg	Ex	Ex
	- **Las demás:**			
7214.91	**--** **De sección transversal rectangular.**			
7214.91.01	Con un contenido de carbono inferior a 0.25% en peso.	Kg	Ex	Ex
7214.91.02	Con un contenido de carbono superior o igual a 0.25% pero inferior a 0.6% en peso.	Kg	Ex	Ex
7214.91.99	Los demás.	Kg	Ex	Ex
7214.99	**--** **Las demás.**			
7214.99.01	Con un contenido de carbono inferior a 0.25% en peso.	Kg	Ex	Ex
7214.99.02	Con un contenido de carbono superior o igual a 0.25% pero inferior a 0.6% en peso.	Kg	Ex	Ex
7214.99.99	Los demás.	Kg	Ex	Ex
72.15	**Las demás barras de hierro o acero sin alear.**			
7215.10	**-** **De acero de fácil mecanización, simplemente obtenidas o acabadas en frío.**			
7215.10.01	De acero de fácil mecanización, simplemente obtenidas o acabadas en frío.	Kg	Ex	Ex
7215.50	**-** **Las demás, simplemente obtenidas o acabadas en frío.**			
7215.50.01	Macizas, revestidas de aluminio o de cobre.	Kg	Ex	Ex
7215.50.99	Las demás.	Kg	Ex	Ex
7215.90	**-** **Las demás.**			
7215.90.99	Las demás.	Kg	Ex	Ex
72.16	**Perfiles de hierro o acero sin alear.**			
7216.10	**-** **Perfiles en U, en I o en H, simplemente laminados o extrudidos en caliente, de altura inferior a 80 mm.**			
7216.10.01	Perfiles en U, en I o en H, simplemente laminados o extrudidos en caliente, de altura inferior a 80 mm.	Kg	Ex	Ex
	- **Perfiles en L o en T, simplemente laminados o extrudidos en caliente, de altura inferior a 80 mm:**			
7216.21	**--** **Perfiles en L.**			
7216.21.01	Perfiles en L.	Kg	Ex	Ex
7216.22	**--** **Perfiles en T.**			
7216.22.01	Perfiles en T.	Kg	Ex	Ex
	- **Perfiles en U, en I o en H, simplemente laminados o extrudidos en caliente, de altura superior o igual a 80 mm:**			
7216.31	**--** **Perfiles en U.**			
7216.31.01	Cuyo espesor no exceda de 23 cm, excepto lo comprendido en la fracción 7216.31.02.	Kg	Ex	Ex
7216.31.02	Cuyo espesor sea igual o superior a 13 cm, sin exceder de 20 cm.	Kg	Ex	Ex
7216.31.99	Los demás.	Kg	Ex	Ex
7216.32	**--** **Perfiles en I.**			
7216.32.01	Cuyo espesor no exceda de 23 cm, excepto lo comprendido en la fracción 7216.32.02.	Kg	Ex	Ex
7216.32.02	Cuyo espesor sea igual o superior a 13 cm, sin exceder de 20 cm.	Kg	Ex	Ex
7216.32.99	Los demás.	Kg	Ex	Ex
7216.33	**--** **Perfiles en H.**			
7216.33.01	Perfiles en H.	Kg	Ex	Ex
7216.40	**-** **Perfiles en L o en T, simplemente laminados o extrudidos en caliente, de altura superior o igual a 80 mm.**			
7216.40.01	Perfiles en L o en T, simplemente laminados o extrudidos en caliente, de altura superior o igual a 80 mm.	Kg	Ex	Ex

7216.50	**.**	**Los demás perfiles, simplemente laminados o extrudidos en caliente.**			
7216.50.01		Perfiles en forma de Z, cuyo espesor no exceda de 23 cm.	Kg	Ex	Ex
7216.50.99		Los demás.	Kg	Ex	Ex
	.	**Perfiles simplemente obtenidos o acabados en frío:**			
7216.61	**. .**	**Obtenidos a partir de productos laminados planos.**			
7216.61.01		Perfiles en forma de H, I, L, T, U y Z, cuyo espesor no exceda a 23 cm, excepto lo comprendido en la fracción 7216.61.02.	Kg	Ex	Ex
7216.61.02		En forma de U e I, cuyo espesor sea igual o superior a 13 cm, sin exceder de 20 cm.	Kg	Ex	Ex
7216.61.99		Los demás.	Kg	Ex	Ex
7216.69	**. .**	**Los demás.**			
7216.69.01		Perfiles en forma de H, I, L, T, U y Z, cuyo espesor no exceda de 23 cm, excepto lo comprendido en la fracción 7216.69.02.	Kg	Ex	Ex
7216.69.02		En forma de U e I, cuyo espesor sea igual o superior a 13 cm, sin exceder de 20 cm.	Kg	Ex	Ex
7216.69.99		Los demás.	Kg	Ex	Ex
	.	**Los demás:**			
7216.91	**. .**	**Obtenidos o acabados en frío, a partir de productos laminados planos.**			
7216.91.01		Obtenidos o acabados en frío, a partir de productos laminados planos.	Kg	Ex	Ex
7216.99	**. .**	**Los demás.**			
7216.99.99		Los demás.	Kg	Ex	Ex
72.17		**Alambre de hierro o acero sin alear.**			
7217.10	**.**	**Sin revestir, incluso pulido.**			
7217.10.01		Forjado en frío, con la mayor sección transversal igual o superior a 7 mm, pero inferior o igual a 28 mm, con un contenido de carbono inferior a 0.6% en peso.	Kg	Ex	Ex
7217.10.99		Los demás.	Kg	Ex	Ex
7217.20	**.**	**Cincado.**			
7217.20.01		Laminados, unidos longitudinalmente entre sí, reconocibles como concebidos exclusivamente para la fabricación de grapas.	Kg	Ex	Ex
7217.20.99		Los demás.	Kg	Ex	Ex
7217.30	**.**	**Revestido de otro metal común.**			
7217.30.01		Con recubrimiento de cobre, con un contenido de carbono inferior a 0.6%.	Kg	Ex	Ex
7217.30.99		Los demás.	Kg	Ex	Ex
7217.90	**.**	**Los demás.**			
7217.90.99		Los demás.	Kg	Ex	Ex

SUBCAPÍTULO III
ACERO INOXIDABLE

72.18		**Acero inoxidable en lingotes o demás formas primarias; productos intermedios de acero inoxidable.**			
7218.10	**.**	**Lingotes o demás formas primarias.**			
7218.10.01		Lingotes o demás formas primarias.	Kg	Ex	Ex
	.	**Los demás:**			
7218.91	**. .**	**De sección transversal rectangular.**			
7218.91.01		De sección transversal rectangular.	Kg	Ex	Ex
7218.99	**. .**	**Los demás.**			
7218.99.99		Los demás.	Kg	Ex	Ex
72.19		**Productos laminados planos de acero inoxidable, de anchura superior o igual a 600 mm.**			
	.	**Simplemente laminados en caliente, enrollados:**			
7219.11	**. .**	**De espesor superior a 10 mm.**			
7219.11.01		De espesor superior a 10 mm.	Kg	Ex	Ex
7219.12	**. .**	**De espesor superior o igual a 4.75 mm pero inferior o igual a 10 mm.**			
7219.12.01		De espesor igual o inferior a 6 mm. y ancho igual o superior a 710 mm, sin exceder de 1,350 mm.	Kg	Ex	Ex
7219.12.99		Los demás.	Kg	Ex	Ex
7219.13	**. .**	**De espesor superior o igual a 3 mm pero inferior a 4.75 mm.**			
7219.13.01		De espesor superior o igual a 3 mm pero inferior a	Kg	Ex	Ex
7219.14	**. .**	**De espesor inferior a 3 mm.**			
7219.14.01		De espesor inferior a 3 mm.	Kg	Ex	Ex
	.	**Simplemente laminados en caliente, sin enrollar:**			
7219.21	**. .**	**De espesor superior a 10 mm.**			
7219.21.01		De espesor superior a 10 mm.	Kg	Ex	Ex
7219.22	**. .**	**De espesor superior o igual a 4.75 mm pero inferior o igual a 10 mm.**			
7219.22.01		De espesor superior o igual a 4.75 mm pero inferior	Kg	Ex	Ex

7219.23	..	**De espesor superior o igual a 3 mm pero inferior a 4.75 mm.**			
7219.23.01		De espesor superior o igual a 3 mm pero inferior a 4.75 mm.	Kg	Ex	Ex
7219.24	..	**De espesor inferior a 3 mm.**			
7219.24.01		De espesor inferior a 3 mm.	Kg	Ex	Ex
	-	**Simplemente laminados en frío:**			
7219.31	..	**De espesor superior o igual a 4.75 mm.**			
7219.31.01		De espesor superior o igual a 4.75 mm.	Kg	Ex	Ex
7219.32	..	**De espesor superior o igual a 3 mm pero inferior a 4.75 mm.**			
7219.32.01		Cuyo espesor no exceda de 4 mm.	Kg	Ex	Ex
7219.32.99		Los demás.	Kg	Ex	Ex
7219.33	..	**De espesor superior a 1 mm pero inferior a 3 mm.**			
7219.33.01		De espesor superior a 1 mm pero inferior a 3 mm.	Kg	Ex	Ex
7219.34	..	**De espesor superior o igual a 0.5 mm pero inferior o igual a 1 mm.**			
7219.34.01		De espesor superior o igual a 0.5 mm pero inferior o igual a 1 mm.	Kg	Ex	Ex
7219.35	..	**De espesor inferior a 0.5 mm.**			
7219.35.01		De espesor igual o superior a 0.3 mm.	Kg	Ex	Ex
7219.35.99		Los demás.	Kg	Ex	Ex
7219.90	-	**Los demás.**			
7219.90.99		Los demás.	Kg	Ex	Ex
72.20		**Productos laminados planos de acero inoxidable, de anchura inferior a 600 mm.**			
	-	**Simplemente laminados en caliente:**			
7220.11	..	**De espesor superior o igual a 4.75 mm.**			
7220.11.01		De espesor superior o igual a 4.75 mm.	Kg	Ex	Ex
7220.12	..	**De espesor inferior a 4.75 mm.**			
7220.12.01		De espesor inferior a 4.75 mm.	Kg	Ex	Ex
7220.20	-	**Simplemente laminados en frío.**			
7220.20.01		Sin templar o pretemplado (DGN-410, DGN-420 y DGN-440) con espesor igual o superior a 0.3 mm, sin exceder de 6.0 mm, y con anchura máxima de 325 mm.	Kg	Ex	Ex
7220.20.02		Con espesor igual o superior a 0.3 mm, sin exceder de 4.0 mm, excepto lo comprendido en la fracción 7220.20.01.	Kg	Ex	Ex
7220.20.99		Los demás.	Kg	Ex	Ex
7220.90	-	**Los demás.**			
7220.90.99		Los demás.	Kg	Ex	Ex
72.21		**Alambrón de acero inoxidable.**			
7221.00	-	**Alambrón de acero inoxidable.**			
7221.00.01		Alambrón de acero inoxidable.	Kg	Ex	Ex
72.22		**Barras y perfiles, de acero inoxidable.**			
	-	**Barras simplemente laminadas o extrudidas en caliente:**			
7222.11	..	**De sección circular.**			
7222.11.01		De acero nitrogenado, laminadas en caliente, pelado o rectificado.	Kg	Ex	Ex
7222.11.99		Las demás.	Kg	Ex	Ex
7222.19	..	**Las demás.**			
7222.19.99		Las demás.	Kg	Ex	Ex
7222.20	-	**Barras simplemente obtenidas o acabadas en frío.**			
7222.20.01		Barras simplemente obtenidas o acabadas en frío.	Kg	Ex	Ex
7222.30	-	**Las demás barras.**			
7222.30.01		Huecas, para perforación de minas.	Kg	Ex	Ex
7222.30.99		Las demás.	Kg	Ex	Ex
7222.40	-	**Perfiles.**			
7222.40.01		Perfiles.	Kg	Ex	Ex
72.23		**Alambre de acero inoxidable.**			
7223.00	-	**Alambre de acero inoxidable.**			
7223.00.01		De sección transversal circular.	Kg	Ex	Ex
7223.00.99		Los demás.	Kg	Ex	Ex

SUBCAPÍTULO IV
LOS DEMÁS ACEROS ALEADOS;
BARRAS HUECAS PARA PERFORACIÓN,
DE ACERO ALEADO O SIN ALEAR

72.24		**Los demás aceros aleados en lingotes o demás formas primarias; productos intermedios de los demás aceros aleados.**			
7224.10	-	**Lingotes o demás formas primarias.**			
7224.10.01		Lingotes de acero grado herramienta.	Kg	Ex	Ex

7224.10.02	Lingotes de acero rápido.	Kg	Ex	Ex
7224.10.03	Lingotes, excepto lo comprendido en las fracciones 7224.10.01 y 7224.10.02.	Kg	Ex	Ex
7224.10.04	Desbastes cuadrados o rectangulares (blooms) y palanquillas de acero grado herramienta.	Kg	Ex	Ex
7224.10.05	Desbastes cuadrados o rectangulares (blooms) y palanquillas de acero rápido.	Kg	Ex	Ex
7224.10.99	Los demás.	Kg	Ex	Ex
7224.90	**. Los demás.**			
7224.90.01	Piezas forjadas, reconocibles para la fabricación de juntas o uniones de elementos de perforación.	Kg	Ex	Ex
7224.90.02	Productos intermedios, con un contenido de carbono inferior o igual a 0.006% en peso.	Kg	15	Ex
7224.90.99	Los demás.	Kg	Ex	Ex
72.25	**Productos laminados planos de los demás aceros aleados, de anchura superior o igual a 600 mm.**			
	. De acero al silicio llamado "magnético" (acero magnético al silicio):			
7225.11	**. . De grano orientado.**			
7225.11.01	De grano orientado.	Kg	Ex	Ex
7225.19	**. . Los demás.**			
7225.19.99	Los demás.	Kg	15	Ex
7225.30	**. Los demás, simplemente laminados en caliente, enrollados.**			
7225.30.01	Con un contenido de carbono inferior o igual a 0.01% en peso, y los siguientes elementos, considerados individualmente o en conjunto: titanio entre 0.02% y 0.15% en peso, niobio entre 0.01% y 0.03% en peso.	Kg	15	Ex
7225.30.02	Con un contenido de boro igual o superior a 0.0008%, de espesor superior a 10 mm.	Kg	15	Ex
7225.30.03	Con un contenido de boro igual o superior a 0.0008%, de espesor superior o igual a 4.75 mm, pero inferior o igual a 10 mm.	Kg	15	Ex
7225.30.04	Con un contenido de boro igual o superior a 0.0008%, de espesor superior o igual a 3 mm, pero inferior a 4.75 mm.	Kg	15	Ex
7225.30.05	Con un contenido de boro igual o superior a 0.0008%, de espesor inferior a 3 mm.	Kg	15	Ex
7225.30.06	De acero rápido.	Kg	15	Ex
7225.30.99	Los demás.	Kg	15	Ex
7225.40	**. Los demás, simplemente laminados en caliente, sin enrollar.**			
7225.40.01	Con un contenido de boro igual o superior a 0.0008%, de espesor superior a 10 mm.	Kg	15	Ex
7225.40.02	Con un contenido de boro igual o superior a 0.0008%, de espesor superior o igual a 4.75 mm, pero inferior o igual a 10 mm.	Kg	15	Ex
7225.40.03	Con un contenido de boro igual o superior a 0.0008%, de espesor superior o igual a 3 mm, pero inferior a 4.75 mm.	Kg	15	Ex
7225.40.04	Con un contenido de boro igual o superior a 0.0008%, de espesor inferior a 3 mm.	Kg	15	Ex
7225.40.05	De acero rápido.	Kg	15	Ex
7225.40.99	Los demás.	Kg	15	Ex
7225.50	**. Los demás, simplemente laminados en frío.**			
7225.50.01	Con un contenido de boro igual o superior a 0.0008%, y espesor superior o igual a 3 mm, enrollada.	Kg	15	Ex
7225.50.02	Con un contenido de boro igual o superior a 0.0008%, y espesor superior a 1 mm, pero inferior a 3 mm, enrollada.	Kg	15	Ex
7225.50.03	Con un contenido de boro igual o superior a 0.0008%, y espesor superior o igual a 0.5 mm, pero inferior o igual a 1 mm, enrollada.	Kg	15	Ex
7225.50.04	Con un contenido de boro igual o superior a 0.0008%, y espesor inferior a 0.5 mm, enrollada.	Kg	15	Ex
7225.50.05	Con un contenido de boro igual o superior a 0.0008%, sin enrollar.	Kg	15	Ex
7225.50.06	De acero rápido.	Kg	15	Ex
7225.50.99	Los demás.	Kg	15	Ex
	. Los demás:			
7225.91	**. . Cincados electrolíticamente.**			
7225.91.01	Cincados electrolíticamente.	Kg	Ex	Ex
7225.92	**. . Cincados de otro modo.**			
7225.92.01	Cincados de otro modo.	Kg	Ex	Ex
7225.99	**. . Los demás.**			
7225.99.99	Los demás.	Kg	Ex	Ex
72.26	**Productos laminados planos de los demás aceros aleados, de anchura inferior a 600 mm.**			
	. De acero al silicio llamado "magnético" (acero magnético al silicio):			
7226.11	**. . De grano orientado.**			
7226.11.01	De grano orientado.	Kg	Ex	Ex
7226.19	**. . Los demás.**			
7226.19.99	Los demás.	Kg	15	Ex
7226.20	**. De acero rápido.**			
7226.20.01	De acero rápido.	Kg	Ex	Ex

- Los demás:

7226.91	..	**Simplemente laminados en caliente.**			
7226.91.01		De anchura superior a 500 mm, excepto lo comprendido en las fracciones 7226.91.02, 7226.91.03, 7226.91.04, 7226.91.05 y 7226.91.06.	Kg	15	Ex
7226.91.02		Con un contenido de boro igual o superior a 0.0008%, y espesor superior o igual a 3 mm, enrollada.	Kg	15	Ex
7226.91.03		Con un contenido de boro igual o superior a 0.0008%, y espesor superior a 1 mm, pero inferior a 3 mm, enrollada.	Kg	15	Ex
7226.91.04		Con un contenido de boro igual o superior a 0.0008%, y espesor superior o igual a 0.5 mm, pero inferior o igual a 1 mm, enrollada.	Kg	15	Ex
7226.91.05		Con un contenido de boro igual o superior a 0.C008%, y espesor inferior a 0.5 mm, enrollada.	Kg	15	Ex
7226.91.06		Con un contenido de boro igual o superior a 0.0008%, sin enrollar.	Kg	15	Ex
7226.91.99		Los demás.	Kg	15	Ex
7226.92	..	**Simplemente laminados en frío.**			
7226.92.01		Con un contenido de boro igual o superior a 0.0008%, y espesor superior o igual a 3 mm, enrollada.	Kg	15	Ex
7226.92.02		Con un contenido de boro igual o superior a 0.0008%, y espesor superior a 1 mm, pero inferior a 3 mm, enrollada.	Kg	15	Ex
7226.92.03		Con un contenido de boro igual o superior a 0.0008%, y espesor superior o igual a 0.5 mm, pero inferior o igual a 1 mm, enrollada.	Kg	15	Ex
7226.92.04		Con un contenido de boro igual o superior a 0.C008%, y espesor inferior a 0.5 mm, enrollada.	Kg	15	Ex
7226.92.05		Con un contenido de boro igual o superior a 0.0008%, sin enrollar.	Kg	15	Ex
7226.92.99		Los demás.	Kg	15	Ex
7226.99	..	**Los demás.**			
7226.99.01		Cincados electrolíticamente.	Kg	Ex	Ex
7226.99.02		Cincados de otro modo.	Kg	Ex	Ex
7226.99.99		Los demás.	Kg	Ex	Ex
72.27		**Alambrón de los demás aceros aleados.**			
7227.10	.	**De acero rápido.**			
7227.10.01		De acero rápido.	Kg	15	Ex
7227.20	.	**De acero silicomanganeso.**			
7227.20.01		De acero silicomanganeso.	Kg	15	Ex
7227.90	.	**Los demás.**			
7227.90.01		De acero grado herramienta.	Kg	15	Ex
7227.90.99		Los demás.	Kg	15	Ex
72.28		**Barras y perfiles, de los demás aceros aleados; barras huecas para perforación, de aceros aleados o sin alear.**			
7228.10	.	**Barras de acero rápido.**			
7228.10.01		Barras acabadas en caliente.	Kg	Ex	Ex
7228.10.99		Las demás.	Kg	Ex	Ex
7228.20	.	**Barras de acero silicomanganeso.**			
.7228.20.01		Barras acabadas en caliente.	Kg	Ex	Ex
7228.20.99		Las demás.	Kg	Ex	Ex
7228.30	.	**Las demás barras, simplemente laminadas o extrudidas en caliente.**			
7228.30.01		En aceros grado herramienta.	Kg	Ex	Ex
7228.30.99		Las demás.	Kg	Ex	Ex
7228.40	.	**Las demás barras, simplemente forjadas.**			
7228.40.01		En aceros grado herramienta.	Kg	Ex	Ex
7228.40.99		Las demás.	Kg	Ex	Ex
7228.50	.	**Las demás barras, simplemente obtenidas o acabadas en frío.**			
7228.50.01		En aceros grado herramienta.	Kg	Ex	Ex
7228.50.99		Las demás.	Kg	Ex	Ex
7228.60	.	**Las demás barras.**			
7228.60.01		En aceros grado herramienta.	Kg	Ex	Ex
7228.60.99		Las demás.	Kg	Ex	Ex
7228.70	.	**Perfiles.**			
7228.70.01		Perfiles.	Kg	Ex	Ex
7228.80	.	**Barras huecas para perforación.**			
7228.80.01		Barras huecas para perforación.	Kg	Ex	Ex
72.29		**Alambre de los demás aceros aleados.**			
7229.20	.	**De acero silicomanganeso.**			
7229.20.01		De acero silicomanganeso.	Kg	Ex	Ex

7229.90 - **Los demás.**

Código	Descripción	Unid de Med	Arancel IMP.	Arancel EXP.
7229.90.01	Revestidos de cobre y tratados o no con boro, con diámetro inferior o igual a 0.8 mm, reconocibles para la fabricación de electrodos para cátodos de encendido de focos, tubos de descarga o tubos de rayos cátodicos.	Kg	Ex	Ex
7229.90.02	De acero grado herramienta.	Kg	Ex	Ex
7229.90.03	Templados en aceite ("oil tempered"), de acero al cromo-silicio y/o al cromo-vanadio, con un contenido de carbono inferior a 1.3% en peso, y un diámetro inferior o igual a 6.35 mm.	Kg	Ex	Ex
7229.90.04	De acero rápido.	Kg	Ex	Ex
7229.90.99	Los demás.	Kg	Ex	Ex

Capítulo 73
Manufacturas de fundición, hierro o acero

Notas.

1. En este Capítulo, se entiende por *fundición* el producto obtenido por moldeo que no responda a la composición química del acero definido en la Nota 1 d) del Capítulo 72, en el que el hierro predomine en peso sobre cada uno de los demás elementos.

2. En este Capítulo, el término *alambre* se refiere a los productos obtenidos en caliente o en frío cuya sección transversal, cualquiera que fuese su forma, sea inferior o igual a 16 mm en su mayor dimensión.

Código		Descripción	Unid de Med	Arancel (%) IMP.	Arancel (%) EXP.
73.01		**Tablestacas de hierro o acero, incluso perforadas o hechas con elementos ensamblados; perfiles de hierro o acero obtenidos por soldadura.**			
7301.10	-	**Tablestacas.**			
7301.10.01		Tablestacas.	Kg	Ex	Ex
7301.20	-	**Perfiles.**			
7301.20.01		Perfiles.	Kg	Ex	Ex
73.02		**Elementos para vías férreas, de fundición, hierro o acero: carriles (rieles), contracarriles (contrarrieles) y cremalleras, agujas, puntas de corazón, varillas para mando de agujas y otros elementos para cruce o cambio de vías, traviesas (durmientes), bridas, cojinetes, cuñas, placas de asiento, placas de unión, placas y tirantes de separación y demás piezas concebidas especialmente para la colocación, unión o fijación de carriles (rieles).**			
7302.10	-	**Carriles (rieles).**			
7302.10.01		Cuando se importen para su relaminación por empresas laminadoras, o para hornos de fundición.	Kg	Ex	Ex
7302.10.99		Los demás.	Kg	Ex	Ex
7302.30	-	**Agujas, puntas de corazón, varillas para mando de agujas y otros elementos para cruce o cambio de vías.**			
7302.30.01		Agujas, puntas de corazón, varillas para mando de agujas y otros elementos para cruce o cambio de vías.	Kg	Ex	Ex
7302.40	-	**Bridas y placas de asiento.**			
7302.40.01		Placas de asiento.	Kg	Ex	Ex
7302.40.99		Los demás.	Kg	Ex	Ex
7302.90	-	**Los demás.**			
7302.90.01		Placas de sujeción y anclas de vía.	Kg	Ex	Ex
7302.90.02		Traviesas (durmientes).	Kg	Ex	Ex
7302.90.99		Los demás.	Kg	Ex	Ex
73.03		**Tubos y perfiles huecos, de fundición.**			
7303.00	-	**Tubos y perfiles huecos, de fundición.**			
7303.00.01		Con diámetro exterior inferior o igual a 35 cm.	Kg	Ex	Ex
7303.00.99		Los demás.	Kg	Ex	Ex
73.04		**Tubos y perfiles huecos, sin costura (sin soldadura), de hierro o acero.**			
	-	**Tubos de los tipos utilizados en oleoductos o gasoductos:**			
7304.11	--	**De acero inoxidable.**			
7304.11.01		Tubos laminados en caliente, sin recubrimiento u otros trabajos de superficie incluidos los tubos laminados en caliente barnizados o laqueados: de diámetro exterior inferior o igual a 114.3 mm y espesor de pared igual o superior a 4 mm sin exceder de 19.5 mm.	Kg	5	Ex
7304.11.02		Tubos laminados en caliente, sin recubrimiento u otros trabajos de superficie, incluidos los tubos laminados en caliente barnizados o laqueados: de diámetro exterior superior a 114.3 mm sin exceder de 406.4 mm y espesor de pared igual o superior a 6.35 mm sin exceder de 38.1 mm.	Kg	5	Ex

7304.11.03	Tubos laminados en caliente, sin recubrimiento u otros trabajos de superficie, incluidos los tubos laminados en caliente barnizados o laqueados: de diámetro exterior igual o superior a 406.4 mm y espesor de pared igual o superior a 9.52 mm sin exceder de 31.75 mm.	Kg	5	Ex
7304.11.04	Tubos laminados en frío, sin recubrimiento u otros trabajos de superficie, incluidos los tubos laminados en frío barnizados o laqueados: de diámetro exterior inferior o igual a 114.3 mm y espesor de pared igual o superior a 1.27 mm sin exceder de 9.5 mm.	Kg	5	Ex
7304.11.05	Tubos semiterminados o esbozos para uso exclusivo de empresas fabricantes de tubería estirada en frío.	Kg	Ex	Ex
7304.11.99	Los demás.	Kg	Ex	Ex
7304.19	**.. Los demás.**			
7304.19.01	Tubos laminados en caliente, sin recubrimiento u otros trabajos de superficie, incluidos los tubos laminados en caliente barnizados o laqueados: de diámetro exterior inferior o igual a 114.3 mm y espesor de pared igual o superior a 4 mm sin exceder de 19.5 mm.	Kg	5	Ex
7304.19.02	Tubos laminados en caliente, sin recubrimiento u otros trabajos de superficie, incluidos los tubos laminados en caliente barnizados o laqueados: de diámetro exterior superior a 114.3 mm sin exceder de 406.4 mm y espesor de pared igual o superior a 6.35 mm sin exceder de 38.1 mm.	Kg	5	Ex
7304.19.03	Tubos laminados en caliente, sin recubrimiento u otros trabajos de superficie, incluidos los tubos laminados en caliente barnizados o laqueados: de diámetro exterior igual o superior a 406.4 mm y espesor de pared igual o superior a 9.52 mm sin exceder de 31.75 mm.	Kg	5	Ex
7304.19.04	Tubos laminados en frío, sin recubrimiento u otros trabajos de superficie, incluidos los tubos laminados en frío barnizados o laqueados: de diámetro exterior inferior o igual a 114.3 mm y espesor de pared igual o superior a 1.27 mm sin exceder de 9.5 mm.	Kg	5	Ex
7304.19.05	Tubos semiterminados o esbozos para uso exclusivo de empresas fabricantes de tubería estirada en frío.	Kg	Ex	Ex
7304.19.99	Los demás.	Kg	Ex	Ex
-	**Tubos de entubación ("casing") o de producción ("tubing") y tubos de perforación, de los tipos utilizados para la extracción de petróleo o gas:**			
7304.22	**.. Tubos de perforación de acero inoxidable.**			
7304.22.01	Tubos de perforación ("Drill pipe"), laminados en caliente, con diámetro exterior igual o superior a 60.3 mm sin exceder de 168.3 mm, con extremos roscados.	Kg	Ex	Ex
7304.22.02	Con diámetro exterior inferior o igual a 35.6 mm y espesor de pared igual o superior a 3.3 mm sin exceder de 3.5 mm, con recalcado exterior.	Kg	Ex	Ex
7304.22.03	Tubos semiterminados para la fabricación de tubos de perforación ("Drill pipe"), laminados en caliente, con diámetro exterior igual o superior a 60.3 mm sin exceder de 168.3 mm, sin roscar.	Kg	Ex	Ex
7304.22.99	Los demás.	Kg	Ex	Ex
7304.23	**.. Los demás tubos de perforación.**			
7304.23.01	Tubos de perforación ("Drill pipe"), laminados en caliente, con diámetro exterior igual o superior a 60.3 mm sin exceder de 168.3 mm, con extremos roscados.	Kg	Ex	Ex
7304.23.02	Con diámetro exterior inferior o igual a 35.6 mm y espesor de pared igual o superior a 3.3 mm sin exceder de 3.5 mm, con recalcado exterior.	Kg	Ex	Ex
7304.23.03	Tubos semiterminados para la fabricación de tubos de perforación ("Drill pipe"), laminados en caliente, con diámetro exterior igual o superior a 60.3 mm sin exceder de 168.3 mm, sin roscar.	Kg	Ex	Ex
7304.23.99	Los demás.	Kg	Ex	Ex
7304.24	**.. Los demás, de acero inoxidable.**			
7304.24.01	Tubos de entubación ("Casing"), laminados en caliente, con extremos roscados, de diámetro exterior igual o superior a 114.3 mm sin exceder de 346.1 mm.	Kg	5	Ex
7304.24.02	Tubos de entubación ("Casing"), laminados en caliente, con extremos roscados, de diámetro exterior igual o superior a 460.4 mm sin exceder de 508 mm.	Kg	5	Ex
7304.24.03	Tubos de entubación ("Casing"), laminados en caliente, sin roscar, de diámetro exterior igual o superior a 114.3 mm sin exceder de 346.1 mm.	Kg	5	Ex
7304.24.04	Tubos de entubación ("Casing"), laminados en caliente, sin roscar, de diámetro exterior igual o superior a 460.4 mm sin exceder de 508 mm.	Kg	5	Ex
7304.24.05	Tubos de producción ("Tubing"), laminados en caliente, roscados, de diámetro exterior inferior o igual a 114.3 mm.	Kg	5	Ex
7304.24.06	Tubos de producción ("Tubing"), laminados en caliente, sin roscar, de diámetro exterior inferior o igual a 114.3 mm.	Kg	5	Ex
7304.24.99	Los demás.	Kg	5	Ex
7304.29	**.. Los demás.**			
7304.29.01	Tubos de entubación ("Casing"), laminados en caliente, con extremos roscados, de diámetro exterior igual o superior a 114.3 mm sin exceder de 346.1 mm.	Kg	5	Ex
7304.29.02	Tubos de entubación ("Casing"), laminados en caliente, con extremos roscados, de diámetro exterior igual o superior a 460.4 mm sin exceder de 508 mm.	Kg	5	Ex
7304.29.03	Tubos de entubación ("Casing"), laminados en caliente, sin roscar, de diámetro exterior igual o superior a 114.3 mm sin exceder de 346.1 mm.	Kg	5	Ex
7304.29.04	Tubos de entubación ("Casing"), laminados en caliente, sin roscar, de diámetro exterior igual o superior a 460.4 mm sin exceder de 508 mm.	Kg	5	Ex

7304.29.05	Tubos de producción ("Tubing"), laminados en caliente, roscados, de diámetro exterior inferior o igual a 114.3 mm.	Kg	5	Ex
7304.29.06	Tubos de producción ("Tubing"), laminados en caliente, sin roscar, de diámetro exterior inferior o igual a 114.3 mm.	Kg	5	Ex
7304.29.99	Los demás.	Kg	5	Ex
-	**Los demás, de sección circular, de hierro o acero sin alear:**			
7304.31	**.. Estirados o laminados en frío.**			
7304.31.01	Tubos llamados "mecánicos" o "estructurales", sin recubrimientos u otros trabajos de superficie, de diámetro exterior inferior o igual a 114.3 mm y espesor de pared igual o superior a 1.27 mm sin exceder de 9.5 mm.	Kg	5	Ex
7304.31.02	Barras huecas de diámetro exterior superior a 30 mm sin exceder de 50 mm.	Kg	Ex	Ex
7304.31.03	Barras huecas con diámetro exterior superior a 50 mm.	Kg	Ex	Ex
7304.31.04	Serpentines.	Kg	Ex	Ex
7304.31.05	Tubos aletados o con birlos.	Kg	Ex	Ex
7304.31.06	De acero al carbono, con diámetro superior a 120 mm.	Kg	Ex	Ex
7304.31.07	Conducciones forzadas, incluso con zunchos, del tipo utilizado en instalaciones hidroeléctricas.	Kg	Ex	Ex
7304.31.08	Tubos de sondeo.	Kg	Ex	Ex
7304.31.09	Tubos semiterminados o esbozos, cuyo diámetro exterior sea de 38.1 mm o 57.7 mm, con tolerancia de ±1%, para uso exclusivo de empresas fabricantes de tubería.	Kg	Ex	Ex
7304.31.10	Tubos llamados "térmicos" o de "conducción", sin recubrimientos u otros trabajos de superficie, de diámetro exterior inferior o igual a 114.3 mm y espesor de pared igual o superior a 1.27 mm sin exceder de 9.5 mm.	Kg	5	Ex
7304.31.99	Los demás.	Kg	Ex	Ex
7304.39	**.. Los demás.**			
7304.39.01	Tubos llamados "mecánicos" o "estructurales", laminados en caliente, sin recubrimiento o trabajos de superficie, incluidos los tubos llamados "mecánicos" o "estructurales" laminados en caliente, laqueados o barnizados: de diámetro exterior inferior o igual a 114.3 mm, y espesor de pared igual o superior a 4 mm sin exceder de 19.5 mm.	Kg	5	Ex
7304.39.02	Tubos llamados "mecánicos" o "estructurales", laminados en caliente, sin recubrimiento u otros trabajos de superficie, incluidos los tubos llamados "mecánicos" o "estructurales", laminados en caliente, laqueados o barnizados: de diámetro exterior superior a 114.3 mm sin exceder de 355.6 mm y espesor de pared igual o superior a 6.35 mm sin exceder de 38.1 mm.	Kg	5	Ex
7304.39.03	Barras huecas laminadas en caliente, con diámetro exterior superior a 30 mm sin exceder de 50 mm, así como las de diámetro exterior superior a 300 mm.	Kg	Ex	Ex
7304.39.04	Barras huecas laminadas en caliente, de diámetro exterior superior a 50 mm sin exceder de 300 mm.	Kg	Ex	Ex
7304.39.05	Tubos llamados "térmicos" o de "conducción", sin recubrimiento o trabajos de superficie, incluidos los tubos llamados "térmicos" o de "conducción" laqueados o barnizados: de diámetro exterior inferior o igual a 114.3 mm y espesor de pared igual o superior a 4 mm, sin exceder 19.5 mm.	Kg	5	Ex
7304.39.06	Tubos llamados "térmicos" o de "conducción", sin recubrimiento u otros trabajos de superficie, incluidos los tubos llamados "térmicos" o de "conducción" laqueados o barnizados: de diámetro exterior superior a 114.3 mm sin exceder de 406.4 mm y espesor de pared igual o superior a 6.35 mm sin exceder de 38.1 mm.	Kg	5	Ex
7304.39.07	Tubos llamados "térmicos" o de "conducción", sin recubrimiento u otros trabajos de superficie, incluidos los tubos llamados "térmicos" o de "conducción" laqueados o barnizados: de diámetro exterior superior o igual a 406.4 mm y espesor de pared igual o superior a 9.52 mm sin exceder de 31.75 mm.	Kg	5	Ex
7304.39.08	Tubos aletados o con birlos.	Kg	5	Ex
7304.39.09	Tubos semiterminados o esbozos, sin recubrimiento u otros trabajos de superficie, de diámetro exterior igual o superior a 20 mm sin exceder de 460 mm y espesor de pared igual o superior a 2.8 mm sin exceder de 35.4 mm, con extremos lisos, biselados, recalcados y/o con rosca y cople.	Kg	5	Ex
7304.39.99	Los demás.	Kg	Ex	Ex
-	**Los demás, de sección circular, de acero inoxidable:**			
7304.41	**.. Estirados o laminados en frío.**			
7304.41.01	Serpentines.	Kg	Ex	Ex
7304.41.02	De diámetro exterior inferior a 19 mm.	Kg	Ex	Ex
7304.41.99	Los demás.	Kg	Ex	Ex
7304.49	**.. Los demás.**			
7304.49.01	Serpentines.	Kg	Ex	Ex
7304.49.99	Los demás.	Kg	Ex	Ex
-	**Los demás, de sección circular, de los demás aceros aleados:**			
7304.51	**.. Estirados o laminados en frío.**			
7304.51.01	Tubos llamados "mecánicos" o "estructurales", sin recubrimiento u otros trabajos de superficie, de diámetro exterior inferior o igual a 114.3 mm y espesor de pared igual o superior a 1.27 mm sin exceder de 9.5 mm.	Kg	Ex	Ex
7304.51.02	Barras huecas de diámetro exterior superior a 30 mm sin exceder de 50 mm.	Kg	Ex	Ex

7304.51.03	Barras huecas de diámetro exterior superior a 50 mm sin exceder de 300 mm.	Kg	Ex	Ex
7304.51.04	Serpentines.	Kg	Ex	Ex
7304.51.05	Tubos aletados o con birlos.	Kg	Ex	Ex
7304.51.06	Tubos de aleación 52100 (conforme a la NOM-B-325).	Kg	Ex	Ex
7304.51.07	Tubería para calderas, según las normas NOM-B-194 (ASME o ASTM-213) y NOM-B-181 (ASME o ASTM-335), excepto las series T2, T11, T12, T22, P1, P2, P11 y P22.	Kg	Ex	Ex
7304.51.08	Reconocibles para naves aéreas.	Kg	Ex	Ex
7304.51.09	Conducciones forzadas, incluso con zunchos, del tipo utilizado en instalaciones hidroeléctricas.	Kg	Ex	Ex
7304.51.10	Tubos semiterminados o esbozos de cualquier tipo de acero, cuyo diámetro exterior sea de 38.1 mm o 57.7 mm, o de aceros aleados cuyo diámetro exterior sea de 82.5 mm, 95 mm o 127 mm, con tolerancias de ±1% en todos los casos, para uso exclusivo de empresas fabricantes de tubería estirada en frío.	Kg	Ex	Ex
7304.51.11	Tubos llamados "térmicos" o de "conducción", sin recubrimiento u otros trabajos de superficie, de diámetro exterior inferior o igual a 114.3 mm y espesor de pared igual o superior a 1.27 mm sin exceder de 9.5 mm.	Kg	Ex	Ex
7304.51.99	Los demás.	Kg	Ex	Ex
7304.59	**.. Los demás.**			
7304.59.01	Tubos llamados "mecánicos" o "estructurales" sin recubrimiento u otros trabajos de superficie, incluidos los tubos llamados "mecánicos" o "estructurales" laqueados o barnizados: de diámetro exterior inferior o igual a 114.3 mm y espesor de pared igual o superior a 4 mm sin exceder de 19.5 mm.	Kg	Ex	Ex
7304.59.02	Tubos llamados "mecánicos" o "estructurales", sin recubrimiento u otros trabajos de superficie, incluidos los tubos llamados "mecánicos" o "estructurales" laqueados o barnizados: de diámetro exterior superior a 114.3 mm sin exceder de 355.6 mm y espesor	Kg	Ex	Ex
7304.59.03	Tubos de aleación llamada 52100 (correspondiente a la NOM-B-325).	Kg	Ex	Ex
7304.59.04	Barras huecas de diámetro exterior superior a 30 mm sin exceder de 50 mm, así como las de diámetro exterior superior a 300 mm.	Kg	Ex	Ex
7304.59.05	Barras huecas de diámetro exterior superior a 50 mm sin exceder de 300 mm.	Kg	Ex	Ex
7304.59.06	Tubos llamados "térmicos" o de "conducción", sin recubrimiento u otros trabajos, incluidos los tubos llamados "térmicos" o de "conducción" laqueados	Kg	Ex	Ex
7304.59.07	Tubos llamados "térmicos" o de "conducción", sin recubrimiento u otros trabajos de superficie, incluidos los tubos llamados "térmicos" o de "conducción" laqueados o barnizados: de diámetro exterior superior a 114.3 mm sin exceder de 406.4 mm y espesor de pared igual o superior a 6.35 mm sin exceder de 38.1 mm.	Kg	Ex	Ex
7304.59.08	Tubos llamados "térmicos" o de "conducción", sin recubrimiento u otros trabajos de superficie, incluidos los tubos llamados "térmicos" o de "conducción" laqueados o barnizados: de diámetro exterior superior o igual a 406.4 mm y espesor de pared igual o superior a 9.52 mm sin exceder de 31.75 mm.	Kg	Ex	Ex
7304.59.09	Tubos aletados o con birlos.	Kg	5	Ex
7304.59.10	Tubos semielaborados o esbozos, sin recubrimiento u otros trabajos de superficie de diámetro exterior igual o superior a 20 mm sin exceder de 460 mm y espesor de pared igual o superior a 2.8 mm sin exceder de 35.4 mm con extremos lisos, biselados, recalcados y/o con rosca y cople.	Kg	Ex	Ex
7304.59.99	Los demás.	Kg	Ex	Ex
7304.90	**. Los demás.**			
7304.90.99	Los demás.	Kg	Ex	Ex
73.05	**Los demás tubos (por ejemplo: soldados o remachados) de sección circular con diámetro exterior superior a 406.4 mm, de hierro o acero.**			
	. Tubos de los tipos utilizados en oleoductos o gasoductos:			
7305.11	**.. Soldados longitudinalmente con arco sumergido.**			
7305.11.01	Con espesor de pared inferior a 50.8 mm.	Kg	Ex	Ex
7305.11.99	Los demás.	Kg	Ex	Ex
7305.12	**.. Los demás, soldados longitudinalmente.**			
7305.12.01	Con espesor de pared inferior a 50.8 mm.	Kg	Ex	Ex
7305.12.99	Los demás.	Kg	Ex	Ex
7305.19	**.. Los demás.**			
7305.19.01	Con espesor de pared inferior a 50.8 mm.	Kg	Ex	Ex
7305.19.99	Los demás.	Kg	Ex	Ex
7305.20	**. Tubos de entubación ("casing") de los tipos utilizados para la extracción de petróleo o gas.**			
7305.20.01	Con espesor de pared inferior a 50.8 mm.	Kg	5	Ex
7305.20.99	Los demás.	Kg	Ex	Ex
	. Los demás, soldados:			
7305.31	**.. Soldados longitudinalmente.**			
7305.31.01	Galvanizados.	Kg	Ex	Ex
7305.31.02	De acero inoxidable con diámetro exterior superior a 1,220 mm.	Kg	Ex	Ex
7305.31.03	Tubos aletados o con birlos.	Kg	5	Ex
7305.31.04	Con paredes ranuradas de cualquier tipo o forma, aun cuando se presenten con recubrimientos anticorrosivos.	Kg	5	Ex

7305.31.05	Con espesor de pared superior a 50.8 mm.	Kg	Ex	Ex
7305.31.06	Conducciones forzadas de acero, incluso con zunchos, del tipo utilizado en nstalaciones hidroeléctricas.	Kg	Ex	Ex
7305.31.99	Los demás.	Kg	Ex	Ex
7305.39	**. . Los demás.**			
7305.39.01	Galvanizados.	Kg	Ex	Ex
7305.39.02	De acero inoxidable con diámetro exterior superior a 1,220 mm.	Kg	Ex	Ex
7305.39.03	Tubos aletados o con birlos.	Kg	5	Ex
7305.39.04	Con espesor de pared superior a 50.8 mm.	Kg	Ex	Ex
7305.39.05	Conducciones forzadas de acero, incluso con zunchos, del tipo utilizado en nstalaciones hidroeléctricas.	Kg	Ex	Ex
7305.39.99	Los demás.	Kg	Ex	Ex
7305.90	**. Los demás.**			
7305.90.01	Con espesor de pared superior a 50.8 mm.	Kg	Ex	Ex
7305.90.99	Los demás.	Kg	Ex	Ex
73.06	**Los demás tubos y perfiles huecos (por ejemplo: soldados, remachados, grapados o con los bordes simplemente aproximados), de hierro o acero.**			
	. Tubos de los tipos utilizados en oleoductos o gasoductos:			
7306.11	**. . Soldados, de acero inoxidable.**			
7306.11.01	Soldados, de acero inoxidable.	Kg	5	Ex
7306.19	**. . Los demás.**			
7306.19.99	Los demás.	Kg	5	Ex
	. Tubos de entubación ("casing") o de producción ("tubing"), de los tipos utilizados para la extracción de petróleo o gas:			
7306.21	**. . Soldados, de acero inoxidable.**			
7306.21.01	Soldados, de acero inoxidable.	Kg	5	Ex
7306.29	**. . Los demás.**			
7306.29.99	Los demás.	Kg	5	Ex
7306.30	**. Los demás, soldados, de sección circular, de hierro o acero sin alear.**			
7306.30.01	Galvanizados, excepto lo comprendido en la fracción 7306.30.02.	Kg	Ex	Ex
7306.30.02	Tubo de acero, al bajo carbono, galvanizado por inmersión, con diámetro exterior igual o superior a 3.92 mm pero inferior o igual a 4.08 mm, y espesor de pared igual o superior a 0.51 mm pero inferior o igual a 0.77 mm.	Kg	Ex	Ex
7306.30.99	Los demás.	Kg	5	Ex
7306.40	**. Los demás, soldados, de sección circular, de acero inoxidable.**			
7306.40.01	Tubos de diámetro igual o superior a 0.20 mm pero inferior a 1.5 mm.	Kg	Ex	Ex
7306.40.99	Los demás.	Kg	Ex	Ex
7306.50	**. Los demás, soldados, de sección circular, de los demás aceros aleados.**			
7306.50.01	De hierro o acero, cobrizados, de doble pared soldados por fusión (proceso "brazing") con o sin recubrimiento anticorrosivo.	Kg	Ex	Ex
7306.50.99	Los demás.	Kg	Ex	Ex
	. Los demás, soldados, excepto los de sección circular:			
7306.61	**. . De sección cuadrada o rectangular.**			
7306.61.01	De sección cuadrada o rectangular.	Kg	Ex	Ex
7306.69	**. . Los demás.**			
7306.69.99	Los demás.	Kg	Ex	Ex
7306.90	**. Los demás.**			
7306.90.99	Los demás.	Kg	Ex	Ex
73.07	**Accesorios de tubería (por ejemplo: empalmes (racores), codos, manguitos), de fundición, hierro o acero.**			
	. Moldeados:			
7307.11	**. . De fundición no maleable.**			
7307.11.01	Recubiertos interiormente de resinas térmicamente estabilizadas.	Kg	Ex	Ex
7307.11.99	Los demás.	Kg	Ex	Ex
7307.19	**. . Los demás.**			
7307.19.01	De diámetro interior superior a 5 cm y longitud igual o inferior a 30 cm, con dispositivos de cierre hermético constituido por un resorte y una empaquetadura de caucho, reconocibles como concebidos exclusivamente para riego por aspersión, excepto lo comprendido en la fracción 7307.19.04.	Kg	Ex	Ex
7307.19.02	Sin recubrimiento.	Kg	Ex	Ex
7307.19.03	Con recubrimiento metálico.	Kg	Ex	Ex
7307.19.04	Boquillas o espreas.	Kg	Ex	Ex
7307.19.05	Recubiertos interiormente de resinas térmicamente estabilizadas.	Kg	Ex	Ex
7307.19.06	Uniones radiales de acero fundido (conexiones de boca), aun cuando estén estañadas o galvanizadas.	Kg	Ex	Ex
7307.19.99	Los demás.	Kg	Ex	Ex

Los demás, de acero inoxidable:

7307.21	**.. Bridas.**			
7307.21.01	Bridas.	Kg	Ex	Ex
7307.22	**.. Codos, curvas y manguitos, roscados.**			
7307.22.01	De sección transversal superior a 10.16 cm.	Kg	Ex	Ex
7307.22.99	Los demás.	Kg	Ex	Ex
7307.23	**.. Accesorios para soldar a tope.**			
7307.23.01	Mangas o sillas sin rosca.	Kg	Ex	Ex
7307.23.99	Los demás.	Kg	Ex	Ex
7307.29	**.. Los demás.**			
7307.29.99	Los demás.	Kg	Ex	Ex
	Los demás:			
7307.91	**.. Bridas.**			
7307.91.01	Bridas.	Kg	Ex	Ex
7307.92	**.. Codos, curvas y manguitos, roscados.**			
7307.92.01	Recubiertos interiormente de resinas térmicamente estabilizadas.	Kg	Ex	Ex
7307.92.99	Los demás.	Kg	Ex	Ex
7307.93	**.. Accesorios para soldar a tope.**			
7307.93.01	Accesorios para soldar a tope.	Kg	Ex	Ex
7307.99	**.. Los demás.**			
7307.99.01	De diámetro interior superior a 5 cm y longitud igual o inferior a 30 cm, con dispositivos de cierre hermético constituido por un resorte y una empaquetadura de caucho, reconocibles como concebidos exclusivamente para riego por aspersión, excepto lo comprendido en la fracción 7307.99.04.	Kg	Ex	Ex
7307.99.02	Sin recubrimientos.	Kg	Ex	Ex
7307.99.03	Con recubrimientos metálicos.	Kg	Ex	Ex
7307.99.04	Boquillas o espreas.	Kg	Ex	Ex
7307.99.05	Recubiertos interiormente de resinas térmicamente estabilizadas.	Kg	Ex	Ex
7307.99.99	Los demás.	Kg	Ex	Ex

73.08	**Construcciones y sus partes (por ejemplo: puentes y sus partes, compuertas de esclusas, torres, castilletes, pilares, columnas, armazones para techumbre, techados, puertas y ventanas y sus marcos, contramarcos y umbrales, cortinas de cierre, barandillas), de fundición, hierro o acero, excepto las construcciones prefabricadas de la partida 94.06; chapas, barras, perfiles, tubos y similares, de fundición, hierro o acero, preparados para la construcción.**			
7308.10	**. Puentes y sus partes.**			
7308.10.01	Puentes y sus partes.	Kg	5	Ex
7308.20	**. Torres y castilletes.**			
7308.20.01	Torres reconocibles como concebidas exclusivamente para conducción de energía eléctrica.	Kg	5	Ex
7308.20.99	Los demás.	Kg	5	Ex
7308.30	**. Puertas y ventanas y sus marcos, contramarcos y umbrales.**			
7308.30.01	Puertas, ventanas y sus marcos.	Kg	7	Ex
7308.30.99	Los demás.	Kg	7	Ex
7308.40	**. Material de andamiaje, encofrado, apeo o apuntalamiento.**			
7308.40.01	Material de andamiaje, encofrado, apeo o apuntalamiento.	Kg	5	Ex
7308.90	**. Los demás.**			
7308.90.01	Barandales; balcones; escaleras.	Kg	7	Ex
7308.90.02	Estructuras desarmadas consistentes en armaduras, columnas y sus placas de asiento, ménsulas, planchas de unión, tensores y tirantes, aun cuando se presenten con tuercas y demás partes para la construcción.	Kg	7	Ex
7308.90.99	Los demás.	Kg	7	Ex

73.09	**Depósitos, cisternas, cubas y recipientes similares para cualquier materia (excepto gas comprimido o licuado), de fundición, hierro o acero, de capacidad superior a 300 l, sin dispositivos mecánicos ni térmicos, incluso con revestimiento interior o calorífugo.**			
7309.00	**. Depósitos, cisternas, cubas y recipientes similares para cualquier materia (excepto gas comprimido o licuado), de fundición, hierro o acero, de capacidad superior a 300 l, sin dispositivos mecánicos ni térmicos, incluso con revestimiento interior o calorífugo.**			
7309.00.01	Esmaltados, vidriados o cubiertos con resinas sintéticas.	Kg	Ex	Ex
7309.00.02	Tambores de acero al carbono, recubiertos interiormente con materias plásticas artificiales, con espesor de pared igual o superior a 1.5 mm.	Kg	Ex	Ex
7309.00.03	Barriles o tambores, excepto lo comprendido en las fracciones 7309.00.01 y 7309.00.02.	Kg	Ex	Ex
7309.00.99	Los demás.	Kg	Ex	Ex

73.10	**Depósitos, barriles, tambores, bidones, latas o botes, cajas y recipientes similares, para cualquier materia (excepto gas comprimido o licuado), de fundición, hierro o acero, de capacidad inferior o igual a 300 l, sin dispositivos mecánicos ni térmicos, incluso con revestimiento interior o calorífugo.**			
7310.10	. **De capacidad superior o igual a 50 l.**			
7310.10.01	Barriles o tambores, excepto lo comprendido en las fracciones 7310.10.02 y 7310.10.03.	Pza	Ex	Ex
7310.10.02	Tambores estañados electrolíticamente en su interior, con capacidad superior a 200 l.	Pza	Ex	Ex
7310.10.03	Barriles de acero inoxidable reconocibles como concebidos exclusivamente para cerveza.	Pza	Ex	Ex
7310.10.04	Tanques de lámina rolada embutida con membrana de polietileno y diafragma de hule, sin accesorios periféricos.	Pza	Ex	Ex
7310.10.99	Los demás.	Pza	Ex	Ex
	. **De capacidad inferior a 50 l:**			
7310.21	.. **Latas o botes para ser cerrados por soldadura o rebordeado.**			
7310.21.01	Latas o botes para ser cerrados por soldadura o rebordeado.	Kg	Ex	Ex
7310.29	.. **Los demás.**			
7310.29.01	Barriles o tambores, excepto lo comprendido en la fracción 7310.29.05.	Kg	Ex	Ex
7310.29.02	Envases de hojalata y/o de lámina cromada.	Kg	Ex	Ex
7310.29.03	Reconocibles como concebidos exclusivamente para el transporte y conservación de semen y las demás muestras biológicas.	Kg	Ex	Ex
7310.29.04	Cilíndricos, con tapa, recubiertos interiormente con barniz fenólico, con diámetro interior igual o superior a 280 mm sin exceder de 290 mm, altura igual o superior a 310 mm sin exceder de 330 mm, asa de alambre con asidera de plástico y arandela de caucho para cierre a presión.	Kg	Ex	Ex
7310.29.05	Barriles de acero inoxidable reconocibles como concebidos exclusivamente para cerveza.	Pza	Ex	Ex
7310.29.99	Los demás.	Kg	Ex	Ex
73.11	**Recipientes para gas comprimido o licuado, de fundición, hierro o acero.**			
7311.00	. **Recipientes para gas comprimido o licuado, de fundición, hierro o acero.**			
7311.00.01	Cilíndricos, concebidos para resistir presiones superiores a 5.25 kg/cm², excepto lo comprendido en la fracción 7311.00.02.	Kg	Ex	Ex
7311.00.02	Cilíndricos, fabricados a partir de tubo sin costura, concebidos para resistir presiones superiores a 5.25 Kg/cm², con capacidad volumétrica superior a 100 l.	Kg	Ex	Ex
7311.00.03	Cilíndricos, de acero, con diámetro exterior de 690 mm, espesor de pared igual o superior a 1.7 mm y capacidad volumétrica de 200 l a 230 l, con o sin fusibles metálicos para aliviar la presión, y válvulas de carga y descarga, reconocibles como concebidos exclusivamente para contener óxido de etileno.	Kg	Ex	Ex
7311.00.04	Recipientes esferoidales de diámetro inferior a 150 mm.	Kg	Ex	Ex
7311.00.99	Los demás.	Kg	Ex	Ex
73.12	**Cables, trenzas, eslingas y artículos similares, de hierro o acero, sin aislar para electricidad.**			
7312.10	. **Cables.**			
7312.10.01	Galvanizados, con diámetro mayor de 4 mm, constituidos por más de 5 alambres y con núcleos sin torcer de la misma materia, excepto los comprendidos en la fracción 7312.10.07.	Kg	Ex	Ex
7312.10.02	De acero sin galvanizar, cubierto por una capa de alambres acoplados de perfil "Z", con diámetro inferior o igual a 60 mm.	Kg	Ex	Ex
7312.10.03	Cable flexible (cable Bowden) constituido por alambres de acero cobrizado enrollado en espiral sobre alma del mismo material, con diámetro inferior o igual a 5 mm.	Kg	Ex	Ex
7312.10.04	De acero latonado, reconocibles exclusivamente para la fabricación de neumáticos.	Kg	Ex	Ex
7312.10.05	De acero sin recubrimiento, con o sin lubricación, excepto los comprendidos en la fracción 7312.10.08.	Kg	5	Ex
7312.10.06	Galvanizados, con diámetro inferior a 1.6 mm, constituidos por 9 o más filamentos de diámetro menor a 0.18 mm, trenzados en dirección S ó Z.	Kg	Ex	Ex
7312.10.07	Galvanizados, con un diámetro mayor a 4 mm pero inferior a 19 mm, constituidos por 7 alambres, lubricados o sin lubricar.	Kg	5	Ex
7312.10.08	Sin galvanizar, de diámetro menor o igual a 19 mm, constituidos por 7 alambres.	Kg	5	Ex
7312.10.09	Trenzados o torcidos, de longitud inferior a 500 m, provistos de aditamentos metálicos en sus extremos.	Kg	Ex	Ex
7312.10.10	Cables plastificados.	Kg	Ex	Ex
7312.10.99	Los demás.	Kg	Ex	Ex
7312.90	. **Los demás.**			
7312.90.99	Los demás.	Kg	Ex	Ex
73.13	**Alambre de púas, de hierro o acero; alambre (simple o doble) y fleje, torcidos, incluso con púas, de hierro o acero, de los tipos utilizados para cercar.**			
7313.00	. **Alambre de púas, de hierro o acero; alambre (simple o doble) y fleje, torcidos, incluso con púas, de hierro o acero, de los tipos utilizados para cercar.**			
7313.00.01	Alambre de púas, de hierro o acero; alambre (simple o doble) y fleje, torcidos, incluso con púas, de hierro o acero, de los tipos utilizados para cercar.	Kg	7	Ex
73.14	**Telas metálicas (incluidas las continuas o sin fin), redes y rejas, de alambre de hierro o acero; chapas y tiras, extendidas (desplegadas), de hierro o acero.**			

	- Telas metálicas tejidas:			
7314.12	**. . Telas metálicas continuas o sin fin, de acero inoxidable, para máquinas.**			
7314.12.01	Telas metálicas continuas o sin fin, de acero inoxidable, para máquinas.	Kg	Ex	Ex
7314.14	**. . Las demás telas metálicas tejidas, de acero inoxidable.**			
7314.14.01	Las demás telas metálicas tejidas, de acero inoxidable.	Kg	Ex	Ex
7314.19	**. . Las demás.**			
7314.19.01	De anchura inferior o igual a 50 mm, excepto lo comprendido en la fracción 7314.19.03.	Kg	Ex	Ex
7314.19.02	De alambres de sección circular, excepto lo comprendido en las fracciones 7314.19.01 y 7314.19.03.	Kg	Ex	Ex
7314.19.03	Cincadas.	Kg	5	Ex
7314.19.99	Los demás.	Kg	Ex	Ex
7314.20	**- Redes y rejas, soldadas en los puntos de cruce, de alambre cuya mayor dimensión de la sección transversal sea superior o igual a 3 mm y con malla de superficie o igual a 100 cm².**			
7314.20.01	Redes y rejas, soldadas en los puntos de cruce, de alambre cuya mayor dimensión de la sección transversal sea superior o igual a 3 mm y con malla de superficie superior o igual a 100 cm².	Kg	5	Ex
	- Las demás redes y rejas, soldadas en los puntos de cruce:			
7314.31	**. . Cincadas.**			
7314.31.01	Cincadas.	Kg	Ex	Ex
7314.39	**. . Las demás.**			
7314.39.99	Las demás.	Kg	Ex	Ex
	- Las demás telas metálicas, redes y rejas:			
7314.41	**. . Cincadas.**			
7314.41.01	Cincadas.	Kg	Ex	Ex
7314.42	**. . Revestidas de plástico.**			
7314.42.01	Revestidas de plástico.	Kg	5	Ex
7314.49	**. . Las demás.**			
7314.49.99	Las demás.	Kg	Ex	Ex
7314.50	**- Chapas y tiras, extendidas (desplegadas).**			
7314.50.01	Chapas y tiras, extendidas (desplegadas).	Kg	Ex	Ex
73.15	**Cadenas y sus partes, de fundición, hierro o acero.**			
	- Cadenas de eslabones articulados y sus partes:			
7315.11	**. . Cadenas de rodillos.**			
7315.11.01	De peso superior a 15 Kg/m, excepto lo comprendido en la fracción 7315.11.03.	Kg	Ex	Ex
7315.11.02	Reconocibles para naves aéreas.	Kg	Ex	Ex
7315.11.03	Para transmisión de movimiento.	Kg	Ex	Ex
7315.11.04	De distribución (silenciosas) para uso automotriz.	Kg	Ex	Ex
7315.11.05	De peso inferior a 15 Kg/m, excepto lo comprendido en la fracción 7315.11.03.	Kg	Ex	Ex
7315.11.99	Las demás.	Kg	Ex	Ex
7315.12	**. . Las demás cadenas.**			
7315.12.01	Para transmisión de movimiento.	Kg	Ex	Ex
7315.12.02	De cilindro tirante, para carros de ferrocarril.	Kg	Ex	Ex
7315.12.99	Las demás.	Kg	Ex	Ex
7315.19	**. . Partes.**			
7315.19.01	Reconocibles como concebidas para las cadenas de transmisión de movimiento, excepto lo comprendido en la fracción 7315.19.03.	Kg	Ex	Ex
7315.19.02	Eslabones, excepto lo comprendido en la fracción 7315.19.03.	Kg	Ex	Ex
7315.19.03	Eslabones para cadenas de rodillos, utilizadas en tractores de oruga para transmisión de movimiento.	Kg	Ex	Ex
7315.19.99	Las demás.	Kg	Ex	Ex
7315.20	**- Cadenas antideslizantes.**			
7315.20.01	Cadenas antideslizantes.	Kg	Ex	Ex
	- Las demás cadenas:			
7315.81	**. . Cadenas de eslabones con contrete (travesaño).**			
7315.81.01	Con terminales o accesorios de enganche.	Kg	Ex	Ex
7315.81.02	De peso superior a 15 Kg/m, excepto lo comprendido en la fracción 7315.81.01.	Kg	Ex	Ex
7315.81.99	Las demás.	Kg	Ex	Ex
7315.82	**. . Las demás cadenas, de eslabones soldados.**			
7315.82.01	Con terminales o accesorios de enganche.	Kg	Ex	Ex
7315.82.02	De peso inferior a 15 Kg por metro lineal, extendida, excepto lo comprendido en la fracción 7315.82.01.	Kg	Ex	Ex
7315.82.99	Las demás.	Kg	Ex	Ex
7315.89	**. . Las demás.**			
7315.89.01	Troqueladas, sin pernos o remaches, para máquinas sembradoras o abonadoras.	Kg	Ex	Ex
7315.89.02	De peso inferior a 15 Kg/m, excepto lo comprendido en la fracción 7315.89.01.	Kg	Ex	Ex
7315.89.99	Las demás.	Kg	Ex	Ex

7315.90	**.**	**Las demás partes.**			
7315.90.01		Las demás partes.	Kg	Ex	Ex
73.16		**Anclas, rezones y sus partes, de fundición, hierro o acero.**			
7316.00	**.**	**Anclas, rezones y sus partes, de fundición, hierro o acero.**			
7316.00.01		Anclas, rezones y sus partes, de fundición, hierro o acero.	Kg	Ex	Ex
73.17		**Puntas, clavos, chinchetas (chinches), grapas apuntadas, onduladas o biseladas, y artículos similares, de fundición, hierro o acero, incluso con cabeza de otras materias, excepto de cabeza de cobre.**			
7317.00	**.**	**Puntas, clavos, chinchetas (chinches), grapas apuntadas, onduladas o biseladas, y artículos similares, de fundición, hierro o acero, incluso con cabeza de otras materias, excepto de cabeza de cobre.**			
7317.00.01		Clavos para herrar.	Kg	5	Ex
7317.00.02		Púas o dientes para cardar.	Kg	Ex	Ex
7317.00.03		Placas con puntas en una de sus superficies, para ensamblar piezas de madera.	Kg	Ex	Ex
7317.00.04		Puntas o escarpias puntiagudas, reconocibles como concebidas exclusivamente para preparar (raspar) llantas para su vulcanización.	Kg	Ex	Ex
7317.00.99		Los demás.	Kg	7	Ex
73.18		**Tornillos, pernos, tuercas, tirafondos, escarpias roscadas, remaches, pasadores, clavijas, chavetas, arandelas (incluidas las arandelas de muelle (resorte)) y artículos similares, de fundición, hierro o acero.**			
	.	**Artículos roscados:**			
7318.11	**. .**	**Tirafondos.**			
7318.11.01		Tirafondos.	Kg	Ex	Ex
7318.12	**. .**	**Los demás tornillos para madera.**			
7318.12.01		Los demás tornillos para madera.	Kg	Ex	Ex
7318.13	**. .**	**Escarpias y armellas, roscadas.**			
7318.13.01		Escarpias y armellas, roscadas.	Kg	Ex	Ex
7318.14	**. .**	**Tornillos taladradores.**			
7318.14.01		Tornillos taladradores.	Kg	Ex	Ex
7318.15	**. .**	**Los demás tornillos y pernos, incluso con sus tuercas y arandelas.**			
7318.15.01		Reconocibles para naves aéreas.	Kg	Ex	Ex
7318.15.02		Pernos de anclaje o de cimiento.	Kg	Ex	Ex
7318.15.03		Reconocibles como concebidos exclusivamente para uso automotriz.	Kg	Ex	Ex
7318.15.04		Tornillos con diámetro inferior a 6.4 mm (1/4 pulgada) y longitud inferior a 50.8 mm (2 pulgadas), excepto lo comprendido en las fracciones 7318.15.01, 7318.15.03 y 7318.15.10.	Kg	5	Ex
7318.15.05		Tornillos con diámetro inferior a 6.4 mm (1/4 pulgada) y longitud igual o superior a 50.8 mm (2 pulgadas), excepto lo comprendido en las fracciones 7318.15.01, 7318.15.03 y 7318.15.10.	Kg	Ex	Ex
7318.15.06		Tornillos con diámetro igual o superior a 6.4 mm (1/4 pulgada) pero inferior a 19.1 mm (3/4 pulgada) y longitud inferior a 152.4 mm (6 pulgadas), excepto lo comprendido en las fracciones 7318.15.01, 7318.15.03 y 7318.15.10.	Kg	Ex	Ex
7318.15.07		Tornillos con diámetro igual o superior a 6.4 mm (1/4 pulgada) pero inferior a 19.1 mm (3/4 pulgada) y longitud igual o superior a 152.4 mm (6 pulgadas), excepto lo comprendido en las fracciones 7318.15.01, 7318.15.03 y 7318.15.10.	Kg	Ex	Ex
7318.15.08		Tornillos con diámetro igual o superior a 19.1 mm (3/4 pulgada) y longitud inferior a 152.4 mm (6 pulgadas), excepto lo comprendido en las fracciones 7318.15.01, 7318.15.03 y 7318.15.10.	Kg	Ex	Ex
7318.15.09		Tornillos con diámetro igual o superior a 19.1 mm (3/4 pulgada) y longitud igual o superior a 152.4 mm (6 pulgadas), excepto lo comprendido en las fracciones 7318.15.01, 7318.15.03 y 7318.15.10.	Kg	Ex	Ex
7318.15.10		De acero inoxidable.	Kg	Ex	Ex
7318.15.99		Los demás.	Kg	Ex	Ex
7318.16	**. .**	**Tuercas.**			
7318.16.01		Reconocibles para naves aéreas.	Kg	Ex	Ex
7318.16.02		De acero inoxidable.	Kg	Ex	Ex
7318.16.03		De diámetro interior inferior o igual a 15.9 mm (5/8 pulgada), excepto lo comprendido en las fracciones 7318.16.01 y 7318.16.02.	Kg	Ex	Ex
7318.16.04		De diámetro interior superior a 15.9 mm (5/8 pulgada) pero inferior o igual a 38.1 mm (1½ pulgadas), excepto lo comprendido en las fracciones 7318.16.01 y 7318.16.02.	Kg	Ex	Ex
7318.16.05		De diámetro superior a 38.1 mm (1½ pulgadas), excepto lo comprendido en las fracciones 7318.16.01 y 7318.16.02.	Kg	Ex	Ex
7318.19	**. .**	**Los demás.**			
7318.19.01		Reconocibles para naves aéreas.	Kg	Ex	Ex
7318.19.02		Arandelas de retén.	Kg	Ex	Ex
7318.19.99		Los demás.	Kg	Ex	Ex
	.	**Artículos sin rosca:**			
7318.21	**. .**	**Arandelas de muelle (resorte) y las demás de seguridad.**			
7318.21.01		Reconocibles para naves aéreas.	Kg	Ex	Ex
7318.21.99		Las demás.	Kg	Ex	Ex

7318.22	.. Las demás arandelas.			
7318.22.01	Reconocibles para naves aéreas.	Kg	Ex	Ex
7318.22.99	Las demás.	Kg	Ex	Ex
7318.23	**.. Remaches.**			
7318.23.01	Reconocibles para naves aéreas.	Kg	Ex	Ex
7318.23.99	Los demás.	Kg	Ex	Ex
7318.24	**.. Pasadores, clavijas y chavetas.**			
7318.24.01	Chavetas o pasadores.	Kg	Ex	Ex
7318.24.02	Reconocibles para naves aéreas.	Kg	Ex	Ex
7318.24.99	Los demás.	Kg	Ex	Ex
7318.29	**.. Los demás.**			
7318.29.01	Reconocibles para naves aéreas.	Kg	Ex	Ex
7318.29.99	Los demás.	Kg	Ex	Ex
73.19	**Agujas de coser, de tejer, pasacintas, agujas de ganchillo (croché), punzones para bordar y artículos similares, de uso manual, de hierro o acero; alfileres de gancho (imperdibles) y demás alfileres de hierro o acero, no expresados ni comprendidos en otra parte.**			
7319.40	**- Alfileres de gancho (imperdibles) y demás alfileres.**			
7319.40.01	Alfileres de gancho (imperdibles) y demás alfileres.	Kg	10	Ex
7319.90	**- Los demás.**			
7319.90.01	Agujas de coser, zurcir o bordar.	Kg	5	Ex
7319.90.99	Los demás.	Kg	10	Ex
73.20	**Muelles (resortes), ballestas y sus hojas, de hierro o acero.**			
7320.10	**- Ballestas y sus hojas.**			
7320.10.01	Reconocibles para naves aéreas.	Kg	Ex	Ex
7320.10.99	Los demás.	Kg	Ex	Ex
7320.20	**- Muelles (resortes) helicoidales.**			
7320.20.01	Con peso unitario inferior o igual a 30 gr.	Kg	Ex	Ex
7320.20.02	Reconocibles para naves aéreas.	Kg	Ex	Ex
7320.20.03	Con peso unitario superior a 30 gr, excepto para suspensión automotriz.	Kg	Ex	Ex
7320.20.04	Con peso unitario igual o superior a 2 Kg, sin exceder de 20 kg, reconocibles para suspensión de uso automotriz.	Kg	Ex	Ex
7320.20.99	Los demás.	Kg	Ex	Ex
7320.90	**- Los demás.**			
7320.90.01	Reconocibles para naves aéreas.	Kg	Ex	Ex
7320.90.02	Reconocibles como concebidos exclusivamente para platinos.	Kg	Ex	Ex
7320.90.03	Para acoplamientos flexibles.	Kg	Ex	Ex
7320.90.99	Los demás.	Kg	Ex	Ex
73.21	**Estufas, calderas con hogar, cocinas (incluidas las que puedan utilizarse accesoriamente para calefacción central), parrillas (barbacoas), braseros, hornillos de gas, calientaplatos y aparatos no eléctricos similares, de uso doméstico, y sus partes, de fundición, hierro o acero.**			
	- Aparatos de cocción y calientaplatos:			
7321.11	**.. De combustibles gaseosos, o de gas y otros combustibles.**			
7321.11.01	Cocinas que consuman combustibles gaseosos.	Pza	15	Ex
7321.11.02	Las demás cocinas, excepto portátiles.	Pza	15	Ex
7321.11.99	Los demás.	Pza	15	Ex
7321.12	**.. De combustibles líquidos.**			
7321.12.01	De combustibles líquidos.	Pza	15	Ex
7321.19	**.. Los demás, incluidos los aparatos de combustibles sólidos.**			
7321.19.01	Los demás, incluidos los aparatos de combustibles sólidos.	Pza	15	Ex
	- Los demás aparatos:			
7321.81	**.. De combustibles gaseosos, o de gas y otros combustibles.**			
7321.81.01	Estufas o caloríferos.	Pza	15	Ex
7321.81.99	Los demás.	Pza	15	Ex
7321.82	**.. De combustibles líquidos.**			
7321.82.01	Estufas o caloríferos.	Pza	15	Ex
7321.82.99	Los demás.	Pza	15	Ex
7321.89	**.. Los demás, incluidos los aparatos de combustibles sólidos.**			
7321.89.01	Los demás, incluidos los aparatos de combustibles sólidos.	Pza	15	Ex
7321.90	**- Partes.**			
7321.90.01	Rosticeros accionados por motor eléctrico, reconocibles como concebidos exclusivamente para cocinas de uso doméstico.	Kg	15	Ex
7321.90.02	Reconocibles como concebidas exclusivamente para cocinas que consuman combustibles gaseosos, excepto lo comprendido en las fracciones 7321.90.01 y 7321.90.03.	Kg	Ex	Ex
7321.90.03	Quemadores troquelados o estampados, de lámina de acero, reconocibles como	Kg	Ex	Ex

	concebidos exclusivamente para cocinas y/o hornos que consuman combustibles gaseosos.			
7321.90.04	Esparcidores de flama y galerías, reconocibles como concebidos exclusivamente para estufas o caloríferos portátiles, que consuman petróleo.	Kg	Ex	Ex
7321.90.05	Cámaras de cocción, incluso sin ensamblar, reconocibles como concebidas exclusivamente para lo comprendido en la fracción 7321.11.02.	Kg	Ex	Ex
7321.90.06	Panel superior con o sin controles, con o sin quemadores, reconocibles como concebidos exclusivamente para lo comprendido en la fracción 7321.11.02.	Kg	Ex	Ex
7321.90.07	Ensambles de puertas, que incorporen más de uno de los siguientes componentes: paredes interiores, paredes exteriores, ventana, aislamiento, reconocibles como concebidos exclusivamente para lo comprendido en la fracción 7321.11.02.	Kg	Ex	Ex
7321.90.99	Los demás.	Kg	5	Ex
73.22	**Radiadores para calefacción central, de calentamiento no eléctrico, y sus partes, de fundición, hierro o acero; generadores y distribuidores de aire caliente (incluidos los distribuidores que puedan funcionar también como distribuidores de aire fresco o acondicionado), de calentamiento no eléctrico, que lleven un ventilador o un soplador con motor, y sus partes, de fundición, hierro o acero.**			
	- **Radiadores y sus partes:**			
7322.11	**- -** **De fundición.**			
7322.11.01	Radiadores.	Kg	15	Ex
7322.11.99	Los demás.	Kg	15	Ex
7322.19	**- -** **Los demás.**			
7322.19.01	Para naves aéreas.	Kg	Ex	Ex
7322.19.99	Los demás.	Kg	15	Ex
7322.90	**-** **Los demás.**			
7322.90.01	Reconocibles para naves aéreas, incluidas sus partes.	Kg	Ex	Ex
7322.90.99	Los demás.	Kg	15	Ex
73.23	**Artículos de uso doméstico y sus partes, de fundición, hierro o acero; lana de hierro o acero; esponjas, estropajos, guantes y artículos similares para fregar, lustrar o usos análogos, de hierro o acero.**			
7323.10	**-** **Lana de hierro o acero; esponjas, estropajos, guantes y artículos similares para fregar, lustrar o usos análogos.**			
7323.10.01	Lana de hierro o de acero; esponjas, estropajos, guantes y artículos similares para fregar, lustrar o usos análogos.	Kg	15	Ex
	- **Los demás:**			
7323.91	**- -** **De fundición, sin esmaltar.**			
7323.91.01	Moldes.	Kg	15	Ex
7323.91.02	Partes.	Kg	15	Ex
7323.91.99	Los demás.	Kg	15	Ex
7323.92	**- -** **De fundición, esmaltados.**			
7323.92.01	Moldes.	Kg	15	Ex
7323.92.02	Artículos de cocina.	Kg	15	Ex
7323.92.03	Partes.	Kg	15	Ex
7323.92.99	Los demás.	Kg	15	Ex
7323.93	**- -** **De acero inoxidable.**			
7323.93.01	Moldes.	Kg	15	Ex
7323.93.02	Distribuidores de toallas.	Kg	15	Ex
7323.93.03	Sifones automáticos (botellas para agua gaseosa).	Kg	15	Ex
7323.93.04	Partes.	Kg	15	Ex
7323.93.99	Los demás.	Kg	15	Ex
7323.94	**- -** **De hierro o acero, esmaltados.**			
7323.94.01	Moldes.	Kg	15	Ex
7323.94.02	Distribuidores de toallas.	Kg	15	Ex
7323.94.03	Artículos de cocina.	Kg	15	Ex
7323.94.04	Partes.	Kg	15	Ex
7323.94.99	Los demás.	Kg	15	Ex
7323.99	**- -** **Los demás.**			
7323.99.99	Los demás.	Kg	15	Ex
73.24	**Artículos de higiene o tocador, y sus partes, de fundición, hierro o acero.**			
7324.10	**-** **Fregaderos (piletas de lavar) y lavabos, de acero inoxidable.**			
7324.10.01	Fregaderos (piletas de lavar) y lavabos, de acero inoxidable.	Kg	15	Ex
	- **Bañeras:**			
7324.21	**- -** **De fundición, incluso esmaltadas.**			
7324.21.01	De fundición, incluso esmaltadas.	Kg	15	Ex
7324.29	**- -** **Las demás.**			
7324.29.99	Las demás.	Kg	15	Ex
7324.90	**-** **Los demás, incluidas las partes.**			
7324.90.01	Distribuidores de toallas.	Kg	15	Ex

7324.90.02	Cómodos, urinales o riñoneras.	Kg	15	Ex
7324.90.03	Partes.	Kg	15	Ex
7324.90.99	Los demás.	Kg	15	Ex

73.25 Las demás manufacturas moldeadas de fundición, hierro o acero.

7325.10 . De fundición no maleable.

7325.10.01	Retortas.	Kg	Ex	Ex
7325.10.02	Crisoles.	Kg	Ex	Ex
7325.10.03	Insertos para fabricación de pistones.	Kg	Ex	Ex
7325.10.04	Reconocibles para naves aéreas.	Kg	Ex	Ex
7325.10.99	Los demás.	Kg	Ex	Ex
	. Las demás:			

7325.91 .. Bolas y artículos similares para molinos.

7325.91.01	Bolas sin calibrar.	Kg	Ex	Ex
7325.91.02	Barras de máquinas trituradoras, de diámetro superior a 4 cm.	Kg	Ex	Ex
7325.91.99	Los demás.	Kg	Ex	Ex

7325.99 .. Las demás.

7325.99.01	Moldes para pan o sus partes sueltas, de uso industrial.	Kg	Ex	Ex
7325.99.02	Abrazaderas, con diámetro interior inferior o igual a 609.6 mm.	Kg	Ex	Ex
7325.99.03	Reconocibles para naves aéreas.	Kg	Ex	Ex
7325.99.04	Formas para la fabricación de artículos por el proceso de inmersión.	Kg	Ex	Ex
7325.99.05	Bobinas o carretes.	Kg	Ex	Ex
7325.99.06	Abrazaderas, excepto lo comprendido en la fracción 7325.99.02.	Kg	Ex	Ex
7325.99.99	Los demás.	Kg	Ex	Ex

73.26 Las demás manufacturas de hierro o acero.

. Forjadas o estampadas pero sin trabajar de otro modo:

7326.11 .. Bolas y artículos similares para molinos.

7326.11.01	Bolas sin calibrar.	Kg	Ex	Ex
7326.11.02	Barras de máquinas trituradoras, de diámetro superior a 4 cm.	Kg	Ex	Ex
7326.11.99	Los demás.	Kg	Ex	Ex

7326.19 .. Las demás.

7326.19.01	Partes componentes de estrobos (eslingas), excepto destorcedoras, grilletes y guardacabos.	Kg	Ex	Ex
7326.19.02	Uniones giratorias (destorcedoras).	Kg	Ex	Ex
7326.19.03	Grilletes de unión.	Kg	Ex	Ex
7326.19.04	Guardacabos.	Kg	Ex	Ex
7326.19.05	Protectores para calzado de seguridad.	Kg	Ex	Ex
7326.19.06	Accesorios para tendidos aéreos eléctricos.	Kg	Ex	Ex
7326.19.07	Abrazaderas, con diámetro interior inferior o igual a 609.6 mm.	Kg	Ex	Ex
7326.19.08	Ganchos, con peso igual o superior a 200 Kg.	Kg	Ex	Ex
7326.19.09	Reconocibles para naves aéreas.	Kg	Ex	Ex
7326.19.10	Ancoras para corazones de fundición.	Kg	Ex	Ex
7326.19.11	Juntas o empaquetaduras.	Kg	Ex	Ex
7326.19.12	Mordazas para tensión de cables o alambres.	Kg	Ex	Ex
7326.19.13	Anclas, reconocibles como concebidas exclusivamente para instalar aparatos de mecánica de suelo.	Kg	Ex	Ex
7326.19.14	Abrazaderas, excepto lo comprendido en la fracción 7326.19.07.	Kg	Ex	Ex
7326.19.99	Los demás.	Kg	Ex	Ex

7326.20 . Manufacturas de alambre de hierro o acero.

7326.20.01	Accesorios para tendidos aéreos eléctricos.	Kg	Ex	Ex
7326.20.02	Grapas o empalmes, para correas de transmisión o de transporte.	Kg	Ex	Ex
7326.20.03	Reconocibles para naves aéreas.	Kg	Ex	Ex
7326.20.04	Constituidas por cables de alambre y materiales sintéticos y/o naturales, utilizadas para la fabricación de neumáticos.	Kg	Ex	Ex
7326.20.05	Ratoneras, aun cuando se presenten con soporte de madera.	Kg	Ex	Ex
7326.20.99	Los demás.	Kg	Ex	Ex

7326.90 . Las demás.

7326.90.01	Barras de máquinas y trituradoras, de diámetro superior a 4 cm.	Kg	Ex	Ex
7326.90.02	Moldes para pan o sus partes sueltas, de uso industrial.	Kg	Ex	Ex
7326.90.03	Moldes para barras de hielo.	Kg	Ex	Ex
7326.90.04	Aros con broches o remaches para amarrar bultos.	Kg	Ex	Ex
7326.90.05	Accesorios para tendidos aéreos eléctricos.	Kg	Ex	Ex
7326.90.06	Abrazaderas, con diámetro interior inferior o igual a 609.6 mm.	Kg	Ex	Ex
7326.90.07	Aros para barriles.	Kg	Ex	Ex
7326.90.08	Insertos para fabricación de pistones.	Kg	Ex	Ex
7326.90.09	Grapas o empalmes de acero, para correas de transmisión o de transporte.	Kg	Ex	Ex
7326.90.10	Reconocibles para naves aéreas.	Kg	Ex	Ex
7326.90.11	Formas para la fabricación de artículos por el proceso de inmersión.	Kg	Ex	Ex

7326.90.12	Bobinas o carretes.	Kg	Ex	Ex
7326.90.13	Abrazaderas, excepto lo comprendido en la fracción 7326.90.06.	Kg	Ex	Ex
7326.90.14	Cospeles de acero inoxidable, cuando sean importados por el Banco de México.	Kg	Ex	Ex
7326.90.15	Cospeles, excepto lo comprendido en la fracción 7326.90.14.	Kg	Ex	Ex
7326.90.16	Acero según la Norma Internacional SAE1070, troquelado, reconocible como concebido exclusivamente para la fabricación de anillo expansor, presentado en rollos o bobinas.	Kg	Ex	Ex
7326.90.17	Mangos o bastones metálicos para escobas, incluso con rosca de plástico.	Kg	Ex	Ex
7326.90.18	Casquillos para herramientas.	Kg	Ex	Ex
7326.90.99	Las demás.	Kg	Ex	Ex

Capítulo 74
Cobre y sus manufacturas

Nota.

1. En este Capítulo, se entiende por:

   a) **Cobre refinado**

   el metal con un contenido de cobre superior o igual al 99.85% en peso; o

   el metal con un contenido de cobre superior o igual al 97.5% en peso, siempre que el contenido de cualquier otro elemento sea inferior o igual a los límites indicados en el cuadro siguiente:

CUADRO
Otros elementos

	Elemento	Contenido límite % en peso
Ag	Plata	0.25
As	Arsénico	0.5
Cd	Cadmio	1.3
Cr	Cromo	1.4
Mg	Magnesio	0.8
Pb	Plomo	1.5
S	Azufre	0.7
Sn	Estaño	0.8
Te	Telurio	0.8
Zn	Cinc	1
Zr	Zirconio	0.3
Los demás elementos*, cada uno		0.3

* Los demás elementos, por ejemplo: Al, Be, Co, Fe, Mn, Ni, Si.

   b) **Aleaciones de cobre**

   las materias metálicas, excepto el cobre sin refinar, en las que el cobre predomine en peso sobre cada uno de los demás elementos, siempre que:

   1) el contenido en peso de, al menos, uno de los demás elementos sea superior a los límites indicados en el cuadro anterior; o

   2) el contenido total de los demás elementos sea superior al 2.5% en peso.

   c) **Aleaciones madre de cobre**

   las composiciones que contengan cobre en proporción superior al 10% en peso y otros elementos, que no se presten a la deformación plástica y se utilicen como productos de aporte en la preparación de otras aleaciones o como desoxidantes, desulfurantes o usos similares en la metalurgia de los metales no férreos. Sin embargo, las combinaciones de fósforo y cobre (cobre fosforoso) que contengan una proporción superior al 15% en peso de fósforo, se clasifican en la partida 28.48.

   d) **Barras**

   los productos laminados, extrudidos o forjados, sin enrollar, cuya sección transversal, maciza y constante en toda su longitud, tenga forma de círculo, óvalo, cuadrado, rectángulo, triángulo equilátero o polígono regular convexo (incluidos los *círculos aplanados* y los *rectángulos modificados*, en los que dos lados opuestos tengan forma de arco convexo y los otros dos sean rectos, iguales y paralelos). Los productos de sección transversal cuadrada, rectangular, triangular o poligonal, pueden tener las aristas redondeadas en toda su longitud. El espesor de los productos de sección transversal rectangular (incluidos los de sección *rectangular modificada*) debe ser superior a la décima parte de la anchura. También se consideran barras, los productos de las mismas formas y dimensiones, moldeados, colados o sinterizados, que han recibido, después de su obtención, un trabajo superior a un desbarbado grosero, siempre que este trabajo no confiera a los productos el carácter de artículos o manufacturas comprendidos en otra parte.

   Sin embargo, se consideran *cobre en bruto* de la partida 74.03 las barras para alambrón ("wire-bars") y los tochos, apuntados o trabajados de otro modo en sus extremos simplemente para facilitar su introducción en las máquinas para transformarlos, por ejemplo, en alambrón o en tubos.

   e) **Perfiles**

   los productos laminados, extrudidos, forjados u obtenidos por conformado o plegado, enrollados o sin enrollar, de sección transversal constante en toda su longitud, que no cumplan las definiciones de barras, alambre, chapas, hojas, tiras o tubos. También se consideran perfiles, los productos de las mismas formas, moldeados, colados o sinterizados, que han recibido, después de su obtención, un trabajo superior a un desbarbado grosero, siempre que este trabajo no confiera a los productos el carácter de artículos o manufacturas comprendidos en otra parte.

   f) **Alambre**

   el producto laminado, extrudido o trefilado, enrollado, cuya sección transversal maciza y constante en toda su longitud, tenga forma de círculo, óvalo, cuadrado, rectángulo, triángulo equilátero o polígono regular convexo (incluidos los *círculos aplanados* y los *rectángulos modificados*, en los que dos lados opuestos tengan forma de arco convexo y los otros dos sean rectos, iguales y paralelos). Los productos de sección transversal cuadrada, rectangular, triangular o poligonal, pueden tener las aristas redondeadas en toda su longitud. El espesor de los productos de sección transversal rectangular (incluidos los de sección *rectangular modificada*) debe ser superior a la décima parte de la anchura.

g) **Chapas, hojas y tiras**

los productos planos de espesor constante (excepto los productos en bruto de la partida 74.03), enrollados o sin enrollar, de sección transversal rectangular maciza, aunque tengan las aristas redondeadas (incluidos los *rectángulos modificados*, en los que dos lados opuestos tengan forma de arco convexo y los otros dos sean rectos, iguales y paralelos), que se presenten:
- en forma cuadrada o rectangular, de espesor inferior o igual a la décima parte de la anchura,
- en forma distinta de la cuadrada o rectangular, de cualquier dimensión, siempre que no tengan el carácter de artículos o manufacturas comprendidos en otra parte.

Se clasifican, en particular, en las partidas 74.09 y 74.10, las chapas, hojas y tiras aunque presenten motivos (por ejemplo: acanaladuras, estrías, gofrados, lágrimas, botones, rombos), así como las perforadas, onduladas, pulidas o revestidas, siempre que estos trabajos no les confieran el carácter de artículos o manufacturas comprendidos en otra parte.

h) **Tubos**

los productos con un solo hueco cerrado, de sección transversal constante en toda su longitud, en forma de círculo, óvalo, cuadrado, rectángulo, triángulo equilátero o polígono regular convexo, enrollados o sin enrollar y cuyas paredes sean de espesor constante. También se consideran tubos, los productos de sección transversal en forma de cuadrado, rectángulo, triángulo equilátero o polígono regular convexo, que tengan las aristas redondeadas en toda su longitud, siempre que las secciones transversales interior y exterior tengan la misma forma, la misma disposición y el mismo centro. Los tubos que tengan las secciones transversales citadas anteriormente pueden estar pulidos, revestidos, curvados, roscados, taladrados, estrechados o abocardados, tener forma cónica o estar provistos de bridas, collarines o anillos.

Nota de subpartida.

1. En este Capítulo, se entiende por:

a) **Aleaciones a base de cobre-cinc (latón)**

las aleaciones de cobre y cinc, incluso con otros elementos. Cuando estén presentes otros elementos:
- el cinc debe predominar en peso sobre cada uno de los demás elementos;
- el contenido eventual de níquel debe ser inferior al 5% en peso (véanse las aleaciones a base de cobre-níquel-cinc (alpaca));
- el contenido eventual de estaño debe ser inferior al 3% en peso (véanse las aleaciones a base de cobre-estaño (bronce)).

b) **Aleaciones a base de cobre-estaño (bronce)**

las aleaciones de cobre y estaño, incluso con otros elementos. Cuando estén presentes otros elementos, el estaño debe predominar en peso sobre cada uno de estos otros elementos. Sin embargo, cuando el contenido de estaño sea superior o igual al 3% en peso, el de cinc puede predominar, pero debe ser inferior al 10% en peso.

c) **Aleaciones a base de cobre-níquel-cinc (alpaca)**

las aleaciones de cobre, níquel y cinc, incluso con otros elementos. El contenido de níquel debe ser superior o igual al 5% en peso (véanse las aleaciones a base de cobre-cinc (latón)).

d) **Aleaciones a base de cobre-níquel**

las aleaciones de cobre y níquel, incluso con otros elementos, pero que, en ningún caso, el contenido de cinc sea superior al 1% en peso. Cuando estén presentes otros elementos, el níquel debe predominar en peso sobre cada uno de estos otros elementos.

Código		Descripción	Unid de Med	Arancel (%)	
				IMP.	EXP.
74.01		**Matas de cobre; cobre de cementación (cobre precipitado).**			
7401.00	-	**Matas de cobre; cobre de cementación (cobre precipitado).**			
7401.00.01		Matas de cobre.	Kg	Ex	Ex
7401.00.02		Cobre de cementación (cobre precipitado).	Kg	Ex	Ex
74.02		**Cobre sin refinar; ánodos de cobre para refinado electrolítico.**			
7402.00	-	**Cobre sin refinar; ánodos de cobre para refinado electrolítico.**			
7402.00.01		Cobre sin refinar, ánodos de cobre para refinado electrolítico.	Kg	Ex	Ex
74.03		**Cobre refinado y aleaciones de cobre, en bruto.**			
	-	**Cobre refinado:**			
7403.11	- -	**Cátodos y secciones de cátodos.**			
7403.11.01		Cátodos y secciones de cátodos.	Kg	Ex	Ex
7403.12	- -	**Barras para alambrón ("wire-bars").**			
7403.12.01		Barras para alambrón ("wire-bars").	Kg	Ex	Ex
7403.13	- -	**Tochos.**			
7403.13.01		Tochos.	Kg	Ex	Ex
7403.19	- -	**Los demás.**			
7403.19.99		Los demás.	Kg	Ex	Ex
	-	**Aleaciones de cobre:**			
7403.21	- -	**A base de cobre-cinc (latón).**			
7403.21.01		A base de cobre-cinc (latón).	Kg	Ex	Ex

7403.22	**.. A base de cobre-estaño (bronce).**			
7403.22.01	A base de cobre-estaño (bronce).	Kg	Ex	Ex
7403.29	**.. Las demás aleaciones de cobre (excepto las aleaciones madre de la partida 74.05).**			
7403.29.01	A base de cobre-níquel (cuproníquel) o de cobre-níquel-cinc (alpaca).	Kg	Ex	Ex
7403.29.99	Las demás.	Kg	Ex	Ex
74.04	**Desperdicios y desechos, de cobre.**			
7404.00	**. Desperdicios y desechos, de cobre.**			
7404.00.01	Aleados, excepto lo comprendido en la fracción 7404.00.02.	Kg	Ex	Ex
7404.00.02	Anodos gastados; desperdicios y desechos con contenido de cobre inferior al 94%, en peso.	Kg	Ex	Ex
7404.00.99	Los demás.	Kg	Ex	Ex
74.05	**Aleaciones madre de cobre.**			
7405.00	**. Aleaciones madre de cobre.**			
7405.00.01	Aleaciones madre de cobre.	Kg	Ex	Ex
74.06	**Polvo y escamillas, de cobre.**			
7406.10	**. Polvo de estructura no laminar.**			
7406.10.01	Polvo de estructura no laminar.	Kg	Ex	Ex
7406.20	**. Polvo de estructura laminar, escamillas.**			
7406.20.01	Polvo de estructura laminar, escamillas.	Kg	Ex	Ex
74.07	**Barras y perfiles, de cobre.**			
7407.10	**. De cobre refinado.**			
7407.10.01	Barras.	Kg	5	Ex
7407.10.02	Perfiles huecos.	Kg	Ex	Ex
7407.10.99	Los demás.	Kg	Ex	Ex
	. De aleaciones de cobre:			
7407.21	**.. A base de cobre-cinc (latón).**			
7407.21.01	Barras.	Kg	5	Ex
7407.21.02	Perfiles huecos.	Kg	Ex	Ex
7407.21.99	Los demás.	Kg	5	Ex
7407.29	**.. Los demás.**			
7407.29.01	Barras de cobre aleadas, con uno o más de los siguientes metales: cromo, berilio, cobalto, zirconio.	Kg	Ex	Ex
7407.29.02	Perfiles, excepto lo comprendido en la fracción 7407.29.03.	Kg	Ex	Ex
7407.29.03	Perfiles huecos.	Kg	Ex	Ex
7407.29.04	Barras de cobre aleadas con telurio.	Kg	Ex	Ex
7407.29.05	Barras a base de cobre-níquel (cuproníquel) o de cobre-níquel-cinc (alpaca).	Kg	Ex	Ex
7407.29.99	Los demás.	Kg	Ex	Ex
74.08	**Alambre de cobre.**			
	. De cobre refinado:			
7408.11	**.. Con la mayor dimensión de la sección transversal superior a 6 mm.**			
7408.11.01	De sección transversal inferior o igual a 9.5 mm.	Kg	5	Ex
7408.11.99	Los demás.	Kg	5	Ex
7408.19	**.. Los demás.**			
7408.19.01	De cobre libres de oxígeno, con pureza igual o superior al 99.22%, de diámetro inferior o igual a 1 mm, con o sin recubrimiento de níquel, reconocibles para la fabricación de electrodos para cátodos de encendido de focos, tubos de descarga o tubos de rayos catódicos.	Kg	Ex	Ex
7408.19.02	Con recubrimiento de plata hasta el 2% (plateado), inclusive, con diámetro de 0.08 mm a 1 mm.	Kg	Ex	Ex
7408.19.99	Los demás.	Kg	5	Ex
	. De aleaciones de cobre:			
7408.21	**.. A base de cobre-cinc (latón).**			
7408.21.01	A base de cobre-cinc (latón).	Kg	Ex	Ex
7408.22	**.. A base de cobre-níquel (cuproníquel) o de cobre-níquel-cinc (alpaca).**			
7408.22.01	A base de cobre-níquel (cuproníquel) de cualquier diámetro, o a base de cobre-níquel-cinc (alpaca) de diámetro superior o igual a 0.5 mm.	Kg	5	Ex
7408.22.99	Los demás.	Kg	Ex	Ex
7408.29	**.. Los demás.**			
7408.29.99	Los demás.	Kg	Ex	Ex
74.09	**Chapas y tiras, de cobre, de espesor superior a 0.15 mm.**			
	. De cobre refinado:			
7409.11	**.. Enrolladas.**			
7409.11.01	Enrolladas.	Kg	Ex	Ex
7409.19	**.. Las demás.**			
7409.19.99	Las demás.	Kg	Ex	Ex

	–	De aleaciones a base de cobre-cinc (latón):			
7409.21	**– –**	**Enrolladas.**			
7409.21.01		Enrolladas.	Kg	Ex	Ex
7409.29	**– –**	**Las demás.**			
7409.29.99		Las demás.	Kg	Ex	Ex
	–	De aleaciones a base de cobre-estaño (bronce):			
7409.31	**– –**	**Enrolladas.**			
7409.31.01		Enrolladas.	Kg	Ex	Ex
7409.39	**– –**	**Las demás.**			
7409.39.99		Las demás.	Kg	Ex	Ex
7409.40	**–**	**De aleaciones a base de cobre-níquel (cuproníquel) o de cobre-níquel-cinc (alpaca).**			
7409.40.01		De aleaciones a base de cobre-níquel (cuproníquel) o de cobre-níquel-cinc (alpaca).	Kg	Ex	Ex
7409.90	**–**	**De las demás aleaciones de cobre.**			
7409.90.01		De las demás aleaciones de cobre.	Kg	Ex	Ex
74.10		**Hojas y tiras, delgadas, de cobre (incluso impresas o fijadas sobre papel, cartón, plástico o soportes similares), de espesor inferior o igual a 0.15 mm (sin incluir el soporte).**			
	–	**Sin soporte:**			
7410.11	**– –**	**De cobre refinado.**			
7410.11.01		De cobre refinado.	Kg	Ex	Ex
7410.12	**– –**	**De aleaciones de cobre.**			
7410.12.01		De aleaciones de cobre.	Kg	Ex	Ex
	–	**Con soporte:**			
7410.21	**– –**	**De cobre refinado.**			
7410.21.01		Hojas o tiras de cobre con soporte de material aislante para la fabricación de circuitos impresos, excepto lo comprendido en la fracción 7410.21.02.	Kg	Ex	Ex
7410.21.02		Hojas de cobre con soporte aislante de tela de fibra de vidrio, impregnadas con resinas epóxicas, sin mezcla de otros materiales, para la fabricación de circuitos impresos.	Kg	Ex	Ex
7410.21.03		Hojas de cobre incluso en rollos, recubiertas por una de sus caras con óxido de cinc.	Kg	Ex	Ex
7410.21.99		Las demás.	Kg	Ex	Ex
7410.22	**– –**	**De aleaciones de cobre.**			
7410.22.01		De aleaciones de cobre.	Kg	Ex	Ex
74.11		**Tubos de cobre.**			
7411.10	**–**	**De cobre refinado.**			
7411.10.01		Con espesor de pared inferior o igual a 3 mm, excepto lo comprendido en la fracción 7411.10.03.	Kg	5	Ex
7411.10.02		Con espesor de pared superior a 3 mm, sin exceder de 15 mm, excepto lo comprendido en la fracción 7411.10.03.	Kg	Ex	Ex
7411.10.03		Serpentines.	Kg	Ex	Ex
7411.10.04		Tubos aletados de una sola pieza.	Kg	Ex	Ex
7411.10.99		Los demás.	Kg	Ex	Ex
	–	**De aleaciones de cobre:**			
7411.21	**– –**	**A base de cobre-cinc (latón).**			
7411.21.01		Con espesor de pared inferior o igual a 3 mm, excepto lo comprendido en las fracciones 7411.21.03 y 7411.21.05.	Kg	5	Ex
7411.21.02		Con espesor de pared superior a 3 mm, sin exceder de 15 mm, excepto lo comprendido en la fracción 7411.21.03.	Kg	Ex	Ex
7411.21.03		Serpentines.	Kg	Ex	Ex
7411.21.04		Tubos aletados de una sola pieza.	Kg	Ex	Ex
7411.21.05		Sin costura, con espesor de pared igual o superior a 0.20 mm pero inferior o igual a 0.40 mm, para instalaciones sanitarias.	Kg	5	Ex
7411.21.99		Los demás.	Kg	Ex	Ex
7411.22	**– –**	**A base de cobre-níquel (cuproníquel) o de cobre-níquel-cinc (alpaca).**			
7411.22.01		Con espesor de pared inferior o igual a 3 mm, excepto lo comprendido en la fracción 7411.22.03.	Kg	5	Ex
7411.22.02		Con espesor de pared superior a 3 mm, sin exceder de 15 mm, excepto lo comprendido en la fracción 7411.22.03.	Kg	5	Ex
7411.22.03		Serpentines.	Kg	Ex	Ex
7411.22.04		Tubos aletados de una sola pieza.	Kg	Ex	Ex
7411.22.99		Los demás.	Kg	Ex	Ex
7411.29	**– –**	**Los demás.**			
7411.29.01		Con espesor de pared inferior o igual a 3 mm, excepto lo comprendido en la fracción 7411.29.03.	Kg	5	Ex
7411.29.02		Con espesor de pared superior a 3 mm, sin exceder de 15 mm, excepto lo comprendido en la fracción 7411.29.03.	Kg	Ex	Ex
7411.29.03		Serpentines.	Kg	Ex	Ex
7411.29.04		Tubos aletados de una sola pieza.	Kg	Ex	Ex

7411.29.99	Los demás.	Kg	Ex	Ex
74.12	**Accesorios de tubería (por ejemplo: empalmes (racores), codos, manguitos) de cobre.**			
7412.10	**- De cobre refinado.**			
7412.10.01	De cobre refinado.	Kg	5	Ex
7412.20	**- De aleaciones de cobre.**			
7412.20.01	De aleaciones de cobre.	Kg	5	Ex
74.13	**Cables, trenzas y artículos similares, de cobre, sin aislar para electricidad.**			
7413.00	**- Cables, trenzas y artículos similares, de cobre, sin aislar para electricidad.**			
7413.00.01	Con alma de hierro.	Kg	5	Ex
7413.00.99	Los demás.	Kg	5	Ex
74.15	**Puntas, clavos, chinchetas (chinches), grapas apuntadas y artículos similares, de cobre, o con espiga de hierro o acero y cabeza de cobre; tornillos, pernos, tuercas, escarpias roscadas, remaches, pasadores, clavijas, chavetas y arandelas (incluidas las arandelas de muelle (resorte)) y artículos similares, de cobre.**			
7415.10	**- Puntas y clavos, chinchetas (chinches), grapas apuntadas y artículos similares.**			
7415.10.01	Reconocibles para naves aéreas.	Kg	Ex	Ex
7415.10.99	Los demás.	Kg	Ex	Ex
	- Los demás artículos sin rosca:			
7415.21	**-- Arandelas (incluidas las arandelas de muelle (resorte)).**			
7415.21.01	Arandelas (incluidas las arandelas de muelle (resorte)).	Kg	Ex	Ex
7415.29	**-- Los demás.**			
7415.29.01	Reconocibles para naves aéreas.	Kg	Ex	Ex
7415.29.99	Los demás.	Kg	Ex	Ex
	- Los demás artículos roscados:			
7415.33	**-- Tornillos; pernos y tuercas.**			
7415.33.01	Reconocibles para naves aéreas.	Kg	Ex	Ex
7415.33.02	Tornillos para madera.	Kg	Ex	Ex
7415.33.99	Los demás.	Kg	Ex	Ex
7415.39	**-- Los demás.**			
7415.39.01	Reconocibles para naves aéreas.	Kg	Ex	Ex
7415.39.99	Los demás.	Kg	Ex	Ex
74.18	**Artículos de uso doméstico, higiene o tocador, y sus partes, de cobre; esponjas, estropajos, guantes y artículos similares para fregar, lustrar o usos análogos, de cobre.**			
7418.10	**- Artículos de uso doméstico y sus partes; esponjas, estropajos, guantes y artículos similares para fregar, lustrar o usos análogos.**			
7418.10.01	Artículos de uso doméstico y sus partes; esponjas, estropajos, guantes y artículos similares para fregar, lustrar o usos análogos.	Kg	15	Ex
7418.20	**- Artículos de higiene o tocador, y sus partes.**			
7418.20.01	Artículos de higiene o tocador, y sus partes.	Kg	15	Ex
74.19	**Las demás manufacturas de cobre.**			
7419.10	**- Cadenas y sus partes.**			
7419.10.01	Cadenas y sus partes.	Kg	Ex	Ex
	- Las demás:			
7419.91	**-- Coladas, moldeadas, estampadas o forjadas, pero sin trabajar de otro modo.**			
7419.91.01	Terminales para cables.	Kg	15	Ex
7419.91.02	Accesorios para tendidos aéreos eléctricos.	Kg	15	Ex
7419.91.03	Reconocibles para naves aéreas.	Kg	Ex	Ex
7419.91.04	Electrodos circulares para máquinas o aparatos de soldar.	Kg	Ex	Ex
7419.91.05	Terminales reconocibles como concebidas exclusivamente para resistencias no calentadoras.	Kg	Ex	Ex
7419.91.06	Arillos o cospeles, reconocibles como concebidos exclusivamente para la acuñación de monedas.	Kg	Ex	Ex
7419.91.99	Los demás.	Kg	10	Ex
7419.99	**-- Las demás.**			
7419.99.01	Terminales para cables.	Kg	15	Ex
7419.99.02	Accesorios para tendidos aéreos eléctricos.	Kg	15	Ex
7419.99.03	Bandas sin fin.	Kg	Ex	Ex
7419.99.04	Alfileres.	Kg	Ex	Ex
7419.99.05	Reconocibles para naves aéreas.	Kg	Ex	Ex
7419.99.06	Terminales reconocibles como concebidas exclusivamente para resistencias no calentadoras.	Kg	Ex	Ex
7419.99.07	Depósitos, cisternas, cubas y otros recipientes análogos, para cualquier producto (con exclusión de los gases comprimidos o licuados), de capacidad superior a 300 l, sin dispositivos mecánicos o térmicos, incluso con revestimiento interior o calorífugo.	Kg	Ex	Ex
7419.99.08	Arillos o cospeles, reconocibles como concebidos exclusivamente para la acuñación de monedas.	Kg	Ex	Ex

7419.99.09	Cospeles, excepto lo comprendido en la fracción 7419.99.08.	Kg	Ex	Ex
7419.99.10	Telas metálicas, sin exceder de 200 hilos por cm² (mallas).	Kg	Ex	Ex
7419.99.11	Telas metálicas, continuas o sin fin, superiores a 200 hilos por cm² (mallas), para máquinas.	Kg	Ex	Ex
7419.99.12	Telas metálicas, excepto lo comprendido en las fracciones 7419.99.10 y 7419.99.11.	Kg	Ex	Ex
7419.99.13	Chapas o bandas extendidas.	Kg	Ex	Ex
7419.99.14	Muelles (resortes) planos, con almohadilla de fieltro, para cassette.	Kg	Ex	Ex
7419.99.15	Muelles (resortes), excepto lo comprendido en la fraccion 7419.99.14.	Kg	Ex	Ex
7419.99.99	Los demás.	Kg	Ex	Ex

Capítulo 75
Níquel y sus manufacturas

Nota.

1. En este Capítulo, se entiende por:

a) **Barras**

los productos laminados, extrudidos o forjados, sin enrollar, cuya sección transversal, maciza y constante en toda su longitud, tenga forma de círculo, óvalo, cuadrado, rectángulo, triángulo equilátero o polígono regular convexo (incluidos los *círculos aplanados* y los *rectángulos modificados*, en los que dos lados opuestos tengan forma de arco convexo y los otros dos sean rectos, iguales y paralelos). Los productos de sección transversal cuadrada, rectangular, triangular o poligonal, pueden tener las aristas redondeadas en toda su longitud. El espesor de los productos de sección transversal rectangular (incluidos los de sección *rectangular modificada*) debe ser superior a la décima parte de la anchura. También se consideran barras, los productos de las mismas formas y dimensiones, moldeados, colados o sinterizados, que han recibido, después de su obtención, un trabajo superior a un desbarbado grosero, siempre que este trabajo no confiera a los productos el carácter de artículos o manufacturas comprendidos en otra parte.

b) **Perfiles**

los productos laminados, extrudidos, forjados u obtenidos por conformado o plegado, enrollados o sin enrollar, de sección transversal constante en toda su longitud, que no cumplan las definiciones de barras, alambre, chapas, hojas, tiras o tubos. También se consideran perfiles, los productos de las mismas formas, moldeados, colados o sinterizados, que han recibido, después de su obtención, un trabajo superior a un desbarbado grosero, siempre que este trabajo no confiera a los productos el carácter de artículos o manufacturas comprendidos en otra parte.

c) **Alambre**

el producto laminado, extrudido o trefilado, enrollado, cuya sección transversal maciza y constante en toda su longitud, tenga forma de círculo, óvalo, cuadrado, rectángulo, triángulo equilátero o polígono regular convexo (incluidos los *círculos aplanados* y los *rectángulos modificados*, en los que dos lados opuestos tengan forma de arco convexo y los otros dos sean rectos, iguales y paralelos). Los productos de sección transversal cuadrada, rectangular, triangular o poligonal, pueden tener las aristas redondeadas en toda su longitud. El espesor de los productos de sección transversal rectangular (incluidos los de sección *rectangular modificada*) debe ser superior a la décima parte de la anchura.

d) **Chapas, hojas y tiras**

los productos planos de espesor constante (excepto los productos en bruto de la partida 75.02), enrollados o sin enrollar, de sección transversal rectangular maciza, aunque tengan las aristas redondeadas (incluidos los *rectángulos modificados*, en los que dos lados opuestos tengan forma de arco convexo y los otros dos sean rectos, iguales y paralelos), que se presenten:

- en forma cuadrada o rectangular, de espesor inferior o igual a la décima parte de la anchura,
- en forma distinta de la cuadrada o rectangular, de cualquier dimensión, siempre que no tengan el carácter de artículos o manufacturas comprendidos en otra parte.

Se clasifican, en particular, en la partida 75.06, las chapas, hojas y tiras aunque presenten motivos (por ejemplo: acanaladuras, estrías, gofrados, lágrimas, botones, rombos), así como las perforadas, onduladas, pulidas o revestidas, siempre que estos trabajos no les confieran el carácter de artículos o manufacturas comprendidos en otra parte.

e) **Tubos**

los productos con un solo hueco cerrado, de sección transversal constante en toda su longitud, en forma de círculo, óvalo, cuadrado, rectángulo, triángulo equilátero o polígono regular convexo, enrollados o sin enrollar y cuyas paredes sean de espesor constante. También se consideran tubos, los productos de sección transversal en forma de cuadrado, rectángulo, triángulo equilátero o polígono regular convexo, que tengan las aristas redondeadas en toda su longitud, siempre que las secciones transversales interior y exterior tengan la misma forma, la misma disposición y el mismo centro. Los tubos que tengan las secciones transversales citadas anteriormente pueden estar pulidos, revestidos, curvados, roscados, taladrados, estrechados o abocardados, tener forma cónica o estar provistos de bridas, collarines o anillos.

Notas de subpartida.

1. En este Capítulo, se entiende por:

a) **Níquel sin alear**

el metal con un contenido total de níquel y de cobalto superior o igual al 99% en peso, siempre que:

1) el contenido de cobalto sea inferior o igual al 1.5% en peso, y
2) el contenido de cualquier otro elemento sea inferior o igual a los límites que figuran en el cuadro siguiente:

CUADRO - Otros elementos

Elemento		Contenido límite % en peso
Fe	Hierro	0.5
O	Oxígeno	0.4
Los demás elementos, cada uno		0.3

b) Aleaciones de níquel

las materias metálicas en las que el níquel predomine en peso sobre cada uno de los demás elementos, siempre que:

1) el contenido de cobalto sea superior al 1.5% en peso;

2) el contenido en peso de, al menos, uno de los demás elementos sea superior a los límites indicados en el cuadro anterior; o

3) el contenido total de elementos distintos del níquel y del cobalto sea superior al 1% en peso.

2. No obstante lo dispuesto en la Nota 1 c) de este Capítulo, en la subpartida 7508.10, solamente se admite como *alambre* el producto, enrollado o sin enrollar, cuya sección transversal, de cualquier forma, sea inferior o igual a 6 mm en su mayor dimensión.

Código	Descripción	Unid de Med	Arancel (%) IMP.	Arancel (%) EXP.
75.01	**Matas de níquel, "sinters" de óxidos de níquel y demás productos intermedios de la metalurgia del níquel.**			
7501.10	**▪ Matas de níquel.**			
7501.10.01	Matas de níquel.	Kg	Ex	Ex
7501.20	**▪ "Sinters" de óxidos de níquel y demás productos intermedios de la metalurgia del níquel.**			
7501.20.01	"Sinters" de óxidos de níquel y demás productos intermedios de la metalurgia del níquel.	Kg	Ex	Ex
75.02	**Níquel en bruto.**			
7502.10	**▪ Níquel sin alear.**			
7502.10.01	Níquel sin alear.	Kg	Ex	Ex
7502.20	**▪ Aleaciones de níquel.**			
7502.20.01	Aleaciones de níquel.	Kg	Ex	Ex
75.03	**Desperdicios y desechos, de níquel.**			
7503.00	**▪ Desperdicios y desechos, de níquel.**			
7503.00.01	Desperdicios y desechos, de níquel.	Kg	Ex	Ex
75.04	**Polvo y escamillas, de níquel.**			
7504.00	**▪ Polvo y escamillas, de níquel.**			
7504.00.01	Polvo y escamillas, de níquel.	Kg	Ex	Ex
75.05	**Barras, perfiles y alambre, de níquel.**			
	▪ Barras y perfiles:			
7505.11	**▪▪ De níquel sin alear.**			
7505.11.01	De níquel sin alear.	Kg	Ex	Ex
7505.12	**▪▪ De aleaciones de níquel.**			
7505.12.01	De aleaciones de níquel.	Kg	Ex	Ex
	▪ Alambre:			
7505.21	**▪▪ De níquel sin alear.**			
7505.21.01	De níquel sin alear.	Kg	Ex	Ex
7505.22	**▪▪ De aleaciones de níquel.**			
7505.22.01	De aleaciones de níquel.	Kg	Ex	Ex
75.06	**Chapas, hojas y tiras, de níquel.**			
7506.10	**▪ De níquel sin alear.**			
7506.10.01	Hojas con espesor inferior o igual a 0.15 mm.	Kg	Ex	Ex
7506.10.99	Las demás.	Kg	Ex	Ex
7506.20	**▪ De aleaciones de níquel.**			
7506.20.01	Hojas con espesor inferior o igual a 0.15 mm.	Kg	Ex	Ex
7506.20.99	Las demás.	Kg	Ex	Ex
75.07	**Tubos y accesorios de tubería (por ejemplo: empalmes (racores), codos, manguitos), de níquel.**			
	▪ Tubos:			
7507.11	**▪▪ De níquel sin alear.**			
7507.11.01	De níquel sin alear.	Kg	Ex	Ex
7507.12	**▪▪ De aleaciones de níquel.**			
7507.12.01	De aleaciones de níquel.	Kg	Ex	Ex
7507.20	**▪ Accesorios de tubería.**			
7507.20.01	Accesorios de tubería.	Kg	Ex	Ex
75.08	**Las demás manufacturas de níquel.**			
7508.10	**▪ Telas metálicas, redes y rejas, de alambre de níquel.**			
7508.10.01	Telas metálicas, redes y rejas, de alambre de níquel.	Kg	Ex	Ex
7508.90	**▪ Las demás.**			
7508.90.01	Anodos para niquelar incluso los obtenidos por electrólisis, en bruto o manufacturados.	Kg	Ex	Ex
7508.90.02	Crisoles reconocibles como concebidos exclusivamente para laboratorio.	Kg	Ex	Ex

7508.90.03	Cospeles.	Kg	Ex	Ex
7508.90.99	Las demás.	Kg	Ex	Ex

Capítulo 76
Aluminio y sus manufacturas

Nota.
1. En este Capítulo, se entiende por:
   a) **Barras**
   los productos laminados, extrudidos o forjados, sin enrollar, cuya sección transversal, maciza y constante en toda su longitud, tenga forma de círculo, óvalo, cuadrado, rectángulo, triángulo equilátero o polígono regular convexo (incluidos los *círculos aplanados* y los *rectángulos modificados*, en los que dos lados opuestos tengan forma de arco convexo y los otros dos sean rectos, iguales y paralelos). Los productos de sección transversal cuadrada, rectangular, triangular o poligonal, pueden tener las aristas redondeadas en toda su longitud. El espesor de los productos de sección transversal rectangular (incluidos los de sección *rectangular modificada*) debe ser superior a la décima parte de la anchura. También se consideran barras, los productos de las mismas formas y dimensiones, moldeados, colados o sinterizados, que han recibido, después de su obtención, un trabajo superior a un desbarbado grosero, siempre que este trabajo no confiera a los productos el carácter de artículos o manufacturas comprendidos en otra parte.
   b) **Perfiles**
   los productos laminados, extrudidos, forjados u obtenidos por conformado o plegado, enrollados o sin enrollar, de sección transversal constante en toda su longitud, que no cumplan las definiciones de barras, alambre, chapas, hojas, tiras o tubos. También se consideran perfiles, los productos de las mismas formas, moldeados, colados o sinterizados, que han recibido, después de su obtención, un trabajo superior a un desbarbado grosero, siempre que este trabajo no confiera a los productos el carácter de artículos o manufacturas comprendidos en otra parte.
   c) **Alambre**
   el producto laminado, extrudido o trefilado, enrollado, cuya sección transversal maciza y constante en toda su longitud, tenga forma de círculo, óvalo, cuadrado, rectángulo, triángulo equilátero o polígono regular convexo (incluidos los *círculos aplanados* y los *rectángulos modificados*, en los que dos lados opuestos tengan forma de arco convexo y los otros dos sean rectos, iguales y paralelos). Los productos de sección transversal cuadrada, rectangular, triangular o poligonal, pueden tener las aristas redondeadas en toda su longitud. El espesor de los productos de sección transversal rectangular (incluidos los de sección *rectangular modificada*) debe ser superior a la décima parte de la anchura.
   d) **Chapas, hojas y tiras**
   los productos planos de espesor constante (excepto los productos en bruto de la partida 76.01), enrollados o sin enrollar, de sección transversal rectangular maciza, aunque tengan las aristas redondeadas (incluidos los *rectángulos modificados*, en los que dos lados opuestos tengan forma de arco convexo y los otros dos sean rectos, iguales y paralelos), que se presenten:
   - en forma cuadrada o rectangular, de espesor inferior o igual a la décima parte de la anchura,
   - en forma distinta de la cuadrada o rectangular, de cualquier dimensión, siempre que no tengan el carácter de artículos o manufacturas comprendidos en otra parte.
   Se clasifican, en particular, en las partidas 76.06 y 76.07, las chapas, hojas y tiras aunque presenten motivos (por ejemplo: acanaladuras, estrías, gofrados, lágrimas, botones, rombos), así como las perforadas, onduladas, pulidas o revestidas, siempre que estos trabajos no les confieran el carácter de artículos o manufacturas comprendidos en otra parte.
   e) **Tubos**
   los productos con un solo hueco cerrado, de sección transversal constante en toda su longitud, en forma de círculo, óvalo, cuadrado, rectángulo, triángulo equilátero o polígono regular convexo, enrollados o sin enrollar y cuyas paredes sean de espesor constante. También se consideran tubos, los productos de sección transversal en forma de cuadrado, rectángulo, triángulo equilátero o polígono regular convexo, que tengan las aristas redondeadas en toda su longitud, siempre que las secciones transversales interior y exterior tengan la misma forma, la misma disposición y el mismo centro. Los tubos que tengan las secciones transversales citadas anteriormente pueden estar pulidos, revestidos, curvados, roscados, taladrados, estrechados o abocardados, tener forma cónica o estar provistos de bridas, collarines o anillos.

Notas de subpartida.
1. En este Capítulo, se entiende por:
   a) **Aluminio sin alear**
   el metal con un contenido de aluminio superior o igual al 99% en peso, siempre que el contenido en peso de los demás elementos sea inferior o igual a los límites indicados en el cuadro siguiente:

CUADRO
Otros elementos

Elemento	Contenido límite % en peso
Fe+Si (total hierro más silicio)	1
Los demás elementos [1], cada uno	0.1 [2]

[1] Los demás elementos, por ejemplo: Cr, Cu, Mg, Mn, Ni, Zn.
[2] Se tolera un contenido de cobre superior al 0.1% pero inferior o igual al 0.2%, siempre que ni el contenido de cromo ni el de manganeso sea superior al 0.05%

b) **Aleaciones de aluminio**

las materias metálicas en las que el aluminio predomine en peso sobre cada uno de los demás elementos, siempre que:

1) el contenido en peso de, al menos, uno de los demás elementos o el total hierro más silicio, sea superior a los límites indicados en el cuadro anterior; o

2) el contenido total de los demás elementos sea superior al 1% en peso.

2. No obstante lo dispuesto en la Nota 1 c) de este Capítulo, en la subpartida 7616.91, solamente se admite como *alambre* el producto, enrollado o sin enrollar, cuya sección transversal, de cualquier forma, sea inferior o igual a 6 mm en su mayor dimensión.

Código		Descripción	Unid de Med	Arancel (%)	
				IMP.	EXP.
76.01		**Aluminio en bruto.**			
7601.10	-	**Aluminio sin alear.**			
7601.10.01		Lingotes de aluminio con pureza mínima de 99.7% de aluminio, conteniendo en peso: 0.010 a 0.025% de boro, 0.04 a 0.08% de silicio y 0.13 a 0.18% de hierro, reconocibles como destinados a la fabricación de conductores eléctricos.	Kg	Ex	Ex
7601.10.99		Los demás.	Kg	Ex	Ex
7601.20	-	**Aleaciones de aluminio.**			
7601.20.01		En cualquier forma, con un contenido igual o superior a: 5% de titanio y 1% de boro; o de 10% de estroncio, excepto —en ambos casos- de sección transversal circular de diámetro igual o superior a 50 mm.	Kg	Ex	Ex
7601.20.99		Las demás.	Kg	Ex	Ex
76.02		**Desperdicios y desechos, de aluminio.**			
7602.00	-	**Desperdicios y desechos, de aluminio.**			
7602.00.01		Chatarra o desperdicios de aluminio provenientes de cables, placas, hojas, barras, perfiles o tubos.	Kg	Ex	Ex
7602.00.99		Los demás.	Kg	Ex	Ex
76.03		**Polvo y escamillas, de aluminio.**			
7603.10	-	**Polvo de estructura no laminar.**			
7603.10.01		Polvo de estructura no laminar.	Kg	Ex	Ex
7603.20	-	**Polvo de estructura laminar; escamillas.**			
7603.20.01		Polvo de estructura laminar; escamillas.	Kg	Ex	Ex
76.04		**Barras y perfiles, de aluminio.**			
7604.10	-	**De aluminio sin alear.**			
7604.10.01		Con pureza mínima de 99.5%, diámetro igual o superior a 9 mm, para la fabricación de conductores eléctricos.	Kg	Ex	Ex
7604.10.02		Perfiles.	Kg	5	Ex
7604.10.99		Los demás.	Kg	5	Ex
	-	**De aleaciones de aluminio:**			
7604.21	- -	**Perfiles huecos.**			
7604.21.01		Perfiles huecos.	Kg	Ex	Ex
7604.29	- -	**Los demás.**			
7604.29.01		Barras de aluminio, con un contenido en peso de: 0.7% de hierro, 0.4 a 0.8% de silicio, 0.15 a 0.40% de cobre, 0.8 a 1.2% de magnesio, 0.04 a 0.35% de cromo, además de los otros elementos.	Kg	3	Ex
7604.29.02		Perfiles.	Kg	5	Ex
7604.29.99		Los demás.	Kg	Ex	Ex
76.05		**Alambre de aluminio.**			
	-	**De aluminio sin alear:**			
7605.11	- -	**Con la mayor dimensión de la sección transversal superior a 7 mm.**			
7605.11.01		Con pureza mínima de 99.5% de aluminio y diámetro igual o superior a 9 mm, para la fabricación de conductores eléctricos.	Kg	3	Ex
7605.11.99		Los demás.	Kg	5	Ex
7605.19	- -	**Los demás.**			
7605.19.99		Los demás.	Kg	5	Ex
	-	**De aleaciones de aluminio:**			
7605.21	- -	**Con la mayor dimensión de la sección transversal superior a 7 mm.**			
7605.21.01		Con un contenido en peso de: 0.7% de hierro, 0.4 a 0.8% de silicio, 0.15 a 0.40% de cobre, 0.8 a 1.2% de magnesio, 0.04 a 0.35% de cromo, además de los otros elementos.	Kg	3	Ex
7605.21.02		De aleación 5056.	Kg	Ex	Ex
7605.21.99		Los demás.	Kg	5	Ex
7605.29	- -	**Los demás.**			
7605.29.01		Con un contenido en peso de: 0.7% de hierro, 0.4 a 0.8% de silicio, 0.15 a 0.40% de cobre, 0.8 a 1.2% de magnesio, 0.04 a 0.35% de cromo, además de los otros elementos.	Kg	Ex	Ex
7605.29.02		De la aleación A2011TD, según Norma JIS-H-4040, o sus equivalentes.	Kg	Ex	Ex
7605.29.99		Los demás.	Kg	5	Ex

76.06		**Chapas y tiras, de aluminio, de espesor superior a 0.2 mm.**			
	.	Cuadradas o rectangulares:			
7606.11	..	**De aluminio sin alear.**			
7606.11.01		Hojas o tiras o chapas en rollos, con un contenido de aluminio igual o superior al 93%, con resistencia a la tensión igual o superior a 2,812 Kg/cm² y con elongación mínima de 1% en 5 cm de longitud, reconocibles exclusivamente para la elaboración de envases para bebidas o alimentos.	Kg	Ex	Ex
7606.11.99		Los demás.	Kg	5	Ex
7606.12	..	**De aleaciones de aluminio.**			
7606.12.01		Hojas o tiras o chapas en rollos, con un contenido de aluminio igual o superior al 93%, con resistencia a la tensión igual o superior a 2,812 Kg/cm² y con elongación mínima de 1% en 5 cm de longitud, reconocibles exclusivamente para la elaboración de envases para bebidas o alimentos.	Kg	Ex	Ex
7606.12.02		Reconocibles para fuselaje de naves aéreas.	Kg	Ex	Ex
7606.12.03		Anodizadas, en rollos, excepto las comprendidas en la fracción 7606.12.01.	Kg	5	Ex
7606.12.99		Los demás.	Kg	5	Ex
	.	Las demás:			
7606.91	..	**De aluminio sin alear.**			
7606.91.01		Reconocibles para naves aéreas.	Kg	Ex	Ex
7606.91.99		Las demás.	Kg	3	Ex
7606.92	..	**De aleaciones de aluminio.**			
7606.92.01		Reconocibles para naves aéreas.	Kg	Ex	Ex
7606.92.99		Las demás.	Kg	5	Ex
76.07		**Hojas y tiras, delgadas, de aluminio (incluso impresas o fijadas sobre papel, cartón, plástico o soportes similares), de espesor inferior o igual a 0.2 mm (sin incluir el soporte).**			
	.	Sin soporte:			
7607.11	..	**Simplemente laminadas.**			
7607.11.01		Simplemente laminadas.	Kg	5	Ex
7607.19	..	**Las demás.**			
7607.19.01		Reconocibles para naves aéreas.	Kg	Ex	Ex
7607.19.02		Atacadas en su superficie, reconocibles para la fabricación de condensadores electrolíticos.	Kg	Ex	Ex
7607.19.03		De espesor inferior o igual a 0.02 mm y anchura inferior a 20 mm, o en espesor inferior a 0.006 mm, en cualquier anchura, en rollos, reconocibles como concebidas exclusivamente para condensadores eléctricos.	Kg	Ex	Ex
7607.19.99		Los demás.	Kg	5	Ex
7607.20	.	**Con soporte.**			
7607.20.01		Reconocibles para naves aéreas.	Kg	Ex	Ex
7607.20.99		Los demás.	Kg	Ex	Ex
76.08		**Tubos de aluminio.**			
7608.10	.	**De aluminio sin alear.**			
7608.10.01		Con diámetro interior inferior o igual a 203.2 mm, excepto lo comprendido en las fracciones 7608.10.02 y 7608.10.03.	Kg	Ex	Ex
7608.10.02		Con diámetro interior inferior o igual a 203.2 mm, incluso con órganos de acoplamiento y compuertas laterales de descarga reconocibles como concebidos exclusivamente para sistemas de riego agrícola a flor de tierra.	Kg	Ex	Ex
7608.10.03		Serpentines.	Kg	5	Ex
7608.10.99		Los demás.	Kg	Ex	Ex
7608.20	.	**De aleaciones de aluminio.**			
7608.20.01		Con diámetro interior inferior o igual a 203.2 mm, excepto lo comprendido en las fracciones 7608.20.02 y 7608.20.03.	Kg	5	Ex
7608.20.02		Con diámetro interior inferior o igual a 203.2 mm, incluso con órganos de acoplamiento y compuertas laterales de descarga reconocibles como concebidos exclusivamente para sistemas de riego agrícola a flor de tierra.	Kg	Ex	Ex
7608.20.03		Serpentines.	Kg	5	Ex
7608.20.99		Los demás.	Kg	Ex	Ex
76.09		**Accesorios de tubería (por ejemplo: empalmes (racores), codos, manguitos) de aluminio.**			
7609.00	.	**Accesorios de tubería (por ejemplo: empalmes (racores), codos, manguitos) de aluminio.**			
7609.00.01		Reconocibles para naves aéreas.	Kg	Ex	Ex
7609.00.99		Los demás.	Kg	Ex	Ex
76.10		**Construcciones y sus partes (por ejemplo: puentes y sus partes, torres, castilletes, pilares, columnas, armazones para techumbre, techados, puertas y ventanas, y sus marcos, contramarcos y umbrales, barandillas), de aluminio, excepto las construcciones prefabricadas de la partida 94.06; chapas, barras, perfiles, tubos y similares, de aluminio, preparados para la construcción.**			
7610.10	.	**Puertas y ventanas, y sus marcos, contramarcos y umbrales.**			

7610.10.01		Puertas y ventanas, y sus marcos, contramarcos y umbrales.	Kg	15	Ex
7610.90	**.**	**Los demás.**			
7610.90.01		Mástiles para embarcaciones.	Kg	Ex	Ex
7610.90.99		Los demás.	Kg	15	Ex
76.11		**Depósitos, cisternas, cubas y recipientes similares para cualquier materia (excepto gas comprimido o licuado), de aluminio, de capacidad superior a 300 l, sin dispositivos mecánicos ni térmicos, incluso con revestimiento interior o calorífugo.**			
7611.00	**.**	**Depósitos, cisternas, cubas y recipientes similares para cualquier materia (excepto gas comprimido o licuado), de aluminio, de capacidad superior a 300 l, sin dispositivos mecánicos ni térmicos, incluso con revestimiento interior o calorífugo.**			
7611.00.01		Depósitos, cisternas, cubas y recipientes similares para cualquier materia (excepto gas comprimido o licuado), de aluminio, de capacidad superior a 300 l, sin dispositivos mecánicos ni térmicos, incluso con revestimiento interior o calorífugo.	Pza	15	Ex
76.12		**Depósitos, barriles, tambores, bidones, botes, cajas y recipientes similares, de aluminio (incluidos los envases tubulares rígidos o flexibles), para cualquier materia (excepto gas comprimido o licuado), de capacidad inferior o igual a 300 l, sin dispositivos mecánicos ni térmicos, incluso con revestimiento interior o calorífugo.**			
7612.10	**.**	**Envases tubulares flexibles.**			
7612.10.01		Envases tubulares flexibles.	Pza	15	Ex
7612.90	**.**	**Los demás.**			
7612.90.01		Reconocibles como concebidos exclusivamente para el transporte y conservación de semen para animales y las demás muestras biológicas.	Pza	Ex	Ex
7612.90.99		Los demás.	Pza	15	Ex
76.13		**Recipientes para gas comprimido o licuado, de aluminio.**			
7613.00	**.**	**Recipientes para gas comprimido o licuado, de aluminio.**			
7613.00.01		Recipientes para gas comprimido o licuado, de aluminio.	Pza	10	Ex
76.14		**Cables, trenzas y similares, de aluminio, sin aislar para electricidad.**			
7614.10	**.**	**Con alma de acero.**			
7614.10.01		Con alma de acero.	Kg	5	Ex
7614.90	**.**	**Los demás.**			
7614.90.99		Los demás.	Kg	5	Ex
76.15		**Artículos de uso doméstico, higiene o tocador, y sus partes, de aluminio; esponjas, estropajos, guantes y artículos similares para fregar, lustrar o usos análogos, de aluminio.**			
7615.10	**.**	**Artículos de uso doméstico y sus partes; esponjas, estropajos, guantes y artículos similares para fregar, lustrar o usos análogos.**			
7615.10.01		Ollas de presión.	Kg	15	Ex
7615.10.99		Los demás.	Kg	15	Ex
7615.20	**.**	**Artículos de higiene o tocador, y sus partes.**			
7615.20.01		Artículos de higiene o tocador, y sus partes.	Kg	15	Ex
76.16		**Las demás manufacturas de aluminio.**			
7616.10	**.**	**Puntas, clavos, grapas apuntadas, tornillos, pernos, tuercas, escarpias roscadas, remaches, pasadores, clavijas, chavetas, arandelas y artículos similares.**			
7616.10.01		Clavos, puntillas, remaches, arandelas, tornillos o tuercas.	Kg	Ex	Ex
7616.10.02		Clavijas.	Kg	Ex	Ex
7616.10.03		Reconocibles para naves aéreas.	Kg	Ex	Ex
7616.10.99		Los demás.	Kg	15	Ex
	.	**Las demás:**			
7616.91	**..**	**Telas metálicas, redes y rejas, de alambre de aluminio.**			
7616.91.01		Telas metálicas, redes y rejas, de alambre de aluminio.	Kg	15	Ex
7616.99	**..**	**Las demás.**			
7616.99.01		Accesorios para tendidos aéreos eléctricos.	Kg	5	Ex
7616.99.02		Carretes de urdido, seccionales.	Kg	Ex	Ex
7616.99.03		Bobinas o carretes reconocibles como concebidas exclusivamente para la industria textil.	Kg	Ex	Ex
7616.99.04		Bobinas o carretes, excepto lo comprendido en la fracción 7616.99.03.	Kg	Ex	Ex
7616.99.05		Quemadores de aluminio, para calentadoras de ambiente.	Kg	Ex	Ex
7616.99.06		Agujas para tejer a mano.	Kg	15	Ex
7616.99.07		Ganchillos para tejer a mano.	Kg	15	Ex
7616.99.08		Chapas o bandas extendidas.	Kg	Ex	Ex
7616.99.09		Portagomas (casquillos) o tapas (conteras) para lápices.	Kg	Ex	Ex
7616.99.10		Discos con un contenido de aluminio igual o superior a 97%; excepto lo comprendido en la fracción 7616.99.14.	Kg	3	Ex
7616.99.11		Anodos.	Kg	Ex	Ex
7616.99.12		Reconocibles para naves aéreas.	Kg	Ex	Ex
7616.99.13		Escaleras.	Kg	15	Ex
7616.99.14		Manufacturas planas con un contenido de aluminio igual o superior a 99.7%, cuyas dimensiones se circunscriban en una circunferencia de un círculo cuyo diámetro sea igual o superior a 12 mm, pero inferior a 70 mm, y espesor igual o superior a 3 mm, pero inferior o igual a 16 mm.	Kg	3	Ex

| 7616.99.15 | Casquillos troquelados, reconocibles como concebidos exclusivamente para esferas de navidad. | Kg | Ex | Ex |
| 7616.99.99 | Las demás. | Kg | 15 | Ex |

Capítulo 77
(Reservado para una futura utilización en el Sistema Armonizado)

Capítulo 78
Plomo y sus manufacturas

Nota.
1. En este Capítulo, se entiende por:

   a) **Barras**

   los productos laminados, extrudidos o forjados, sin enrollar, cuya sección transversal, maciza y constante en toda su longitud, tenga forma de círculo, óvalo, cuadrado, rectángulo, triángulo equilátero o polígono regular convexo (incluidos los *círculos aplanados* y los *rectángulos modificados*, en los que dos lados opuestos tengan forma de arco convexo y los otros dos sean rectos, iguales y paralelos). Los productos de sección transversal cuadrada, rectangular, triangular o poligonal, pueden tener las aristas redondeadas en toda su longitud. El espesor de los productos de sección transversal rectangular (incluidos los de sección *rectangular modificada*) debe ser superior a la décima parte de la anchura. También se consideran barras, los productos de las mismas formas y dimensiones, moldeados, colados o sinterizados, que han recibido, después de su obtención, un trabajo superior a un desbarbado grosero, siempre que este trabajo no confiera a los productos el carácter de artículos o manufacturas comprendidos en otra parte.

   b) **Perfiles**

   los productos laminados, extrudidos, forjados u obtenidos por conformado o plegado, enrollados o sin enrollar, de sección transversal constante en toda su longitud, que no cumplan las definiciones de barras, alambre, chapas, hojas, tiras o tubos. También se consideran perfiles, los productos de las mismas formas, moldeados, colados o sinterizados, que han recibido, después de su obtención, un trabajo superior a un desbarbado grosero, siempre que este trabajo no confiera a los productos el carácter de artículos o manufacturas comprendidos en otra parte.

   c) **Alambre**

   el producto laminado, extrudido o trefilado, enrollado, cuya sección transversal maciza y constante en toda su longitud, tenga forma de círculo, óvalo, cuadrado, rectángulo, triángulo equilátero o polígono regular convexo (incluidos los *círculos aplanados* y los *rectángulos modificados*, en los que dos lados opuestos tengan forma de arco convexo y los otros dos sean rectos, iguales y paralelos). Los productos de sección transversal cuadrada, rectangular, triangular o poligonal, pueden tener las aristas redondeadas en toda su longitud. El espesor de los productos de sección transversal rectangular (incluidos los de sección *rectangular modificada*) debe ser superior a la décima parte de la anchura.

   d) **Chapas, hojas y tiras**

   los productos planos de espesor constante (excepto los productos en bruto de la partida 78.01), enrollados o sin enrollar, de sección transversal rectangular maciza, aunque tengan las aristas redondeadas (incluidos los *rectángulos modificados*, en los que dos lados opuestos tengan forma de arco convexo y los otros dos sean rectos, iguales y paralelos), que se presenten:
   - en forma cuadrada o rectangular, de espesor inferior o igual a la décima parte de la anchura,
   - en forma distinta de la cuadrada o rectangular, de cualquier dimensión, siempre que no tengan el carácter de artículos o manufacturas comprendidos en otra parte.

   Se clasifican, en particular, en la partida 78.04, las chapas, hojas y tiras aunque presenten motivos (por ejemplo: acanaladuras, estrías, gofrados, lágrimas, botones, rombos), así como las perforadas, onduladas, pulidas o revestidas, siempre que estos trabajos no les confieran el carácter de artículos o manufacturas comprendidos en otra parte.

   e) **Tubos**

   los productos con un solo hueco cerrado, de sección transversal constante en toda su longitud, en forma de círculo, óvalo, cuadrado, rectángulo, triángulo equilátero o polígono regular convexo, enrollados o sin enrollar y cuyas paredes sean de espesor constante. También se consideran tubos, los productos de sección transversal en forma de cuadrado, rectángulo, triángulo equilátero o polígono regular convexo, que tengan las aristas redondeadas en toda su longitud, siempre que las secciones transversales interior y exterior tengan la misma forma, la misma disposición y el mismo centro. Los tubos que tengan las secciones transversales citadas anteriormente pueden estar pulidos, revestidos, curvados, roscados, taladrados, estrechados o abocardados, tener forma cónica o estar provistos de bridas, collarines o anillos.

Nota de subpartida.

1. En este Capítulo, se entiende por *plomo refinado*:

el metal con un contenido de plomo superior o igual al 99.9% en peso, siempre que el contenido en peso de cualquier otro elemento sea inferior o igual a los límites indicados en el cuadro siguiente:

CUADRO
Otros elementos

Elemento		Contenido límite % en peso
Ag	Plata	0 02
As	Arsénico	0 005
Bi	Bismuto	0 05
Ca	Calcio	0 002
Cd	Cadmio	0 002
Cu	Cobre	0 08
Fe	Hierro	0 002
S	Azufre	0 002
Sb	Antimonio	0 005
Sn	Estaño	0 005
Zn	Cinc	0 002
Los demás (por ejemplo, Te), cada uno		0 001

Código		Descripción	Unid de Med	Arancel (%)	
				IMP.	EXP.
78.01		**Plomo en bruto.**			
7801.10	.	**Plomo refinado.**			
7801.10.01		Plomo refinado.	Kg	Ex	Ex
	.	**Los demás:**			
7801.91	..	**Con antimonio como el otro elemento predominante en peso.**			
7801.91.01		Con antimonio como el otro elemento predominante en peso.	Kg	Ex	Ex
7801.99	..	**Los demás.**			
7801.99.99		Los demás.	Kg	Ex	Ex
78.02		**Desperdicios y desechos, de plomo.**			
7802.00	.	**Desperdicios y desechos, de plomo.**			
7802.00.01		Desperdicios y desechos, de plomo.	Kg	Ex	Ex
78.04		**Chapas, hojas y tiras, de plomo; polvo y escamillas, de plomo.**			
	.	**Chapas, hojas y tiras:**			
7804.11	..	**Hojas y tiras, de espesor inferior o igual a 0.2 mm (sin incluir el soporte).**			
7804.11.01		Hojas y tiras, de espesor inferior o igual a 0.2 mm (sin incluir el soporte).	Kg	Ex	Ex
7804.19	..	**Las demás.**			
7804.19.99		Las demás.	Kg	Ex	Ex
7804.20	.	**Polvo y escamillas.**			
7804.20.01		Polvo y escamillas.	Kg	Ex	Ex
78.06		**Las demás manufacturas de plomo.**			
7806.00	.	**Las demás manufacturas de plomo.**			
7806.00.01		Barras, perfiles y alambre, de plomo.	Kg	Ex	Ex
7806.00.02		Tubos y accesorios de tubería, (por ejemplo: empalmes (racores), codos, manguitos), de plomo.	Kg	Ex	Ex
7806.00.99		Las demás.	Kg	Ex	Ex

Capítulo 79
Cinc y sus manufacturas

Nota.

1. En este Capítulo, se entiende por:

a) **Barras**

los productos laminados, extrudidos o forjados, sin enrollar, cuya sección transversal, maciza y constante en toda su longitud, tenga forma de círculo, óvalo, cuadrado, rectángulo, triángulo equilátero o polígono regular convexo (incluidos los *círculos aplanados* y los *rectángulos modificados*, en los que dos lados opuestos tengan forma de arco convexo y los otros dos sean rectos, iguales y paralelos). Los productos de sección transversal cuadrada, rectangular, triangular o poligonal, pueden tener las aristas redondeadas en toda su longitud. El espesor de los productos de sección transversal rectangular (incluidos los de sección *rectangular modificada*) debe ser superor a la décima parte de la anchura. También se consideran barras, los productos de las mismas formas y dimensiones, moldeados, colados o sinterizados, que han recibido, después de su obtención, un trabajo superior a un desbarbado grosero, siempre que este trabajo no confiera a los productos el carácter de artículos o manufacturas comprendidos en otra parte.

b) **Perfiles**

los productos laminados, extrudidos, forjados u obtenidos por conformado o plegado, enrollados o sin enrollar, de sección transversal constante en toda su longitud, que no cumplan las definiciones de barras, alambre, chapas, hojas, tiras o tubos. También se consideran perfiles, los productos de las mismas formas, moldeados, colados o sinterizados, que han recibido, después de su obtención, un trabajo superior a un desbarbado grosero, siempre que este trabajo no confiera a los productos el carácter de artículos o manufacturas comprendidos en otra parte.

c) **Alambre**

el producto laminado, extrudido o trefilado, enrollado, cuya sección transversal maciza y constante en toda su longitud, tenga forma de círculo, óvalo, cuadrado, rectángulo, triángulo equilátero o polígono regular convexo (incluidos los *círculos aplanados* y los *rectángulos modificados*, en los que dos lados opuestos tengan forma de arco convexo y los otros dos sean rectos, iguales y paralelos). Los productos de sección transversal cuadrada, rectangular, triangular o poligonal, pueden tener las aristas redondeadas en toda su longitud. El espesor de los productos de sección transversal rectangular (incluidos los de sección *rectangular modificada*) debe ser superior a la décima parte de la anchura.

d) **Chapas, hojas y tiras**

los productos planos de espesor constante (excepto los productos en bruto de la partida 79.01), enrollados o sin enrollar, de sección transversal rectangular maciza, aunque tengan las aristas redondeadas (incluidos los *rectángulos modificados*, en los que dos lados opuestos tengan forma de arco convexo y los otros dos sean rectos, iguales y paralelos), que se presenten:

- en forma cuadrada o rectangular, de espesor inferior o igual a la décima parte de la anchura,
- en forma distinta de la cuadrada o rectangular, de cualquier dimensión, siempre que no tengan el carácter de artículos o manufacturas comprendidos en otra parte.

Se clasifican, en particular, en la partida 79.05, las chapas, hojas y tiras aunque presenten motivos (por ejemplo: acanaladuras, estrías, gofrados, lágrimas, botones, rombos), así como las perforadas, onduladas, pulidas o revestidas, siempre que estos trabajos no les confieran el carácter de artículos o manufacturas comprendidos en otra parte.

e) **Tubos**

los productos con un solo hueco cerrado, de sección transversal constante en toda su longitud, en forma de círculo, óvalo, cuadrado, rectángulo, triángulo equilátero o polígono regular convexo, enrollados o sin enrollar y cuyas paredes sean de espesor constante. También se consideran tubos, los productos de sección transversal en forma de cuadrado, rectángulo, triángulo equilátero o polígono regular convexo, que tengan las aristas redondeadas en toda su longitud, siempre que las secciones transversales interior y exterior tengan la misma forma, la misma disposición y el mismo centro. Los tubos que tengan las secciones transversales citadas anteriormente pueden estar pulidos, revestidos, curvados, roscados, taladrados, estrechados o abocardados, tener forma cónica o estar provistos de bridas, collarines o anillos.

Nota de subpartida.
1. En este Capítulo, se entiende por:
   a) **Cinc sin alear**
   el metal con un contenido de cinc superior o igual al 97.5% en peso.
   b) **Aleaciones de cinc**
   las materias metálicas en las que el cinc predomine en peso sobre cada uno de los demás elementos, siempre que el contenido total de los demás elementos sea superior al 2.5% en peso.
   c) **Polvo de condensación, de cinc**
   el producto obtenido por condensación de vapor de cinc constituido por partículas esféricas más finas que el polvo. Estas partículas deben pasar por un tamiz con abertura de malla de 63 micras en una proporción superior o igual al 80% en peso. El contenido de cinc metálico debe ser superior o igual al 85% en peso.

Código		Descripción	Unid de Med	Arancel (%) IMP.	EXP.
79.01		**Cinc en bruto.**			
	.	**Cinc sin alear:**			
7901.11	..	**Con un contenido de cinc superior o igual al 99.99% en peso.**			
7901.11.01		Con un contenido de cinc superior o igual al 99.99% en peso.	Kg	Ex	Ex
7901.12	..	**Con un contenido de cinc inferior al 99.99% en peso.**			
7901.12.01		Con un contenido de cinc inferior al 99.99% en peso.	Kg	Ex	Ex
7901.20	.	**Aleaciones de cinc.**			
7901.20.01		Aleaciones de cinc.	Kg	Ex	Ex
79.02		**Desperdicios y desechos, de cinc.**			
7902.00	.	**Desperdicios y desechos, de cinc.**			
7902.00.01		Desperdicios y desechos, de cinc.	Kg	Ex	Ex
79.03		**Polvo y escamillas, de cinc.**			
7903.10	.	**Polvo de condensación.**			
7903.10.01		Polvo de condensación.	Kg	Ex	Ex
7903.90	.	**Los demás.**			
7903.90.99		Los demás.	Kg	Ex	Ex
79.04		**Barras, perfiles y alambre, de cinc.**			
7904.00	.	**Barras, perfiles y alambre, de cinc.**			
7904.00.01		Barras, perfiles y alambre, de cinc.	Kg	Ex	Ex

79.05	**Chapas, hojas y tiras, de cinc.**			
7905.00	- **Chapas, hojas y tiras, de cinc.**			
7905.00.01	Chapas, hojas y tiras, de cinc.	Kg	Ex	Ex
79.07	**Las demás manufacturas de cinc.**			
7907.00	- **Las demás manufacturas de cinc.**			
7907.00.01	Tubos y accesorios de tubería (por ejemplo: empalmes (racores), codos, manguitos), de cinc.	Kg	Ex	Ex
7907.00.99	Las demás.	Kg	Ex	Ex

Capítulo 80
Estaño y sus manufacturas

Nota.

1. En este Capítulo, se entiende por:

   a) Barras

   los productos laminados, extrudidos o forjados, sin enrollar, cuya sección transversal, maciza y constante en toda su longitud, tenga forma de círculo, óvalo, cuadrado, rectángulo, triángulo equilátero o polígono regular convexo (incluidos los *círculos aplanados* y los *rectángulos modificados*, en los que dos lados opuestos tengan forma de arco convexo y los otros dos sean rectos, iguales y paralelos). Los productos de sección transversal cuadrada, rectangular, triangular o poligonal, pueden tener las aristas redondeadas en toda su longitud. El espesor de los productos de sección transversal rectangular (incluidos los de sección *rectangular modificada*) debe ser superior a la décima parte de la anchura. También se consideran barras, los productos de las mismas formas y dimensiones, moldeados, colados o sinterizados, que han recibido, después de su obtención, un trabajo superior a un desbarbado grosero, siempre que este trabajo no confiera a los productos el carácter de artículos o manufacturas comprendidos en otra parte.

   b) Perfiles

   los productos laminados, extrudidos, forjados u obtenidos por conformado o plegado, enrollados o sin enrollar, de sección transversal constante en toda su longitud, que no cumplan las definiciones de barras, alambre, chapas, hojas, tiras o tubos. También se consideran perfiles, los productos de las mismas formas, moldeados, colados o sinterizados, que han recibido, después de su obtención, un trabajo superior a un desbarbado grosero, siempre que este trabajo no confiera a los productos el carácter de artículos o manufacturas comprendidos en otra parte.

   c) Alambre

   el producto laminado, extrudido o trefilado, enrollado, cuya sección transversal maciza y constante en toda su longitud, tenga forma de círculo, óvalo, cuadrado, rectángulo, triángulo equilátero o polígono regular convexo (incluidos los *círculos aplanados* y los *rectángulos modificados*, en los que dos lados opuestos tengan forma de arco convexo y los otros dos sean rectos, iguales y paralelos). Los productos de sección transversal cuadrada, rectangular, triangular o poligonal, pueden tener las aristas redondeadas en toda su longitud. El espesor de los productos de sección transversal rectangular (incluidos los de sección *rectangular modificada*) debe ser superior a la décima parte de la anchura.

   d) Chapas, hojas y tiras

   los productos planos de espesor constante (excepto los productos en bruto de la partida 80.01), enrollados o sin enrollar, de sección transversal rectangular maciza, aunque tengan las aristas redondeadas (incluidos los *rectángulos modificados*, en los que dos lados opuestos tengan forma de arco convexo y los otros dos sean rectos, iguales y paralelos), que se presenten:
   - en forma cuadrada o rectangular, de espesor inferior o igual a la décima parte de la anchura,
   - en forma distinta de la cuadrada o rectangular, de cualquier dimensión, siempre que no tengan el carácter de artículos o manufacturas comprendidos en otra parte.

   e) Tubos

   los productos con un solo hueco cerrado, de sección transversal constante en toda su longitud, en forma de círculo, óvalo, cuadrado, rectángulo, triángulo equilátero o polígono regular convexo, enrollados o sin enrollar y cuyas paredes sean de espesor constante. También se consideran tubos, los productos de sección transversal en forma de cuadrado, rectángulo, triángulo equilátero o polígono regular convexo, que tengan las aristas redondeadas en toda su longitud, siempre que las secciones transversales interior y exterior tengan la misma forma, la misma disposición y el mismo centro. Los tubos que tengan las secciones transversales citadas anteriormente pueden estar pulidos, revestidos, curvados, roscados, taladrados, estrechados o abocardados, tener forma cónica o estar provistos de bridas, collarines o anillos.

Nota de subpartida.

1. En este Capítulo, se entiende por:

   a) Estaño sin alear

   el metal con un contenido de estaño superior o igual al 99% en peso, siempre que el contenido de bismuto o de cobre, eventualmente presentes, sea inferior en peso a los límites indicados en el cuadro siguiente:

CUADRO
Otros elementos

Elemento		Contenido límite % en peso
Bi	Bismuto	0.1
Cu	Cobre	0.4

b) Aleaciones de estaño

las materias metálicas en las que el estaño predomine en peso sobre cada uno de los demás elementos, siempre que:

1) el contenido total de los demás elementos sea superior al 1% en peso; o
2) el contenido de bismuto o cobre sea superior o igual en peso a los límites indicados en el cuadro anterior.

Código		Descripción	Unid de Med	Arancel (%)	
				IMP.	EXP.
80.01		Estaño en bruto.			
8001.10	-	Estaño sin alear.			
8001.10.01		Estaño sin alear.	Kg	Ex	Ex
8001.20	-	Aleaciones de estaño.			
8001.20.01		Aleaciones de estaño.	Kg	Ex	Ex
80.02		Desperdicios y desechos, de estaño.			
8002.00	-	Desperdicios y desechos, de estaño.			
8002.00.01		Desperdicios y desechos, de estaño.	Kg	Ex	Ex
80.03		Barras, perfiles y alambre, de estaño.			
8003.00	-	Barras, perfiles y alambre, de estaño.			
8003.00.01		Barras, perfiles y alambre, de estaño.	Kg	Ex	Ex
80.07		Las demás manufacturas de estaño.			
8007.00	-	Las demás manufacturas de estaño.			
8007.00.01		Chapas, hojas y tiras, de estaño, de espesor superior a 0.2 mm.	Kg	Ex	Ex
8007.00.02		Hojas y tiras, delgadas, de estaño (incluso impresas o fijadas sobre papel, cartón, plástico o soportes similares), de espesor inferior o igual a 0.2 mm (sin incluir el soporte); polvo y escamillas, de estaño.	Kg	Ex	Ex
8007.00.03		Tubos y accesorios de tubería (por ejemplo: empalmes (racores), codos, manguitos), de estaño.	Kg	Ex	Ex
8007.00.99		Las demás.	Kg	15	Ex

Capítulo 81
Los demás metales comunes; cermets; manufacturas de estas materias

Nota de subpartida.
1. La Nota 1 del Capítulo 74, que define las barras, perfiles, alambre, chapas, hojas y tiras, se aplica, mutatis mutandis, a este Capítulo.

Código		Descripción	Unid de Med	Arancel (%)	
				IMP.	EXP.
81.01		Volframio (tungsteno) y sus manufacturas, incluidos los desperdicios y desechos.			
8101.10	-	Polvo.			
8101.10.01		Polvo.	Kg	Ex	Ex
	-	Los demás:			
8101.94	--	Volframio (tungsteno) en bruto, incluidas las barras simplemente obtenidas por sinterizado.			
8101.94.01		Volframio (tungsteno) en bruto, incluidas las barras simplemente obtenidas por sinterizado.	Kg	Ex	Ex
8101.96	--	Alambre.			
8101.96.01		Con diámetro igual o superior a 0.89 mm.	Kg	Ex	Ex
8101.96.02		De sección circular, con diámetro inferior a 0.89 mm para la fabricación de filamentos de lámparas incandescentes.	Kg	Ex	Ex
8101.96.99		Los demás.	Kg	Ex	Ex
8101.97	--	Desperdicios y desechos.			
8101.97.01		Desperdicios y desechos.	Kg	Ex	Ex
8101.99	--	Los demás.			
8101.99.01		Barras, excepto las simplemente obtenidas por sinterizado, perfiles, chapas, hojas y tiras.	Kg	Ex	Ex
8101.99.99		Los demás.	Kg	Ex	Ex
81.02		Molibdeno y sus manufacturas, incluidos los desperdicios y desechos.			
8102.10	-	Polvo.			
8102.10.01		Polvo.	Kg	Ex	Ex
	-	Los demás:			
8102.94	--	Molibdeno en bruto, incluidas las barras simplemente obtenidas por sinterizado.			
8102.94.01		Molibdeno en bruto, incluidas las barras simplemente obtenidas por sinterizado.	Kg	Ex	Ex

8102.95	..	**Barras, excepto las simplemente obtenidas por sinterizado, perfiles, chapas, hojas y tiras.**			
8102.95.01		Barras y varillas.	Kg	Ex	Ex
8102.95.99		Las demás.	Kg	Ex	Ex
8102.96	..	**Alambre.**			
8102.96.01		Alambre.	Kg	Ex	Ex
8102.97	..	**Desperdicios y desechos.**			
8102.97.01		Desperdicios y desechos.	Kg	Ex	Ex
8102.99	..	**Los demás.**			
8102.99.99		Los demás.	Kg	Ex	Ex
81.03		**Tantalio y sus manufacturas, incluidos los desperdicios y desechos.**			
8103.20	.	**Tantalio en bruto, incluidas las barras simplemente obtenidas por sinterizado; polvo.**			
8103.20.01		Tantalio en bruto, incluidas las barras simplemente obtenidas por sinterizado; polvo.	Kg	Ex	Ex
8103.30	.	**Desperdicios y desechos.**			
8103.30.01		Desperdicios y desechos.	Kg	Ex	Ex
8103.90	.	**Los demás.**			
8103.90.99		Los demás.	Kg	Ex	Ex
81.04		**Magnesio y sus manufacturas, incluidos los desperdicios y desechos.**			
	.	**Magnesio en bruto:**			
8104.11	..	**Con un contenido de magnesio superior o igual al 99.8% en peso.**			
8104.11.01		Con un contenido de magnesio superior o igual al 99.8% en peso.	Kg	Ex	Ex
8104.19	..	**Los demás.**			
8104.19.99		Los demás.	Kg	Ex	Ex
8104.20	.	**Desperdicios y desechos.**			
8104.20.01		Desperdicios y desechos.	Kg	Ex	Ex
8104.30	.	**Virutas, torneaduras y gránulos calibrados; polvo.**			
8104.30.01		Virutas, torneaduras y gránulos calibrados; polvo.	Kg	Ex	Ex
8104.90	.	**Los demás.**			
8104.90.01		Perfiles.	Kg	Ex	Ex
8104.90.02		Anodos.	Kg	Ex	Ex
8104.90.99		Los demás.	Kg	Ex	Ex
81.05		**Matas de cobalto y demás productos intermedios de la metalurgia del cobalto; cobalto y sus manufacturas, incluidos los desperdicios y desechos.**			
8105.20	.	**Matas de cobalto y demás productos intermedios de la metalurgia del cobalto; cobalto en bruto; polvo.**			
8105.20.01		Matas de cobalto y demás productos intermedios de la metalurgia del cobalto; cobalto en bruto; polvo.	Kg	Ex	Ex
8105.30	.	**Desperdicios y desechos.**			
8105.30.01		Desperdicios y desechos.	Kg	Ex	Ex
8105.90	.	**Los demás.**			
8105.90.99		Los demás.	Kg	Ex	Ex
81.06		**Bismuto y sus manufacturas, incluidos los desperdicios y desechos.**			
8106.00	.	**Bismuto y sus manufacturas, incluidos los desperdicios y desechos.**			
8106.00.01		Bismuto y sus manufacturas, incluidos los desperdicios y desechos.	Kg	Ex	Ex
81.07		**Cadmio y sus manufacturas, incluidos los desperdicios y desechos.**			
8107.20	.	**Cadmio en bruto; polvo.**			
8107.20.01		Cadmio en bruto; polvo.	Kg	Ex	Ex
8107.30	.	**Desperdicios y desechos.**			
8107.30.01		Desperdicios y desechos.	Kg	Ex	Ex
8107.90	.	**Los demás.**			
8107.90.99		Los demás.	Kg	Ex	Ex
81.08		**Titanio y sus manufacturas, incluidos los desperdicios y desechos.**			
8108.20	.	**Titanio en bruto; polvo.**			
8108.20.01		Titanio en bruto; polvo.	Kg	Ex	Ex
8108.30	.	**Desperdicios y desechos.**			
8108.30.01		Desperdicios y desechos.	Kg	Ex	Ex
8108.90	.	**Los demás.**			
8108.90.01		Canastillas, bastidores ("Racks") y serpentines.	Kg	10	Ex
8108.90.99		Los demás.	Kg	Ex	Ex
81.09		**Circonio y sus manufacturas, incluidos los desperdicios y desechos.**			
8109.20	.	**Circonio en bruto; polvo.**			
8109.20.01		Circonio en bruto; polvo.	Kg	Ex	Ex
8109.30	.	**Desperdicios y desechos.**			
8109.30.01		Desperdicios y desechos.	Kg	Ex	Ex

8109.90	**.**	**Los demás.**			
8109.90.99		Los demás.	Kg	Ex	Ex
81.10		**Antimonio y sus manufacturas, incluidos los desperdicios y desechos.**			
8110.10	**.**	**Antimonio en bruto; polvo.**			
8110.10.01		Antimonio en bruto; polvo.	Kg	Ex	Ex
8110.20	**.**	**Desperdicios y desechos.**			
8110.20.01		Desperdicios y desechos.	Kg	Ex	Ex
8110.90	**.**	**Los demás.**			
8110.90.99		Los demás.	Kg	Ex	Ex
81.11		**Manganeso y sus manufacturas, incluidos los desperdicios y desechos.**			
8111.00	**.**	**Manganeso y sus manufacturas, incluidos los desperdicios y desechos.**			
8111.00.01		Polvos de manganeso y sus manufacturas.	Kg	Ex	Ex
8111.00.99		Los demás.	Kg	Ex	Ex
81.12		**Berilio, cromo, germanio, vanadio, galio, hafnio (celtio), indio, niobio (colombio), renio y talio, así como las manufacturas de estos metales, incluidos los desperdicios y desechos.**			
	.	**Berilio:**			
8112.12	**. .**	**En bruto; polvo.**			
8112.12.01		En bruto; polvo.	Kg	Ex	Ex
8112.13	**. .**	**Desperdicios y desechos.**			
8112.13.01		Desperdicios y desechos.	Kg	Ex	Ex
8112.19	**. .**	**Los demás.**			
8112.19.99		Los demás.	Kg	Ex	Ex
	.	**Cromo:**			
8112.21	**. .**	**En bruto; polvo.**			
8112.21.01		En bruto; polvo.	Kg	Ex	Ex
8112.22	**. .**	**Desperdicios y desechos.**			
8112.22.01		Desperdicios y desechos.	Kg	Ex	Ex
8112.29	**. .**	**Los demás.**			
8112.29.99		Los demás.	Kg	Ex	Ex
	.	**Talio:**			
8112.51	**. .**	**En bruto; polvo.**			
8112.51.01		En bruto; polvo.	Kg	Ex	Ex
8112.52	**. .**	**Desperdicios y desechos.**			
8112.52.01		Desperdicios y desechos.	Kg	Ex	Ex
8112.59	**. .**	**Los demás.**			
8112.59.99		Los demás.	Kg	Ex	Ex
	.	**Los demás:**			
8112.92	**. .**	**En bruto; desperdicios y desechos; polvo.**			
8112.92.01		En bruto; desperdicios y desechos; polvo.	Kg	Ex	Ex
8112.99	**. .**	**Los demás.**			
8112.99.99		Los demás.	Kg	Ex	Ex
81.13		**Cermet y sus manufacturas, incluidos los desperdicios y desechos.**			
8113.00	**.**	**Cermet y sus manufacturas, incluidos los desperdicios y desechos.**			
8113.00.01		Cermet y sus manufacturas.	Kg	Ex	Ex
8113.00.99		Los demás.	Kg	Ex	Ex

Capítulo 82
Herramientas y útiles, artículos de cuchillería y cubiertos de mesa, de metal común; partes de estos artículos, de metal común

Notas.

1. Independientemente de las lámparas de soldar, de las fraguas portátiles, de las muelas con bastidor y de los juegos de manicura o pedicuro, así como de los artículos de la partida 82.09, este Capítulo comprende solamente los artículos provistos de una hoja u otra parte operante:
   a) de metal común;
   b) de carburo metálico o de cermet;
   c) de piedras preciosas o semipreciosas (naturales, sintéticas o reconstituidas), con soporte de metal común, carburo metálico o cermet;
   d) de abrasivos con soporte de metal común, siempre que se trate de útiles cuyos dientes, aristas u otras partes cortantes no hayan perdido su función propia por la presencia de polvo abrasivo.

2. Las partes de metal común de los artículos de este Capítulo se clasifican con los mismos, excepto las partes especialmente citadas y los portaútiles para herramientas de mano de la partida 84.66. Sin embargo, siempre se excluyen de este Capítulo las partes o accesorios de uso general, tal como se definen en la Nota 2 de esta Sección.
   Se excluyen de este Capítulo, las cabezas, peines, contrapeines, hojas y cuchillas de afeitadoras, cortadoras de pelo o esquiladoras, eléctricas (partida 85.10).

---

3. Los surtidos formados por uno o varios cuchillos de la partida 82.11 y un número, por lo menos igual, de artículos de la partida 82.15, se clasifican en esta última partida.

Código	Descripción	Unid de Med	Arancel (%)	
			IMP.	EXP.
82.01	**Layas, palas, azadas, picos, binaderas, horcas de labranza, rastrillos y raederas; hachas, hocinos y herramientas similares con filo; tijeras de podar de cualquier tipo; hoces y guadañas, cuchillos para heno o para paja, cizallas para setos, cuñas y demás herramientas de mano, agrícolas, hortícolas o forestales.**			
8201.10	**- Layas y palas.**			
8201.10.01	Layas.	Pza	15	Ex
8201.10.99	Las demás.	Pza	15	Ex
8201.30	**- Azadas, picos, binaderas, rastrillos y raederas.**			
8201.30.01	Rastrillos.	Pza	15	Ex
8201.30.99	Los demás.	Pza	15	Ex
8201.40	**- Hachas, hocinos y herramientas similares con filo.**			
8201.40.01	Hachas, hocinos y herramientas similares con filo.	Pza	15	Ex
8201.50	**- Tijeras de podar (incluidas las de trinchar aves) para usar con una sola mano.**			
8201.50.01	Tijeras de podar (incluidas las de trinchar aves), para usar con una sola mano.	Pza	15	Ex
8201.60	**- Cizallas para setos, tijeras de podar y herramientas similares, para usar con las dos manos.**			
8201.60.01	Cizallas para setos, tijeras de podar y herramientas similares para usar con las dos manos, excepto lo comprendido en la fracción 8201.60.02.	Pza	15	Ex
8201.60.02	Cabezas de tijeras de podar, sin mango.	Pza	Ex	Ex
8201.90	**- Las demás herramientas de mano, agrícolas, hortícolas o forestales.**			
8201.90.01	Hoces.	Pza	15	Ex
8201.90.02	Guadañas.	Pza	Ex	Ex
8201.90.03	Bieldos de más de cinco dientes.	Pza	Ex	Ex
8201.90.04	Horcas para labranza excepto lo comprendido en la fracción 8201.90.03.	Pza	15	Ex
8201.90.99	Los demás.	Pza	15	Ex
82.02	**Sierras de mano; hojas de sierra de cualquier clase (incluidas las fresas sierra y las hojas sin dentar).**			
8202.10	**- Sierras de mano.**			
8202.10.01	Serruchos (serrotes).	Kg	15	Ex
8202.10.02	Tronzadores.	Kg	Ex	Ex
8202.10.03	Seguetas para ampolletas.	Kg	Ex	Ex
8202.10.04	Sierras con marco o de arco (arcos con segueta, "arcos para seguetas").	Kg	15	Ex
8202.10.99	Los demás.	Kg	10	Ex
8202.20	**- Hojas de sierra de cinta.**			
8202.20.01	Hojas de sierra de cinta.	Kg	Ex	Ex
	- Hojas de sierra circulares (incluidas las fresas sierra):			
8202.31	**- - Con parte operante de acero.**			
8202.31.01	Con diámetro exterior inferior o igual a 800 mm.	Kg	15	Ex
8202.31.99	Los demás.	Kg	Ex	Ex
8202.39	**- - Las demás, incluidas las partes.**			
8202.39.01	Con diámetro inferior o igual a 800 mm, excepto lo comprendido en la fracción 8202.39.02.	Kg	15	Ex
8202.39.02	Guarnecidas de diamante.	Kg	Ex	Ex
8202.39.03	Con diámetro exterior superior a 800 mm, excepto lo comprendido en la fracción 8202.39.02.	Kg	Ex	Ex
8202.39.04	Esbozos (corazas o centros) de acero, reconocibles como concebidos exclusivamente para sierras circulares guarnecidas de diamante.	Kg	Ex	Ex
8202.39.05	Segmentos o dientes sin polvo de diamante para sierras circulares, excepto lo comprendido en la fracción 8202.39.07.	Kg	Ex	Ex
8202.39.06	Segmentos o dientes guarnecidos con polvo de diamante aglomerado.	Kg	Ex	Ex
8202.39.07	Segmentos o dientes con parte operante de acero.	Kg	Ex	Ex
8202.39.99	Las demás.	Kg	10	Ex
8202.40	**- Cadenas cortantes.**			
8202.40.01	Cadenas para motosierras manuales con motor de explosión.	Kg	Ex	Ex
8202.40.99	Las demás.	Kg	Ex	Ex
	- Las demás hojas de sierra:			
8202.91	**- - Hojas de sierra rectas para trabajar metal.**			
8202.91.01	Seguetas.	Kg	Ex	Ex
8202.91.02	Con segmentos o dientes guarnecidos con polvo de diamante aglomerado.	Kg	Ex	Ex
8202.91.03	Segmentos o dientes guarnecidos con polvo de diamante aglomerado.	Kg	Ex	Ex
8202.91.99	Los demás.	Kg	Ex	Ex

8202.99	**.. Las demás.**			
8202.99.01	Hojas de sierra de pelo.	Kg	Ex	Ex
8202.99.99	Las demás.	Kg	5	Ex
82.03	**Limas, escofinas, alicates (incluso cortantes), tenazas, pinzas, cizallas para metales, cortatubos, cortapernos, sacabocados y herramientas similares, de mano.**			
8203.10	**- Limas, escofinas y herramientas similares.**			
8203.10.01	Limas, con peso inferior o igual a 22 g.	Pza	15	Ex
8203.10.02	Limas con longitud superior a 50 cm.	Pza	Ex	Ex
8203.10.99	Las demás.	Pza	15	Ex
8203.20	**- Alicates (incluso cortantes), tenazas, pinzas y herramientas similares.**			
8203.20.01	Trabadores para sierra.	Kg	Ex	Ex
8203.20.99	Los demás.	Pza	15	Ex
8203.30	**- Cizallas para metales y herramientas similares.**			
8203.30.01	Cizallas para metales y herramientas similares.	Pza	15	Ex
8203.40	**- Cortatubos, cortapernos, sacabocados y herramientas similares.**			
8203.40.01	Sacabocados.	Pza	Ex	Ex
8203.40.02	Cortatubos.	Pza	15	Ex
8203.40.03	Cortapernos y cortarremaches.	Pza	Ex	Ex
8203.40.99	Los demás.	Pza	15	Ex
82.04	**Llaves de ajuste de mano (incluidas las llaves dinamométricas); cubos (dados) de ajuste intercambiables, incluso con mango.**			
	- Llaves de ajuste de mano:			
8204.11	**.. No ajustables.**			
8204.11.01	Llaves de palanca con matraca, excepto lo comprendido en la fracción 8204.11.02.	Kg	15	Ex
8204.11.02	Con longitud igual o inferior a 610 mm, para tubos.	Kg	15	Ex
8204.11.99	Los demás.	Kg	10	Ex
8204.12	**.. Ajustables.**			
8204.12.01	Llaves de cadena; llaves ajustables con longitud superior a 785 mm, para tubos.	Kg	Ex	Ex
8204.12.02	Llaves de ajuste con longitud igual o inferior a 785 mm, para tubos.	Kg	15	Ex
8204.12.99	Los demás.	Kg	15	Ex
8204.20	**- Cubos (dados) de ajuste intercambiables, incluso con mango.**			
8204.20.01	Con mango.	Kg	15	Ex
8204.20.99	Los demás.	Kg	10	Ex
82.05	**Herramientas de mano (incluidos los diamantes de vidriero) no expresadas ni comprendidas en otra parte; lámparas de soldar y similares; tornillos de banco, prensas de carpintero y similares, excepto los que sean accesorios o partes de máquinas herramienta; yunques; fraguas portátiles; muelas de mano o pedal, con bastidor.**			
8205.10	**- Herramientas de taladrar o roscar (incluidas las terrajas).**			
8205.10.01	Taladros, excepto lo comprendido en la fracción 8205.10.03.	Pza	Ex	Ex
8205.10.02	Manerales para aterrajar, aun cuando se presenten con sus dados (terrajas).	Pza	15	Ex
8205.10.03	Berbiquíes.	Pza	15	Ex
8205.10.99	Las demás.	Pza	15	Ex
8205.20	**- Martillos y mazas.**			
8205.20.01	Martillos y mazas.	Pza	15	Ex
8205.30	**- Cepillos, formones, gubias y herramientas cortantes similares para trabajar madera.**			
8205.30.01	Guillames, acanaladores o machihembradores.	Pza	Ex	Ex
8205.30.99	Los demás.	Pza	15	Ex
8205.40	**- Destornilladores.**			
8205.40.01	Con probador de corriente, incluso con su lámpara; de matraca; de cabeza giratoria.	Pza	Ex	Ex
8205.40.99	Los demás.	Pza	15	Ex
	- Las demás herramientas de mano (incluidos los diamantes de vidriero):			
8205.51	**.. De uso doméstico.**			
8205.51.01	Abrelatas.	Pza	15	Ex
8205.51.02	Destapadores mecánicos, para cañerías.	Pza	5	Ex
8205.51.03	Planchas a gas, para ropa.	Pza	15	Ex
8205.51.99	Los demás.	Pza	15	Ex
8205.59	**.. Las demás.**			
8205.59.01	Punzones.	Pza	15	Ex
8205.59.02	Paletas (cucharas) de albañil.	Pza	15	Ex
8205.59.03	Espátulas.	Pza	15	Ex
8205.59.04	Alcuzas (aceiteras).	Pza	15	Ex
8205.59.05	Cuñas de hierro o acero.	Pza	Ex	Ex
8205.59.06	Cortavidrios.	Pza	15	Ex
8205.59.07	Avellanadoras o expansores para tubos.	Pza	15	Ex
8205.59.08	Engrapadoras.	Pza	Ex	Ex
8205.59.09	Tensores para cadenas.	Pza	Ex	Ex
8205.59.10	Tiradores o guías, para instalación de conductores eléctricos.	Pza	Ex	Ex

8205.59.11	Aparatos o herramientas tipo pistola, impulsados por cartuchos detonantes, para incrustar o remachar taquetes, pernos o clavos.	Pza	15	Ex
8205.59.12	Remachadoras.	Pza	15	Ex
8205.59.13	Extractores de poleas o de rodamientos.	Pza	5	Ex
8205.59.14	Compresores para colocar anillos de pistones.	Pza	5	Ex
8205.59.15	Herramientas o utensilios para colocar válvulas de broche.	Pza	Ex	Ex
8205.59.16	Extractores de piezas de reloj.	Pza	Ex	Ex
8205.59.17	Atadores o precintadores.	Pza	15	Ex
8205.59.18	Llanas.	Pza	15	Ex
8205.59.19	Cinceles y cortafríos.	Pza	15	Ex
8205.59.99	Las demás.	Pza	15	Ex
8205.60	**Lámparas de soldar y similares.**			
8205.60.01	Lámparas de soldar.	Pza	15	Ex
8205.60.99	Los demás.	Pza	15	Ex
8205.70	**Tornillos de banco, prensas de carpintero y similares.**			
8205.70.01	Tornillos de banco.	Pza	15	Ex
8205.70.02	Prensas de sujeción.	Pza	15	Ex
8205.70.03	Sujetadores de piezas de reloj.	Pza	Ex	Ex
8205.70.99	Los demás.	Pza	15	Ex
8205.90	**Los demás, incluidos los juegos de artículos de dos o más de las subpartidas de esta partida.**			
8205.90.02	Yunques y fraguas portátiles.	Pza	15	Ex
8205.90.03	Amoladoras o esmeriladoras, de pedal o de palanca (muelas con bastidor).	Pza	15	Ex
8205.90.04	Juegos de artículos de dos o más de las subpartidas de esta partida.	Kg	15	Ex
82.06	**Herramientas de dos o más de las partidas 82.02 a 82.05, acondicionadas en juegos para la venta al por menor.**			
8206.00	**Herramientas de dos o más de las partidas 82.02 a 82.05, acondicionadas en juegos para la venta al por menor.**			
8206.00.01	Herramientas de dos o más de las partidas 82.02 a 82.05, acondicionadas en juegos para la venta al por menor.	Kg	15	Ex
82.07	**Útiles intercambiables para herramientas de mano, incluso mecánicas, o para máquinas herramienta (por ejemplo: de embutir, estampar, punzonar, roscar (incluso aterrajar), taladrar, escariar, brochar, fresar, tornear, atornillar), incluidas las hileras de extrudir o de estirar (trefilar)* metal, así como los útiles de perforación o sondeo.**			
	Útiles de perforación o sondeo:			
8207.13	**Con parte operante de cermet.**			
8207.13.01	Brocas con extremidades dentadas.	Pza	Ex	Ex
8207.13.02	Reconocibles, como concebidos exclusivamente para martillos neumáticos.	Pza	Ex	Ex
8207.13.03	Brocas con diámetro igual o superior a 1.00 mm, pero inferior o igual a 64.1 mm, excepto de extremidades dentadas.	Pza	Ex	Ex
8207.13.04	Brocas con diámetro inferior a 1.00 mm, o con diámetro superior a 64.1 mm, excepto de extremidades dentadas.	Pza	Ex	Ex
8207.13.05	Trépanos (de tricono, de corona y otros).	Pza	Ex	Ex
8207.13.06	Barrenas.	Pza	Ex	Ex
8207.13.07	Brocas de centro del tipo plana o campana, con diámetro inferior o igual a 25.4 mm, excepto lo comprendido en las fracciones 8207.13.01 y 8207.13.03.	Pza	Ex	Ex
8207.13.99	Los demás.	Pza	Ex	Ex
8207.19	**Los demás, incluidas las partes.**			
8207.19.01	Brocas con extremidades dentadas.	Pza	Ex	Ex
8207.19.02	Brocas, con parte operante de carburos.	Pza	Ex	Ex
8207.19.03	Reconocibles, como concebidos exclusivamente para martillos neumáticos.	Pza	Ex	Ex
8207.19.04	Brocas con diámetro igual o superior a 1.00 mm, pero inferior o igual a 64.1 mm, excepto lo comprendido en las fracciones 8207.19.01 y 8207.19.02.	Pza	Ex	Ex
8207.19.05	Brocas con diámetro inferior a 1.00 mm, o con diámetro superior a 64.1 mm, excepto lo comprendido en las fracciones 8207.19.01 y 8207.19.02.	Pza	Ex	Ex
8207.19.06	Trépanos (de tricono, de corona y otros).	Pza	Ex	Ex
8207.19.07	Estructuras de corte y/o conos, para trépanos.	Pza	Ex	Ex
8207.19.08	Barrenas.	Pza	Ex	Ex
8207.19.09	Brocas de centro del tipo plana o campana, con diámetro inferior o igual a 25.4 mm, excepto lo comprendido en las fracciones 8207.19.01 y 8207.19.02.	Pza	Ex	Ex
8207.19.99	Los demás.	Pza	Ex	Ex
8207.20	**Hileras de extrudir o de estirar (trefilar) metal.**			
8207.20.01	Hileras de extrudir o de estirar (trefilar) metal.	Pza	Ex	Ex
8207.30	**Útiles de embutir, estampar o punzonar.**			
8207.30.01	Útiles de embutir, estampar o punzonar, excepto lo comprendido en la fracción 8207.30.02.	Pza	Ex	Ex
8207.30.02	Esbozos de matrices o troqueles, con peso igual o superior a 1,000 Kg, para el estampado de metales; y sus partes.	Pza	Ex	Ex
8207.40	**Útiles de roscar (incluso aterrajar).**			
8207.40.01	Dados cuadrados y peines en pares para uso en terrajas manuales.	Pza	Ex	Ex
8207.40.02	Machuelos con diámetro igual o inferior a 50.8 mm.	Pza	Ex	Ex

8207.40.03	Machuelos con diámetro superior a 50.8 mm.	Pza	Ex	Ex
8207.40.99	Los demás.	Pza	Ex	Ex
8207.50	**Útiles de taladrar.**			
8207.50.01	Brocas, con parte operante de diamante.	Pza	Ex	Ex
8207.50.02	Brocas, con parte operante de carburos.	Pza	Ex	Ex
8207.50.03	Brocas con diámetro igual o superior a 1.00 mm, pero inferior o igual a 64.1 mm, excepto lo comprendido en las fracciones 8207.50.01, 8207.50.02 y 8207.50.05.	Pza	Ex	Ex
8207.50.04	Brocas con diámetro inferior a 1.00 mm, o con diámetro superior a 64.1 mm, excepto lo comprendido en las fracciones 8207.50.01, 8207.50.02 y 8207.50.05.	Pza	Ex	Ex
8207.50.05	Brocas constituidas enteramente por carburos metálicos.	Pza	Ex	Ex
8207.50.06	Brocas de centro del tipo plana o campana con diámetro inferior o igual a 25.4 mm, excepto lo comprendido en las fracciones 8207.50.02 y 8207.50.03.	Pza	Ex	Ex
8207.50.99	Los demás.	Pza	Ex	Ex
8207.60	**Útiles de escariar o brochar.**			
8207.60.01	Escariadores o rimas, excepto lo comprendido en las fracciones 8207.60.03 y 8207.60.05.	Pza	Ex	Ex
8207.60.02	Mandriles, reconocibles como concebidos exclusivamente para laminadores.	Pza	Ex	Ex
8207.60.03	Escariadores o rimas ajustables.	Pza	Ex	Ex
8207.60.04	Limas rotativas.	Pza	Ex	Ex
8207.60.05	Escariadores constituidos enteramente por carburos metálicos.	Pza	Ex	Ex
8207.60.99	Los demás.	Pza	Ex	Ex
8207.70	**Útiles de fresar.**			
8207.70.01	Fresas madre para generar engranes.	Pza	Ex	Ex
8207.70.02	Fresas constituidas enteramente por carburos metálicos.	Pza	Ex	Ex
8207.70.99	Los demás.	Pza	Ex	Ex
8207.80	**Útiles de tornear.**			
8207.80.01	Útiles de tornear.	Pza	Ex	Ex
8207.90	**Los demás útiles intercambiables.**			
8207.90.01	Extractores de tornillos.	Pza	Ex	Ex
8207.90.99	Los demás.	Pza	5	Ex
82.08	**Cuchillas y hojas cortantes, para máquinas o aparatos mecánicos.**			
8208.10	**Para trabajar metal.**			
8208.10.01	Hojas con espesor máximo de 6 mm y anchura máxima de 500 mm, con filo continuo o discontinuo.	Pza	Ex	Ex
8208.10.99	Los demás.	Pza	Ex	Ex
8208.20	**Para trabajar madera.**			
8208.20.01	Hojas con espesor máximo de 6 mm y anchura máxima de 500 mm, con filo continuo o discontinuo.	Pza	Ex	Ex
8208.20.99	Los demás.	Pza	Ex	Ex
8208.30	**Para aparatos de cocina o máquinas de la industria alimentaria.**			
8208.30.01	Hojas con espesor máximo de 6 mm y anchura máxima de 500 mm, con filo continuo o discontinuo.	Pza	Ex	Ex
8208.30.99	Los demás.	Pza	Ex	Ex
8208.40	**Para máquinas agrícolas, hortícolas o forestales.**			
8208.40.01	Secciones de cuchillas y chapitas (contracuchillas) para máquinas de segar.	Pza	Ex	Ex
8208.40.02	Hojas con espesor máximo de 6 mm y anchura máxima de 500 mm, con filo continuo o discontinuo.	Pza	Ex	Ex
8208.40.99	Las demás.	Pza	Ex	Ex
8208.90	**Las demás.**			
8208.90.99	Las demás.	Pza	Ex	Ex
82.09	**Plaquitas, varillas, puntas y artículos similares para útiles, sin montar, de cermet.**			
8209.00	**Plaquitas, varillas, puntas y artículos similares para útiles, sin montar, de cermet.**			
8209.00.01	Plaquitas, varillas, puntas y artículos similares para útiles, sin montar, de cermet.	Kg	Ex	Ex
82.10	**Aparatos mecánicos accionados a mano, de peso inferior o igual a 10 kg, utilizados para preparar, acondicionar o servir alimentos o bebidas.**			
8210.00	**Aparatos mecánicos accionados a mano, de peso inferior o igual a 10 kg, utilizados para preparar, acondicionar o servir alimentos o bebidas.**			
8210.00.01	Aparatos mecánicos accionados a mano de peso inferior o igual a 10 kg, utilizados para preparar, acondicionar o servir alimentos o bebidas.	Pza	15	Ex
82.11	**Cuchillos con hoja cortante o dentada, incluidas las navajas de podar, y sus hojas (excepto los de la partida 82.08).**			
8211.10	**Surtidos.**			
8211.10.01	Surtidos.	Kg	15	Ex
	Los demás:			
8211.91	**Cuchillos de mesa de hoja fija.**			
8211.91.01	Cuchillos de mesa de hoja fija.	Pza	15	Ex
8211.92	**Los demás cuchillos de hoja fija.**			
8211.92.01	Chairas.	Pza	Ex	Ex
8211.92.99	Los demás.	Kg	15	Ex

8211.93	**. .**	**Cuchillos, excepto los de hoja fija, incluidas las navajas de podar.**		
8211.93.01		Cuchillos, excepto los de hoja fija, incluidas las navajas de podar.	Pza	15	Ex
8211.94	**. .**	**Hojas.**		
8211.94.01		Hojas.	Pza	15	Ex
8211.95	**. .**	**Mangos de metal común.**		
8211.95.01		Mangos de metal común.	Pza	Ex	Ex
82.12		**Navajas y máquinas de afeitar y sus hojas (incluidos los esbozos en fleje).**		
8212.10	**.**	**Navajas y máquinas de afeitar.**		
8212.10.01		Navajas de barbero.	Pza	5	Ex
8212.10.99		Las demás.	Pza	Ex	Ex
8212.20	**.**	**Hojas para maquinillas de afeitar, incluidos los esbozos en fleje.**		
8212.20.01		Hojas para maquinillas de afeitar, incluidos los esbozos en fleje.	Pza	Ex	Ex
8212.90	**.**	**Las demás partes.**		
8212.90.01		Para máquinas de afeitar.	Kg	Ex	Ex
8212.90.99		Las demás.	Kg	15	Ex
82.13		**Tijeras y sus hojas.**		
8213.00	**.**	**Tijeras y sus hojas.**		
8213.00.01		Tijeras y sus hojas.	Pza	15	Ex
82.14		**Los demás artículos de cuchillería (por ejemplo: máquinas de cortar el pelo o de esquilar, cuchillas para picar carne, tajaderas de carnicería o cocina y cortapapeles); herramientas y juegos de herramientas de manicura o de pedicuro (incluidas las limas para uñas).**		
8214.10	**.**	**Cortapapeles, abrecartas, raspadores, sacapuntas y sus cuchillas.**		
8214.10.01		Sacapuntas.	Kg	15	Ex
8214.10.99		Los demás.	Kg	15	Ex
8214.20	**.**	**Herramientas y juegos de herramientas de manicura o de pedicuro (incluidas las limas para uñas).**		
8214.20.01		Juegos de manicure.	Kg	15	Ex
8214.20.99		Los demás.	Kg	15	Ex
8214.90	**.**	**Los demás.**		
8214.90.01		Máquinas de cortar el pelo.	Pza	5	Ex
8214.90.02		Esquiladoras.	Pza	Ex	Ex
8214.90.03		Peines para máquinas de cortar el pelo.	Pza	Ex	Ex
8214.90.04		Mangos de metales comunes.	Pza	15	Ex
8214.90.99		Los demás.	Pza	15	Ex
82.15		**Cucharas, tenedores, cucharones, espumaderas, palas para tarta, cuchillos para pescado o mantequilla, pinzas para azúcar y artículos similares.**		
8215.10	**.**	**Surtidos que contengan por lo menos un objeto plateado, dorado o platinado.**		
8215.10.01		Surtidos que contengan por lo menos un objeto plateado, dorado o platinado.	Kg	15	Ex
8215.20	**.**	**Los demás surtidos.**		
8215.20.01		Los demás surtidos.	Kg	15	Ex
	.	**Los demás:**		
8215.91	**. .**	**Plateados, dorados o platinados.**		
8215.91.01		Plateados, dorados o platinados.	Pza	15	Ex
8215.99	**. .**	**Los demás.**		
8215.99.01		Mangos de metales comunes.	Pza	15	Ex
8215.99.99		Los demás.	Pza	15	Ex

Capítulo 83
Manufacturas diversas de metal común

Notas.
1. En este Capítulo, las partes de metal común se clasifican en la partida correspondiente a los artículos a los que pertenecen. Sin embargo, no se consideran partes de manufacturas de este Capítulo, los artículos de fundición, hierro o acero de las partidas 73.12, 73.15, 73.17, 73.18 ó 73.20 ni los mismos artículos de otro metal común (Capítulos 74 a 76 y 78 a 81).
2. En la partida 83.02, se consideran *ruedas* las que tengan un diámetro (incluido el bandaje, en su caso) inferior o igual a 75 mm o las de mayor diámetro (incluido el bandaje, en su caso) siempre que la anchura de la rueda o del bandaje que se les haya montado sea inferior a 30 mm.

Código		Descripción	Unid de Med	Arancel (%)	
				IMP.	EXP.
83.01		Candados, cerraduras y cerrojos (de llave, combinación o eléctricos), de metal común; cierres y monturas cierre, con cerradura incorporada, de metal común; llaves de metal común para estos artículos.			

8301.10	**- Candados.**			
8301.10.01	Candados.	Pza	15	Ex
8301.20	**- Cerraduras de los tipos utilizados en vehículos automóviles.**			
8301.20.01	Tapones para tanque de gasolina.	Kg	15	Ex
8301.20.99	Los demás.	Kg	15	Ex
8301.30	**- Cerraduras de los tipos utilizados en muebles.**			
8301.30.01	Cerraduras de los tipos utilizados en muebles.	Kg	15	Ex
8301.40	**- Las demás cerraduras; cerrojos.**			
8301.40.01	Las demás cerraduras; cerrojos.	Pza	15	Ex
8301.50	**- Cierres y monturas cierre, con cerradura incorporada.**			
8301.50.01	Monturas cierre de aleación de magnesio, con cerradura incorporada.	Kg	5	Ex
8301.50.99	Los demás.	Kg	15	Ex
8301.60	**- Partes.**			
8301.60.01	Marcos o monturas de aleación de magnesio, sin la cerradura.	Kg	Ex	Ex
8301.60.99	Los demás.	Kg	Ex	Ex
8301.70	**- Llaves presentadas aisladamente.**			
8301.70.01	Llaves sin acabar.	Kg	Ex	Ex
8301.70.99	Las demás.	Kg	Ex	Ex
83.02	**Guarniciones, herrajes y artículos similares, de metal común, para muebles, puertas, escaleras, ventanas, persianas, carrocerías, artículos de guarnicionería, baúles, arcas, cofres y demás manufacturas de esta clase; colgadores, perchas, soportes y artículos similares, de metal común; ruedas con montura de metal común; cierrapuertas automáticos de metal común.**			
8302.10	**- Bisagras de cualquier clase (incluidos los pernios y demás goznes).**			
8302.10.01	Con mecanismos de resortes, excepto lo comprendido en la fracción 8302.10.02.	Kg	15	Ex
8302.10.02	Para vehículos automóviles.	Kg	Ex	Ex
8302.10.99	Los demás.	Kg	15	Ex
8302.20	**- Ruedas.**			
8302.20.01	Para muebles.	Kg	15	Ex
8302.20.99	Los demás.	Kg	15	Ex
8302.30	**- Las demás guarniciones, herrajes y artículos similares, para vehículos automóviles.**			
8302.30.01	Las demás guarniciones, herrajes y artículos similares, para vehículos automóviles.	Kg	15	Ex
	- Las demás guarniciones, herrajes y artículos similares:			
8302.41	**-- Para edificios.**			
8302.41.01	Herrajes para cortinas venecianas.	Kg	15	Ex
8302.41.02	Cortineros.	Kg	15	Ex
8302.41.03	Fallebas u otros mecanismos similares.	Kg	15	Ex
8302.41.04	Cerraduras sin llave, picaportes o pasadores.	Kg	15	Ex
8302.41.05	Dispositivos compensadores para la sujeción de ventanas de guillotina.	Kg	15	Ex
8302.41.99	Los demás.	Kg	15	Ex
8302.42	**-- Los demás, para muebles.**			
8302.42.01	Cerraduras sin llave, picaportes o pasadores.	Kg	15	Ex
8302.42.02	Reconocibles como concebidas exclusivamente para asientos, incluso los transformables en camas.	Kg	15	Ex
8302.42.99	Los demás.	Kg	15	Ex
8302.49	**-- Los demás.**			
8302.49.99	Los demás.	Kg	15	Ex
8302.50	**- Colgadores, perchas, soportes y artículos similares.**			
8302.50.01	Colgadores, perchas, soportes y artículos similares.	Kg	15	Ex
8302.60	**- Cierrapuertas automáticos.**			
8302.60.01	Cierrapuertas automáticos.	Kg	15	Ex
83.03	**Cajas de caudales, puertas blindadas y compartimientos para cámaras acorazadas, cofres y cajas de seguridad y artículos similares, de metal común.**			
8303.00	**- Cajas de caudales, puertas blindadas y compartimientos para cámaras acorazadas, cofres y cajas de seguridad y artículos similares, de metal común.**			
8303.00.01	Cajas de caudales, puertas blindadas y compartimientos para cámaras acorazadas, cofres y cajas de seguridad y artículos similares, de metal común.	Pza	15	Ex
83.04	**Clasificadores, ficheros, cajas de clasificación, bandejas de correspondencia, plumeros (vasos o cajas para plumas de escribir), portasellos y material similar de oficina, de metal común, excepto los muebles de oficina de la partida 94.03.**			
8304.00	**- Clasificadores, ficheros, cajas de clasificación, bandejas de correspondencia, plumeros (vasos o cajas para plumas de escribir), portasellos y material similar de oficina, de metal común, excepto los muebles de oficina de la partida 94.03.**			
8304.00.01	Porta papel movible y graduable, para copia directa del mecanógrafo.	Kg	15	Ex
8304.00.02	Ficheros de índice visible.	Kg	15	Ex
8304.00.99	Los demás.	Kg	15	Ex

83.05	**Mecanismos para encuadernación de hojas intercambiables o para clasificadores, sujetadores, cantoneras, clips, índices de señal y artículos similares de oficina, de metal común; grapas en tiras (por ejemplo: de oficina, tapicería o envase) de metal común.**			
8305.10	**.** **Mecanismos para encuadernación de hojas intercambiables o para clasificadores.**			
8305.10.01	Mecanismos para encuadernación de hojas intercambiables o para clasificadores.	Kg	15	Ex
8305.20	**.** **Grapas en tiras.**			
8305.20.01	Grapas en tiras.	Kg	15	Ex
8305.90	**.** **Los demás, incluidas las partes.**			
8305.90.01	Clips u otros sujetadores.	Kg	15	Ex
8305.90.02	Herrajes de 6 argollas con longitud de 13.0 cm o de 19.0 cm, con o sin gatillo, incluyendo las bases curvas para sujetarlos.	Kg	5	Ex
8305.90.99	Los demás.	Kg	15	Ex
83.06	**Campanas, campanillas, gongos y artículos similares, que no sean eléctricos, de metal común; estatuillas y demás artículos de adorno, de metal común; marcos para fotografías, grabados o similares, de metal común; espejos de metal común.**			
8306.10	**.** **Campanas, campanillas, gongos y artículos similares.**			
8306.10.01	Campanas, campanillas, gongos y artículos similares.	Pza	15	Ex
	. **Estatuillas y demás artículos de adorno:**			
8306.21	**. .** **Plateados, dorados o platinados.**			
8306.21.01	Plateados, dorados o platinados.	Pza	15	Ex
8306.29	**. .** **Los demás.**			
8306.29.99	Los demás.	Pza	15	Ex
8306.30	**.** **Marcos para fotografías, grabados o similares; espejos.**			
8306.30.01	Marcos para fotografías, grabados o similares; espejos.	Pza	15	Ex
83.07	**Tubos flexibles de metal común, incluso con sus accesorios.**			
8307.10	**.** **De hierro o acero.**			
8307.10.01	Constituidos de dos o más armazones de hierro o de acero y de dos o más capas de materias termoplásticas.	Kg	Ex	Ex
8307.10.99	Los demás.	Kg	5	Ex
8307.90	**.** **De los demás metales comunes.**			
8307.90.01	De los demás metales comunes.	Kg	5	Ex
83.08	**Cierres, monturas cierre, hebillas, hebillas cierre, corchetes, ganchos, anillos para ojetes y artículos similares, de metal común, para prendas de vestir, calzado, toldos, marroquinería o demás artículos confeccionados; remaches tubulares o con espiga hendida de metal común; cuentas y lentejuelas, de metal común.**			
8308.10	**.** **Corchetes, ganchos y anillos para ojetes.**			
8308.10.01	Broches.	Kg	Ex	Ex
8308.10.99	Los demás.	Kg	5	Ex
8308.20	**.** **Remaches tubulares o con espiga hendida.**			
8308.20.01	Remaches tubulares o con espiga hendida.	Kg	5	Ex
8308.90	**.** **Los demás, incluidas las partes.**			
8308.90.01	Los demás, incluidas las partes.	Kg	5	Ex
83.09	**Tapones y tapas (incluidas las tapas corona, las tapas roscadas y los tapones vertedores), cápsulas para botellas, tapones roscados, sobretapas, precintos y demás accesorios para envases, de metal común.**			
8309.10	**.** **Tapas corona.**			
8309.10.01	Tapas corona.	Kg	5	Ex
8309.90	**.** **Los demás.**			
8309.90.01	Tapones o tapas, excepto lo comprendido en las fracciones 8309.90.02, 8309.90.03, 8309.90.07 y 8309.90.08.	Kg	Ex	Ex
8309.90.02	Tapones sin cerradura, para tanques de gasolina.	Kg	15	Ex
8309.90.03	Tapas de aluminio con rosca, para envases de uso farmacéutico.	Kg	Ex	Ex
8309.90.04	Sellos o precintos.	Kg	15	Ex
8309.90.05	Cápsulas para botellas, excepto lo comprendido en la fracción 8309.90.06.	Kg	15	Ex
8309.90.06	Cápsulas de aluminio para sobretaponar botellas.	Kg	Ex	Ex
8309.90.07	Tapas: con un precorte a menos de 10 mm de toda su orilla y una pieza de sujeción colocada sobre la tapa mediante un remache, llamadas tapas "abre fácil" ("full open"), de acero o aluminio, para envases destinados a contener bebidas o alimentos.	Kg	Ex	Ex
8309.90.08	Tapas de aluminio, con una pieza de sujeción colocada sobre la tapa mediante un remache, reconocibles como concebidas exclusivamente para envases destinados a contener bebidas o alimentos.	Kg	Ex	Ex
8309.90.99	Los demás.	Kg	15	Ex
83.10	**Placas indicadoras, placas rótulo, placas de direcciones y placas similares, cifras, letras y signos diversos, de metal común, excepto los de la partida 94.05.**			
8310.00	**.** **Placas indicadoras, placas rótulo, placas de direcciones y placas similares, cifras, letras y signos diversos, de metal común, excepto los de la partida 94.05.**			
8310.00.01	Emblemas o monogramas para vehículos automóviles.	Kg	15	Ex

8310.00.99	Los demás.	Kg	10	Ex
83.11	**Alambres, varillas, tubos, placas, electrodos y artículos similares, de metal común o de carburo metálico, recubiertos o rellenos de decapantes o de fundentes, para soldadura o depósito de metal o de carburo metálico; alambres y varillas, de polvo de metal común aglomerado, para la metalización por proyección.**			
8311.10 -	**Electrodos recubiertos para soldadura de arco, de metal común.**			
8311.10.01	De hierro o de acero.	Kg	5	Ex
8311.10.02	De cobre o sus aleaciones.	Kg	Ex	Ex
8311.10.03	De aluminio o sus aleaciones.	Kg	Ex	Ex
8311.10.04	De níquel o sus aleaciones.	Kg	Ex	Ex
8311.10.99	Los demás.	Kg	5	Ex
8311.20 -	**Alambre "relleno" para soldadura de arco, de metal común.**			
8311.20.01	De cobre o sus aleaciones.	Kg	Ex	Ex
8311.20.02	De aluminio o sus aleaciones.	Kg	Ex	Ex
8311.20.03	De níquel o sus aleaciones.	Kg	Ex	Ex
8311.20.04	De acero.	Kg	Ex	Ex
8311.20.99	Los demás.	Kg	Ex	Ex
8311.30 -	**Varillas recubiertas y alambre "relleno" para soldar al soplete, de metal común.**			
8311.30.01	De hierro o acero.	Kg	5	Ex
8311.30.02	De cobre o sus aleaciones.	Kg	Ex	Ex
8311.30.03	De aluminio o sus aleaciones.	Kg	Ex	Ex
8311.30.04	De níquel o sus aleaciones.	Kg	Ex	Ex
8311.30.99	Los demás.	Kg	Ex	Ex
8311.90 -	**Los demás.**			
8311.90.01	De hierro o acero.	Kg	Ex	Ex
8311.90.02	De cobre o sus aleaciones.	Kg	Ex	Ex
8311.90.03	De aluminio o sus aleaciones.	Kg	Ex	Ex
8311.90.04	De níquel o sus aleaciones.	Kg	Ex	Ex
8311.90.05	Hilos o varillas de polvo de metal común aglomerado, para la metalización por proyección.	Kg	Ex	Ex
8311.90.99	Los demás.	Kg	5	Ex

Sección XVI
MÁQUINAS Y APARATOS, MATERIAL ELÉCTRICO Y SUS PARTES; APARATOS DE GRABACIÓN O REPRODUCCIÓN DE SONIDO, APARATOS DE GRABACIÓN O REPRODUCCIÓN DE IMAGEN Y SONIDO EN TELEVISIÓN, Y LAS PARTES Y ACCESORIOS DE ESTOS APARATOS

Notas.
1. Esta Sección no comprende:
   a) las correas transportadoras o de transmisión de plástico del Capítulo 39, las correas transportadoras o de transmisión de caucho vulcanizado (partida 40.10) y los artículos para usos técnicos de caucho vulcanizado sin endurecer (partida 40.16);
   b) los artículos para usos técnicos de cuero natural o cuero regenerado (partida 42.05) o de peletería (partida 43.03);
   c) las canillas, carretes, bobinas y soportes similares, de cualquier materia (por ejemplo: Capítulos 39, 40, 44 ó 48 o Sección XV);
   d) las tarjetas perforadas para mecanismos Jacquard o máquinas similares (por ejemplo: Capítulos 39 ó 48 o Sección XV);
   e) las correas transportadoras o de transmisión, de materia textil (partida 59.10), así como los artículos para usos técnicos de materia textil (partida 59.11);
   f) las piedras preciosas o semipreciosas (naturales, sintéticas o reconstituidas) de las partidas 71.02 a 71.04, así como las manufacturas constituidas totalmente por estas materias, de la partida 71.16, excepto, sin embargo, los zafiros y diamantes, trabajados, sin montar, para agujas de fonocaptores (partida 85.22);
   g) las partes y accesorios de uso general, tal como se definen en la Nota 2 de la Sección XV, de metal común (Sección XV) y los artículos similares de plástico (Capítulo 39);
   h) los tubos de perforación (partida 73.04);
   ij) las telas y correas sin fin, de alambre o tiras metálicos (Sección XV);
   k) los artículos de los Capítulos 82 u 83;
   l) los artículos de la Sección XVII;
   m) los artículos del Capítulo 90;
   n) los artículos de relojería (Capítulo 91);
   o) los útiles intercambiables de la partida 82.07 y los cepillos que constituyan partes de máquinas (partida 96.03); los útiles intercambiables similares que se clasifican según la materia constitutiva de la parte operante (por ejemplo: Capítulos 40, 42, 43, 45 ó 59, o partidas 68.04 ó 69.09);
   p) los artículos del Capítulo 95;
   q) las cintas para máquina de escribir y cintas entintadas similares, incluso en carretes o cartuchos (clasificación según la materia constitutiva o en la partida 96.12 si están entintadas o preparadas de otro modo para imprimir).

---

2.   Salvo lo dispuesto en la Nota 1 de esta Sección y en la Nota 1 de los Capítulos 84 y 85, las partes de máquinas (excepto las partes de los artículos comprendidos en las partidas 84.84, 85.44, 85.45, 85.46 u 85 47) se clasifican de acuerdo con las siguientes reglas:

   a)   las partes que consistan en artículos de cualquier partida de los Capítulos 84 u 85 (excepto las partidas 84.09, 84.31, 84.48, 84.66, 84.73, 84.87, 85.03, 85.22, 85.29, 85.38 y 85.48) se clasifican en dicha partida cualquiera que sea la máquina a la que estén destinadas;

   b)   cuando sean identificables como destinadas, exclusiva o principalmente, a una determinada máquina o a varias máquinas de una misma partida (incluso de las partidas 84.79 u 85.43), las partes, excepto las citadas en el párrafo precedente, se clasifican en la partida correspondiente a esta o estas máquinas o, según los casos, en las partidas 84.09, 84.31, 84.48, 84.66, 84.73, 85.03, 85.22, 85.29 u 85.38; sin embargo, las partes destinadas principalmente tanto a los artículos de la partida 85.17 como a los de las partidas 85.25 a 85.28 se clasifican en la partida 85.17;

   c)   las demás partes se clasifican en las partidas 84.09, 84.31, 84.48, 84.66, 84.73, 85.03, 85.22, 85.29 u 85.38, según los casos, o, en su defecto, en las partidas 84.87 u 85.48.

3.   Salvo disposición en contrario, las combinaciones de máquinas de diferentes clases destinadas a funcionar conjuntamente y que formen un solo cuerpo, así como las máquinas concebidas para realizar dos o más funciones diferentes, alternativas o complementarias, se clasifican según la función principal que caracterice al conjunto.

4.   Cuando una máquina o una combinación de máquinas estén constituidas por elementos individualizados (incluso separados o unidos entre sí por tuberías, órganos de transmisión, cables eléctricos o de otro modo) para realizar conjuntamente una función netamente definida, comprendida en una de las partidas de los Capítulos 84 u 85, el conjunto se clasifica en la partida correspondiente a la función que realice.

5.   Para la aplicación de las Notas que preceden, la denominación *máquinas* abarca a las máquinas, aparatos, dispositivos, artefactos y materiales diversos citados en las partidas de los Capítulos 84 u 85.

Capítulo 84
Reactores nucleares, calderas, máquinas, aparatos y artefactos mecánicos; partes de estas máquinas o aparatos

Notas.

1.   Este Capítulo no comprende:

   a)   las muelas y artículos similares para moler y demás artículos del Capítulo 68;

   b)   las máquinas, aparatos o artefactos (por ejemplo, bombas), de cerámica y las partes de cerámica de las máquinas, aparatos o artefactos de cualquier materia (Capítulo 69);

   c)   los artículos de vidrio para laboratorio (partida 70.17); los artículos de vidrio para usos técnicos (partidas 70.19 ó 70.20);

   d)   los artículos de las partidas 73.21 ó 73.22, así como los artículos similares de otros metales comunes (Capítulos 74 a 76 ó 78 a 81);

   e)   las aspiradoras de la partida 85.08;

   f)   los aparatos electromecánicos de uso doméstico de la partida 85.09; las cámaras digitales de la partida 85.25;

   g)   las escobas mecánicas de uso manual, excepto las de motor (partida 96.03).

2.   Salvo lo dispuesto en la Nota 3 de la Sección XVI y la Nota 9 del presente Capítulo, las máquinas y aparatos susceptibles de clasificarse a la vez tanto en las partidas 84.01 a 84.24 o en la partida 84.86, como en las partidas 84.25 a 84.80, se clasifican en las partidas 84.01 a 84.24 o en la partida 84.86, según el caso.

   Sin embargo,

   -    no se clasifican en la partida 84.19:

   a)   las incubadoras y criadoras avícolas y los armarios y estufas de germinación (partida 84.36);

   b)   los aparatos humectadores de granos para la molinería (partida 84.37);

   c)   los difusores para la industria azucarera (partida 84.38);

   d)   las máquinas y aparatos para tratamiento térmico de hilados, tejidos o manufacturas de materia textil (partida 84.51);

   e)   los aparatos y dispositivos concebidos para realizar una operación mecánica, en los que el cambio de temperatura, aunque necesario, solo desempeñe una función accesoria;

   -    no se clasifican en la partida 84.22:

   a)   las máquinas de coser para cerrar envases (partida 84.52);

   b)   las máquinas y aparatos de oficina de la partida 84.72;

   -    no se clasifican en la partida 84.24:

   a)   las máquinas para imprimir por chorro de tinta (partida 84.43);

   b)   las máquinas para cortar por chorro de agua (partida 84.56).

3.   Las máquinas herramienta que trabajen por arranque de cualquier materia susceptibles de clasificarse a la vez tanto en la partida 84.56 como en las partidas 84.57, 84.58, 84.59, 84.60, 84.61, 84.64 u 84.65 se clasifican en la partida 84.56.

4.   Solo se clasifican en la partida 84.57 las máquinas herramienta para trabajar metal, excepto los tornos (incluidos los centros de torneado), que puedan efectuar diferentes tipos de operaciones de mecanizado por:

   a)   cambio automático del útil procedente de un almacén de acuerdo con un programa de mecanizado (centros de mecanizado), o

   b)   utilización automática, simultánea o secuencial, de diferentes unidades de mecanizado que trabajen la pieza en un puesto fijo (máquinas de puesto fijo), o

   c)   desplazamiento automático de la pieza ante las diferentes unidades de mecanizado (máquinas de puestos múltiples).

5.   A)   En la partida 84.71, se entiende por *máquinas automáticas para tratamiento o procesamiento de datos* las máquinas capaces de:

   1°)   registrar el programa o los programas de proceso y, por lo menos, los datos inmediatamente necesarios para la ejecución de ese o esos programas;

   2°)   ser programadas libremente de acuerdo con las necesidades del usuario;

3°) realizar cálculos aritméticos definidos por el usuario; y

4°) ejecutar, sin intervención humana, un programa de proceso en el que puedan, por decisión lógica, modificar su ejecución durante el mismo.

B) Las máquinas automáticas para tratamiento o procesamiento de datos pueden presentarse en forma de sistemas que comprendan un número variable de unidades individuales.

C) Sin perjuicio de lo dispuesto en los apartados D) y E) siguientes, se considerará que forma parte de un sistema automático para tratamiento o procesamiento de datos cualquier unidad que cumpla con todas las condiciones siguientes:

1°) que sea del tipo utilizado exclusiva o principalmente en un sistema automático para tratamiento o procesamiento de datos;

2°) que pueda conectarse a la unidad central de proceso, sea directamente, sea mediante otra u otras unidades; y

3°) que sea capaz de recibir o proporcionar datos en una forma (códigos o señales) utilizable por el sistema.

Las unidades de una máquina automática para tratamiento o procesamiento de datos, presentadas aisladamente, se clasifican en la partida 84.71.

Sin embargo, los teclados, dispositivos de entrada por coordenadas X-Y y unidades de almacenamiento de datos por disco, que cumplan las condiciones establecidas en los apartados C) 2°) y C) 3°) anteriores, se clasifican siempre como unidades de la partida 84.71.

D) La partida 84.71 no comprende los siguientes aparatos cuando se presenten por separado, incluso si cumplen todas las condiciones establecidas en la Nota 5 C) anterior:

1°) las máquinas impresoras, copiadoras, de fax, incluso combinadas entre sí;

2°) los aparatos para transmisión o recepción de voz, imagen u otros datos, incluidos los aparatos para la comunicación con una red inalámbrica o por cable (tales como redes locales (LAN) o extendidas (WAN));

3°) los altavoces (altoparlantes) y micrófonos;

4°) las cámaras de televisión, cámaras fotográficas digitales y las videocámaras;

5°) los monitores y proyectores, que no incorporen aparatos receptores de televisión.

E) Las máquinas que incorporen una máquina automática para tratamiento o procesamiento de datos o que funcionen en unión con tal máquina, y desempeñen una función propia distinta del tratamiento o procesamiento de datos, se clasifican en la partida correspondiente a su función o, en su defecto, en una partida residual.

6. Se clasifican en la partida 84.82 las bolas de acero calibradas, es decir, las bolas pulidas cuyo diámetro máximo o mínimo no difiera del diámetro nominal en una proporción superior al 1%, siempre que esta diferencia (tolerancia) sea inferior o igual a 0.05 mm.

Las bolas de acero que no respondan a esta definición se clasifican en la partida 73.26.

7. Salvo disposición en contrario y sin perjuicio de lo dispuesto en la Nota 2 anterior, así como en la Nota 3 de la Sección XVI, las máquinas que tengan múltiples utilizaciones se clasifican en la partida que corresponda a su utilización principal. Cuando no exista tal partida o no sea posible determinar la utilización principal, se clasifican en la partida 84.79.

En cualquier caso, las máquinas de cordelería o de cablería (por ejemplo: retorcedoras, trenzadoras, cableadoras) para cualquier materia, se clasifican en la partida 84.79.

8. En la partida 84.70, la expresión *de bolsillo* se aplica únicamente a las máquinas con dimensiones inferiores o iguales a 170 x 100 x 45 mm.

9. A) Las Notas 8 a) y 8 b) del Capítulo 85 también se aplican a las expresiones *dispositivos semiconductores* y *circuitos electrónicos integrados*, respectivamente, tal como se usan en esta Nota y en la partida 84.86. Sin embargo, para la aplicación de esta Nota y de la partida 84.86, la expresión *dispositivos semiconductores* también incluye los dispositivos semiconductores fotosensibles y los diodos emisores de luz.

B) Para la aplicación de esta Nota y de la partida 84.86, la expresión *fabricación de dispositivos de visualización (display) de pantalla plana* comprende la fabricación de los sustratos usados en dichos dispositivos. Esta expresión no comprende la fabricación del cristal o el montaje de las placas de circuitos impresos u otros componentes electrónicos de la pantalla plana. Los dispositivos de visualización (display) de pantalla plana no comprenden la tecnología del tubo de rayos catódicos.

C) La partida 84.86 también comprende las máquinas y aparatos de los tipos utilizados, exclusiva o principalmente, para:

1°) la fabricación o reparación de máscaras y retículas,

2°) el ensamblaje de dispositivos semiconductores o de circuitos electrónicos integrados,

3°) el montaje, manipulación, carga o descarga de semiconductores en forma de monocristales periformes u obleas ("wafers"), dispositivos semiconductores, circuitos electrónicos integrados y dispositivos de visualización (display) de pantalla plana.

D) Sin perjuicio de lo dispuesto en la Nota 1 de la Sección XVI y la Nota 1 del Capítulo 84, las máquinas y aparatos que cumplan las especificaciones de la partida 84.86, se clasifican en dicha partida y no en otra de la Nomenclatura.

Notas de subpartida.

1. En la subpartida 8471.49, se entiende por *sistemas* las máquinas automáticas para tratamiento o procesamiento de datos cuyas unidades cumplan con todas las condiciones establecidas en la Nota 5 C) del Capítulo 84 y constituidas, al menos, por una unidad central de proceso, una unidad de entrada (por ejemplo: un teclado o un escáner) y una unidad de salida (por ejemplo: un visualizador o una impresora).

2. La subpartida 8482.40 se aplica solamente a los rodamientos con rodillos cilíndricos de un diámetro constante inferior o igual a 5 mm y cuya longitud sea superior o igual a tres veces el diámetro del rodillo. Los rodillos pueden estar redondeados en sus extremos.

Notas Aclaratorias.-

1. Para efectos de este Capítulo, el término **"circuito modular"** significa: un bien que consiste de uno o más circuitos impresos de la partida 85.34 con uno o más elementos activos ensamblados, y con o sin elementos pasivos.

Para efectos de esta Nota, el término **"elementos activos"** comprende diodos, transistores y dispositivos semiconductores similares, fotosensibles o no, de la partida 85.41, y los circuitos integrados y microensambles de la partida 85.42.

2. Para efectos de los distintos Tratados de Libre Comercio, el origen de cada una de las **unidades presentadas en un sistema** de la subpartida 8471.49 se determinará acorde con la regla de origen que resultaría aplicable a cada una de dichas *unidades* si éstas se presentaran por separado, y la tasa arancelaria del conjunto se determinará aplicando a cada una de dichas **unidades** (presentadas en el sistema) la tasa que les corresponda como si se presentasen por separado.

   Para efectos de esta Nota el término *unidades presentadas en un sistema* comprende:

   a) las unidades a que se refiere la Nota 5 (B) del Capítulo 84 de la Nomenclatura; o

   b) cualquier otra máquina o aparato que se haya presentado junto con el sistema y haya sido clasificado en subpartida 8471.49.

3. La fracción 8443.99.01 comprende las siguientes partes de impresoras de las subparticas 8443.31 y 8443.32:

   a) **Ensambles de control o comando**, que incorporen más de uno de los siguientes componentes: circuito modular, disco duro o flexible, teclado, interfase;

   b) **Ensambles de fuente de luz**, que incorporen más de uno de los siguientes componentes: ensamble de diodos emisores de luz, lámpara de láser de gas, ensambles de espejos poligonales, base fundida;

   c) **Ensambles de imagen por láser**, que incorporen más de uno de los siguientes componentes: banda o cilindro fotorreceptor, unidad receptora de tinta en polvo, unidad de relevado de tinta en polvo, unidad de carga/descarga, unidad de limpieza;

   d) **Ensambles de fijación de imagen**, que incorporen más de uno de los siguientes componentes: fusible, rodillo de presión, elemento calentador, dispositivo de distribución de aceite, unidad de limpieza, control eléctrico;

   e) **Ensambles de impresión por inyección de tinta**, que incorporen más de uno ce los siguientes componentes: cabeza térmica de impresión, unidad de distribución de tinta, unidad pulverizadora y de reserva, calentador de tinta;

   f) **Ensambles de protección/sellado**, que incorporen más de uno de los siguientes componentes: unidad de vacío, cubierta de inyector de tinta, unidad de sellado, purgador;

   g) **Ensambles de manejo de papel**, que incorporen más de uno de los siguientes componentes: banda transportadora de papel, rodillo, barra de impresión, bandeja, rodillo compresor, unidad de almacenamiento de papel, bandeja de salida;

   h) **Ensambles de impresión por transferencia térmica**, que incorporen más de uno de los siguientes componentes: cabeza de impresión térmica, unidad de limpieza, rodillo alimentador o rodillo despachador;

   i) **Ensambles de impresión ionográfica**, que incorporen más de uno de los siguientes componentes: unidad de generación y emisión de iones, unidad auxiliar de aire, circuitos modulares, banda o cilindro receptor, unidad receptora de tinta en polvo, unidad de distribución de tinta en polvo, receptáculo de revelado y unidad de distribución, unidad de revelado, unidad de carga/descarga, unidad de limpieza; o

   j) Combinaciones de los ensambles anteriormente especificados.

4. La fracción **8443.99.02** comprende las siguientes partes para máquinas de facsimilado:

   a) **Ensambles de control o comando**, que incorporen más de uno de los siguientes componentes: circuito modular, modem, disco duro o flexible, teclado, interfase;

   b) **Ensambles de módulo óptico**, que incorporen más de uno de los siguientes componentes: lámpara óptica, dispositivo de pares de carga y elementos ópticos, lentes, espejos;

   c) **Ensambles de imagen por láser**, que incorporen más de uno de los siguientes componentes; banda o cilindro fotorreceptor, unidad receptora de tinta en polvo, unidad de revelado de tinta en polvo, unidad de carga/descarga, unidad de limpieza;

   d) **Ensambles de impresión por inyección de tinta**, que incorporen más de uno de los siguientes componentes: cabeza térmica de impresión, unidad de distribución de tinta, unidad pulverizadora y de reserva, calentador de tinta;

   e) **Ensambles de impresión por transferencia térmica**, que incorporen más de uno de los siguientes componentes: cabeza de impresión térmica, unidad de limpieza, rodillo alimentador o rodillo despachador;

   f) **Ensambles de impresión ionográfica**, que incorporen más de uno de los siguientes componentes: unidad de generación y emisión de iones, unidad auxiliar de aire, circuitos modulares, banda o cilindro receptor, unidad receptora de tinta en polvo, unidad de distribución de tinta en polvo, receptáculo de revelado y unidad de distribución, unidad de revelado, unidad de carga/descarga, unidad de limpieza;

   g) **Ensambles de fijación de imagen**, que incorporen más de uno de los siguientes componentes: fusible, rodillo de presión, elemento calentador, dispositivo de distribución de aceite, unidad de limpieza, control eléctrico;

   h) **Ensambles de manejo de papel**, que incorporen más de uno de los siguientes componentes: banda transportadora de papel, rodillo, barra de impresión, bandeja, rodillo compresor, unidad de almacenamiento de papel, bandeja de salida; o

   i) Combinación de los ensambles anteriormente especificados.

5. La fracción **8443.99.03** comprende las siguientes partes para fotocopiadoras de la subpartida 8443.39:

   a) **Ensambles de imagen**, que incorporen más de uno de los siguientes compcnentes: banda o cilindro fotorreceptor, unidad receptora de tinta en polvo, unidad de distribución de tinta en polvo, receptáculo de revelado, unidad de distribución de revelado, unidad de carga/descarga, unidad de limpieza;

   b) **Ensambles ópticos**, que incorporen más de uno de los siguientes componentes: lentes, espejos, fuente de iluminación, vidrio de exposición de documento;

   c) **Ensambles de control usuario**, que incorporen más de uno de los siguientes componentes: circuitos modulares, fuente de poder, teclado, cables, pantalla (tipo rayos catódicos o pantalla plana);

   d) **Ensambles de fijación de imagen**, que incorporen más de uno de los siguientes componentes: fusible, rodillo de presión, elemento calentador, distribuidor de aceite, unidad de limpieza control eléctrico;

   e) **Ensambles de manejo de papel**, que incorporen más de uno de los siguientes componentes: banda transportadora de papel, rodillo, barra de impresión, bandeja, rodillo compresor, unidad de almacenamiento de papel, bandeja de salida; o

   f) Combinaciones de los ensambles anteriormente especificados.

Código		Descripción	Unid de Med	Arancel (%)	
				IMP.	EXP.

84.01	Reactores nucleares; elementos combustibles (cartuchos) sin irradiar para reactores nucleares; máquinas y aparatos para la separación isotópica.			
8401.10	. Reactores nucleares.			
8401.10.01	Reactores nucleares.	Kg	Ex	Ex
8401.20	. Máquinas y aparatos para la separación isotópica, y sus partes.			
8401.20.01	Máquinas y aparatos para la separación isotópica, y sus partes.	Kg	Ex	Ex
8401.30	. Elementos combustibles (cartuchos) sin irradiar.			
8401.30.01	Elementos combustibles (cartuchos) sin irradiar.	Kg	Ex	Ex
8401.40	. Partes de reactores nucleares.			
8401.40.01	Partes de reactores nucleares.	Kg	Ex	Ex
84.02	Calderas de vapor (generadores de vapor), excepto las de calefacción central concebidas para producir agua caliente y también vapor a baja presión; calderas denominadas "de agua sobrecalentada".			
	. Calderas de vapor:			
8402.11	.. Calderas acuotubulares con una producción de vapor superior a 45 t por hora.			
8402.11.01	Calderas acuotubulares con una producción de vapor superior a 45 t por hora.	Kg	15	Ex
8402.12	.. Calderas acuotubulares con una producción de vapor inferior o igual a 45 t por hora.			
8402.12.01	Calderas acuotubulares con una producción de vapor inferior o igual a 45 t por hora.	Kg	15	Ex
8402.19	.. Las demás calderas de vapor, incluidas las calderas mixtas.			
8402.19.01	Para generación de vapor de agua.	Kg	15	Ex
8402.19.99	Los demás.	Kg	15	Ex
8402.20	. Calderas denominadas "de agua sobrecalentada".			
8402.20.01	Calderas denominadas "de agua sobrecalentada".	Kg	15	Ex
8402.90	. Partes.			
8402.90.01	Partes.	Kg	Ex	Ex
84.03	Calderas para calefacción central, excepto las de la partida 84.02.			
8403.10	. Calderas.			
8403.10.01	Calderas.	Pza	15	Ex
8403.90	. Partes.			
8403.90.01	Partes.	Kg	Ex	Ex
84.04	Aparatos auxiliares para las calderas de las partidas 84.02 u 84.03 (por ejemplo: economizadores, recalentadores, deshollinadores o recuperadores de gas); condensadores para máquinas de vapor.			
8404.10	. Aparatos auxiliares para las calderas de las partidas 84.02 u 84.03.			
8404.10.01	Aparatos auxiliares para las calderas de las partidas 84.02 u 84.03.	Kg	Ex	Ex
8404.20	. Condensadores para máquinas de vapor.			
8404.20.01	Condensadores para máquinas de vapor.	Kg	Ex	Ex
8404.90	. Partes.			
8404.90.01	Partes.	Kg	Ex	Ex
84.05	Generadores de gas pobre (gas de aire) o de gas de agua, incluso con sus depuradores; generadores de acetileno y generadores similares de gases, por vía húmeda, incluso con sus depuradores.			
8405.10	. Generadores de gas pobre (gas de aire) o de gas de agua, incluso con sus depuradores; generadores de acetileno y generadores similares de gases, por vía húmeda, incluso con sus depuradores.			
8405.10.01	Celdas electrolíticas para producir cloro o hidrógeno y oxígeno.	Pza	Ex	Ex
8405.10.02	Generadores de atmósferas, sean oxidantes, reductoras o neutras, para tratamiento térmico de los metales.	Pza	15	Ex
8405.10.99	Los demás.	Pza	10	Ex
8405.90	. Partes.			
8405.90.01	Partes.	Kg	Ex	Ex
84.06	Turbinas de vapor.			
8406.10	. Turbinas para la propulsión de barcos.			
8406.10.01	Con potencia inferior o igual a 4,000 C.P.	Pza	15	Ex
8406.10.99	Los demás.	Pza	Ex	Ex
	. Las demás turbinas:			
8406.81	.. De potencia superior a 40 MW.			
8406.81.01	De potencia superior a 40 MW.	Pza	Ex	Ex
8406.82	.. De potencia inferior o igual a 40 MW.			
8406.82.01	De potencia inferior o igual a 2.95 MW (4,000 C.P.).	Pza	15	Ex
8406.82.99	Los demás.	Pza	Ex	Ex
8406.90	. Partes.			
8406.90.01	Rotores terminados para su ensamble final.	Pza	Ex	Ex
8406.90.02	Aspas rotativas o estacionarias.	Pza	Ex	Ex
8406.90.03	Rotores sin terminar, pulir ni desbastar, que en tales condiciones no puedan ser armados o ensamblados.	Pza	Ex	Ex

8406.90.99	Las demás.	Kg	Ex	Ex
84.07	**Motores de émbolo (pistón) alternativo y motores rotativos, de encendido por chispa (motores de explosión).**			
8407.10	**- Motores de aviación.**			
8407.10.01	Motores de aviación.	Pza	Ex	Ex
	- Motores para la propulsión de barcos:			
8407.21	**-- Del tipo fueraborda.**			
8407.21.01	Con potencia igual o superior a 65 C.P.	Pza	Ex	Ex
8407.21.99	Los demás.	Pza	Ex	Ex
8407.29	**-- Los demás.**			
8407.29.01	Con potencia inferior o igual a 600 C.P.	Pza	5	Ex
8407.29.99	Los demás.	Pza	Ex	Ex
	- Motores de émbolo (pistón) alternativo de los tipos utilizados para la propulsión de vehículos del Capítulo 87:			
8407.31	**-- De cilindrada inferior o igual a 50 cm3 .**			
8407.31.01	Para acoplarse en bicicletas, con potencia hasta 1.5 C.P. y con peso unitario igual o inferior a 6 kg.	Pza	5	Ex
8407.31.99	Los demás.	Pza	Ex	Ex
8407.32	**-- De cilindrada superior a 50 cm3 pero inferior o igual a 250 cm3 .**			
8407.32.01	Para motocicletas, motonetas o análogos, excepto lo comprendido en a fracción 8407.32.02.	Pza	Ex	Ex
8407.32.02	Para acoplarse en bicicletas, con potencia hasta 1.5 C.P. y con peso unitario inferior a 6 kg.	Pza	5	Ex
8407.32.03	Con potencia igual o inferior a 15 C.P., excepto con cigüeñal en posición vertical.	Pza	Ex	Ex
8407.32.99	Los demás.	Pza	Ex	Ex
8407.33	**-- De cilindrada superior a 250 cm3 pero inferior o igual a 1000 cm3.**			
8407.33.01	Con capacidad igual o superior a 550 cm3, reconocibles como concebidos exclusivamente para motocicletas.	Pza	Ex	Ex
8407.33.02	Para motocicletas, motonetas o análogos, excepto lo comprendido en la fracción 8407.33.01.	Pza	Ex	Ex
8407.33.03	Con potencia igual o inferior a 15 C.P., excepto con cigüeñal en posición vertical	Pza	Ex	Ex
8407.33.99	Los demás.	Pza	Ex	Ex
8407.34	**-- De cilindrada superior a 1,000 cm3.**			
8407.34.01	Reconocibles como concebidos exclusivamente para motocicletas.	Pza	Ex	Ex
8407.34.02	De cilindrada inferior o igual a 2,000 cm3.	Pza	Ex	Ex
8407.34.99	Los demás.	Pza	Ex	Ex
8407.90	**- Los demás motores.**			
8407.90.01	Con potencia igual o inferior a 15 C.P., excepto con cigüeñal en posición vertical.	Pza	Ex	Ex
8407.90.99	Los demás.	Pza	Ex	Ex
84.08	**Motores de émbolo (pistón) de encendido por compresión (motores Diesel o semi-Diesel).**			
8408.10	**- Motores para la propulsión de barcos.**			
8408.10.01	Con potencia igual o inferior a 600 C.P.	Pza	5	Ex
8408.10.99	Los demás.	Pza	Ex	Ex
8408.20	**- Motores de los tipos utilizados para la propulsión de vehículos del Capítulo 87.**			
8408.20.01	Motores de los tipos utilizados para la propulsión de vehículos del capítulo 87.	Pza	Ex	Ex
8408.90	**- Los demás motores.**			
8408.90.01	Con potencia igual o inferior a 960 C.P.	Pza	5	Ex
8408.90.99	Los demás.	Pza	Ex	Ex
84.09	**Partes identificables como destinadas, exclusiva o principalmente, a los motores de las partidas 84.07 u 84.08.**			
8409.10	**- De motores de aviación.**			
8409.10.01	De motores de aviación.	Kg	Ex	Ex
	- Las demás:			
8409.91	**-- Identificables como destinadas, exclusiva o principalmente, a los motores de émbolo (pistón) de encendido por chispa.**			
8409.91.01	Reconocibles como concebidas exclusivamente para motocicletas, motonetas o análogos, excepto lo comprendido en las fracciones 8409.91.03 a 8409.91.05, inclusive.	Kg	Ex	Ex
8409.91.02	Pistones, camisas, anillos o válvulas, aun cuando se presenten en juegos ("kits"), excepto lo comprendido en las fracciones 8409.91.05 y 8409.91.07.	Kg	Ex	Ex
8409.91.03	Balancines, barras de balancines, punterías (buzos), válvulas con diámetro de cabeza igual o superior a 26 mm, sin exceder de 52 mm, incluso en juegos ("kits").	Kg	Ex	Ex
8409.91.04	Carburadores, excepto lo comprendido en las fracciones 8409.91.10 y 8409.91.17.	Kg	Ex	Ex
8409.91.05	Pistones (émbolos) de aluminio, con diámetro exterior igual o superior a 58 mm, sin exceder de 140.0 mm.	Kg	5	Ex
8409.91.06	Múltiples o tuberías de admisión y escape.	Kg	Ex	Ex
8409.91.07	Camisas con diámetro interior igual o superior a 66.7 mm (2 5/8 pulgadas) sin exceder de 171.45 mm (6 ¾ pulgadas), largo igual o superior a 123.95 mm (4 7/8 pulgadas), sin exceder de 431.80 mm (17 pulgadas) y espesor de pared igual o superior a 1.78 mm (0.070	Kg	Ex	Ex

pulgadas) sin exceder de 2.5 mm (0.1 pulgadas).

8409.91.08	Reconocibles para motores fuera de borda y para motores marinos con potencia superior a 600 C.P.	Kg	Ex	Ex
8409.91.09	Reconocibles para tractores agrícolas e industriales, excepto lo comprendido en la fracción 8409.91.12.	Kg	Ex	Ex
8409.91.10	Carburadores, para motocicletas con capacidad de cilindrada igual o superior a 550 cm3.	Kg	Ex	Ex
8409.91.11	Cárteres.	Kg	5	Ex
8409.91.12	Varillas tubulares empujadoras de válvulas; tubos de protectores de varillas.	Kg	Ex	Ex
8409.91.13	Gobernadores de revoluciones.	Kg	Ex	Ex
8409.91.14	Tapas, asientos para resorte, o asientos para válvulas, guías para válvulas.	Kg	Ex	Ex
8409.91.15	Tapas superiores del motor (de balancines) y laterales, tapa frontal de ruedas o engranes de distribución del motor.	Kg	Ex	Ex
8409.91.16	Amortiguadores de vibraciones del cigüeñal (damper).	Kg	Ex	Ex
8409.91.17	Carburadores de un venturi (garganta), excepto para motocicletas.	Kg	Ex	Ex
8409.91.18	Identificables para la fabricación de punterías (buzos), excepto bolas calibradas y resortes (muelles) helicoidales.	Kg	Ex	Ex
8409.91.19	Ejes ("pernos") para pistón (émbolo), excepto lo comprendido en las fracciones 8409.91.01 y 8409.91.09.	Kg	Ex	Ex
8409.91.99	Los demás.	Kg	Ex	Ex
8409.99	**.. Las demás.**			
8409.99.01	Culatas (cabezas) o monobloques.	Kg	Ex	Ex
8409.99.02	Pistones (émbolos) de aluminio, con diámetro exterior igual o superior a 58 mm, sin exceder de 140 mm.	Kg	Ex	Ex
8409.99.03	Pistones, camisas, anillos o válvulas, aun cuando se presenten en juegos ("kits") excepto lo comprendido en las fracciones 8409.99.02, 8409.99.04 y 8409.99.06.	Kg	Ex	Ex
8409.99.04	Balancines, barras de balancines, punterías (buzos), válvulas con diámetro de cabeza igual o superior a 26 mm, sin exceder de 52 mm, incluso en juegos ("kits").	Kg	Ex	Ex
8409.99.05	Bielas o portabielas.	Kg	Ex	Ex
8409.99.06	Camisas con diámetro interior igual o superior a 66.70 mm (2 5/8 pulgadas); sin exceder de 171.45 mm (6 ¾ pulgadas), largo igual o superior a 123.95 mm (4 7/8 pulgadas) sin exceder de 431.80 mm (17 pulgadas) y espesor de pared igual o superior a 1.78 mm (0.070 pulgadas) sin exceder de 2.5 mm (0.1 pulgadas).	Kg	Ex	Ex
8409.99.07	Radiadores de aceites lubricantes.	Kg	Ex	Ex
8409.99.08	Ejes ("pernos") para pistón (émbolo), excepto lo comprendido en las fracciones 8409.99.09 y 8409.99.10.	Kg	Ex	Ex
8409.99.09	Reconocibles para motores marinos con potencia superior a 600 C.P.	Kg	Ex	Ex
8409.99.10	Reconocibles como concebidas exclusivamente para tractores agrícolas e industriales, excepto lo comprendido en las fracciones 8409.99.07 y 8409.99.11.	Kg	Ex	Ex
8409.99.11	Reconocibles como concebidas exclusivamente para inyectores de combustible diesel.	Kg	Ex	Ex
8409.99.12	Gobernadores de revoluciones.	Kg	Ex	Ex
8409.99.13	Varillas empujadoras de válvulas, no tubulares (sólidas) para uso en motores de combustión interna.	Kg	Ex	Ex
8409.99.14	Esbozos de émbolos de acero, hierro gris o aluminio, con diámetro exterior superior a 140 mm.	Kg	Ex	Ex
8409.99.99	Las demás.	Kg	5	Ex
84.10	**Turbinas hidráulicas, ruedas hidráulicas y sus reguladores.**			
	. Turbinas y ruedas hidráulicas:			
8410.11	**.. De potencia inferior o igual a 1,000 kW.**			
8410.11.01	De potencia inferior o igual a 1,000 kW.	Pza	Ex	Ex
8410.12	**.. De potencia superior a 1,000 kW pero inferior o igual a 10,000 kW.**			
8410.12.01	Turbinas hidráulicas tipo Francis y/o Kaplan, con capacidad superior a 6,000 kW pero inferior o igual a 10,000 kW, incluyendo: regulador de velocidad, válvula de admisión y chumaceras.	Pza	Ex	Ex
8410.12.99	Las demás.	Pza	Ex	Ex
8410.13	**.. De potencia superior a 10,000 kW.**			
8410.13.01	Turbinas hidráulicas tipo Francis y/o Kaplan, con capacidad superior a 10,000 kW e inferior a 50,000 kW, incluyendo: regulador de velocidad, válvula de admisión y chumaceras.	Pza	Ex	Ex
8410.13.99	Las demás.	Pza	Ex	Ex
8410.90	**. Partes, incluidos los reguladores.**			
8410.90.01	Partes, incluidos los reguladores.	Kg	Ex	Ex
84.11	**Turborreactores, turbopropulsores y demás turbinas de gas.**			
	. Turborreactores:			
8411.11	**.. De empuje inferior o igual a 25 kN.**			
8411.11.01	De empuje inferior o igual a 25 kN.	Pza	Ex	Ex
8411.12	**.. De empuje superior a 25 kN.**			
8411.12.01	De empuje superior a 25 kN.	Pza	Ex	Ex
	. Turbopropulsores:			
8411.21	**.. De potencia inferior o igual a 1,100 kW.**			
8411.21.01	De potencia inferior o igual a 1,100 kW.	Pza	Ex	Ex

8411.22	**.. De potencia superior a 1,100 kW.**			
8411.22.01	De potencia superior a 1,100 kW.	Pza	Ex	Ex
	- Las demás turbinas de gas:			
8411.81	**.. De potencia inferior o igual a 5,000 kW.**			
8411.81.01	De potencia inferior o igual a 5,000 kW.	Pza	Ex	Ex
8411.82	**.. De potencia superior a 5,000 kW.**			
8411.82.01	De potencia superior a 5,000 kW.	Pza	Ex	Ex
	- Partes:			
8411.91	**.. De turborreactores o de turbopropulsores.**			
8411.91.01	De turborreactores o de turbopropulsores.	Kg	Ex	Ex
8411.99	**.. Las demás.**			
8411.99.99	Las demás.	Kg	Ex	Ex
84.12	**Los demás motores y máquinas motrices.**			
8412.10	**- Propulsores a reacción, excepto los turborreactores.**			
8412.10.01	Propulsores a reacción, excepto los turborreactores.	Pza	Ex	Ex
	- Motores hidráulicos:			
8412.21	**.. Con movimiento rectilíneo (cilindros).**			
8412.21.01	Con movimiento rectilíneo (cilindros).	Pza	Ex	Ex
8412.29	**.. Los demás.**			
8412.29.99	Los demás.	Pza	Ex	Ex
	- Motores neumáticos:			
8412.31	**.. Con movimiento rectilíneo (cilindros).**			
8412.31.01	De aire, reconocibles como concebidos exclusivamente para bombas neumáticas.	Pza	15	Ex
8412.31.99	Los demás.	Pza	Ex	Ex
8412.39	**.. Los demás.**			
8412.39.01	Motores de aire para limpiaparabrisas.	Pza	Ex	Ex
8412.39.99	Los demás.	Pza	Ex	Ex
8412.80	**- Los demás.**			
8412.80.01	Motores de viento.	Pza	15	Ex
8412.80.99	Los demás.	Pza	Ex	Ex
8412.90	**- Partes.**			
8412.90.01	Partes.	Kg	Ex	Ex
84.13	**Bombas para líquidos, incluso con dispositivo medidor incorporado; elevadores de líquidos.**			
	- Bombas con dispositivo medidor incorporado o concebidas para llevarlo:			
8413.11	**.. Bombas para distribución de carburantes o lubricantes, de los tipos utilizados en gasolineras, estaciones de servicio o garajes.**			
8413.11.01	Distribuidoras con dispositivo medidor, aun cuando presenten mecanismo totalizador.	Pza	15	Ex
8413.11.99	Las demás.	Pza	10	Ex
8413.19	**.. Las demás.**			
8413.19.01	Distribuidoras con dispositivo medidor, aun cuando se presenten con mecanismo totalizador, excepto lo comprendido en la fracción 8413.19.02.	Pza	15	Ex
8413.19.02	De émbolo, para el manejo de oxígeno líquido, a presión entre 29 y 301 kg/cm² (28 y 300 atmósferas), con dispositivos medidor y totalizador.	Pza	Ex	Ex
8413.19.03	Medidoras, de engranes.	Pza	15	Ex
8413.19.04	Motobomba, de émbolos con motor hidráulico lineal, inyectora de fertilizantes, con peso inferior a 5 kg.	Pza	Ex	Ex
8413.19.99	Las demás.	Pza	Ex	Ex
8413.20	**- Bombas manuales, excepto las de las subpartidas 8413.11 u 8413.19.**			
8413.20.01	Bombas manuales, excepto las de las subpartidas 8413.11 u 8413.19.	Pza	15	Ex
8413.30	**- Bombas de carburante, aceite o refrigerante, para motores de encendido por chispa o compresión.**			
8413.30.01	Para inyección de diesel.	Pza	Ex	Ex
8413.30.02	Para agua.	Pza	Ex	Ex
8413.30.03	Para gasolina.	Pza	5	Ex
8413.30.04	Reconocibles para naves aéreas.	Pza	Ex	Ex
8413.30.05	Reconocibles para tractores agrícolas e industriales.	Pza	Ex	Ex
8413.30.06	Para aceite.	Pza	Ex	Ex
8413.30.99	Los demás.	Pza	Ex	Ex
8413.40	**- Bombas para hormigón.**			
8413.40.01	Tipo remolque, con capacidad de 36 a 60 m3/hr; sin elevador hidráulico de manguera de descarga.	Pza	Ex	Ex
8413.40.99	Los demás.	Pza	Ex	Ex
8413.50	**- Las demás bombas volumétricas alternativas.**			
8413.50.01	Con peso unitario igual o superior a 1,000 kg.	Pza	Ex	Ex
8413.50.02	Para albercas.	Pza	5	Ex
8413.50.99	Los demás.	Pza	Ex	Ex

8413.60	**.**	**Las demás bombas volumétricas rotativas.**		
8413.60.01		Sumergibles, con tubería de descarga de diámetro interior igual o superior a 63 mm, sin exceder de 610 mm.	Pza	15	Ex
8413.60.02		Motobombas, concebidas exclusivamente para aparatos o unidades limpiaparabrisas de vehículos automóviles.	Pza	Ex	Ex
8413.60.03		De engranes, excepto lo comprendido en la fracción 8413.60.01.	Pza	Ex	Ex
8413.60.04		Hidráulicas de paletas, para presión inferior o igual a 217 kg/cm² (210 atmósferas).	Pza	15	Ex
8413.60.05		Para la dirección hidráulica de vehículos automotrices.	Pza	Ex	Ex
8413.60.06		Para albercas.	Pza	5	Ex
8413.60.99		Los demás.	Pza	Ex	Ex
8413.70	**.**	**Las demás bombas centrífugas.**		
8413.70.01		Portátiles, contra incendio.	Pza	Ex	Ex
8413.70.02		Extractoras o recirculatorias de agua, reconocibles como concebidas exclusivamente para aparatos acondicionadores de aire.	Pza	5	Ex
8413.70.03		Sumergibles, con tubería de descarga de diámetro interior igual o superior a 63 mm, sin exceder de 610 mm.	Pza	15	Ex
8413.70.04		Motobombas sumergibles.	Pza	15	Ex
8413.70.05		Para albercas.	Pza	Ex	Ex
8413.70.06		Bombas de tipo centrífugo para manejo de petróleo y sus derivados.	Pza	15	Ex
8413.70.07		Bombas de agua, reconocibles como concebidas exclusivamente para el sistema de limpiaparabrisas, para uso automotriz.	Pza	Ex	Ex
8413.70.99		Las demás.	Pza	15	Ex
	.	**Las demás bombas; elevadores de líquidos:**		
8413.81	**..**	**Bombas.**		
8413.81.01		De caudal variable, aun cuando tengan servomotor.	Pza	15	Ex
8413.81.02		De accionamiento neumático, incluso con depósito, con o sin base rodante, para lubricantes.	Pza	15	Ex
8413.81.03		Para albercas.	Pza	5	Ex
8413.81.99		Los demás.	Pza	Ex	Ex
8413.82	**..**	**Elevadores de líquidos.**		
8413.82.01		Elevadores de líquidos.	Pza	Ex	Ex
	.	**Partes:**		
8413.91	**..**	**De bombas.**		
8413.91.01		Coladeras, incluso con elemento obturador.	Kg	Ex	Ex
8413.91.02		Reconocibles como concebidas exclusivamente para lo comprendido en las fracciones 8413.11.01 y 8413.19.01, excepto lo comprendido en las fracciones 8413.91.01 y 8413.91.12.	Kg	Ex	Ex
8413.91.03		Guimbaletes.	Kg	Ex	Ex
8413.91.04		Reconocibles como concebidas exclusivamente para bombas de inyección de diesel, excepto lo comprendido en la fracción 8413.91.11.	Kg	Ex	Ex
8413.91.05		Reconocibles como concebidas exclusivamente para bombas de gasolina, utilizadas en motores de explosión.	Kg	Ex	Ex
8413.91.06		Casco o carcaza, impulsor o propulsor, masa o cubo y difusor; reconocibles para las bombas de agua para motores de explosión o de combustión interna.	Kg	Ex	Ex
8413.91.07		Reconocibles como concebidas exclusivamente para tractores agrícolas e industriales.	Kg	Ex	Ex
8413.91.08		Reconocibles para bombas medidoras de engranes.	Kg	Ex	Ex
8413.91.09		Reconocibles como concebidas exclusivamente para lo comprendido en la fracción 8413.70.99.	Kg	Ex	Ex
8413.91.10		Reconocibles como concebidas exclusivamente para lo comprendido en la fracción 8413.81.02.	Kg	Ex	Ex
8413.91.11		Tubos preformados, para inyección de diesel, incluso con recubrimientos, cuyo diámetro exterior sea igual o superior a 2.12 mm sin exceder de 9.63 mm y espesor de pared de 1.53 mm sin exceder de 2.04 mm, con sistema de conexión y resortes o adaptaciones.	Kg	Ex	Ex
8413.91.12		Circuitos modulares, reconocibles como concebidos exclusivamente para lo comprendido en la fracción 8413.11.01.	Kg	Ex	Ex
8413.91.99		Los demás.	Kg	Ex	Ex
8413.92	**..**	**De elevadores de líquidos.**		
8413.92.01		De elevadores de líquidos.	Kg	Ex	Ex

84.14	**Bombas de aire o de vacío, compresores de aire u otros gases y ventiladores; campanas aspirantes para extracción o reciclado, con ventilador incorporado, incluso con filtro.**			
8414.10	**.**	**Bombas de vacío.**		
8414.10.01		Rotativas, de anillo líquido, con capacidad de desplazamiento superior a 348 m3/hr.	Pza	Ex	Ex
8414.10.02		Para acoplarse en motores para el sistema de frenos de aire.	Pza	Ex	Ex
8414.10.03		Rotativas de anillo líquido, con capacidad de desplazamiento hasta de 348 m3/hr.	Pza	Ex	Ex
8414.10.04		Reconocibles como concebidas exclusivamente para tractores agrícolas e industriales.	Pza	Ex	Ex
8414.10.05		Reconocibles para naves aéreas.	Pza	Ex	Ex
8414.10.99		Los demás.	Pza	Ex	Ex

8414.20	**.**	**Bombas de aire, de mano o pedal.**		
8414.20.01		Bombas de aire, de mano o pedal.	Pza	10	Ex
8414.30	**.**	**Compresores de los tipos utilizados en los equipos frigoríficos.**		
8414.30.01		Motocompresores, excepto lo comprendido en las fracciones 8414.30.04, 8414.30.07, 8414.30.08, 8414.30.09 y 8414.30.10.	Pza	15	Ex
8414.30.02		Denominados abiertos, excepto lo comprendido en la fracción 8414.30.06.	Pza	15	Ex
8414.30.03		Reconocibles para naves aéreas.	Pza	Ex	Ex
8414.30.04		Motocompresores herméticos, con potencia superior a 1 1/2 C.P. sin exceder de 5 C.P.	Pza	Ex	Ex
8414.30.05		Rotativos, de segunda etapa de compresión, con un desplazamiento volumétrico de hasta 15 m3 por minuto, para ser utilizados en sistemas de refrigeración de baja temperatura.	Pza	15	Ex
8414.30.06		Abiertos, con capacidad de desplazamiento por revolución superior a 108 sin exceder de 161 cm3, sin bomba de aceite, accionados a platos magnéticos, para aire acondicionado de uso en automóviles.	Pza	Ex	Ex
8414.30.07		Motocompresores herméticos con potencia superior a ½ C.P., sin exceder de 1½ C.P., excepto lo comprendido en la fracción 8414.30.10.	Pza	Ex	Ex
8414.30.08		Motocompresores herméticos reconocibles como concebidos exclusivamente para equipos de aire acondicionado, con potencia superior a 1/2 C.P. sin exceder de 5 CP.	Pza	Ex	Ex
8414.30.09		Motocompresores herméticos con potencia superior a 1/28 C.P., sin exceder de 1/22 C.P., excepto lo comprendido en la fracción 8414.30.10.	Pza	15	Ex
8414.30.10		Motocompresores herméticos con potencia inferior a 1 C.P., de un mínimo de 4.9 de eficiencia energética (BTU/WH) y capacidad máxima de 750 BTU/h.	Pza	15	Ex
8414.30.99		Los demás.	Pza	10	Ex
8414.40	**.**	**Compresores de aire montados en chasis remolcable con ruedas.**		
8414.40.01		Compresores o motocompresores, con capacidad hasta 31.5 m3 por minuto y presión de aire hasta 17.6 kg/cm².	Pza	15	Ex
8414.40.02		Compresores o motocompresores, con capacidad superior a 31.5 m3 por minuto.	Pza	Ex	Ex
8414.40.99		Los demás.	Pza	10	Ex
	.	**Ventiladores:**		
8414.51	**. .**	**Ventiladores de mesa, pie, pared, cielo raso, techo o ventana, con motor eléctrico incorporado de potencia inferior o igual a 125 W.**		
8414.51.01		Ventiladores, de uso doméstico.	Pza	15	Ex
8414.51.02		Ventiladores anticondensantes de 12 v, corriente directa.	Pza	15	Ex
8414.51.99		Los demás.	Pza	10	Ex
8414.59	**. .**	**Los demás.**		
8414.59.01		Ventiladores de uso doméstico.	Pza	15	Ex
8414.59.99		Los demás.	Pza	10	Ex
8414.60	**.**	**Campanas aspirantes en las que el mayor lado horizontal sea inferior o igual a 120 cm.**		
8414.60.01		De uso doméstico.	Pza	Ex	Ex
8414.60.99		Los demás.	Pza	10	Ex
8414.80	**.**	**Los demás.**		
8414.80.01		Eyectores.	Pza	Ex	Ex
8414.80.02		Turbocompresores de aire u otros gases.	Pza	Ex	Ex
8414.80.03		Compresores o motocompresores de aire, con capacidad de hasta 31.5 m3 por minuto, excepto lo comprendido en la fracción 8414.80.13.	Pza	Ex	Ex
8414.80.04		Reconocibles para naves aéreas.	Pza	Ex	Ex
8414.80.05		Reconocibles como concebidas exclusivamente para tractores agrícolas e industriales.	Pza	Ex	Ex
8414.80.06		Motocompresores integrales, de 4 o más cilindros motrices.	Pza	15	Ex
8414.80.07		Compresores de cloro.	Pza	5	Ex
8414.80.08		Bombas de aire, de dos impulsores rotativos, con capacidad de 2.0 a 48.5 m3, por minuto.	Pza	15	Ex
8414.80.09		Generadores de émbolos libres.	Pza	Ex	Ex
8414.80.10		Enfriadores circulares para hornos de sinterización.	Pza	15	Ex
8414.80.11		Compresores de aire para frenos, de uso automotriz.	Pza	Ex	Ex
8414.80.12		Compresores o motocompresores de aire, con capacidad superior a 31.5 m3 por minuto, excepto lo comprendido en la fracción 8414.80.13.	Pza	Ex	Ex
8414.80.13		Compresores o motocompresores con extensión de biela, reconocibles para producir aire libre de aceite.	Pza	Ex	Ex
8414.80.14		Turbocargadores y supercargadores.	Pza	Ex	Ex
8414.80.15		Compresores o motocompresores de tornillo sin fin, provistos de filtros, para producir aire libre de aceite.	Pza	Ex	Ex
8414.80.16		Turbocompresores de aire u otros gases, incompletos o sin terminar, que no incorporen filtros, ductos de admisión y ductos de escape.	Pza	Ex	Ex
8414.80.99		Los demás.	Pza	Ex	Ex
8414.90	**.**	**Partes.**		
8414.90.01		Bielas o émbolos.	Kg	Ex	Ex
8414.90.02		Sellos mecánicos, reconocibles como concebidos exclusivamente para compresores de refrigeración denominados abiertos.	Kg	Ex	Ex
8414.90.03		Partes para turbocargadores y supercargadores.	Kg	Ex	Ex
8414.90.04		Rotores y estatores reconocibles como concebidos exclusivamente para lo comprendido en la subpartida 8414.30.	Pza	Ex	Ex

8414.90.05	Reconocibles como concebidas exclusivamente para tractores agrícolas e industriales.	Kg	Ex	Ex
8414.90.06	Impulsores o impelentes para compresores centrífugos.	Kg	Ex	Ex
8414.90.07	Reconocibles como concebidas exclusivamente para lo comprendido en la fracción 8414.80.06.	Kg	Ex	Ex
8414.90.08	Reconocibles como concebidas exclusivamente para compresores de amoniaco, de uso en refrigeración.	Kg	Ex	Ex
8414.90.09	Reguladores de potencia, placas o platos de válvulas, lengüetas para platos de válvulas reconocibles como concebidos exclusivamente para compresores de refrigeración denominados abiertos.	Kg	Ex	Ex
8414.90.99	Los demás.	Kg	Ex	Ex
84.15	**Máquinas y aparatos para acondicionamiento de aire que comprendan un ventilador con motor y los dispositivos adecuados para modificar la temperatura y la humedad, aunque no regulen separadamente el grado higrométrico.**			
8415.10	**. De pared o para ventanas, formando un solo cuerpo o del tipo sistema de elementos separados ("split-system").**			
8415.10.01	De pared o para ventanas, formando un solo cuerpo o del tipo sistema de elementos separados ("split-system").	Pza	Ex	Ex
8415.20	**. De los tipos utilizados en vehículos automóviles para sus ocupantes.**			
8415.20.01	De los tipos utilizados en vehículos automóviles para sus ocupantes.	Pza	5	Ex
	. Los demás:			
8415.81	**.. Con equipo de enfriamiento y válvula de inversión del ciclo térmico (bombas de calor reversibles).**			
8415.81.01	Con equipo de enfriamiento y válvula de inversión del ciclo térmico (bombas reversibles de calor).	Pza	15	Ex
8415.82	**.. Los demás, con equipo de enfriamiento.**			
8415.82.01	Equipos de aire acondicionado, de ciclo sencillo o reversible con compresor hermético cuya potencia sea inferior o igual a 5 C.P.	Pza	10	Ex
8415.82.99	Los demás.	Pza	Ex	Ex
8415.83	**.. Sin equipo de enfriamiento.**			
8415.83.01	Sin equipo de enfriamiento.	Pza	10	Ex
8415.90	**. Partes.**			
8415.90.01	Gabinetes o sus partes componentes.	Kg	Ex	Ex
8415.90.99	Los demás.	Kg	Ex	Ex
84.16	**Quemadores para la alimentación de hogares, de combustibles líquidos o sólidos pulverizados o de gases; alimentadores mecánicos de hogares, parrillas mecánicas, descargadores mecánicos de cenizas y demás dispositivos mecánicos auxiliares empleados en hogares.**			
8416.10	**. Quemadores de combustibles líquidos.**			
8416.10.01	Tipo cañon de tiro forzado, con capacidad igual o superior a 175 kW, pero inferior o igual a 18,500 kW, para calentadores de aceite o calderas.	Pza	Ex	Ex
8416.10.99	Las demás.	Pza	10	Ex
8416.20	**. Los demás quemadores, incluidos los mixtos.**			
8416.20.01	De combustibles gaseosos o mixtos, tipo cañón de tiro forzado con capacidad igual o superior a 175 kW pero inferior o igual a 18,500 kW, para calentadores de aceite o calderas.	Pza	Ex	Ex
8416.20.99	Las demás.	Pza	10	Ex
8416.30	**. Alimentadores mecánicos de hogares, parrillas mecánicas, descargadores mecánicos de cenizas y demás dispositivos mecánicos auxiliares empleados en hogares.**			
8416.30.01	Trenes de gas de alimentación, reconocibles como concebidos exclusivamente para quemadores tipo cañón de tiro forzado.	Pza	Ex	Ex
8416.30.99	Los demás.	Pza	10	Ex
8416.90	**. Partes.**			
8416.90.01	Reconocidos como concebidos exclusivamente para quemadores tipo cañón de tiro forzado.	Pza	Ex	Ex
8416.90.99	Las demás.	Pza	Ex	Ex
84.17	**Hornos industriales o de laboratorio, incluidos los incineradores, que no sean eléctricos.**			
8417.10	**. Hornos para tostación, fusión u otros tratamientos térmicos de los minerales metalíferos (incluidas las piritas) o de los metales.**			
8417.10.01	Para fusión de minerales metalúrgicos.	Pza	Ex	Ex
8417.10.02	Para laboratorio.	Pza	Ex	Ex
8417.10.03	Para fusión, calentamiento, recalentamiento y/o tratamiento térmico de metales, excepto lo comprendido en las fracciones 8417.10.04 y 8417.10.05.	Pza	15	Ex
8417.10.04	Industriales de operación continua para la fusión, calentamiento, recalentamiento o tratamiento térmico de metales.	Pza	Ex	Ex
8417.10.05	Oxicupola, con capacidad superior a 80 Ton/Hr.	Pza	Ex	Ex
8417.10.99	Los demás.	Pza	Ex	Ex

8417.20	**-**	**Hornos de panadería, pastelería o galletería.**			
8417.20.01		Por aceite diesel.	Pza	15	Ex
8417.20.99		Los demás.	Pza	15	Ex
8417.80	**-**	**Los demás.**			
8417.80.01		Horno túnel, para temperaturas entre 900 y 1,200°C, reconocibles para cocer ladrillos, tejas u otros elementos cerámicos.	Pza	Ex	Ex
8417.80.02		Hornos de rodillo para la cocción de losetas cerámicas a temperaturas entre 900 y 1350°C, reconocibles como concebidos para lo comprendido en la fracción 8474.80.05.	Pza	Ex	Ex
8417.80.03		Incineradores de residuos, equipados con sistema de emisión de rayos infrarrojos.	Pza	Ex	Ex
8417.80.04		Calentadores e incineradores catalíticos, reconocibles como concebidos para la eliminación de residuos tóxicos contaminantes.	Pza	5	Ex
8417.80.05		Incineradores de desperdicios, excepto los comprendidos en la fracción 8417.80.03.	Pza	5	Ex
8417.80.99		Los demás.	Pza	15	Ex
8417.90	**-**	**Partes.**			
8417.90.01		Partes.	Kg	Ex	Ex
84.18		**Refrigeradores, congeladores y demás material, máquinas y aparatos para producción de frío, aunque no sean eléctricos; bombas de calor, excepto las máquinas y aparatos para acondicionamiento de aire de la partida 84.15.**			
8418.10	**-**	**Combinaciones de refrigerador y congelador con puertas exteriores separadas.**			
8418.10.01		Con peso unitario inferior o igual a 200 kg.	Pza	15	Ex
8418.10.99		Los demás.	Pza	10	Ex
	-	**Refrigeradores domésticos:**			
8418.21	**- -**	**De compresión.**			
8418.21.01		De compresión.	Pza	15	Ex
8418.29	**- -**	**Los demás.**			
8418.29.01		De absorción, eléctricos.	Pza	15	Ex
8418.29.99		Los demás.	Pza	10	Ex
8418.30	**-**	**Congeladores horizontales del tipo arcón (cofre), de capacidad inferior o igual a 800 l.**			
8418.30.01		De absorción, eléctricos, con peso unitario inferior o igual a 200 kg.	Pza	15	Ex
8418.30.02		De absorción o compresión con peso unitario superior a 200 kg.	Pza	15	Ex
8418.30.03		De compresión, de uso doméstico.	Pza	10	Ex
8418.30.04		De compresión, con peso unitario inferior o igual a 200 kg, excepto lo comprendido en la fracción 8418.30.03.	Pza	15	Ex
8418.30.99		Los demás.	Pza	10	Ex
8418.40	**-**	**Congeladores verticales del tipo armario, de capacidad inferior o igual a 900 l.**			
8418.40.01		De absorción, eléctricos, con peso unitario igual o inferior a 200 kg.	Pza	15	Ex
8418.40.02		De absorción, con peso unitario superior a 200 kg.	Pza	15	Ex
8418.40.03		De compresión, de uso doméstico.	Pza	10	Ex
8418.40.04		De compresión, excepto de uso doméstico.	Kg	15	Ex
8418.40.99		Los demás.	Pza	10	Ex
8418.50	**-**	**Los demás muebles (armarios, arcones (cofres), vitrinas, mostradores y similares) para la conservación y exposición de los productos, que incorporen un equipo para refrigerar o congelar.**			
8418.50.01		Vitrinas refrigeradoras, de compresión, con su equipo de refrigeración aun cuando no esté incorporado, de peso unitario superior a 200 kg, para autoservicio.	Pza	Ex	Ex
8418.50.02		Unidades surtidoras de bebidas carbonatadas, con equipo de refrigeración incorporado.	Pza	10	Ex
8418.50.03		Aparatos surtidores de agua refrigerada, incluso con gabinete de refrigeración incorporado, con o sin depósito (por ejemplo, un botellón), aunque puedan conectarse a una tubería, (por ejemplo, despachadores).	Pza	Ex	Ex
8418.50.99		Los demás.	Pza	10	Ex
	-	**Los demás materiales, máquinas y aparatos para producción de frío; bombas de calor:**			
8418.61	**- -**	**Bombas de calor, excepto las máquinas y aparatos para acondicionamiento de aire de la partida 84.15.**			
8418.61.01		Reconocibles como concebidos exclusivamente para unidades de transporte terrestre de productos perecederos, comprendiendo: compresor, evaporador y condensador.	Pza	Ex	Ex
8418.61.02		Reconocibles como concebidas exclusivamente para unidades de transporte marítimo de productos perecederos, comprendiendo: compresor, evaporador y condensador.	Pza	15	Ex
8418.61.99		Los demás.	Pza	15	Ex
8418.69	**- -**	**Los demás.**			
8418.69.01		Grupos frigoríficos de absorción, excepto lo comprendido en las fracciones 8418.69.02 y 8418.69.03.	Pza	15	Ex
8418.69.02		Grupos frigoríficos de absorción, reconocibles como concebidos exclusivamente para unidades de transporte marítimo de productos perecederos, comprendiendo: hervidor, evaporador y condensador.	Pza	15	Ex
8418.69.03		Grupos frigoríficos de absorción, no eléctricos, con peso unitario inferior o igual a 200 kg.	Pza	15	Ex
8418.69.04		Grupos frigoríficos de compresión, excepto lo comprendido en las fracciones 8418.69.05 y 8418.69.06.	Pza	15	Ex

8418.69.05	Grupos frigoríficos de compresión, reconocibles como concebidos exclusivamente para unidades de transporte terrestre de productos perecederos, comprendiendo: compresor, evaporador y condensador.	Pza	Ex	Ex
8418.69.06	Grupos frigoríficos de compresión, reconocibles como concebidos exclusivamente para unidades de transporte marítimo de productos perecederos, comprendiendo: compresor, evaporador y condensador.	Pza	15	Ex
8418.69.07	Grupos frigoríficos por expansión de nitrógeno líquido, con peso unitario igual o inferior a 500 kg, reconocibles como concebidos exclusivamente para unidades de transporte de productos perecederos.	Pza	Ex	Ex
8418.69.08	Unidades condensadoras con compresor abierto para gases halogenados, sin motor, montadas sobre una base común.	Pza	15	Ex
8418.69.09	Máquinas o aparatos para producir nieve carbónica.	Pza	15	Ex
8418.69.10	Gabinete evaporativo de placas de contacto de aluminio o acero, para congelación rápida de productos alimenticios, sin equipo de compresión y con operación hidráulica de apertura y cierre de las placas.	Pza	Ex	Ex
8418.69.11	Máquinas automáticas para la producción de hielo en cubos, escamas u otras formas.	Pza	10	Ex
8418.69.12	Cámaras frigoríficas desarmadas en páneles, con grupo eléctrico de refrigeración para ser incorporado en las mismas.	Pza	15	Ex
8418.69.13	Instalaciones frigoríficas (unidades funcionales), excepto lo comprendido en las fracciones 8418.69.14, 8418.69.15, 8418.69.16 y 8418.69.17.	Pza	15	Ex
8418.69.14	Plantas para la elaboración de hielo, excepto lo comprendido en las fracciones 8418.69.15, 8418.69.16 y 8418.69.17.	Pza	15	Ex
8418.69.15	Plantas automáticas para la producción de hielo en cubos, escamas u otras formas, con capacidad superior a 4,000 kg, cada 24 horas.	Pza	15	Ex
8418.69.16	Plantas para la producción de hielo en cubos u otras formas, con capacidad inferior o igual a 200 kg, cada 24 horas.	Pza	15	Ex
8418.69.17	Plantas automáticas para la producción de hielo en escamas, con capacidad igual o inferior a 4,000 kg, cada 24 horas, excepto lo comprendido en la fracción 8418.69.16.	Pza	15	Ex
8418.69.99	Los demás.	Pza	10	Ex
	Partes:			
8418.91	**Muebles concebidos para incorporarles un equipo de producción de frío.**			
8418.91.01	Muebles concebidos para incorporarles un equipo de producción de frío.	Kg	Ex	Ex
8418.99	**Las demás.**			
8418.99.01	Quemadores a gas y/o keroseno, reconocibles como concebidos exclusivamente para refrigeración.	Kg	Ex	Ex
8418.99.02	Reconocibles como concebidos exclusivamente para unidades de refrigeración por absorción, excepto evaporadores y quemadores.	Kg	Ex	Ex
8418.99.03	Condensadores de casco y tubo horizontal o vertical.	Kg	Ex	Ex
8418.99.04	Ensambles de puertas que incorporen más de uno de los siguientes componentes: panel interior, panel exterior, aislamiento, bisagras, agarraderas.	Pza	Ex	Ex
8418.99.99	Las demás.	Kg	Ex	Ex
84.19	**Aparatos y dispositivos, aunque se calienten eléctricamente (excepto los hornos y demás aparatos de la partida 85.14), para el tratamiento de materias mediante operaciones que impliquen un cambio de temperatura, tales como calentamiento, cocción, torrefacción, destilación, rectificación, esterilización, pasteurización, baño de vapor de agua, secado, evaporación, vaporización, condensación o enfriamiento, excepto los aparatos domésticos; calentadores de agua de calentamiento instantáneo o de acumulación, excepto los eléctricos.**			
	Calentadores de agua de calentamiento instantáneo o de acumulación, excepto los eléctricos:			
8419.11	**De calentamiento instantáneo, de gas.**			
8419.11.01	De calentamiento instantáneo, de gas.	Pza	10	Ex
8419.19	**Los demás.**			
8419.19.01	De uso doméstico, excepto lo comprendido en las fracciones 8419.19.02 y 8419.19.03.	Pza	10	Ex
8419.19.02	Calentadores solares de agua, de tubos evacuados.	Pza	5	Ex
8419.19.03	Calentadores solares de agua de placas, metálicas o plásticas.	Pza	5	Ex
8419.19.99	Los demás.	Pza	5	Ex
8419.20	**Esterilizadores médicos, quirúrgicos o de laboratorio.**			
8419.20.01	Reconocibles como concebidos exclusiva o principalmente para investigación de laboratorio.	Pza	Ex	Ex
8419.20.99	Los demás.	Pza	Ex	Ex
	Secadores:			
8419.31	**Para productos agrícolas.**			
8419.31.01	De vacío.	Pza	Ex	Ex
8419.31.02	De granos.	Pza	15	Ex
8419.31.03	Discontinuos de charolas.	Pza	15	Ex
8419.31.04	Túneles, de banda continua.	Pza	15	Ex
8419.31.05	De tabaco.	Pza	Ex	Ex
8419.31.99	Los demás.	Pza	10	Ex

8419.32 ▪▪ **Para madera, pasta para papel, papel o cartón.**

8419.32.01	Túneles de banda continua.	Pza	Ex	Ex
8419.32.99	Los demás.	Pza	Ex	Ex

8419.39 ▪▪ **Los demás.**

8419.39.01	De vacío.	Pza	Ex	Ex
8419.39.02	Discontinuos de charolas.	Pza	Ex	Ex
8419.39.03	Para fideos.	Pza	Ex	Ex
8419.39.04	Túneles de banda continua.	Pza	Ex	Ex
8419.39.05	De pinzas o de placas metálicas.	Pza	Ex	Ex
8419.39.99	Los demás.	Pza	Ex	Ex

8419.40 ▪ **Aparatos de destilación o rectificación.**

8419.40.01	Reconocibles como concebidos exclusiva o principalmente para investigación en laboratorio.	Pza	Ex	Ex
8419.40.02	Aparatos de destilación simple.	Pza	Ex	Ex
8419.40.03	Aparatos o columnas de destilación fraccionada y rectificación, excepto lo comprendido en la fracción 8419.40.04.	Pza	Ex	Ex
8419.40.04	Columnas para la destilación fraccionada del aire.	Pza	5	Ex
8419.40.99	Los demás.	Pza	Ex	Ex

8419.50 ▪ **Intercambiadores de calor.**

8419.50.01	Pasterizadores y otras máquinas precalentadoras o preenfriadoras de la industria láctea, excepto lo comprendido en la fracción 8419.50.02.	Pza	Ex	Ex
8419.50.02	Recipientes calentadores o enfriadores, de doble pared o doble fondo con dispositivos para la circulación del fluido calentador o enfriador.	Pza	Ex	Ex
8419.50.03	Cambiadores o intercambiadores de temperatura con serpentines tubulares, excepto lo comprendido en la fracción 8419.50.05.	Pza	5	Ex
8419.50.04	Pasterizadores, excepto lo comprendido en la fracción 8419.50.01.	Pza	Ex	Ex
8419.50.05	Constituidos por tubos de grafito impermeabilizados con resinas polimerizadas.	Pza	Ex	Ex
8419.50.99	Los demás.	Pza	Ex	Ex

8419.60 ▪ **Aparatos y dispositivos para licuefacción de aire u otros gases.**

8419.60.01	Aparatos y dispositivos para la licuefacción de aire u otros gases.	Pza	Ex	Ex

▪ **Los demás aparatos y dispositivos:**

8419.81 ▪▪ **Para la preparación de bebidas calientes o la cocción o calentamiento de alimentos.**

8419.81.01	Cafeteras.	Pza	15	Ex
8419.81.02	Aparatos para tratamiento al vapor.	Pza	Ex	Ex
8419.81.03	Cocedores a vacío, freidores o sartenes con capacidad igual o superior a 58 l, incluso con mecanismo de volteo.	Pza	15	Ex
8419.81.99	Los demás.	Pza	Ex	Ex

8419.89 ▪▪ **Los demás.**

8419.89.01	Pasterizadores u otras máquinas precalentadoras o preenfriadoras, de la industria láctea, excepto los del tipo de la subpartida 8419.50.	Pza	Ex	Ex
8419.89.02	Esterilizadores o enfriadores, rotativos o continuos tipo atmosférico, para frutas, hortalizas o alimentos envasados, con peso unitario superior a 100 kg.	Pza	15	Ex
8419.89.03	Torres de enfriamiento, excepto las reconocibles como concebidas para la separación y eliminación de contaminantes.	Pza	5	Ex
8419.89.04	Esterilizadores de envases de vidrio, incluso provistos de dispositivos para el lavado.	Pza	Ex	Ex
8419.89.05	Reconocibles como concebidos exclusiva o principalmente para investigación de laboratorio, excepto lo comprendido en la fracción 8419.89.08.	Pza	Ex	Ex
8419.89.06	Vulcanizadores de cortes o suelas para calzado.	Pza	Ex	Ex
8419.89.07	Autoclaves.	Pza	Ex	Ex
8419.89.08	Estufas para el cultivo de microorganismos.	Pza	Ex	Ex
8419.89.09	Para hacer helados.	Pza	15	Ex
8419.89.10	Cubas de fermentación.	Pza	15	Ex
8419.89.11	Desodorizadores semicontinuos.	Pza	5	Ex
8419.89.12	Evaporadores de múltiple efecto, excepto lo comprendido en la fracción 8419.89 20.	Pza	Ex	Ex
8419.89.13	Liofilizadores.	Pza	Ex	Ex
8419.89.14	Evaporadores o deshidratadores, excepto lo comprendido en las fracciones 8419.89.12 y 8419.89.20.	Pza	Ex	Ex
8419.89.15	Aparatos de torrefacción.	Pza	5	Ex
8419.89.16	Aparatos para tratamiento al vapor.	Pza	Ex	Ex
8419.89.17	Calentador para líquido térmico con o sin bomba para la circulación de fluido, con un rango de temperatura de 150°C a 375°C.	Pza	15	Ex
8419.89.18	Máquinas para escaldar o enfriar aves.	Pza	15	Ex
8419.89.19	Marmitas.	Pza	15	Ex
8419.89.20	Evaporadores reconocibles como concebidos exclusivamente para la fabricación de fructosa, dextrosa, glucosa y almidón.	Pza	Ex	Ex
8419.89.21	Línea para proceso y producción de oxigenantes petroquímicos, incluyendo las secciones siguientes: equipo de isomerización, equipo de deshidrogenación, unidad de saturación, unidad de eliminación de oxigenados.	Pza	Ex	Ex
8419.89.99	Los demás.	Pza	Ex	Ex

8419.90 **.** **Partes.**

8419.90.01	Reconocibles como concebidas exclusivamente para liofilizadores o para aparatos de vaporización o tratamiento al vapor.	Kg	Ex	Ex
8419.90.02	Reconocibles como concebidas exclusivamente para aparatos usados en la investigación de laboratorio.	Kg	Ex	Ex
8419.90.03	Reconocibles como concebidas exclusivamente para aparatos de destilación.	Kg	Ex	Ex
8419.90.99	Los demás.	Kg	Ex	Ex

84.20 **Calandrias y laminadores, excepto para metal o vidrio, y cilindros para estas máquinas.**

8420.10 **.** **Calandrias y laminadores.**

8420.10.01	Calandrias y laminadores.	Pza	Ex	Ex
	. **Partes:**			

8420.91 **..** **Cilindros.**

8420.91.01	De calandrias o laminadores para tratamiento de papel o cartón, cuando el peso unitario sea superior a 5 kg.	Pza	Ex	Ex
8420.91.99	Los demás.	Pza	Ex	Ex

8420.99 **..** **Las demás.**

8420.99.99	Las demás.	Kg	Ex	Ex

84.21 **Centrifugadoras, incluidas las secadoras centrífugas; aparatos para filtrar o depurar líquidos o gases.**

. **Centrifugadoras, incluidas las secadoras centrífugas:**

8421.11 **..** **Desnatadoras (descremadoras).**

8421.11.01	Descremadoras con capacidad de tratamiento de más de 500 l de leche por hora.	Pza	Ex	Ex
8421.11.99	Los demás.	Pza	Ex	Ex

8421.12 **..** **Secadoras de ropa.**

8421.12.01	Centrífugas con canasta de eje de rotación vertical.	Pza	10	Ex
8421.12.99	Los demás.	Pza	10	Ex

8421.19 **..** **Las demás.**

8421.19.01	Turbinadoras para el refinado del azúcar.	Pza	15	Ex
8421.19.02	Centrífugas horizontales para la descarga continua de sólidos.	Pza	Ex	Ex
8421.19.03	Centrífugas con canasta de eje de rotación vertical.	Pza	15	Ex
8421.19.04	Centrífugas de discos con peso superior a 350 kg.	Pza	Ex	Ex
8421.19.99	Los demás.	Pza	Ex	Ex
	. **Aparatos para filtrar o depurar líquidos:**			

8421.21 **..** **Para filtrar o depurar agua.**

8421.21.01	Reconocibles para naves aéreas.	Pza	Ex	Ex
8421.21.02	Depuradores de acción química a base de cloro (cloradores); depuradores magnéticos anticalcáreos para agua.	Pza	Ex	Ex
8421.21.03	Para albercas.	Pza	5	Ex
8421.21.04	Módulos de ósmosis inversa.	Pza	Ex	Ex
8421.21.99	Los demás.	Pza	5	Ex

8421.22 **..** **Para filtrar o depurar las demás bebidas.**

8421.22.01	Para filtrar o depurar las demás bebidas.	Pza	Ex	Ex

8421.23 **..** **Para filtrar lubricantes o carburantes en los motores de encendido por chispa o compresión.**

8421.23.01	Para filtrar lubricantes o carburantes en los motores de encendido por chispa o por compresión.	Kg	5	Ex

8421.29 **..** **Los demás.**

8421.29.01	Purificadores de líquidos o desaereadores, excepto lo comprendido en las fracciones 8421.29.02 y 8421.29.06.	Pza	5	Ex
8421.29.02	Columnas depuradoras de líquidos, utilizadas para la fabricación de fructosa, dextrosa, glucosa y almidón.	Pza	Ex	Ex
8421.29.03	Depuradores ciclón.	Kg	5	Ex
8421.29.04	Reconocibles como concebidos exclusivamente para tractores agrícolas e industriales.	Kg	Ex	Ex
8421.29.05	Reconocibles para naves aéreas.	Kg	Ex	Ex
8421.29.06	Máquinas para filtrar o depurar ácido sulfúrico.	Pza	Ex	Ex
8421.29.07	Columnas de intercambio iónico para la fabricación de fructosa, dextrosa, glucosa y almidón.	Pza	Ex	Ex
8421.29.08	Filtros (dializadores) de sangre para riñón artificial, desechables.	Pza	Ex	Ex
8421.29.99	Los demás.	Kg	Ex	Ex
	. **Aparatos para filtrar o depurar gases:**			

8421.31 **..** **Filtros de entrada de aire para motores de encendido por chispa o compresión.**

8421.31.01	Reconocibles como concebidos exclusivamente para tractores agrícolas e industriales.	Kg	Ex	Ex
8421.31.02	Reconocibles para naves aéreas.	Kg	Ex	Ex
8421.31.99	Los demás.	Kg	5	Ex

8421.39 **..** **Los demás.**

8421.39.01	Depuradores ciclón.	Kg	5	Ex

8421.39.02	Filtros secadores, aun cuando tengan deshidratante, reconocibles como concebidos exclusivamente para refrigeradores domésticos o comerciales.	Kg	Ex	Ex
8421.39.03	Filtros para máscaras antigas.	Kg	Ex	Ex
8421.39.04	Purificadores de aire, sin dispositivos que modifiquen temperatura y/o humedad, reconocibles como concebidos exclusivamente para campanas aspirantes de uso doméstico.	Kg	5	Ex
8421.39.05	Filtros de aire, reconocibles como concebidos exclusivamente para acondicionadores de aire.	Kg	Ex	Ex
8421.39.06	Separadores de aceite, aun cuando tengan sistema de retorno de aceite al carter, reconocibles como concebidos exclusivamente para compresores.	Kg	Ex	Ex
8421.39.07	Desgasificadores.	Kg	Ex	Ex
8421.39.08	Convertidores catalíticos.	Pza	Ex	Ex
8421.39.99	Las demás.	Kg	5	Ex
	- **Partes:**			
8421.91	**- -** **De centrifugadoras, incluidas las de secadoras centrífugas.**			
8421.91.01	Reconocibles como concebidas exclusivamente para las utilizadas en investigación de laboratorio.	Kg	Ex	Ex
8421.91.02	Cámaras de secado y otras partes de secadoras de ropa que incorporen cámaras de secado, reconocibles como concebidas exclusivamente para lo comprendido en la subpartida 8421.12.	Pza	Ex	Ex
8421.91.03	Muebles reconocibles como concebidos exclusivamente para lo comprendido en la subpartida 8421.12.	Pza	Ex	Ex
8421.91.99	Las demás.	Kg	Ex	Ex
8421.99	**- -** **Las demás.**			
8421.99.01	Reconocibles como concebidas exclusiva o principalmente para filtros de motores de explosión o de combustión interna, excepto lo comprendido en la fracción 8421.99.02.	Kg	Ex	Ex
8421.99.02	Reconocibles como concebidas exclusivamente para tractores agrícolas e industriales.	Kg	Ex	Ex
8421.99.03	Reconocibles como concebidas exclusivamente para lo comprendido en la fracción 8421.39.04.	Kg	Ex	Ex
8421.99.99	Las demás.	Kg	Ex	Ex
84.22	**Máquinas para lavar vajilla; máquinas y aparatos para limpiar o secar botellas o demás recipientes; máquinas y aparatos para llenar, cerrar, tapar, taponar o etiquetar botellas, botes o latas, cajas, sacos (bolsas) o demás continentes; máquinas y aparatos de capsular botellas, tarros, tubos y continentes análogos; las demás máquinas y aparatos para empaquetar o envolver mercancías (incluidas las de envolver con película termorretráctil); máquinas y aparatos para gasear bebidas.**			
	- **Máquinas para lavar vajilla:**			
8422.11	**- -** **De tipo doméstico.**			
8422.11.01	De tipo doméstico.	Pza	10	Ex
8422.19	**- -** **Las demás.**			
8422.19.99	Las demás.	Pza	15	Ex
8422.20	**-** **Máquinas y aparatos para limpiar o secar botellas o demás recipientes.**			
8422.20.01	Para limpiar botellas y otros recipientes, excepto lo comprendido en las fracciones 8422.20.02 y 8422.20.03.	Pza	15	Ex
8422.20.02	Para lavar botellas de vidrio, cuya capacidad sea de 3 ml a 20 l.	Pza	5	Ex
8422.20.03	Lavadoras tipo túnel, de banda continua para envases metálicos, con capacidad superior a 1,500 unidades por minuto.	Pza	Ex	Ex
8422.20.99	Los demás.	Pza	Ex	Ex
8422.30	**-** **Máquinas y aparatos para llenar, cerrar, tapar, taponar o etiquetar botellas, botes o latas, cajas, sacos (bolsas) o demás continentes; máquinas y aparatos de capsular botellas, tarros, tubos y continentes análogos; máquinas y aparatos para gasear bebidas.**			
8422.30.01	Para envasar o empaquetar leche, mantequilla, quesos u otros derivados de la leche, excepto lo comprendido en la fracción 8422.30.10.	Pza	Ex	Ex
8422.30.02	Para envasar, cerrar, capsular y/o empaquetar líquidos, excepto lo comprendido en las fracciones 8422.30.01, 8422.30.03, 8422.30.04 y 8422.30.10.	Pza	Ex	Ex
8422.30.03	Para envasar mermeladas, extractos de tomate, crema de elote u otros alimentos pastosos.	Pza	Ex	Ex
8422.30.04	Para envasar líquidos en ampolletas, aun cuando efectúen otras operaciones accesorias, reconocibles como concebidas exclusiva o principalmente para la industria farmacéutica.	Pza	Ex	Ex
8422.30.05	Capsuladoras de sobretaponado.	Pza	Ex	Ex
8422.30.06	Envasadoras dosificadoras volumétricas o por pesada, de productos a granel, en sacos, bolsas o costales, incluso provistas de dispositivos de confección y/o cierre de los envases.	Pza	Ex	Ex
8422.30.07	Para envasar al vacío, en envases flexibles.	Pza	Ex	Ex
8422.30.08	Envasadoras rotativas de frutas.	Pza	5	Ex
8422.30.09	Envasadoras de té en bolsitas, que coloquen etiquetas.	Pza	Ex	Ex
8422.30.10	Para envasar leche, jugos, frutas y productos similares, que además formen y cierren sus propios envases desechables de cartón o de plástico.	Pza	Ex	Ex
8422.30.99	Los demás.	Pza	Ex	Ex
8422.40	**-** **Las demás máquinas y aparatos para empaquetar o envolver mercancías (incluidas las de envolver con película termorretráctil).**			

8422.40.01	Atadores o precintadores, incluso los de accionamiento manual.	Pza	Ex	Ex
8422.40.02	De peso unitario igual o inferior a 100 kg, para introducir en cajas envases metálicos.	Pza	15	Ex
8422.40.03	Para empaquetar caramelos y demás productos de confitería.	Pza	Ex	Ex
8422.40.04	Empacadoras (encajonadoras) o desempacadoras (desencajonadoras) de botellas.	Pza	Ex	Ex
8422.40.05	Máquinas automáticas para colocar y envolver discos compactos ("Compact Disks") en un estuche.	Pza	Ex	Ex
8422.40.06	Máquinas envolvedoras para la fabricación de electrodos.	Pza	Ex	Ex
8422.40.99	Los demás.	Pza	Ex	Ex
8422.90	**. Partes.**			
8422.90.01	Reconocibles como concebidas exclusivamente para máquinas o aparatos de limpiar o secar recipientes o para máquinas envasadoras.	Kg	Ex	Ex
8422.90.02	Reconocibles como concebidas exclusivamente para aparatos para lavar vajillas.	Kg	Ex	Ex
8422.90.03	Depósitos de agua reconocibles como concebidos exclusivamente para lo comprendido en la subpartida 8422.11 y otras partes de máquinas lavadoras de platos, domésticas, que incorporen cámaras de almacenamiento de agua.	Pza	Ex	Ex
8422.90.04	Ensambles de puertas reconocibles como concebidas exclusivamente para lo comprendido en la subpartida 8422.11.	Pza	Ex	Ex
8422.90.99	Los demás.	Kg	Ex	Ex
84.23	**Aparatos e instrumentos de pesar, incluidas las básculas y balanzas para comprobar o contar piezas fabricadas, excepto las balanzas sensibles a un peso inferior o igual a 5 cg; pesas para toda clase de básculas o balanzas.**			
8423.10	**. Para pesar personas, incluidos los pesabebés; balanzas domésticas.**			
8423.10.01	De personas, incluidos los pesabebés.	Pza	15	Ex
8423.10.99	Los demás.	Pza	15	Ex
8423.20	**. Básculas y balanzas para pesada continua sobre transportador.**			
8423.20.01	Automáticas, con registro impresor, provistas con mecanismo automático de control de velocidad y con peso igual o superior a 740 kg.	Pza	Ex	Ex
8423.20.99	Los demás.	Pza	15	Ex
8423.30	**. Básculas y balanzas para pesada constante, incluidas las de descargar pesos determinados en sacos (bolsas) u otros recipientes, así como las dosificadoras de tolva.**			
8423.30.01	Dosificadores o comprobadoras que funcionen por medio de peso patrón.	Pza	15	Ex
8423.30.99	Los demás.	Pza	15	Ex
	. Los demás aparatos e instrumentos de pesar:			
8423.81	**.. Con capacidad inferior o igual a 30 kg.**			
8423.81.01	Con capacidad inferior o igual a 30 kg excepto lo comprendido en la fracción 8423.81.02.	Pza	15	Ex
8423.81.02	De funcionamiento electrónico.	Pza	15	Ex
8423.82	**.. Con capacidad superior a 30 kg pero inferior o igual a 5,000 kg.**			
8423.82.01	Con capacidad superior a 30 kg pero inferior o igual a 5,000 kg, excepto lo comprendido en la fracción 8423.82.02.	Pza	15	Ex
8423.82.02	De funcionamiento electrónico.	Pza	15	Ex
8423.89	**.. Los demás.**			
8423.89.99	Los demás.	Pza	15	Ex
8423.90	**. Pesas para toda clase de básculas o balanzas; partes de aparatos o instrumentos de pesar.**			
8423.90.01	Pesas para toda clase de básculas o balanzas.	Kg	Ex	Ex
8423.90.99	Las demás.	Kg	Ex	Ex
84.24	**Aparatos mecánicos (incluso manuales) para proyectar, dispersar o pulverizar materias líquidas o en polvo; extintores, incluso cargados; pistolas aerográficas y aparatos similares; máquinas y aparatos de chorro de arena o de vapor y aparatos de chorro similares.**			
8424.10	**. Extintores, incluso cargados.**			
8424.10.01	Reconocibles para naves aéreas.	Pza	Ex	Ex
8424.10.02	Con capacidad igual o inferior a 24 kg.	Pza	Ex	Ex
8424.10.99	Los demás.	Pza	Ex	Ex
8424.20	**. Pistolas aerográficas y aparatos similares.**			
8424.20.01	Pulverizadores, espolvoreadores, esparcidores o aspersores.	Pza	15	Ex
8424.20.02	Pistolas aerográficas para pintar o recubrir.	Pza	Ex	Ex
8424.20.03	Reconocibles para naves aéreas.	Pza	Ex	Ex
8424.20.99	Los demás.	Pza	Ex	Ex
8424.30	**. Máquinas y aparatos de chorro de arena o de vapor y aparatos de chorro similares.**			
8424.30.01	Máquinas o aparatos para limpieza por chorro de agua fría y/o sobrecalentada, incluso con dispositivos para esparcir arenas, polvos o líquidos compatibles con agua.	Pza	Ex	Ex
8424.30.02	Pulverizadores, espolvoreadores, esparcidores o aspersores, excepto lo comprendido en la fracción 8424.30.01.	Pza	Ex	Ex
8424.30.03	Lanzadora de mortero con bomba de émbolos.	Pza	Ex	Ex
8424.30.04	Pistolas o inyectores de lodos, aun cuando se presenten con sus mangueras de cementación y circulación, reconocibles para remover residuos y sedimentaciones en presas o tanques almacenadores de lodos en pozos petroleros.	Pza	15	Ex

8424.30.99	Los demás.	Pza	Ex	Ex
	- Los demás aparatos:			
8424.81	**- -** **Para agricultura u horticultura.**			
8424.81.01	Aspersores de rehilete para riego.	Pza	Ex	Ex
8424.81.02	Pulverizadores y espolvoreadores portátiles impulsados por motor, excepto lo comprendido en la fracción 8424.81.05.	Pza	Ex	Ex
8424.81.03	Máquinas o aparatos para riego, autopropulsados, con controles de regulación mecánicos o eléctricos, incluso cañones de riego autopropulsados, sin tubería rígida de materias plásticas, ni tubería de aluminio con compuertas laterales de descarga.	Pza	Ex	Ex
8424.81.04	Pulverizadores y espolvoreadores, autopropulsados.	Pza	Ex	Ex
8424.81.05	Máquinas para riego, excepto lo comprendido en la fracción 8424.81.03.	Pza	Ex	Ex
8424.81.06	Aspersoras manuales de uso exclusivo para la aplicación de agroquímicos.	Pza	Ex	Ex
8424.81.99	Los demás.	Pza	Ex	Ex
8424.89	**- -** **Los demás.**			
8424.89.01	Humectadores por pulverización centrífuga de agua, reconocibles como concebidos exclusivamente para acondicionamiento de aire.	Pza	Ex	Ex
8424.89.02	Máquinas para el barnizado interior de envases metálicos.	Pza	Ex	Ex
8424.89.99	Los demás.	Pza	Ex	Ex
8424.90	**-** **Partes.**			
8424.90.01	Partes.	Kg	Ex	Ex
84.25	**Polipastos; tornos y cabrestantes; gatos.**			
	- Polipastos:			
8425.11	**- -** **Con motor eléctrico.**			
8425.11.01	Con capacidad superior a 30 t.	Pza	Ex	Ex
8425.11.99	Los demás.	Pza	15	Ex
8425.19	**- -** **Los demás.**			
8425.19.99	Los demás.	Pza	15	Ex
	- Tornos; cabrestantes:			
8425.31	**- -** **Con motor eléctrico.**			
8425.31.01	Con capacidad hasta 5,000 kg.	Pza	15	Ex
8425.31.02	Tornos para el ascenso y descenso de jaulas o montacargas en pozos de minas, o concebidos para el interior de las minas, con capacidad superior a 5,000 Kg.	Pza	5	Ex
8425.31.99	Los demás.	Pza	Ex	Ex
8425.39	**- -** **Los demás.**			
8425.39.01	Para elevadores o montacargas, accionados sin engranajes.	Pza	Ex	Ex
8425.39.02	Para elevadores o montacargas accionados con engranajes.	Pza	5	Ex
8425.39.03	Reconocibles como concebidos exclusivamente para tractores agrícolas e industriales.	Pza	Ex	Ex
8425.39.99	Los demás.	Pza	15	Ex
	- Gatos:			
8425.41	**- -** **Elevadores fijos para vehículos automóviles, de los tipos utilizados en talleres.**			
8425.41.01	Elevadores fijos para vehículos automóviles de los tipos utilizados en talleres.	Pza	15	Ex
8425.42	**- -** **Los demás gatos hidráulicos.**			
8425.42.01	Tipo patín, aun cuando se presenten sin ruedas, con una o más bombas integrales, de peso mayor a 12 kg y capacidad de carga hasta 12 t.	Pza	15	Ex
8425.42.02	Tipo botella con bomba integral, de peso unitario igual o inferior a 20 kg y capacidad máxima de carga de 20 t.	Pza	15	Ex
8425.42.99	Los demás.	Pza	Ex	Ex
8425.49	**- -** **Los demás.**			
8425.49.99	Los demás.	Pza	15	Ex
84.26	**Grúas y aparatos de elevación sobre cable aéreo; puentes rodantes, pórticos de descarga o manipulación, puentes grúa, carretillas puente y carretillas grúa.**			
	- Puentes (incluidas las vigas) rodantes, pórticos, puentes grúa y carretillas puente:			
8426.11	**- -** **Puentes (incluidas las vigas) rodantes, sobre soporte fijo.**			
8426.11.01	Puentes (incluidas las vigas) rodantes, sobre soporte fijo.	Pza	Ex	Ex
8426.12	**- -** **Pórticos móviles sobre neumáticos y carretillas puente.**			
8426.12.01	Pórticos móviles sobre neumáticos y carretillas puente.	Pza	5	Ex
8426.19	**- -** **Los demás.**			
8426.19.99	Los demás.	Pza	Ex	Ex
8426.20	**-** **Grúas de torre.**			
8426.20.01	Grúas de torre.	Pza	Ex	Ex
8426.30	**-** **Grúas de pórtico.**			
8426.30.01	Grúas de pórtico.	Pza	Ex	Ex
	- Las demás máquinas y aparatos, autopropulsados:			
8426.41	**- -** **Sobre neumáticos.**			
8426.41.01	Grúas, con brazo de hierro estructural (celosía), de accionamiento mecánico, autopropulsadas con peso unitario hasta de 55 t, excepto lo comprendido en la fracción	Pza	5	Ex

	8426.41.03.			
8426.41.02	Grúas, con brazo (aguilón) rígido, de accionamiento hidráulico, autopropulsadas, con capacidad de carga superior a 9.9 t sin exceder de 30 t.	Pza	5	Ex
8426.41.03	Grúas, con pluma tipo celosía y operación diesel-eléctrica o diesel-hidráulica, con capacidad de carga de 40 a 600 t, inclusive.	Pza	Ex	Ex
8426.41.04	Grúas de patio, autopropulsadas sobre neumáticos, para maniobras portuarias, excepto lo comprendido en las fracciones 8426.41.01, 8426.41.02 y 8426.41.03.	Pza	Ex	Ex
8426.41.99	Los demás.	Pza	Ex	Ex
8426.49	**-- Los demás.**			
8426.49.01	Grúas con brazo de hierro estructural (celosía), de accionamiento mecánico, con peso unitario hasta 55 t.	Pza	Ex	Ex
8426.49.02	Grúas con brazo (de aguilón) rígido, de accionamiento hidráulico, autopropulsadas, con capacidad de carga superior a 9.9 t sin exceder de 30 t.	Pza	Ex	Ex
8426.49.99	Los demás.	Pza	Ex	Ex
	- Las demás máquinas y aparatos:			
8426.91	**-- Concebidos para montarlos sobre vehículos de carretera.**			
8426.91.01	Grúas con brazo (aguilón) articulado, de accionamiento hidráulico con capacidad superior a 9.9 t a un radio de 1 m.	Pza	Ex	Ex
8426.91.02	Grúas con accionamiento hidráulico, de brazos articulados o rígidos, con capacidad hasta 9.9 t a un radio de 1 m.	Pza	Ex	Ex
8426.91.03	Grúas elevadoras aisladas del tipo canastilla, con capacidad de carga hasta 1 tonelada y hasta 15 m de elevación.	Pza	5	Ex
8426.91.99	Los demás.	Pza	Ex	Ex
8426.99	**-- Los demás.**			
8426.99.01	Grúas, excepto lo comprendido en la fracción 8426.99.02.	Pza	Ex	Ex
8426.99.02	Grúas giratorias.	Pza	Ex	Ex
8426.99.03	Cargador frontal para montarse en tractores agrícolas (de rastrillo, cuchara de reja o de apilador).	Pza	5	Ex
8426.99.04	Ademes caminantes.	Pza	15	Ex
8426.99.99	Los demás.	Pza	Ex	Ex
84.27	**Carretillas apiladoras; las demás carretillas de manipulación con dispositivo de elevación incorporado.**			
8427.10	**- Carretillas autopropulsadas con motor eléctrico.**			
8427.10.01	Montacargas de carga frontal y unidad motriz trasera (denominado "counterbalance"), con capacidad de carga hasta 3,500 kg.	Pza	15	Ex
8427.10.02	Montacargas de carga frontal y unidad motriz trasera (denominado "counterbalance"), con capacidad de carga superior a 3,500 kg.	Pza	Ex	Ex
8427.10.99	Las demás.	Pza	Ex	Ex
8427.20	**- Las demás carretillas autopropulsadas.**			
8427.20.01	Carretilla con motor de explosión o combustión interna con capacidad de carga hasta 7,000 kg, medida a 620 mm de la cara frontal de las horquillas, excepto lo comprendido en la fracción 8427.20.04.	Pza	15	Ex
8427.20.02	Con motor de explosión o combustión interna, con capacidad de carga superior a 7,000 kg, medida a 620 mm de la cara frontal de las horquillas, excepto lo comprendido en la fracción 8427.20.05.	Pza	Ex	Ex
8427.20.03	Carretilla portadora con cabina, con motor de combustión interna (diesel), con plataforma, con ejes direccionables y capacidad de carga superior a 39 t.	Pza	Ex	Ex
8427.20.04	Montacargas de carga frontal y unidad motriz trasera (denominado "counterbalance"), con motor de explosión o combustión interna, con capacidad de carga hasta 7,000 kg.	Pza	15	Ex
8427.20.05	Montacargas de carga frontal y unidad motriz trasera (denominado "counterbalance"), con motor de explosión o combustión interna, con capacidad de carga superior a 7,000 kg.	Pza	Ex	Ex
8427.20.99	Las demás.	Pza	5	Ex
8427.90	**- Las demás carretillas.**			
8427.90.01	Carros de transferencia (plataforma móvil o cambiador para los recolectores o apiladores de minerales).	Pza	15	Ex
8427.90.99	Los demás.	Pza	15	Ex
84.28	**Las demás máquinas y aparatos de elevación, carga, descarga o manipulación (por ejemplo: ascensores, escaleras mecánicas, transportadores, teleféricos).**			
8428.10	**- Ascensores y montacargas.**			
8428.10.01	Ascensores y montacargas.	Pza	15	Ex
8428.20	**- Aparatos elevadores o transportadores, neumáticos.**			
8428.20.01	Para carga o descarga de navíos.	Pza	Ex	Ex
8428.20.02	Con dispositivo dosificador, excepto lo comprendido en la fracción 8428.20.01.	Pza	15	Ex
8428.20.03	Para el manejo de documentos y valores.	Pza	15	Ex
8428.20.99	Los demás.	Pza	Ex	Ex

	- Los demás aparatos elevadores o transportadores, de acción continua, para mercancías:			
8428.31	.. Especialmente concebidos para el interior de minas u otros trabajos subterráneos.			
8428.31.01	Especialmente concebidos para el interior de minas u otros trabajos subterráneos.	Pza	Ex	Ex
8428.32	.. Los demás, de cangilones.			
8428.32.99	Los demás, de cangilones.	Pza	Ex	Ex
8428.33	.. Los demás, de banda o correa.			
8428.33.99	Los demás, de banda o de correa.	Pza	Ex	Ex
8428.39	.. Los demás.			
8428.39.01	Transportadores tubulares flexibles de impulso mecánico por tornillos espirales.	Pza	Ex	Ex
8428.39.02	A base de dispositivos magnéticos o electromagnéticos.	Pza	Ex	Ex
8428.39.99	Los demás.	Pza	Ex	Ex
8428.40	- Escaleras mecánicas y pasillos móviles.			
8428.40.01	Escaleras móviles incluso montadas sobre ruedas.	Pza	15	Ex
8428.40.99	Los demás.	Pza	15	Ex
8428.60	- Teleféricos (incluidos las telesillas y los telesquís); mecanismos de tracción para funiculares.			
8428.60.01	Teleféricos (incluidos las telesillas y los telesquís); mecanismos de tracción para funiculares.	Pza	Ex	Ex
8428.90	- Las demás máquinas y aparatos.			
8428.90.01	Elevador de accionamiento hidráulico, de chapas.	Pza	Ex	Ex
8428.90.02	Paleadoras de accionamiento neumático o hidráulico, provistas para su desplazamiento de ruedas de ferrocarril.	Pza	Ex	Ex
8428.90.03	Transportadores-cargadores autopropulsados, de peso unitario igual o superior a 10,000 kg.	Pza	Ex	Ex
8428.90.04	Brazos de carga marinos o terrestres (garzas marinas o terrestres), reconocibles para la carga o descarga de petróleo o sus derivados en navíos o carros tanque.	Pza	15	Ex
8428.90.05	Escaleras electromecánicas.	Kg	15	Ex
8428.90.06	Empujadores de vagonetas de minas, carros transbordadores, basculadores y volteadores, de vagones, de vagonetas, etc., e instalaciones similares para la manipulación de material móvil sobre carriles (rieles).	Pza	Ex	Ex
8428.90.99	Los demás.	Pza	15	Ex
84.29	Topadoras frontales ("bulldozers"), topadoras angulares ("angledozers"), niveladoras, traíllas ("scrapers"), palas mecánicas, excavadoras, cargadoras, palas cargadoras, compactadoras y apisonadoras (aplanadoras), autopropulsadas.			
	- Topadoras frontales ("bulldozers") y topadoras angulares ("angledozers"):			
8429.11	.. De orugas.			
8429.11.01	De orugas.	Pza	Ex	Ex
8429.19	.. Las demás.			
8429.19.99	Las demás.	Pza	Ex	Ex
8429.20	- Niveladoras.			
8429.20.01	Niveladoras.	Pza	15	Ex
8429.30	- Traíllas ("scrapers").			
8429.30.01	Traíllas ("scrapers").	Pza	Ex	Ex
8429.40	- Compactadoras y apisonadoras (aplanadoras).			
8429.40.01	Compactadoras, excepto de rodillos.	Pza	Ex	Ex
8429.40.99	Los demás.	Pza	Ex	Ex
	- Palas mecánicas, excavadoras, cargadoras y palas cargadoras:			
8429.51	.. Cargadoras y palas cargadoras de carga frontal.			
8429.51.01	Palas mecánicas autopropulsadas sobre orugas, con peso unitario superior a 55,000 kg.	Pza	Ex	Ex
8429.51.02	Cargadores frontales, de accionamiento hidráulico, montados sobre ruedas, con capacidad igual o inferior a 335 C.P.	Pza	15	Ex
8429.51.03	Palas mecánicas, excepto lo comprendido en la fracción 8429.51.01.	Pza	15	Ex
8429.51.99	Los demás.	Pza	Ex	Ex
8429.52	.. Máquinas cuya superestructura pueda girar 360°.			
8429.52.01	Dragas o excavadoras, montadas sobre orugas, con peso unitario superior a 55,000 kg.	Pza	Ex	Ex
8429.52.02	Dragas o excavadoras, excepto lo comprendido en la fracción 8429.52.01.	Pza	Ex	Ex
8429.52.99	Los demás.	Pza	Ex	Ex
8429.59	.. Las demás.			
8429.59.01	Zanjadoras.	Pza	15	Ex
8429.59.02	Dragas, con capacidad de carga de arrastre hasta 4,000 kg.	Pza	15	Ex
8429.59.03	Retroexcavadoras de cucharón, de accionamiento hidráulico, autopropulsadas con potencia neta al volante igual o superior a 70 C.P., sin exceder	Pza	Ex	Ex
8429.59.04	Retroexcavadoras, incluso para acoplarse a máquinas motrices, excepto lo comprendido en la fracción 8429.59.03.	Pza	Ex	Ex
8429.59.05	Dragas o excavadoras, excepto lo comprendido en las fracciones 8429.59.02, 8429.59.03 y 8429.59.04.	Pza	15	Ex
8429.59.99	Los demás.	Pza	Ex	Ex

84.30	**Las demás máquinas y aparatos para explanar, nivelar, traillar ("scraping"), excavar, compactar, apisonar (aplanar), extraer o perforar tierra o minerales; martinetes y máquinas para arrancar pilotes, estacas o similares; quitanieves.**			
8430.10	**. Martinetes y máquinas para arrancar pilotes, estacas o similares.**			
8430.10.01	Martinetes y máquinas para arrancar pilotes, estacas o similares.	Pza	5	Ex
8430.20	**. Quitanieves.**			
8430.20.01	Quitanieves.	Pza	10	Ex
	. Cortadoras y arrancadoras, de carbón o rocas, y máquinas para hacer túneles o galerías:			
8430.31	**.. Autopropulsadas.**			
8430.31.01	Perforadoras por rotación y/o percusión.	Pza	Ex	Ex
8430.31.02	Cortadoras de carbón mineral.	Pza	Ex	Ex
8430.31.99	Las demás.	Pza	Ex	Ex
8430.39	**.. Las demás.**			
8430.39.01	Escudos de perforación.	Pza	5	Ex
8430.39.99	Las demás.	Pza	Ex	Ex
	. Las demás máquinas de sondeo o perforación:			
8430.41	**.. Autopropulsadas.**			
8430.41.01	Perforadoras por rotación y/o percusión, excepto lo comprendido en la fracción 8430.41.02.	Pza	Ex	Ex
8430.41.02	Equipos para perforación por rotación, de funcionamiento mecánico, con diámetro de barrena hasta 123 mm.	Pza	Ex	Ex
8430.41.99	Las demás.	Pza	Ex	Ex
8430.49	**.. Las demás.**			
8430.49.01	Barrenadoras, acoplables a tractores.	Kg	Ex	Ex
8430.49.02	Equipos hidráulicos de perforación de pozos, integrados a semirremolques, para programas de abastecimiento de agua potable en el medio rural.	Kg	Ex	Ex
8430.49.99	Las demás.	Kg	Ex	Ex
8430.50	**. Las demás máquinas y aparatos, autopropulsados.**			
8430.50.01	Excavadoras, cargadores frontales de accionamiento hidráulico, con capacidad igual o inferior a 335 C.P.	Pza	15	Ex
8430.50.02	Desgarradores.	Pza	15	Ex
8430.50.99	Los demás.	Pza	10	Ex
	. Las demás máquinas y aparatos, sin propulsión:			
8430.61	**.. Máquinas y aparatos para compactar o apisonar (aplanar).**			
8430.61.01	Explanadoras (empujadoras).	Pza	15	Ex
8430.61.02	Rodillos apisonadores o compactadores.	Pza	15	Ex
8430.61.99	Los demás.	Pza	10	Ex
8430.69	**.. Los demás.**			
8430.69.01	Retroexcavadoras de cucharón, de accionamiento hidráulico.	Pza	15	Ex
8430.69.02	Dragas, excavadoras y palas mecánicas, montadas sobre vagón de neumáticos.	Pza	15	Ex
8430.69.03	Zanjadoras, excepto lo comprendido en la fracción 8430.69.01.	Pza	15	Ex
8430.69.04	Traíllas ("scrapers").	Pza	15	Ex
8430.69.99	Los demás.	Pza	10	Ex
84.31	**Partes identificables como destinadas, exclusiva o principalmente, a las máquinas o aparatos de las partidas 84.25 a 84.30.**			
8431.10	**. De máquinas o aparatos de la partida 84.25.**			
8431.10.01	De máquinas o aparatos de la partida 84.25.	Kg	Ex	Ex
8431.20	**. De máquinas o aparatos de la partida 84.27.**			
8431.20.01	Conjuntos de partes identificables como destinados exclusivamente para la fabricación de los siguientes: a) mástil para montacargas; b) contrapeso para montacargas; c) ensamble de chasis; d) guarda del operador; e) horquillas para montacargas, para la fabricación de montacargas de las subpartidas 8427.10 y 8427.20.	Kg	Ex	Ex
8431.20.99	Los demás.	Kg	Ex	Ex
	. De máquinas o aparatos de la partida 84.28:			
8431.31	**.. De ascensores, montacargas o escaleras mecánicas.**			
8431.31.01	Para elevadores (ascensores).	Kg	Ex	Ex
8431.31.99	Las demás.	Kg	Ex	Ex
8431.39	**.. Las demás.**			
8431.39.99	Las demás.	Kg	Ex	Ex
	. De máquinas o aparatos de las partidas 84.26, 84.29 u 84.30:			
8431.41	**.. Cangilones, cucharas, cucharas de almeja, palas y garras o pinzas.**			
8431.41.01	Cucharones, puntas, dientes o adaptadores para cucharones.	Pza	Ex	Ex
8431.41.02	Reconocibles como concebidos exclusivamente para lo comprendido en la fracción 8429.52.01.	Pza	Ex	Ex
8431.41.03	Cuchillas o gavilanes.	Pza	Ex	Ex
8431.41.99	Las demás.	Pza	Ex	Ex

8431.42	**. .**	**Hojas de topadoras frontales ("bulldozers") o de topadoras angulares ("angledozers").**		
8431.42.01		Hojas de topadoras frontales ("bulldozers") o de topadoras angulares ("angledozers").	Pza	Ex	Ex
8431.43	**. .**	**De máquinas de sondeo o perforación de las subpartidas 8430.41 u 8430.49.**		
8431.43.01		Mesas giratorias o rotatorias.	Kg	Ex	Ex
8431.43.02		Uniones de cabezas de inyección.	Kg	Ex	Ex
8431.43.99		Las demás.	Kg	Ex	Ex
8431.49	**. .**	**Las demás.**		
8431.49.01		Marcos o brazos para acoplar los empujadores o cuchillas a las máquinas propulsoras.	Kg	Ex	Ex
8431.49.02		Reconocibles como concebidas exclusivamente para máquinas compactadoras, zanjadoras o retroexcavadoras de cucharón de accionamiento hidráulico, excepto el cucharón.	Kg	Ex	Ex
8431.49.03		Reconocibles como concebidas exclusivamente para lo comprendido en las fracciones 8429.51.01 y 8429.52.01.	Kg	Ex	Ex
8431.49.99		Las demás.	Kg	Ex	Ex
84.32		**Máquinas, aparatos y artefactos agrícolas, hortícolas o silvícolas, para la preparación o el trabajo del suelo o para el cultivo; rodillos para césped o terrenos de deporte.**		
8432.10	**.**	**Arados.**		
8432.10.01		Arados.	Pza	Ex	Ex
	.	**Gradas (rastras), escarificadores, cultivadores, extirpadores, azadas rotativas (rotocultores), escardadoras y binadoras:**		
8432.21	**. .**	**Gradas (rastras) de discos.**		
8432.21.01		Gradas (rastras) de discos.	Pza	Ex	Ex
8432.29	**. .**	**Los demás.**		
8432.29.01		Desyerbadoras, cultivadoras, escarificadoras o niveladoras.	Pza	Ex	Ex
8432.29.99		Los demás.	Pza	Ex	Ex
8432.30	**.**	**Sembradoras, plantadoras y trasplantadoras.**		
8432.30.01		Sembradoras, con depósito rectangular y descarga múltiple para semillas de grano fino (grain drill).	Pza	Ex	Ex
8432.30.02		Plantadoras.	Pza	Ex	Ex
8432.30.03		Sembradoras, excepto lo comprendido en la fracción 8432.30.01.	Pza	Ex	Ex
8432.30.99		Los demás.	Pza	Ex	Ex
8432.40	**.**	**Esparcidores de estiércol y distribuidores de abonos.**		
8432.40.01		Esparcidores de estiércol y distribuidores de abonos.	Pza	Ex	Ex
8432.80	**.**	**Las demás máquinas, aparatos y artefactos.**		
8432.80.01		Sembradoras abonadoras, con depósito rectangular y descarga múltiple para semillas de grano fino (grain drill).	Pza	Ex	Ex
8432.80.02		Cortadoras rotativas (desvaradoras), con ancho de corte igual o inferior a 2.13 m, para acoplarse a la toma de fuerza del tractor, con transmisión a dos cuchillas.	Pza	Ex	Ex
8432.80.03		Sembradoras abonadoras, excepto lo comprendido en la fracción 8432.80.01.	Pza	Ex	Ex
8432.80.99		Los demás.	Pza	Ex	Ex
8432.90	**.**	**Partes.**		
8432.90.01		Partes.	Kg	Ex	Ex
84.33		**Máquinas, aparatos y artefactos de cosechar o trillar, incluidas las prensas para paja o forraje; cortadoras de césped y guadañadoras; máquinas para limpieza o clasificación de huevos, frutos o demás productos agrícolas, excepto las de la partida 84.37.**		
	.	**Cortadoras de césped:**		
8433.11	**. .**	**Con motor, en las que el dispositivo de corte gire en un plano horizontal.**		
8433.11.01		Con motor, en las que el dispositivo de corte gire en un plano horizontal.	Pza	15	Ex
8433.19	**. .**	**Las demás.**		
8433.19.99		Las demás.	Pza	15	Ex
8433.20	**.**	**Guadañadoras, incluidas las barras de corte para montar sobre un tractor.**		
8433.20.01		Guadañadoras ("segadoras").	Pza	Ex	Ex
8433.20.02		Guadañadoras y/o segadoras autopropulsadas con motor de potencia inferior o igual a 20 C.P. y no autopropulsadas, con ancho de corte hasta 2.50 m, incluso atadoras.	Pza	Ex	Ex
8433.20.99		Los demás.	Pza	Ex	Ex
8433.30	**.**	**Las demás máquinas y aparatos de henificar.**		
8433.30.01		Las demás máquinas y aparatos de henificar.	Pza	Ex	Ex
8433.40	**.**	**Prensas para paja o forraje, incluidas las prensas recogedoras.**		
8433.40.01		Empacadoras de forrajes.	Pza	Ex	Ex
8433.40.02		Automáticas sin motor, excepto lo comprendido en la fracción 8433.40.01.	Pza	Ex	Ex
8433.40.99		Las demás.	Pza	Ex	Ex
	.	**Las demás máquinas y aparatos de cosechar; máquinas y aparatos de trillar:**		
8433.51	**. .**	**Cosechadoras-trilladoras.**		
8433.51.01		Cosechadoras-trilladoras.	Pza	Ex	Ex
8433.52	**. .**	**Las demás máquinas y aparatos de trillar.**		
8433.52.01		Las demás máquinas y aparatos de trillar.	Pza	Ex	Ex

8433.53	**.. Máquinas de cosechar raíces o tubérculos.**			
8433.53.01	Máquinas de cosechar raíces o tubérculos.	Pza	Ex	Ex
8433.59	**.. Los demás.**			
8433.59.01	Cosechadoras para caña.	Pza	Ex	Ex
8433.59.02	Desgranadoras de maíz, incluso deshojadoras o que envasen los productos.	Pza	Ex	Ex
8433.59.03	Cosechadoras de algodón.	Pza	Ex	Ex
8433.59.04	Cosechadoras, excepto lo comprendido en las fracciones 8433.59.01 y 8433.59.03.	Pza	Ex	Ex
8433.59.99	Los demás.	Pza	Ex	Ex
8433.60	**. Máquinas para limpieza o clasificación de huevos, frutos o demás productos agrícolas.**			
8433.60.01	Aventadoras.	Pza	Ex	Ex
8433.60.02	Limpiadoras de semillas oleaginosas.	Pza	Ex	Ex
8433.60.03	Seleccionadoras o clasificadoras de frutas u otros productos agrícolas.	Pza	Ex	Ex
8433.60.99	Los demás.	Pza	Ex	Ex
8433.90	**. Partes.**			
8433.90.01	Reconocibles como concebidas exclusiva o principalmente para lo comprendido en la fracción 8433.51.01.	Kg	Ex	Ex
8433.90.02	Juego de rodillos helicoidales para mecanismo recolector de maíz.	Kg	Ex	Ex
8433.90.03	Reconocibles como concebidas exclusiva o principalmente para lo comprendido en las fracciones 8433.20.01, 8433.20.02 y 8433.59.03.	Kg	Ex	Ex
8433.90.99	Los demás.	Kg	Ex	Ex
84.34	**Máquinas de ordeñar y máquinas y aparatos para la industria lechera.**			
8434.10	**. Máquinas de ordeñar.**			
8434.10.01	Máquinas de ordeñar.	Pza	Ex	Ex
8434.20	**. Máquinas y aparatos para la industria lechera.**			
8434.20.01	Máquinas y aparatos para la industria lechera.	Pza	Ex	Ex
8434.90	**. Partes.**			
8434.90.01	Partes.	Kg	Ex	Ex
84.35	**Prensas, estrujadoras y máquinas y aparatos análogos para la producción de vino, sidra, jugos de frutos o bebidas similares.**			
8435.10	**. Máquinas y aparatos.**			
8435.10.01	Máquinas y aparatos.	Pza	Ex	Ex
8435.90	**. Partes.**			
8435.90.01	Partes.	Kg	Ex	Ex
84.36	**Las demás máquinas y aparatos para la agricultura, horticultura, silvicultura, avicultura o apicultura, incluidos los germinadores con dispositivos mecánicos o térmicos incorporados y las incubadoras y criadoras avícolas.**			
8436.10	**. Máquinas y aparatos para preparar alimentos o piensos para animales.**			
8436.10.01	Máquinas y aparatos para preparar alimentos o piensos para animales.	Pza	Ex	Ex
	. Máquinas y aparatos para la avicultura, incluidas las incubadoras y criadoras:			
8436.21	**.. Incubadoras y criadoras.**			
8436.21.01	Incubadoras y criadoras.	Pza	Ex	Ex
8436.29	**.. Los demás.**			
8436.29.01	Bebederos, comederos o nidos (ponedores) para avicultura.	Pza	Ex	Ex
8436.29.99	Los demás.	Pza	Ex	Ex
8436.80	**. Las demás máquinas y aparatos.**			
8436.80.01	Trituradoras o mezcladoras de abonos.	Pza	Ex	Ex
8436.80.02	Prensas para miel.	Pza	Ex	Ex
8436.80.03	Silos con dispositivos mecánicos de descarga.	Pza	Ex	Ex
8436.80.99	Los demás.	Pza	Ex	Ex
	. Partes:			
8436.91	**.. De máquinas o aparatos para la avicultura.**			
8436.91.01	De máquinas y aparatos para la avicultura.	Kg	Ex	Ex
8436.99	**.. Las demás.**			
8436.99.99	Las demás.	Kg	Ex	Ex
84.37	**Máquinas para limpieza, clasificación o cribado de semillas, granos u hortalizas de vaina secas; máquinas y aparatos para molienda o tratamiento de cereales u hortalizas de vaina secas, excepto las de tipo rural.**			
8437.10	**. Máquinas para limpieza, clasificación o cribado de semillas, granos u hortalizas de vaina secas.**			
8437.10.01	Aventadoras, seleccionadoras de granos o semillas.	Pza	Ex	Ex
8437.10.02	Limpiadoras de semillas oleaginosas.	Pza	Ex	Ex
8437.10.03	Seleccionadora electrónica de granos o semillas por color.	Pza	Ex	Ex
8437.10.99	Los demás.	Pza	Ex	Ex
8437.80	**. Las demás máquinas y aparatos.**			
8437.80.01	Molinos.	Pza	Ex	Ex
8437.80.02	Desgerminadoras de maíz.	Pza	Ex	Ex

8437.80.99	Los demás.	Pza	Ex	Ex
8437.90	**- Partes.**			
8437.90.01	Cilindros o rodillos de hierro o acero.	Kg	Ex	Ex
8437.90.99	Los demás.	Kg	Ex	Ex
84.38	**Máquinas y aparatos, no expresados ni comprendidos en otra parte de este Capítulo, para la preparación o fabricación industrial de alimentos o bebidas, excepto las máquinas y aparatos para extracción o preparación de aceites o grasas, animales o vegetales fijos.**			
8438.10	**- Máquinas y aparatos para panadería, pastelería, galletería o la fabricación de pastas alimenticias.**			
8438.10.01	Artesas mecánicas, incluso con dispositivos de calentamiento o enfriamiento.	Pza	15	Ex
8438.10.02	Máquinas de dividir o moldear la masa, incluso con sistema dosificador.	Pza	Ex	Ex
8438.10.03	Automáticas para fabricar galletas.	Pza	15	Ex
8438.10.04	Batidoras, reconocibles como concebidas exclusivamente para la industria de la panificación.	Pza	15	Ex
8438.10.05	Para la fabricación de pastas alimenticias, excepto lo comprendido en las fracciones 8438.10.01, 8438.10.02 y 8438.10.07.	Pza	Ex	Ex
8438.10.06	Para panadería, excepto lo comprendido en las fracciones 8438.10.01, 8438.10.02, 8438.10.03, 8438.10.04 y 8438.10.07.	Pza	Ex	Ex
8438.10.07	Mezcladoras, excepto lo comprendido en la fracción 8438.10.01.	Pza	Ex	Ex
8438.10.99	Los demás.	Pza	Ex	Ex
8438.20	**- Máquinas y aparatos para confitería, elaboración de cacao o la fabricación de chocolate.**			
8438.20.01	Agitadores mezcladores, incluso con dispositivos de calentamiento o enfriamiento.	Pza	Ex	Ex
8438.20.02	Para moldear caramelos.	Pza	Ex	Ex
8438.20.99	Los demás.	Pza	Ex	Ex
8438.30	**- Máquinas y aparatos para la industria azucarera.**			
8438.30.01	Cubas provistas de agitadores; desfibradores; trituradoras (desmenuzadoras), molinos.	Pza	15	Ex
8438.30.99	Los demás.	Pza	Ex	Ex
8438.40	**- Máquinas y aparatos para la industria cervecera.**			
8438.40.01	Línea continua para la producción de mosto de cerveza, incluyendo los siguientes elementos: transportador-alimentador, molino, olla de cocimiento, unidad de macerado y unidad de refrigeración.	Pza	Ex	Ex
8438.40.99	Las demás.	Pza	Ex	Ex
8438.50	**- Máquinas y aparatos para la preparación de carne.**			
8438.50.01	Máquinas rebanadoras y/o cortadoras, incluso para aserrar huesos.	Pza	Ex	Ex
8438.50.02	Máquinas y aparatos para sacrificar, desplumar y extraer las vísceras de las aves.	Pza	Ex	Ex
8438.50.03	Atadoras de embutidos y picadoras o embutidoras.	Pza	Ex	Ex
8438.50.04	Máquinas y aparatos para abrir los animales o extraer sus vísceras, incluso si realizan el lavado, excepto lo comprendido en la fracción 8438.50.02.	Pza	Ex	Ex
8438.50.05	Aparatos para ablandar las carnes.	Pza	Ex	Ex
8438.50.06	Mezcladoras de carne, de peso unitario igual o inferior a 100 kg.	Pza	15	Ex
8438.50.07	Mezcladoras de carne, de peso unitario superior a 100 kg.	Pza	Ex	Ex
8438.50.08	Prensas de grasa o prensas para moldear jamones.	Pza	Ex	Ex
8438.50.99	Los demás.	Pza	Ex	Ex
8438.60	**- Máquinas y aparatos para la preparación de frutos u hortalizas.**			
8438.60.01	Picadoras o rebanadoras.	Pza	Ex	Ex
8438.60.02	Máquinas para deshuesar, descorazonar, descascarar, trocear o pelar frutas, legumbres u hortalizas.	Pza	Ex	Ex
8438.60.03	Lavadoras de legumbres, hortalizas o frutas.	Pza	Ex	Ex
8438.60.04	Peladoras de papas.	Pza	5	Ex
8438.60.05	Máquinas para quitar el peciolo de los frutos.	Pza	Ex	Ex
8438.60.99	Los demás.	Pza	Ex	Ex
8438.80	**- Las demás máquinas y aparatos.**			
8438.80.01	Rebanadoras, picadoras o embutidoras de pescados, crustáceos o moluscos.	Pza	Ex	Ex
8438.80.02	Mezcladoras.	Pza	Ex	Ex
8438.80.03	Clasificadoras de camarones.	Pza	Ex	Ex
8438.80.99	Los demás.	Pza	Ex	Ex
8438.90	**- Partes.**			
8438.90.01	De amasadoras, mezcladoras, batidoras, molinos o trituradoras.	Kg	Ex	Ex
8438.90.02	Reconocibles como concebidas exclusivamente para máquinas o aparatos de la industria azucarera.	Kg	Ex	Ex
8438.90.03	Moldes de hierro o acero, aun cuando estén niquelados para chocolates.	Kg	Ex	Ex
8438.90.04	Moldes o hileras, reconocibles como concebidas exclusivamente para lo comprendido en las fracciones 8438.10.02 y 8438.10.05.	Kg	Ex	Ex
8438.90.05	Reconocibles como concebidos exclusivamente para lo comprendido en las fracciones 8438.50.01, 8438.50.05, 8438.60.04 y 8438.80.01.	Kg	Ex	Ex
8438.90.99	Los demás.	Kg	Ex	Ex

84.39	**Máquinas y aparatos para la fabricación de pasta de materias fibrosas celulósicas o para la fabricación o acabado de papel o cartón.**			
8439.10	**. Máquinas y aparatos para la fabricación de pasta de materias fibrosas celulósicas.**			
8439.10.01	Para dividir o desfibrar trapos o demás desperdicios textiles de papel o cartón.	Pza	Ex	Ex
8439.10.02	Para el tratamiento preliminar de materias primas, excepto lo comprendido en la fracción 8439.10.01.	Pza	Ex	Ex
8439.10.03	Secapastas.	Pza	Ex	Ex
8439.10.04	Depurador-desfibrador o despastillador, con rotor desintegrador y placa de extracción, y/o refinador de disco menor o igual a 350 mm. de diámetro.	Pza	Ex	Ex
8439.10.05	Máquinas y aparatos para investigación en laboratorio, consistentes en distribuidores de suspensión uniforme de fibras o formadores de hojas.	Pza	Ex	Ex
8439.10.99	Los demás.	Pza	Ex	Ex
8439.20	**. Máquinas y aparatos para la fabricación de papel o cartón.**			
8439.20.01	Máquinas y aparatos para la fabricación de papel	Pza	Ex	Ex
8439.30	**. Máquinas y aparatos para el acabado de papel o cartón.**			
8439.30.01	Máquinas y aparatos para el acabado de papel	Pza	Ex	Ex
	. Partes:			
8439.91	**.. De máquinas o aparatos para la fabricación de pasta de materias fibrosas celulósicas.**			
8439.91.01	De máquinas o aparatos para la fabricación de pasta de materias fibrosas celulósicas.	Kg	Ex	Ex
8439.99	**.. Las demás.**			
8439.99.99	Las demás.	Kg	Ex	Ex
84.40	**Máquinas y aparatos para encuadernación, incluidas las máquinas para coser pliegos.**			
8440.10	**. Máquinas y aparatos.**			
8440.10.01	Para encuadernaciones llamadas "espirales".	Pza	Ex	Ex
8440.10.99	Los demás.	Pza	Ex	Ex
8440.90	**. Partes.**			
8440.90.01	Partes.	Kg	Ex	Ex
84.41	**Las demás máquinas y aparatos para el trabajo de la pasta de papel, del papel o cartón, incluidas las cortadoras de cualquier tipo.**			
8441.10	**. Cortadoras.**			
8441.10.01	Guillotinas con luz de corte superior a 900 mm.	Pza	Ex	Ex
8441.10.02	Guillotinas de accionamiento manual o de palanca.	Pza	Ex	Ex
8441.10.03	Cortadoras plegadoras, cortadoras de bobinas o de rollos, embobinadoras o desembobinadoras.	Pza	Ex	Ex
8441.10.99	Los demás.	Pza	Ex	Ex
8441.20	**. Máquinas para la fabricación de sacos (bolsas), bolsitas o sobres.**			
8441.20.01	Máquinas para la fabricación de sacos (bolsas), bolsitas o sobres.	Pza	Ex	Ex
8441.30	**. Máquinas para la fabricación de cajas, tubos, tambores o continentes similares, excepto por moldeado.**			
8441.30.01	Máquinas para la fabricación de cajas, tubos, tambores o continentes similares, excepto por moldeado.	Pza	Ex	Ex
8441.40	**. Máquinas para moldear artículos de pasta de papel, de papel o cartón.**			
8441.40.01	Para fabricar vasos, botellas o recipientes análogos.	Pza	Ex	Ex
8441.40.99	Los demás.	Pza	Ex	Ex
8441.80	**. Las demás máquinas y aparatos.**			
8441.80.01	Las demás máquinas y aparatos.	Pza	Ex	Ex
8441.90	**. Partes.**			
8441.90.01	Partes.	Kg	Ex	Ex
84.42	**Máquinas, aparatos y material (excepto las máquinas herramienta de las partidas 84.56 a 84.65) para preparar o fabricar clisés, planchas, cilindros o demás elementos impresores; clisés, planchas, cilindros y demás elementos impresores; piedras litográficas, planchas, placas y cilindros, preparados para la impresión (por ejemplo: aplanados, graneados, pulidos).**			
8442.30	**. Máquinas, aparatos y material.**			
8442.30.01	Máquinas para componer por procedimiento fotográfico.	Pza	Ex	Ex
8442.30.02	Máquinas, aparatos y material para componer caracteres por otros procedimientos, incluso con dispositivos para fundir.	Pza	Ex	Ex
8442.30.99	Las demás máquinas, aparatos y material.	Pza	Ex	Ex
8442.40	**. Partes de estas máquinas, aparatos o material.**			
8442.40.01	Partes de estas máquinas, aparatos o material.	Kg	Ex	Ex
8442.50	**. Clisés, planchas, cilindros y demás elementos impresores; piedras litográficas, planchas, placas y cilindros, preparados para la impresión (por ejemplo: aplanados, graneados, pulidos).**			
8442.50.01	Planchas trimetálicas preparadas.	Kg	15	Ex
8442.50.02	Fototipias o clisés de fotograbado.	Pza	Ex	Ex

8442.50.03	Láminas (planchas flexibles) de aluminio, tratadas sin sensibilizar, para utilizarse en fotolitografía "offset".	Pza	5	Ex
8442.50.99	Los demás.	Kg	Ex	Ex
84.43	**Máquinas y aparatos para imprimir mediante planchas, cilindros y demás elementos impresores de la partida 84.42; las demás máquinas impresoras, copiadoras y de fax, incluso combinadas entre sí; partes y accesorios.**			
-	**Máquinas y aparatos para imprimir mediante planchas, cilindros y demás elementos impresores de la partida 84.42:**			
8443.11	**-- Máquinas y aparatos para imprimir, offset, alimentados con bobinas.**			
8443.11.01	Máquinas para el estampado.	Pza	Ex	Ex
8443.11.99	Los demás.	Pza	Ex	Ex
8443.12	**-- Máquinas y aparatos de oficina para imprimir offset alimentados con hojas en las que un lado sea inferior o igual a 22 cm y el otro sea inferior o igual a 36 cm, medidas sin plegar.**			
8443.12.01	Máquinas y aparatos de oficina para imprimir offset alimentados con hojas en las que un lado sea inferior o igual a 22 cm y el otro sea inferior o igual a 36 cm, medidas sin plegar.	Pza	Ex	Ex
8443.13	**-- Las demás máquinas y aparatos para imprimir, offset.**			
8443.13.01	Para oficina.	Pza	5	Ex
8443.13.02	Máquinas para el estampado, para papel de decorar habitaciones y papel de embalaje.	Pza	Ex	Ex
8443.13.99	Los demás.	Pza	Ex	Ex
8443.14	**-- Máquinas y aparatos para imprimir, tipográficos, alimentados con bobinas, excepto las máquinas y aparatos flexográficos.**			
8443.14.01	Rotativas.	Pza	Ex	Ex
8443.14.99	Los demás.	Pza	Ex	Ex
8443.15	**-- Máquinas y aparatos para imprimir, tipográficos, distintos de los alimentados con bobinas, excepto las máquinas y aparatos flexográficos.**			
8443.15.01	Máquinas para el estampado de hilados, tejidos, fieltro, cuero, papel de decorar habitaciones, papel de embalaje, linóleos y otros materiales.	Pza	Ex	Ex
8443.15.99	Los demás.	Pza	Ex	Ex
8443.16	**-- Máquinas y aparatos para imprimir, flexográficos.**			
8443.16.01	Máquinas y aparatos para imprimir, flexográficos.	Pza	Ex	Ex
8443.17	**-- Máquinas y aparatos para imprimir, heliográficos (huecograbado).**			
8443.17.01	Máquinas y aparatos para imprimir, heliográficos (huecograbado).	Pza	Ex	Ex
8443.19	**-- Los demás.**			
8443.19.01	De cilindros, excepto rotativas o para impresión por serigrafía con dispositivo de alimentación y descarga automática.	Pza	Ex	Ex
8443.19.02	Marcadoras para calzado.	Pza	Ex	Ex
8443.19.03	Para impresión por serigrafía excepto con dispositivos de alimentación y descarga automática.	Pza	Ex	Ex
8443.19.99	Las demás.	Pza	Ex	Ex
-	**Las demás máquinas impresoras, copiadoras y de fax, incluso combinadas entre sí:**			
8443.31	**-- Máquinas que efectúan dos o más de las siguientes funciones: impresión, copia o fax, aptas para ser conectadas a una máquina automática para tratamiento o procesamiento de datos o a una red.**			
8443.31.01	Máquinas que efectúan dos o más de las siguientes funciones: impresión, copia o fax, aptas para ser conectadas a una máquina automática para tratamiento o procesamiento de datos o a una red.	Pza	Ex	Ex
8443.32	**-- Las demás, aptas para ser conectadas a una máquina automática para tratamiento o procesamiento de datos o a una red.**			
8443.32.01	Máquinas para imprimir por chorro de tinta.	Pza	Ex	Ex
8443.32.02	Impresora láser, con capacidad de reproducción superior a 20 páginas por minuto.	Pza	Ex	Ex
8443.32.03	Impresoras de barra luminosa electrónica.	Pza	Ex	Ex
8443.32.04	Impresoras por inyección de tinta.	Pza	Ex	Ex
8443.32.05	Impresoras por transferencia térmica.	Pza	Ex	Ex
8443.32.06	Impresoras ionográficas.	Pza	Ex	Ex
8443.32.07	Las demás impresoras láser.	Pza	Ex	Ex
8443.32.08	Impresoras de matriz por punto.	Pza	Ex	Ex
8443.32.99	Los demás.	Pza	Ex	Ex
8443.39	**-- Las demás.**			
8443.39.01	Máquinas para imprimir por chorro de tinta.	Pza	Ex	Ex
8443.39.02	Aparatos de fotocopia electrostáticos, por procedimiento directo (reproducción directa del original) excepto lo comprendido en la fracción 8443.39.04.	Pza	15	Ex
8443.39.03	Aparatos de fotocopia electrostáticos, por procedimiento indirecto (reproducción del original mediante soporte intermedio).	Pza	Ex	Ex
8443.39.04	Los demás aparatos de fotocopia por sistema óptico.	Pza	Ex	Ex
8443.39.05	Los demás aparatos de fotocopia de contacto.	Pza	15	Ex
8443.39.06	Aparatos de termocopia.	Pza	15	Ex
8443.39.07	Telefax.	Pza	Ex	Ex
8443.39.08	Máquinas que efectúen dos o más de las siguientes funciones: impresión, copia, fax.	Pza	Ex	Ex
8443.39.99	Los demás.	Pza	Ex	Ex

	. Partes y accesorios:			
8443.91	**.. Partes y accesorios de máquinas y aparatos para imprimir por medio de planchas, cilindros y demás elementos impresores de la partida 84.42.**			
8443.91.01	Máquinas auxiliares.	Pza	Ex	Ex
8443.91.02	Reconocibles como concebidas exclusivamente para máquinas para impresión por serigrafía.	Kg	Ex	Ex
8443.91.99	Los demás.	Pza	Ex	Ex
8443.99	**.. Los demás.**			
8443.99.01	Partes especificadas en la Nota Aclaratoria 3 del Capítulo 84, reconocibles como concebidas exclusivamente para las impresoras de las subpartidas 8443.31 y 8443.32, excepto circuitos modulares.	Pza	Ex	Ex
8443.99.02	Reconocibles como concebidas exclusivamente para las máquinas de facsimilado especificadas en la Nota Aclaratoria 4 del Capítulo 84.	Pza	Ex	Ex
8443.99.03	Partes reconocibles como concebidas exclusivamente para lo comprendido en la fracción 8443.39.03, especificadas en la Nota Aclaratoria 5 del Capítulo 84.	Pza	Ex	Ex
8443.99.04	Reconocibles como concebidas exclusivamente para las máquinas de facsimilado, excepto lo comprendido en las fracciones 8443.99.02, 8443.99.06 y 8443.99.08.	Pza	Ex	Ex
8443.99.05	Reconocibles como concebidas exclusivamente para lo comprendido en las fracciones 8443.39.04 y 8443.39.06.	Kg	Ex	Ex
8443.99.06	Circuitos modulares.	Kg	Ex	Ex
8443.99.07	Partes y accesorios, incluso las placas frontales y los dispositivos de ajuste o seguridad, reconocibles como concebidas exclusivamente para lo comprendido en la fracción 8443.99.06.	Kg	Ex	Ex
8443.99.08	Las demás partes para las máquinas de facsimilado que incorporen al menos un circuito modular.	Pza	Ex	Ex
8443.99.09	Cartuchos de tinta reconocibles como concebidos exclusivamente para impresoras de inyección de burbuja.	Pza	Ex	Ex
8443.99.10	Reconocibles como concebidos para aparatos de fotocopia: alimentadores automáticos de documentos; alimentadores de papel; clasificadores.	Kg	Ex	Ex
8443.99.99	Los demás.	Pza	Ex	Ex
84.44	**Máquinas para extrudir, estirar, texturar o cortar materia textil sintética o artificial.**			
8444.00	**. Máquinas para extrudir, estirar, texturar o cortar materia textil sintética o artificial.**			
8444.00.01	Máquinas para extrudir, estirar, texturar o cortar materia textil sintética o artificial.	Pza	Ex	Ex
84.45	**Máquinas para la preparación de materia textil; máquinas para hilar, doblar o retorcer materia textil y demás máquinas y aparatos para la fabricación de hilados textiles; máquinas para bobinar (incluidas las canilleras) o devanar materia textil y máquinas para la preparación de hilados textiles para su utilización en las máquinas de las partidas 84.46 u 84.47.**			
	. Máquinas para la preparación de materia textil:			
8445.11	**.. Cardas.**			
8445.11.01	Cardas.	Pza	Ex	Ex
8445.12	**.. Peinadoras.**			
8445.12.01	Peinadoras.	Pza	Ex	Ex
8445.13	**.. Mecheras.**			
8445.13.01	Mecheras.	Pza	Ex	Ex
8445.19	**.. Las demás.**			
8445.19.01	Manuares u otras máquinas de estirar, incluso los bancos de estirado.	Pza	Ex	Ex
8445.19.99	Los demás.	Pza	Ex	Ex
8445.20	**. Máquinas para hilar materia textil.**			
8445.20.01	Máquinas para hilar materia textil.	Pza	Ex	Ex
8445.30	**. Máquinas para doblar o retorcer materia textil.**			
8445.30.01	Máquinas para torcer hilados.	Pza	Ex	Ex
8445.30.99	Los demás.	Pza	Ex	Ex
8445.40	**. Máquinas para bobinar (incluidas las canilleras) o devanar materia textil.**			
8445.40.01	Máquinas para bobinar (incluidas las canilleras) o devanar materia textil.	Pza	Ex	Ex
8445.90	**. Los demás.**			
8445.90.01	Urdidores.	Pza	Ex	Ex
8445.90.99	Los demás.	Pza	Ex	Ex
84.46	**Telares.**			
8446.10	**. Para tejidos de anchura inferior o igual a 30 cm.**			
8446.10.01	Para tejidos de anchura inferior o igual a 30 cm.	Pza	Ex	Ex
	. Para tejidos de anchura superior a 30 cm, de lanzadera:			
8446.21	**.. De motor.**			
8446.21.01	De motor.	Pza	Ex	Ex

8446.29	**.. Los demás.**				
8446.29.99	Los demás.	Pza	Ex	Ex	
8446.30	**. Para tejidos de anchura superior a 30 cm, sin lanzadera.**				
8446.30.01	Para tejidos de anchura superior a 30 cm, sin lanzadera.	Pza	Ex	Ex	
84.47	**Máquinas de tricotar, de coser por cadeneta, de entorchar, de fabricar tul, encaje, bordados, pasamanería, trenzas, redes o de insertar mechones.**				
	. Maquinas circulares de tricotar:				
8447.11	**.. Con cilindro de diámetro inferior o igual a 165 mm.**				
8447.11.01	Con cilindro de diámetro inferior o igual a 165 mm.	Pza	Ex	Ex	
8447.12	**.. Con cilindro de diámetro superior a 165 mm.**				
8447.12.01	Con cilindro de diámetro superior a 165 mm.	Pza	Ex	Ex	
8447.20	**. Máquinas rectilíneas de tricotar; máquinas de coser por cadeneta.**				
8447.20.01	Telares rectilíneos o Tricotosas manuales, industriales, para tejido de punto, incluidos los cabezales, y con peso igual o superior a 30 kg por unidad.	Pza	Ex	Ex	
8447.20.99	Los demás.	Pza	Ex	Ex	
8447.90	**. Las demás.**				
8447.90.01	Para fabricar tules, encajes, bordados, pasamanería o malla (red), excepto máquinas tipo "tufting".	Pza	Ex	Ex	
8447.90.99	Las demás.	Pza	Ex	Ex	
84.48	**Máquinas y aparatos auxiliares para las máquinas de las partidas 84.44, 84.45, 84.46 u 84.47 (por ejemplo: maquinitas para lizos, mecanismos Jacquard, paraurdimbres y paratramas, mecanismos de cambio de lanzadera); partes y accesorios identificables como destinados, exclusiva o principalmente, a las máquinas de esta partida o de las partidas 84.44, 84.45, 84.46 u 84.47 (por ejemplo: husos, aletas, guarniciones de cardas, peines, barretas, hileras, lanzaderas, lizos y cuadros de lizos, agujas, platinas, ganchos).**				
	. Máquinas y aparatos auxiliares para las máquinas de las partidas 84.44, 84.45, 84.46 u 84.47:				
8448.11	**.. Maquinitas para lizos y mecanismos Jacquard; reductoras, perforadoras y copiadoras de cartones; máquinas para unir cartones después de perforados.**				
8448.11.01	Maquinitas para lizos y mecanismos Jacquard; reductoras, perforadoras y copiadoras de cartones; máquinas para unir cartones después de perforados.	Pza	Ex	Ex	
8448.19	**.. Los demás.**				
8448.19.99	Los demás.	Pza	Ex	Ex	
8448.20	**. Partes y accesorios de las máquinas de la partida 84.44 o de sus máquinas o aparatos auxiliares.**				
8448.20.01	Partes y accesorios de las máquinas de la partida 84.44 o de sus máquinas o aparatos auxiliares.	Kg	Ex	Ex	
	. Partes y accesorios de las máquinas de la partida 84.45 o de sus máquinas o aparatos auxiliares:				
8448.31	**.. Guarniciones de cardas.**				
8448.31.01	Guarniciones de cardas.	Kg	Ex	Ex	
8448.32	**.. De máquinas para la preparación de materia textil, excepto las guarniciones de cardas.**				
8448.32.01	De máquinas para la preparación de materia textil, excepto las guarniciones de cardas.	Kg	Ex	Ex	
8448.33	**.. Husos y sus aletas, anillos y cursores.**				
8448.33.01	Husos y sus aletas, anillos y cursores.	Pza	Ex	Ex	
8448.39	**.. Los demás.**				
8448.39.99	Los demás.	Kg	Ex	Ex	
	. Partes y accesorios de telares o de sus máquinas o aparatos auxiliares:				
8448.42	**.. Peines, lizos y cuadros de lizos.**				
8448.42.01	Peines, lizos y cuadros de lizos.	Kg	Ex	Ex	
8448.49	**.. Los demás.**				
8448.49.01	Lanzaderas.	Kg	Ex	Ex	
8448.49.99	Los demás.	Kg	Ex	Ex	
	. Partes y accesorios de máquinas o aparatos de la partida 84.47 o de sus máquinas o aparatos auxiliares:				
8448.51	**.. Platinas, agujas y demás artículos que participen en la formación de mallas.**				
8448.51.01	Platinas, agujas y demás artículos que participen en la formación de las mallas.	Kg	Ex	Ex	
8448.59	**.. Los demás.**				
8448.59.99	Los demás.	Kg	Ex	Ex	
84.49	**Máquinas y aparatos para la fabricación o acabado del fieltro o tela sin tejer, en pieza o con forma, incluidas las máquinas y aparatos para la fabricación de sombreros de fieltro; hormas de sombrerería.**				
8449.00	**. Máquinas y aparatos para la fabricación o acabado del fieltro o tela sin tejer, en pieza o con forma, incluidas las máquinas y aparatos para la fabricación de sombreros de fieltro; hormas de sombrerería.**				
8449.00.01	Máquinas y aparatos para la fabricación o acabado del fieltro o tela sin tejer, en pieza o con	Pza	Ex	Ex	

forma, incluidas las máquinas y aparatos para la fabricación de sombreros de fieltro; hormas de sombrerería.

84.50	**Máquinas para lavar ropa, incluso con dispositivo de secado.**			
	- Máquinas de capacidad unitaria, expresada en peso de ropa seca, inferior o igual a 10 kg:			
8450.11	**-- Máquinas totalmente automáticas.**			
8450.11.01	De uso doméstico.	Pza	15	Ex
8450.11.99	Las demás.	Pza	Ex	Ex
8450.12	**-- Las demás máquinas, con secadora centrífuga incorporada.**			
8450.12.01	De uso doméstico.	Pza	15	Ex
8450.12.99	Las demás.	Pza	15	Ex
8450.19	**-- Las demás.**			
8450.19.01	De uso doméstico.	Pza	15	Ex
8450.19.99	Las demás.	Pza	15	Ex
8450.20	**- Máquinas de capacidad unitaria, expresada en peso de ropa seca, superior a 10 kg.**			
8450.20.01	Máquinas de capacidad unitaria, expresada en peso de ropa seca, superior a 10 kg.	Pza	Ex	Ex
8450.90	**- Partes.**			
8450.90.01	Tinas y ensambles de tinas.	Pza	Ex	Ex
8450.90.02	Muebles reconocibles como concebidos exclusivamente para lo comprendido en las subpartidas 8450.11 a 8450.20.	Pza	Ex	Ex
8450.90.99	Las demás.	Pza	Ex	Ex
84.51	**Máquinas y aparatos (excepto las máquinas de la partida 84.50) para lavar, limpiar, escurrir, secar, planchar, prensar (incluidas las prensas para fijar), blanquear, teñir, aprestar, acabar, recubrir o impregnar hilados, telas o manufacturas textiles y máquinas para el revestimiento de telas u otros soportes utilizados en la fabricación de cubresuelos, tales como linóleo; máquinas para enrollar, desenrollar, plegar, cortar o dentar telas.**			
8451.10	**- Máquinas para limpieza en seco.**			
8451.10.01	Máquinas para limpieza en seco.	Pza	Ex	Ex
	- Máquinas para secar:			
8451.21	**-- De capacidad unitaria, expresada en peso de ropa seca, inferior o igual a 10 kg.**			
8451.21.01	De uso doméstico.	Pza	15	Ex
8451.21.99	Los demás.	Pza	15	Ex
8451.29	**-- Las demás.**			
8451.29.01	Con capacidad de secado por carga inferior o igual a 70 kg, excepto las secadoras para madejas o bobinas textiles.	Pza	Ex	Ex
8451.29.02	Con peso unitario igual o inferior a 1,500 kg, para madejas o bobinas textiles.	Pza	Ex	Ex
8451.29.03	Con peso unitario superior a 1,500 kg, para madejas o bobinas textiles.	Pza	Ex	Ex
8451.29.99	Los demás.	Pza	Ex	Ex
8451.30	**- Máquinas y prensas para planchar, incluidas las prensas para fijar.**			
8451.30.01	Máquinas y prensas para planchar, incluidas las prensas para fijar.	Pza	Ex	Ex
8451.40	**- Máquinas para lavar, blanquear o teñir.**			
8451.40.01	Máquinas para lavar, blanquear o teñir.	Pza	Ex	Ex
8451.50	**- Máquinas para enrollar, desenrollar, plegar, cortar o dentar telas.**			
8451.50.01	Máquinas para enrollar, desenrollar, plegar, cortar o dentar las telas.	Pza	Ex	Ex
8451.80	**- Las demás máquinas y aparatos.**			
8451.80.01	Para vaporizar, humectar, prehormar o posthormar.	Pza	Ex	Ex
8451.80.99	Los demás.	Pza	Ex	Ex
8451.90	**- Partes.**			
8451.90.01	Cámaras de secado y otras partes de las máquinas de secado que incorporen cámaras de secado, reconocibles como concebidos exclusivamente para lo comprendido en las subpartidas 8451.21 u 8451.29.	Pza	Ex	Ex
8451.90.02	Muebles reconocibles como concebidos exclusivamente para lo comprendido en las subpartidas 8451.21 u 8451.29.	Pza	Ex	Ex
8451.90.99	Las demás.	Pza	Ex	Ex
84.52	**Máquinas de coser, excepto las de coser pliegos de la partida 84.40; muebles, basamentos y tapas o cubiertas especialmente concebidos para máquinas de coser; agujas para máquinas de coser.**			
8452.10	**- Máquinas de coser domésticas.**			
8452.10.01	Máquinas de coser, domésticas.	Pza	15	Ex
	- Las demás máquinas de coser:			
8452.21	**-- Unidades automáticas.**			
8452.21.01	Cabezales.	Pza	Ex	Ex
8452.21.02	Máquinas industriales con accionamiento por motoembrague de tipo electrónico.	Pza	Ex	Ex
8452.21.03	Cosedoras de suspensión.	Pza	Ex	Ex

8452.21.04	Máquinas para coser calzado.	Pza	Ex	Ex
8452.21.05	Máquinas industriales, excepto lo comprendido en las fracciones 8452.21.02, 8452.21.03 y 8452.21.04.	Pza	Ex	Ex
8452.21.99	Las demás.	Pza	Ex	Ex
8452.29	**.. Las demás.**			
8452.29.01	Máquinas industriales para coser sacos o costales, manuales.	Pza	Ex	Ex
8452.29.02	Máquinas industriales, con accionamiento por motoembrague de tipo electrónico.	Pza	Ex	Ex
8452.29.03	Cosedoras de suspensión.	Pza	Ex	Ex
8452.29.04	Máquinas o cabezales de uso industrial, de costura recta, de aguja recta y un dispositivo de enlace de hilos rotativos y oscilante, doble pespunte, cama plana, y transporte únicamente por impelentes (dientes), excepto diferencial de pies alternativos, por aguja acompañante, triple o por rueda intermitente.	Pza	Ex	Ex
8452.29.05	Máquinas para coser calzado.	Pza	Ex	Ex
8452.29.06	Cabezales, excepto lo comprendido en la fracción 8452.29.04.	Pza	Ex	Ex
8452.29.07	Máquinas industriales, excepto lo comprendido en las fracciones 8452.29.01, 8452.29.02, 8452.29.04 y 8452.29.05.	Pza	Ex	Ex
8452.29.99	Los demás.	Pza	Ex	Ex
8452.30	**. Agujas para máquinas de coser.**			
8452.30.01	Agujas para máquinas de coser.	Kg	Ex	Ex
8452.90	**. Muebles, basamentos y tapas o cubiertas para máquinas de coser, y sus partes; las demás partes para máquinas de coser.**			
8452.90.01	Partes reconocibles como concebidas exclusivamente para máquinas de coser domésticas, excepto lo comprendido en la fracción 8452.90.02.	Kg	5	Ex
8452.90.02	Muebles, basamentos y tapas o cubiertas para máquinas de coser, y sus partes.	Kg	Ex	Ex
8452.90.99	Las demás.	Kg	Ex	Ex
84.53	**Máquinas y aparatos para la preparación, curtido o trabajo de cuero o piel o para la fabricación o reparación de calzado u otras manufacturas de cuero o piel, excepto las máquinas de coser.**			
8453.10	**. Máquinas y aparatos para la preparación, curtido o trabajo de cuero o piel.**			
8453.10.01	Máquinas y aparatos para la preparación, curtido o trabajo de cuero o piel.	Pza	Ex	Ex
8453.20	**. Máquinas y aparatos para la fabricación o reparación de calzado.**			
8453.20.01	Máquinas y aparatos para la fabricación o reparación de calzado.	Pza	Ex	Ex
8453.80	**. Las demás máquinas y aparatos.**			
8453.80.01	Las demás máquinas y aparatos.	Pza	Ex	Ex
8453.90	**. Partes.**			
8453.90.01	Partes.	Kg	Ex	Ex
84.54	**Convertidores, cucharas de colada, lingoteras y máquinas de colar (moldear), para metalurgia, acerías o fundiciones.**			
8454.10	**. Convertidores.**			
8454.10.01	Convertidores.	Pza	Ex	Ex
8454.20	**. Lingoteras y cucharas de colada.**			
8454.20.01	Lingoteras de hierro.	Kg	Ex	Ex
8454.20.99	Los demás.	Kg	Ex	Ex
8454.30	**. Máquinas de colar (moldear).**			
8454.30.01	Por proceso continuo.	Pza	Ex	Ex
8454.30.99	Los demás.	Pza	Ex	Ex
8454.90	**. Partes.**			
8454.90.01	Reconocibles como concebidas exclusivamente para lingoteras de hierro.	Kg	Ex	Ex
8454.90.99	Los demás.	Kg	Ex	Ex
84.55	**Laminadores para metal y sus cilindros.**			
8455.10	**. Laminadores de tubos.**			
8455.10.01	Laminadores de tubos.	Pza	Ex	Ex
	. Los demás laminadores:			
8455.21	**.. Para laminar en caliente o combinados para laminar en caliente y en frío.**			
8455.21.01	Trenes de laminación.	Pza	Ex	Ex
8455.21.02	Laminadores de cilindros acanalados.	Pza	Ex	Ex
8455.21.99	Los demás.	Pza	Ex	Ex
8455.22	**.. Para laminar en frío.**			
8455.22.01	Trenes de laminación.	Pza	Ex	Ex
8455.22.02	Laminadores de cilindros acanalados.	Pza	Ex	Ex
8455.22.99	Los demás.	Pza	Ex	Ex
8455.30	**. Cilindros de laminadores.**			
8455.30.01	Forjados (terminados o sin terminar), con peso unitario hasta de 60 t.	Pza	Ex	Ex
8455.30.02	De hierro o acero fundido con diámetro igual o superior a 150 mm, sin exceder de 1,450 mm, y peso igual o superior a 100 kg, sin exceder de 50,000 kg.	Pza	Ex	Ex
8455.30.99	Los demás.	Pza	Ex	Ex

8455.90	**.**	**Las demás partes.**		
8455.90.01		Obtenidas por fundición o por soldadura, con un peso individual inferior a 90 t, reconocibles como concebidas exclusivamente para lo comprendido en la partida 84.55.	Kg	Ex	Ex
8455.90.99		Las demás.	Pza	Ex	Ex
84.56		**Máquinas herramienta que trabajen por arranque de cualquier materia mediante láser u otros haces de luz o de fotones, por ultrasonido, electroerosión, procesos electroquímicos, haces de electrones, haces iónicos o chorro de plasma; máquinas para cortar por chorro de agua.**			
8456.10	**.**	**Que operen mediante láser u otros haces de luz o de fotones.**			
8456.10.01		Para cortar.	Pza	Ex	Ex
8456.10.99		Las demás.	Pza	Ex	Ex
8456.20	**.**	**Que operen por ultrasonido.**			
8456.20.01		Para cortar.	Pza	Ex	Ex
8456.20.99		Las demás.	Pza	Ex	Ex
8456.30	**.**	**Que operen por electroerosión.**			
8456.30.01		Que operen por electroerosión.	Pza	Ex	Ex
8456.90	**.**	**Las demás.**			
8456.90.99		Las demás.	Pza	Ex	Ex
84.57		**Centros de mecanizado, máquinas de puesto fijo y máquinas de puestos múltiples, para trabajar metal.**			
8457.10	**.**	**Centros de mecanizado.**			
8457.10.01		Centros de mecanizado.	Pza	Ex	Ex
8457.20	**.**	**Máquinas de puesto fijo.**			
8457.20.01		Máquinas de puesto fijo.	Pza	Ex	Ex
8457.30	**.**	**Máquinas de puestos múltiples.**			
8457.30.01		De transferencia lineal o rotativa (máquinas "transfer") de peso unitario superior a 10,000 kg.	Pza	Ex	Ex
8457.30.02		Con mesa estática o pendular que realicen de manera alternativa o simultánea, dos o más operaciones, de peso unitario inferior o igual a 10,000 kg.	Pza	15	Ex
8457.30.03		Con mesa de transferencia lineal o rotativa (máquinas "transfer") de peso unitario inferior o igual a 10,000 kg.	Pza	15	Ex
8457.30.04		Máquinas complejas que realicen de manera alternativa o simultánea dos o más operaciones por deformación de material, incluso si cortan o perforan.	Pza	Ex	Ex
8457.30.99		Los demás.	Pza	Ex	Ex
84.58		**Tornos (incluidos los centros de torneado) que trabajen por arranque de metal.**			
	.	**Tornos horizontales:**			
8458.11	**..**	**De control numérico.**			
8458.11.01		Paralelos universales, con distancia entre puntos hasta de 4.5 m y con capacidad de volteo hasta de 750 mm, de diámetro sobre la bancada.	Pza	15	Ex
8458.11.02		Semiautomáticos revólver, con torreta.	Pza	Ex	Ex
8458.11.99		Los demás.	Pza	Ex	Ex
8458.19	**..**	**Los demás.**			
8458.19.01		Paralelos universales, con distancia entre puntos hasta de 4.5 m y con capacidad de volteo hasta de 750 mm de diámetro sobre la bancada.	Pza	15	Ex
8458.19.02		Semiautomáticos revólver, con torreta.	Pza	Ex	Ex
8458.19.99		Los demás.	Pza	Ex	Ex
	.	**Los demás tornos:**			
8458.91	**..**	**De control numérico.**			
8458.91.01		Semiautomáticos revólver, con torreta.	Pza	Ex	Ex
8458.91.99		Los demás.	Pza	Ex	Ex
8458.99	**..**	**Los demás.**			
8458.99.01		Semiautomáticos revólver, con torreta.	Pza	Ex	Ex
8458.99.99		Los demás.	Pza	Ex	Ex
84.59		**Máquinas (incluidas las unidades de mecanizado de correderas) de taladrar, escariar, fresar o roscar (incluso aterrajar), metal por arranque de materia, excepto los tornos (incluidos los centros de torneado) de la partida 84.58.**			
8459.10	**.**	**Unidades de mecanizado de correderas.**			
8459.10.01		Fresadoras; fileteadoras o roscadoras ("machueladoras").	Pza	Ex	Ex
8459.10.99		Los demás.	Pza	Ex	Ex
	.	**Las demás máquinas de taladrar:**			
8459.21	**..**	**De control numérico.**			
8459.21.01		De banco o de columna, con transmisión por medio de bandas o de engranes y de capacidad de taladrado igual o inferior a 38.10 mm, de diámetro.	Pza	Ex	Ex
8459.21.99		Los demás.	Pza	Ex	Ex
8459.29	**..**	**Las demás.**			
8459.29.01		De banco o de columna, con transmisión por medio de bandas o de engranes y capacidad de taladrado igual o inferior a 38.10 mm de diámetro.	Pza	Ex	Ex

8459.29.99	Las demás.	Pza	Ex	Ex
	- Las demás escariadoras-fresadoras:			
8459.31	**-- De control numérico.**			
8459.31.01	De control numérico.	Pza	Ex	Ex
8459.39	**-- Las demás.**			
8459.39.99	Las demás.	Pza	Ex	Ex
8459.40	**- Las demás escariadoras.**			
8459.40.01	Máquinas para la reconstrucción de culatas de motor de explosión o de combustión interna, de un husillo, con cabezal flotante o de mesa neumática y portapiezas basculante en dos ejes.	Pza	15	Ex
8459.40.99	Las demás.	Pza	Ex	Ex
	- Máquinas de fresar de consola:			
8459.51	**-- De control numérico.**			
8459.51.01	De control numérico.	Pza	15	Ex
8459.59	**-- Las demás.**			
8459.59.99	Las demás.	Pza	Ex	Ex
	- Las demás máquinas de fresar:			
8459.61	**-- De control numérico.**			
8459.61.01	De control numérico.	Pza	Ex	Ex
8459.69	**-- Las demás.**			
8459.69.99	Las demás.	Pza	Ex	Ex
8459.70	**- Las demás máquinas de roscar (incluso aterrajar).**			
8459.70.01	Aterrajadoras.	Pza	Ex	Ex
8459.70.02	De control numérico.	Pza	Ex	Ex
8459.70.99	Las demás.	Pza	Ex	Ex
84.60	**Máquinas de desbarbar, afilar, amolar, rectificar, lapear (bruñir), pulir o hacer otras operaciones de acabado, para metal o cermet, mediante muelas, abrasivos o productos para pulir, excepto las máquinas para tallar o acabar engranajes de la partida 84.61.**			
	- Máquinas de rectificar superficies planas en las que la posición de la pieza pueda regularse en uno de los ejes con una precisión superior o igual a 0,01 mm:			
8460.11	**-- De control numérico.**			
8460.11.01	Con superficie de trabajo hasta 176 mm, por 475 mm.	Pza	Ex	Ex
8460.11.99	Las demás.	Pza	Ex	Ex
8460.19	**-- Las demás.**			
8460.19.01	Con superficie de trabajo hasta 176 mm, por 475 mm.	Pza	Ex	Ex
8460.19.99	Las demás.	Pza	Ex	Ex
	- Las demás máquinas de rectificar, en las que la posición de la pieza pueda regularse en uno de los ejes con una precisión superior o igual a 0,01 mm:			
8460.21	**-- De control numérico.**			
8460.21.01	Para tapas de bielas y monoblocks de un husillo, aun cuando tengan cuchillas, con peso igual o inferior a 83 kg, con motor eléctrico, hasta 1/2 C.P., y piedra abrasiva hasta 177.8 mm, de diámetro.	Pza	Ex	Ex
8460.21.02	Para bujes y cojinetes de biela, de un husillo, con peso igual o inferior a 290 kg con motor hasta 1/2 C.P. y capacidad de 9 hasta 119.5 mm para el rectificado.	Pza	Ex	Ex
8460.21.03	Para válvulas de motores de explosión o combustión interna, con peso igual o inferior a 108 kg, motor eléctrico hasta 1/2 C.P. y capacidad de 5.56 hasta 14.29 mm para el rectificado.	Pza	Ex	Ex
8460.21.04	Para cilindros de motores de explosión o de combustión interna, de un husillo, con motor hasta de 3/4 de C.P. y capacidad de 66.80 hasta 134.14 mm de diámetro, incluso con pedestal o montadas sobre banco neumático.	Pza	Ex	Ex
8460.21.99	Las demás.	Pza	Ex	Ex
8460.29	**-- Las demás.**			
8460.29.01	Para tapas de bielas, y monoblock de un husillo, aun cuando tengan cuchillas, con peso igual o inferior a 83 kg, con motor eléctrico hasta 1/2 C.P. y piedra abrasiva hasta 177.8 mm de diámetro.	Pza	Ex	Ex
8460.29.02	Para bujes y cojinetes de biela, de un husillo, con peso igual o inferior a 290 kg con motor hasta 1/2 C.P. y capacidad de 9 hasta 177.8 mm, para el rectificado.	Pza	Ex	Ex
8460.29.03	Para válvulas de motores de explosión o combustión interna, con peso igual o inferior a 108 kg, motor eléctrico hasta 1/2 C.P. y capacidad de 5.56 hasta 14.29 mm, para el rectificado.	Pza	Ex	Ex
8460.29.04	Para cilindros de motores de explosión o de combustión interna, de un husillo, con motor hasta de 3/4 de C.P. y capacidad de 66.80 hasta 134.14 mm, de diámetro, incluso con pedestal o montadas sobre banco neumático.	Pza	Ex	Ex
8460.29.99	Las demás.	Pza	Ex	Ex
	- Máquinas de afilar:			
8460.31	**-- De control numérico.**			
8460.31.01	Para cuchillas rectas (planas) de longitud hasta de 610 mm.	Pza	Ex	Ex
8460.31.99	Las demás.	Pza	Ex	Ex

8460.39	**.. Las demás.**			
8460.39.01	Para cuchillas rectas (planas) de longitud hasta de	Pza	Ex	Ex
8460.39.99	Las demás.	Pza	Ex	Ex
8460.40	**. Máquinas de lapear (bruñir).**			
8460.40.01	Bruñidoras para cilindros, lapeadoras, excepto lo comprendido en la fracción 8460.40.02.	Pza	Ex	Ex
8460.40.02	De control numérico.	Pza	Ex	Ex
8460.40.99	Las demás.	Pza	Ex	Ex
8460.90	**. Las demás.**			
8460.90.01	De control numérico.	Pza	Ex	Ex
8460.90.02	Amoladoras (esmeriladoras) o pulidoras, accionadas eléctricamente, excepto lo comprendido en la fracción 8460.90.01.	Pza	Ex	Ex
8460.90.03	Biseladoras, excepto lo comprendido en la fracción 8460.90.01.	Pza	Ex	Ex
8460.90.99	Las demás.	Pza	Ex	Ex
84.61	**Máquinas de cepillar, limar, mortajar, brochar, tallar o acabar engranajes, aserrar, trocear y demás máquinas herramienta que trabajen por arranque de metal o cermet, no expresadas ni comprendidas en otra parte.**			
8461.20	**. Máquinas de limar o mortajar.**			
8461.20.01	De control numérico.	Pza	Ex	Ex
8461.20.99	Las demás.	Pza	Ex	Ex
8461.30	**. Máquinas de brochar.**			
8461.30.01	De control numérico.	Pza	Ex	Ex
8461.30.99	Las demás.	Pza	Ex	Ex
8461.40	**. Máquinas de tallar o acabar engranajes.**			
8461.40.01	Máquinas para tallar o acabar engranajes.	Pza	Ex	Ex
8461.50	**. Máquinas de aserrar o trocear.**			
8461.50.01	De control numérico.	Pza	Ex	Ex
8461.50.02	Serradoras de disco o de cinta sinfín, excepto lo comprendido en la fracción 8461.50.01.	Pza	15	Ex
8461.50.03	Serradoras hidráulicas alternativas, excepto lo comprendido en la fracción 8461.50.01.	Pza	15	Ex
8461.50.99	Las demás.	Pza	Ex	Ex
8461.90	**. Las demás.**			
8461.90.02	De control numérico.	Pza	Ex	Ex
8461.90.03	Máquinas de cepillar, de codo para metales, con carrera máxima del carro hasta 350 mm, excepto lo comprendido en la fracción 8461.90.02.	Pza	15	Ex
8461.90.04	Máquinas de cepillar, copiadoras, excepto lo comprendido en la fracción 8461.90.02.	Kg	Ex	Ex
8461.90.05	Las demás máquinas de cepillar.	Pza	Ex	Ex
8461.90.99	Las demás.	Pza	Ex	Ex
84.62	**Máquinas (incluidas las prensas) de forjar o estampar, martillos pilón y otras máquinas de martillar, para trabajar metal; máquinas (incluidas las prensas) de enrollar, curvar, plegar, enderezar, aplanar, cizallar, punzonar o entallar, metal; prensas para trabajar metal o carburos metálicos, no expresadas anteriormente.**			
8462.10	**. Máquinas (incluidas las prensas) de forjar o estampar, martillos pilón y otras máquinas de martillar.**			
8462.10.01	Prensas hidráulicas con capacidad (de presión de trabajo) hasta 1,000 toneladas.	Pza	15	Ex
8462.10.99	Los demás.	Pza	Ex	Ex
	. Máquinas (incluidas las prensas) de enrollar, curvar, plegar, enderezar o aplanar:			
8462.21	**.. De control numérico.**			
8462.21.01	Enderezadoras de alambre o alambrón.	Pza	15	Ex
8462.21.02	Roladoras.	Pza	Ex	Ex
8462.21.03	Prensas hidráulicas con capacidad (de presión de trabajo) hasta 1,000 t.	Pza	Ex	Ex
8462.21.04	Para enderezar en frío: tubos, barras, láminas o perfiles, excepto lo comprendido en las fracciones 8462.21.01 y 8462.21.03.	Pza	Ex	Ex
8462.21.05	Dobladoras (plegadoras) de accionamiento mecánico, con motor.	Pza	Ex	Ex
8462.21.06	Dobladoras de tubos, accionadas con motor, para tubos con diámetro igual o inferior a 70 mm y espesor de pared igual o inferior a 6.5 mm.	Pza	15	Ex
8462.21.07	Prensas mecánicas con capacidad inferior o igual a 200 t.	Pza	15	Ex
8462.21.99	Los demás.	Pza	Ex	Ex
8462.29	**.. Las demás.**			
8462.29.01	Enderezadoras de alambre o alambrón.	Pza	15	Ex
8462.29.02	Roladoras.	Pza	Ex	Ex
8462.29.03	Prensas hidráulicas con capacidad (de presión de trabajo) hasta 1,000 t.	Pza	15	Ex
8462.29.04	Para enderezar en frío: tubos, barras, láminas o perfiles, excepto lo comprendido en la fracción 8462.29.03.	Pza	Ex	Ex
8462.29.05	Dobladoras (plegadoras) de accionamiento mecánico, con motor.	Pza	15	Ex
8462.29.06	Dobladoras de tubos accionadas con motor, para tubos con diámetro igual o inferior a 70 mm y espesor de pared igual o inferior a 6.5 mm.	Pza	15	Ex
8462.29.07	Prensas mecánicas con capacidad inferior o igual a 200 t.	Pza	15	Ex
8462.29.99	Las demás.	Pza	Ex	Ex

	- Máquinas (incluidas las prensas) de cizallar, excepto las combinadas de cizallar y punzonar:			
8462.31	- - **De control numérico.**			
8462.31.01	Cizallas o guillotinas; cortadoras de alambre o alambrón.	Pza	15	Ex
8462.31.02	Prensas hidráulicas con capacidad (de presión de trabajo) hasta 1,000 toneladas.	Pza	Ex	Ex
8462.31.03	Prensas mecánicas con capacidad inferior o igual a 200 t.	Kg	15	Ex
8462.31.99	Las demás.	Pza	Ex	Ex
8462.39	- - **Las demás.**			
8462.39.01	Cizallas o guillotinas; cortadoras de alambre o alambrón.	Pza	15	Ex
8462.39.02	Prensas hidráulicas con capacidad (de presión de trabajo) hasta 1,000 toneladas.	Pza	Ex	Ex
8462.39.03	Prensas mecánicas con capacidad inferior o igual a 200 toneladas.	Pza	15	Ex
8462.39.99	Las demás.	Pza	Ex	Ex
	- Máquinas (incluidas las prensas) de punzonar o entallar, incluso las combinadas de cizallar y punzonar:			
8462.41	- - **De control numérico.**			
8462.41.01	Prensas hidráulicas con capacidad (de presión de trabajo) hasta 1,000 toneladas.	Pza	Ex	Ex
8462.41.02	Prensas mecánicas con capacidad inferior o igual	Pza	Ex	Ex
8462.41.03	Máquinas complejas que realicen de manera alternativa o simultánea dos o más operaciones por deformación de material (incluso si cortan o perforan).	Pza	Ex	Ex
8462.41.99	Las demás.	Pza	Ex	Ex
8462.49	- - **Las demás.**			
8462.49.01	Prensas hidráulicas con capacidad (de presión de trabajo) hasta 1,000 t.	Pza	15	Ex
8462.49.02	Prensas mecánicas con capacidad inferior o igual a 200 t.	Pza	15	Ex
8462.49.03	Máquinas complejas que realicen de manera alternativa o simultánea dos o más operaciones por deformación de material (incluso si cortan o perforan).	Pza	Ex	Ex
8462.49.99	Las demás.	Pza	Ex	Ex
	- Las demás:			
8462.91	- - **Prensas hidráulicas.**			
8462.91.01	De control numérico.	Pza	Ex	Ex
8462.91.02	Con capacidad (de presión de trabajo) hasta 1,000 t, excepto lo comprendido en la fracción 8462.91.01.	Pza	15	Ex
8462.91.03	Para comprimir chatarra, excepto lo comprendido en la fracción 8462.91.01.	Pza	Ex	Ex
8462.91.99	Las demás.	Kg	Ex	Ex
8462.99	- - **Las demás.**			
8462.99.01	De control numérico.	Pza	Ex	Ex
8462.99.02	Para fabricar arandelas, excepto lo comprendido en la fracción 8462.99.01.	Pza	Ex	Ex
8462.99.03	Prensas cabeceadoras horizontales, excepto lo comprendido en la fracción 8462.99.01.	Pza	Ex	Ex
8462.99.04	Prensas mecánicas con capacidad inferior o igual a 200 t, excepto de doble montante, excepto lo comprendido en la fracción 8462.99.01.	Pza	15	Ex
8462.99.99	Las demás.	Pza	Ex	Ex
84.63	**Las demás máquinas herramienta para trabajar metal o cermet, que no trabajen por arranque de materia.**			
8463.10	- **Bancos de estirar barras, tubos, perfiles, alambres o similares.**			
8463.10.01	Bancos de estirar barras, tubos, perfiles, alambres	Pza	Ex	Ex
8463.20	- **Máquinas laminadoras de hacer roscas.**			
8463.20.01	Máquinas laminadoras de hacer roscas.	Pza	Ex	Ex
8463.30	- **Máquinas para trabajar alambre.**			
8463.30.01	Línea continua para la fabricación de malla electrosoldada de alambre de acero, incluyendo los siguientes elementos: enderezadora-alineadora, acumulador (compensador), estación de soldadura eléctrica, cizalla y apiladora.	Pza	Ex	Ex
8463.30.02	Máquinas para fabricar enrejados de alambre de acero hexagonales, ciclónicos o de clavos variables.	Pza	Ex	Ex
8463.30.03	Máquinas para fabricar clavos, grapas o alambre de púas, de acero.	Pza	Ex	Ex
8463.30.99	Las demás.	Pza	Ex	Ex
8463.90	- **Las demás.**			
8463.90.01	Línea continua para la fabricación de alambrón de cobre, que incluya al menos: horno de fundición y tren de laminación.	Pza	Ex	Ex
8463.90.99	Las demás.	Pza	Ex	Ex
84.64	**Máquinas herramienta para trabajar piedra, cerámica, hormigón, amiantocemento o materias minerales similares, o para trabajar el vidrio en frío.**			
8464.10	- **Máquinas de aserrar.**			
8464.10.01	Máquinas de aserrar.	Pza	Ex	Ex
8464.20	- **Máquinas de amolar o pulir.**			
8464.20.01	Máquinas de amolar o pulir.	Pza	Ex	Ex
8464.90	- **Las demás.**			
8464.90.01	Para cortar.	Pza	Ex	Ex
8464.90.99	Las demás.	Pza	Ex	Ex

84.65	**Máquinas herramienta (incluidas las de clavar, grapar, encolar o ensamblar de otro modo) para trabajar madera, corcho, hueso, caucho endurecido, plástico rígido o materias duras similares.**			
8465.10	**- Máquinas que efectúen distintas operaciones de mecanizado sin cambio de útil entre dichas operaciones.**			
8465.10.01	Máquinas que efectúen distintas operaciones de mecanizado sin cambio de útil entre dichas operaciones.	Pza	Ex	Ex
	- Las demás:			
8465.91	**-- Máquinas de aserrar.**			
8465.91.01	De cinta sinfín, de disco o alternativas.	Pza	5	Ex
8465.91.99	Los demás.	Pza	Ex	Ex
8465.92	**-- Máquinas de cepillar; máquinas de fresar o moldurar.**			
8465.92.01	Cepilladoras desbastadoras con anchura útil inferior a 1,000 mm, excepto para 3 o 4 caras o para moldurar.	Pza	Ex	Ex
8465.92.02	Canteadoras o tupíes.	Pza	Ex	Ex
8465.92.03	Máquinas para fabricar palos redondos.	Pza	Ex	Ex
8465.92.99	Las demás.	Pza	Ex	Ex
8465.93	**-- Máquinas de amolar, lijar o pulir.**			
8465.93.01	Lijadoras o pulidoras.	Pza	Ex	Ex
8465.93.99	Las demás.	Pza	Ex	Ex
8465.94	**-- Máquinas de curvar o ensamblar.**			
8465.94.01	Prensas hidráulicas para contraplacados, con dos o tres columnas, con capacidad igual o inferior a 600 t.	Pza	Ex	Ex
8465.94.02	Engrapadoras.	Pza	Ex	Ex
8465.94.99	Las demás.	Pza	Ex	Ex
8465.95	**-- Máquinas de taladrar o mortajar.**			
8465.95.01	Taladradoras o escopleadoras.	Pza	15	Ex
8465.95.99	Las demás.	Pza	Ex	Ex
8465.96	**-- Máquinas de hendir, rebanar o desenrollar.**			
8465.96.01	Máquinas de hendir, rebanar o desenrollar.	Pza	Ex	Ex
8465.99	**-- Las demás.**			
8465.99.01	Tornos tubulares de 3 velocidades, con motor de	Pza	Ex	Ex
8465.99.02	Descortezadoras de rollizos.	Pza	5	Ex
8465.99.03	Desfibradoras o desmenuzadoras.	Pza	Ex	Ex
8465.99.99	Las demás.	Pza	Ex	Ex
84.66	**Partes y accesorios identificables como destinados, exclusiva o principalmente, a las máquinas de las partidas 84.56 a 84.65, incluidos los portapiezas y portaútiles, dispositivos de roscar de apertura automática, divisores y demás dispositivos especiales para montar en máquinas herramienta; portaútiles para herramientas de mano de cualquier tipo.**			
8466.10	**- Portaútiles y dispositivos de roscar de apertura automática.**			
8466.10.01	Reconocibles como concebidos exclusivamente para rectificadoras de los productos metálicos.	Kg	Ex	Ex
8466.10.02	Mandriles o portaútiles.	Kg	Ex	Ex
8466.10.03	Portatroqueles.	Kg	15	Ex
8466.10.99	Los demás.	Kg	Ex	Ex
8466.20	**- Portapiezas.**			
8466.20.01	Reconocibles como concebidas exclusivamente para rectificadoras de productos metálicos.	Kg	Ex	Ex
8466.20.99	Los demás.	Kg	Ex	Ex
8466.30	**- Divisores y demás dispositivos especiales para montar en máquinas herramienta.**			
8466.30.01	Reconocibles como concebidas exclusivamente para rectificadoras de productos metálicos.	Kg	Ex	Ex
8466.30.02	Cilindros neumáticos o hidráulicos reconocibles como concebidos exclusivamente para automatizar máquinas herramienta.	Kg	Ex	Ex
8466.30.99	Los demás.	Kg	Ex	Ex
	- Los demás:			
8466.91	**-- Para máquinas de la partida 84.64.**			
8466.91.01	Para máquinas de la partida 84.64.	Kg	Ex	Ex
8466.92	**-- Para máquinas de la partida 84.65.**			
8466.92.01	Para máquinas de la partida 84.65.	Kg	Ex	Ex
8466.93	**-- Para máquinas de las partidas 84.56 a 84.61.**			
8466.93.01	Reconocibles como concebidas exclusiva o principalmente para tornos.	Kg	Ex	Ex
8466.93.02	Reconocibles como concebidas exclusivamente para rectificadoras de productos metálicos.	Kg	Ex	Ex
8466.93.03	Reconocibles como concebidas exclusiva o principalmente para taladros de columna o banco con transmisión por bandas o engranados.	Kg	15	Ex
8466.93.04	Cama, base, mesa, cabezal, contrapunto, arnés, cuna, carros deslizantes, columna, brazo, brazo de sierra, cabezal de rueda, "carnero", armazón, montante, lunetas, husillo, obtenidos por fundición, soldadura o forjado.	Pza	Ex	Ex
8466.93.99	Las demás.	Kg	Ex	Ex

8466.94	**.. Para máquinas de las partidas 84.62 u 84.63.**			
8466.94.01	Cama, base, mesa, columna, cuna, armazón, corona, carro deslizante, flecha, bastidor, obtenidos por fundición, soldadura o forjado.	Pza	Ex	Ex
8466.94.02	Reconocibles como concebidas exclusivamente para prensas hidráulicas para comprimir chatarra, excepto lo comprendido en la fracción 8466.94.01.	Kg	Ex	Ex
8466.94.99	Las demás.	Kg	Ex	Ex
84.67	**Herramientas neumáticas, hidráulicas o con motor incorporado, incluso eléctrico, de uso manual.**			
	- Neumáticas:			
8467.11	**.. Rotativas (incluso de percusión).**			
8467.11.01	Perforadoras por rotación y percusión para roca.	Pza	Ex	Ex
8467.11.99	Las demás.	Pza	Ex	Ex
8467.19	**.. Las demás.**			
8467.19.01	Perforadoras por percusión para roca.	Pza	Ex	Ex
8467.19.99	Las demás.	Pza	Ex	Ex
	- Con motor eléctrico incorporado:			
8467.21	**.. Taladros de toda clase, incluidas las perforadoras rotativas.**			
8467.21.01	Taladros, con capacidad de entrada de 6.35, 9.52 o 12.70 mm.	Pza	15	Ex
8467.21.02	Taladros, excepto lo comprendido en la fracción 8467.21.01.	Pza	Ex	Ex
8467.21.03	Perforadoras por percusión y rotación (rotomartillos), con potencia inferior o igual a 1/2 C.P.	Pza	15	Ex
8467.21.99	Los demás.	Pza	5	Ex
8467.22	**.. Sierras, incluidas las tronzadoras.**			
8467.22.01	Para cortar arpilleras.	Pza	Ex	Ex
8467.22.02	Sierras de disco con potencia del motor igual o inferior a 2.33 C.P.	Pza	5	Ex
8467.22.03	Sierra caladora, con potencia inferior o igual a 0.4 C.P.	Pza	15	Ex
8467.22.99	Los demás.	Pza	Ex	Ex
8467.29	**.. Las demás.**			
8467.29.01	Esmeriladoras con un mínimo de 4,000 RPM a un máximo de 8,000 RPM, con capacidad de 8 a 25 amperes y de 100 a 150 v, con peso de 4 kg a 8 kg.	Pza	15	Ex
8467.29.02	Destornilladores o aprietatuercas de embrague o impacto.	Pza	Ex	Ex
8467.29.03	Pulidora-lijadora orbital con potencia inferior o igual a 0.2 C.P.	Pza	15	Ex
8467.29.99	Los demás.	Pza	5	Ex
	- Las demás herramientas:			
8467.81	**.. Sierras o tronzadoras, de cadena.**			
8467.81.01	Sierras o tronzadoras de cadena.	Pza	Ex	Ex
8467.89	**.. Las demás.**			
8467.89.01	Hidráulicas.	Pza	Ex	Ex
8467.89.02	Perforadoras por rotación y percusión, excepto lo comprendido en la fracción 8467.89.01.	Pza	15	Ex
8467.89.03	Pizones vibradores de accionamiento por motor de explosión.	Pza	15	Ex
8467.89.99	Las demás.	Pza	Ex	Ex
	- Partes:			
8467.91	**.. De sierras o tronzadoras, de cadena.**			
8467.91.01	Carcazas reconocibles para lo comprendido en la subpartida 8467.22.	Kg	Ex	Ex
8467.91.99	Las demás.	Kg	Ex	Ex
8467.92	**.. De herramientas neumáticas.**			
8467.92.01	De herramientas neumáticas.	Kg	Ex	Ex
8467.99	**.. Las demás.**			
8467.99.01	Carcazas reconocibles para lo comprendido en las subpartidas 8467.21 y 8467 29.	Kg	Ex	Ex
8467.99.02	Las demás partes de herramientas con motor eléctrico incorporado.	Kg	Ex	Ex
8467.99.99	Las demás.	Kg	Ex	Ex
84.68	**Máquinas y aparatos para soldar, aunque puedan cortar, excepto los de la partida 85.15; máquinas y aparatos de gas para temple superficial.**			
8468.10	**- Sopletes manuales.**			
8468.10.01	Sopletes manuales.	Pza	15	Ex
8468.20	**- Las demás máquinas y aparatos de gas.**			
8468.20.01	Sopletes.	Pza	Ex	Ex
8468.20.99	Los demás.	Pza	Ex	Ex
8468.80	**- Las demás máquinas y aparatos.**			
8468.80.99	Las demás máquinas y aparatos.	Pza	Ex	Ex
8468.90	**- Partes.**			
8468.90.01	Partes.	Kg	Ex	Ex
84.69	**Máquinas de escribir, excepto las impresoras de la partida 84.43; máquinas para tratamiento o procesamiento de textos.**			
8469.00	**- Máquinas de escribir, excepto las impresoras de la partida 84.43; máquinas para tratamiento o procesamiento de textos.**			
8469.00.01	Máquinas para tratamiento o procesamiento de textos.	Pza	Ex	Ex
8469.00.02	Máquinas de escribir automáticas electrónicas.	Pza	15	Ex

8469.00.03	Máquinas de escribir automáticas excepto lo comprendido en la fracción 8469.00.02	Pza	15	Ex
8469.00.04	Las demás máquinas de escribir, eléctricas.	Pza	15	Ex
8469.00.99	Las demás.	Pza	15	Ex

84.70	**Máquinas de calcular y máquinas de bolsillo registradoras, reproductoras y visualizadoras de datos, con función de cálculo; máquinas de contabilidad, de franquear, expedir boletos (tiques) y máquinas similares, con dispositivo de cálculo incorporado; cajas registradoras.**			
8470.10	**- Calculadoras electrónicas que puedan funcionar sin fuente de energía eléctrica exterior y máquinas de bolsillo registradoras, reproductoras y visualizadoras de datos, con función de cálculo.**			
8470.10.01	Con dispositivo para la impresión automática de datos.	Pza	Ex	Ex
8470.10.02	Programables, excepto lo comprendido en la fracción 8470.10.01.	Pza	Ex	Ex
8470.10.99	Las demás.	Pza	Ex	Ex
	- Las demás máquinas de calcular electrónicas:			
8470.21	**-- Con dispositivo de impresión incorporado.**			
8470.21.01	Con dispositivo de impresión incorporado.	Pza	Ex	Ex
8470.29	**-- Las demás.**			
8470.29.01	No programables.	Pza	Ex	Ex
8470.29.99	Las demás.	Pza	Ex	Ex
8470.30	**- Las demás máquinas de calcular.**			
8470.30.01	Las demás máquinas de calcular.	Pza	Ex	Ex
8470.50	**- Cajas registradoras.**			
8470.50.01	Cajas registradoras.	Pza	Ex	Ex
8470.90	**- Las demás.**			
8470.90.01	Máquinas para franquear.	Pza	Ex	Ex
8470.90.02	Máquinas emisoras de boletos (tiques).	Pza	Ex	Ex
8470.90.03	Máquinas de contabilidad.	Pza	5	Ex
8470.90.99	Las demás.	Pza	Ex	Ex
84.71	**Máquinas automáticas para tratamiento o procesamiento de datos y sus unidades; lectores magnéticos u ópticos, máquinas para registro de datos sobre soporte en forma codificada y máquinas para tratamiento o procesamiento de estos datos, no expresados ni comprendidos en otra parte.**			
8471.30	**- Máquinas automáticas para tratamiento o procesamiento de datos, portátiles, de peso inferior o igual a 10 kg, que estén constituidas, al menos, por una unidad central de proceso, un teclado y un visualizador.**			
8471.30.01	Máquinas automáticas para tratamiento o procesamiento de datos, portátiles, de peso inferior o igual a 10 kg, que estén constituidas, al menos, por una unidad central de proceso, un teclado y un visualizador.	Pza	Ex	Ex
	- Las demás máquinas automáticas para tratamiento o procesamiento de datos:			
8471.41	**-- Que incluyan en la misma envoltura, al menos, una unidad central de proceso y, aunque estén combinadas, una unidad de entrada y una de salida.**			
8471.41.01	Que incluyan en la misma envoltura, al menos, una unidad central de proceso y, aunque estén combinadas, una unidad de entrada y una de salida.	Pza	Ex	Ex
8471.49	**-- Las demás presentadas en forma de sistemas.**			
8471.49.01	Las demás presentadas en forma de sistemas.	Pza	Ex	Ex
8471.50	**- Unidades de proceso, excepto las de las subpartidas 8471.41 u 8471.49, aunque incluyan en la misma envoltura uno o dos de los tipos siguientes de unidades: unidad de memoria, unidad de entrada y unidad de salida.**			
8471.50.01	Unidades de proceso, excepto las de las subpartidas 8471.41 u 8471.49, aunque incluyan en la misma envoltura uno o dos de los tipos siguientes de unidades: unidad de memoria, unidad de entrada y unidad de salida.	Pza	Ex	Ex
8471.60	**- Unidades de entrada o salida, aunque incluyan unidades de memoria en la misma envoltura.**			
8471.60.01	Periféricas, para efectuar operaciones bancarias, incluso con una o más cajas de seguridad.	Pza	Ex	Ex
8471.60.02	Unidades combinadas de entrada/salida.	Pza	Ex	Ex
8471.60.03	Lectores ópticos (scanners) y dispositivos lectores de tinta magnética.	Pza	Ex	Ex
8471.60.99	Los demás.	Pza	Ex	Ex
8471.70	**- Unidades de memoria.**			
8471.70.01	Unidades de memoria.	Pza	Ex	Ex
8471.80	**- Las demás unidades de máquinas automáticas para tratamiento o procesamiento de datos.**			
8471.80.01	Reconocibles como concebidas exclusivamente para su incorporación física en máquinas automáticas de tratamiento o procesamiento de datos.	Pza	Ex	Ex
8471.80.02	Unidades de control o adaptadores.	Pza	Ex	Ex
8471.80.03	Máquinas para transferir datos codificados de un soporte a otro (Reproductoras o multiplicadoras).	Pza	Ex	Ex
8471.80.99	Los demás.	Pza	Ex	Ex

8471.90	**. Los demás.**			
8471.90.99	Los demás.	Pza	Ex	Ex

84.72	**Las demás máquinas y aparatos de oficina (por ejemplo: copiadoras hectográficas, mimeógrafos, máquinas de imprimir direcciones, distribuidores automáticos de billetes de banco, máquinas de clasificar, contar o encartuchar monedas, sacapuntas, perforadoras, grapadoras).**			
8472.10	**. Copiadoras, incluidos los mimeógrafos.**			
8472.10.01	Mimeógrafos.	Pza	Ex	Ex
8472.10.99	Los demás.	Pza	15	Ex
8472.30	**. Máquinas de clasificar, plegar, meter en sobres o colocar en fajas, correspondencia, máquinas de abrir, cerrar o precintar correspondencia y máquinas de colocar u obliterar sellos (estampillas).**			
8472.30.01	Plegadoras de papel y/o insertadoras en sobres de correspondencia o documentos.	Pza	Ex	Ex
8472.30.02	Para obliterar.	Pza	5	Ex
8472.30.99	Las demás.	Pza	15	Ex
8472.90	**. Los demás.**			
8472.90.01	Máquinas para autenticar cheques.	Pza	Ex	Ex
8472.90.02	Perforadoras accionadas por palanca, para dos perforaciones en distancias de 7 u 8 cm, con peso unitario inferior o igual a 1 kg.	Pza	15	Ex
8472.90.03	Marcadores por impresión directa o mediante cinta.	Pza	15	Ex
8472.90.04	Agendas con mecanismo selector alfabético.	Pza	15	Ex
8472.90.05	Para perforar documentos, con letras u otros signos.	Pza	Ex	Ex
8472.90.06	Separadoras o desintercaladoras de formas continuas, para proceso de datos.	Pza	15	Ex
8472.90.07	Cajas registradoras sin dispositivo totalizador.	Pza	15	Ex
8472.90.08	Máquinas emisoras de boletos y etiquetas.	Pza	15	Ex
8472.90.09	Engrapadoras o perforadoras, excepto lo comprendido en la fracción 8472.90.02.	Pza	15	Ex
8472.90.10	Para destruir documentos.	Pza	Ex	Ex
8472.90.11	Aparatos para transferir a documentos impresiones de tarjetas plásticas de crédito y/o identificación.	Pza	15	Ex
8472.90.12	Para contar billetes de banco, incluso con mecanismo impresor.	Pza	Ex	Ex
8472.90.13	De clasificar, contar y encartuchar monedas, excepto lo comprendido en la fracción 8472.90.12.	Pza	5	Ex
8472.90.14	Cajeros automáticos.	Pza	Ex	Ex
8472.90.15	Máquinas de imprimir direcciones o estampar placas de direcciones.	Pza	15	Ex
8472.90.99	Las demás.	Pza	15	Ex

84.73	**Partes y accesorios (excepto los estuches, fundas y similares) identificables como destinados, exclusiva o principalmente, a las máquinas o aparatos de las partidas 84.69 a 84.72.**			
8473.10	**. Partes y accesorios de máquinas de la partida 84.69.**			
8473.10.01	Reconocibles como concebidas exclusivamente para las máquinas de procesamiento de texto de la subpartida 8469.11.	Kg	Ex	Ex
8473.10.99	Los demás.	Kg	Ex	Ex
	. Partes y accesorios de máquinas de la partida 84.70:			
8473.21	**.. De máquinas de calcular electrónicas de las subpartidas 8470.10, 8470.21 u 8470.29.**			
8473.21.01	De máquinas de calcular electrónicas de las subpartidas 8470.10, 8470.21 u 8470.29.	Kg	Ex	Ex
8473.29	**.. Los demás.**			
8473.29.99	Los demás.	Kg	Ex	Ex
8473.30	**. Partes y accesorios de máquinas de la partida 84.71.**			
8473.30.01	Reconocibles como concebidas exclusivamente para máquinas y aparatos de la Partida 84.71, excepto circuitos modulares constituidos por componentes eléctricos y/c electrónicos sobre tablilla aislante con circuito impreso.	Kg	Ex	Ex
8473.30.02	Circuitos modulares.	Kg	Ex	Ex
8473.30.03	Partes y accesorios, incluso las placas frontales y los dispositivos de ajuste o seguridad, reconocibles como concebidas exclusivamente para circuitos modulares.	Kg	Ex	Ex
8473.40	**. Partes y accesorios de máquinas de la partida 84.72.**			
8473.40.01	Placas y contraplacas metálicas sin estampar, para máquinas de imprimir direcciones.	Kg	Ex	Ex
8473.40.02	Reconocibles como concebidas exclusivamente para lo comprendido en la fracción 8472.90.12.	Kg	Ex	Ex
8473.40.99	Los demás.	Kg	Ex	Ex
8473.50	**. Partes y accesorios que puedan utilizarse indistintamente con máquinas o aparatos de varias de las partidas 84.69 a 84.72.**			
8473.50.01	Circuitos modulares.	Kg	Ex	Ex
8473.50.02	Partes y accesorios, incluso las placas frontales y los dispositivos de ajuste o seguridad, reconocibles como concebidas exclusivamente para circuitos modulares.	Kg	Ex	Ex
8473.50.99	Los demás.	Kg	Ex	Ex

84.74	**Máquinas y aparatos de clasificar, cribar, separar, lavar, quebrantar, triturar, pulverizar, mezclar, amasar o sobar, tierra, piedra u otra materia mineral sólida (incluidos el polvo y la pasta); máquinas de aglomerar, formar o moldear combustibles minerales sólidos, pastas cerámicas, cemento, yeso o demás materias minerales en polvo o pasta; máquinas de hacer moldes de arena para fundición.**			
8474.10	**- Máquinas y aparatos de clasificar, cribar, separar o lavar.**			
8474.10.01	Clasificadoras de tamiz, de minerales tipo espiral o tipo rastrillo.	Pza	15	Ex
8474.10.02	Separadoras por flotación, concebidas exclusivamente para laboratorio.	Pza	Ex	Ex
8474.10.99	Los demás.	Pza	Ex	Ex
8474.20	**- Máquinas y aparatos de quebrantar, triturar o pulverizar.**			
8474.20.01	Quebrantadores y trituradores de dos o más cilindros.	Pza	5	Ex
8474.20.02	Quebrantadores de mandíbulas y trituradores de muelas.	Pza	5	Ex
8474.20.03	Trituradores de navajas.	Pza	5	Ex
8474.20.04	Trituradores (molinos) de bolas o de barras.	Pza	Ex	Ex
8474.20.05	Quebrantadores giratorios de conos, con diámetro de tazón inferior o igual a 1,200 mm.	Pza	5	Ex
8474.20.06	Trituradores de martillos, de percusión o de choque.	Pza	5	Ex
8474.20.07	Quebrantadores giratorios de conos, con diámetro de tazón superior a 1,200 mm.	Pza	Ex	Ex
8474.20.08	Pulverizadora de carbón, para el sistema de inyección en un alto horno.	Pza	Ex	Ex
8474.20.99	Los demás.	Pza	5	Ex
	- Máquinas y aparatos de mezclar, amasar o sobar:			
8474.31	**-- Hormigoneras y aparatos de amasar mortero.**			
8474.31.01	Hormigoneras y aparatos de amasar mortero.	Pza	15	Ex
8474.32	**-- Máquinas de mezclar materia mineral con asfalto.**			
8474.32.01	Máquinas de mezclar materia mineral con asfalto.	Pza	Ex	Ex
8474.39	**-- Los demás.**			
8474.39.01	Mezcladoras de arenas para núcleos de fundición.	Pza	Ex	Ex
8474.39.02	Mezcladoras en seco para la fabricación de electrodos.	Pza	Ex	Ex
8474.39.99	Los demás.	Pza	Ex	Ex
8474.80	**- Las demás máquinas y aparatos.**			
8474.80.01	Prensas de accionamiento manual.	Pza	15	Ex
8474.80.02	Para formación o endurecimiento de moldes de arena para fundición, excepto lo comprendido en la fracción 8474.80.10.	Pza	Ex	Ex
8474.80.03	Máquinas para moldear tubos de asbesto cemento, de accionamiento neumático, provistas de dos bombas con sus grupos automáticos de control y unión de torneado con tres aspiradoras centrífugas.	Pza	Ex	Ex
8474.80.04	Para la obtención de elementos prefabricados para construcción, de cemento o concreto.	Pza	15	Ex
8474.80.05	Línea continua para la fabricación de losetas o baldosas, de pasta cerámica, con capacidad de producción superior a 415 m² por hora, incluyendo al menos los siguientes elementos: molino continuo, horno continuo y moldeadora por prensado, con o sin atomizador.	Pza	Ex	Ex
8474.80.06	Tornos de alfarería o de cerámica.	Pza	Ex	Ex
8474.80.07	Por extrusión, para construir guarniciones de banquetas con asfalto o concreto.	Pza	Ex	Ex
8474.80.08	Máquinas para fabricar ladrillos, baldosas, azulejos u otros elementos análogos, de pasta cerámica, excepto lo comprendido en las fracciones 8474.80.01 y 8474.80.05.	Pza	Ex	Ex
8474.80.09	Para moldeo de piezas de vajilla, excepto lo comprendido en la fracción 8474.80.06.	Pza	Ex	Ex
8474.80.10	Línea de producción para la fabricación de corazones de arena reconocible como concebida para la fabricación de monobloques y cabezas de motor, incluyendo al menos: dosificador, extractor y tanque.	Pza	Ex	Ex
8474.80.99	Los demás.	Pza	Ex	Ex
8474.90	**- Partes.**			
8474.90.01	Para quebrantadoras, cribas, trituradoras (molinos) o pulverizadoras.	Kg	Ex	Ex
8474.90.02	Mecanismos para celda de flotación (rotor y estator).	Kg	Ex	Ex
8474.90.99	Los demás.	Kg	Ex	Ex
84.75	**Máquinas para montar lámparas, tubos o válvulas eléctricos o electrónicos o lámparas de destello, que tengan envoltura de vidrio; máquinas para fabricar o trabajar en caliente el vidrio o sus manufacturas.**			
8475.10	**- Máquinas para montar lámparas, tubos o válvulas eléctricos o electrónicos o lámparas de destello, que tengan envoltura de vidrio.**			
8475.10.01	Máquinas para montar lámparas, tubos o válvulas eléctricas o electrónicas o lámparas de destello, que tengan una envoltura de vidrio.	Pza	Ex	Ex
	- Máquinas para fabricar o trabajar en caliente el vidrio o sus manufacturas:			
8475.21	**-- Máquinas para fabricar fibras ópticas y sus esbozos.**			
8475.21.01	Máquinas para fabricar fibras ópticas y sus esbozos.	Pza	Ex	Ex
8475.29	**-- Las demás.**			
8475.29.01	Para moldear por soplado o prensado, excepto para fabricar ampollas para lámparas incandescentes.	Pza	15	Ex
8475.29.99	Los demás.	Pza	Ex	Ex
8475.90	**- Partes.**			
8475.90.01	Partes.	Kg	Ex	Ex

84.76	**Máquinas automáticas para la venta de productos (por ejemplo: sellos (estampillas), cigarrillos, alimentos, bebidas), incluidas las máquinas para cambiar moneda.**			
	- Máquinas automáticas para venta de bebidas:			
8476.21	**-- Con dispositivo de calentamiento o refrigeración, incorporado.**			
8476.21.01	Con dispositivo de calentamiento o refrigeración, incorporado.	Pza	15	Ex
8476.29	**-- Las demás.**			
8476.29.99	Las demás.	Pza	15	Ex
	- Las demás:			
8476.81	**-- Con dispositivo de calentamiento o refrigeración, incorporado.**			
8476.81.01	Con dispositivo de calentamiento o refrigeración, incorporado.	Pza	15	Ex
8476.89	**-- Las demás.**			
8476.89.99	Las demás.	Pza	15	Ex
8476.90	**- Partes.**			
8476.90.01	Mecanismos seleccionadores o distribuidores.	Kg	15	Ex
8476.90.99	Los demás.	Kg	15	Ex
84.77	**Máquinas y aparatos para trabajar caucho o plástico o para fabricar productos de estas materias, no expresados ni comprendidos en otra parte de este Capítulo.**			
8477.10	**- Máquinas de moldear por inyección.**			
8477.10.01	Para materias termoplásticas, con capacidad de inyección hasta de 5 Kg.	Pza	Ex	Ex
8477.10.99	Los demás.	Kg	Ex	Ex
8477.20	**- Extrusoras.**			
8477.20.01	De un husillo, para materias termoplásticas o de elastómeros granulados.	Pza	15	Ex
8477.20.02	De husillos gemelos, con capacidad de proceso igual o superior a 10.4 t/hr.	Pza	Ex	Ex
8477.20.99	Los demás.	Pza	Ex	Ex
8477.30	**- Máquinas de moldear por soplado.**			
8477.30.01	Máquinas de moldear por soplado.	Pza	Ex	Ex
8477.40	**- Máquinas de moldear en vacío y demás máquinas para termoformado.**			
8477.40.01	Máquinas de moldear en vacío y demás máquinas para termoformado.	Pza	Ex	Ex
	- Las demás máquinas y aparatos de moldear o formar:			
8477.51	**-- De moldear o recauchutar neumáticos (llantas neumáticas) o moldear o formar cámaras para neumáticos.**			
8477.51.01	De moldear o recauchutar neumáticos (llantas) o moldear o formar cámaras para neumáticos.	Pza	Ex	Ex
8477.59	**-- Los demás.**			
8477.59.99	Los demás.	Pza	Ex	Ex
8477.80	**- Las demás máquinas y aparatos.**			
8477.80.01	Para granular, moler o triturar, cortadoras o troqueladoras.	Pza	Ex	Ex
8477.80.02	Molinos compactadores o densificadores para películas o fibras de materiales termoplásticos.	Pza	Ex	Ex
8477.80.03	Batidoras, molinos mezcladores; pigmentadoras en seco para materiales plásticos granulados.	Pza	Ex	Ex
8477.80.04	Máquinas que realicen dos o más operaciones citadas en las fracciones 8477.10.01, 8477.20.01, 8477.30.01, 8477.40.01, 8477.80.01 y 8477.80.03.	Pza	Ex	Ex
8477.80.05	Para pintar o unir materiales moldeables o plásticos, excepto lo comprendido en la fracción 8477.80.07.	Pza	Ex	Ex
8477.80.06	Sistemas automatizados para fabricar discos compactos ("Compact Disks"), que realicen las siguientes funciones: moldeo por inyección, aluminizado, laqueado, control de calidad e impresión del disco.	Kg	Ex	Ex
8477.80.07	Para unir y sellar por compresión (machimbrar) partes plásticas moldeadas.	Pza	Ex	Ex
8477.80.99	Los demás.	Pza	Ex	Ex
8477.90	**- Partes.**			
8477.90.01	Base, cama, platinas, cilindro de bloqueo, "carnero" e inyectores, obtenidos por fundición, por soldadura o por forjado.	Pza	Ex	Ex
8477.90.02	Tornillos de inyección.	Pza	Ex	Ex
8477.90.03	Ensambles hidráulicos que incorpore más de uno de los siguientes componentes: múltiple, válvulas, bomba, y enfriador de aceite.	Pza	Ex	Ex
8477.90.99	Las demás.	Pza	Ex	Ex
84.78	**Máquinas y aparatos para preparar o elaborar tabaco, no expresados ni comprendidos en otra parte de este Capítulo.**			
8478.10	**- Máquinas y aparatos.**			
8478.10.01	Para colocar filtros o boquillas a los cigarrillos.	Pza	5	Ex
8478.10.02	Automáticas para elaborar cigarrillos, incluso combinadas con alimentadoras de tabaco.	Pza	5	Ex
8478.10.03	Conjuntos de dispositivos para aumentar la eficiencia de las máquinas para empaquetar cigarrillos.	Pza	5	Ex
8478.10.04	Llenadores automáticos de bandejas, para máquinas de fabricar cigarrillos.	Pza	5	Ex
8478.10.05	Línea para la producción de tabaco expandido mediante el procedimiento de dióxido de carbono, incluyendo al menos las siguientes etapas: sistema para la impregnación de	Pza	Ex	Ex

dióxido de carbono líquido al tabaco y torre de sublimación para expandir el tabaco impregnado mediante calor.

8478.10.99	Los demás.	Pza	Ex	Ex
8478.90	**- Partes.**			
8478.90.01	Partes.	Kg	Ex	Ex
84.79	**Máquinas y aparatos mecánicos con función propia, no expresados ni comprendidos en otra parte de este Capítulo.**			
8479.10	**- Máquinas y aparatos para obras públicas, la construcción o trabajos análogos.**			
8479.10.01	Distribuidoras vibradoras de concreto.	Pza	15	Ex
8479.10.02	Barredoras magnéticas para pisos.	Pza	Ex	Ex
8479.10.03	Esparcidoras de asfalto remolcables, provistas de dispositivo calentador.	Pza	15	Ex
8479.10.04	Esparcidoras de asfalto autopropulsadas, incluso con equipo fundidor de asfalto.	Pza	5	Ex
8479.10.05	Esparcidoras de concreto.	Pza	Ex	Ex
8479.10.06	Esparcidoras de asfalto o de grava, excepto lo comprendido en las fracciones 8479.10.03, 8479.10.04 y 8479.10.07.	Pza	Ex	Ex
8479.10.07	Esparcidoras de asfalto remolcables, excepto lo comprendido en la fracción 8479.10.03.	Pza	5	Ex
8479.10.08	Barredoras, excepto lo comprendido en la fracción 8479.10.02.	Pza	Ex	Ex
8479.10.99	Los demás.	Pza	Ex	Ex
8479.20	**- Máquinas y aparatos para extracción o preparación de grasas o aceites vegetales fijos o animales.**			
8479.20.01	Máquinas y aparatos para extracción o preparación de aceites o grasas, animales o vegetales fijos.	Pza	Ex	Ex
8479.30	**- Prensas para fabricar tableros de partículas, fibra de madera u otras materias leñosas y demás máquinas y aparatos para trabajar madera o el corcho.**			
8479.30.01	Clasificadoras vibratorias, de viruta o astillas de madera o materiales fibrosos, granulosos, en forma de copos u hojuelas, de peso específico similar al de la madera.	Pza	15	Ex
8479.30.02	Esparcidoras dosificadoras, concebidas exclusivamente para la fabricación de tableros a base de astillas de madera aglomeradas.	Pza	15	Ex
8479.30.99	Los demás.	Pza	Ex	Ex
8479.40	**- Máquinas de cordelería o cablería.**			
8479.40.01	Para torcer hilos metálicos aislados o sin aislar; revestidoras de alambre o cable.	Pza	Ex	Ex
8479.40.99	Los demás.	Pza	Ex	Ex
8479.50	**- Robotes industriales, no expresados ni comprendidos en otra parte.**			
8479.50.01	Robotes industriales, no expresados ni comprendidos en otra parte.	Pza	Ex	Ex
8479.60	**- Aparatos de evaporación para refrigerar el aire.**			
8479.60.01	Aparatos de evaporación para refrigerar el aire.	Pza	Ex	Ex
	- Puentes para el embarque (abordaje) de pasajeros:			
8479.71	**-- Del tipo de los utilizados en los aeropuertos.**			
8479.71.01	Del tipo de los utilizados en los aeropuertos.	Pza	Ex	Ex
8479.79	**-- Los demás.**			
8479.79.99	Los demás.	Pza	Ex	Ex
	- Las demás máquinas y aparatos:			
8479.81	**-- Para el tratamiento del metal, incluidas las bobinadoras de hilos eléctricos.**			
8479.81.01	Para el decapado de metales por inmersión.	Pza	Ex	Ex
8479.81.02	Toneles giratorios para el decapado, limpieza, pulido o abrillantado de piezas metálicas.	Pza	15	Ex
8479.81.03	Máquinas de control numérico, para galvanizado continuo por inmersión, con velocidad superior	Pza	Ex	Ex
8479.81.04	Para limpieza, pulido o abrillantado de piezas metálicas con abrasivos en circulación, excepto lo comprendido en la fracción 8479.81.02.	Pza	15	Ex
8479.81.05	Enrolladoras de alambres, cables o tubos flexibles, excepto lo comprendido en la fracción 8479.81.08.	Pza	Ex	Ex
8479.81.06	Máquinas para la elaboración y acabado de matrices ("Estampadores"), utilizados en el proceso de fabricación de discos compactos ("Compact Disks").	Pza	Ex	Ex
8479.81.07	Para galvanizar, estañar o recubrir metales, excepto lo comprendido en las fracciones 8479.81.03 y 8479.81.09.	Pza	15	Ex
8479.81.08	Enrolladoras de alambre de acero.	Pza	Ex	Ex
8479.81.09	Líneas continuas para galvanizar alambre de acero, por inmersión.	Pza	Ex	Ex
8479.81.99	Los demás.	Pza	Ex	Ex
8479.82	**-- Para mezclar, amasar o sobar, quebrantar, triturar, pulverizar, cribar, tamizar, homogeneizar, emulsionar o agitar.**			
8479.82.01	Mezcladoras, de aspas horizontales, provistas de dispositivos de tornillo de Arquímedes para descarga continua.	Pza	Ex	Ex
8479.82.02	Cubas u otros recipientes provistos de agitadores, incluso con sistemas de vacío o vidriados interiormente, excepto lo comprendido en las fracciones 8479.82.01 y 8479.82.05.	Pza	15	Ex
8479.82.03	Mezcladores de polvo, tipo "V" o "CONOS" opuestos; licuadora con capacidad igual o superior a 10 l.	Pza	Ex	Ex
8479.82.04	Agitador-mezclador de hélice, excepto lo comprendido en la fracción 8479.82.05.	Pza	15	Ex
8479.82.05	Agitadores, reconocibles como concebidos para el tratamiento de desperdicios, residuos y aguas residuales.	Pza	5	Ex

8479.82.99	Los demás.	Pza	Ex	Ex
8479.89	**-- Los demás.**			
8479.89.01	Para capsular, enrollar, conformar y/o moldear o desmoldear, incluso si llenan, cubren, cortan, troquelan, dosifican o empacan, reconocibles como concebidas exclusiva o principalmente para la industria farmacéutica.	Pza	Ex	Ex
8479.89.02	Distribuidores, dosificadores o microdosificadores.	Pza	Ex	Ex
8479.89.03	Separadores o clasificadores de materiales o partes ferrosas, a base de dispositivos magnéticos o electromagnéticos.	Pza	5	Ex
8479.89.04	Aparatos para la generación de una corriente controlada de aire ("cortinas de aire") para impedir la entrada de insectos, polvo y mantener la temperatura de un recinto.	Pza	15	Ex
8479.89.05	Humectadores o deshumectadores de aire.	Pza	Ex	Ex
8479.89.06	Aparatos neumáticos o hidráulicos para automatizar máquinas, aparatos o artefactos mecánicos.	Pza	15	Ex
8479.89.07	Para fabricar cierres relámpago.	Pza	15	Ex
8479.89.08	Frenos de motor.	Pza	15	Ex
8479.89.09	Limpiaparabrisas.	Pza	Ex	Ex
8479.89.10	Acumuladores hidráulicos.	Pza	15	Ex
8479.89.11	Máquinas para moldear polos, colocar sello asfáltico, formar cuerpo de tubos, formar fondo de tubos o ensambladoras, concebidas exclusivamente para la producción de pilas eléctricas secas.	Pza	Ex	Ex
8479.89.12	Sulfonadores de trióxido de azufre.	Pza	15	Ex
8479.89.13	Vibradores electromagnéticos, incluso con alimentador.	Pza	15	Ex
8479.89.14	Reactores o convertidores catalíticos tubulares.	Pza	15	Ex
8479.89.15	Bocinas de accionamiento neumático.	Pza	Ex	Ex
8479.89.16	Rampas ajustables de accionamiento manual.	Pza	Ex	Ex
8479.89.17	Enceradoras o pulidoras de pisos, con peso superior a 20 kg, para uso industrial.	Pza	Ex	Ex
8479.89.18	Dispositivos electrohidráulicos, para aumentar la capacidad de frenaje en los motores de vehículos automóviles.	Pza	Ex	Ex
8479.89.19	Deshumectadores, con sistema de refrigeración incorporado, para condensar la humedad atmosférica.	Pza	5	Ex
8479.89.20	Colectores de monedas y/o contraseñas, con torniquete, aun con dispositivo contador.	Pza	15	Ex
8479.89.21	Prensas hidráulicas para algodón.	Pza	15	Ex
8479.89.22	Para desmontar llantas.	Pza	15	Ex
8479.89.23	Equipos para la obtención de metil ter butil éter por síntesis.	Pza	Ex	Ex
8479.89.24	Máquinas para la fabricación de árboles y guirnaldas navideñas.	Pza	Ex	Ex
8479.89.25	Compactadores de basura.	Pza	Ex	Ex
8479.89.26	Mecanismos de apertura y cierre de puertas, incluso con sus rieles, para cocheras ("garajes"), ya sean operados o no a control remoto inalámbrico.	Pza	5	Ex
8479.89.27	Mecanismos de apertura y cierre de persianas, incluso con sus rieles, ya sean operados o no a control remoto inalámbrico.	Pza	5	Ex
8479.89.99	Los demás.	Pza	Ex	Ex
8479.90	**- Partes.**			
8479.90.01	Reconocibles como concebidas exclusivamente para recolectores ciclón o de manga para polvo.	Kg	Ex	Ex
8479.90.02	Rodillos acanalados de acero.	Kg	Ex	Ex
8479.90.04	Gabinetes o cubiertas, reconocibles como concebidas exclusivamente para lo comprendido en la fracción 8479.89.25.	Pza	Ex	Ex
8479.90.05	Reconocibles como concebidas exclusivamente para lo comprendido en la fracción 8479.82.02.	Kg	Ex	Ex
8479.90.06	Reconocibles como concebidas exclusivamente para prensas.	Kg	Ex	Ex
8479.90.07	Ensambles de depósitos reconocibles como concebidos exclusivamente para lo comprendido en la fracción 8479.89.25 que incorporen más de uno de los siguientes componentes: panel lateral, inferior o frontal, o correderas laterales.	Kg	Ex	Ex
8479.90.08	Reconocibles como concebidas exclusivamente para lo comprendido en la fracción 8479.89.11.	Kg	Ex	Ex
8479.90.09	Reconocibles como concebidas exclusivamente para microdosificadores y lo comprendido en la fracción 8479.89.01.	Kg	Ex	Ex
8479.90.10	Reconocibles como concebidas exclusivamente para lo comprendido en la fracción 8479.89.05.	Kg	Ex	Ex
8479.90.11	Reconocibles como concebidas exclusivamente para lo comprendido en la fracción 8479.89.18.	Kg	Ex	Ex
8479.90.12	Reconocibles como concebidas exclusivamente para máquinas, aparatos o artefactos para la fabricación de cepillos, brochas o pinceles.	Kg	Ex	Ex
8479.90.13	Reconocibles como concebidas exclusivamente para máquinas, aparatos o artefactos para la industria de aceites, jabones o grasas alimenticias.	Kg	Ex	Ex
8479.90.14	Reconocibles como concebidas exclusivamente para máquinas, aparatos o artefactos para el tratamiento de metales.	Kg	Ex	Ex
8479.90.15	Ensambles de "carnero" que contengan su carcaza o cubierta, reconocibles como concebidos exclusivamente para lo comprendido en la fracción 8479.89.25.	Kg	Ex	Ex
8479.90.16	Reconocibles como concebidas exclusivamente para lo comprendido en la fracción 8479.89.17.	Kg	Ex	Ex

8479.90.17	Ensambles de bastidor que incorporen más de uno de los siguientes componentes: placa de base, estructura lateral, tornillos sinfín, placa frontal, reconocibles como concebidos exclusivamente para lo comprendido en la fracción 8479.89.25.	Pza	Ex	Ex
8479.90.99	Los demás.	Kg	Ex	Ex
84.80	**Cajas de fundición; placas de fondo para moldes; modelos para moldes; moldes para metal (excepto las lingoteras), carburos metálicos, vidrio, materia mineral, caucho o plástico.**			
8480.10	**. Cajas de fundición.**			
8480.10.01	Cajas de fundición.	Pza	Ex	Ex
8480.20	**. Placas de fondo para moldes.**			
8480.20.01	Placas de fondo para moldes.	Pza	Ex	Ex
8480.30	**. Modelos para moldes.**			
8480.30.01	De materias plásticas artificiales, éteres y ésteres de la celulosa, y resinas artificiales.	Pza	Ex	Ex
8480.30.02	De pasta de papel, de papel de cartón o de guata de celulosa.	Pza	Ex	Ex
8480.30.99	Los demás.	Pza	Ex	Ex
	. Moldes para metales o carburos metálicos:			
8480.41	**.. Para el moldeo por inyección o compresión.**			
8480.41.01	Moldes o sus partes, utilizados en la fundición de partes y piezas de vehículos automóviles.	Kg	Ex	Ex
8480.41.99	Los demás.	Kg	Ex	Ex
8480.49	**.. Los demás.**			
8480.49.01	De acero, cilíndricos, para máquinas centrífugas de moldeo.	Kg	Ex	Ex
8480.49.99	Los demás.	Kg	Ex	Ex
8480.50	**. Moldes para vidrio.**			
8480.50.01	Moldes, patrones o sus partes, de metales comunes o sus aleaciones para proceso de prensado y/o soplado del vidrio.	Kg	Ex	Ex
8480.50.02	Reconocibles como concebidas exclusivamente para moldear por fuerza centrífuga el embudo de los bulbos para cinescopios.	Kg	Ex	Ex
8480.50.99	Los demás.	Kg	Ex	Ex
8480.60	**. Moldes para materia mineral.**			
8480.60.01	Moldes o formas de acero o aluminio, así como las partes de los mismos para el vaciado o colado en la industria de la construcción.	Kg	15	Ex
8480.60.99	Los demás.	Kg	10	Ex
	. Moldes para caucho o plástico:			
8480.71	**.. Para moldeo por inyección o compresión.**			
8480.71.01	De metales comunes o sus aleaciones, para procesos de inyección de materias plásticas artificiales, con dimensiones máximas de 700 mm de alto, 600 mm de ancho, 700 mm de espesor y con un peso máximo de 2,000 kg, para ser utilizados en máquinas inyectoras de hasta 350 t de fuerza de cierre (moldes activos).	Kg	Ex	Ex
8480.71.02	Moldes para formar el dibujo de los pisos en las llantas de caucho, insertables en los moldes de vulcanización.	Kg	Ex	Ex
8480.71.99	Los demás.	Kg	Ex	Ex
8480.79	**.. Los demás.**			
8480.79.01	De acero, cilíndricos, para máquinas centrífugas de moldeo.	Kg	Ex	Ex
8480.79.02	Para la vulcanización de llantas, cámaras, planchas o tacones de caucho.	Kg	Ex	Ex
8480.79.03	De cobre, para máquinas para moldeo por proceso continuo.	Kg	Ex	Ex
8480.79.04	De metales comunes o sus aleaciones, para procesos de extrusión-soplado de resinas termoplásticas destinadas a la fabricación de recipientes (moldes activos).	Kg	Ex	Ex
8480.79.99	Los demás.	Kg	Ex	Ex
84.81	**Artículos de grifería y órganos similares para tuberías, calderas, depósitos, cubas o continentes similares, incluidas las válvulas reductoras de presión y las válvulas termostáticas.**			
8481.10	**. Válvulas reductoras de presión.**			
8481.10.01	De diafragma, con regulación manual.	Kg	5	Ex
8481.10.02	Para gas, con elemento manométrico (tubo, fuelle, diafragma o cápsula), incorporado.	Kg	Ex	Ex
8481.10.99	Los demás.	Kg	Ex	Ex
8481.20	**. Válvulas para transmisiones oleohidráulicas o neumáticas.**			
8481.20.01	De compuerta.	Kg	Ex	Ex
8481.20.02	De cobre, bronce, latón o aluminio sin recubrimiento en su superficie.	Kg	Ex	Ex
8481.20.03	De funcionamiento automático por medio de actuador.	Kg	Ex	Ex
8481.20.04	De hierro o de acero, excepto lo comprendido en la fracción 8481.20.01.	Kg	Ex	Ex
8481.20.05	Sencillas o en tándem, con diámetro interior igual o superior a 25 mm, sin exceder de 70 mm y con resistencia a la presión superior a 17 kg/cm², para usarse en aparatos para soldar o cortar a gas.	Kg	Ex	Ex
8481.20.06	Neumáticas de accionamiento manual por palanca.	Kg	Ex	Ex
8481.20.07	Tipo globo o tipo ángulo, de acero y/o hierro fundido, bridadas o roscadas, con diámetro de conexión hasta 152.4 mm inclusive, para amoniaco y/o gases halogenados, reconocibles como concebidas exclusivamente para servicio de refrigeración.	Kg	5	Ex
8481.20.08	De inyección, de cabezas de cilindros accionadas por bulbos, reconocibles como concebidas exclusivamente para compresores de refrigeración para uso industrial.	Kg	Ex	Ex

8481.20.09	Válvulas gobernadoras del compresor, para control de presión de aire, de uso automotriz.	Kg	Ex	Ex
8481.20.10	Tipo globo o tipo ángulo, de bronce o latón con diámetro de conexión hasta 76.2 mm para gases halogenados, reconocibles como concebidas exclusivamente para servicios de refrigeración.	Kg	5	Ex
8481.20.11	Camisas deslizables, reconocibles como concebidas exclusivamente para controles superficiales de pozos petroleros.	Kg	Ex	Ex
8481.20.12	Conjunto de válvulas (árboles de navidad o de Noel) reconocibles para la industria petrolera.	Kg	5	Ex
8481.20.99	Los demás.	Kg	Ex	Ex
8481.30	**- Válvulas de retención.**			
8481.30.01	Válvulas de retención, que operen automáticamente, excepto lo comprendido en las fracciones 8481.30.02 y 8481.30.03.	Kg	5	Ex
8481.30.02	Trampas de vapor.	Kg	Ex	Ex
8481.30.03	Reconocibles como concebidas exclusivamente para el funcionamiento de máquinas, aparatos o artefactos mecánicos para sistemas hidráulicos de aceite en circuitos cerrados.	Kg	Ex	Ex
8481.30.99	Los demás.	Kg	Ex	Ex
8481.40	**- Válvulas de alivio o seguridad.**			
8481.40.01	Dispositivos térmicos de seguridad, de corte, para control de anhídrido carbónico, en aparatos de uso doméstico o industriales, de combustible gaseoso.	Kg	Ex	Ex
8481.40.02	Reconocibles para naves aéreas.	Kg	Ex	Ex
8481.40.03	Automáticas o semiautomáticas, reconocibles como concebidas exclusivamente para calentadores no eléctricos.	Kg	Ex	Ex
8481.40.04	De seguridad, y contra escape de gas, de uso doméstico, excepto lo comprendido en la fracción 8481.40.03.	Kg	5	Ex
8481.40.99	Los demás.	Kg	Ex	Ex
8481.80	**- Los demás artículos de grifería y órganos similares.**			
8481.80.01	De bronce, reconocibles como concebidas exclusivamente para laboratorio.	Kg	Ex	Ex
8481.80.02	Grifería sanitaria de uso doméstico.	Kg	15	Ex
8481.80.03	Reconocibles como concebidas exclusivamente para tractores agrícolas e industriales.	Kg	Ex	Ex
8481.80.04	Válvulas de compuerta, excepto lo comprendido en la fracción 8481.80.24.	Kg	5	Ex
8481.80.05	Bocas o válvulas regulables para riego agrícola o de jardín ("hidrantes") con diámetro igual o inferior a 203.2 mm.	Kg	Ex	Ex
8481.80.06	De comando, reconocibles como concebidas exclusivamente para automatizar el funcionamiento de máquinas, aparatos o artefactos mecánicos, con diámetro de conexión hasta de 19.05 mm (3/4 de pulgada) y presión de trabajo hasta 35.15 kg/cm² (500 PSI).	Kg	Ex	Ex
8481.80.07	Boquillas o espreas para aspersión.	Kg	10	Ex
8481.80.08	Reconocibles como concebidas exclusivamente para contadores volumétricos automáticos para medir cerveza.	Kg	Ex	Ex
8481.80.09	Reconocibles para naves aéreas.	Kg	Ex	Ex
8481.80.10	De asiento, de tres o más vías, cuya sección giratoria de la vía sea a través de accionamiento manual por palanca.	Kg	Ex	Ex
8481.80.11	Operadas por electroimán, para máquinas de lavar ropa o vajilla.	Kg	Ex	Ex
8481.80.12	Operadas con electroimán, reconocibles como concebidas exclusivamente para refrigeración.	Kg	Ex	Ex
8481.80.13	Válvulas de expansión, termostáticas y automáticas, reconocibles como concebidas exclusivamente para refrigeración y aire acondicionado.	Kg	Ex	Ex
8481.80.14	Automáticas o semiautomáticas, reconocibles como concebidas exclusivamente para calentadores no eléctricos.	Kg	Ex	Ex
8481.80.15	Reconocibles como concebidas exclusivamente para el funcionamiento de máquinas, aparatos o artefactos mecánicos para sistemas hidráulicos de aceite en circuitos cerrados.	Kg	Ex	Ex
8481.80.16	De comando, reconocibles como concebidas exclusivamente para automatizar el funcionamiento de máquinas, aparatos o artefactos mecánicos, con diámetro de conexión superior a 19.05 mm, (3/4 de pulgada) y presión de trabajo superior a 35.15 kg/cm² (500 PSI).	Kg	Ex	Ex
8481.80.17	De acero inoxidable, con vástago, reconocibles como concebidas exclusivamente para máquinas llenadoras de botellas.	Kg	Ex	Ex
8481.80.18	De hierro o acero con resistencia a la presión superior a 18 kg/cm², excepto lo comprendido en la fracción 8481.80.04.	Kg	5	Ex
8481.80.19	De metal común, cromados, niquelados o con otro recubrimiento, excepto lo comprendido en las fracciones 8481.80.01 y 8481.80.02.	Kg	Ex	Ex
8481.80.20	De hierro o acero, con resistencia a la presión inferior o igual a 18 kg/cm², excepto lo comprendido en la fracción 8481.80.04.	Kg	Ex	Ex
8481.80.21	De cobre, bronce, latón o aluminio, sin recubrimiento en su superficie, excepto lo comprendido en la fracción 8481.80.02.	Kg	5	Ex
8481.80.22	Válvulas de funcionamiento automático por medio de actuador, excepto lo comprendido en las fracciones 8481.80.06, 8481.80.15 y 8481.80.24.	Kg	Ex	Ex
8481.80.23	De control hidráulico, excepto lo comprendido en la fracción 8481.80.15.	Kg	Ex	Ex
8481.80.24	Válvulas de funcionamiento automático por medio de actuador, de apertura controlada, de cuchilla, bola o globo.	Kg	Ex	Ex
8481.80.25	Válvulas de aire para neumáticos y cámaras de aire.	Kg	Ex	Ex
8481.80.99	Los demás.	Kg	10	Ex

8481.90   .   Partes.

8481.90.01	Reconocibles como concebidas exclusivamente para trampas de vapor.	Kg	Ex	Ex
8481.90.02	Reconocibles como concebidas exclusivamente para tractores agrícolas e industriales.	Kg	Ex	Ex
8481.90.03	Termocuplas o dispositivos electromagnéticos, reconocibles como concebidos exclusivamente para lo comprendido en la fracción 8481.40.04.	Kg	Ex	Ex
8481.90.04	Reconocibles como concebidas exclusivamente para grifería sanitaria de uso doméstico.	Kg	Ex	Ex
8481.90.99	Los demás.	Kg	Ex	Ex

84.82   Rodamientos de bolas, de rodillos o de agujas.

8482.10   .   Rodamientos de bolas.

8482.10.01	En fila sencilla con diámetro interior superior o igual a 50.8 mm, pero inferior o igual a 76.2 mm, diámetro exterior superior o igual a 100 mm, pero inferior o igual a 140 mm, y superficie esférica o cilíndrica, excepto los de centro de eje cuadrado o hexagonal y aquellos cuyos primeros dígitos del número de serie sean: 6013, 6014, 6212, 6213, 6214, 6215, 6312, 6313, 6314, 6315, 7013, 7014, 7015, 7212, 7213, 7214, 7215, 7312, 7313, 7314, 7315, 16013, 60TAC120B, 76TAC110B, 16014, 16115, BL212(212), BL213(213), BL214(214), BL215(215), BL312(312), BL313(313), BL314(314) y BL315(315), incluyendo los que contengan números y/o letras posteriores a los dígitos indicados.	Kg	Ex	Ex
8482.10.02	En fila sencilla con diámetro interior igual o superior a 12.7 mm, sin exceder de 50.8 mm y diámetro exterior igual o superior a 40 mm, sin exceder de 100 mm, con superficie exterior esférica, excepto los de centro de eje cuadrado.	Kg	5	Ex
8482.10.03	Reconocibles para naves aéreas.	Kg	Ex	Ex
8482.10.99	Los demás.	Kg	Ex	Ex

8482.20   .   Rodamientos de rodillos cónicos, incluidos los ensamblados de conos y rodillos cónicos.

8482.20.01	Ensambles de conos y rodillos cónicos con números de serie: 15101, 331274, L44643, L44649, L68149, M12649, LM11749, LM11949, LM12749, LM29748, LM29749, LM48548, LM67048 o LM501349; rodamientos con los siguientes códigos (SET): LM11749/710 (SET 1), LM11949/910 (SET 2), M12649/610 (SET 3), L44649/610 (SET 4), LM48548/510 (SET 5), LM67048/010 (SET 6), L45449/410 (SET 8), LM12749/710 (SET 12), L68149/110 (SET 13), L44643/610 (SET 14), LM12749/711 (SET 16), L68149/111 (SET 17) o 15101/15245, JL 26749, LM 12748, LM104949, LM 12748/710 (SET 34), LM 104949/911 (SET 38), LM 29749/710, LM 501349, LM 501349/314, 25590, 25590/25523, HM 803146/110, 25580, 25580/25520, JLM 104948, JLM 104948, JLM 104948/910, 31594, 31594/31520, 02872 o 02872/02820; ensambles y rodamientos equivalentes a los comprendidos en esta fracción, según las Normas Internacionales ANSI-ABMA Standard 19.1, ANSI-ABMA Standard 19.2 o ISO 355, incluyendo los que contengan números y/o letras posteriores a los números de serie y códigos indicados.	Kg	5	Ex
8482.20.02	Reconocibles para naves aéreas.	Kg	Ex	Ex
8482.20.03	Ensambles de conos y rodillos cónicos con números de serie: 387A, HM803146, HM803149, HM88542, JL26749, JL69349 o L45449; rodamientos con los siguientes códigos (SET): JL69349/310 (SET 11), LM501349/310 (SET 45), JL26749F/710 (SET 46), LM29748/710 (SET 56), 387A/382S (SET 75), HM88542/510 (SET 81) o HM803149/110 (SET 83); ensambles y rodamientos equivalentes a los comprendidos en esta fracción, según las Normas Internacionales ANSI-ABMA Standard 19.1, ANSI-ABMA Standard 19.2 o ISO 355, incluyendo los que contengan números y/o letras posteriores a los números de serie y códigos indicados.	Kg	Ex	Ex
8482.20.99	Los demás.	Kg	Ex	Ex

8482.30   .   Rodamientos de rodillos en forma de tonel.

8482.30.01	Rodamientos de rodillos en forma de tonel.	Kg	Ex	Ex

8482.40   .   Rodamientos de agujas.

8482.40.01	Rodamientos de agujas.	Kg	Ex	Ex

8482.50   .   Rodamientos de rodillos cilíndricos.

8482.50.01	Rodamientos de rodillos cilíndricos.	Kg	Ex	Ex

8482.80   .   Los demás, incluso los rodamientos combinados.

8482.80.01	Los demás, incluso los rodamientos combinados.	Kg	Ex	Ex

**   .   Partes:**

8482.91   . .   Bolas, rodillos y agujas.

8482.91.01	Bolas de acero, calibradas, con diámetro igual o inferior a 17 mm.	Kg	Ex	Ex
8482.91.99	Los demás.	Kg	Ex	Ex

8482.99   . .   Las demás.

8482.99.01	Pistas o tazas con números de serie: 15245, L68110, L68111, L45410, M12610, LM11710, LM11910, LM12710, LM12711, LM29710, LM48510, LM67010 o LM501314, incluyendo aquellas que contengan números y/o letras posteriores a esos números de serie, según las Normas Internacionales ANSI-ABMA Standard 19.1, ANSI-ABMA Standard 19.2 o ISO 355.	Kg	5	Ex
8482.99.02	Pistas o tazas con números de serie: 382S, HM803110, HM88510, JL26710, JL69310, LM104911 o LM501310, incluyendo aquellas que contengan números y/o letras posteriores a esos números de serie o sus equivalentes, según las Normas Internacionales ANSI-ABMA Standard 19.1, ANSI-ABMA Standard 19.2 o ISO 355.	Kg	Ex	Ex

8482.99.03	Pistas o tazas internos y externos, excepto lo comprendido en las fracciones 8482.99.01 y 8482.99.02.	Kg	Ex	Ex
8482.99.99	Las demás.	Kg	Ex	Ex
84.83	**Árboles de transmisión (incluidos los de levas y los cigüeñales) y manivelas; cajas de cojinetes y cojinetes; engranajes y ruedas de fricción; husillos fileteados de bolas o rodillos; reductores, multiplicadores y variadores de velocidad, incluidos los convertidores de par; volantes y poleas, incluidos los motones; embragues y órganos de acoplamiento, incluidas las juntas de articulación.**			
8483.10 -	**Árboles de transmisión (incluidos los de levas y los cigüeñales) y manivelas.**			
8483.10.01	Flechas o cigüeñales.	Kg	Ex	Ex
8483.10.02	Arboles de levas o sus esbozos.	Kg	Ex	Ex
8483.10.03	Arboles de transmisión.	Kg	Ex	Ex
8483.10.04	Arboles flexibles (chicotes) para transmitir movimiento rotativo o longitudinal en automóviles.	Kg	Ex	Ex
8483.10.05	Reconocibles para naves aéreas.	Kg	Ex	Ex
8483.10.06	Arboles flexibles (chicotes), excepto lo comprendido en la fracción 8483.10.04.	Kg	Ex	Ex
8483.10.07	Reconocibles como concebidos exclusivamente para tractores agrícolas e industriales, excepto lo comprendido en las fracciones 8483.10.04 y 8483.10.06.	Kg	Ex	Ex
8483.10.99	Los demás.	Kg	Ex	Ex
8483.20 -	**Cajas de cojinetes con rodamientos incorporados.**			
8483.20.01	Cajas de cojinetes con rodamientos incorporados.	Kg	Ex	Ex
8483.30 -	**Cajas de cojinetes sin rodamientos incorporados; cojinetes.**			
8483.30.01	"Chumaceras" de hierro o acero con oquedades para enfriamiento por circulación de líquidos o gases, aun cuando tengan cojinetes de bronce o de metal Babbit.	Kg	Ex	Ex
8483.30.02	"Chumaceras" de hierro o acero con cojinetes de bronce o de metal Babbit, excepto lo comprendido en la fracción 8483.30.01.	Kg	Ex	Ex
8483.30.03	"Chumaceras" con cojinetes, excepto lo comprendido en las fracciones 8483.30.01 y 8483.30.02.	Kg	Ex	Ex
8483.30.99	Los demás.	Kg	Ex	Ex
8483.40 -	**Engranes y ruedas de fricción, excepto las ruedas dentadas y demás elementos de transmisión presentados aisladamente; husillos fileteados de bolas o rodillos; reductores, multiplicadores y variadores de velocidad, incluidos los convertidores de par.**			
8483.40.01	Engranes o ruedas de fricción, con peso unitario igual o inferior a 25 g.	Kg	Ex	Ex
8483.40.02	Engranes cilíndricos, de dientes helicoidales, o rectos.	Kg	Ex	Ex
8483.40.03	Engranes de tornillos sinfín.	Kg	Ex	Ex
8483.40.04	Engranes, reconocibles como concebidos exclusivamente, para lo comprendido en la fracción 8427.20.01.	Kg	Ex	Ex
8483.40.05	Engranes o ruedas de fricción con peso unitario superior a 2,000 kg.	Kg	Ex	Ex
8483.40.06	Engranes, de acero inoxidable, con peso unitario inferior o igual a 100 g.	Kg	Ex	Ex
8483.40.07	Cajas marinas.	Kg	Ex	Ex
8483.40.08	Husillos fileteados de rodillos.	Kg	Ex	Ex
8483.40.99	Los demás.	Kg	Ex	Ex
8483.50 -	**Volantes y poleas, incluidos los motones.**			
8483.50.01	Poleas tensoras, de lámina de hierro o acero troqueladas, para trociles.	Kg	Ex	Ex
8483.50.02	Volantes reconocibles como concebidos exclusivamente para las máquinas herramientas de las partidas 84.62 u 84.63.	Kg	Ex	Ex
8483.50.99	Los demás.	Kg	Ex	Ex
8483.60 -	**Embragues y órganos de acoplamiento, incluidas las juntas de articulación.**			
8483.60.01	Embragues.	Kg	Ex	Ex
8483.60.02	Acoplamientos elásticos, acoplamientos de acero forjado con peso unitario igual o superior a 600 kg.	Kg	15	Ex
8483.60.99	Los demás.	Kg	10	Ex
8483.90 -	**Ruedas dentadas y demás elementos de transmisión presentados aisladamente; partes.**			
8483.90.01	Reconocibles como concebidas exclusivamente para tractores agrícolas e industriales.	Kg	Ex	Ex
8483.90.02	Ruedas dentadas para transmisión por cadena, con peso unitario superior a 25 g, sin exceder de 2,000 kg.	Kg	Ex	Ex
8483.90.99	Los demás.	Kg	Ex	Ex
84.84	**Juntas metaloplásticas; surtidos de juntas o empaquetaduras de distinta composición presentados en bolsitas, sobres o envases análogos; juntas mecánicas de estanqueidad.**			
8484.10 -	**Juntas metaloplásticas.**			
8484.10.01	Juntas metaloplásticas.	Kg	5	Ex
8484.20 -	**Juntas mecánicas de estanqueidad.**			
8484.20.01	Juntas mecánicas de estanqueidad.	Kg	Ex	Ex
8484.90 -	**Los demás.**			
8484.90.01	Reconocibles como concebidas exclusivamente para tractores agrícolas e industriales.	Kg	Ex	Ex
8484.90.02	Reconocibles para naves aéreas.	Kg	Ex	Ex
8484.90.99	Los demás.	Kg	Ex	Ex

84.86	**Máquinas y aparatos utilizados, exclusiva o principalmente, para la fabricación de semiconductores en forma de monocristales periformes u obleas ("wafers"), dispositivos semiconductores, circuitos electrónicos integrados o dispositivos de visualización (display) de pantalla plana; máquinas y aparatos descritos en la Nota 9 C) de este Capítulo; partes y accesorios.**			
8486.10	**- Máquinas y aparatos para la fabricación de semiconductores en forma de monocristales periformes u obleas ("wafers").**			
8486.10.01	Máquinas y aparatos para la fabricación de semiconductores en forma de monocristales periformes u obleas ("wafers").	Pza	Ex	Ex
8486.20	**- Máquinas y aparatos para la fabricación de dispositivos semiconductores o circuitos electrónicos integrados.**			
8486.20.02	Aparatos de implantación iónica para dopar material semiconductor.	Pza	Ex	Ex
8486.20.99	Los demás	Pza	Ex	Ex
8486.30	**- Máquinas y aparatos para la fabricación de dispositivos de visualización (display) de pantalla plana.**			
8486.30.01	Máquinas y aparatos para la fabricación de dispositivos de visualización (display) de pantalla plana.	Pza	Ex	Ex
8486.40	**- Máquinas y aparatos descritos en la Nota 9 C) de este Capítulo.**			
8486.40.01	Máquinas y aparatos descritos en la Nota 9 C) de este Capítulo.	Pza	Ex	Ex
8486.90	**- Partes y accesorios.**			
8486.90.01	Partes y accesorios reconocibles exclusivamente para lo comprendido en la fracción 8486.10.01.	Pza	Ex	Ex
8486.90.02	Partes y accesorios reconocibles exclusivamente para lo comprendido en la fracción 8486.20.01.	Pza	Ex	Ex
8486.90.03	Partes y accesorios reconocibles exclusivamente para lo comprendido en la fracción 8486.30.01.	Pza	Ex	Ex
8486.90.04	Partes y accesorios reconocibles exclusivamente para lo comprendido en la fracción 8486.40.01.	Pza	Ex	Ex
84.87	**Partes de máquinas o aparatos, no expresadas ni comprendidas en otra parte de este Capítulo, sin conexiones eléctricas, partes aisladas eléctricamente, bobinados, contactos ni otras características eléctricas.**			
8487.10	**- Hélices para barcos y sus paletas.**			
8487.10.01	Hélices o propelas.	Kg	Ex	Ex
8487.10.99	Los demás.	Kg	Ex	Ex
8487.90	**- Las demás.**			
8487.90.01	Cilindros hidráulicos.	Kg	15	Ex
8487.90.02	Válvulas de engrase por inyección.	Kg	Ex	Ex
8487.90.03	Guarniciones montadas de frenos.	Kg	Ex	Ex
8487.90.04	Reconocibles como concebidas exclusivamente para tractores agrícolas e industriales, excepto lo comprendido en la fracción 8487.90.02.	Kg	Ex	Ex
8487.90.05	Reconocibles para naves aéreas.	Kg	Ex	Ex
8487.90.06	Engrasadoras de copa tipo "Stauffer".	Kg	Ex	Ex
8487.90.07	Portamoldes o sus partes, aun cuando se presenten sin la cavidad para recibir el molde.	Kg	Ex	Ex
8487.90.99	Las demás.	Kg	5	Ex

Capítulo 85
Máquinas, aparatos y material eléctrico, y sus partes; aparatos de grabación o reproducción de sonido, aparatos de grabación o reproducción de imagen y sonido en televisión, y las partes y accesorios de estos aparatos

Notas.
1. Este Capítulo no comprende:
   a) las mantas, cojines, calientapiés y artículos similares, que se calienten eléctricamente; las prendas de vestir, calzado, orejeras y demás artículos que se lleven sobre la persona, calentados eléctricamente;
   b) las manufacturas de vidrio de la partida 70.11;
   c) las máquinas y aparatos de la partida 84.86;
   d) las aspiradoras de los tipos utilizados en medicina, cirugía, odontología o veterinaria (partida 90.18);
   e) los muebles con calentamiento eléctrico del Capítulo 94.
2. Los artículos susceptibles de clasificarse tanto en las partidas 85.01 a 85.04 como en las partidas 85.11, 85.12, 85.40, 85.41 u 85.42 se clasifican en estas cinco últimas partidas.
   Sin embargo, los rectificadores de vapor de mercurio de cubeta metálica permanecen clasificados en la partida 85.04.
3. La partida 85.09 comprende, siempre que se trate de aparatos electromecánicos de los tipos normalmente utilizados en usos domésticos:
   a) las enceradoras (lustradoras) de pisos, trituradoras y mezcladoras de alimentos, y extractoras de jugo de frutos u hortalizas, de cualquier peso;
   b) los demás aparatos de peso inferior o igual a 20 kg, excepto los ventiladores y las campanas aspirantes para extracción o reciclado, con ventilador incorporado, incluso con filtro (partida 84.14), las secadoras centrífugas de ropa (partida 84.21), las máquinas para lavar vajilla (partida 84.22), las máquinas para lavar ropa (partida 84.50), las máquinas para planchar (partidas 84.20 u 84.51, según se trate de calandrias u otros tipos), las máquinas de coser (partida 84.52), las tijeras eléctricas (partida 84.67) y los aparatos electrotérmicos (partida 85.16).

4. En la partida 85.23:
    a) se consideran *dispositivos de almacenamiento permanente de datos a base de semiconductores* (por ejemplo, "tarjetas de memoria flash" o "tarjetas de memoria electrónica flash") los dispositivos de almacenamiento con un conector, que tienen, en la misma envoltura, una o más memorias flash (por ejemplo, "E^{2}PROM FLASH") en forma de circuitos integrados montados en una tarjeta de circuitos impresos. Pueden llevar un controlador en forma de circuito integrado y componentes pasivos discretos, tales como condensadores y resistencias;
    b) la expresión *tarjetas inteligentes* ("*smart cards*") comprende las tarjetas que tienen incluidos uno o más circuitos electrónicos integrados (un microprocesador, una memoria de acceso aleatorio (RAM) o una memoria de solo lectura (ROM)), en forma de microplaquitas (chip). Estas tarjetas pueden llevar contactos, una banda magnética o una antena integrada, pero no tienen ningún otro elemento del circuito activo o pasivo.
5. En la partida 85.34, se consideran *circuitos impresos* los obtenidos disponiendo sobre un soporte aislante, por cualquier procedimiento de impresión (por ejemplo: incrustación, deposición electrolítica, grabado) o por la técnica de los circuitos de *capa*, elementos conductores, contactos u otros componentes impresos (por ejemplo: inductancias, resistencias, capacitancias), solos o combinados entre sí según un esquema preestablecido, excepto cualquier elemento que pueda producir, rectificar, modular o amplificar una señal eléctrica (por ejemplo, elementos semiconductores).
    La expresión *circuitos impresos* no comprende los circuitos combinados con elementos que no hayan sido obtenidos durante el proceso de impresión ni las resistencias, condensadores o inductancias discretos. Sin embargo, los circuitos impresos pueden estar provistos con elementos de conexión no impresos.
    Los circuitos de capa (delgada o gruesa), con elementos pasivos y activos obtenidos durante el mismo proceso tecnológico, se clasifican en la partida 85.42.
6. En la partida 85.36, se entiende por *conectores de fibras ópticas, de haces o cables de fibras ópticas*, los conectores que solo sirven para alinear mecánicamente las fibras ópticas extremo con extremo en un sistema de cable digital. No realizan ninguna otra función, tal como la amplificación, regeneración o modificación de la señal.
7. La partida 85.37 no comprende los mandos a distancia inalámbricos con dispositivo infrarrojo de los aparatos receptores de televisión u otros aparatos eléctricos (partida 85.43).
8. En las partidas 85.41 y 85.42 se consideran:
    a) *Diodos, transistores y dispositivos semiconductores similares*, los dispositivos semiconductores cuyo funcionamiento se basa en la variación de la resistividad por la acción de un campo eléctrico;
    b) *Circuitos electrónicos integrados:*
        1°) los circuitos integrados monolíticos en los que los elementos del circuito (diodos, transistores, resistencias, condensadores, bobinas de inductancia, etc.) se crean en la masa (esencialmente) y en la superficie de un material semiconductor (por ejemplo: silicio dopado, arseniuro de galio, silicio-germanio, fosfuro de indio), formando un todo inseparable;
        2°) los circuitos integrados híbridos que reúnan de modo prácticamente inseparable, mediante interconexiones o filamentos conectores, sobre un mismo sustrato aislante (vidrio, cerámica, etc.), elementos pasivos (resistencias, condensadores, bobinas de inductancia, etc.), obtenidos por la técnica de los circuitos de capa delgada o gruesa y elementos activos (diodos, transistores, circuitos integrados monolíticos, etc.), obtenidos por la técnica de los semiconductores. Estos circuitos también pueden llevar componentes discretos;
        3°) los circuitos integrados multichip, formados por dos o más circuitos integrados monolíticos, interconectados de modo prácticamente inseparable, dispuestos o no sobre uno o más sustratos aislantes, con o sin bastidor de conexión, pero sin ningún otro elemento activo o pasivo de los circuitos.
    Para los artículos definidos en esta Nota, las partidas 85.41 y 85.42 tienen prioridad sobre cualquier otra de la Nomenclatura que pudiera comprenderlos, especialmente en razón de su función, excepto en el caso de la partida 85.23.
9. En la partida 85.48, se consideran *pilas, baterías de pilas y acumuladores, eléctricos, inservibles*, los que no son utilizables como tales a consecuencia de rotura, corte, desgaste o cualquier otro motivo o por no ser susceptibles de recarga.

Nota de subpartida.
1. La subpartida 8527.12 comprende únicamente los radiocasetes con amplificador incorporado y sin altavoz (altoparlante) incorporado, que puedan funcionar sin fuente de energía eléctrica exterior y cuyas dimensiones sean inferiores o iguales a 170 mm x 100 mm x 45 mm.

Notas Aclaratorias.-
1. Para efectos de este Capítulo, el término **"circuito modular"** significa: un bien que consiste de uno o más circuitos impresos de la partida 85.34 con uno o más elementos activos ensamblados, y con o sin elementos pasivos.
    Para efectos de esta Nota, el término **"elementos activos"** comprende diodos, transistores y dispositivos semiconductores similares, fotosensibles o no, de la partida 85.41, y los circuitos integrados y microensambles de la partida 85.42.
2. Para efectos de la fracción 8540.91.01 el término **"ensamble de panel frontal"** se refiere a un ensamble que comprende un panel de vidrio y una máscara sombreada o enrejada, dispuesto para uso final, apto para incorporarse en un tubo de rayos catódicos en colores (incluido un tubo de rayos catódicos para monitores de video), y que se haya sometido a los procesos químicos y físicos necesarios para el recubrimiento de fósforo en el panel de vidrio con la precisión suficiente para proporcionar imágenes de video al ser excitado por un haz de electrones.
3. Para efectos de este Capítulo,
    a) El término **"alta definición"** aplicado a aparatos de la partida 85.28 y a tubos de rayos catódicos, se refiere a los bienes que tengan:
        i) Un espectro de pantalla, cuya relación sea igual o mayor a 16:9, y
        ii) Un campo visual capaz de proyectar más de 700 líneas; y
    b) La diagonal de la pantalla de video se determina por la medida de la dimensión máxima de la recta que cruza el campo visual de la placa frontal utilizada en el video.
4. La fracción 8529.90.08 comprende las siguientes partes de receptores de televisión (incluyendo videomonitores y videoproyectores):

a)   sistemas de amplificación y detección de intermedio de video (IF);
b)   sistemas de procesamiento y amplificación de video;
c)   circuitos de sincronización y deflexión;
d)   sintonizadores y sistemas de control de sintonía;
e)   sistemas de detección y amplificación de audio.

Nota Aclaratoria de subpartida.-

1.   Para efectos de la subpartida 8506.10, también se comprenden las pilas formadas por un cátodo de manganeso, con un electrodo de carbón colector de iones, electrolito no alcalino y ánodo de zinc, llamadas comercialmente "de carbón-zinc".

Código		Descripción	Unid de Med	Arancel (%) IMP.	EXP.
85.01		**Motores y generadores, eléctricos, excepto los grupos electrógenos.**			
8501.10	.	**Motores de potencia de salida inferior o igual a 37.5 W.**			
8501.10.01		Para montarse en juguetes o en modelos reducidos para recreo.	Pza	Ex	Ex
8501.10.02		Reconocibles para naves aéreas.	Pza	Ex	Ex
8501.10.03		Para máquinas de afeitar o cortar el pelo, incluidas las esquiladoras.	Pza	Ex	Ex
8501.10.04		Accionados exclusivamente por corriente continua.	Pza	Ex	Ex
8501.10.05		Motores síncronos.	Pza	Ex	Ex
8501.10.06		De corriente alterna asíncronos monofásicos reconocibles como concebidos exclusivamente para uso en giradiscos, grabadoras y tocacintas.	Pza	Ex	Ex
8501.10.07		Motorreductores para uso en aparatos de fotocopia, de corriente alterna, de 100/125 voltios, con potencia de salida igual o superior a 0.00745 kW, (1/100 de C.P.).	Pza	Ex	Ex
8501.10.08		Motores de corriente alterna, asíncronos monofásicos, según la norma NMX-J-226, o sus equivalentes, excepto lo comprendido en las fracciones 8501.10.03, 8501.10.06, 8501.10.07 y 8501.10.09.	Pza	Ex	Ex
8501.10.09		De corriente alterna, monofásicos con potencia de salida igual o superior a 0.01 kW (1/75 de C.P.), excepto lo comprendido en las fracciones 8501.10.03, 8501.10.05 y 8501.10.06.	Pza	Ex	Ex
8501.10.99		Los demás.	Pza	Ex	Ex
8501.20	.	**Motores universales de potencia de salida superior a 37.5 W.**			
8501.20.01		Para máquinas de afeitar o cortar el pelo, incluidas las esquiladoras.	Pza	Ex	Ex
8501.20.02		Síncronos con potencia de salida inferior a 4,475 kW (6,000 C.P.).	Pza	Ex	Ex
8501.20.03		Reconocibles para naves aéreas.	Pza	Ex	Ex
8501.20.04		Con potencia de salida inferior a 150 W (1/5 C.P.), excepto lo comprendido en las fracciones 8501.20.01, 8501.20.02 y 8501.20.03.	Pza	Ex	Ex
8501.20.99		Los demás.	Pza	Ex	Ex
	.	**Los demás motores de corriente continua; generadores de corriente continua:**			
8501.31	..	**De potencia de salida inferior o igual a 750 W.**			
8501.31.01		Generadores.	Pza	15	Ex
8501.31.02		Reconocibles para naves aéreas.	Pza	Ex	Ex
8501.31.03		Motores con potencia de salida igual o inferior a 264 W y voltaje de 12 v, de uso automotriz, para limpiaparabrisas, elevadores de cristales, radiadores y calefacción.	Pza	Ex	Ex
8501.31.04		Motores para máquinas esquiladoras.	Pza	Ex	Ex
8501.31.05		Motores con potencia de salida igual o superior a 186 W (1/4 C.P.), excepto lo comprendido en las fracciones 8501.31.03 y 8501.31.04.	Pza	15	Ex
8501.31.99		Los demás.	Pza	5	Ex
8501.32	..	**De potencia de salida superior a 750 W pero inferior o igual a 75 kW.**			
8501.32.01		Generadores.	Pza	15	Ex
8501.32.02		Reconocibles para naves aéreas.	Pza	Ex	Ex
8501.32.03		Motores para ascensores o elevadores.	Pza	Ex	Ex
8501.32.04		Motores para trolebuses.	Pza	Ex	Ex
8501.32.05		Motores de potencia de salida igual o inferior a 3.75 kW (5 C.P.).	Pza	15	Ex
8501.32.06		Motores reconocibles como concebidos exclusivamente para la propulsión de vehículos eléctricos, de la subpartida 8703.90.	Pza	Ex	Ex
8501.32.99		Los demás.	Pza	10	Ex
8501.33	..	**De potencia de salida superior a 75 kW pero inferior o igual a 375 kW.**			
8501.33.01		Generadores con capacidad hasta de 150 kW.	Pza	15	Ex
8501.33.02		Reconocibles para naves aéreas.	Pza	Ex	Ex
8501.33.03		Generadores, excepto lo comprendido en la fracción 8501.33.01.	Pza	Ex	Ex
8501.33.04		Motores para ascensores o elevadores.	Pza	Ex	Ex
8501.33.05		Motores para trolebuses.	Pza	Ex	Ex
8501.33.99		Los demás.	Pza	10	Ex
8501.34	..	**De potencia de salida superior a 375 kW.**			
8501.34.01		Generadores.	Pza	Ex	Ex
8501.34.02		Reconocibles para naves aéreas.	Pza	Ex	Ex

8501.34.03	Motores para ascensores o elevadores.	Pza	Ex	Ex
8501.34.04	Motores para trolebuses.	Pza	Ex	Ex
8501.34.05	Motores, con potencia de salida inferior o igual a 2,611 kW (3,500 C.P.), excepto lo comprendido en las fracciones 8501.34.03 y 8501.34.04.	Pza	5	Ex
8501.34.99	Los demás.	Pza	Ex	Ex
8501.40	**Los demás motores de corriente alterna, monofásicos.**			
8501.40.01	Reconocibles para naves aéreas.	Pza	Ex	Ex
8501.40.02	Motores para ascensores o elevadores.	Pza	Ex	Ex
8501.40.03	Para máquinas de afeitar o cortar el pelo, incluidas las esquiladoras.	Pza	Ex	Ex
8501.40.04	Para trolebuses.	Pza	Ex	Ex
8501.40.05	Síncronos, con potencia de salida igual o inferior a 4,475 kW (6,000 C.P.).	Pza	5	Ex
8501.40.06	Asíncronos, con potencia de salida superior a 0.375 kW (1/2 C.P.), sin exceder de 0.746 kW (1 C.P.), reconocibles como concebidos exclusivamente para uso en giradiscos, grabadoras y tocacintas.	Pza	Ex	Ex
8501.40.07	De potencia de salida inferior o igual a 0.047 kW, excepto lo comprendido en las fracciones 8501.40.03 y 8501.40.08.	Pza	Ex	Ex
8501.40.08	Motores de corriente alterna, asíncronos monofásicos, según normas NMX-J-75 o NMX-J-226, o sus equivalentes, excepto lo comprendido en las fracciones 8501.40.02, 8501.40.03 y 8501.40.05.	Pza	5	Ex
8501.40.99	Los demás.	Pza	Ex	Ex
	Los demás motores de corriente alterna, polifásicos:			
8501.51	**De potencia de salida inferior o igual a 750 W.**			
8501.51.01	Reconocibles para naves aéreas.	Pza	Ex	Ex
8501.51.02	Asíncronos, trifásicos.	Pza	15	Ex
8501.51.03	Síncronos.	Pza	Ex	Ex
8501.51.99	Los demás.	Pza	Ex	Ex
8501.52	**De potencia de salida superior a 750 W pero inferior o igual a 75 kW.**			
8501.52.01	Reconocibles para naves aéreas.	Pza	Ex	Ex
8501.52.02	Para ascensores o elevadores.	Pza	Ex	Ex
8501.52.03	Para trolebuses.	Pza	Ex	Ex
8501.52.04	Asíncronos, trifásicos, excepto lo comprendido en la fracción 8501.52.02.	Pza	15	Ex
8501.52.05	Síncronos.	Pza	Ex	Ex
8501.52.99	Los demás.	Pza	Ex	Ex
8501.53	**De potencia de salida superior a 75 kW.**			
8501.53.01	Reconocibles para naves aéreas.	Pza	Ex	Ex
8501.53.02	Para ascensores o elevadores.	Pza	Ex	Ex
8501.53.03	Para trolebuses.	Pza	Ex	Ex
8501.53.04	Asíncronos, trifásicos, con potencia de salida inferior o igual a 8,952 kW (12,000 C.P.), excepto lo comprendido en la fracción 8501.53.02.	Pza	15	Ex
8501.53.05	Síncronos, con potencia de salida igual o inferior a 4,475 kW (6,000 C.P.).	Pza	5	Ex
8501.53.06	Síncronos, con potencia de salida superior a 4,475 kW (6,000 C.P.).	Pza	Ex	Ex
8501.53.07	Trifásicos asíncronos con potencia de salida superior a 8,952 kW (12,000 C.P.).	Pza	Ex	Ex
8501.53.99	Los demás.	Pza	Ex	Ex
	Generadores de corriente alterna (alternadores):			
8501.61	**De potencia de salida inferior o igual a 75 kVA.**			
8501.61.01	De potencia de salida inferior o igual a 75 kVA.	Pza	15	Ex
8501.62	**De potencia de salida superior a 75 kVA pero inferior o igual a 375 kVA.**			
8501.62.01	De potencia de salida superior a 75 kVA pero inferior o igual a 375 kVA.	Pza	15	Ex
8501.63	**De potencia de salida superior a 375 kVA pero inferior o igual a 750 kVA.**			
8501.63.01	De potencia de salida superior a 375 kVA pero inferior o igual a 750 kVA.	Pza	15	Ex
8501.64	**De potencia de salida superior a 750 kVA.**			
8501.64.01	De potencia de salida superior a 750 kVA, pero inferior o igual a 6,000 kVA, excepto lo comprendido en la fracción 8501.64.03.	Pza	15	Ex
8501.64.02	Generadores síncronos con potencia de salida superior o igual a 6,000 kVA e inferior a 50,000 kVA, incluyendo: sistema de excitación, regulador de voltaje, sistema de protección y control y chumaceras.	Pza	Ex	Ex
8501.64.03	De potencia de salida superior a 750 kVA, pero inferior o igual a 6,000 kVA, para producir electricidad a partir de fuentes de energía renovable.	Pza	5	Ex
8501.64.99	Los demás.	Pza	Ex	Ex
85.02	**Grupos electrógenos y convertidores rotativos eléctricos.**			
	Grupos electrógenos con motor de émbolo (pistón) de encendido por compresión (motores Diesel o semi-Diesel):			
8502.11	**De potencia de salida inferior o igual a 75 kVA.**			
8502.11.01	De potencia de salida inferior o igual a 75 kVA.	Pza	15	Ex
8502.12	**De potencia de salida superior a 75 kVA pero inferior o igual a 375 kVA.**			
8502.12.01	De potencia de salida superior a 75 kVA pero inferior o igual a 375 kVA.	Pza	15	Ex
8502.13	**De potencia de salida superior a 375 kVA.**			
8502.13.01	De potencia de salida superior a 375 kVA, pero inferior o igual a 1,500 kVA.	Pza	15	Ex

8502.13.02	De potencia de salida superior a 1,500 kVA pero inferior o igual a 2,000 kVA.	Pza	15	Ex
8502.13.99	Los demás.	Pza	5	Ex
8502.20	- **Grupos electrógenos con motor de émbolo (pistón) de encendido por chispa (motor de explosión).**			
8502.20.01	Con capacidad nominal de generación superior a 2,000 kVA.	Pza	Ex	Ex
8502.20.02	Con capacidad nominal de generación superior a 1,500 kVA pero inferior o igual a 2,000 kVA.	Pza	15	Ex
8502.20.99	Los demás.	Pza	15	Ex
	- **Los demás grupos electrógenos:**			
8502.31	- - **De energía eólica.**			
8502.31.01	Aerogeneradores.	Pza	Ex	Ex
8502.31.99	Los demás.	Pza	5	Ex
8502.39	- - **Los demás.**			
8502.39.01	Turbogeneradores (turbodinamos o turboalternadores), excepto lo comprendido en la fracción 8502.39.03.	Pza	Ex	Ex
8502.39.02	Sistemas de cogeneración de electricidad y vapor, presentados como unidades móviles que formen un solo cuerpo.	Pza	Ex	Ex
8502.39.03	Turbogeneradores accionados por turbina a gas, excepto los accionados por turbina de vapor de agua.	Pza	Ex	Ex
8502.39.04	Los demás grupos electrógenos, para producir electricidad a partir de fuentes de energía renovable.	Pza	5	Ex
8502.39.99	Los demás.	Pza	15	Ex
8502.40	- **Convertidores rotativos eléctricos.**			
8502.40.01	Convertidores rotativos eléctricos.	Pza	5	Ex
85.03	**Partes identificables como destinadas, exclusiva o principalmente, a las máquinas de las partidas 85.01 u 85.02.**			
8503.00	- **Partes identificables como destinadas, exclusiva o principalmente, a las máquinas de las partidas 85.01 u 85.02.**			
8503.00.01	Reconocibles como concebidas exclusivamente para motores para trolebuses.	Kg	Ex	Ex
8503.00.02	Armazones o núcleos de rotores, incluso las láminas, excepto lo comprendido en la fracción 8503.00.01.	Kg	Ex	Ex
8503.00.03	Estatores o rotores con peso unitario inferior o igual a 1,000 kg, excepto lo comprendido en la fracción 8503.00.01.	Kg	Ex	Ex
8503.00.04	Blindajes de ferrita, para bobinas.	Kg	Ex	Ex
8503.00.05	Estatores o rotores con peso unitario superior a 1,000 kg, excepto lo comprendido en la fracción 8503.00.01.	Pza	Ex	Ex
8503.00.06	Reconocibles como concebidas exlusivamente para aerogeneradores.	Kg	Ex	Ex
8503.00.99	Las demás.	Kg	Ex	Ex
85.04	**Transformadores eléctricos, convertidores eléctricos estáticos (por ejemplo, rectificadores) y bobinas de reactancia (autoinducción).**			
8504.10	- **Balastos (reactancias) para lámparas o tubos de descarga.**			
8504.10.01	Balastos para lámparas.	Pza	5	Ex
8504.10.99	Los demás.	Pza	Ex	Ex
	- **Transformadores de dieléctrico líquido:**			
8504.21	- - **De potencia inferior o igual a 650 kVA.**			
8504.21.01	Bobinas de inducción.	Pza	Ex	Ex
8504.21.02	Con peso unitario inferior o igual a 5 kg, para uso en electrónica.	Pza	Ex	Ex
8504.21.03	Con peso unitario inferior a 5 kg, excepto lo comprendido en la fracción 8504.21.02.	Pza	Ex	Ex
8504.21.04	Para instrumentos para medición y/o protección.	Pza	5	Ex
8504.21.99	Los demás.	Pza	5	Ex
8504.22	- - **De potencia superior a 650 kVA pero inferior o igual a 10,000 kVA.**			
8504.22.01	De potencia superior a 650 kVA pero inferior o igual a 10,000 kVA.	Pza	5	Ex
8504.23	- - **De potencia superior a 10,000 kVA.**			
8504.23.01	De potencia superior a 10,000 kVA.	Pza	5	Ex
	- **Los demás transformadores:**			
8504.31	- - **De potencia inferior o igual a 1 kVA.**			
8504.31.01	Para juguetes o modelos reducidos de la partida 95.03.	Pza	Ex	Ex
8504.31.02	Transformadores para uso en televisión ("Multisingle flyback").	Pza	Ex	Ex
8504.31.03	De distribución, monofásicos o trifásicos.	Pza	5	Ex
8504.31.04	Para instrumentos, para medición y/o protección.	Pza	5	Ex
8504.31.05	Con peso unitario inferior a 5 kg, para uso en electrónica, excepto lo comprendido en las fracciones 8504.31.01, 8504.31.02, 8504.31.03, 8504.31.04 y 8504.31.06.	Pza	Ex	Ex
8504.31.06	Transformadores reconocibles como concebidos exclusivamente para uso en aparatos de grabación y/o reproducción de sonido o de imagen y sonido, en monitores, receptores de televisión, videojuegos o equipos similares.	Pza	Ex	Ex
8504.31.99	Los demás.	Pza	Ex	Ex
8504.32	- - **De potencia superior a 1 kVA pero inferior o igual a 16 kVA.**			
8504.32.01	Para instrumentos de medición y/o protección.	Pza	Ex	Ex
8504.32.02	De distribución, monofásicos o trifásicos.	Pza	5	Ex

8504.32.99	Los demás.	Pza	5	Ex
8504.33	**.. De potencia superior a 16 kVA pero inferior o igual a 500 kVA.**			
8504.33.01	De distribución, monofásicos o trifásicos.	Pza	5	Ex
8504.33.99	Los demás.	Pza	5	Ex
8504.34	**.. De potencia superior a 500 kVA.**			
8504.34.01	De potencia superior a 500 kVA.	Pza	5	Ex
8504.40	**. Convertidores estáticos.**			
8504.40.01	Para soldadura eléctrica, con capacidad nominal igual o inferior a 400 amperes.	Pza	5	Ex
8504.40.02	Equipos rectificadores de selenio.	Pza	Ex	Ex
8504.40.03	Rectificadores cargadores de baterías para telefonía.	Pza	Ex	Ex
8504.40.04	Rectificadores eliminadores de baterías (fuentes de poder), para telefonía y/o sistemas de teletipos.	Pza	Ex	Ex
8504.40.05	Equipos rectificadores de óxido de cobre, germanio o silicio.	Pza	Ex	Ex
8504.40.06	Convertidores de batería de corriente CC/CC para alimentación de equipos de telecomunicaciones.	Pza	Ex	Ex
8504.40.07	Para fuente de llamada, para centrales telefónicas.	Pza	Ex	Ex
8504.40.08	Eliminadores de baterías o pilas, con peso unitario inferior o igual a 1 kg, para grabadoras, radios o fonógrafos.	Pza	Ex	Ex
8504.40.09	Fuentes de poder reguladas, con regulación de 0.1% o mejor, para la alimentación de amplificadores de distribución de audio y video, para sistemas	Pza	Ex	Ex
8504.40.10	Fuentes de voltaje, con conversión de corriente CA/CC/CA, llamadas "no break" o "uninterruptible power supply" ("UPS").	Pza	15	Ex
8504.40.11	Fuentes de alimentación de corriente continua, para mesa o bastidor ("Rack") inferior o igual a 500 voltios con precisión de 0.1% o mejor e inferior o igual a 500 W de potencia con instrumentos indicadores de tensión y corriente con protección automática contra sobrecarga.	Pza	Ex	Ex
8504.40.12	Fuentes de alimentación estabilizada, reconocibles como concebidas exclusivamente para incorporación en los aparatos y equipos comprendidos en la partida 84.71, excepto lo comprendido en la fracción 8504.40.10.	Pza	Ex	Ex
8504.40.13	Controladores de velocidad para motores eléctricos.	Pza	5	Ex
8504.40.14	Fuentes de poder reconocibles como concebidas exclusivamente para incorporación en los aparatos y equipos comprendidos en la partida 84.71, excepto lo comprendido en la fracción 8504.40.10.	Pza	Ex	Ex
8504.40.15	Cargadores para baterías.	Pza	Ex	Ex
8504.40.99	Los demás.	Pza	10	Ex
8504.50	**. Las demás bobinas de reactancia (autoinducción).**			
8504.50.01	De repetición, reconocibles como concebidas exclusivamente para telefonía.	Pza	Ex	Ex
8504.50.02	Reconocibles como concebidas exclusivamente para electrónica.	Pza	Ex	Ex
8504.50.99	Las demás.	Pza	Ex	Ex
8504.90	**. Partes.**			
8504.90.01	Núcleos de ferrita.	Kg	Ex	Ex
8504.90.02	Circuitos modulares reconocibles como concebidos exclusivamente para lo comprendido en la fracción 8504.40.14.	Kg	Ex	Ex
8504.90.03	Placas de selenio.	Kg	Ex	Ex
8504.90.04	Casquillos de metal para anclajes de bobinas, reconocibles como concebidos exclusivamente para aparatos electrónicos y de comunicaciones eléctricas.	Kg	Ex	Ex
8504.90.05	Reconocibles como concebidas exclusivamente para bobinas de frecuencia intermedia, de reactancia y de autoinducción para uso en electrónica o para transformadores de alta tensión ("fly-back") para televisión.	Kg	Ex	Ex
8504.90.06	Para juguetes o modelos reducidos de la partida 95.03.	Kg	Ex	Ex
8504.90.07	Circuitos modulares reconocibles como concebidos exclusivamente para lo comprendido en las subpartidas 8504.40 y 8504.90, excepto lo comprendido en la fracción 8504.90.02.	Kg	Ex	Ex
8504.90.08	Reconocibles como concebidas exclusivamente para lo comprendido en la fracción 8504.40.03, 8504.40.04, 8504.40.05, 8504.40.06, 8504.40.07, 8504.40.08, 8504.40.09, 8504.40.10, 8504.40.12 y 8504.40.14, excepto lo comprendido en las fracciones 8504.90.02 y 8504.90.07.	Pza	Ex	Ex
8504.90.99	Las demás.	Kg	Ex	Ex
85.05	**Electroimanes; imanes permanentes y artículos destinados a ser imantados permanentemente; platos, mandriles y dispositivos magnéticos o electromagnéticos similares, de sujeción; acoplamientos, embragues, variadores de velocidad y frenos, electromagnéticos; cabezas elevadoras electromagnéticas.**			
	. Imanes permanentes y artículos destinados a ser imantados permanentemente:			
8505.11	**.. De metal.**			
8505.11.01	De metal.	Kg	Ex	Ex
8505.19	**.. Los demás.**			
8505.19.99	Los demás.	Kg	Ex	Ex
8505.20	**. Acoplamientos, embragues, variadores de velocidad y frenos, electromagnéticos.**			
8505.20.01	Acoplamientos, embragues, variadores de velocidad y frenos, electromagnéticos.	Kg	5	Ex

8505.90	. Los demás, incluidas las partes.			
8505.90.01	Electroimanes de tracción para máquinas de lavar ropa.	Kg	Ex	Ex
8505.90.02	Cabezas magnéticas para máquinas elevadoras.	Kg	Ex	Ex
8505.90.03	Cabezas elevadoras electromagnéticas con capacidad de carga igual o inferior a 53.5 t, concebidas para soportar temperatura igual o inferior a 300°C.	Kg	Ex	Ex
8505.90.04	Cabezas elevadoras electromagnéticas excepto lo comprendido en la fracción 8505.90.03.	Kg	Ex	Ex
8505.90.05	Partes y piezas sueltas.	Kg	Ex	Ex
8505.90.99	Los demás.	Kg	Ex	Ex
85.06	**Pilas y baterías de pilas, eléctricas.**			
8506.10	**. De dióxido de manganeso.**			
8506.10.01	SUPRIMIDA (DOF. 13-Dic-13)			
8506.10.02	Alcalinas.	Kg	Ex	Ex
8506.10.99	Las demás.	Kg	Ex	Ex
8506.30	**. De óxido de mercurio.**			
8506.30.01	De óxido de mercurio.	Kg	Ex	Ex
8506.40	**. De óxido de plata.**			
8506.40.01	De óxido de plata.	Kg	Ex	Ex
8506.50	**. De litio.**			
8506.50.01	De litio.	Kg	Ex	Ex
8506.60	**. De aire-cinc.**			
8506.60.01	De aire-cinc.	Kg	Ex	Ex
8506.80	**. Las demás pilas y baterías de pilas.**			
8506.80.01	Las demás pilas y baterías de pilas.	Kg	Ex	Ex
8506.90	**. Partes.**			
8506.90.01	Partes.	Kg	Ex	Ex
85.07	**Acumuladores eléctricos, incluidos sus separadores, aunque sean cuadrados o rectangulares.**			
8507.10	**. De plomo, de los tipos utilizados para arranque de motores de émbolo (pistón).**			
8507.10.01	Reconocibles para naves aéreas.	Pza	Ex	Ex
8507.10.99	Los demás.	Pza	15	Ex
8507.20	**. Los demás acumuladores de plomo.**			
8507.20.01	Reconocibles para naves aéreas.	Pza	Ex	Ex
8507.20.02	Recargables, de plomo-ácido, para "flash" electrónico hasta 6 voltios, con peso unitario igual o inferior a 1 kg.	Pza	Ex	Ex
8507.20.03	Del tipo utilizado como fuente de energía para la propulsión de vehículos eléctricos.	Pza	15	Ex
8507.20.04	De plomo-ácido, con recombinación interna de gases, construcción sellada, con electrolito inmovilizado, para uso electrónico, con peso inferior a 9 kg y terminales de tornillo o tipo fastón.	Pza	Ex	Ex
8507.20.99	Los demás.	Pza	15	Ex
8507.30	**. De níquel-cadmio.**			
8507.30.01	De níquel-cadmio.	Kg	Ex	Ex
8507.40	**. De níquel-hierro.**			
8507.40.01	De níquel-hierro.	Kg	Ex	Ex
8507.50	**. De níquel-hidruro metálico.**			
8507.50.01	De níquel-hidruro metálico.	Kg	Ex	Ex
8507.60	**. De iones de litio.**			
8507.60.01	De iones de litio.	Kg	Ex	Ex
8507.80	**. Los demás acumuladores.**			
8507.80.01	Los demás acumuladores.	Kg	Ex	Ex
8507.90	**. Partes.**			
8507.90.01	Partes.	Kg	Ex	Ex
85.08	**Aspiradoras.**			
	. Con motor eléctrico incorporado:			
8508.11	**.. De potencia inferior o igual a 1,500 W y de capacidad del depósito o bolsa para el polvo inferior o igual a 20 l.**			
8508.11.01	De potencia inferior o igual a 1,500 W y de capacidad del depósito o bolsa para el polvo inferior o igual a 20 l.	Pza	20	Ex
8508.19	**.. Las demás.**			
8508.19.01	Aspiradoras, con peso superior a 20 kg, para uso industrial.	Pza	20	Ex
8508.19.99	Las demás.	Pza	20	Ex
8508.60	**. Las demás aspiradoras.**			
8508.60.01	Las demás aspiradoras.	Pza	20	Ex
8508.70	**. Partes.**			
8508.70.01	Reconocibles como concebidas exclusivamente para lo comprendido en la fracción 8508.19.01.	Kg	7	Ex
8508.70.02	Carcazas.	Pza	10	Ex
8508.70.99	Las demás.	Kg	10	Ex

85.09	**Aparatos electromecánicos con motor eléctrico incorporado, de uso doméstico, excepto las aspiradoras de la partida 85.08.**			
8509.40	**. Trituradoras y mezcladoras de alimentos; extractoras de jugo de frutos u hortalizas.**			
8509.40.01	Licuadoras, trituradoras o mezcladoras de alimentos.	Pza	15	Ex
8509.40.02	Exprimidoras de frutas.	Pza	Ex	Ex
8509.40.03	Batidoras.	Pza	Ex	Ex
8509.40.99	Las demás.	Pza	15	Ex
8509.80	**. Los demás aparatos.**			
8509.80.01	Molinos para carne.	Pza	15	Ex
8509.80.02	Máquinas para lustrar zapatos.	Pza	15	Ex
8509.80.03	Cuchillos.	Pza	Ex	Ex
8509.80.04	Cepillos para dientes.	Pza	Ex	Ex
8509.80.05	Cepillos para ropa.	Pza	15	Ex
8509.80.06	Limpiadoras lustradoras con peso unitario inferior o igual a 3 kg, con depósito para detergente.	Pza	15	Ex
8509.80.07	De manicura, con accesorios intercambiables.	Pza	Ex	Ex
8509.80.08	Afiladores de cuchillos.	Pza	15	Ex
8509.80.09	Abridores de latas.	Pza	Ex	Ex
8509.80.10	Con dispositivos intercambiables, para uso múltiple.	Pza	15	Ex
8509.80.11	Enceradoras (lustradoras) de pisos, excepto lo comprendido en la fracción 8509.80.06.	Pza	15	Ex
8509.80.12	Trituradoras de desperdicios de cocina.	Pza	15	Ex
8509.80.99	Los demás.	Pza	15	Ex
8509.90	**. Partes.**			
8509.90.01	Reconocibles como concebidas exclusivamente para lo comprendido en la fracción 8509.80.10.	Kg	Ex	Ex
8509.90.02	Carcazas.	Pza	Ex	Ex
8509.90.99	Las demás.	Kg	Ex	Ex
85.10	**Afeitadoras, máquinas de cortar el pelo o esquilar y aparatos de depilar, con motor eléctrico incorporado.**			
8510.10	**. Afeitadoras.**			
8510.10.01	Afeitadoras.	Pza	15	Ex
8510.20	**. Máquinas de cortar el pelo o esquilar.**			
8510.20.01	Máquinas de cortar el pelo o esquilar.	Pza	15	Ex
8510.30	**. Aparatos de depilar.**			
8510.30.01	Aparatos de depilar.	Pza	15	Ex
8510.90	**. Partes.**			
8510.90.01	Peines, para máquinas de cortar el pelo.	Kg	Ex	Ex
8510.90.02	Cabezales para máquinas de afeitar.	Kg	15	Ex
8510.90.03	Hojas con o sin filo.	Kg	15	Ex
8510.90.04	Partes reconocidas como concebidas exclusivamente para máquinas rasuradoras o de afeitar, excepto lo comprendido en las fracciones 8510.90.02 y 8510.90.03.	Kg	Ex	Ex
8510.90.99	Los demás.	Kg	10	Ex
85.11	**Aparatos y dispositivos eléctricos de encendido o de arranque, para motores de encendido por chispa o por compresión (por ejemplo: magnetos, dinamomagnetos, bobinas de encendido, bujías de encendido o calentamiento, motores de arranque); generadores (por ejemplo: dínamos, alternadores) y reguladores disyuntores utilizados con estos motores.**			
8511.10	**. Bujías de encendido.**			
8511.10.01	Reconocibles para naves aéreas.	Kg	Ex	Ex
8511.10.02	Reconocibles como concebidas para tractores agrícolas e industriales o motocicletas.	Kg	Ex	Ex
8511.10.03	Cuyo electrodo central sea de níquel, tungsteno; platino, iridio o de aleaciones de oro; o que contengan dos o más electrodos a tierra; excepto lo comprendido en las fracciones 8511.10.01 y 8511.10.02.	Kg	5	Ex
8511.10.99	Las demás.	Kg	Ex	Ex
8511.20	**. Magnetos; dinamomagnetos; volantes magnéticos.**			
8511.20.01	Reconocibles para naves aéreas.	Kg	Ex	Ex
8511.20.02	Reconocibles como concebidas exclusivamente para tractores agrícolas e industriales o motocicletas.	Kg	Ex	Ex
8511.20.03	Magnetos, excepto lo comprendido en las fracciones 8511.20.01 y 8511.20.02.	Kg	Ex	Ex
8511.20.99	Los demás.	Kg	Ex	Ex
8511.30	**. Distribuidores; bobinas de encendido.**			
8511.30.01	Reconocibles para naves aéreas.	Pza	Ex	Ex
8511.30.02	Reconocibles como concebidas exclusivamente para tractores agrícolas o industriales.	Pza	Ex	Ex
8511.30.03	Distribuidores, excepto lo comprendido en las fracciones 8511.30.01, 8511.30.02 y 8511.30.04.	Pza	Ex	Ex
8511.30.04	Reconocibles como concebidas exclusivamente para motocicletas.	Pza	Ex	Ex
8511.30.99	Los demás.	Pza	Ex	Ex
8511.40	**. Motores de arranque, aunque funcionen también como generadores.**			
8511.40.01	Reconocibles para naves aéreas.	Pza	Ex	Ex

8511.40.02	Reconocibles como concebidas exclusivamente para tractores agrícolas e industriales o motocicletas.	Pza	Ex	Ex
8511.40.03	Motores de arranque, con capacidad inferior a 24V y con peso inferior a 15 kg.	Pza	Ex	Ex
8511.40.99	Los demás.	Pza	Ex	Ex
8511.50	**. Los demás generadores.**			
8511.50.01	Dínamos (generadores).	Pza	Ex	Ex
8511.50.02	Reconocibles para naves aéreas.	Pza	Ex	Ex
8511.50.03	Reconocibles como concebidas exclusivamente para tractores agrícolas e industriales o motocicletas.	Pza	Ex	Ex
8511.50.04	Alternadores, con capacidad inferior a 24 V y peso menor a 10 kg.	Pza	Ex	Ex
8511.50.99	Los demás.	Pza	Ex	Ex
8511.80	**. Los demás aparatos y dispositivos.**			
8511.80.01	Reguladores de arranque.	Pza	15	Ex
8511.80.02	Reconocibles para naves aéreas.	Pza	Ex	Ex
8511.80.03	Bujías de calentado (precalentadoras).	Pza	Ex	Ex
8511.80.04	Reconocibles como concebidos exclusivamente para tractores agrícolas e industriales o motocicletas.	Pza	Ex	Ex
8511.80.99	Los demás.	Pza	10	Ex
8511.90	**. Partes.**			
8511.90.01	Platinos.	Kg	Ex	Ex
8511.90.02	Reconocibles como concebidas exclusivamente para tractores agrícolas e industriales o motocicletas.	Kg	Ex	Ex
8511.90.03	Inducidos o portaescobillas u otras partes o piezas, reconocibles como concebidas exclusivamente para motores de arranque, dínamos o alternadores.	Kg	Ex	Ex
8511.90.04	Reconocibles para naves aéreas.	Kg	Ex	Ex
8511.90.05	Colectores de cobre, con peso unitario inferior o igual a 2 kg.	Kg	Ex	Ex
8511.90.99	Las demás.	Kg	Ex	Ex
85.12	**Aparatos eléctricos de alumbrado o señalización (excepto los artículos de la partida 85.39), limpiaparabrisas, eliminadores de escarcha o vaho, eléctricos, de los tipos utilizados en velocípedos o vehículos automóviles.**			
8512.10	**. Aparatos de alumbrado o señalización visual de los tipos utilizados en bicicletas.**			
8512.10.01	Dínamos de alumbrado.	Kg	Ex	Ex
8512.10.02	Luces direccionales y/o calaveras traseras.	Kg	Ex	Ex
8512.10.99	Los demás.	Kg	Ex	Ex
8512.20	**. Los demás aparatos de alumbrado o señalización visual.**			
8512.20.01	Faros, luces direccionales delanteras y traseras, reconocibles como concebidos exclusivamente para motocicletas.	Kg	Ex	Ex
8512.20.02	Luces direccionales y/o calaveras traseras, excepto lo comprendido en la fracción 8512.20.01.	Kg	Ex	Ex
8512.20.99	Los demás.	Kg	5	Ex
8512.30	**. Aparatos de señalización acústica.**			
8512.30.01	Alarma electrónica contra robo, para vehículos automóviles.	Kg	5	Ex
8512.30.99	Los demás.	Kg	Ex	Ex
8512.40	**. Limpiaparabrisas y eliminadores de escarcha o vaho.**			
8512.40.01	Limpiaparabrisas y eliminadores de escarcha o vaho.	Kg	Ex	Ex
8512.90	**. Partes.**			
8512.90.01	Del equipo farol dínamo de bicicleta.	Kg	Ex	Ex
8512.90.02	Reconocibles como concebidas exclusivamente para bocinas u otros avisadores acústicos, excepto lo comprendido en la fracción 8512.90.06.	Kg	Ex	Ex
8512.90.03	Hojas montadas para limpiaparabrisas, con longitud igual o superior a 50 cm.	Kg	Ex	Ex
8512.90.04	Reconocibles como concebidas exclusivamente para faros de automóviles.	Kg	Ex	Ex
8512.90.05	Reconocibles como concebidas exclusivamente para luces direccionales y/o calaveras traseras, excepto lo comprendido en la fracción 8512.90.06.	Kg	Ex	Ex
8512.90.06	Reconocibles como concebidas exclusivamente para motocicletas.	Kg	Ex	Ex
8512.90.99	Las demás.	Kg	Ex	Ex
85.13	**Lámparas eléctricas portátiles concebidas para funcionar con su propia fuente de energía (por ejemplo: de pilas, acumuladores, electromagnéticas), excepto los aparatos de alumbrado de la partida 85.12.**			
8513.10	**. Lámparas.**			
8513.10.01	De seguridad, para mineros.	Pza	Ex	Ex
8513.10.99	Las demás.	Pza	15	Ex
8513.90	**. Partes.**			
8513.90.01	Partes.	Kg	Ex	Ex
85.14	**Hornos eléctricos industriales o de laboratorio, incluidos los que funcionen por inducción o pérdidas dieléctricas; los demás aparatos industriales o de laboratorio para tratamiento térmico de materias por inducción o pérdidas dieléctricas.**			
8514.10	**. Hornos de resistencia (de calentamiento indirecto).**			
8514.10.01	Hornos para panadería o industrias análogas.	Pza	15	Ex

8514.10.02	De resistencia para temple de metales.	Pza	Ex	Ex
8514.10.03	Hornos industriales, excepto lo comprendido en las fracciones 8514.10.01 8514.10.02 y 8514.10.04.	Pza	15	Ex
8514.10.04	Incineradores de residuos o desperdicios.	Pza	5	Ex
8514.10.99	Los demás.	Pza	10	Ex
8514.20	**.** **Hornos que funcionen por inducción o pérdidas dieléctricas.**			
8514.20.01	De inducción de baja frecuencia, para el recalentamiento de metales.	Pza	Ex	Ex
8514.20.02	De inducción de baja frecuencia, para fusión de metales.	Pza	Ex	Ex
8514.20.03	Hornos industriales, excepto lo comprendido en las fracciones 8514.20.01, 8514.20.02, 8514.20.04 y 8514.20.05.	Pza	15	Ex
8514.20.04	Sistema de fundición reconocible como concebido para la fabricación de monobloques y cabezas para motor, incluyendo al menos: horno de fusión, horno de precalentamiento (de espera y afinación) y escorificador de hornos de fundición.	Pza	Ex	Ex
8514.20.05	Incineradores de residuos o desperdicios.	Pza	5	Ex
8514.20.99	Los demás.	Pza	10	Ex
8514.30	**.** **Los demás hornos.**			
8514.30.01	Hornos para panadería o industrias análogas.	Pza	15	Ex
8514.30.02	Hornos de arco.	Pza	Ex	Ex
8514.30.03	Hornos industriales, excepto lo comprendido en las fracciones 8514.30.01, 8514.30.02, 8514.30.05 y 8514.30.06.	Pza	Ex	Ex
8514.30.04	Hornos de laboratorio.	Pza	Ex	Ex
8514.30.05	Hornos para el calentamiento y el secado con rayos catódicos, láser, ultravioleta, infrarrojos y de alta frecuencia.	Pza	Ex	Ex
8514.30.06	De olla de capacidad igual o superior a 120 Ton/Hr.	Pza	Ex	Ex
8514.30.99	Los demás.	Pza	Ex	Ex
8514.40	**.** **Los demás aparatos para tratamiento térmico de materias por inducción o pérdidas dieléctricas.**			
8514.40.01	Aparatos de tratamiento térmico, excepto para metales.	Pza	Ex	Ex
8514.40.99	Los demás.	Pza	Ex	Ex
8514.90	**.** **Partes.**			
8514.90.01	Reconocibles como concebidas exclusivamente para hornos de laboratorio.	Kg	Ex	Ex
8514.90.02	Reconocibles como concebidas exclusivamente para hornos de arco.	Kg	Ex	Ex
8514.90.03	Reconocibles como concebidas exclusivamente para lo comprendido en las fracciones 8514.10.03, 8514.20.02, 8514.20.03 y 8514.30.03.	Kg	Ex	Ex
8514.90.99	Las demás.	Kg	Ex	Ex
85.15	**Máquinas y aparatos para soldar (aunque puedan cortar), eléctricos (incluidos los de gas calentado eléctricamente), de láser u otros haces de luz o de fotones, ultrasonido, haces de electrones, impulsos magnéticos o chorro de plasma; máquinas y aparatos eléctricos para proyectar en caliente metal o cermet.**			
	. **Máquinas y aparatos para soldadura fuerte o para soldadura blanda:**			
8515.11	**. .** **Soldadores y pistolas para soldar.**			
8515.11.01	Para soldar o cortar, portátiles ("cautines").	Pza	15	Ex
8515.11.99	Los demás.	Pza	10	Ex
8515.19	**. .** **Los demás.**			
8515.19.99	Los demás.	Pza	5	Ex
	. **Máquinas y aparatos para soldar metal por resistencia:**			
8515.21	**. .** **Total o parcialmente automáticos.**			
8515.21.01	Para soldar metales por costuras o proyección.	Pza	Ex	Ex
8515.21.99	Los demás.	Pza	10	Ex
8515.29	**. .** **Los demás.**			
8515.29.01	Para soldar metales por costura o proyección, no automáticos.	Pza	Ex	Ex
8515.29.99	Los demás.	Pza	Ex	Ex
	. **Máquinas y aparatos para soldar metal, de arco o chorro de plasma:**			
8515.31	**. .** **Total o parcialmente automáticos.**			
8515.31.01	Para soldar o cortar, de arco, tipo generador o transformador, inferior o igual a 1,260 amperes.	Pza	15	Ex
8515.31.02	Para soldar o cortar, de arco, tipo generador o transformador, superior a 1,260 amperes.	Pza	Ex	Ex
8515.31.99	Los demás.	Pza	10	Ex
8515.39	**. .** **Los demás.**			
8515.39.01	Para soldar o cortar, de arco, tipo generador o transformador, inferior o igual a 1,260 amperes.	Pza	15	Ex
8515.39.02	Para soldar o cortar, de arco, tipo generador o transformador, superior a 1,260 amperes.	Pza	Ex	Ex
8515.39.99	Los demás.	Pza	10	Ex
8515.80	**.** **Las demás máquinas y aparatos.**			
8515.80.01	Para soldar materias termoplásticas por radiofrecuencia o alta frecuencia.	Pza	Ex	Ex
8515.80.02	Para soldar materias termoplásticas, excepto lo comprendido en la fracción 8515.80.01.	Pza	Ex	Ex
8515.80.99	Las demás.	Pza	Ex	Ex

8515.90	**.**	**Partes.**		
8515.90.01	Pinzas portaelectrodos o sus partes, para soldadura por arco.	Kg	5	Ex
8515.90.99	Las demás.	Kg	Ex	Ex
85.16	**Calentadores eléctricos de agua de calentamiento instantáneo o acumulación y calentadores eléctricos de inmersión; aparatos eléctricos para calefacción de espacios o suelos; aparatos electrotérmicos para el cuidado del cabello (por ejemplo: secadores, rizadores, calientatenacillas) o para secar las manos; planchas eléctricas; los demás aparatos electrotérmicos de uso doméstico; resistencias calentadoras, excepto las de la partida 85.45.**			
8516.10	**.**	**Calentadores eléctricos de agua de calentamiento instantáneo o acumulación y calentadores eléctricos de inmersión.**			
8516.10.01	Aparatos surtidores de agua caliente y fría (incluso refrigerada o a temperatura ambiente), con o sin gabinete de refrigeración incorporado o depósito (por ejemplo, un botellón), aunque puedan conectarse a una tubería (por ejemplo, despachadores).	Pza	10	Ex
8516.10.99	Los demás.	Pza	10	Ex
	.	**Aparatos eléctricos para calefacción de espacios o suelos:**			
8516.21	**..**	**Radiadores de acumulación.**			
8516.21.01	Radiadores de acumulación.	Pza	15	Ex
8516.29	**..**	**Los demás.**			
8516.29.01	Estufas.	Pza	15	Ex
8516.29.99	Los demás.	Pza	15	Ex
	.	**Aparatos electrotérmicos para el cuidado del cabello o para secar las manos:**			
8516.31	**..**	**Secadores para el cabello.**			
8516.31.01	Secadores para el cabello.	Pza	15	Ex
8516.32	**..**	**Los demás aparatos para el cuidado del cabello.**			
8516.32.01	Los demás aparatos para el cuidado del cabello.	Pza	15	Ex
8516.33	**..**	**Aparatos para secar las manos.**			
8516.33.01	Aparatos para secar las manos.	Pza	Ex	Ex
8516.40	**.**	**Planchas eléctricas.**			
8516.40.01	Planchas eléctricas.	Pza	15	Ex
8516.50	**.**	**Hornos de microondas.**			
8516.50.01	Hornos de microondas.	Pza	5	Ex
8516.60	**.**	**Los demás hornos; cocinas, hornillos (incluidas las mesas de cocción), parrillas y asadores.**			
8516.60.01	Hornillos (incluidas las mesas de cocción), parrillas y asadores.	Pza	5	Ex
8516.60.02	Cocinas.	Pza	15	Ex
8516.60.03	Hornos.	Pza	10	Ex
8516.60.99	Los demás.	Pza	15	Ex
	.	**Los demás aparatos electrotérmicos:**			
8516.71	**..**	**Aparatos para la preparación de café o té.**			
8516.71.01	Aparatos para la preparación de café o té.	Pza	Ex	Ex
8516.72	**..**	**Tostadoras de pan.**			
8516.72.01	Tostadoras de pan.	Pza	Ex	Ex
8516.79	**..**	**Los demás.**			
8516.79.01	Para calefacción de automóviles.	Pza	5	Ex
8516.79.99	Los demás.	Pza	15	Ex
8516.80	**.**	**Resistencias calentadoras.**			
8516.80.01	Para cátodos, para válvulas electrónicas.	Kg	Ex	Ex
8516.80.02	A base de carburo de silicio.	Kg	Ex	Ex
8516.80.03	Para desempañantes.	Kg	Ex	Ex
8516.80.99	Las demás.	Kg	Ex	Ex
8516.90	**.**	**Partes.**			
8516.90.01	Carcazas para tostadores.	Kg	Ex	Ex
8516.90.02	Carcazas y bases metálicas, reconocibles como concebidas exclusivamente para lo comprendido en la subpartida 8516.40.	Pza	Ex	Ex
8516.90.03	Reconocibles como concebidas exclusivamente para lo comprendido en la fracción 8516.40.01, excepto lo comprendido en la fracción 8516.90.02.	Kg	Ex	Ex
8516.90.04	Reconocibles como concebidas exclusivamente para hornos de alta frecuencia (microondas).	Kg	Ex	Ex
8516.90.05	Carcazas, reconocibles como concebidas exclusivamente para lo comprendido en la subpartida 8516.33.	Pza	Ex	Ex
8516.90.06	Ensambles reconocibles como concebidos exclusivamente para lo comprendido en la subpartida 8516.50, que incorporen más de uno de los siguientes componentes: cámara de cocción, chasis del soporte estructural, puerta, gabinete exterior.	Pza	Ex	Ex
8516.90.07	Circuitos modulares reconocibles como concebidos exclusivamente para lo comprendido en la subpartida 8516.50.	Pza	Ex	Ex
8516.90.08	Cámaras de cocción reconocibles como concebidas para lo comprendido en las fracciones 8516.60.02 y 8516.60.03, incluso sin ensamblar.	Pza	Ex	Ex

8516.90.09	Panel superior con o sin elementos de calentamiento o control reconocibles como concebidos exclusivamente para lo comprendido en las fracciones 8516.60.02 y 8516.60.03.	Pza	Ex	Ex
8516.90.10	Ensambles de puertas reconocibles como concebidos exclusivamente para lo comprendido en las fracciones 8516.60.02 y 8516.60.03, que incorporen más de uno de os siguientes componentes: panel interior, panel exterior, ventana, aislamiento.	Pza	Ex	Ex
8516.90.99	Las demás.	Kg	Ex	Ex
85.17	**Teléfonos, incluidos los teléfonos celulares y los de otras redes inalámbricas; los demás aparatos de transmisión o recepción de voz, imagen u otros datos, incluidos los de comunicación en red con o sin cable (tales como redes locales (LAN) o extendidas (WAN)), distintos de los aparatos de transmisión o recepción de las partidas 84.43, 85.25, 85.27 u 85.28.**			
	- Teléfonos, incluidos los teléfonos celulares y los de otras redes inalámbricas:			
8517.11	- - **Teléfonos de auricular inalámbrico combinado con micrófono.**			
8517.11.01	Teléfonos de auricular inalámbrico combinado con micrófono.	Pza	15	Ex
8517.12	- - **Teléfonos celulares y los de otras redes inalámbricas.**			
8517.12.01	Aparatos emisores con dispositivo receptor incorporado, móviles, con frecuencias de operación de 824 a 849 MHz pareado con 869 a 894 MHz, de 1,850 a 1,910 MHz pareado con 1,930 a 1,990 MHz, de 890 a 960 MHz o de 1,710 a 1,880 MHz, para radiotelefonía (conocidos como "teléfonos celulares").	Pza	Ex	Ex
8517.12.99	Los demás.	Pza	Ex	Ex
8517.18	- - **Los demás.**			
8517.18.01	De monedas (alcancía) para servicio público, incluso con avisador.	Pza	15	Ex
8517.18.02	Los demás teléfonos para servicio público.	Pza	Ex	Ex
8517.18.99	Los demás.	Pza	15	Ex
	- Los demás aparatos de transmisión o recepción de voz, imagen u otros datos, incluidos los de comunicación en red con o sin cable (tales como redes locales (LAN) o extendidas (WAN)):			
8517.61	- - **Estaciones base.**			
8517.61.01	Estaciones base.	Pza	Ex	Ex
8517.62	- - **Aparatos para la recepción, conversión y transmisión o regeneración de voz, imagen u otros datos, incluidos los de conmutación y enrutamiento ("switching and routing apparatus").**			
8517.62.01	Aparatos de redes de área local ("LAN").	Pza	Ex	Ex
8517.62.02	Unidades de control o adaptadores, excepto lo comprendido en la fracción 8517.62.01.	Pza	Ex	Ex
8517.62.03	Aparatos de conmutación para telefonía o telegrafía, reconocibles como concebidos para ser utilizados en centrales de las redes públicas de telecomunicación.	Pza	Ex	Ex
8517.62.04	Multiplicadores de salida digital o analógica de modems, repetidores digitales de interconexión o conmutadores de interfaz, para intercambio	Pza	Ex	Ex
8517.62.05	Modems, reconocibles como concebidos exclusivamente para lo comprendido en la partida 84.71.	Pza	Ex	Ex
8517.62.06	De telecomunicación digital, para telefonía.	Pza	Ex	Ex
8517.62.07	De telecomunicación digital, para telegrafía.	Pza	Ex	Ex
8517.62.08	Aparatos telefónicos por corriente portadora.	Pza	Ex	Ex
8517.62.09	Aparatos de transmisión-recepción y repetición para multiplicación de canales telefónicos.	Pza	Ex	Ex
8517.62.10	Emisores, incluso con aparato receptor, fijos o móviles, en muy alta frecuencia (VHF) de 30 a 180 MHz, en frecuencia modulada (FM) o amplitud modulada (AM) para radiotelefonía o radiotelegrafía.	Pza	Ex	Ex
8517.62.11	Emisores, incluso con aparato receptor, fijos o móviles, en banda lateral única de 1.6 a 30 MHz, con potencia comprendida entre 10 W y 1 kW, inclusive, para radiotelefonía o radiotelegrafía.	Pza	Ex	Ex
8517.62.12	Emisores, incluso con aparato receptor, fijos o móviles, en muy alta frecuencia modulada, para radiotelefonía o radiotelegrafía.	Pza	Ex	Ex
8517.62.13	Emisores, incluso con aparato receptor, fijos o móviles, en ultra alta frecuencia (UHF) de 300 a 470 MHz, para radiotelefonía o radiotelegrafía.	Pza	Ex	Ex
8517.62.14	Emisores, incluso con aparato receptor, fijos o móviles, en ultra alta frecuencia (UHF) de más de 470 MHz,	Pza	Ex	Ex
8517.62.15	Emisores, incluso con aparato receptor, fijos o móviles, en súper alta frecuencia (SHF) o de microondas de más de 1 GHz, con capacidad superior a 300 canales telefónicos o para un canal de televisión, para radiotelefonía o radiotelegrafía.	Pza	Ex	Ex
8517.62.16	Emisores, incluso con aparato receptor, fijos o móviles, en banda civil de 26.2 a 27.5 MHz, para radiotelefonía.	Pza	Ex	Ex
8517.62.99	Los demás.	Pza	Ex	Ex
8517.69	- - **Los demás.**			
8517.69.01	Videófonos en colores, excepto lo comprendido en la fracción 8517.69.03.	Pza	Ex	Ex
8517.69.02	Videófonos en blanco y negro o demás monocromos, excepto lo comprendido en la fracción 8517.69.03.	Pza	Ex	Ex

8517.69.03	Sistemas de intercomunicación para transmisión y recepción de voz e imagen (llamados videoporteros), formados por una o más de las siguientes unidades: monitor monocromático o a color, microteléfono (altavoz y un micrófono), y un aparato tomavista (cámara).	Pza	Ex	Ex
8517.69.04	Sistemas de intercomunicación para transmisión y recepción de voz, compuestos por al menos: un microteléfono (altavoz y micrófono), y un teclado, o un altavoz, un micrófono y un teclado.	Pza	Ex	Ex
8517.69.05	Los demás videófonos.	Pza	15	Ex
8517.69.06	Equipos Carrier sobre líneas de alta tensión, para transmisión telefónica.	Pza	Ex	Ex
8517.69.07	Mesas de atención para operadora, para centrales telefónicas automáticas.	Pza	15	Ex
8517.69.08	Aparatos de estado sólido para el bloqueo de acceso al telediscado del aparato del usuario.	Pza	Ex	Ex
8517.69.09	Para telegrafía.	Pza	Ex	Ex
8517.69.10	Receptores de radiotelefonía o radiotelegrafía, fijos	Pza	Ex	Ex
8517.69.11	Receptores de radiotelefonía o radiotelegrafía, fijos o móviles, en banda lateral única de 1.6 a 30 MHz, con potencia comprendida entre 10 W y 1 kW, inclusive.	Pza	Ex	Ex
8517.69.12	Receptores de radiotelefonía en muy alta frecuencia (VHF), de 243 a 250 MHz.	Pza	Ex	Ex
8517.69.13	Receptores de radiotelefonía o radiotelegrafía, fijos o móviles, en ultra alta frecuencia (UHF) de 300 a 470 MHz.	Kg	5	Ex
8517.69.14	Receptores de radiotelefonía o radiotelegrafía, fijos o móviles, en ultra alta frecuencia (UHF) de más	Kg	Ex	Ex
8517.69.15	Receptores de radiotelefonía o radiotelegrafía, fijos o móviles, en muy alta frecuencia modulada, excepto lo comprendido en la fracción 8517.69.12.	Pza	15	Ex
8517.69.16	Receptores de radiotelefonía o radiotelegrafía, fijos o móviles, en súper alta frecuencia (SHF) o de microondas de más de 1 GHz, con capacidad superior a 300 canales telefónicos o para un canal de televisión.	Pza	15	Ex
8517.69.17	Receptores de radiotelefonía, fijos o móviles en banda civil de 26.2 a 27.5 MHz.	Pza	15	Ex
8517.69.18	Aparatos de llamada de personas, excepto los comprendidos en las fracciones 8517.69.11, 8517.69.12 y 8517.69.15.	Pza	Ex	Ex
8517.69.19	Los demás aparatos receptores.	Pza	10	Ex
8517.69.20	Receptores, medidores de distancia.	Kg	Ex	Ex
8517.69.99	Los demás.	Pza	Ex	Ex
8517.70	**Partes.**			
8517.70.01	Reconocibles como concebidas exclusivamente para aparatos telefónicos (excepto de alcancía), telegráficos y de conmutación, excepto circuitos modulares constituidos por componentes eléctricos y/o electrónicos sobre tablilla aislante con circuito impreso.	Kg	Ex	Ex
8517.70.02	Filtros de banda pasante de cuarzo, cerámicos o mecánicos, reconocibles como concebidos exclusivamente para equipos de radio-comunicación, excepto los filtros para equipos receptores de tipo doméstico.	Kg	Ex	Ex
8517.70.03	Unidades electromagnéticas contadoras de memoria, y/o almacenaje de impulsos de discado en centrales telefónicas, excepto las que incorporen relevadores.	Kg	Ex	Ex
8517.70.04	Soportes de metal estampado para el montaje de barras y/o piezas de aleación plata-cobre, o plata-paladio, sobre base de cobre, bronce, latón o similar, para contactos múltiples en selectores telefónicos por coordenadas.	Kg	Ex	Ex
8517.70.05	Reconocibles como concebidos exclusivamente para equipos telegráficos.	Kg	Ex	Ex
8517.70.06	Reconocibles como concebidos exclusivamente para cápsulas receptoras, para aparatos telefónicos.	Kg	Ex	Ex
8517.70.07	Detectores de frecuencia de señalización, para centrales telefónicas.	Kg	Ex	Ex
8517.70.08	Dispositivos de estado sólido, para privatizar aparatos telefónicos de usuarios conectados en paralelo.	Kg	Ex	Ex
8517.70.09	Reconocibles como concebidas exclusivamente para equipos telefónicos que incorporen al menos un circuito modular.	Pza	Ex	Ex
8517.70.10	Reconocibles como concebidas exclusivamente para aparatos comprendidos en las subpartidas 8517.62, excepto digitales, y 8517.69, que incorporen al menos un circuito modular.	Pza	Ex	Ex
8517.70.11	Las demás partes que incorporen al menos un circuito modular.	Pza	Ex	Ex
8517.70.12	Circuitos modulares.	Pza	Ex	Ex
8517.70.13	Las demás partes, incluso las placas frontales y los dispositivos de ajuste o seguridad, reconocibles como concebidos exclusivamente para lo comprendido en la fracción 8517.70.12.	Kg	Ex	Ex
8517.70.99	Los demás.	Kg	Ex	Ex
85.18	**Micrófonos y sus soportes; altavoces (altoparlantes), incluso montados en sus cajas; auriculares, incluidos los de casco, estén o no combinados con micrófono, y juegos o conjuntos constituidos por un micrófono y uno o varios altavoces (altoparlantes); amplificadores eléctricos de audiofrecuencia; equipos eléctricos para amplificación de sonido.**			
8518.10	**Micrófonos y sus soportes.**			
8518.10.01	Reconocibles para naves aéreas.	Kg	Ex	Ex
8518.10.02	A bobina móvil.	Kg	Ex	Ex
8518.10.03	Pastillas, cartuchos, cápsulas o unidades a bobina móvil, sin dispositivos de montaje.	Kg	Ex	Ex
8518.10.99	Los demás.	Kg	Ex	Ex

	- Altavoces (altoparlantes), incluso montados en sus cajas:			
8518.21	**.. Un altavoz (altoparlante) montado en su caja.**			
8518.21.01	Sistemas constituidos por un altavoz subwoofer con amplificador incorpcrado, y varios altavoces (un altavoz por caja), que se conectan a dicho amplificador.	Pza	15	Ex
8518.21.99	Los demás.	Pza	15	Ex
8518.22	**.. Varios altavoces (altoparlantes) montados en una misma caja.**			
8518.22.01	Sistemas constituidos por un altavoz subwoofer con amplificador incorporado, y varios altavoces (dos o más altavoces por caja), que se conectan a dicho amplificador.	Pza	15	Ex
8518.22.99	Los demás.	Pza	15	Ex
8518.29	**.. Los demás.**			
8518.29.01	Reconocibles para naves aéreas.	Pza	Ex	Ex
8518.29.99	Los demás.	Pza	Ex	Ex
8518.30	**- Auriculares, incluidos los de casco, estén o no combinados con micrófono, y juegos o conjuntos constituidos por un micrófono y uno o varios altavoces (altoparlantes).**			
8518.30.01	Reconocibles para naves aéreas.	Pza	Ex	Ex
8518.30.02	Para conectarse a receptores de radio y/o televisión.	Pza	Ex	Ex
8518.30.03	Microteléfono.	Pza	15	Ex
8518.30.04	Auricular con cabezal combinado con micrófono (diadema), para operadora telefónica.	Kg	Ex	Ex
8518.30.99	Los demás.	Pza	Ex	Ex
8518.40	**- Amplificadores eléctricos de audiofrecuencia.**			
8518.40.01	Reconocibles para naves aéreas.	Pza	Ex	Ex
8518.40.02	Para operación sobre línea telefónica.	Pza	Ex	Ex
8518.40.03	Para sistemas de televisión por cables.	Pza	15	Ex
8518.40.04	Procesadores de audio o compresores, limitadores, expansores, controladores automáticos de ganancia, recortadores de pico con o sin ecualizadores, de uno o más canales con impedancia de entrada y salida de 600 ohms.	Pza	Ex	Ex
8518.40.05	Expansor-compresor de volumen, aun cuando se presente con preamplificador de 10 o más entradas.	Pza	15	Ex
8518.40.06	Preamplificadores, excepto lo comprendido en la fracción 8518.40.05.	Pza	15	Ex
8518.40.99	Los demás.	Pza	15	Ex
8518.50	**- Equipos eléctricos para amplificación de sonido.**			
8518.50.01	Equipos eléctricos para amplificación de sonido.	Pza	15	Ex
8518.90	**- Partes.**			
8518.90.01	Reconocibles como concebidas exclusivamente para micrófonos.	Kg	Ex	Ex
8518.90.02	Reconocibles como concebidas exclusivamente para cápsulas transmisoras (micrófonos), para aparatos telefónicos.	Kg	Ex	Ex
8518.90.03	Reconocibles como concebidas exclusivamente para bocinas de uso automotriz.	Pza	Ex	Ex
8518.90.99	Los demás.	Pza	Ex	Ex
85.19	**Aparatos de grabación de sonido; aparatos de reproducción de sonido; aparatos de grabación y reproducción de sonido.**			
8519.20	**- Aparatos activados con monedas, billetes, tarjetas, fichas o cualquier otro medio de pago.**			
8519.20.01	Aparatos activados con monedas, billetes, tarjetas, fichas o cualquier otro medio de pago.	Pza	15	Ex
8519.30	**- Giradiscos.**			
8519.30.01	Con cambiador automático de discos.	Pza	15	Ex
8519.30.99	Los demás.	Pza	15	Ex
8519.50	**- Contestadores telefónicos.**			
8519.50.01	Contestadores telefónicos.	Pza	10	Ex
	- Los demás aparatos:			
8519.81	**.. Que utilizan un soporte magnético, óptico o semiconductor.**			
8519.81.01	Reproductores de casetes (tocacasetes) de bolsillo.	Pza	Ex	Ex
8519.81.02	Reproductores de casetes (tocacasetes) de tipo doméstico y/o para automóviles, con peso unitario igual o inferior a 3.5 kg.	Pza	Ex	Ex
8519.81.03	Reproductores de casetes (tocacasetes) con potencia igual o superior a 60 W, excepto lo comprendido en la fracción 8519.81.02.	Pza	5	Ex
8519.81.04	Reproductores con sistema de lectura óptica por haz de rayos láser (lectores de discos compactos), excepto los comprendidos en las fracciones 8519.81.05 y 8519.81.06.	Pza	Ex	Ex
8519.81.05	Reproductores con sistema de lectura óptica por haz de rayos láser (lectores de discos compactos) reconocibles como concebidos exclusivamente para uso automotriz, excepto los comprendidos en la fracción 8519.81.06.	Pza	Ex	Ex
8519.81.06	Reproductores con sistema de lectura óptica por haz de rayos láser (lectores de discos compactos), con cambiador automático incluido con capacidad de 6 o más discos, reconocibles como concebidos exclusivamente para uso automotriz.	Pza	Ex	Ex
8519.81.07	Reproductores de audio en tarjetas de memoria SD (secure digital), incluyendo los de tipo diadema.	Pza	Ex	Ex
8519.81.08	Aparatos para dictar, incluso con dispositivo de reproducción de sonido incorporado, que sólo funcionen con fuente de energía eléctrica exterior.	Pza	10	Ex
8519.81.09	Aparatos de grabación y reproducción de sonido, en cinta magnética de ancho igual o superior a 6 mm, para estaciones difusoras de radio o televisión y estudios de grabación.	Pza	5	Ex

8519.81.10	Aparatos de grabación con dispositivo de reproducción incorporado, portátiles, de sonido almacenado en soportes de tecnología digital.	Pza	Ex	Ex
8519.81.11	Los demás aparatos de grabación de sonido, almacenado en soportes de tecnología digital, incluso con dispositivo de reproducción incorporado.	Pza	15	Ex
8519.81.99	Los demás.	Pza	15	Ex
8519.89	**.. Los demás.**			
8519.89.01	Tornamesas profesionales ("turn-table"), incluso con altavoces (altoparlantes), sin cambiador automático ni mueble, reconocibles como concebidas exclusivamente para el uso de radiodifusoras y estudios profesionales de grabación.	Pza	5	Ex
8519.89.02	Aparatos para reproducir dictados.	Pza	Ex	Ex
8519.89.03	Tornos para el registro de sonido en discos maestros.	Pza	Ex	Ex
8519.89.04	Sistemas automatizados para la preparación, grabación o transferencia del sonido, y acondicionamiento de discos de vidrio (Sistemas de masterización para la fabricación de discos compactos).	Pza	Ex	Ex
8519.89.99	Los demás.	Pza	Ex	Ex

85.21	**Aparatos de grabación o reproducción de imagen y sonido (vídeos), incluso con receptor de señales de imagen y sonido incorporado.**			
8521.10	**. De cinta magnética.**			
8521.10.01	De casetes con cinta magnética de ancho inferior o igual a 13 mm.	Pza	Ex	Ex
8521.10.99	Los demás.	Pza	Ex	Ex
8521.90	**. Los demás.**			
8521.90.01	Sistemas de grabación, archivo y reproducción de imágenes y sonido en televisión, compuestos por los siguientes elementos: a) unidad de manejo digital de audio y video, b) unidades de control automatizado	Pza	Ex	Ex
8521.90.02	De disco o de elementos en estado sólido (chips), sin altavoces, excepto lo comprendido en las fracciones 8521.90.03, 8521.90.04 y 8521.90.05.	Pza	Ex	Ex
8521.90.03	Unidades reproductoras de discos de video digitalizado (DVD), sin gabinete, reconocibles como concebidas para su incorporación física en aparatos receptores de televisión.	Pza	Ex	Ex
8521.90.04	De disco, con amplificador incorporado, salidas para altavoces y procesador digital de audio, incluso con sintonizador de canales de televisión y/o sintonizador de bandas de radiodifusión, aun cuando se presenten con sus altavoces.	Pza	15	Ex
8521.90.05	Aparatos de grabación, almacenada en soportes de tecnología digital, incluso con dispositivo de reproducción incorporado, excepto lo comprendido en la fracción 8521.90.04.	Pza	Ex	Ex
8521.90.99	Los demás.	Pza	5	Ex

85.22	**Partes y accesorios identificables como destinados, exclusiva o principalmente, a los aparatos de las partidas 85.19 u 85.21.**			
8522.10	**. Cápsulas fonocaptoras.**			
8522.10.01	Cápsulas fonocaptoras.	Kg	Ex	Ex
8522.90	**. Los demás.**			
8522.90.01	Mecanismos completos de aparatos para registro y/o reproducción de sonido, o de imagen y sonido, aun cuando tengan cabeza grabadora-reproductora y tapa de ornato incorporados, sin fuente de alimentación, sin amplificador de potencia y sin gabinete.	Kg	Ex	Ex
8522.90.02	Agujas completas, con punto de diamante, zafiro, osmio y otros metales finos.	Kg	Ex	Ex
8522.90.03	Reconocibles como concebidas exclusivamente para lo comprendido en la fracción 8519.20.01.	Kg	Ex	Ex
8522.90.04	Cabezas grabadoras y/o reproductoras y/o borradoras de sonido, o de imagen y sonido en cinta magnética.	Kg	Ex	Ex
8522.90.05	Puntillas o estiletes de piedras preciosas o sintéticas, sin estar adheridos a ninguna otra parte de las agujas fonográficas.	Kg	Ex	Ex
8522.90.06	Mecanismos para tocadiscos, sin: mueble, capelo, circuitos de audio y fonocaptor.	Kg	Ex	Ex
8522.90.07	Circuitos modulares reconocibles como concebidos exclusivamente para lo comprendido en las partidas 85.19 y 85.21.	Pza	Ex	Ex
8522.90.08	Partes y piezas mecánicas reconocibles como concebidas exclusivamente para uso en videograbadoras, o en grabadoras y/o reproductoras de sonido a cinta magnética.	Kg	Ex	Ex
8522.90.09	Cabezas cortadoras para grabación de discos vírgenes.	Kg	Ex	Ex
8522.90.10	Mecanismo transportador de inserción frontal del casete, sin sistema de soporte y accionamiento de cabeza borradora sin llaves de relevadores conmutadores de circuito electrónico de grabación/reproducción, para reproductores a cinta, reconocibles como concebidos exclusivamente para vehículos automóviles.	Kg	Ex	Ex
8522.90.11	Para fonocaptores y agujas fonográficas.	Kg	Ex	Ex
8522.90.12	Enrolladores de videocintas magnéticas, aun cuando tenga dispositivo de borrador o de limpieza.	Kg	Ex	Ex
8522.90.13	Lectores ópticos, reconocibles como concebidos exclusivamente para lo comprendido en la fracción 8519.81.04, que incluyan al menos: lente de alta precisión, holograma, base óptica, arnés con conector.	Kg	Ex	Ex
8522.90.14	Reconocibles como concebidas exclusivamente para los reproductores comprendidos en la fracción 8519.81.05.	Kg	Ex	Ex
8522.90.99	Los demás.	Kg	Ex	Ex

85.23 **Discos, cintas, dispositivos de almacenamiento permanente de datos a base de semiconductores, tarjetas inteligentes ("smart cards") y demás soportes para grabar sonido o grabaciones análogas, grabados o no, incluso las matrices y moldes galvánicos para fabricación de discos, excepto los productos del Capítulo 37.**
- **Soportes magnéticos:**

8523.21 **.. Tarjetas con banda magnética incorporada.**

8523.21.01	Sin grabar.	Kg	Ex	Ex
8523.21.99	Las demás.	Kg	Ex	Ex
8523.29	**.. Los demás.**			
8523.29.01	Cintas magnéticas sin grabar de anchura inferior o igual a 4 mm.	Kg	Ex	Ex
8523.29.02	Cintas magnéticas sin grabar de anchura superior a 4 mm pero inferior o igual a 6.5 mm.	Kg	Ex	Ex
8523.29.03	Cintas magnéticas sin grabar de anchura superior	Kg	Ex	Ex
8523.29.05	Cintas magnéticas, grabadas, para reproducir fenómenos distintos del sonido o la imagen.	Kg	Ex	Ex
8523.29.06	Cintas magnéticas grabadas, reconocibles como concebidas exclusivamente para ser utilizadas en "video tape", cuando se presenten en cartuchos o casetes.	Kg	10	Ex
8523.29.07	Cintas magnéticas grabadas, para la enseñanza, con sonido o imágenes, técnicas, científicas o con fines culturales, reconocibles como concebidas exclusivamente para instituciones de educación o similares.	Kg	Ex	Ex
8523.29.08	Cintas magnéticas grabadas, reconocibles como concebidas exclusivamente para ser utilizadas en "video tape", excepto lo comprendido en la fracción 8523.29.06.	Kg	Ex	Ex
8523.29.09	Las demás cintas magnéticas grabadas.	Kg	10	Ex
8523.29.10	Discos flexibles grabados, para reproducir fenómenos distintos del sonido o la imagen ("software"), incluso acompañados de instructivos impresos o alguna otra documentación.	Kg	Ex	Ex
8523.29.99	Los demás.	Kg	Ex	Ex
	- Soportes ópticos:			
8523.41	**.. Sin grabar.**			
8523.41.01	Discos de escritura (conocidos como CD-R; DVD-R, y demás formatos), para sistemas de lectura por rayo láser.	Pza	10	Ex
8523.41.99	Los demás.	Pza	Ex	Ex
8523.49	**.. Los demás.**			
8523.49.01	Discos para sistemas de lectura por rayos láser, para reproducir únicamente sonido.	Pza	Ex	Ex
8523.49.99	Los demás.	Pza	Ex	Ex
	- Soportes semiconductores:			
8523.51	**.. Dispositivos de almacenamiento permanente de datos a base de semiconductores.**			
8523.51.01	Dispositivos de almacenamiento no volátil, regrabables, formados a base de elementos de estado sólido (semiconductores), por ejemplo: los llamados "tarjetas de memoria flash", "tarjeta de almacenamiento electrónico flash", "memory stick", "PC card", "secure digital", "compact flash", "smart media".	Pza	Ex	Ex
8523.51.99	Los demás.	Kg	10	Ex
8523.52	**.. Tarjetas inteligentes ("smart cards").**			
8523.52.01	Tarjetas provistas de un circuito integrado electrónico ("tarjetas inteligentes" ("smart cards")).	Kg	Ex	Ex
8523.52.02	Partes.	Kg	Ex	Ex
8523.59	**.. Los demás.**			
8523.59.01	Tarjetas y etiquetas de activación por proximidad.	Pza	Ex	Ex
8523.59.99	Los demás.	Kg	Ex	Ex
8523.80	**- Los demás.**			
8523.80.99	Los demás.	Pza	Ex	Ex

85.25 **Aparatos emisores de radiodifusión o televisión, incluso con aparato receptor o de grabación o reproducción de sonido incorporado; cámaras de televisión, cámaras fotográficas digitales y videocámaras.**

8525.50	**- Aparatos emisores.**			
8525.50.01	De radiodifusión en bandas comerciales amplitud modulada (AM) o frecuencia modulada (FM).	Pza	Ex	Ex
8525.50.02	De televisión.	Pza	Ex	Ex
8525.50.03	Generador de señales de teletexto.	Pza	Ex	Ex
8525.50.04	Sistemas de transmisión de microondas vía satélite, cuya frecuencia de operación sea de 11.7 a 14.5 GHz.	Pza	Ex	Ex
8525.50.99	Los demás.	Pza	Ex	Ex
8525.60	**- Aparatos emisores con aparato receptor incorporado.**			
8525.60.01	Fijos o móviles en muy alta frecuencia (VHF) de 30 a 180 MHz, en frecuencia modulada (FM) o amplitud modulada (AM).	Pza	Ex	Ex
8525.60.02	Fijos o móviles en banda lateral única de 1.6 a 30 MHz, con potencia comprendida entre 10 W y 1 kW, inclusive.	Pza	Ex	Ex
8525.60.03	Equipos transmisores-receptores de televisión en circuito cerrado.	Pza	Ex	Ex
8525.60.04	Fijos o móviles en muy alta frecuencia modulada, excepto los comprendidos en la fracción 8525.60.01.	Pza	Ex	Ex

8525.60.05	Fijos o móviles en ultra alta frecuencia (UHF) de 300 a 470 MHz.	Kg	Ex	Ex
8525.60.06	Fijos o móviles en ultra alta frecuencia (UHF) de más de 470 MHz a 1 GHz.	Pza	Ex	Ex
8525.60.07	Fijos de VHF, con sintetizador de frecuencia para más de 500 canales de radiofrecuencia.	Pza	Ex	Ex
8525.60.09	Sistemas de transmisión y recepción de microondas vía satélite, cuya frecuencia de operación sea de 11.7 a 14.5 GHz.	Pza	Ex	Ex
8525.60.10	Transmisores-receptores fijos o móviles en ultra alta frecuencia (UHF) de 415 a 452 MHz, reconocibles como concebidos exclusivamente para tomar lecturas de contadores de agua.	Pza	Ex	Ex
8525.60.99	Los demás.	Pza	Ex	Ex
8525.80 -	**Cámaras de televisión, cámaras fotográficas digitales y videocámaras.**			
8525.80.01	Cámaras de televisión giroestabilizadas.	Pza	Ex	Ex
8525.80.02	Cámaras tomavistas para estudio de televisión, excepto las que se apoyan en el hombro y las portátiles.	Pza	Ex	Ex
8525.80.03	Aparatos tomavistas para sistemas de televisión en circuito cerrado, excepto lo comprendido en las fracciones 8525.80.01 y 8525.80.02.	Pza	Ex	Ex
8525.80.04	Videocámaras, incluidas las de imagen fija; cámaras fotográficas digitales.	Pza	Ex	Ex
8525.80.99	Las demás.	Pza	Ex	Ex
85.26	**Aparatos de radar, radionavegación o radiotelemando.**			
8526.10 -	**Aparatos de radar.**			
8526.10.01	Radiosondas meteorológicas.	Pza	Ex	Ex
8526.10.99	Los demás.	Pza	5	Ex
-	**Los demás:**			
8526.91 --	**Aparatos de radionavegación.**			
8526.91.01	Radiogoniómetros con capacidad para sintonizar la banda de radiofaros (beacon), comprendida entre 180 y 420 kilociclos y sensibilidad igual o mejor a 20 microvoltios por metro, con una relación señal a ruido de 6 decibeles.	Pza	Ex	Ex
8526.91.99	Los demás.	Pza	5	Ex
8526.92 --	**Aparatos de radiotelemando.**			
8526.92.01	Transmisores para el accionamiento de aparatos a control remoto mediante frecuencias ultrasónicas.	Pza	Ex	Ex
8526.92.99	Los demás.	Pza	10	Ex
85.27	**Aparatos receptores de radiodifusión, incluso combinados en la misma envoltura con grabador o reproductor de sonido o con reloj.**			
-	**Aparatos receptores de radiodifusión que puedan funcionar sin fuente de energía exterior:**			
8527.12 --	**Radiocasetes de bolsillo.**			
8527.12.01	Radiocasetes de bolsillo.	Pza	15	Ex
8527.13 --	**Los demás aparatos combinados con grabador o reproductor de sonido.**			
8527.13.01	Los demás aparatos combinados con grabador o reproductor de sonido.	Pza	15	Ex
8527.13.02	Los demás aparatos combinados con grabador o reproductor de sonido, portátiles, que utilicen tecnología digital en base a semiconductores.	Pza	Ex	Ex
8527.19 --	**Los demás.**			
8527.19.01	Los demás aparatos combinados con grabador o reproductor de sonido y video, portátiles, que utilicen tecnología digital en base a semiconductores.	Pza	Ex	Ex
8527.19.99	Los demás.	Pza	15	Ex
-	**Aparatos receptores de radiodifusión que solo funcionen con fuente de energía exterior, de los tipos utilizados en vehículos automóviles:**			
8527.21 --	**Combinados con grabador o reproductor de sonido.**			
8527.21.01	Receptores de radio AM-FM, aun cuando incluyan transmisores-receptores de radio banda civil o receptor de señal satelital, o entradas para "Bluethooth" o "USB".	Pza	15	Ex
8527.21.99	Los demás.	Pza	15	Ex
8527.29 --	**Los demás.**			
8527.29.01	Receptores de radiodifusión, AM reconocibles como concebidos exclusivamente para uso automotriz.	Pza	15	Ex
8527.29.99	Los demás.	Pza	15	Ex
-	**Los demás:**			
8527.91 --	**Combinados con grabador o reproductor de sonido.**			
8527.91.01	Portátil, para pilas y corriente, con altavoces y gabinete incorporados.	Pza	15	Ex
8527.91.99	Los demás.	Pza	15	Ex
8527.92 --	**Sin combinar con grabador o reproductor de sonido, pero combinados con reloj.**			
8527.92.01	Sin combinar con grabador o reproductor de sonido, pero combinados con reloj.	Pza	15	Ex
8527.99 --	**Los demás.**			
8527.99.01	Combinados exclusivamente con un aparato de grabación o reproducción de disco, de video (imagen y sonido) digitalizado, con amplificador incorporado, salidas para altavoces y procesador digital de audio, aun cuando se presenten con sus altavoces.	Pza	15	Ex
8527.99.99	Los demás.	Pza	15	Ex

85.28	**Monitores y proyectores, que no incorporen aparato receptor de televisión; aparatos receptores de televisión, incluso con aparato receptor de radiodifusión o grabación o reproducción de sonido o imagen incorporado.**			
	- Monitores con tubo de rayos catódicos:			
8528.41	**- - De los tipos utilizados exclusiva o principalmente en un sistema automático para tratamiento o procesamiento de datos de la partida 84.71.**			
8528.41.01	En colores.	Pza	Ex	Ex
8528.41.99	Los demás.	Pza	Ex	Ex
8528.49	**- - Los demás.**			
8528.49.01	En colores, con pantalla inferior o igual a 35.56 cm (14 pulgadas), excepto los de alta definición y los tipo proyección.	Pza	Ex	Ex
8528.49.02	En colores, con pantalla superior a 35.56 cm (14 pulgadas), excepto los de alta definición y los tipo proyección.	Pza	Ex	Ex
8528.49.03	En colores, de tipo proyección, excepto los de alta definición.	Pza	Ex	Ex
8528.49.04	En colores, de alta definición, excepto los tipo proyección.	Pza	Ex	Ex
8528.49.05	En colores, de alta definición, tipo proyección.	Pza	Ex	Ex
8528.49.06	En blanco y negro o demás monocromos por cable coaxial.	Pza	Ex	Ex
8528.49.07	Incompletos o sin terminar (incluso los ensambles compuestos de las partes correspondientes entre las especificadas en los incisos (a), (b), (c) y (e) en la nota aclaratoria 4 del capítulo 85 más una fuente de poder), que no incorporen tubos de rayos catódicos.	Pza	Ex	Ex
8528.49.08	Sistemas audiovisuales integrados a colores, para control de accesos mediante múltiples pantallas (displays) de video de hasta 30 cm (12 pulgadas) con direccionamento selectivo y automático.	Pza	Ex	Ex
8528.49.09	Sistemas audiovisuales integrados, en blanco y negro para control de accesos mediante múltiples pantallas (displays) de video hasta 30 cm (12 pulgadas), con direccionamiento selectivo y automático.	Pza	Ex	Ex
8528.49.99	Los demás.	Pza	10	Ex
	- Los demás monitores:			
8528.51	**- - De los tipos utilizados exclusiva o principalmente en un sistema automático para tratamiento o procesamiento de datos de la partida 84.71.**			
8528.51.01	Con un campo visual medido diagonalmente, inferior o igual a 35.56 cm (14 pulgadas).	Pza	Ex	Ex
8528.51.99	Los demás.	Pza	Ex	Ex
8528.59	**- - Los demás.**			
8528.59.01	Con pantalla inferior o igual a 35.56 cm (14 pulgadas), excepto los de alta definición.	Pza	Ex	Ex
8528.59.02	Con pantalla superior a 35.56 cm (14 pulgadas), excepto los de alta definición.	Pza	Ex	Ex
8528.59.03	De alta definición.	Pza	15	Ex
8528.59.04	Incompletos o sin terminar (incluso los ensambles compuestos de las partes correspondientes entre las especificadas en los incisos (a), (b), (c) y (e) en la nota aclaratoria 4 del capítulo 85 más una fuente de poder), que no incorporen pantalla plana o pantalla similar.	Pza	Ex	Ex
8528.59.99	Los demás.	Pza	10	Ex
	- Proyectores:			
8528.61	**- - De los tipos utilizados exclusiva o principalmente en un sistema automático para tratamiento o procesamiento de datos de la partida 84.71.**			
8528.61.01	De los tipos utilizados exclusiva o principalmente en un sistema automático para tratamiento o procesamiento de datos de la partida 84.71.	Pza	Ex	Ex
8528.69	**- - Los demás.**			
8528.69.01	En colores, con pantalla plana.	Pza	Ex	Ex
8528.69.02	En colores, incompletos o sin terminar (incluso los ensambles compuestos de las partes correspondientes entre las especificadas en los incisos a), b), c) y e) en la Nota aclaratoria 4 del capítulo 85 más una fuente de poder), que no incorporen tubos de rayos catódicos, pantalla plana o pantalla similar.	Pza	Ex	Ex
8528.69.03	Por tubo de rayos catódicos, excepto los de alta definición.	Pza	Ex	Ex
8528.69.04	De alta definición tipo proyección por tubo de rayos catódicos.	Pza	Ex	Ex
8528.69.99	Los demás.	Pza	Ex	Ex
	- Aparatos receptores de televisión, incluso con aparato receptor de radiodifusión o grabación o reproducción de sonido o imagen incorporado:			
8528.71	**- - No concebidos para incorporar un dispositivo de visualización (display) o pantalla de vídeo.**			
8528.71.01	Incompletos o sin terminar (incluso los ensambles compuestos de todas las partes especificadas en la Nota aclaratoria 4 del Capítulo 85 más una fuente de poder).	Pza	Ex	Ex
8528.71.02	Receptor de microondas o de señales de vía satélite, cuya frecuencia de operación sea hasta de 4.2 GHz y máximo 999 canales de televisión.	Pza	15	Ex
8528.71.03	Sistema de recepción de microondas vía satélite, compuesto de localizador electrónico de satélites, convertidor de bajada, receptor cuya onda de frecuencia de operación sea de 3.7 a 4.2 GHz, amplificador de bajo ruido (LNA), guías de onda, polarrotor y corneta alimentadora.	Pza	Ex	Ex

8528.71.04	Sistema de recepción de microondas vía satélite, compuesto de un convertidor de bajada cuya frecuencia de operación sea de 11.7 a 14.5 GHz, y un receptor cuya frecuencia de operación sea de hasta 4.2 GHz.	Pza	Ex	Ex
8528.71.99	Los demás.	Pza	10	Ex
8528.72	**.. Los demás, en colores.**			
8528.72.01	Con pantalla inferior o igual a 35.56 cm (14 pulgadas), excepto los de alta definición, los tipo proyección y los comprendidos en la fracción 8528.72.06.	Pza	15	Ex
8528.72.02	Con pantalla superior a 35.56 cm (14 pulgadas), excepto los de alta definición, los tipo proyección y los comprendidos en la fracción 8528.72.06.	Pza	15	Ex
8528.72.03	De tipo proyección por tubos de rayos catódicos, excepto los de alta definición.	Pza	15	Ex
8528.72.04	De alta definición por tubo de rayo catódico, excepto los tipo proyección.	Pza	Ex	Ex
8528.72.05	De alta definición tipo proyección por tubo de rayos catódicos.	Pza	Ex	Ex
8528.72.06	Con pantalla plana, incluso las reconocibles como concebidas para vehículos automóviles.	Pza	15	Ex
8528.72.07	Incompletos o sin terminar (incluso los ensambles compuestos de todas las partes especificadas en la Nota aclaratoria 4 del Capítulo 85 más una fuente de poder), que no incorporen tubos de rayos catódicos, pantalla plana o pantalla similar.	Pza	Ex	Ex
8528.72.99	Los demás.	Pza	10	Ex
8528.73	**.. Los demás, monocromos.**			
8528.73.01	Los demás, monocromos	Pza	15	Ex
85.29	**Partes identificables como destinadas, exclusiva o principalmente, a los aparatos de las partidas 85.25 a 85.28.**			
8529.10	**. Antenas y reflectores de antena de cualquier tipo; partes apropiadas para su utilización con dichos artículos.**			
8529.10.01	Antenas para aparatos receptores de radio o de televisión, excepto lo comprendido en las fracciones 8529.10.02 y 8529.10.08.	Kg	Ex	Ex
8529.10.02	Antenas parabólicas para transmisión y/o recepción de microondas (de más de 1 GHz), hasta 9 m, de diámetro.	Kg	Ex	Ex
8529.10.03	Varillas de ferrita para antenas incorporadas.	Kg	Ex	Ex
8529.10.04	Guías de onda, flexibles o rígidas, con sus elementos de acoplamiento e interconexión.	Kg	Ex	Ex
8529.10.05	Antenas de accionamiento eléctrico reconocibles como concebidas exclusivamente para uso automotriz.	Kg	Ex	Ex
8529.10.06	Partes componentes de antenas, excepto lo comprendido en las fracciones 8529.10.03 y 8529.10.04.	Kg	Ex	Ex
8529.10.07	Antenas, excepto lo comprendido en las fracciones 8529.10.01, 8529.10.02 y 8529.10.08.	Kg	Ex	Ex
8529.10.08	Antenas llamadas "de conejo", para aparatos receptores de televisión.	Kg	Ex	Ex
8529.10.99	Las demás.	Kg	Ex	Ex
8529.90	**. Las demás.**			
8529.90.01	Reconocibles como concebidas exclusivamente para monitores de los tipos utilizados exclusiva o principalmente con máquinas de la partida 84.71, excepto circuitos modulares constituidos por componentes eléctricos y/o electrónicos sobre tablilla aislante con circuito impreso.	Kg	Ex	Ex
8529.90.02	Sintonizadores de AM-FM, sin circuito de audio.	Kg	Ex	Ex
8529.90.03	Filtros de banda pasante de cuarzo, cerámicos o mecánicos, reconocibles como concebidos exclusivamente para equipos de radiocomunicación, excepto los filtros para equipos receptores de tipo doméstico.	Kg	Ex	Ex
8529.90.04	Partes y piezas reconocibles como concebidas exclusivamente para equipos de microondas de alta capacidad o para equipos que aseguren la continuidad de comunicación (equipos de protección) para sistemas de microondas, excepto circuitos modulares constituidos por componentes eléctricos y/o electrónicos sobre tablilla aislante con circuito impreso.	Kg	Ex	Ex
8529.90.05	Reconocibles como concebidas exclusivamente para sistemas de transmisión y/o recepción de microondas vía satélite o para generadores de señales de teletexto.	Kg	Ex	Ex
8529.90.06	Circuitos modulares reconocibles como concebidos exclusivamente para lo comprendido en las partidas 85.25 a 85.28.	Kg	Ex	Ex
8529.90.07	Ensambles de transreceptores reconocibles como concebidos exclusivamente para lo comprendido en la subpartida 8526.10, no comprendidos ni especificados en otra parte.	Kg	Ex	Ex
8529.90.08	Partes especificadas en la nota aclaratoria 4 del Capítulo 85, excepto lo comprendido en las fracciones 8529.90.06 y 8529.90.18.	Kg	Ex	Ex
8529.90.09	Combinaciones de las partes especificadas en la Nota aclaratoria 4 del Capítulo 85, excepto las comprendidas en la fracción 8529.90.19.	Pza	Ex	Ex
8529.90.10	Ensambles de pantalla plana, reconocibles como concebidos exclusivamente para lo comprendido en las fracciones 8528.59.01, 8528.59.02, 8528.69.01 y 8528.72.06.	Kg	Ex	Ex
8529.90.11	Partes, incluso las placas frontales y los dispositivos de ajuste o seguridad, reconocibles como concebidos exclusivamente para circuitos modulares, no especificadas ni comprendidas en otra parte.	Kg	Ex	Ex
8529.90.12	Las demás partes reconocibles como concebidas exclusivamente para lo comprendido en las partidas 85.25 y 85.27.	Kg	Ex	Ex
8529.90.13	Amplificadores para transmisores de señales de televisión.	Pza	Ex	Ex
8529.90.14	Preamplificadores de radiofrecuencia para receptores de televisión ("booster").	Pza	Ex	Ex
8529.90.15	Amplificadores-distribuidores, regeneradores de pulsos o de subportadora, para sistemas de televisión por cable.	Pza	5	Ex

8529.90.16	Amplificadores-distribuidores de video, con entrada diferencial, con compensación de cable o con restaurador de corriente continua, para sistemas de televisión, con o sin gabinete modular.	Pza	5	Ex
8529.90.17	Amplificadores lineales de banda lateral única.	Pza	Ex	Ex
8529.90.18	Sintonizadores de canales para televisión y videocasetera; sintonizadores de doble convergencia.	Pza	Ex	Ex
8529.90.19	Sintonizadores de canal, combinados con otras partes especificadas en la Nota aclaratoria 4 del capítulo 85.	Pza	Ex	Ex
8529.90.20	Amplificadores de radiofrecuencia, banda ancha y monocanales, para sistemas de distribución de señales de HF, TV y/o FM.	Pza	5	Ex
8529.90.21	Acoplador (combinador o defasador) para operar dos o más transmisores de radio o televisión a una salida común.	Pza	Ex	Ex
8529.90.22	Líneas de retardo de crominancia (delay-line), reconocibles como concebidas exclusivamente para aparatos receptores de televisión a color.	Kg	Ex	Ex
8529.90.23	Filtros de los siguientes tipos: piezoeléctricos cerámicos, interferencia electromagnética o para resonador de frecuencia, reconocibles como concebidos exclusivamente para aparatos receptores de televisión a color, excepto lo comprendido en la fracción 8529.90.03.	Kg	Ex	Ex
8529.90.99	Las demás.	Kg	Ex	Ex
85.30	**Aparatos eléctricos de señalización (excepto los de transmisión de mensajes), seguridad, control o mando, para vías férreas o similares, carreteras, vías fluviales, áreas o parques de estacionamiento, instalaciones portuarias o aeropuertos (excepto los de la partida 86.08).**			
8530.10 ▪	**Aparatos para vías férreas o similares.**			
8530.10.01	Aparatos para vías férreas o similares.	Kg	Ex	Ex
8530.80 ▪	**Los demás aparatos.**			
8530.80.01	Sistemas visuales indicadores de pendiente de aproximación.	Kg	Ex	Ex
8530.80.02	Equipos controladores de semáforos.	Kg	5	Ex
8530.80.99	Los demás.	Kg	Ex	Ex
8530.90 ▪	**Partes.**			
8530.90.01	Partes.	Kg	Ex	Ex
85.31	**Aparatos eléctricos de señalización acústica o visual (por ejemplo: timbres, sirenas, tableros indicadores, avisadores de protección contra robo o incendio), excepto los de las partidas 85.12 u 85.30.**			
8531.10 ▪	**Avisadores eléctricos de protección contra robo o incendio y aparatos similares.**			
8531.10.01	Bocinas en o con caja tipo intemperie a prueba de humedad, gases, vapores, polvo y explosión.	Kg	Ex	Ex
8531.10.02	Campanas de alarma, con caja tipo intemperie a prueba de humedad, gases, vapores, polvos y explosión.	Kg	Ex	Ex
8531.10.03	Alarmas electrónicas contra robo o incendio, de uso doméstico o industrial, incluso en forma de sistema.	Pza	15	Ex
8531.10.04	Detectores acústicos, para sistemas de alarmas en bóvedas de seguridad; sistemas de seguridad a detección acústica y/o visual, con señalización local y remota, sin equipo de enlace por radiofrecuencia.	Kg	Ex	Ex
8531.10.05	Detectores electrónicos de humo, de monóxido de carbono, o de calor.	Kg	15	Ex
8531.10.99	Los demás.	Kg	15	Ex
8531.20 ▪	**Tableros indicadores con dispositivos de cristal líquido (LCD) o diodos emisores de luz (LED), incorporados.**			
8531.20.01	Tableros indicadores con dispositivos de cristales líquidos (LCD) o de diodos emisores de luz (LED), incorporados.	Kg	Ex	Ex
8531.80 ▪	**Los demás aparatos.**			
8531.80.01	Sirenas.	Kg	5	Ex
8531.80.02	Timbres, campanillas, zumbadores y otros avisadores acústicos, excepto lo comprendido en la fracción 8531.80.01.	Kg	15	Ex
8531.80.03	Zumbadores miniatura de corriente alterna, para aparatos telefónicos.	Kg	Ex	Ex
8531.80.99	Los demás.	Kg	15	Ex
8531.90 ▪	**Partes.**			
8531.90.01	Indicadores luminosos tipo ojo de buey o tipo diamante, sin portalámparas.	Kg	Ex	Ex
8531.90.02	Circuitos modulares.	Pza	Ex	Ex
8531.90.99	Las demás.	Kg	Ex	Ex
85.32	**Condensadores eléctricos fijos, variables o ajustables.**			
8532.10 ▪	**Condensadores fijos concebidos para redes eléctricas de 50/60 Hz, para una potencia reactiva superior o igual a 0.5 kvar (condensadores de potencia).**			
8532.10.01	Fijos, monofásicos o trifásicos, con peso unitario superior a 1 kg.	Pza	5	Ex
8532.10.99	Los demás.	Pza	Ex	Ex
▪	**Los demás condensadores fijos:**			
8532.21 ▪▪	**De tantalio.**			
8532.21.01	De tantalio.	Pza	Ex	Ex

8532.22	.. **Electrolíticos de aluminio.**			
8532.22.01	Reconocibles para naves aéreas.	Pza	Ex	Ex
8532.22.02	De diámetro inferior o igual a 15 mm, encapsulados en botes de baquelita o de aluminio.	Pza	Ex	Ex
8532.22.03	Capacitores electrolíticos con capacitancia de 0.1 µF hasta 10,000 µF y un voltaje de 10 V hasta 100 V, para uso en aparatos de conducción de señales, audio y video.	Pza	Ex	Ex
8532.22.99	Los demás.	Pza	Ex	Ex
8532.23	.. **Con dieléctrico de cerámica de una sola capa.**			
8532.23.01	Reconocibles para naves aéreas.	Pza	Ex	Ex
8532.23.02	Tubulares.	Pza	Ex	Ex
8532.23.03	Condensadores tubulares fijos de cerámica con coeficientes de temperatura de -220, -330 y -750 (partes por millón por cada grado centígrado), con diámetro inferior o igual a 3 mm y longitud inferior o igual a 8 mm.	Pza	Ex	Ex
8532.23.04	Condensadores de discos de cerámica, con terminales axiales.	Pza	Ex	Ex
8532.23.05	Capacitores discoidales con capacitancia de 0.1 pF hasta 8,200 pF para uso específico como filtradores de ruidos en dispositivos de alta frecuencia.	Pza	Ex	Ex
8532.23.99	Los demás.	Pza	Ex	Ex
8532.24	.. **Con dieléctrico de cerámica, multicapas.**			
8532.24.01	Reconocibles para naves aéreas.	Pza	Ex	Ex
8532.24.02	Tubulares.	Pza	Ex	Ex
8532.24.03	Condensadores tubulares fijos de cerámica con coeficientes de temperatura de -220, -330 y -750 (partes por millón por cada grado centígrado), con diámetro inferior o igual a 3 mm y longitud inferior o igual a 8 mm.	Pza	Ex	Ex
8532.24.99	Los demás.	Pza	Ex	Ex
8532.25	.. **Con dieléctrico de papel o plástico.**			
8532.25.01	Reconocibles para naves aéreas.	Pza	Ex	Ex
8532.25.02	Fijos de películas plásticas, excepto lo comprendido en la fracción 8532.25.03.	Pza	5	Ex
8532.25.03	Con dieléctrico de plástico, sin terminales, de montaje por contacto.	Pza	Ex	Ex
8532.25.04	Capacitores fílmicos para uso en aparatos de recepción y transmisión de señales, audio y video.	Pza	Ex	Ex
8532.25.99	Los demás.	Pza	Ex	Ex
8532.29	.. **Los demás.**			
8532.29.01	Fijos monofásicos o trifásicos con peso unitario superior a 1 kg.	Pza	Ex	Ex
8532.29.02	Condensadores para distribuidores de motores de explosión.	Pza	Ex	Ex
8532.29.03	Reconocibles para naves aéreas.	Pza	Ex	Ex
8532.29.04	De mica, de 1,000 o más voltios de trabajo.	Pza	Ex	Ex
8532.29.05	Cajas de condensadores por décadas, con precisión del 1% o mejor.	Pza	Ex	Ex
8532.29.99	Los demás.	Pza	Ex	Ex
8532.30	. **Condensadores variables o ajustables.**			
8532.30.01	Reconocibles para naves aéreas.	Pza	Ex	Ex
8532.30.02	Variables de vacío, reconocibles como concebidos exclusivamente para radiofrecuencia; variables de gas.	Pza	Ex	Ex
8532.30.03	Cajas de condensadores por décadas, con precisión del 1% o mejor.	Pza	Ex	Ex
8532.30.04	Reconocibles como concebidas exclusivamente para radiofrecuencia, excepto de ajuste "trimmers", cerámicos, y lo comprendido en la fracción 8532.30.02.	Pza	Ex	Ex
8532.30.99	Los demás.	Pza	Ex	Ex
8532.90	. **Partes.**			
8532.90.01	Partes.	Kg	Ex	Ex
85.33	**Resistencias eléctricas, (incluidos reóstatos y potenciómetros), excepto las de calentamiento.**			
8533.10	. **Resistencias fijas de carbono, aglomeradas o de capa.**			
8533.10.01	Resistencias de carbón, aglomeradas o de capa, excepto lo comprendido en la fracción 8533.10.02.	Kg	Ex	Ex
8533.10.02	Resistencias de montaje por contacto; resistencias con terminales radiales.	Kg	Ex	Ex
	. Las demás resistencias fijas:			
8533.21	.. **De potencia inferior o igual a 20 W.**			
8533.21.01	De potencia inferior o igual a 20 W.	Kg	Ex	Ex
8533.29	.. **Las demás.**			
8533.29.01	Reconocibles para naves aéreas.	Kg	Ex	Ex
8533.29.99	Las demás.	Kg	Ex	Ex
	. Resistencias variables bobinadas (incluidos reóstatos y potenciómetros):			
8533.31	.. **De potencia inferior o igual a 20 W.**			
8533.31.01	Reconocibles para naves aéreas.	Kg	Ex	Ex
8533.31.99	Las demás.	Kg	Ex	Ex
8533.39	.. **Las demás.**			
8533.39.01	Reconocibles para naves aéreas.	Kg	Ex	Ex
8533.39.02	Reguladores o variantes de velocidad, reconocibles como concebidos exclusivamente para ser incorporados en aparatos domésticos.	Kg	Ex	Ex
8533.39.99	Los demás.	Kg	Ex	Ex

8533.40	.	**Las demás resistencias variables (incluidos reóstatos y potenciómetros).**		
8533.40.01		Reóstatos o potenciómetros, excepto lo comprendido en la fracción 8533.40.07.	Kg	Ex	Ex
8533.40.02		Termistores.	Kg	Ex	Ex
8533.40.03		Reconocibles para naves aéreas.	Kg	Ex	Ex
8533.40.04		Bancos de resistencias.	Kg	Ex	Ex
8533.40.05		Varistores de óxidos metálicos.	Kg	Ex	Ex
8533.40.06		Varistores o resistencias dependientes de la tensión aplicada ("VDR"), excepto lo comprendido en la fracción 8533.40.05.	Kg	Ex	Ex
8533.40.07		Potenciómetros de carbón, de 1/10 a ½ watt de disipación, de diámetro inferior o igual a 30 mm.	Kg	Ex	Ex
8533.40.99		Los demás.	Kg	Ex	Ex
8533.90	.	**Partes.**		
8533.90.01		Terminales de cobre estañado y casquillos de hierro o de bronce, reconocibles como concebidas exclusivamente para resistencias de carbón para radio y TV.	Kg	Ex	Ex
8533.90.02		Reconocibles como concebidos exclusivamente para lo comprendido en la subpartida 8533.40, metálicas o cerámicas, termosensibles.	Kg	Ex	Ex
8533.90.99		Los demás.	Kg	Ex	Ex
85.34		**Circuitos impresos.**		
8534.00	.	**Circuitos impresos.**		
8534.00.01		De doble faz, con agujeros metalizados, con base de resinas epóxicas o de fibra de vidrio ("epoxy-glass"), excepto lo comprendido en las fracciones 8534.00.02 y 8534.00.03.	Pza	Ex	Ex
8534.00.02		Denominados "multicapas": Cuatro o más capas de laminado metálico de cobre o aluminio, incluyendo las de las caras exteriores, con agujeros metalizados, con base de resinas epóxicas o de fibra de vidrio ("epoxy-glass"), con indicación visual del número total de capas que componen el circuito impreso.	Pza	Ex	Ex
8534.00.03		De doble faz, con agujeros y pistas (líneas), metalizados con oro o plata.	Pza	Ex	Ex
8534.00.99		Los demás.	Pza	Ex	Ex
85.35		**Aparatos para corte, seccionamiento, protección, derivación, empalme o conexión de circuitos eléctricos (por ejemplo: interruptores, conmutadores, cortacircuitos, pararrayos, limitadores de tensión, supresores de sobretensión transitoria, tomas de corriente y demás conectores, cajas de empalme), para una tensión superior a 1,000 voltios.**		
8535.10	.	**Fusibles y cortacircuitos de fusible.**		
8535.10.01		Reconocibles para naves aéreas.	Kg	Ex	Ex
8535.10.02		Cortacircuitos de fusibles de más de 46 kV.	Kg	Ex	Ex
8535.10.03		Fusibles.	Kg	Ex	Ex
8535.10.99		Los demás.	Kg	15	Ex
	.	**Disyuntores:**		
8535.21	..	**Para una tensión inferior a 72.5 kV.**		
8535.21.01		Para una tensión inferior a 72.5 kV.	Kg	Ex	Ex
8535.29	..	**Los demás.**		
8535.29.99		Los demás.	Kg	Ex	Ex
8535.30	.	**Seccionadores e interruptores.**		
8535.30.01		Interruptores.	Kg	Ex	Ex
8535.30.02		Seccionadores de peso unitario inferior o igual a 2 kg.	Kg	Ex	Ex
8535.30.03		Seccionadores-conectadores de navajas sin carga, con peso unitario superior a 2 kg sin exceder de 2,750 kg.	Kg	Ex	Ex
8535.30.04		Seccionadores de peso unitario superior a 2,750 kg.	Kg	Ex	Ex
8535.30.05		Interruptores de navajas con carga.	Kg	Ex	Ex
8535.30.06		Seccionadores con peso unitario superior a 2 kg, sin exceder de 2,750 kg, excepto lo comprendido en la fracción 8535.30.03.	Kg	Ex	Ex
8535.30.99		Los demás.	Kg	Ex	Ex
8535.40	.	**Pararrayos, limitadores de tensión y supresores de sobretensión transitoria.**		
8535.40.01		Pararrayos (apartarrayos) tipo distribución autovalvulares de 3 a 13 kV nominales, para sistemas con neutro a tierra hasta 37 kV.	Kg	5	Ex
8535.40.02		Pararrayos (apartarrayos), excepto lo comprendido en la fracción 8535.40.01.	Kg	Ex	Ex
8535.40.99		Los demás.	Kg	Ex	Ex
8535.90	.	**Los demás.**		
8535.90.01		Conmutadores de peso unitario inferior o igual a 2 kg.	Kg	Ex	Ex
8535.90.02		Conmutadores con peso unitario superior a 2 kg sin exceder de 2,750 kg.	Kg	Ex	Ex
8535.90.03		Protectores de sobrecarga para motores, excepto lo comprendido en la fracción 8535.90.19.	Kg	Ex	Ex
8535.90.04		Relevadores de arranque.	Kg	Ex	Ex
8535.90.05		Relevadores térmicos o por inducción.	Kg	Ex	Ex
8535.90.06		Relevadores de alta sensibilidad, con núcleo laminado, monopolo inversor, reconocibles como concebidos exclusivamente para equipos telefónicos.	Kg	Ex	Ex
8535.90.07		Selectores de circuitos.	Kg	Ex	Ex
8535.90.08		Llaves magnéticas (arrancadores magnéticos), con potencia nominal hasta 200 C.P.	Pza	Ex	Ex
8535.90.09		Tomas de corriente con peso unitario inferior o igual a 2 kg.	Kg	Ex	Ex

8535.90.10	Cajas de conexión, de derivación, de corte, extremidad u otras cajas análogas.	Kg	Ex	Ex
8535.90.11	Terminales selladas de vidrio o cerámica vitrificada.	Kg	Ex	Ex
8535.90.12	Bornes individuales o en fila, con cuerpos aislantes, denominadas tablillas terminales.	Kg	Ex	Ex
8535.90.13	Relevadores secundarios eletromagnéticos, alimentados exclusivamente a través de transformadores de intensidad y/o tensión.	Kg	Ex	Ex
8535.90.14	Relevadores automáticos diferenciales, hasta de 60 amperios con protección diferencial hasta 300 miliamperios.	Kg	Ex	Ex
8535.90.15	Conjuntos para terminales tipo cono de alivio integrado y/o moldeado, para cables de energía, hasta 35 kV, para intemperie.	Kg	Ex	Ex
8535.90.16	Conjuntos completos para empalmes o uniones, para cables de energía hasta 35 kV.	Kg	Ex	Ex
8535.90.17	Conjuntos para terminales tipo cono de alivio, moldeado, para cables de energía hasta 35 kV, para interior.	Kg	Ex	Ex
8535.90.18	Contactos sinterizados de aleaciones con metal precioso.	Kg	Ex	Ex
8535.90.19	Protector electrónico trifásico diferencial, por asimetría y/o falta de fase.	Kg	Ex	Ex
8535.90.20	Llaves magnéticas (arrancadores magnéticos), con potencia nominal superior a 200 C.P.	Pza	Ex	Ex
8535.90.21	Zócalos para cinescopios.	Kg	Ex	Ex
8535.90.22	Relevadores, excepto lo comprendido en las fracciones 8535.90.04, 8535.90.05, 8535.90.06, 8535.90.13 y 8535.90.14.	Kg	Ex	Ex
8535.90.99	Los demás.	Kg	Ex	Ex
85.36	**Aparatos para corte, seccionamiento, protección, derivación, empalme o conexión de circuitos eléctricos (por ejemplo: interruptores, conmutadores, relés, cortacircuitos, supresores de sobretensión transitoria, clavijas y tomas de corriente (enchufes), portalámparas y demás conectores, cajas de empalme), para una tensión inferior o igual a 1,000 voltios; conectores para fibras ópticas, haces o cables de fibras ópticas.**			
8536.10 .	**Fusibles y cortacircuitos de fusible.**			
8536.10.01	Reconocibles para naves aéreas.	Kg	Ex	Ex
8536.10.02	Fusibles ultrarrápidos de láminas de plata, de alta capacidad de ruptura, especiales para protección de semiconductores, para corrientes nominales de hasta 2,500 amperes y tensión de operación de hasta 500 voltios.	Kg	Ex	Ex
8536.10.03	Fusibles de alta capacidad de ruptura, de 20,000 amperes eficaces o más y cualquier corriente nominal, hasta 600 voltios de tensión, inclusive.	Kg	15	Ex
8536.10.04	Cortacircuitos de fusible.	Kg	15	Ex
8536.10.05	Fusibles para telefonía.	Kg	Ex	Ex
8536.10.99	Los demás.	Kg	Ex	Ex
8536.20 .	**Disyuntores.**			
8536.20.01	Reconocibles para naves aéreas.	Kg	Ex	Ex
8536.20.02	Llaves disyuntoras, térmicas, reconocibles como concebidas exclusivamente para radio o televisión.	Kg	Ex	Ex
8536.20.99	Los demás.	Kg	5	Ex
8536.30 .	**Los demás aparatos para protección de circuitos eléctricos.**			
8536.30.01	Reconocibles para naves aéreas.	Kg	Ex	Ex
8536.30.02	Protectores térmicos para circuitos eléctricos de aparatos de refrigeración o aire acondicionado.	Kg	Ex	Ex
8536.30.03	Protectores para telefonía.	Kg	Ex	Ex
8536.30.04	Protector electrónico trifásico diferencial, por asimetría y/o falta de fase.	Kg	Ex	Ex
8536.30.05	Protectores de sobrecarga para motores.	Pza	Ex	Ex
8536.30.99	Los demás.	Kg	Ex	Ex
.	**Relés:**			
8536.41 ..	**Para una tensión inferior o igual a 60 V.**			
8536.41.01	Para bocinas.	Kg	Ex	Ex
8536.41.02	Solenoides de 6 y 12 V, para motores de arranque de uso automotriz.	Kg	Ex	Ex
8536.41.03	Térmicos o por inducción.	Kg	5	Ex
8536.41.04	Reconocibles para naves aéreas.	Kg	Ex	Ex
8536.41.05	De alta sensibilidad, con núcleo laminado, monopolo inversor, reconocibles como concebidos exclusivamente para equipos telefónicos.	Kg	Ex	Ex
8536.41.06	Secundarios electromagnéticos, alimentados exclusivamente a través de transformadores de intensidad y/o tensión.	Kg	Ex	Ex
8536.41.07	Automáticos diferenciales, hasta de 60 amperios con protección diferencial hasta de 300 miliamperios.	Kg	Ex	Ex
8536.41.08	Relevadores fotoeléctricos.	Kg	Ex	Ex
8536.41.09	Intermitentes para luces direccionales indicadoras de maniobras, para uso automotriz.	Kg	Ex	Ex
8536.41.10	De arranque, excepto lo comprendido en la fracción 8536.41.02.	Kg	Ex	Ex
8536.41.11	Relevadores auxiliares de bloqueo de contactos múltiples, de reposición manual o eléctrica, con capacidad inferior o igual a 60 amperes.	Kg	Ex	Ex
8536.41.99	Los demás.	Kg	Ex	Ex
8536.49 ..	**Los demás.**			
8536.49.01	De arranque.	Kg	Ex	Ex
8536.49.02	Térmicos o por inducción.	Kg	Ex	Ex
8536.49.03	Secundarios electromagnéticos, alimentados exclusivamente a través de transformadores de intensidad y/o tensión.	Kg	Ex	Ex

8536.49.04	Automáticos diferenciales, hasta de 60 amperios con protección diferencial hasta de 300 miliamperios.	Kg	Ex	Ex
8536.49.05	Relevadores auxiliares de bloques de contactos múltiples, de reposición manual o eléctrica, con capacidad inferior o igual a 60 amperes y tensión máxima de 480 V.	Kg	Ex	Ex
8536.49.99	Los demás.	Kg	Ex	Ex
8536.50	**. Los demás interruptores, seccionadores y conmutadores.**			
8536.50.01	Interruptores, excepto los comprendidos en la fracción 8536.50.15.	Kg	Ex	Ex
8536.50.02	Conmutadores de rutas para video y audio con entrada diferencial, conmutación en intervalo vertical y señalización de conmutación, para selección de señales en sistemas de televisión por cables.	Kg	Ex	Ex
8536.50.03	Conmutador secuencial de video.	Kg	Ex	Ex
8536.50.04	Seccionadores o conmutadores de peso unitario superior a 2,750 kg.	Kg	Ex	Ex
8536.50.05	Reconocibles para naves aéreas.	Kg	Ex	Ex
8536.50.06	Interruptores, por presión de líquidos para controles de nivel en lavarropas de uso doméstico.	Kg	Ex	Ex
8536.50.07	Interruptores automáticos, termoeléctricos, para el cebado de la descarga en las lámparas o tubos fluorescentes.	Kg	5	Ex
8536.50.08	Interruptores de navajas con carga.	Kg	Ex	Ex
8536.50.09	Seccionadores-conectadores de navajas, sin carga, con peso unitario superior a 2 kg, sin exceder de 2,750 kg.	Kg	Ex	Ex
8536.50.10	Interruptores reconocibles como concebidos exclusivamente para radio o televisión, excepto lo comprendido en la fracción 8536.50.16.	Kg	Ex	Ex
8536.50.11	Conmutadores sueltos o agrupados, accionados por botones, con peso hasta de 250 g, o interruptores simples o múltiples de botón o de teclado, reconocibles como concebidos exclusivamente para electrónica, excepto lo comprendido en la fracción 8536.50.16.	Kg	Ex	Ex
8536.50.12	Conmutadores pasivos, para selección de señales de video y audio en sistemas de televisión por cable.	Kg	Ex	Ex
8536.50.13	Llaves magnéticas (arrancadores magnéticos) con potencia nominal inferior o igual a 200 C.P.	Kg	Ex	Ex
8536.50.14	Llaves magnéticas (arrancadores magnéticos), con potencia nominal superior a 200 C.P.	Kg	Ex	Ex
8536.50.15	Interruptores para dual, de pie o de jalón para luces; botón de arranque; reconocibles como concebidos exclusivamente para uso automotriz.	Kg	Ex	Ex
8536.50.16	Microinterruptores de botón para aparatos electrodomésticos.	Kg	Ex	Ex
8536.50.17	Selectores de circuitos.	Kg	Ex	Ex
8536.50.99	Los demás.	Kg	Ex	Ex
	. Portalámparas, clavijas y tomas de corriente (enchufes):			
8536.61	**.. Portalámparas.**			
8536.61.01	Reconocibles para naves aéreas.	Kg	Ex	Ex
8536.61.02	Portapilotos, reconocibles como concebidos exclusivamente para radio y televisión.	Kg	Ex	Ex
8536.61.03	De señalización telefónica, aun cuando se presenten montadas en plaquetas.	Kg	Ex	Ex
8536.61.99	Los demás.	Kg	Ex	Ex
8536.69	**.. Los demás.**			
8536.69.01	Reconocibles para naves aéreas.	Kg	Ex	Ex
8536.69.02	Tomas de corriente con peso unitario inferior o igual a 2 kg.	Kg	5	Ex
8536.69.99	Los demás.	Kg	Ex	Ex
8536.70	**. Conectores para fibras ópticas, haces o cables de fibras ópticas.**			
8536.70.01	Conectores para fibras ópticas, haces o cables de fibras ópticas.	Kg	Ex	Ex
8536.90	**. Los demás aparatos.**			
8536.90.01	Zócalos para cinescopios.	Kg	Ex	Ex
8536.90.02	Reconocibles para naves aéreas.	Kg	Ex	Ex
8536.90.03	Arillos o barras para accionar el avisador acústico (claxon).	Kg	Ex	Ex
8536.90.04	Protectores térmicos para motores eléctricos de aparatos de refrigeración o de aire acondicionado.	Kg	Ex	Ex
8536.90.05	Arrancadores manuales a voltaje reducido, para aparatos hasta de 300 C.P.	Kg	Ex	Ex
8536.90.06	Controles fotoeléctricos, para iluminación.	Kg	Ex	Ex
8536.90.07	Buses en envolvente metálica.	Kg	Ex	Ex
8536.90.08	Llaves para telefonía, aun cuando se presenten montadas en plaquetas.	Kg	Ex	Ex
8536.90.09	Cajas terminales para estación de usuario de teletipo con elementos para su conexión a las redes telegráficas automáticas normales o de punto a punto.	Kg	Ex	Ex
8536.90.10	Terminales de vidrio o cerámica vitrificada.	Kg	Ex	Ex
8536.90.11	Bornes individuales o en fila, con cuerpos aislantes, denominados tablillas terminales.	Kg	Ex	Ex
8536.90.12	Zócalos para válvulas electrónicas, para transistores y para circuitos integrados, excepto los de cerámica para válvulas.	Kg	Ex	Ex
8536.90.13	Conectores múltiples para la interconexión de aparatos y equipos telefónicos.	Kg	Ex	Ex
8536.90.14	Clavijas ("plugs") reconocibles como concebidas exclusivamente para uso en telefonía, de dos o más polos.	Kg	Ex	Ex
8536.90.15	"Jacks" reconocibles como concebidos exclusivamente para uso en telefonía, aun cuando se presenten montados en plaquetas.	Kg	Ex	Ex
8536.90.16	Bloques de terminales para interconexión de equipos, aparatos o cables telefónicos.	Kg	Ex	Ex
8536.90.17	Conectores simples y múltiples, aislados en material de baja pérdida, para radiofrecuencia.	Kg	Ex	Ex

8536.90.18	Conjuntos para terminales tipo cono de alivio integrado y/o moldeado, para cables de energía para intemperie.	Kg	Ex	Ex
8536.90.19	Conjuntos completos para empalmes o uniones, para cables de energía.	Kg	Ex	Ex
8536.90.20	Conjuntos para terminales tipo cono de alivio, moldeado, para cables de energía, para interior.	Kg	Ex	Ex
8536.90.21	Ignitores electrónicos sin balastos, para lámparas de descarga.	Kg	Ex	Ex
8536.90.22	Conectores hembra, con o sin dispositivos de anclaje, para inserción de circuitos impresos.	Kg	Ex	Ex
8536.90.23	Conectores para empalmes de cables telefónicos.	Kg	Ex	Ex
8536.90.24	Contactos sinterizados de aleaciones con metal precioso.	Kg	Ex	Ex
8536.90.25	Protector electrónico trifásico diferencial por asimetría y/o falta de fase.	Kg	Ex	Ex
8536.90.26	Atenuadores electrónicos de intensidad lumínica (dimmers) de más de 3 kW.	Kg	Ex	Ex
8536.90.27	Conectores de agujas.	Kg	Ex	Ex
8536.90.28	Cajas de conexión, de derivación, de corte, extremidad u otras cajas análogas.	Kg	5	Ex
8536.90.99	Los demás.	Kg	Ex	Ex
85.37	**Cuadros, paneles, consolas, armarios y demás soportes equipado con varios aparatos de las partidas 85.35 u 85.36, para control o distribución de electricidad, incluidos los que incorporen instrumentos o aparatos del Capítulo 90, así como los aparatos de control numérico, excepto los aparatos de conmutación de la partida 85.17.**			
8537.10 -	**Para una tensión inferior o igual a 1,000 V.**			
8537.10.01	Cajas de conexión, de derivación, de corte, extremidad u otras cajas análogas.	Kg	Ex	Ex
8537.10.02	Cuadros de mando o distribución para elevadores o ascensores.	Kg	Ex	Ex
8537.10.03	Cuadros de mando para máquinas de soldar por resistencia.	Kg	15	Ex
8537.10.04	Cuadros de mando o distribución, operados mediante botones (botoneras).	Kg	5	Ex
8537.10.05	Ensambles con la carcaza exterior o soporte, reconocibles como concebidos para lo comprendido en las partidas 84.21, 84.22, 84.50 y 85.16.	Pza	Ex	Ex
8537.10.06	Módulos reconocibles como concebidos exclusivamente para el control de señales de indicación en motores de vehículos automotrices.	Pza	Ex	Ex
8537.10.99	Los demás.	Kg	Ex	Ex
8537.20 -	**Para una tensión superior a 1,000 V.**			
8537.20.01	Cajas de conexión, de derivación, de corte, extremidad u otras cajas análogas.	Kg	Ex	Ex
8537.20.02	Cuadros de mando para máquinas de soldar por resistencia.	Kg	15	Ex
8537.20.99	Los demás.	Kg	Ex	Ex
85.38	**Partes identificables como destinadas, exclusiva o principalmente, a los aparatos de las partidas 85.35, 85.36 u 85.37.**			
8538.10 -	**Cuadros, paneles, consolas, armarios y demás soportes de la partida 85.37, sin sus aparatos.**			
8538.10.01	Cuadros, paneles, consolas, armarios y demás soportes de la partida 85.37, sin sus aparatos.	Kg	Ex	Ex
8538.90 -	**Las demás.**			
8538.90.01	Partes moldeadas.	Pza	Ex	Ex
8538.90.02	Reconocibles como concebidas exclusivamente para cortacircuitos de fusibles de más de 46 kV.	Kg	Ex	Ex
8538.90.03	Armaduras, núcleos, yugos y piezas polares electromagnéticas no montadas y sin elementos agregados, reconocibles como concebidas exclusivamente para relevadores de equipos telefónicos.	Kg	Ex	Ex
8538.90.04	Cerámicos o metálicos reconocibles como concebidos exclusivamente para lo comprendido en las fracciones 8535.90.08, 8535.90.20, 8535.90.24, 8536.30.05, 8536.50.13 y 8536.50.14, termosensibles.	Kg	Ex	Ex
8538.90.05	Circuitos modulares.	Pza	Ex	Ex
8538.90.99	Las demás.	Kg	Ex	Ex
85.39	**Lámparas y tubos eléctricos de incandescencia o de descarga, incluidos los faros o unidades "sellados" y las lámparas y tubos de rayos ultravioletas o infrarrojos; lámparas de arco.**			
8539.10 -	**Faros o unidades "sellados".**			
8539.10.01	Con diámetro de 15 cm a 20 cm.	Pza	Ex	Ex
8539.10.02	Reconocibles para naves aéreas.	Pza	Ex	Ex
8539.10.03	Proyectores (bulbos tipo "par" de vidrio prensado) espejados internamente, con peso unitario superior a 120 g, sin exceder de 2 kg.	Pza	Ex	Ex
8539.10.99	Los demás.	Pza	Ex	Ex
-	**Las demás lámparas y tubos de incandescencia, excepto las de rayos ultravioletas o infrarrojos:**			
8539.21 - -	**Halógenos, de volframio (tungsteno).**			
8539.21.01	De incandescencia, de tubo de cuarzo ("halógenas" o "quartzline"), de 2,900° K (grados Kelvin) como mínimo.	Pza	Ex	Ex
8539.21.99	Los demás.	Pza	10	Ex
8539.22 - -	**Los demás de potencia inferior o igual a 200 W y para una tensión superior a 100 V.**			
8539.22.01	Reconocibles como concebidas exclusivamente para uso en aparatos de proyección cinematográfica y de vista fija.	Pza	Ex	Ex
8539.22.02	Con peso unitario inferior o igual a 20 g.	Pza	Ex	Ex

8539.22.03	Provistos de dos postes o espigas para su enchufe, con peso unitario superior a 120 g, sin exceder de 2 kg.	Pza	Ex	Ex
8539.22.04	Reconocibles para naves aéreas.	Pza	Ex	Ex
8539.22.05	De vidrio transparente azul natural, denominados "luz de día".	Pza	Ex	Ex
8539.22.99	Los demás.	Pza	10	Ex
8539.29	**.. Los demás.**			
8539.29.01	Provistos de dos postes o espigas para su enchufe con peso unitario superior a 120 g, sin exceder de 2 Kg.	Pza	Ex	Ex
8539.29.02	Reconocibles para naves aéreas.	Pza	Ex	Ex
8539.29.03	Con peso unitario superior a 20 g, sin exceder de 300 g, reconocibles como concebidos exclusivamente para locomotoras.	Pza	Ex	Ex
8539.29.04	Reconocibles como concebidas exclusivamente para uso en aparatos de proyección cinematográfica y de vista fija.	Pza	Ex	Ex
8539.29.05	Miniatura para linterna, cuyo voltaje sea igual o superior a 1.20 sin exceder de 8.63 V.	Pza	Ex	Ex
8539.29.06	Miniatura para radio dial, televisión o bicicletas, cuyo voltaje sea igual o superior a 1.20 sin exceder de 8.63 V.	Pza	Ex	Ex
8539.29.07	Reflectores, con peso unitario superior a 120 g, sin exceder de 2 kg, excepto lo comprendido en la fracción 8539.29.02.	Pza	Ex	Ex
8539.29.08	Con peso unitario inferior o igual a 20 g, excepto lo comprendido en la fracción 8539.29.05.	Pza	Ex	Ex
8539.29.99	Los demás.	Pza	Ex	Ex
	- **Lámparas y tubos de descarga, excepto los de rayos ultravioletas:**			
8539.31	**.. Fluorescentes, de cátodo caliente.**			
8539.31.01	Lámparas fluorescentes tubulares en forma de "O" o de "U".	Pza	10	Ex
8539.31.99	Las demás.	Pza	10	Ex
8539.32	**.. Lámparas de vapor de mercurio o sodio; lámparas de halogenuro metálico.**			
8539.32.01	De vapor de sodio de alta presión.	Pza	Ex	Ex
8539.32.02	Lámparas de vapor de mercurio.	Pza	Ex	Ex
8539.32.03	De vapor de sodio de baja presión.	Pza	Ex	Ex
8539.32.99	Los demás.	Pza	Ex	Ex
8539.39	**.. Los demás.**			
8539.39.01	Para luz relámpago.	Pza	5	Ex
8539.39.02	Reconocibles para naves aéreas.	Pza	Ex	Ex
8539.39.03	Lámparas fluorescentes tubulares en forma de "O" o de "U".	Pza	10	Ex
8539.39.04	De luz mixta (de descarga y filamento).	Pza	Ex	Ex
8539.39.05	Lámparas de neón.	Pza	Ex	Ex
8539.39.06	Lámparas de descarga de gases metálicos exclusivamente mezclados o combinados, tipo multivapor o similares.	Pza	Ex	Ex
8539.39.99	Los demás.	Pza	10	Ex
	- **Lámparas y tubos de rayos ultravioletas o infrarrojos; lámparas de arco:**			
8539.41	**.. Lámparas de arco.**			
8539.41.01	Lámparas de arco.	Pza	Ex	Ex
8539.49	**.. Los demás.**			
8539.49.01	De rayos ultravioleta.	Pza	Ex	Ex
8539.49.99	Los demás.	Pza	Ex	Ex
8539.90	**- Partes.**			
8539.90.01	Bases (casquillos) de uno y/o dos pernos o espigas para lámparas fluorescentes.	Kg	Ex	Ex
8539.90.02	Casquillos de metal común, aun cuando tengan uno o dos alambres de conexión y cuello de cerámica.	Kg	Ex	Ex
8539.90.03	Bases (casquillos) para focos de incandescencia.	Kg	Ex	Ex
8539.90.04	Filamentos metálicos.	Kg	Ex	Ex
8539.90.05	Electrodos para cátodos de encendido de focos o tubos de descarga, cuyo diámetro máximo, en su sección mayor, sea inferior o igual a 1 mm.	Kg	Ex	Ex
8539.90.06	Bases (casquillos) para lámparas de vapor de mercurio y de luz mixta, excepto los tipos E26/27, E27/27 y E27/30.	Kg	Ex	Ex
8539.90.99	Los demás.	Kg	Ex	Ex
85.40	**Lámparas, tubos y válvulas electrónicos, de cátodo caliente, cátodo frío o fotocátodo (por ejemplo: lámparas, tubos y válvulas, de vacío, de vapor o gas, tubos rectificadores de vapor de mercurio, tubos catódicos, tubos y válvulas para cámaras de televisión), excepto los de la partida 85.39.**			
	- **Tubos catódicos para aparatos receptores de televisión, incluso para videomonitores:**			
8540.11	**.. En colores.**			
8540.11.01	Reconocibles como concebidos exclusivamente para alta definición con pantalla superior a 35.56 cm (14 pulgadas), excepto lo comprendido en la fracción 8540.11.05.	Pza	Ex	Ex
8540.11.02	Reconocibles como concebidos exclusivamente para alta definición con pantalla inferior o igual a 35.56 cm (14 pulgadas).	Pza	Ex	Ex
8540.11.03	Reconocibles como concebidos exclusivamente para pantalla superior a 35.56 cm (14 pulgadas), excepto lo comprendido en las fracciones 8540.11.01, 8540.11.05 y los tipo proyección.	Pza	Ex	Ex

8540.11.04	Reconocibles como concebidos exclusivamente para pantalla inferior o igual 35.56 cm (14 pulgadas) excepto lo comprendido en la fracción 8540.11.02 y los tipo proyección.	Pza	Ex	Ex
8540.11.05	De pantalla plana superior o igual a 50.8 cm (20 pulgadas) pero inferior o igual a 68.6 cm (27 pulgadas).	Pza	Ex	Ex
8540.11.99	Los demás.	Pza	Ex	Ex
8540.12	**.. Monocromos.**			
8540.12.01	De alta definición.	Pza	Ex	Ex
8540.12.99	Los demás.	Pza	Ex	Ex
8540.20	**. Tubos para cámaras de televisión; tubos convertidores o intensificadores de imagen; los demás tubos de fotocátodo.**			
8540.20.01	Tubos para cámaras tomavistas de televisión.	Pza	Ex	Ex
8540.20.99	Los demás.	Pza	Ex	Ex
8540.40	**. Tubos para visualizar datos gráficos monocromos; tubos para visualizar datos gráficos, en colores, con pantalla fosfórica de separación de puntos inferior a 0.4 mm.**			
8540.40.02	Tubos para visualizar datos gráficos monocromos; tubos para visualizar datos gráficos, en colores, con pantalla fosfórica de separación de puntos inferior a 0.4 mm.	Pza	Ex	Ex
8540.60	**. Los demás tubos catódicos.**			
8540.60.01	Redondos de diámetro inferior o igual a 127 mm.	Pza	Ex	Ex
8540.60.99	Los demás.	Pza	Ex	Ex
	. Tubos para hiperfrecuencias (por ejemplo: magnetrones, klistrones, tubos de ondas progresivas, carcinotrones), excepto los controlados por rejilla:			
8540.71	**.. Magnetrones.**			
8540.71.01	Magnetrones.	Pza	Ex	Ex
8540.79	**.. Los demás.**			
8540.79.99	Los demás.	Pza	Ex	Ex
	. Las demás lámparas, tubos y válvulas:			
8540.81	**.. Tubos receptores o amplificadores.**			
8540.81.01	Reconocibles para naves aéreas.	Pza	Ex	Ex
8540.81.02	Tubos para microondas; tubos para empleo nuclear y tubos con atmósfera gaseosa, excluidos los rectificadores.	Pza	Ex	Ex
8540.81.99	Los demás.	Pza	Ex	Ex
8540.89	**.. Los demás.**			
8540.89.01	Válvulas electrónicas.	Pza	Ex	Ex
8540.89.02	Reconocibles para naves aéreas.	Pza	Ex	Ex
8540.89.03	Válvulas para cámaras tomavistas de televisión.	Pza	Ex	Ex
8540.89.99	Los demás.	Pza	Ex	Ex
	. Partes:			
8540.91	**.. De tubos catódicos.**			
8540.91.01	Pantallas para tubos catódicos (para cinescopios), con máscara (ensamble de panel frontal).	Kg	Ex	Ex
8540.91.02	Bobinas deflectoras (yugos) para tubos de rayos catódicos con aros de convergencia y pureza integrados.	Kg	Ex	Ex
8540.91.03	Bobinas deflectoras (yugos) para tubos de rayos catódicos, excepto lo comprendido en la fracción 8540.91.02.	Kg	Ex	Ex
8540.91.04	Bobinas deflectoras (yugos) para tubos de rayos catódicos, reconocibles como concebidas exclusivamente para su incorporación en tubos de pantalla plana.	Pza	Ex	Ex
8540.91.99	Los demás.	Kg	Ex	Ex
8540.99	**.. Las demás.**			
8540.99.01	Placas, casquetes de contacto, blindajes, bases, ánodos y anillos de vidrio para válvulas electrónicas.	Kg	Ex	Ex
8540.99.02	Agujas (patitas) para bases de válvulas electrónicas.	Kg	Ex	Ex
8540.99.03	Cañones de electrones; estructuras de radio-frecuencia (RF) para los tubos de microondas comprendidos en las subpartidas 8540.71 a 8540.79.	Pza	Ex	Ex
8540.99.04	Cátodos, conexiones o ligamentos y rejillas de válvulas electrónicas.	Kg	Ex	Ex
8540.99.99	Las demás.	Kg	Ex	Ex
85.41	**Diodos, transistores y dispositivos semiconductores similares; dispositivos semiconductores fotosensibles, incluidas las células fotovoltaicas, aunque estén ensambladas en módulos o paneles; diodos emisores de luz; cristales piezoeléctricos montados.**			
8541.10	**. Diodos, excepto los fotodiodos y los diodos emisores de luz.**			
8541.10.01	Diodos de silicio o de germanio.	Kg	Ex	Ex
8541.10.99	Los demás.	Kg	Ex	Ex
	. Transistores, excepto los fototransistores:			
8541.21	**.. Con una capacidad de disipación inferior a 1 W.**			
8541.21.01	Con una capacidad de disipación inferior a 1 W.	Kg	Ex	Ex
8541.29	**.. Los demás.**			
8541.29.99	Los demás.	Kg	Ex	Ex

8541.30	**-**	**Tiristores, diacs y triacs, excepto los dispositivos fotosensibles.**			
8541.30.01		Tiristores unidireccionales o bidireccionales (triacs), encapsulados en plástico, de hasta 40 amperes.	Kg	Ex	Ex
8541.30.99		Los demás.	Kg	Ex	Ex
8541.40	**-**	**Dispositivos semiconductores fotosensibles, incluidas las células fotovoltaicas, aunque estén ensambladas en módulos o paneles; diodos emisores de luz.**			
8541.40.01		Dispositivos semiconductores fotosensibles, incluidas las células fotovoltaicas, aunque estén ensambladas en módulos o paneles; diodos emisores de luz, excepto los comprendidos en las fracciones 8541.40.02 y 8541.40.03.	Kg	Ex	Ex
8541.40.02		Células solares fotovoltaicas; excepto las comprendidas en la fracción 8541.40.03.	Kg	Ex	Ex
8541.40.03		Ensambles en módulos o paneles de células fotovoltaicas.	Kg	Ex	Ex
8541.50	**-**	**Los demás dispositivos semiconductores.**			
8541.50.01		Los demás dispositivos semiconductores.	Kg	Ex	Ex
8541.60	**-**	**Cristales piezoeléctricos montados.**			
8541.60.01		Cristales piezoeléctricos montados.	Kg	Ex	Ex
8541.90	**-**	**Partes.**			
8541.90.01		Reconocibles como concebidas exclusivamente para transistores o elementos análogos semiconductores.	Kg	Ex	Ex
8541.90.99		Las demás.	Kg	Ex	Ex
85.42		**Circuitos electrónicos integrados.**			
	-	**Circuitos electrónicos integrados:**			
8542.31	**- -**	**Procesadores y controladores, incluso combinados con memorias, convertidores, circuitos lógicos, amplificadores, relojes y circuitos de sincronización, u otros circuitos.**			
8542.31.01		Para televisión de alta definición que tengan más de 100,000 puertas.	Pza	Ex	Ex
8542.31.02		Circuitos integrados híbridos.	Pza	Ex	Ex
8542.31.99		Los demás.	Pza	Ex	Ex
8542.32	**- -**	**Memorias.**			
8542.32.01		Circuitos integrados híbridos.	Pza	Ex	Ex
8542.32.99		Los demás.	Pza	Ex	Ex
8542.33	**- -**	**Amplificadores.**			
8542.33.01		Circuitos integrados híbridos.	Pza	Ex	Ex
8542.33.99		Los demás.	Pza	Ex	Ex
8542.39	**- -**	**Los demás.**			
8542.39.01		Circuitos integrados híbridos.	Pza	Ex	Ex
8542.39.99		Los demás.	Pza	Ex	Ex
8542.90	**-**	**Partes.**			
8542.90.01		Partes.	Kg	Ex	Ex
85.43		**Máquinas y aparatos eléctricos con función propia, no expresados ni comprendidos en otra parte de este Capítulo.**			
8543.10	**-**	**Aceleradores de partículas.**			
8543.10.02		Aceleradores de partículas.	Pza	Ex	Ex
8543.20	**-**	**Generadores de señales.**			
8543.20.01		Generadores de barrido.	Pza	Ex	Ex
8543.20.02		Reconocibles para naves aéreas.	Pza	Ex	Ex
8543.20.03		Generadores electrónicos de frecuencia de señalización, para centrales telefónicas.	Pza	Ex	Ex
8543.20.04		Generadores de audiofrecuencia con distorsión armónica entre 0.3 y 0.1% o generadores de cuadros y/o fajas y/o puntos, para ajuste de aparatos de TV en blanco y negro y en color.	Pza	Ex	Ex
8543.20.05		Generadores de señales de radio, audio, video o estéreo, excepto lo comprendido en las fracciones 8543.20.03 y 8543.20.04.	Pza	Ex	Ex
8543.20.99		Los demás.	Pza	Ex	Ex
8543.30	**-**	**Máquinas y aparatos de galvanoplastia, electrólisis o electroforesis.**			
8543.30.01		Máquinas y aparatos de galvanoplastia, electrólisis o electroforesis.	Pza	Ex	Ex
8543.70	**-**	**Las demás máquinas y aparatos.**			
8543.70.01		Electrificadores de cercas.	Pza	5	Ex
8543.70.02		Decodificadores de señales de teletexto.	Pza	Ex	Ex
8543.70.03		Retroalimentadores transistorizados ("Loop extender").	Pza	Ex	Ex
8543.70.04		Pulsadores o generadores de impulsos, destinados exclusivamente para el funcionamiento de cercos agropecuarios electrificados.	Pza	Ex	Ex
8543.70.05		Aparatos de control remoto que utilizan rayos infrarrojos para el comando a distancia de aparatos electrónicos.	Pza	Ex	Ex
8543.70.06		Detectores de metales portátiles, excepto los localizadores de cables; detectores de metales a base de tubos o placas magnetizadas para utilizarse en bandas transportadoras.	Pza	Ex	Ex
8543.70.07		Reconocibles para naves aéreas.	Pza	Ex	Ex
8543.70.08		Para electrocutar insectos voladores, mediante un sistema de rejillas electrizadas con voltaje elevado y que proyecte luz negra.	Pza	10	Ex

8543.70.09	Dispositivos eléctricos para vehículos que accionen mecanismos elevadores para cristales, cajuelas, asientos o seguros de puertas.	Pza	Ex	Ex
8543.70.10	Preamplificadores-mezcladores de 8 o más canales, aun cuando realicen otros efectos de audio.	Pza	Ex	Ex
8543.70.11	Fuentes de alimentación y polarización, variables o fijas, para sistemas de recepción de microondas vía satélite.	Pza	Ex	Ex
8543.70.12	Controles automáticos de velocidad, para uso automotriz.	Pza	Ex	Ex
8543.70.13	Cabezales digitales electrónicos, con o sin dispositivo impresor.	Pza	Ex	Ex
8543.70.14	Detectores de metales, excepto lo comprendido en la fracción 8543.70.06.	Pza	Ex	Ex
8543.70.15	Amplificadores de bajo ruido, reconocibles como concebidos exclusivamente para sistemas de recepción de microondas vía satélite.	Pza	Ex	Ex
8543.70.16	Amplificadores de microondas.	Pza	Ex	Ex
8543.70.17	Ecualizadores.	Pza	15	Ex
8543.70.99	Los demás.	Pza	Ex	Ex
8543.90	**- Partes.**			
8543.90.01	Circuitos modulares.	Pza	Ex	Ex
8543.90.02	Microestructuras electrónicas.	Pza	Ex	Ex
8543.90.99	Las demás.	Kg	Ex	Ex
85.44	**Hilos, cables (incluidos los coaxiales) y demás conductores aislados para electricidad, aunque estén laqueados, anodizados o provistos de piezas de conexión; cables de fibras ópticas constituidos por fibras enfundadas individualmente, incluso con conductores eléctricos incorporados o provistos de piezas de conexión.**			
	- Alambre para bobinar:			
8544.11	**-- De cobre.**			
8544.11.01	De cobre.	Kg	5	Ex
8544.19	**-- Los demás.**			
8544.19.01	De aluminio o sus aleaciones, con aislamiento a base de cualquier esmalte, con diámetro del conductor inferior o igual a 0.361 mm.	Kg	5	Ex
8544.19.99	Los demás.	Kg	5	Ex
8544.20	**- Cables y demás conductores eléctricos, coaxiales.**			
8544.20.01	Cables coaxiales, de uno o más conductores eléctricos, aislados y con funda de malla de metal, aun cuando vengan recubiertos de materias aislantes, con o sin mensajero de acero, con una impedancia de 50 a 75 ohms.	Kg	5	Ex
8544.20.02	Cables coaxiales de uno o más conductores concéntricos, aislados, aun cuando vengan recubiertos de materias aislantes, con o sin mensajero de acero, con una impedancia de 50 a 75 ohms, excepto lo comprendido en la fracción 8544.20.01.	Kg	Ex	Ex
8544.20.03	Reconocibles para naves aéreas.	Kg	Ex	Ex
8544.20.99	Los demás.	Kg	5	Ex
8544.30	**- Juegos de cables para bujías de encendido y demás juegos de cables de los tipos utilizados en los medios de transporte.**			
8544.30.01	Reconocibles para naves aéreas.	Kg	Ex	Ex
8544.30.02	Arneses reconocibles como concebidos exclusivamente para uso automotriz.	Kg	5	Ex
8544.30.99	Los demás.	Kg	5	Ex
	- Los demás conductores eléctricos para una tensión inferior o igual a 1,000 V:			
8544.42	**-- Provistos de piezas de conexión.**			
8544.42.01	Formas de cables cortados y atados (arneses), para la conexión de centrales telefónicas.	Kg	5	Ex
8544.42.02	Cables termopar o sus cables de extensión.	Kg	5	Ex
8544.42.03	Arneses y cables eléctricos, para conducción o distribución de corriente eléctrica en aparatos electrodomésticos o de medición.	Kg	5	Ex
8544.42.04	De cobre, aluminio o sus aleaciones, excepto lo comprendido en las fracciones 8544.42.01 y 8544.42.03.	Kg	5	Ex
8544.42.05	Reconocibles para naves aéreas.	Kg	Ex	Ex
8544.42.99	Los demás.	Kg	5	Ex
8544.49	**-- Los demás.**			
8544.49.01	Formas de cables cortados y atados (arneses), para la conexión de centrales telefónicas.	Kg	5	Ex
8544.49.02	Cables termopar o sus cables de extensión.	Kg	5	Ex
8544.49.03	Cables eléctricos, para conducción o distribución de corriente eléctrica en aparatos electrodomésticos o de medición.	Kg	5	Ex
8544.49.04	De cobre, aluminio o sus aleaciones, excepto lo comprendido en las fracciones 8544.49.01 y 8544.49.03.	Kg	5	Ex
8544.49.05	Reconocibles para naves aéreas.	Kg	Ex	Ex
8544.49.06	Arneses eléctricos, para conducción o distribución de corriente eléctrica en aparatos electrodomésticos o de medición.	Kg	5	Ex
8544.49.99	Los demás.	Kg	5	Ex
8544.60	**- Los demás conductores eléctricos para una tensión superior a 1,000 V.**			
8544.60.01	De cobre, aluminio o sus aleaciones.	Kg	5	Ex
8544.60.99	Los demás.	Kg	5	Ex
8544.70	**- Cables de fibras ópticas.**			
8544.70.01	Cables de fibras ópticas.	Kg	Ex	Ex

85.45	**Electrodos y escobillas de carbón, carbón para lámparas o pilas y demás artículos de grafito u otros carbonos, incluso con metal, para usos eléctricos.**			
	- **Electrodos:**			
8545.11	-- **De los tipos utilizados en hornos.**			
8545.11.01	De los tipos utilizados en hornos.	Kg	Ex	Ex
8545.19	-- **Los demás.**			
8545.19.99	Los demás.	Kg	Ex	Ex
8545.20	- **Escobillas.**			
8545.20.01	Escobillas.	Kg	Ex	Ex
8545.90	- **Los demás.**			
8545.90.01	Reconocibles para naves aéreas.	Kg	Ex	Ex
8545.90.02	Pistas de carbón, para potenciómetros.	Kg	Ex	Ex
8545.90.99	Los demás.	Kg	Ex	Ex
85.46	**Aisladores eléctricos de cualquier materia.**			
8546.10	- **De vidrio.**			
8546.10.01	Tubulares.	Kg	Ex	Ex
8546.10.02	Esbozos, en forma de campana, con diámetro igual o superior a 15 cm en la circunferencia mayor.	Kg	Ex	Ex
8546.10.03	Reconocibles para naves aéreas.	Kg	Ex	Ex
8546.10.99	Los demás.	Kg	5	Ex
8546.20	- **De cerámica.**			
8546.20.01	Tubulares, excepto lo comprendido en la fracción 8546.20.05.	Kg	Ex	Ex
8546.20.02	De suspensión.	Kg	Ex	Ex
8546.20.03	De porcelana o de esteatita para radio y televisión.	Kg	Ex	Ex
8546.20.04	Reconocibles para naves aéreas.	Kg	Ex	Ex
8546.20.05	Tubo cilíndrico exterior, de porcelana, para fusible limitador de corriente, liso, con una longitud igual o superior a 100 mm pero inferior o igual a 600 mm.	Pza	Ex	Ex
8546.20.99	Los demás.	Kg	5	Ex
8546.90	- **Los demás.**			
8546.90.01	Tubulares.	Kg	Ex	Ex
8546.90.02	Reconocibles para naves aéreas.	Kg	Ex	Ex
8546.90.03	De resina, epóxica, no rígidos.	Kg	Ex	Ex
8546.90.99	Los demás.	Kg	5	Ex
85.47	**Piezas aislantes totalmente de materia aislante o con simples piezas metálicas de ensamblado (por ejemplo, casquillos roscados) embutidas en la masa, para máquinas, aparatos o instalaciones eléctricas, excepto los aisladores de la partida 85.46; tubos aisladores y sus piezas de unión, de metal común, aislados interiormente.**			
8547.10	- **Piezas aislantes de cerámica.**			
8547.10.01	De porcelana para pasantes de transformadores de más de 132 kV.	Kg	Ex	Ex
8547.10.02	Zócalos de cerámica para válvulas electrónicas.	Kg	Ex	Ex
8547.10.03	Carretes, para transformadores de potencia igual o superior a 5,000 kVA, excepto los de vermiculita.	Kg	Ex	Ex
8547.10.04	Reconocibles para naves aéreas.	Kg	Ex	Ex
8547.10.05	Discos, tubos y otras formas de cerámica sin platear, reconocibles como concebidos exclusivamente para condensadores fijos o resistencias.	Kg	Ex	Ex
8547.10.06	Elemento interno de fusible limitador de corriente, en forma cilíndrica o de estrella, de cerámica, con longitud igual o superior a 100 mm pero inferior o igual	Pza	Ex	Ex
8547.10.99	Las demás.	Kg	Ex	Ex
8547.20	- **Piezas aislantes de plástico.**			
8547.20.01	Carretes para transformadores de radio y televisión.	Kg	Ex	Ex
8547.20.02	Soportes separadores para válvulas electrónicas.	Kg	Ex	Ex
8547.20.03	Reconocibles para naves aéreas.	Kg	Ex	Ex
8547.20.99	Las demás.	Kg	Ex	Ex
8547.90	- **Los demás.**			
8547.90.01	Reconocibles para naves aéreas.	Kg	Ex	Ex
8547.90.02	Carretes, para transformadores de potencia igual o superior a 5,000 kVA.	Kg	Ex	Ex
8547.90.03	Carretes y formas aislantes para bobinados de componentes telefónicos, con o sin insertos metálicos.	Kg	Ex	Ex
8547.90.04	Carretes para transformadores de radio y televisión.	Kg	Ex	Ex
8547.90.05	Espaciadores o separadores, para juegos de láminas de contacto, para equipos y aparatos telefónicos.	Kg	Ex	Ex
8547.90.06	Soportes separadores para válvulas electrónicas.	Kg	Ex	Ex
8547.90.07	Con una o más perforaciones formadas por capas de: papel y resina fenólica, caucho y/o resinas plásticas artificiales.	Kg	Ex	Ex
8547.90.08	Bujes, reconocibles como concebidos exclusivamente para transformadores y/o disyuntores.	Kg	Ex	Ex
8547.90.09	Regletas o tiras para montaje de fusibles, para telefonía.	Kg	Ex	Ex

8547.90.10	De mica para empleo en electrónica, excepto lo comprendido en la fracción 8547.90.06.	Kg	Ex	Ex
8547.90.11	De vidrio.	Kg	Ex	Ex
8547.90.12	Tubos aisladores y sus piezas de unión, de metales comunes, aislados interiormente.	Kg	Ex	Ex
8547.90.99	Los demás.	Kg	Ex	Ex
85.48	**Desperdicios y desechos de pilas, baterías de pilas o acumuladores, eléctricos; pilas, baterías de pilas y acumuladores, eléctricos, inservibles; partes eléctricas de máquinas o aparatos, no expresadas ni comprendidas en otra parte de este Capítulo.**			
8548.10 .	**Desperdicios y desechos de pilas, baterías de pilas o acumuladores, eléctricos; pilas, baterías de pilas y acumuladores, eléctricos, inservibles.**			
8548.10.01	Desperdicios y desechos de pilas, baterías de pilas o acumuladores, eléctricos; pilas, baterías de pilas y acumuladores, eléctricos, inservibles.	Kg	15	Ex
8548.90 .	**Los demás.**			
8548.90.01	Circuitos modulares constituidos por componentes eléctricos y/o electrónicos sobre tablilla aislante con circuito impreso, consignados en cantidad no mayor a 5 (cinco) unidades por destinatario y/o importador, por cada importación.	Kg	Ex	Ex
8548.90.02	Reconocibles para naves aéreas.	Kg	Ex	Ex
8548.90.03	Circuitos modulares constituidos por componentes eléctricos y/o electrónicos sobre tablilla aislante con circuito impreso, excepto lo comprendido en la fracción 8548.90.01.	Kg	Ex	Ex
8548.90.04	Microestructuras electrónicas.	Pza	Ex	Ex
8548.90.99	Los demás.	Kg	Ex	Ex

Sección XVII
MATERIAL DE TRANSPORTE

Notas.
1. Esta Sección no comprende los artículos de las partidas 95.03 ó 95.08 ni los toboganes, "bobsleighs" y similares (partida 95.06).
2. No se consideran *partes* o *accesorios* de material de transporte, aunque sean identificables como tales:
    a) las juntas o empaquetaduras, arandelas y similares, de cualquier materia (régimen de la materia constitutiva o partida 84.84), así como los demás artículos de caucho vulcanizado sin endurecer (partida 40.16);
    b) las partes y accesorios de uso general, tal como se definen en la Nota 2 de la Sección XV, de metal común (Sección XV), ni los artículos similares de plástico (Capítulo 39);
    c) los artículos del Capítulo 82 (herramientas);
    d) los artículos de la partida 83.06;
    e) las máquinas y aparatos de las partidas 84.01 a 84.79, así como sus partes; los artículos de las partidas 84.81 u 84.82 y, siempre que constituyan partes intrínsecas de motor, los artículos de la partida 84.83;
    f) las máquinas y aparatos eléctricos, así como el material eléctrico (Capítulo 85);
    g) los instrumentos y aparatos del Capítulo 90;
    h) los artículos del Capítulo 91;
    ij) las armas (Capítulo 93);
    k) los aparatos de alumbrado y sus partes, de la partida 94.05;
    l) los cepillos que constituyan partes de vehículos (partida 96.03).
3. En los Capítulos 86 a 88, la referencia a las *partes* o a los *accesorios* no abarca a las partes o accesorios que no estén destinados, exclusiva o principalmente, a los vehículos o artículos de esta Sección. Cuando una parte o un accesorio sean susceptibles de responder a las especificaciones de dos o más partidas de la Sección, se clasificarán en la partida que corresponda a su utilización principal.
4. En esta Sección:
    a) los vehículos especialmente concebidos para ser utilizados en carretera y sobre carriles (rieles), se clasificarán en la partida apropiada del Capítulo 87;
    b) los vehículos automóviles anfibios se clasificarán en la partida apropiada del Capítulo 87;
    c) las aeronaves especialmente concebidas para ser utilizadas también como vehículos terrestres, se clasificarán en la partida apropiada del Capítulo 88.
5. Los vehículos de cojín (colchón) de aire se clasificarán con los vehículos con los que guarden mayor analogía:
    a) del Capítulo 86, si están concebidos para desplazarse sobre una vía guía (aerotrenes);
    b) del Capítulo 87, si están concebidos para desplazarse sobre tierra firme o indistintamente sobre tierra firme o sobre agua;
    c) del Capítulo 89, si están concebidos para desplazarse sobre agua, incluso si pueden posarse en playas o embarcaderos o desplazarse también sobre superficies heladas.
    Las partes y accesorios de vehículos de cojín (colchón) de aire se clasificarán igual que las partes y accesorios de los vehículos de la partida en que éstos se hubieran clasificado por aplicación de las disposiciones anteriores.
    El material fijo para vías de aerotrenes se considera material fijo de vías férreas, y los aparatos de señalización, seguridad, control o mando para vías de aerotrenes como aparatos de señalización, seguridad, control o mando para vías férreas.

Capítulo 86
Vehículos y material para vías férreas o similares, y sus partes; aparatos mecánicos (incluso electromecánicos) de señalización para vías de comunicación

Notas.
1. Este Capítulo no comprende:
   a) las traviesas (durmientes) de madera u hormigón para vías férreas o similares y los elementos de hormigón para vías guía de aerotrenes (partidas 44.06 o 68.10);
   b) los elementos para vías férreas de fundición, hierro o acero de la partida 73.02;
   c) los aparatos eléctricos de señalización, seguridad, control o mando de la partida 85.30.
2. Se clasificarán en la partida 86.07, entre otros:
   a) los ejes, ruedas, ejes montados (trenes de ruedas), llantas, bujes, centros y demás partes de ruedas;
   b) los chasis, bojes y "bissels";
   c) las cajas de ejes (cajas de grasa o aceite), los dispositivos de freno de cualquier clase;
   d) los topes, ganchos y demás sistemas de enganche, los fuelles de intercomunicación;
   e) los artículos de carrocería.
3. Salvo lo dispuesto en la Nota 1 anterior, se clasificarán en la partida 86.08, entre otros:
   a) las vías ensambladas, placas y puentes giratorios, defensas (parachoques) y gálibos;
   b) los discos y placas móviles y semáforos, aparatos de mando para pasos a nivel o cambio de agujas, puestos de maniobra a distancia y demás aparatos mecánicos (incluso electromecánicos) de señalización, seguridad, control o mando, incluso provistos de dispositivos accesorios de alumbrado eléctrico, para vías férreas o similares, carreteras, vías fluviales, áreas o parques de estacionamiento, instalaciones portuarias o aeropuertos.

Código	Descripción	Unid de Med	Arancel (%)	
			IMP.	EXP.
86.01	**Locomotoras y locotractores, de fuente externa de electricidad o acumuladores eléctricos.**			
8601.10	**- De fuente externa de electricidad.**			
8601.10.01	De fuente externa de electricidad.	Pza	Ex	Ex
8601.20	**- De acumuladores eléctricos.**			
8601.20.01	De acumuladores eléctricos.	Pza	Ex	Ex
86.02	**Las demás locomotoras y locotractores; ténderes.**			
8602.10	**- Locomotoras Diesel-eléctricas.**			
8602.10.01	Locomotoras Diesel-eléctricas.	Pza	Ex	Ex
8602.90	**- Los demás.**			
8602.90.99	Los demás.	Pza	Ex	Ex
86.03	**Automotores para vías férreas y tranvías autopropulsados, excepto los de la partida 86.04.**			
8603.10	**- De fuente externa de electricidad.**			
8603.10.01	De fuente externa de electricidad.	Pza	Ex	Ex
8603.90	**- Los demás.**			
8603.90.99	Los demás.	Pza	Ex	Ex
86.04	**Vehículos para mantenimiento o servicio de vías férreas o similares, incluso autopropulsados (por ejemplo: vagones taller, vagones grúa, vagones equipados para apisonar balasto, alinear vías, coches para ensayos y vagonetas de inspección de vías).**			
8604.00	**- Vehículos para mantenimiento o servicio de vías férreas o similares, incluso autopropulsados (por ejemplo: vagones taller, vagones grúa, vagones equipados para apisonar balasto, alinear vías, coches para ensayos y vagonetas de inspección de vías).**			
8604.00.01	Vagones taller o vagones grúa.	Pza	5	Ex
8604.00.02	Para la obtención de chatarra, cuando se importen por empresas fundidoras o laminadoras propietarias de hornos de fundición.	Pza	5	Ex
8604.00.99	Los demás.	Pza	5	Ex
86.05	**Coches de viajeros, furgones de equipajes, coches correo y demás coches especiales, para vías férreas o similares (excepto los coches de la partida 86.04).**			
8605.00	**- Coches de viajeros, furgones de equipajes, coches correo y demás coches especiales, para vías férreas o similares (excepto los coches de la partida 86.04).**			
8605.00.01	Coches de viajeros.	Pza	10	Ex
8605.00.99	Los demás.	Pza	5	Ex
86.06	**Vagones para transporte de mercancías sobre carriles (rieles).**			
8606.10	**- Vagones cisterna y similares.**			
8606.10.01	Vagones cisterna y similares.	Pza	5	Ex
8606.30	**- Vagones de descarga automática, excepto los de la subpartida 8606.10.**			
8606.30.01	Vagones de descarga automática, excepto los de la subpartida 8606.10.	Pza	Ex	Ex

	- Los demás:			
8606.91	**- -** **Cubiertos y cerrados.**			
8606.91.01	Vagones isotérmicos, refrigerantes o frigoríficos, excepto los de la subpartida 8606.10.	Pza	5	Ex
8606.91.99	Los demás.	Pza	5	Ex
8606.92	**- -** **Abiertos, con pared fija de altura superior a 60 cm.**			
8606.92.01	Abiertos, con pared fija de altura superior a 60 cm.	Pza	5	Ex
8606.99	**- -** **Los demás.**			
8606.99.99	Los demás.	Pza	Ex	Ex
86.07	**Partes de vehículos para vías férreas o similares.**			
	- Bojes, "bissels", ejes y ruedas, y sus partes:			
8607.11	**- -** **Bojes y "bissels", de tracción.**			
8607.11.01	Bojes y "bissels", de tracción.	Kg	Ex	Ex
8607.12	**- -** **Los demás bojes y "bissels".**			
8607.12.99	Los demás bojes y "bissels".	Kg	Ex	Ex
8607.19	**- -** **Los demás, incluidas las partes.**			
8607.19.01	Ejes, cuando se importen para su relaminación o forjado, por empresas laminadoras o forjadoras, o para hornos de fundición.	Kg	Ex	Ex
8607.19.02	Ejes montados con sus ruedas.	Kg	Ex	Ex
8607.19.03	Ruedas.	Kg	Ex	Ex
8607.19.04	Llantas forjadas para ruedas de vagones.	Kg	Ex	Ex
8607.19.05	Llantas para ruedas de locomotoras.	Kg	Ex	Ex
8607.19.06	Partes de ejes o ruedas.	Pza	Ex	Ex
8607.19.99	Los demás.	Pza	Ex	Ex
	- Frenos y sus partes:			
8607.21	**- -** **Frenos de aire comprimido y sus partes.**			
8607.21.01	Frenos de aire.	Kg	Ex	Ex
8607.21.99	Los demás.	Kg	Ex	Ex
8607.29	**- -** **Los demás.**			
8607.29.99	Los demás.	Kg	Ex	Ex
8607.30	**-** **Ganchos y demás sistemas de enganche, topes, y sus partes.**			
8607.30.01	Ganchos y demás sistemas de enganche, topes y sus partes.	Kg	Ex	Ex
	- Las demás:			
8607.91	**- -** **De locomotoras o locotractores.**			
8607.91.01	Reconocibles como concebidas exclusivamente para locomotoras, excepto ejes, montados con sus ruedas, bojes, ruedas, llantas, forjadas para ruedas de locomotoras y chumaceras, inclusive.	Kg	Ex	Ex
8607.91.99	Las demás.	Kg	Ex	Ex
8607.99	**- -** **Las demás.**			
8607.99.99	Las demás.	Kg	Ex	Ex
86.08	**Material fijo de vías férreas o similares; aparatos mecánicos (incluso electromecánicos) de señalización, seguridad, control o mando para vías férreas o similares, carreteras o vías fluviales, áreas o parques de estacionamiento, instalaciones portuarias o aeropuertos; partes.**			
8608.00	**-** **Material fijo de vías férreas o similares; aparatos mecánicos (incluso electromecánicos) de señalización, seguridad, control o mando para vías férreas o similares, carreteras o vías fluviales, áreas o parques de estacionamiento, instalaciones portuarias o aeropuertos; partes.**			
8608.00.01	Material fijo de vías férreas o sus partes componentes.	Kg	Ex	Ex
8608.00.02	Aparatos de señalización, seguridad, control, mando o sus partes componentes.	Kg	Ex	Ex
8608.00.03	Sistemas visuales indicadores de pendientes de aproximación.	Kg	Ex	Ex
8608.00.99	Los demás.	Kg	Ex	Ex
86.09	**Contenedores (incluidos los contenedores cisterna y los contenedores depósito) especialmente concebidos y equipados para uno o varios medios de transporte.**			
8609.00	**-** **Contenedores (incluidos los contenedores cisterna y los contenedores depósito) especialmente concebidos y equipados para uno o varios medios de transporte.**			
8609.00.01	Contenedores (incluidos los contenedores cisterna y los contenedores depósito) especialmente concebidos y equipados para uno o varios medios de transporte.	Pza	15	Ex

Capítulo 87
Vehículos automóviles, tractores, velocípedos y demás vehículos terrestres; sus partes y accesorios

Notas.
1. Este Capítulo no comprende los vehículos concebidos para circular solamente sobre carriles (rieles).
2. En este Capítulo, se entiende por *tractores* los vehículos con motor esencialmente concebidos para tirar o empujar otros aparatos, vehículos o cargas, incluso si tienen ciertos acondicionamientos accesorios en relación con su utilización principal, que permitan el transporte de herramientas, semillas, abonos, etc.

Las máquinas e instrumentos de trabajo concebidos para equipar los tractores de la partida 87.01 como material intercambiable siguen su propio régimen, aunque se presenten con el tractor, incluso si están montados sobre éste.

3. Los chasis con cabina incorporada para vehículos automóviles se clasificarán en las partidas 87.02 a 87.04 y no en la partida 87.06.

4. La partida 87.12 comprende todas las bicicletas para niños. Los demás velocípedos para niños se clasificarán en la partida 95.03.

Nota Aclaratoria:

1. En las Partidas 87.01, 87.02, 87.03, 87.04 y 87.05 el término "usados" se entiende como el vehículo automóvil, tractor y demás vehículos terrestres que cumplan con al menos una de las siguientes características:

    a) Cuyo número de serie, número de identificación vehicular (NIV) o año modelo sea por lo menos un año anterior al vigente.

    b) Que al momento de efectuar el despacho aduanero, la lectura del odómetro indique que el vehículo ha recorrido más de 1,000 kilómetros, o su equivalente en millas, en el caso de vehículos con peso total con carga máxima inferior a 5,000 kilogramos; o que ha recorrido más de 5,000 kilómetros, o su equivalente en millas, en el caso de vehículos con peso total con carga máxima igual o superior a 5,000 kilogramos.

Código		Descripción	Unid de Med	Arancel (%)	
				IMP.	EXP.
87.01		**Tractores (excepto las carretillas tractor de la partida 87.09).**			
8701.10	**.**	**Motocultores.**			
8701.10.01		Motocultores.	Pza	Ex	Ex
8701.20	**.**	**Tractores de carretera para semirremolques.**			
8701.20.01		Tractores de carretera para semirremolques, excepto lo comprendido en la fracción 8701.20.02.	Pza	20	Ex
8701.20.02		Usados.	Pza	50	Ex
8701.30	**.**	**Tractores de orugas.**			
8701.30.01		Tractores de orugas con potencia al volante del motor igual o superior a 105 C.P. sin exceder de 380 C.P., medida a 1900 RPM, incluso con hoja empujadora.	Pza	15	Ex
8701.30.99		Los demás.	Pza	Ex	Ex
8701.90	**.**	**Los demás.**			
8701.90.01		Tractores de ruedas con toma de fuerza o enganche de tres puntos, para acoplamiento de implementos agrícolas, excepto lo comprendido en las fracciones 8701.90.03, 8701.90.05, 8701.90.06 y 8701.90.08.	Pza	5	Ex
8701.90.02		Tractores para vías férreas, provistos de aditamento de ruedas con neumáticos accionados mecánicamente para rodarlos sobre pavimento.	Pza	Ex	Ex
8701.90.03		Tractores de ruedas con toma de fuerza o enganche de tres puntos, para acoplamiento de implementos agrícolas cuyo número de serie o modelo sea al menos 2 años anterior al vigente.	Pza	Ex	Ex
8701.90.04		Tractores sobre bandas de hule, dotados de toma de fuerza para el acoplamiento de implementos agrícolas.	Pza	Ex	Ex
8701.90.05		Tractores de ruedas con toma de fuerza o enganche de tres puntos, para acoplamiento de implementos agrícolas, con potencia igual o superior a 140 H.P. pero inferior o igual a 180 H.P., transmisión manual y tablero de instrumentos analógico, excepto lo comprendido en la fracción 8701.90.03.	Pza	Ex	Ex
8701.90.06		Tractores de ruedas con toma de fuerza o enganche de tres puntos, para acoplamiento de implementos agrícolas, con potencia igual o superior a 106 H.P. pero inferior o igual a 140 H.P., con cabina con aire acondicionado y transmisión syncroplus o powerquad, excepto lo comprendido en la fracción 8701.90.03.	Pza	Ex	Ex
8701.90.07		Tractores de ruedas con toma de fuerza o enganche de tres puntos, para acoplamiento de implementos agrícolas, incompletos o sin terminar, con transmisión manual sincronizada de 12 por 12 e inversor de marcha, que no incorpore al menos nueve de los siguientes elementos: el conjunto de rines, toldo, brazos de levante, contrapesos, tubo de escape, eje delantero, soporte frontal, radiador, salpicaduras, barra de tiro, horquilla barra de tiro, escalón y soportes, excepto lo comprendido en las fracciones, 8701.90.03, 8701.90.05 y 8701.90.06.	Pza	Ex	Ex
8701.90.08		Tractores de ruedas con toma de fuerza o enganche de tres puntos, para acoplamiento de implementos agrícolas, con potencia igual o superior a 32 HP pero inferior o igual a 53 HP.	Pza	Ex	Ex
8701.90.99		Los demás.	Pza	Ex	Ex
87.02		**Vehículos automóviles para el transporte de diez o más personas, incluido el conductor.**			
8702.10	**.**	**Con motor de émbolo (pistón), de encendido por compresión (Diesel o semi-Diesel).**			
8702.10.01		Con carrocería montada sobre chasis, excepto lo comprendido en las fracciones 8702.10.03 y 8702.10.05.	Pza	20	Ex

8702.10.02	Con carrocería integral, excepto lo comprendido en las fracciones 8702.10.04 y 8702.10.05.	Pza	20	Ex
8702.10.03	Para el transporte de 16 o más personas, incluyendo el conductor, con carrocería montada sobre chasis, excepto lo comprendido en la fracción 8702.10.05.	Pza	20	Ex
8702.10.04	Para el transporte de 16 o más personas, incluyendo el conductor, con carrocería integral, excepto lo comprendido en la fracción 8702.10.05.	Pza	20	Ex
8702.10.05	Usados.	Pza	50	Ex
8702.90	**Los demás.**			
8702.90.01	Trolebuses.	Pza	15	Ex
8702.90.02	Con carrocería montada sobre chasis, excepto lo comprendido en las fracciones 8702.90.04 y 8702.90.06.	Pza	20	Ex
8702.90.03	Con carrocería integral, excepto lo comprendido en las fracciones 8702.90.05 y 8702.90.06.	Pza	20	Ex
8702.90.04	Para el transporte de 16 o más personas, incluyendo el conductor, con carrocería montada sobre chasis, excepto lo comprendido en la fracción 8702.90.06.	Pza	20	Ex
8702.90.05	Para el transporte de 16 o más personas, incluyendo el conductor, con carrocería integral, excepto lo comprendido en la fracción 8702.90.06.	Pza	20	Ex
8702.90.06	Usados, excepto lo comprendido en la fracción 8702.90.01.	Pza	50	Ex
87.03	**Automóviles de turismo y demás vehículos automóviles concebidos principalmente para el transporte de personas (excepto los de la partida 87.02), incluidos los vehículos del tipo familiar ("break" o "station wagon") y los de carreras.**			
8703.10	**Vehículos especialmente concebidos para desplazarse sobre la nieve; vehículos especiales para el transporte de personas en campos de golf y vehículos similares.**			
8703.10.01	Con motor eléctrico, excepto los comprendidos en las fracciones 8703.10.02 y 8703.10.03.	Pza	15	Ex
8703.10.02	Vehículos especiales para el transporte de personas en terrenos de golf.	Pza	15	Ex
8703.10.99	Los demás.	Pza	15	Ex
	Los demás vehículos con motor de émbolo (pistón) alternativo, de encendido por chispa:			
8703.21	**De cilindrada inferior o igual a 1,000 cm3.**			
8703.21.01	Motociclos de tres ruedas (trimotos) que presenten una dirección tipo automóvil o, al mismo tiempo, diferencial y reversa; motociclos de cuatro ruedas (cuadrimotos) con dirección tipo automóvil.	Pza	15	Ex
8703.21.02	Usados, excepto lo comprendido en la fracción 8703.21.01.	Pza	50	Ex
8703.21.99	Los demás.	Pza	20	Ex
8703.22	**De cilindrada superior a 1,000 cm3 pero inferior o igual a 1,500 cm3.**			
8703.22.01	De cilindrada superior a 1,000 cm3 pero inferior o igual a 1,500 cm3, excepto lo comprendido en la fracción 8703.22.02.	Pza	20	Ex
8703.22.02	Usados.	Pza	50	Ex
8703.23	**De cilindrada superior a 1,500 cm3 pero inferior o igual a 3,000 cm3.**			
8703.23.01	De cilindrada superior a 1,500 cm3 pero inferior o igual a 3,000 cm3, excepto lo comprendido en la fracción 8703.23.02.	Pza	20	Ex
8703.23.02	Usados.	Pza	50	Ex
8703.24	**De cilindrada superior a 3,000 cm3.**			
8703.24.01	De cilindrada superior a 3,000 cm3, excepto lo comprendido en la fracción 8703.24.02.	Pza	20	Ex
8703.24.02	Usados.	Pza	50	Ex
	Los demás vehículos con motor de émbolo (pistón), de encendido por compresión (Diesel o semi-Diesel):			
8703.31	**De cilindrada inferior o igual a 1,500 cm3.**			
8703.31.01	De cilindrada inferior o igual a 1,500 cm3, excepto lo comprendido en la fracción 8703.31.02.	Pza	20	Ex
8703.31.02	Usados.	Pza	50	Ex
8703.32	**De cilindrada superior a 1,500 cm3 pero inferior o igual a 2,500 cm3.**			
8703.32.01	De cilindrada superior a 1,500 cm3 pero inferior o igual a 2,500 cm3, excepto lo comprendido en la fracción 8703.32.02.	Pza	20	Ex
8703.32.02	Usados.	Pza	50	Ex
8703.33	**De cilindrada superior a 2,500 cm3.**			
8703.33.01	De cilindrada superior a 2,500 cm3, excepto lo comprendido en la fracción 8703.33.02.	Pza	20	Ex
8703.33.02	Usados.	Pza	50	Ex
8703.90	**Los demás.**			
8703.90.01	Eléctricos.	Pza	15	Ex
8703.90.02	Usados, excepto lo comprendido en la fracción 8703.90.01.	Pza	50	Ex
8703.90.99	Los demás.	Pza	20	Ex
87.04	**Vehículos automóviles para el transporte de mercancías.**			
8704.10	**Volquetes automotores concebidos para utilizarlos fuera de la red de carreteras.**			
8704.10.01	Tipo "Dumpers" con capacidad útil de carga superior a 30,000 kg.	Pza	Ex	Ex
8704.10.99	Los demás.	Pza	Ex	Ex
	Los demás, con motor de émbolo (pistón), de encendido por compresión (Diesel o semi-Diesel):			
8704.21	**De peso total con carga máxima inferior o igual a 5 t.**			
8704.21.01	Acarreadores de escoria, excepto para la recolección de basura doméstica.	Pza	5	Ex

8704.21.02	De peso total con carga máxima inferior o igual a 2,721 kg, excepto lo comprendido en la fracción 8704.21.04.	Pza	20	Ex
8704.21.03	De peso total con carga máxima superior a 2,721 kg, pero inferior o igual a 4,536 kg, excepto lo comprendido en la fracción 8704.21.04.	Pza	20	Ex
8704.21.04	Usados, excepto lo comprendido en la fracción 8704.21.01.	Pza	50	Ex
8704.21.99	Los demás.	Pza	20	Ex
8704.22	**.. De peso total con carga máxima superior a 5 t pero inferior o igual a 20 t.**			
8704.22.01	Acarreadores de escoria, excepto para la recolección de basura doméstica.	Pza	5	Ex
8704.22.02	De peso total con carga máxima superior o igual a 5,000 kg, pero inferior o igual a 6,351 kg, excepto lo comprendido en la fracción 8704.22.07.	Pza	20	Ex
8704.22.03	De peso total con carga máxima superior a 6,351 kg, pero inferior o igual a 7,257 kg, excepto lo comprendido en la fracción 8704.22.07.	Pza	20	Ex
8704.22.04	De peso total con carga máxima superior a 7,257 kg, pero inferior o igual a 8,845 kg, excepto lo comprendido en la fracción 8704.22.07.	Pza	20	Ex
8704.22.05	De peso total con carga máxima superior a 8,845 kg, pero inferior o igual a 11,793 kg, excepto lo comprendido en la fracción 8704.22.07.	Pza	20	Ex
8704.22.06	De peso total con carga máxima superior a 11,793 kg, pero inferior o igual a 14,968 kg, excepto lo comprendido en la fracción 8704.22.07.	Pza	20	Ex
8704.22.07	Usados, excepto lo comprendido en la fracción 8704.22.01.	Pza	50	Ex
8704.22.99	Los demás.	Pza	20	Ex
8704.23	**.. De peso total con carga máxima superior a 20 t.**			
8704.23.01	Acarreadores de escoria.	Pza	5	Ex
8704.23.02	Usados, excepto lo comprendido en la fracción 8704.23.01.	Pza	50	Ex
8704.23.99	Los demás.	Pza	20	Ex
.	**Los demás, con motor de émbolo (pistón), de encendido por chispa:**			
8704.31	**.. De peso total con carga máxima inferior o igual a 5 t.**			
8704.31.01	Acarreadores de escoria, excepto para la recolección de basura doméstica.	Pza	5	Ex
8704.31.02	Motociclos de tres ruedas (trimotos) que presenten una dirección tipo automóvil o, al mismo tiempo, diferencial y reversa; motociclos de cuatro ruedas (cuadrimotos) con dirección tipo automóvil.	Pza	15	Ex
8704.31.03	De peso total con carga máxima superior a 2,721 kg, pero inferior o igual a 4,536 kg, excepto lo comprendido en la fracción 8704.31.05.	Pza	20	Ex
8704.31.05	Usados, excepto lo comprendido en las fracciones 8704.31.01 y 8704.31.02.	Pza	50	Ex
8704.31.99	Los demás.	Pza	20	Ex
8704.32	**.. De peso total con carga máxima superior a 5 t.**			
8704.32.01	Acarreadores de escoria, excepto para la recolección de basura doméstica.	Pza	5	Ex
8704.32.02	De peso total con carga máxima superior o igual a 5,000 kg, pero inferior o igual a 6,351 kg, excepto lo comprendido en la fracción 8704.32.07.	Pza	20	Ex
8704.32.03	De peso total con carga máxima superior a 6,351 kg, pero inferior o igual a 7,257 kg, excepto lo comprendido en la fracción 8704.32.07.	Pza	20	Ex
8704.32.04	De peso total con carga máxima superior a 7,257 kg, pero inferior o igual a 8,845 kg, excepto lo comprendido en la fracción 8704.32.07.	Pza	20	Ex
8704.32.05	De peso total con carga máxima superior a 8,845 kg, pero inferior o igual a 11,793 kg, excepto lo comprendido en la fracción 8704.32.07.	Pza	20	Ex
8704.32.06	De peso total con carga máxima superior a 11,793 kg, pero inferior o igual a 14,968 kg, excepto lo comprendido en la fracción 8704.32.07.	Pza	20	Ex
8704.32.07	Usados, excepto lo comprendido en la fracción 8704.32.01.	Pza	50	Ex
8704.32.99	Los demás.	Pza	20	Ex
8704.90	**. Los demás.**			
8704.90.01	Con motor eléctrico.	Pza	15	Ex
8704.90.99	Los demás.	Pza	15	Ex
87.05	**Vehículos automóviles para usos especiales, excepto los concebidos principalmente para transporte de personas o mercancías (por ejemplo: coches para reparaciones (auxilio mecánico), camiones grúa, camiones de bomberos, camiones hormigonera, coches barredera, coches esparcidores, coches taller, coches radiológicos).**			
8705.10	**. Camiones grúa.**			
8705.10.01	Camiones-grúa.	Pza	15	Ex
8705.20	**. Camiones automóviles para sondeo o perforación.**			
8705.20.01	Con equipos hidráulicos de perforación destinados a programas de abastecimiento de agua potable en el medio rural.	Pza	5	Ex
8705.20.99	Los demás.	Pza	15	Ex
8705.30	**. Camiones de bomberos.**			
8705.30.01	Camiones de bomberos.	Pza	5	Ex
8705.40	**. Camiones hormigonera.**			
8705.40.01	Camiones hormigonera, excepto lo comprendido en la fracción 8705.40.02.	Pza	20	Ex
8705.40.02	Usados.	Pza	50	Ex
8705.90	**. Los demás.**			
8705.90.01	Con equipos especiales para el aseo de calles.	Pza	Ex	Ex

8705.90.02	Para aplicación de fertilizantes fluidos.	Pza	Ex	Ex
8705.90.99	Los demás.	Pza	15	Ex
87.06	**Chasis de vehículos automóviles de las partidas 87.01 a 87.05, equipados con su motor.**			
8706.00	**· Chasis de vehículos automóviles de las partidas 87.01 a 87.05, equipados con su motor.**			
8706.00.01	Chasis con motor de explosión, de dos cilindros de 700 cm3, de cuatro tiempos y con potencia inferior a 20 C.P. (15 kW).	Pza	Ex	Ex
8706.00.02	Chasis para vehículos de la partida 87.03 o de las subpartidas 8704.21 y 8704.31.	Pza	20	Ex
8706.00.99	Los demás.	Pza	20	Ex
87.07	**Carrocerías de vehículos automóviles de las partidas 87.01 a 87.05, incluidas las cabinas.**			
8707.10	**· De vehículos de la partida 87.03.**			
8707.10.01	Para ser utilizadas como modelos para la fabricación de herramientas para el ensamble de carrocerías de vehículos automóviles.	Pza	Ex	Ex
8707.10.99	Los demás.	Pza	Ex	Ex
8707.90	**· Las demás.**			
8707.90.01	Para ser utilizadas como modelos para la fabricación de herramientas para el ensamble de carrocerías de vehículos automóviles.	Pza	Ex	Ex
8707.90.02	Para transporte de más de 16 personas, para ser montadas sobre chasis de largueros completos, para vehículos de dos ejes.	Pza	5	Ex
8707.90.99	Las demás.	Pza	Ex	Ex
87.08	**Partes y accesorios de vehículos automóviles de las partidas 87.01 a 87.05.**			
8708.10	**· Defensas (paragolpes, parachoques) y sus partes.**			
8708.10.01	Defensas para trolebuses.	Kg	Ex	Ex
8708.10.02	Defensas reconocibles como concebidas exclusivamente para tractores agrícolas.	Kg	Ex	Ex
8708.10.03	Defensas completas, reconocibles como concebidas exclusivamente para vehículos automóviles de hasta diez plazas.	Pza	5	Ex
8708.10.99	Los demás.	Pza	5	Ex
	· Las demás partes y accesorios de carrocería (incluidas las de cabina):			
8708.21	**·· Cinturones de seguridad.**			
8708.21.01	Cinturones de seguridad.	Pza	Ex	Ex
8708.29	**·· Los demás.**			
8708.29.01	Guardafangos.	Pza	Ex	Ex
8708.29.02	Capots (cofres).	Pza	Ex	Ex
8708.29.03	Estribos.	Pza	Ex	Ex
8708.29.04	Viseras, forros de tablero, paneles de puerta, coderas, cabeceras, sombrereras, incluso acojinadas.	Pza	Ex	Ex
8708.29.05	Para trolebuses.	Pza	Ex	Ex
8708.29.06	Para tractores de ruedas.	Pza	Ex	Ex
8708.29.07	Parrillas de adorno y protección para radiador.	Pza	Ex	Ex
8708.29.08	Biseles.	Pza	Ex	Ex
8708.29.09	Tapas de cajuelas portaequipajes.	Pza	Ex	Ex
8708.29.10	Marcos para cristales.	Pza	5	Ex
8708.29.11	Aletas, excepto de vidrio, aun cuando se presenten con marco.	Pza	Ex	Ex
8708.29.12	Soportes o armazones para acojinados.	Pza	Ex	Ex
8708.29.13	Reconocibles como concebidos exclusivamente para capots (cofres).	Pza	Ex	Ex
8708.29.14	Cajas de volteo.	Pza	Ex	Ex
8708.29.15	Cajas "Pick-up".	Pza	Ex	Ex
8708.29.16	Toldos exteriores acojinados, techos corredizos centrales o laterales y sus partes; de accionamiento manual o electrónico.	Pza	Ex	Ex
8708.29.17	Juntas preformadas para carrocería.	Pza	Ex	Ex
8708.29.18	Reconocibles como concebidos exclusivamente para lo comprendido en la fracción 8701.30.01.	Pza	Ex	Ex
8708.29.19	Ensambles de puertas.	Pza	Ex	Ex
8708.29.20	Partes troqueladas para carrocería.	Pza	5	Ex
8708.29.21	Módulos de seguridad por bolsa de aire.	Pza	Ex	Ex
8708.29.22	Tableros de instrumentos, incluso con instrumentos de medida o control, para uso exclusivo en vehículos automóviles.	Pza	5	Ex
8708.29.23	Dispositivos retractores y sus partes o piezas sueltas, para cinturones de seguridad.	Pza	Ex	Ex
8708.29.24	Dispositivos interiores (consolas), reconocibles como concebidos exclusivamente para vehículos automóviles hasta de diez plazas, aún cuando se presenten con palancas al piso para cambios de velocidades.	Pza	Ex	Ex
8708.29.99	Los demás.	Pza	5	Ex
8708.30	**· Frenos y servofrenos, y sus partes.**			
8708.30.01	Para trolebuses.	Pza	Ex	Ex
8708.30.02	Reconocibles como concebidas exclusivamente para tractores de ruedas.	Kg	Ex	Ex
8708.30.03	Guarniciones montadas reconocibles como concebidas exclusivamente para lo comprendido en la fracción 8701.30.01.	Pza	Ex	Ex

8708.30.04	Guarniciones de frenos montadas, excepto lo comprendido en las fracciones 8708.30.01, 8708.30.02 y 8708.30.03.	Pza	Ex	Ex
8708.30.05	Mecanismos de frenos de disco o sus partes componentes.	Pza	Ex	Ex
8708.30.06	Cilindros de ruedas para mecanismos de frenos; juegos de repuesto para cilindros de rueda y para cilindros maestros, presentados en surtidos (kits) para su venta al por menor.	Pza	Ex	Ex
8708.30.07	Reconocibles como concebidos exclusivamente para el sistema de frenos de aire.	Pza	Ex	Ex
8708.30.08	Frenos de tambor accionados por leva o sus partes componentes.	Pza	5	Ex
8708.30.09	Cilindros maestros para mecanismos de frenos.	Pza	5	Ex
8708.30.10	Frenos de tambor accionados hidráulicamente o sus partes componentes, excepto lo comprendido en la fracción 8708.30.06.	Pza	5	Ex
8708.30.11	Mangueras de frenos hidráulicos automotrices con conexiones.	Pza	5	Ex
8708.30.12	Reforzador por vacío para frenos ("booster") o sus partes y piezas sueltas.	Pza	Ex	Ex
8708.30.13	Tubos preformados, para sistemas de frenos, de hierro o acero, soldado por procedimiento brazing, con diferentes tipos de recubrimiento, cuyo diámetro exterior sea igual o superior a 3.175 mm, sin exceder de 9.525 mm, y espesor de pared igual o superior a 0.450 mm pero inferior o igual a 2.03 mm, con sus terminales de conexión y resortes o adaptaciones.	Pza	Ex	Ex
8708.30.14	Tubos preformados, de cobre, cuyo diámetro exterior sea igual o superior a 1.520 mm, sin exceder de 25.40 mm, y espesor de pared igual o superior a 0.200 mm pero inferior o igual a 5.08 mm, con sus terminales de conexión y resortes o adaptaciones.	Pza	Ex	Ex
8708.30.99	Los demás.	Pza	Ex	Ex
8708.40	**Cajas de cambio y sus partes.**			
8708.40.01	Reconocibles como concebidas exclusivamente para lo comprendido en las fracciones 8701.90.01 y 8701.90.05.	Pza	Ex	Ex
8708.40.02	Cajas de velocidades mecánicas, con peso inferior a 120 kg.	Pza	Ex	Ex
8708.40.03	Cajas de velocidades automáticas.	Pza	Ex	Ex
8708.40.04	Cajas de velocidades mecánicas con peso igual o superior a 120 kg.	Pza	Ex	Ex
8708.40.05	Reconocibles como concebidas exclusivamente para lo comprendido en la fracción 8701.30.01.	Pza	Ex	Ex
8708.40.06	Engranes.	Pza	5	Ex
8708.40.07	Partes reconocibles como concebidas exclusivamente para lo comprendido en las fracciones 8708.40.02 y 8708.40.04, excepto lo comprendido en la fracción 8708.40.06.	Pza	Ex	Ex
8708.40.08	Forja de flecha, para ser utilizada en cajas de velocidad de uso automotriz.	Pza	Ex	Ex
8708.40.99	Las demás.	Pza	5	Ex
8708.50	**Ejes con diferencial, incluso provistos con otros órganos de transmisión y ejes portadores; sus partes.**			
8708.50.01	Para trolebuses.	Pza	Ex	Ex
8708.50.02	Reconocibles como concebidos exclusivamente para lo comprendido en las fracciones 8701.90.01 y 8701.90.05.	Pza	Ex	Ex
8708.50.03	Reconocibles como concebidos exclusivamente para lo comprendido en la fracción 8701.30.01.	Pza	Ex	Ex
8708.50.04	Ejes con diferencial traseros sin acoplar a las masas, reconocibles como concebidos exclusivamente para lo comprendido en la partida 87.03.	Pza	Ex	Ex
8708.50.05	Acoplados a las masas, con o sin mecanismos de frenos y tambores, excepto lo comprendido en las fracciones 8708.50.04 y 8708.50.08.	Pza	5	Ex
8708.50.06	Conjunto diferencial integral compuesto de caja de velocidades, diferencial con o sin flecha (semieje), y sus partes componentes, excepto lo comprendido en la fracción 8708.50.08.	Pza	Ex	Ex
8708.50.07	Ejes con diferencial delanteros, excepto lo comprendido en las fracciones 8708.50.06 y 8708.50.08.	Pza	5	Ex
8708.50.08	Los demás ejes con diferencial reconocibles como concebidos exclusivamente para lo comprendido en la partida 87.03, excepto los comprendidos en las fracciones 8708.50.04 y 8708.50.05.	Pza	Ex	Ex
8708.50.09	Los demás ejes con diferencial, excepto los comprendidos en la fracción 8708.50.08.	Pza	Ex	Ex
8708.50.10	Ejes portadores delanteros, y sus partes, excepto lo comprendido en la fracción 8708.50.13.	Pza	Ex	Ex
8708.50.11	Fundas para ejes traseros.	Pza	5	Ex
8708.50.12	Fundiciones (esbozos) de funda para eje trasero motriz de vehículos con capacidad de carga igual o superior a 7,258 kg (16,000 libras), pero inferior o igual a 20,864 kg (46,000 libras).	Pza	5	Ex
8708.50.13	Ejes portadores reconocibles como concebidos exclusivamente para lo comprendido en la partida 87.03.	Pza	5	Ex
8708.50.14	Vigas, muñones, brazos en forja para ejes delanteros de vehículos con capacidad de carga igual	Pza	Ex	Ex
8708.50.15	Corona en forja para ejes traseros de vehículos con capacidad de carga igual o superior a 8,626 kg (19,000 libras), pero inferior o igual a 20,884 kg (46,000 libras).	Pza	Ex	Ex
8708.50.16	Fundiciones (esbozos) de mazas para eje delantero de vehículos con capacidad de carga superior a 2,724 kg (6,000 libras), pero inferior o igual a 8,172 kg (18,000 libras).	Pza	Ex	Ex
8708.50.17	Flechas semiejes, acoplables al mecanismo diferencial, incluso las de velocidad constante (homocinéticas) y sus partes componentes.	Pza	5	Ex
8708.50.18	Forjas para la fabricación de flechas de velocidad constante (homocinéticas).	Pza	Ex	Ex
8708.50.19	Juntas universales, tipo cardán para cruceta.	Pza	5	Ex

8708.50.20	Reconocibles como concebidos exclusivamente para ejes cardán, excepto lo comprendido en las fracciones 8708.50.22 y 8708.50.23.	Pza	5	Ex
8708.50.21	Ejes cardánicos.	Pza	5	Ex
8708.50.22	Ensamble de toma de fuerza para control de tracción delantera-trasera (PTU).	Pza	Ex	Ex
8708.50.23	Ensamble diferencial hidráulico para estabilización de revoluciones ("Geromatic").	Pza	Ex	Ex
8708.50.24	Forjas o fundiciones de yugos, con peso unitario superior a 6.4 kg pero inferior o igual a 14 kg, para utilizarse en el eje trasero motriz.	Pza	Ex	Ex
8708.50.25	Forjas de flechas de entrada y salida para diferencial de eje trasero; forjas de flechas semi-eje para vehículos con capacidad de carga superior a 8,626 kg (19,000 libras), pero inferior o igual a 20,884 kg (46,000 libras).	Pza	Ex	Ex
8708.50.26	Conjuntos compuestos de las siguientes fundiciones: de portadiferencial, de caja para baleros, de caja diferencial, de caja cambiador y de caja piñón, todos ellos para integrar portadiferenciales de eje trasero de vehículos de carga.	Pza	Ex	Ex
8708.50.27	Fundiciones de mazas para eje diferencial trasero para vehículos con capacidad de carga superior a 8,626 kg (19,000 libras), pero inferior o igual a 20,884 kg (46,000 libras).	Pza	Ex	Ex
8708.50.28	Placas troqueladas (preformas), de acero, para la fabricación de fundas para ejes traseros con diferencial, de vehículos con capacidad de carga superior a 8,626 kg (19,000 libras), pero inferior o igual a 20,884 kg (46,000 libras).	Pza	Ex	Ex
8708.50.29	Forjas de crucetas para eje trasero motriz para vehículos con capacidad de carga igual o superior a 8,846 kg (19,501 libras), pero inferior o igual a 20,884 kg (46,000 libras).	Pza	Ex	Ex
8708.50.30	Forjas de piñón para ejes traseros motriz, para vehículos con capacidad de carga igual o superior a 7,258 kg (16,000 libras), pero inferior o igual a 20,884 kg (46,000 libras).	Pza	Ex	Ex
8708.50.99	Los demás.	Pza	5	Ex
8708.70	**. Ruedas, sus partes y accesorios.**			
8708.70.01	Para trolebuses.	Pza	Ex	Ex
8708.70.02	Reconocibles como concebidos exclusivamente para lo comprendido en las fracciones 8701.90.01 y 8701.90.05.	Pza	Ex	Ex
8708.70.03	Ruedas, de aleaciones metálicas de rayos o deportivos de cama ancha.	Pza	Ex	Ex
8708.70.04	Ruedas o rims (camas) sin neumáticos, con diámetro exterior inferior o igual a 70 cm, excepto lo comprendido en la fracción 8708.70.03.	Pza	Ex	Ex
8708.70.05	Reconocibles como concebidos exclusivamente para lo comprendido en la fracción 8701.30.01.	Pza	Ex	Ex
8708.70.06	Tapones o polveras y arillos para ruedas.	Pza	5	Ex
8708.70.07	Rines de aluminio y de aleaciones de aluminio con diámetro superior a 57.15 cm (22.5 pulgadas).	Pza	Ex	Ex
8708.70.99	Los demás.	Pza	Ex	Ex
8708.80	**. Sistemas de suspensión y sus partes (incluidos los amortiguadores).**			
8708.80.01	Para trolebuses.	Pza	Ex	Ex
8708.80.02	Reconocibles como concebidos exclusivamente para lo comprendido en las fracciones 8701.90.01 y 8701.90.05.	Pza	Ex	Ex
8708.80.03	Reconocibles como concebidos exclusivamente para lo comprendido en la fracción 8701.30.01.	Pza	Ex	Ex
8708.80.04	Cartuchos para amortiguadores ("Mc Pherson Struts").	Pza	5	Ex
8708.80.05	Partes reconocibles como concebidos exclusivamente para sistemas de suspensión, excepto lo comprendido en las fracciones 8708.80.07, 8708.80.10 y 8708.80.12.	Pza	Ex	Ex
8708.80.06	Horquillas de levante hidráulico.	Pza	Ex	Ex
8708.80.07	Horquillas, brazos, excéntricos o pernos, para el sistema de suspensión delantera.	Pza	5	Ex
8708.80.08	Partes componentes de barras de torsión.	Pza	5	Ex
8708.80.09	Barras de torsión.	Pza	5	Ex
8708.80.10	Rótulas, para el sistema de suspensión delantera.	Pza	5	Ex
8708.80.11	Partes reconocibles como concebidos exclusivamente para amortiguadores.	Pza	5	Ex
8708.80.12	Bujes para suspensión.	Pza	5	Ex
8708.80.99	Los demás.	Pza	5	Ex
	. Las demás partes y accesorios:			
8708.91	**.. Radiadores y sus partes.**			
8708.91.01	Reconocibles como concebidos exclusivamente para lo comprendido en las fracciones 8701.90.01 y 8701.90.05.	Pza	Ex	Ex
8708.91.02	Aspas para radiadores.	Pza	Ex	Ex
8708.91.99	Los demás.	Pza	5	Ex
8708.92	**.. Silenciadores y tubos (caños) de escape; sus partes.**			
8708.92.01	Reconocibles como concebidos exclusivamente para lo comprendido en las fracciones 8701.90.01 y 8701.90.05.	Pza	Ex	Ex
8708.92.02	Reconocibles como concebidos exclusivamente para lo comprendido en la fracción 8701.30.01.	Pza	Ex	Ex
8708.92.99	Los demás.	Pza	Ex	Ex
8708.93	**.. Embragues y sus partes.**			
8708.93.01	Para trolebuses.	Pza	Ex	Ex
8708.93.02	Reconocibles como concebidos exclusivamente para lo comprendido en las fracciones 8701.90.01 y 8701.90.05.	Pza	Ex	Ex

8708.93.03	Reconocibles como concebidos exclusivamente para lo comprendido en la fracción 8701.30.01.	Pza	Ex	Ex
8708.93.04	Embragues completos (discos y plato opresor), excepto lo comprendido en las fracciones 8708.93.01, 8708.93.02 y 8708.93.03.	Pza	Ex	Ex
8708.93.99	Los demás.	Pza	Ex	Ex
8708.94	**.. Volantes, columnas y cajas de dirección; sus partes.**			
8708.94.01	Para trolebuses.	Pza	Ex	Ex
8708.94.02	Reconocibles como concebidos exclusivamente para lo comprendido en las fracciones 8701.90.01 y 8701.90.05.	Pza	Ex	Ex
8708.94.03	Volante de dirección con diámetro exterior inferior a 54.5 cm.	Pza	Ex	Ex
8708.94.04	Cajas de dirección mecánica.	Pza	Ex	Ex
8708.94.05	Volantes de dirección, con diámetro exterior igual o superior a 54.5 cm.	Pza	Ex	Ex
8708.94.06	Columnas para el sistema de dirección.	Pza	Ex	Ex
8708.94.07	Cajas de dirección hidráulica.	Pza	Ex	Ex
8708.94.08	Reconocibles como concebidos exclusivamente para lo comprendido en la fracción 8701.30.01.	Pza	Ex	Ex
8708.94.09	Semiejes y ejes de dirección, y sus partes.	Pza	Ex	Ex
8708.94.10	Mecanismos de ajuste; para volantes de dirección.	Pza	Ex	Ex
8708.94.11	Las demás partes reconocibles como concebidas exclusivamente para sistemas de dirección, excepto lo comprendido en la fracción 8708.94.09.	Pza	Ex	Ex
8708.94.99	Los demás.	Pza	Ex	Ex
8708.95	**.. Bolsas inflables de seguridad con sistema de inflado (airbag); sus partes.**			
8708.95.01	Bolsa de aire para dispositivos de seguridad.	Pza	Ex	Ex
8708.95.99	Los demás.	Pza	Ex	Ex
8708.99	**.. Los demás.**			
8708.99.01	Mecanismos de cambio de diferencial (dual).	Pza	Ex	Ex
8708.99.02	Para trolebuses.	Pza	Ex	Ex
8708.99.03	Reconocibles como concebidos exclusivamente para lo comprendido en las fracciones 8701.90.01 y 8701.90.05.	Pza	Ex	Ex
8708.99.04	Tanques de combustible.	Pza	5	Ex
8708.99.05	Acoplamientos o dispositivos de enganche para tractocamiones.	Pza	Ex	Ex
8708.99.06	Engranes.	Pza	Ex	Ex
8708.99.07	Bastidores ("chasis").	Pza	5	Ex
8708.99.08	Perchas o columpios.	Pza	5	Ex
8708.99.09	Uniones de ballestas (abrazaderas o soportes).	Pza	5	Ex
8708.99.10	Ejes de rueda de doble pestaña que incorporen bolas de rodamiento.	Pza	Ex	Ex
8708.99.11	Elementos para el control de vibración que incorporen partes de hule.	Pza	Ex	Ex
8708.99.12	Reconocibles como concebidos exclusivamente para lo comprendido en la fracción 8701.30.01.	Pza	Ex	Ex
8708.99.13	Tubos preformados, para sistemas de combustibles, aceites de evaporación del tanque de gasolina y de anticontaminantes, de hierro o acero, soldado por procedimiento brazing, con diferentes tipos de recubrimiento, cuyo diámetro exterior sea igual o superior a 3.175 mm pero inferior o igual a 9.525 mm con sus terminales de conexión y resortes.	Pza	Ex	Ex
8708.99.14	Tubos preformados, para combustibles, aceites de evaporación del tanque de gasolina y de anticontaminantes, incluso con recubrimientos, cuyo diámetro exterior sea igual o superior a 3.175 mm, sin exceder de 63.500 mm, y espesor de pared igual o superior a 0.450 mm pero inferior o igual a 2.032 mm, con sus terminales de conexión y resortes.	Pza	Ex	Ex
8708.99.99	Los demás.	Pza	Ex	Ex
87.09	**Carretillas automóvil sin dispositivo de elevación de los tipos utilizados en fábricas, almacenes, puertos o aeropuertos, para el transporte de mercancías a corta distancia; carretillas tractor de los tipos utilizados en estaciones ferroviarias; sus partes.**			
	- Carretillas:			
8709.11	**.. Eléctricas.**			
8709.11.01	Eléctricas.	Pza	Ex	Ex
8709.19	**.. Las demás.**			
8709.19.01	Portadoras con equipo de bombeo expulsor.	Pza	Ex	Ex
8709.19.02	Apiladoras con motor de explosión o de combustión interna, con capacidad de carga superior a 7,000 kg, medida a no menos de 0.61 m del centro de carga.	Pza	Ex	Ex
8709.19.99	Las demás.	Pza	Ex	Ex
8709.90	**- Partes.**			
8709.90.01	Partes.	Kg	Ex	Ex
87.10	**Tanques y demás vehículos automóviles blindados de combate, incluso con su armamento; sus partes.**			
8710.00	**- Tanques y demás vehículos automóviles blindados de combate, incluso con su armamento; sus partes.**			
8710.00.01	Tanques y demás vehículos automóviles blindados de combate, incluso con su armamento; sus partes.	Pza	5	Ex

417

87.11	**Motocicletas (incluidos los ciclomotores) y velocípedos equipados con motor auxiliar, con "sidecar" o sin él; "sidecares".**			
8711.10	**. Con motor de émbolo (pistón) alternativo de cilindrada inferior o igual a 50 cm3.**			
8711.10.01	Motociclos de tres ruedas (trimotos) que no presenten una dirección tipo automóvil o, al mismo tiempo, diferencial y reversa.	Pza	15	Ex
8711.10.02	Motocicletas, excepto los ciclomotores o los velocípedos y lo comprendido en la fracción 8711.10.01.	Pza	15	Ex
8711.10.99	Los demás.	Pza	15	Ex
8711.20	**. Con motor de émbolo (pistón) alternativo de cilindrada superior a 50 cm3 pero inferior o igual a 250 cm3.**			
8711.20.02	Esbozo de motocicleta conteniendo conjunto formado con bastidor (cuadro) y motor, ensamblado o sin ensamblar.	Pza	15	Ex
8711.20.03	Motociclos de tres ruedas (trimotos) que no presenten una dirección tipo automóvil o, al mismo tiempo, diferencial y reversa.	Pza	15	Ex
8711.20.04	Motocicletas, excepto los ciclomotores o los velocípedos y lo comprendido en la fracción 8711.20.03.	Pza	15	Ex
8711.20.99	Los demás.	Pza	15	Ex
8711.30	**. Con motor de émbolo (pistón) alternativo de cilindrada superior a 250 cm3 pero inferior o igual a 500 cm3.**			
8711.30.01	Motociclos de tres ruedas (trimotos) que no presenten una dirección tipo automóvil o, al mismo tiempo, diferencial y reversa.	Pza	15	Ex
8711.30.02	Esbozo de motocicleta conteniendo conjunto formado con bastidor (cuadro) y motor, ensamblado o sin ensamblar.	Pza	15	Ex
8711.30.03	Motocicletas, excepto los ciclomotores o los velocípedos y lo comprendido en la fracción 8711.30.01.	Pza	15	Ex
8711.30.99	Los demás.	Pza	15	Ex
8711.40	**. Con motor de émbolo (pistón) alternativo de cilindrada superior a 500 cm3 pero inferior o igual a 800 cm3.**			
8711.40.01	Motociclos de tres ruedas (trimotos) que no presenten una dirección tipo automóvil o, al mismo tiempo, diferencial y reversa.	Pza	Ex	Ex
8711.40.02	Esbozo de motocicleta conteniendo conjunto formado con bastidor (cuadro) y motor de émbolo (pistón) alternativo de cilindrada superior a 500 cm3 pero inferior o igual a 550 cm3, ensamblado o sin ensamblar.	Pza	Ex	Ex
8711.40.03	Motocicletas, excepto los ciclomotores o los velocípedos y lo comprendido en la fracción 8711.40.01.	Pza	15	Ex
8711.40.99	Los demás.	Pza	15	Ex
8711.50	**. Con motor de émbolo (pistón) alternativo de cilindrada superior a 800 cm3.**			
8711.50.01	Motociclos de tres ruedas (trimotos) que no presenten una dirección tipo automóvil o, al mismo tiempo, diferencial y reversa.	Pza	Ex	Ex
8711.50.02	Motocicletas, excepto los ciclomotores o los velocípedos y lo comprendido en la fracción 8711.50.01.	Pza	Ex	Ex
8711.50.99	Los demás.	Pza	Ex	Ex
8711.90	**. Los demás.**			
8711.90.01	"Sidecares" para motociclos y velocípedos de cualquier clase, presentados aisladamente.	Pza	Ex	Ex
8711.90.99	Los demás.	Pza	15	Ex
87.12	**Bicicletas y demás velocípedos (incluidos los triciclos de reparto), sin motor.**			
8712.00	**. Bicicletas y demás velocípedos (incluidos los triciclos de reparto), sin motor.**			
8712.00.01	Bicicletas de carreras.	Pza	15	Ex
8712.00.02	Bicicletas para niños.	Pza	15	Ex
8712.00.03	Triciclos para el transporte de carga.	Pza	15	Ex
8712.00.04	Bicicletas, excepto lo comprendido en las fracciones 8712.00.01 y 8712.00.02.	Pza	15	Ex
8712.00.99	Los demás.	Pza	15	Ex
87.13	**Sillones de ruedas y demás vehículos para personas discapacitadas, incluso con motor u otro mecanismo de propulsión.**			
8713.10	**. Sin mecanismo de propulsión.**			
8713.10.01	Sin mecanismo de propulsión.	Pza	Ex	Ex
8713.90	**. Los demás.**			
8713.90.99	Los demás.	Pza	Ex	Ex
87.14	**Partes y accesorios de vehículos de las partidas 87.11 a 87.13.**			
8714.10	**. De motocicletas (incluidos los ciclomotores).**			
8714.10.01	Sillines (asientos).	Pza	Ex	Ex
8714.10.02	Reconocibles como concebidos exclusivamente para motocicletas con capacidad de cilindrada igual o superior a 550 cm3, excepto lo comprendido en la fracción 8714.10.01.	Pza	Ex	Ex
8714.10.03	Bastidor (cuadro, armazón, chasis), excepto los comprendidos en la fracción 8714.10.02.	Pza	5	Ex
8714.10.99	Los demás.	Pza	Ex	Ex
8714.20	**. De sillones de ruedas y demás vehículos para personas discapacitadas.**			
8714.20.01	De sillones de ruedas y demás vehículos para personas discapacitadas.	Pza	Ex	Ex

	-	Los demás:			
8714.91	**. .**	**Cuadros y horquillas, y sus partes.**			
8714.91.01		Cuadros y horquillas, y sus partes.	Pza	Ex	Ex
8714.92	**. .**	**Ruedas, llantas y radios.**			
8714.92.01		Ruedas, llantas y radios.	Pza	Ex	Ex
8714.93	**. .**	**Bujes sin frenos y piñones libres.**			
8714.93.01		Bujes sin frenos y piñones libres.	Pza	Ex	Ex
8714.94	**. .**	**Frenos, incluidos los bujes con freno, y sus partes.**			
8714.94.01		Masas de freno de contra pedal.	Pza	5	Ex
8714.94.99		Los demás.	Pza	Ex	Ex
8714.95	**. .**	**Sillines (asientos).**			
8714.95.01		Sillines (asientos).	Pza	Ex	Ex
8714.96	**. .**	**Pedales y mecanismos de pedal, y sus partes.**			
8714.96.01		Pedales y mecanismos de pedales, y sus partes.	Pza	Ex	Ex
8714.99	**. .**	**Los demás.**			
8714.99.99		Los demás.	Pza	Ex	Ex
87.15		**Coches, sillas y vehículos similares para transporte de niños, y sus partes.**			
8715.00	**-**	**Coches, sillas y vehículos similares para transporte de niños, y sus partes.**			
8715.00.01		Coches, sillas y vehículos similares para transporte de niños.	Pza	10	Ex
8715.00.02		Partes reconocibles como concebidas exclusivamente para lo comprendido en la fracción 8715.00.01.	Pza	5	Ex
87.16		**Remolques y semirremolques para cualquier vehículo; los demás vehículos no automóviles; sus partes.**			
8716.10	**-**	**Remolques y semirremolques para vivienda o para acampar, del tipo caravana.**			
8716.10.01		Remolques y semirremolques para vivienda o para acampar, del tipo caravana.	Pza	15	Ex
8716.20	**-**	**Remolques y semirremolques, autocargadores o autodescargadores, para uso agrícola.**			
8716.20.01		Remolques o semirremolques tipo tolvas cerradas con descarga neumática para el transporte de productos a granel.	Pza	15	Ex
8716.20.02		Equipados con tanque alimentador de abonos líquidos, reconocibles como concebidos exclusivamente para uso agrícola.	Pza	15	Ex
8716.20.03		Abiertos de volteo con pistón hidráulico.	Pza	15	Ex
8716.20.99		Los demás.	Pza	15	Ex
	-	Los demás remolques y semirremolques para transporte de mercancías:			
8716.31	**. .**	**Cisternas.**			
8716.31.01		Tanques térmicos para transporte de leche.	Pza	15	Ex
8716.31.02		Tipo tanques de acero, incluso criogénicos o tolvas.	Pza	15	Ex
8716.31.99		Las demás.	Pza	15	Ex
8716.39	**. .**	**Los demás.**			
8716.39.01		Remolques o semirremolques tipo plataforma con o sin redilas, incluso los reconocibles para el transporte de cajas o rejas de latas o botellas o portacontenedores, o camas bajas, excepto con suspensión hidráulica o neumática y cuello de ganso abatible.	Pza	15	Ex
8716.39.02		Remolques o semirremolques tipo madrinas o nodrizas, para el transporte de vehículos.	Pza	15	Ex
8716.39.03		Reconocibles como concebidos exclusivamente para el transporte de lanchas, yates y veleros de más de 4.5 m de eslora.	Pza	Ex	Ex
8716.39.04		Remolques tipo plataformas modulares con ejes direccionales, incluso con sección de puente transportador, acoplamientos hidráulicos y/o cuello de ganso y/o motor de accionamiento hidráulico del equipo.	Pza	Ex	Ex
8716.39.05		Semirremolques tipo cama baja, con suspensión hidráulica o neumática y cuello de ganso abatible.	Pza	15	Ex
8716.39.06		Remolques y semirremolques tipo cajas cerradas, incluso refrigeradas.	Pza	15	Ex
8716.39.07		Remolques o semirremolques tipo tanques de acero, incluso criogénicos o tolvas.	Pza	15	Ex
8716.39.08		Remolques o semirremolques de dos pisos, reconocibles como concebidos exclusivamente para transportar ganado bovino.	Pza	Ex	Ex
8716.39.99		Los demás.	Pza	15	Ex
8716.40	**-**	**Los demás remolques y semirremolques.**			
8716.40.99		Los demás remolques y semirremolques.	Pza	15	Ex
8716.80	**-**	**Los demás vehículos.**			
8716.80.01		Carretillas y carros de mano.	Pza	15	Ex
8716.80.02		Carretillas de accionamiento hidráulico.	Pza	15	Ex
8716.80.03		Carretillas, reconocibles como concebidas para ser utilizadas en la construcción o en la albañilería.	Pza	15	Ex
8716.80.99		Los demás.	Pza	15	Ex
8716.90	**-**	**Partes.**			
8716.90.01		Ejes de remolques y semirremolques o ejes con frenos electromagnéticos (ralentizador).	Pza	Ex	Ex
8716.90.02		Rodajas para carros de mano.	Pza	Ex	Ex

| 8716.90.03 | "Conchas" reconocibles como concebidas exclusivamente para lo comprendido en la fracción 8716.80.03. | Pza | 5 | Ex |
| 8716.90.99 | Los demás. | Pza | Ex | Ex |

Capítulo 88
Aeronaves, vehículos espaciales, y sus partes

Nota de subpartida.
1. En las subpartidas 8802.11 a 8802.40, la expresión *peso en vacío* se refiere al peso de los aparatos en orden normal de vuelo, excepto el peso de la tripulación, del carburante y del equipo distinto del que está fijo en forma permanente.

Código		Descripción	Unid de Med	Arancel (%)	
				IMP.	EXP.
88.01		**Globos y dirigibles; alas planeadoras y demás aeronaves, no propulsadas con motor.**			
8801.00	.	**Globos y dirigibles; alas planeadoras y demás aeronaves, no propulsadas con motor.**			
8801.00.01		Planeadores y alas delta (alas planeadoras).	Pza	15	Ex
8801.00.99		Los demás.	Pza	15	Ex
88.02		**Las demás aeronaves (por ejemplo: helicópteros, aviones); vehículos espaciales (incluidos los satélites) y sus vehículos de lanzamiento y vehículos suborbitales.**			
	.	**Helicópteros.**			
8802.11	..	**De peso en vacío inferior o igual a 2,000 Kg.**			
8802.11.01		Helicópteros para fumigar, hasta de 3 plazas.	Pza	Ex	Ex
8802.11.99		Los demás.	Pza	15	Ex
8802.12	..	**De peso en vacío superior a 2,000 Kg.**			
8802.12.01		Helicópteros para fumigar, hasta de 3 plazas.	Pza	5	Ex
8802.12.99		Los demás.	Pza	15	Ex
8802.20	.	**Aviones y demás aeronaves, de peso en vacío inferior o igual a 2,000 Kg.**			
8802.20.01		Aviones monomotores, de una plaza, reconocibles como concebidos exclusivamente para fumigar, rociar o esparcir líquidos o sólidos, con tolva de carga.	Pza	5	Ex
8802.20.99		Los demás.	Pza	15	Ex
8802.30	.	**Aviones y demás aeronaves, de peso en vacío superior a 2,000 Kg pero inferior o igual a 15,000 Kg.**			
8802.30.01		Aviones monomotores, de una plaza, reconocibles como concebidos exclusivamente para fumigar, rociar o esparcir líquidos o sólidos, con tolva de carga.	Pza	5	Ex
8802.30.02		Aviones con motor a reacción, con peso en vacío igual o superior a 10,000 Kg.	Pza	Ex	Ex
8802.30.99		Los demás.	Pza	15	Ex
8802.40	.	**Aviones y demás aeronaves, de peso en vacío superior a 15,000 Kg.**			
8802.40.01		Aviones y demás aeronaves, de peso en vacío superior a 15,000 Kg.	Pza	Ex	Ex
8802.60	.	**Vehículos espaciales (incluidos los satélites) y sus vehículos de lanzamiento y vehículos suborbitales.**			
8802.60.01		Vehículos espaciales (incluidos los satélites) y sus vehículos de lanzamiento y vehículos suborbitales.	Pza	5	Ex
88.03		**Partes de los aparatos de las partidas 88.01 u 88.02.**			
8803.10	.	**Hélices y rotores, y sus partes.**			
8803.10.01		Hélices y rotores, y sus partes.	Pza	Ex	Ex
8803.20	.	**Trenes de aterrizaje y sus partes.**			
8803.20.01		Trenes de aterrizaje y sus partes.	Pza	Ex	Ex
8803.30	.	**Las demás partes de aviones o helicópteros.**			
8803.30.99		Las demás partes de aviones o helicópteros.	Pza	Ex	Ex
8803.90	.	**Las demás.**			
8803.90.99		Las demás.	Pza	5	Ex
88.04		**Paracaídas, incluidos los dirigibles, planeadores ("parapentes") o de aspas giratorias giratorias; sus partes y accesorios.**			
8804.00	.	**Paracaídas, incluidos los dirigibles, planeadores ("parapentes") o de aspas giratorias; sus partes y accesorios.**			
8804.00.01		Paracaídas, incluidos los dirigibles, planeadores ("parapentes") o de aspas giratorias; sus partes y accesorios.	Kg	10	Ex
88.05		**Aparatos y dispositivos para lanzamiento de aeronaves; aparatos y dispositivos para aterrizaje en portaaviones y aparatos y dispositivos similares; aparatos de entrenamiento de vuelo en tierra; sus partes.**			
8805.10	.	**Aparatos y dispositivos para lanzamiento de aeronaves y sus partes; aparatos y dispositivos para aterrizaje en portaaviones y aparatos y dispositivos similares, y sus partes.**			
8805.10.01		Aparatos y dispositivos para lanzamiento de aeronaves y sus partes; aparatos y dispositivos para aterrizaje en portaaviones y aparatos y dispositivos similares, y sus partes.	Kg	5	Ex

	- Aparatos de entrenamiento de vuelo en tierra y sus partes.	
8805.21	.. Simuladores de combate aéreo y sus partes.	
8805.21.01	Simuladores de combate aéreo y sus partes.	Pza Ex Ex
8805.29	.. Los demás.	
8805.29.01	Los demás.	Pza Ex Ex

Capítulo 89
Barcos y demás artefactos flotantes

Nota.

1. Los barcos incompletos o sin terminar y los cascos de barcos, aunque se presenten desmontados o sin montar, así como los barcos completos desmontados o sin montar, se clasificarán en la partida 89.06 en caso de duda respecto de la clase de barco a que pertenecen.

Código	Descripción	Unid de Med	Arancel (%) IMP.	Arancel (%) EXP.
89.01	**Trasatlánticos, barcos para excursiones, transbordadores, cargueros, gabarras (barcazas) y barcos similares para transporte de personas o mercancías.**			
8901.10	- **Trasatlánticos, barcos para excursiones, y barcos similares concebidos principalmente para transporte de personas; transbordadores.**			
8901.10.01	Con longitud inferior o igual a 35 m de eslora.	Pza	5	Ex
8901.10.99	Los demás.	Pza	Ex	Ex
8901.20	- **Barcos cisterna.**			
8901.20.01	Con longitud inferior o igual a 35 m de eslora.	Pza	15	Ex
8901.20.99	Los demás.	Pza	5	Ex
8901.30	- **Barcos frigorífico, excepto los de la subpartida 8901.20.**			
8901.30.01	Con longitud inferior o igual a 35 m de eslora.	Pza	15	Ex
8901.30.99	Los demás.	Pza	5	Ex
8901.90	- **Los demás barcos para transporte de mercancías y demás barcos concebidos para transporte mixto de personas y mercancías.**			
8901.90.01	Con motor fuera de borda.	Pza	15	Ex
8901.90.02	Con longitud inferior o igual a 35 m de eslora.	Pza	15	Ex
8901.90.03	Con casco de aluminio, para transportar hasta 80 personas y con capacidad de carga, en cubierta hasta 36 t, sin cabinas de refrigeración ni bodegas de carga.	Pza	10	Ex
8901.90.99	Los demás.	Pza	5	Ex
89.02	**Barcos de pesca; barcos factoría y demás barcos para la preparación o la conservación de los productos de la pesca.**			
8902.00	- **Barcos de pesca; barcos factoría y demás barcos para la preparación o la conservación de los productos de la pesca.**			
8902.00.01	Pesqueros, con capacidad de bodega superior a 750 t.	Pza	5	Ex
8902.00.02	Pesqueros, con capacidad de bodega inferior o igual a 750 t.	Pza	5	Ex
8902.00.99	Los demás.	Pza	5	Ex
89.03	**Yates y demás barcos y embarcaciones de recreo o deporte; barcas (botes) de remo y canoas.**			
8903.10	- **Embarcaciones inflables.**			
8903.10.01	Embarcaciones inflables.	Pza	15	Ex
	- **Los demás:**			
8903.91	.. **Barcos de vela, incluso con motor auxiliar.**			
8903.91.01	Barcos de vela, incluso con motor auxiliar.	Pza	15	Ex
8903.92	.. **Barcos de motor, excepto los de motor fuera de borda.**			
8903.92.01	Barcos de motor, excepto los de motor fuera de borda.	Pza	15	Ex
8903.99	.. **Los demás.**			
8903.99.99	Los demás.	Pza	15	Ex
89.04	**Remolcadores y barcos empujadores.**			
8904.00	- **Remolcadores y barcos empujadores.**			
8904.00.01	Remolcadores y barcos empujadores.	Pza	5	Ex
89.05	**Barcos faro, barcos bomba, dragas, pontones grúa y demás barcos en los que la navegación sea accesoria en relación con la función principal; diques flotantes; plataformas de perforación o explotación, flotantes o sumergibles.**			
8905.10	- **Dragas.**			
8905.10.01	Dragas.	Pza	Ex	Ex
8905.20	- **Plataformas de perforación o explotación, flotantes o sumergibles.**			
8905.20.01	Plataformas de perforación o explotación, flotantes o sumergibles.	Pza	Ex	Ex

8905.90	.	**Los demás.**			
8905.90.01		Unidades (artefactos) flotantes para el procesamiento o tratamiento de petróleo crudo o de gas.	Pza	Ex	Ex
8905.90.99		Los demás.	Pza	5	Ex
89.06		**Los demás barcos, incluidos los navíos de guerra y barcos de salvamento excepto los de remo.**			
8906.10	.	**Navíos de guerra.**			
8906.10.01		Navíos de guerra.	Pza	10	Ex
8906.90	.	**Los demás.**			
8906.90.99		Los demás.	Pza	10	Ex
89.07		**Los demás artefactos flotantes (por ejemplo: balsas, depósitos, cajones, incluso de amarre, boyas y balizas).**			
8907.10	.	**Balsas inflables.**			
8907.10.01		Balsas inflables.	Pza	10	Ex
8907.90	.	**Los demás.**			
8907.90.99		Los demás.	Pza	10	Ex
89.08		**Barcos y demás artefactos flotantes para desguace.**			
8908.00	.	**Barcos y demás artefactos flotantes para desguace.**			
8908.00.01		Barcos y demás artefactos flotantes para desguace.	Pza	Ex	Ex

Sección XVIII
INSTRUMENTOS Y APARATOS DE ÓPTICA, FOTOGRAFÍA O CINEMATOGRAFÍA, DE MEDIDA, CONTROL O PRECISIÓN; INSTRUMENTOS Y APARATOS MEDICOQUIRÚRGICOS; APARATOS DE RELOJERÍA; INSTRUMENTOS MUSICALES; PARTES Y ACCESORIOS DE ESTOS INSTRUMENTOS O APARATOS

Capítulo 90
Instrumentos y aparatos de óptica, fotografía o cinematografía, de medida, control o precisión; instrumentos y aparatos medicoquirúrgicos; partes y accesorios de estos instrumentos o aparatos

Notas.
1. Este Capítulo no comprende:
   a) los artículos para usos técnicos, de caucho vulcanizado sin endurecer (partida 40.16), cuero natural o cuero regenerado (partida 42.05) o materia textil (partida 59.11);
   b) los cinturones, fajas y demás artículos de materia textil cuyo efecto sea sostener o mantener un órgano como única consecuencia de su elasticidad (por ejemplo: fajas de maternidad, torácicas o abdominales, vendajes para articulaciones o músculos) (Sección XI);
   c) los productos refractarios de la partida 69.03; los artículos para usos químicos u otros usos técnicos de la partida 69.09;
   d) los espejos de vidrio sin trabajar ópticamente de la partida 70.09 y los espejos de metal común o metal precioso, que no tengan las características de elementos de óptica (partida 83.06 o Capítulo 71);
   e) los artículos de vidrio de las partidas 70.07, 70.08, 70.11, 70.14, 70.15 ó 70.17;
   f) las partes y accesorios de uso general, tal como se definen en la Nota 2 de la Sección XV, de metal común (Sección XV) y artículos similares de plástico (Capítulo 39);
   g) las bombas distribuidoras con dispositivo medidor de la partida 84.13; las básculas y balanzas para comprobar o contar piezas fabricadas, así como las pesas presentadas aisladamente (partida 84.23); los aparatos de elevación o manipulación (partidas 84.25 a 84.28); las cortadoras de papel o cartón, de cualquier tipo (partida 84.41); los dispositivos especiales para ajustar la pieza o el útil en las máquinas herramienta, incluso provistos de dispositivos ópticos de lectura (por ejemplo, divisores ópticos), de la partida 84.66 (excepto los dispositivos puramente ópticos, por ejemplo: anteojos de centrado, de alineación); las máquinas de calcular (partida 84.70); las válvulas, incluidas las reductoras de presión, y demás artículos de grifería (partida 84.81); las máquinas y aparatos de la partida 84.86, incluidos los aparatos para la proyección o el trazado de circuitos sobre superficies sensibilizadas de material semiconductor;
   h) los proyectores de alumbrado de los tipos utilizados en velocípedos o vehículos automóviles (partida 85.12); las lámparas eléctricas portátiles de la partida 85.13; los aparatos cinematográficos de grabación o reproducción de sonido, así como los aparatos para reproducción en serie de soportes de sonido (partida 85.19); los lectores de sonido (partida 85.22); las cámaras de televisión, las cámaras fotográficas digitales y las videocámaras (partida 85.25); los aparatos de radar, radionavegación o radiotelemando (partida 85.26); conectores de fibras ópticas, haces o cables de fibras ópticas (partida 85.36); los aparatos de control numérico de la partida 85.37; los faros o unidades "sellados" de la partida 85.39; los cables de fibras ópticas de la partida 85.44;
   ij) los proyectores de la partida 94.05;
   k) los artículos del Capítulo 95;
   l) las medidas de capacidad, que se clasifican según su materia constitutiva;
   m) las bobinas y soportes similares (clasificación según la materia constitutiva, por ejemplo: partida 39.23, Sección XV).
2. Salvo lo dispuesto en la Nota 1 anterior, las partes y accesorios de máquinas, aparatos, instrumentos o artículos de este Capítulo se clasifican de acuerdo con las siguientes reglas:
   a) las partes y accesorios que consistan en artículos comprendidos en cualquiera de las partidas de este Capítulo o de los Capítulos 84, 85 ó 91 (excepto las partidas 84.87, 85.48 ó 90.33) se clasifican en dicha partida cualquiera que sea la máquina, aparato o instrumento al que están destinados;

---

b) cuando sean identificables como destinados, exclusiva o principalmente, a una máquina, instrumento o aparato determinados o a varias máquinas, instrumentos o aparatos de una misma partida (incluso de las partidas 90.10, 90.13 ó 90.31), las partes y accesorios, excepto los considerados en el párrafo precedente, se clasifican en la partida correspondiente a esta o estas máquinas, instrumentos o aparatos;

c) las demás partes y accesorios se clasifican en la partida 90.33.

3. Las disposiciones de las Notas 3 y 4 de la Sección XVI se aplican también a este Capítulo.

4. La partida 90.05 no comprende las miras telescópicas para armas, los periscopios para submarinos o tanques de guerra ni los visores para máquinas, aparatos o instrumentos de este Capítulo o de la Sección XVI (partida 90.13).

5. Las máquinas, aparatos e instrumentos ópticos de medida o control, susceptibles de clasificarse tanto en la partida 90.13 como en la partida 90.31, se clasifican en esta última.

6. En la partida 90.21, se entiende por *artículos y aparatos de ortopedia* los que se utilizan para:
   - prevenir o corregir ciertas deformidades corporales;
   - sostener o mantener partes del cuerpo después de una enfermedad, operación o lesión.

   Los artículos y aparatos de ortopedia comprenden los zapatos ortopédicos y las plantillas interiores especiales concebidos para corregir las deformidades del pie, siempre que sean hechos a medida, o producidos en serie, presentados en unidades y no en pares y concebidos para adaptarse indiferentemente a cada pie.

7. La partida 90.32 solo comprende:
   a) los instrumentos y aparatos para regulación automática del caudal, nivel, presión u otras características variables de líquidos o gases, o para control automático de la temperatura, aunque su funcionamiento dependa de un fenómeno eléctrico que varía de acuerdo con el factor que deba regularse automáticamente, que tienen por función llevar este factor a un valor deseado y mantenerlo estabilizado contra perturbaciones, midiendo continua o periódicamente su valor real;

   b) los reguladores automáticos de magnitudes eléctricas, así como los reguladores automáticos de otras magnitudes, cuyo funcionamiento dependa de un fenómeno eléctrico que varía de acuerdo con el factor que deba regularse, que tienen por función llevar este factor a un valor deseado y mantenerlo estabilizado contra perturbaciones, midiendo continua o periódicamente su valor real.

Código		Descripción	Unid de Med	Arancel (%)	
				IMP.	EXP.
90.01		**Fibras ópticas y haces de fibras ópticas; cables de fibras ópticas, excepto los de la partida 85.44; hojas y placas de materia polarizante; lentes (incluso de contacto), prismas, espejos y demás elementos de óptica de cualquier materia, sin montar, excepto los de vidrio sin trabajar ópticamente.**			
9001.10	-	**Fibras ópticas, haces y cables de fibras ópticas.**			
9001.10.01		Haces y cables de fibras ópticas.	Kg	Ex	Ex
9001.10.99		Los demás.	Kg	Ex	Ex
9001.20	-	**Hojas y placas de materia polarizante.**			
9001.20.01		Hojas y placas de materia polarizante.	Kg	Ex	Ex
9001.30	-	**Lentes de contacto.**			
9001.30.01		De materias plásticas.	Par	10	Ex
9001.30.02		Elementos de óptica (pastillas o botones) destinados a la fabricación de lentes de contacto, de materias plásticas, en bruto, con diámetro inferior o igual a 30 mm.	Par	Ex	Ex
9001.30.99		Los demás.	Par	10	Ex
9001.40	-	**Lentes de vidrio para gafas (anteojos).**			
9001.40.01		Cristales monofocales o bifocales, con diámetro inferior o igual a 75 mm, semiterminados.	Par	5	Ex
9001.40.02		Lentes de cristal oftálmico, sin graduación, destinados a la fabricación de anteojos de seguridad, con espesor igual o superior a 3 mm sin exceder de 3.8 mm.	Par	5	Ex
9001.40.99		Los demás.	Par	5	Ex
9001.50	-	**Lentes de otras materias para gafas (anteojos).**			
9001.50.01		De materias plásticas artificiales.	Par	Ex	Ex
9001.50.99		Los demás.	Par	Ex	Ex
9001.90	-	**Los demás.**			
9001.90.01		Filtros anticalóricos.	Pza	Ex	Ex
9001.90.99		Los demás.	Pza	Ex	Ex
90.02		**Lentes, prismas, espejos y demás elementos de óptica de cualquier materia, montados, para instrumentos o aparatos, excepto los de vidrio sin trabajar ópticamente.**			
	-	**Objetivos:**			
9002.11	- -	**Para cámaras, proyectores o aparatos fotográficos o cinematográficos de ampliación o reducción.**			
9002.11.01		Para cámaras, proyectores o aparatos fotográficos o cinematográficos de ampliación o reducción.	Pza	Ex	Ex
9002.19	- -	**Los demás.**			
9002.19.99		Los demás.	Pza	Ex	Ex
9002.20	-	**Filtros.**			
9002.20.01		Filtros.	Pza	Ex	Ex

9002.90	**. Los demás.**			
9002.90.99	Los demás.	Pza	Ex	Ex
90.03	**Monturas (armazones) de gafas (anteojos) o artículos similares y sus partes.**			
	. Monturas (armazones):			
9003.11	**.. De plástico.**			
9003.11.01	De plástico.	Pza	Ex	Ex
9003.19	**.. De otras materias.**			
9003.19.01	De otras materias.	Pza	Ex	Ex
9003.90	**. Partes.**			
9003.90.01	Frentes.	Pza	Ex	Ex
9003.90.99	Los demás.	Kg	Ex	Ex
90.04	**Gafas (anteojos) correctoras, protectoras u otras, y artículos similares.**			
9004.10	**. Gafas (anteojos) de sol.**			
9004.10.01	Gafas (anteojos) de sol.	Pza	10	Ex
9004.90	**. Los demás.**			
9004.90.99	Los demás.	Pza	10	Ex
90.05	**Binoculares (incluidos los prismáticos), catalejos, anteojos astronómicos, telescopios ópticos y sus armazones; los demás instrumentos de astronomía y sus armazones, excepto los aparatos de radioastronomía.**			
9005.10	**. Binoculares (incluidos los prismáticos).**			
9005.10.01	Binoculares (incluidos los prismáticos).	Pza	10	Ex
9005.80	**. Los demás instrumentos.**			
9005.80.99	Los demás instrumentos.	Pza	10	Ex
9005.90	**. Partes y accesorios (incluidas las armazones).**			
9005.90.01	Partes reconocibles como concebidas exclusivamente para lo comprendido en las subpartidas 9005.10 a 9005.80, que incorporen lentes, prismas y espejos de las partidas 90.01 a 90.02.	Kg	Ex	Ex
9005.90.02	Partes y accesorios, reconocibles exclusivamente para lo comprendido en la fracción 9005.10.01, excepto lo comprendido en la fracción 9005.90.01.	Kg	5	Ex
9005.90.99	Los demás.	Kg	Ex	Ex
90.06	**Cámaras fotográficas; aparatos y dispositivos, incluidos las lámparas y tubos, para la producción de destellos en fotografía, excepto las lámparas y tubos de descarga de la partida 85.39.**			
9006.10	**. Cámaras fotográficas de los tipos utilizados para preparar clisés o cilindros de imprenta.**			
9006.10.01	Cámaras fotográficas de los tipos utilizados para preparar clisés o cilindros de imprenta.	Pza	Ex	Ex
9006.30	**. Cámaras especiales para fotografía submarina o aérea, examen médico de órganos internos o para laboratorios de medicina legal o identificación judicial.**			
9006.30.01	Cámaras especiales para fotografía submarina o aérea, examen médico de órganos internos o para laboratorios de medicina legal o de identificación judicial.	Pza	Ex	Ex
9006.40	**. Cámaras fotográficas de autorrevelado.**			
9006.40.01	Cámaras fotográficas de autorrevelado.	Pza	10	Ex
	. Las demás cámaras fotográficas:			
9006.51	**.. Con visor de reflexión a través del objetivo, para películas en rollo de anchura inferior o igual a 35 mm.**			
9006.51.01	Con visor de reflexión a través del objetivo, para películas en rollo de anchura inferior o igual a 35 mm.	Pza	10	Ex
9006.52	**.. Las demás, para películas en rollo de anchura inferior a 35 mm.**			
9006.52.01	Cámaras fotográficas de los tipos utilizados para registrar documentos en microfilmes, microfichas u otros microformatos.	Pza	Ex	Ex
9006.52.99	Las demás.	Pza	10	Ex
9006.53	**.. Las demás, para películas en rollo de anchura igual a 35 mm.**			
9006.53.01	Cámaras fotográficas de los tipos utilizados para registrar documentos en microfilmes, microfichas u otros microformatos.	Pza	Ex	Ex
9006.53.99	Las demás.	Pza	10	Ex
9006.59	**.. Las demás.**			
9006.59.01	Cámaras fotográficas de los tipos utilizados para registrar documentos en microfilmes, microfichas u otros microformatos.	Pza	Ex	Ex
9006.59.02	Cámaras fotográficas horizontales, con peso unitario mayor de 100 kg, excepto lo comprendido en la fracción 9006.59.01.	Pza	Ex	Ex
9006.59.99	Las demás.	Pza	Ex	Ex
	. Aparatos y dispositivos, incluidos lámparas y tubos, para producir destellos para fotografía:			
9006.61	**.. Aparatos de tubo de descarga para producir destellos ("flashes electrónicos").**			
9006.61.01	Aparatos de tubo de descarga para producir destellos ("flashes electrónicos").	Pza	5	Ex

9006.69	**.. Los demás.**			
9006.69.01	Lámparas y cubos, de destello, y similares.	Pza	10	Ex
9006.69.99	Los demás.	Pza	10	Ex
-	**Partes y accesorios:**			
9006.91	**.. De cámaras fotográficas.**			
9006.91.01	Tripies.	Kg	10	Ex
9006.91.02	Cargadores o chasis para placas o películas fotográficas.	Kg	Ex	Ex
9006.91.99	Los demás.	Kg	Ex	Ex
9006.99	**.. Los demás.**			
9006.99.99	Los demás.	Kg	Ex	Ex
90.07	**Cámaras y proyectores cinematográficos, incluso con grabador o reproductor de sonido incorporados.**			
9007.10	**- Cámaras.**			
9007.10.01	Para películas cinematográficas (filme) de anchura inferior a 16 mm o para la doble 8 mm.	Pza	10	Ex
9007.10.02	Giroestabilizadas.	Pza	5	Ex
9007.10.99	Las demás.	Pza	Ex	Ex
9007.20	**- Proyectores.**			
9007.20.01	Proyectores.	Pza	Ex	Ex
-	**Partes y accesorios:**			
9007.91	**.. De cámaras.**			
9007.91.01	De cámaras.	Kg	Ex	Ex
9007.92	**.. De proyectores.**			
9007.92.01	De proyectores.	Kg	Ex	Ex
90.08	**Proyectores de imagen fija; ampliadoras o reductoras, fotográficas.**			
9008.50	**- Proyectores, ampliadoras o reductoras.**			
9008.50.01	Proyectores, ampliadoras o reductoras.	Pza	Ex	Ex
9008.90	**- Partes y accesorios.**			
9008.90.01	Cargadores, para aparatos de proyección fija.	Kg	Ex	Ex
9008.90.99	Los demás.	Kg	Ex	Ex
90.10	**Aparatos y material para laboratorios fotográficos o cinematográficos, no expresados ni comprendidos en otra parte de este Capítulo; negatoscopios; pantallas de proyección.**			
9010.10	**- Aparatos y material para revelado automático de película fotográfica, película cinematográfica (filme) o papel fotográfico en rollo o para impresión automática de películas reveladas en rollos de papel fotográfico.**			
9010.10.01	Aparatos y material para revelado automático de película fotográfica, película cinematográfica (filme) o papel fotográfico en rollo o para impresión automática de películas reveladas en rollos de papel fotográfico.	Pza	Ex	Ex
9010.50	**- Los demás aparatos y material para laboratorios fotográficos o cinematográficos; negatoscopios.**			
9010.50.01	Los demás aparatos y material para laboratorios fotográficos o cinematográficos; negatoscopios.	Pza	Ex	Ex
9010.60	**- Pantallas de proyección.**			
9010.60.01	Pantallas de proyección.	Pza	15	Ex
9010.90	**- Partes y accesorios.**			
9010.90.01	Partes y accesorios.	Kg	Ex	Ex
90.11	**Microscopios ópticos, incluso para fotomicrografía, cinefotomicrografía o microproyección.**			
9011.10	**- Microscopios estereoscópicos.**			
9011.10.01	Para cirugía.	Pza	Ex	Ex
9011.10.99	Los demás.	Pza	15	Ex
9011.20	**- Los demás microscopios para fotomicrografía, cinefotomicrografía o microproyección.**			
9011.20.99	Los demás microscopios para fotomicrografía, cinefotomicrografía o microproyección.	Pza	15	Ex
9011.80	**- Los demás microscopios.**			
9011.80.01	Los demás microscopios.	Pza	15	Ex
9011.90	**- Partes y accesorios.**			
9011.90.01	Partes y accesorios.	Kg	Ex	Ex
90.12	**Microscopios, excepto los ópticos; difractógrafos.**			
9012.10	**- Microscopios, excepto los ópticos; difractógrafos.**			
9012.10.01	Microscopios, excepto los ópticos; difractógrafos.	Pza	Ex	Ex
9012.90	**- Partes y accesorios.**			
9012.90.01	Partes y accesorios.	Kg	Ex	Ex

90.13	**Dispositivos de cristal líquido que no constituyan artículos comprendidos más específicamente en otra parte; láseres, excepto los diodos láser; los demás aparatos e instrumentos de óptica, no expresados ni comprendidos en otra parte de este Capítulo.**			
9013.10	**- Miras telescópicas para armas; periscopios; visores para máquinas, aparatos o instrumentos de este Capítulo o de la Sección XVI.**			
9013.10.01	Miras telescópicas para armas; periscopios; visores para máquinas, aparatos o instrumentos de este Capítulo o de la Sección XVI.	Pza	Ex	Ex
9013.20	**- Láseres, excepto los diodos láser.**			
9013.20.01	Láseres, excepto los diodos láser.	Pza	Ex	Ex
9013.80	**- Los demás dispositivos, aparatos e instrumentos.**			
9013.80.01	Cuentahilos.	Pza	Ex	Ex
9013.80.99	Los demás.	Pza	Ex	Ex
9013.90	**- Partes y accesorios.**			
9013.90.01	Partes y accesorios.	Kg	Ex	Ex
90.14	**Brújulas, incluidos los compases de navegación; los demás instrumentos y aparatos de navegación.**			
9014.10	**- Brújulas, incluidos los compases de navegación.**			
9014.10.01	Brújulas, excepto lo comprendido en la fracción 9014.10.03.	Pza	Ex	Ex
9014.10.02	Reconocibles para naves aéreas.	Pza	Ex	Ex
9014.10.03	Brújulas de funcionamiento electrónico, reconocibles como concebidas exclusivamente para uso automotriz.	Pza	Ex	Ex
9014.10.99	Los demás.	Pza	10	Ex
9014.20	**- Instrumentos y aparatos para navegación aérea o espacial (excepto las brújulas).**			
9014.20.01	Instrumentos y aparatos para navegación aérea o espacial (excepto las brújulas).	Pza	Ex	Ex
9014.80	**- Los demás instrumentos y aparatos.**			
9014.80.01	Sondas acústicas o sondas de ultrasonido.	Pza	Ex	Ex
9014.80.02	Sondas aerológicas, para navegación marítima o fluvial.	Pza	Ex	Ex
9014.80.99	Los demás.	Pza	Ex	Ex
9014.90	**- Partes y accesorios.**			
9014.90.01	Reconocibles como concebidos exclusivamente para lo comprendido en la fracción 9014.10.03.	Kg	Ex	Ex
9014.90.99	Los demás.	Kg	Ex	Ex
90.15	**Instrumentos y aparatos de geodesia, topografía, agrimensura, nivelación, fotogrametría, hidrografía, oceanografía, hidrología, meteorología o geofísica, excepto las brújulas; telémetros.**			
9015.10	**- Telémetros.**			
9015.10.01	Telémetros.	Pza	Ex	Ex
9015.20	**- Teodolitos y taquímetros.**			
9015.20.01	Teodolitos.	Pza	15	Ex
9015.20.99	Los demás.	Pza	10	Ex
9015.30	**- Niveles.**			
9015.30.01 ·	Niveles.	Pza	Ex	Ex
9015.40	**- Instrumentos y aparatos de fotogrametría.**			
9015.40.01	Instrumentos y aparatos de fotogrametría.	Pza	Ex	Ex
9015.80	**- Los demás instrumentos y aparatos.**			
9015.80.01	Aparatos para medir distancias geodésicas.	Pza	Ex	Ex
9015.80.02	Alidadas con plancheta, excepto eléctricos o electrónicos.	Pza	5	Ex
9015.80.03	Celdas de presión, piezómetros o extensómetros.	Pza	Ex	Ex
9015.80.04	Aparatos de control y medición de niveles del tipo eléctrico o electrónico.	Pza	Ex	Ex
9015.80.05	Inclinómetros y extensómetros, para medir deformaciones del suelo, roca o concreto, eléctricos o electrónicos.	Pza	Ex	Ex
9015.80.06	Clisímetros, excepto lo comprendido en la fracción 9015.80.05.	Pza	5	Ex
9015.80.07	Instrumentos y aparatos necesarios para medir la capa de ozono y para monitorear, medir y prevenir sismos u otros fenómenos naturales.	Pza	5	Ex
9015.80.99	Los demás.	Pza	5	Ex
9015.90	**- Partes y accesorios.**			
9015.90.01	Partes y accesorios.	Kg	Ex	Ex
90.16	**Balanzas sensibles a un peso inferior o igual a 5 cg, incluso con pesas.**			
9016.00	**- Balanzas sensibles a un peso inferior o igual a 5 cg, incluso con pesas.**			
9016.00.01	Electrónicas.	Pza	Ex	Ex
9016.00.99	Los demás.	Pza	Ex	Ex
90.17	**Instrumentos de dibujo, trazado o cálculo (por ejemplo: máquinas de dibujar, pantógrafos, transportadores, estuches de dibujo, reglas y círculos, de cálculo); instrumentos manuales de medida de longitud (por ejemplo: metros, micrómetros, calibradores), no expresados ni comprendidos en otra parte de este Capítulo.**			
9017.10	**- Mesas y máquinas de dibujar, incluso automáticas.**			
9017.10.01	Mesas o mármoles.	Pza	Ex ·	Ex

9017.10.02	Máquinas para dibujar o escuadras universales, aun cuando se presenten con su tablero de dibujo.	Pza	15	Ex
9017.10.99	Los demás.	Pza	15	Ex
9017.20	**- Los demás instrumentos de dibujo, trazado o cálculo.**			
9017.20.01	Transportadores de ángulos.	Pza	Ex	Ex
9017.20.99	Los demás.	Kg	15	Ex
9017.30	**- Micrómetros, pies de rey, calibradores y galgas.**			
9017.30.01	Calibradores de corredera o pies de rey (Vernier).	Pza	Ex	Ex
9017.30.99	Los demás.	Pza	Ex	Ex
9017.80	**- Los demás instrumentos.**			
9017.80.01	Cintas métricas, de acero, de hasta 10 m de longitud (Flexómetros).	Pza	15	Ex
9017.80.02	Las demás cintas métricas.	Pza	15	Ex
9017.80.03	Comprobadores de cuadrante.	Pza	Ex	Ex
9017.80.04	Metros de madera plegable.	Pza	Ex	Ex
9017.80.99	Los demás.	Pza	15	Ex
9017.90	**- Partes y accesorios.**			
9017.90.01	Reconocibles como concebidos exclusivamente para lo comprendido en la fracción 9017.10.02.	Kg	Ex	Ex
9017.90.99	Los demás.	Kg	Ex	Ex
90.18	**Instrumentos y aparatos de medicina, cirugía, odontología o veterinaria, incluidos los de centellografía y demás aparatos electromédicos, así como los aparatos para pruebas visuales.**			
	- Aparatos de electrodiagnóstico (incluidos los aparatos de exploración funcional o de vigilancia de parámetros fisiológicos):			
9018.11	**- - Electrocardiógrafos.**			
9018.11.01	Electrocardiógrafos.	Kg	Ex	Ex
9018.11.02	Circuitos modulares para electrocardiógrafos.	Kg	5	Ex
9018.12	**- - Aparatos de diagnóstico por exploración ultrasónica.**			
9018.12.01	Aparatos de diagnóstico por exploración ultrasónica ("ultrasonido").	Pza	5	Ex
9018.13	**- - Aparatos de diagnóstico de visualización por resonancia magnética.**			
9018.13.01	Aparatos de diagnóstico de visualización por resonancia magnética.	Pza	Ex	Ex
9018.14	**- - Aparatos de centellografía.**			
9018.14.01	Aparatos de centellografía.	Pza	Ex	Ex
9018.19	**- - Los demás.**			
9018.19.01	Tonógrafos, retinógrafos o tonómetros.	Pza	Ex	Ex
9018.19.02	Electroencefalógrafos.	Pza	Ex	Ex
9018.19.03	Estetoscopios electrónicos.	Pza	Ex	Ex
9018.19.04	Electrodos desechables y/o prehumedecidos, para los aparatos electromédicos.	Kg	Ex	Ex
9018.19.05	Sistemas de monitoreo de pacientes.	Pza	Ex	Ex
9018.19.06	Audiómetros.	Pza	Ex	Ex
9018.19.07	Cardioscopios.	Pza	Ex	Ex
9018.19.08	Detectores electrónicos de preñez.	Kg	Ex	Ex
9018.19.09	Circuitos modulares reconocibles como concebidos exclusivamente para lo comprendido en la fracción 9018.19.08.	Kg	Ex	Ex
9018.19.10	Circuitos modulares para módulos de parámetros.	Kg	Ex	Ex
9018.19.99	Los demás.	Kg	Ex	Ex
9018.20	**- Aparatos de rayos ultravioletas o infrarrojos.**			
9018.20.01	Aparatos de rayos ultravioletas o infrarrojos.	Pza	Ex	Ex
	- Jeringas, agujas, catéteres, cánulas e instrumentos similares:			
9018.31	**- - Jeringas, incluso con aguja.**			
9018.31.01	De vidrio o de plástico, con capacidad hasta 30 ml.	Kg	10	Ex
9018.31.99	Los demás.	Kg	Ex	Ex
9018.32	**- - Agujas tubulares de metal y agujas de sutura.**			
9018.32.01	Para raquia, lavado de oídos y para ojos.	Kg	10	Ex
9018.32.02	Para sutura o ligadura, excepto lo comprendido en la fracción 9018.32.04.	Kg	Ex	Ex
9018.32.03	Desechables, sin esterilizar, empacar o envasar ni acondicionar para su venta al por menor, reconocibles como concebidas exclusivamente para jeringas hipodérmicas desechables.	Kg	Ex	Ex
9018.32.04	Material de sutura quirúrgica, constituido por aguja provista de hilo (catgut u otras ligaduras, con diámetro igual o superior a 0.10 mm sin exceder de 0.80 mm) esterilizado, presentado en sobres herméticamente cerrados, excepto a base de polímeros del ácido glicólico y/o ácido láctico.	Kg	5	Ex
9018.32.99	Los demás.	Kg	10	Ex
9018.39	**- - Los demás.**			
9018.39.01	Catéteres intravenosos, para diálisis peritoneal, para anestesia o para embolectomía.	Kg	5	Ex
9018.39.02	Catéteres inyectores para inseminación artificial.	Kg	Ex	Ex
9018.39.03	Cánulas.	Kg	Ex	Ex
9018.39.04	Sondas vaginales, rectales, uretrales, bucofaríngeas y epidurales.	Kg	15	Ex

9018.39.05	Equipos de plástico, incluso con partes de metal común para la toma y aplicación de soluciones inyectables.	Kg	5	Ex
9018.39.99	Los demás.	Kg	5	Ex
	. Los demás instrumentos y aparatos de odontología:			
9018.41	**.. Tornos dentales, incluso combinados con otros equipos dentales sobre basamento común.**			
9018.41.01	Tornos para dentista (transmisión flexible y colgante) eléctricos, con velocidad de hasta 30,000 R.P.M.	Kg	10	Ex
9018.41.99	Los demás.	Kg	5	Ex
9018.49	**.. Los demás.**			
9018.49.01	Equipos dentales sobre pedestal.	Kg	10	Ex
9018.49.02	Espéculos bucales.	Kg	5	Ex
9018.49.03	Aparatos de turbina para odontología (pieza de mano), con velocidad igual o superior a 230,000 R.P.M.	Kg	10	Ex
9018.49.04	Fresas para odontología.	Kg	5	Ex
9018.49.05	Pinzas para la extracción de piezas dentales "Daviers".	Kg	5	Ex
9018.49.06	Pinzas gubia, sacabocado y hemostáticas, para cirugía, pinzas para biopsia.	Kg	5	Ex
9018.49.99	Los demás.	Kg	10	Ex
9018.50	**. Los demás instrumentos y aparatos de oftalmología.**			
9018.50.01	Los demás instrumentos y aparatos de oftalmología.	Kg	5	Ex
9018.90	**. Los demás instrumentos y aparatos.**			
9018.90.01	Espejos.	Kg	5	Ex
9018.90.02	Tijeras.	Kg	10	Ex
9018.90.03	Aparatos para medir la presión arterial.	Kg	10	Ex
9018.90.04	Aparatos para anestesia.	Kg	10	Ex
9018.90.05	Equipos para derivación ventricular con reservorio para líquido cefalorraquídeo.	Kg	10	Ex
9018.90.06	Estuches de cirugía o disección.	Kg	10	Ex
9018.90.07	Bisturís y lancetas.	Kg	10	Ex
9018.90.08	Valvas, portaagujas y escoplos para cirugía.	Kg	5	Ex
9018.90.09	Separadores para cirugía.	Kg	10	Ex
9018.90.10	Pinzas tipo disección para cirugía.	Kg	10	Ex
9018.90.11	Pinzas para descornar.	Kg	5	Ex
9018.90.12	Pinzas, excepto lo comprendido en las fracciones 9018.90.10 y 9018.90.11.	Kg	10	Ex
9018.90.13	Castradores de seguridad.	Kg	5	Ex
9018.90.14	Bombas de aspiración pleural.	Kg	5	Ex
9018.90.15	Aparatos de succión, excepto lo comprendido en la fracción 9018.90.14.	Kg	15	Ex
9018.90.16	Espátulas del tipo de abatelenguas.	Kg	10	Ex
9018.90.17	Dispositivos intrauterinos anticonceptivos.	Kg	10	Ex
9018.90.18	Desfibriladores.	Pza	5	Ex
9018.90.19	Estetoscopios.	Kg	15	Ex
9018.90.20	Aparatos de actinoterapia.	Kg	5	Ex
9018.90.21	Partes y accesorios para tijeras, pinzas o cizallas.	Kg	Ex	Ex
9018.90.22	Partes y accesorios de aparatos para anestesia.	Kg	Ex	Ex
9018.90.23	Partes, piezas sueltas y accesorios para lo comprendido en la fracción 9018.90.17.	Kg	Ex	Ex
9018.90.24	Circuitos modulares reconocibles como concebidos exclusivamente para lo comprendido en la fracción 9018.90.18.	Kg	Ex	Ex
9018.90.25	Aparatos de diatermia de onda corta.	Pza	Ex	Ex
9018.90.26	De radiodiagnóstico a base de rayos gamma.	Pza	Ex	Ex
9018.90.27	Incubadoras para niños, partes y accesorios.	Pza	5	Ex
9018.90.28	Aparatos de electrocirugía.	Pza	Ex	Ex
9018.90.29	Dermatomos.	Pza	Ex	Ex
9018.90.30	Electroeyaculadores, partes y accesorios.	Pza	Ex	Ex
9018.90.31	Equipos para hemodiálisis (riñón artificial).	Pza	Ex	Ex
9018.90.99	Los demás.	Kg	Ex	Ex
90.19	**Aparatos de mecanoterapia; aparatos para masajes; aparatos de sicotecnia; aparatos de ozonoterapia, oxigenoterapia o aerosolterapia, aparatos respiratorios de reanimación y demás aparatos de terapia respiratoria.**			
9019.10	**. Aparatos de mecanoterapia; aparatos para masajes; aparatos de sicotecnia.**			
9019.10.01	Aparatos de hidroterapia o mecanoterapia.	Pza	5	Ex
9019.10.02	Aparatos de masaje, eléctricos.	Pza	10	Ex
9019.10.99	Los demás.	Pza	5	Ex
9019.20	**. Aparatos de ozonoterapia, oxigenoterapia o aerosolterapia, aparatos respiratorios de reanimación y demás aparatos de terapia respiratoria.**			
9019.20.01	Aparatos de ozonoterapia, oxigenoterapia o aerosolterapia, aparatos respiratorios de reanimación y demás aparatos de terapia respiratoria.	Kg	Ex	Ex
90.20	**Los demás aparatos respiratorios y máscaras antigás, excepto las máscaras de protección sin mecanismo ni elemento filtrante amovible.**			
9020.00	**. Los demás aparatos respiratorios y máscaras antigás, excepto las máscaras de protección sin mecanismo ni elemento filtrante amovible.**			
9020.00.01	Máscaras antigás.	Kg	5	Ex

9020.00.02	Caretas protectoras.	Kg	Ex	Ex
9020.00.03	Equipo de buceo.	Kg	10	Ex
9020.00.99	Los demás.	Kg	5	Ex
90.21	**Artículos y aparatos de ortopedia, incluidas las fajas y vendajes medicoquirúrgicos y las muletas; tablillas, férulas u otros artículos y aparatos para fracturas; artículos y aparatos de prótesis; audífonos y demás aparatos que lleve la propia persona o se le implanten para compensar un defecto o incapacidad.**			
9021.10	**- Artículos y aparatos de ortopedia o para fracturas.**			
9021.10.01	Corsés, fajas o bragueros.	Kg	5	Ex
9021.10.02	Calzado ortopédico.	Kg	5	Ex
9021.10.03	Soportes de arco (prótesis ortopédicas), de acero inoxidable.	Kg	5	Ex
9021.10.04	Aparatos para tracción de fractura.	Kg	5	Ex
9021.10.05	Clavos, tornillos, placas o grapas.	Kg	5	Ex
9021.10.99	Los demás.	Kg	5	Ex
	- Artículos y aparatos de prótesis dental:			
9021.21	**.. Dientes artificiales.**			
9021.21.01	De acrílico o de porcelana.	Kg	5	Ex
9021.21.99	Los demás.	Kg	5	Ex
9021.29	**.. Los demás.**			
9021.29.99	Los demás.	Kg	5	Ex
	- Los demás artículos y aparatos de prótesis:			
9021.31	**.. Prótesis articulares.**			
9021.31.01	Prótesis articulares.	Kg	5	Ex
9021.39	**.. Los demás.**			
9021.39.01	Ojos artificiales.	Kg	5	Ex
9021.39.02	Prótesis de arterias y venas.	Kg	5	Ex
9021.39.03	Forjas brutas, de prótesis, sin ningún maquinado.	Kg	Ex	Ex
9021.39.04	Manos o pies artificiales.	Kg	5	Ex
9021.39.99	Los demás.	Kg	Ex	Ex
9021.40	**- Audífonos, excepto sus partes y accesorios.**			
9021.40.01	Audífonos, excepto sus partes y accesorios.	Pza	5	Ex
9021.50	**- Estimuladores cardíacos, excepto sus partes y accesorios.**			
9021.50.01	Estimuladores cardiacos, excepto sus partes y accesorios.	Pza	Ex	Ex
9021.90	**- Los demás.**			
9021.90.99	Los demás.	Kg	Ex	Ex
90.22	**Aparatos de rayos X y aparatos que utilicen radiaciones alfa, beta o gamma, incluso para uso médico, quirúrgico, odontológico o veterinario, incluidos los aparatos de radiografía o radioterapia, tubos de rayos X y demás dispositivos generadores de rayos X, generadores de tensión, consolas de mando, pantallas, mesas, sillones y soportes similares para examen o tratamiento.**			
	- Aparatos de rayos X, incluso para uso médico, quirúrgico, odontológico o veterinario, incluidos los aparatos de radiografía o radioterapia:			
9022.12	**.. Aparatos de tomografía regidos por una máquina automática de tratamiento o procesamiento de datos.**			
9022.12.01	Aparatos de tomografía regidos por una máquina automática de tratamiento o procesamiento de datos.	Pza	Ex	Ex
9022.13	**.. Los demás, para uso odontológico.**			
9022.13.01	Los demás, para uso odontológico.	Pza	Ex	Ex
9022.14	**.. Los demás, para uso médico, quirúrgico o veterinario.**			
9022.14.01	Que contenga alguna de las siguientes tres características: a) generador de rayos X con capacidad igual o mayor a 50 kV y mayor o igual a 500 miliamperes por segundo; b) intensificador de imagen con diámetro mayor a 22.86 cm (9 pulgadas); o, c) mesa de rayos X con tamaño de cassette variable y un ángulo mayor a 90º sobre 15º.	Pza	Ex	Ex
9022.14.99	Los demás.	Pza	Ex	Ex
9022.19	**.. Para otros usos.**			
9022.19.01	Para otros usos.	Kg	Ex	Ex
	- Aparatos que utilicen radiaciones alfa, beta o gamma, incluso para uso médico, quirúrgico, odontológico o veterinario, incluidos los aparatos de radiografía o radioterapia:			
9022.21	**.. Para uso médico, quirúrgico, odontológico o veterinario.**			
9022.21.01	Bombas de cobalto.	Pza	Ex	Ex
9022.21.99	Los demás.	Pza	Ex	Ex
9022.29	**.. Para otros usos.**			
9022.29.01	Para otros usos.	Pza	Ex	Ex
9022.30	**- Tubos de rayos X.**			
9022.30.01	Tubos de rayos X.	Pza	Ex	Ex
9022.90	**- Los demás, incluidas las partes y accesorios.**			
9022.90.01	Unidades generadores de radiación.	Pza	Ex	Ex

9022.90.02	Cañones para emisión de radiación.	Pza	Ex	Ex
9022.90.03	Partes y accesorios para aparatos de rayos X.	Kg	Ex	Ex
9022.90.99	Los demás.	Pza	Ex	Ex
90.23	**Instrumentos, aparatos y modelos concebidos para demostraciones (por ejemplo: en la enseñanza o exposiciones), no susceptibles de otros usos.**			
9023.00	**Instrumentos, aparatos y modelos concebidos para demostraciones (por ejemplo: en la enseñanza o exposiciones), no susceptibles de otros usos.**			
9023.00.01	Instrumentos, aparatos y modelos concebidos para demostraciones (por ejemplo: en la enseñanza o exposiciones), no susceptibles de otros usos.	Pza	Ex	Ex
90.24	**Máquinas y aparatos para ensayos de dureza, tracción, compresión, elasticidad u otras propiedades mecánicas de materiales (por ejemplo: metal, madera, textil, papel, plástico).**			
9024.10	**Máquinas y aparatos para ensayos de metal.**			
9024.10.01	Máquinas y aparatos para ensayos de metal.	Pza	Ex	Ex
9024.80	**Las demás máquinas y aparatos.**			
9024.80.01	Las demás máquinas y aparatos.	Pza	Ex	Ex
9024.90	**Partes y accesorios.**			
9024.90.01	Partes y accesorios.	Kg	Ex	Ex
90.25	**Densímetros, areómetros, pesalíquidos e instrumentos flotantes similares, termómetros, pirómetros, barómetros, higrómetros y sicrómetros, aunque sean registradores, incluso combinados entre sí.**			
	Termómetros y pirómetros, sin combinar con otros instrumentos:			
9025.11	**De líquido, con lectura directa.**			
9025.11.01	Esbozos para la elaboración de termómetros de vidrio, sin graduación, con o sin vacío, con o sin mercurio.	Pza	Ex	Ex
9025.11.99	Los demás.	Pza	15	Ex
9025.19	**Los demás.**			
9025.19.01	De vehículos automóviles.	Pza	Ex	Ex
9025.19.02	Reconocibles para naves aéreas.	Pza	Ex	Ex
9025.19.03	Electrónicos, excepto lo comprendido en las fracciones 9025.19.01 y 9025.19.02.	Pza	Ex	Ex
9025.19.04	Pirómetros.	Pza	Ex	Ex
9025.19.99	Los demás.	Pza	15	Ex
9025.80	**Los demás instrumentos.**			
9025.80.01	Aerómetros y densímetros.	Pza	15	Ex
9025.80.02	Higrómetros.	Pza	Ex	Ex
9025.80.03	Reconocibles para naves aéreas.	Pza	Ex	Ex
9025.80.99	Los demás.	Pza	Ex	Ex
9025.90	**Partes y accesorios.**			
9025.90.01	Partes y accesorios.	Kg	Ex	Ex
90.26	**Instrumentos y aparatos para medida o verificación de caudal, nivel, presión u otras características variables de líquidos o gases (por ejemplo: caudalímetros, indicadores de nivel, manómetros, contadores de calor), excepto los instrumentos y aparatos de las partidas 90.14, 90.15, 90.28 ó 90.32.**			
9026.10	**Para medida o verificación del caudal o nivel de líquidos.**			
9026.10.01	Controles de nivel de agua para máquinas de lavar ropa.	Pza	Ex	Ex
9026.10.02	Medidores de combustible, de vehículos automóviles.	Pza	Ex	Ex
9026.10.03	Medidores de flujo.	Pza	Ex	Ex
9026.10.04	Indicadores de nivel tipo flotador, excepto lo comprendido en la fracción 9026.10.02.	Pza	Ex	Ex
9026.10.05	Reconocibles para naves aéreas.	Pza	Ex	Ex
9026.10.06	Niveles reconocibles como concebidos exclusivamente para máquinas de vapor.	Pza	Ex	Ex
9026.10.99	Los demás.	Pza	Ex	Ex
9026.20	**Para medida o verificación de presión.**			
9026.20.01	Manómetros, de funcionamiento eléctrico o electrónico.	Pza	Ex	Ex
9026.20.02	Manómetros, vacuómetros o manovacuómetros con rango de medición igual o inferior a 700 Kg/cm2 con elemento de detección de tubo y diámetro de carátula igual o inferior a 305 mm, excepto de uso automotriz.	Pza	Ex	Ex
9026.20.03	Reguladores medidores de la presión de aire a inyectar en neumáticos de vehículos, incluso con distribuidores de agua.	Pza	15	Ex
9026.20.04	Reguladores de presión, acoplados a válvulas o manómetros.	Pza	5	Ex
9026.20.05	Reconocibles para naves aéreas.	Pza	Ex	Ex
9026.20.06	Manómetros, vacuómetros o manovacuómetros, excepto lo comprendido en las fracciones 9026.20.01 y 9026.20.02.	Pza	Ex	Ex
9026.20.99	Los demás.	Pza	Ex	Ex
9026.80	**Los demás instrumentos y aparatos.**			
9026.80.01	Medidores de flujo de gases.	Pza	Ex	Ex
9026.80.02	Reconocibles para naves aéreas.	Pza	Ex	Ex
9026.80.99	Los demás.	Pza	Ex	Ex
9026.90	**Partes y accesorios.**			
9026.90.01	Partes y accesorios.	Kg	Ex	Ex

90.27	**Instrumentos y aparatos para análisis físicos o químicos (por ejemplo: polarímetros, refractómetros, espectrómetros, analizadores de gases o humos); instrumentos y aparatos para ensayos de viscosidad, porosidad, dilatación, tensión superficial o similares o para medidas calorimétricas, acústicas o fotométricas (incluidos los exposímetros); micrótomos.**			
9027.10	**- Analizadores de gases o humos.**			
9027.10.01	Analizadores de gases o humos.	Pza	Ex	Ex
9027.20	**- Cromatógrafos e instrumentos de electroforesis.**			
9027.20.01	Cromatógrafos e instrumentos de electroforésis.	Pza	Ex	Ex
9027.30	**- Espectrómetros, espectrofotómetros y espectrógrafos que utilicen radiaciones ópticas (UV, visibles, IR).**			
9027.30.01	Espectrómetros, espectrofotómetros y espectrógrafos que utilicen radiaciones ópticas (UV, visibles, IR).	Pza	Ex	Ex
9027.50	**- Los demás instrumentos y aparatos que utilicen radiaciones ópticas (UV, visibles, IR).**			
9027.50.99	Los demás instrumentos y aparatos que utilicen radiaciones ópticas (UV, visibles, IR).	Pza	Ex	Ex
9027.80	**- Los demás instrumentos y aparatos.**			
9027.80.01	Fotómetros.	Pza	Ex	Ex
9027.80.02	Instrumentos nucleares de resonancia magnética.	Pza	Ex	Ex
9027.80.03	Exposímetros.	Pza	Ex	Ex
9027.80.99	Los demás.	Pza	Ex	Ex
9027.90	**- Micrótomos; partes y accesorios.**			
9027.90.01	Columnas de análisis para cromatógrafos de gases.	Pza	Ex	Ex
9027.90.02	Micrótomos.	Pza	Ex	Ex
9027.90.03	Circuitos modulares reconocibles como concebidos exclusivamente para lo comprendido en la subpartida 9027.80.	Pza	Ex	Ex
9027.90.99	Los demás.	Kg	Ex	Ex
90.28	**Contadores de gas, líquido o electricidad, incluidos los de calibración.**			
9028.10	**- Contadores de gas.**			
9028.10.01	Contadores de gas.	Pza	Ex	Ex
9028.20	**- Contadores de líquido.**			
9028.20.01	Contadores de agua, equipados con dispositivos que permitan su lectura remota (lectura electrónica).	Pza	Ex	Ex
9028.20.02	Contadores volumétricos automáticos, para medir cerveza.	Pza	15	Ex
9028.20.03	Contadores de agua, excepto lo comprendido en la fracción 9028.20.01.	Pza	15	Ex
9028.20.99	Los demás.	Pza	Ex	Ex
9028.30	**- Contadores de electricidad.**			
9028.30.01	Vatihorímetros.	Pza	5	Ex
9028.30.99	Los demás.	Pza	Ex	Ex
9028.90	**- Partes y accesorios.**			
9028.90.01	Para vatihorímetros.	Kg	Ex	Ex
9028.90.02	Reconocibles como concebidas exclusivamente para lo comprendido en la fracción 9028.20.03.	Kg	Ex	Ex
9028.90.99	Los demás.	Kg	Ex	Ex
90.29	**Los demás contadores (por ejemplo: cuentarrevoluciones, contadores de producción, taxímetros, cuentakilómetros, podómetros); velocímetros y tacómetros, excepto los de las partidas 90.14 ó 90.15; estroboscopios.**			
9029.10	**- Cuentarrevoluciones, contadores de producción, taxímetros, cuentakilómetros, podómetros y contadores similares.**			
9029.10.01	Taxímetros mecánicos.	Pza	Ex	Ex
9029.10.02	Cuentarrevoluciones, aun cuando sean cuenta horas de trabajo.	Pza	Ex	Ex
9029.10.03	Taxímetros electrónicos o electromecánicos.	Pza	15	Ex
9029.10.04	Reconocibles para naves aéreas.	Pza	Ex	Ex
9029.10.99	Los demás.	Pza	Ex	Ex
9029.20	**- Velocímetros y tacómetros; estroboscopios.**			
9029.20.01	Velocímetros, incluso provistos de cuentakilómetros.	Pza	Ex	Ex
9029.20.02	Tacógrafos electromecánicos con reloj de cuarzo, registrador e indicador de velocidad, recorrido, tiempo de marcha y parada, y/o revoluciones del motor de un vehículo.	Pza	Ex	Ex
9029.20.03	Estroboscopios.	Pza	Ex	Ex
9029.20.04	Tacómetros electrónicos digitales para uso automotriz.	Pza	Ex	Ex
9029.20.05	Reconocibles para naves aéreas.	Pza	Ex	Ex
9029.20.99	Los demás.	Pza	Ex	Ex
9029.90	**- Partes y accesorios.**			
9029.90.01	Partes y accesorios.	Kg	Ex	Ex

90.30	**Osciloscopios, analizadores de espectro y demás instrumentos y aparatos para medida o verificación de magnitudes eléctricas; instrumentos y aparatos para medida o detección de radiaciones alfa, beta, gamma, X, cósmicas o demás radiaciones ionizantes.**			
9030.10	**. Instrumentos y aparatos para medida o detección de radiaciones ionizantes.**			
9030.10.01	Instrumentos y aparatos para medida o detección de radiaciones ionizantes.	Pza	Ex	Ex
9030.20	**. Osciloscopios y oscilógrafos.**			
9030.20.01	Osciloscopios de dos canales y ancho de banda inferior o igual a 20 MHz.	Pza	Ex	Ex
9030.20.99	Los demás.	Pza	Ex	Ex
	. Los demás instrumentos y aparatos para medida o control de tensión, intensidad, resistencia o potencia:			
9030.31	**.. Multímetros, sin dispositivo registrador.**			
9030.31.01	Multímetros, sin dispositivo registrador.	Pza	Ex	Ex
9030.32	**.. Multímetros, con dispositivo registrador.**			
9030.32.01	Multímetros, con dispositivo registrador.	Pza	Ex	Ex
9030.33	**.. Los demás, sin dispositivo registrador.**			
9030.33.01	Voltímetros, indicadores, no digitales, para montarse en tableros.	Pza	Ex	Ex
9030.33.02	Ohmímetros.	Pza	Ex	Ex
9030.33.03	Vatímetros, indicadores, no digitales, para montarse en tableros.	Pza	Ex	Ex
9030.33.04	Amperímetros, indicadores, no digitales, para montarse en tableros.	Pza	Ex	Ex
9030.33.05	Reconocibles para naves aéreas.	Pza	Ex	Ex
9030.33.06	Vármetros, indicadores, no digitales, para montarse en tableros.	Pza	Ex	Ex
9030.33.99	Los demás.	Pza	Ex	Ex
9030.39	**.. Los demás, con dispositivo registrador.**			
9030.39.01	Los demás, con dispositivo registrador.	Pza	Ex	Ex
9030.40	**. Los demás instrumentos y aparatos, especialmente concebidos para técnicas de telecomunicación (por ejemplo: hipsómetros, kerdómetros, distorsiómetros, sofómetros).**			
9030.40.01	Sistema integral de monitoreo y diagnóstico, para componentes de sistemas de teleproceso.	Pza	Ex	Ex
9030.40.99	Los demás.	Pza	Ex	Ex
	. Los demás instrumentos y aparatos:			
9030.82	**.. Para medida o verificación de obleas ("wafers") o dispositivos, semiconductores.**			
9030.82.01	Para medida o control de obleas ("wafers") o dispositivos, semiconductores.	Pza	Ex	Ex
9030.84	**.. Los demás, con dispositivo registrador.**			
9030.84.01	Los demás, con dispositivo registrador.	Pza	Ex	Ex
9030.89	**.. Los demás.**			
9030.89.01	Frecuencímetros, indicadores no digitales, para montarse en tableros.	Pza	Ex	Ex
9030.89.02	Fasímetros (factorímetros), indicadores, no digitales, para montarse en tableros.	Pza	Ex	Ex
9030.89.03	Probadores de baterías.	Pza	Ex	Ex
9030.89.04	Probadores de transistores o semiconductores.	Pza	Ex	Ex
9030.89.99	Los demás.	Pza	Ex	Ex
9030.90	**. Partes y accesorios.**			
9030.90.01	Reconocibles para lo comprendido en las fracciones 9030.39.01, 9030.39.04 y 9030.89.03.	Kg	Ex	Ex
9030.90.02	Circuitos modulares.	Kg	Ex	Ex
9030.90.03	Partes para multímetros.	Kg	Ex	Ex
9030.90.04	Reconocibles como concebidas exclusivamente para lo comprendido en las subpartidas 9030.10, 9030.20, 9030.40, 9030.82, 9030.84 y en la fracción 9030.89.04, excepto lo comprendido en la fracción 9030.90.02.	Kg	Ex	Ex
9030.90.99	Los demás.	Kg	Ex	Ex
90.31	**Instrumentos, aparatos y máquinas para medida o verificación, no expresados ni comprendidos en otra parte de este capítulo; proyectores de perfiles.**			
9031.10	**. Máquinas para equilibrar piezas mecánicas.**			
9031.10.01	Máquinas para equilibrar piezas mecánicas.	Pza	Ex	Ex
9031.20	**. Bancos de pruebas.**			
9031.20.01	Para tubos catódicos de aparatos receptores de televisión.	Pza	Ex	Ex
9031.20.99	Los demás.	Pza	Ex	Ex
	. Los demás instrumentos y aparatos, ópticos:			
9031.41	**.. Para control de obleas ("wafers") o dispositivos, semiconductores, o para control de máscaras o retículas utilizadas en la fabricación de dispositivos semiconductores.**			
9031.41.01	Para control de obleas ("wafers") o dispositivos semiconductores, o control de máscaras o retículas utilizadas en la fabricación de dispositivos semiconductores.	Pza	Ex	Ex
9031.49	**.. Los demás.**			
9031.49.01	Instrumentos de medición de coordenadas.	Pza	Ex	Ex
9031.49.02	Proyectores de perfiles.	Pza	Ex	Ex
9031.49.99	Los demás.	Pza	Ex	Ex

9031.80 . **Los demás instrumentos, aparatos y máquinas.**

9031.80.01	Controles fotoeléctricos.	Pza	5	Ex
9031.80.02	Para verificar la alineación, equilibrio o balanceo de neumáticos o ruedas.	Pza	Ex	Ex
9031.80.03	Para descubrir fallas.	Pza	Ex	Ex
9031.80.04	Reconocibles para naves aéreas.	Pza	Ex	Ex
9031.80.05	Para probar cabezas, memorias u otros componentes electrónicos de máquinas computadoras.	Pza	Ex	Ex
9031.80.06	Para medir la superficie de cueros o pieles por medio de rodillos giratorios con espigas; planímetros.	Pza	Ex	Ex
9031.80.07	Niveles.	Pza	15	Ex
9031.80.99	Los demás.	Pza	Ex	Ex
9031.90 .	**Partes y accesorios.**			
9031.90.01	Reconocibles para lo comprendido en la fracción 9031.80.02.	Kg	Ex	Ex
9031.90.02	Bases y armazones reconocibles como concebidos exclusivamente para lo comprendido en la fracción 9031.49.01.	Pza	Ex	Ex
9031.90.99	Los demás.	Pza	Ex	Ex

90.32 **Instrumentos y aparatos para regulación o control automáticos.**

9032.10 .	**Termostatos.**			
9032.10.01	Para refrigeradores.	Pza	Ex	Ex
9032.10.02	Para estufas y caloríficos.	Pza	5	Ex
9032.10.03	Automáticos para el control de la temperatura del agua, con dispositivos de seguridad para fallas de flama.	Pza	15	Ex
9032.10.04	Para cocinas.	Pza	Ex	Ex
9032.10.99	Los demás.	Pza	5	Ex
9032.20 .	**Manostatos (presostatos).**			
9032.20.01	Manostatos (presostatos).	Pza	15	Ex
.	**Los demás instrumentos y aparatos:**			
9032.81 ..	**Hidráulicos o neumáticos.**			
9032.81.01	Reguladores de los distribuidores de motores de explosión (distribuscopios).	Pza	Ex	Ex
9032.81.99	Los demás.	Pza	Ex	Ex
9032.89 ..	**Los demás.**			
9032.89.01	Reconocibles para naves aéreas.	Pza	Ex	Ex
9032.89.02	Reguladores automáticos de voltaje, excepto para uso industrial, incluso combinados, en una misma envolvente o carcaza, con una fuente de voltaje con conversión de corriente CA/CC/CA, de las también llamadas "no break" o "uninterruptible power suply" ('UPS').	Pza	15	Ex
9032.89.03	Reguladores electrónicos de velocidad, para motores de corriente continua giradiscos, grabadoras y tocacintas.	Pza	Ex	Ex
9032.89.04	Reguladores para operar sobre grupos generadores rotativos.	Pza	Ex	Ex
9032.89.05	Aparatos controladores de flama, reconocibles para calderas y hornos con capacidad inferior o igual a 100 C.P.	Pza	Ex	Ex
9032.89.06	Reguladores tipo inducción, excepto lo comprendido en la fracción 9032.89.02.	Pza	15	Ex
9032.89.99	Los demás.	Pza	5	Ex
9032.90 .	**Partes y accesorios.**			
9032.90.01	Termopares, reconocibles como concebidos exclusiva o principalmente para los termostatos de la fracción 9032.10.03.	Kg	Ex	Ex
9032.90.99	Los demás.	Kg	Ex	Ex

90.33 **Partes y accesorios, no expresados ni comprendidos en otra parte de este Capítulo, para máquinas, aparatos, instrumentos o artículos del Capítulo 90.**

9033.00 .	**Partes y accesorios, no expresados ni comprendidos en otra parte de este Capítulo, para máquinas, aparatos, instrumentos o artículos del Capítulo 90.**			
9033.00.01	Partes y accesorios, no expresados ni comprendidos en otra parte de este Capítulo, para máquinas, aparatos, instrumentos o artículos del Capítulo 90.	Kg	Ex	Ex

---

Capítulo 91
Aparatos de relojería y sus partes

Notas.
1. Este Capítulo no comprende:
   a) los cristales para aparatos de relojería y pesas para relojes (régimen de la materia constitutiva);
   b) las cadenas de reloj (partidas 71.13 ó 71.17, según los casos);
   c) las partes y accesorios de uso general, tal como se definen en la Nota 2 de la Sección XV, de metal común (Sección XV) y los artículos similares de plástico (Capítulo 39) o de metal precioso o chapado de metal precioso (plaqué), generalmente de la partida 71.15; los muelles (resortes) de aparatos de relojería (incluidas las espirales) se clasifican, sin embargo, en la partida 91.14;
   d) las bolas de rodamiento (partidas 73.26 u 84.82, según los casos);

e) los artículos de la partida 84.12 construidos para funcionar sin escape;

f) los rodamientos de bolas (partida 84.82);

g) los artículos del Capítulo 85 sin montar aún entre sí o con otros elementos para formar mecanismos de relojería o partes reconocibles como destinadas, exclusiva o principalmente, a tales mecanismos (Capítulo 85).

2. Se clasifican únicamente en la partida 91.01 los relojes con caja totalmente de metal precioso o chapado de metal precioso (plaqué) o de estas materias combinadas con perlas finas (naturales)* o cultivadas o con piedras preciosas o semipreciosas (naturales, sintéticas o reconstituidas), de las partidas 71.01 a 71.04. Los relojes de caja de metal común con incrustaciones de metal precioso se clasifican en la partida 91.02.

3. En este Capítulo, se consideran *pequeños mecanismos de relojería* los dispositivos con órgano regulador de volante-espiral, de cuarzo o cualquier otro sistema capaz de determinar intervalos de tiempo, con indicador o un sistema que permita incorporar un indicador mecánico. El espesor de estos mecanismos será inferior o igual a 12 mm y su anchura, longitud o diámetro serán inferiores o iguales a 50 mm.

4. Salvo lo dispuesto en la Nota 1, los mecanismos y otras partes susceptibles de utilizarse como mecanismos o partes de aparatos de relojería, o en otros usos, por ejemplo, en instrumentos de medida o precisión, se clasifican en este Capítulo.

Código	Descripción	Unid de Med	Arancel (%)	
			IMP.	EXP.
91.01	**Relojes de pulsera, bolsillo y similares (incluidos los contadores de tiempo de los mismos tipos), con caja de metal precioso o chapado de metal precioso (plaqué).**			
	- **Relojes de pulsera, eléctricos, incluso con contador de tiempo incorporado:**			
9101.11	**.. Con indicador mecánico solamente.**			
9101.11.01	Con indicador mecánico solamente.	Pza	Ex	Ex
9101.19	**.. Los demás.**			
9101.19.01	Con indicador optoelectrónico solamente.	Pza	Ex	Ex
9101.19.99	Los demás.	Pza	Ex	Ex
	- **Los demás relojes de pulsera, incluso con contador de tiempo incorporado:**			
9101.21	**.. Automáticos.**			
9101.21.01	Automáticos.	Pza	Ex	Ex
9101.29	**.. Los demás.**			
9101.29.99	Los demás.	Pza	Ex	Ex
	- **Los demás:**			
9101.91	**.. Eléctricos.**			
9101.91.01	Eléctricos.	Pza	Ex	Ex
9101.99	**.. Los demás.**			
9101.99.99	Los demás.	Pza	Ex	Ex
91.02	**Relojes de pulsera, bolsillo y similares (incluidos los contadores de tiempo de los mismos tipos), excepto los de la partida 91.01.**			
	- **Relojes de pulsera, eléctricos, incluso con contador de tiempo incorporado:**			
9102.11	**.. Con indicador mecánico solamente.**			
9102.11.01	Con indicador mecánico solamente.	Pza	Ex	Ex
9102.12	**.. Con indicador optoelectrónico solamente.**			
9102.12.01	Con indicador optoelectrónico solamente.	Pza	Ex	Ex
9102.19	**.. Los demás.**			
9102.19.99	Los demás.	Pza	Ex	Ex
	- **Los demás relojes de pulsera, incluso con contador de tiempo incorporado:**			
9102.21	**.. Automáticos.**			
9102.21.01	Automáticos.	Pza	Ex	Ex
9102.29	**.. Los demás.**			
9102.29.99	Los demás.	Pza	Ex	Ex
	- **Los demás:**			
9102.91	**.. Eléctricos.**			
9102.91.01	Eléctricos.	Pza	Ex	Ex
9102.99	**.. Los demás.**			
9102.99.99	Los demás.	Pza	Ex	Ex
91.03	**Despertadores y demás relojes de pequeño mecanismo de relojería.**			
9103.10	- **Eléctricos.**			
9103.10.01	Eléctricos.	Pza	Ex	Ex
9103.90	- **Los demás.**			
9103.90.99	Los demás.	Pza	Ex	Ex
91.04	**Relojes de tablero de instrumentos y relojes similares, para automóviles, aeronaves, barcos o demás vehículos.**			
9104.00	- **Relojes de tablero de instrumentos y relojes similares, para automóviles, aeronaves, barcos o demás vehículos.**			
9104.00.01	Reconocibles para naves aéreas.	Pza	Ex	Ex

9104.00.02	Electrónicos, para uso automotriz.	Pza	Ex	Ex
9104.00.03	De tablero, de bordo o similares, para automóviles, barcos y demás vehículos, excepto lo comprendido en las fracciones 9104.00.01 y 9104.00.02.	Pza	Ex	Ex
9104.00.99	Los demás.	Pza	Ex	Ex
91.05	**Los demás relojes.**			
	- Despertadores:			
9105.11	**-- Eléctricos.**			
9105.11.01	De mesa.	Pza	Ex	Ex
9105.11.99	Los demás.	Pza	Ex	Ex
9105.19	**-- Los demás.**			
9105.19.99	Los demás.	Pza	Ex	Ex
	- Relojes de pared:			
9105.21	**-- Eléctricos.**			
9105.21.01	Eléctricos.	Pza	Ex	Ex
9105.29	**-- Los demás.**			
9105.29.99	Los demás.	Pza	Ex	Ex
	- Los demás:			
9105.91	**-- Eléctricos.**			
9105.91.01	Relojes maestros y cronómetros de marina y similares.	Pza	Ex	Ex
9105.91.99	Los demás.	Pza	Ex	Ex
9105.99	**-- Los demás.**			
9105.99.01	Relojes maestros y cronómetros de marina y similares.	Pza	Ex	Ex
9105.99.99	Los demás.	Pza	Ex	Ex
91.06	**Aparatos de control de tiempo y contadores de tiempo, con mecanismo de relojería o motor sincrónico (por ejemplo: registradores de asistencia, registradores fechadores, registradores contadores).**			
9106.10	**- Registradores de asistencia; registradores fechadores y registradores contadores.**			
9106.10.01	Contadores de minutos y/o segundos.	Pza	Ex	Ex
9106.10.99	Los demás.	Pza	Ex	Ex
9106.90	**- Los demás.**			
9106.90.01	Parquímetros.	Pza	Ex	Ex
9106.90.99	Los demás.	Pza	Ex	Ex
91.07	**Interruptores horarios y demás aparatos que permitan accionar un dispositivo en un momento dado, con mecanismo de relojería o motor sincrónico.**			
9107.00	**- Interruptores horarios y demás aparatos que permitan accionar un dispositivo en un momento dado, con mecanismo de relojería o motor sincrónico.**			
9107.00.01	Interruptores horarios y demás aparatos que permitan accionar un dispositivo en un momento dado, con mecanismo de relojería o motor sincrónico.	Pza	Ex	Ex
91.08	**Pequeños mecanismos de relojería completos y montados.**			
	- Eléctricos:			
9108.11	**-- Con indicador mecánico solamente o con dispositivo que permita incorporarlo.**			
9108.11.01	Con indicador mecánico solamente o con dispositivo que permita incorporarlo.	Pza	Ex	Ex
9108.12	**-- Con indicador optoelectrónico solamente.**			
9108.12.01	Con indicador optoelectrónico solamente.	Pza	Ex	Ex
9108.19	**-- Los demás.**			
9108.19.99	Los demás.	Pza	Ex	Ex
9108.20	**- Automáticos.**			
9108.20.01	Automáticos.	Pza	Ex	Ex
9108.90	**- Los demás.**			
9108.90.99	Los demás.	Pza	Ex	Ex
91.09	**Los demás mecanismos de relojería completos y montados.**			
9109.10	**- De accionamiento eléctrico.**			
9109.10.01	De accionamiento eléctrico.	Pza	Ex	Ex
9109.90	**- Los demás.**			
9109.90.99	Los demás.	Pza	Ex	Ex
91.10	**Mecanismos de relojería completos, sin montar o parcialmente montados ("chablons"); mecanismos de relojería incompletos, montados; mecanismos de relojería "en blanco" ("evacues").**			
	- Pequeños mecanismos:			
9110.11	**-- Mecanismos completos, sin montar o parcialmente montados ("chablons").**			
9110.11.01	Mecanismos completos, sin montar o parcialmente montados ("chablons").	Pza	Ex	Ex
9110.12	**-- Mecanismos incompletos, montados.**			
9110.12.01	Mecanismos incompletos, montados.	Pza	Ex	Ex
9110.19	**-- Mecanismos "en blanco" ("ébauches").**			
9110.19.01	Mecanismos "en blanco" ("ébauches").	Pza	Ex	Ex

Código		Descripción	Unid de Med	IMP.	EXP.
9110.90	**.**	**Los demás.**			
9110.90.99		Los demás.	Pza	Ex	Ex
91.11		**Cajas de los relojes de las partidas 91.01 ó 91.02 y sus partes.**			
9111.10	**.**	**Cajas de metal precioso o chapado de metal precioso (plaqué).**			
9111.10.01		Con perlas, piedras preciosas o semipreciosas, o de metales preciosos.	Pza	Ex	Ex
9111.10.99		Los demás.	Pza	Ex	Ex
9111.20	**.**	**Cajas de metal común, incluso dorado o plateado.**			
9111.20.01		Cajas de metal común, incluso dorado o plateado.	Pza	Ex	Ex
9111.80	**.**	**Las demás cajas.**			
9111.80.99		Las demás cajas.	Pza	Ex	Ex
9111.90	**.**	**Partes.**			
9111.90.01		Partes.	Kg	Ex	Ex
91.12		**Cajas y envolturas similares para los demás aparatos de relojería, y sus partes.**			
9112.20	**.**	**Cajas y envolturas similares.**			
9112.20.01		De metal.	Pza	Ex	Ex
9112.20.99		Las demás.	Pza	Ex	Ex
9112.90	**.**	**Partes.**			
9112.90.01		Partes.	Kg	Ex	Ex
91.13		**Pulseras para reloj y sus partes.**			
9113.10	**.**	**De metal precioso o chapado de metal precioso (plaqué).**			
9113.10.01		Pulseras.	G	Ex	Ex
9113.10.99		Las demás.	G	Ex	Ex
9113.20	**.**	**De metal común, incluso dorado o plateado.**			
9113.20.01		Pulseras.	Pza	Ex	Ex
9113.20.99		Las demás.	Kg	Ex	Ex
9113.90	**.**	**Las demás.**			
9113.90.01		Pulseras.	Pza	Ex	Ex
9113.90.99		Las demás.	Kg	Ex	Ex
91.14		**Las demás partes de aparatos de relojería.**			
9114.10	**.**	**Muelles (resortes), incluidas las espirales.**			
9114.10.01		Muelles (resortes), incluidas las espirales.	Kg	Ex	Ex
9114.30	**.**	**Esferas o cuadrantes.**			
9114.30.01		Esferas o cuadrantes.	Kg	Ex	Ex
9114.40	**.**	**Platinas y puentes.**			
9114.40.01		Platinas y puentes.	Kg	Ex	Ex
9114.90	**.**	**Las demás.**			
9114.90.01		Dispositivo impresor para reloj registrador de asistencia.	Kg	Ex	Ex
9114.90.02		Piedras.	Kg	Ex	Ex
9114.90.99		Las demás.	Kg	Ex	Ex

Capítulo 92
Instrumentos musicales; sus partes y accesorios

Notas.
1. Este Capítulo no comprende:
    a) las partes y accesorios de uso general, tal como se definen en la Nota 2 de la Sección XV, de metal común (Sección XV) y los artículos similares de plástico (Capítulo 39);
    b) los micrófonos, amplificadores, altavoces (altoparlantes), auriculares, interruptores, estroboscopios y demás instrumentos, aparatos y equipos accesorios utilizados con los artículos de este Capítulo, que no estén incorporados en ellos ni alojados en la misma envoltura (Capítulos 85 ó 90);
    c) los instrumentos y aparatos que presenten el carácter de juguete (partida 95.03);
    d) las escobillas y demás artículos de cepillería para limpieza de instrumentos musicales (partida 96.03);
    e) los instrumentos y aparatos que presenten el carácter de objetos de colección o antigüedades (partidas 97.05 ó 97.06).
2. Los arcos, palillos y artículos similares para instrumentos musicales de las partidas 92.02 ó 92.06, que se presenten en número correspondiente a los instrumentos a los cuales se destinen, se clasifican con ellos.
    Las tarjetas, discos y rollos de la partida 92.09 se clasifican en esta partida, aunque se presenten con los instrumentos o aparatos a los que estén destinados.

Código		Descripción	Unid de Med	Arancel (%)	
				IMP.	EXP.
92.01		**Pianos, incluso automáticos; clavecines y demás instrumentos de cuerda con teclado.**			
9201.10	**.**	**Pianos verticales.**			
9201.10.01		Pianos verticales.	Pza	Ex	Ex

9201.20	**.**	**Pianos de cola.**		
9201.20.01		Pianos de cola.	Pza	Ex	Ex
9201.90	**.**	**Los demás.**		
9201.90.01		Pianos automáticos (pianolas).	Pza	10	Ex
9201.90.02		Espinetas.	Pza	15	Ex
9201.90.99		Los demás.	Pza	15	Ex
92.02		**Los demás instrumentos musicales de cuerda (por ejemplo: guitarras, violines, arpas).**		
9202.10	**.**	**De arco.**		
9202.10.01		De arco.	Pza	Ex	Ex
9202.90	**.**	**Los demás.**		
9202.90.01		Mandolinas o banjos.	Pza	10	Ex
9202.90.02		Guitarras.	Pza	15	Ex
9202.90.99		Los demás.	Pza	Ex	Ex
92.05		**Instrumentos musicales de viento (por ejemplo: órganos de tubo y teclado, acordeones, clarinetes, trompetas, gaitas), excepto los orquestriones y los organillos.**		
9205.10	**.**	**Instrumentos llamados "metales".**		
9205.10.01		Instrumentos llamados "metales".	Pza	Ex	Ex
9205.90	**.**	**Los demás.**		
9205.90.01		Flautas dulces sopranos para principiantes.	Pza	Ex	Ex
9205.90.02		Órganos de tubo y teclado; armonios e instrumentos similares de teclado y lengüetas metálicas libres.	Pza	10	Ex
9205.90.03		Acordeones e instrumentos similares.	Pza	10	Ex
9205.90.04		Armónicas.	Kg	10	Ex
9205.90.99		Los demás.	Pza	Ex	Ex
92.06		**Instrumentos musicales de percusión (por ejemplo: tambores, cajas, xilófonos, platillos, castañuelas, maracas).**		
9206.00	**.**	**Instrumentos musicales de percusión (por ejemplo: tambores, cajas, xilófonos, platillos, castañuelas, maracas).**		
9206.00.01		Instrumentos musicales de percusión (por ejemplo: tambores, cajas, xilófonos, platillos, castañuelas, maracas).	Pza	10	Ex
92.07		**Instrumentos musicales en los que el sonido se produzca o tenga que amplificarse eléctricamente (por ejemplo: órganos, guitarras, acordeones).**		
9207.10	**.**	**Instrumentos de teclado, excepto los acordeones.**		
9207.10.01		Órganos con "pedalier" de más de 24 pedales.	Pza	10	Ex
9207.10.02		Órganos, excepto lo comprendido en la fracción 9207.10.01.	Pza	Ex	Ex
9207.10.99		Los demás.	Pza	15	Ex
9207.90	**.**	**Los demás.**		
9207.90.99		Los demás.	Pza	Ex	Ex
92.08		**Cajas de música, orquestriones, organillos, pájaros cantores, sierras musicales y demás instrumentos musicales no comprendidos en otra partida de este Capítulo; reclamos de cualquier clase; silbatos, cuernos y demás instrumentos de boca, de llamada o aviso.**		
9208.10	**.**	**Cajas de música.**		
9208.10.01		Cajas de música.	Pza	15	Ex
9208.90	**.**	**Los demás.**		
9208.90.99		Los demás.	Pza	15	Ex
92.09		**Partes (por ejemplo, mecanismos de cajas de música) y accesorios (por ejemplo: tarjetas, discos y rollos para aparatos mecánicos) de instrumentos musicales; metrónomos y diapasones de cualquier tipo.**		
9209.30	**.**	**Cuerdas armónicas.**		
9209.30.01		Cuerdas armónicas.	Pza	Ex	Ex
	.	**Los demás:**		
9209.91	**..**	**Partes y accesorios de pianos.**		
9209.91.01		Gabinetes, muebles o sus partes.	Kg	5	Ex
9209.91.99		Los demás.	Kg	Ex	Ex
9209.92	**..**	**Partes y accesorios de instrumentos musicales de la partida 92.02.**		
9209.92.01		Partes y accesorios de instrumentos musicales de la partida 92.02.	Kg	Ex	Ex
9209.94	**..**	**Partes y accesorios de instrumentos musicales de la partida 92.07.**		
9209.94.01		Gabinetes, muebles o sus partes, para pianos.	Kg	5	Ex
9209.94.99		Los demás.	Kg	Ex	Ex
9209.99	**..**	**Los demás.**		
9209.99.01		Metrónomos y diapasones.	Pza	Ex	Ex
9209.99.02		Mecanismos de cajas de música.	Pza	Ex	Ex
9209.99.03		Partes y accesorios de instrumentos musicales de la fracción 9205.90.02.	Kg	Ex	Ex
9209.99.99		Los demás.	Kg	Ex	Ex

Sección XIX
ARMAS, MUNICIONES, Y SUS PARTES Y ACCESORIOS

Capítulo 93
Armas, municiones, y sus partes y accesorios

Notas.
1. Este Capítulo no comprende:
   a) los cebos y cápsulas fulminantes, detonadores, cohetes de señales o granífugos y demás artículos del Capítulo 36;
   b) las partes y accesorios de uso general, tal como se definen en la Nota 2 de la Sección XV, de metal común (Sección XV) y los artículos similares de plástico (Capítulo 39);
   c) los tanques y demás vehículos automóviles blindados de combate (partida 87.10);
   d) las miras telescópicas y demás dispositivos ópticos, salvo los montados en armas o presentados sin montar con las armas a las cuales se destinen (Capítulo 90);
   e) las ballestas, arcos y flechas para tiro, armas embotonadas para esgrima y armas que presenten el carácter de juguete (Capítulo 95);
   f) las armas y municiones que presenten el carácter de objetos de colección o antigüedades (partidas 97.05 ó 97.06).
2. En la partida 93.06, el término *partes* no comprende los aparatos de radio o radar de la partida 85.26.

Código		Descripción	Unid de Med	Arancel (%)	
				IMP.	EXP.
93.01		**Armas de guerra, excepto los revólveres, pistolas y armas blancas.**			
9301.10	**-**	**Piezas de artillería (por ejemplo: cañones, obuses y morteros).**			
9301.10.01		Autopropulsadas.	Pza	5	Ex
9301.10.99		Las demás.	Pza	5	Ex
9301.20	**-**	**Lanzacohetes; lanzallamas; lanzagranadas; lanzatorpedos y lanzadores similares.**			
9301.20.01		Lanzacohetes; lanzallamas; lanzagranadas; lanzatorpedos y lanzadores similares.	Pza	5	Ex
9301.90	**-**	**Las demás.**			
9301.90.99		Las demás.	Pza	5	Ex
93.02		**Revólveres y pistolas, excepto los de las partidas 93.03 ó 93.04.**			
9302.00	**-**	**Revólveres y pistolas, excepto los de las partidas 93.03 ó 93.04.**			
9302.00.01		Calibre 25.	Pza	15	Ex
9302.00.99		Los demás.	Pza	15	Ex
93.03		**Las demás armas de fuego y artefactos similares que utilicen la deflagración de pólvora (por ejemplo: armas de caza, armas de avancarga, pistolas lanzacohete y demás artefactos concebidos únicamente para lanzar cohetes de señal, pistolas y revólveres de fogueo, pistolas de matarife, cañones lanzacabo).**			
9303.10	**-**	**Armas de avancarga.**			
9303.10.01		Para lanzar cápsulas con sustancias asfixiantes, tóxicas o repelentes.	Pza	5	Ex
9303.10.99		Los demás.	Pza	15	Ex
9303.20	**-**	**Las demás armas largas de caza o tiro deportivo que tengan, por lo menos, un cañón de ánima lisa.**			
9303.20.01		Las demás armas largas de caza o tiro deportivo que tengan, por lo menos, un cañón de ánima lisa.	Pza	15	Ex
9303.30	**-**	**Las demás armas largas de caza o tiro deportivo.**			
9303.30.01		Las demás armas largas de caza o tiro deportivo.	Pza	15	Ex
9303.90	**-**	**Las demás.**			
9303.90.01		Cañones industriales desincrustadores, mediante cartuchos especiales con proyectil blindado.	Pza	10	Ex
9303.90.99		Las demás.	Pza	15	Ex
93.04		**Las demás armas (por ejemplo: armas largas y pistolas de muelle (resorte), aire comprimido o gas, porras), excepto las de la partida 93.07.**			
9304.00	**-**	**Las demás armas (por ejemplo: armas largas y pistolas de muelle (resorte), aire comprimido o gas, porras), excepto las de la partida 93.07.**			
9304.00.01		Pistolas de matarife de émbolo oculto.	Pza	Ex	Ex
9304.00.99		Los demás.	Pza	15	Ex
93.05		**Partes y accesorios de los artículos de las partidas 93.01 a 93.04.**			
9305.10	**-**	**De revólveres o pistolas.**			
9305.10.01		Reconocibles como concebidas exclusivamente para lo comprendido en la fracción 9304.00.01.	Pza	Ex	Ex
9305.10.99		Los demás.	Pza	15	Ex

9305.20	**.**	**De armas largas de la partida 93.03.**			
9305.20.01		Cañones de ánima lisa.	Pza	15	Ex
9305.20.99		Los demás.	Pza	15	Ex
	.	**Los demás.**			
9305.91	**..**	**De armas de guerra de la partida 93.01.**			
9305.91.01		De armas de guerra de la partida 93.01.	Pza	15	Ex
9305.99	**..**	**Los demás.**			
9305.99.99		Los demás.	Pza	15	Ex
93.06		**Bombas, granadas, torpedos, minas, misiles, cartuchos y demás municiones y proyectiles, y sus partes, incluidas las postas, perdigones y tacos para cartuchos.**			
	.	**Cartuchos para armas largas con cañón de ánima lisa y sus partes; balines para armas de aire comprimido:**			
9306.21	**..**	**Cartuchos.**			
9306.21.01		Cartuchos cargados con gases lacrimosos o tóxicos.	Mll	5	Ex
9306.21.99		Los demás.	Mll	15	Ex
9306.29	**..**	**Los demás.**			
9306.29.01		Balines o municiones esféricas, de diferentes dimensiones y materiales, utilizados en cartuchos para armas de fuego.	Kg	15	Ex
9306.29.99		Los demás.	Pza	15	Ex
9306.30	**.**	**Los demás cartuchos y sus partes.**			
9306.30.01		Vacíos, calibre 8, reconocibles como concebidos exclusivamente para artefactos de uso industrial.	Mll	15	Ex
9306.30.02		Calibre 45.	Mll	15	Ex
9306.30.03		Cartuchos para "pistolas" de remachar y similares o para "pistolas" de matarife.	Mll	15	Ex
9306.30.04		Partes.	Pza	5	Ex
9306.30.99		Los demás.	Mll	15	Ex
9306.90	**.**	**Los demás.**			
9306.90.01		Bombas o granadas con gases lacrimosos o tóxicos.	Pza	5	Ex
9306.90.02		Partes.	Pza	5	Ex
9306.90.99		Los demás.	Mll	15	Ex
93.07		**Sables, espadas, bayonetas, lanzas y demás armas blancas, sus partes y fundas.**			
9307.00	**.**	**Sables, espadas, bayonetas, lanzas y demás armas blancas, sus partes y fundas.**			
9307.00.01		Sables, espadas, bayonetas, lanzas y demás armas blancas, sus partes y fundas.	Pza	15	Ex

Sección XX
MERCANCÍAS Y PRODUCTOS DIVERSOS

Capítulo 94
Muebles; mobiliario medicoquirúrgico; artículos de cama y similares; aparatos de alumbrado no expresados ni comprendidos en otra parte; anuncios, letreros y placas indicadoras, luminosos y artículos similares; construcciones prefabricadas

Notas.
1. Este Capítulo no comprende:
    a) los colchones, almohadas y cojines, neumáticos o de agua, de los Capítulos 39, 40 ó 63;
    b) los espejos que se apoyen en el suelo (por ejemplo, espejos de vestir móviles) (partida 70.09);
    c) los artículos del Capítulo 71;
    d) las partes y accesorios de uso general, tal como se definen en la Nota 2 de la Sección XV, de metal común (Sección XV) y los artículos similares de plástico (Capítulo 39) ni las cajas de caudales de la partida 83.03;
    e) los muebles, incluso sin equipar, que constituyan partes específicas de aparatos para la producción de frío de la partida 84.18; los muebles especialmente concebidos para máquinas de coser, de la partida 84.52;
    f) los aparatos de alumbrado del Capítulo 85;
    g) los muebles que constituyan partes específicas de aparatos de las partidas 85.18 (partida 85.18), 85.19 u 85.21 (partida 85.22) o de las partidas 85.25 a 85.28 (partida 85.29);
    h) los artículos de la partida 87.14;
    ij) los sillones de dentista con aparatos de odontología incorporados de la partida 90.18, ni las escupideras para clínica dental (partida 90.18);
    k) los artículos del Capítulo 91 (por ejemplo: cajas y envolturas similares para aparatos de relojería);
    l) los muebles y aparatos de alumbrado que presenten el carácter de juguete (partida 95.03), billares de cualquier clase y muebles de juegos de la partida 95.04, así como las mesas para juegos de prestidigitación y artículos de decoración (excepto las guirnaldas eléctricas), tales como farolillos y faroles venecianos (partida 95.05).
2. Los artículos (excepto las partes) de las partidas 94.01 a 94.03 deben estar concebidos para colocarlos sobre el suelo.
    Sin embargo, se clasifican en estas partidas, aunque estén concebidos para colgar, fijar en la pared o colocarlos uno sobre otro:
    a) los armarios, bibliotecas, estanterías (incluídas las constituídas por un sólo estante o anaquel, que se presenten con los soportes necesarios para fijarlo a la pared) y muebles modulares (por elementos),
    b) los asientos y camas.

3. A) Cuando se presenten aisladamente, no se consideran partes de los artículos de las partidas 94.01 a 94.03, las hojas, placas o losas, de vidrio (incluidos los espejos), mármol, piedra o cualquier otra materia de los Capítulos 68 ó 69, incluso cortadas en formas determinadas, pero sin combinar con otros elementos.

B) Cuando se presenten aisladamente, los artículos de la partida 94.04 se clasifican en dicha partida aunque constituyan partes de muebles de las partidas 94.01 a 94.03.

4. En la partida 94.06, se consideran *construcciones prefabricadas* tanto las terminadas en fábrica como las expedidas en forma de elementos presentados juntos para montar en destino, tales como locales para vivienda, casetas de obra, oficinas, escuelas, tiendas, hangares, garajes o construcciones similares.

Código		Descripción	Unid de Med	Arancel (%)	
				IMP.	EXP.
94.01		**Asientos (excepto los de la partida 94.02), incluso los transformables en cama, y sus partes.**			
9401.10	**-**	**Asientos de los tipos utilizados en aeronaves.**			
9401.10.01		Asientos de los tipos utilizados en aeronaves.	Pza	Ex	Ex
9401.20	**-**	**Asientos de los tipos utilizados en vehículos automóviles.**			
9401.20.01		Asientos de los tipos utilizados en vehículos automóviles.	Pza	Ex	Ex
9401.30	**-**	**Asientos giratorios de altura ajustable.**			
9401.30.01		Asientos giratorios de altura ajustable.	Pza	10	Ex
9401.40	**-**	**Asientos transformables en cama, excepto el material de acampar o de jardín.**			
9401.40.01		Asientos transformables en cama, excepto el material de acampar o de jardín.	Pza	10	Ex
	-	**Asientos de ratán (roten), mimbre, bambú o materias similares:**			
9401.51	**- -**	**De bambú o ratán (roten).**			
9401.51.01		De bambú o ratán (roten).	Pza	10	Ex
9401.59	**- -**	**Los demás.**			
9401.59.99		Los demás.	Pza	10	Ex
	-	**Los demás asientos, con armazón de madera:**			
9401.61	**- -**	**Tapizados (con relleno).**			
9401.61.01		Tapizados (con relleno).	Pza	10	Ex
9401.69	**- -**	**Los demás.**			
9401.69.99		Los demás.	Pza	10	Ex
	-	**Los demás asientos, con armazón de metal:**			
9401.71	**- -**	**Tapizados (con relleno).**			
9401.71.01		Tapizados (con relleno).	Pza	10	Ex
9401.79	**- -**	**Los demás.**			
9401.79.99		Los demás.	Pza	10	Ex
9401.80	**-**	**Los demás asientos.**			
9401.80.01		Los demás asientos.	Kg	10	Ex
9401.90	**-**	**Partes.**			
9401.90.01		Reconocibles como concebidas exclusivamente para lo comprendido en la fracción 9401.20.01.	Kg	Ex	Ex
9401.90.02		Reconocibles como concebidas exclusivamente para tractores agrícolas e industriales.	Pza	Ex	Ex
9401.90.99		Los demás.	Kg	Ex	Ex
94.02		**Mobiliario para medicina, cirugía, odontología o veterinaria (por ejemplo: mesas de operaciones o de reconocimiento, camas con mecanismo para uso clínico, sillones de dentista); sillones de peluquería y sillones similares, con dispositivos de orientación y elevación; partes de estos artículos.**			
9402.10	**-**	**Sillones de dentista, de peluquería y sillones similares, y sus partes.**			
9402.10.01		Partes.	Kg	15	Ex
9402.10.99		Los demás.	Pza	15	Ex
9402.90	**-**	**Los demás.**			
9402.90.01		Mesas de operaciones.	Pza	10	Ex
9402.90.02		Parihuelas o camillas.	Pza	10	Ex
9402.90.99		Los demás.	Pza	15	Ex
94.03		**Los demás muebles y sus partes.**			
9403.10	**-**	**Muebles de metal de los tipos utilizados en oficinas.**			
9403.10.01		Archiveros de cajones, accionados electrónicamente.	Pza	15	Ex
9403.10.02		Llamados "estaciones de trabajo", reconocibles como concebidos para alojar un sistema de cómputo personal, conteniendo por lo menos: una cubierta para monitor, una cubierta para teclado y una cubierta para la unidad central de proceso.	Pza	15	Ex
9403.10.99		Los demás.	Pza	15	Ex
9403.20	**-**	**Los demás muebles de metal.**			
9403.20.01		Atriles.	Pza	7	Ex
9403.20.02		Mesas reconocibles como concebidas exclusivamente para dibujo o trazado (restiradores), sin equipar.	Pza	7	Ex

9403.20.03	Gabinetes de seguridad biológica y flujo laminar con control y reciclado de aire, contenidos en un solo cuerpo, para uso en laboratorio.	Pza	7	Ex
9403.20.04	Llamados "estaciones de trabajo", reconocibles como concebidos para alojar un sistema de cómputo personal, conteniendo por lo menos: una cubierta para monitor, una cubierta para teclado y una cubierta para la unidad central de proceso.	Pza	7	Ex
9403.20.99	Los demás.	Pza	7	Ex
9403.30	**- Muebles de madera de los tipos utilizados en oficinas.**			
9403.30.01	Muebles de madera de los tipos utilizados en oficinas, excepto lo comprendido en la fracción 9403.30.02.	Pza	10	Ex
9403.30.02	Llamados "estaciones de trabajo", reconocibles como concebidos para alojar un sistema de cómputo personal, conteniendo por lo menos: una cubierta para monitor, una cubierta para teclado y una cubierta para la unidad central de proceso.	Pza	15	Ex
9403.40	**- Muebles de madera de los tipos utilizados en cocinas.**			
9403.40.01	Muebles de madera de los tipos utilizados en cocinas.	Pza	10	Ex
9403.50	**- Muebles de madera de los tipos utilizados en dormitorios.**			
9403.50.01	Muebles de madera de los tipos utilizados en dormitorios.	Pza	10	Ex
9403.60	**- Los demás muebles de madera.**			
9403.60.01	Mesas, reconocibles como concebidas exclusivamente para dibujo o trazado (restiradores), sin equipar.	Pza	15	Ex
9403.60.02	Atriles.	Pza	15	Ex
9403.60.03	Llamados "estaciones de trabajo", reconocibles como concebidos para alojar un sistema de cómputo personal, conteniendo por lo menos: una cubierta para monitor, una cubierta para teclado y una cubierta para la unidad central de proceso.	Pza	15	Ex
9403.60.99	Los demás.	Pza	10	Ex
9403.70	**- Muebles de plástico.**			
9403.70.01	Atriles.	Pza	15	Ex
9403.70.02	Llamados "estaciones de trabajo", reconocibles como concebidos para alojar un sistema de cómputo personal, conteniendo por lo menos: una cubierta para monitor, una cubierta para teclado y una cubierta para la unidad central de proceso.	Pza	15	Ex
9403.70.99	Los demás.	Pza	15	Ex
	- Muebles de otras materias, incluidos el ratán (roten), mimbre, bambú o materias similares:			
9403.81	**-- De bambú o ratán (roten).**			
9403.81.01	De bambú o ratán (roten).	Pza	15	Ex
9403.89	**-- Los demás.**			
9403.89.99	Los demás.	Pza	15	Ex
9403.90	**- Partes.**			
9403.90.01	Partes.	Kg	Ex	Ex
94.04	**Somieres; artículos de cama y artículos similares (por ejemplo: colchones, cubrepiés, edredones, cojines, pufes, almohadas), bien con muelles (resortes), bien rellenos o guarnecidos interiormente con cualquier materia, incluidos los de caucho o plástico celulares, recubiertos o no.**			
9404.10	**- Somieres.**			
9404.10.01	Somieres.	Pza	15	Ex
	- Colchones:			
9404.21	**-- De caucho o plástico celulares, recubiertos o no.**			
9404.21.01	Colchonetas.	Pza	15	Ex
9404.21.99	Los demás.	Pza	15	Ex
9404.29	**-- De otras materias.**			
9404.29.99	De otras materias.	Pza	15	Ex
9404.30	**- Sacos (bolsas) de dormir.**			
9404.30.01	Sacos (bolsas) de dormir.	Pza	15	Ex
9404.90	**- Los demás.**			
9404.90.99	Los demás.	Pza	15	Ex
94.05	**Aparatos de alumbrado (incluidos los proyectores) y sus partes, no expresados ni comprendidos en otra parte; anuncios, letreros y placas indicadoras, luminosos y artículos similares, con fuente de luz inseparable, y sus partes no expresadas ni comprendidas en otra parte.**			
9405.10	**- Lámparas y demás aparatos eléctricos de alumbrado, para colgar o fijar al techo o a la pared, excepto los de los tipos utilizados para el alumbrado de espacios o vías públicos.**			
9405.10.01	Lámparas equipadas con baterías, clavijas e interruptores.	Pza	15	Ex
9405.10.02	Candiles.	Pza	15	Ex
9405.10.03	De hierro o acero, excepto lo comprendido en las fracciones 9405.10.01 y 9405.10.02.	Pza	15	Ex
9405.10.99	Los demás.	Pza	15	Ex
9405.20	**- Lámparas eléctricas de cabecera, mesa, oficina o de pie.**			
9405.20.01	Lámparas eléctricas de pie.	Pza	15	Ex
9405.20.99	Las demás.	Pza	15	Ex

9405.30	**. Guirnaldas eléctricas de los tipos utilizados en árboles de Navidad.**			
9405.30.01	Guirnaldas eléctricas de los tipos utilizados en árboles de Navidad.	Pza	Ex	Ex
9405.40	**. Los demás aparatos eléctricos de alumbrado.**			
9405.40.01	Los demás aparatos eléctricos de alumbrado.	Pza	15	Ex
9405.50	**. Aparatos de alumbrado no eléctricos.**			
9405.50.01	Lámparas de hierro o acero, que funcionen por combustibles líquidos o gaseosos.	Pza	15	Ex
9405.50.99	Los demás.	Pza	15	Ex
9405.60	**. Anuncios, letreros y placas indicadoras, luminosos y artículos similares.**			
9405.60.01	Anuncios, letreros y placas indicadoras, luminosos y artículos similares.	Pza	15	Ex
	. Partes:			
9405.91	**.. De vidrio.**			
9405.91.01	Bombillas de borosilicato, para lámparas o linternas de combustible líquido o gaseoso.	Kg	Ex	Ex
9405.91.02	Bombillas para lámparas o linternas de combustible líquido o gaseoso, excepto lo comprendido en la fracción 9405.91.01.	Kg	5	Ex
9405.91.03	Elementos de vidrio para alumbrado y señalización.	Kg	5	Ex
9405.91.04	Piezas moldeadas semiterminadas (esbozos), de vidrio sin contenido de plomo, en formas poliédricas, reconocibles como concebidas exclusivamente para la elaboración de candiles y lámparas.	Kg	Ex	Ex
9405.91.99	Las demás.	Kg	15	Ex
9405.92	**.. De plástico.**			
9405.92.01	De plástico.	Kg	5	Ex
9405.99	**.. Las demás.**			
9405.99.99	Las demás.	Kg	15	Ex
94.06	**Construcciones prefabricadas.**			
9406.00	**. Construcciones prefabricadas.**			
9406.00.01	Construcciones prefabricadas.	Kg	10	Ex

Capítulo 95
Juguetes, juegos y artículos para recreo o deporte; sus partes y accesorios

Notas.
1. Este Capítulo no comprende:
   a) las velas (partida 34.06);
   b) los artículos de pirotecnia para diversión de la partida 36.04;
   c) los hilados, monofilamentos, cordones, cuerdas de tripa y similares para la pesca, incluso cortados en longitudes determinadas pero sin montar en sedal (tanza) con anzuelo, del Capítulo 39, partida 42.06 o Sección XI;
   d) las bolsas para artículos de deporte y demás continentes, de las partidas 42.02, 43.03 ó 43.04;
   e) las prendas de vestir de deporte, así como los disfraces de materia textil, de los Capítulos 61 ó 62;
   f) las banderas y cuerdas de gallardetes, de materia textil, así como las velas para embarcaciones, deslizadores o vehículos terrestres, del Capítulo 63;
   g) el calzado (excepto el fijado a patines para hielo o patines de ruedas) del Capítulo 64 y los tocados especiales para la práctica de deportes del Capítulo 65;
   h) los bastones, fustas, látigos y artículos similares (partida 66.02), así como sus partes (partida 66.03);
   ij) los ojos de vidrio sin montar para muñecas, muñecos u otros juguetes de la partida 70.18;
   k) las partes y accesorios de uso general, tal como se definen en la Nota 2 de la Sección XV, de metal común (Sección XV) y los artículos similares de plástico (Capítulo 39);
   l) las campanas, campanillas, gongos y artículos similares, de la partida 83.06;
   m) las bombas para líquidos (partida 84.13), aparatos para filtrar o depurar líquidos o gases (partida 84.21), motores eléctricos (partida 85.01), transformadores eléctricos (partida 85.04), los discos, cintas, dispositivos de almacenamiento permanente de datos a base de semiconductores (de estado sólido), tarjetas inteligentes ("*smart cards*") y demás soportes para grabar sonido u otras grabaciones análogas (partida 85.23), aparatos de radiotelemando (partida 85.26) y dispositivos inalámbricos de control remoto por rayos infrarrojos (partida 85.43).
   n) los vehículos de deporte de la Sección XVII, excepto los toboganes, "bobsleighs" y similares;
   o) las bicicletas para niños (partida 87.12);
   p) las embarcaciones de deporte, tales como canoas y esquifes (Capítulo 89), y sus medios de propulsión (Capítulo 44, si son de madera);
   q) las gafas (anteojos) protectoras para la práctica de deportes o juegos al aire libre (partida 90.04);
   r) los reclamos y silbatos (partida 92.08);
   s) las armas y demás artículos del Capítulo 93;
   t) las guirnaldas eléctricas de cualquier clase (partida 94.05);
   u) las cuerdas para raqueta, tiendas (carpas) de campaña, artículos de acampar y guantes, mitones y manoplas de cualquier materia (régimen de la materia constitutiva);
   v) los artículos de mesa, utensilios de cocina, artículos de tocador y baño, alfombras y demás revestimientos para el suelo de materia textil, ropaje, ropa de cama y mesa, tocador y baño, cocina y artículos similares que tengan una función utilitaria (se clasifican según el régimen de la materia constitutiva).

2. Los artículos de este Capítulo pueden llevar simples guarniciones o accesorios de mínima importancia de metal precioso, chapado de metal precioso (plaqué), perlas naturales (finas) o cultivadas o piedras preciosas o semipreciosas (naturales, sintéticas o reconstituidas).

3. Salvo lo dispuesto en la Nota 1 anterior, las partes y accesorios identificables como destinados, exclusiva o principalmente, a los artículos de este Capítulo se clasifican con ellos.

4. Salvo lo dispuesto en la Nota 1 anterior, la partida 95.03 se aplica, entre otros, a los artículos de esta partida combinados con uno o más productos que no puedan ser considerados como juegos o surtidos conforme a la Regla General Interpretativa 3 b), y que por tanto, si se presentasen separadamente, serían clasificados en otras partidas, siempre que estos artículos se presenten juntos, acondicionados para la venta al por menor, y que esta combinación reúna las características esenciales de los juguetes.

5. La partida 95.03 no comprende los artículos que por su concepción, forma o materia constitutiva sean reconocibles como destinados exclusivamente para animales, por ejemplo, los juguetes para animales de compañía (clasificación según su propio régimen).

Nota de subpartida.

1. La subpartida 9504.50 comprende:

   a) las consolas de videojuegos que reproducen imágenes en la pantalla de un receptor de televisión, un monitor o sobre cualquier pantalla o superficie exterior,

   b) las máquinas de videojuegos con pantalla incorporada, incluso portátiles.

   Esta subpartida no comprende las consolas o máquinas de videojuegos activadas con monedas, billetes, tarjetas, fichas u otros medios de pago (subpartida 9504.30).

Código		Descripción	Unid de Med	Arancel (%)	
				IMP.	EXP.
95.03		**Triciclos, patinetes, coches de pedal y juguetes similares con ruedas; coches y sillas de ruedas para muñecas o muñecos; muñecas o muñecos; los demás juguetes; modelos reducidos y modelos similares, para entretenimiento, incluso animados; rompecabezas de cualquier clase.**			
9503.00	-	**Triciclos, patinetes, coches de pedal y juguetes similares con ruedas; coches y sillas de ruedas para muñecas o muñecos; muñecas o muñecos; los demás juguetes; modelos reducidos y modelos similares, para entretenimiento, incluso animados; rompecabezas de cualquier clase.**			
9503.00.01		Triciclos o cochecitos de pedal o palanca.	Pza	15	Ex
9503.00.02		Con ruedas, concebidos para que los conduzcan los niños, impulsados por ellos o por otra persona, o accionados por baterías recargables de hasta 12 v, excepto, en ambos casos, lo comprendido en la fracción 9503.00.01.	Pza	15	Ex
9503.00.03		Los demás juguetes con ruedas concebidos para que los conduzcan los niños; coches y sillas de ruedas para muñecas o muñecos.	Pza	15	Ex
9503.00.04		Muñecas y muñecos que representen solamente seres humanos, incluso vestidos, que contengan mecanismos operados eléctrica o electrónicamente, excepto lo comprendido en la fracción 9503.00.05.	Pza	15	Ex
9503.00.05		Muñecas y muñecos que representen solamente seres humanos, de altura inferior o igual a 30 cm, incluso vestidos, articulados o con mecanismos operados eléctrica o electrónicamente.	Pza	15	Ex
9503.00.06		Las demás muñecas y muñecos que representen solamente seres humanos, incluso vestidos, excepto lo comprendido en las fracciones 9503.00.04.y 9503.00.05.	Pza	15	Ex
9503.00.07		Trenes eléctricos, incluidos los carriles (rieles), señales y demás accesorios.	Kg	Ex	Ex
9503.00.08		Juguetes terapéutico-pedagógicos, reconocibles como concebidos exclusivamente para usos clínicos, para corregir disfunciones psicomotrices o problemas de lento aprendizaje, en instituciones de educación especial o similares.	Kg	Ex	Ex
9503.00.09		Modelos reducidos "a escala" para ensamblar, de madera de balsa.	Kg	Ex	Ex
9503.00.10		Modelos reducidos "a escala" para ensamblar, incluso los que tengan componentes electrónicos o eléctricos, excepto lo comprendido en la fracción 9503.00.07.	Kg	15	Ex
9503.00.11		Juegos o surtidos de construcción; los demás juguetes de construcción.	Kg	15	Ex
9503.00.12		Juguetes que representen animales o seres no humanos, rellenos.	Pza	15	Ex
9503.00.13		Juguetes que representen animales o seres no humanos, sin rellenar, de papel o cartón.	Kg	Ex	Ex
9503.00.14		Los demás juguetes que representen animales o seres no humanos, sin rellenar.	Kg	15	Ex
9503.00.15		Instrumentos y aparatos, de música, de juguete.	Kg	15	Ex
9503.00.16		Rompecabezas de papel o cartón.	Kg	15	Ex
9503.00.17		Rompecabezas de materias distintas a papel o cartón.	Kg	15	Ex
9503.00.18		Juegos o surtidos reconocibles como concebidos exclusivamente para que el niño o la niña, representen un personaje, profesión u oficio, excepto lo comprendido en la fracción 9503.00.19.	Kg	15	Ex
9503.00.19		Juegos que imiten preparaciones de belleza, de maquillaje o de manicura.	Kg	15	Ex
9503.00.20		Juguetes y modelos, con motor, excepto lo comprendido en las fracciones 9503.00.02, 9503.00.03, 9503.00.04, 9503.00.05, 9503.00.06, 9503.00.07, 9503.00.09, 9503.00.10, 9503.00.11, 9503.00.12, 9503.00.14, 9503.00.15 y 9503.00.18.	Kg	15	Ex

9503.00.21	Ábacos.	Kg	10	Ex
9503.00.22	Preparaciones de materias plásticas, o caucho, reconocibles como concebidas para formar globos por insuflado.	Kg	15	Ex
9503.00.23	Juguetes inflables, incluso las pelotas de juguete fabricadas exclusivamente de materias plásticas, excepto lo comprendido en la fracción 9503.00.22.	Kg	15	Ex
9503.00.24	Juguetes destinados a niños de hasta 36 meses de edad, excepto lo comprendido en las fracciones 9503.00.01, 9503.00.02, 9503.00.03, 9503.00.04, 9503.00.05, 9503.00.06, 9503.00.11, 9503.00.12, 9503.00.13, 9503.00.14, 9503.00.15, 9503.00.16, 9503.00.17, 9503.00.20 y 9503.00.23.	Kg	15	Ex
9503.00.25	Juguetes réplica de armas de fuego, que tengan apariencia, forma y/o configuración de las armas de la subpartida 9301.90, o de las partidas 93.02 y 93.03, pero que no sean las armas comprendidas en la partida 93.04.	Kg	10	Ex
9503.00.26	Juguetes reconocibles como concebidos exclusivamente para lanzar agua, excepto los comprendidos en la fracción 9503.00.25.	Kg	Ex	Ex
9503.00.27	Partes o piezas sueltas para triciclos, patinetes, coches de pedal y juguetes similares con ruedas.	Kg	Ex	Ex
9503.00.28	Prendas, complementos (accesorios) de vestir, calzado, sombreros y demás tocados, para muñecas y muñecos que representen solamente seres humanos.	Kg	Ex	Ex
9503.00.29	Subensambles eléctricos o electrónicos, reconocibles como concebidos exclusivamente para los productos de las fracciones 9503.00.04 y 9503.00.05.	Kg	Ex	Ex
9503.00.30	Partes y accesorios de muñecas y muñecos que representen solamente seres humanos, excepto lo comprendido en las fracciones 9503.00.28 y 9503.00.29.	Kg	Ex	Ex
9503.00.31	Partes y accesorios de instrumentos y aparatos, de música, de juguete.	Kg	Ex	Ex
9503.00.32	Partes y accesorios reconocibles como concebidos exclusivamente para lo comprendido en la fracción 9503.00.20.	Kg	Ex	Ex
9503.00.33	Motores, excepto eléctricos reconocibles como concebidos exclusivamente para montarse en juguetes o en modelos, reducidos.	Kg	Ex	Ex
9503.00.34	Partes y accesorios reconocibles como concebidos exclusivamente para los productos comprendidos en la fracción 9503.00.24.	Kg	Ex	Ex
9503.00.35	Partes, piezas y accesorios, reconocibles como concebidas para coches y sillas de ruedas para muñecas o muñecos, para los demás juguetes de rueda, o para lo comprendido en las fracciones 9503.00.21, 9503.00.25 ó 9503.00.26.	Kg	Ex	Ex
9503.00.36	Los demás juguetes presentados en juegos o surtidos de dos o más artículos diferentes acondicionados para su venta al por menor.	Kg	15	Ex
9503.00.99	Los demás.	Kg	15	Ex
95.04	**Consolas y máquinas de videojuegos, artículos para juegos de sociedad, incluidos los juegos con motor o mecanismo, billares, mesas especiales para juegos de casino y juegos de bolos automáticos ("bowlings").**			
9504.20 .	**Billares de cualquier clase y sus accesorios.**			
9504.20.01	Tizas y bolas de billar.	Kg	5	Ex
9504.20.99	Los demás.	Kg	10	Ex
9504.30 .	**Los demás juegos activados con monedas, billetes, tarjetas, fichas o cualquier otro medio de pago, excepto los juegos de bolos automáticos ("bowlings").**			
9504.30.01	Partes y accesorios.	Kg	Ex	Ex
9504.30.02	Máquinas, de funcionamiento eléctrico, electrónico, mecánico o combinación de ellos, a través de las cuales se realicen sorteos con números o símbolos, que están sujetos al azar.	Pza	15	Ex
9504.30.99	Los demás.	Kg	15	Ex
9504.40 .	**Naipes.**			
9504.40.01	Naipes.	Kg	15	Ex
9504.50 .	**Consolas y máquinas de videojuegos, excepto las de la subpartida 9504.30.**			
9504.50.01	Consolas y máquinas de videojuegos.	Pza	Ex	Ex
9504.50.02	Cartuchos conteniendo programas para consolas y máquinas de videojuegos.	Pza	Ex	Ex
9504.50.03	Partes y accesorios, para las consolas y máquinas de videojuegos.	Kg	Ex	Ex
9504.90 .	**Los demás.**			
9504.90.01	Pelotas de celuloide.	Kg	Ex	Ex
9504.90.02	Bolas, excepto lo comprendido en la fracción 9504.90.01.	Pza	Ex	Ex
9504.90.03	Bolos o pinos de madera; aparatos automáticos para acomodar los bolos o pinos y regresar las bolas a su lugar de lanzamiento ("bowlings"), sus partes o piezas sueltas.	Kg	10	Ex
9504.90.04	Autopistas eléctricas.	Kg	Ex	Ex
9504.90.05	Partes sueltas y accesorios reconocibles como concebidas exclusivamente para lo comprendido en la fracción 9504.90.04.	Kg	Ex	Ex
9504.90.99	Los demás.	Kg	15	Ex
95.05	**Artículos para fiestas, carnaval u otras diversiones, incluidos los de magia y artículos sorpresa.**			
9505.10 .	**Artículos para fiestas de Navidad.**			
9505.10.01	Árboles artificiales para fiestas de Navidad.	Kg	15	Ex
9505.10.99	Los demás.	Kg	10	Ex
9505.90 .	**Los demás.**			
9505.90.99	Los demás.	Kg	15	Ex

95.06	**Artículos y material para cultura física, gimnasia, atletismo, demás deportes (incluido el tenis de mesa) o para juegos al aire libre, no expresados ni comprendidos en otra parte de este Capítulo; piscinas, incluso infantiles.**			
	- Esquís para nieve y demás artículos para práctica del esquí de nieve.			
9506.11	**- - Esquís.**			
9506.11.01	Esquís.	Par	Ex	Ex
9506.12	**- - Fijadores de esquí.**			
9506.12.01	Fijadores de esquí.	Kg	Ex	Ex
9506.19	**- - Los demás.**			
9506.19.99	Los demás.	Kg	Ex	Ex
	- Esquís acuáticos, tablas, deslizadores de vela y demás artículos para práctica de deportes acuáticos:			
9506.21	**- - Deslizadores de vela.**			
9506.21.01	Deslizadores de vela.	Pza	Ex	Ex
9506.29	**- - Los demás.**			
9506.29.01	Tablas, con peso inferior o igual a 50 Kg.	Kg	Ex	Ex
9506.29.99	Los demás.	Kg	Ex	Ex
	- Palos de golf ("clubs"), individuales o en juegos, y demás artículos para golf:			
9506.31	**- - Palos de golf ("clubs"), completos, individuales o en juegos.**			
9506.31.01	Palos de golf ("clubs"), completos, en juegos.	Pza	10	Ex
9506.31.99	Los demás.	Pza	Ex	Ex
9506.32	**- - Pelotas.**			
9506.32.01	Pelotas.	Kg	Ex	Ex
9506.39	**- - Los demás.**			
9506.39.01	Partes para palos de golf.	Pza	Ex	Ex
9506.39.99	Los demás.	Kg	Ex	Ex
9506.40	**- Artículos y material para tenis de mesa.**			
9506.40.01	Artículos y material para tenis de mesa.	Pza	10	Ex
	- Raquetas de tenis, bádminton o similares, incluso sin cordaje:			
9506.51	**- - Raquetas de tenis, incluso sin cordaje.**			
9506.51.01	Esbozos.	Pza	Ex	Ex
9506.51.99	Las demás.	Pza	10	Ex
9506.59	**- - Las demás.**			
9506.59.99	Las demás.	Kg	10	Ex
	- Balones y pelotas, excepto las de golf o tenis de mesa:			
9506.61	**- - Pelotas de tenis.**			
9506.61.01	Pelotas de tenis.	Kg	10	Ex
9506.62	**- - Inflables.**			
9506.62.01	Inflables.	Kg	15	Ex
9506.69	**- - Los demás.**			
9506.69.99	Los demás.	Kg	15	Ex
9506.70	**- Patines para hielo y patines de ruedas, incluido el calzado con patines fijos.**			
9506.70.01	Patines para hielo y patines de ruedas, incluido el calzado con patines fijos.	Par	Ex	Ex
	- Los demás:			
9506.91	**- - Artículos y material para cultura física, gimnasia o atletismo.**			
9506.91.01	Jabalinas.	Pza	Ex	Ex
9506.91.02	Partes, piezas y accesorios.	Kg	Ex	Ex
9506.91.99	Los demás.	Kg	Ex	Ex
9506.99	**- - Los demás.**			
9506.99.01	Espinilleras y tobilleras.	Kg	Ex	Ex
9506.99.02	Artículos para el tiro de arco, así como sus partes o accesorios reconocibles como destinados exclusiva o principalmente a dichos artículos.	Kg	10	Ex
9506.99.03	Redes para deportes de campo.	Pza	Ex	Ex
9506.99.04	Caretas.	Pza	10	Ex
9506.99.05	Trampolines.	Pza	Ex	Ex
9506.99.06	Piscinas, incluso infantiles.	Kg	15	Ex
9506.99.99	Los demás.	Kg	Ex	Ex
95.07	**Cañas de pescar, anzuelos y demás artículos para la pesca con caña; salabardos, cazamariposas y redes similares; señuelos (excepto los de las partidas 92.08 ó 97.05) y artículos de caza similares.**			
9507.10	**- Cañas de pescar.**			
9507.10.01	Cañas de pescar.	Pza	10	Ex
9507.20	**- Anzuelos, incluso montados en sedal (tanza).**			
9507.20.01	Anzuelos, incluso montados en sedal.	Kg	10	Ex
9507.30	**- Carretes de pesca.**			
9507.30.01	Carretes de pesca.	Kg	10	Ex

Código		Descripción	Unid de Med	Arancel (%) IMP.	EXP.
9507.90	**.**	**Los demás.**			
9507.90.99		Los demás.	Kg	10	Ex
95.08		**Tiovivos, columpios, casetas de tiro y demás atracciones de feria; circos, zoológicos y teatros, ambulantes.**			
9508.10	**.**	**Circos y zoológicos ambulantes.**			
9508.10.01		Circos y zoológicos ambulantes.	Pza	Ex	Ex
9508.90	**.**	**Los demás.**			
9508.90.01		Autos de choque u otro tipo de automóviles, para feria, incluso cuando se presenten con sus autódromos.	Pza	10	Ex
9508.90.02		Aparatos mecánicos o electromecánicos, para ferias, excepto lo comprendido en la fracción 9508.90.01.	Pza	Ex	Ex
9508.90.99		Los demás.	Pza	10	Ex

Capítulo 96
Manufacturas diversas

Notas.

1.	Este Capítulo no comprende:
	a)	los lápices de maquillaje o tocador (Capítulo 33);
	b)	los artículos del Capítulo 66 (por ejemplo: partes de paraguas o bastones);
	c)	la bisutería (partida 71.17);
	d)	las partes y accesorios de uso general, tal como se definen en la Nota 2 de la Sección XV, de metal común (Sección XV) y los artículos similares de plástico (Capítulo 39);
	e)	los artículos del Capítulo 82 (útiles, artículos de cuchillería, cubiertos de mesa) con mangos o partes de materias para tallar o moldear. Cuando se presenten aisladamente, estos mangos y partes se clasifican en las partidas 96.01 ó 96.02;
	f)	los artículos del Capítulo 90 (por ejemplo: monturas (armazones) de gafas (anteojos) (partida 90.03), tiralíneas (partida 90.17), artículos de cepillería de los tipos manifiestamente utilizados en medicina, cirugía, odontología o veterinaria (partida 90.18));
	g)	los artículos del Capítulo 91 (por ejemplo: cajas y envolturas similares de relojes o demás aparatos de relojería);
	h)	los instrumentos musicales, sus partes y accesorios (Capítulo 92);
	ij)	los artículos del Capítulo 93 (armas y sus partes);
	k)	los artículos del Capítulo 94 (por ejemplo: muebles, aparatos de alumbrado);
	l)	los artículos del Capítulo 95 (por ejemplo: juguetes, juegos, artefactos deportivos);
	m)	los artículos del Capítulo 97 (objetos de arte o colección y antigüedades).
2.	En la partida 96.02, se entiende por *materias vegetales o minerales para tallar*:
	a)	las semillas duras, pepitas, cáscaras, nueces y materias vegetales similares para tallar (por ejemplo: nuez de corozo, de palmera-dum);
	b)	el ámbar (succino) y la espuma de mar, naturales o reconstituidos, así como el azabache y materias minerales análogas al azabache.
3.	En la partida 96.03, se consideran *cabezas preparadas* los mechones de pelo, fibra vegetal u otra materia, sin montar, listos para su uso en la fabricación de brochas, pinceles o artículos análogos, sin dividirlos o que solo necesiten un complemento poco importante de mano de obra, tal como el igualado o acabado de puntas.
4.	Los artículos de este Capítulo, excepto los de las partidas 96.01 a 96.06 ó 96.15, constituidos total o parcialmente por metal precioso, chapado de metal precioso (plaqué), piedras preciosas o semipreciosas (naturales, sintéticas o reconstituidas), o que lleven perlas naturales o cultivadas, permanecen clasificados en este Capítulo. Sin embargo, también están comprendidos en este Capítulo los artículos de las partidas 96.01 a 96.06 ó 96.15 con simples guarniciones o accesorios de mínima importancia de metal precioso, chapado de metal precioso (plaqué), de perlas finas (naturales)* o cultivadas o piedras preciosas o semipreciosas (naturales, sintéticas o reconstituidas).

Código		Descripción	Unid de Med	Arancel (%) IMP.	EXP.
96.01		**Marfil, hueso, concha (caparazón) de tortuga, cuerno, asta, coral, nácar y demás materias animales para tallar, trabajadas, y manufacturas de estas materias (incluso las obtenidas por moldeo).**			
9601.10	**.**	**Marfil trabajado y sus manufacturas.**			
9601.10.01		Marfil trabajado y sus manufacturas.	Kg	15	Ex
9601.90	**.**	**Los demás.**			
9601.90.99		Los demás.	Kg	15	Ex

96.02	Materias vegetales o minerales para tallar, trabajadas, y manufacturas de estas materias; manufacturas moldeadas o talladas de cera, parafina, estearina, gomas o resinas naturales o pasta para modelar y demás manufacturas moldeadas o talladas no expresadas ni comprendidas en otra parte; gelatina sin endurecer trabajada, excepto la de la partida 35.03, y manufacturas de gelatina sin endurecer.			
9602.00	- Materias vegetales o minerales para tallar, trabajadas, y manufacturas de estas materias; manufacturas moldeadas o talladas de cera, parafina, estearina, gomas o resinas naturales o pasta para modelar y demás manufacturas moldeadas o talladas no expresadas ni comprendidas en otra parte; gelatina sin endurecer trabajada, excepto la de la partida 35.03, y manufacturas de gelatina sin endurecer.			
9602.00.01	Cápsulas de gelatina.	Kg	5	Ex
9602.00.99	Los demás.	Kg	15	Ex
96.03	Escobas y escobillas, cepillos, brochas y pinceles (incluso si son partes de máquinas, aparatos o vehículos), escobas mecánicas, sin motor, de uso manual, fregonas o mopas y plumeros; cabezas preparadas para artículos de cepillería; almohadillas o muñequillas y rodillos, para pintar; rasquetas de caucho o materia flexible análoga.			
9603.10	- Escobas y escobillas de ramitas u otra materia vegetal atada en haces, incluso con mango.			
9603.10.01	Escobas y escobillas de ramitas u otra materia vegetal atada en haces, incluso con mango.	Pza	15	Ex
	- Cepillos de dientes, brochas de afeitar, cepillos para cabello, pestañas o uñas y demás cepillos para aseo personal, incluidos los que sean partes de aparatos:			
9603.21	-- Cepillos de dientes, incluidos los cepillos para dentaduras postizas.			
9603.21.01	Cepillos de dientes, incluidos los cepillos para dentaduras postizas.	Pza	15	Ex
9603.29	-- Los demás.			
9603.29.99	Los demás.	Pza	15	Ex
9603.30	- Pinceles y brochas para pintura artística, pinceles para escribir y pinceles similares para aplicación de cosméticos.			
9603.30.01	Pinceles y brochas para pintura artística, pinceles para escribir y pinceles similares para aplicación de cosméticos.	Pza	15	Ex
9603.40	- Pinceles y brochas para pintar, enlucir, barnizar o similares (excepto los de la subpartida 9603.30); almohadillas o muñequillas y rodillos, para pintar.			
9603.40.01	Pinceles y brochas para pintar, enlucir, barnizar o similares (excepto los de la subpartida 9603.30); almohadillas o muñequillas y rodillos, para pintar.	Pza	15	Ex
9603.50	- Los demás cepillos que constituyan partes de máquinas, aparatos o vehículos.			
9603.50.01	Los demás cepillos que constituyan partes de máquinas, aparatos o vehículos.	Pza	Ex	Ex
9603.90	- Los demás.			
9603.90.01	Plumeros.	Pza	Ex	Ex
9603.90.99	Los demás.	Pza	15	Ex
96.04	Tamices, cedazos y cribas, de mano.			
9604.00	- Tamices, cedazos y cribas, de mano.			
9604.00.01	Tamices, cedazos y cribas de mano.	Kg	Ex	Ex
96.05	Juegos o surtidos de viaje para aseo personal, costura o limpieza del calzado o de prendas de vestir.			
9605.00	- Juegos o surtidos de viaje para aseo personal, costura o limpieza del calzado o de prendas de vestir.			
9605.00.01	Juegos o surtidos de viaje para aseo personal, costura o limpieza del calzado o de prendas de vestir.	Kg	15	Ex
96.06	Botones y botones de presión; formas para botones y demás partes de botones o de botones de presión; esbozos de botones.			
9606.10	- Botones de presión y sus partes.			
9606.10.01	Botones de presión y sus partes.	Kg	15	Ex
	- Botones:			
9606.21	-- De plástico, sin forrar con materia textil.			
9606.21.01	De plástico, sin forrar con materia textil.	Kg	15	Ex
9606.22	-- De metal común, sin forrar con materia textil.			
9606.22.01	De metal común, sin forrar con materia textil.	Kg	15	Ex
9606.29	-- Los demás.			
9606.29.01	De corozo o de cuero.	Kg	15	Ex
9606.29.99	Los demás.	Kg	15	Ex
9606.30	- Formas para botones y demás partes de botones; esbozos de botones.			
9606.30.01	Formas para botones y demás partes de botones; esbozos de botones.	Kg	15	Ex
96.07	Cierres de cremallera (cierres relámpago) y sus partes.			
	- Cierres de cremallera (cierres relámpago):			
9607.11	-- Con dientes de metal común.			
9607.11.01	Con dientes de metal común.	Kg	15	Ex
9607.19	-- Los demás.			
9607.19.99	Los demás.	Kg	15	Ex

9607.20	.	Partes.			
9607.20.01		Partes.	Kg	15	Ex

96.08		Bolígrafos; rotuladores y marcadores con punta de fieltro u otra punta porosa; estilográficas y demás plumas; estiletes o punzones para clisés de mimeógrafo ("stencils"); portaminas; portaplumas, portalápices y artículos similares; partes de estos artículos (incluidos los capuchones y sujetadores), excepto las de la partida 96.09.			
9608.10	.	Bolígrafos.			
9608.10.01		De metal común.	Pza	15	Ex
9608.10.99		Los demás.	Pza	15	Ex
9608.20	.	Rotuladores y marcadores con punta de fieltro u otra punta porosa.			
9608.20.01		Rotuladores y marcadores con punta de fieltro u otra punta porosa.	Pza	15	Ex
9608.30	.	Estilográficas y demás plumas.			
9608.30.01		Para dibujar con tinta china.	Pza	Ex	Ex
9608.30.99		Las demás.	Pza	15	Ex
9608.40	.	Portaminas.			
9608.40.01		De metal común.	Pza	15	Ex
9608.40.02		Lapiceros o portaminas sin cuerpo ni sujetador o clip, y con tapón, punta metálica o cono y con o sin portagomas.	Kg	10	Ex
9608.40.99		Los demás.	Pza	15	Ex
9608.50	.	Juegos de artículos pertenecientes, por lo menos, a dos de las subpartidas anteriores.			
9608.50.01		De metal común.	Pza	15	Ex
9608.50.99		Los demás.	Pza	15	Ex
9608.60	.	Cartuchos de repuesto con su punta para bolígrafo.			
9608.60.01		Cartuchos de repuesto con su punta para bolígrafo.	Kg	Ex	Ex
	.	Los demás:			
9608.91	..	Plumillas y puntos para plumillas.			
9608.91.01		Plumillas, excepto de metal precioso, doradas o plateadas.	Kg	Ex	Ex
9608.91.99		Los demás.	Kg	Ex	Ex
9608.99	..	Los demás.			
9608.99.01		De oro o platino, total o parcialmente, excepto partes.	G	Ex	Ex
9608.99.02		Partes de oro.	Kg	15	Ex
9608.99.03		Partes de metal común, chapeadas de oro.	Kg	5	Ex
9608.99.04		De plata, total o parcialmente, excepto partes.	G	Ex	Ex
9608.99.05		Partes de plata.	G	15	Ex
9608.99.06		Partes de metal común, chapeadas de plata.	Kg	Ex	Ex
9608.99.07		De metal, excepto partes.	G	Ex	Ex
9608.99.08		Barriles o cañones, tapas, tubos, de metal común.	Kg	Ex	Ex
9608.99.09		Depósitos de caucho, mecanismos, sujetadores de metal común, alimentadoras.	Kg	Ex	Ex
9608.99.10		Puntas, barras o contenedores para uso en plumones o marcadores, excepto lo comprendido en la fracción 9608.99.11.	Kg	Ex	Ex
9608.99.11		Puntas de fibras acrílicas para uso en plumones o marcadores.	Kg	Ex	Ex
9608.99.99		Los demás.	Kg	15	Ex
96.09		Lápices, minas, pasteles, carboncillos, tizas para escribir o dibujar y jaboncillos (tizas) de sastre.			
9609.10	.	Lápices.			
9609.10.01		Lápices	Pza	15	Ex
9609.20	.	Minas para lápices o portaminas.			
9609.20.01		Minas, cuyo diámetro no exceda de 0.7 mm.	Kg	10	Ex
9609.20.99		Los demás.	Kg	15	Ex
9609.90	.	Los demás.			
9609.90.01		Pasteles.	Kg	10	Ex
9609.90.99		Los demás.	Kg	15	Ex
96.10		Pizarras y tableros para escribir o dibujar, incluso enmarcados.			
9610.00	.	Pizarras y tableros para escribir o dibujar, incluso enmarcados.			
9610.00.01		Pizarras y tableros para escribir o dibujar, incluso enmarcados.	Kg	15	Ex
96.11		Fechadores, sellos, numeradores, timbradores y artículos similares (incluidos los aparatos para imprimir etiquetas), de mano; componedores e imprentillas con componedor, de mano.			
9611.00	.	Fechadores, sellos, numeradores, timbradores y artículos similares (incluidos los aparatos para imprimir etiquetas), de mano; componedores e imprentillas con componedor, de mano.			
9611.00.01		Partes.	Kg	Ex	Ex
9611.00.99		Los demás.	Kg	15	Ex

96.12	**Cintas para máquinas de escribir y cintas similares, entintadas o preparadas de otro modo para imprimir, incluso en carretes o cartuchos; tampones, incluso impregnados o con caja.**			
9612.10	**. Cintas.**			
9612.10.01	De nailon en cualquier presentación, excepto lo comprendido en la fracción 9612.10.03.	Kg	Ex	Ex
9612.10.02	Películas de polietileno carbonizadas en rollos superiores a 450 mm de ancho.	Kg	Ex	Ex
9612.10.03	Bandas sin fin, entintadas, de nailon, reconocibles como concebidas para incorporarse a cartuchos de plástico de unidades de impresión o impresoras, para cajas registradoras.	Pza	Ex	Ex
9612.10.99	Los demás.	Kg	Ex	Ex
9612.20	**. Tampones.**			
9612.20.01	Tampones.	Kg	Ex	Ex
96.13	**Encendedores y mecheros, incluso mecánicos o eléctricos, y sus partes, excepto las piedras y mechas.**			
9613.10	**. Encendedores de gas no recargables, de bolsillo.**			
9613.10.01	Encendedores de gas no recargables, de bolsillo.	Pza	15	Ex
9613.20	**. Encendedores de gas recargables, de bolsillo.**			
9613.20.01	Encendedores de gas recargables, de bolsillo.	Pza	15	Ex
9613.80	**. Los demás encendedores y mecheros.**			
9613.80.01	Encendedores de cigarrillos a base de resistencia para uso automotriz.	Pza	Ex	Ex
9613.80.02	Encendedores de mesa.	Pza	15	Ex
9613.80.99	Los demás.	Pza	Ex	Ex
9613.90	**. Partes.**			
9613.90.01	Reconocibles como concebidas exclusivamente para lo comprendido en la fracción 9613.80.01.	Kg	Ex	Ex
9613.90.02	Para encendedores a gas.	Kg	Ex	Ex
9613.90.99	Los demás.	Kg	5	Ex
96.14	**Pipas (incluidas las cazoletas), boquillas para cigarros (puros) o cigarrillos, y sus partes.**			
9614.00	**. Pipas (incluidas las cazoletas), boquillas para cigarros (puros) o cigarrillos, y sus partes.**			
9614.00.01	Escalabornes.	Kg	Ex	Ex
9614.00.02	Pipas (incluidas las cazoletas).	Pza	15	Ex
9614.00.03	Partes.	Kg	Ex	Ex
9614.00.99	Las demás.	Kg	15	Ex
96.15	**Peines, peinetas, pasadores y artículos similares; horquillas; rizadores, bigudíes y artículos similares para el peinado, excepto los de la partida 85.16, y sus partes.**			
	. Peines, peinetas, pasadores y artículos similares:			
9615.11	**.. De caucho endurecido o plástico.**			
9615.11.01	De caucho endurecido o plástico.	Kg	15	Ex
9615.19	**.. Los demás.**			
9615.19.99	Los demás.	Kg	15	Ex
9615.90	**. Los demás.**			
9615.90.99	Los demás.	Kg	15	Ex
96.16	**Pulverizadores de tocador, sus monturas y cabezas de monturas; borlas y similares para aplicación de polvos, otros cosméticos o productos de tocador.**			
9616.10	**. Pulverizadores de tocador, sus monturas y cabezas de monturas.**			
9616.10.01	Pulverizadores de tocador, sus monturas y cabezas de monturas.	Kg	15	Ex
9616.20	**. Borlas y similares para aplicación de polvos, otros cosméticos o productos de tocador.**			
9616.20.01	Borlas y similares, para la aplicación de polvos, otros cosméticos o productos de tocador.	Kg	15	Ex
96.17	**Termos y demás recipientes isotérmicos, montados y aislados por vacío, así como sus partes (excepto las ampollas de vidrio).**			
9617.00	**. Termos y demás recipientes isotérmicos, montados y aislados por vacío, así como sus partes (excepto las ampollas de vidrio).**			
9617.00.01	Termos y demás recipientes isotérmicos, montados y aislados por vacío, así como sus partes (excepto las ampollas de vidrio).	Kg	15	Ex
96.18	**Maniquíes y artículos similares; autómatas y escenas animadas para escaparates.**			
9618.00	**. Maniquíes y artículos similares; autómatas y escenas animadas para escaparates.**			
9618.00.01	Maniquíes con peso igual o superior a 25 Kg.	Kg	10	Ex
9618.00.99	Los demás.	Kg	15	Ex
96.19	**Toallas sanitarias (compresas) y tampones higiénicos, pañales para bebés, y artículos similares, de cualquier materia.**			
9619.00	Toallas sanitarias (compresas) y tampones higiénicos, pañales para bebés, y artículos similares, de cualquier materia.			
9619.00.01	De pasta de papel, papel, guata de celulosa o napa de fibras de celulosa.	Kg	5	EX
9619.00.02	De guata de materia textil.	Kg	10	EX
9619.00.03	Pañales para bebés y artículos similares, de otras materias textiles, excepto lo comprendido en la fracción 9619.00.02.	Pza	20	EX

9619.00.04	Toallas sanitarias (compresas), tampones higiénicos y artículos similares, de otras materias textiles, excepto lo comprendido en la fracción 9619.00.02.	Kg	10	EX
9619.00.99	Los demás.	Kg	20	EX

Sección XXI
OBJETOS DE ARTE O COLECCIÓN Y ANTIGÜEDADES

Capítulo 97
Objetos de arte o colección y antigüedades

Notas.
1. Este Capítulo no comprende:
   a) los sellos (estampillas) de correo, timbres fiscales, enteros postales, demás artículos franqueados y análogos, sin obliterar, de la partida 49.07;
   b) los lienzos pintados para decorados de teatro, fondos de estudio o usos análogos (partida 59.07), salvo que puedan clasificarse en la partida 97.06;
   c) las perlas finas (naturales)* o cultivadas y piedras preciosas o semipreciosas (partidas 71.01 a 71.03).
2. En la partida 97.02, se consideran *grabados, estampas y litografías originales* las pruebas obtenidas directamente en negro o color de una o varias planchas totalmente realizadas a mano por el artista, cualquiera que sea la técnica o materia empleada, excepto por cualquier procedimiento mecánico o fotomecánico.
3. No se clasifican en la partida 97.03 las esculturas que presenten carácter comercial (por ejemplo: reproducciones en serie, vaciados, obras de artesanía), aunque hayan sido concebidas o creadas por artistas.
4. A) Salvo lo dispuesto en las Notas 1, 2 y 3, los artículos susceptibles de clasificarse en este Capítulo y en otros de la Nomenclatura, se clasifican en este Capítulo;
   B) los artículos susceptibles de clasificarse en la partida 97.06 y en las partidas 97.01 a 97.05 se clasifican en las partidas 97.01 a 97.05.
5. Los marcos de pinturas, dibujos, collages o cuadros similares, grabados, estampas o litografías se clasifican con ellos cuando sus características y valor están en relación con los de dichas obras.
   Los marcos cuyas características o valor no guarden relación con los artículos a los que se refiere esta Nota, seguirán su propio régimen.

Código		Descripción	Unid de Med	Arancel (%)	
				IMP.	EXP.
97.01		**Pinturas y dibujos, hechos totalmente a mano, excepto los dibujos de la partida 49.06 y artículos manufacturados decorados a mano; collages y cuadros similares.**			
9701.10	**.**	**Pinturas y dibujos.**			
9701.10.01		Pinturas y dibujos.	Pza	Ex	Ex
9701.90	**.**	**Los demás.**			
9701.90.99		Los demás.	Pza	Ex	Ex
97.02		**Grabados, estampas y litografías originales.**			
9702.00	**.**	**Grabados, estampas y litografías originales.**			
9702.00.01		Grabados, estampas y litografías originales.	Pza	Ex	Ex
97.03		**Obras originales de estatuaria o escultura, de cualquier materia.**			
9703.00	**.**	**Obras originales de estatuaria o escultura, de cualquier materia.**			
9703.00.01		Obras originales de estatuaria o escultura, de cualquier materia.	Pza	Ex	Ex
97.04		**Sellos (estampillas) de correo, timbres fiscales, marcas postales, sobres primer día, enteros postales, demás artículos franqueados y análogos, incluso obliterados, excepto los artículos de la partida 49.07.**			
9704.00	**.**	**Sellos (estampillas) de correo, timbres fiscales, marcas postales, sobres primer día, enteros postales, demás artículos franqueados y análogos, incluso obliterados, excepto los artículos de la partida 49.07.**			
9704.00.01		Sellos de correo cancelados.	Pza	Ex	Ex
9704.00.99		Los demás.	Pza	Ex	Ex
97.05		**Colecciones y especímenes para colecciones de zoología, botánica, mineralogía o anatomía o que tengan interés histórico, arqueológico, paleontológico, etnográfico o numismático.**			
9705.00	**.**	**Colecciones y especímenes para colecciones de zoología, botánica, mineralogía o anatomía o que tengan interés histórico, arqueológico, paleontológico, etnográfico o numismático.**			
9705.00.01		Colecciones geológicas o de historia natural y ejemplares para dichas colecciones, excepto lo comprendido en las fracciones 9705.00.05 y 9705.00.06.	Pza	Ex	Ex
9705.00.02		Numismáticas.	Pza	Ex	Ex
9705.00.03		Pedagógicas.	Pza	Ex	Ex
9705.00.04		Ejemplares zoológicos disecados o sus partes.	Pza	Ex	Ex

9705.00.05	Bienes que hayan sido declarados monumentos arqueológicos por la Secretaría de Educación Pública.	Pza	Ex	Pr ohi - bid a
9705.00.06	Objetos de interés histórico, paleontológico o etnográfico, que no hayan sido declarados monumentos arqueológicos o históricos por la Secretaría de Educación Pública.	Kg	Ex	Ex
9705.00.99	Los demás.	Pza	Ex	Ex
97.06	**Antigüedades de más de cien años.**			
9706.00	**- Antigüedades de más de cien años.**			
9706.00.01	Antigüedades de más de cien años.	Pza	Ex	Ex

Sección XXII
Operaciones Especiales

Nota.
1. Para la clasificación de mercancías en esta Sección no se estará a lo dispuesto por las Reglas Generales para la aplicación e interpretación de la nomenclatura de la Tarifa de la Ley de los Impuestos Generales de Importación y de Exportación.

Capítulo 98
Operaciones especiales

Notas.
1. Cuando por su naturaleza, composición, presentación o denominación, las mercancías pudieran ser clasificadas en otros Capítulos de la Nomenclatura, éstas se clasificarán en el presente Capítulo cuando correspondan a alguna de las siguientes operaciones especiales:
   a) importaciones o exportaciones de muestras y muestrarios que cumplan con lo previsto en el artículo 2o. fracción II, Regla Complementaria 9a, inciso d), de la presente Ley (partida 98.01);
   b) importaciones de maquinaria, partes o componentes para la fabricación de productos, realizadas por empresas que cuenten con registro de empresa fabricante y se ajusten a los requisitos establecidos en la Regla 8ª de las Complementarias para la interpretación y aplicación de la Tarifa de la Ley de los Impuestos Generales de Importación y de Exportación (partida 98.02);
   c) importaciones de material de ensamble para ser utilizadas en la fabricación de automóviles, camiones, autobuses integrales o tractocamiones (partida 98.03);
   d) importaciones o exportaciones de equipajes de pasajeros o menajes de casa, conforme a lo previsto en la Ley Aduanera, así como a las disposiciones de carácter general que al respecto dicte la Secretaría de Hacienda y Crédito Público (partida 98.04);
   e) importaciones de mercancías que en apoyo del sector pesquero merecen un tratamiento especial (partida 98.05);
   f) importaciones o exportaciones de mercancías que, en opinión de la Comisión de Comercio Exterior, merecen un tratamiento especial y que por sus características no puedan clasificarse de manera unitaria conforme a las reglas de clasificación de la nomenclatura de la Tarifa de la presente Ley (partida 98.06);
   g) las demás operaciones que en opinión de la Comisión de Comercio Exterior merecen un tratamiento especial (partida 98.07).

Código		Descripción	Unid de Med	Arancel (%)	
				IMP.	EXP.
98.01		**Importaciones o exportaciones de muestras y muestrarios.**			
9801.00		**- Importaciones o exportaciones de muestras y muestrarios.**			
9801.00.01		Importaciones o exportaciones de muestras y muestrarios.	Kg	Ex	Ex
98.02		**Maquinaria, partes o componentes para la fabricación de productos, conforme a la Regla 8ª de las Complementarias.**			
9802.00		**- Maquinaria, partes o componentes para la fabricación de productos, conforme a la Regla 8ª de las Complementarias.**			
9802.00.01		Mercancías para el Programa de Promoción Sectorial de la Industria Eléctrica, cuando las empresas cuenten con la autorización a que se refiere la Regla 8a de las Complementarias, para la interpretación y aplicación de la Tarifa de la Ley de los Impuestos Generales de Importación y de Exportación, conforme a los criterios que establezca la Secretaría de Economía.	Kg	Ex	Ex
9802.00.02		Mercancías para el Programa de Promoción Sectorial de la Industria Electrónica, cuando las empresas cuenten con la autorización a que se refiere la Regla 8a de las Complementarias, para la interpretación y aplicación de la Tarifa de la Ley de los Impuestos Generales de Importación y de Exportación, conforme a los criterios que establezca la Secretaría de Economía.	Kg	Ex	Ex
9802.00.03		Mercancías para el Programa de Promoción Sectorial de la Industria del Mueble, cuando las empresas cuenten con la autorización a que se refiere la Regla 8a de las Complementarias, para la interpretación y aplicación de la Tarifa de la Ley de los Impuestos	Kg	Ex	Ex

	Generales de Importación y de Exportación, conforme a los criterios que establezca la Secretaría de Economía.			
9802.00.04	Mercancías para el Programa de Promoción Sectorial de la Industria del Juguete, Juegos de Recreo y Artículos Deportivos, cuando las empresas cuenten con la autorización a que se refiere la Regla 8a de las Complementarias, para la interpretación y aplicación de la Tarifa de la Ley de los Impuestos Generales de Importación y de Exportación, conforme a los criterios que establezca la Secretaría de Economía.	Kg	Ex	Ex
9802.00.05	Mercancías para el Programa de Promoción Sectorial de la Industria del Calzado, cuando las empresas cuenten con la autorización a que se refiere la Regla 8a de las Complementarias, para la interpretación y aplicación de la Tarifa de la Ley de los Impuestos Generales de Importación y de Exportación, conforme a los criterios que establezca la Secretaría de Economía.	Kg	Ex	Ex
9802.00.06	Mercancías para el Programa de Promoción Sectorial de la Industria Minera y Metalúrgica, cuando las empresas cuenten con la autorización a que se refiere la Regla 8a de las Complementarias, para la interpretación y aplicación de la Tarifa de la Ley de los Impuestos Generales de Importación y de Exportación, conforme a los criterios que establezca la Secretaría de Economía.	Kg	Ex	Ex
9802.00.07	Mercancías para el Programa de Promoción Sectorial de la Industria Bienes de Capital, cuando las empresas cuenten con la autorización a que se refiere la Regla 8a de las Complementarias, para la interpretación y aplicación de la Tarifa de la Ley de los Impuestos Generales de Importación y de Exportación, conforme a los criterios que establezca la Secretaría de Economía.	Kg	Ex	Ex
9802.00.08	Mercancías para el Programa de Promoción Sectorial de la Industria Fotográfica, cuando las empresas cuenten con la autorización a que se refiere la Regla 8a de las Complementarias, para la interpretación y aplicación de la Tarifa de la Ley de los Impuestos Generales de Importación y de Exportación, conforme a los criterios que establezca la Secretaría de Economía.	Kg	Ex	Ex
9802.00.09	Mercancías para el Programa de Promoción Sectorial de la Industria de Maquinaria Agrícola, cuando las empresas cuenten con la autorización a que se refiere la Regla 8a de las Complementarias, para la interpretación y aplicación de la Tarifa de la Ley de los Impuestos Generales de Importación y de Exportación, conforme a los criterios que establezca la Secretaría de Economía.	Kg	Ex	Ex
9802.00.10	Mercancías para el Programa de Promoción Sectorial de las Industrias Diversas, cuando las empresas cuenten con la autorización a que se refiere la Regla 8a de las Complementarias, para la interpretación y aplicación de la Tarifa de la Ley de los Impuestos Generales de Importación y de Exportación, conforme a los criterios que establezca la Secretaría de Economía.	Kg	Ex	Ex
9802.00.11	Mercancías para el Programa de Promoción Sectorial de la Industria Química, cuando las empresas cuenten con la autorización a que se refiere la Regla 8a de las Complementarias, para la interpretación y aplicación de la Tarifa de la Ley de los Impuestos Generales de Importación y de Exportación, conforme a los criterios que establezca la Secretaría de Economía.	Kg	Ex	Ex
9802.00.12	Mercancías para el Programa de Promoción Sectorial de la Industria de Manufacturas del Caucho y Plástico, cuando las empresas cuenten con la autorización a que se refiere la Regla 8a de las Complementarias, para la interpretación y aplicación de la Tarifa de la Ley de los Impuestos Generales de Importación y de Exportación, conforme a los criterios que establezca la Secretaría de Economía.	Kg	Ex	Ex
9802.00.13	Mercancías para el Programa de Promoción Sectorial de la Industria Siderúrgica, cuando se trate de productores directos y las empresas cuenten con la autorización a que se refiere la Regla 8a de las Complementarias, para la interpretación y aplicación de la Tarifa de la Ley de los Impuestos Generales	Kg	Ex	Ex
9802.00.14	Mercancías para el Programa de Promoción Sectorial de la Industria de Productos Farmoquímicos, Medicamentos y Equipo Médico, cuando las empresas cuenten con la autorización a que se refiere la Regla 8a de las Complementarias, para la interpretación y aplicación de la Tarifa de la Ley de los Impuestos Generales de Importación y de Exportación, conforme a los criterios que establezca la Secretaría de Economía.	Kg	Ex	Ex
9802.00.15	Mercancías para el Programa de Promoción Sectorial de la Industria del Transporte, excepto el Sector de la Industria Automotriz y de Autopartes, cuando las empresas cuenten con la autorización a que se refiere la Regla 8a de las Complementarias, para la interpretación y aplicación de la Tarifa de la Ley de los Impuestos Generales de Importación y de Exportación, conforme a los criterios que establezca la Secretaría de Economía.	Kg	Ex	Ex
9802.00.16	Mercancías para el Programa de Promoción Sectorial de la Industria del Papel y Cartón, cuando las empresas cuenten con la autorización a que se refiere la Regla 8a de las Complementarias, para la interpretación y aplicación de la Tarifa de la Ley de los Impuestos Generales de Importación y de Exportación, conforme a los criterios que establezca la Secretaría de Economía.	Kg	Ex	Ex
9802.00.17	Mercancías para el Programa de Promoción Sectorial de la Industria de la Madera, cuando las empresas cuenten con la autorización a que se refiere la Regla 8a de las Complementarias, para la interpretación y aplicación de la Tarifa de la Ley de los Impuestos Generales de Importación y de Exportación, conforme a los criterios que establezca la Secretaría de Economía.	Kg	Ex	Ex

9802.00.18	Mercancías para el Programa de Promoción Sectorial de la Industria del Cuero y Pieles, cuando las empresas cuenten con la autorización a que se refiere la Regla 8a de las Complementarias, para la interpretación y aplicación de la Tarifa de la Ley de los Impuestos Generales de Importación y de Exportación, conforme a los criterios que establezca la Secretaría de Economía.	Kg	Ex	Ex
9802.00.19	Mercancías para el Programa de Promoción Sectorial de la Industria Automotriz y de Autopartes, cuando las empresas cuenten con la autorización a que se refiere la Regla 8a de las Complementarias, para la interpretación y aplicación de la Tarifa de la Ley de los Impuestos Generales de Importación y de Exportación, conforme a los criterios que establezca la Secretaría de Economía.	Kg	Ex	Ex
9802.00.20	Mercancías para el Programa de Promoción Sectorial de la Industria Textil y de la Confección, excepto lo comprendido en la fracción 9802.00.24, cuando las empresas cuenten con la autorización a que se refiere la Regla 8a de las Complementarias, para la interpretación y aplicación de la Tarifa de la Ley de los Impuestos Generales de Importación y de Exportación, conforme a los criterios que establezca la Secretaría de Economía.	Kg	Ex	Ex
9802.00.21	Mercancías para el Programa de Promoción Sectorial de la Industria de Chocolates, Dulces y Similares, cuando las empresas cuenten con la autorización a que se refiere la Regla 8a de las Complementarias, para la interpretación y aplicación de la Tarifa de la Ley de los Impuestos Generales de Importación y de Exportación, conforme a los criterios que establezca la Secretaría de Economía.	Kg	Ex	Ex
9802.00.22	Mercancías para el Programa de Promoción Sectorial de la Industria del Café, cuando las empresas cuenten con la autorización a que se refiere la Regla 8a de las Complementarias, para la interpretación y aplicación de la Tarifa de la Ley de los Impuestos Generales	Kg	Ex	Ex
9802.00.23	Mercancías para el Programa de Promoción Sectorial de la Industria Siderúrgica, cuando se trate de productores indirectos y las empresas cuenten con la autorización a que se refiere la Regla 8a de las Complementarias, para la interpretación y aplicación de la Tarifa de la Ley de los Impuestos Generales	Kg	5	Ex
9802.00.24	Hilados de filamento de nailon rígidos de título inferior o igual a 44.4 decitex (40 deniers) e inferior o igual a 1.33 decitex (1.2 deniers) por filamento, de la fracción 5402.41.01; hilados de filamento de nailon rígidos de título igual a 44.4 decitex (40 deniers) y 34 filamentos de título igual a 1.30 decitex (1.17 deniers) por filamento, de la fracción 5402.41.02; hilados rígidos, de filamentos de poliéster (no texturados), de título inferior o igual a 1.66 decitex (1.5 deniers) por filamento, de la fracción 5402.47.99; hilados de filamentos de título igual a 75.48 decitex (68 deniers), teñidos en rígido brillante con 32 filamentos y torsión de 800 vueltas por metro, de la fracción 5402.62.01; hilados de filamentos rígidos brillante, de poliéster catiónico de título igual a 305 decitex (274.53 deniers), con 96 filamentos y torsión de 120 vueltas por metro en "S", de la fracción 5402.62.99; fibra corta de poliéster de baja fusión ("low melt"), conformada por una fibra bicomponente de un centro de poliéster y una cubierta de copolímero de poliéster, con punto de fusión inferior a 180 grados centígrados, de la fracción 5503.20.99, para el Programa de Promoción Sectorial de la Industria Textil y de la Confección, cuando las empresas cuenten con la autorización a que se refiere la Regla 8a de las Complementarias, para la interpretación y aplicación de la Tarifa de la Ley de los Impuestos Generales de Importación y de Exportación conforme a los criterios establecidos por la Secretaría de Economía.	Kg	Ex	Ex
9802.00.25	Mercancías para el Programa de Promoción Sectorial de la Industria Alimentaria, cuando las empresas cuenten con la autorización a que se refiere la Regla 8ª de las Complementarias, para la interpretación y aplicación de la Tarifa de la Ley de los Impuestos Generales de Importación y de Exportación, conforme a los criterios que establezca la Secretaría de Economía.	Kg	Ex	Ex
98.03	**Material de ensamble para la fabricación de automóviles, camiones, autobuses integrales o tractocamiones.**			
9803.00	**Material de ensamble para la fabricación de automóviles, camiones, autobuses integrales o tractocamiones.**			
9803.00.01	Partes y componentes para el ensamble de automóviles cuando se trate de empresas de la industria automotriz terminal que cuenten con autorización de depósito fiscal para ensamble y fabricación de vehículos conforme a la Ley Aduanera, siempre que se ajusten a los lineamientos que establezca la Secretaría de Economía.	Kg	10	Ex
9803.00.02	Partes y componentes para el ensamble de camiones, autobuses integrales y tractocamiones cuando se trate de empresas de la industria automotriz terminal que cuenten con autorización de depósito fiscal para ensamble y fabricación de vehículos conforme a la Ley Aduanera, siempre que se ajusten a los lineamientos que establezca la Secretaría de Economía.	Kg	10	Ex
98.04	**Importaciones o exportaciones de equipajes de pasajeros o menajes de casa.**			
9804.00	**Importaciones o exportaciones de equipajes de pasajeros o menajes de casa.**			
9804.00.01	Menajes de casa.	Kg	Ex	Ex
9804.00.99	Los demás.	Kg	Ex	Ex

98.05	**Mercancías del sector pesquero con tratamiento especial.**			
9805.00 .	**Mercancías del sector pesquero con tratamiento especial.**			
9805.00.01	Dispositivos excluidores de tortugas marinas y sus partes, para redes de arrastre camaroneras.	Pza	Ex	Ex
98.06	**Importaciones o exportaciones de materiales y equipos sujetos a tratamiento especial.**			
9806.00 .	**Importaciones o exportaciones de materiales y equipos sujetos a tratamiento especial.**			
9806.00.01	Mercancías importadas por un organismo de certificación en cantidad no mayor a 3 unidades, o el número de muestras que determine la Norma Mexicana NMX-Z12 o, en su caso, el número de muestras determinado por la Norma Oficial Mexicana correspondiente, destinadas exclusivamente a obtener la certificación del cumplimiento de una Norma Oficial Mexicana.	Pza	Ex	Ex
9806.00.02	Equipos anticontaminantes y sus partes, cuando las empresas se ajusten a los lineamientos establecidos por las Secretarías de Medio Ambiente y Recursos Naturales, y de Economía.	Pza	Ex	Ex
9806.00.03	Maquinaria, equipo, instrumentos, materiales, animales, plantas y demás artículos para investigación o desarrollos tecnológicos, cuando los centros públicos de investigación, universidades públicas y privadas, instituciones de investigación científica y tecnológica, personas físicas y morales, inscritos en el Registro Nacional de Instituciones y Empresas Científicas y Tecnológicas, se sujeten a los lineamientos establecidos por la Secretaría de Economía y el Consejo Nacional de Ciencia y Tecnología.	Kg	Ex	Ex
9806.00.04	Equipos y artículos reconocibles como destinados exclusivamente a compensar una disfunción corporal de personas con discapacidad, excepto lo comprendido en las fracciones 8713.10.01 y 8713.90.99, y excepto los vehículos del Capítulo 87.	Pza	Ex	Ex
9806.00.05	Mercancías destinadas a la reparación o mantenimiento de naves aéreas o aeropartes.	Kg	Ex	Ex
9806.00.06	Mercancías para el ensamble o fabricación de aeronaves o aeropartes, cuando las empresas cuenten con la aprobación de producción de productos y artículos aeronáuticos, en cualquiera de sus tipos, emitida por la Secretaría de Comunicaciones y Transportes.	Kg	Ex	Ex
9806.00.07	Archivos (expedientes) conteniendo, entre otros, diagnósticos médicos, radiografías, fluorangiografías, resultados de laboratorio, electrocardiogramas.	Kg	Ex	Ex
9806.00.08	Mercancías destinadas a procesos tales como reparación, reacondicionamiento o remanufactura, cuando las empresas cuenten con registro otorgado conforme a los lineamientos establecidos por la Secretaría de Economía.	Kg	Ex	Ex
9806.00.09	Insumos, materias primas, materiales auxiliares, envases y empaques que no estén sujetos al cumplimiento de regulaciones y restricciones no arancelarias en materia de sanidad animal y vegetal, salud pública, medio ambiente y seguridad nacional, que se destinen al régimen de recinto fiscalizado estratégico, por parte de las personas autorizadas para operar el régimen. Las mercancías objeto de almacenaje, consolidación de carga, así como las resultantes de los procesos de elaboración, transformación o reparación en el recinto fiscalizado estratégico, cuando se extraigan del recinto deberán ser clasificadas en términos de la Tarifa de esta Ley y cumplir, en su caso, con las regulaciones y restricciones no arancelarias que correspondan a esas mercancías, en los términos de las disposiciones que resulten aplicables.	Kg	Ex	Ex
9806.00.10	Maquinaria y equipo, que no estén sujetas al cumplimiento de regulaciones y restricciones no arancelarias en materia de sanidad animal y vegetal, salud pública, medio ambiente y seguridad nacional, que se destinen al régimen de recinto fiscalizado estratégico, por parte de personas autorizadas para operar el régimen. Cuando las mercancías se extraigan del recinto deberán ser clasificadas en términos de la Tarifa de esta Ley y cumplir, en su caso, con las regulaciones y restricciones no arancelarias que correspondan a esas mercancías, en los términos de las disposiciones que resulten aplicables.	Kg	Ex	Ex
98.07	**Las demás operaciones especiales.**			
9807.00 .	**Las demás operaciones especiales.**			
9807.00.01	Mercancías producidas en territorio nacional que retornen en el mismo estado en que fueron exportadas o retornadas del territorio nacional, de conformidad con los lineamientos establecidos por la Secretaría de Economía.	Kg	Ex	Ex

ARTÍCULO 2.- Las Reglas Generales y las Complementarias para la aplicación de la Tarifa de la Ley de los Impuestos Generales de Importación y de Exportación, son las siguientes:

I.- Reglas Generales.

La clasificación de mercancías en la Tarifa de la Ley de los Impuestos Generales de Importación y de Exportación se regirá por las reglas siguientes:

1. Los títulos de las Secciones, de los Capítulos o de los Subcapítulos sólo tienen un valor indicativo, ya que la clasificación está determinada legalmente por los textos de las partidas y de las Notas de Sección o de Capítulo y, si no son contrarias a los textos de dichas partidas y Notas, de acuerdo con las Reglas siguientes:

2. a) Cualquier referencia a un artículo en una partida determinada alcanza al artículo incluso incompleto o sin terminar, siempre que éste presente las características esenciales del artículo completo o terminado. Alcanza también al artículo completo o terminado, o considerado como tal en virtud de las disposiciones precedentes, cuando se presente desmontado o sin montar todavía.

   b) Cualquier referencia a una materia en una partida determinada alcanza a dicha materia, incluso mezclada o asociada con otras materias. Asimismo, cualquier referencia a las manufacturas de una materia determinada alcanza también a las constituidas total o parcialmente por dicha materia. La clasificación de estos productos mezclados o de estos artículos compuestos se efectuará de acuerdo con los principios enunciados en la Regla 3.

3. Cuando una mercancía pudiera clasificarse, en principio, en dos o más partidas por aplicación de la Regla 2 b) o en cualquier otro caso, la clasificación se efectuará como sigue:

   a) La partida con descripción más específica tendrá prioridad sobre las partidas de alcance más genérico. Sin embargo, cuando dos o más partidas se refieran, cada una, solamente a una parte de las materias que constituyen un producto mezclado o un artículo compuesto o solamente a una parte de los artículos, en el caso de mercancías presentadas en juegos o surtidos acondicionados para la venta al por menor, tales partidas deben considerarse igualmente específicas para dicho producto o artículo, incluso si una de ellas lo describe de manera más precisa o completa;

   b) Los productos mezclados, las manufacturas compuestas de materias diferentes o constituidas por la unión de artículos diferentes y las mercancías presentadas en juegos o surtidos acondicionados para la venta al por menor, cuya clasificación no pueda efectuarse aplicando la Regla 3 a), se clasificarán según la materia o con el artículo que les confiera su carácter esencial, si fuera posible determinarlo;

   c) Cuando las Reglas 3 a) y 3 b) no permitan efectuar la clasificación, la mercancía se clasificará en la última partida por orden de numeración entre las susceptibles de tenerse razonablemente en cuenta.

4. Las mercancías que no puedan clasificarse aplicando las Reglas anteriores, se clasificarán en la partida que comprenda aquellas con las que tengan mayor analogía.

5. Además de las disposiciones precedentes, a las mercancías consideradas a continuación se les aplicarán las Reglas siguientes:

   a) Los estuches para cámaras fotográficas, instrumentos musicales, armas, instrumentos de dibujo, collares y continentes similares, especialmente apropiados para contener un artículo determinado o un juego o surtido, susceptibles de uso prolongado y presentados con los artículos a los que estén destinados, se clasificarán con dichos artículos cuando sean de los tipos normalmente vendidos con ellos. Sin embargo, esta Regla no se aplica en la clasificación de los continentes que confieran al conjunto su carácter esencial;

   b) Salvo lo dispuesto en la Regla 5 a) anterior, los envases que contengan mercancías se clasificarán con ellas cuando sean de los tipos normalmente utilizados para esa clase de mercancías. Sin embargo, esta disposición no es obligatoria cuando los envases sean susceptibles de ser utilizados razonablemente de manera repetida.

6. La clasificación de mercancías en las subpartidas de una misma partida está determinada legalmente por los textos de estas subpartidas y de las Notas de subpartida así como, *mutatis mutandis,* por las Reglas anteriores, bien entendido que sólo pueden compararse subpartidas del mismo nivel. A efectos de esta Regla, también se aplican las Notas de Sección y de Capítulo, salvo disposición en contrario.

II.- Reglas Complementarias.

1ª Las Reglas Generales para la interpretación de la Tarifa de la Ley de los Impuestos Generales de Importación y de Exportación son igualmente válidas para establecer dentro de cada subpartida la fracción arancelaria aplicable, excepto para la Sección XXII, en la que se clasifican las mercancías sujetas a operaciones especiales.

2ª La Tarifa del artículo 1 de esta Ley está dividida en 22 Secciones que se identifican con números romanos, ordenados en forma progresiva, sin que dicha numeración afecte la codificación de las fracciones arancelarias. Las fracciones arancelarias son las que definen la mercancía y el impuesto aplicable a la misma dentro de la subpartida que les corresponda, y estarán formadas por un código de 8 dígitos, de la siguiente forma:

a) El Capítulo es identificado por los dos primeros dígitos, ordenados en forma progresiva del 01 al 98,

b) El Código de partida se forma por los dos dígitos del Capítulo seguidos de un tercer y cuarto dígitos ordenados en forma progresiva;

c) La subpartida se forma por los cuatro dígitos de la partida adicionados de un quinto y sexto dígitos, separados de los de la partida por medio de un punto. Las subpartidas pueden ser de primer o segundo nivel, que se distinguen con uno o dos guiones respectivamente, excepto aquellas cuyo código numérico de subpartida se representa con ceros (00).

Son de primer nivel, aquellas en las que el sexto número es cero (0).

Son de segundo nivel, aquellas en las que el sexto número es distinto de cero (0).

Para los efectos de la Regla General 6, las subpartidas de primer nivel a que se refiere este inciso, se presentarán en la Tarifa de la siguiente manera:

i) Cuando no existen subpartidas de segundo nivel, con 6 dígitos, siendo el último "0", adicionados de su texto precedido de un guión.

ii) Cuando existen subpartidas de segundo nivel, sin codificación, citándose únicamente su texto, precedido de un guión.

Las subpartidas de segundo nivel son el resultado de desglosar el texto de las de primer nivel mencionadas en el subinciso ii) anterior. En este caso el sexto dígito será distinto de cero y el texto de la subpartida aparecerá precedido de dos guiones, y

d) Los seis dígitos de la subpartida adicionados de un séptimo y octavo dígitos, separados de los de la subpartida por medio de un punto, forman la fracción arancelaria. Las fracciones arancelarias estarán ordenadas del 01 al 99, reservando el 99 para clasificar las mercancías que no estén comprendidas en las fracciones con terminación 01 a 98.

El impuesto señalado en la las fracciones arancelarias de la Tarifa de la presente Ley se entenderá expresado en términos de porcentaje exclusivamente, salvo que se disponga lo contrario, y se aplicará sobre el valor en aduanas de las mercancías.

3ª Para los efectos de interpretación y aplicación de la Tarifa, la Secretaría de Economía, conjuntamente con la de Hacienda y Crédito Público, dará a conocer, mediante Acuerdos que se publicarán en el Diario Oficial de Federación, las Notas Explicativas de la Tarifa arancelaria, así como sus modificaciones posteriores, cuya aplicación es obligatoria para determinar la partida y su subpartida aplicables.

4ª Con el objeto de mantener la unidad de criterio en la clasificación de las mercancías dentro de la Tarifa de esta Ley, la Secretaría de Hacienda y Crédito Público, previa opinión de la Comisión de Comercio Exterior, expedirá mediante publicación en el Diario Oficial de la Federación, los Criterios de Clasificación Arancelaria, cuya aplicación será de carácter obligatorio.

De igual forma, las diferencias de criterio que se susciten en materia de clasificación arancelaria, serán resueltas en primer término mediante procedimiento establecido por la misma Secretaría de Hacienda y Crédito Público.

5ª Las abreviaturas empleadas en la Tarifa de esta Ley son, de manera enunciativa más no limitativa, las siguientes:

a) De cantidad:

Barr	Barril
Bq	Becquerel
Cbza	Cabeza
C.P.	caballo de potencia
°C	grado(s) Celsius

CM; Cm; cm	centímetro(s)
CM2; Cm2; cm2	centímetro(s) cuadrado(s)
CM3; Cm3; cm3	centímetro(s) cúbico(s)
Cg; cg	centigramo(s)
Cn	centiNewton(s)
cN/tex	centiNewton(s) por tex
dtex	decitex
G; g	gramo(s)
GHz; Ghz	gigahertz
HR; Hr	Hora(s)
Hz	Hertz (hercio(s))
jgo	juego
Kcal; kcal	Kilocaloria(s)
Kg; kg	Kilogramo(s)
Kgf	Kilogramo(s)/fuerza
kN	KiloNewton(s)
kPa	KiloPascal(es)
KV	Kilovolt(io(s)
kVA	Kilovatio(s)-ampere(s); (Kilovolt(io(s)))-amperios
kVAR	Kilovatio (Kilovolt) amper reactivo
KW; Kw	Kilowatt; kilovatio(s)
KWH; KwH	Kilovatio (Kilowatt) hora
L; l	litro(s)
M; m	metro(s)
MM; mm	milímetro(s)
M2; M2; m2	metro(s) cuadrado(s)
M3; M3; m3	metro(s) cúbico(s)
Mll	millar
Ci	microCurie
F	microFaradio
MN; mN	miliNewton(s)
MHz; Mhz	Mega hertz
Mpa	megapascal(es)
N	Newton(s)
pF	picoFaradio
Pza; pza	pieza
RPM; r.p.m.	revoluciones por minuto
T; t	tonelada(s)
V; v	Volt(io(s))
vol	volumétrico; volumen
W	vatio(s) ; Watt(s)

b) Países:

Arg	República Argentina
Bol	República de Bolivia
Bra	República Federativa de Brasil
Can	Canadá
Col	República de Colombia
Chi	República de Chile
Ecu	República del Ecuador
EUA; USA	Estados Unidos de América
Isr	Estado de Israel
Nic	República de Nicaragua
Par	República del Paraguay
Per	República del Perú
Ven	República Bolivariana de Venezuela
Uru	República Oriental de Uruguay

c) Otros:

AC	Acuerdo de Alcance Parcial de Naturaleza Comercial.
ACE	Acuerdo de Complementación Económica
AE	Arancel específico establecido en términos de los artículos 4o. fracción I y 12 fracción II de la Ley de Comercio Exterior
ALADI	Asociación Latinoamericana de Integración
AM	Acuerdo Regional de Apertura de Mercados
AMX	Arancel mixto establecido en los términos de los artículos 4o. fracción I y 12 fracción III de la Ley de Comercio Exterior
AP	Acuerdo de Alcance Parcial
ASTM	Sociedad Americana para el Ensayo de Materiales ("American Society for Testing Materials")
CE	Comunidad Europea
DCI	Denominación Común Internacional
DCIM	Denominación Común Internacional Modificada
Ex	Exenta del pago del impuesto general de importación o de exportación
IR	Infrarrojo(s)
ISO	Organización Internacional de Normas ("International Organization for Standardization").
m-	meta
o-	orto
OMA	Organización Mundial de Aduanas
OMC	Organización Mundial de Comercio
p-	para
PAR	Acuerdo Regional de la Preferencia Arancelaria
SA	Sistema Armonizado de Designación y Codificación de Mercancías

UV   ultravioleta(s)

X°   X grado(s)

%   por ciento

No obstante, cuando se utilicen abreviaturas distintas a las antes enunciadas deberá, en todo caso, indicarse su significado.

6ª   Cuando se mencionen límites de peso en la presente Tarifa, se referirán exclusivamente al peso de las mercancías, salvo disposición expresa en contrario.

7ª   Para dar cumplimiento a las negociaciones que los Estados Unidos Mexicanos realiza con otros países, por medio de las cuales concede tratamientos preferenciales a la importación de mercancías, estos se incluirán en las fracciones arancelarias correspondientes de la Tarifa del artículo 1 de esta Ley o en un Apéndice adicionado a la misma; en donde se indicará la fracción arancelaria de la mercancía negociada, el tratamiento preferencial pactado para cada una de ellas y el país o países a los que se otorgó dicho tratamiento.

Para la clasificación de las mercancías en dichos Apéndices también serán aplicables las Reglas Generales, las Complementarias, las Notas de la Tarifa citada y las Notas Explicativas de la Tarifa arancelaria.

8ª   Previa autorización de la Secretaría de Economía:

a)   Se consideran como artículos completos o terminados, aunque no tengan las características esenciales de los mismos, las mercancías que se importen en una o varias remesas o por una o varias aduanas, por empresas que cuenten con registro de empresa fabricante, aprobado por la Secretaría de Economía.

Asimismo, podrán importarse al amparo de la fracción designada específicamente para ello los insumos, materiales, partes y componentes de aquellos artículos que se fabriquen, se vayan a ensamblar en México, por empresas que cuenten con registro de empresa fabricante, aprobado por la Secretaría de Economía.

b)   Podrán importarse en una o más remesas o por una o varias aduanas, los artículos desmontados o que no hayan sido montados, que correspondan a artículos completos o terminados o considerados como tales.

Los bienes que se importen al amparo de esta Regla deberán utilizarse única y exclusivamente para cumplir con la fabricación a que se refiere esta Regla, ya sea para ampliar una planta industrial reponer equipo o integrar un artículo fabricado o ensamblado en México.

9ª   No se considerarán como mercancías y, en consecuencia, no se gravarán:

a)   Los ataúdes y las urnas que contengan cadáveres o sus restos;

b)   Las piezas postales obliteradas que los convenios postales internacionales comprenden bajo la denominación de correspondencia;

c)   Los efectos importados por vía postal cuyo impuesto no exceda de la cantidad que al efecto establezca la Secretaría de Hacienda y Crédito Público, mediante Regla de carácter general en materia aduanera, y

d)   Las muestras y muestrarios que por sus condiciones carecen de valor comercial. Se entiende que no tienen valor comercial:

— Los que han sido privados de dicho valor, mediante operaciones físicas de inutilización que eviten toda posibilidad de ser comercializados; o

— Los que por su cantidad, peso, volumen u otras condiciones de presentación, indiquen sin lugar a dudas, que solo pueden servir de muestras o muestrarios.

En ambos casos se exigirá que la documentación comercial, bancaria, consular o aduanera, pueda comprobar inequívocamente que se trata de muestras sin valor.

10ª   Las autoridades aduaneras competentes de la Secretaría de Hacienda y Crédito Público podrán exigir en caso de duda o controversia, los elementos que permitan la identificación arancelaria de las mercancías; que los interesados deberán proporcionar en un plazo de 15 días naturales, pudiendo solicitar prórroga por un término igual. Vencido el plazo concedido, la autoridad aduanera clasificará la mercancía como corresponda, a partir de los elementos de que disponga.

www.aduanavirtual.com

www.itleditores.com

www.ingramcontent.com/pod-product-compliance
Lightning Source LLC
Chambersburg PA
CBHW082123210326
41599CB00031B/5855